경영학원론 15E

Stephen P. Robbins, Mary Coulter 지음

양동훈 · 김원석 · 임효창 · 장윤희 옮김

성진미디어
SungJin Media Co.

옮긴이 소개

양동훈
현재 서강대학교 경영학과 교수
한국인사관리학회, 한국윤리경영학회 부회장
중앙노동위원회 공익조정위원
주요 저역 조직행동론, 사례로 풀어쓴 인적자원관리,
누구를 리더로 세울 것인가 등

김원석
현재 협성대학교 경영대학 교수
서강대학교 대학원 경영학 석사, 박사
서강-Harvard Business 편집실 간사
현대경제연구원 책임연구원, 연구위원 역임

임효창
현재 서울여자대학교 경영학과 교수
서강대학교 경영학과 석사, 박사
한국경영컨설팅학회 회장, 한국서비스경영학회 회장
한국미래전략학회 회장, 동반성장위원회 위원 등 역임

장윤희
현재 단국대학교 경영대학 교수
서강대학교 경영학과 경영정보 전공 석사, 박사
Bank of America 자금부, eLearning 사업본부장(다산 E&E 컨설팅)역임
정부의 AI 산업정책, 프로파일링 기반 맞춤형서비스 정책, 중소기업의 디지털전환 전략 등 연구 수행

경영학원론 제15판

MANAGEMENT 15th Edition

저　자 | Stephen P. Robbins, Mary Coulter
역　자 | 양동훈 · 김원석 · 임효창 · 장윤희
발행인 | 채희선
발행처 | 성진미디어
발행일 | 2023년 1월 30일
등　록 | 제311-2010-23호

전 화 | 02)374-4363(대표)
팩 스 | 02)375-4362
주 소 | 서울시 은평구 증산동 248 중앙하이츠상가 B101호

ISBN 978-89-98308-59-9

값 35,000원

To my wife,

Laura Steve

To my husband,

Ron Mary

요약 차례

차례

Chapter 11 개인행동의 관리 293

Chapter 12 동기부여 331

제15판 머리말

열 다섯번 째 개정판인 Management의 세상에 오신 것을 환영합니다. 지난 1984년 출판된 이 책은 세상에서 가장 인기있는 경영학 입문 교재중의 하나가 되었습니다. 현재 미국의 수 백개 대학교와 단과대학에서 교재로 사용하고 있으며, 현재 스페인어, 프랑스어, 러시아어, 독일어, 바하사 인도네시아어, 한국어, 중국어로 번역되었고, 같은 영어권인 Australia, Canada, India 및 Arab 세계를 위한 특별판이 발행되었습니다.

세 가지 집필 원칙

그렇다면 지난 35년동안 이 책이 인기를 얻게 된 비결은 무엇일까요? 우리는 아마도 저자들의 세 가지 집필 원칙에 대답이 있다고 생각합니다: (1) 가장 최신의 토픽들을 제공함, (2) 글쓰기를 읽기 쉽게 대화체로 작성, (3) 특정 주제와 학생들을 관련시킴.

가장 최신의 토픽들을 제공함

이 책은 항상 최신의 토픽들을 제공하려고 노력해왔습니다. 예를 들면 경영학 입문 교재로서는 최초로 조직문화, 경영의 상징적 접근, 행동적 의사결정, 지속가능성, 가치 체인 경영 등을 다루었습니다. 이번 판에서도 이러한 전통을 이어받아 글로벌 경영에 대한 태도 변화, "me-too" 운동, 파괴적 혁신, 의사결정분석학, 및 소셜 미디어의 효과 등과 같은 최신의 주제들을 다루었습니다. 또한 이번 판을 위하여 최신 연구결과들을 모두 업데이트하였습니다.

글쓰기를 읽기 쉽게 작성함

많은 교재들이 자기의 책은 매우 읽기 쉽다고 주장하지만 실제로 현실에서 그러한 책은 많지 않습니다. 대부분의 교재들은 학생보다는 교수 위주로 작성된 것으로 나타났습니다. 이 책은 초판부터, 학생들이 경영학 분야에 관심을 갖고 몰입할 수 있도록 만들고자 노력하였습니다. 우리는 이것을 어떻게 하였을까요? 첫째, 우리는 처음부터 대화체 글쓰기에 전념하였습니다. 우리는 보통 사람들이 대화하는 것처럼 이 책이 읽혀지기를 원하였습니다. 둘째, 우리는 광범위한 예제를 사용하였습니다. 첫 번째 저자가 과거의 교육 경험에서 배운 것은 학생들이 종종 이론은 잊어버리지만 스토리는 기억한다는 것입니다. 따라서 이 책에서는 풍부한 실제 사례들을 발견하게 될 것입니다.

특정 주제와 학생들을 관련시킴.

이 책은 집필 초기부터, 우리는 모든 이론과 개념을 우리가 말하는 "그래서 어떻게(So What)?" 라는 테스트를 거쳤습니다. 우리는 자신에게 물었습니다: 왜 그 특정한 개념이 중요한가? 왜 학생들이 그 개념을 반드시 알아야 하는가? 이 테스트를 거치면서 수많은 개정판을 낼 때마다 무엇을 포함시키고 무엇을 배제할 것인지 결정하는데 도움이 되었을 뿐만 아니라 그 개념이 분명하지 않을 때 개념의 중요성과 관련성을 더 설명하도록 상기시켰습니다.

교수(Teaching) 및 학습 문제의 해결

관련성에 대해, 만일 교수들이 발견할 수 있는 이 책의 한 가지 요소가 있다면, 그것은 우리가 학생들에게 직무와 관련된 기술을 제공하고자 초점을 맞춘 것입니다. 일반적으로 경영학원론 강의시간에 보통 management 전공학생들이 겨우 20% 정도입니다. 나머지 대부분의 학생들은 회계학, 재무학, 마케팅, 경영정보시스템 혹은 기타 경영학 분야의 전공 학생들입니다. 그 결과 교수들이 경영학원론을 가르칠 때 가장 도전적인 장애 요인 중의 하나는 이러한 non-management 전공 학생들에게 이 과목의 중요성을 확신시키는 것이라고 저자들에게 말했습니다. 이러한 non-management 전공 학생들은 종종 그들의 경력 개발과 이 과목의 관련성을 질문합니다. 한 회계학 전공 학생이 이렇게 질문하였습니다, "우리가 왜 이 과목을 들어야 하나요? 저는 관리자가 되는데는 아무 관심이 없어요. 저는 세무회계나 회계감사 과목을 하나 더 듣는 것이 낫다고 생각합니다." 우리는 이와 같은 학생들에게도 대답해야 합니다. 이 책과 경영학원론 강의는 조직에서 일하고자 계획한다면 누구나 관련성이 있다는 것입니다. 어떻게? 저자들은 성공적인 관리자는 무슨 일을 하는지 설명하고, 조직이 어떻게 움직이는지 통찰력을 제공할 뿐만 아니라, 우리는 고용주가 신입직원들에게 요구하는 구체적인 스킬들을 개발하도록 도와주고 학생들이 직장에서 생존하도록 도와주는 안내서를 제공하는 등 몇 가지 특징을 포함시켰습니다. 이제부터 이러한 특징을 살펴보겠습니다.

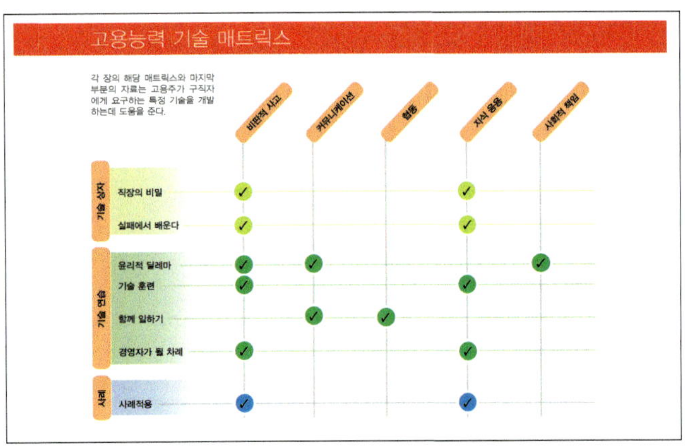

구체적인 고용능력 기술

연구 결과는 고용주들이 신입 직원에게 요구하는 다섯가지 구체적인 기술을 제시하였습니다. 다섯가지 구체적인 기술은 비판적 사고(critical thinking), 커뮤니케이션, 협동력, 지식응용력, 윤리/사회적 책임 등 입니다. 따라서 이번 개정판에서 제2장부터 마지막 장까지 고용능력 기술 매트릭스로부터 시작합니다. 이 매트릭스는 각 장의 중요 요소들이 다섯가지 고용능력 기술과 어떻게 연관되는지 알려줍니다

직장에서 생존하는데 필요한 조언

회사가 직원을 세명 고용하고 있든지, 혹은 30만명을 고용하고 있든지 간에 고용주들이 맞이하는 공통된 도전과제가 있습니다. 우리는 이러한 도전과제를 다루는 방법을 학생들에게 이 책의 “직장의 비밀(Workplace Confidential)”에서 제공합니다.

경력 개발

우리는 학생들이 경력 지도에 대해 고마워함을 발견하였습니다. 그 같은 목적을 달성하기 위하여, 우리는 경력 개발을 증진해줄 수 있는 기술을 보여주는 “당신의 경력 개발” 박스를 포함시켰습니다. 이것들은 자신의 강점과 약점의 확인, 자신의 시간관리, 협상기술 개발, 그리고 조직문화를 읽는 법 등을 포함합니다.

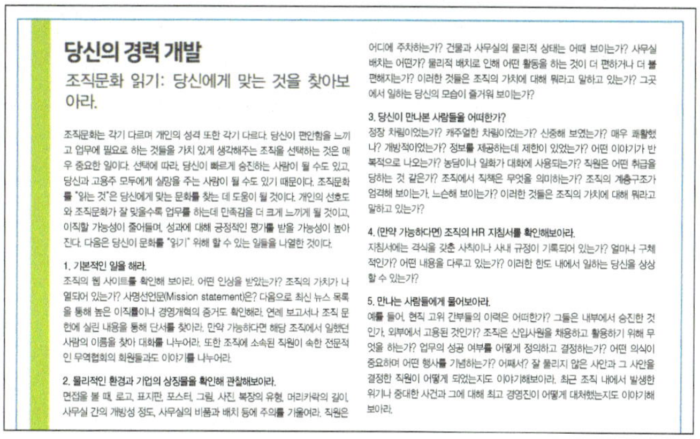

회복력 개발

이번 판 Management에서, 우리는 “실패에서 배운다” 박스를 제시하여 Steven Spielberg, J. K. Rowling, Vera Wang과 같은 사람뿐만 아니라, Apple, Disney, GM 등의 기업들이 어떻게 장애물을 만났고, 무엇이 잘못되었는지 평가하고, 그들 경험으로부터 새로운 통찰력을 얻고 어떻게 회복하였는지 보여주려고 하였습니다. 회복력은 학생들과 고용주들에게 매우 가치있는 자질입니다. 이 박스들은 학생들이 실패의 긍정적인 면을 보도록 도와주고, 개인과 조직이 어떻게 그러한 실수로부터 무엇을 배울 것인지 도와줍니다.

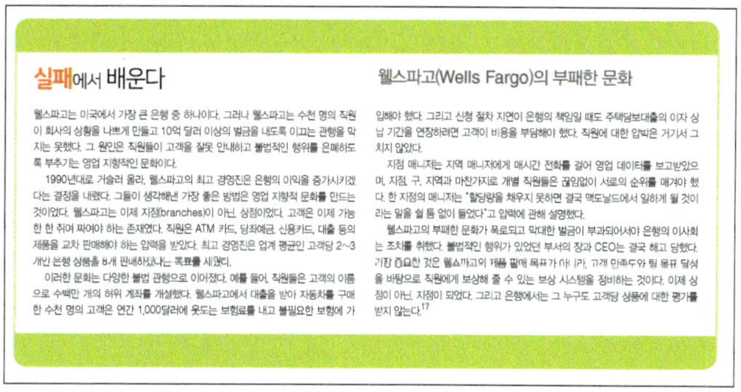

실제 적용의 지속적인 관심

이번 판 Management에서 지속적으로 관심을 갖고 교수들에게 학생들이 교실에서 배운 것을 실제 적용해보도록 도와주는 교재 안의 종합적인 연습 세트를 제공하고자 노력하였습니다. 여기에는 예를 들면 각 장 끝의 사례, 윤리적 딜레마, 팀빌딩 연습, 그리고 파트(part) 끝에 있는 통합 사례 등이 포함됩니다. 이러한 적용의 간략한 요약이 다음과 같습니다.

> **사례적용 1** 테스코(Tesco): 초점을 다시 맞추어라
>
> 1919년도에 설립된 테스코(Tesco)는 런던 이스트엔드 지역에서 한 시장가판대로 시작했다. 테스코는 한 세기가 채 되지 않는 단시간 내 세계 최대 규모의 슈퍼마켓으로 성장하였으며, 시장점유율 기준으로 영국 최대 슈퍼마켓으로 자리매김하고 있다.

사례 적용

각 장 맨 끝에다 두 개의 새로운 적용 사례를 실었습니다.

> **계속되는 사례**
>
> **스타벅스(스타벅스) – 소개**
>
> 공동체(Community), 연결(Connection), 배려(Caring), 헌신(Committed), 커피(Coffee). 스타벅스가 무엇을 의미하고 비즈니스로서 무엇이 되길 원하는지에 대해 본질을 설명하는 5C. 77개국에 30,000개의 매장을 가진 스타벅스는 세계 최고의 스페셜티 커피 소매업체이다. 또한 이 회사는 시애틀스 베스트 커피(Seattle's Best Coffee), 티바나(Teavana), 스타벅스 비아(스타벅스 VIA), 스타벅스 리프레셔(스타벅스 Refreshers), 에볼루션 프레시(Evolution Fresh), 라 불랑제

스타벅스 통합 사례

이 책의 각 파트는 스타벅스 통합 사례를 끝에다 실었습니다. 이 사례는 학생들이 가장 친숙한 기업 조직에서 개념들이 어떻게 적용되는 지 볼 수 있을 뿐만 아니라 management의 통합적인 성격을 볼 수 있습니다. 이 사례들은 이전판으로부터 완전히 개정하였습니다.

> **기술 연습** 창의성 개발시키기
>
> **기술에 대해**
>
> 의사결정 과정의 "대안 개발" 단계는 창의성의 도움을 받을 수 있다. 다양한 선택사항, 특히 주류를 벗어난 선택사항을 구상하는 능력은 탁월한 대안을 찾을 확률을 증가시킨다. 또한 창의성은 다른 사람들이 볼 수 없는 문제들을 식별하는데 도움이 될 수 있다.
>
> 창의적이기 위해서는 새로운 아이디어에 마음을 열어야 한다. 우리는 각자 창의적 능력을 가지고 있지만, 그 능력을 개

기술 연습

무엇인가를 "아는 것"만으로 충분하지 않습니다. 학생들은 그 지식을 적용할 줄 알아야 합니다. 각 장 끝에 있는 기술 연습은 학습목표를 달성하는데 도움이 되도록 설계하였습니다. 이러한 연습 중 일부는 정치력 기술, 창의성, 협동성, 신뢰형성, 면접, 동기유발, 권력획득 등의 기술 개발을 포함합니다.

> **윤리적 딜레마**
>
> 영국의 의료 보험에는 170만 명이 일하고 있다.[45] 이는 세계에서 가장 큰 공공 기금 보건 서비스이다. 직원들은 여러 이유로 경영진으로부터 '피해'를 받는 경우가 있다. 대표적으로 런던 병원에서 일하는 50세 전후의 선임 컨설턴트의 사례가

윤리적 딜레마

각 장마다 학생들에게 윤리적 딜레마를 제공하고 학생들이 윤리적인 의사결정과 중요한 의사결정을 할 때 그 스킬들을 적용하도록 격려합니다.

> **함께 일하기** 팀연습
>
> 연구자들은 결정을 내리는 스타일이 개인의 사고방식에 크게 좌우된다고 말한다. 다음은 우리가 사용하는 정보의 출처와 정보처리 방법에 관한 이야기이다. 연구자들은 다양한 사고방식을 선형적 사고와 비선형적 사고 두 가지로 분류했다. 3명 또는 4명으로 구성된 그룹에서 정보를 수집하고 처리하

함께 일하기: 팀 연습

오늘날 조직 생활을 하려면, 점차 그룹이나 팀 활동이 증가하고 있습니다. 그리고 조직에서 "team player"가 되고자 한다면, 고용과정에서 중요한 자질이 필요합니다. 학생들에게 그들의 협동기술을 증진시키기 위하여, 우리는 각 장 끝에다 팀연습을 포함시켰습니다.

> **경영자가 될 차례**
>
> - 당신이 내린 큰 결정을 떠올려 보아라. 의사결정 과정의 단계를 참조하여 의사결정에 대한 설명을 해 보아라. 결정을 개선하기 위해 그 과정에서 무엇을 수정할 수 있을까?

"경영자가 될 차례" 연습

학생들에게 경영학 개념을 적용시키는 기회뿐만 아니라 각 장에서 "경영자가 될 차례" 연습을 소개하였습니다.

감사의 글

교재를 쓰고 출판하기 위해서는 팀 노력이 필요합니다. 표지에는 저자 두 명만 적혀 있지만, 교재를 만들기 위해서 도움을 주신 수 많은 사람들이 있습니다. 두 명의 저자 뿐만 아니라 이번 개정판에서는 San Diego State University의 Amy Randel 교수가 도움을 많이 주었습니다. 그녀는 연구의 방향, 사례를 제공하였을 뿐만 아니라 각 장 끝에 있는 자료를 준비하는데 도움을 주었습니다. 그리고 Pearson사의 우리 편집팀은 저자들의 원고

를 완성된 교재로 바꾸기까지 많은 지원과 도움을 지속적으로 주었습니다. 우리는 특히 Stephanie Wall, Kris Ellis-Levy, Yasmita Hota, Lynn Huddon, Beth Kaufman, Lacey Vitteta, Adrienne D'Ambrosio, Erin Kelly, Nayke Heine에게 감사를 드립니다. 또한 우리는 우리의 프로젝트 관리자인 Denise Forlow at Integra-Chicago와 사진편집자인 Melissa Pellerano에게 감사드립니다. 우리는 지난 45년 이상 전 세계에 Robbins 브랜드를 구축해준 Pearson사의 세일즈 및 마케팅 직원들에게 감사하고자 합니다. 마지막으로 과거와 이번판에서 우리들에게 통찰력을 제공해준 검토자들에게도 감사를 드립니다.

이 책의 15판을 감수해주신 분들

Kennedy Amofa, *Columbia College, MO*
Jessie Bellflowers, *Fayetteville Technical Community College, NC*
Margaret Deck, *Virginia Polytechnic Institute, VA*
Tom Deckelman, *Owens Community College, OH*
Steve Diasio, *University of South Florida, FL*
Lauren M. *Donovan, Delaware County Community College, DE*
Barbara Garrell, *Delaware County Community College, DE*
Scott Geiger, *University of South Florida St. Petersburg, FL*
Lacey Gonzalez, *Lehigh Carbon Community College, PA*
Anne Hoel, *University of Wisconsin–Stout, WI*
Edward Hoeppner, *University of South Florida St. Petersburg, FL*

Michael Alleruzzo, *St. Joseph University, PA*
Matthias Bollmus, *Carroll University, WI*
Brione Burrows, *Central Georgia Tech, GA*
Suzanne Clinton, *University of Central Oklahoma, OK*
Dana J. Frederick, *Missouri State University, MO*
Julia M. Fullick, *Quinnipiac University, CT*
Karl Giulian, *Atlantic Cape Community College, NJ*

Greg Hoffeditz, *Southern Illinois University Carbondale, IL*
Romas A. Laskauskas, *Stevenson University, MD*
Steven Levine, *Nassau Community College, NY*
David Lohr, *Pamplin School of Business at Virginia Polytechnic Institute, VA*
Dan Morrell, *Middle Tennessee State University, TN*
Jennifer Muryn, *Robert Morris University, IL*
Chandran Mylvaganam, *Northwood University, MI*
Stefanie Phythian, *University of St. Thomas, MN*
Juliette Robinson Trottman, *Miami Dade College, FL*
Michelle Ruiz, *University of Houston–Victoria, TX*
Russell Teasley, *University of North Georgia, GA*
Scot W. Vaver, *University of Wisconsin–Stout, WI*
Tiffany Woodward, *East Carolina University, NC*
Nancy Zimmerman, *The Community College of Baltimore County, MD*

Dan Morrell, *Middle Tennessee State University, TN*
L. Renee Rogers, *Forsyth Technical Community College, NC*

Stephen P. Robbins
Mary Coulter

지은이 소개

Stephen P. Robbins

Stephen P. Robbins는 University of Arizona에서 박사학위를 받고 샌디에고 주립대학교의 경영학과 명예교수로 재직중이다. Robbins 박사는 경영학원론과 조직행동론 분야에 관한 세계적인 베스트셀러 교재의 저자이다. 그의 책은 1,000개 이상의 미국 대학과 대학교에서 사용되어지고 있고, 캐나다, 오스트레일리아, 남아프리카, 그리고 인도에서 사용되었으며, 현재 19개 언어로 번역되어 사용되고 있다. 또한 Robbins 박사는 세계적인 베스트셀러 저자로서, 『The Truth About Managing People』제2판(Financial Times/Prentice Hall, 2008)과 『Decide & Conquer』(Financial Times/Prentice Hall, 2004) 등의 저서가 있다.

Robbins 박사의 다른 삶은 마스터스 트랙경주 대회에 활동적으로 참여하는 것이다. 1993년 50회 참여한 이후 21번의 미국 타이틀과 12번의 세계 타이틀을 가지고 있다. 그는 2005년 미국 육상 명예의 전당에 추대되었다.

Mary Coulter

Mary Coulter는 University of Arkansas에서 경영학 박사학위를 받고 미주리 주립대학교의 명예교수로 재직중이다. Coulter 박사는 Pearson Education에서 『Strategic Management in Action』와 『Entrepreneurship in Action』와 같은 책을 발간하였다. Coulter 박사는 자유로운 시간 동안 그녀의 화원에서 꽃 가꾸는 것을 즐기고, 가족들에게 새로운 요리를 하려고 노력하고 있다. 그리고 다양한 책을 읽고 남편 Ron과 두 딸과 사위 Sarah와 James, Katie와 Matt, 그리고 두 명의 손자녀 Brooklynn과 Blake와 함께 많은 다른 활동을 즐긴다.

역자 서문

이 책의 제목은 Management로서 경영학이란 무엇이고 어떤 활동들로 이루어져 있는지를 알려 주는 입문서이다. 그러나 입문서라고 하기에는 그 내용이 상세하고 사례를 풍부하게 다루고 있다. 본서는 Robbins와 Coulter에 의해 집필된 Fundamentals of Management 보다 더 상세하게 경영학을 서술하고 있다. 따라서 경영학을 보다 깊이 알고 싶어 하는 초심자에게 좋은 동반자가 될 것이다. 본서는 15번째 개정판을 번역한 것으로 국내에서는 11번째 개정판 출간 이후 나온 번역서이다. 개정판의 분량이 너무 방대하여 역자들은 전체 18장 중 4, 5, 6, 7장을 제외하고 나머지 열네 개 장만을 일련번호를 매기어 번역하였다. 열네 개 장은 한 학기 분량에 맞추어 강의하기가 더 수월할 것이고 강사는 경영학의 4개 활동인 계획, 조직화, 지휘, 통제활동에 더 집중해서 강의할 수 있을 것으로 판단하였다.

본인은 4인의 역자들을 대표하여 좋은 책의 출간 기회를 주신 성진미디어에 감사를 드린다. 역자들은 번역 문장을 보다 자연스럽게 가다듬기 위해 노력하였으며 국내 독자들이 영문을 쉽게 이해하도록 신경을 썼다. 역자들은 앞으로 더 읽기 쉽고 양질의 번역을 제공할 수 있기를 희망한다.

대표 역자

양동훈

Chapter 1 경영자와 직장에서의 당신

학습목표

1.1 경영자는 누구이고 어디에서 일하는지 설명한다.
1.2 경영자가 조직에 중요한 이유를 설명한다.
1.3 경영자의 기능, 역할, 기술(skill)을 설명한다.
1.4 경영자의 일을 구성하고 정의하는 요소들을 설명한다.
1.5 경영을 공부할 때 얻을 수 있는 혜택을 설명한다.
1.6 고용가능성을 높이기 위한 고용능력 기술 매트릭스(ESM: Employability Skills Matrix)의 혜택을 설명한다.

다른 동료 학생들처럼 당신도 학위과정에 있는 동안 한 두 가지의 일을 병행할 것이다. 그리고 당신의 직장 경험은 상사인 경영자가 가진 기술과 능력에 영향을 받을 수밖에 없을 것이다. 무엇이 성공적인 경영자를 만들고, 그들이 갖추어야 할 기술은 무엇인가? 경영자가 유능하면 직장은 그래도 다닐만한 곳이 되고, 때론 약간의 즐거움을 주기도 할 것이다. 반대로 무능한 경영자는 당신의 식상 생활을 힘들게 만들 수 있다. 우리는 이 장에서 경영자는 누구이고, 그들이 어디에서 일하며, 왜 조직에 중요한지를 살펴볼 것이다. 본 장의 끝에서는 경영자의 일을 구성하는 요소들을 정리하고, 경영학이 왜 당신에게 중요한지를 토의할 것이다.

LO1.1 경영자는 누구이고 어디에서 일하는가?

경영자는 다양한 상황 속에서 일을 한다. 경영자는 대기업, 중소기업, 창업기업을 운영한다. 경영자는 정부 조직, 병원, 비영리기관, 박물관, 학교뿐만 아니라 정치 캠페인이나 음악 순회공연의 장소에도 있다. 경영자는 세계 모든 국가에서 관리업무를 수행하고 있다. 경영자는 남자일수도 여자일수도 있다.

경영자는 누구인가?

경영자가 누구인지 예전에는 간단히 정의할 수 있었다. 경영자는 조직 구성원에게 무엇을 할지, 어떻게 일을 할지를 지시하는 사람이었다. 누구나 경영자와 직원을 쉽게 구분할 수 있었다. 그러나 현재는 경영자와 직원을 구분하는 것이 쉽지 않다. 일의 성격이 변하면서 많은 조직에서 경영자와 직원을 쉽게 구분하기 어렵게 되었다. 전통적으로 직원이 수행하던 일들이 이제 경영자의 임무에 포함되게 되었고, 경영자라는 직책 없이 직원만

Carnival Corporation의 CEO인 Arnold Donald는 세계 최고 크루즈 라인의 최고경영자로, 다양한 문화와 국가에 기반을 둔 10만 명 이상의 직원, 10개의 크루즈 라인 브랜드, 100척의 선박을 보유하고 있다. 그의 도전 과제는 Carnival이 목표를 달성하는 데 도움이 되는 계획을 세우고, 결정을 내리는 것이다: "우리 고객들에게 추억을 만드는 즐거움을 선사하는 것"

출처: *Rick Wilking/Reuters/Newscom*

으로 수행이 가능한 경우도 발생하였다. 이를테면 Valve Corporation이라는 게임회사는 직책을 가리키는 명칭을 없애고, 감독하는 직책을 최소한으로만 유지하고 있다. 모든 일은 프로젝트 형태로 직원 개인이나 팀에 의해 수행되고 누구나 좋은 아이디어만 있으면 팀을 만들어 일을 시작할 수 있다. 프로젝트에는 리더라고 불리는 팀원이 있지만, 그는 정보와 업무를 기록하는 역할을 할 뿐 다른 팀에게 지시를 하지는 않는다.

이런 상황에서 경영자는 과거와 달리 정의되어야 한다. **경영자**란 다른 사람들의 일을 조정하고 도와주면서 조직의 목표가 달성될 수 있도록 하는 사람이다. 경영자는 자신의 업적을 위해 일하는 사람이 아니라, 다른 직원들의 일을 돕는 사람이다. 경영자는 부서 전체의 일을 조정하거나 도움이 필요한 사람을 개별적으로 안내해주는 사람이다. 경영자는 조직 내 부서와 팀의 활동을 조율하거나 임시로 고용한 사람들과 조직 외부의 하청기업 사람들의 활동을 조정한다. 물론 경영자는 다른 사람들의 일을 조정하고 돕는 것 외에도 다양한 책임을 가지고 있다. 이를테면 보험회사의 경영자는 보험 업무 직원의 일을 조정하는 것 외에 자신이 직접 처리해야 하는 보험 청구업무를 가지고 있다.

경영자
다른 사람의 일을 조정하고 도와주면서 조직의 목표가 달성될 수 있도록 하는 사람

조직 내 경영자는 어떻게 분류되는가? 전통적인 조직(낮은 계층의 근로자 숫자가 높은 계층의 근로자 숫자보다 훨씬 많은 피라미드 형태의 조직)에서 경영자는 현장, 중간, 그리고 최고경영자로 구분된다. 현장 경영자는 제품과 서비스를 생산하여 고객에게 전달하는 근로자들을 관리하는 임무를 수행한다. **현장관리자**는 감독, 주야간 작업관리자(shift manager), 과장, 부서장, 사무관리자 등으로 불린다. **중간경영자**는 조직의 전략을 실행하는 책임을 맡고 있다. 조직의 더 높은 계층에는 **최고경영층**이 있다. 이들은 조직 전체를 위해 중요한 의사결정을 하고, 조직 전체에 영향을 주는 전략과 목표를 수립한다. 이들은 부회장, 회장, 관리총괄책임자, 최고운영관리자, 중역 등의 이름으로 불린다.

현장관리자
비관리직 직원의 업무를 관리하는 가장 낮은 수준의 관리자

중간경영자
현장관리자와 최고경영층 사이에 위치한 경영자

최고경영층
조직 전체의 결정을 내리고 전체 조직에 영향을 미치는 전략과 목표를 수립하는 책임을 지는 조직 구조의 상위 수준 또는 그 근처에 있는 경영자

모든 조직이 전통적인 피라미드 조직형태를 취하는 것은 아니다. W. L. Gore, Zappos, GitHub 같은 조직들은 일이 발생할 때마다 프로젝트 팀을 만들어 유연하게 직원들을 이동시키는 구조이다. 이런 회사에서 경영자를 정의하는 것은 쉽지 않다. 그러나 누군가는 경영자의 역할을 수행하고 있을 것으로 보인다. 일의 책임자가 바뀌고, 프로젝트가 바뀌더라도 경영자라는 이름이 없을 뿐, 누군가는 다른 직원의 일을 관리하고 조정하는 역할을 수행하고 있다.

경영자는 어디에서 일하는가?

경영자는 조직 내에 있다. 그러나 조직이란 정확히 무엇인가? **조직**은 특정한 목표를 달성하기 위해 사람들을 섬세하게 배치한 구조이다. 당신의 대학교 역시 하나의 조직이다. 남녀 기숙사, 정부의 부처, 교회, Amazon.com, 근처 식료품점, The United Way, 세인트루이스 프로야구팀, 메이요병원 등도 모두 조직이라 할 수 있다. 조직들은 공통적으로 3가지의 특징을 보이고 있다(Exhibit 1-2를 참고).

조직
특정한 목표를 달성하기 위해 체계적인 질서 아래 모인 사람들의 집합

Exhibit 1-1
경영자의 계층

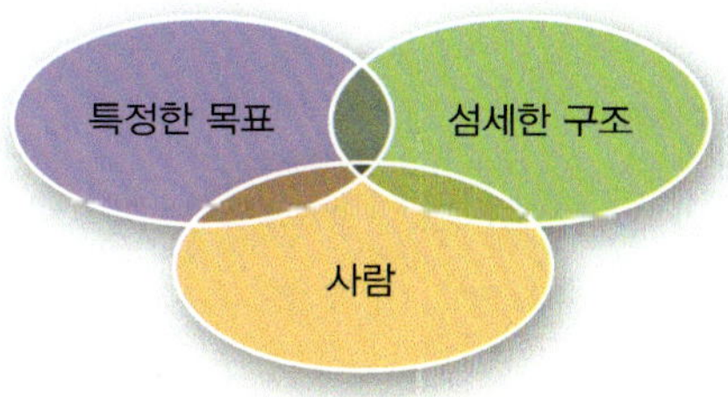

Exhibit 1-2
조직의 특징

첫째, 조직은 달성해야 할 특정한 목표를 가지고 있다. 둘째, 조직은 사람들로 구성되어 있다. 조직은 목표를 달성하기 위해 사람들에게 일에 대한 책임을 부여한다. 셋째, 모든 조직은 섬세한 조직을 구축하고 그 안에서 사람들이 일을 하도록 만든다. 어떤 조직은 개방적이고 유연한 방식으로 특정한 직무명칭이나 명확한 책임을 사전에 규정하지 않고 자유롭게 운영된다. 이를테면 구글의 본사인 알파벳(Alphabet)은 대부분의 프로젝트를 필요할 때마다 구성된 작은 팀으로 신속하게 수행한다. 한편 Proctor & Gamble 같은 전통적인 조직은 규칙과 규정, 직무별 책임을 사전에 명확히 정의하고 상사가 근로자에 대해 상당한 권한을 갖고 있다. 군대 같은 조직은 계급이 아주 분명히 정의되어 있다. 미국 공군의 참모총장은 가장 높은 계급의 군인이며 병사는 가장 낮은 계급의 군인이다. 두 계급 간에는 9개의 중간계급이 존재한다.

fyi

- 2016년 미국의 경영자와 임원은 950만 명 이었다
- 최고경영자는 260만 명 이었다
- 미국의 경영자 수는 2016년부터 2026년까지 8% 증가할 것으로 예상되며, 이로 인해 약 807,300개의 새로운 일자리가 창출될 것으로 보인다[1]

오늘날의 조직 중에는 알파벳처럼 구조화되어 있다. 일을 유연하게 정의하고 직원 중심의 작업팀을 운영하며, 개방적인 소통 시스템과 외부 기업과의 사업적 파트너십을 유지하고 있다. 이러한 조직에서 일은 과업(task)이라는 작은 단위로 구성되어 있다. 하루의 근로시간은 시작과 종료가 미리 정해져 있지 않으며 직원은 장소와 시간에 관계없이 일을 할 수 있다. 조직이 어떠한 정책을 선택하든 특정한 조직구조를 가지고 그 안에서 일을 수행하며, 경영자는 직원의 일을 관리하고 조정해나간다.

L01.2 경영자는 왜 중요한가?

경영자는 조직에서 중요한 역할을 수행한다. 경영자의 역할이 중요한 이유는 크게 세 가지이다.

첫째는 불확실하고 복잡한 혼돈의 시기에 조직은 무엇보다 경영자의 스킬과 능력이 필요하기 때문이다. 노동력의 변화가 심하고, 세계 경제는 불확실하며, 기술이 급변하는 오늘날 경영자는 이러한 도전에 직면하여 조직의 중요한 이슈를 파악해 대처하는 중요한 역할을 수행한다.

둘째는 일을 달성하려면 경영자의 역할이 중요하기 때문이다. 경영자는 직원들이 일을 할 수 있도록 작업환경과 작업시스템을 만들고 조정해나간다. 직원들이 일을 제대로 해내지 못할 경우 경영자는 이를 파악하여 일을 조정하고 직원들이 일을 달성할 수 있도록 한다.

셋째는 경영자에 따라 조직의 성과에 차이가 나기 때문이다. 경영자가 조직성과에 기여한다는 점을 어떻게 알 수 있을까? 갤럽(Gallup)은 지금까지 수백만의 경영자를 조사하였는데 직원의 생산성과 헌신성을 결정하는 가장 중요한 요소는 급여나 근로조건이 아닌, 직원과 그 직속 상사와의 관계에 있었다(Exhibit 1-3을 참고).[2] 글로벌 컨설팅회사인 타워스왓슨(Towers Watson) 역시 직원을 동기부여하는 경영자의 능력이 곧 회사의 재정적 성과와 긴밀하게 연관되어 있음을 발견하였다.[3] 능력있는 경영자를 고용한 회사는 그렇지 않은 회사에 비하여 수익은 48%가, 생산성은 22%가, 고객의 만족도는 17%가, 직원의 이직률은 19%가 개선된 것으로 나타났다.[4] 갤럽의 또 다른 조사에서 경영자 리더십은 직원의 근로의욕을 높이는 가장 중요한 요소임이 밝혀졌다.[5]

Exhibit 1–3
경영자가 성과의 차이를 만든다

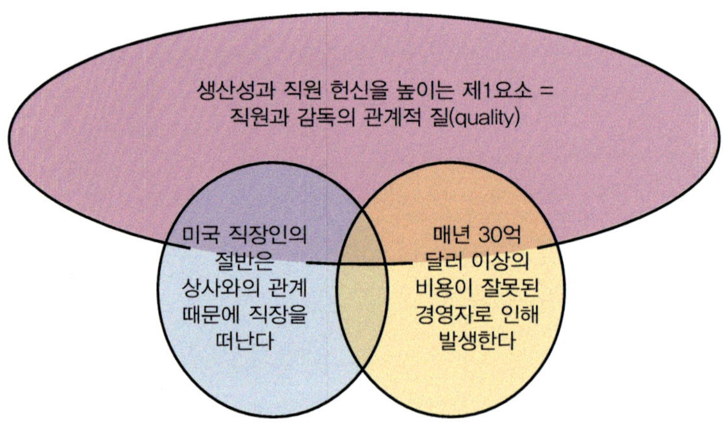

LO1.3 경영과 경영자

경영이란 무엇인가?

경영이란 직원의 업무활동을 조정하고 감독하는 활동으로 일을 효율적이고 효과적으로 달성하도록 하는 활동이다. 직원의 업무활동을 조정하고 감독하는 것은 경영자 직책과 경영자가 아닌 직책을 구분하는 기준이 된다. 그러나 경영자와 직원은 자신들이 원하는 일을 아무 때나 아무 장소에서나 할 수 있는 것은 아니다. 그들은 경영이라는 활동을 중심으로 경영자와 직원이 서로의 일을 책임지고 일을 최대한 효율적이고 효과적으로 달성해야 한다.

경영(management)
구성원의 업무활동을 조정하고 감독하는 활동으로 일을 효율적이고 효과적으로 달성하도록 하는 활동

효율성이란 최소한의 투입(자원)으로 최대한의 결과물을 생산하는 것을 말한다. 경영자는 사람, 돈, 장비 같은 희소한 자원을 효율적으로 활용하고자 한다. 효율성은 일을 올바른 방식으로 수행하여 자원을 낭비하지 않는 것이다. 이를테면 사우스웨스트 항공사는 한 가지 기종의 항공기(보잉737)만을 운영하여 운영 효율성을 개선한 사례가 있다. 한 가지 기종의 항공기를 사용하면 일정관리, 운영, 항공기 정비 등을 간소화시킬 수 있으며, 기장, 지상요원, 그리고 정비사를 훈련하는 비용 역시 절감할 수 있다. 왜냐하면 한 기종의 항공기만을 사용하면 새로 익혀야 할 내용이 많지 않기 때문이다.[6] 사우스웨스트 항공사는 이런 경영방식을 활용하여 42년간 계속 이익을 내고 있다.[7]

효율성
최소한의 투입(자원)으로 최대한의 결과물을 산출하는 것

그러나 효율성만으로는 충분하지 않다. 경영자는 직원의 효과성에 대해서도 관심을 쏟아야 한다. **효과성**이란 올바른 일을 찾아서 하는 것을 말하는데, 이는 목표를 달성하는데 필요한 업무활동을 찾아 수행하는 것을 의미한다. 사우스웨스트 항공사는 업무의 효율성뿐만 아니라 회사의 미션인 최상의 고객서비스에 헌신할 것을 강조한다. 최상의 고객 서비스는 따뜻함, 친절함, 개인적인 자부심 그리고 회사의 가치를 체화한 직원만이 해낼 수 있다.[8] 사우스웨스트 항공사가 추구하는 효과성 중 대표적인 것 2가지는 수하물 가방을 2개까지 무료로 허용하고, 고객이 일정을 변경할 때 벌금을 부과하지 않는 것이다.[9]

효과성
목표를 달성하는데 필요한 업무활동을 찾아 수행하는 것

효율성이 일을 수행하는 도구에 관한 것이라면 효과성은 목표 그 자체, 다시 말해 조직의 목표를 달성하는 것을 말한다(Exhibit 1-4를 참고). 성공적인 조직은 높은 효율성과 높은 효과성을 동시적으로 추구한다.

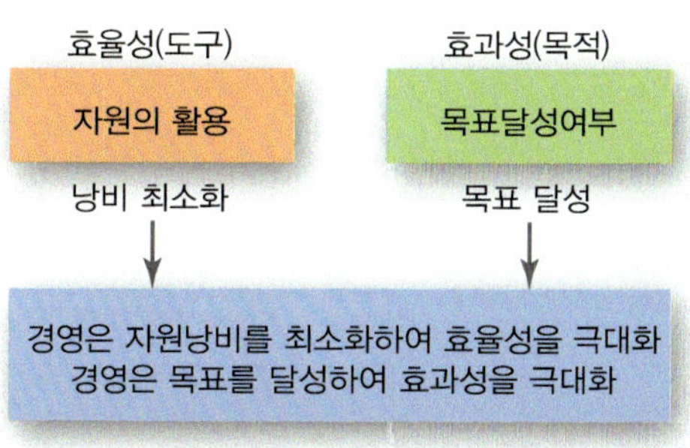

Exhibit 1–4
경영의 효율성과 효과성

Exhibit 1–5

경영의 4가지 기능

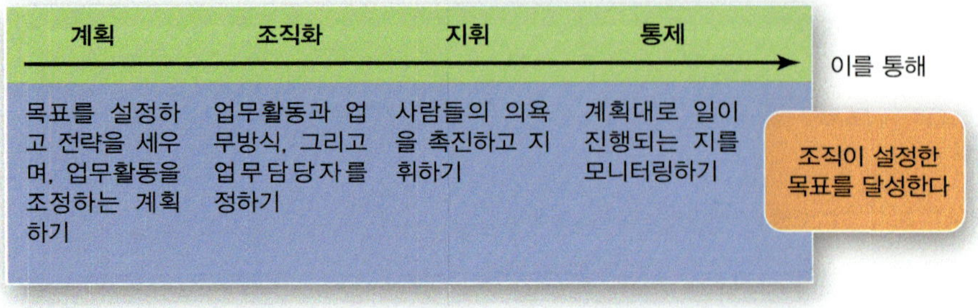

경영자는 어떤 일을 하는가?

이제 경영자가 하는 일을 조금 더 자세히 알아보자. 경영자의 일을 설명하는 것은 쉽지 않다. 마치 어떤 조직도 서로 똑같지 않은 것처럼, 똑같은 일을 하는 경영자 역시 없다. 그러나 경영학자들은 경영자의 일을 설명하기 위해 3가지에 초점을 맞추고 있다. 즉, 기능, 역할, 스킬이 그것이다.

계획
목표를 정하고, 목표를 달성하기 위한 전략을 세우며, 업무활동들을 통합하거나 조정하는 기능

조직화
직원들에게 업무를 할당하고 구조화하는 기능

지휘
사람들이 조직의 목표를 달성하도록 독려하는 기능

경영자의 기능 기능 측면에서 살펴보면 경영자들은 직원들의 업무를 효율적으로 그리고 효과적으로 조정하는 것과 같이 특정한 활동이나 기능을 수행하고 있다. 경영자가 수행하는 기능에는 어떤 것들이 있을까? 헨리 페욜이라는 프랑스 사업가는 20세기 초에 모든 경영자가 수행해야 할 5가지 기능을 제안하였다.[10] (조금 더 상세한 사항은 경영의 역사 모듈을 참고하시오) 오늘날 우리들은 경영자의 기능을 4가지로 보고 있는데, 경영자의 기능은 계획, 조직화, 지휘, 그리고 통제이다. 각각의 기능을 간단히 살펴보면 다음과 같다.

당신은 마음속에 목적지가 없을 때 아무 길이나 선택하면 될 것이다. 그러나 가고 싶은 목적지가 있다면 그곳에 갈 수 있는 최선의 길을 계획할 것이다. 조직은 항상 어떤 특정한 목적을 갖고 있기 때문에, 그 안의 사람들은 목적과 수단을 명확히 정의해야 한다. 그래서 경영자는 정의하는 사람이다. 경영자는 **계획**할 때 목표를 정하고, 목표를 달성하기 위한 전략을 세우며, 업무활동들을 통합하거나 조정하는 계획을 구상한다.

콘테이너스토어의 경영자인 제이미 모엘러는 직원들을 지휘하는, 중요한 역할을 수행한다. 그녀는 직원들이 하루 일을 시작하기 전 직원들을 팀으로 일하도록 만든다. 모엘러는 직원들이 팀으로 영업을 하도록 코칭하여, 점포의 매출액과 고객서비스 목표를 달성하고자 한다.

출처: James Borchuck/Tampa Bay Times/Zumapress.com/Alamy Stock Photo

경영자는 직원들에게 업무를 할당하고 구조화하여 조직의 목표를 달성하는 책임을 지고 있다. 우리는 경영자의 이러한 기능을 조직화라 부른다. 경영자는 **조직화**를 할 때 어떤 업무가 필요하며, 누가 그 업무를 수행하고, 어떻게 업무들을 묶어 누가 누구에게 보고를 해야 할지, 또한 의사결정은 누가 할지를 결정한다.

모든 조직은 사람들로 구성되며 경영자의 일은 사람들이 일을 하도록 만드는 것이다. 이것이 곧 지휘라는 기능이다. 경영자가 **지휘**한다는 것은 곧 부하 직원들을 동기부여하고, 집단 내에서 발생하는 문제를 해결하도록 개인과

팀에게 영향을 미치는 것을 말한다. 또한 경영자는 가장 효과적인 소통방법을 선택하거나 직원들의 행동에서 나타나는 문제들을 다루기도 한다.

경영자가 수행하는 마지막 기능은 통제이다. 경영자는 목표와 계획을 세우고(계획), 업무와 업무 간의 흐름을 정하고(조직화), 사람들을 채용해 훈련하고 동기부여 시키며(지휘), 마지막으로 업무가 계획대로 진행되는지를 평가한다. 경영자는 목표가 달성되었는지, 업무는 계획한대로 수행되었는지 평가한다. 만약 목표가 달성되지 않았다면 경영자는 문제점을 파악해서 일을 다시 조정한다. **통제**라는 기능은 이와 같이 일을 모니터하고 계획과 실제 진척도를 상호 비교하며, 때론 문제점을 찾아 해결하는 활동을 말한다.

통제
업무를 모니터하고 계획과 실제 진척도를 상호 비교하며, 때론 문제점을 찾아 해결하는 기능

지금까지 경영자의 일을 기능 측면에서 설명하였는데, 어떤가? 경영자는 항상 계획하고 조직화하고 지휘하며 그리고 통제하는 일을 한다고 생각하는가? 꼭 그렇지만은 않다. 경영자의 일은 반드시 이런 순서로 발생하지는 않는다. 그러나 경영자는 기능을 순차적으로 수행하지 않더라도 계획, 조직화, 지휘, 통제를 하고 있다고 말할 수 있다.

Exhibit 1–6
Mintzberg가 정의한 경영자의 역할

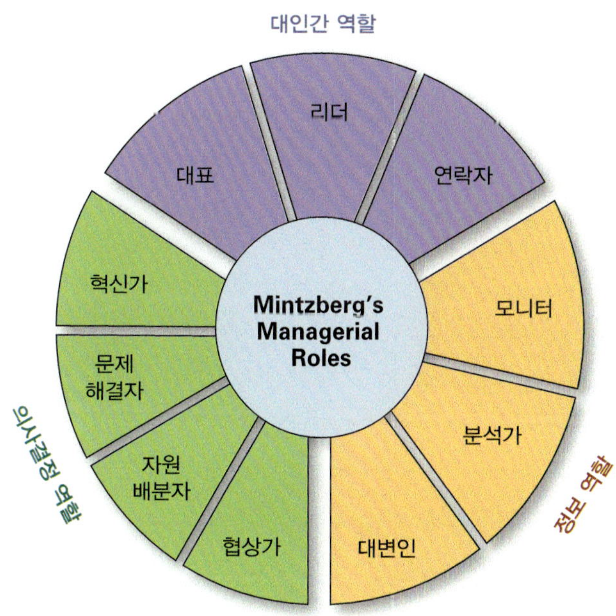

경영자의 역할 저명한 경영학자인 헨리 민즈버그는 현장의 관리자를 연구하여 새로운 관점을 제공하였다. 민즈버그는 그의 최초 연구에서 경영자를 가장 잘 이해할 수 있는 방법이 곧 **경영자의 역할**에 주목하는 것이라 하였다.[11] 경영자의 역할이란 경영자에게 기대되는 혹은 현장에서 보여지는 특정한 행동과 활동을 의미한다. Exhibit 1-6처럼, 민즈버그는 경영자의 역할을 10개로 정의하였는데 이들 역할은 대인관계, 정보의 전달, 그리고 의사결정에 관한 것들이다.

경영자의 역할(managerial roles)
경영자에게 기대되는 혹은 경영자에 의해 수행되는 특정한 행동과 활동들

대인간 역할은 사람들(부하 사원과 외부의 사람들)에 관한 것으로서 예식이나 상징적 의무들에 관한 것이다. 경영자의 대인간 역할은 또 다시 대표, 리더, 연락자라는 3가지 역할로 구분된다. 경영자가 수행하는 **정보 역할**은 정보를 수집하고, 전달하며, 분석하는 것

대인간 역할
사람들에 관한 것들로서 예식이나 상징적 의무들에 관한 역할

정보 역할
정보를 수집하고, 전달받으며, 분석하는 역할

의사결정 역할
의사결정과 관련된 역할

이다. 마지막으로 **의사결정 역할**은 의사결정하고, 선택하는 것 외에 혁신가, 문제해결자, 자원배분자, 협상가 등의 역할들이 있다. 민즈버그에 의하면 경영자는 이들 역할을 수행하면서 생각하고(thinking), 실행하는(doing) 활동을 모두 하게 된다.[12]

후속 연구는 민즈버그의 역할 유형들이 타당한 지를 검토하였는데, 경영자들은 조직의 유형이나 경영자의 직위에 관계없이 모두 유사한 역할들을 수행하고 있음이 밝혀졌다.[13] 그러나 경영자는 다양한 역할을 수행하더라도 경영자의 직위에 따라 다소간의 차이는 있었다.[14] 경영자는 조직의 상위계층으로 올라갈수록 분석가, 대표, 협상가, 연락자, 대변인의 역할이 더 중요해졌으며, 하위 계층으로 내려갈수록 리더의 역할이 더 중요해졌다.

그렇다면 지금까지 살펴본 경영자의 기능과 민즈버그의 역할 중 어느 쪽이 더 나은 접근법이라 할 수 있을까? 양쪽 모두 경영자의 일을 설명할 때 효과적이지만, 기능별 접근법이 경영자의 일을 설명할 때 일반적으로 더 나은 것으로 보여진다. "고전적인 기능별 접근법은 경영자가 수행하는 수많은 활동들과 경영자가 목표를 달성하기 위해 활용하는 기술들을 명확하고 중복없이 설명하기 때문에 더 효과적이다."[15] 그러나 경영자의 일을 계획, 지휘, 조직화, 통제로 설명하는 기능적 관점에 추가해서 경영자의 역할 역시 경영자의 일을 이해하는데 도움이 된다.

경영자의 스킬 UPS는 경영스킬의 중요성을 이해하고 있는 회사이다.[16] 회사의 신참 경영자는 사람관리와 시간관리에 대해 학습하기 위해 오리엔테이션에 열심히 참여한다. 회사는 8일간의 현장 스킬 훈련 프로그램을 제공하여 일선 경영자에게 업무를 잘 할 수 있는 방법에 대해 가르친다. 일선 감독들이 이런 훈련과정에서 무엇을 배우게 될까? 그들은 효과적으로 소통하는 법, 안전에 관한 법규, 그리고 노동문제에 대응하는 방법을 학습한다.

경영자는 어떤 유형의 스킬이 필요할까? 로버트 카츠는 경영자가 갖추어야 할 3가지 핵심스킬로 기술적 스킬, 대인적 스킬, 개념적 스킬을 주장하였다[17](Exhibit 1-7은 경영계층별로 필요한 3가지 스킬을 보여주고 있다).

Exhibit 1–7
경영계층에 따라 필요한 스킬

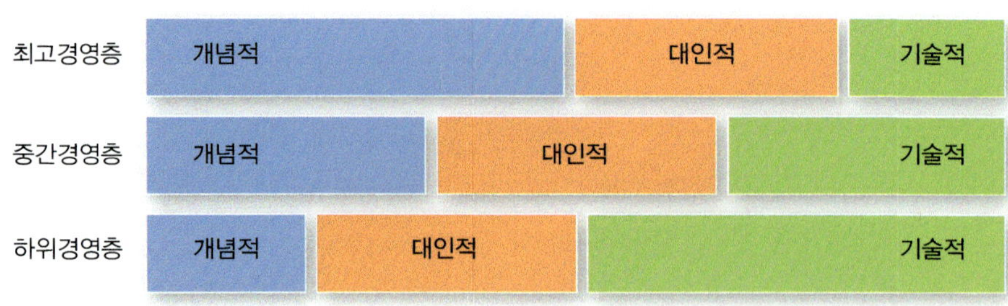

기술적 스킬
업무를 능숙하게 수행하는데 필요한 업무 관련 지식과 기법

기술적 스킬은 업무관련 지식과 기법으로 주어진 업무를 능숙하게 수행하는데 필요하다. **기술적 스킬**은 일선 경영자들에게 특히 중요한데 일선 경영자들은 제품을 생산하고 고객을 응대하는 직원들을 직접 지도하기 때문이다. 이런 이유에서 기술이 뛰어난 직원들

은 나중에 경영자로 승진하게 된다.[18] 이를테면 딘 화이트라는 Springfield ReManufacturing사의 생산 감독은 원래 부품 세척업무를 하던 직원이었다. 현재 딘은 6개 부서와 25명의 직원을 관리하고 있다. 그는 처음에 자신의 이전 동료들이 자신의 말을 잘 듣지 않는 것 때문에 고생을 했다. 화이트는 "내가 사람을 지휘하려면 사람들의 존경을 먼저 얻어야 한다는 점을 깨달았습니다."고 말한다. 그는 다른 동료 감독들에게 조언을 구했고, 오늘날 성장하는데 큰 도움이 되었다. 딘은 기술적 스킬이 뛰어났지만 대인적 스킬의 중요성을 인식하고 다른 개인 및 집단과 일을 효과적으로 할 수 있는 능력을 갖추게 되었다. 모든 경영자는 사람을 다루어야 하기 때문에, **대인적 스킬**은 모든 계층의 경영자에게 공통적으로 중요하다. 좋은 대인관계 스킬을 가진 경영자는 직원들로부터 최선의 능력을 이끌어낼 수 있다. 대인관계 스킬이 있는 경영자는 소통하고 동기부여하고 지휘하며 열정과 신뢰를 이끌어내는 법을 안다. 마지막으로 개념적 스킬은 추상적이고 복잡한 상황을 이해하고 개념화할 수 있는 스킬이다. **개념적 스킬**을 이용해서 경영자들은 조직 전체를 이해하고, 조직 내 부서들의 관계를 파악하며, 조직이 환경과 상호작용하는 방식을 마음속에 그려본다. 개념화를 거쳐야 경영자는 직원들을 지휘할 수 있다. 이를테면 이안 맥앨리스터라는 아마존의 경영자는 경영자로 성공하려면 회사의 사업을 전체적으로 이해하고 있어야 한다고 말한다. 사업에 대한 이해가 가능해야 경영자는 모든 직원들을 설득할 수 있다. 그래야 모든 직원들은 회사의 비전에 맞추어 의사결정을 하게 된다.[19] 따라서 개념적 스킬은 최고경영층에게 가장 중요한 스킬이라 할 수 있다.

대인적 스킬(interpersonal skills)
개인들 및 집단과 일을 효과적으로 할 수 있는 능력

개념적 스킬
추상적이고 복잡한 상황을 이해하고 개념화할 수 있는 능력

LO1.4 현재와 미래에 경영자가 해결해야 할 도전들

오늘날 경영자들을 많은 도전을 경험하고 있다. 다음에는 이중에서 6가지만을 설명하고자 한다. 기술, 파괴적 혁신, 소셜 미디어, 윤리, 정치적 불확실성, 고객이 그것이다.

기술적 도전

경영자는 기술이 계속 변화하기 때문에 일터에서 도전을 경험하고 있다.[20] 클라우드 컴퓨팅, 인공지능, 로봇 같은 것이 기술변화의 예가 될 것이다. 새로운 기술이 등장하면 이에 따라 직원을 계속 교육시키는 것이 도전적 과제가 된다. 경영자는 직원들에게 새로운 기술이 왜 현재의 사업 방식에 중요한지를 이해시킬 필요가 있다. 다이디어 본넷은 '디지털을 선도하기'라는 책의 공저자인데, 그에 의하면 경영자의 일이란 직원들로 하여금 다리를 건너도록 돕는 것, 즉 새로운 기술에 익숙하도록 돕고, 새로운 기술을 활용하도록 도우며, 기술로 인해 그 자신들의 생활이 더 윤택해짐을 이해시키는 것이라 한다.[21]

당신의 경력 개발

당신의 시간을 관리하는 ABC

당신은 항상 정신없이 바쁜가? 당신은 할 일은 너무 많고 시간은 턱없이 부족한가? 당신도 다른 사람들과 똑같다면 이 질문에 예라고 답할 것이다. 우리가 경영에서 매우 유익한 것을 찾아낸다면 그것은 시간관리라는 것이다. 시간은 독특한 자원이다. 시간은 한번 써버리면 다시 대체될 수 없는 것이다. 사람들은 시간을 절약하라고 하지만 시간은 저장이 되지 않는다. 시간은 모든 사람들에게 정확히 동일하게 주어지는 것으로 돈이나 재능 같이 불평등하지 않다. 우리 모두는 하루 24시간, 한 주에 168시간이라는 동일한 양의 시간을 갖고 있다. 일부 사람들은 시간을 조금 더 효율적으로 활용하기도 한다. 다음은 당신이 시간을 더 잘 활용하도록 돕기 위한 제안들이다.

1. 현재의 목표와 미래의 목표목록을 작성해본다.
매일, 매주, 매달 달성해야 할 일들을 파악한다.

2. 목표를 중요도에 따라 순위를 정한다.
모든 목표가 다 똑같이 중요하지는 않다. 가장 중요한 목표에 가장 높은 우선순위를 정하라.

3. 목표를 달성하는데 필요한 활동과 과업들의 리스트를 만들어보라.
당신은 목표를 달성하기 위해 어떤 행동들을 해야 하는가?

4. 이들 활동들과 과업들을 A, B, C 범주로 나누어보라.
A는 가장 중요하고 시급한 일들이다. B는 중요하거나 시급한 일들이다. C는 일상적인 일들로 중요하지도 시급하지도 않지만 여전히 필요한 일들이다.

5. 당신이 정한 우선순위에 따라 활동과 과업들의 일정을 정해보라.
먼저 하루의 계획을 세워보라. 매일 아침 혹은 그 전날에 5개 혹은 그 날에 꼭 달성해야 할 일들의 목록을 만들어보라. 그리고 난 후 일의 중요도와 긴급성에 따라 활동에 우선순위를 정해보라.

6. 기술로 인해 시간낭비가 없는 지를 점검하라.
전화, 이메일, 문자, 소셜미디어의 포스팅 등 매일 당신이 받고 있는 것을 잠시 생각해보라. 어떤 것은 필요한 것이지만, 어떤 것들은 당장 체크해야 할 필요가 없는 방해물일 수 있다. 정보의 중요성에 우선순위를 정해 보라.

7. 매일 혹은 매주 당신의 우선순위를 점검하라.
새로운 정보를 습득하면 당신은 과업의 중요성과 긴급성을 조정해야 한다. 새로운 정보를 습득하면 우선순위의 목록을 다시 조정하라.

파괴적 혁신에 의한 도전

파괴적 혁신만큼 중요한 도전은 오늘날 없을 것이다. 파괴적 혁신에 대응하고 파괴적 혁신자와 경쟁하는 것은 사업 분야에 관계없이 하나의 기회를 제공하기도 한다.

기술은 작은 스타트업 기업이 오래 장수할 수 있고, 튼튼한 기업으로 성장할 기회를 제공한다. 이를테면 우버와 리프트로 인해 택시회사는 시장 경쟁에서 어려움을 겪고 있다. 익스피티아와 트립어드바이저 같은 회사는 점포를 갖춘 기존 여행사들을 몰아내고 있다. 후루와 스링은 네트워크와 케이블TV 시장을 잠식하고 있다. 그 뿐 아니라 레갈줌이라는 회사는 법률시장의 주요 경쟁자가 되었다.

소셜 미디어에 의한 도전

현재 당신은 직원들이 하루라도 스마트기기와 이메일, 앱, 인터넷 없이 일하는 것을 상상할 수 없을 것이다. 그러나 25년 전 경영자들은 인터넷과 이메일에 대한 조직 내 지침을 만들기 위해 고민하던 시절이 있었다. 오늘날 거의 모든 조직이 사용하고 있는 도구 중에는 사용자가 온라인 모임을 만들어 아이디어, 정보, 개인적 메시지 같은 콘텐츠를 교환하는 전자적 형태의 소통도구인 **소셜 미디어**가 있다. 직원들은 개인적 시간에 이들을 사용하는 것뿐만 아니라 업무 목적으로도 활용하고 있다. 이 점에서 경영자들은 소셜 미디어의 위력과 위험을 이해할 필요가 있다.

소셜 미디어
사용자가 온라인 모임을 만들어 아이디어, 정보, 개인적 메시지 같은 콘텐츠를 교환하는 전자적 형태의 소통도구

소셜 미디어에는 문제가 적지 않다. 벅크셔 해서웨이의 최고경영자인 워렌 버펫은 다음과 같이 지적하고 있다. "명성을 쌓는 데는 20년이 걸리지만 망치는 데는 5분이면 된다"[23] 소셜 미디어는 그 자체로 문제가 되는 경우가 있는데, 직원들이 자신의 공적을 과

실패에서 배운다

성공적인 경영자는 실패에서 배운다

마이크로소프트를 공동 창업한 빌 게이츠는 성공을 축하하는 것은 좋으나, 실패의 교훈을 간직하는 것이 더 중요하다고 말한다. 아마존의 최고경영자인 제프 베조스는 실제로 자신이 경험한 실패에서 자부심을 느낀다. 그는 수억 달러의 손해를 본 적이 있다고 말한다. 베조스는 위험을 두려워하지 않는다. 아마존은 실패를 최대한 용인하는 문화를 만들어가고 있다. 이를테면 아마존 데스티네이션이라는 회사는 호텔 방을 신속히 매각하고 다른 사업을 고안했다. 아마존은 모바일 지갑을 만들고, 노래를 제공하며, 고객이 앱을 구매하기 전 실제 사용해보도록 하는 등의 노력을 기울이고 있다. 아마존이 범한 가장 큰 실패 중 하나는 파이어 스마트폰이었는데, 무려 1억 7천만 달러의 손실을 보았다. 그러나 음성으로 작동되는 에코는 매우 인기가 있는 기기가 되었다. 수많은 성공담 뒤에는 역시 사업 철수와 실패가 있었다. 기억해야 한다. 어느 누구도 승리만을 거둘 수는 없다는 점을. 그러나 어려움 속에서 개인과 조직은 성공하기까지 인내하고 평가하고 변화하며 적응해왔다. 경영자와 기업에 해당되는 것은 똑같이 여러분 자신에게도 해당된다. 당신은 실수를 범하고 포기하고, 때론 노력해도 안 될 때가 있었을 것이다. 그러나 당신은 이로부터 배우고 앞으로 나아가야 한다. 예를 하나 들어보자.

제이 케이 롤링은 아이를 둔 이혼녀로 복지혜택에 의존해 살아갔다. 그녀는 많은 출판사에 원고를 보냈으나 거절당하다 결국 해리 포터를 출간하게 된다. 그녀는 현재 백만장자가 되어 영국에서 가장 부유한 여성 중 한 명이 되었다.

오프라는 TV 방송국에서 근무하던 경력 초기에 그만 해고를 당했다. 그러나 지금은 자신의 이름을 딴 방송을 할 정도로 큰 성공을 거두었다.

출처: *JStone/Shutterstock*

오프라 윈프리는 볼티모어 TV 뉴스 기자를 하던 시절 해고를 당했다. 이유는 해당 프로듀서가 그녀를 TV 뉴스에 적합하지 않다고 평가했기 때문이다. 그러나 당시의 기자 일과 TV 경험은 그녀가 나중에 TV 토크쇼 진행자로 큰 성공을 거두는 밑거름이 되었다.

빌 게이츠와 폴 알렌은 고등학교 동창으로 트라프오데이터라는 사업을 창업하였다. 이들은 컴퓨터로 작동되는 마이크로프로세스를 만들어 교통 상황을 분석하는 제품을 워싱톤 주 고속도로 담당국의 엔지니어에게 납품하고자 했다. 제품의 목표는 교통상황에 따라 도로정체를 최소화하는 것이었다. 그러나 불행하게도 이들의 시제품은 제대로 작동이 안 되었다. 나중에 워싱톤 주 정부가 도시별 교통자료를 도표로 제공하면서 이들의 아이디어는 더 이상 필요없게 되었다. 이들의 아이디어는 실패했지만 빌과 알렌은 당시의 소트프웨어 제작기술을 가지고 새로운 스타트업인 마이크로소트프를 창업하였다.

클리브랜드 병원의 최고경영자이자 회장인 토비 코스그로브 심장외과의사는 2018년 케이스웨스톤 대학의 졸업식에서 실패의 가치를 인상 깊게 연설하였다. "실패는 멋진 선생님입니다. 나는 2만회 이상의 심장수술에서 성공적인 경우만 기억하지 않습니다. 수술환자의 1%는 생존하지 못합니다. 나는 이들로부터 지금까지 많은 교훈을 얻었습니다. 여러분들도 실수에서 많은 것을 배울 것입니다." 실패는 학습의 기회를 제공한다. 때론 현재의 전략이 통하지 않는 경우가 있다. 혹은 우리가 세운 목표가 더 이상 가치가 없는 경우도 있다. 너무 일찍 포기하는 경우도 있다. 우리는 본능적으로 실패를 숨기려하지만 실패는 언제 또 발생할지 모른다. 실패는 경험의 일부이고 각 개인적 삶의 한 부분일 뿐, 그 개인 자체의 실패는 아니라는 점이다.

우리는 타인의 실패에서 배우는 것이 많다. 이 책에서 우리는 타인의 실패를 알게 되고 개인과 조직이 실패에서 무엇을 배우고, 어떻게 대응하여 변화되었는지를 알게 될 것이다.[22]

장하거나 경영자가 직원에게 일방적으로 문자를 보내거나 직원이 다른 사람을 비방하는 데 쓰는 경우이다.

뒤에서 우리는 경영자가 소셜 미디어를 윤리와 소통, 동기부여, 전략에 있어 어떻게 활용해야 할지 살펴볼 것이다.

윤리의 도전

매주 경제 매체는 기업, 경영자, 직원들의 비윤리적 사건을 보도하고 있다. 주요 은행은 고객의 이름을 무단 사용하여 가짜 계좌를 개설하기도 한다. 자동차 거래상은 자동차 주행계기판을 거꾸로 돌려 중고차를 팔다 잡히기도 한다. 제약사는 20년간 약품가격을 5배로 올리기도 한다. 직원은 자신이 쓴 비용을 회사 비용으로 전가하는 경우도 있다.

조직의 장기적 성공은 고객, 거래처, 공급업자, 직원과 신뢰를 구축하는데 달려있다. 리더들은 윤리적 기준을 높게 정하고 윤리적인 일터를 만들 책임이 있다. 각 장이 끝날 때마다 윤리적 딜레마에 대해 살펴봄으로써 여러분이 윤리적 행동의 중요성을 깨닫고 윤리적 문제에 대처하는 것을 도울 것이다.

정치적 불확실성에 의한 도전

미국, 캐나다, 호주, 영국 같은 민주국가들은 정치적 환경의 안정성과 예측가능성이 비교적 높은 편이다. 그러나 지난 10년간 불확실성이 크게 높아지고 있다. 그리고 이런 정치적 불확실성은 경영자에게 하나의 도전이 되고 있다. 미국에서 발생한 몇 가지 변화는 기업 세율을 크게 낮추는 법인세 개혁뿐만 아니라 이자비용의 공제 범위를 축소한 것 등이 있다. 또한 미국, 캐나다, 멕시코 간의 무역협정에 대한 재협상, 미국의 특정 산업 재품에 대한 해외 국가의 보복관세, 미국 이민정책의 해석 변경, 기업 건강보험에 관한 연방법의 변화 등이 발생하였다. 유럽에서 영국의 유권자들이 2016년 유럽연합에서 탈퇴하기로 동의한 것은 놀라운 변화이다. 무엇보다 런던에 주요 사무소를 둔 유럽 기업들은 유럽의 고객들을 위해 조직을 재편해야 할 것이다. 정치적 불확실성은 연방 수준에 국한된 것이 아니다. 주 정부 역시 사업에 영향을 줄 수 있는 새로운 법규와 규제를 쏟아내고 있다. 예를 들어 캘리포니아 주 정부는 환경, 노동법, 최저임금, 토지사용, 고객보호 등에 있어 새로운 법과 규제를 계속 만들어내고 있다. 시 당국 역시 정치적 불확실성을 가중시킨다. 이를테면 2018년 시애틀 시는 연간 2천만 달러 이상의 매출을 올린 기업의 직원들에게 연간 275달러의 세금을 부과하였다. 그러나 민간기업의 반대로 시정부는 한 달 뒤 세금 부과 법안을 철회하였다. 시애틀에서 4만5천명의 직원을 고용한 아마존 같은 회사는 새로운 세금법안으로 인한 사업비용이 연간 1천2백만 달러 이상 증가할 수 있기 때문이다.

fyi

- 최고경영자의 18%는 글로벌 정치의 불확실성을 자신들이 극복해야 할 10대 도전과제 명단에 포함시키고 있다.
- 최고경영자의 64%는 조직 내에서 리더를 육성하는 것이 매우 큰 과제라고 답하고 있다.[24]

고객에 의한 도전

티모빌 이동통신회사의 최고 경영자 존 레기어는 고객의 소리를 직접 들어보고자 하였다. "내 경영철학은 직원과 고객의 의견을 경청하는 것입니다. 핑계대지 말고 회사는 직원이 말하는 것을 실천해야 합니다.[25] 고객 캠패인과 회사를 운영하는 방식은 철저하게 직원과 고객 중심어야 합니다." 존 레기어는 고객의 중요성을 이해하고, 고객에게 초점을 맞추어야 회사가 성공할 수 있다고 믿는다. 고객 없이 존재할 수 있는 회사는 없기 때문이다. 그러나 지금까지 고객에 초점을 맞추는 것은 오로지 마케팅부서만의 책임이라고 간주되어왔다. 대부분의 경영자들은 "마케팅 직원만이 고객을 걱정한다"고 생각했다. 이런 생각은 구시대적인 것이 되어 버렸다. 코스트코, 노드스트롬, 던킨 도넛, 테슬라, 자포스 같은 회사는 뛰어난 고객 서비스와 충성고객으로 유명하다.

오늘날 선진국의 대다수 직원들은 교사, 간호사, 기술지원담당, 음식 서빙, 가사도우미, 컨설턴트, 재무설계사 같은 서비스 직업에 종사하고 있다. 이를테면 미국 노동력의 77.2%는 서비스 산업에 종사하고 있다.[26] 호주와 캐나다에서는 노동력의 78%가 서비스 산업에 속해 있다.[27] 서비스 경제가 확대되면서 경영자들은 일관되고 높은 품질의 고객 서비스를 제공하는 것이 조직의 생존과 성공에 필수적이라 생각하게 되었다.

고객관리가 중요하다는 확실한 증거가 있다. 최근 연구에 의하면 고객서비스 부서에 처음 접속하여 자신의 문제를 해결한 고객은 그 회사와 계속 거래를 유지할 가능성이 무려 92%나 된다고 한다.[28] 만약 고객이 최초의 접속에서 자신의 문제를 해결하지 못하면 그 가능성은 51%로 떨어진다. 직원은 고객 불만을 처리하는 중요한 위치에 있다.[29] 이런 사실이 의미하는 바는 명확하다. 경영자는 고객 지향적인 조직을 만들어야 한다. 고객지향적 조직은 직원들이 고객을 즐겁게 하기 위해 고객의 요구에 예의바르고, 개방적이며, 능숙하게 즉각 대응하는 조직이다.[30] 우리는 다른 장에서 고객 서비스관리에 대해 살펴볼 것이다.

도미니칸 공화국을 찾는 여행자들이 증가하면서 많은 노동자들이 리조트와 관광지를 중심으로 서비스 직종에 종사하고 있다. 사진은 여행자를 위해 과일을 예술적으로 조각한 음식서비스 직원의 모습을 담고 있다. 서비스 산업에서 성공하기 위해 경영자들은 고객 지향적인 조직을 만들어야 한다.

출처: *Lucas Vallecillos/Alamy Stock Photo*

L01.5 왜 경영을 공부해야 하는가?

당신이 경영학을 전공으로 하지 않았지만 앞으로 경영 관련 일을 할 계획을 가지고 있다면, 다음과 같은 질문을 해 볼 수 있다: 왜 '내가 경영을 공부해야 할까?' 우리는 경영을 공부해야 할 이유 4가지를 다음과 같이 제시할 수 있다. 즉, 경영학은 보편적 활용성, 일의 현실, 경영자로서 기대할 수 있는 유익, 일하면서 당신이 얻게 되는 통찰력이라는 4가지 측면에서 도움이 된다.

경영의 보편적 활용성

경영은 어느 곳에서나, 크든 작든 모든 유형의 조직에서, 조직의 모든 계층에서, 모든 일터의 현장에서 요구된다. Exhibit 1-8에 서술된 것처럼 이는 **경영의 보편적 활용성**이라 할 수 있다. 경영자는 어느 조직에서 일하든 계획을 세우고, 조직하며, 지휘하고 통제하는 역할을 수행한다. 물론 경영은 모든 조직에서 똑같은 방식으로 작용하지는 않는다. 트위터 사에서 일하는 앱 테스트 그룹의 감독과 트위터 사의 최고경영자는 각기 수행하는 기능뿐만 아니라 일의 정도와 강조되는 사항에 차이가 있다. 그러나 이들은 모두 경영자이기 때문에 계획하고 조직하고, 지휘하며 통제하는 일을 공통적으로 수행한다. 이들은 다만 얼마나 그리고 어떻게 각 역할을 수행하는 지만이 다를 뿐이다.

경영의 보편적 활용성
조직의 모든 유형과 규모, 모든 조직 수준, 모든 조직 영역, 그리고 조직 내 어디서든지 경영이 필요하다는 사실

경영은 모든 조직에 보편적으로 요구된다. 경영을 잘 하는 조직은 충성스런 고객을 확보하고 어려운 시기에도 성장하고 번영한다. 우리는 이러한 예를 본 교과서에서 자주 다룰 예정이다. 경영을 못하는 조직은 반대로 고객을 떠나가게 하여 수익이 줄어든다. 당신은 경영을 학습하면 경영의 잘못된 점을 파악해서 고칠 수 있는 능력을 얻게 될 것이다.

일의 현실

경영을 공부해야 하는 두 번째 이유는 당신이 경험한 현실에서 찾을 수 있다. 당신은 대학을 졸업하고 직장인으로 첫 발을 내딛을 때 경영자의 지휘를 받거나 직접 경영자가 되는 두 가지 상황 중 하나에 속할 것이다. 경영자가 되고자 하는 사람은 경영에 관한 지식과 스킬을 쌓아야 한다. 경영을 하지 않는 사람이라도 경영자와 함께 일하는 것을 피할 수는 없다. 우리의 경험 상 당신은 경영을 학습하면 상사가 어떻게 행동하고 조직은 어떻게 기능하는 지를 상당부분 파악할 수 있을 것이다.

Exhibit 1–8
경영의 보편적 활용성

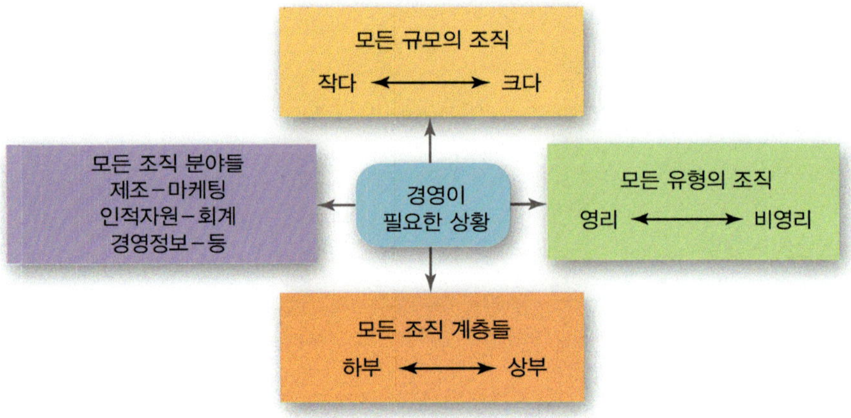

경영자로서 기대할 수 있는 유익

경영자의 지위가 되면 경영학은 실제적인 유익을 준다(Exhibit 1-9를 참고). 경영자는 조직 구성원이 자신의 역량을 최대한 발휘할 수 있는 작업환경을 조성하고 조직이 목표를 달성하도록 도움을 주는데 만족할 수 있다. 경영자는 다른 사람들이 일에서 의미와 성취감을 찾도록 돕는다. 경영자는 다른 사람을 지원하고 코치하고 육성하여 그들이 올바른 결정을 할 수 있도록 한다. 또한 경영자는 창의적으로 사고하고 상상을 활용할 기회를 자주 가질 수 있다. 경영자는 조직 외부와 내부에서 다양한 사람들을 만나 일할 수 있다. 또 다른 보상으로 경영자는 조직과 지역사회에서 인정받고 적정한 지위를 얻을 수 있으며 조직의 성과에 기여하는 중요한 역할을 수행하고 급여, 보너스, 주식옵션 등의 보상을 받을 수 있다.

Exhibit 1–9
경영자로서 기대할 수 있는 유익

- 조직 구성원이 자신의 역량을 최대한 발휘할 수 있는 작업환경을 조성한다
- 창의적으로 사고하고 상상을 활용할 수 있는 기회를 얻는다
- 다른 사람들이 일에서 의미와 성취감을 찾도록 돕는다
- 다른 사람을 지원하고 코치하고 육성한다
- 다양한 사람들과 일한다
- 조직과 커뮤니티에서 인정받고 상위의 지위를 얻는다
- 조직성과에 기여할 수 있는 역할을 한다
- 급여, 보너스, 주식옵션 등으로 정당한 보상을 받는다

직장에서 얻는 통찰력

우리 주변의 학생들은 경영 그 자체를 경력으로 계획하고 있는 경우가 많지 않다. 이들 학생들의 경력목표는 구체적으로 회계사, 재무설계사, 마케팅 연구원, 혹은 컴퓨터 프로그래머 같은 직업들이다. 이들은 저자들에게 왜 경영학 전반의 과목들을 수강해야 하는지 질문하기도 한다. 저자들의 답변은 이렇다. "경영의 개념을 이해하고 경영자가 어떻게 사고하는 지를 배우면 당신은 직장에서 더 좋은 성과를 낼 수 있고 당신의 경력도 잘 풀릴 것입니다." 누가 알겠는가, 당신도 언젠가 경영자가 될지. 흔히 뛰어난 직원들은 경영자의 역할을 하는 직위로 승진한다. 이를테면 당신은 유수한 회계법인의 감사로서 일을 시작해 몇 년 후에 감사팀을 감독하는 지위에 오르거나 지역사무소를 책임지는 파트너가 될 수도 있다.

이 책에서 당신은 '직장의 비밀'이라는 내용을 읽을 것이다. 이 부분은 직장에서 당신이 경험할지 모르는 어려운 문제들을 다룬다. 예를 들어 조직 내 정치, 소통이 결여된 상사, 부당한 성과평가 같은 문제들을 소개하고 이러한 문제를 당신이 어떻게 극복할 지를 구체적으로 제시한다.

당신이 일하는 회사가 포춘 100대 기업이든 3명이 일하는 창업기업든 경영을 학습하면 당신에게 놀라운 혜택이 될 수 있다.

L01.6 고용가능성을 높이는 고용능력 기술

좋은 것을 배우면 그것을 적용할 수 있어야 한다. 저자들은 당신이 직장에서 경력을 준비할 수 있도록 학습하고 핵심스킬을 연습할 수 있도록 돕고자 한다. 배움과 연습은 일하는 조직이 크든 작든, 영리조직이든 비영리조직이든, 창업한 조직이든 관계없이, 성공의 필수조건이 된다. 다음은 우리가 강조하는 핵심스킬과 간단한 정의들이다.

비판적 사고는 의도적이고 목적 지향적인 사고로서 문제를 정의하고 필요한 의사결정을 하며 다양한 상황에서 판단을 내리는데 중요하다.

커뮤니케이션은 효과적으로 말하고, 문서를 작성하며, 몸짓을 활용하는 방법이다. 효과적인 경청, 그리고 정보와 공감을 얻기 위한 기술 활용 등이 중요하다.

협력은 개인들이 일을 함께 효과적으로 하는 스킬로서, 서로 간의 의견 차이를 협의하고, 상호의존적인 행동을 통해 최종결과물을 만들어내는 스킬이다.

지식의 응용과 분석은 개념을 학습하고 지식을 다양한 상황에 응용해 더 높은 수준의 이해를 가능하게 하는 능력이다.

사회적 책임은 윤리적 행동과 기업의 책임에 관한 스킬이다. 윤리는 개인과 조직이 행동하는 방식을 스스로 규제할 원칙을 세우는 것이다. 기업의 책임은 비윤리적인 경제적, 사회적, 환경적 활동을 기업 스스로 정의하고 제거하는 윤리적 활동을 의미한다.

직장의 비밀 조직정치에 대처하는 법

이상적 세계에서는 착한 사람이 항상 승리하고 모든 사람이 진실만을 이야기하며 가장 열심히 일한 사람이 승진하고 연봉인상을 받게 된다. 그러나 우리는 이런 이상적인 세상에 살고 있지 못하다. 우리가 살고 있는 세상은 정치적인 세상이다.

정치는 조직 내에 엄연히 존재하는 삶이다. 정치에 신경 쓰지 않는 사람은 스스로 위험을 자초할 수 있다. 왜 정치가 생겨나는지 당신은 궁금할지 모른다. 정치가 없는 조직은 가능할까? 가능이야 하겠지만 그 가능성은 매우 낮을 것이다.

조직은 가치관, 목표와 관심이 서로 다른 개인과 집단으로 이루어져 있다. 이로 인해 서로자원을 가지고 갈등을 빚을 가능성이 있다. 부서예산, 사무실 위치, 프로젝트에 대한 책임, 승진, 연봉 조정 등 모두가 자원의 일종이며 조직 구성원은 이를 두고 서로 의견이 다를 수 있다. 자원이 풍부하다면 조직 내 다양한 구성원들은 모두 목표를 달성할 수 있을 것이다. 그러나 자원이 제한되어 있다면 모든 사람들의 이해관계가 충족될 수 없다. 또한 항상 그렇지는 않지만 한 개인과 집단이 이익을 얻으면 다른 개인과 집단은 그 비용을 지불해야 하는 상황이 발생할 수도 있다. 이러한 두 가지 힘은 조직의 한정된 자원을 두고 구성원 간의 경쟁을 부추긴다.

조직 내 정치를 만들어내는 가장 핵심적인 요소는 현실에 있어 구성원마다 조직의 제한된 자원을 배분하는 기준이 서로 다르다는 점이다. 이를테면 높은 성과는 어떤 것인가? 무엇이 가장 최적의 개선이라고 볼 수 있는가? 무엇이 직무에 대한 불만을 초래하는가? 서로 동의하지 않으면 팀안에서도 각자 외톨이가 될 수 있다. 따라서 확실하고 명확하지 않을 경우 사람들은 애매모호한 중간 입장을 취하면서 정치를 하게 된다.

이런 이유에서 직장의 구성원들은 거짓말을 하기도 하고, 잘못된 해석을 하기도 하며, 은폐와 비방에 가담하고, 호의를 베풀거나 모여서 작당해 비난하며, 책임을 부인하고 동맹을 맺고 서로 동일한 정치행동에 가담하는 등의 행동을 하게 된다.

당신이 정치적 스킬을 쌓고 싶다면 우리는 다음과 같은 제안을 하고자 한다.

- **조직의 목표에 기반해서 논쟁의 프레임을 짜라.**
  조직의 희생을 통해 자신의 이익을 관철시키려는 사람들은 거의 항상 환영받지 못한다. 이들은 영향력을 상실하고 결국 조직에서 내쫓기는 벌을 받을 수 있다. 그러니 당신의 행동이 조직의 이익에 부합하는 지를 확실히 점검하라.
- **올바른 이미지를 만들라.**
  당신의 조직이 직원들에게 원하는 것과 가치 있다고 여기는 것을 확실히 파악하라. 어떤 복장을 해야 하고, 친해야 할 동료와 피해야 할 동료는 누구인지, 언제 위험을 감수해야 할지 아니면 위험을 피해야 할지, 다른 사람과 무난하게 지내야 할 경우 등을 파악해야 한다. 성과에 대한 평가는 좀처럼 객관적이지 않기 때문에 당신은 실질적 내용과 함께 외형적 모습(style)에도 신경을 써야 한다.
- **조직 내 자원에 대한 통제권을 확보하라.**
  희소하고 중요한 조직자원을 통제하는 것은 영향력을 확보하는 중요한 원천이다. 지식과 전문성은 특히 개인이 통제를 효과적으로 할 수 있는 자원이다. 지식과 전문성이 높은 사람은 조직에 더 가치 있는 자원이 된다. 따라서 당신의 아이디어에 대해 보다 확실한 동의를 얻게 되면 당신은 그만큼 고용안정과 승진을 확보할 가능성이 높아진다.
- **당신 자신을 꼭 필요한 사람으로 믿게 하라.**
  조직의 핵심 인사가 당신이 꼭 필요한 사람이라 생각하도록 만들라. 조직의 주요 의사결정자가 당신이 조직에 기여할 수 있는 것을 다른 사람이 쉽게 제공할 수 없다고 믿으면, 당신의 일은 안정적이고 당신에 대한 대우를 더 좋아질 것이다.
- **눈에 잘 띄도록 하라.**
  당신은 일에서 다른 사람의 주의를 끌만큼 높은 성과를 낸다면 더 할 나위 없이 좋다. 그러나 만약 그렇지 않다면 당신은 자랑꾼이 되지 않을 정도로 적당히 당신의 업적을 상사와 다른 사람들에게 알려야 한다. 당신의 상사와 다른 직원들에게 일의 진행상황을 알리고, 당신의 일에 만족한 고객이 조직의 상위 경영자에게 감사를 표하게 만들고, 사내 친교모임에 참석하거나, 전문가 협회에서 적극적으로 활동해보라.
- **강력한 우군(allies)을 만들라.**
  높은 지위에 친구를 만들면 자주 도움을 받을 수 있다. 당신보다 높은 계층뿐만 아니라, 같은 계층과 아래 계층의 영향력 있는 사람들과 자주 연락을 취해 네트워크를 형성해보라. 이러한 우군을 만들면 당신이 쉽게 접근하지 못했던 정보를 얻거나 필요할 때 지원을 얻을 수 있을 것이다. 조직 내 존경받는 멘토는 흔히 가치있는 자산이라 할 수 있다.
- **평판이 나쁜 사람을 피하라.**
  거의 모든 조직에는 그 지위가 의심스러운 주변인들이 있기 마련이다. 이들의 성과와 회사에 대한 충성심은 의문의 여지가 있다. 이들은 이상한 성격을 가진 사람들일 수도 있다. 이들과는 거리를 유지하라. 효과성은 심히 주관적인 개념이기 때문에 당신이 이들과 너무 친근한 관계를 형성하게 되면 당신 자신의 효과성 역시 의문시 될 수 있다.
- **당신의 상사를 지원하라.**
  당신의 가까운 미래는 현재 상사의 손에 달려있다. 상사는 당신의 성과를 평가하기 때문에, 상사를 당신 편으로 만들어야 할 것이다. 당신은 상사가 성공하도록 돕고, 상사를 칭찬하고, 상사가 어려움에 처하면 달려가야 한다. 또한 상사가 성과평가 기준을 당신에게 유리하게 설정하도록 신경써야 한다. 상사를 과소평가하지 말라. 상사를 다른 사람들에게 나쁘게 말하지 말라.[31]

다음에 이어지는 부분에서는 고용가능성을 높이는 고용능력 기술 매트릭스(ESM)라는 내용이 소개될 것이다. Exhibit 1-10은 5개의 고용가능성 스킬 매트릭스를 보여주고 있다. 이들은 '당신의 경력 개발', '직장의 비밀', '윤리적 딜레마', '다함께 일하기', '내가 경영자가 될 차례', '사례적용' 부분에서 다루어질 것이다. 이번 장에 당신은 비판적으로 사고하기와 개념에 관한 지식을 적용하는 법에 대해 학습할 것이다. 직장에서 긍정적이고 효과적으로 일하기 위해 당신은 협력하는 법과 소통하는 법을 배울 것이다. 당신은 직장의 특정 이슈에 대해 윤리적 딜레마를 경험할 수 있다. 당신은 다음 장들을 읽기 전 ESM을 미리 검토하면 앞으로 각 장에서 제시될 스킬을 더 명확히 이해할 수 있을 것이다.

Exhibit 1–10
고용능력 기술 매트릭스(ESM)

		비판적 사고	커뮤니케이션	협동	지식 응용	사회적 책임
기술 상자	당신의 경력 개발	✓	✓		✓	✓
	직장의 비밀			✓	✓	
	실패에서 배운다	✓			✓	
기술 연습	윤리적 딜레마		✓			✓
	기술 훈련	✓			✓	
	함께 일하기			✓		
	경영자가 될 차례	✓			✓	
사례	사례적용	✓			✓	✓

Chapter 1 시험/퀴즈 준비: 학습개요를 통한 요약

LO1.1 경영자는 누구이고 어디에서 일하는지를 설명한다.

경영자는 다른 사람들의 일을 조정하고 감독하여 조직의 목표를 달성하는 사람이다. 경영자가 아닌 직원은 직무와 과업을 직접 수행하고 다른 사람의 보고를 받는 지위에 있지는 않은 사람이다. 전통적인 구조의 조직에서 경영자는 현장 경영자, 중간경영자, 최고경영자로 구분된다. 보다 구조화되어 있지 않은 조직에서는 경영자가 명확히 드러나지 않지만 경영자는 여전히 일을 조정하기 위해 필요한 존재이다.

경영자는 특정한 목적을 달성하기 위해 사람들을 의도적으로 배치한 조직에서 일을 하고 있다. 조직은 세 가지 목적을 가지고 있다. 조직은 독특한 나름의 목표를 가지고 있고, 사람들로 이루어져 있으며, 의도적으로 계획된 구조를 가지고 있다. 조직은 학생 기숙사에서부터 아마존 같은 온라인 회사까지, 또 비영리 조직과 지역의 소매점까지 다양한 형태를 가지고 있다.

LO1.2 경영자가 조직에 중요한 이유를 설명한다.

경영자가 조직에 중요한 이유는 3가지이다. 첫째 불확실하고 복잡하며 혼란한 시기에 조직은 경영자의 스킬과 능력이 필요하다. 둘째, 경영자는 조직이 목표를 달성하는데 중요한 역할을 한다. 마지막으로 경영자는 조직의 성과에 영향을 준다. 직원을 관리하는 방식이 바뀌면 직원의 생산성과 충성심, 근로의욕이 변하여 조직의 재무적 성과가 바뀌는 법이다. 경영자의 능력은 조직의 가치를 결정하는데 중요하다.

LO1.3 경영자의 기능, 역할, 기술을 설명한다.

일반적으로 경영은 경영자가 하는 일이며 사람들의 업무활동을 효과적이고 효율적으로 조정하고 통제하여 목표를 달성하는 것이다. 효율성은 일을 올바로 하는 것이며, 효과성은 올바른 일을 찾아서 하는 것을 말한다.

경영에는 4가지 기능이 있는데, 계획(목표와 전략을 설정하고 계획을 세우는 것), 조직화(일을 배열하고 구조화하는 것), 지휘(사람들과 함께, 사람들을 통해서 일하는 것), 통제(업무성과를 모니터하고 비교하고 수정하는 것)라는 기능이 있다.

민즈버그가 정의한 경영자의 역할에는 다음과 같은 것들이 있다. 사람들과 관련된 대인적 역할, 의식과 상징적 의무를 수행하는 역할(대표자, 리더, 연결자), 정보를 수집하고, 수령하며 다시 전파하는 정보적 역할(모니터, 분석자, 대변인), 그리고 선택과 관련된 의사결정 역할(기업가, 문제해결자, 자원배분자, 협상가)이 있다.

카츠가 정의한 경영자의 스킬에는 기술적 스킬(직무관련 지식과 기술), 대인적 스킬(사람과 함께 일하는 능력), 개념적 스킬(생각하고 아이디어를 만드는 능력)이 있다. 기술적 스킬은 낮은 계층의 경영자에게 가장 필요하며, 개념적 스킬은 최고경영자들에게 가장 중요한 스킬이다. 대인적 스킬은 모든 경영자에게 똑같이 중요하다.

LO1.4 경영자의 일을 구성하고 정의하는 요소들을 설명한다.

경영자의 일에 영향을 주는 요인에는 기술의 변화, 파괴적 혁신, 소셜미디어, 윤리적 이슈, 정치적 불확실성, 고객서비스 등이 있다. 경영자는 기술을 항상 최신의 상태로 유지하고 조직 내 업무에 기술을 활용할 수 있도록 주의를 기울여야 한다. 경영자는 파괴적 혁신에 관심을 가져야 하는데, 이는 그들이 근무하는 조직이 파괴적 혁신과 경쟁하는 경우일 수도 있고 조직 스스로가 파괴적 혁신자가 될 수도 있기 때문이다.

경영자는 소셜 미디어에도 주의를 기울여야 한다. 왜냐하면 조직과 직원 모두가 이런 형태의 소통도구를 활용하여 정보를 공유하고 다른 사람들과 연결되기 때문이다. 경영자는 윤리에도 주의를 기울여야 한다. 윤리적 문화를 만들고 법과 규제를 준수해야 한다. 마지막으로 경영자는 고객 서비스에 주의를 기울여야 한다. 직원의 태도와 행동이 고객만족에 큰 역할을 하기 때문이다.

LO1.5 경영을 공부할 때 얻을 수 있는 유익을 설명한다.

경영을 공부해야 하는 이유는 크게 4가지이다. (1) 경영은 모든 유형과 크기의 조직에서 필요하고, 모든 조직 계층에서 그리고 업무 영역에서, 세계 어떤 지역에서나 필요하기 때문에 경영은 보편적인 활용성을 지니고 있다. (2) 일터의 현실을 볼 때 당신은 경영의 대상이 되거나 경영을 직접 하거나 둘 중 하나의 위치에 있게 될 것이다. (3) 경영은 다양한 혜택을 제공할 수 있다. 즉, 경영은 사람들이 최선의 능력을 다해 일하는 환경을 조성하고, 다른 사람들을 지원하고 격려하며, 일터에서 의미를 찾고 자기실현을 할 수 있도록 도움을 준다. 그뿐만 아니라 경영자가 되면 조직이 목표를 달성하도록 기여할 수 있다. (4) 당신이 경영을 공부하면 경영자가 어떻게 사고하는 지 조직이 어떻게 운영되는 지를 이해할 수 있다.

LO1.6 고용능력 기술 매트릭스(Employability Skills Matrix)로부터 기대할 수 있는 혜택을 설명한다.

ESM을 구성하는 5가지의 중요한 고용기술은 각 장에서 다루어질 것이다. 5가지의 고용기술이란 비판적 사고, 커뮤니케이션, 협동, 지식 응용, 그리고 사회적 책임을 말한다.

복습과 토론 질문

1-1 경영자가 수행하는 중요 역할 3가지는 무엇인가?

1-2 경영자는 왜 조직에 중요한가? 경영자는 조직에서 어떤 책임을 맡고 있는가?

1-3 민즈버그는 경영자에게 기대되는 구체적인 행동과 활동으로 3가지 역할을 제시하였다. 각 역할에 대해 간략히 설명하라.

1-4 현재 당신의 대학에서 경영은 학습을 위한 교과목으로 제공되고 있는가? 예를 들어 어떤 것들이 있는지 설명하라.

1-5 경영은 어렵고 하기 싫은 일이라고 한다. 당신은 이런 주장이 사실이라고 생각하는가?

1-6 경영자는 혁신적인 작업과정을 탐색하는 일을 반드시 수행해야 하는가?

1-7 경영자가 조직의 목적을 정의하는 방식에 대해 논의하라. 경영자의 기능은 어떻게 높은 목표를 달성하는데 도움이 되는가?

1-8 헨리 페욜은 모든 경영자가 계획, 조직화, 지휘, 조정, 통제라는 5가지 기능을 수행해야 한다고 주장하였다. 이러한 주장은 올바른 것인가?

보고서 과제

1-9 경영에는 하나의 최선의 경영방식이 존재하는가? 당신의 의견은 어떤가?

1-10 하버드 경영대학의 연구자들은 경영자의 가장 중요한 행동으로 다음 2가지를 제시하였다. 즉, 사람들이 일을 수행하도록 만드는 행동과 사람을 인간적으로 대우하는 행동이다. 이러한 경영자의 2가지 행동에 대해 당신의 생각은 어떠한가? 경영을 공부하는 당신 같은 사람들에게 이는 어떤 시사점을 주는가?

경력 준비

윤리적 딜레마

민즈버그는 경영자의 역할로서 대인적 역할, 의사결정의 역할, 정보적 역할을 제시하였다. 이는 확실히 경영자를 이상적인 존재로 해석하는 입장이다. 경영자는 이들 3가지 역할을 모두 수행하면 좋겠으나 현실에 있어서는 그렇지 못한 경우가 많다. 경영자는 이들 3가지 역할을 한번에 모두 수행할 수 없다.

1-11 경영자에게 다양한 기술과 능력을 요구하지 않는다면 이는 윤리적으로 잘못된 것이라 볼 수 있는가?

1-12 이런 경영자의 모델은 일상적인 경영의 현실을 제대로 반영하고 있다고 보는가? 당신의 생각을 설명하라.

기술 연습 경영자로서 당신의 스킬을 개발하라.

기술에 대해

한 연구에 의하면 모든 경영자가 공통적으로 습득해야 하는 스킬이 있다고 한다. 그러나 불행히도 경영자의 90%는 이러한 스킬이 부족하다.[32] 이런 스킬을 가진 경영자는 그렇지 못한 경영자와 다르다. 만약 당신이 아직 경영자가 되지 않았다면 이런 스킬을 습득해야 더 높은 직위를 얻을 수 있고, 경영자로서의 잠재성을 다른 이들에게 보일 수 있을 것이다.

기술 훈련 단계

- **피드백을 구하라.** 경영자는 흔히 피드백 없이도 모든 것을 완전히 통제하고 싶어 한다. 그러나 당신이 일을 더 잘 해내고, 보다 효과적인 팀원이 되려면 피드백을 습관처럼 요구해야 한다. 경영자가 되면 피드백을 구하는 것에 익숙해야 하고 그래야 피드백을 얻는 기술을 습득할 수 있다.
- **직원들의 관점에서 일을 바라보라.** 직장에서 발생한 일을 당신 자신이 아닌 타인의 관점에서 해석해보라. 당신과 다른 일을 하는 사람들과 당신이 잘 아는 집단이 아닌 다른 부서의 사람들에게 질문해보라. 당신이 다른 사람들의 관점을 이해하면 더 나은 의사결정을 할 수 있다. 다른 사람들의 의견을 들어보면 당신은 논쟁에서 우위를 점할 수도 있다.
- **큰 그림을 이해하라.** 경영자는 자신의 부서뿐만 아니라 회사 전체를 생각해 보아야 한다. 당신의 일이 회사에 어떻게 기여할 지를 고민해보라. 그 후 회사가 속한 산업의 트랜드까지 학습하면 당신은 더 큰 일을 해낼 수 있다.
- **자신의 감정을 관리하라.** 당신이 경영자라면 좌절이나 분노가 직원들에게까지 영향을 줄 것이다. 기분이 좋지 않을 때 직장 밖으로 나가 화를 내도록 하라. 모든 직원들을 고객처럼 잘 대우하고 자신의 감정을 다른 사람에게 드러내지 않도록 스트레스 관리법을 익히라.
- **직원들에게 감사하고 잘한 일은 칭찬하라.** 감사는 직원의 사기를 올리는데 큰 도움이 된다. 직장의 사람들이 언제 일을 잘했으며, 언제 당신의 일을 도와주었는지를 말로 표현해보라.
- **다른 사람들이 보는 앞에서 직원들을 지원해주라.** 경영자는 직원들을 지원해주기 보다 자신의 상사의 마음에 들려고 할 때가 있다. 그러나 직원들이 정당한 대우를 받지 못했을 때 직원들의 편에 설 수 있는 기회를 놓치지 말라.
- **자신의 경력을 관리하라.** 장기적인 경력계획을 세우고 주기적으로 점검하라. 달력에 표시를 해서 3개월마다 경력계획을 점검하는 날을 가져보라. 그리고 조정이 필요한 지를 살펴보라.

- **당신이 혹시 가지고 있을지 모를 편견을 조심하고, 이질적인 다른 사람들과 소통하라.** 대부분의 사람들은 자신이 모르는 편견을 가지고 있다. 의사결정을 할 때 스스로 편견이 끼어 들었는지 점검해보라. 자신과 다른 성격과 나이, 인종, 배경을 가진 사람들에게 의견을 구해보라.
- **신뢰를 쌓고 일터에서 꾸준히 소통하라.** 일터에서 직원들의 겉면과 하는 일에만 신경 쓰지 말고 그 이상에 관심을 가져보라. 직원들과 좋은 관계를 가지도록 하고 직원들을 한 사람의 개인으로 대우하라. 그러면 직원들과 일하는 것이 훨씬 쉬워질 것이다.

기술 연습

경영자로서 능숙하지 못한 스킬 중 2가지를 선택하라. 그리고 일주일 동안 그 스킬들을 습득하는데 시간을 투자해보라. 이 과정에서 경험한 좋고 나쁜 체험들을 메모해보라. 이런 스킬들을 연습한 후 무엇이 달라졌는지 생각해보라. 이들 스킬을 조금 더 효과적으로 습득하기 위해 무엇이 더 필요한가? 당신은 미래에 어떤 단계를 거쳐 이들 스킬들을 보다 더 개선해 나갈 수 있는가?

함께 일하기 팀연습

지금까지는 경영자가 갖추어야 할 이상적인 스킬과 특성에 대해 살펴보았다. 경영자는 특정 스킬은 잘 구사하지만, 모든 스킬을 다 갖추고 있지는 못하다. 경영자는 신속하게 결정을 내릴 수 있더라도 자신의 결정과 아이디어를 전달하는 의사소통에 능하지 못할 수 있다. 모든 스킬을 골고루 다 잘 구사할 수 있는 경영자는 매우 드물다. 그래서 경우에 따라 경영자는 조직 내부적으로 혹은 외부에서 문제를 발생시키기도 한다. 그럼, 이제부터는 모여서 다음을 논의해보자. 경영자는 모든 것에 능숙해야 하는가? 어떤 스킬이 다른 스킬에 비해 더 중요하다고 생각하는가? 당신은 중요한 스킬과 그렇지 않은 스킬의 목록이 있다는 점에 찬성하는가? 당신이 작성한 스킬목록을 수업을 듣는 다른 학생의 목록들과 비교해보자.

경영자가 될 차례

- 가장 최근에 발간된 직업전망핸드북(occupational outlook handbook, 미국 노동부, 노동통계국 발간)을 한 권 준비하고 경영자 범주에 속하는 3가지 다른 직업 유형을 찾아보자. 각 유형의 경영자에 대해 다음의 목록을 만들어보자: 일의 성격, 교육과 기타 자격요건, 소득, 직업전망 예측 데이터.
- 최소한 한 개의 경영관련 잡지(월스트리트저널, 블룸버그비즈니스위크, 포춘, 패스트캠퍼니, 포브스 등)를 읽는 습관을 길러보라.
- 당신이 가장 좋아하는 회사의 소셜 미디어 메시지를 살펴보라. 페이스북에서 라이크(like)를 해보고, 인스터그램이나 트위터에서 팔로우(follow)를 하며, 해당 회사의 소셜 미디어를 읽어보라.
- 2명의 경영자를 만나서 인터뷰하면서 다음 질문을 해본다. 경영자가 되면 가장 좋은 점과 가장 나쁜 점은 무엇인가? 경영자로서 지금까지 받은 조언 중 가장 도움이 되는 것은 무엇인가? 질문과 답변을 타이핑하여 교수님께 제출한다.
- 회계사 같은 전문직업인들은 자신들의 스킬, 지식, 프로페셔널리즘을 입증할 인증프로그램을 가지고 있다. 경영자들은 어떤가? 경영자들에 적용될 수 있는 2개의 인증 프로그램이 있는데, 하나는 경영자인증(Certified Manager, Institute of Certified Professional Managers)이고 다른 하나는 사업관리자인증(Certified Business Manager, Association of Professionals in Business Management)이다. 각각의 프로그램을 살펴보고, 각 인증 프로그램이

요구하는 것을 리스트로 작성해보자.

- 직장 경험이 있다면, 당신이 경험한 경영자들을 머리에 떠올려보라. 뛰어난 경영자와 일한 적이 있는가? 아니면 형편없는 경영자와 일한 적이 있는가? 당신의 경험에 기초해서, 뛰어난 경영자가 지녀야 할 특성과 스킬들의 목록을 작성해보자.

사례적용 1 인공지능과 함께 일하기

대부분의 사람들은 인공지능이라고 하면 로봇이 사람의 일을 대체하는 것을 떠올린다. 그러나 엑센츄어라는 경영컨설팅 회사가 조사한 1,500개 회사에 있어서는 사람과 기계가 함께 일할 때 최고의 성과를 내고 있다.[33] 사람과 기계가 함께 일한다는 것은 어떤 것일까? H&M이라는 의류소매기업에서는 의류 구매자와 의류 설계자가 인공지능을 활용하고 있다. 그들은 소비자들이 어떤 스타일의 옷을 구매하고 있는지, 미래에 소비자가 필요로 하는 옷들은 어떤 것인지를 데이터를 통해 분석한다. 구매자와 설계자는 데이터에 근거해서 최종 결정을 내린다.

Nathan Cates라는 봄펠에 위치한 의류구매회사 역시 유사한 작업과정을 가지고 있다. 이 회사는 남자 소비자에게 옷이 가득 든 박스를 우송하고 그 중에서 원하는 옷만을 구매하도록 하는 회사이다. 이 회사는 남자들에게 온라인으로 스타일링 서비스를 제공하고 있다. Cates는 소비자가 제품을 구매하기 전 옷감의 광택이나 질감을, 그리고 몸에 맞춤 정도를 확인하도록 한다.[34] 앞서 H&M의 경우와는 조금 다른 상황이지만, 이런 소비자 경험은 현재까지 기계로 쉽게 대체될 수 없는 것이다.

당신이 약국에 처방약을 전화로 주문할 때 인간과 직접 이야기할 필요가 없다면, 약사는 그만큼 시간적 여유가 생겨 고객들의 복잡한 질문에 답변할 시간을 더 많이 갖게 될 것이다. 스웨덴 은행인 SEB 같은 회사는 인공지능을 이용하여 고객들의 전화를 모니터하고 있으며 그동안 발생한 유사한 문제들에 대처하고 있다.

인간과 컴퓨터가 함께 일하면 직원의 육체적 능력을 향상시킬 수도 있다. 현대자동차에서는 제조 인력이 로봇 장비를 몸에 걸치고 평범한 인간보다 더 큰 힘과 지구력을 내고 있다.

인공지능이 미래에 인간의 일에 어떤 영향을 미칠지는 정확히 예측하기 힘들지만, 특정한 일들은 효과적으로 자동화될 수 없는 경우가 있다. EquBot의 최고경영자인 Chida Khatua는 다음과 같이 말하고 있다. "고객들은 자신이 원하는 것을 제대로 알지 못해 때론 인간의 도움을 필요로 하는 경우가 있다. 나 역시 스스로 원하는 것이 무엇인지 알지 못할 때가 있다."

토론질문

1–13 기계는 어떤 방식으로 (사람을 대체하지 않고) 경영자와 직원의 일을 도울 수 있는가?

1–14 2030년이 되면 인공지능은 경영자의 일을 어떻게 바꾸어 놓을까?

1–15 미래에 기계와 컴퓨터로 할 수 없는 스킬과 과업은 어떤 것들이라 있다고 생각하는가?

1–16 기계보다 회사에 더 가치 있는 일을 하기 위해서 당신에게 필요한 것은 무엇인가?

사례적용 2 나이키, 소비자 관점을 한 단계 높이기

소비자들은 자신들의 필요가 신속히 해결되기를 원하고, 회사는 고객을 찾아내기를 원한다. 나이키는 최근까지 이런 일을 해결하고자 노력하였다. 나이키의 노력은 매출을 신장시키고 주가를 최고로 올리는 기록을 가능하게 했다.[35]

나이키의 최고경영자인 Mark Parker는 근본적 개혁(massive transformation)이라 불리는 조치를 취했다.[36] 근본적 개혁은 나이키가 고객과 직접 거래하는 것으로서, 이를 위해서는 제품디자인, 생산, 영업 등 회사의 모든 프로세스가 바꾸어야 했다.

나이키는 SNKRS라는 앱을 통해 나이키의 열성팬들에게 한정판 제품의 출시를 알렸다. 나이키는 열성팬들과 밀접한 관계를 유시하면서 일련의 새로운 경험을 선사했다. 나이키는 SNKRS를 실험실처럼 운영하면서 고객들과 디지털 방식으로 연결하는 법을 배웠다.

나이키는 고객들의 필요를 파악하고 고객의 정보를 업무 프로세스의 첫 번째 단계인, 새로운 운동화를 만드는 단계부터 적용하기 시작했다. 2018년 여름, 나이키는 로스엔젤러스에서 첫 번째 Live 스토어를 개설하였다.[37] 그 지역 주민들만을 위한 신발과 의류를 만들어 판매를 시작한 것이다. 나이키는 6개의 앱을 통해 확보한 정보를 분석해서, 해당 지역의 주민들이 원하는 제품을 알아냈다.

나이키의 Live 스토어는 고객에 대한 새로운 관점을 제공하였다. 당신은 스토어에 도착하면 라커에서 한 켤레의 신발을 바로 선택할 수 있다. 그리고 스토어 내의 트레드밀에서 그 신발을 신고 실제 뛰어볼 수도 있다. 질문이 있으면 언제라도 나이키의 직원에게 물어볼 수 있다. 당신이 어떤 제품을 원하는 지 이미 알고 있다면, 앱을 통해 스토어에서 픽업할 시간만 정하면 된다.

나이키의 Live 스토어를 직접 방문하는 고객에게는 특별한 혜택이 기다리고 있다. 스토어 내 무인판매기에 당신의 프로파일 바코드를 입력하면, Dri-fit 양말 같은 사은품이 무료로 제공된다. 나이키는 Live 점포를 방문한 소비자를 특별하게 대우하려고 한다. 나이키는 제품을 직접 사용해보고 사람으로부터 서비스를 받아보는 것 같이, 온라인에서는 제공하지 못하는 경험을 제공하고자 한다.

고객과 직접 1대1 관계를 구축하는 것은 회사에 추가적인 혜택을 제공한다. 나이키는 더 이상 소매상과 주요 고객들과 수개월에 걸친 상담을 할 필요가 없어졌다. 단지 나이키는 앱에 있는 정보를 활용해서, 고객이 원하는 것을 직접 파악할 수 있다.

토론질문

1–17 고객을 우선하는 나이키의 방식은 다른 회사와 어떻게 다른가?

1–18 당신이 나이키의 고객서비스를 한층 더 개선할 책임을 맡게 되었다면 당신은 어떤 조치를 취할 수 있을까?

1–19 온라인 쇼핑과 나이키 Live 스토어 같은 대인 쇼핑 방식을 서로 결합하면 어떤 이점이 있을까? 결합된 방식이 성공적일 수 있는 이유는 무엇인가?

1–20 2025년이 되면 고객 우선의 접근방식은 어떤 모습이 될 것이라 생각하는가?

ENDNOTES

1. US Bureau of Labor Statistics, *Occupational Outlook Handbook*, April 13, 2018.
2. R. Beck and J. Harter, “Why Great Managers Are So Rare,” March 25, 2014, businessjournal.gallup.com.
3. “Work USA 2008/2009 Report: Driving Business Results through Continuous Engagement,” Watson Wyatt Worldwide, Washington, DC.
4. A. Adkins, “Report: What Separates Great Managers from the Rest,” Gallup Organization, May 12, 2015.
5. “The New Employment Deal: How Far, How Fast and How Enduring? Insights from the 2010 Global Workforce Study,” Towers Watson, Washington, DC.
6. M. Srinivasan, “Southwest Airlines Operations—A Strategic Perspective,” Airline Industry Articles, September 11, 2014, http://airline-industry.malq.net/.
7. Southwest, “Southwest Corporate Fact Sheet,” January 10, 2016, http://www.swamedia.com/channels/Corporate-Fact-Sheet/pages/corporate-fact-sheet.
8. From “The Mission of Southwest Airlines.” Copyright (c) 2016 Southwest Airlines. January 5, 2016. https://www.southwest.com/html/about-southwest/index.html?clk=GFOOTER-ABOUT-ABOUT.
9. D. Landsel, “11 Reasons Why Southwest Is the Best Airline You're Probably Not Flying,” *Airfarewatchdog* (website), April 20, 2015, https://www.airfarewatchdog.com/blog/22975194/11-reasons-why-southwest-is-the-best-airline-youre-probably-not-flying/.
10. H. Fayol, *Industrial and General Administration* (Paris: Dunod, 1916).
11. J. T. Straub, “Put on Your Manager's Hat,” *USA Today Online*, October 29, 2002, www.usatoday.com; and H. Mintzberg, *The Nature of Managerial Work* (New York: Harper & Row, 1973).
12. H. Mintzberg and J. Gosling, “Educating Managers Beyond Borders,” *Academy of Management Learning and Education* (September 2002): pp. 64–76.
13. See, for example, M. J. Martinko and W. L. Gardner, “Structured Observation of Managerial Work: A Replication and Synthesis,” *Journal of Management Studies* (May 1990): pp. 330–57; A. I. Kraut, P. R. Pedigo, D. D. McKenna, and M. D. Dunnette, “The Role of the Manager: What's Really Important in Different Management Jobs,” *Academy of Management Executive* (November 1989): pp. 286–93; and C. M. Pavett and A. W. Lau, “Managerial Work: The Influence of Hierarchical Level and Functional Specialty,” *Academy of Management Journal* (March 1983): pp. 170–77.
14. Pavett and Lau, “Managerial Work.”
15. S. J. Carroll and D. J. Gillen, “Are the Classical Management Functions Useful in Describing Managerial Work?” *Academy of Management Review*, January 1987, p. 48.
16. K. Tyler, “Train Your Front Line,” *HR Magazine,* December 2013, pp. 43–45.
17. R. L. Katz, “Skills of an Effective Administrator,” *Harvard Business Review*, September/October 1974, pp. 90–102.
18. K. Fivecoat-Campbell, “Up the Corporate Ladder,” *Springfield (Missouri) Business Journal*, March 12–18, 2012, pp. 9+.
19. I. McAllister, “What Does It Take to Be a Great General Manager for a Web Company?” *Forbes*, October 22, 2013, https://www.forbes.com/sites/quora/2013/10/22/what-does-it-take-to-be-a-great-general-manager-for-a-web-company/#286ed2c1136e.
20. W. F. Cascio and R. Montealegre, “How Technology is Changing Work and Organizations,” in *Annual Review of Organizational Psychology and Organizational Behavior* (Palo Alto, CA: Annual Reviews, 2016), pp. 359–75.
21. R. Knight, “Convincing Skeptical Employees to Adopt New Technology,” March 19, 2015, https://hbr.org/2015/03/

Module
경영학의 역사

유피에스(UPS, The United Parcel Service)는 100여년 전에 고안된 경영 효율 시스템에 의존하고 있다.[1] 20세기 초 철강 산업의 엔지니어였던 Frederick Taylor는 근로자의 효율성 향상을 목표로 광범위한 시간 및 동작 연구를 수행했다. 오늘날 UPS의 경영진은 운전자들의 불필요한 동작을 최소화하기 위해 Taylor의 연구 결과를 많이 적용한다. 예를 들어 최적의 이동 경로 계산부터 트럭의 문을 잠그고 여는 최상의 방법, 운전자가 걸어야 하는 속도에 이르기까지 운전자의 모든 행동을 규정하고 있다. 이 장에서는 경영학이라는 연구 분야가 어떻게 발전했는지 간략하게 요약하였다. UPS와 마찬가지로 오늘날의 경영자들은 30년, 50년 심지어는 100년 전에 도입된 기술들을 많이 사용하고 있다. 이 장에서는 앞으로 학습할 대부분의 내용을 역사적 관점에서 살펴볼 수 있을 것이다.

학습목표

MH1.1 초기 경영의 사례를 설명한다.
MH1.2 여러 가지 고전적 접근 방식을 설명한다.
MH1.3 행동주의적 접근 방식의 발전과 활용에 대해 논의한다.
MH1.4 계량적 접근 방식을 설명한다.
MH1.5 여러 가지 현대적 접근 방식의 이론을 설명한다.

3000 BC - 1776	1911 - 1947	Late 1700s - 1950s	1940s - 1950s	1960s - present
Early Management	Classical Approach	Behavioral Approach	Quantitative Approach	Contemporary Approaches

MH1.1 초기의 경영

경영의 역사는 길다. 사람들은 수천 년 전부터 계획하고, 조직하고, 지휘하고, 통제하는 일련의 활동을 행해 왔다. 몇 가지 흥미로운 사례들을 살펴보자.

이집트 피라미드와 만리장성은 수천만 명의 사람들을 고용하여 완성한 거대한 프로젝트이다.[2] 한 개의 피라미드를 짓기 위해서는 20년이라는 시간과 10만 명 이상의 근로자가 필요했다. 누가 각 노동자들에게 지시했을까? 누가 충분한 돌이 있는지 파악했을까? 정답은 경영자이다. 누군가는 할 일을 정하고, 사람들과 재료들을 조직화하고, 사람들이 자신의 업무를 완수하도록 해야 하고, 모든 일이 계획대로 진행되도록 통제해야 했다.

이집트 피라미드를 건설하는데 10만 명 이상의 노동자와 20년 이상의 시간이 필요했다. 이런 프로젝트는 경영자 없이 완성될 수 없었을 것이다.

출처: *Stephen Studd/The Image Bank/Getty Images*

분업(직무전문화)
업무를 작고 반복적인 작은 단위들로 쪼개는 것

1776년에는 Adam Smith의 『국부론』이 출판됐다. 책에서는 **분업**(division of labor, 혹은 **직무전문화**(job specialization))—즉 업무를 작고 반복적인 작은 단위들로 쪼개는 것—를 통해 조직과 사회가 얻을 경제적 이점에 대해 설명했다. 핀을 생산하는 산업을 예로 들어보자. Smith는 10명이 각각 전문화된 작업을 나눠 맡는다면 하루에 총 48,000개의 핀을 생산할 수 있다고 주장했다. 그러나 각자 개별적으로 핀을 생산한다면 하루에 10개의 핀을 만들기도 어려울 것이라고 한다. Smith에 따르면 분업은 각 작업자의 기술과 숙련도를 높인다. 또한 작업 변경에 소요되는 시간을 절약하며 노동력을 절약할 수 있어 결과적으로 생산성을 높인다고 한다. 업무분화는 현재 시점에서도 인기 있는 작업 방식이다. 병원 외과 팀원들이 수행하는 전문 업무, 식당 주방에서 일하는 직원들의 식사 준비 업무, 축구팀에서 선수들이 맡은 포지션을 생각해 보아라.

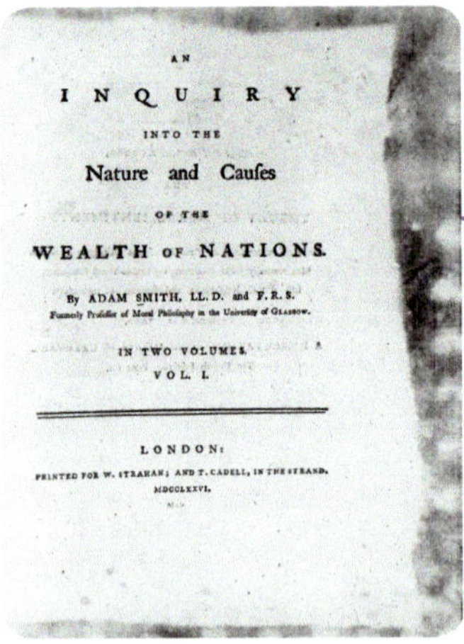
AN INQUIRY INTO THE Nature and Causes OF THE WEALTH OF NATIONS. By ADAM SMITH, LL.D. and F.R.S. IN TWO VOLUMES. VOL. I. LONDON: PRINTED FOR W. STRAHAN; AND T. CADELL, IN THE STRAND. MDCCLXXVI.

1776년, Adam Smith의 『국부론』을 출판하여 분업을 통해 조직과 사회가 얻을 경제적 이점에 대해 설명했다.
출처: *Fotosearch/Archive Photos/Getty Images*

18세기 후반부터 기계의 힘이 인간의 힘을 대체하면서—역사상 **산업혁명**으로 알려진 시점—가정이 아닌 공장에서 제품을 제조하는 것이 더 경제적이 되었다. 거대하고 효율적인 공장은 수요를 예측하고, 제품을 만들고, 사람에게 작업을 할당하고, 업무를 지시할 수 있는 사람이 필요했다. 이런 역할을 하는 사람이 곧 경영자라고 할 수 있다. 경영자에게는 대규모 조직을 운영하기 위한 공식적인 지침이 필요했을 것이다. 이에 따라 1900년대 초반부터 경영 이론을 발전시키기 위한 첫걸음이 시작되었다.

18세기 후반부터 기계의 힘이 인간의 힘을 대체하면서—역사상 산업 혁명으로 알려진 시점—가정이 아닌 공장에서 제품을 제조하는 것이 더 경제적이 되었다.
출처: *North Wind Picture Archives/Alamy Stock Photo*

앞으로 우리는 경영 이론의 주요 접근 방식 네 가지를 살펴보도록 할 것이다. 이 네 가지는 바로 고전적 접근 방식, 행동주의적 접근 방식, 계량적 접근 방식, 현대적 접근 방식 등이다. 각 접근 방식은 당시 무엇이 중요했는지와 연구자들의 배경 및 관심 사항과 밀접한 관련이 있다. 네 가지 접근법은 경영에 대한 우리의 전반적인 이해도를 높여주지만, 각각이 무엇인지 그리고 그것을 어떻게 가장 잘 실천할 수 있는지에 대한 견해를 제한하기도 한다.

3000 BC – 1776	1911 – 1947	Late 1700s – 1950s	1940s – 1950s	1960s – present
Early Management	Classical Approach	Behavioral Approach	Quantitative Approach	Contemporary Approaches

MH1.2 고전적 접근방식

산업혁명
18세기 후반부터 기계의 힘이 인간의 힘을 대체하면서 가정이 아닌 공장에서 제품을 제조하는 것이 더 경제적이 되었다.

고전적 접근 방식
경영학에 대한 첫 연구로 합리성을 중시하고 조직과 근로자를 최대한 효율적으로 만들기를 강조했다.

경영학에 대한 공식적인 연구는 20세기 초까지 이루어지지 않았다. 경영학의 첫 번째 연구인 **고전적 접근 방식**(classical approach)은 합리성을 중시하고 조직과 근로자를 최대한 효율적으로 만들기를 강조했다. 고전적 접근 방식은 크게 과학적 경영(scientific management)과 경영의 일반이론(general administrative theory) 총 두 가지 주요 이론으로 구성된다. 과학적 경영 이론에 가장 큰 공헌을 한 사람은 Frederick W. Taylor, Frank와 Lilian Gilbreth 부부였다. 경영의 일반이론에는 Henri Fayol과 Max Weber가 크게 기여했다. 경영학의 역사에서 중요한 인물들을 살펴보도록 하자.

과학적 경영

현대 경영학 이론이 언제 탄생했는지 정확히 짚어본다면 1911년이 가장 적합할 것이다. 그 해 Frederick W. Taylor의 『과학적 경영의 원리』가 출판되었고 전 세계 경영자들은 그 내용을 받아들였다. Taylor는 저서에서 **과학적 경영** 이론을 설명했다. 즉, 과학적 방법을 사용하여 작업을 수행하기 위한 "최선의 방법"을 정의한 것이다.

과학적 경영
과학적 방법을 사용하여 "최선의 방법"을 찾아내는 접근법

Taylor는 펜실베니아에 있는 미드베일과 베들레헴의 철강회사에서 일했다. 퀘이커와 청교도 배경을 가진 기계 엔지니어인 그는 근로자의 비효율성에 놀랐다. 직원들은 동일한 업무를 수행하기 위해 각기 다른 기술을 사용했다. 사실상 근무 기준이 존재하지 않았으며 근로자는 자신의 능력과 적성과 상관없는 작업에 배치되었다. 노동자들은 느긋하게 일을 했고, Taylor는 가능 생산량의 3분의 1만 생산되고 있다고 생각했다. Taylor의 해결책은 과학적인 방법을 업무에 적용하는 것이었다. 그는 20년이 넘는 시간 동안 각 업무를 수행하는 "최고의 방법"을 열정적으로 모색했다.

Frederick Taylor

1911년에 출판된 Frederick Taylor의 저서 『과학적 경영의 원리』에는 그의 과학적 경영 이론이 서술되어있다.

출처: *Jacques Boyer/Roger–Viollet /The Image Works*

Taylor는 미드베일에서의 경험을 바탕으로 생산 효율을 개선하기 위한 명확한 지침을 정의했다. 그는 이러한 네 가지 경영 원칙(Exhibit MH-2 참조)이 근로자와 경영자 모두에게 이로울 것이라고 주장했다.[3] 이 과학적 원리들은 실제로 어떻게 작용했을까?

Taylor의 과학적 경영 이론과 관련하여 가장 잘 알려진 예는 선철 실험일 것이다. 노동자들은 선철(각각 92파운드 무게)을 철도에 실었으며 일일 평균 생산량은 12.5톤이었다. 그러나 Taylor는 선철을 적재하는 "최선의 방법"을 알아내기 위해 작업 과정을 과학적으로 분석했고, 생산량을 하루 최대 47~48톤으로 증가시킬 수 있다고 예측했다. Taylor는 절차, 기술 및 도구를 다양하게 조합하여 과학적으로 적용하여 결국 그 수준의 생산성을 얻는데 성공했다. 과연 어떻게 한 것일까? 올바른 도구와 장비를 사용하여 적합한 사람을 작업에 투입하고, 작업자가 자신의 지시를 정확하게 따르도록 하고, 일일 임금을 높임으로써 경제적 인센티브를 주어 동기부여했다. Taylor는 다른 업무에도 비슷한 접근법을 적용하여 각 일의 "최선의 방법"을 정의했다. 전반적으로 200% 이상의 생산성 향상을 달성했다. 과학적 원리를 사용한 획기적인 연구를 바탕으로 Taylor는 과학적 경영의 아버지로 알려지게 되었다. 그의 아이디어는 미국과 다른 국가로 퍼져 다른 사람들이 과학적 경영을 연구하고 개발하도록 영감을 주었다. 이 중 가장 널리 알려진 이는 Frank와 Lillian Gilbreth였다.

건설업에 종사하던 Frank Gilbreth는 Taylor의 연설을 듣고 과학 경영을 공부하기 위해 자신의 경력을 포기했다. Frank와 심리학자인 그의 아내 Lillian은 비효율적인 손동작과 몸동작을 제거하기 위해 노력했다. Gilbreth 부부는 작업 성과를 최적화하기 위해 적절한 도구와 장비의 설계와 사용을 실험하기도 했다.[4]

Frank는 벽돌 쌓기 실험으로 유명하다. 그는 벽돌공의 작업을 주의 깊게 분석하여 외부 벽돌을 놓는 동작을 18개에서 약 5개로, 내부 벽돌을 놓는 동작을 18개에서 2개로 줄였다. Gilbreth의 기술을 사용한 벽돌공은 생산성이 크게 향상되었고 하루가 끝났을 때

덜 피로했다.

Gilbreth 부부는 손과 몸의 움직임을 연구하기 위해 영화를 사용한 최초의 사람들이기도 했다. 그들은 작업자의 손과 몸의 동작과 각 동작을 수행하는 데 소요된 시간을 기록하는 초시계(microchronometer)라는 장치를 발명했다. 이 장치를 활용하여 육안으로 놓친 낭비된 움직임을 식별하고 제거할 수 있었다. Gilbreth 부부는 17개의 손 동작(탐색, 파악, 잡기 등)의 분류 체계를 고안했고, 이를 **서블리그**(therbligs)라고 이름 붙였다. 서블리그는 손동작을 분석하는 더 정확한 방법을 제공했다.

서블리그
기본 손동작에 대한 분류체계

오늘날 경영자들이 과학적 경영 방식을 사용하는 방법 앞서 UPS의 예에서 언급한 것처럼 Taylor와 Gilbreth 부부가 생산 효율성 향상을 위해 고안한 많은 기법은 오늘날에도 조직에서 사용되고 있다. 경영자는 과학적 경영 원리를 적용하여 수행해야 하는 기본 작업을 분석하고, 시간과 동작 연구를 사용하여 낭비되는 움직임을 제거하거나, 적합한 인력을 고용하거나, 성과를 바탕으로 한 인센티브 시스템을 설계한다.

Exhibit MH–1
경영학의 주요한 접근 방식

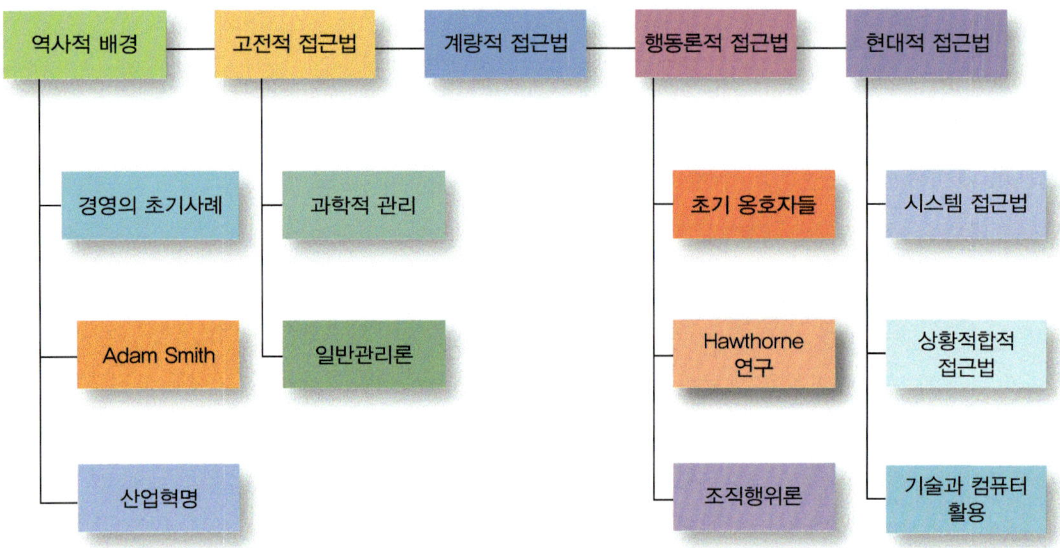

Exhibit MH–2
Taylor의 과학적 경영의 원리

1. 노동자들의 개인적인 경험에 의한 방법을 과학적인 방법으로 대체한다.
2. 과학적으로 노동자를 선발, 훈련, 교육하고 능력을 개발한다.
3. 모든 작업이 과학적인 방법에 따라 원활히 수행될 수 있도록 노동자들과 협력한다.
4. 경영자와 노동자는 업무와 책임을 동등하게 나눈다. 경영자는 자신이 해야 할 일을 한다.

출처: F. W. Taylor, *Principles of Scientific Management* (New York: Harper, 1911).

경영의 일반이론

경영의 일반이론(General administrative theory)은 경영자가 무슨 일을 하고 좋은 경영관행이 무엇인지 정의하는 데 초점을 맞췄다.

1장에서 Henri Fayol을 소개한 까닭은 경영자가 수행하는 다섯 가지 기능인 계획, 조직화, 명령, 조정 및 통제 기능을 처음 규명했기 때문이다.[5] Fayol은 Taylor와 같은 시기에 연구를 했다. Taylor가 일선의 경영자와 과학적 방법에 대해 고민하는 동안 Fayol은 경영자의 모든 활동에 관심을 가졌다. 그는 프랑스의 한 대형 석탄 광산 회사의 전무이사로 쌓은 개인적인 경험을 바탕으로 글을 썼다.

Fayol은 경영을 회계, 재무, 생산, 유통 및 기타 일반적인 비즈니스 기능과 구별되는 것이라고 설명했다. 동시에 경영은 사업적 노력, 정부, 심지어 가정에서도 공통적으로 보이는 활동이라고 보았다. 그는 모든 조직에 적용 가능한 경영의 기본 규칙을 14가지의 **관리원칙**(principles of management)으로 제시하였다(Exhibit MH-3 참조).

Max Weber는 독일의 사회학자로 1900년대 초 관료제라는 개념을 제시했다.[6] **관료제**는 명확하게 정의된 계층, 상세한 규칙과 규정, 비인격적 관계를 특징으로 하는 이상적인 조직의 형태이다(Exhibit MH-4 참조). Weber는 이러한 이상적인 관료제가 현실에 존재하지 않다는 것을 알고 있었다. 대신 대규모 그룹에서 이를 어떻게 실현시킬 수 있는지에 대한 이론을 개발했다. 그의 이론은 오늘날 많은 대기업이 조직 구조를 설계하는 데 도움이 되었다.

Weber가 설명한 관료제는 과학적 관리의 이념과 흡사하다. 둘 다 합리성, 예측가능성, 비인격성, 기술적 능력, 권위주의를 강조했다. Weber의 아이디어는 Taylor의 이론보다는 덜 실용적이다. 그러나 그가 묘사한 이상적인 모습은 많은 현대 조직들에서 찾을 수 있다는 점에서 주목할 가치가 있다.

오늘날 경영자들이 경영의 일반이론을 사용하는 방법 현재의 경영 아이디어와 관행 중 몇 가지는 경영의 일반이론과 직접적으로 연관되어 있다. 예를 들어 경영자의 직무에 대한 기능적 관점은 Fayol의 이론에서 기인한다. 또한 그의 14가지 원칙은 경영권, 중앙집권적 의사결정, 한 명에 상사에게만 보고하는 것 등 현재의 경영 개념이 진화하는 데 중요한 기틀이 되었다.

Weber의 관료제는 조직을 위한 이상적인 프로토타입을 만들려는 시도였다. 관료제의 많은 특징은 여전히 큰 조직에서 뚜렷하게 나타나지만, 20세기만큼 인기가 있지는 않다. 많은 경영자는 관료제 구조가 직원 개개인의 창의성을 저해하고 점점 더 역동적으로 변하는 환경 속에서 이에 신속하게 대응할 수 있는 조직의 능력을 제한한다고 생각한다. 그러나 애플(Apple), 삼성(Samsung) 또는 시스코 시스템즈(Cisco Systems)와 같은 창의적인 전문가들로 이루어진 유연한 조직에서도 자원을 효율적이고 효과적으로 사용하기 위해서는 관료제의 기법이 필요하다.[7]

경영의 일반 이론
경영자가 하는 일과 좋은 경영 관행을 설명하는 데 초점을 맞춘 경영학의 접근 방식

Henry Fayol
Henry Fayol의 경영의 일반 이론은 경영자가 무슨 일을 하고 좋은 경영 관행이 무엇인지 정의하는 데 초점을 맞췄다.
출처: Historic Collection/Alamy Stock Photo

관리원칙
모든 조직과 상황에 적용할 수 있는 기본적인 관리원칙

관료제
분업, 명확한 계층, 상세한 규칙과 규정, 비인격적 관계를 특징으로 하는 조직의 한 형태

Max Weber
Max Weber는 관료제라고 불리는 이상적인 유형의 조직을 기반으로 권위구조와 관계에 대한 이론을 개발했다.
출처: Keystone Pictures USA/ZumaPress/Alamy Stock Photo

Exhibit MH-3

Fayol의 14가지 관리원칙

1. **분업.** 분업에 따른 전문화(specialization)는 직원들의 효율성을 높여 생산량을 증가시킨다.
2. **권한.** 경영자들은 지시를 내릴 수 있어야 하며 권한은 책임을 동반한다.
3. **규율.** 직원들은 조직을 통제하는 규칙들을 준수하고 존중해야 한다.
4. **명령의 일원화.** 각 직원들은 반드시 한 명의 상사로부터 지시를 받아야 한다.
5. **지시의 일원화.** 동일한 목적을 지향하는 조직 활동들은 하나의 동일한 계획에 의해 이뤄져야 한다.
6. **개별적 이해관계보다 조직 전체의 이해관계가 우선시되어야 함.** 조직에서는 특정 직원 개인이나 특정 직원들의 집단이 추구하는 이해관계보다는 전체 조직의 이해관계가 우선되어야 한다.
7. **보상.** 직원들에게는 그들의 서비스에 대한 공정한 보수가 지불되어야 한다.
8. **집중화.** 집중화란 부하직원들이 의사결정에 관여하는 정도를 말한다.
9. **명령계통.** 최고경영층에서 아래 계층에까지 지휘권이 연결된 선을 명령계통(scalar chain)이라 부른다.
10. **질서.** 인력과 원자재는 모두 적절한 시기에 적절한 장소에 있어야 한다.
11. **형평성.** 경영자들은 부하들에게 친절하고 이들을 공정하게 대우해야 한다.
12. **고용안정.** 경영자는 인력계획을 신중히 하여 결원이 생긴 경우 충원할 수 있도록 철저히 계획을 세워야 한다.
13. **주도성.** 계획을 세우고 주도해야 하는 직원들은 업무 달성에 많은 노력을 기울여야 한다.
14. **단결심.** 한 조직의 화합과 통일성을 위해서는 팀 정신을 촉진해야 한다.

출처: Based on Henri Fayol's 1916 "Principles of Management," in Administration Industrielle et Générale, translated by C. Storrs as General and Industrial Management (London: Sir Isaac Pitman & Sons, 1949).

Exhibit MH-4

Weber의 관료제의 특성

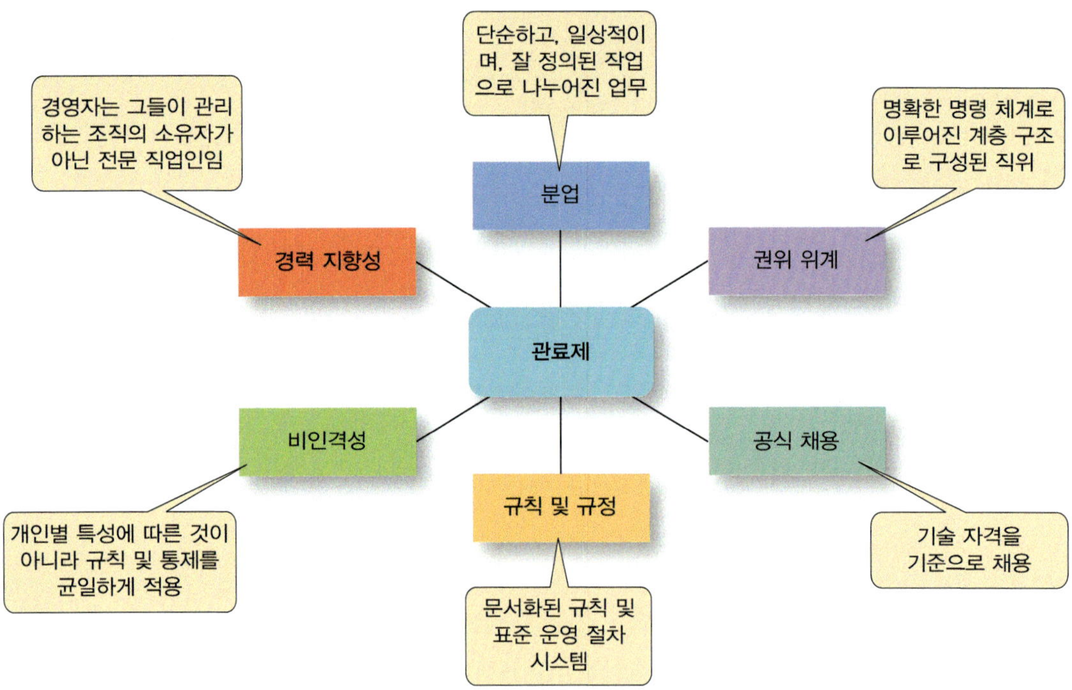

출처: Based on Essays in Sociology by Max Weber, translated, edited, and introduced by H. H. Gerth and C. Wright Mills (New York: Oxford University Press, 1946).

3000 BC - 1776	1911 - 1947	Late 1700s - 1950s	1940s - 1950s	1960s - present
Early Management	Classical Approach	Behavioral Approach	Quantitative Approach	Contemporary Approaches

MH1.3 행동주의적 접근 방식

경영자는 사람들과 함께 일을 한다. 이는 일부 연구자들이 조직의 인적 요소에 초점을 맞춰 경영진을 분석하는 이유이기도 하다. 조직 구성원들의 행위(행동)를 조사하는 전문적인 연구 분야를 **조직행동**(organizational behavior, OB)이라고 부른다. 현대의 경영자들이 하는 활동들—동기부여, 지휘, 신뢰 구축, 협력, 갈등 해결 등—은 조직행동학 연구의 결과물이다.

조직행동(organizational behavior, OB)
조직 구성원들의 행위를 조사하는 전문적인 연구 분야

20세기 초 많은 사람은 조직의 성공 요소로 사람의 중요성을 인식했다. 그 중에서도 조직행동학 접근법의 초기 옹호자로는 대표적으로 Robert Owen, Hugo Münsterberg, Mary Parker Follett, Chester Barnard 등 네 명을 꼽을 수 있다. 각각이 기여하는 분야는 뚜렷하게 구분된다. 그러나 사람이 조직의 가장 중요한 자산이며, 이를 고려하여 조직을 관리해야 한다는 의견은 공통적이었다. 그들의 아이디어는 직원 선발 절차, 동기부여 프로그램 및 작업팀과 같은 경영 관행의 기초가 되었다. Exhibit MH-5에서는 이들의 주요 견해를 요약하고 있다.

호손 연구
1920년대부터 1930년대까지 이뤄진 일련의 연구들로, 개인과 집단의 행동에 관한 통찰력을 제공했다.

경영학의 행동적 접근 방식에 가장 중요한 기여한 것은 **호손 연구**(Hawthorne study)이다. 호손 연구는 웨스턴 일렉트릭(일리노이 주 시세로 소재)에서 1924년부터 행해진 일련의 연구들을 일컫는다. 이 연구는 과학적 경영에 관한 연구로 시작되었으며 엔지니어들은 조명의 밝기에 따라 근로자 생산성에 차이가 있는지를 실험하였다. 실험집단은 다양한 조명 강도에 노출되었고 통제집단은 일정한 밝기 아래에서 작업을 진행했다. 만약 당신이 이 실험을 담당하는 엔지니어였다면 어떤 결과를 예상했겠는가? 논리적으로 실험집단의 개별성과가 빛의 강도와 직접적으로 관련이 있을 것이라 생각할 것이다. 그러나 놀랍게도 조명의 밝기 정도가 강해질수록 두 집단의 생산량이 모두 증가하였다. 빈대로 조명이 어두워질 때도 두 집단 모두 생산량이 늘어났으며 실험집단의 조명이 달빛 수준으로 낮아졌을 때만 생산성이 감소되었다. 이런 결과를 어떻게 설명해야 할까? 엔지니어들은 조명 강도는 그룹 생산성과 직접적으로 관련이 없으며 다른 무언가가 결과에 영향을 미쳤을 것이라고 추측했다. 그러나 처음에는 그 '다른 무언가'가 무엇인지 정확히 파악할 수 없었다.

웨스턴 일렉트릭의 근로자
웨스턴 일렉트릭의 근로자들은 행동주의적 접근을 적용한 초기 중요 연구들의 연구 대상이었다.
출처: Hawthorne Works Museum of Morton College

1927년 웨스턴 일렉트릭의 엔지니어들은 Elton Mayo 하버드대학교 교수와 그의 동료들에게 연구에 참여할 것을 요청했다. 이들은 1932년까지 일자리 재설계, 근무일수와 주당 근무시간의 변화, 휴식 기간 도입, 개인 대 집단 임금 계획 등 수많은 실험을 함께 진행했다.[8] 한 실험은 그룹 성과급 제도가 그룹의 생산성에 미치는 영향을 평가하기 위해 고안되었다. 그 결과 인센티브 계획은 집단의 압력, 수용 및 보안보다 노동자의 생산량에 적은 영향을 미친다는 사실을 알아냈다. 또한 연구자들은 사회규범이나 단체기준이 개인의 업무행동의 주요한 결정요인이라고 결론 내렸다. 조명 실험에서는 관찰되고 있다는 인식만으로도 사람들의 행동이 변화한다는 사실이 밝혀졌다.

학자들은 호손 연구가 조직 내 인간의 역할에 관한 믿음에 지대한 영향을 미쳤다고 생각한다. Mayo는 사람들의 행동과 태도는 밀접하게 연관되어 있고, 집단 요소가 개인의 행동에 큰 영향을 미치고, 집단 표준이 개별 작업자의 성과 수준을 정한다고 결론 내렸다. 돈은 상대적으로 영향력이 적었다. 이러한 결과는 조직 경영에 미치는 인간 행동의 중요성을 부각시켰다.

오늘날 경영자들이 행동주의적 접근 방식을 사용하는 방법 행동주의적 접근 방식은 오늘날 조직의 관리 방식을 구체화하는데 기여했다. 경영자가 직무를 설계하는 방식부터 팀과 함께 작업하는 방식, 커뮤니케이션 방식까지 우리는 곳곳에서 행동주의적 접근 방식을 찾아볼 수 있다. 초기 조직행동학 옹호자들의 제안과 호손 연구의 결과는 동기 부여, 리더십, 집단행동 및 능력 개발 등과 관련된 수많은 이론의 기초를 제공했다.

Exhibit MH–5

초기 조직행동학의 공헌자

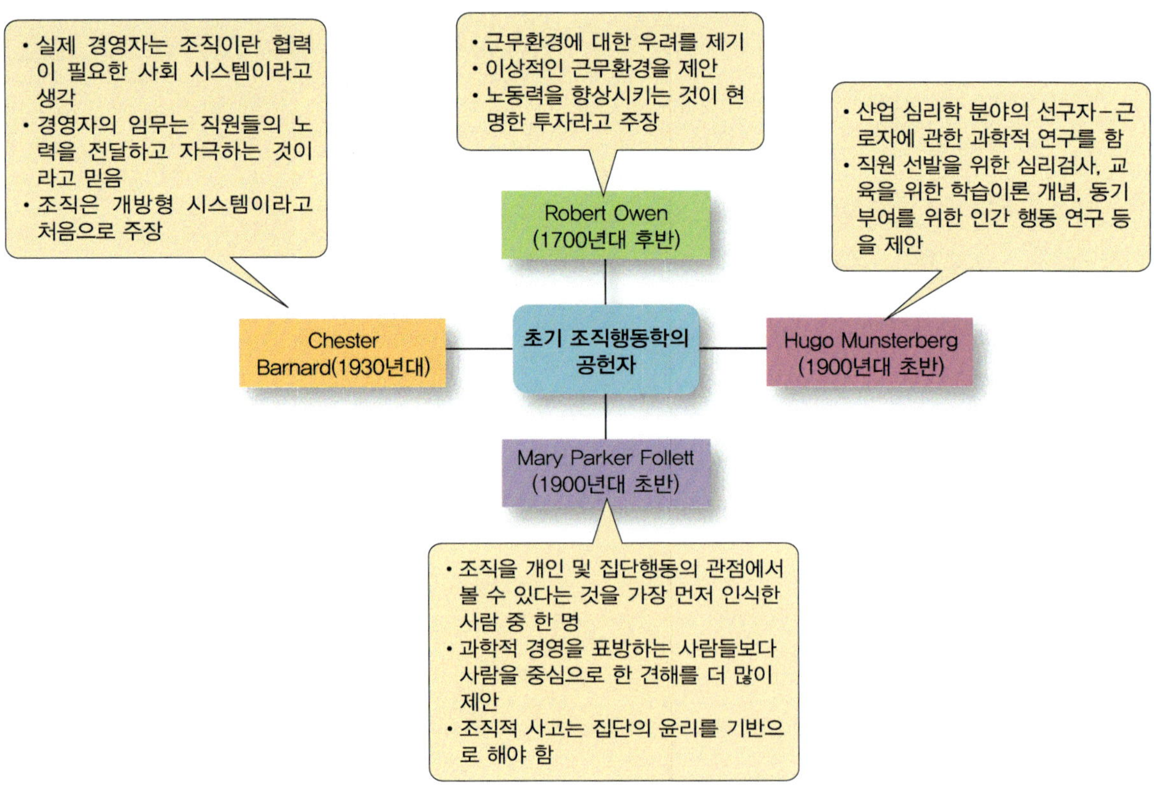

3000 BC - 1776	1911 - 1947	Late 1700s - 1950s	1940s - 1950s	1960s - present
Early Management	Classical Approach	Behavioral Approach	Quantitative Approach	Contemporary Approaches

MH1.4 계량적 접근 방식

비행기에서 좌석을 찾기 위해 돌아다니다 누군가와 부딪히는 것은 승객에게는 단순한 짜증거리겠지만, 항공사에는 큰 문제로 이어질 수 있다. 비행기 이륙 시간이 지체되기 때문이다. 한 항공사는 시공간 기하학 연구를 바탕으로 '역피라미드'라는 독특한 탑승 과정을 개발해 탑승 시간을 최소 2분 이상 단축했다.[9] 이것이 의사결정을 개선하기 위해 계량분석적 방법을 적용하는 **계량적 접근 방식**(quantitative approach)의 한 예이다. 이 접근법은 경영과학이라고 하기도 한다.

계량적 접근 방식은 제2차 세계 대전 동안 군대에서 문제를 해결하기 위해 개발한 수학 및 통계적 모형들로부터 발전되었다. 전쟁이 끝난 후, 이 기술들의 대부분은 경영에 적용되었다. 예를 들어 '수재들의 집단'이라 불리던 군인들이 1940년대 중반에 Ford 자동차 회사에 입사하면서 Ford의 의사결정 시스템에 통계적 방법과 양적 모델이 도입되기 시작하였다.

1920년 미국 인구 조사에서 사용된 이 천공카드 작성 기계는 전자 컴퓨터의 전신이었으며 코드화된 정보가 포함된 천공 카드를 기계적으로 읽는 작업을 했다

출처: *Everett Collection Inc/Alamy Stock Photo*

계량적 접근 방식이 정확히 어떤 역할을 하는가? 계량적 접근 방식에는 통계, 최적화 모델, 정보 모델, 컴퓨터 시뮬레이션 및 기타 계량적 기법을 관리하는 활동들을 경영 활동에 적용하는 것들이 포함된다. 예를 들어 선형 프로그래밍은 경영자가 자원 할당 결정을 개선할 때 사용하는 기술이며, 작업 스케줄링은 임계 경로 스케줄링 분석 결과를 바탕으로 효율성을 높일 수 있다. 경제적 주문량 모형은 경영자가 최적의 재고 수준을 결정하는 데 도움이 된다. 각각은 경영 의사 결정을 개선하기 위해 적용되는 계량적 기법의 예이다. 이러한 기술이 자주 사용되는 또 다른 영역은 전체 품질 관리이다.

품질혁명은 1980년대와 1990년대 기업과 공공부문을 모두 휩쓸었다.[10] 품질혁명은 품질 분야의 전문가 집단에서 영감을 받았는데, 그 중 가장 유명한 이는 W. Edwards Deming(오른쪽 사진)과 Joseph M. Juran이다. 1950년대 그들의 아이디어와 기법은 미국에서 지지받지 못했으나 일본에서는 적극적으로 받아들였다. 그러나 일본 제조회사들이 품질 면에서 미국 경쟁자들을 앞서 나가자, 서구의 경영자들도 Deming과 Juran의 아이디어를 심각하게 검토하기 시작했다. 이런 아이디어는 후에 품질 관리 프로그램의 기초가 되었다.

W.
Edwards Deming

W. Edwards Deming은 품질혁명의 창시자 중 한 명이다.

출처: *Richard Drew/AP Images*

총체적 품질관리(total quality management, TQM)은 지속적인 품질 개선을 위한 것이자 고객의 요구와 기대를 제품에 반영하는 경영철학이다(MH-6 참조). 고객이라는 용어는 내부 또는 외부에서 조직의 제품 또는 서비스와 상호작용하는 모든 사람을 일컫는다. 여기서는 직원과 공급 업체는 물론 구매자들까지 포함된다. 정확한 측정 없이 지속적인 개선은 불가능하며, 이는 조직의 업무 프로세스에서 모든 중요한 변수를 측정하는 통계적 기술이 필요하다. 이러한 측정은 표준과 비교하여 문제를 식별하고 해결한다.

계량적 접근 방식
계량적인 기법을 활용하여 의사결정을 개선하려는 접근 방식

총체적 품질관리(TQM)
고객의 요구와 기대 수준에 부응하기 위해 품질을 지속적으로 개선해야 한다는 경영철학

오늘날 경영자들이 계량적 접근 방식을 사용하는 방법 계량적 접근 방식은 경영자가 계획 및 통제와 관련된 의사결정을 할 때 직접적인 역할을 한다. 예를 들어 관리자는 예산 편성, 대기열, 스케줄링, 품질관리 등과 같은 결정을 내릴 때 일반적으로 계량적 기술에 의존한다. 전문화된 소프트웨어를 통해 이러한 기술을 보다 쉽게 사용할 수 있게 되었지만, 여전히 많은 경영자는 이를 활용하는데 어려움을 토로한다.

1920년 미국 인구 조사에서 사용된 이 기계는 전자 컴퓨터의 전신이었으며 코드화된 정보가 있는 천공 카드를 기계적으로 읽는 작업을 했다.

Exhibit MH–6
품질경영이란 무엇인가?

1. **고객에게 집중한다.** 고객은 조직의 제품 또는 서비스를 구매하는 외부인과 조직 내 다른 사람들과 교류하고 서비스를 제공하는 내부 고객을 포함한다.
2. **지속적인 개선에 힘쓴다.** 품질경영은 만족과 타협하지 않겠다는 약속이다. "매우 좋다"는 것만으로는 충분하지 않다. 품질은 항상 향상될 수 있다.
3. **프로세스에 집중한다.** 품질 경영은 상품과 서비스의 품질이 지속적으로 향상됨에 따라 작업 프로세스에 중점을 둔다.
4. **조직이 하는 모든 일의 품질을 향상시킨다.** 최종 제품, 조직이 조달을 처리하는 방법, 불만 사항에 얼마나 신속하게 대응하는지, 전화에 얼마나 정중하게 응대하는지 등 모든 일은 품질경영과 관련이 있다.
5. **정확한 측정.** 품질경영은 통계 기법을 사용하여 조직 운영의 모든 중요 변수를 측정한다. 이를 표준과 비교하여 문제를 식별하고 근본 원인을 추적하여 문제를 제거한다.
6. **직원의 권한 부여.** 품질경영에서는 개선 과정에 있는 사람들을 포함한다. 팀은 문제를 찾고 해결하기 위한 권한 부여 수단으로 품질 관리 프로그램에서 널리 활용된다.

3000 BC – 1776	1911 – 1947	Late 1700s – 1950s	1940s – 1950s	1960s – present
Early Management	Classical Approach	Behavioral Approach	Quantitative Approach	Contemporary Approaches

MH1.5 현대적 접근 방식

앞서 살펴본 바와 같이, 경영 이론과 관련된 이전의 접근 방식들은 경영자들의 경영 방식에 지속적인 영향을 미치고 있다. 이러한 초기 접근 방식의 대부분은 조직 내부 경영자의 우려 사항에 초점을 맞췄다. 1960년대부터 경영 분야 연구자들은 조직 외부 환경에서 무슨 일이 일어나고 있는지 살펴보기 시작했다. 이는 현재의 시스템적 접근 방식과 상황적 접근 방식 두 가지와 관련이 있다. 시스템 이론은 물리 과학의 기본 이론으로 조직에서의 인간의 노력에 적용된 적은 없었다. 1938년, 전화기 회사의 경영자인 Chester Barnard는『경영자의 기능들(The Functions of the Executive)』이란 책을 통해 기업은 하나의 협동 시스템으로 작용한다는 주장을 했다. 그러나 경영학 연구자들이 시스템 이론을 활용하여 조직을 하나의 시스템으로 이해하려는 시도는 1960년대가 되서야 본격적으로 이루어졌다.

시스템
통합된 전체를 생성하는 방식으로 배열된 상호 연관되고 상호 의존적인 부분들의 결합체

폐쇄 시스템
환경에 영향을 받거나 상호작용하지 않는 시스템

개방 시스템
환경과 상호작용하는 시스템

시스템(System)은 상호 연관되고 상호 의존적인 부분들의 결합체를 말한다. 시스템은 열려 있거나 닫혀있는 두 가지의 형태를 띠는데 **폐쇄 시스템**(Closed systems)은 환경에 영향을 받지 않으며 환경과 상호작용하지 않는다. 이와 대조적으로, **개방 시스템**(open systems)은 환경에 영향을 받고 상호작용한다. 오늘날 조직을 시스템으로 설명할 때 이

는 개방형 시스템을 의미한다. Exhibit MH-8은 개방형 시스템을 나타내고 있다. 조직은 환경에서 투입물(자원)을 가져와 산출물로 변환 또는 처리하여 환경으로 내보낸다. 조직은 환경에 개방되어있고 상호작용한다.

시스템적 접근 방식(System approach)은 우리가 경영학을 이해하는데 어떤 도움을 줄까? 연구자들은 조직을 개인, 집단, 구조, 목표, 지위, 권위를 포함한 여러 요소로 구성된 복잡한 시스템으로 상상했다. 이는 경영자가 조직의 여러 업무 활동을 조정할 때 조직의 목표가 달성되도록 이러한 모든 부분을 함께 작동시킨다는 것이다. 예를 들어 시스템적 접근 방식은 생산 부서가 아무리 효율적이라 하더라도 마케팅 부서가 고객의 취향 변화를 예상하고 그들이 원하는 제품을 만드는 데 협력해야 한다는 것을 인식한다. 그렇지 않으면 조직의 전반적인 성과가 나빠질 것이다.

또한 시스템적 접근은 한 조직 영역의 결정과 조치가 다른 영역에도 영향을 미친다고 설명한다. 물류 부서가 적절한 양과 품질의 투입물을 확보하지 못한다면 생산 부서는 그와 관련된 일을 할 수 없게 된다는 것이다.

마지막으로 시스템적 접근 방식에 따르면 조직은 자급자족 집단이 아니다. 환경은 필수적인 투입물을 조달하는 곳이자 산출물을 배출시키는 곳이다. 정부 규제나 공급자 관계, 또는 의존하는 다양한 외부 구소를 무시한다면 어떤 조직도 오래 살아남을 수 없다.

초기의 경영이론가들은 보편적으로 적용할 수 있는 경영원칙들을 제안했다. 이후에 이루어진 연구들에서 이러한 원칙들의 많은 예외사항이 발견되었다. 예를 들어 분업은 가치 있고 널리 활용되지만, 일자리가 너무 전문화될 수 있다는 문제점이 있다. 관료제는 많은 상황에서 바람직하지만, 어떤 상황에서는 다른 조직 구조가 더 효과적일 수 있다. 경영에는 모든 상황에 적용할 수 있는 단순한 원칙이 존재하지 않는다. 상황이 다르고 변화가 필요하다면 경영자는 다른 접근 방식과 기술을 사용해야 한다. **상황적 접근 방식**(contingency approach)에 의하면 조직, 직원, 그리고 상황들이 다양하기 때문에 각기 다른 방식의 경영이 요구된다.

상황적 접근 방식
조직은 서로 다른 상황에 직면하고 이에 따라 경영 방법이 다르다는 경영학의 접근 방식

상황이론을 잘 설명할 수 있는 방법은 '만약… 그렇다면…'이라는 가정을 활용하는 것이다. 조직에 따라 규모, 목표, 업무 활동 등이 다르기 때문이다. 모든 상황에서 작동하는 보편적으로 적용 가능한 경영 규칙을 찾는 것은 어려운 일이다. 주의해야 할 점은 '상황에 따라' 경영하는 방식과 상황이 어떤지 말하는 방식은 서로 다르다는 것이다. 경영학 분야의 연구자들은 계속해서 이러한 상황 변수를 알아내기 위한 연구를 하고 있다. 자료 MH-9는 4가지 주요 우발 변수들을 설명하고 있다. 이 변수들은 모든 상황을 포괄하지는 않지만, 가장 널리 사용되는 것들이다. 상황적 접근법의 주된 가치는 경영자들이 따라야 할 단순하거나 보편적인 규칙이 없다는 사실을 강조한다는 것이다.

마지막으로, 기술과 컴퓨터화가 미친 영향을 함께 고려해야 현대 경영의 역사가 완전해질 것이다.[11] 여기서는 몇 가지만 언급하고자 한다.

당신의 할아버지는 고등학교를 마치지 않았더라도 공장에서 좋은 직장을 구할 수 있었을 것이다. 이는 기술이 거의 필요하지 않은 일들이다. 오늘날 공장은 고도로 전산화되어 있으며 복잡한 장비를 운용할 수 있는 기술을 가진 직원이 필요하다. 오늘날 숙련된 기술자를 관리하는 것은 비숙련 최저임금 노동자 집단을 관리하는 것과는 다르다.

기술은 경영자와 직원이 즉시 의사소통할 수 있게 만들었다. 이 가상팀은 지리적으로 떨어진 상태에서 함께 작업한다.

출처: *Rocketclips, Inc/Shutterstock*

기술 덕분에 함께 작업하지만 지리적으로 떨어져 있는 가상 팀을 만들 수 있게 되었다. 이에 대응하여 경영자는 멀리서 사람을 관리하는 방법을 배워야 했다. 인터넷, 이메일, 스카이프(Skype), 회의 소프트웨어 및 기타 기술 혁신을 통해 경영자와 직원은 즉시 의사소통을 할 수 있으며 업무 시간과 휴무 시간 사이의 장벽을 허물 수 있다. 예를 들어, 오늘날 전문가는 기본적으로 연중무휴 24시간 "대기" 상태이다.

점점 더 많은 조직이 경영자가 결정을 내릴 때 빅데이터의 도움을 받는다. 빅데이터는 기존의 소프트웨어에 비해 훨씬 크고 복잡한 대형 데이터 집합을 말하며, 컴퓨터로 분석하여 패턴, 동향, 행동을 밝힐 수 있다. 현대의 경영자들은 빅데이터를 이용하여 고객이 무엇을 사고 싶은지 예측하고, 잠재적인 문제를 파악하고, 부족한 자원을 할당하는 데 활용하고 있다.

기술이 기업에 미친 가장 큰 영향은 기존 비즈니스를 쓸모없게 만들었다는 것이다. 경영자는 오랫동안 구축한 제품과 서비스를 위협하는 기술을 사용하고 있는 새로운 경쟁업체에 지속적으로 적응해야 한다. 파괴적인 혁신은 광고, 금융 서비스 및 소매 판매와 같은 다양한 시장을 재편하고 있다.

Exhibit MH–7

미국 경영학의 위대한 순간들

- **일당 5달러(1914).** Ford는 직원들의 임금을 두 배로 올리고 중산층 창출을 도왔다.
- **포괄적 직원 혜택(1928).** Kodak은 생명 보험, 등록금 지원, 퇴직연금과 같은 당시 호화로운 혜택을 제공했다.
- **이노베이션 랩(1944).** 3M은 연구실의 기술자들이 제약 없이 큰 꿈을 꾸도록 제품생산실험실(Products Fabrication Laboratory)을 설립했다.
- **애니악(ENIAC)(1946).** 최초의 디지털 컴퓨터가 작동되었다.
- **개인 컴퓨터(1977).** 애플 II의 출시로 개인용 컴퓨터 시대가 시작되었다.
- **유연한 작업장(1993).** 광고 대행사인 Chiat/Day는 창의력을 높이기 위하여 개인에게 할당된 책상을 없애고 모바일 워크스테이션으로 교체한 새로운 사무실을 조성하였다.
- **동거인 혜택(1996).** IBM은 의료 혜택을 직원들의 동성 파트너에게까지 확대하여 제공했다.
- **고잉 그린(Going Green)(2005).** GE는 환경친화적 제품인 에코매지네이션(Ecomagination)을 출시했다.

Based on D. Lidsky, "10 Big Bets on Optimism That Changed the Business World," *Fast Company*, February 2018, p. 96.

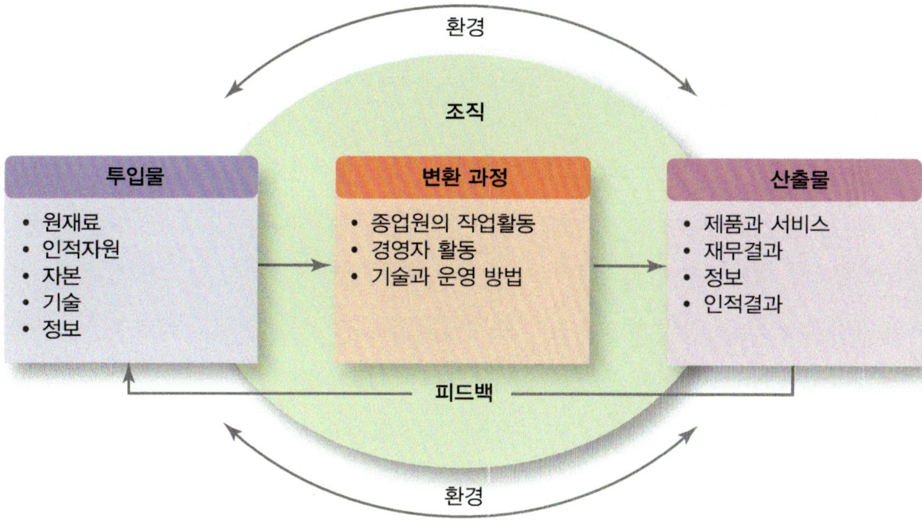

Exhibit MH–8
개방 시스템 조직

기술 덕분에 경영자와 직원이 즉시 소통할 수 있게 되었다. 여기서는 가상 팀이 지리적으로 떨어져 있는 상태에서 함께 작업한다.

- **조직 규모.** 규모가 커질수록 조정 문제도 커진다. 예를 들어, 직원이 50,000명인 조직에 적합한 조직 구조는 50명인 조직에 적용하기에 비효율적일 수 있다.
- **작업 기술의 일상화.** 조직은 목적을 달성하기 위해 기술을 사용한다. 일상적인 기술은 맞춤형 또는 비일상적 기술에서 요구하는 것과는 다른 조직 구조, 리더십 스타일 및 제어 시스템을 필요로 한다.
- **환경의 불확실성.** 환경변화에 따른 불확실성의 정도가 경영 프로세스에 영향을 미친다. 안정적이고 예측 가능한 환경에서 가장 잘 작동하는 것은 예측 불가능한 환경에서 완전히 쓸모없을 수 있다.
- **개인차.** 개인은 성장에 대한 욕구, 자율성 모호함에 대한 관용, 기대치 측면에서 모두 다르다. 이러한 개인차는 경영자가 동기 부여 기법, 리더십 스타일 및 직무 설계를 선택할 때 특히 중요한 요소이다.

Exhibit MH–9
주요 우발 변수

경영학의 역사 시험/퀴즈 준비

MH1.1 초기 경영의 사례를 설명한다.

역사를 공부하는 것은 오늘날 나타나는 경영 관행의 기원을 살펴보고 어떤 것이 효과가 있고 없는지를 알 수 있게 해주기 때문에 중요하다. 이집트 피라미드와 만리장성의 건설의 예에서 경영의 초기 사례를 볼 수 있다. 중요한 역사적 사건 중 하나는 Adam Smith의 『국부론』의 출판이다. 이 책에서는 분업(직무전문화)의 이점을 주장하고 있다. 또 다른 하나는 산업혁명으로, 가정이 아닌 공장에서 제품을 제조하는 것이 더 경제적이 되었다. 이 공장들을 관리하려면 경영자들이 필요했고, 이 경영자들은 조직 구성원을 지도하기 위해 공식적인 관리 이론이 필요했다.

MH1.2 여러 가지 고전적 접근 방식을 설명한다.

과학적 경영의 아버지로 알려진 Frederick W. Taylor는 생산 효율을 높이기 위하여 과학적 원리를 사용해 동작 연구를 수행했다. Gilbreth 부부의 주된 공헌은 효율적인 손과 몸의 움직임을 찾고 작업 성능을 최적화하기 위한 적절한 도구와 장비를 설계한 것이다. Fayol은 경영의 기능이 모든 사업적 노력에서 공통적으로 나타나면서도 다른 기능들과 구별된다고 생각했다. 그는 14가지의 관리원칙을 개발했다. Weber는 관료제라는 이상적인 유형의 조직을 설명했는데, 이는 현재에도 많은 대기업이 가지고 있는 특징이다. 오늘날 경영자들은 수행해야 할 기본 업무를 분석할 때 과학적 관리의 개념을 사용하고, 시간과 동작 연구를 사용하여 낭비되는 움직임을 제거하고, 최고의 자격을 갖춘 인력을 고용하며, 적응형 로봇을 사용하여 작업 효율을 높이고, 산출물을 기반으로 인센티브 시스템을 설계한다. 그들은 경영 기능을 수행하고 조직을 구조화하여 자원을 효율적으로 효과적으로 사용할 수 있도록 하며 이때 경영의 일반 이론을 활용한다.

MH1.3 행동주의적 접근 방식의 발전과 활용에 대해 논의한다.

초기 조직행동학 지지자들(Robert Owen, Hugo Munsterberg, Mary Parker Follett, and Chester Barnard)은 다양한 아이디어를 제시하였다. 그들은 공통적으로 사람이 조직의 가장 중요한 자산이며 그에 따라 경영이 행해져야 한다고 믿었다. 호손 연구는 경영에 미치는 인간 행동의 중요성을 부각시켜 조직 내 인간의 역할에 대한 믿음에 큰 영향을 미쳤다. 행동주의적 접근 방식은 오늘날 조직의 경영 방식을 크게 구체화했다. 동기부여, 리더십, 집단 행동 및 개발, 그리고 다른 행동과 관련한 많은 현재 이론들은 초기 조직행동학의 옹호자들과 호손 연구로부터 유래했다.

MH1.4 계량적 접근 방식을 설명한다.

계량적 접근 방식은 통계, 최적화 모델, 정보 모델 및 컴퓨터 시뮬레이션을 경영 활동에 적용하는 것을 포함한다. 오늘날의 관리자들은 특히 의사결정을 내릴 때 자원 할당, 품질 향상, 작업 스케줄링, 최적의 재고 수준 결정 등과 같은 작업 활동을 계획하고 제어할 때 계량적 접근 방식을 사용한다. 총체적 품질관리기법(고객의 요구와 기대 수준에 부응하기 위해 품질을 지속적으로 개선하는 데 전념하는 관리 철학)도 목표를 달성하기 위해 계량적 접근 방식을 사용한다.

MH1.5 여러 가지 현대적 접근 방식의 이론을 설명한다.

시스템 접근 방식에 따르면 조직은 환경에서 투입(자원)을 가져와 산출물로 변환하거나 처리하여 환경으로 다시 내보낸다. 이 접근 방식은 경영자가 모든 상호의존적인 단위가 조직의 목표를 달성하기 위해 어떻게 협력하는지, 그리고 한 조직 영역에서 내린 결정과 행동이 다른 부분에 영향을 미친다는 것을 이해하도록 해준다. 또한 경영자들은 조직은 자급자족하지 않으며 필수적인 투입물을 조달하고 산출물을 배출시키는 곳으로써 환경이 중요하다는 점을 알 수 있다.

상황적 접근법에 따르면 조직은 서로 다르고, 상이한 상황에 직면하며, 다른 경영 방법을 필요로 한다고 말한다. 경영자가 따라야 할 단순하거나 보편적인 규칙이 없다는 점을 강조한다. 대신 경영자는 자신의 상황을 인식하고 이에 따른 가장 좋은 경영 방법을 판단해야 한다.

기술과 컴퓨터화는 경영자의 직무를 극적으로 변화시키고 있다. 경영의 모든 요소, 즉 계획, 조직, 지휘, 통제는 기술에 의해 어느 정도 재편되었다.

복습과 토론 질문

MH-1 경영학의 역사를 공부하는 것은 왜 중요한지 설명하라.

MH-2 산업혁명의 의의는 무엇인가?

MH-3 관료제란 무엇인가? 관료제는 오늘날에도 여전히 존재하는가?

MH-4 조직행동학의 초기 옹호자들은 경영학을 이해하는 데 있어 어떠한 기여를 했는가?

MH-5 호손 연구는 경영학의 역사에서 왜 중요한가?

MH-6 계량적 접근 방식이 경영학 분야에 기여한 바를 설명하라.

MH-7 총체적 품질관리기법을 설명하라.

MH-8 오늘날 경영자들이 계량적 접근 방식을 사용하는 데 기술이 어떤 영향을 미쳤는가?

MH-9 시스템 이론과 상황적 접근법은 경영자의 업무 수행 능력을 어떻게 향상시켰는가?

MH-10 사회 동향은 경영 관행에 어떤 영향을 미치는가? 경영학을 공부하는 사람에게 어떤 의미가 있는가?

경력 준비

경영자가 될 차례

- 연구를 진행하고 새로운 이론을 발견해 보아라. 이 이론이 향후 경영 관행에 영향을 미칠 것이라 생각하는가?
- 과학적 관리 원칙은 당신이 더 효율적인 사람이 되도록 도와줄 수 있는가? 일상적으로 수행하는 작업(세탁, 저녁 식사 준비, 식료품 쇼핑, 시험 공부 등)을 선택하라. 해당 작업을 완료하는 데 필요한 단계를 기록하여 분석하라. 각 단계가 결합되거나 제거될 수 있는지 확인하라. 이 작업을 수행할 수 있는 최선의 방법을 찾아라. 그리고 다음에 그 일을 해야 한다면 과학적 관리 방법을 시도해 보아라. 효율성이 개선되는지 확인하라(습관을 바꾸는 것은 쉽지 않다는 것을 명심해야 한다).
- 비지니스 조직은 어떻게 100년 이상 생존할 수 있는가? Coca-Cola, Procter & Gamble, Avon, General Electric 중 하나의 기업을 선택하고 그 역사를 조사하라. 그동안 어떻게 변화했는가? 더 나은 경영자가 되는 데 도움이 될 점은 무엇인가?
- 이번 세기에 일어난 역사적 사건을 하나 골라 조사해 보아라. 이 사례가 작업장의 경영 방식에 미칠 수 있는 영향을 설명하라.
- 직장에서 흔히 멀티태스킹이 이루어지고 있다. 그러나 멀티태스킹이 직원들을 더 효율적이고 효과적이게 만들까? 당신이 대출 처리를 담당하는 관리자라고 가정하

라. 다음의 접근 방식 또는 이론을 활용하여 어떻게 업무를 처리할 것인지 설명하라: 과학적 관리, 경영의 일반이론, 계량적 접근 방식, 행동주의적 접근 방식, 시스템 이론, 상황적 접근 방식

ENDNOTES

1. A. Hagan, "Frederick Taylor Has Been Reincarnated, and He Works for UPS Now," *Kienco* (blog), May 5, 2014, http://www.kienco.com.au/blog/workforce-analytics-and-neotaylorism.
2. C. S. George, Jr., *The History of Management Thought*, 2nd ed. (Upper Saddle River, NJ: Prentice Hall, 1972), p. 4.
3. F. W. Taylor, *Principles of Scientific Management* (New York: Harper, 1911).
4. See, for example, F. B. Gilbreth, *Motion Study* (New York: Van Nostrand, 1911); and F. B. Gilbreth and L. M. Gilbreth, *Fatigue Study* (New York: Sturgis and Walton, 1916).
5. H. Fayol, *Industrial and General Administration* (Paris: Dunod, 1916).
6. M. Weber, *The Theory of Social and Economic Organizations*, ed. T. Parsons, trans. A. M. Henderson and T. Parsons (New York: Free Press, 1947); and M. Lounsbury and E. J. Carberry, "From King to Court Jester? Weber's Fall from Grace in Organizational Theory," *Organization Studies* 26, no. 4 (2005): pp. 501–525.
7. B. Sanner and J. S. Bunderson, "The Truth About Hierarchy," *MIT Sloan Management Review*, Winter 2018, pp. 49–52.
8. E. Mayo, *The Human Problems of an Industrial Civilization* (New York: Macmillan, 1933); and F. J. Roethlisberger and W. J. Dickson, *Management and the Worker* (Cambridge, MA: Harvard University Press, 1939).
9. N. Zamiska, "Plane Geometry: Scientists Help Speed Boarding of Aircraft," *Wall Street Journal*, November 2, 2005, p. A1+.
10. See, for example, A. Gabor, *The Man Who Discovered Quality* (New York: Random House, 1990); J. W. Dean, Jr., and D. E. Bowen, "Management Theory and Total Quality: Improving Research and Practice through Theory Development," *Academy of Management Review* (July 1994): pp. 392–418; T. C. Powell, "Total Quality Management as Competitive Advantage: A Review and Empirical Study," *Strategic Management Journal* (January 1995): pp. 15–37; J. R. Hackman and R. Wageman, "Total Quality Management: Empirical, Conceptual, and Practical Issues," *Administrative Science Quarterly* (June 1995): pp. 309–342; and T. A. Stewart, "A Conversation with Joseph Juran," *Fortune*, January 11, 1999, pp. 168–170.
11. C. Mims, "Inside the New Industrial Revolution," *Wall Street Journal*, November 13, 2018, p. R1.

추가 END NOTE는 다음의 사이트에서 다운로드 가능하다. https://blog.naver.com/park18391 경영 · 경제 전공도서

Chapter 2 의사결정

학습목표

2.1 의사결정 과정의 8단계를 설명한다.

2.2 경영자가 의사결정을 할 때 사용하는 다섯 가지 접근방법을 설명한다.

2.3 의사결정과 의사결정 스타일을 분류한다.

2.4 편견이 의사 결정에 미치는 영향을 설명한다.

2.5 의사결정의 개선을 위한 최신 방법을 확인한다.

고용능력 기술 매트릭스

각 장의 해당 매트릭스와 마지막 부분의 자료는 고용주가 구직자에게 요구하는 특정 기술을 개발하는데 도움을 준다.

		비판적 사고	커뮤니케이션	협동	지식 응용	사회적 책임
기술 상자	직장의 비밀	✓			✓	
	실패에서 배운다	✓			✓	
기술 연습	윤리적 딜레마	✓	✓			✓
	기술 훈련	✓			✓	
	함께 일하기		✓	✓		
	경영자가 될 차례	✓			✓	
사례	사례적용	✓			✓	

의사결정 사례에 관한 명예의 전당이 존재한다면, 2006년 구글(Google)이 유튜브(YouTube)를 인수하기로 한 결정이 포함될 것이다.[1] 당시 유튜브는 1년 반 밖에 되지 않았고, 미래는 불투명했다. 그러나 구글의 CEO인 Eric Schmidt는 유튜브를 인수하는데 16억 5천만 달러를 지불할 가치가 있다고 생각했다. 당시 대부분의 분석가와 경쟁자들은 Schmidt가 지나치게 많은 돈을 지불한다고 생각했다. 일반적인 기준에 따르면 아마 그들이 옳았을 것이다. 그러나 Schmidt는 다른 사람들이 보지 못한 가능성을 보았다. 오늘날 유튜브는 디스플레이와 비디오 광고를 판매하여 연간 100억 달러 이상을 번다. 그리고 유튜브의 가치는 1,000억 달러 이상으로 추정된다!

의사결정은 경영의 본질이다. 그리고 모든 관리자는 이러한 결정의 결과에 따라 판단되기 때문에 올바른 결정을 내리고 싶어 한다. 이 장에서는 의사결정의 개념과 경영자의 의사결정 방법을 살펴본다.

L02.1 의사결정 과정

Channing Dungey는 ABC 엔터테인먼트의 사장으로, TV 쇼호스트가 온라인에서 논란이 되는 발언을 한 후에 빠른 의사결정 과정을 거쳐 TV쇼 Roseanne를 취소시켰다.

출처: *FayesVision/WENN.com/Alamy Stock Photo*

경영진은 항상 어려운 결정을 내린다. 일례로,[2] ABC 엔터테인먼트의 사장인 Channing Dungey는 Roseanne Barr가 트위터에 인종차별적 발언을 올린 불과 몇 시간 후에 인기 TV쇼 Roseanne를 취소했다. 해당 쇼가 2018년 시즌 최고의 시청률과 약 6,500만 달러의 수익을 올렸음에도 불구하고 빠르게 결단을 내린 것이다. Dungey는 "Roseanne의 트위터 발언은 혐오스럽고, 불쾌하며, 우리의 가치관에 부합하지 않기 때문에 그녀의 쇼를 취소하기로 결정했다"고 말했다.

조직의 모든 수준 및 영역의 경영자는 **의사결정**(decisions)을 내린다. 즉, 대안들 중에서 선택을 하는 것이다. 예를 들어 최고 수준의 경영자들은 조직의 목표, 제조 시설의 위치, 어떤 새로운 시장에 진입할 것인지, 또는 인기 TV 프로그램을 취소할 것인가에 대한 결정을 내린다. 중간 및 하위 수준의 경영자는 생산 일정, 제품 품질 문제, 임금 인상 및 직원 규율 등에 관한 결정을 한다. 이 장에서 우리는 경영자들이 어떻게 결정을 하는지에 대해 초점을 맞춘다. 그러나 의사결정은 경영자만 하는 것이 아니다. 모든 조직 구성원은 자신의 업무와 조직에 영향을 미치는 결정을 내린다.

의사결정
대안들 사이에서 선택하는 것

의사결정은 단순한 선택이라기보다는 하나의 과정이다. 점심으로 무엇을 먹을지 결정하는 것처럼 간단한 일도 햄버거나 피자, 또는 핫도그를 단순히 선택하는 것 이상의 일을 한다. 물론, 점심 메뉴를 고르는데 많은 시간을 쓰지 않을 수도 있지만 결정을 내리기 위해서 어떠한 과정을 거치게 된다. Exhibit 2-1은 의사결정 과정의 8단계를 나타낸다. 이러한 과정은 기업의 결정과 마찬가지로 개인의 결정에서도 나타난다. 노트북 구매 결정 예시를 통해 해당 단계를 자세하게 설명하고자 한다.

fyi

- 500명의 경영자와 임원을 대상으로 한 연구에 따르면, 98%는 결정을 내릴 때 모범 사례를 적용하지 못하는 것으로 나타났다.[3]

1단계: 문제의 식별

모든 결정은 현재 상태와 바람직한 상태 간의 불일치라는 **문제**(problem)에서 시작된다.[4] 영업 관리자인 Amanda는 사용하던 노트북이 오래되어 업무를 수행하는데 적합하지 않아 새 노트북이 필요하다. 오래된 컴퓨터에 메모리를 추가하는 것은 경제적이지 않고, 회

문제(problem)
현재의 상태와 바람직한 상태 간의 불일치

사에서는 임대가 아닌 구입을 기본 정책으로 한다. 이때 아만다의 현재 컴퓨터(기존 상태)와 더 효율적인 컴퓨터가 필요한 상황(원하는 상태) 사이에는 차이, 즉 문제가 있다. Amanda는 결정을 내려야 한다.

경영자는 문제를 어떻게 알아챌까? 안타깝게도 현실에서는 "문제"라는 문구의 네온사인이 번쩍거리지 않는다. Amanda가 컴퓨터에 대해 불평하기 시작했을 때, 이에 대한 조치가 필요하다는 것은 확실하다. 그러나 실제 상황에서 이처럼 알아차리기 쉬운 문제는 드물다.

경영자는 문제와 문제의 증상을 혼동하지 않도록 주의해야 한다. 매출이 5% 감소하는 것이 문제인가? 아니면 판매 감소는 제품의 낮은 품질, 높은 가격, 잘못 만든 광고, 또는 소비자 선호의 변화와 같은 실제 문제의 증상일 뿐인가?

Exhibit 2-1
의사결정 과정

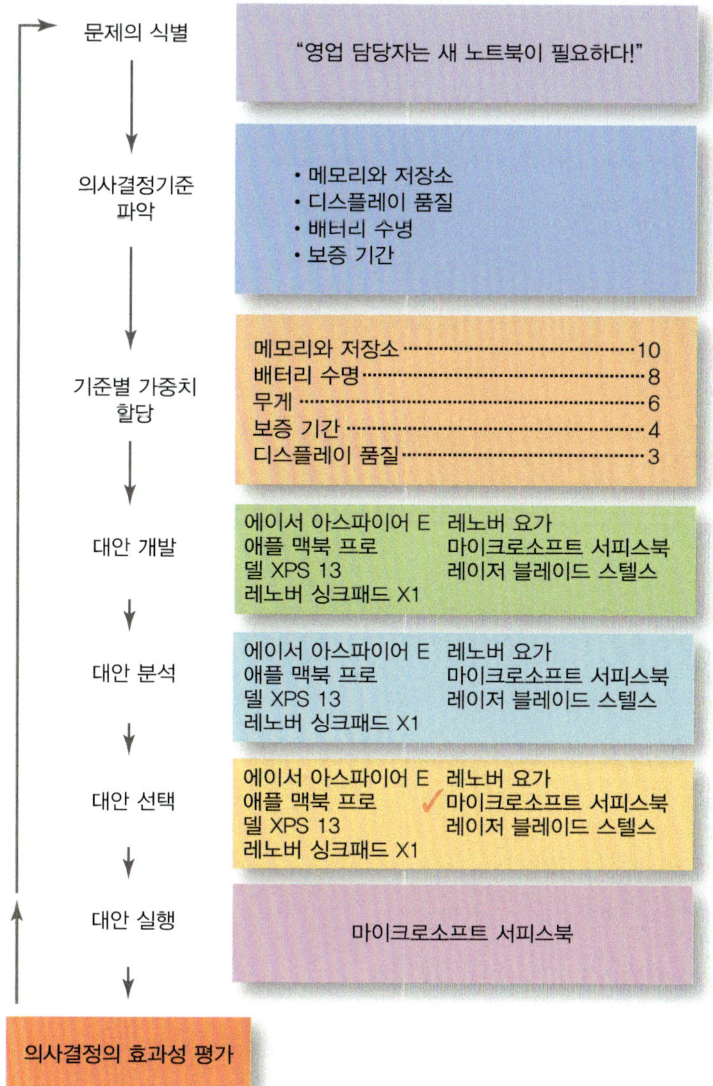

2단계: 의사결정기준 파악

의사결정기준
문제 해결에 중요하거나 관련 있는 항목을 정의하는 기준

경영자가 문제를 파악한 후에는 문제를 해결하는 데 중요한 **의사결정기준**(decision criteria)을 정해야 한다. 모든 의사결정자에게는 자신의 결정 기준이 있다. 이 사례에서 Amanda는 메모리와 저장소, 디스플레이 품질, 배터리 수명, 보증기간 및 무게를 결정 기준으로 정했다.

Exhibit 2-2
노트북 구매 시 중요한 결정기준

메모리와 저장소	10
배터리 수명	8
무게	6
보증 기간	4
디스플레이 품질	3

3단계: 기준별 가중치 할당

기준들이 모두 동일하게 중요하지는 않다. 그렇기 때문에 상대적 우선순위를 정하기 위하여 항목들의 중요도를 측정해야 한다. 간단한 방법은 가장 중요하다고 생각하는 요인에 10의 가중치를 주고 중요 요인과 비교하여 나머지 요인들에 순차적으로 가중치를 할당하는 것이다. 물론 어떤 숫자든 가장 높은 가중치로 설정할 수 있다. 핵심은 상대적 중요성을 평가하는 것이다. Exhibit 2-2에는 노트북 구매 의사결정에 필요한 기준들과 가중치를 나열해 놓았다.

4단계: 대안 개발

의사결정 과정의 네 번째 단계는 의사결정자가 문제를 해결할 수 있는 실행 가능한 대안의 목록을 작성하는 것이다. 이 단계에서 의사결정자는 창의적이어야 하며, 대안들은 아직 평가되지 않고 나열만 되어있다. 영업 관리자인 Amanda는 선택 가능한 대안으로 7개의 노트북을 찾아냈다(Exhibit 2-3 참조).

8단계 의사결정 과정은 문제를 식별하는 것으로 시작하여 결정 결과를 평가하는 것으로 끝난다. 새로운 노트북을 구입할 필요성을 확인한 후 최종 결정에 도움이 되는 배터리 수명, 디스플레이 품질 및 메모리와 같은 결정 기준을 파악해야 한다
출처: *Alex Segre/Alamy Stock Photo*

5단계: 대안 분석

일단 대안들이 확인되면 의사결정자는 각각의 대안을 평가해야 한다. 어떻게 해야 할까? 2단계에서 설정한 기준을 활용해야 한다. Exhibit 2-3은 Amanda가 대안을 조사한 후 각각을 평가한 값이다[이 사례는 하나의 예일 뿐이며, 해당 사례에 동의하지 못하는 여러 노트북 제조업체에 사과드린다].

이 데이터는 7가지 대안을 결정기준에 대해 평가한 것이며 가중치는 반영하지 않고 있다. 각 대안에 할당된 가중치를 곱하면 Exhibit 2-4와 같이 가중치가 적용된 값을 얻을 수 있으

며 각 대안의 총점은 가중치를 고려한 점수의 합계이다.

의사결정자는 이 단계를 건너뛸 수도 있다. 하나의 대안이 모든 기준에서 가장 높은 점수를 받는다면, 해당 대안이 이미 최선의 선택이기 때문에 가중치를 고려할 필요가 없기 때문이다. 또한 가중치가 모두 동일하면 각 가중치에 대한 평가값을 단순 합산하여 대안을 평가할 수도 있다(Exhibit 2-3 참조). 예를 들어, 에이서 아스파이어 E의 점수는 36점, 애플 맥북 프로의 점수는 40점이다.

Exhibit 2–3
노트북 구매 시 가능한 대안들

	메모리와 저장소	배터리 수명	무게	보증 기간	디스플레이 품질
에이서 아스파이어 E	10	3	10	8	5
애플 맥북 프로	8	5	7	10	10
델 XPS 13	8	7	7	8	7
레노버 싱크패드 X1	7	8	7	8	7
레노버 요가	8	3	6	10	8
마이크로소프트 서피스북	10	7	8	6	7
레이저 블레이드 스텔스	4	10	4	8	10

Exhibit 2–4
노트북 구매 시 가능한 대안들의 평가

	메모리와 저장소	배터리 수명	무게	보증 기간	디스플레이 품질	총점
에이서 아스파이어 E	100	24	60	32	15	231
애플 맥북 프로	80	40	42	40	30	232
델 XPS 13	80	56	42	32	21	231
레노버 싱크패드 X1	70	64	42	32	21	229
레노버 요가	80	24	36	40	24	204
마이크로소프트 서피스북	100	56	48	24	21	249
레이저 블레이드 스텔스	40	80	24	32	30	206

6단계: 대안 선택

의사결정 과정의 여섯 번째 단계는 최선의 대안 또는 5단계에서 가장 총점이 높은 대안을 선택하는 것이다. 이 예시에서 Amanda는 대안 중 가장 높은 점수를 받은 마이크로소프트 서피스북을 선택했다(총점 249점).

7단계: 대안 실행

7단계에서는 의사결정에 의해 영향을 받는 사람들에게 결정된 사안을 전달하고 동의를 얻어 실행한다. 연구 결과에 따르면 결정 사항을 실행해야 하는 사람들이 의사결정 과정에 참여한다면, 단순히 결과를 전달했을 때보다 적극적으로 협력한다.[5]

8단계: 의사결정의 효과성 평가

의사결정 과정의 마지막 단계는 문제가 해결되었는지 확인하기 위해 의사결정의 과정과 결과를 평가하는 것이다. 평가 결과, 문제가 여전히 존재한다면 경영자는 무엇이 잘못되었는지 확인해야 한다. 문제가 잘못 정의되었는가? 대안을 평가할 때 오류가 있었는가? 올바른 대안을 선택했지만 제대로 실행되지 않았는가?

LO2.2 의사결정에 대한 접근 방식

조직 안의 모든 사람이 결정을 내리지만, 경영자의 의사결정은 특히 중요하다. Exhibit 2-5에서는 경영의 4가지 기능의 일부를 나타낸 것이다. 경영자는 계획, 조직, 지휘, 통제의 의사결정권자라고 한다.

Exhibit 2–5
경영자가 내리는 의사결정

계획
- 조직의 장기적 목표는 무엇인가?
- 장기적 목표를 달성하기 위한 최고의 전략은 무엇인가?
- 조직의 단기적 목표는 무엇이어야 하는가?
- 개인적 목표는 얼마나 도전적이어야 하는가?

조직화
- 어떤 사람들이 직접 나에게 보고하도록 해야 하는가?
- 조직 안에서 얼마나 많은 의사결정이 중앙집중화 되어야 하는가?
- 업무는 어떻게 설계되어야 하는가?
- 언제 조직 구조를 변경해야 하는가?

지휘하기
- 동기가 낮은 직원들을 어떻게 다루어야 하는가?
- 주어진 상황에서 가장 효과적인 리더십 스타일은 무엇인가?
- 특정 변화가 어떻게 직원 생산성에 영향을 미칠 것인가?
- 갈등을 자극해야 할 적절한 시기는 언제인가?

통제하기
- 조직 안에서 어떤 행동들이 통제되어야 하는가?
- 이 행동들은 어떻게 통제되어야 하는가?
- 성과의 편차가 클 때는 언제인가?
- 어떤 경영정보시스템을 갖춰야 하는가?

경영자가 하는 대부분의 일이 의사결정과 관련이 있다고 해서 의사결정이 항상 시간이 많이 걸리고, 복잡하고, 겉으로 티가 많이 나는 것은 아니다. 대부분의 의사결정은 일상적이다. 예를 들어, 사람들은 매일 저녁 무엇을 먹을지 일 년 내내 고민하고 이미 수천 번의 결정을 내렸다. 매우 간단한 결정이고 일반적으로 빠르게 처리할 수 있으며 지나간 후에는 거의 잊어버리는 종류의 의사결정이다. 경영자들 매일 수십 건의 일상적인 결정을 내린다. 이를테면 어떤 직원이 어느 작업팀에서 일할지, 보고서에 어떤 정보가 담겨야 하는지, 고객의 불만을 어떻게 해결할지 등이 있다. 이러한 결정은 쉬워 보이고 이미 여러

번 결정 내린 것들이지만 여전히 하나의 의사결정이라는 점을 명심해야 한다. 다음으로는 경영자가 의사결정을 하는 방법에 대한 다섯 가지 관점을 살펴보도록 한다.

합리성(완전한 합리성)

우리는 경영자들이 **합리적 의사결정**(rational decision making)을 한다고 생각한다. 즉, 경영자는 가치를 극대화하기 위해 논리적이고 일관된 선택을 할 것이다.[6] 결국 경영자는 합리적이어야 하며, 감정이나 편의가 선택에 영향을 미치지 않도록 주의해야 한다.

합리적 의사결정
일관성 있고 가치를 극대화하는 선택

합리성의 가정 "합리적" 의사결정자가 된다는 것은 무엇을 의미하는가? 합리적인 의사결정자는 객관적이고 논리적일 것이다. 직면한 문제는 명확하고 모호하지 않다. 그리고 의사결정자는 명확하고 구체적인 목표를 가지고 있고 가능한 모든 대안과 결과를 알고 있을 것이다. 마지막으로, 합리적 의사결정은 목표의 성취 가능성을 최대화하는 대안을 선택하게 한다. 이러한 가정은 개인의 결정이든 경영자의 결정이든 모두 적용된다. 그러나 경영상의 의사결정을 위해서는 조직의 이익을 위한 의사결정이라는 가정을 한 가지 더 추가해야 한다. 즉, 조직의 이익을 위해 의사결정이 이루어진다는 것이다. 사실 이러한 합리성에 대한 가정은 그다지 현실적이지 않다. 경영자들이 항상 이상적으로 행동하는 것은 아니다. 다음의 개념들은 여러 의사결정이 조직에서 어떻게 이루어지는지 설명한다.

제한된 합리성

비현실적인 가정이지만 경영자들은 결정을 내릴 때 합리적이어야 한다.[7] 경영자는 "좋은" 의사결정자란 문제 파악, 대안 고려, 정보 수집을 할 때 특정한 작업을 수행하고 논리적인 의사결정을 해야 하며 이 과정에서 결단력 있고 신속해야 한다는 사실을 알고 있다. 경영자는 이런 모습을 보여서 다른 사람들에게 자신의 유능함과 결정사항이 현명한 판단에 의한 것임을 알리게 된다. 그러나 경영자의 의사결정 방법은 **제한된 합리성**(bounded rationality)이라는 개념으로 접근하는 것이 보다 현실적이다. 경영자는 합리적으로 의사결정을 하려 하지만 정보를 처리하는 능력이 제한되어 있기 때문이다.[8] 모든 정보와 대안을 완전히 분석할 수 없기 때문에 경영자들은 최선을 추구하기 보다는 **만족화**(satisfice) 지점을 찾게 된다. 즉, 만족스럽고 충분하거나 "상당히 좋은" 대안을 받아들이게 된다. 정보 처리 능력에 한계가 있는 상황에서 취할 수 있는 합리적인 행동이라고 할 수 있다. 다음 사례를 살펴보자.

제한된 합리성
개인의 정보 처리 능력에 한계가 있지만 최대한 합리적으로 의사결정을 내리는 것

만족화
만족스럽고 충분하거나 "상당히 좋은" 대안

당신이 금융 전공자이고 졸업과 동시에 직업을 갖고 싶다고 가정한다. 최소 급여가 65,000달러이고 고향에서 100마일 이내에 있는 대형 투자 은행에서 개인 재무 설계사로 일하고 싶다. 당신은 집에서 50마일 떨어진 지역 은행에서 초봉 57,500달러인 기업 신용 분석가로 일하기로 한다. 원하던 개인 재무 설계사는 아니지만 같은 금융 분야의 직업이다. 구직활동을 더 했더라면 고향에서 75마일 떨어진 투자은행에서 개인 재무 설계사 자

Netflix의 CEO인 Reed Hastings는 국제적 성장에 큰 역할을 하는 오리지널 프로그램을 개발할 때 "정보에 입각한 직관"에 의존하고 있다. Netflix는 데이터 분석에 많은 투자를 하고 있지만, Hastings는 최종 결정을 내릴 때 데이터 못지 않게 직관이 중요하다고 말한다

출처: *Tobias Hase/picture alliance/dpa/Newscom*

리를 찾았을 것이다. 가능한 모든 대안을 고려한 다음에 최고의 대안을 선택함으로써 결정을 극대화하지 않았기 때문에 완벽하게 합리적인 의사결정자는 아니었다. 그러나 첫 번째 일자리 제의가 만족스러웠기 때문에 제한된 합리성 방식으로 행동하여 수락한 것이다.

직관

우버(Uber)의 전 CEO인 Travis Kalanick이 가격을 인상하겠다고 했을 때, 경영진과 상당수의 고객은 잘못된 판단이라 생각했다.[9] 수요가 높을 때 서비스에 대해 더 많은 비용을 청구하는 것은 고객에게 외면 받을 어리석은 일처럼 보였기 때문이다. 모든 경쟁업체가 균일한 가격을 책정할 경우, 수요에 맞춰 가격을 수정하는 우버의 방식은 불합리하고 사업을 망치는 길이라고 생각했다. 그러나 Kalanick은 자신의 주장을 고수했고 그 결정은 현명한 것으로 판명됐다. 사업은 호황을 누렸고, 동적 가격 정책은 우버의 비즈니스 모델이 되었다. 그리고 디즈니(Disney) 같은 회사는 현재 테마 파크에서 이 개념을 실험하고 있다.

직관적 의사 결정
경험이나 감정, 축적된 판단 능력에 근거하여 의사결정을 하는 것

Travis Kalanick처럼 경영자들은 종종 결정을 내릴 때 직관을 사용한다. **직관적 의사결정**(intuitive decision making)이란 무엇일까? 이는 경험과 감정, 축적된 판단에 따라 결정을 내리는 것이다. 경영자의 직관적 의사결정을 연구하는 연구자들은 Exhibit 2-6에 제시한 바와 같이 다섯 가지 직관적 측면을 찾아냈다.[10] 그렇다면 직관적 의사 결정은 얼마나 일반적일까? 한 설문 조사에 따르면 조사 대상 임원 중 거의 절반이 "회사를 운영하기 위해 공식적인 분석보다 직관을 더 자주 사용했다"고 답했다.[11]

직관적 의사결정은 합리적 의사결정과 제한된 의사결정을 모두 보완할 수 있다.[12] 무엇보다 유사한 유형의 문제나 상황을 경험한 경영자는 종종 과거의 경험을 기반으로 제한된 정보와 관련된 일에 신속하게 대처할 수 있다. 또한, 의사결정을 할 때 강렬한 인상과 감정을 경험한 개인이 실제로 더 높은 의사결정 성과를 달성했다. 특히 결정을 내리는 순간 자신의 감정을 이해했을 때 더욱 그러했다. 따라서 경영자들이 결정을 내릴 때 감정을 무시해야 한다는 오래된 조언은 최선이 아닐 수도 있다.[13]

Exhibit 2-6

무엇이 직관인가?

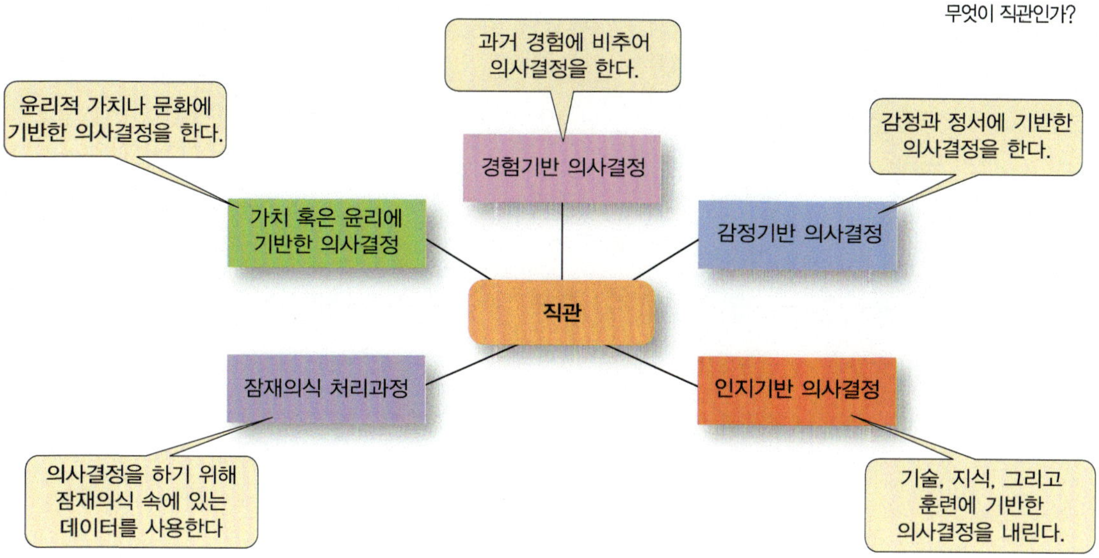

증거기반 경영

아마존의 성공은 대부분 데이터를 중심으로 한 결정의 산물이다.[14] 예를 들어, 과거 고객이 구매한 물건, 가상 쇼핑 카트에 들어 있는 물건, 고객이 순위를 매기거나 후기를 남긴 물건, 사이트를 방문했을 때 어떤 제품을 보았는지에 따라 아마존은 고객에게 관련 상품을 추천하고 이를 통해 판매량을 늘릴 수 있다.

증거기반경영의 논리는 의학 연구에 많은 영향을 주고 있다. 환자의 신체가 비정상적인 증상을 보이는 경우에 의사는 적절한 진단 및 치료를 위하여 가장 잘 이용할 수 있는 증거에 의존할 것이다. 모든 의사결정자에게도 마찬가지다. 신뢰할 수 있는 증거를 사용하면 휴대폰 구입 계획이나 새로운 사무실 위치 선정 등 어떤 종류의 의사결정 과정이든지 개선할 수 있다. 이것이 바로 **증거기반 경영**(evidence-based management, EBMgt), 즉 최선의 증거를 체계적으로 사용하여 경영 관행을 개선하는 이유이다.[15] 그리고 증거는 컴퓨터 데이터, 전문가의 의견 또는 동료들의 경험 등이 될 수 있다. 본질적으로 증거기반경영은 합리성을 운영하려는 시도이다.

증거기반 경영
사용할 수 있는 증거들을 체계적으로 활용하여 경영 관행을 개선하는 것

증거기반경영은 경영 의사결정과 관련이 있다. 증거기반의 필수요소 네 가지는 (1) 의사결정자의 전문성과 판단 (2) 의사결정자가 판단한 외부 증거 (3) 의사결정과 이해관계가 있는 사람들의 의견, 선호도 및 가치 (4) 처한 상황, 경영환경 및 조직 구성원과 같은 관련 조직의 (내부) 요소이다. 이러한 각 요소가 결정에 미치는 정도와 영향은 결정사항에 따라 다르게 나타난다. 때로는 의사결정자의 직관(판단)이 더 중점적으로 고려될 수도 있고, 이해관계자의 의견일 수도, 윤리적 고려(조직 환경에서)가 더 많이 반영될 수도 있다. 핵심은 경영자가 선택을 내릴 때, 가장 중요하고 강조되어야 하는 요소를 알고 그 기준을 통해 선택해야 한다는 것이다.

fyi

- 임원의 81%는 "데이터가 모든 의사결정의 핵심이 되어야 한다"고 믿는다[16]

Let's Get REAL

Prudence Rufus ▶
자영업자/
사진사

출처: *Prudence Rufus*

시나리오:

Juan Hernandez는 성공한 사업가이다. 그의 조경 사업이 계속 성장하고 있어 사무실을 직접 운영할 시간적 여유가 없다. 그래서 대신할 사람을 데려오기로 몇 달 전에 결정했다. 그러나 고용한 사람은 고민만 많고 결정은 내리지 못하는 것 같다.

Juan은 이 사람이 더 나은 의사결정자가 되도록 돕기 위하여 무엇을 할 수 있을까?

Juan은 사무실 관리인에게 일/주/월간 업무의 모든 내용과 각각의 타임라인을 상세하게 알려 줄 수 있을 것이다. 그러면 일정 기간 내에 의사결정을 내릴 뿐만 아니라 작업량에 대해 보다 거시적인 시각을 갖게 될 것이다. 또한 그가 성취해야 할 더 많은 사안들이 있다는 것을 깨닫게 될 것이다.

크라우드소싱

크라우드소싱
조직의 전통적인 의사결정자가 아닌 외부 사람들의 아이디어를 인터넷을 통해 얻는 것

마지막으로 다룰 의사결정 방법은 **크라우드소싱**(crowdsourcing)이다.[17] 크라우드소싱은 기존의 의사결정자가 아닌 외부 사람들의 의견을 모으는 것으로 이 때 인터넷을 활용한다.

한 예로, Hershey에서는 여름의 뜨거운 날씨에서나 따듯한 기후 지역에서 초콜릿을 시원하게 운반할 수 있는 방법을 찾아내야 했다.[18] 이 과제를 해결하기 위해 허쉬는 일반 대중에게 눈을 돌렸다. 기업 내부에서 해결책을 찾는 대신, 혁신적인 경쟁을 통해 공급망 관리 문제를 해결하기로 한 것이다. 누구나 아이디어를 제출할 수 있었고, 공모전 수상자는 25,000달러의 개발 자금과 제출한 해결책을 개발하기 위해 허쉬와 협력할 기회를 갖게 되었다.

문제 해결을 위한 혁신적인 방안을 찾기 위하여 조직에서는 여러 가지 방법을 사용할 수 있는데, 크라우드소싱은 그중 하나이다. 크라우드소싱은 경영자가 고객, 공급업체 또는 다른 조직으로부터 통찰력을 얻어 어디에 투자해야 하는지, 누구를 대상으로 홍보를 해야 하는지 등의 결정을 내리는 데 도움을 줄 수 있다. 크라우드소싱은 많은 사람들의 집단적 경험과 아이디어에 기반하여 경영자가 일반적인 경영 계층 밖의 출처로부터 다양한 정보를 얻는 데 도움을 줄 수 있다.

LO2.3 의사결정의 유형

경영자가 겪는 문제는 일상적이고 친숙한 것이거나 새롭고 특이한 것으로 구분할 수 있다. 이에 대응하여 경영자는 두 가지 유형의 의사결정 중 하나를 선택하게 된다.

구조화된 문제와 정형화된 의사결정

일부 문제는 단순하다. 의사결정자의 목표가 분명하고 문제에 대한 정보가 쉽게 정의될 수 있는 경우이다. 이를테면 매장에 반품하려는 고객, 배달지연을 일으킨 공급업체, 예상하지 못했던 사건을 신속히 보도해야 하는 뉴스 방송팀, 학업을 중단하려는 학생을 도와주려는 대학이 이런 상황에 속한다. 위와 같은 상황은 **구조화된 문제**(structured problems)이라고 한다. 직접적이고 친숙하며 쉽게 정의되는 문제이기 때문이다. 만약 식당 종업원이 손님의 외투에 음료를 쏟아 매니저가 화난 고객을 응대해야 하는 상황이다. 드문 일이 아니기 때문에 표준화된 해결 방법이 있을 것이다. 예를 들어 식당 측에서 세탁 비용을 지불할 수 있을 것이다. 이러한 것을 **정형화된 의사결정**(programmed decision)이라고 한다. 정형화된 의사결정은 일상적 접근 방식으로 해결할 수 있는 반복적인 의사결정이다. 문제가 구조화되어 있기 때문에 경영자는 관련된 의사결정 과정을 거치는 번거로움과 비용을 감수할 필요가 없다. 의사결정 과정의 "대안 개발" 단계는 존재하지 않거나 중요하게 다뤄지지 않는다. 왜일까? 일단 구조화된 문제가 정의되면 해결책은 대개 명확하거나 적어도 익숙하고 과거에 성공했던 몇 가지 대안으로 좁혀지기 때문이다. 고객의 코트에 엎질러진 음료수는 매니저가 의사결정의 기준을 찾고 기준에 가중치를 부여하거나 가능한 대안들의 긴 목록을 만들도록 요구하지 않는다. 오히려 문제 해결을 위한 체계적인 절차, 규정 또는 정책에 의존한다.

구조화된 문제
직접적이고 친숙하며 쉽게 정의되는 문제

정형화된 의사결정
일상적 접근 방식으로 해결할 수 있는 반복적 의사결정

절차(procedure)는 구조화된 문제를 해결하기 위해 필요한 일련의 순차적인 단계이다. 유일한 어려움은 문제가 어디에서 발생했는지를 알아내는 것이다. 일단 문제가 명확해지면 절차도 분명해진다. 예를 들어 창고 관리자로부터 재고 담당자를 위한 태블릿 15개를 요청 받았다고 하자. 구매 담당자는 구매 절차를 준수하여 의사결정을 내리는 방법을 알고 있다.

절차
잘 구조화된 문제에 대응하기 위해 마련된 일련의 순차적인 단계

규정(rule)은 할 수 있는 것과 할 수 없는 것에 대해 서술해 놓은 것이다. 규정은 따르기 쉽고 일관적이기 때문에 자주 사용된다. 예를 들어 지각 및 결근에 관한 규정은 신속하고 공정하게 징계 결정을 내릴 수 있도록 한다.

규정
해야 하는 것과 해서는 안되는 것을 서술한 것

정형화된 의사결정을 하기 위한 세 번째 가이드는 **정책**(policy)이다. 규정과 다르게 정책은 무엇을 해야 하고 하지 말아야 하는지를 구체적으로 명시하기보다는 의사결정자를 위한 일반적인 내용을 제시한다. 정책은 일반적으로 의사결정자에게 해석의 여지를 준다. 다음은 정책의 몇 가지 예시이다.

정책
의사결정의 가이드라인

- 고객이 항상 우선이며 고객은 항상 만족해야 한다.
- 가능한 한 내부 승진을 한다.
- 직원 임금은 지역 사회 기준 내에서 경쟁력이 있어야 한다.

만족, 가능한 한, 경쟁력이라는 용어에는 해석이 필요하다는 점에 유의해야 한다. 예를 들어 경쟁력 있는 임금 정책은 회사의 인사 책임자에게 특정 직무에 지불해야 하는 금

액을 정확히 알려주지는 않지만, 이에 대해 결정을 내릴 수 있는 지침을 준다.

비구조화된 문제와 비정형화된 의사결정

비구조화된 문제
정보가 모호하거나 완전하지 않아 새롭거나 친숙하지 않은 문제

경영자가 직면한 모든 문제를 정형화된 의사결정으로 해결할 수 있는 것은 아니다. 많은 조직적 상황들은 문제가 비구조화되어 있다(**비구조화된 문제**, unstructured problems). 이전에 없었던 비일상적인 것들이며, 문제에 대한 정보가 모호하거나 불완전하다. 2017년 미국 세제개혁법은 역외 소득에 대해 일회성의 10% 송환세를 부과하였으며 이는 기업 기준금리인 35%와 비교하여 책정된 것이다. 제너럴일렉트릭(General Electric)은 해외에 830억 달러의 현금을 보유하고 있었다. 세법이 바뀌면서 GE의 최고재무책임자는 비구조화된 문제를 안게 되었다. 이 돈을 어떻게 미국으로 가져올 수 있을까?

비정형화된 의사결정
맞춤형 해결책이 필요한 특별하고 반복되지 않는 의사결정

문제가 비구조화된 경우, 경영자는 고유한 해결책을 개발하기 위하여 비정형화된 의사결정을 활용해야 한다. **비정형화된 의사결정**(Nonprogrammed decisions)은 특별하고 반복되지 않는 맞춤형 해결책을 포함한다.

Exhibit 2–7
정형화된 의사결정 vs 비정형화된 의사결정

구분	정형화된 의사결정	비정형화된 의사결정
문제의 유형	정형화됨	비정형화됨
관리 수준	낮은 수준	높은 수준
빈도	반복적, 일상적	새로움, 비일상적
정보	쉽게 이용할 수 있음	모호하고 완전하지 않음
목표	분명함, 구체적임	모호함
해결에 걸리는 시간	짧음	상대적으로 길
해결책이 의존하는 것	절차, 규정, 정책	판단과 창의성

의사결정 유형의 비교

Exhibit 2-7에서는 정형화된 의사결정과 비정형화된 의사결정 간의 차이를 설명한다. 하위 수준의 경영자는 익숙하고 반복되는 문제를 겪기 때문에 대부분 정형화된 의사결정(절차, 규정, 정책)을 한다. 조직의 계층이 높아질수록 경영자가 직면하는 문제들은 점점 더 비정형화된다. 그 이유는 무엇일까? 하위 경영자들은 일상적인 의사결정을 하고, 특별하고 어려운 의사결정은 상위 경영자가 하게 되기 때문이다. 또한 상위 경영자는 중요하고 어려운 문제에 시간을 더 투자하기 위해 일상적인 의사결정은 부하직원들에게 넘긴다.[19]

의사결정 스타일

Maria와 Jessica가 같은 의사결정 상황에 있다면 대부분의 경우 Jessica가 해결책을 찾는데 시간이 더 걸린다. 그렇다고 해서 Jessica의 최종 선택이 항상 Maria보다 나은 것은 아니다. Jessica의 정보 처리 속도가 Maria에 비해 느린 것이다. 그리고 결정사항에 분명한 위험 요소가 있는 경우, Maria가 Jessica에 비해 위험한 선택을 하는 경향이 있다. 이처럼 모두에게는 의사결정을 내리는데 있어 각자의 스타일을 가지고 있다.

의사결정 스타일 연구에서는 의사결정에 대한 네 가지 접근법을 제시한다.[20] 이에 따르면 두 가지 측면을 기준으로 사람들을 구분할 수 있다. 그 중 하나는 개인의 사고방식이다. 우리는 각자 선호하는 방식 또는 대안을 가지고 있다. 어떤 사람들은 생각하거나 정보를 처리할 때 합리적이고 논리적이다. 이러한 합리적인 유형은 결정을 내리기 전에 논리적이고 일관성이 있는지 확인하기 위해 정보를 살핀다. 또 다른 유형의 사람들은 보다 창의적이고 직관적이다. 직관형 사람들은 정보를 순서에 따라 처리하지 않고 전체적으로 보았을 때 편하다고 생각하는 순서대로 한다.

다른 측면은 개인이 받아들일 수 있는 모호성의 정도이다. 다시 말하자면 어떤 사람들은 모호성에 대한 내성이 낮아 모호함이 최소화되도록 정보를 구조화하는 방식인 질서와 확실성을 선호한다. 대조적으로 어떤 사람들은 높은 수준의 모호함을 용인할 수 있고 동시에 많은 사안을 처리할 수 있다. 이 두 가지 측면을 도표로 그리면 의사결정 스타일을 직접적, 분석적, 개념적, 행동적 총 네 가지로 구분할 수 있다(Exhibit 2-8).

Exhibit 2-8
의사결정 스타일 모델

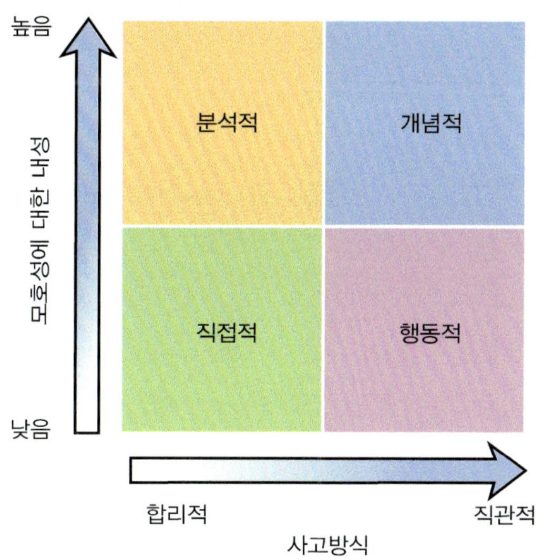

출처: A. J. Rowe and J. D. Boulgarides, Managerial Decision Making (Upper Saddler River, NJ: Prentice Hall, 1992), p. 29.

직접적 방식을 사용하는 사람들은 모호성에 대한 내성이 낮고 합리성을 추구한다. 효율적이고 논리적이지만 효율성을 의식하여 최소한의 정보만으로 의사결정을 내릴 수 있다. 이러한 유형은 의사결정을 빠르게 하고 단기 실행에 집중한다.

실패에서 배운다

James Dyson: 천 번의 실패를 겪은 남자

James Dyson은 실패의 신봉자이다. 사실 그는 실패가 성공의 필수적인 부분이라고 말한다. 그는 Thomas Edison의 명언 "나는 실패하지 않았다. 다만 작동하지 않는 1만 개의 방법을 발견한 것 뿐이다"를 성공적으로 내면화했다.

1993년에 나온 다이슨(Dyson)의 혁명적인 듀얼 사이클론 진공 청소기의 제작 기간은 15년이다. 제대로 된 제품을 만들기 전에 5,126개의 실패한 버전이 있었다고 한다.

그의 실패를 수용하는 자세는 다이슨 주식회사에 스며든다. 현재 다이슨에서는 5,000명의 직원이 진공청소기, 손건조기, 날개없는 선풍기, 히터, 헤어드라이어를 설계 및 제조하고 있다.

Dyson은 "실패가 흥미롭다는 사실을 받아들이는" 사람들을 고용한다고 말한다. 그는 이를 창의성의 본질로 생각한다. 창의성이란 누구도 고안할 수 없었던 것, 이전에는 존재하지 않았던 것을 창조하고 그렇지 않은 문제들을 해결하는 것이라고 한다. Dyson은 창조적인 과정이 좌절과 막다른 골목과 함께 한다는 것을 인식하고 있다. 그러나 혁명적인 것을 만들어 내기 위해 이것들을 노력할 가치가 있는 것으로 받아들인다. Dyson의 방식은 사람들이 그 과정에서 실패하도록 내버려둔다면 지속적으로 혁신적인 제품을 만들 수 있다는 것을 증명한다.[21]

분석적 유형의 사람은 직접적 유형의 의사결정자보다 모호성을 관대하게 받아들인다. 의사결정에 불확실한 요소가 있을 때 분석적인 사람이 직접 유형보다 스트레스를 덜 받는다는 것이다. 분석적 경영자는 새로운 상황에 적응하거나 대처할 수 있는 능력을 갖춘 신중한 의사결정자라고 할 수 있다.

개념적 의사결정 스타일을 가진 사람은 시야가 매우 넓어 다양한 대안들을 고려한다. 장기적인 문제에 대한 창의적 해결책을 잘 찾는 것이 특징이다.

마지막으로 행동적 스타일인 사람은 다른 사람들과 잘 협력하는 의사결정자이다. 동료와 그들을 위해 일하는 사람들의 성취에 관심을 가진다. 또한 다른 사람들의 제안을 잘 받아들이고 의사소통을 위한 회의에 크게 의존한다. 이런 유형의 경영자는 갈등을 피하고 다른 사람들의 동의를 받으려는 경향이 있다.

네 가지 범주가 뚜렷하게 구분되지만 대부분의 경영자는 하나 이상의 특성을 가진다. 일부 경영자는 전적으로 한 가지 지배적인 성향에만 의존한다. 그러나 유연한 경영자는 상황에 따라 다양한 의사결정 스타일을 취할 수 있다.

경영학과 학생들과 경영 직무의 사람들은 분석적 유형의 점수가 높은 경향이 있다. 정규교육, 특히 경영학 교육이 합리적인 사고를 발달시킨다는 점을 생각한다면 놀랍지 않은 일이다. 회계, 통계, 경제학, 금융학의 과정은 모두 합리적 분석을 강조한다.

LO2.4 의사결정의 편견과 오류

휴리스틱
경영자가 의사결정을 단순화하거나 가속화하는데 사용하는 경험에 근거한 손쉬운 방법

경영자는 의사결정을 내릴 때 그 과정을 단순화하고 빠르게 하기 위하여 손쉬운 방법이나 **휴리스틱**(heuristics)을 사용한다. 휴리스틱은 복잡하고 불확실하며 모호한 정보를 이해하는 데 유용하다.[22] 그러나 경영자가 휴리스틱을 사용한다는 것이 이 법칙을 신뢰할 수 있음을 의미하는 것은 아니다. 왜 그럴까? 정보를 처리하고 평가하는 과정에서 오류

와 편견이 발생할 수 있기 때문이다. Exhibit 2-9는 일반적으로 경영자가 의사결정을 내릴 때 범하게 되는 12가지 오류와 편견을 보여주고 있다. 각각을 살펴보도록 하자.[23]

Exhibit 2–9
일반적인 의사결정 편견들

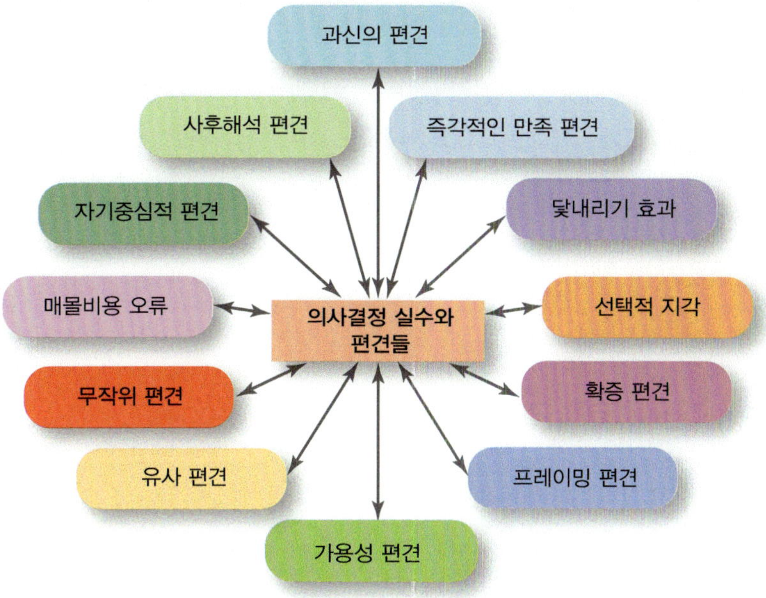

1. 의사결정자들은 실제로 자신이 알고 있는 것보다 더 많이 알고 있다고 생각하며 자기 자신과 자신의 행동에 대해 비현실적으로 긍정적인 과신의 편견(overconfidence bias)에 빠져 있다.
2. 즉각적 만족 편견(immediate gratification bias)이란 의사결정자가 즉각적인 보상을 원하면서도 즉각적인 손해를 피하려고 하는 태도를 말한다. 이러한 사람들은 빠른 보상을 제공해주는 결정을 미래의 보상가치보다 선호한다.
3. 닻 내리기 효과(anchoring effect)란 의사결정자가 출발점에서 수집한 첫 번째 정보에 집착하여 이후에 주어지는 정보들은 받아들이지 않는 태도를 말한다. 첫인상, 첫번째 아이디어, 공시가, 최초 평가 등의 정보는 중시되고 이후에 주어지는 정보는 부적절하게 평가절하된다.
4. 의사결정자가 자신의 편견에 의존하여 선별적으로 정보를 구성하고 해석하려는 태도는 선택적 지각 편견(selective perception bias)이라고 한다. 이 편견은 중요한 정보, 문제 인식, 대안 개발에 영향을 끼친다.
5. 확증 편견(confirmation bias)은 과거의 선택과 부합하는 정보만을 선호하고 과거의 판단과 반대되는 정보의 가치를 낮게 평가하는 행동을 말한다. 이러한 편견을 지닌 사람은 사전에 형성된 고정적 관점에 부합하는 정보만을 액면 그대로 받아들이며, 이 관점과 어긋나는 정보에 대해서는 비판적이고 회의적인 경향이 있다.

연례 성과 평가에서, 많은 경영자는 1년 동안의 행동보다 최근의 직원 행동에 초점을 맞추는 가용성 편견의 희생자가 된다.
출처: *New Africa/Shutterstock*

6. **프레이밍 편견**(framing bias)은 의사결정자가 상황의 다른 부분은 배제한 채 특정 부분만을 강조하는 경우이다. 다른 부분들을 경시하고 생략하면서 특정 부분에만 주의를 기울이고 강조하는 것은 자신이 보고 있는 것을 왜곡하고 옳지 못한 관점을 만드는 행동이다.
7. **가용성 편견**(availability bias)이란 가장 생생한 최근의 사건들만 기억하는 것을 말한다. 객관적 태도를 갖고 상황을 회상해내는 능력을 왜곡하여 판단과 예측에 문제가 생긴다.
8. 의사결정자가 한 사건을 판단할 때 다른 사건들과 얼마나 유사한지에 근거하여 평가하는 것을 **유사 편견**(representation bias)이라고 한다. 유사편견에 빠지면 자신에게 닥친 상황이 다른 사건과 실제로는 유사하지 않음에도 유사점을 찾고 동일하다고 판단한다.
9. **무작위 편견**(randomness bias)이란 의사결정자가 우연에 의한 사건에 의도적으로 의미를 부여하는 것을 말한다. 모든 사람에게는 미리 예상할 수 없는 임의의 사건들이 발생한다. 의사결정자들은 이러한 사건에 어떤 원인을 무리하게 결부시키려는 경향이 있는데 이러한 우연은 체계적인 설명이 어렵다.
10. **매몰비용 오류**(sunk cost error)란 현재의 선택이 과거의 결정을 되돌릴 수 없다는 사실을 인정하지 않으려는 오류이다. 이 오류는 미래에 발생할 사건을 고려하기보다는 과거에 들인 시간, 돈, 노력에 집착하기 때문에 발생한다. 매몰비용을 무시하지 못하고 계속 집착하게 되는 것이다.
11. 성공을 자신의 명예로 삼고 실패의 요인을 외부에서 찾는 의사결정자들은 **자기중심적 편견**(self-serving bias)에 빠지기 쉽다.
12. **사후해석 편견**(hindsight bias)이란 의사결정자가 사건의 결과가 알려진 이후에 자신이 사건의 결과를 정확하게 예측했었다고 믿는 것을 말한다.

fyi

- 경영자의 60%는 (그 당시 알지 못했던) 편견이 직장에서의 의사결정에 영향을 미쳤다고 한다.[24]

경영자는 이러한 의사결정 오류와 편견을 피하기 위하여 이들의 발생 가능성을 인식하고 사용하지 않도록 주의해야 한다. 다행히도 일부 연구는 훈련을 통해 직원들이 특정한 의사결정 편견을 인식하고 그에 따른 그릇된 의사결정을 장기적으로 줄일 수 있다는 사실을 보여준다.[25] 그 외에도 경영자는 자신이 "어떻게" 결정을 내리는지 주의를 기울이고 일반적으로 사용하는 휴리스틱을 확인해야 한다. 그리고 휴리스틱이 적절한지 비판적으로 평가해야 한다. 마지막으로 경영자는 신뢰할 수 있는 사람들에게 자신의 의사결정 스타일의 약점을 지적하고 이를 개선하도록 도와달라고 할 수 있다.

L02.5 의사결정의 개선을 위한 최신 방법

지난 20년 동안 경영자가 정보에 접근하는 능력은 급격히 변했으며 이러한 변화의 주요 원동력은 기술이었다. 클리블랜드 클리닉(Cleveland Clinic) 만큼 경영진을 비롯한 의사결정자들에게 양질의 정보를 제공하는 곳은 거의 없었다. 이곳은 효율적이고 안전하며 비용 효율적인 의료 서비스를 제공하기 위한 기술을 사용하는 데 있어 선두주자라고 할 수 있다.[26] 클리블랜드 클리닉은 데이터 분석과 예측하는 과정에서 음성과 문자 언어를 이해할 수 있는 IBM의 인공지능 시스템인 왓슨(Watson)을 사용한다. 클리블랜드 클리닉의 CEO는 "디지털 기술은 우리가 더 똑똑하고, 더 저렴하고, 더 접근하기 쉬운 치료를 제공할 수 있게 해줄 것이다"라고 말했다.

클리블랜드 클리닉은 IBM의 왓슨(AI 시스템)을 이용해 더 나은 치료를 제공할 수 있는 능력을 향상시키고 있다.
출처: *Drserg/Shutterstock*

그렇다면 의사결정을 개선하기 위한 최신 방법 몇 가지를 살펴보도록 하자. 대부분은 기술에서 파생된 것이다.

디자인 사고

오늘날 경영자가 논리적이고 분석적인 사고를 활용하여 문제를 정의하고, 대안을 내고, 대안을 평가한 후 하나를 선택하는 과정을 거쳐 의사결정을 내리는 방식은 최선이라 할 수 없다. 그렇기 때문에 디자인 사고가 필요하다. **디자인 사고**(design thinking)란 마치 디자이너가 디자인 문제를 해결하듯이 경영문제에 접근하는 것을 말한다.[27] 디자이너처럼 생각하는 것은 어떤 사물이나 과정이 어떻게 재설계될 수 있는지를 고려하는 것이다. 때로는 완전히 다시 설계될 정도로 말이다. 그리고 디자인 사고가 어떤 혜택을 줄 수 있는지 이해하는 조직들이 늘어나고 있다.[29] 예를 들어 펩시코(PepsiCo)의 디자이너들은 미래지향적인 디자인의 첨단 음료 분배기인 펩시 스파이어(Pepsi Spire)를 만들었다. 펩시코의 CEO인 Indra Nooyi는 디자인 사고에 대해 논평하면서 "분배기를 갖춘 다른 회사들은 몇 가지 버튼과 맛의 조합을 추가하는 데 주력했다. 우리의 디자인 담당자들은 기본적으로 소비자와 기계의 근본적으로 다른 상호작용에 대해 이야기하고 있다"고 말했다.[30]

디자인 사고
디자이너가 디자인 문제에 접근하듯이 경영문제에 접근하는 것

많은 경영자가 제품이나 디자인 결정 과정을 구체적으로 다루지는 않지만 업무 관련 사안들에 대한 결정은 내린다. 디자인 사고는 더 나은 의사결정자가 될 수 있도록 도움을 준다. 구체적으로 디자인 사고 접근법이 경영자에게 어떤 것을 가르쳐 줄 수 있을까? 첫 단계는 문제를 식별하는 것이다. 디자인 사고에 따르면 관리자가 상황에 대한 이해도를 높이기 위해 통합적으로 문제를 식별해야 한다. 이성적인 측면뿐만 아니라 정서적인 측면도 함께 살펴야 한다. 이러한 광범위한 접근 방식은 경영자가 대안을 식별하고 평가하는 방법에 영향을 미친다. 전통적인 경영자는 제시된 선택지를 가지고 연역적 추론을 바

탕으로 분석한다. 그리고 그 중에 현재 가치가 가장 높은 것을 선택한다. 그러나 디자인 사고를 활용한 경영자라면 '현재 존재하지는 않지만 만약에 있다면 완전히 새로우면서 사랑스러운 것'을 택할 것이다.[31] 디자인 사고는 단순히 이성적인 분석에 의존하는 것이 아니라 관찰과 탐구 기술을 사용하여 관점을 개방하고 통찰력을 얻는 것을 의미한다.

빅데이터와 인공지능

클리블랜드 클리닉이 발견한 것처럼 IBM의 슈퍼컴퓨터인 왓슨은 많은 전문가보다 더 빠르고 정확하게 일을 할 수 있다. 의사보다 네 배 더 정확하게 암을 진단하고, 90% 정확도로 몇 초 안에 법률 자문을 제공할 수 있다(변호사들의 정확도는 70%이다).[32] 왓슨의 비결은 무엇일까? 바로 빅데이터와 인공지능이다.

직장의 비밀 좋은 의사결정 만들기

인생은 어려운 결정과 함께 한다. 그리고 직업 또한 그렇다. 어려운 결정은 첫 일자리 제안을 받아들일지를 선택하는 것에서 시작된다. 직장에서 누구와 친구가 되고 신뢰할지, 새로운 업무팀에 합류할지, 다른 도시로 승진하는 것을 받아들일지, 당신의 윤리성을 해칠 수 있는 상황에 어떻게 대응할지, 상사에게 나쁜 소식을 어떻게 전달할지를 고민해야 한다.

어려운 결정을 외면한다고 해서 이를 피할 수는 없다. 아무것도 하지 않는 것 또한 현재 상황을 유지하기 위한 결정이다.

현상 유지는 적극적인 행동 계획에 의한 것일 수도 있고 수동적 태도의 결과일 수도 있다. 처한 상황을 합리적으로 평가하고, 대안을 식별하고, 각 대안의 장단점을 주의 깊게 검토하지만 현재 상황보다 더 나은 대안이 없다는 결론을 내릴 수 있다. 이러한 적극적인 방식은 합리적인 의사결정과 일치한다. 그러나 주의해야 할 것은 수동적인 접근 방식이다. 다른 대안을 고려하지 않았기 때문에 현재 경로를 그대로 따르는 것이다. 다른 기회를 찾지 않았기 때문에 싫어하는 직장에서 20년 동안 근무한 것을 후회하지 않기를 바란다.

아무것도 결정하지 않기로 한 결정을 어떻게 벗어날 것인가? 첫 번째 단계는 인식이다. 결정하는 것을 무시한다고 해서 이를 피할 수는 없다. 결정하기를 외면하는 것은 단지 가고 있는 길을 계속 따라 가기로 하는 것이다. 그 길은 당신이 원하는 길일 수도 있다. 그러나 현명한 의사결정자는 변화뿐만 아니라 현상 유지에도 비용이 든다는 사실을 알고 있다. 또한 현재 상황에 도전해야 한다. 아무것도 하지 않는 것이 자신의 결정이라는 것을 아는 것만으로는 충분하지 않다. 그리고 다른 길을 추구하지 말아야 하는 이유를 정당화해야 할 필요가 있다. 왜 다른 직장을 구하지 않는가? 은퇴 포트폴리오의 주식, 채권, 뮤추얼 펀드는 최근 경제 변화에 적절하게 맞춰 구성되어 있는가? 마지막으로 무활동 비용을 고려하라. 우리는 변화와 관련된 위험에만 집중하는 경향이 있다. 아무것도 하지 않는 것과 관련된 위험도 해결한다면, 행동하지 않는 결정을 내릴 가능성이 더 낮을 것이다.

의사결정을 할 때 저지르기 쉬운 세 가지 오류인 자만적 편견, 단기 집중, 확증 편견도 살펴보아야 한다. 이 장에서 각각에 대해 간략히 언급하고 있으나 좀 더 자세히 살펴보기로 하자.

판단과 의사결정을 할 때 자만하는 것보다 더 큰 재앙은 없다. 대부분의 사람은 이러한 문제를 겪고 있다. 어떤 질문에 대한 자신의 답변이 정확할 확률을 판단할 때 사람들은 낙관적인 수치를 이야기 하는 경향이 있다. 일반적으로 우리는 자신의 지식과 사건을 통제하는 능력을 과대평가하고 위험을 과소평가한다.

여러 연구에 따르면 사람들이 65%에서 70% 확률로 자신이 옳다고 말할 때, 실제로는 약 50%의 내용만 정확하다. 그리고 100% 확신할 때는 70%에서 85% 수준이다.

과신을 줄이려면 우선 이러한 경향을 인식해야 한다. 그리고 자신감이 매우 높거나 정확한 판단을 내리기 어려운 상황에서 자만이 일을 그르칠 확률이 가장 높다는 것을 예상해야 한다. 다음으로 문제에 대한 전문 지식 수준을 반영하여 신뢰도 인식을 조정해야 한다. 자신의 전문 분야가 아닌 경우 지나치게 자신만만할 가능성이 높다. 마지막으로, 자신의 예측이나 답이 틀릴 수 있는 이유를 찾아봄으로써 편견을 직접 제거해야 한다.

많은 사람들은 즉각적인 보상은 받고 싶지만 당장 나가는 비용은 피하고 싶어 하기 때문에 어려움을 겪는다. 기분이 좋은 일은 지금 하고 싶고, 고통스러운 일은 미루고 싶다. 이러한 즉각적 만족 편견은 다이어트를 하거나, 금연을 하거나, 신용카드 빚을 만들지 않거나, 은퇴를 위한 저축을 하는 것이 왜 어려운지를 설명해준다. 맛있는 음식, 담배, 원하는 것을 바로 구매하는 것, 여유로운 용돈 등은 즉각적인 보상이다. 그리고 각각의 비용은 불확실한 미래로 미뤄진다.

자신이 즉각적 만족 편견에 취약하다고 생각한다면 무엇을 할 수 있을까? 첫째, 장기적인 목표를 세우고 이를 정기적으로 검토한다. 이를 통해 장기적인 관점에서 집중할 수 있으며 미래를 위한 결정을 내리는 데 도움이 된다. 그러나 10년 또는 20년 후에 어떤 삶을 살고 싶은지 모른다면 미래에 대한 생각은 잠시 미루고 지금 현재를 사는 것이 더 나을 수도 있다. 둘째, 보상과 비용에 주의해야 한다. 사람들은 자연스럽게 즉각적인 보상을 부풀리고 미래의 비용을 과소평가하는 경향이 있다. 예를 들어 저축 없이 은퇴하고 월 1,200달러의 사회보장금으로 생활하는 삶이 어떤지 상상해 봐라. 또는 미래를 계획하지 않아 현재 고통스러운 사람들을 둘러보아라.

마지막으로 합리적인 의사결정 과정은 우리가 객관적으로 정보를 수집한다고 가정한다. 하지만 우리는 그렇지 않다. 우리는 선별적으로 정보를 수집해 그것이 우리의 현재 믿음을 확인하게 하고, 이에 반하는 증거들은 무시한다. 또한 이러한 견해에 도전하는 정보에 비판적이고 회의적인 동시에 우리의 선입견을 지지하는 정보는 그대로 받아들이곤 한다.

이러한 확증 편견을 극복하는 것은 자신의 동기를 정직하게 바라보는 것에서 시작한다. 정말로 정보에 입각한 결정을 하기 위해 정보를 얻으려고 하는 것인가? 아니면 하고 싶은 일에 대한 증거를 찾고 있는 것인가? 만약 이 문제에 대해 진지하게 생각해 본다면 의도적으로 반대되는 정보를 찾아 볼 필요가 있다. 즉, 듣기 싫은 것을 들을 준비가 되어 있어야 한다. 그리고 이러한 성찰은 습관이 될 때까지 반복해서 연습해야 한다. 변호인이 원고의 사건을 반증하기 위해 모순된 증거를 찾는 것과 마찬가지로, 당신의 믿음이 잘못된 이유를 생각한 다음에 그 사실을 증명할 수 있는 증거를 적극적으로 찾아야 한다.[28]

빅데이터(Big data)는 거대하고 복잡한 데이터 집합을 가리키는 용어이다.[33] 이 데이터 집합들은 너무나 많은 정보로 구성되어 있어서 전통적인 데이터 처리 애플리케이션 소프트웨어는 처리할 수 없다. 예를 들어 클라우드 컴퓨팅 용량은 이제 많은 법적 자료들을 온라인에 올릴 수 있게 한다. 변호사가 의뢰인의 사건을 지원하기 위해 관련 사건을 찾는 데 며칠 또는 몇 주가 걸리던 작업이 이제 불과 몇 초 안에 완료된다. 마찬가지로 축구와 농구의 코치 및 감독들도 빅데이터를 사용하여 선수 선발과 관련된 의사결정을 하고 경기 중 플레이 콜을 한다.

빅데이터
거대하고 복잡한 데이터 집합

빅데이터로 인해 **인공지능**(artificial intelligence, AI)의 광범위한 사용이 가능해졌다. 1장에서 언급했듯이 인공지능은 컴퓨터의 힘을 이용해 인간의 추론 기능을 복제하고 있다.[34] 컴퓨터 소프트웨어의 단순한 "만약-그렇다면" 처리를 뛰어넘어 복잡한 문제를 배우고 해결할 수 있는 능력이 있다.

인공지능
컴퓨터의 힘을 이용해 인간의 추론 기능을 복제하는 것

빅데이터와 AI는 시리, 구글맵, 우버 같은 제품과 자율주행차의 급속한 발전에 영향을 미쳐 소비자의 삶을 변화시키고 있다. **머신러닝**(machine learning), 딥러닝(deep learning), 애널리틱스(analytics)와 함께 빅데이터 및 AI는 경영자의 의사결정 방식을 빠르게 변화시키고 있다.

머신러닝
분석 모델 구축을 자동화하는 데이터 분석 방법

인공지능은 머신러닝과 딥러닝을 촉진한다. 머신러닝은 분석 모델 구축을 자동화하는 데이터 분석 방법이다.[35] AI의 한 종류이며 시스템은 데이터로부터 배우고 패턴을 식별하며 인간의 도움 없이 결정을 내릴 수 있다는 생각에 기반한다. 마이크로소프트(Microsoft)의 최고재무책임자인 Amy Hood는 머신러닝을 이용해 회사가 지출 항목을 할당하고 계약을 따내는 방식을 재구성한 공로를 인정받았다.[36] 구체적으로 75만 명의 고객으로부터 받은 과거 데이터를 분석해 전 세계 각 제품, 고객, 도시의 판매 기회를 예측했다. Hood의 또 다른 시스템은 어떤 고객이 더 많은 주의를 요구하고 탈주할 위험이 있는지를 예측한다.

마이크로소프트는 최고 재무책임자인 Amy Hood는 빅데이터를 활용하여 지출 항목을 할당하고 회사의 영업 기회를 예측하는 방법을 결정했다.

출처: Jason Redmond/Reuters/Newscom

딥러닝(Deep learning)은 머신러닝의 한 부분이다.[37] 알고리즘을 사용하여 인간의 뇌 기능을 시뮬레이션하는 인공신경망의 계층 수준을 만든다. 인간의 뇌를 모방한 연결망의 접점은 거미줄처럼 연결된다. 이를 통해 기계는 비선형 방식으로 데이터를 처리할 수 있다. 예를 들어 딥러닝 시스템을 통해 컴퓨터는 최고의 전문가 수준으로 피부암을 식별할 수 있다. 10만 개 이상의 악성 흑색종과 무해한 점의 이미지를 두고 AI 프로그램과 숙련된 58명의 피부과 의사들이 대결했다. 그 결과 300개의 흑색종 중 의사들은 87%, AI 프로그램은 95%를 식별했다.[38]

딥러닝
알고리즘을 사용하여 인간의 뇌 기능을 시뮬레이션하는 인공신경망의 계층 수준을 만드는 것

마지막 용어는 **애널리틱스**(analytics)로 수학, 통계, 예측 모델링 및 머신러닝을 사용하여 데이터 집합에서 의미 있는 패턴과 지식을 찾는 것이다.[40] 2018년 슈퍼볼(Super Bowl) 우승팀 필라델피아 이글스(Philadelphia Eagles)는 NFL의 어느 팀보다 애널리틱스를 많이 사용했다.[41] 그들은 킥(kick) 보다는 포스다운(fourth down)을 자주 한다. 코치들은 분석을 사용하여 "킥"이라고 말하는 상황에서 팀이 공을 패스하거나 공을 잡고 달

애널리틱스
수학, 통계, 예측 모델링 및 머신러닝을 사용하여 데이터 집합에서 의미 있는 패턴과 지식을 찾는 것

fyi

• 머신러닝과 딥러닝은 구직 사이트인 Monster.com에서 가장 수요가 많은 3대 기술에 포함된다.[39]

리면 팀 승리로 이어질 가능성이 더 높다는 것을 발견했기 때문이다.

미래는 이미 현실이 되었다. AI는 경영자가 하던 기능을 수행한다. 200개의 러시아 기업이 신입 사원을 모집하는 데 AI 소프트웨어 "베라(Vera)"를 사용하고 있다.[42] 베라는 하루만에 1,500명의 지원자들과 대화할 수 있고 맞춤형 이메일 답변을 보낸다. 또한 지원자에게 전화를 걸어 머신러닝을 통해 익힌 대화 기술을 사용하여 8분간 대화를 진행한다. 이를 통해 입사 후보자의 관심과 직업 적합성을 결정할 수 있다. 베라는 지원자들의 질문에 답변할 수도 있으며 정확도는 82%이다.

현재 약 24%의 기업이 AI를 구현하고 있거나 실행할 계획을 세우고 있다.[43] 대기업은 97% 이상이다![44] 가까운 미래에는 모든 기업들에서 AI 사용이 확대될 것으로 보인다. 또한 이런 추세로 인해 정보에 접근하고 해석하는 데 기술을 사용하는 경영자는 일관되지 않고 불완전한 데이터에 덜 의존하고 직관에 의지할 필요가 줄어든다. 가장 흥미로운 사실은 AI 소프트웨어가 경험을 통해 배울 수 있기 때문에 의사결정은 경영자의 가치와 목표를 점점 더 반영하게 된다. 그 결과 합리성의 가정에 더 가까운 경영상의 결정을 내릴 것이다.

Chapter 2 시험/퀴즈 준비: 학습개요를 통한 요약

LO2.1 의사결정 과정의 8단계를 설명한다.

의사결정은 선택이다. 의사결정 과정은 8단계로 이루어져 있다. (1) 문제를 파악하고, (2) 의사결정의 기준을 설정하고, (3) 기준에 대해 가중치를 할당하고, (4) 대안을 개발하고, (5) 대안을 분석하고, (6) 대안 중에서 선택하고, (7) 대안을 실행하고, (8) 의사결정의 효과성을 평가한다.

LO2.2 경영자가 의사결정을 할 때 사용하는 다섯 가지 접근법을 설명한다.

합리성에 대한 가정은 다음과 같다. 문제는 명확하고 모호하지 않다. 잘 정의된 단일 목표를 달성해야 한다. 모든 대안의 결과를 알 수 있다. 최종 선택은 목표 성취를 최대화할 것이다. 제한된 합리성은 경영자가 합리적으로 의사결정을 내리지만 개인의 정보 처리 능력에 의해 한계가 있다고 한다. 만족화는 의사결정자들이 충분히 좋은 해결책을 받아들일 때 발생한다. 직관적인 의사결정은 경험, 느낌, 축적된 판단 능력에 근거하여 의사결정을 하는 것이다. 경영자는 증거기반경영을 사용하여 가장 잘 이용할 수 있는 증거를 기반으로 체계적인 의사결정을 내린다. 크라우드소싱을 사용하는 경영자는 조직 외부의 사람들로부터 인터넷을 통해 아이디어를 요청한다.

LO2.3 의사결정과 의사결정 스타일을 분류한다.

정형화된 의사결정은 일상적인 접근 방식으로 해결할 수 있는 반복적인 의사결정으로 문제가 간단하고 익숙하며 쉽게 정의될 때 사용된다. 비정형화된 의사결정은 맞춤형 해결책이 필요한 의사결정이다. 문제가 새롭게 발생하거나 특이할 때(구조화되지 않았을 때), 그리고 정보가 모호하거나 불완전할 때 사용된다. 개인의 의사결정 스타일은 두 가지 측면으로 분류할 수 있다. 즉 사고방식(합리적 또는 직관적)과 모호성에 대한 내성(낮거나 높음)이다. 이를 기반으로 직접적, 분석적, 개념적, 행동적 등 의사결정의 네 가지 스타일을 도출해 낼 수 있다.

LO2.4 편견이 의사 결정에 미치는 영향을 설명한다.

일반적인 의사결정의 오류 및 편견 열두 가지는 자만적 편견, 즉각적 만족 편견, 닻 내리기 효과, 선택적 지각 편견, 확증 편견, 프레이밍 편견, 가용성 편견, 유사 편견, 무작위 편견, 매몰비용 오류, 자기중심적 편견, 사후해석 편견이 있다. 이러한 편견을 최소화하는 방법에는 편견을 인식하는 것, 편견을 인식하기 위한 훈련, 결정이 어떻게 이루어지는지 주의를 기울이며 다른 사람들에게 의사결정 방식의 약점을 식별하도록 요청하는 것이 있다.

LO2.4 의사결정의 개선을 위한 최신 방법을 확인한다.

디자인사고는 "디자이너가 디자인 문제에 접근하듯이 경영문제에 접근하는 것"이며 사물이나 과정이 재설계되는 방법을 고안하는 것이다. 문제와 대안을 식별하고 평가할 때 유용하다. 빅데이터는 의사결정자가 결정을 내리는 데 강력한 도구가 된다. 인공지능은 컴퓨터의 힘을 이용하여 인간의 추론 기능을 복제한다. 애널리틱스는 수학, 통계, 모델링 및 머신러닝을 사용하여 데이터 집합에서 의미 있는 패턴을 찾는다. 그러나 이러한 방식들은 현명한 판단과 함께 사용되어야 한다.

복습과 토론 질문

2-1 의사결정을 어떻게 배우고 향상시킬 수 있는지 설명하라.

2-2 8단계 의사결정 과정에서 경영자에게 가장 문제가 될 수 있는 단계는 무엇인가?

2-3 직관은 의사결정에서 어떤 역할을 하는가?

2-4 만족화는 경영상의 결정을 내리는 바람직한 방법인가?

2-5 대부분의 경영자는 의사결정을 단순화하기 위해 특정 스타일을 채택하고 이는 정보를 이해하는 데 도움을 준다. 왜 이러한 스타일들을 믿을 수 없는가?

2-6 이미 내린 결정이 효과가 없거나 상황을 해결하지 못하고 있다는 사실이 명백하다면 좋은 경영자는 어떻게 해야 하는가?

2-7 개인화 기술에 대해 알고 있는가? 빅데이터는 의사결정 과정에 어떻게 적합한가?

경력 준비

윤리적 딜레마

영국의 의료 보험에는 170만 명이 일하고 있다.[45] 이는 세계에서 가장 큰 공공 기금 보건 서비스이다. 직원들은 여러 이유로 경영진으로부터 '피해'를 받는 경우가 있다. 대표적으로 런던 병원에서 일하는 50세 전후의 선임 컨설턴트의 사례가 있다. 그녀는 병원의 인력에 대한 우려를 제기하였다는 이유로 3년 동안 정직 처분을 받았다. 정직 직전에 병원이 연루된 아동학대 사건이 대서특필되었다. 병원이 이러한 문제를 알아차리지 못했기 때문에 그녀는 내부 고발자가 되어 이를 알렸으나 병원은 그녀에게 돈을 주며 이 사실을 입막음하려 했다. 그러나 그녀는 돈을 거절했고, 직장에 복귀하는 데는 수백 명의 동료의 지지가 필요했다. 이전 환자들도 지원에 동참했다. 그러나 그녀는 다시는 그 병원에서 일하지 않을 것이다. 이 사건은 내부 고발자의 지원 및 보호 관행에 변화를 가져왔다.

2-8 컨설턴트를 정직시키기로 한 병원의 결정이 옳았는가? 자신의 의견과 그 이유를 설명하라.

2-9 만약 당신이 컨설턴트의 직속 관리자라면 이 문제를 어떻게 처리하였을 것인가?

기술 연습 창의성 개발시키기

기술에 대해

의사결정 과정의 "대안 개발" 단계는 창의성의 도움을 받을 수 있다. 다양한 선택사항, 특히 주류를 벗어난 선택사항을 구상하는 능력은 탁월한 대안을 찾을 확률을 증가시킨다. 또한 창의성은 다른 사람들이 볼 수 없는 문제들을 식별하는 데 도움이 될 수 있다.

창의적이기 위해서는 새로운 아이디어에 마음을 열어야 한다. 우리는 각자 창의적 능력을 가지고 있지만, 그 능력을 개발하려고 하지는 않는다. 창의적인 기술을 개발하면 더 나은 문제 해결사가 되어 직장에서 더 많이 기여할 수 있다.[46]

기술 훈련 단계

- **자신이 창의적이라고 생각하라.** 연구 결과에 따르면 창의적인 생각을 할 수 없다고 생각하는 사람은 실제로도 창의성이 없다고 한다. 더 창의적인 사람이 되려면 자신이 가진 창의력을 믿는 일에서부터 시작해야 한다.
- **자신의 직관에 주의를 기울여라.** 때로는 기대를 내려놓았을 때 해답이 나온다. 예를 들어 잠을 자려고 할 때, 편안한 마음은 직면하고 있는 문제에 대한 해결책을 속삭인다. 그 목소리를 잘 들어야 한다. 창의적인 사람들은 대부분 침대 근처에 항상 메모지를 준비해 놓고 뭔가 떠오를 때마다 기록해둔다.
- **편하게 할 수 있는 일에서 벗어나라.** 누구에게나 이미 익숙해져서 편안한 일이 있는 법이다. 그러나 창의성과 익숙한 것은 함께하는 법이 거의 없다. 창의적인 사람이 되려면 현재 상태에서 벗어나 새로운 일에 집중해야 한다.
- **새로운 활동에 참여하라.** 생각뿐만 아니라 행동을 다르게 하여 스스로에게 도전장을 내밀어야 한다. 악기 연주나 외국어를 배우는 것은 새로운 도전을 할 마음이 들게 할 것이다.
- **여러 가지 정답을 찾아라.** 제한된 합리성에 대한 논의에서 우리는 사람들이 충분히 좋은 해결책을 추구한다고 했다. 창의적이라는 것은 문제를 해결했다고 생각했을 때에도 계속해서 다른 해결책을 찾는 것이다.
- **선의의 비판자가 되어라.** 자신이 내놓은 해결책을 비판해 보면 창의성을 기를 수 있다. 자신에 대해 다시 돌아보는 것 또한 창의적인 해결책을 찾는 데 도움이 될 수 있다.

- **사람들과 함께 브레인스토밍하라.** 창의성은 고독한 활동을 통해 나오는 것이 아니다. 다른 사람들과 여러 의견을 나누면 획기적인 아이디어를 내놓을 가능성이 높아진다.
- **잠시 물러나 있어라.** 해결되지 않은 문제에서 일정 시간 멀어져 있으면 생각하지 못했던 해결책이 떠오를 수 있다. 이러한 "인큐베이션 효과(incubation effect)"는 종종 영감을 가져온다. 따라서 휴식을 취하거나 산책을 하거나 잠을 자는 것이 도움이 될 것이다.

기술 연습

창의적인 기술을 개발하는 것은 운동을 통해 근육을 만드는 것과 비슷하다. 시간과 노력이 필요하다. 매주 창조적인 기술을 개발하기 위해 새로운 활동을 하라. 새로운 것을 시도하고, 미술 수업을 듣고, 브레인스토밍을 연습하고, 새로운 사람들과 시간을 보내라. 창의적인 아이디어나 통찰을 기록하라.

함께 일하기 팀연습

연구자들은 결정을 내리는 스타일이 개인의 사고방식에 크게 좌우된다고 말한다. 다음은 우리가 사용하는 정보의 출처와 정보처리 방법에 관한 이야기이다. 연구자들은 다양한 사고방식을 선형적 사고와 비선형적 사고 두 가지로 분류했다. 3명 또는 4명으로 구성된 그룹에서 정보를 수집하고 처리하는 방법을 토론한다고 가정하자. 당신은 선형적 사고를 하는 사람인가, 비선형적 사고를 하는 사람인가? 결과를 다른 그룹의 사람들과 공유하라. 어떤 한 가지 방법이 다른 방법보다 더 나은지 합의할 수 있는가? 선형적 사고를 하던 사람이 비선형적 사고를 할 수 있는가? 또는 반대로 할 수 있는가?

경영자가 될 차례

- 당신이 내린 큰 결정을 떠올려 보아라. 의사결정 과정의 단계를 참조하여 의사결정에 대한 설명을 해 보아라. 결정을 개선하기 위해 그 과정에서 무엇을 수정할 수 있을까?
- 수업시간에 강의자가 사용할 수 있는 절차, 규정, 정책을 작성한다. 각각은 분명하고 이해할 수 있어야 한다. 그리고 절차, 규칙, 정책의 특성에 어떻게 부합하는지 설명해야 한다.
- 인기있는 비즈니스 정기 간행물(월 스트리트 저널(Wall Street Journal), 블룸버그 비즈니스위크(Bloomberg Businessweek), 포춘(Fortune) 등)에서 경영상 결정의 예시를 세 가지 찾아라. 무엇이 최종 결정으로 이끌었는지, 결정의 결과가 어떠했는지 등을 정리해 보아라. 이러한 예에서 의사결정에 대해 무엇을 배웠는가?
- 두 명의 경영자를 인터뷰하고 좋은 의사결정자가 되기 위해서는 무엇이 필요한지 질문해 보아라. 그들의 답변을 정리하여 발표할 수 있도록 준비하라.
- "역사상 가장 큰 사업상의 실수 8가지" 등의 문구를 검색해 보아라. 몇 가지를 골라 무슨 일이 일어났는지를 설명하라. 그 사례들에 대해 어떻게 생각하는가? 어떻게 하면 경영자들이 더 나은 결정을 내릴 수 있었을까?
- Mindtools(www.mindtools.com)에 접속하여 의사 결정도구 키트를 확인하라. 의사결정 도구를 확인하고 다음 번 의사결정을 내릴 때 사용할 도구를 선택하라.

사례적용 1 카드 커넥션의 의사결정

카드 커넥션(Card Connection)은 영국에서 가장 큰 카드 제조업체 중 하나이며, 영국과 아일랜드 공화국(ROI)에서 연하장을 유통하는 시장 선두주자이다. 1992년에 설립되었으며 영국의 최대 프랜차이즈 중 하나로 꼽힌다. 카드 커넥션은 1995년부터 영국 프랜차이즈 협회(British Franches Association)의 회원으로 활동했다. 인쇄 및 종이 회사인 카드 커넥션은 디지털 시대와 온라인 통신 시대에 효과적으로 대응하여 버틸 수 있었다. 영국은 가정에서 카드를 발송하고 전시하는 전통이 있기 때문에 인쇄 카드 시장이 강세를 유지하고 있다. 그러나 브렉시트 협상으로 인해 경제적 어려움과 복잡한 상황이 발생할 것이다. 그리고 새로운 경제 환경에 적응하는 데 시간과 비용 등이 들기 때문에 모든 비즈니스는 이에 영향을 받을 것이다. 카드 커넥션도 그 예외는 아니다.

카드 커넥션의 가맹점은 일반적인 소매 형식으로 운영되지 않는다. 대신 할당 된 지역의 다양한 소매점에 카드를 공급하는 중개자 역할을 한다. 일반적으로 가맹점에서는 우체국, 편의점, 주유소 및 기타 소매점에 제품을 공급한다. 이러한 고객 기반을 고려하여 카드 커넥션의 경영자는 "위탁" 방식으로 매장에 제품을 배치해야 하는 비즈니스 모델을 활용했다. 고객은 카드를 구매한 후 판매하는 것이 아니라 판매한 만큼만 돈을 지불했다. 그리고 이러한 방식은 성공적이었다. 2019년도 초를 기준으로 영국 전역에 카드 커넥션의 가맹점은 73개가 있었고, 아일랜드에는 해당 서비스를 사용하는 약 12,000개의 소매점이 있다. 카드 커넥션은 계속해서 잠재적인 가맹점을 찾고 있다.

카드 커넥션은 가맹점 소유자에게 할당할 영역을 결정하기 위해서 여러 가지 데이터를 분석한다. 주요 데이터는 인구 수와 가구 수를 조합한 인구통계학적 정보이다. 의사결정자는 그 지역의 잠재적인 재고 보유자 수, 해당 지역의 경쟁자, 평균 수입 및 기타 요소도 분석해야 한다. 영국과 아일랜드를 단순하게 구분하는 것은 간단한 일이지만 인구통계, 지역 및 지역 경제 및 기타 기준이 변경됨에 따라 각 지역의 가치가 변경된다.

각 가맹점은 자신만이 공급할 수 있는 별개의 독점 영역을 가지고 있다. 카드 커넥션의 의사 결정 과정은 대개 지역을 중심으로 돌아가기 때문이다. 대부분의 경우 가맹점의 지역이 그들의 공급 영역이 된다. 가맹점주가 자신의 가맹점권 밖의 고객과 거래를 한다면 큰 문제가 발생한다. 본부는 이런 사례들에 대한 명확한 기준을 제시해 주어야 한다. 일부 가맹점은 상황에 따라 공급 영역을 변경할 수 있다. 이러한 현상은 지역 내 인구통계학적 변화, 기술의 발달, 또는 프랜차이즈 시스템 내에서 제공되는 제품이나 서비스에 대한 수요 증가를 나타내는 지표다.[47]

토의문제

2-10 가맹점의 공급 영역 크기에 대해 어떤 의사결정이 지속적으로 필요한가?

2-11 가맹점 인수를 결정할 때 고려해야 할 점은 무엇인가?

2-12 세계화가 기업의 의사결정 과정에 어떤 영향을 미칠까?

사례적용 2 맨체스터시티 FC: 빅데이터의 승리

맨체스터 시티 FC(Manchester City Football Club)는 라커룸에서 색다른 간담회를 연다. 선수들은 분석팀과 함께 이전 경기에서 잘하거나 잘못한 것을 짚어보며 토론한다. 이때 전술 평가, 이동 분석, 비디오 및 통계 모델링, 데이터 프레젠테이션도 이루어진다. 예를 들어 수비진의 크로스 횟수, 유효하거나 비효율적인 태클, 빼앗기거나 획득한 공, 미드필드와의 연계 등을 확인한다. 이러한 분석을 통해 구단은 경기 전반과 개인별 경기력을 평가할 수 있다. 이는 의사결정에 도움이 되는 행동에 대한 이해를 향상시킬 뿐만 아니라 코치와 선수들이 좋은 결과를 낼 수 있도록 한다.

경기 다음 날, 구단의 분석팀은 각 선수에게 경기 중 선수가 취했던 모든 동작에 대해 상세하고 개인화된 보고서를 제공한다. 선수들이 필요한 개선 사항에 대해 정확한 피드백을 얻게 되는 것이다. 2012년 포브스(Forbes)와의 인터뷰에서 Fleig는 경기를 분석하는 목표는 구단이 객관적이고 유익한 데이터에 의존해 현명한 결정을 내리고, 선수들이 경기장의 고유한 특징과 행동 및 움직임을 더 잘 반영하고 인지할 수 있도록 도와 경기력을 향상시키는 것이라고 말했다.

맨체스터 시티의 경기력과 2010-2011 시즌에 득점한 세트피스 골을 예로 들어보자. 분석팀에 따르면 맨체스터 시티는 21경기에서 세트피스 1골만 터뜨리는 등 프리미어리그에서 가장 저조한 성적을 거뒀다. 분석팀은 500개 이상의 코너킥을 연구했고, 선수들은 다른 팀들이 적용한 최고의 전술과 움직임을 기록한 비디오를 보았다. 그 결과 맨체스터 시티는 다음 시즌의 첫 15경기에서 코너킥으로 9골을 기록했다.

맨체스터 시티의 유소년 팀을 포함한 모든 계층의 매니저에게 데이터 분석은 중요한 의사결정을 지원하는 도구이다. 예를 들어, 미래의 젊은 선수들은 자신의 역할과 특성을 배우고 재능을 개발하기 위해 무엇에 집중해야하는지 배울 수 있다. 따라서 빅데이터는 유소년팀의 목표 달성을 위한 수단으로 활용된다. 성과 분석가들이 팀에 합류한 후, 구단은 2012년 이후 2년 연속 최고의 수비 기록을 세웠으며 2011-2012시즌과 2013-2014시즌 우승을 차지했다. 빅데이터가 이러한 성공의 유일한 요인은 아니었지만, 매우 중요한 역할을 했음에는 틀림이 없다.

2016년 맨체스터 시티는 실제 선수의 데이터를 사용하여 알고리즘과 시뮬레이션을 만드는 글로벌 해커톤을 조직했다. 과제는 새로운 움직임, 패스, 달리기 및 더 효과적인 압박을 식별할 수 있는 알고리즘을 만드는 것이었다. 상금 7,000파운드와 분석팀과의 협업을 약속 받은 우승팀은 경기 플레이 중의 의사결정을 추적하는 러닝머신 알고리즘을 만들었다.

축구 분야의 빅데이터 선두주자 자리를 이어가기 위해 맨체스터 시티 FC의 구단주인 시티풋볼그룹(City Football Group)은 2018년 데이터 분석을 제공하는 SAP와의 제휴를 발표했다. 이제 구단은 SAP 챌린저 인사이트(SAP Challenger Insight)를 사용해 상대의 공격 및 방어 전술에 대한 통찰을 얻을 수 있다. 코치는 상대 팀의 특색 있는 전술을 검토하고 그에 따라 전략을 짤 수 있다. 아이패드의 SAP 클라우드 플랫폼에서 기록 데이터를 확인할 수 있어 구단은 최신 정보를 확인하고 현장에서 더 나은 의사결정을 내릴 수 있다.[48]

토의문제

2-13 축구 감독들은 어떤 종류의 결정을 내리는가? 이러한 결정사안들은 구조화된 문제들인가 아니면 비구조화된 문제들인가? 설명하라.

2-14 축구 감독들이 어떻게 빅데이터를 사용해 더 나은 결정을 내릴 수 있는지 (1) 합리성 (2) 제한된 합리성 (3) 직관 (4) 증거기반 관리 측면과 연관 지어 설명하라.

2-15 어떤 유형의 조건이 분석팀의 작업에 영향을 미칠 가능성이 더 높은가? 확실성, 불확실성, 또는 위험 등 무엇인가? 설명하라.

2-16 축구 감독들이 한 시즌 동안 선수들의 경기력을 평가할 때 양적 정보만을 사용하는 것이 적절하다고 생각하는가? 자신의 의견과 그 이유를 설명하라.

2-17 향후 빅데이터는 축구 분야에서의 결정을 어떻게 바꿀 수 있을까?

ENDNOTES

1. V. Luckerson, "A Decade Ago, Google Bought YouTube—and It Was the Best Tech Deal Ever," *The Ringer* (website), October 10, 2016, https://www.theringer.com/2016/10/10/16042354/google-youtube-acquisition-10-years-tech-deals-69fdbe1c8a06; and E. Jhonsa, "How Much Could Google's YouTube Be Worth? Try More Than $100 Billion," *The Street* (website), May 12, 2018, https://www.thestreet.com/investing/youtube-might-be-worth-over-100-billion-14586599.
2. L. Goldberg, "'Roseanne' Canceled at ABC Following Racist Tweet," *Hollywood Reporter*, May 29, 2018, https://www.hollywoodreporter.com/live-feed/roseanne-canceled-at-abc-racist-tweet-1115412.
3. E. Larson, "Don't Fail at Decision Making Like 98% of Managers Do," *Forbes*, May 18, 2017, https://www.forbes.com/sites/eriklarson/2017/05/18/research-reveals-7-steps-to-better-faster-decision-making-for-your-business-team/#361212aa40ad.
4. W. Pounds, "The Process of Problem-Finding," *Industrial Management Review* (Fall 1969): pp. 1–19.
5. S. Fuchs and R. Prouska, "Creating Positive Employee Change Evaluation: The Role of Different Levels of Organizational Support and Change Participation," *Journal of Change Management* (September 2014): pp. 361–83.
6. See H. A. Simon, "Rationality in Psychology and Economics," *Journal of Business* (October 1986): pp. 209–24; and A. Langley, "In Search of Rationality: The Purposes Behind the Use of Formal Analysis in Organizations," *Administrative Science Quarterly* (December 1989): pp. 598–631.
7. J. G. March, "Decision-Making Perspective: Decisions in Organizations and Theories of Choice," in A. H. Van de Ven and W. F. Joyce (eds.), *Perspectives on Organization Design and Behavior* (New York: Wiley-Interscience, 1981), pp. 232–33.
8. See N. M. Agnew and J. L. Brown, "Bounded Rationality: Fallible Decisions in Unbounded Decision Space," *Behavioral Science* (July 1986): pp. 148–61; D. R. A. Skidd, "Revisiting Bounded Rationality,"

PART 1 경영 연습

관리자의 딜레마

Selina Lo는 샌프란시스코에 있는 장난감 상점의 관리자이며, 자신의 직업에 상당한 애정을 품고 있다. 그녀는 아이들이 좋아하는 장난감을 찾아 상점을 마구 뛰어다닐 때 발생하는 혼돈과 활기를 좋아한다. 선반에서 꺼낸 테디베어와 바닥에 놓인 장난감 트럭을 정리하는 일은 장난감 상점을 관리하는데 필요한 업무 중 하나이다. 많은 소매업체의 골칫거리인 직원 이직률은, 그녀의 상점에서도 큰 과제이다. 그녀의 장난감 상점에서 일했던 여러 직원은 바쁜 일정과 긴 근무 시간을 버티지 못하고 보통 몇 개월 정도 뒤에는 새로운 직장을 찾아 떠났다. Selina는 직원들이 업무에 전념할 수 있는 새로운 방법을 찾기 위해 항상 고민하고 있다. 또한, 그녀는 고객의 요청과 불만 사항을 처리하고 문제를 만족스럽게 해결하기 위해 노력하고 있다. 이것이 Selina의 관리자로서의 삶이다. 그러나, 소매업체들은 Selina처럼 기술(skill)과 매장을 관리하는 것에 대한 열정을 가진 사람이 거의 없다는 것을 잘 알고 있다. 소매점을 관리하는 것은 사실 대부분의 대졸자가 원하는 직업은 아니다. 유능한 관리자를 유치하고 유지하는 것은 모든 종류의 소매업체에서 사라지지 않는 과제일 것이다.

당신이 대형 소매업체 체인점의 채용 담당자라고 생각해 보아라. 당신은 대졸자들이 상점 관리를 직업 선택 옵션 중 하나로 고려하길 바란다. Part 1에서 학습한 내용을 어떻게 활용할 것인가?

글로벌 센스

여성과 남성 중, 세계적으로 누가 더 많이 관리직(managerial position)에 있는가? 관련 통계에서 재미있는 사실을 발견할 수 있다. 미국에서는 여성이 전체 관리직 중 40%, 고위 관리직 중 21% 정도를 차지했지만, 포춘 선정 500대 CEO 중에서 여성 관리자가 차지한 비율은 4.8%에 불과하다. 흥미롭게도, 개발 도상국에서 여성 관리자의 비율은 상위권을 차지한다. 아프리카에서는 기업 내 고위 관리직에 한 명 이상의 여성이 있는 비율이 89%지만, 동유럽은 87%이다. 서유럽에서는 프랑스의 경우에 79%, 영국은 75%를 기록했다. 독일은 상위 30대 기업 중 여성 CEO가 이끄는 기업이 없으며, 상위 기업의 이사회에서 9%의 자리만 차지하는 등 상황이 더 심각하다. 여성 CEO의 비율이 높은 국가는 아시아의 태국(40%)과 베트남(25%)이다. 반면 싱가포르의 여성 CEO 비율은 10%이다. 호주에서 여성 CEO 또는 기업의 책임자가 여성인 비율은 16.5%이다.

보다시피, 리더십 측면에서 전 세계의 기업들은 여전히 큰 성별 차이를 보이고 있다. 고위 관리직에는 여성보다 남성이 훨씬 많다. 이런 상황은 직장 내 성 평등을 개선하기 위한 노력과 캠페인이 있었음에도 불구하고, 여전히 존재한다. 의미 있는 진보가 이루어진 곳은 유럽이다. 그곳의 많은 국가들은 기업으로부터 이사회 의석의 특정한 비율을 여성에게 할당할 것을 요구했다. 예를 들어, 2008년부터 노르웨이는 이사회 의석의 40%를 여성에게 할당할 것을 기업들에 요구했다. 그러나 노르웨이의 여성 CEO 비율은 여전히 7% 정도에 불과하기 때문에 진보는 모든 종류의 리더십 직책에 고르게 분산되지는 않았다. 회사 외부에서의 리더십 불평등 문제를 해결하기 위해 독일의 도이치 텔레콤(Deutsche Telekom)과 같은 기업은 인재 파이프라인(talent pipeline)의 여성 수를 늘리는 채용 목표를 설정했다. 도이치 텔레콤의 새로운 신입 교육생의 절반 정도는 여성이며, 여성이 관리직 중 최소 30% 이상을 차지할 수 있게끔 노력하고 있다.

CEO 자리에 오른 일부의 여성들은 리더십 파이프라인(leadership pipeline)에 문제가 있다고 말한다. 그것은 여성들이 직면하는 편견(때로는 무의식적인 편견)에 관한 것이다. 여성들은 강하게 행동하고, 도전적인 과제를 검토하고, 회의 내용을 완벽하게 소화하지 못한 것에 대해 불이익을 받을 수 있다. 이러한 문제에 대해 셰브론(Chevron)이 내놓은 해답은 일부의 무의식적 편견이 여성이 최고경영직에 오르지 못하게 한다는 것을 경영진에게 가르쳐야 한다는 것이다. 셰브론은 "진짜 변화를 지지하는 남성들(Men Advocating Real Change)"이라는 교육을 위해 5백만 달러를 투자했고 이사회의 여성 비율을 36%로 늘렸다. 셰브론의 CEO인 Mike Wirth는 회사의 다양성과 포용을 위한 노력의 결과가 더 많은 혁신을 이끌었다고 말했다.[1]

Part 1에서 학습한 내용에 비추어 다음의 질문에 대해 토의하라.

- 도이치 텔레콤이 여성 신입 교육생을 채용할 때 발생할 수 있는 문제는 무엇인가?
- 이러한 문제는 어떻게 해결할 수 있는가?
- 셰브론이 리더십의 성별 격차를 해결하기 위하여 선택한 접근 방식은 어떤 문제를 가져올 수 있으며, 이러한 문제는 어떻게 해결할 수 있는가?
- 기업의 다양성과 포용을 위한 노력은 혁신을 가져오는 거 외에 어떤 이점을 가져올 수 있는가?
- 전 세계의 다른 조직들은 셰브론을 통해 무엇을 배울 수 있는가?

계속되는 사례

스타벅스(스타벅스) – 소개

공동체(Community). 연결(Connection). 배려(Caring). 헌신(Committed). 커피(Coffee). 스타벅스가 무엇을 의미하고 비즈니스로서 무엇이 되길 원하는지에 대해 본질을 설명하는 5C. 77개국에 30,000개의 매장을 가진 스타벅스는 세계 최고의 스페셜티 커피 소매업체이다. 또한 이 회사는 시애틀스 베스트 커피(Seattle's Best Coffee), 티바나(Teavana), 스타벅스 비아(스타벅스 VIA), 스타벅스 리프레셔(스타벅스 Refreshers), 에볼루션 프레시(Evolution Fresh), 라 블랑제(La Boulange), 베리즈모(Verismo), 토레파지오네 이탈리아(Torrefazione Italia)를 소유하고 있다. 스타벅스는 글로벌 경쟁 환경에서 경영자가 직면한 과제를 전형적으로 보여주는 회사이기도 하다. 과제를 더 잘 이해하기 위해 우리는 계속되는 사례를 통해 스타벅스를 깊이 있게 살펴보고자 한다. 6개의 Part 끝에 계속되는 사례를 두어 각각 해당 Part에서 제시된 자료의 관점을 통해 스타벅스를 살펴볼 것이다. 각 사례는 '독립적'이지만, 각 사례를 살펴보면서 경영 과정의 진행 상황을 살펴볼 수 있다.

시작

"우리는 커피 사업을 하는 게 아니라, 사람들을 대접하고 있다. 즉, 우리는 커피를 대접하는 people business를 하고 있다." 이것이 스타벅스의 최고 경영자인 Howard Schultz의 철학이다. 이 철학은 회사의 형태를 만들고 계속 지속하도록 돕는다.

1971년 시애틀의 유명한 파이크 플레이스 마켓(Pike Place Market)에서 문을 연 스타벅스 1호는 Gordon Bowker, Jerry Baldwin, Zev Siegl에 의해 설립되었다. 스타벅스라는 이름은 소설 모비 딕(Moby Dick)에서 커피를 좋아하던 일등 항해사의 이름에서 따온 것이며, 독특한 양 꼬리를 가진 사이렌 로고 디자인도 이에 영향을 받은 것이다. 뉴욕의 성공한 사업가인 Schultz는 1981년 스웨던 주방용품 제조업체의 영업 담당으로 스타벅스에 처음 발을 디뎠다. 그는 얼마 되지 않아, 스타벅스에 빠져버렸다. Schultz는 스타벅스에서 일하고 싶어 했지만, 소유주에게 그의 고용을 설득하는 데 거의 1년이라는 시간이 걸렸다. 어쨌든 그는 뉴욕 출신이었으며 회사의 가치관과 함께 성장하지 않았다. 소유주들은 Schultz가 가진 스타일과 높은 에너지가 언젠가는 기존의 문화와 충돌하리라 생각했다. 그러나 Schultz는 꽤 설득력 있게 소유주의 우려를 감소시켰다. 소유주는 Schultz에게 소매점 운영과 마케팅 이사직을 주었고, 그는 언제나 열정적으로 임했다. 커피 사업에 대한 Schultz의 열정은 굉장했다. 회사 직원 중 일부는 그가 "외부인"이라는 것에 불만을 가졌지만, Schultz는 자신의 역할을 알고 있었으며 회사에 대한 여러 아이디어를 가지고 있었다. "나는 긍정적인 영향을 주고 싶다"고 그는 말했다.

입사한 지 1년이 정도 되었을 무렵, 밀라노로 출장을 간 슐츠는 에스프레소 바(espresso bar)에 들어서자마자, 이 아이템이 미국에서 성공할 것이란 확신을 가졌다. "미국에는 이런 것들이 없다. 마치 집에 들어선 것처럼 느껴졌다. 정서적인 경험이었다. 나는 직감적으로 우리가 할 수 있다고 느꼈다. 뼛속 깊이 느꼈다."라고 그는 말했다. Schultz는 스타벅스는 커피를 생산물로 취급해, 포장해서 식료품과 함께 집으로 보내지만, 이탈리아의 에스프레소 바는 따뜻한 지역사회의 경험을 체험하는 것에 가깝다는 것을 알아차렸다. 그것이 Schultz가 미국에서 재현하고자 했던 것이다. 그러나 스타벅스의 소유주들은 스타벅스를 크게 만드는 데는 별 관심이 없었으며 이 아이디어를 시도할 의지가 없었다. 그래서 Schultz는 1985년에 회사를 떠나 시애틀과 벤쿠버에 일 지오날레(Il Giornale)라는 작은 에스프레소 바 체인점을 설립했다. 2년 후, 스타벅스의 소유주들이 스타벅스를 매각하고자 했을 때, Schultz는 현지 투자자로부터 380만 달러를 모금해 결국 매입하는 데 성공했다. 그 작은 투자는 결국에 그를 억만장자로 만들었다!

회사 정보

스타벅스의 주요 상품은 30종류 이상의 블렌드 커피와 싱글 오리진 커피이다. 갓 내린 커피 외에도 회사가 제공하는 다음 상품의 예는 다음과 같다.

- **수제 음료**: 뜨거운 또는 차가운 에스프레소 음료, 커피와 커피가 아닌 블랜드 음료, 및 스무디.
- **상품**: 가정용 에스프레소 머신, 커피 브루어 및 그라인더, 프리미엄 초콜릿, 커피 머그 및 커피 액세서리, 기타 다양한 상품.
- **신선 식품**: 구운 페이스트리, 샌드위치, 샐러드, 따뜻한 아침 품목, 요구르트 파르페.
- **글로벌 소비자 제품**: 스타벅스 프라푸치노 커피 음료, 스타벅스 아이스 커피음료, 스타벅스 리큐어, 슈퍼-프리미엄 아이스크림 라인.
- **스타벅스 카드 및 마이 스타벅스 리워드(My 스타벅스 Rewards) 프로그램**: 재충전이 가능한 카드 및 소비자 보상 프로그램
- **브랜드 포트폴리오**: 스타벅스 Entertainment, Ethos™ Water, Seattle's Best Coffee, Teavana teas, Fontana syrups.

2018년 6월, 스타버스는 전 세계에 277,000명의 정규직과 시간제 파트너(직원)를 두고 있다. Kevin Johnson은 스타벅스의 회장 겸 CEO이다. "눈에 띄는" 이외의 경영진 자리는 최고운영책임자(chief operating officer), 글로벌 최고 마케팅 책임자(global chief marketing officer), 창의성 최고 책임자(chief creative officer), 인적자원 담당 부회장(executive vice president of partner resources), 최고 커뮤니티 책임자(chief community officer), 글로벌 공급망(global supply chain) 담당, 글로벌 책임활동 책임자(global responsibility chief), 글로벌 커피부문 부회장(executive vice president), 직원 학습담당 책임자(learning business partner), 국제 직원자원 조정자(international partner resource coordinator) 등이다.

결정하고 또 결정

스타벅스를 15년 동안 경영했던, 46세의 Howard Schultz는 "조금 지루하다"는 이유로 2000년에 처음 CEO 자리에서 내려왔다(회사의 회장으로 남았지만). 계획했든, 준비했든, 복귀할 의사가 없었고, CEO 자리에서 물러나면서 그는 다른 사람의 결정을 믿겠다고 말했다.

초기에는 회사가 번창했지만, 빠른 속도로 대중 시장이 확장되면서 위험이 시작되었고, 처음으로 고객의 왕래가 감소하기 시작했다. 무슨 일이 일어나고 있는 건지 지켜보다간 결과가 좋지 않을 수도 있다는 생각이 들었다. Schultz는 스타벅스가 길을 잃었다는 느낌을 떨칠 수 없었다. 실제로 그는 "전 세계에 퍼지는 에스프레소 샷(espresso shot heard round the world)"이라는 메모에서 회사의 전례 없는 성장이 얼마나 많은 사소한 타협으로 이루어졌는지, 게다가 "스타벅스 경험의 물타기(watering down of the 스타벅스 experience)"가 어떻게 이루어졌는지, 최고 경영자들에게 상세히 설명하는 메모를 썼다. 아무런 소득 없는 "쿠키 커터"의 매장 배치, 커피 한 잔을 로스팅하고 내릴 수 있는 "바리스타 공연장"을 대신한 자동 에스프레소 머신, 고객이 독특한 커피 향을 들이마시고 음미할 수 없는 풍미 차단 포장 등이 그의 불만이었다. Schultz는 스타벅스가 "멋진" 요소를 잃었다고 생각했고, 스타벅스를 향한 그의 비판은 직설적이고 대담했다. 스타벅스는 더 이상 커피에 초점을 맞추지 않고, 금전 등록기의 벨이 울리는 데만 관심을 가졌다. 메모를 작성한지 1년 뒤(그리고 CEO 자리에서 물러난지 8년 후), Schultz는 다시 책임자로 돌아와 스타벅스의 경험을 복원하기 위해 노력했다. 그의 목표는 문제가 있는 매장을 고치고, 고객과의 정서적 애착을 다시 불러일으키고, 회사 조직 재편성과 공급망 개편 등 장기적인 변화를 이룩하는 것이었다. 그러나 그가 첫 번째로 한 일은, 회사를 이 시점까지 끌고 온 결정에 대해 직원들에게 사과하는 것이었다. 그는 품질 관리를 복원하고자 (당시) 미국의 7,000개 매장을 모두 폐쇄하여 135,000명의 바리스타에게 커피 경험을 재교육하게끔 했다...그것이 무엇을 의미하는지, 그것이 무엇인지 아무도 알 수 없었다. 대담한 결정이었고, 많은 "전문가"들은 홍보이자 재정적인 재난이라고 말했다. 그러나 Schultz는 그런 행동이 스타벅스를 되살리고 활력을 불어넣는데 반드시 필요하다고 생각했다. 또 다른 논란거리는 모든 매장의 관리자(약 8,000명)와 2,000명의 파트너를 한 곳으로 모아 리더십 컨퍼런스를 개최한 것이다. 이유가 무엇인가? 바로 스타벅스가 무엇을 상징하는지, 그리고 회사가 살아남고 번영하기 위해서 무엇을 해야 하는지에 대해 알려주고 직원에게 활력과 자극을 주기 위해서다. Schultz가 월 스트리트의 총 3천만 달러(항공비, 식사, 호텔 등)에 대해 어떻게 반응을 했는지는 정확히 알 수 없지만, 다시 말하지만, 그런 행동이 반드시 필요하고 중요하다고 생각

했기 때문에 크게 신경 쓰지 않았다. 그 사이에 스타벅스는 성장하고 번영했다. 2017년 Schultz는 CEO 자리에서 다시 물러났고, 여전히 단일 최대주주로 남아있지만, 2018년 6월에 회사와의 경영 관계는 완전히 끊어졌다.

Schultz는 스타벅스의 새로운 사장이자 CEO인 Kevin Johnson이 어떤 선택을 해야 하는지에 대해 도움을 주었다. Johnson은 치열한 경쟁과 매장의 매출 증가세 둔화를 어떻게 해야 할지 고민했다. CEO로서의 그의 첫 행보 중 하나는 379개의 티바나(Teavana) 매장을 모두 닫고 타조 티(Tazo tea)를 매각하는 것이었다. 또한 Johnson은 필라델피아주 스타벅스에서 두 명의 아프리카계 미국인이 친구를 기다리다가 체포되었을 때 어떻게 대응할지를 결정했다. 이 사건은 언론으로부터 엄청난(대부분 부정적인) 관심을 받았고, 회사가 인종차별주의자임을 시사하기도 했다. Johnson은 두 남자를 대면해 직접 사과했으며 약 8,000개의 스타벅스 매장을 폐쇄하여 반 편견(anti-bias)교육을 진행했다는 것에 칭찬을 받았다. 또한 Johnson은 유급 육아휴직 연장을 주관하고 시간제 직원을 위해 아픈 가족 구성원을 돌볼 수 있는 휴가를 주었다.[2]

우리는 스타벅스의 5C—공동체(Community), 연결(Connection), 배려(Caring), 헌신(Committed), 커피(Coffee)—가 어떻게 설명되는지 확인해볼 것이다. Part 2~6의 끝에 있는 경영 연습 박스의 Continuing Case를 통해 스타벅스의 고유하고 성공적인 관리법에 대해 알아볼 것이다. Continuing Case에 대해 살펴볼 때, 이 장에서 검토해야 하는 정보가 있을 수도 있다는 점을 잊지 말아라.

토의 질문

P1-1 Kevin Johnson에게 가장 중요한 관리 기술은 무엇이라고 생각하는가? 이유가 무엇인가? 스타벅스 매장 매니저에게 가장 중요한 기술은 무엇이라고 생각하는가? 이유가 무엇인가?

P1-2 과학적 관리, 조직적 행동, 정량적 접근, 시스템적 접근과 같은 경영학 이론/접근이 스타벅스에 어떻게 도움이 될 수 있는가?

P1-3 경영자가 직면한 최신 동향과 이슈 중 세 가지를 선택하고 스타벅스가 어떤 영향을 받을지에 관해서 설명해 보라. 일선 관리자에게는 어떤 의미가 있는가? 중간 관리자에게는? 최고 관리자에게는?

P1-4 Kevin Johnson의 대인 역할, 정보 역할, 결정 역할을 수행하는 방법에 대한 예를 들어보라.

P1-5 Kevin Johnson을 검색해보고 그에 대해 언급된 내용을 확인해 보라. 그의 경험과 배경이 회사의 경영방식에 어떤 영향을 주는가?

P1-6 회사의 웹 사이트(www.스타벅스.com)에 방문하여 고위 간부 명단을 찾아보아라. 그 직책 중 하나를 골라서 그 직책과 관련된 일을 설명하라. 그 사람은 어떤 종류의 계획을 짜고, 조직하고, 이끌고, 통제하는지 상상해 보라.

P1-7 회사의 웹 사이트에서 회사의 사명(mission)과 지도 방침(guiding principle)을 찾아보아라. 사명과 지도 방침에 대해 어떻게 생각하는가?

P1-8 이것이 지역 스타벅스 매장의 자신의 업무를 수행하는 방식에 어떤 영향을 줄지 설명하라. 이것이 최고경영진 중 한 명이 자신의 업무를 수행하는 방식에 어떤 영향을 줄지 설명하라.

P1-9 필라델피아 위기에 대한 스타벅스의 대응이 프로그램화되지 않은 이유가 무엇인가? 어떻게 모든 매장 관리자들이 비구매 고객에게도 일관되게 대응하는 프로그램화된 결정을 내리게 할 수 있는가?

P1-10 Kevin Johnson의 의사결정 방식을 가장 잘 설명하는 의사결정 스타일은 무엇인가? Howard Schultz의 의사결정 방식을 가장 잘 요약하는 의사결정 스타일은 무엇인가? 당신의 대답을 설명하라.

P1-11 편견과 오류가 스타벅스 경영진의 의사결정에 어떤 영향을 줄 수 있는가? 스타벅스 매장 관리자에게는? 스타벅스 직원에게는?

P1-12 스타벅스와 같은 회사에서 디자인 사고(design thinking)이 중요한가? 스타벅스가 디자인 사고를 사용한다는 증거를 찾을 수 있는가? 설명하라.

END NOTE

1. Sources: "Quick Take: Women in Management," *Catalyst*, July 30, 2018, https://www.catalyst.org/

추가 END NOTE는 다음의 사이트에서 다운로드 가능하다. https://blog.naver.com/park18391 경영 · 경제 전공도서

Chapter 3 외부 환경과 조직문화의 영향

학습목표

3.1 전능적 관점과 공생적 관점에 따라 경영자의 행동을 비교하여 설명한다.

3.2 오늘날의 외부 환경으로부터 경영자가 직면한 제약과 과제에 관해 설명한다.

3.3 조직문화의 특성과 중요성에 대해 설명한다.

고용능력 기술 매트릭스

각 장의 해당 매트릭스와 마지막 부분의 자료는 고용주가 구직자에게 요구하는 특징 기술을 개발하는데 도움을 준다.

구분	항목	비판적 사고	커뮤니케이션	협동	지식 응용	사회적 책임
기술 상자	당신의 경력 개발	✓	✓		✓	
	직장의 비밀	✓	✓	✓	✓	
	실패에서 배운다	✓			✓	✓
기술 연습	윤리적 딜레마	✓				✓
	기술 훈련	✓		✓	✓	
	함께 일하기	✓	✓	✓		
	경영자가 될 차례	✓			✓	
사례	사례적용	✓			✓	

Nick Gracey는 솔트 레이크 시티에 셸 주유소(Shell service station)를 소유하고 있다. 그는 셸 주유소의 단독 소유주이기 때문에, "시장 상황을 고려해서" 가스 가격을 자유롭게 책정할 수 있는 입장이다. 그러나 그의 선택은 또 다른 이유로 인해 제한받을 수 있다. Nick이 있는 교차로에는 엑손(Exxon) 주유소와 쉐브론(Chevron) 주유소가 서로 경쟁하고 있기 때문이다. "나는 두 경쟁자가 서로 눈치를 보는 상황에서 벗어날 수 없는 상태이다. 만약에 둘 중 하나가 가격을 십전 낮추면, 나 역시 동일한 방법으로 대응해야 할 것이다."라고 Nick은 말한다. Nick은 가스 가격을 책정할 때 셸 주유소의 배급업체가 정한 비용만을 고려해서는 안 된다. 가격은 경쟁자의 행동에 의해서 영향을 받는다. 앞으로 살펴보겠지만, 경쟁업체들은 조직의 외부 환경 속에서 영향력을 미치고 있다.

이 장에서는 외부 환경으로부터 발생하는 문제를 살펴보고, 조직문화의 특성에 대해 알아볼 것이다. 그러나 이러한 주제를 다루기 전, 먼저 경영자가 조직의 성공 또는 실패에 실제로 영향을 미치는 정도에 대해 두 가지 관점을 살펴볼 필요가 있다.

L03.1 경영자: 전능적인가 또는 공생적인가?

경영자는 조직의 성과와 얼마나 관련성이 있는가? 대개의 경영학 이론과 사회 전반적으로 우세한 관점은 경영자가 조직의 성공 또는 실패에 직접적인 책임이 있다는 것이다. 우리는 이 관점을 **경영의 전능적 관점**(omnipotent view of management)이라고 한다. 이와 반대로, 몇몇 사람들은 조직의 성공 또는 실패가 경영자의 통제 밖에 있는 외부 요인(external force)에 의해 발생한다고 본다. 이러한 관점을 **경영의 공생적 관점**(symbolic view of management)이라고 한다. 각 관점에 대해 살펴보고 경영자가 조직의 성과에 대해 얼마나 신용을 얻어야 하고, 결과에 대해 책임져야 하는지 살펴보도록 하자.

경영의 전능적 관점
경영자는 조직의 성공 또는 실패에 직접적 책임이 있다는 관점

경영의 공생적 관점
조직의 성공 또는 실패는 경영자의 통제 밖에 있는 외부적 요인에 의해 영향을 받는다는 관점

전능적 관점

제1장에서는 경영자가 조직에서 얼마나 중요한지에 관해 설명하였다. 조직의 성과 차이는 경영자의 결정과 행동에 의해 비롯된다. 우수한 경영자는 변화를 예상하고, 기회를 활용하고, 저조한 성과를 바로 잡으며, 조직을 이끈다. 이윤이 증가하면, 경영자는 신용을 얻고 상여금, 스톡옵션(stock option) 등을 보상으로 받게 된다. 이와 반대로 이윤이 감소하면, "새로운 피(new blood)"가 보다 나은 결과를 가져올 것이라는 믿음에 의해 최고 경영자는 해고되는 경우가 많다. 예를 들어, 트위터(Twitter)의 최고 경영자인 Jack Dorsey는 기업의 성장세가 둔화하자 "대담한 재고(bold rethinking)"를 요구하며, 엔지니어링 책임자(head of engineering)를 해고하였다.[1] 전능적 관점에 의하면, 조직의 성과가 이유 없이 저조할 때 누군가가 책임을 져야 하며, 그 "누군가"는 경영자가 된다. 물론, 조직이 좋은 결과를 얻은 것과 경영자의 역할이 거의 상관이 없더라도, 경영자는 인정을 받게 된다.

경영자를 전능한 존재라고 보는 시각과 경영자는 조직의 목표 달성과정에서 겪는 장애를 모두 극복해야 한다는 전형적인 기대는 일맥상통한다고 볼 수 있다. 그리고 이 관점은 비즈니스 조직에만 국한된 것이 아니다. 팀의 "경영자"로 여겨지는 대학 및 프로 스포츠

코치 사이의 이직률로도 설명할 수 있다. 이기는 것보다 지는 경기가 더 많은 코치는 일반적으로 해고되며 부진한 성과를 바로잡을 수 있다고 예상되는 새로운 코치로 교체된다.

공생적 관점

레비츠 퍼니처(Levitz Furniture)는 1910년 펜실베이니아주 레바논에서 설립되었다. 창고형 상점에서 적당한 가격대의 유명 브랜드 가구를 팔아 큰 성공을 거두었다. 그러나 가구 시장은 2007년대 말 서브프라임 모기지 사태(subprime mortgage crisis)로 인해 미국 주택 시장이 무너지면서 빠른 속도로 침체하였다. 새로운 주택 건설은 중단되었으며 사람들은 집을 팔 수 없기 때문에 이사도 하지 않았다. 가구 수요는 고갈되었고, 레비츠의 판매는 급감하였다. 2008년 10월, 레비츠는 파산 신청을 하고 사업을 정리하였다. 안타깝게도, 레비츠 경영진은 잘못된 시기(2007~2008년)에 잘못된 곳(가구 사업)에 있었다. 레비츠 경영진의 경영상 의사결정은 가구 수요의 급감에 거의 영향을 미치지 않았을 것이다.

공생적 관점에 의하면, 성과 결과에 영향을 미치는 경영자의 능력은 통제력을 거의 또는 전혀 발휘할 수 없는 외부 요인에 의해 영향을 받고 제한된다.[2] 이 관점에 따르면, 경영자가 조직의 성과에 큰 영향을 준다는 생각은 비합리적이다. 오히려 성과는 경제, 고객, 정부 정책, 경쟁업체의 행동, 산업 양상, 이전 경영자의 결정 등과 같은 요인에 의해 영향을 받는다.

공생적 관점에 따르면, 경영자가 조직의 실질적인 결과에 미치는 영향은 매우 제한적이다. 경영자가 영향을 크게 미치는 것은 공생적인 결과이다. 경영자의 역할은 무질서하고, 혼란스러우며, 모호한 상황에서도 의미있는 일을 찾는 것이다. 경영자는 주주, 고객, 직원, 그리고 대중의 이익을 위해 지배에 대한 환상을 만들어낸다. 일이 잘되면, 칭찬해줄 누군가가 필요하다. 그 역할을 하는 사람이 경영자이다. 마찬가지로, 일이 잘 안 풀리면, 비난을 받을 누군가가 필요하다. 그 역할을 하는 사람도 바로 경영자이다. 그러나 공생적 관점에 따르면, 실제로 경영자가 성공과 실패에 영향을 주는 정도는 매우 미미하다.

현실적인 제안의 통합

현실에서, 경영자는 무력하지도, 전능하지도 않다. 경영자의 의사결정 옵션을 제한하는 내부적 제약은 모든 조직 속에 존재한다. 이 내부적 제약은 조직문화로부터 발생한다. 또한 외부적 제약은 조직에 영향을 미치고 경영의 자유를 제한한다. 이 외부적 제약은 환경으로부터 발생한다.

Exhibit 3-1은 경영자가 제약 속에서 경영하고 있음을 보여준다. 조직문화와 환경은 경영자에게 압력을 가하며, 그들의 선택을 제한한다. 그러나 이러한 제약에도 불구하고 경영자들은 무력하지 않다. 우수한 경영자가 무능한 경영자와 구별되는 영역 속에서, 경영자는 조직의 성과에 상당한 영향을 미칠 수 있는 재량권을 가지고 있다.

Exhibit 3–1
경영 재량권에 대한 제약

LO3.2 외부 환경: 제약과 도전

독립적으로 운영되는 조직이 없다는 인식은 경영에 대한 시스템적 접근(systems approach)에 큰 영향을 주었다(앞의 내용을 살펴보아라). 이 부분에서는 환경의 영향이 경영자의 행동을 형성 또는 제한하는데 어떤 중요한 역할을 하는지 보여주고자 한다.

환경과 환경 불확실성의 정의

환경
조직 외부에 있으며 조직의 성과에 잠재적으로 영향을 미칠 수 있는 기관 또는 세력

환경 불확실성
조직 환경의 변화와 복잡성 정도

환경(environmental)이라는 용어는 조직 외부에 있으며 조직의 성과에 잠재적으로 영향을 미칠 수 있는 기관 또는 세력을 의미한다. 환경이 중요한 이유는 모든 환경이 같지 않기 때문이다. **환경 불확실성**(environmental uncertainty)의 정도에 따라 다르다.

Exhibit 3–2
환경 불확실성 매트릭스

복잡성의 정도 \ 변화의 정도	정적	동적
단순	셀 1 • 정적이고 예측 가능한 환경 • 환경 내 구성요소들이 적음 • 구성요소들이 거의 유사하며 기본적으로 같은 상태로 유지됨 • 구성요소들에 대한 자세한 정보의 필요성이 최소화됨	셀 2 • 동적이고 예측 불가능한 환경 • 환경 내 구성요소들이 적음 • 구성요소들이 거의 유사하나 계속 변화함 • 구성요소들에 대한 자세한 정보의 필요성이 최소화됨
복잡	셀 3 • 정적이고 예측 가능한 환경 • 환경 내 구성요소들이 많음 • 구성요소들이 다르며 기본적으로 같은 상태로 유지됨 • 구성요소들에 대한 자세한 정보의 필요성이 높음	셀 4 • 동적이고 예측 불가능한 환경 • 환경 내 구성요소들이 많음 • 구성요소들이 다르며 계속 변화함 • 구성요소들에 대한 자세한 정보의 필요성이 높음

환경 불확실성 환경 불확실성은 조직 환경의 변화와 복잡성 정도를 의미한다. Exhibit 3-2의 매트릭스는 이러한 두 가지 측면을 보여준다.

불확실성의 첫 번째 차원은 변화의 정도이다. 만약 조직 내 환경의 구성요소들이 자주 변화한다면, 이는 동적 환경이다. 만약 변화가 적다면, 이는 정적 환경이다. 정적 환경에

서는 새로운 경쟁자가 없고, 현재의 경쟁자에 의한 기술적 발전이 적으며, 조직에 영향을 주는 압력집단의 활동이 거의 없다. 예를 들어, 지포 라이터로 잘 알려진 지포 매뉴팩처링(Zippo Manufacturing)은 경쟁자와 기술적 변화가 거의 없는 비교적 정적 환경에 있는 회사이다. 이 회사의 주요 외부 관심사는 아마도 담배 흡연자 수의 감소와 화재보다는 리튬 배터리에 의존하는 전자 담배의 인기 증가일 것이다. 반면에, 레코드음악 산업은 불확실하고 예측하기 어려운 동적 환경에 있는 회사이다. 디지털 형식과 음악 다운로드 사이트는 업계를 뒤집어놓을 정도로 높은 불확실성을 초래하였다. 그리고 이제는, 스포티파이(Spotify)와 판도라(Pandora)와 같은 음악 스트리밍 서비스가 이 문제를 더 커지게 하고 있다.

만약 변화를 예측하는 것이 가능하다면, 그것은 동적이라고 판단할 수 있을까? 아니다. 일반적으로 11월과 12월에 총 매출의 4분의 1에서 3분의 1의 매출을 얻는 백화점을 생각해 보아라. 12월부터 1월까지 매출의 감소는 매우 크다. 그러나 그 변화를 예측하는 것이 어느 정도 가능하기 때문에, 환경은 동적으로 판단되지 않는다. 우리가 말하는 변화의 정도는 예측할 수 없는 변화를 의미한다. 변화를 정확하게 예측하는 것이 가능하다면, 이는 경영자에게 불확실성이 아니다.

불확실성의 또 다른 차원은 **환경적 복잡성**(environmental complexity)의 정도이며, 이는 조직 환경 내에 있는 구성요소들의 개수와 조직이 이러한 구성요소들에 대해 보유한 지식을 의미한다. 경쟁사, 고객, 공급업체, 정부기 관 등의 구성요소가 작은 조직은 복잡성과 불확실성이 낮은 환경이다. 조직은 다양한 방법으로 환경적 복잡성에 대처한다. 예를 들어, 해즈브로(Hasbro) 장난감 회사는 파커 브라더스(Parker Brothers)와 밀턴 브래들리(Milton Bradley)와 같은 많은 경쟁사를 인수하는 방법으로 환경을 단순화하였다.

환경적 복잡성
조직환경의 구성요소들과 조직이 가지고 있는 구성요소들에 대한 지식의 범위

또한 복잡성은 조직이 환경에 대해 필요로 하는 지식의 측면에서도 측정된다. 예를 들어, 핀터레스트(Pinterest)의 경영자는 고객이 자사의 웹 사이트를 사용하고 신뢰할 수 있으며 안정되었는지 확인하기 위해 인터넷 서비스 제공업체의 운영에 대해 많은 것을 알고 있어야 한다. 반면에, 대학 서점의 경영자는 공급업체에 대해 비교적 높은 수준의 지식을 가지지 않아도 된다.

환경 불확실성의 개념은 경영자에게 어떠한 영향을 미치는가? Exhibit 3-2를 보면, 4개의 셀은 각각 복잡성의 정도와 변화 정도의 서로 다른 조합을 나타낸다. 셀 1(정적이고 단순한 환경)은 가장 낮은 수준의 환경 불확실성을, 셀 4(동적이고 복잡한 환경)는 가장 높은 수준의 환경 불확실성을 의미한다. 당연히, 경영자는 셀 1에서 조직의 성과에 가장 큰 영향을 미치고, 셀 4에서 가장 적은 영향을 미친다. 불확실성은 조직의 효율성을 위협하기 때문에 경영자는 이를 최소화하고자 한다.[3] 만약 선택권이 주어진다면, 경영자는 불확실성이 최소화된 환경에서 일하고자 할 것이다.

또한 환경은 두 가지 수준에서 분석된다. 다음의 부분에서는 일반적인 환경과 특수한 환경, 이 두 가지 수준을 살펴볼 것이다.

Let's Get REAL

Anooja Rangnekar ▶
매니저,
저소득층 의료 보장 제도 비즈니스 개발

출처: *Anooja Rangnekar*

시나리오:

Leon DeNeve는 여러 변화를 겪고 있는 홈 박스 오피스(Home Box Office, HBO)의 프로그램 매니저이다. 그의 역할 중 하나는 시청자가 보고 싶어 할만한 새로운 프로그램을 선택하는 것이지만, 시청자의 선호도가 어떻게 바뀔지 확신할 수 없는 상황에서는 선택을 내리는 것이 어렵기만 하다. 아마존(Amazon)이나 넷플릭스(Netflix)와 같이 새로운 콘텐츠를 스트리밍할 수 있는 회사가 증가하고 있으며, 여전히 현장에는 케이블과 네트워크 TV 회사들이 있다. Leon은 이 산업 내 어떠한 일이 발생할지 전혀 예측할 수 없는 상황 속에서, 투자할 프로그램이나 엔터테인먼트의 형식에 대해 어떤 결정을 내려야 하는가? Leon은 회사와 산업에 영향을 주는 불확실성과 변화에 대응하기 위해 어떻게 가능한 한 많은 정보를 얻고 이를 유지할 수 있는가?

Leon은 자기 회사와 산업에 영향을 미치는 불확실성과 변화에 대해 가능한한 어떻게 정보를 제공할 수 있겠는가?

대부분의 산업에서 변화는 불가피하며, 이러한 현상은 엔터테인먼트와 텔레비전 산업에서 더욱더 심하다. 불확실성 속에서 도전하기 위해서는 순발력을 가지고 스스로 미래와 새로운 기회를 받아들이는 것이 중요하다. 미국에서 가장 오래 운영된 유료 텔레비전 서비스의 매니저로서, Leon은 "HBO"라는 이름을 한 번 더 알릴 특별한 기회를 가지고 있다. Leon을 위한 한 가지 제안은 "시청자로부터 배우라는 것"이다. 시청자 설문조사나 포커스 그룹의 실시는 Leon이 고객과 소통하며 향후 HBO에서 보고 싶어 하는 내용에 대해 알아낼 수 있는 좋은 방법이 될 것이다. 또한 Leon은 데이터와 분석을 통해 시청률 추세와 경쟁사의 성과를 파악할 수 있다.

일반적 환경의 모니터링

일반적 환경
조직 외부의 모든 것

일반적 환경(general environment)에는 조직 외부의 모든 것이 포함된다. Exhibit 3-3을 보면, 다음과 같은 다양한 구성요소를 포함하고 있다. 경제적인 요소에는 이자율, 인플레이션, 가처분 소득 수준, 주식 시장 동향, 경기순환 단계와 같은 요소들이 포함되어 있다. 인구통계학적 요소에는 연령, 인종, 성별, 교육 수준, 지리적 위치, 소득, 가족 구성과 같은 인구적 특징에서 나타나는 현황과 관련성이 있다. 정치 및 법적 요소는 연방법, 주법, 지방법 뿐만 아니라 다른 나라의 법과 글로벌 법 등이 있다. 또한 국가의 정책과 안정성도 포함한다. 사회문화적 요소는 가치, 태도, 전통, 라이프 스타일, 믿음, 취향, 행동 패턴 등 사회 및 문화적 요인들과 관련이 있다. 과학 기술적 요소는 과학 또는 산업의 혁신과 관련이 있다. 글로벌 요소는 세계화와 세계 경제와 관련된 문제 등을 포함한다.

Exhibit 3–3
외부 환경의 구성요소

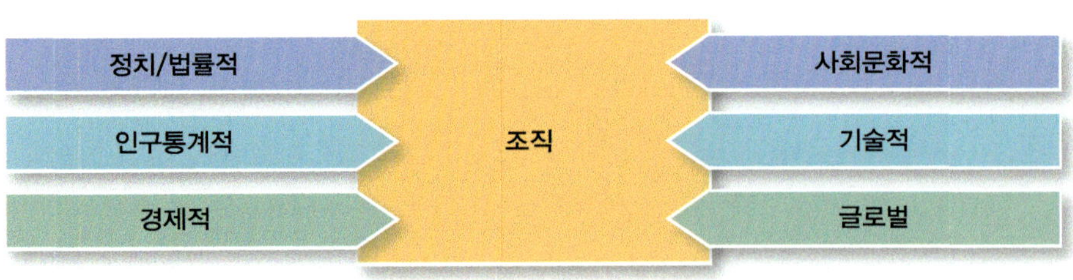

일반적인 환경에는 조직에 영향을 줄 수 있지만, 관련성이 명확하지 않은 조건들도 포함된다. 예를 들어, 파운드(pound)와 엔화(yen)에 대한 미국 달러(US dollar)의 강세는 영국과 일본에서 판매 활동을 하는 애플(Apple)이나 보잉(Boeing) 같은 회사에 환경적인 힘이 될 가능성이 크다. 그러나 이러한 달러의 강세는 고객과 공급업체가 모두 미국 내에 있는 회사에는 큰 영향을 미치지 못할 것이다.

특수한 환경

일반적으로 경영자의 관심은 조직의 **특수한 환경**(specific Environment)에 집중된다. 이는 조직의 목표 달성과 직접적인 관련성이 있는 환경의 일부분을 의미한다. 그리고 조직의 효율성에 긍정적 또는 부정적 영향을 미칠 수 있는 중요한 구성원 또는 이해관계자(stakeholder)로 구성된다. 조직의 특수한 환경은 공급업체, 고객, 경쟁업체, 정부 기관, 특별 이익 집단 중 하나 이상을 포함한다. 각각에 대해 간략하게 설명하고 중요한 이유에 대해 살펴볼 것이다.

특수한 환경
조직의 효율성에 긍정적 또는 부정적 영향을 미칠 수 있는 중요한 구성원 또는 이해관계자로 구성된 환경의 일부분

fyi
세계 최고의 CEO 및 이사회의 자문위원 중 하나인 Ram Charan에 따르면, 최고의 CEO는 외부 환경에 적응하고 초기의 경고 신호와 기회를 감지한다고 한다.[4]

공급업체 공급업체는 조직에 노동력, 원재료, 설비 등을 제공하는 모든 기업을 포함한다. 피자 레스토랑의 경우, 밀가루, 토마토, 고기, 채소, 탄산음료를 제공하는 곳들이 포함될 것이다. 아마도 은행, 보험사, 노동조합도 포함할 것이다. 반면에, 병원의 경우는 의료기기 유통업체, 제약 회사, 의료 및 간호 학교, 보험 회사 등이 공급업체가 된다.

공급업체가 중요한 이유는 무엇인가? 경영자는 가능한 한 낮은 가격으로 필요한 투입물의 안정적인 공급을 보장하고 싶어 한다. 이러한 투입물은 사용할 수 없거나 지연될 때, 조직의 효율성을 크게 저해할 수도 있는 불확실성을 의미하기 때문에 경영자는 일반적으로 안정적인 공급을 보장하기 위해 큰 노력을 기울인다.

고객 조직은 고객의 욕구를 충족시키기 위해 존재한다. 조직의 생산물을 받아들이는 것 또한 고객 또는 의뢰인이다. 이는 행정기관에서도 마찬가지이다. 그들은 서비스를 제공하기 위해 존재한다. 특히 선거 기간에, 우리는 고객으로서의 만족도를 투표를 통해 표현할 수 있다.

고객은 변할 수 있기 때문에 조직의 잠재적인 불확실성이 된다. 예를 들어, 캠벨 스프(Campbell Soup), 크래프트 하인즈(Kraft Heinz), 펩시(PepsiCo), 프록터 앤드 갬블(Procter & Gamble)과 같은 대형 브랜드 상품 회사는 모두 소비자의 구매 선호도의 변화로 인해 어려움을 겪고 있다. 월마트(Walmart), 패밀리 달러(Family Dollar), 코스트코(Costco), 알디(Aldi)와 같은 소매업체는 자사 브랜드의 자체 브랜드 상품을 큰 브랜드와 유사하게 만들어 제공하면서도 훨씬 낮은 가격을 책정함으로써 대형 브랜드 사업을 하고 있다.

경쟁업체 모든 조직, 심지어 독과점조차 하나 이상의 경쟁자가 있다. 미국 우체국(US Postal Service)은 우편 서비스에 대한 독점권을 가지고 있지만, 페덱스(FedEx), 유나이티드 파슬 서비스(United Parcel Service) 및 전화, 이메일, 문자 메시지와 같은 다른 형태의 정보통신(communication)과 경쟁한다. 나이키(Nike)는 운동화 사업을 지배하고 있지만 여전히 아디다스(Adidas), 푸마(Puma), 아식스(Asics), 언더아머(Under Armour) 등과 경쟁하고 있다. 코카콜라(Coca-Cola)는 펩시(Pepsi)와 이외의 청량음료 회사뿐만 아니라 생수 및 에너지 드링크를 판매하는 회사와도 경쟁한다. 샬럿 심포니 오케스트라(Charlotte Symphony Orchestra)와 걸 스카우트(Girl Scout) 같은 비영리단체

(Not-for-profit organization) 또한 달러, 자원봉사자, 고객을 사이에 두고 경쟁한다.

경영자는 경쟁을 무시할 수 없다. 만약 경쟁을 무시하면 그에 대한 대가를 치르게 될 것이다. 1980년대 초반의 3대 TV 방송국인 ABC, CBS, NBC는 사실상 TV 나오는 내용을 통제할 수 있었고 기본적으로 다른 방송사만 신경 쓰면 되었다. 오늘날, 이들 TV 방송국의 시장 점유율(market share)과 이익은 폭스(Fox), 케이블 방송국, 훌루(Hulu), 신디케이블 프로그래밍에 의존하는 지역 방송국 등에 의해 공격적으로 잠식되었다. 경영진은 이제 가격의 책정, 서비스 제공, 접근성, 신제품 개발 등과 같은 측면에서 경쟁자를 모니터링하고 대응할 준비를 해야 하는 등 경쟁자 환경에 의해 영향을 받게 되었다.

월마트의 자체 브랜드 상품인 오트밀은 펩시(PepsiCo)의 퀘이커 오츠와 같은 주요 오트밀 브랜드에서 판매를 시작했다.

출처: *Sheila Fitzgerald/Shutterstock*

정부 연방, 주, 지방 정부는 조직이 할 수 있거나 할 수 없는 일 모두에 영향을 준다. 일부 연방법은 중요한 의미를 지니고 있다. 예를 들어, 1990년 미국 장애인법(Americans with Disabilities Act)은 장애인이 일자리와 공공시설에 더 쉽게 접근할 수 있도록 하기 위해 고안되었다. 그 결과, 채용 관행이 변경되고, 설비의 배치가 바뀌었다. 2008년 릴리 레드베터 공정임금법(Lilly Ledbetter Fair Pay Act)은 급여 차별 소송을 제기할 때 180일의 공소시효를 변경하여 새로운 임금을 받을 때마다로 재설정하였다. 회사는 임금 관행을 재평가하고 때로는 변경함으로써 대응하고 있다. 그리고 2010년 도드-프랭크 금융개혁법 및 소비자보호법(Dodd-Frank Wall Street Reform and Consumer Protection Act)은 은행과 이외의 금융 회사에 대한 규제를 연방정부가 하게끔 만들고 기업이 새롭게 투명성과 책임 절차를 제정하도록 이끌었다. 물론, 연방정부가 조직을 통제하는 법적 규제를 할 수 있는 유일한 원천인 것은 아니다. 주 및 지방정부의 규제 또한 많은 연방 기준에 따라 평가되거나 수정된다. 예를 들어, 최근 샌프란시스코는 최저시급을 시간당 15달러로 인상하였는데, 이는 캘리포니아주의 최저시급인 11달러보다 훨씬 높은 수준이다. 이에 샌프란시스코에서 기업을 운영하는 많은 회사의 비용은 증가할 수밖에 없었다.

조직은 정부 규제를 준수하기 위해 많은 시간과 비용을 소비한다. 그러나 이러한 규제의 효과는 시간과 비용을 넘어선다. 또한 그들은 경영상의 재량권을 줄이고 경영자가 선택할 수 있는 옵션을 제한한다.

압력 집단 경영자는 조직의 행동에 영향을 주고 싶어 하는 특별 이익 집단이 있다는 것을 인식해야 한다. 흑인 민권 운동의 시위자들은 아무런 주문을 하지 않고 스타벅스(스타벅스) 테이블에 앉아있던 두 명의 흑인 남성을 필라델피아주의 매장 관리자가 경찰에 신고했을 때, 그리고 그 경찰들이 그들을 체포했을 때, 스타벅스를 공격하고 정책 변경을 요구했다. 총기 제조업체는 총기 사고를 막기 위한 연합(Coalition to Stop Gun Violence)과 같은 집단에 의해 자주 비난을 받는다. 보수적인 시민 행동 단체(Conservative citizen action group)는 초등학생과 중학생을 대상으로 미국 역사 교과서를 제작하는 출판사에 압력을 넣음으로써 그들이 싫어하는 내용을 바꾸도록 했다. 그리고 낙태 찬성 및 반대 집단들이 피케팅, 보이콧, 또는 위협을 하지 않는다면, 우리는 꽤 괜찮은 한 주를 보낼 것이다.

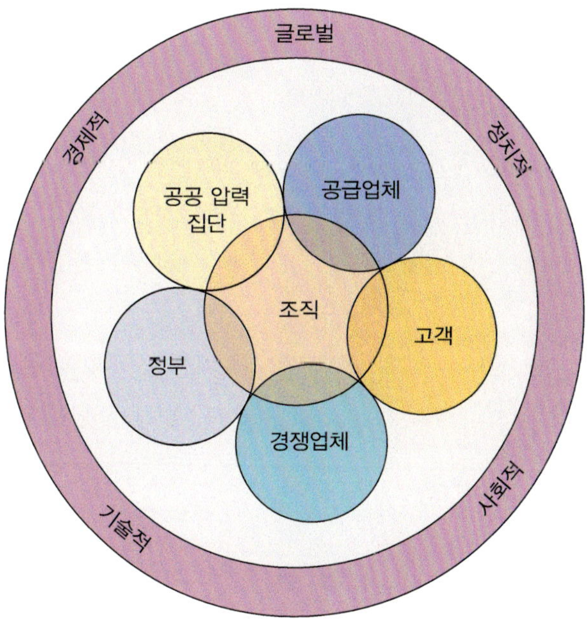

Exhibit 3–4
조직과 환경

환경관리

앞서 살펴본 것처럼, 조직은 자립하거나 자급자족할 수 없다. 그들은 환경과 상호작용하고 환경에 의해 영향을 받는다(Exhibit 3-4는 환경을 요약한 것이다). 조직은 투입물의 원천과 결과물을 받아들이는 대상으로서 환경에 의존한다. 조직은 법과 규제를 준수해야 하며 조직의 행동에 도전장을 내미는 집단에 대응해야 한다. 환경은 경영자의 선택을 제한하지만, 완전히 아무것도 할 수 없도록 만들지는 않는다.[5]

경영자는 이러한 제한을 줄이고 환경에 대한 통제력을 확보하기 위해 무엇을 할 수 있는가? 그들은 주요 외부 구성요소를 확인하고 그들과의 관계를 구축할 수 있다. 예를 들어, 록히드(Lockheed)는 국방부와 계약하기 위해 전직 군 장교를 고용하여 국방부에 로

비하였는데, 이러한 방법을 선택한 것을 매우 당연한 일이다. 크래프트 하인즈(Kraft Heinz)의 경영진은 케찹이나 치즈위즈와 같은 제품에 대한 고객 충성도를 높이는 광고를 만드는 방법으로 저가 매장 브랜드에 대응하였다. 그리고 애플(Apple)은 여러 공급업체와 비즈니스 관계를 구축함으로써 아이폰용 메모리 모듈의 공급이 중단될 가능성을 감소시켰다.

LO3.3 조직문화: 제약과 도전

우리의 각기 다른 행동과 다른 사람과 상호작용하는 방식에 영향을 주는 특유의 고유한 성격을 가지고 있다. 우리는 누군가를 따스하고, 개방적이고, 여유롭고, 수줍어하고, 공격적이라고 할 때, 성격 특성을 묘사함으로써 표현한다. 조직도 문화라고 불리는 성격을 가지고 있다. 그리고 그 문화는 직원들이 행동하고 다른 사람들과 상호작용하는 방식에 영향을 준다.

고어텍스의 담당자가 솔트 레이크 시티에서 열린 하계 아웃도어 전시회에서 Gore-Tex Surround 기술이 적용된 신발을 들고 있다. 고어텍스의 직원들은 창립자인 Bill Gore가 바란 자급자족하는 사람 중심의 문화 속에서 번창하고 있다.

출처: *Rick Bowmer/AP Images*

조직문화란 무엇인가?

고어 앤드 어소시에이트(W. L. Gore & Associates)는 다양한 제품 중에서도 고어텍스(Gore-Tex)와 고품질의 직물로 유명하다. 또한 강한 조직문화로도 유명하다.[7] 1958년 창립 이래, 고어는 혁신적인 제품을 개발하기 위해 직원 팀을 유연하고 비계층적 조직으로 구성하였다. 고어의 동료(직원)들은 회사 창립자인 Bill Gore에 의해 명시된 다음과 같은 네 가지 기본원칙을 준수하기 위해 노력한다: (1) 서로 접촉하는 모든 사람에 대한 공정성(fairness), (2) 다른 직원이 지식, 기술, 책임의 범위를 확장할 수 있도록 장려하고 지원하며 하도록 허용할 수 있는 자유(freedom), (3) 스스로 약속하고 그것을 유지할 수 있는 능력(ability), (4) 회사의 평판에 영향을 줄 수도 있는 행동을 하기 전에는 다른 직원과 상의. 이러한 기본원칙은 Bill Gore가 원했던 독자적인 사람 중심의 문화를 만드는 데 영향을 주었다. 그리고 현재까지도 회사에서 잘 유지되고 있다. 이곳에서 정규직 직원의 자발적인 연간 이직률은 고작 3%에 불과하다. 또한 1998년 이후로 포춘(Fortune)이 선정한 "가장 일하기 100대 좋은 기업" 리스트에 매년 오르고 있다.

조직문화(organizational culture)는 조직 구성원의 행동 방식에 영향을 주며 조직을 다른 조직과 구별해 주는 공유된 가치, 원칙, 전통, 사고방식 등을 말한다. 대부분의 조직에서, 이 공유된 가치와 원칙은 시간의 흐름에 따라 점차 발전하며 "일이 어떻게 진행되는지"를 결정한다.[8]

조직문화
조직 구성원의 행동 방식에 영향을 주며 조직을 다른 조직과 구별해 주는 공유된 가치, 원칙, 전통, 사고방식

문화에 대한 우리의 정의는 세 가지 의미가 있다. 첫째, 문화는 지각이다. 물리적으로 만지거나 볼 수 있는 것은 아니지만, 직원은 조직 내의 경험을 토대로 이를 지각할 수 있다. 둘째, 조직 문화는 기술적이다. 직원이 문화를 어떻게 인식하고 묘사하는지에 관한 것이지, 문화를 좋아하는지 묻는 것이 아니다. 마지막으로, 직원이 다른 배경을 가지고 있거나 다른 조직 수준에서 일할지라도, 그들은 조직문화를 비슷한 용어로 설명하는 경향이 있다. 그것이 문화의 공유된 측면이다.

연구에 따르면 조직문화의 핵심을 파악하기 위한 다음과 같은 6가지 차원이 있다.[9]

1. **적응력**(Adaptability): 직원들이 혁신적이고 유연하며 위험을 감수하고 실험하도록 장려하는 정도.
2. **세부사항에 대한 관심**(Attention to detail): 직원들이 세부사항에 대해 정확성, 분석, 집중을 보여줄 것으로 예상되는 정도.
3. **성과 중심적**(Outcome orientation): 경영자가 성과를 달성하기 위해 사용하는 기술이나 과정보다 결과를 중요시하는 정도.
4. **사람 중심적**(People orientation): 경영자의 결정이 조직의 내외부 사람들에게 미치는 영향을 고려하는 정도.
5. **팀 중심적**(Team orientation): 협동을 권장하며 작업 활동이 개인보다는 팀 중심으로 조직되는 정도.
6. **진정성**(Integrity): 작업에서 정직함과 높은 윤리적 원칙을 나타내는 정도.

각각의 6가지 차원은 낮은 것에서부터 높은 것까지 다양하며, 이것은 문화가 전혀 전형적이지 않다(낮음)거나 매우 전형적이라는 것(높음)을 의미한다. 6가지 차원을 사용하여 조직을 설명하면 조직문화에 대한 종합적인 그림을 얻을 수 있다. Exhibit 3-5는 어떻게 각기 다른 차원이 매우 다른 문화로 이어지는지 설명해 준다.

fyi

성공한 기업의 리더 중 92%는 직장 문화가 회사의 재무 성과에 큰 영향을 미친다고 생각한다.[6]

Exhibit 3–5

조직문화의 대조

조직 A

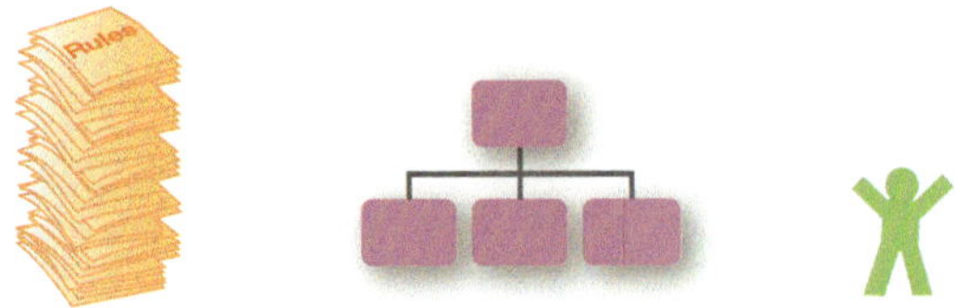

이 조직은 제조회사이다. 매니저는 모든 결정을 완벽히 문서화해야 하며, "훌륭한 경영자"는 자신의 권장 사항을 뒷받침할 수 있는 자세한 데이터를 가진 사람이다. 큰 변화나 위험을 초래할 수 있는 창의적인 결정은 권장되지 않는다. 실패한 프로젝트의 매니저는 공개적으로 비난과 불이익을 받기 때문에 매니저들은 현재 상황에서 크게 벗어나는 아이디어를 내지 않는다. 한 하위 매니저는 회사에서 빈번히 사용되는 구절을 인용했다: "고장 나지 않았다면, 고치지 마십시오."

이 회사에는 직원이 반드시 준수해야만 하는 광범위한 규칙과 규정이 있다. 매니저는 탈선이 없도록 직원을 엄중히 감독해야 한다. 매니저는 직원의 의욕이나 이직에 미치는 영향을 고려하지 않고, 높은 생산성만을 추구해야 한다.

작업 활동은 개인을 중심으로 설계된다. 부서와 권한 수준이 분명하며, 직원은 자신의 업무 영역이나 권한 밖의 다른 직원들과의 공식적인 접촉을 최소화한다. 성과 평가와 보상은 개인의 노력을 강조하지만, 실제로는 연공서열(seniority)이 임금 인상과 승진의 주요 요인이다. 평가 역시 결과에 초점을 맞추고 있으며 경영자는 목적이 때때로 수단을 정당화할 수 있다고 생각한다.

조직 B

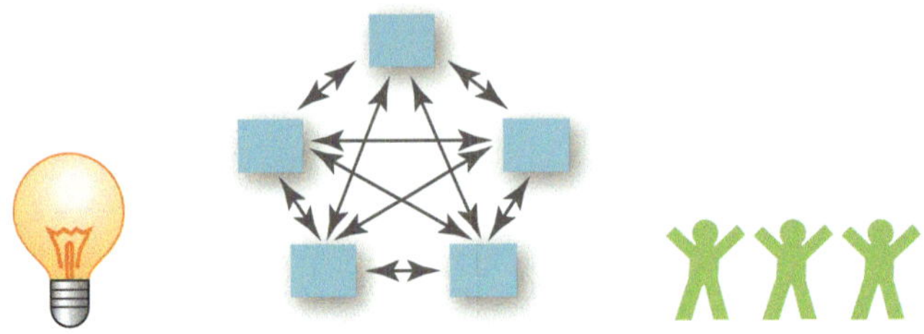

이 조직 또한 제조회사이다. 그러나 이곳에서의 경영자는 위험 감수와 변화를 권장하고 그에 따라 보상해준다. 직관을 바탕으로 내려진 결정은 합리적인 결정만큼의 가치를 가지고 있다. 경영자는 신기술 실험의 이력과 혁신적인 제품을 정기적으로 선보이는 데 성공했다는 사실에 자부심을 가지고 있다. 좋은 아이디어를 가진 매니저나 직원을 "계속해서 진행"하라고 권장하며, 실패는 "학습 경험"으로 여긴다. 이 회사는 시장을 주도하고 있으며 계속하여 변하는 고객의 요구에 신속하게 대응하고 있다고 자부한다.

직원이 준수해야 하는 규칙과 규정은 거의 없으며, 경영자는 직원이 열심히 일한다고 신뢰하며, 높은 수준의 도덕 기준을 가지고 행동할 것이라고 믿기 때문에 감독 또한 느슨하다. 경영진은 높은 생산성에 관심이 있지만 그러한 것들은 직원을 바르게 대하는 것에서부터 비롯된다고 믿는다. 이 회사는 일하기 곳이라는 평판을 자랑스럽게 여긴다.

작업 활동은 업무팀을 중심으로 설계되며, 팀 구성원은 직무나 권한 수준에서 사람들과 상호작용하도록 권장된다. 직원들은 팀 간 경쟁에 대해 긍정적으로 이야기한다. 개인과 팀은 목표를 가지고 있으며 보너스는 성과 달성에 따라 결정된다. 직원은 목표를 달성할 때 사용하는 수단을 선택할 때 자율성을 가진다.

강한 문화

핵심 가치가 깊게 형성되어 있으며 광범위하게 공유되는 조직문화

애플(Apple)의 수준 높은 제품 혁신 문화와 고객 응대 서비스는 선구안을 가진 공동 창업자인 Steve Jobs의 핵심 가치를 보여준다. Jobs는 맨해튼에 있는 애플 스토어에서 고객 서비스를 담당하는지니어스 바(Genius Bar)의 직원과 최고 경영진부터 영업 사원까지, 모든 직원에게 이러한 핵심 가치를 전달하기 위해 노력하였다.

출처: *B.O'Kane/Alamy Stock Photo*

강한 문화

모든 조직은 문화를 가지고 있지만, 모든 문화가 직원의 행동과 결정에 똑같은 영향을 주는 것은 아니다. 핵심 가치가 깊게 형성되어 있으며 광범위하게 공유되는 문화인 **강한 문화**는 약한 문화보다 직원에게 더 큰 영향을 준다(Exhibit 3-6은 강하고 약한 문화를 대조하여 보여준다). 직원이 조직의 핵심 가치를 받아들이고 그 가치에 대한 전

념도가 높을수록 문화는 더욱 강해진다.

대부분의 조직은 중간 수준에서 강한 수준의 문화를 가지고 있다. 즉, 무엇이 중요한지, "좋은" 직원의 행동은 무엇인지, 앞서 나가기 위해 무엇을 해야 하는지 등에 대해 구성원 간의 합의가 상대적으로 강하게 이루어진 문화이다. 문화가 강할수록 경영자가 업무를 수행하는 방식에 더 큰 영향을 준다.[10]

연구 결과에 따르면 강한 문화는 높은 조직 성과와 관련성이 있다.[11] 가치가 명확하고 광범위하게 받아들여지면 직원은 자신이 무엇을 해야 하는지, 어떤 것을 기대하는지 잘 알기 때문에 보다 신속하게 문제를 해결할 수 있다. 그러나 강한 문화는 상황이 급변할 때, 직원들이 새로운 접근방식을 선택하는 것을 방해할 수도 있다.[12]

Exhibit 3–6
강한 문화와 약한 문화

강한 문화	약한 문화
광범위하게 공유되는 가치	소수의 인원에 제한된 가치(일반적으로 최고 경영진)
문화는 무엇이 중요한지에 대해 일관된 메시지를 전달함	문화는 무엇이 중요한지에 대해 모순된 메시지를 전달함
대부분의 직원이 회사의 역사나 영웅에 관해 이야기할 수 있음	직원들은 회사의 역사나 영웅에 대한 지식이 거의 없음
직원들은 문화와 강하게 동일시됨	직원들은 문화와 동일시가 거의 없음
공유된 가치와 행동이 강하게 연결됨	공유된 가치와 행동 간 연결이 거의 없음

문화는 어디에서 왔으며 어떻게 계속 이어지는가

Exhibit 3-7은 조직문화가 어떻게 확립되고 유지되는지 보여준다. 문화의 일반적인 근원은 대개 창업자의 비전을 반영한다. 예를 들어, 앞서 설명한 것처럼 고어(W. L. Gore)의 문화는 창업자인 Bill Gore의 가치를 반영한다. 회사 창업자는 이전의 관습이나 접근방식에 제약을 받지 않으며 조직이 무엇이 되기를 원하는지에 따라 비전을 명확히 하는 방법으로 초기 문화를 확립할 수 있다. 또한 대부분의 새로운 조직은 규모가 작기 때문에 모든 조직 구성원에게 더 간편하게 이러한 비전을 심어줄 수 있다.

그러나 일단 문화가 자리를 잡으면, 특정한 조직 관행이 해당 문화를 유지하는 데 도움을 준다. 선발(selection) 과정은 그중 하나이다. 선발 과정의 명확한 목표는 업무를 성공적으로 수행하는 데 도움이 되는 지식, 기술, 능력을 갖춘 지원자를 구분하고 고용하도록 이끈다. 그러나 최종 결정에는 다음과 같은 판단 요청이 필요하다: 개인이 조직과 얼마나 잘 맞는가(fit)? 본질적으로 조직은 조직의 가치와 비슷한 가치를 가진 지원자를 찾고자 한다.[13] 또한 선발 과정은 지원자에게 정보를 제공한다. 자신의 가치관과 조직의 가치관 사이에서 갈등을 느끼는 지원자는 지원자 그룹에서 스스로 선택을 내릴 수 있다.[14] 따라서 선발은 쌍무적 관계가 되어, 조직과 지원자 모두의 핵심 가치를 훼손하거나 공격할 수도 있는 사람을 걸러냄으로써 잘못된 매칭을 피하고 조직문화를 지속할 수 있도록 한다.

Exhibit 3–7

조직문화의 확립과 유지

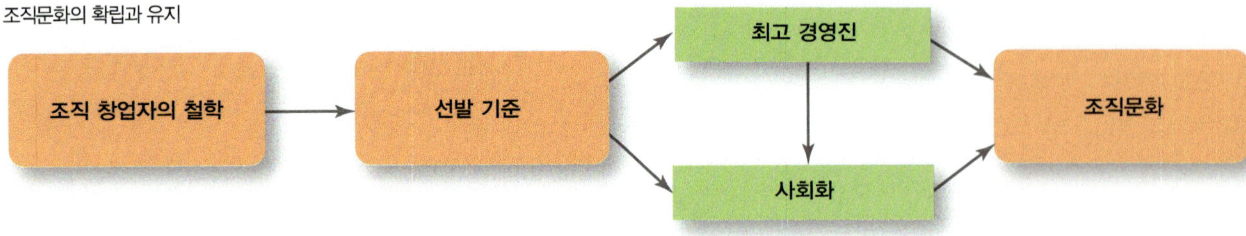

최고 경영자의 결정은 조직문화에도 큰 영향을 준다.[15] 고위 간부의 말과 행동을 통해, 위험을 감수하는 것이 바람직한지, 경영진이 직원에게 어느 정도의 자유를 줄지, 적절한 복장은 무엇인지, 어떤 행동이 임금 인상, 승진, 보상으로 이어지는지 등에 대한 규범을 수립하여 조직에 스며들게 만든다.

사회화
신입사원이 조직의 업무수행 방식을 배우는 데 도움이 되는 과정

마지막으로 조직은 신입사원이 조직의 업무수행 방식을 배우는 데 도움이 되는 과정인 **사회화**(socialization)를 통해 문화에 적응할 수 있도록 돕는다.[16] 일반적인 사회화 과정에는 수습생, 인턴직, 공식적인 오리엔테이션 프로그램, 새로운 신입을 안내하고 교육해 줄 멘토의 임명, 교육 프로그램, 순환 근무, 새로운 신입에 고성과를 내는 직원을 배정하여 따라 하고 배울 수 있도록 돕는 과정 등이 포함된다.

Let's Get REAL

Alfonso Marrese ▶
Retail Executive

출처: *Alfonso Marrese*

시나리오:

웹 통신 대리점의 매니저인 Paulo는 직원 채용이 불만족스러울 수도 있겠다고 생각하였다. 그 이유는 가장 늦게 선발된 3명의 직원이 다른 12명의 직원과 잘 어울리지 못하기 때문이다. 예를 들자면, 실제로 6개월 동안 근무한 한 직원은 마감일이 코앞임에도 불구하고 다른 직원에게 도움 주는 것을 꺼렸다. 그리고 이 직원은 팀 회의에서 아무런 의견도 내지 않은 채 다른 사람들이 모든 결정을 내리도록 했다. 또 그들은 그들만의 옷 입는 방식도 가지고 있었다. "나는 그들이 '양복'을 입거나 넥타이를 매는 것을 바라지도 않지만, 찢어진 카고 반바지와 낡을 대로 낡은 슬리퍼는 너무 성의 없다고 생각합니다. 그들은 어째서 '이해하지' 못할까요?"

Paulo에게 조직문화에 대해 어떤 조언을 할 수 있는가?

면접을 볼 때, 인사팀은 회사의 브랜드 가치와 회사가 목표를 달성하기 위해 팀을 이루어 일하는 방식에 관해 설명해주어야 한다. 지원자가 어느 정도의 수준에서, 어떤 직급에 채용되는지에 따라, 고위 관리자와의 두 번째 면접에서는 해당 지원자가 어느 그룹에 적합할지 확인하는 것이 도움 될 것이다. 면접을 볼 때, 복장 규정, 정책, 절차 등을 지원자에게 설명해 주어야 한다. 근무 첫 주나 두 번째 주 동안은 관리자는 신입사원에게 그들의 상태가 어떤지에 대해 피드백해 주어야 한다. 만약 어떤 문제가 있다면, 그것은 해결되어야 한다.

직원이 조직문화를 배우는 방법

직원은 다양한 방법으로 조직문화를 "학습"한다. 가장 일반적인 것은 일화, 의식, 물질적 유물과 상징물, 언어이다.

실패에서 배운다 — 웰스파고(Wells Fargo)의 부패한 문화

웰스파고는 미국에서 가장 큰 은행 중 하나이다. 그러나 웰스파고는 수천 명의 직원이 회사의 상황을 나쁘게 만들고 10억 달러 이상의 벌금을 내도록 이끄는 관행을 막지는 못했다. 그 원인은 직원들이 고객을 잘못 안내하고 불법적인 행위를 은폐하도록 부추기는 영업 지향적인 문화이다.

1990년대로 거슬러 올라, 웰스파고의 최고 경영진은 은행의 이익을 증가시키겠다는 결정을 내렸다. 그들이 생각해낸 가장 좋은 방법은 영업 지향적 문화를 만드는 것이었다. 웰스파고는 이제 지점(branches)이 아닌, 상점이었다. 고객은 이제 가능한 한 쥐어 짜여야 하는 존재였다. 직원은 ATM 카드, 당좌예금, 신용카드, 대출 등의 제품을 교차 판매해야 하는 압력을 받았다. 최고 경영진은 업계 평균인 고객당 2~3개인 은행 상품을 8개 판매하겠다는 목표를 세웠다.

이러한 문화는 다양한 불법 관행으로 이어졌다. 예를 들어, 직원들은 고객의 이름으로 수백만 개의 허위 계좌를 개설했다. 웰스파고에서 대출을 받아 자동차를 구매한 수천 명의 고객은 연간 1,000달러에 웃도는 보험료를 내고 불필요한 보험에 가입해야 했다. 그리고 신청 절차 지연이 은행의 책임일 때도 주택담보대출의 이자 상납 기간을 연장하려면 고객이 비용을 부담해야 했다. 직원에 대한 압박은 거기서 그치지 않았다.

지점 매니저는 지역 매니저에게 매시간 전화를 걸어 영업 데이터를 보고받았으며, 지점, 구, 지역과 마찬가지로 개별 직원들은 끊임없이 서로의 순위를 매겨야 했다. 한 지점의 매니저는 "할당량을 채우지 못하면 결국 맥도날드에서 일하게 될 것이라는 말을 쉴 틈 없이 들었다"고 압력에 관해 설명했다.

웰스파고의 부패한 문화가 폭로되고 막대한 벌금이 부과되어서야 은행의 이사회는 조치를 취했다. 불법적인 행위가 있었던 부서의 장과 CEO는 결국 해고 당했다. 가장 중요한 것은 웰스파고의 제품 판매 목표가 아니라, 고객 만족도와 팀 목표 달성을 바탕으로 직원에게 보상해 줄 수 있는 보상 시스템을 정비하는 것이다. 이제 상점이 아닌, 지점이 되었다. 그리고 은행에서는 그 누구도 고객당 상품에 대한 평가를 받지 않는다.[17]

일화 조직의 "일화"에는 일반적으로 창업자, 규칙 위반, 과거 실수에 대한 반응 등 중요한 사건이나 사람에 대한 이야기가 포함된다.[18] 쓰리엠(3M)에서는 제품 혁신 일화가 전설적으로 내려온다. 쓰리엠의 한 연구자가 테니스화에 화학물질을 쏟은 것을 보고 스카치가드(Scotchgard)를 생각해냈다는 일화가 있다. 그리고 또 다른 일화에 의하면, 쓰리엠의 연구자인 Art Fry는 교회 찬송가 페이지를 더 잘 표시할 방법을 고민하다 포스트잇(Post-It Note) 개발했다고 한다. 나이키(Nike)의 고위 간부들은 기업 일화를 퍼트리기 위해 많은 에너지를 쏟는다. 예를 들어, 공동 창업자이자 오리건주의 육상 코치인 Bill Bowerman이 아내의 와플팬을 작업장으로 가져와 그 틀에 고무를 쏟아붓는 방식으로 더 가볍고 빠른 밑창을 가진 러닝화를 개발했다고 그들은 자주 이야기한다. 메시지는 다음과 같다: 나이키는 혁신을 중요하게 생각한다. 직원들이 문화를 학습하는 것을 돕기 위한 이와 같은 조직 일화는 과거를 기반으로 이어진 현재 상황을 알려주고, 현재의 관행에 대한 설명과 정당성을 제공하며, 조직의 목표에 대한 설득력 있는 그림이 된다.

의식 의식은 조직의 핵심 가치와 목표를 표현하고 강화하는 반복적인 활동의 연속이다.[19] 남학생 사교클럽과 여학생 사교클럽은 동료애와 기강을 발전시키기 위해 입문 의식을 통해 서약하는 것으로 유명하다. 군사 신병 훈련소 역시 같은 일을 하도록 설계되어 있다. 기업 세계에서, 많은 회사는 신입사원을 위한 통과의례 의식을 개발한다. 예를 들어, 보스턴주에 본사를 둔 젠틀 자이언트 이삿짐 운송회사(Gentle Giant Moving Company)는 체력과 각오를 테스트하기 위해 하버드 스타디움에서 계단을 뛰게 했다.

물질적 유물과 상징물 다른 회사에 들어갔을 때, 어떤 종류의 작업 환경에 긴장감, 일상스러움, 재미, 심각함 등의 "느낌"을 받는가? 이러한 반응은 조직의 성격을 형성하는 데 있어 물질적 상징물 또는 유물의 힘을 보여준다.[20] 조직의 설비 배치, 사무실의 크기, 가구의 기품, 책상에 올려진 사진이나 개인 물품, 직원의 복장, 최고 경영진에게 제공되는 자동차의 종류, 기업용 항공기의 이용가능성, 제공되는 특권 등이 물질적 상징물의 예이다. 예를 들어, 여러 회사가 직원에게 제공하는 특권들은 이미 잘 알려져 있다. 구글(Google)의 보체볼 코트, 팩트세트(FactSet)의 컵케이크 트럭, 오토데스크(Autodesk)의 반려동물과 함께 출근하는 날, 레이(REI)의 무료 장비 렌탈은 모두 회사에서 일하는 것이 어떠한 지와 직원 만족의 중요성을 말해 준다.

당신의 경력 개발

조직문화 읽기: 당신에게 맞는 것을 찾아보아라.

조직문화는 각기 다르며 개인의 성격 또한 각기 다르다. 당신이 편안함을 느끼고 업무에 필요로 하는 것들을 가치 있게 생각해주는 조직을 선택하는 것은 매우 중요한 일이다. 선택에 따라, 당신이 빠르게 승진하는 사람이 될 수도 있고, 당신과 고용주 모두에게 실망을 주는 사람이 될 수도 있기 때문이다. 조직문화를 "읽는 것"은 당신에게 맞는 문화를 찾는 데 도움이 될 것이다. 개인의 선호도와 조직문화가 잘 맞을수록 업무를 하는데 만족감을 더 크게 느끼게 될 것이고, 이직할 가능성이 줄어들며, 성과에 대해 긍정적인 평가를 받을 가능성이 높아진다. 다음은 당신이 문화를 "읽기" 위해 할 수 있는 일들을 나열한 것이다.

1. 기본적인 일을 해라.

조직의 웹 사이트를 확인해 보아라. 어떤 인상을 받았는가? 조직의 가치가 나열되어 있는가? 사명선언문(Mission statement)은? 다음으로 최신 뉴스 목록을 통해 높은 이직률이나 경영개혁의 증거도 확인해라. 연례 보고서나 조직 문헌에 실린 내용을 통해 단서를 찾아라. 만약 가능하다면 해당 조직에서 일했던 사람의 이름을 찾아 대화를 나누어라. 또한 조직에 소속된 직원이 속한 전문적인 무역협회의 회원들과도 이야기를 나누어라.

2. 물리적인 환경과 기업의 상징물을 확인해 관찰해보아라.

면접을 볼 때, 로고, 표지판, 포스터, 그림, 사진, 복장의 유형, 머리카락의 길이, 사무실 간의 개방성 정도, 사무실의 비품과 배치 등에 주의를 기울여라. 직원은 어디에 주차하는가? 건물과 사무실의 물리적 상태는 어때 보이는가? 사무실 배치는 어떤가? 물리적 배치로 인해 어떤 활동을 하는 것이 더 편하거나 더 불편해지는가? 이러한 것들은 조직의 가치에 대해 뭐라고 말하고 있는가? 그곳에서 일하는 당신의 모습이 즐거워 보이는가?

3. 당신이 만나본 사람들을 어떠한가?

정장 차림이었는가? 캐주얼한 차림이었는가? 신중해 보였는가? 매우 쾌활했나? 개방적이었는가? 정보를 제공하는데 제한이 있었는가? 어떤 이야기가 반복적으로 나오는가? 농담이나 일화가 대화에 사용되는가? 직원은 어떤 취급을 당하는 것 같은가? 조직에서 직책은 무엇을 의미하는가? 조직의 계층구조가 엄격해 보이는가, 느슨해 보이는가? 이러한 것들은 조직의 가치에 대해 뭐라고 말하고 있는가?

4. (만약 가능하다면) 조직의 HR 지침서를 확인해보아라.

지침서에는 격식을 갖춘 사칙이나 사내 규정이 기록되어 있는가? 얼마나 구체적인가? 어떤 내용을 다루고 있는가? 이러한 한도 내에서 일하는 당신을 상상할 수 있는가?

5. 만나는 사람들에게 물어보아라.

예를 들어, 현직 고위 간부들의 이력은 어떠한가? 그들은 내부에서 승진한 것인가, 외부에서 고용된 것인가? 조직은 신입사원을 채용하고 활용하기 위해 무엇을 하는가? 업무의 성공 여부를 어떻게 정의하고 결정하는가? 어떤 의식이 중요하며 어떤 행사를 기념하는가? 어째서? 잘 풀리지 않은 사안과 그 사안을 결정한 직원이 어떻게 되었는지도 이야기해보아라. 최근 조직 내에서 발생한 위기나 중대한 사건과 그에 대해 최고 경영진이 어떻게 대처했는지도 이야기해보아라.

언어 회사 내의 여러 조직과 부서는 문화 내의 직원들을 식별하고 통합하기 위한 방법으로 언어를 사용한다. 이 언어를 배움으로써, 직원은 문화를 받아들이고 이를 보호하자고 한다는 의지를 보여준다.[21] 시간이 지남에 따라, 조직은 자신의 사업과 관련된 장비, 사무실, 핵심 인력, 거래처, 고객, 프로세스, 제품 등을 설명하는 고유한 용어를 개발한다. 신입사원은 종종 약어와 전문용어에 부담을 느끼지만, 조금만 시간이 지나면 이러한 용어들은 자연스러운 일부가 된다. 그리고 일단 배운 용어는 직원들을 결속시키는 공통분모 역할을 한다. 월마트(Walmart)가 그 예이다. "액션 앨리(Action Alley)"는 통행량이 가장 많은 넓은 통로를 의미한다. "십자가(The Cross)"는 모든 의류 부서를 구분하는 타일과 시멘트의 단면을 의미한다. 그리고 "볼링 앨리(Bowling Alley)"는 계산대 앞에 있는 상점의 코너이다. 월마트 매장에서 일주일 이상 일한 사람이라면 누구나 이 용어를 알고 있을 것이다.

직장의 비밀 새로운 업무 또는 작업팀의 적응

거의 모든 사람이 삶에서 변화를 겪는다. 어쩌면 당신의 부모님은 이사하고 당신은 새로운 친구를 사귀어야 했으며 새로운 학교에 적응해야 했을 것이다. 또는 새로운 교회, 사교클럽, 스포츠팀에 가입했을 것이다. 그 결과, 당신은 우리의 대부분이 새로운 직장으로 이직하는 것을 힘들어하지 않고 쉽게 성공하리라 생각할 것이다. 하지만 젊은 직원들은 종종 그렇지 못하다. 이에 대해 논의하기 위해, 외부인 간의 변화, 외부(조직 간) 및 내부(수평적 부서 또는 수직적 승진) 간 조정에 초점을 맞출 것이다.

일반적으로 한 개인은 20년에 걸쳐 10.2번 직무를 바꾼다는 연구 결과는 이 사안의 중요성을 보여준다. 이에 따라, 우리는 새로운 작업 상황에 적응할 준비가 되어 있어야 한다.

새로운 작업 환경에서 당신의 목표 중 하나는 성공적으로 적응하는 것이다. 그것은 무엇을 의미하는가? 새로운 직책을 맡은 지 6개월 정도가 지났을 때, 동료에게 편안함을 느끼고 있으며 자신감 있고 인정받고 있다고 말할 수 있다면, 당신은 성공적으로 변한 것이다. 그리고 그 증거에 따르면 당신의 일을 처리하는데 필요한 것이 무엇인지 스스로 알고, 그것을 수행할 수 있는 지식과 기술을 가지고 있다고 확신하며, 다른 사람들과의 관계에서 업무 요구사항이 무엇인지 파악하고 있을 가능성이 높다고 할 수 있다. 게다가 당신이 성공적으로 적응했다면 직무에 만족하고 있으며 최소한의 불안과 스트레스를 받을 것이다.

성공적인 적응은 새로운 상황을 평가하는 것에서부터 시작한다. 이 작업이 자신에게 적합하다고 결론 내릴 수 있다면, 다음을 결정해야 한다. 조직 또는 작업 단위의 역사는 어떠했는가? 어떤 개인이 높은 평가를 받았으며 어떤 요인이 그런 영향을 이끌었는가? 그리고 문화는 어떤 가치를 가지고 있는가? 조직의 문화를 읽는 법을 배우면(앞의 "IT'S YOUR CAREER" 박스 참조) 이러한 다양한 질문에 대한 답을 얻을 수 있다.

조직은 직원을 형성하고 조직에 적응하는 데 돕기 위해 다양한 사회화 옵션을 가지고 있다. 몇 가지 옵션을 간략히 살펴보고 이러한 각 옵션이 주는 영향에 대해 살펴볼 것이다.

공식적(Formal) 대 비공식적(Informa)
오리엔테이션이나 훈련 프로그램은 공식적인 사회화의 예이다. 반면에 비공식적인 사회화는 신입사원을 현장에서 바로 교육하는 경우이다.

개인적(Individual) 대 집단적(Collective)
당신이 다른 사람들과 집단을 이루어 동일한 경험을 공유하면, 당신은 집단적 사회화를 경험하게 된다. 그러나 대부분의 소규모 조직에서는 신입 직원을 개인적으로 사회화한다.

고정적(Fixed) 대 가변적(Variable)
고정적 사회화는 6개월의 수습 기간이나 순환 교육 프로그램같이 중간에 표준화된 기간을 설정해 직원 적응을 돕는 방식이다. 반면에 가변적 사회화는 고정된 중간 일정이나 사전 통지 없이 바로 이루어진다. 예를 들어, 당신이 "준비"가 되었다면 중간 적응 기간 없이 바로 승진하게 되는 방식이다.

연속적(Serial) 대 무작위적(Random)
연속적 사회화에서는 역할모델이 있어 당신을 교육하고 격려한다. 도제식 교육이나 멘토링 프로그램이 그 예에 해당된다. 무작위적 사회화에서는 당신이 스스로 문제를 해결해야 한다.

자기주도적(Investiture) 대 의례적(Divestiture)
조직은 당신의 자질과 자격을 확인하고 그에 걸맞은 지원을 원하더라도 당장은 인위적인 개입을 하지 않고 당신을 그대로 지켜볼 것이다. 그러나 조직이 의례적 사회화 방법을 선택하면 상황은 달라진다. 조직은 당신이 가진 독특한 개성을 인정하지 않으려 할 것이다. 예를 들어, 남학생과 여학생 사교클럽은 신입회원이면 모두 거쳐야 하는 의례를 요구한다. 그리고 이러한 의례에서 서약함으로써 신입회원은 다른 회원과 동일한 구성원이 될 수 있고 조직 내에서 적절한 역할을 맡게 된다.

당신이 직장을 옮길 때 사회화 프로그램 혹은 이와 유사한 프로그램이 없다면 당신의 직장 적응은 상당한 영향을 받을 것이다. 예를 들어, 당신이 순응주의자(conforist)이고 당신에게 적합한 일을 찾고 있다면, 당신에게 맞는 조직 사회화가 이루어지는 일을 선택하라. 즉 공식적, 집단적, 고정적, 연속적, 의례적 방식의 사회화가 어울리는 일을 선택하라. 반대로, 당신이 문제에 대해 자신만의 해결방안을 제시하길 원하는 "웨이브 메이커(wave-maker)"라면 비공식적, 개인적, 가변적, 무작위적, 자기주도적인 방식의 사회화가 이루어지는 일을 선택해라.

사례들에 의하면 대부분의 사람은 제도적 사회화를 거칠 때 그들의 직업에 더 만족하고 헌신한다. 그 이유는 구조화된 학습이 새로운 상황에 내재된 불확실성을 줄이고 새로운 업무에 원활하게 적응하는데 도움이 되기 때문이다.

새로운 업무의 적응에 대한 추가적인 통찰력은 정보에 대한 귀중한 자원으로서 조직 내부자의 가치이다. 동료, 감독자, 멘토는 공식적인 오리엔테이션 프로그램이나 조직 문헌보다 당신의 직무와 조직에 대해 보다 정확한 정보를 얻는데 유용하다. 그들은 당신에게 실질적인 요령을 보다 정확하게 알려준다.

마지막으로, 첫인상의 힘을 잊어서는 안 된다. 당신의 상사와 새로운 동료에게 긍정적인 첫인상을 주는 것은 당신의 적응 속도를 높이고 보다 원활하게 만들 것이다. 당신이 전달하고 싶은 이미지를 생각하며 당신의 옷, 자세, 태도, 말투가 그 이미지에 맞는지 확인해야 한다.

그렇다면 이 모든 것들이 뜻하는 바는 구체적으로 무엇인가? 이 정보를 사용하여 새로운 직장에서 성공적으로 적응할 수 있는 확률을 높이는 방법은 무엇인가? 그에 대한 답은 당신이 통제할 수 있는 것들에 집중하는 것이다. 요약하자면 첫째, 사회화 과정에서 당신의 성격과 잘 어울리는 직무를 선택해야 한다. 그리고 증거를 바탕으로, 제도적 사회화를 가진 직무를 선택하면 불확실성과 스트레스를 줄일 수 있으며 보다 적응이 쉬울 것이다. 둘째, 내부자를 이용하여 배경에 대한 정보를 얻고 당황스러움을 감소시켜야 한다. 마지막으로, 첫인상을 좋게 함으로써 첫발을 잘 내디뎌야 한다. 만약 동료들이 당신을 좋아하고 존중한다면 조직의 가치와 문화에 대한 추가적인 통찰력을 공유할 가능성이 높다.[22]

조직문화가 경영자에게 미치는 영향

자포스(Zappos)의 분기별 회의에서, 경영자는 "자포스의 신발 상자를 바꾸려면 어떻게 해야 합니까?"라는 질문을 던진다. 그들은 이익을 얻기 위해 창의력을 발휘하여 아이디어를 생각해낸다. 반면에, 다른 많은 회사의 경영자들은 분기별 회의에서 주로 프레젠테이션을 듣는다. 자포스는 복장 규정이 없으며, 눈에 띄는 문신이나 피어싱을 하는 것 또한 전혀 문제 되지 않는다.[23]

앞서 살펴본 바와 같이, 경영진을 포함한 조직의 모든 직원은 조직문화에 의해 영향을 받는다. 결정이 어떻게 이루어지는지, 어떤 종류의 행동을 보여주어야 하는지, 적절한 복장은 무엇인지 등의 영향은 따로 적어둘 필요가 없다. 사실 그런 것은 거의 없다. 그러나 조직은 선발에 대한 기준, 사회화 과정, 유물, 의식, 전문용어 등을 통해 경영자에게 여러 가지를 전달한다. 그중 하나는 올바른 결정을 내리는 방법이다. 위험을 감수하는 것에 대해 보상을 할 것인지, 개별적인 영웅이 될 것인지 아니면 팀의 선수가 될 것인지, 선호하는 결정 방식을 고르는 등 말이다.

훌륭한 경영자는 조직에서 무엇을 해야 하는지와 무엇을 하면 안 되는지를 빠른 속도로 습득한다. 예를 들어 당신은 종이에 적힌 가치 대신에 조직의 일상 속에서 학습한 대로 행동하는 경향이 있다.

- 비록 바쁘지 않더라도 바쁘게 보이도록 해라.
- 위험을 감수하다가 실패한다면, 그에 대한 대가를 치르게 될 것이다.
- 결정을 내리기 전에, 상사가 놀라지 않도록 그들에게 먼저 달려가 물어보아라.
- 경쟁이 요구하는 만큼의 제품을 만들어내라.
- 과거에 우리를 성공하게 만든 것은 미래에도 우리를 성공하게 할 것이다.
- 정상에 오르고 싶다면 팀 플레이어가 되어야 한다.

이러한 가치와 경영자의 행동 간에는 꽤 직접적인 관련성이 있다. 만약 어떤 기업의 조직문화가 비용을 절감 시켜 이윤을 증가시키고, 느리지만 꾸준한 분기별 소득 증가가 기업의 최고 이익이 된다는 믿음을 바탕으로 한다고 가정해 보자. 이곳의 경영자들은 혁신적이고, 위험성 있고, 장기적이며 확장된 일을 추구하지 않을 것이다. 직원들의 불신이 높은 조직문화에서는 민주적 리더십 스타일보다는 권위주의적 리더십 스타일을 더 많이 사용하는 경향이 있다.

Exhibit 3-8에서 볼 수 있듯이, 경영자의 의사결정은 자신들이 만든 조직문화에 의해 영향을 받는다. 조직문화, 특히 강한 문화는 경영자가 계획하고, 조직하고, 지위하고, 통제하는 모든 방식에 영향을 준다.

캐주얼한 복장과 편안한 분위기가 뚜렷하게 드러나는 라스베이거스 도심에 있는 자포스의 새로운 본사이다.

출처: *James Leynse/Corbis/Getty Images*

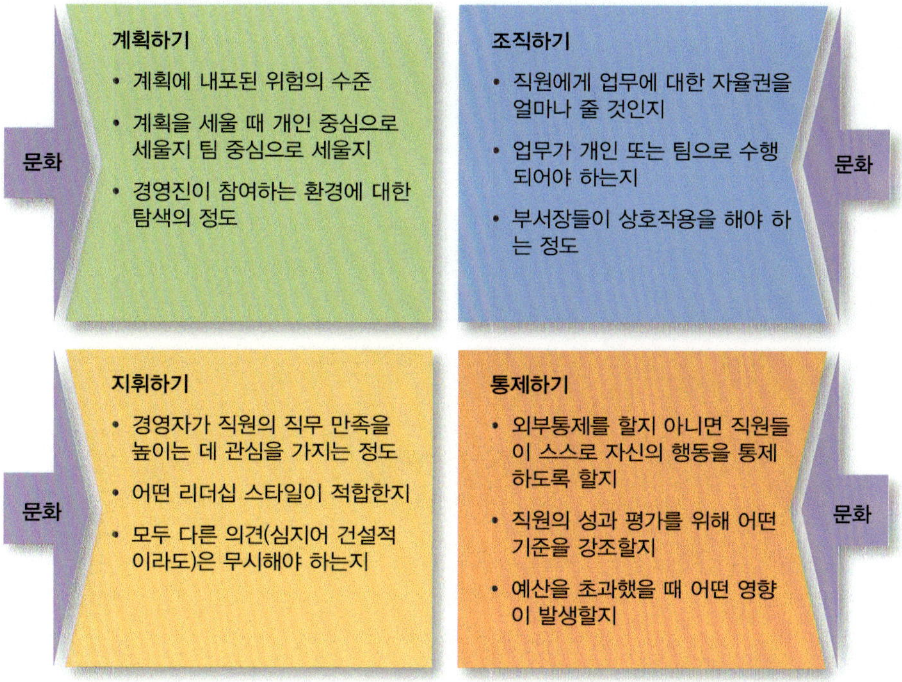

Exhibit 3–8
조직문화에 의해 영향을 받는 경영자의 의사결정 타입

Chapter 3 시험/퀴즈 준비: 학습개요를 통한 요약

LO3.1 전능적 관점과 공생적 관점에 따라 경영자의 행동을 비교하여 설명한다.

전능적 관점에 따르면, 경영자들은 조직의 성공과 실패에 직접적인 책임이 있다. 공생적 관점은 조직의 성공과 실패를 결정하는 상당한 부분이 경영자의 통제 밖에 있는 외부의 힘에 의해 발생한다고 주장한다. 관리자의 재량권에 대한 두 가지 제약은 조직문화(내부)와 환경(외부)이다. 경영자는 문화와 환경에 영향을 줄 수 있기 때문에 이 두 가지 요소에 의해 완전히 제약받지는 않는다.

LO3.2 오늘날의 외부 환경으로부터 경영자가 직면한 제약과 과제에 관해 설명한다.

외부 환경에서는 성과에 영향을 주는 조직 외부의 요인이나 세력이 포함된다. 조직의 일반적인 환경에는 경제, 인구 통계, 정치/법률, 사회문화, 기술, 글로벌 요소 등이 포함된다. 조직의 특수한 환경은 목표 달성과 직접적인 관련이 있으며 공급 업체, 고객, 경쟁업체, 정부 기관, 특별 이익 집단 등이 포함된다. 관리자는 일자리와 고용, 환경 불확실성, 이해관계자 등에 미치는 영향으로 인해 이러한 구성요소의 제약과 과제에 직면한다.

LO3.3 조직문화의 특성과 중요성에 관해 설명한다.

문화의 6가지 차원은 적응력, 세부사항에 대한 관심, 성과 중심적, 사람 중심적, 팀 중심적, 진정성이다. 문화는 직원 선발 관행, 고위 간부에 의해 만들어진 규범, 사회화 과정

등에 의해 유지된다. 또한 일화, 의식, 물질적 상징물, 언어를 통해 직원들에게 전달된다. 강한 문화를 가진 조직에서는 직원들의 충성도와 성과가 더 높은 경향이 있다. 문화가 강하면 강할수록 경영진의 업무 수행 방식에는 더 큰 영향을 준다.

복습과 토론 질문

3-1 전능한 경영자와 "훌륭한" 경영자는 실제로 어떤 차이를 가지고 있는가? 설명해 보아라.

3-2 외부 환경이라는 용어는 무엇을 의미하는가? 관리자가 주의를 기울여야 하는 외부 환경 요인은 무엇인가?

3-3 만약 한 사람이 같은 업계의 다른 회사에서 일한다면 경영자의 일은 근본적으로 다른가?

3-4 주주는 이해관계자와 어떻게 다른가? 만약 이해관계자가 조직의 주식이나 소유권을 보유할 수 없다면, 경영진이 이해관계자와의 관계에 관심을 가지는 이유는 무엇인가?

3-5 조직문화의 차원으로 사람 중심적인 것과 팀 중심적인 것을 구별해 보아라.

3-6 강한 문화가 약한 문화에 비해 직원에게 더 큰 영향을 미치는 이유는 무엇인가?

3-7 조직이 직원에게 문화를 전달하는 4가지 방법은 무엇인가?

경력 준비

윤리적 딜레마

과학기술의 발전은 전 세계 노동자의 숙련도를 떨어뜨린다. 예를 들어, 공장에서 제작된 가구 조립 키트는 숙련된 목수가 설 자리를 빼앗는다. 공장에서 제작된 납작한 상자에 부품을 넣어 파는 자가 조립용 가구(flat-pack) 가구는 숙련된 목수의 역할을 대신한다. 이와 비슷하게 일부 차량에는 문제를 진단하는 온 보드 소프트웨어가 탑재되어 있어 숙련된 정비사의 미래는 좋지 않아 보인다. 게다가, 핸드폰과 같은 기술적으로 진보된 제품은 단순 수리가 불가능하기 때문에, 자격을 갖춘 기술자들의 필요성이 줄어든다. 거의 모든 산업에서, 이러한 탈숙련화(deskilling) 문제가 계속해서 가속화되고 있다.

3-8 숙련된 기술자들이 기계로 대체되는 것은 윤리적인가?

3-9 탈숙련화 문제는 피할 수 없는가? 기계와 AI가 더 잘 작업하는 활동의 유형을 제안해 보아라.

3-10 사람들이 일자리를 구하는 것이 우선이라고 생각하는가, 아니면 이러한 추세를 따르고 전체 생산 프로세스를 자동화할 것인가?

기술 연습 환경을 탐색하는 기술의 개발

환경에서 발생하는 변화를 예측하고 해석하는 것은 경영자에게 필요한 중요한 기술이다. 환경을 탐색하여 얻은 정보는 결정을 내리고 조치를 취하는 데 사용된다. 또한 조직의 모든 수준의 관리자들은 환경을 탐색하여 중요한 정보와 경향을 찾는 방법을 알아야 한다.

기술의 훈련 단계

다음의 의견을 사용하면 환경을 보다 효과적으로 탐색할 수 있다.

- **어떤 종류의 환경 정보가 업무에 중요한지 결정해야 한다.** 고객의 요구와 욕구의 변화를 알아야할 수도 있으며, 경쟁업체가 무엇을 하는 지 알아야 할 수도 있다. 어떤 종류의 정보가 필요한지 깨달은 후에는 해당 정보를 얻을 수 있는 가장 좋은 방법을 찾아야 한다.
- **관련된 정보를 주기적으로 읽고 모니터링해야 한다.** 탐색해야 하는 정보가 부족하지는 않겠지만, 관련된 정보의 원천을 알아야 한다. 정보의 어떤 출처가 적절한지 어떻게 알 수 있는가? 중요하다고 생각하는 정보를 제공할 경우 적절하다고 볼 수 있다.
- **환경을 탐색해서 얻은 정보를 의사결정이나 행동에 포함해야 한다.** 얻은 정보를 사용하지 않으면, 정보를 얻는 데 사용한 시간을 낭비하는 것이다. 또한 환경 탐색에 정보를 많이 사용할수록, 시간이나 이외의 자원을 계속 투자하여 또 다른 정보에 투자하고 싶을 가능성이 커진다.
- **환경 탐색 활동을 주기적으로 검토해야 한다.** 사용할 수 없는 정보를 얻는데 지나치게 많은 시간을 사용하거나 얻은 정보를 사용하지 않는 경우 몇 가지의 조절이 필요하다.
- **가까이 있는 사람이나 동료가 중요한 정보에 주의를 기울이도록 권장해야 한다.** 동료나 직원들은 당신의 "눈과 귀"가 될 수 있다. 그들에게 업무 수행에 영향을 줄 수 있는 정보를 수집하고 공유하는 것이 중요하다는 것을 강조해야 한다.

기술 연습

경영과 관련된 정보를 여러 가지 원천으로부터 얻고 해당 원천에서 정보를 주기적으로 모으는 연습을 시작해 보아라. 뉴스 피드(news feed)를 구독하거나 트위터(Twitter)에서 뉴스 조직을 팔로우하라. 외부 환경을 매일매일 검토하는 방법을 구체화하라.

함께 일하기 팀연습

입사한 지 90일 이내 이직을 하는 직원의 3분의 1 정도가 회사의 문화에 맞지 않아 떠나겠다고 한다.[24] 이는 당신이 직무를 받아들이기 전에 회사의 문화를 배운다면, 위험성을 상당히 낮출 수 있음을 시사한다. 다음에 근무할 회사의 문화에 적응할 가능성을 높이고 싶다면, 3~4명씩 그룹을 만들어 경영자에게 원하는(그리고 원하지 않는) 조직문화의 특성을 공유해야 한다. 목록에서 공통 요인을 비교해 보아라. 이제 그룹 구성원의 목록 중 하나를 선택해 토론해라. 면접을 보기 위해 회사에 방문했을 때 목록에 있는 특성이 있는지 알아보기 위해 무엇을 할 수 있는가? 면접 중에 질문할 수 있는 것은 어떤 것들인가? 어떤 문화를 가졌는지 이해하기 위해서 회사 주변을 돌아다닐 때 어떤 단어를 찾을 수 있는가? 당신의 분석을 수업에서 공유할 준비를 해라.

경영자가 될 차례

- 경영학의 전능적 관점과 공생적 관점에 대하여 인기 있는 비즈니스 정기간행물에서 현재의 사례를 찾아보아라. 발견한 내용과 예가 이러한 경영 관점을 어떻게 나타내는지 설명하는 문서를 작성해 보아라.
- 자주 접하는 비즈니스 업체(예를 들어, 식당이나 커피숍)를 생각해 본문에서 논의된 외부 환경의 6가지 차원으로 검토해 보아라. 선택한 비즈니스의 경영에 영향을 미칠 수 있는 외부 환경 요인을 작성해 보아라.
- 익숙한 조직이나 더 알고 싶은 조직을 선택해라. 해당 조직의 잠재적인 이해관계자를 구별하는 표를 작성해 보아라. 다음으로 이러한 이해관계자가 가질 수 있는 특정한 관심사나 우려에 대해 생각해 보아라.
- 만약 동아리에 속해 있다면 다음의 질문에 대답하는 방법으로 문화를 평가해 보아라. 문화를 어떻게 설명할 것인가? 신입회원은 문화를 어떻게 배우는가? 문화는 어떻게 유지되는가? 동아리에 속하지 않았다면, 같은 질문을 사용하여 동아리에 속한 다른 학생과 이야기를 나누고 평가해 보아라.

사례적용 1 테스코(Tesco): 초점을 다시 맞추어라

1919년도에 설립된 테스코(Tesco)는 런던 이스트엔드 지역에서 한 시장가판대로 시작했다. 테스코는 한 세기가 채 되지 않는 단시간 내 세계 최대 규모의 슈퍼마켓으로 성장하였으며, 시장점유율 기준으로 영국 최대 슈퍼마켓으로 자리매김하고 있다. 2018~2019년에는 569억 파운드의 매출을 자랑했다.

2014년 말, CEO 자리에 오른 지 3주 정도 된 Dave Lewis는 테스코의 직원들에게 조직문화가 바뀌어야 하며, 고객에게 더 초점을 맞추고, 개방적이고 정직하며 투명해야 한다는 내용을 담은 이메일을 보냈다. 대부분의 다른 CEO라면, 더욱이 조직문화만큼 중요한 일에 대한 대대적인 변화를 권고하기 전 최소 3주 이상은 기다렸을 것이다. 그렇다면 Lewis는 왜 그렇게 갑작스러운 발표를 한 것일까? 2014년 9월 말, 내부고발자에 의해 테스코의 성장 및 긍정적인 시장 결과와 관련된 중요한 사안들이 밝혀졌다. 테스코는 중간 년도 수익으로 2억 5천만 파운드를 과장해 발표했다고 털어놓았으며, 나중에는 이를 2억 6천 3백만 파운드로 수정했다.

이 금융 스캔들을 둘러싼 이슈는 두 가지였다. 테스코는 재무 상황을 괜찮게 보이기 위해, 일부 공급업체에 대한 지급을 연기하고, 수익 일부를 공급업체에 해야 하는 지급에 포함했다. 이러한 고발로 인해 주가는 12%나 하락했으며 회사의 시가총액은 20억 파운드 정도 떨어졌다. 뿐만 아니라, Grocery Code Adjudicator(공급업체와 슈퍼마켓의 관계를 감독하는 독립적인 기관)와 UK's Serious Fraud Office(SFO)는 이 문제를 철저히 조사하겠다고 발표했다.

해당 기간의 회사 문서를 살펴보면, 이러한 활동들은 사실 그들의 조직문화와 맞지 않는다. 2013년, 테스코의 전 CEO인 Philip Clarke는 회사는 이해관계자의 충성도와 신뢰를 얻기 위해 언제나 최선을 다해야 한다고 말했다. 실제로, 2013년의 연례보고서를 살펴보면 공급업체와의 약한 관계를 위험 요소로 보고 있으며 Groceries Supply Code of Practice를 준수하려는 테스코의 노력을 확인할 수 있다. 하지만 좋은 관계를 구축하고자 하는 노력은 재무 목표를 달성하고 주식 가치를 올리려는 노력으로 대체되었다. 2016년 1월, Grocery Code Adjudicator의 보고서는 테스코 경영진에게 즐거운 읽을거리가 되지 못했다. 테스코가 일시적으로 마진을 조작하고 실적이 저조한 것처럼 보이지 않기 위해 직원이 일정한 날짜 이전에는 공급업체에 대한 대금을 지불하지 않는다는 내부 이메일로부터 증거가 발견된 것이다. 또한 해당 보고서에는 일부의 대금이 거의 2년째 지급되지 않았으며, 또 다른 경우에는 공급업체가 대금을 달라고 요청하는 것조차 포기했다고 적혀있었다.

2014년, 테스코는 해당 스캔들에 대한 조사 끝에, 결국 1억 2천 9백만 파운드의 벌금을 내는 데 동의했다. 신뢰와 투명성이라는 새로운 문화를 구축하는 데는 꽤 시간이 걸리겠지만, 테스코는 공급업체와의 소통 채널을 개선하기 위해 노력하고 있으며, 공급업체의 대부분은 테스코와의 관계가 이전보다 훨씬 나아졌다고 말한다. 2014년의 스캔들 이후 5년 만에, Dave Lewis의 새로운 개혁은 성과를 거두었다고 말할 수도 있다. 2018~2019년의 결과에 따르면, 영업이익은 34%, 그룹 매출은 11.5% 증가하여 올해의 예상치를 훨씬 앞지르고 있다.[25]

토의문제

3-11 옛 관리 아래에 있는 테스코의 문화와 변화한 문화에 대해 Dave Lewis의 반응을 설명해 보아라.

3-12 이 사건에서 논의된 스캔들로 인해 영향은 받은 이해관계자 그룹은 누구인가?

3-13 조직문화에 변화가 필요하다는 Dave Lewis의 이메일은 직원들에게 어떻게 보내지게 되었는가?

3-14 당신이 테스코에 입사한다고 상상해 보아라. 테스코의 일화가 당신의 결정에 어떤 영향을 미치는가? 스캔들의 내용과 그것이 어떻게 처리되었는지 모두 고려해 보아라.

사례적용 2 한계는 존재하지 않는다

영국에서 온라인 판매는 전체 소매 판매의 약 20%를 차지하며, 2018년 12월 온라인 판매량은 19억 파운드를 기록했다. 온라인 판매 발전을 위해, 2016년 12월 7일 영국에서는 특별한 배송 일정이 잡혔다. 그날, 한 아마존(Amaon) 고객은 아마존 스트리밍 플레이어(Amazon streaming media player)와 팝콘 한 봉지를 드론으로 배달받았다. 이는 영국 최초의 드론 배달이었으며, 걸린 시간은 13분에 불과했다. 아마존은 이 성과를 달성하기 5개월 전부터, 영국 정부와 협력하여 드론 배송을 테스트할 것이라고 발표했다.

현재는 잠재기지만, 아마존 프라임 에어(Amazon Prime Air)는 미래에 대한 거창한 계획을 세우고 있다. 영국에서 시스템 개발을 하는 것과는 별도로, 이외의 다른 나라들에서도 드론 배송의 실행가능성을 찾아야 한다. 그러나 여전히 해결해야 하는 문제가 많다. 예를 들어, 영국에서는 드론 사용과 관련된 '드론은 400피트(122m) 이하의 높이에서 비행해야 하고, 혼잡한 지역에서는 150m 이내에서 비행 해야 하며 사람 또는 구조물로부터 50m 이내의 비행을 해서는 안 된다는' 특별한 규정이 있다. 이러한 규칙이 마련되었음에도, 여러 가지 우려스러운 사건들이 있었다.

2016년 4월, 영국 항공(British Airway) 소속 항공기가 히스로 공항(Heathrow Airport)에 진입하던 중 드론과 부딪혔다고 발표했으며, UK Airprox Board(영국 항공 안전을 감시하는 기구)는 2016년과 2017년에 각 93건, 2018년에 125건의 항공기 이상 접근 사건이 있다고 발표하였다. 사실 드론 테스트는 아마존에 국한된 것도 아니며, 영국에 국한된 것도 아니다. 미국에서는 2015년에 연방항공청(Federal Aviation Administration; FAA)에서 승인을 받은 첫 번째 배송이 있었다. 호주에서 제작된 드론은 4.5kg의 의료 장비를 성공적으로 전달하기 위해 3차례의 짧은 여행을 했다. 월마트(Walmart)는 미국 인구의 70%가 한 지점에서 5마일 이내에 사는 것으로 추정하고, 2015년 10월 당국에 드론 가정 배송 테스트의 허가 신청을 했다. 2016년 9월부터, 버지니아 공과대학교(Virginia Tech)의 배고픈 손님들은 구글 드론을 통해 브리토를 배달받을 수 있었다. 구글의 파트너인 스타벅스(스타벅스)도 드론 사업을 하지 않는 것처럼 보이지만, 실은 드론 사용 규정이 덜 엄격한 아일랜드에서 그 가능성을 검토하고 있다.

정부의 법규가 우려스럽기는 하지만, 법규가 기업 경영에 영향을 주는 유일한 외부 환경 요인은 아니다. 경영의 전반을 담당하는 경영자는 이러한 새로운 배송 시스템의 최종 수요지가 될 고객 또는 목표 고객(target customer)을 파악해야 하는가? 이는 부분적으로 소비자가 속한 세대와 관련된 문제라고도 할 수 있으며, 실제로 기계에 익숙한 포스트-밀레니엄(Post-Millennials) 세대일수록 드론 배송을 더 쉽게 받아들일 수 있는지에 관한 테스트가 진행되고 있다. 일부 국가들은 기대수명과 고령화가 매우 증가하고 이동 가능 인구가 감소함에 따라, 향후 해당 연령층의 주택공급 수요가 증가할 것이라 예상한다. 목표 고객의 요구사항을 확인하고 평가하는 것은 다른 환경적 요인과 마찬가지로 경영자에게 계획, 재무, 마케팅에서 내려야 할 몇 가지 까다로운 결정을 제시해준다.

영국 아마존은 2.7kg 이하의 배송 품목으로 제한을 두고 테스트를 진행하고 있다. 이러한 제한은 너무 한도가 낮다고 생각될 수도 있지만, 2.7kg 이하의 품목이 아마존 매출의 90%를 차지하는 것으로 추정된다. 그러나 만약 더 큰 것을 보내고 싶다면 어떻게 되는가? 아니면 누군가가 이동하고 싶다면 어떻게 되는가? 2016년 1월, 중국 기업인 이항(Ehang)은 일인 유일드론(singlepassenger drone)인 이항184(Ehang 184)를 공개했다. 회사는 8개의 프로펠러가 달린 전기 드론이 최대 23분 동안 승객을 태울 수 있다고 주장한다. 미국 네바다에서 테스트 허가를 받은 해당 기계는 최대 3.5km(11,500피트)의 수직 상승과 최대 100km ph(63m ph)의 속도를 견뎌낼 수 있다. 그러나 개인용 드론 배달 시스템의 시장이 열릴지는 불투명하다. 경제성 또한 의심스럽다. 드론은 한 번의 하나의 소포를 배달하는 반면, 배달 트럭은 120개의 목적지에 걸쳐 수백 개의 소포를 배달할 수 있다. 그러나 드론 기술의 발달은 배달 문제에 대한 혁신적인 대안을 제공해준다. 소비자가 점점 더 편리함과 빠른 속도를 추구함에 따라, 앞으로 더 많은 기업이 드론 배송을 고려할 가능성이 높다.[26]

토의문제

3-15 새로운 드론 기술을 도입한 조직에서 경영자들이 직면할 수도 있는 직접적이고 장기적인 문제는 무엇이 있는가?

3-16 이 경우 많은 조직이 다양한 국가에서 경영활동을 하고 있다. 국가마다 외부요인이 어떻게 다른가?

3-17 드론 기술을 할 때 고려해야 할 인구통계학적 요소가 있는가? 베이비붐(baby boomers) 세대와 밀레니얼(millennial) 세대의 차이점을 생각해 보아라.

3-18 아마존은 이 새로운 사업을 위해 어떤 이해관계자 그룹을 고려해야 하는가? 누가 그들에게 가장 큰 영향을 줄 것으로 보이는가?

ENDNOTES

1. Reuters, "Top Twitter Executives to Leave Company, CEO Dorsey Tweets," *New York Times* online, January 25, 2016, www.nytimes.com.
2. For insights into the symbolic view, see J. Pfeffer, "Management as Symbolic Action: The Creation and Maintenance of Organizational Paradigms," in *Research in Organizational Behavior* 3, ed. L. L. Cummings and B. M. Staw (Greenwich, CT: JAI Press, 1981), 1–52; J. R. Meindl and S. B. Ehrlich, "The Romance of Leadership and the Evaluation of Organizational Performance," *Academy of Management Journal* 30, no. 1 (March 1987): 91–109; J. A. Byrne, "The Limits of Power," *Businessweek*, October 23, 1987, 33–35; D. C. Hambrick and S. Finkelstein, "Managerial Discretion: A Bridge Between Polar Views of Organizational Outcomes," in *Research in Organizational Behavior* 9, ed. L. L. Cummings and B. M. Staw (Greenwich, CT: JAI Press, 1987), 369–406; and C. R. Schwenk, "Illusions of Management Control? Effects of Self-Serving Attributions on Resource Commitments and Confidence in Management," *Human Relations* (April 1990): 333–347.
3. W. R. Dill, "Environment as an Influence on Managerial Autonomy," *Administrative Science Quarterly* (March 1958): 409–43.
4. M. Merino, "You Can't Be a Wimp," *Harvard Business Review*, November 2013, 72–78
5. See, for instance, A. Gafni, S. Walter, and S. Birch, "Uncertainty and the Decision Maker: Assessing and Managing the Risk of Undesirable Outcomes," *Health Economics* (November 2013): 1287–94; R. W. Spencer, "Managing Under Uncertainty," *Research-Technology Management* (September–October 2014): 53–54; and F. Samsami, S. Hosseini, A. Kordnaeji, and A. Azar, "Managing Environmental Uncertainty: From Conceptual Review to Strategic Management Point of View," *International Journal of Business and Management* 10, no. 7 (2015): 215–29.
6. "Workplace Culture Drives Company's Financial Performance," September 12, 2017, http://www.cxotoday.com/story/workplace-culture-drives-companys-financial-performance/.
7. D. Roberts, "At W. L. Gore, 57 Years of Authentic Culture," *Fortune*, posted March 5, 2015, http://fortune.com/2015/03/05/w-l-gore-culture/.
8. See, for example, B. Schneider, M. G. Ehrhart, and W. H. Macey, "Organizational Climate and Culture," *Annual Review of Psychology* 64, (2013): 361–88; and S. Giorgi, C. Lockwood, and M. A. Glynn, "The Many Faces of Culture: Making Sense of 30 Years of Research on Culture in Organization Studies," *Academy of Management Annals*, October 2017.
9. J. A. Chatman and K. A. Jehn, "Assessing the Relationship Between Industry Characteristics and Organizational Culture: How Different Can You Be?" *Academy of Management Journal* (June 1994): 522–53; and J. A. Chatman, D. F. Caldwell, C. A. O'Reilly, and B. Doerr, "Parsing Organizational Culture: How the Norm for Adaptability Influences the Relationship Between Culture Consensus and Financial Performance in High Technology Firms," *Journal of Organizational Behavior* (August 2014): 785–808.
10. E. H. Schein, *Organizational Culture and Leadership* (San Francisco: Jossey-Bass, 1985), 314–15; and Y. Berson, S. Oreg, and T. Dvir, "CEO Values, Organizational Culture, and Firm Outcomes," *Journal of Organizational Behavior* (July 2008): 615–33.
11. See, for example, J. P. Kotter and J. L. Heskett, *Corporate Culture and Performance* (New York: Free Press, 1992), 15–27; G. G. Gordon and N. DiTomaso, "Predicting Corporate Performance from Organizational Culture," *Journal of Management Studies* (November 1992): 793–98; and J. B. Sorensen, "The Strength of Corporate Culture and the Reliability of Firm Performance," *Administrative Science Quarterly* 47, no. 1 (2002): 70–91.
12. Chatman, et al., "Parsing Organizational Culture" [see note 9]; and Sorensen, "The Strength of Corporate Culture and the Reliability of Firm Performance." [see note 11]
13. W. Arthur Jr., S. T. Bell, A. J. Villado, and D. Doverspike, "The Use of Person-Organization Fit in Employment Decision Making: An Assessment of Its Criterion-Related Validity," *Journal of Applied Psychology* (July 2006): 786–801; and W.-D. Li, Y.-L. Wang, P. Taylor, K. Shi, and D. He, "The Influence of Organizational Culture on Work-Related Personality Requirement Ratings: A Multilevel Analysis," *International Journal of Selection and Assessment* (December 2008): 366–84.
14. B. R. Dineen, S. R. Ash, and R. A. Noe, "A Web of Applicant Attraction: Person-Organization Fit in the Context of Web-Based Recruitment," *Journal of Applied Psychology* (August 2002): 723–34.
15. D. C. Hambrick, "Upper Echelons Theory: An Update," *Academy of Management Review* (July 2007): 334–43; and H. Wang, A. S. Tsui, and K. R. Xin, "CEO Leadership Behaviors, Organizational Performance, and Employees' Attitudes," *The Leadership Quarterly* (February 2011): 92–105.
16. T. N. Bauer, T. Bodner, B. Erdogan, D. M. Truxillo, and J. S. Tucker, "Newcomer Adjustment During Organizational Socialization: A Meta-Analytic Review of Antecedents, Outcomes, and Methods," *Journal of Applied Psychology* (May 2007): 707–21; and Y. Song, Y. Liu, J. Shi, and M. Wang, "Use of Proactive Socialization Tactics and Socialization Outcomes: A Latent Growth Modeling Approach to Understanding Newcomer Socialization Process," *Academy of Management Discover* (March 2017): 42–63.
17. Based on B. McLean, "How Wells Fargo's Cutthroat Corporate Culture Allegedly Drove Bankers to Fraud," *Vanity Fair*, May 31, 2017, https://www.vanityfair.com/news/2017/05/wells-fargo-corporate-culture-fraud; G. Colvin, "Inside Wells Fargo's Plan to Fix Its Culture Post-Scandal," *Fortune*, June 11, 2017, http://fortune.com/2017/06/11/wells-fargo-scandal-culture/; and M. Goldstein, "With Deal, Wells Fargo Will Pay Big Penalty," *New York Times*, April 21, 2018, B3, and "Wells Fargo Retail Bank Compensation Plan Eliminates Product Sales Goals," *New York Times*, May 6, 2018, 14.
18. S. Denning, "Telling Tales," *Harvard Business Review*, May 2004, 122–29; P. Guber, "The Four Truths of the Storyteller," *Harvard*

Chapter 4 계획의 기초

학습목표

4.1 계획의 성격과 목적을 정의한다.

4.2 조직이 활용할 수 있는 계획의 유형들을 분류한다.

4.3 계획활동을 수행할 때 발생할 수 있는 주요 상황적 요인들을 식별한다.

4.4 목표를 수립하기 위한 접근방법들을 비교하고 대조해본다

4.5 계획관련하여 현대적 이슈들에 대해 논의한다.

고용능력 기술 매트릭스

각 장의 해당 매트릭스와 마지막 부분의 자료는 고용주가 구직자에게 요구하는 특징 기술을 개발하는데 도움을 준다.

		비판적 사고	커뮤니케이션	협동	지식 응용	사회적 책임
기술 상자	직장의 비밀	✓		✓	✓	
	실패에서 배운다	✓			✓	
기술 연습	윤리적 딜레마	✓				✓
	기술 훈련				✓	
	함께 일하기	✓	✓	✓	✓	
	경영자가 될 차례	✓			✓	
사례	사례적용	✓			✓	✓

1944년 6월 6일 제2차 세계대전에서 연합군이 수행한 전설적인 프랑스 침공 작전계획보다 더 인상적인 경우는 없을 것이다.[1] 일반적으로 "D-Day"라고 불리는 이 계획은 역사상 가장 큰 해상 침투전략으로 기록된다. 이 작전을 위해 어떤 노력이 필요했을지 상상해 보라. 작전계획을 수립하는 수 년 동안, 총, 로켓, 그리고 수륙양용 차량들은 비밀리에 보관되어야 했다. 군사 전략가들은 침공 전 훈련, 사진 정찰, 지도 작성 등을 감독하고, 공군과 지상군 및 해상 전력들에 대한 보급과 수송을 조정해야 했다. 물론 이 모든 것들은 현대적인 영상, 지도, 통신장비들 없이 이루어졌다. 실제 침공 당일, 4천척의 배가 수십 대의 전함과 수천 대의 항공기 휘하에 영국 해협을 가로 질러 군대를 수송했다. 최종 결과: "D-Day" 계획은 연합군이 독일을 패배시키는 데 중요한 역할을 했다.

LO4.1 계획을 수립하는 이유는 무엇이며 무엇을 하여야 하는가

오늘날 조직이 수립하는 계획은 2차 세계대전 당시 "D-Day" 전략의 복잡함이나 극적인 상황과는 다르겠지만, 모든 관리자들은 계획의 중요성을 이해할 필요가 있다. 먼저 8장에서는 계획의 기본 사항에 대해 살펴본다. 계획은 무엇이며, 왜 중요할까?

계획이란 무엇인가?

계획은 무엇을 의미하는가? 1장에서 언급했듯이, 계획은 조직의 목표나 목적을 정의하고, 이러한 목표를 달성하기 위한 전반적인 전략을 수립하며, 활동을 통합하고 조정하는 포괄적인 계층구조를 개발하는 것이다. 따라서 수단인 '어떻게'와 함께, 목적인 '무엇을'에 대해서도 고려하여야 한다.

계획은 비공식적 또는 공식적 측면에 따라서도 정의될 수 있다. 모든 관리자는 계획에 참여하지만 그것이 비공식적인 다양성 차원의 활동일 수도 있다. 비공식 계획에서는 아무것도 기록하지 않고 조직 내 다른 사람들과 목표를 공유할 필요도 없다. 이것은 수많은 소규모 사업체의 계획을 설명하는 것이다. 소유자이며 관리자인 CEO는 자신이 어디로 가고 싶은지, 그리고 어떻게 그곳에 도달하고자 하는지에 대한 비전을 가지고 있다. 그러나 그 계획에는 아직 전문성과 연속성이 부족하다. 비공식적인 계획은 몇몇 큰 조직들에 존재하는 반면 작은 사업체들의 계획은 매우 구체적일 수도 있다.

우리가 이 책에서 다루는 "계획"은 공식적인 계획을 의미한다. 조직에서 수립한 목표는 수년 동안 조직 내에서 공식화되기 때문에 치밀하게 준비되어 조직 구성원이 공유하도록 한다. 마지막으로 목표 달성을 위해서는 구체적인 실행 프로그램이 존재하여야 한다. 즉, 경영진은 조직이 현재 위치에서 원하는 위치로 발전하기 위해 필요한 경로를 명확하게 정의해야 한다.

관리자는 왜 계획을 세우는가?

계획 프로세스에는 많은 시간과 노력이 소모된다. 그럼에도 불구하고 관리자가 계획을 세워야 하는 이유는 무엇일까? 최소한 네 가지 이유를 제시할 수 있다.

계획 활동은 Recreational Equipment, Inc.의 수익성과에 기여하였다. 공식적으로 수립된 사업의 확장 계획은 REI의 성장을 도왔다. 1944 년 한 매장에서 출발하여 150 개 이상의 매장, 12,000 명의 직원 및 연간 20 억 달러 이상의 매출을 보유한 아웃도어 장비를 파는 주요 소매업체 기업이 되었다. 사진은 뉴욕 소호 쇼핑지구에 있는 REI 매장의 직원들이다.

출처: *Matt Peyton/REI/AP* 이미지

1. 계획은 경영자와 비 경영자 모두에게 방향을 제시한다. 조직구성원들이 자신의 조직과 부서가 달성하려는 것과 목표에 도달하기 위해 투입해야 하는 내용들을 알게 되면 자신의 활동을 조정하고, 협력하고, 목표를 달성하기 위해 필요한 일들을 수행할 수 있다. 계획이 없으면 다양한 작업을 수행하는 부서와 개인들이 조직의 목표를 달성하기 위해 효율적으로 일하는데 어려움을 겪게 된다.
2. 계획은 관리자가 미래를 예측하고 변화를 예상하며 변화의 영향을 고려하여 적절한 대응방안을 마련하도록함으로써 불확실성을 줄인다. 계획이 불확실성을 제거하지는 않지만 관리자가 효과적으로 대응할 수 있도록 하는 것이다.
3. 계획은 낭비와 중복을 최소화한다. 조직의 업무활동은 계획을 중심으로 조정될 때 비효율성이 명확해짐으로써 수정과 제거가 용이해진다.
4. 계획은 통제에 사용되는 목표 또는 평가기준을 설정하게 한다. 관리자는 계획을 세울 때 목표와 실행계획을 마련한다. 업무활동을 진행하면서, 혹은 활동이 끝난 후 통제활동을 수행할 때 계획에서 설정된 목표가 달성되었는지 확인하기 때문에 계획이 없으면 목표를 달성하기 어렵고, 업무수행을 위해 투입된 노력과 목표 간의 차이를 정확히 식별할 수 없다.

계획과 성과

계획을 수립하는 일은 가치가 있을까? 우리는 계획과 성과 사이의 관계를 30년 이상 수행한 연구를 조사하였다.[2] 공식적으로 계획하는 조직이 계획하지 않는 조직보다 항상 성과가 높다고 말할 수는 없지만 일반적으로 긍정적인 관계를 보였고 다음과 같은 결론을 내릴 수 있다.

첫째, 통상 공식적인 계획은 더 높은 수익을 도출하여 긍정적인 재무 결과를 보인다. 둘째, 계획 과정에서 계획을 잘 실행해나가는 것은 계획의 범위보다 성과에 더 많이 기여한다. 셋째, 공식적인 계획이 더 높은 성과로 이어지지 않은 연구에서는 일반적으로 외부환경이 그 원인으로 나타난다. 정부 규제, 강력한 노동조합 및 그와 유사한 환경 요인들로 인하여 계획이 조직성과에 미치는 영향을 미미하게 만든다. 왜냐하면 계획을 할 때 더 다양한 대안들을 제안하도록 하는 활동이 어렵기 때문이다. 예를 들어, 계획에서는 제조회사가 저렴한 해외 경쟁업체와 효과적으로 경쟁하기 위해 제 3국 등에서 IT 핵심부품을 다수 생산하도록 제안할 수도 있다. 그러나 노조와의 계약에서 해외로의 업무이전을 금지하고 있다면 회사가 할 수 있는 계획활동의 가치는 크게 감소한다. 자연환경으로부터 받는 큰 충격 또한 최상의 계획을 방해할 수 있다.

Let's Get REAL

Dr. Eric Brown, PT, DPT ▶
물리치료 임상이사

출처: *Dr. Eric Brown*

시나리오:

Leticia Reyes는 정보기술 회사에서 새로 승진한 중간 관리자이다. 회사의 고위 경영진은 향후 2년간의 전사적 전략계획을 수립했다. 대다수의 중간 관리자들은 고위 경영진의 전략계획이 충분하다고 생각한다. 그들은 조직구성원들이 수립된 계획 목표를 실현할 수 있는 구체적인 방법을 각자 찾아낼 수 있을 것으로 생각하였다. 그러나 Leticia는 2년짜리 계획보다 더 구체적인 사항들을 제시하는 단기 운영계획을 마련해야하지 않을까 하는 의구심을 갖고 있다.

당신은 Leticia에게 왜, 그리고 어떻게 운영계획을 마련해야 하는지에 대해 조언을 하겠는가?

Leticia는 중간 관리자로서 운영 계획을 구현함으로써 조직 내의 잠재적인 문제들을 신속하게 해결할 수 있는 기회를 가질 수 있다. 즉, 그녀는 직원들로부터 피드백을 얻고 예상치 못한 문제에 대한 관점을 얻고 회사의 계획을 보다 구체화 할 수 있다. 이를 통해 팀의 목표를 보다 분명하고 구체적으로 설정할 수 있고 2년이라는 기한 전에 회사의 효율성과 생산성을 높일 수 있다. 변화는 사건이 아니라 과정이라는 것을 기억하는 것이 중요하다.

Exhibit 4–1
계획의 유형

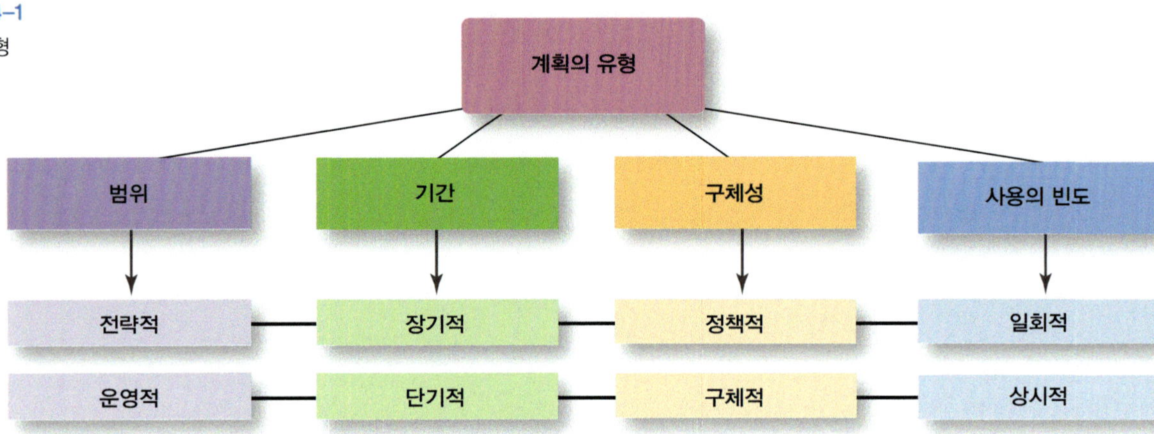

2017년 9월 허리케인 Irma는 Florida Keys 지역 대부분을 파괴했으며 동시에 Keys 호텔 경영진들이 2017-2018 겨울 시즌을 위해 수립하려던 공식 계획들의 가치 또한 파괴했다. 이러한 환경요인의 불확실성 하에서는 계획하는 자가 반드시 비 계획자를 능가할 것이라고 확신할 수 없다.

LO4.2 계획의 유형

조직의 계획유형들을 설명하는 가장 일반적인 방법은 다음과 같다. 범위(전략적 대 운영적), 기간(단기적 대 장기적), 구체성(정책적 대 구체적) 및 사용의 빈도(일회성 대 상시적)에 따른 분류이다. Exhibit 4-1에서 알 수 있듯이 이러한 계획의 유형들은 반드시 서로 독립적이지 않다. 즉 단기 및 장기계획과 전략 및 운영계획 간에는 밀접한 관계가 있다.

전략계획과 운영계획

조직 전사적인 차원에서 적용되고 조직의 목표를 설정하며 조직이 직면한 경영환경에서 조직을 전략적 우위에 올려놓으려는 계획을 **전략적 계획**이라 한다. 전략계획은 조직의 **미션**, 즉 사명에서 출발한다. 미션은 조직 구성원에게 조직의 목적, 존재 이유에 대한 지침을 제공하는 개괄적인 설명이다. 따라서 계획은 늘 조직의 사명을 반영해야 한다. Walmart의 사명은 "고객들이 돈을 절약하여 더 잘 살 수 있도록 돕는 것"이다.[3]

전략적계획
조직 전체에 적용되고 조직의 전반적인 목표를 설정하며 환경 측면에서 조직을 경쟁우위에 위치시키려는 계획

반면 전사적 목표를 달성하는 세부사항을 제시하는 계획은 **운영계획**이다. 전략 및 운영계획은 기간, 범위 및 구체적인 조직목표를 포함하는지에서 차이가 있다. 운영계획은 더 짧은 기간을 포함한다. 조직의 월간, 주간 및 일일계획은 운영계획이다. 전략계획은 5년 이상 전망하거나 더 넓은 범위를 다루기 때문에 세부사항을 포함하지는 않는다. 마지막으로 전략계획에는 수립된 목표를 포함하는 반면, 운영계획은 수립된 목표에서 목표를 달성하는 구체적인 방법과 방안을 마련하는 것이다.

사명
조직의 존재이유, 존재의 목적

지시적계획
전반적인 목표를 달성하는 방법에 대한 세부사항들을 제시하는 계획

단기계획과 장기계획

전통적으로 재무분석가는 투자수익을 단기, 중기 및 장기로 설명한다. **단기계획**은 1년 미만을 목표로 한다. 반면 5년을 초과하는 기간의 계획은 **장기계획**으로 분류된다. 중기계획은 그 사이의 기간을 다룬다. 관리자들은 계획을 설명하기 위해 동일한 용어를 사용해왔다. 좀 더 분명하게 설명하기 위해 단기계획과 장기계획을 살펴보자.

단기계획
1년 미만의 플랜

장기계획
5년 이상의 계획

구체적 계획과 정책적 계획

구체적인 계획이 정책적 또는 느슨한 지시적 계획보다 바람직하다. **구체적인 계획**에는 명확하게 정의된 목표가 있기 때문이다. 모호함도 없고 조직원 간의 오해가 발생할 문제도 없다. 예를 들어 향후 12개월 동안 회사의 매출을 20% 늘리려는 관리자는 해당 목표를 달성하기 위한 특정절차, 예산할당 및 활동일정을 설정한다. 이는 구체적 계획이다.

구체적계획
명확하게 정의되고 해석의 여지가 없는 계획

그러나 구체적 계획이 단점이 없는 것은 아니다. 그것은 종종 명확성과 판단하기 어려운 예측가능성을 요구한다. 따라서 불확실성이 높고 예상치 못한 변화로 유연성이 필요한 경우 방향성을 지시하는 계획을 사용하는 것이 좋다.

정책적 계획은 일반적인 지침을 제시한다. 무엇을 지향해야 할지를 제시하지만 특정목표 또는 특정 활동절차에 고정되지는 않는다. 예를들어 Exhibit 4-2에서 구체적인 특정계획은 A 지점에서 B 지점까지의 정확한 경로를 지정한다. 반대로 지시적, 정책적 계획은 일반적인 방향을 가리키지만 본질적으로 가는 경로의 유연성은 열어둔다. 그리고 지점 B는 특별히 정의된 목적지가 아닌 가능성을 열어놓은 목표점일 수 있다.

정책적계획
유연하고 일반적인 지침을 제시하는 계획

fyi
일반적으로 직원의 22%만이 리더가 조직에 대한 명확한 방향을 가지고 있다고 생각한다.[4]

향후 6개월 동안 비용을 4% 줄이고 수익을 6% 늘리라는 구체적인 계획을 설정하는 대신, 정책적 계획은 향후 6개월 동안 이익을 5~10% 개선하는 것을 목표로 한다. 정책적

계획에 내재된 유연성이 갖는 이점이란 구체적 계획이 갖는 명확성은 부족하지만 상황적 의미가 있다.

일회성 계획과 상시적 계획

일회성계획
특별한 상황의 요구사항을 충족하도록 구체적으로 설계된 일회성 계획

상시적계획
반복적으로 수행되는 활동에 대한 지침을 제공하는 지속적인 계획

관리자가 수립한 몇몇 계획은 상시적이고 반복적으로 사용되지만 어떤 계획은 한번만 사용된다. **일회성 계획**은 고유한 상황에서의 요구를 충족하도록 특별히 설계된 일회성 계획이다. 예를 들어 월마트가 특정기간에 중국 내 매장 수를 늘리고 싶을 때 최고경영진은 일회성 계획을 지침으로 진행하는 반면, **상시적 계획**은 반복적으로 수행되는 활동에 대한 지침을 제공한다. 상시적 계획은 2장에서 정의한 조직의 정책, 규칙 및 절차들이 포함된다. 상시적 계획의 예는 Microsoft에서 개발한 차별 금지 및 괴롭힘 방지 정책 등과 같다. Microsoft 경영진과 직원이 채용계획을 세우고 업무를 수행해 나갈 때 해당 활동의 지침을 제공한다.

Exhibit 4–2
정책적 계획들과 구체적 계획들

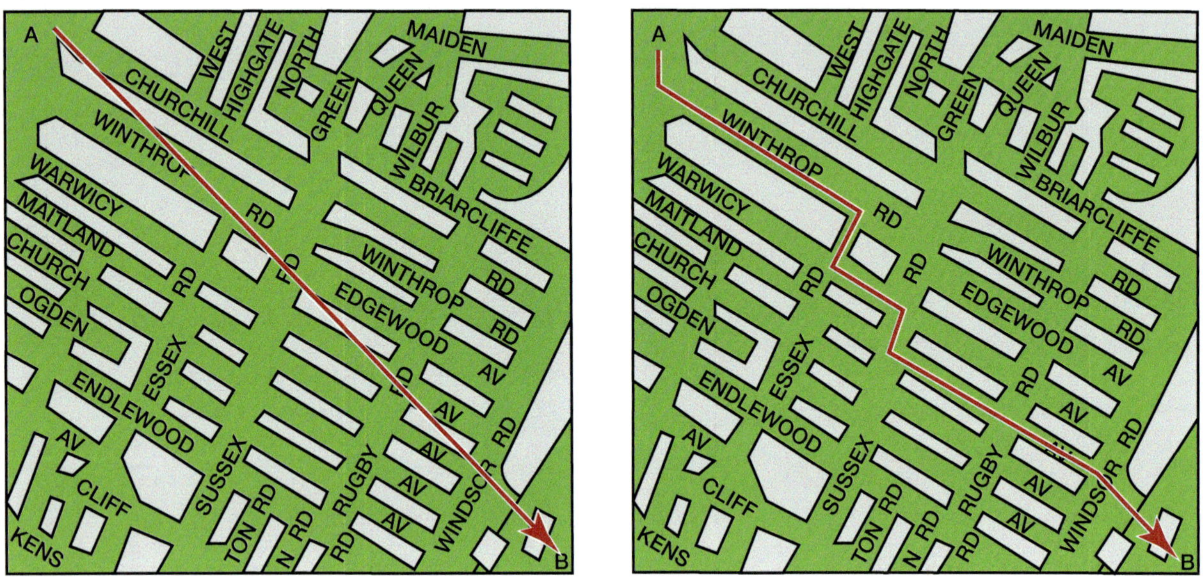

정책적 계획 | 구체적 계획

L04.3 계획의 상황적 요인

어떤 경우에는 장기계획이 의미가 있으나 다른 경우에는 그렇지 않다. 마찬가지로 어떤 상황에서는 유연성 있는 정책적 계획이 구체적인 계획보다 효과적이다. 이러한 상황이란 무엇일까? 이 섹션에서는 계획에 영향을 미치는 세 가지의 상황적 요인을 파악해본다.

조직의 수준

Exhibit 4-3은 조직의 관리수준과 수립되는 계획의 유형 사이의 일반적 관계를 보여준다. 대부분의 경우 운영계획은 하위 관리자의 계획 활동을 의미한다. 계층구조에서 관리자가 고위로 올라감에 따라 그들이 수립하는 계획의 역할은 더 전략 지향적이 된다. 큰 조직의 최고경영진에 의해 수행되는 계획은 본질적으로 전략적이다. 중소기업에서 소유자가 관리자 역할을 하는 경우 두 가지 유형의 계획을 모두 수립해야 할 것이다.

환경 불확실성의 정도

환경 불확실성이 클수록 정책적 계획과 단기계획으로 수립되어야 한다.

중요한 기술적, 사회적, 경제적, 법적 또는 기타 경영환경 요인들의 변화가 빠르게 발생할 때 잘 정의되고 구체화된 계획은 오히려 조직의 성과를 저해할 가능성이 크다. 환경 불확실성이 높으면 변경 사항을 파악하고 반영하기 위해 특정 계획을 변경해야 하기 때문에 높은 비용과 효율성이 감소된다. 오늘날과 같이 치열한 경쟁환경에서 대부분의 산업을 몇몇 우월자들이 공격하는 우발적 상황변수들의 등장은 계획이 더 유연하고, 덜 구체적이고, 더 즉각적인 대응이 가능해야 함을 시사한다.

계획기간

마지막 상황적 요소는 **약속과 관련된 개념**이다. 이는 현재의 계획이 미래의 약속된 내용에 너 많이 영향을 미칠수록 경영진이 계획해야하는 시간 프레임은 길어질 수밖에 없다는 것을 나타낸다. 이 의미는 과거의 계획이 오늘날 실현된 약속을 기대할 수 있도록 충분히 확장되어야 함을 의미한다. 너무 장기적 혹은 단기적 계획은 비효율적이다.

약속의 개념
계획이란 계획이 수립될 때 만들어진 약속이 충분히 충족될 수 있도록 확장되어야 한다.

관리자는 미래의 결정을 계획하는 것이 아니라 현재 내리는 결정이 미래에 미치는 영향력을 계획하는 것이다. 오늘 내린 의사결정은 미래의 활동이나 지출에 대한 약속이 된다. 예를들어 2014년에 Tesla는 전기자동차에 전력을 공급할 배터리를 만들기 위해 네바다주 Sparks 외곽에 580만 평방피트의 공장을 건설하기로 계획하고 약속했다.[5] 따라서 Tesla의 경영진은 이러한 약속과 양립되는 계획을 수립해야 한다.

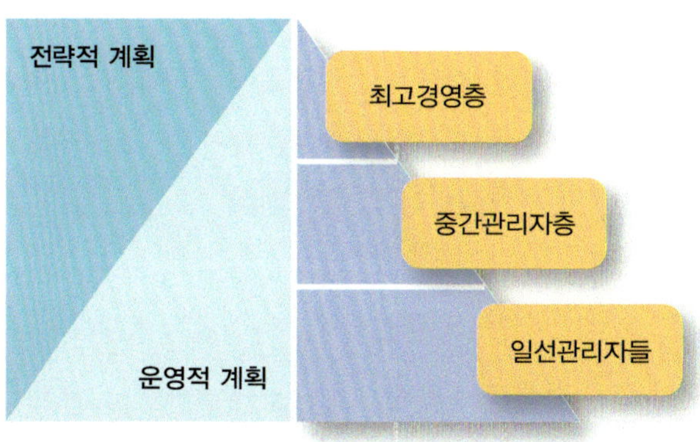

Exhibit 4-3
조직계층에서의 계획활동

실패에서 배운다 육군 공병대와 허리케인 카트리나

이 사건은 미국 역사상 가장 치명적인 자연재해로 기록되었다. 2005년 8월, 127mph의 바람을 동반한 3등급의 폭풍이 뉴올리언스를 강타했다. 이 폭풍은 허리케인 카트리나로서 1800 명이 넘는 사상자들과 810 억 달러 이상의 피해를 발생시키면서 뉴올리언스 시를 황폐하게 만들었다. 대부분의 피해는 홍수로 인해 발생했다. 사건 이후의 연구들은 광범위한 홍수 피해에 대한 직접적인 책임을 미 육군 공병대에 부여했다. 그들은 도시를 보호하는 제방 시스템을 담당했다. 뉴올리언스 지역들은 지정학적으로 대부분 해수면 아래에 위치하여 있다. 따라서 폭우와 바람이 닥칠 때 도시를 지키기 위해서는 제방시스템에 의존해야 하는 상황인데, 불행히도 군단은 도시를 둘러싼 제방과 해운 경로를 관리하지 못했다. 불행히도 군단은 도시를 둘러싼 제방과 해운 경로를 유지하지 못했다. 침식은 시간이 경과되면서 확대되었고 제방을 보호하기 위해 지어진 둑은 악화되어 카트리나가 강타했을 때 제방이 무너지며 치명적인 홍수가 발생한 것이다.

연방 법원은 육군 공병대가 뉴올리언스와 멕시코 만을 연결하는 해운경로를 적절하게 관리하지 못했다고 판결했다. 군단은 40년 넘게 뉴올리언스를 보호하는 Reach II 제방이 지속적으로 악화되며 약해지고 있다는 것을 알고 있었다. 그러나 군단은 악화되고 있는 상태를 완화시키거나 회복시키기 위한 무수한 조치를 취할 기회가 있었음에도 불구하고 그렇게 하지 못했다. 결국 카트리나는 군단에 뼈아픈 교훈을 제공했고, 책임을 뉴올리언스 시로 돌릴 수 없다는 것을 인식하게 된 것이다. 카트리나 이후 10년의 기간 동안 군단은 145억 달러의 비용으로 뉴올리언스를 둘러싸는 세계에서 가장 정교한 허리케인 보호 시스템 중 하나를 완성했다. 350 마일 거리 이상의 허리케인 장벽, 대규모 새 수문과 개선된 펌프장이 세워졌다. 구체적으로 설명하자면 홍수가 발생하는 동안 축구장 길이만한 수문이 닫히고, 침수된 지역에서 물을 퍼낼 수 있는 11개의 거대한 디젤 엔진들이 작동된다.[6]

LO4.4 목표: 계획의 기초

목표(목적이라고도 부른다)
개인, 그룹, 혹은 전사적으로 기대하는 성과

우리는 두 가지 용어를 같은 의미로 사용한다. 이 용어는 무엇을 의미하는가? 개인, 그룹 또는 전체 조직을 대상으로 원하는 결과를 나타내는 것이다. 이것은 모든 관리결정에 대한 방향을 제공하고 실제 성과를 측정할 수 있는 기준을 제시한다. 따라서 목표와 목적이 계획의 기초가 되는 이유이다.

명시적 대 실제적 목표

명시적 목표
조직이 말하는 것, 그리고 다양한 대중이 믿고자 하는 것에 대한 공식적인 진술문

명시적 목표는 조직이 제시하는 것과 다양한 이해관계자들이 기대하는 것이 해당 목표라는 공식적인 진술이다. 그러나 조직의 미션, 연례 보고서, 대중과의 소통 또는 관리자의 공개적 성명에서 찾을 수 있는 명시적 목표는 종종 상충되며 사회적 책임 등에 과도하게 영향을 받는다.

명시적 목표의 갈등은 조직이 방대한 이해관계자에 대응하기 때문에 발생한다. 불행히도 다양한 이해관계자는 종종 서로 다른 기준으로 조직을 평가하기 때문에 경영진은 상황에 따라 상이한 말을 해야 한다. 예를 들어, 몇 년 전 미국의 한 주요 항공사는 승무원 노조와 임금협상을 진행 중이었다.[7] 노조는 요구조건 중 아무것도 포기하지 않고 파업을 할 것이라 위협했다. 경영진은 노조 대표들에게 "파업하면 항공사를 해체하겠다. 항공기와 항공로를 매각하는 것이 회사를 운영하는 것보다 더 많은 가치가 있다."라고 하는 동시에 경영진은 잠재적 승객들에게 승무원들과 충돌하더라도 회사는 비행을 계속할 것이라고 진정시켰다. 이를 뒷받침하기 위해 항공사 경영진은 현재의 승무원들이 파업하고 그만두는 것에 대비하여 1,500명을 훈련시키고 있다고 밝혔다. 경영진은 노조와의 대응 방식과 대중에 대해서는 다른 방식으로 대응하면서 조직의 목표를 명시적으로 제시하였

다. 그렇다면 한 가지는 사실이고 다른 한 가지는 거짓이었을까? 둘 다 사실이지만 서로간의 갈등을 겪을 수밖에 없는 것이다.

회사소개서 혹은 웹 사이트에 명시된 조직의 미션과 목표를 읽어 본 적이 있는가?[8] American Express는 "우리는 American Express를 세계에서 가장 존경받는 서비스 브랜드로 만들기 위해 매일 열심히 노력합니다."라고 말한다. Nordstrom은 "고객에게 가능한 가장 매력적인 쇼핑 경험을 제공하기"를 추구한다고 말한다. JetBlue의 사명은 "공중과 지상에서 인류에게 영감을 주는 것"이다. Chipotle은 "정직한 음식"을 대표한다고 말한다. 이러한 유형의 진술은 모호하며 대중의 기대를 표현하고자 하는 가능성이 높다. 대중과의 관계를 형성하려는 진술문은 조직이 실제로 달성하고자 하는 것에 대한 의미있는 가이드이다. Chipotle의 경우 '정직한 음식'이라는 주장은 2015년과 2017년에 걸쳐 식당에서 식중독이 반복적으로 발생했을 때 매우 부끄러운 상황이었다.[9]

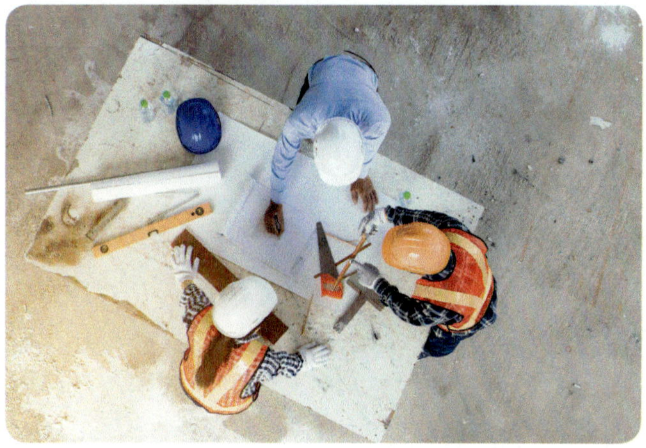

목표는 일반적으로 조직의 최상위 단계에서 설정된 후 계층별로 분화된다. 각 부서는 회사에 기여할 수 있도록 자체 목표를 설정하고 노력한다.
출처: *Narin Nonthamand/Shutterstock*

따라서 조직의 명시적 목표가 해당 조직에서 실제로 벌어지는 일들과 무관한 경우가 많다는 사실은 놀라운 일이 아니다. 예를 들어 기업에서 하나의 목표에 대한 제시는 주주에게, 다른 하나는 고객에게, 또 다른 하나는 직원과 대중을 대상으로 한다.

최고 경영진이 명시한 전반적인 목표는 다음과 같이 인식될 수 있다. "유효하고 신뢰할 수 있는 목표의 표시가 아닌 특정 이해관계자에게 설명하고 합리화하기 위해 조직에서 제작한 소설"이다.[10] 목표의 내용은 실질적으로 청중이 듣고 싶어 하는 내용에 따라 결정된다. 따라서 경영진은 다양한 목표를 설명하는 것보다 일관되고 이해하기 쉬운 목표를 명시하는 것이 더 간단한다.

조직의 **실제적 목표**가 무엇인지 알고 싶다면 조직 구성원이 실제로 무엇을 하는지 면밀히 관찰하라. 작업에는 우선순위가 있다. 학급 규모를 제한하고, 학생과의 긴밀한 관계를 촉진하고, 학생들을 학습과정에 적극적으로 참여시키고, 학생들을 300명 이상의 강의실에 배치한다는 목표를 선포하는 대학들은 드물지 않다. 빠르고 저렴한 수리를 광고하면서 높은 가격에 평범한 서비스를 제공하는 자동차 서비스 센터도 예외가 아니다. 특별한 이유가 없는 경우 언급된 목표와 실제 목표가 일치하지 않을 수 있다는 인식은 관리 불일치를 설명하는 데 도움이 되기 때문에 중요하다.

실제적 목표
구성원의 행동에 의해 정의되는, 조직이 실제로 추구하는 목표

전통적인 목표 설정

목표의 전통적인 역할은 최고경영진이 부여하는 통제활동 중 하나이다. 제조회사의 사장은 생산부문 부사장에게 내년에 예상되는 제조비용에 대해 말한다. 또한 사장은 마케팅 부사장에게 내년 매출의 예상되는 수준을 알려준다. 시장은 경찰서장에게 내년의 부서 예산이 얼마인지 알려준다. 그런다음 할당된 목표가 달성되었는지 판단하기 위해 성과를

평가한다.

전통적인 목표 설정방식
목표는 상단에서 설정된 다음 조직 각 단계에서 하위 목표로 제시된다.

전통적인 방식의 목표설정 중심 주제는 목표가 최상위에서 설정되고 조직의 각 계층에서 하위 목표로 할당된다는 것이다. 이것은 단방향 프로세스이다. 최상위층은 하위계층의 사람들에게 기준을 부과한다. 이 전통적인 관점의 목표설정은 최고경영진만이 "큰 그림"을 볼 수 있기 때문에 최선의 목표와 방법을 알고 있다고 가정하는 것이다.

위에서 설정된 전통적인 목표는 대부분의 경우 잘 작동하지 않는다. 최고 경영진이 "충분한 수익" 또는 "시장 리더십" 달성과 같은 광범위한 용어로 조직의 목표를 정의하는 경우 목표가 조직을 관통하며 필터링되기 때문에 이러한 모호함은 구체화되어야 한다. 각 영역과 수준에서 관리자는 목표에 운영상의 의미를 제공한다. 그러나 이때의 특이성은 각 관리자가 자신의 해석과 편견을 적용하여 진행한다는 것이다. 결과적으로 목표가 위에서 아래로 내려가면서 명확성과 통일성을 잃게 된다.(Exhibit 4-4 참조)

Exhibit 4–4
전통적인 목표 설정

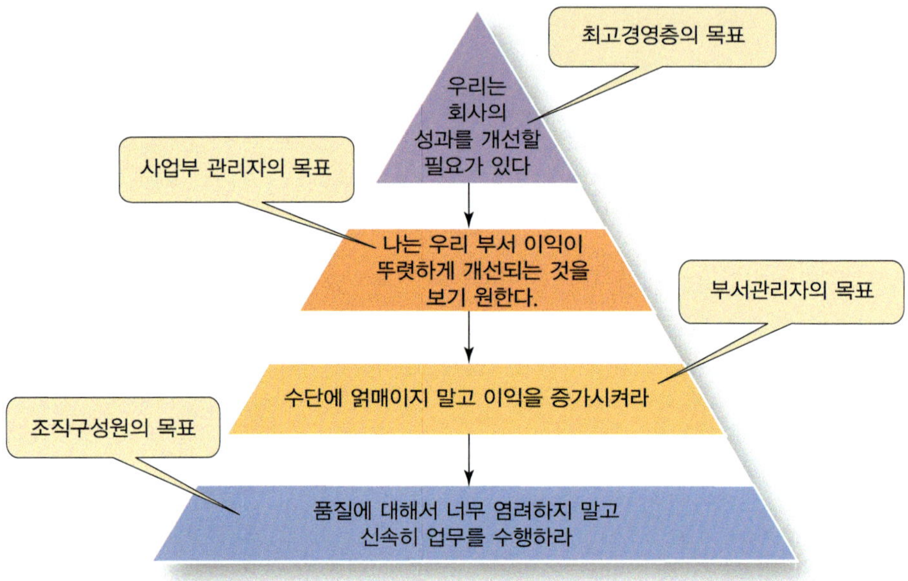

목표에 의한 관리(MBO)

목표에 의한 관리(MBO)
구체적인 성과목표를 부하직원과 상급자가 공동으로 결정한 후, 그 목표에 대한 진행상황을 주기적으로 검토하고 이를 토대로 보상을 배분하는 관리방식

전통적인 목표설정 방식을 사용하는 대신 Adobe, GE 및 Microsoft와 같은 회사는 **목표에 의한 관리**(MBO)를 구현하였다. MBO는 특정 성과목표를 부하직원과 상급자가 공동으로 결정하고, 목표에 대한 진행상황을 주기적으로 검토하고, 이를 바탕으로 보상을 배분하는 시스템이다. MBO는 목표를 통제하는 대신 목표를 사용하여 동기를 부여한다.

Adobe는 MBO 프로그램을 체크인이라고 부른다. 매년 직원과 관리자가 만나 목표를 설정한다. 그런다음 최소한 2개월마다 직원이 관리자와 확인하여 진행상황을 논의한다. 관리자는 연말에 직원들이 자신의 목표를 얼마나 잘 달성했는지에 대해 논의하고 목표달성에 따라 급여 인상과 보너스를 결정하는 "보상 체크인" 활동에 직면한다.[11]

MBO란 무엇인가? 목표에 의한 관리 MBO는 사실 새로운 것이 아니지만,[12] 그 매력은 전체 목표를 조직 단위 및 개별 구성원에 대한 특정 목표로 변환하는 데 중점을 둔다는 것이다.

MBO는 조직의 상층에서 단계적으로 내려가는 프로세스를 고안하여 목표를 운영한다. Exhibit 4-5에 설명된 것처럼 조직의 전체 목표는 조직의 각 구성(사업부, 부서, 개인)에 대한 특정 목표로 변환된다. 하위 단위의 관리자가 함께 자신의 목표설정에 참여하기 때문에 MBO는 "상향식"과 더불어 "하향식"으로 운영된다. 그 결과 한 수준의 목표와 다음 수준의 목표를 연결하는 계층이 생성된다. MBO는 개별직원을 위해 특정 개인성과 목표를 제공한다. 따라서 각 개인은 자신의 부서 성과에 기여할 수 있는 특정 목표를 설정하고 성취한다. 모든 개별 직원이 목표를 달성하면 해당 부서의 목표가 달성되고 조직의 전체 목표가 달성되는 것이다.

MBO의 공통 요소 MBO 프로그램에는 네 가지 공통요소가 있다. 이는 목표 특이성, 참여적 의사결정, 명시적 기간 및 성과 피드백이다.

MBO의 목표는 예상되는 성과에 대한 간결한 설명이다. 예를 들어 단순히 비용을 절감하고 서비스를 개선하거나 품질을 높이고 싶다는 의사를 밝히는 것은 적절하지 않다. 이러한 욕구는 측정하고 평가할 수 있는 가시적, 계량적인 목표로 전환되어야한다. 부서별 비용을 7% 절감하고, 모든 전화주문이 접수된 후 24시간 이내에 처리되도록 하여 서비스를 개선하거나, 매출의 1% 미만으로 반품을 유지하여 품질을 높이는 것 등이 특정 목표이다.

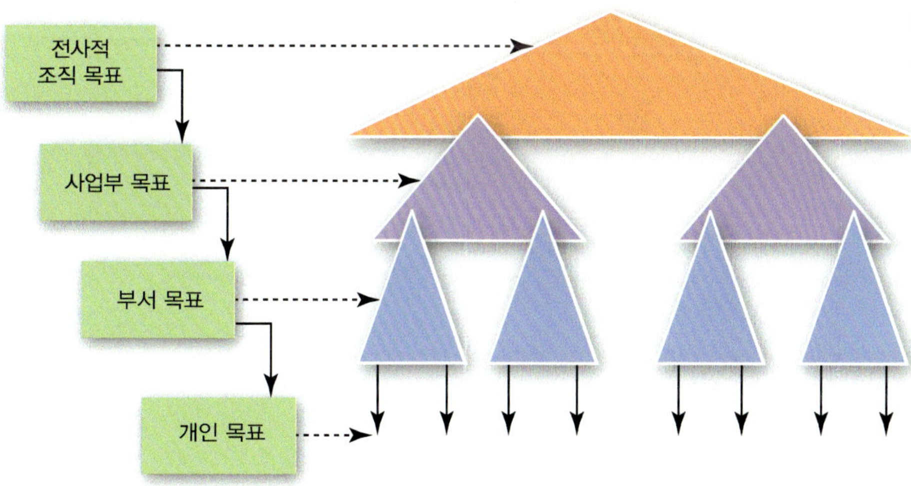

Exhibit 4–5
조직계층에 따른 계획활동

MBO에서 목표는 전통적인 목표 설정의 특징과 같이 상사가 일방적으로 설정하고 부하 직원에게 할당되는 것이 아니다. MBO는 부과된 목표를 참여 방식으로 목표를 결정하도록 한다. 직원과 상사는 공동으로 목표를 설정하고 달성방법에 동의한다.

각 목표에는 완료해야하는 구체적인 기간이 있다. 일반적으로 기간은 3개월, 6개월 또는 1년과 같다.

fyi

MBO를 사용하여 분기별로 목표를 설정하는 회사는 매년 목표를 설정하는 회사보다 성과 프로세스에서 31% 더 많은 수익을 얻는다.[13]

직장의 비밀 명확한 방향이 부족할 때

오늘날 일터는 매우 빠르게 변화하고 있다고 묘사된다. 새로운 경쟁자가 갑자기 등장하고 혁신적인 아이디어는 기존 비즈니스와 상충된다. 제품과 서비스의 수명주기는 점점 더 짧아지고 있어 직원들은 변화와 불확실성에 대처해야 한다는 것을 깨닫는다. 어떤 사람들은 불확실성을 기반으로 번창하지만 많은 사람들에게는 좌절의 이유가 되고 그로 인해 스트레스를 받는다. 상사는 내가 무엇을 하길 바랄까? 해야 할 일의 우선순위는 무엇이며 어떤 일들의 처리를 좀 더 기다려야 할까? 문제가 발생하면 누구에게 도움을 요청해야 할까? 위임된 권한과 책임을 넘어서지 않고 내 업무를 얼마나 더 확장시킬 수 있을까?

명확한 방향이 없는 경우 근본적으로 두 가지 해결책이 있다. 하나는 분명하고 구체적인 지침을 제공하는 상사이다. 상사는 당신의 직무가 무엇을 수반하는지 분명하게 말해준다. 상사의 리더십 역할에서 부하직원의 직무가 시작되고 끝나는 지점이 명확해진다.

다른 해결책은 공식적인 직무명세서이다. 직무명세서를 작성하면 모호함을 크게 줄일 수 있다. 이는 수행할 작업, 주요 의무와 책임, 성과평가에 사용될 기준 등, 업무의 필수 구성요소에 대한 설명이다. 대부분 대규모 조직에서는 직무명세서가 있다. 이상적으로 고용주는 직원들의 직무와 관련해서 직무명세서를 가지고 있기 때문에 당신이 일을 시작할 때 받지 못했다면 상사 혹은 인사부서에 요청하여라.

직무에 대한 역할을 명확히 설명 받고 정확하게 파악하는 직원이 자신이 수행하는 작업에 더 적극적으로 참여할 가능성이 높다는 강력한 연구들이 있다. 물론 이러한 직무명세서는 업무 및 특정 직무의 변화하는 특성을 반영하여 정기적으로 업데이트되어야 한다. 매년 성과평가를 위해서 상사와 직원은 작년과 변경된 내용들을 파악하고 변경사항들을 반영하여 직무명세서를 갱신하도록 한다. 그러나 당신의 직무명세서가 존재하지 않고, 또한 당신의 상사가 직무와 관련한 명확한 지침을 제공하지 않는다면 어떻게 하여야 할까? 가장 바람직한 방법은 상사와 협력하여 직무명세서를 작성하는 것이다. 구체적인 직무명세서는 업무를 더 잘 수행하도록 하고 상사의 지시에 대한 의존도를 감소시킨다는 것을 상사에게 설명하라. 이때 중요한 것은 직무명세서의 효과를 높이기 위해 함께 협력하여 공유할 수 있는 목표치를 포함시키고 작성된 최종 직무명세서를 소유하는 것이다.

현실적으로 명확한 방향이나 구체적인 직무활동에 대해 설명하는 훌륭한 상사가 있더라도 당신은 분명한 방향이 부족하다고 느낄 때가 있다. 이때 도움이 될 수 있는 세 가지 제안을 하고자 한다. 첫째, 많은 것들을 통제하려는 충동을 억제하라. 우리가 주변에 있는 것들을 아무리 통제하고 싶어도 우리가 통제할 수 없는 삶의 요소가 있다는 것을 받아들여야 한다. 이것은 일과 관련하여 확실히 사실이다. 우리는 상사를 선택할 수 없다. 또한 직무명세서가 한 번도 존재하지 않았던 조직문화에서 그것을 주장하는 것은 현실적이지 않다. 많은 조직에서 변화가 너무 빠르게 발생하기 때문에 직무명세서의 유효 수명이 매우 짧다는 사실도 기억하라. 결과적으로 업무와 관련된 모든 것을 통제할 수 없다는 현실을 받아들여야 한다.

또한 완전한 청사진이 없이도 행동하는 법을 배우라. 합리적인 의사결정은 문제가 명확하고 모호하지 않으며 가능한 모든 대안과 결과를 알고 있다고 가정한다. 그러나 실제 업무세계는 다르다. 따라서 결정을 내릴 때 필요한 모든 정보를 갖지는 못할 것이다. 여러분은 정기적으로 모호한 상황에 직면하고 상사, 동료 또는 명확한 매뉴얼 없이 조치를 취해야 한다. 정보가 완전하지 않더라도 보유한 정보를 기반으로 결정을 내릴 수 있다. 실수하는 것을 두려워하지 말아야 한다. 때로는 잘못된 결정이 결정하지 않는 것보다 나을 때도 있다. 한 임원이 동료에 대해 이렇게 설명한다. "그는 항상 '준비, 조준, 조준, 조준, 조준' 하면서 방아쇠를 당기는 것을 두려워했다!" 누구라도 상사의 지시 없이 또는 먼저 승인을 받지 않고는 어떤 일을 하는 것을 두려워하는 사람으로 분류되는 것을 원하지 않는다. 조직에서 앞서 나가고 리더로 보이려면 모호한 상황에서 단호한 조치를 취해야한다. 이것은 당신의 결정이 항상 올바른 것으로 입증되지는 않는다는 것을 의미하지만, 그러나 그렇게 살아야 한다. 60%의 타석을 기록한 야구 선수들은 명예의 전당에 올랐다는 것을 기억하라.[15]

MBO 프로그램의 마지막 요소는 성과에 대한 피드백이다. MBO는 목표를 향한 진행상황에서 지속적인 피드백을 제공한다. 이상적인 관점에서 MBO는 개인에게 지속적인 피드백을 제공하여 개인이 자신의 행동을 모니터링하고 수정하도록 하여 목표를 달성한다. 이는 직원과 상사가 목표에 대한 진행상황을 검토하고 추가 피드백을 제공하는 정기적인 공식 평가회의를 통해 계속 보완된다.

운동선수들, 매니저들, 그리고 직원들은 모두 구체적이고 어려운 목표가 있을 때 더 잘 해낸다.

출처: *Gary Mitchell, GMP Media /Alamy Stock Photo*

MBO가 작동하는가? MBO의 성과를 평가하는 것은 복잡한 작업이다. 목표와 성과 사이의 관계에 대한 연구들이 지속적으로 증가하고 있어 살펴본다.[14]

개인의 능력과 목표 수용과 같은 요소가 일정하게 유지된다면 더 어려운 목표가 더 높은 성과로 이어진다는 증거가 있다. 매우 어려운 목표를 가진 개인은 매우 쉬운 목표를 가진 개인보다 달성률이 떨어지지만, 그럼에도 불구하고 지속적으로 더 높은 수준에서 수행할 가능성이 있다. 물론 설정된 목표가 너무 어려울 수 있기 때문에 개인에게 목표가 도전이 아니라 불가능으로 인식됨으로써 이를 달성하려는 욕구가 감소하고 포기할 가능성도 증가한다.

그러나 관련 연구들은 특정 난이도가 높은 목표가 "최선을 다 하십시오"와 같은 일반적 목표 혹은 목표를 설정하지 않는 것보다 더 높은 수준의 성과를 생성한다는 사실을 지속적으로 뒷받침한다. 또한 피드백은 성과에 좋은 영향을 준다. 피드백을 통해 개인은 자신의 노력 수준이 충분한지 또는 분발해야 하는지를 알 수 있다. 이전 목표를 달성한 후 목표를 높이도록 유도하고 성과를 향상시킬 수 있는 방법을 알려주는 것은 효과적이다. 위에 인용된 연구결과들은 모두 특정 목표 및 피드백에 대한 MBO의 강도와 일치한다. MBO는 목표가 실현가능한 것으로 인식함에 있어 명시적이기 보다는 암시적이다. 목표 설정에 대한 연구에 따르면 MBO는 목표가 충분히 어렵기 때문에 애써서 늘려야 할 때 가장 효과적이라 한다

하지만 참여적인 면에서는 어떠한가? MBO는 목표가 참여적으로 설정되어야 함을 강력히 강조한다. 연구는 참여적으로 설정한 목표가 상급자가 지시한 목표보다 더 높은 성과로 이어진다는 것을 입증할까요? 흥미롭게도 참여적으로 설정하고 할당한 목표와 성과를 비교한 연구는 강력하거나 일관된 관계를 보여주지 않았다. MBO 사상과 달리, 목표 난이도가 일정하게 유지되면 위로부터 할당된 목표는 참여적으로 결정된 목표만큼 성취된다.[16] 따라서 MBO 지지자들이 옹호하는 것처럼 참여의 우월성을 주장하는 것은 불가능하다. 그러나 참여의 주요 이점 중 하나는 개인이 더 어려운 목표를 설정하도록 유도하는 것이다. 따라서 참여는 목표에 대한 개인의 포부 수준을 높임으로써 성과에 긍정적인 영향을 미칠 수 있다.

L04.5 계획과 관련된 현대적 이슈

이 장에서는 계획과 관련한 동시내적 이슈들을 살펴보면서 결론을 내리고자 한다. 우선 잠재적인 위협이나 기회를 식별하기 위해 환경에서 일어나는 일을 모니터링 한다. 둘째 계획 프로세스를 개선하기 위해 가상현실을 활용한다.

환경 스캐닝

법률 및 규정과 관련한 어떤 잠재적인 변경이 우리 사업에 영향을 미칠 수 있는가? 어떤 기술적 혁신이 새로운 경쟁자를 만들 수 있는가? 경쟁업체는 어떤 새로운 제품이나 서비스를 개발하고 있는가? 어떤 경쟁업체가 합병 가능성에 대해 이야기하고 있는가? 변화하는 고객 또는 고객의 취향을 나타내는 문화적 트랜드는 무엇인가? 이러한 것들은 환경을 스캔함으로써 답을 제공할 수 있다.

환경 스캐닝(environmental scanning)은 새로운 추세를 감지하고 일련의 시나리오를 만들기 위해 대량의 정보들을 훑어보는 것이다.[17] 일반적인 환경에서 관리자는 정치, 경제, 사회 및 기술데이터를 찾는다. 개별 조직에 보다 구체적인 데이터에는 회사가 속한 산업, 경쟁업체, 공급업체 및 고객이 포함된다. Exhibit 4-6에는 이러한 환경요소에 대한 정보를 얻을 수 있는 예를 볼 수 있다.

현재 가장 빠르게 성장하는 중요한 환경스캔 방식 중 하나는 **경쟁정보**(competitive

fyi

77%의 기업이 경쟁업체에 대한 정보가 성공에 중요하다고 생각한다.[21]

환경 스캐닝
새로운 추세를 감지하고 일련의 시나리오를 생성하기 위해 많은 양의 정보를 스크리닝하는 것

경쟁 정보
경쟁업체의 행동을 예상할 수 있도록 경쟁업체에 대한 정보를 수집

intelligence)이다. 경쟁정보는 관리자가 경쟁업체에 대한 정보를 수집하여 단순한 대응을 넘어 경쟁업체의 행동을 예측할 수 있도록 한다.[18] 경쟁자는 누구입니까? 그들은 무엇을 하고 있습니까? 그들이 하는 일이 우리에게 어떤 영향을 미칠까요? 경쟁업체의 웹사이트를 모니터링하여 파이프라인에 어떤 신제품이 있는지 확인하는 것은 간단한 일이다. 반면, 기업용 항공기의 FAA 비행 계획을 모니터링 하여 경쟁사의 임원이 비행하는 위치를 식별하고 합병 루머를 추적하는 것은 공격적인 일이다.

경쟁정보는 기업 스파이가 아니다. 광고, 홍보 자료, 보도 자료, 정부 기관에 제출된 보고서, 연간보고서, 온라인 구인 게시, 미디어 보고서, 인터넷 검색 및 산업 연구 등은 쉽게 파악할 수 있는 정보들이다. 산업 및 관련조직에 대한 특정정보는 전자 데이터베이스를 통해 점점 더 많이 이용 가능하다. 관리자는 데이터베이스에 대한 접속 권한을 구입하여 말 그대로 이 풍부한 경쟁정보를 활용할 수 있다. 전시회에 참석하여 영업 직원에게 보고 들은 내용들을 알려주는 것도 경쟁사에 대한 좋은 정보의 원천이 된다.

항공사는 프로 스포츠 팀과 마찬가지로 경쟁정보가 잘 준비된 사례를 제공한다.[19] 항공사는 매일 경쟁사의 노선과 가격을 모니터링 한 데이터를 기반으로 항공권 가격을 변경한다. 그리고 거의 모든 프로 야구, 축구, 농구 팀은 이제 스카우팅과 분석을 결합하여 코치와 매니저를 더 효과적으로 지원한다. 또한 팀을 상대에 맞서 배치하고, 드래프트 및 거래결정 방안을 만들고, 플레이 선택을 안내하게 되었다.

Exhibit 4-6
환경 스캐닝

무엇을	어디에서
거시환경요인	
정치요인	로비스트; 정치 대표
경제요인	연준 의사록; 금융뉴스
사회요인	소셜 미디어
기술요인	특허 보고서
미시환경요인	
산업	비즈니스 미디어; 산업협회
경쟁자	웹사이트; 산업 내 다른 기업들
공급자	공급업자들
고객	설문조사; 포커스 그룹들

기업은 LinkedIn 등을 포함한 소셜미디어를 사용하여 시장에서 경쟁업체의 정보를 수집한다. 경쟁업체에 대한 정보수집을 통해 관리자는 중요한 의사결정을 내릴 수 있다.

출처: *Alex Segre/Alamy Stock Photo*

가장 최근의 중요한 경쟁정보 중 하나의 정보원천은 소셜미디어이다.[20] 고등학생과 학부모가 소셜미디어 플랫폼을 사용하여 잠재적 대학에 대한 정보와 의견을 교환하는 것과 마찬가지로, 관리자는 LinkedIn, Facebook 및 Twitter와 같은 사이트를 활용하여 의견, 동향 및 그 밖의 필요정보를 추출 할 수 있다. 사실 문제는 너무 많은 정보의 가용성이다. 문제는 관리자가 계획을 수립하는데 도움이 되는 정보를 추출하기 위해 사용 가능한 풍부한 데이터를 분석하는 것이다. 그러나 올바른 분석을 한다면 경영진은 경쟁사에 대한 귀중한 정보를 얻을 수 있다. 예를 들어 LinkedIn의 구인정보는 경쟁업체가 새로운 가게를 추가하거나 새 제품 라인으로 확장할 계획이라는 정보가 될 수 있다.

가상 현실

가상현실은 공상 과학소설에서 처음 빛을 보았다. 이후에는 비디오 게임에서 거대한 시장을 발견했다. 그러나 이제 관리자를 위한 계획도구로 인식되기 시작했다. 우리는 **가상 현실**(VR)에 대해 이야기하고 있는 것이다. 즉, 3차원 대화형 컴퓨터 경험으로 시뮬레이션 된 환경을 만들어준다.[22]

가상 현실(VR)
시뮬레이션된 컴퓨터 가상환경에서 수행하는 3차원 대화형 체험

앞으로 기업에서 가상현실의 미래는 엄청날 것이다. 구직자 인터뷰, 가상회의 개최, 복잡한 직업교육 실시, 새로운 사무실 레이아웃 미리보기에 널리 사용될 도구라고 예측할 수 있다. 그리고 계획 과정에서 경영자를 도울 수 있는 잠재력이 있다.[23]

생산부서 관리자는 새로운 공장을 짓거나 현재 시설을 재설계 할 책임이 있다. 이때 최적의 디자인은 무엇인가? 플랜 A와 플랜 B는 어떤 모습인가? 프로젝트가 완료된 후 모델을 구축하거나 결함을 찾는 대신 VR을 사용하면 시뮬레이션 된 공장 현장을 "미리 걸어보기"할 수 있다. 또한 다른 대체 디자인을 시도하여 어떤 것이 가장 잘 작동하는지 확인할 수도 있다. 예를 들어, VR을 사용하면 Boeing과 같은 비행기 제조업체가 값비싼 실제의 프로토타입을 만들지 않고도 다양한 디자인을 시각화 할 수 있다.[24]

VR에는 재무계획을 위한 애플리케이션도 있다. 3D 디스플레이에서 데이터를 시각화 할 수 있다. 예를 들어 Virtualitics는 경영자와 재무부서 임원이 자신의 VR 공간에서 데이터를 보고, 분석하고, 공동으로 작업 할 수 있는 가상 플랫폼을 만들었다.[25]

Chapter 4 시험/퀴즈 준비: 학습개요를 통한 요약

LO4.1 계획의 성격과 목적에 대해 정의한다.

계획은 조직의 목표를 정의하고, 목표를 달성하기 위한 전략을 수립하고, 작업 활동을 수행하기 위한 계획을 수립하는 것이다. 계획은 비공식적, 혹은 공식적 계획이 가능하다. 계획의 네 가지 목적에는 방향 제공, 불확실성 감소, 낭비 및 중복 최소화, 통제에 사용되는 기준을 설정하는 것이다. 계획과 성과간의 관계에 대한 연구는 많은 경우 공식적인 계획이 긍정적인 재무성과와 관련이 있다는 결론을 내렸다. 오늘날 광범위한 계획을 수립하는 것보다 계획을 수립하고 또한 구현하는 것이 더 중요하다. 일반적으로 외부환경 요인들은 계획하는 기업이 높은 수준의 성과를 달성하지 못하게 하는 이유를 만든다.

LO4.2 조직에서 활용할 수 있는 계획의 유형을 분류한다.

조직의 계획은 범위(전략적 또는 운영적), 기간(단기적 또는 장기적), 구체성(정책적 대

구체적) 및 사용 빈도(일회성 대 상시적) 측면과 같이 다양하다. 전략적 계획은 전사적 조직에 적용되고 조직을 환경 측면에서 포지셔닝 하는 반면, 운영 계획은 목표를 달성하고 신속하게 진행하는 방법을 설명한다. 장기계획은 5년 이상인 계획이며 단기계획은 1년 이하에 적용된다. 구체적 계획에는 명확하게 정의된 목표가 있는 반면, 지시적 계획은 보다 일반적인 지침을 제시한다. 일회성 계획은 고유한 특정상황의 요구를 충족하도록 설계된 계획이지만 상시적 계획은 반복적으로 수행되는 활동에 지침을 제공하는 지속력 있는 계획이다.

LO4.3 계획의 주요 상황적 요인을 식별한다.

계획의 주요 상황적 요인은 조직수준, 환경 불확실성의 정도 및 향후 계획이 포함하는 약속 기간이다.

LO4.4 객관적 설정을 위한 접근 방식을 비교하고 대조한다.

명시된 목표는 조직이 목표라고 공표하는 공식적 진술이다. 조직의 실제 목표는 조직구성원들이 실제로 수행하는 일이다. 전통적인 목표수립 방식에서 목표는 조직의 최상위에서 설정되어 각 영역의 하위 목표가 된다. MBO(목표에 의한 관리)는 상호합의된 목표를 설정하고 목표를 사용하여 성과를 평가하는 프로세스이다.

LO4.5 계획과 관련하여 현대적 이슈에 대해 토론한다.

현대적인 계획 이슈 중 하나는 환경 스캔을 사용하여 회사의 외부 환경에 대한 새로운 추세를 감지하는 것이다. 환경 스캔의 한 가지 형태로서 경쟁정보는 경쟁업체가 무엇을 하고 있는지 파악하는데 특히 도움이 된다. 또다른 이슈는 3차원, 상호작용, 컴퓨터가 생성하는 경험인 가상현실을 활용하는 것이다. 가상현실을 통해 관리자는 계획 프로세스에서 고려할 수 있는 다양한 옵션을 시뮬레이션 할 수 있다.

복습과 토론 질문

4-1 계획과 성과간의 관계에 대한 연구결과에 대해 설명하라.

4-2 계획에는 많은 노력이 필요하다. 그럼에도 불구하고 사람들이 계획활동을 수행해야 하는 이유는 무엇인가?

4-3 목표라는 용어를 정의하고, 계획이 조직 목표에 어떻게 부합하는지 설명하라.

4-4 여러 유형의 조직 계획에는 무엇이 있는가? 그들은 서로 독립적인가?

4-5 조직에서 목표를 수립하는 데 필요한 5가지 단계를 간략히 설명하라. 또한 그들이 어떻게 진행되는지 대하여 설명하라.

4-6 환경을 스캔하는 영역에서 오늘날 가장 빠르게 발전하는 새로운 이슈는 무엇인가? 그것은 조직에 어떤 이점을 제공하는가?

4-7 조직의 목표를 설정하는 것은 계획에서 중요하다. 조직 목표를 설정하는 방법은 무엇이며, 어떤 방식이 가장 바람직하다고 생각하는가?

4-8 현대자동차의 글로벌 지휘통제센터(GCCC)는 조립라인을 모니터링하기 위해 전략적으로 중앙에 카메

라를 배치했다. 현대자동차가 GCCC를 통해 문제를 식별하고 신속하게 대응하는 방식으로 계획을 한 이유는 무엇인가?

경력 준비

윤리적 딜레마

중요하기는 하지만 규칙은 때때로 많은 문제를 일으킬 수 있다. TripAdvisor와 같은 웹사이트는 관광에 가치를 제공하며 더 많은 노출을 함으로써 사업을 한다. 문제는 모든 리뷰가 긍정적인 것은 아니라는 것이다. 영국 블랙풀에 있는 한 호텔은 트립어드바이저에 비판적인 댓글을 남긴 게스트들에게 £100의 벌금을 부과했다. 문의한 바에 따르면 호텔은 나쁜 리뷰를 남긴 게스트에게 요금을 부과하는 정책을 가지고 있다고 한 것으로 알려졌다.[26] 부부는 나중에 불만요인에 따른 환불을 받았다. 또 다른 예는 엄격한 규칙으로 인해 자주 비판을 받는 캐나다 호텔이다. 손님은 오후 10시까지 잠을 자야한다. 따라서 복도와 공공장소에서 "대화불허"정책을 정하여 오후 11시 이후에는 호텔 직원이 현장을 순찰하며 보증금을 반환하지 않을 것이라 주의를 준다. 방에서 소음이 들리면 리셉션에서 전화가 온다. 많은 리뷰들이 리셉션 직원이 매우 무례하다는 의견임에도 불구하고 호텔 객실은 깨끗하고 아침식사는 합리적이다.

4-9 위 사례의 호텔이 숙박 손님들에게 엄격한 규칙을 부과하는 것은 윤리적이라고 생각하는가?

4-10 호텔이 규정에 따라 일부 고객을 제한하는 것은 합법적인가?

4-11 기업이 고객에게 지나치게 제한적인 규정을 적용할 경우 어떻게 반응하겠는가?

기술 연습 작업관리 목록 작성 및 사용

할 일은 많고 할 수 있는 시간은 한정되어 있는가? 이것이 당신에게도 익숙한 이야기인가? 성공한 많은 사람들이 사용하는 도구는 할 일에 관한 목록이다. 목록은 유용하게 쓰일 수 있다. 무엇을 해야 하는지 정리하고, 이해하도록 돕고, 일상적인 일에 대한 세부사항들을 일관성 있게 유지하며, 진행되는 내용을 추적하고, 또한 미루지 않도록 돕는다. 제대로 작동하는 작업관리 목록을 만들고 그것을 사용하는 것은 모든 관리자가 개발해야 하는 기술이다.

기술 훈련 단계

- **프로젝트를 작은 작업으로 나누고 해당 작업의 우선순위를 결정한다.** 완료해야 할 주요 프로젝트가 있는 경우 해당 프로젝트를 완료하는 데 필요한 순차적 작업을 최대한 많이 식별하고 구분하는 데 시간을 할애한다. 우선순위를 정하고, 또 우선순위를 정하고, 또 우선 순위를 정한다. 이것이 가장 중요한 일을 실제로 처리할 수 있는 유일한 방법이다.
- **할 일 목록에 대해 현실적이 되어야 한다.** 할 일 목록이 매일, 매주 또는 매월로 작성되어 있어도 중단할 일이 발생하고 또 발생한다는 사실을 인식해야 한다. 제때에 처리할 수 있다고 과대평가 하지 마라. 왜냐하면 당신은 상충되는 우선순위에 늘 직면하게 되는데, 이 경우 우선순위를 다시 정하여야 하기 때문이다.
- **자신의 시간과 에너지를 파악하고 주의를 기울이라.** 자신만의 일상을 개발하게 되면 언제 가장 생산적인지 알게 된다. 가장 중요한 작업을 수행하는 데 필요한 시간을 확보하고, 또는 가장 좋아하는 작업을 먼저 수행할 수도 있다. 좋아하는 작업으로 이동하기 위해서는 해야 할 일을 더 빨리 완료하고 싶을 것이다.
- **당신의 가장 큰 시간 낭비 습관과 산만함을 파악하라.** 온라인이든 텔레비전이든 다른 곳에서든 우리 모두는 개인의

습관을 가지고 있다. 당신은 그것이 무엇인지 이미 알고 있을 것이다. 그것들은 쉽게 없애기 어렵다는 점을 인식하라. 특히 당신이 무언가를 하려고 하거나 무언가를 반드시 해야 할 때 더 조심해야 한다.

- **효과적인 기술을 도구로 삼으라.** 당신에게 적합한 앱(또는 서면 방식)을 찾으라. 우리 주변에는 사용할 수 있는 것이 많다. 그러나 끊임없이 새로운 것을 시도하려고 하지 마라. 그 자체로 소중한 시간을 낭비하게 된다. 당신의 필요와 개인적인 상황에 가장 적합하고 사용 가능한 것을 찾으면 된다.
- **이메일이나 인스턴트 메시징 문제를 정복하여야 한다.** 조직에서 구성원들은 다양한 방식으로 의사소통을 하지만 이메일과 인스턴트 메시징이 과도하게 넘쳐 나서 업무를 수행하려고 할 때 처리가 어려울 수 있다. 따라서 자신에게 가장 적합한 효과적인 수단을 찾아야 한다. 이러한 산만함을 "정복"하기 위한 몇 가지 아이디어를 다음과 같이 제안한다.
  - 하루 중 특정 시간에만 확인한다.
  - 아침에는 시간을 낭비하지 않도록 이메일을 회피하는 것이 좋다.
  - 응답에 관한 규칙을 마련하라. 3분 안에 회신할 수 있는 경우에는 즉시 응답하라. 그렇게 할 수 없는 경우 나중에 회신할 메시지들은 따로 보관하라. 좋은 규칙이란 응답 시간이 빠를수록 이메일이 짧아진다는 것이다.
  - 읽었거나 읽지 않을 "구독"은 취소한다.
  - 이메일 시스템 도구(즉, 이메일을 폴더, 미리 준비된 답변, 자동 응답자 등으로 구분하는 필터)를 사용하여 이메일 메시지를 쉽고 빠르게 관리한다.

기술 연습

이상의 기술을 연습하는 가장 좋은 방법은 현재 직면하고 있는 프로젝트(학교, 직장, 개인)를 선택하고 위의 제안들을 사용하는 것이다. 할 일 목록을 더 잘 사용하려면 지금 바로 만들고 할 일 목록을 사용하여 해야 할 일과 시간을 관리하는 것이다.

적어도 한 달 동안 매일 할 일 목록을 습관으로 만들기 위해 노력하라.

함께 일하기 팀연습

3명 또는 4명으로 구성된 그룹에서 구성원들에게 친숙한 지역 빵집, 샌드위치 가게 또는 레스토랑을 선택하라. 이제 아래 링크에 있는 전략적 목표 목록을 살펴보고 비즈니스에 중요하다고 생각되는 세 가지 전략적 목표를 선택하라(www.clearpointstrategy.com/56-strategic-objective-examples-foryour-company-to-copy). 선택한 전략적 목표가 각각의 비즈니스에 중요한 이유는 무엇인가? 선택한 각각의 전략적 목표를 달성하는 데 도움이 되는 운영 계획에 대해 논의하라. 학급에서 자신의 견해를 논의 할 준비를 하라.

경영자가 될 차례

- 학업, 직업 준비, 가족, 취미 등과 같은 개인 생활의 다양한 측면에서의 목표 설정을 연습한다. 각 영역에 대해 최소 2개의 단기 목표와 최소 2개의 장기 목표를 설정한다.
- 귀하가 설정한 목표에 대해 해당 목표를 달성하기 위한 계획을 작성하라. 예를 들어, 학업 목표 중 하나가 학점의 평균을 향상시키는 것이라면 이를 달성하기 위해 무엇을 해야 하는가?
- 개인의 미션 선언문을 작성하라. 간단하게 들릴지 모르지만 사실 간단하거나 쉽지는 않다. 저자들이 원하는 것은 필요한 경우 당신이 우리의 제안내용을 유지, 사용 및 수정하여 스스로 원하는 사람이 되고 원하는 삶을 사는 데 도움이 되고자 하는 것이다. 개인의 미션 선언문

에 대한 조사를 해보면 여러분을 안내 할 수 있는 몇 가지의 인터넷 자료들이 있다.

- 3명의 관리자를 인터뷰하여 그들이 수행하는 계획의 유형에 대해 인터뷰한다. 더 나은 계획자가 되는 방법에 대해 알려달라고 요청하라. 그리고 파악한 내용들을 설명하고 비교하는 보고서를 작성해 보라.
- 가급적 다른 산업에 있는 두 회사를 선택하라. 회사의 웹 사이트를 조사하고 그들이 언급한 목표의 예를 찾으라. (힌트: 회사의 연례 보고서는 작업을 시작하기에 좋은 자료이다.) 그들의 목표를 평가하라.
- 효과적인 관리자는 항상 정보를 선별하여 해당 산업에 영향을 미칠 수 있는 새로운 동향들을 찾으라. 업계와 관련된 다양한 소셜미디어 자료를 구독하여 관심 있는 업계의 동향을 찾아보라.

사례적용 1 변화를 전하는 에르메스(Hermes)

프랑스 명품 제조업체인 Hermes와 혼동하지 말아야 할 Hermes는 택배사업 분야에서 40년 이상의 경험을 가진 범 유럽 기업이다. 주로 영국, 오스트리아, 독일, 이탈리아 및 러시아에서 운영된다. Hermes는 영국에서 연간 2억 4,500만 개 이상의 소포를 처리한다. 이는 10,000명이 넘는 자영업 배달원과 4,500개의 택배 대리점 네트워크를 통해 성장하는 "긱(gig) 이코노미" 추세에 따르고 있다. Hermes는 Next, ASOS, John Lewis 및 Tesco를 포함한 많은 주요 소매업체에 방문 서비스를 제공한다.

이것은 대규모의 이질적인 인력을 계획 및 통제하는데 네트워크를 효과적이고 견고하게 유지하는 것이 핵심 요소이기 때문이다. Hermes는 영국 택배 네트워크의 일상적 관리를 현장의 의사결정자들에게로 이전할 방법이 필요했다. 택배 네트워크에 대한 예측할 수 없는 수요를 감안할 때 Hermès는 한 지역의 택배가 과부하 되고 인접한 지역에서는 추가 작업을 처리할 능력이 있는 경우 신속하게 배송 라운드를 재할당 할 수 있어야 했다.

영국에는 180만개의 고유한 우편번호 주소가 있다. Hermes는 이러한 우편번호에 10,000명의 택배원들을 할당했다. 따라서 택배 네트워크는 매우 세분화되어 있으며 매일 크게 변경될 수 있다. 처음에 Hermes는 택배 라운드를 생성하고 업데이트하기 위해 중앙집중식 시스템을 사용했지만 시간이 많이 걸리고 배달을 시작할 때 생성되는 배달지도가 구식이 되었음을 인식하였다. 이에 Hermes는 택배 네트워크를 전략화하고 참여를 유도하는 관리 계획 도구를 설계하기로 결정했다. 택배운영 체인의 어느 지점에서나 발생할 수 있는 다양한 가능성 또는 사고에 대해 더 나은 계획을 세우기 위한 가정 시나리오에서 새로운 도구를 설계하기 위하여 Hermes는 택배 라운드를 만들고, 보고, 구성하고, 관리할 수 있는 동적 온라인 매핑시스템을 선택하기로 결정했다. 핵심요소에는 보기 도구, 계획 및 운영 도구, 시나리오 계획 도구가 포함되었다. 보기 도구를 통해 사용자는 해당지역과 택배 라운드를 시각화할 수 있다. 현장관리자가 지역의 택배구성을 변경하고 제안서를 제출하여 승인받도록 하는 계획 및 운영 도구이다. 중앙운영 팀이 영역을 최적화하고 모델링하여 구성 가능한 모든 효율성을 식별하도록 지원해주는 시나리오 계획도구이다.

이 새로운 계획 시스템을 통해 200 명의 현장관리자는 지역의 택배 전술차원에서 실시간으로 미묘한 조정을 할 수 있게 되었다. 또한 중앙관리자는 변경으로 발생하는 영향과 효과를 확인한 다음 몇 분 안에 변경사항을 승인할 수 있게 되었다. 새로운 계획도구의 주요 이점은 조직의 목표에 직접적이고 긍정적인 영향을 미쳤다. 즉, 운영비용이 절감되고 서비스 성능 및 효율성이 향상되었다. 네트워크 구성원의 작업부담이 더 고르게 분배되면서 택배 회전율이 감소했다. 네트워크에 대한 전체적인 보기를 제공하고 피크 계획을 가능하게 하며 네트워크에 대해 지속적인 검토가 실현되었다. 현장 관리자는 iPad를 통해 시스템에 접속할 수 있으며 계획을 즉시 변경하고 확인할 수도 있다.

새로운 계획 시스템은 확장 가능하다. Hermes는 계속적으로 성장함에 따라 택배 네트워크 구조에 지속적이고 중요한 변경이 계속 필요함을 인식하고 있다. 이 시스템을 통해 Hermes는 기존의, 그리고 잠재적인 문제들을 시각화하고, 식별하고, 문제에 대한 솔루션을 모델링할 수 있다.[27]

토의문제

4-12 계획 및 매핑을 지원하는 소프트웨어가 Hermes의 운영 개선에 어떻게 도움이 될 수 있는가?

4-13 Hermes가 택배회사로서 경험한 문제는 무엇인가?

4-14 Hermes가 경쟁정보를 수집하는 것이 중요할까? 그 이유는 무엇인가?

4-15 택배 배송의 새로운 트렌드는 향후 Hermes에 어떤 영향을 미칠 수 있는가?

사례적용 2 테슬라의 목표 달성하기

Tesla Inc는 "대중을 위한" 전기자동차인 모델 3 세단을 생산하는 것과 관련하여 많은 흥분을 불러 일으켰다. 모델 3는 $35,000에서 시작하는 반면, Tesla의 다른 고급모델은 $80,000 이상의 가격이다. 모델 3의 생산은 2017년 중반에 시작되었지만 2018년 2월까지 이미 50만 건의 예약이 진행되었다.[28]

Tesla의 과제는 이전보다 훨씬 더 큰 규모의 자동차를 생산하는 것이었다. Tesla는 이 문제를 해결하기 위해 주당 5,000대의 모델 3 세단을 생산하겠다는 목표를 세웠다.[29] 그러나 Tesla는 자동화 및 배터리 팩 조립과 관련된 어려움으로 인해 2017년 말에 이 목표를 달성하지 못했다. 캘리포니아 프리몬트 공장에 1,000대 이상의 로봇을 설치하는 데 예상보다 시간이 오래 걸렸다. 또한 Tesla는 처음에 원활하게 실행되지 않았던 자동화된 창고시스템에 8천만 달러 이상을 지출하게 되었다.

2018년 1월, Tesla는 주당 5,000대의 모델 3 세단 생산을 2018년 2분기 말까지로 두 번째 연기했다. Tesla는 설명하기로 "역사상 가장 중요한 단계 중 하나, 즉 성공 또는 중단인 기간"에 진입하였다는 것이었다. 회사는 생산량을 늘리는 방법을 찾아야했다.[30]

2018년 6월 말까지 이 목표를 달성하지 못하면 객관적으로 운영을 계속하기에 충분한 현금이 없을 수 있기 때문이다. 반복적으로 생산목표를 놓친 회사에 대한 투자자가 신뢰를 잃으면 추가 현금을 모으는 것은 어려울 수 있다. 2018년 6월 말, 목표 마감일이 가까워지자 Tesla의 설립자 겸 CEO인 Elon Musk는 3일 동안 Tesla 공장을 떠나지 않았다. 그는 책상 밑의 바닥에서 자고 있었다. 생산목표에 도달하기 위해 텐트 아래에 임시 조립 라인이 만들어졌다.[31]

노력이 결실을 맺었다! Tesla는 2018년 2분기 마지막 주에 5,031대의 모델 3 세단을 생산했다. 2분기에 생산된 28,500대의 모델 3 세단 중 18% 정도가 마지막 주에 생산되었다. 일부는 Tesla가 후반기에 생산목표를 향한 전진을 계속할 수 있을지에 대해 의문을 제기했다.[32] Tesla는 목표를 달성함으로써 2018년 3분기 도전에 응할 수 있음을 입증했다. 또한 그들의 모델 3는 미국에서 판매되는 10대 세단에 등재되었으며 그 목록에 있는 유일한 전기차였다.[33]

토의문제

4-16 Tesla가 주당 5,000대의 모델 3 세단 생산이라는 목표를 달성하기 어렵게 만든 요인은 무엇인가? 그들의 명시된 목표가 이전과 달라야 한다고 생각하거나, 또는 다르지 않아야 한다고 생각하는 이유를 설명하라.

4-17 Tesla가 모델 3에서 한 것처럼 야심찬 생산목표를 설정하는 것의 단점은 무엇인가?

4-18 Tesla의 생산직원이 5,000대 목표에 대해 어떻게 느꼈다고 생각하는가? 직원들 사기에 긍정적이거나 부정적인 영향을 미칠까? 그에 대해 설명하라.

ENDNOTES

1. Reprinted from the August 1944 edition of *Popular Mechanics*: "How the D-Day Invasion Was Planned," *Popular Mechanics*, June 6, 2017, https://www.popularmechanics.com/military/a15909/how-d-day-was-planned-1944/.

2. See, for example, J. A. Pearce II, K. K. Robbins, and R. B. Robinson, Jr., "The Impact of Grand Strategy and Planning Formality on Financial Performance," *Strategic Management Journal* (March-April 1987): pp. 125–34; L. C. Rhyne, "Contrasting Planning Systems in High, Medium, and Low Performance Companies," *Journal of Management Studies* (July 1987): pp. 363–85; J. A. Pearce II, E. B. Freeman, and R. B. Robinson Jr., "The Tenuous Link Between Formal Strategic Planning and Financial Performance," *Academy of Management Review* (October 1987): pp. 658–75; D. K. Sinha, "The Contribution of Formal Planning to Decisions," *Strategic Management Journal* (October 1990): pp. 479–92; N. Capon, J. U. Farley, and J. M. Hulbert, "Strategic Planning and Financial Performance: More Evidence," *Journal of Management Studies* (January 1994): pp. 105–10; C. C. Miller and L. B. Cardinal, "Strategic Planning and Firm Performance: A Synthesis of More Than Two Decades of Research," *Academy of Management Journal* (December 1994): pp. 1649–65; P. J. Brews and M. R. Hunt, "Learning to Plan and Planning to Learn: Resolving the Planning School–Learning School Debate," *Strategic Management Journal* (December 1999): pp. 889–913; J. Brinckmann, D. Grichnik, and D. Kapsa, "Should Entrepreneurs Plan or Just Storm the Castle? A Meta-Analysis on Contextual Factors Impacting the Business Planning-Performance Relationship in Small Firms," *Journal of Business Venturing* (January 2010): pp. 24–40; and M. R. Parke, J. M. Weinhardt, A. Brodsky, S. Tangirala, and S. E. DeVoe, "When Daily Planning Improves Employee Performance: The Importance of Planning Type, Engagement, and Interruptions," *Journal of Applied Psychology* (March 2018): pp. 300–12.

3. panmore.com.

4. R. Pendell, "Six Scary Numbers for Your Organization's C-Suite," Gallup, October 30, 2018, https://www.gallup.com/workplace/244100/scary-numbers-organization-suite.aspx.

Chapter 5 전략 경영

학습목표

5.1 전략적 경영을 정의하고 중요한 이유를 설명한다.

5.2 전략적 경영 프로세스의 6단계 과정에서 관리자가 하는 활동을 설명한다.

5.3 기업 전략의 세 가지 유형을 설명한다.

5.4 경쟁 우위가 무엇이며, 그것을 얻기 위해 기업이 사용하는 경쟁전략들을 설명한다.

고용능력 기술 매트릭스

각 장의 해당 매트릭스와 마지막 부분의 자료는 고용주가 구직자에게 요구하는 특정 기술을 개발하는데 도움을 준다.

		비판적 사고	커뮤니케이션	협동	지식 응용	사회적 책임
기술 상자	당신의 경력 개발	✓			✓	
	직장의 비밀	✓			✓	
	실패에서 배운다	✓			✓	
기술 연습	윤리적 딜레마	✓				✓
	기술 훈련	✓			✓	
	함께 일하기		✓	✓	✓	
	경영자가 될 차례	✓			✓	
사례	사례적용	✓			✓	✓

2011년에 설립된 MoviePass는 흥미롭기는 하지만 안타깝게도 비즈니스 전략에 결함이 있었다.[1] 사용자가 매월 10달러의 고정 티켓 구매로 매일 영화 한 편을 볼 수 있는 비즈니스 모델은 고객 유치에서 문제가 없었다. 2018년 여름에는 3백만 명의 사용자가 있는 것으로 보고되었다. 그러나 안타까운 일은 회사가 사용자가 구매한 티켓 가격의 대부분을 영화관에 지불해야했다는 것이다. 평균 티켓 가격이 10달러였던 MoviePass는 각 사용자를 위해 한 달에 최대는 300달러까지 극장에 지불해야 했다.

MoviePass의 경영진은 사용자의 구독 시청 습관으로 잠재적인 수익을 창출할 것으로 생각했다. 그러나 이 서비스에 대한 시장은 만들어지지 않았다. 따라서 회사는 사용자가 볼 수 있는 영화 개수를 특정 영화와 극장을 제외하고 한 달에 4편으로 줄이고 가격을 인상했다. 그러나 이러한 전략적 변경사항 중 어느 것도 효과적이지 않았다. 2018년 말, 회사는 한 달에 4천만 달러의 손실을 입게 되었다. 2019년 9월, MoviePass의 경영진은 두 손을 들고 회사를 폐쇄했다. 비즈니스 모델과 전반적인 전략이 실패했다.

성공적인 관리자는 활용할 수 있는 시장기회를 인식하고, 회사의 약점을 수정하거나, 새롭고 더 효과적인 방법을 공식화하여야 한다. 강력한 경쟁자가 되기 위한 전략을 관리하는 방법은 조직의 성공 또는 실패에 중요한 역할을 한다. 9장에서는 전략 경영 프로세스를 소개하고 조직이 추구할 수 있는 다양한 전략을 검토해 본다.

L05.1 전략 경영이란 무엇이며 왜 중요한가?

휴대전화 산업은 전략 경영이 무엇인지 알 수 있는 좋은 대상이다. 블랙베리는 1990년대에 해당 비즈니스 시장에 설득력 있는 셀룰러 제품을 성공적으로 판매했다. 그러나 2007년 Apple의 iPhone 출시는 BlackBerry 성공에 중대한 위협이 되었다. iPhone 하드웨어의 품질은 BlackBerry 스마트 폰보다 훨씬 우수했으며 Apple은 개발자가 iPhone 기반의 다양한 앱(application)들을 만들 수 있도록 하여 iPhone을 더 많은 사용자들에게 더 매력적으로 만들었다. 그러나 BlackBerry는 여전히 기업에 초점을 맞추면서 비즈니스를 진행했으며 개발자가 BlackBerry 운영체제용 앱을 만들 수 있도록 하는 노력을 거의 하지 않았다. Apple iPhone 판매량이 급증하고 블랙베리 판매량은 급감했다. 2017년까지 Apple은 세계 스마트 폰 시장의 17.9%를 차지했지만 BlackBerry는 0.2%에 머물렀다![2] 오늘날 BlackBerry를 사용하는 고객들은 거의 없지만 Apple iPhone은 어디에나 있다.

전략 경영의 정의

전략 경영
조직이 목표를 달성할 수 있도록 최고 경영진에 의해 수립된 계획의 공식화 및 구현

전략
조직이 비즈니스에서 수행할 작업을 수행하는 방법, 성공적으로 경쟁하는 방법, 목표를 달성하기 위해 고객을 유치하고 만족시키는 방법 등에 대한 계획

비즈니스 모델
회사가 돈을 버는 방법

전략 경영은 최고 경영진이 자사의 자원과 환경의 기회를 고려하여 계획을 수립하고 구현하는 것이다. 이것은 조직이 목표를 달성할 수 있도록 한다. 그렇다면 조직의 **전략**이란 무엇인가? 이는 조직이 비즈니스에서 수행하는 모든 작업을 수행하는 방법, 성공적으로 경쟁하는 방법, 목표를 달성하기 위해 고객을 유치하고 만족시키는 방법에 대한 계획이다.

또한 전략관리에서 자주 다루는 주된 주제는 회사가 돈을 버는 방법인 **비즈니스 모델**이다. 따라서 기업은 두 가지에 초점을 맞추어야 한다. (1) 고객이 회사가 제공하는 것에 대해 가치를 부여하는지 (2) 회사가 이를 통해 돈을 벌 수 있는지의 여부이다.[3] MoviePass

의 비즈니스 모델은 분명히 실패했다. 반면 Jeff Bezos는 소비자에게 직접 온라인으로 책을 판매하는 비즈니스 모델을 개척했다. 고객은 아마존이 제공하는 것에 가치가 있다고 여겼다. 아마존은 그런 방식으로 돈을 벌고 있나요? 처음에는 아니었지만 지금은 절대적으로 그렇다고 말할 수 있다. 세계에서 가장 처음으로 시작된 온라인 서점이 이제는 세계에서 가장 큰 모든 제품들의 상점이자 세계에서 가장 가치있는 회사 중의 하나이다! 이러한 사례는 경영진이 조직의 전략을 개발할 때 비즈니스 모델의 경제적 실행가능성을 평가하고 보장해야 한다는 것을 보여주는 것이다.

전략적 경영을 사용하여 Marvel Entertainment는 더 높은 수준의 조직성과를 달성할 수 있었다. 만화책에 대한 시장의 수요가 감소하자 회사는 스파이더맨과 다른 만화책 캐릭터를 영화에 등장시켜 인쇄물 독자에서 더 많은 영화 관객으로 초점을 확장시켰다.

출처: *COLUMBIA PICTURES/MARVEL ENTERTAINMENT/BRAMLEY, JOHN/Album/Newscom*

왜 전략 경영이 중요한가?

스파이더 맨과 다른 여러 상징적인 캐릭터들의 고향인 마블 엔터테인먼트는 오랫동안 만화책 세상에서 가장 큰 사업자였다. 그러나 1990년대 중반에 만화책 시장이 무너지고 마블이 파산하게 되었을 때 파산을 막을 만큼 강력한 힘은 더 이상 없었다. 그러나 마블은 구조조정을 거치면서 종이와 잉크가 아닌 영화에 초점을 맞추어 접근 방식을 변경했다. 오늘날 Iron Man, Avengers, Spider-Man, X-Men은 각각 모두 10억 달러 규모의 프랜차이즈라고 할 수 있으며, 회사의 전략계획은 하나의 영화 세계에서 많은 캐릭터들을 연결하는 것으로서, 이를 대중문화의 가장 강력한 브랜드 중 하나로 바꾸었다. Marvel의 관리자는 전략 경영의 중요성을 분명히 이해하고 있다.[4]

전략 경영이 왜 그렇게 중요한가? 여기에는 세 가지 이유가 있다. 가장 중요한 것은 조직성과에 큰 차이를 만들 수 있다는 것이다. 이것은 동일한 환경조건에 직면하더라도 일부 기업은 성공하고 다른 기업은 실패하는 이유를 설명하는 데 도움이 된다. 관련한 다수의 연구결과, 전략적 계획과 성과 간에 일반적으로 긍정적인 관계가 있음을 발견했다.[5] 즉, 전략 경영를 사용하는 조직의 성과가 더 높은 것으로 나타난다. 두 번째 이유는 모든 유형이나 규모의 조직 관리자가 끊임없이 변화하는 상황에 직면하고 있다는 사실이다. 그들은 전략 경영 프로세스를 사용하여 관련된 요소들을 파악하고 취하여야 하는 조치를 결정함으로써 이런 불확실성에 대처한다.

마지막으로 조직은 복잡하고 다양하기 때문에 전략 경영이 중요하다. 각 부분은 조직의 목표를 달성하기 위해 협력해야 하는데 전략 경영이 이를 지원할 수 있다.

오늘날 영리 조직과 비영리 조직 모두 전략 경영를 사용하고 있다. 예를 들어 USPS (US Postal Service)는 야간 소포 배달회사, 통신회사, 이메일 및 문자메시지 서비스, 개인 우편시설 등과의 경쟁에 둘러싸여 있다. USPS는 2006년 2,130억 개의 우편물 서비스를 처리하였다. 그러나 2017년에는 총액이 1,490억으로 30% 감소했다.[6] 물량 손실과 함께 재정적 손실 또한 발생했다. 2017년에는 11년 연속 손실을 기록했으며 연간 손실이

159억 달러에 달한 경우도 있다.[7] USPS의 경영진은 전략 경영를 통하여 대응방안을 도출하고자 하였다. 가능한 계획 중 하나는 배달서비스 일정을 변경하여 6일 패키지 배달 및 5일 우편배달이다. 다른 방법으로는 우편 처리시설의 간소화 및 통합, 대용량 우체국에서의 셀프 서비스 가용성 향상, 요금 인상 등이 있다. 최근에 USPS는 FedEx, UPS 및 Amazon.com과 경쟁하기 위해 생수에서 신선한 생선에 이르기까지 모든 상품의 당일 배송서비스를 제공하기 시작했다.[8] 전략 경영는 USPS 운영에 계속해서 중요할 것이다. 비영리 조직의 전략 경영는 영리 조직에 대한 연구만큼 많이 진행되지는 않았지만 우리는 전략 경영이 그들에게도 중요하다는 것을 알고 있다.

LO5.2 전략 경영의 프로세스

전략 경영의 프로세스
전략적 계획, 실행 및 평가를 포함하는 6단계 프로세스

전략 경영의 프로세스(Exhibit 5-1 참조)는 전략 계획, 구현 및 평가를 포함하는 6단계이다.

처음 네 단계에서는 반드시 수행해야하는 계획 활동을 설명하지만 구현 및 평가도 동일하게 중요하다! 경영진이 제대로 구현하거나 평가하지 않으면 최상의 전략도 실패할 수 있기 때문이다.

Exhibit 5–1
전략 경영의 프로세스

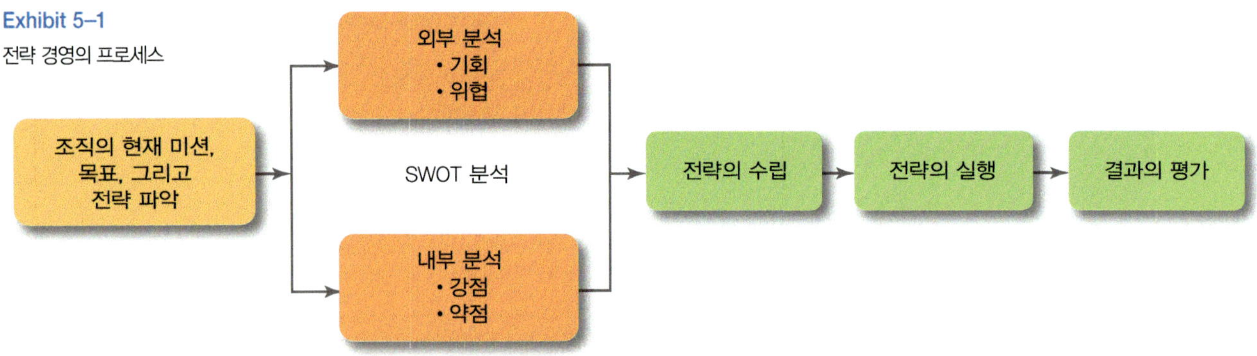

1단계: 조직의 현재 미션, 목표 그리고 전략 파악

fyi
경영진의 61%는 최고경영층에 임명되었을 때 조직이 직면한 전략적 과제에 대비하지 못했다고 인정한다.[9]

목표 및 전략에 관해 학습한 8장에서 언급했듯이, 모든 조직에는 존재 이유와 목적을 설명하는 미션이 존재하여야 한다. 미션을 정의함에 있어 관리자는 우리 조직의 비즈니스에서 무엇을 하여야 하는지 식별해야 한다. 미션 선언문의 몇 가지 예로는 다음과 같다. Patagonia의 미션은 "최고의 제품을 만들고, 불필요한 피해를 발생시키지 않으며, 비즈니스를 통해 환경위기에 대한 해결책을 고취하고 실천한다". Tesla의 미션은 "지속가능한 에너지로의 글로벌 전환을 가속화하기 위해 존재한다" 등이 있다.[10] 그러나 이러한 미션 진술문은 돌에 새겨 작성하는 것이 아니기 때문에 경영진은 때때로 수정이 필요하다는 것을 깨닫는다. 예를 들어 페이스 북의 초기 미션은 "세상을 개방하고 연결하는 것"이었지만 페이스 북의 허위정보 확산 문제로 인해 그 내용을 재고하게 되었다. 갈수록 분열

되는 사회에 좌절한 회사의 미션은 세계를 연결하는 것뿐만 아니라 세계를 더욱 가깝게 만드는 데 초점을 맞췄다. 이에 수정된 미션은 "사람들에게 함께 커뮤니티를 구축하고 세상을 더 가깝게 만들 수 있는 힘을 주는 것"이다.[11]

조직의 미션 선언문에는 무엇이 포함되어야 하는가? Exhibit 5-2는 몇 가지의 일반적인 구성 요소들에 대하여 설명한다.

Exhibit 5-2
미션 선언문의 구성요소

구성요소	질문
• 고객:	기업의 고객들은 누구입니까?
• 시장:	기업은 지리적으로 어느지역에서 경쟁하고 있습니까?
• 생존, 성장, 그리고 수익을 위한 고려:	기업은 성장과 재무적 안정을 위해 열정적입니까?
• 철학:	기업의 기본적인 신념, 가치, 그리고 윤리적 우선순위가 무엇입니까?
• 공공 이미지를 위한 고려:	기업은 사회적, 환경적 이슈들에 어떻게 반응합니까?
• 제품과 서비스:	기업의 주된 제품과 서비스는 무엇입니까?
• 기술:	기업은 최신의 기술을 개발하고 도입합니까?
• 자기개념:	기업의 주된 경쟁우위와 핵심역량은 무엇입니까?
• 직원에 대한 고려:	종업원들은 기업의 가치있는 자산입니까?

2단계: 외부분석 수행

다음과 같은 트렌드는 비즈니스에 어떤 영향을 미칠 수 있을까?

- 이제 고객은 휴대전화기를 가지고 전화통화보다 데이터 전송 및 검색에 더 많이 사용하고 있으며 전 세계적으로 스마트 폰의 수는 계속해서 급증하고 있다.
- 실업률이 감소하고 있다.
- 금리가 상승하고 있다.

3장에서, 관리자 활동에 대한 중요한 제약요인으로 외부환경에 대해 설명했다. 외부환경을 분석하는 것은 전략 경영 프로세스에서 중요한 단계이다. 관리자는 외부환경 분석을 수행하여 경쟁자들이 무엇을 하고 있는지, 계류중인 법률이 우리조직에 어떤 영향을 미칠 수 있는지, 또는 조직을 운영하는 지역에서 노동력의 공급이 어떤 상황인지 알 수 있어야 한다. 외부분석에서 관리자는 경제, 인구 통계, 정치/법적, 사회 문화, 기술 및 글로벌 구성 요소를 조사하여 그 추세와 변화를 확인해야 한다. 예를 들어, Aetna는 오늘날 고객들이 보험과 관련한 계획을 설계하고 비용을 더 많이 통제하기를 원하기 때문에 맞춤형 건강 보험을 제공한다. 이 회사의 외부분석에 따르면 WebMD와 같은 웹 사이트는 많은 사람들이 보다 현명한 의료 소비자가 되는데 도움이 되며, 국가 의료법은 보험 비용을 낮출것을 약속하고 있다는 것이다.[12]

환경을 분석한 후 관리자는 조직이 이용할 수 있는 기회와 대응하거나 완충해야하는

기회
외부 환경의 긍정적인 동향

위협
외부 환경의 부정적인 동향

위협을 정확히 찾아내야 한다. **기회**는 외부환경의 긍정적인 추세에서 찾을 수 있고 **위협**은 부정적인 동향에 기인한다.[13]

제약 산업에서 진행 중인 전략적 기회와 위협에 대해 살펴봅시다. 특허보호법은 미국 제약 회사에 연구개발 비용을 회수하고 제품 판매로 인한 수익을 창출 할 수 있는 기회를 제공한다. 미국 정부는 제약회사에 최대 20년 동안 독점권과 특허 보호를 부여한다. 독점 조항이 없으면 Wyeth Pharmaceuticals와 같은 제약회사는 다른 제약회사가 동등한 제품을 제조하고 더 낮은 비용으로 판매하게 될 때 시장에서 불리할 것이다. 예를 들어, Wyeth Pharmaceuticals는 위식도 역류 질환을 치료하는 제품인 Protonix를 개발했고 2011년까지 독점보호를 누렸다. 독점조항 만료는 Wyeth pharmaceuticals에 위협이 되었고 다른 제약회사에게는 시장 점유율을 놓고 경쟁할 수 있는 기회가 되었다. Teva Pharmaceuticals는 Protonix에 필적하는 치료용 일반 대체품인 판토프라졸을 저렴한 가격에 판매하고 있다. 이러한 일반 대체품은 제조 및 유통회사가 회수할 연구개발 비용이 없기 때문에 비용이 저렴하다. 많은 건강보험 회사는 저렴한 일반 대체품을 사용할 수 있을 때 브랜드 제품에 대한 보장을 거부함으로써 Teva와 같은 회사에 더 많은 이점을 제공하게 된다.

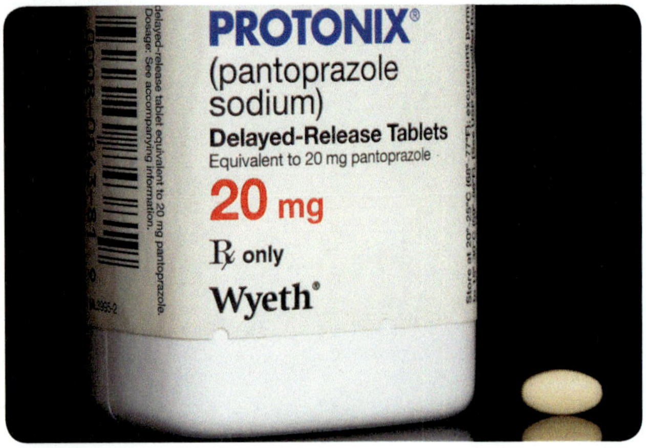

Wyeth Pharmaceuticals는 위식도 역류질환 치료제인 Protonix를 개발하여 2011년까지 독점 보호를 누렸다. 이 독점조항의 만료는 Wyeth Pharmaceuticals에게 위협이 되었으나 한편, 이는 소비자에게 더 낮은 비용으로 선택할 수 있는 기회를 제공하고 더 많은 제약회사가 시장 점유율을 놓고 경쟁할 수 있는 기회가 되었다.
출처:*Jb Reed/Bloomberg/Getty Images*

3단계: 내부분석 수행

이제 조직의 특정자원 및 기능에 대한 중요한 정보를 제공하는 내부분석으로 이동해보자.

자원
제품을 개발, 제조 및 고객에게 제공하는 데 사용되는 조직의 자산

능력
비즈니스에 필요한 업무 활동을 수행하는 조직의 기술과 능력

핵심 역량
조직의 경쟁적 우위를 결정짓는 조직의 주요 가치창출 능력

조직의 **자원**(resources)이란 제품을 개발, 제조 및 고객에게 제공하는데 사용하는 재무적, 물리적, 인적, 그리고 무형의 자산이다. 그것은 조직이 가진 그 "무엇"이다. 다른 한편으로, 그 **능력**(capabilities)은 비즈니스에 필요한 활동을 수행하는 기술과 능력, 즉 작업을 "어떻게" 수행하는지 와도 관련이 있다. 조직의 주요 가치창출 능력은 **"핵심역량"**이라 알려져 있다.[14] 자원과 핵심역량 모두 조직의 경쟁무기를 결정한다. 예를 들어, 운송 대기업 Norfolk Southern의 CEO는 "우리는 운영을 간소화하고 성장을 가속화하며 주주의 가치를 향상시킬 수 있는 올바른 전략계획이 있다고 믿습니다."라고 말한다.[15] 경영진은 회사의 전략적 목표를 달성하기 위해 두 가지 핵심역량(우수한 고객 서비스 및 안정성)을 활용할 계획이다.

강점
조직이 잘하는 모든 활동 또는 고유한 자원

약점
조직이 잘하지 못하는 활동 또는 필요하지만 소유하지 않은 자원

관리자는 내부분석을 완료한 후 조직의 강점과 약점을 식별할 수 있어야 한다. 조직이 잘 수행하는 모든 활동 또는 고유한 자원을 **강점**이라고 한다. **약점**이란 조직이 잘 수행하지 못하는 활동 또는 필요하지만 소유하지 못한 자원이다.

SWOT 분석
조직의 강점, 약점, 기회 및 위협에 대한 분석

외부 및 내부분석을 결합한 것을 **SWOT 분석**이라고 하는데 조직의 강점, 약점, 기회 및 위협의 분석을 의미한다.[16] SWOT 분석을 완료한 후 관리자는 적절한 전략 즉 (1) 조직

Let's Get REAL

출처: *Kelly Nelson*

◀ **Kelly Nelson**
조직개발 및 훈련 관리자

시나리오:

Emily의 제과점은 빠르게 성공을 거두었다. Emily Smith 또한 불과 3년 전에 시작된 제과점이 이렇게 빨리 수익을 냈다는 점에 스스로 놀랐다. 이러한 성장은 시기와 위치 때문이었다. 그녀는 새로운 도시로 이전하기를 원했던 경쟁 제과점의 주인이 폐점을 하는 그 시기에 고객이 많은 동네에서 우연히 문을 열게 되었다. 그러나 지난 몇 달 동안 판매가 부진했기에 Emily는 미래에 대해 고민할 시간을 가지게 되었다. 그녀는 개점 후 다음 단계에 대해 파악하고 비즈니스를 위한 전략적 계획이 필요하다고 생각했지만 어디서부터 시작해야 할지 몰랐다.

Emily는 전략 계획 프로세스를 어떻게 시작해야 할까?

전략 계획은 향후 의사결정의 기반이 되는 회사의 로드맵이 되기 때문에 초기에 전략을 효과적으로 계획하는 것이 중요하다. 프로세스를 시작하는 출발점은 비즈니스의 현재 상태를 분석하는 것이다. 이 활동에는 강점과 약점을 요약하고, 위협이나 성장 기회를 제공할 수 있는 외부요인을 식별하는 것이 포함된다. 이 정보를 통해 비즈니스의 리더는 단기 및 장기 목표를 수립하고 이를 기업의 문화, 사용 가능한 자원 및 현실적인 시간 프레임과 연계하여 실행 가능한 계획을 개발함으로써 원하는 미래의 모습을 계획하게 된다.

의 강점과 외부 기회를 활용하고 (2) 외부 위협으로부터 조직을 완충 또는 보호하거나 (3) 중대한 약점을 수정하는 전략 등을 공식화 할 준비를 하게 된다.

4단계: 전략 수립

관리자는 조직의 목표를 달성하는데 도움이 되는 전략을 설계하기 위해 외부환경 상황과 사용가능한 자원 및 조직기능을 고려해야 한다. 관리자가 공식화하는 세 가지 주요 전략의 유형에는 기업전략, 경쟁전략 및 기능전략이 포함된다. 각각에 대해 간략히 설명할 것이다.

5단계: 전략 구현

전략이 수립되면 실행하여야 한다. 조직이 아무리 효과적으로 전략을 계획하더라도 전략이 제대로 구현되지 않으면 성과는 떨어진다.

6단계: 결과 평가

전략 경영 프로세스의 마지막 단계는 결과를 평가하는 것이다. 조직의 목표를 달성하도록 돕는 전략이 얼마나 효과적이었나? 향후 어떤 조정이 필요한가? 예를들어 1990년대 초, Las Vegas는 유람선과 인디언 보호구역에서의 합법적인 도박으로 새로운 경쟁국면에 직면했다. 이에 대해 시의회는 Las Vegas를 성인오락 장소가 아닌 가족 여행지로 홍보하는 전략을 세웠다. 새로운 강조 포인트는 수영장, 놀이 공원 및 쇼핑과 같은 것이었다. 그러나 몇 년 후 이 전략을 평가한 결과, 가족은 이 도시를 어린이를 데려오는 곳으로 인식하지 않았고 호텔과 카지노는 가족과 어린이를 원하지 않는 것으로 나타났다. 도박과 아이들은 잘 조화되지 않았다. 결국 원래의 성인오락 전략으로 복귀하는 것이 훨씬 더

당신의 경력 개발

당신의 강점과 약점을 알기

자신의 강점과 약점을 알고 있습니까? 당신은 최소한 두 가지 이유로 이것이 필요하다.

첫째, 일반적으로 면접관이 당신에게 자신의 강점과 약점을 어떻게 생각하는지 물어보고 이러한 질문에 답할 준비를 하도록 요청하기 때문이다. 둘째, 자신의 강점과 약점을 알면 커리어에서 자신의 위치를 파악하고 계속 발전하기 위해 해야 할 일에 대해 올바른 결정을 내릴 수 있기 때문이다. 다음은 강점과 약점을 파악하는데 도움이 되는 몇 가지 제안들이다.

1. 당신의 강점을 확인하라.

당신의 강점이란 개인의 긍정적인 태도와 특성들이다. 당신의 강점을 보고자 할 때 다음 사항들을 평가해보라: 기술(당신이 잘하는 것), 관심사(즐기는 것), 학력(당신이 보유하고 있는 자격), 부여하는 가치(당신에게 중요한 것), 그리고 당신의 성격(당신이 가진 특성). 이것을 평가할 때 무엇이 당신을 차별화하는지 생각해보라. 또한 어떤 일을 하고 싶은가? 당신은 무엇을 잘하는가? 당신은 다른 사람들보다 어떤 일을 더 잘하는가? 당신이 신뢰할 수 있는 사람에게 당신의 강점을 묻는 것도 도움이 될 것이다.

2. 당신의 약점을 살펴보라.

인정하기 어려울 때도 있지만 우리 모두는 약점이 있다. IT 커리어에서 어떤 점을 개선할 수 있는가? 부정적인 개인의, 혹은 업무의 습관은 무엇인가? 어떤 일을 싫어하는가? 당신은 어떤 기술, 훈련 또는 자격이 부족하며 그러한 것들을 소유하고 있다면 그것이 당신을 더 가치있는 직원으로 만들 수 있는가? 경력 방향이나 핵심이 부족한가요? 다른 사람들이 당신보다 더 잘하는 것은 무엇입니까? 다시 말하지만 신뢰할 수 있는 다른 사람에게 당신의 약점을 물어보는 것이 좋다.

3. 5장 "직장의 비밀" 내용의 뒷부분에 설명된 대로 강점과 약점과 관련한 무언가를 수행할 전략을 개발하시오.

원하는 직업을 얻거나 현재의 직업에서 원하는 승진 요구사항을 가장 잘 충족시키기 위해 취할 수 있는 조치는 무엇인가? 긍정적인 점을 강조하시오! 자신의 강점을 상승시키고, 강조하고, 활용하여야 한다.

많은 젊은이들이 깨닫지 못하는 통찰력에 대한 팁을 말하자면 몇 가지 장점만으로도 먼 길을 갈 수 있다는 것이다. 학교에서 뛰어난 학생이 되려면 다방면으로 잘하는 사람이 되어야 한다. 수학, 과학, 역사, 지리, 언어, 예술 등 모든 것에 능숙해야 한다. 그러나 "실제세계"는 전문성에 대해 보상한다. 즉, 놀라운 경력을 쌓으려면 한두 가지 분야에서만 탁월해야 한다는 것이다. 따라서 틈새시장을 찾아 당신의 능력을 활용하여야 한다.

4. 강점과 약점 목록을 주기적으로 업데이트 하시오.

새로운 경험을 얻고 생활환경이 변하면 강점과 약점 목록을 수정해야 한다. 당신이 살고 싶은 삶의 종류를 직업적으로나 개인적으로 만들 수 있도록 사고력을 높이는 훈련을 계속하라.

성공적인 것으로 입증되었다.[17]

LO5.3 전사적 전략

앞에서 언급했듯이 조직은 기업, 경쟁 및 기능전략을 사용한다.(Exhibit 5-3 참조) 일반적으로 최상위 경영진은 기업전략을, 중간 관리자는 경쟁전략을, 그리고 하위 관리자는 기능전략을 담당한다. 본 절에서는 기업전략에 대해 살펴본다.

Exhibit 5-3
조직전략의 유형

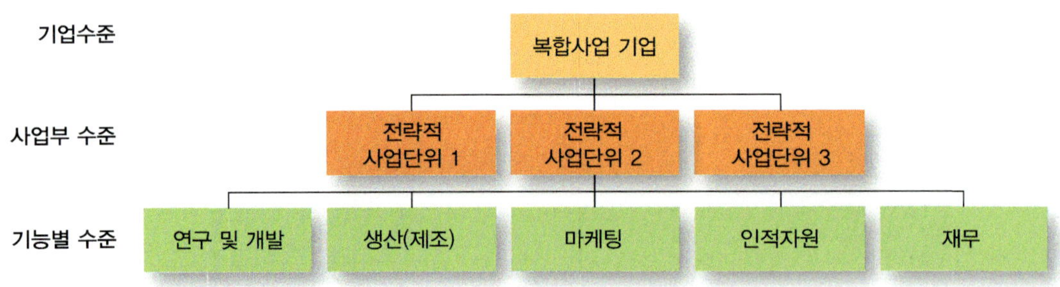

직장의 비밀 경력 전략의 개발

전략의 개념은 단지 관리자와 조직에 국한되지 않는다. 당신의 경력과 관련하여 "전략적으로 생각하기"에 적용할 수 있다.

이 책을 읽고 있다면 경력을 쌓기 시작하거나 새로운 경력방향을 고려하는 초기 단계에 있을 가능성이 높다고 생각한다. 어느 쪽이 되었든 경력에 대한 계획을 하는 것이 최우선이다. 다음은 경력계획을 하는 데 도움이 되는 몇 가지 제안들이다.

자신만의 SWOT 분석을 작성하여 시작해 보라. 당신의 강점은 무엇입니까?

다른 사람과 비교해 우위를 점할 수 있는 재능을 개발했나요? 당신은 숫자에 밝으며, 훌륭한 글 쓰는 이, 부드러운 화자, 뛰어난 토론자, 독특하고 창의적인 사람인가요?

어떤 자질이 당신에게 우위를 점하게 하나요? 업무경험, 교육, 기술에 관한 지식, 네트워킹할 수 있는 연락처 및 업무윤리 또는 자기훈련과 같은 개인적 특성들을 고려해 보시오.

무엇이 당신을 차별화하고 무엇이 당신에게 이점을 줄 수 있는지 열심히 생각하시오.

다음으로, 당신의 약점에 대해 생각해보시오. 자신에게 솔직해지도록 노력하고 다른 사람이 당신보다 더 잘하거나 당신이 회피하는 경향이 있는 문제들을 식별하십시오. 예를 들면 업무경험 부족, 낮은 학업점수, 특정 직업지식에 대한 부족, 낮은 의사소통기술 또는 과거의 법적 문제기록 등이 포함될 수 있다.

이제 구직시장에서 볼 수 있는 기회와 위협 상황을 고려해보시오. 성장산업은 무엇인가요? 예를 들어, 의료, 태양 에너지, 인공지능, 대 테러 또는 인터넷 비즈니스가 포함될 수 있다.

모두 강력한 성장기회가 있는 것으로 보인다. 따라서 미래의 성장혜택을 받을 수 있는 산업 내의 조직들을 살펴보시오.

마지막으로 지리적 관점의 기회를 찾아보시오. 평균 이상의 일자리 성장기회를 제공하는 도시 혹은 마을은 어디인가요? 물론 다른 방향도 파악해보면서 쇠퇴하는 산업, 조직축소 또는 정체, 고용시장 축소 등이 어느 영역인지 확인하시오. 이상의 분석들을 통합하면 여러분의 진로를 위한 청사진을 얻을 수 있고 최상의 경력기회를 찾을 가능성이 높은 곳을 볼 수 있다.

이제 적합성에 대해 이야기해 봅시다. 이것은 귀하와 특정직업 간의 일치, 그리고 귀하와 특정 조직문화 간의 일치의 정도에 관한 내용을 말한다. 전자는 개인-직무 간의 적합성, 후자는 개인-조직 간의 적합성이라고 부른다. 이것이 중요한 이유는 중요하지만 종종 간과되는 관찰 내용이기 때문이다. 모든 사람이 특정 직업이나 조직에 적합한 것은 아니다. 기회의 유무에 상관없이 하나의 사이즈가 모든 사람에게 맞는 것은 아니기 때문이다!

11장에서는 Holland의 성격-직업 적합성 이론이 논의된다. Holland 이론에서는 6가지의 성격 유형을 제안하고, 자신의 성격과 일치하는 직업을 수행하는 사람들이 직업에 더 만족하고 이직할 가능성이 적다고 주장한다. 당신도 Holland 검사를 통해 자신을 가장 잘 설명하는 성격을 확인한 후 적합한 직업을 선택하는 것이 좋다. 한편 개인-조직 간의 적합성이란 본질적으로 사람들이 자신의 가치와 일치하는 조직에 끌리고 선택하는 반면, 자신의 성격이나 가치와 맞지 않는 조직은 떠나게 된다는 것이다. 예를 들어, 당신이 외향성 척도가 높은 경향이 있다면 공격적이고 팀 지향적인 문화에 잘 맞을 것이다. 반면 당신이 친근감이 높은 편이라면 공격성에 초점을 맞춰진 조직문화보다 지원적인 조직문화에 더 잘 어울린다. 또한 당신이 새로운 경험에 개방적이라면 전형적이지 않고 혁신을 강조하는 조직에 더 잘 맞을 것이다.

마지막 제안:
자신의 미래를 다른 사람에게 맡기지 마십시오. 당신의 경력계획, 경력의 진행 및 최종 은퇴에 대한 책임은 스스로에게 있다. 1950년대와 1960년대 대부분의 사람들은 자신의 잠재력을 극대화하도록 자신의 경력을 만들고 개발하는 것에 대해 깊이 생각하지 않았거나 그것이 고용주의 책임이라고 생각했다. 따라서 퇴직 프로그램조차도 고용주가 설계하고 통제하였으며 자신의 미래 경력을 고용주에게 맡기기도 했다. 그러나 오늘날의 변화무쌍한 세상에서 여러분의 경력은 여러분 손에 달려 있다. 한 사람의 고용주와 편하게 일하려 하지 마시오. 기술을 최신 상태로 유지하고 장기적인 관점에서 생각하시오. 지속적으로 스스로 질문해보세요. 내가 수행하는 이 직업이 나의 성취 패턴을 만들어 가는데 어떻게 도움이 될까? 이 직업과 나의 다음 직업은 내가 궁극적으로 가고 싶은 곳으로 어떻게 나를 인도해 갈 것인가?[18]

기업전략은 무엇인가?

기업전략은 기업이 속한 혹은 소속되기를 원하는 비즈니스와 해당 비즈니스로 무엇을 하고 싶은지를 결정하는 것이다. 이는 조직의 미션과 목표, 조직의 각 사업부가 수행할 역할을 기반으로 한다. 예를 들어 우리는 PepsiCo를 통해 이러한 두 가지 측면을 모두 파악할 수 있다. 사명: 편리한 음식과 음료에 초점을 맞춘 세계 최상의 소비재 회사가 되는 것. PepsiCo는 PepsiCo Americas Beverage(음료 사업), PepsiCo Americas Foods (Frito-Lay 및 Quaker Oats를 포함한 스낵 및 조리식품 사업) 및 PepsiCo Europe 및 PepsiCo Asia, 중동 및 아프리카를 대상으로 하는 글로벌 사업 등, 다양한 사업에 투입된 기업전략들로 기업의 미션을 추구한다.[19]

기업 전략
기업이 속해 있거나 속하기를 원하는 비즈니스와 해당 비즈니스에서 무엇을 하고 싶은지를 결정하는 조직 전략

기업전략의 유형들은 무엇인가?

기업전략의 세 가지 주요 유형은 성장, 안정성, 그리고 갱신이다. 각 유형을 살펴보자.

성장 연간 약 100억 달러의 매출이 발생하는 기업임에도 불구하고 당신은 Nvidia에 대해 지금까지 자주 듣지는 못했을 것이다. 수십년 동안 하드웨어 그래픽 기술의 선두주자

였던 이 회사는 최근 인공지능, 딥러닝, 자동차 기술 분야로 확장했다. 이러한 확장으로 2017년과 2018년 사이에 회사 매출은 45.6% 증가했다.[20]

성장 전략
조직이 현재 비즈니스(들) 또는 새로운 비즈니스(들)를 통해 시장을 확장하거나 제품의 수를 늘리고자 할 때 사용하는 기업전략

성장전략은 조직이 현재의 비즈니스 또는 새로운 비즈니스를 통해 대상이 되는 시장 또는 제공되는 제품의 수를 확장하는 것이다. 성장전략으로 인해 조직은 수익, 직원 수 또는 시장 점유율을 높일 수 있다. 조직은 집중화, 수직통합, 수평통합 또는 다각화를 사용하여 성장한다.

집중화를 사용하여 성장하는 조직은 기본 비즈니스 라인에 초점을 맞추고 이 기본 비즈니스에서 제공되는 제품 또는 시장의 수를 늘린다. 예를 들어 Buick은 고급 자동차 브랜드가 되기 위한 전략으로 집중화를 택했다. 미국에서의 매출은 거의 25% 증가하여 Audi를 능가하고 BMW와의 판매 격차를 좁혔다.[21] 집중화 전략을 사용하는 또 다른 기업의 예는 혁신적인 오디오 제품 개발에 초점을 맞춘 매사추세츠 주 프레이밍 햄에 있는 Bose Corporation는 연매출 38억 달러로, 홈 엔터테인먼트, 자동차 및 전문가용 오디오 시장에서 세계 최고의 스피커 제조업체 중 하나가 되었다.

기업은 또한 수직적 통합을 통해 전방과 수방, 또는 양쪽으로 성장할 수 있다. 후방 수직통합이란 조직이 공급자 부문을 소유함으로써 원재료 공급을 통제할 수 있게 되는 것이다. 예를 들어, 월마트는 인디애나에 낙농 가공공장을 건설하여 외부 공급업체로부터 우유를 구매하는 것보다 저렴한 비용으로 수백 개의 매장에 자체상표 우유를 공급한다.[22] 전방 수직통합이란 조직이 직접 물류업체를 소유하여 제품의 물류활동을 통제할 수 있게 되는 것이다. 예를 들어 Apple은 전 세계적으로 500개 이상의 소매점을 보유하고 제품을 배포한다.

수평적 통합은 기업이 경쟁사와 결합함으로써 성장하는 것이다. 예를 들어, Bank of America는 MBNA, Summit Bancorp, NationsBank, U.S. Trust 및 Fleet Financial을 인수했다. 또 다른 예는 미국에서 가장 큰 콘서트 기획사인 Live Nation이 House of Blues 클럽의 운영자인 경쟁업체 HOB Entertainment와 결합하여 운영하는 경우이다. 수평적 통합은 지난 몇 년 동안 금융 서비스, 소비재, 항공사, 백화점 및 소프트웨어 등 여러 산업에서 진행되었다.

마지막으로 조직은 관련, 비관련 다각화를 통해 성장할 수 있다. 관련 다각화는 기업이 상이한 비즈니스 부문에 있지만 관련성이 있는 기업들과 합병하는 경우이다. 예를 들어, Google은 YouTube, DoubleClick, Nest 및 Motorola Mobility를 포함하여 많은 기업(총 150개 이상)을 인수했다. 이런 비즈니스의 조합이 이상해 보일 수 있지만 기업의 "전략적 적합성"은 정보검색 기능과 효율성이다. 비관련 다각화는 기업이 서로 다른 산업 및 관련 없는 기업과 결합하는 경우이다. 예를 들어 인도의 Tata Group은 화학, 통신 및 IT, 소비재, 에너지, 공학, 소재 및 서비스 분야 등의 비즈니스를 운영하고 있으며 비즈니스 간에 전략적 적합성이 없다.

안정성 Boeing Company는 많은 포부들을 가지고 있다. 그중 하나는 "기존 계획과 약속을 이행하기 위해 계속해서 힘을 키우는 것"이라는 안정화 전략이다.[23] **안정화 전략**은 조직이 현재 하고 있는 비즈니스를 계속하는 기업전략이다.[23] 이러한 전략의 예는 동일한 제품 또는 서비스를 제공하고, 시장 점유율을 유지하며, 조직의 현재 비즈니스를 통해 동일한 고객에게 계속 서비스를 제공하는 것이다. 조직은 성장하지 않지만 뒤쳐지지도 않는다.

안정화 전략
조직이 현재 하고있는 일을 계속하는 기업전략

갱신 GE(General Electric)는 한때 미국에서 가장 크고 권위있는 기업 중 하나였다. 전구와 냉장고 제조부터 의료 및 항공기 리스 사업에 이르기까지 수십 개의 다른 사업을 영위하였다. 그러나 10년 동안 매출이 1,850억 달러에서 1,250억 달러로 감소하는 것을 지켜본 경영진은 2018년에 항공, 전력 및 재생에너지 사업에 집중하기 위해 회사를 재구성하였다.[24]

갱신 전략
실적 저하를 해결하기 위해 설계된 기업전략

허버트 졸리(Hubert Joly)는 파산 직전인 2012년, 베스트바이의 CEO가 되었다. 그의 갱신 전략은 매우 성공적이었다. 그는 회사의 상점들을 Apple, Amazon, Google 및 Microsoft의 미니상점으로 만들었다. 그는 온라인 사이트들과 경쟁하기 위해 가격 매칭 보증을 시작했다. 그리고 베스트바이 매장을 온라인 고객이 주문한 제품들을을 빠르고 쉽게 픽업할 수 있는 장소로 만들었다.

출처: *Travis Anderson*

조직에 문제가 생기면 경영자는 감소하는 성과를 바로잡을 수 있는 갱신 전략을 수립해야한다. **갱신 전략**의 두 가지 주요 유형은 축소전략과 전환전략이다. 축소전략은 미미한 성과저하 문제에 적용하는 단기 개선전략이다. 이 전략은 조직의 운영을 안정화시키고, 자원과 역량을 활성화하고, 다시 경쟁을 위한 준비를 할 때 유용하다.

예를 들어, Biogen은 비용을 줄이기 위해 인력을 11% 줄였다.[25] 이러한 비용절감으로 회사는 잠재적으로 수익성이 높은 다발성 경화증 치료제인 Tecfidera의 연구개발 및 마케팅에 대한 지출을 늘릴 수 있었다. 조직의 문제가 더 심각할 때는 보다 과감한 조치인 전환전략이 필요하다. 관리자들은 두 개의 개선전략을 위해 비용을 절감하고 조직을 재구성한다. 전환전략에서는 이러한 조치들이 축소전략을 수행할 때보다 광범위하게 수행되어야 한다. 예를 들어, CIT Group의 이익감소로 경영진은 비용을 1억 2,500만 달러 절감하고 회사의 항공기 금융 사업부를 매각하여 대출 및 리스에 보다 효과적으로 대응하였다.[26]

기업전략은 어떻게 관리되는가?

기업의 전사적 전략이 많은 비즈니스를 포괄해야 할 때, 관리자는 기업 포트폴리오 행렬이라고 불리는 분석도구를 사용함으로써 사업의 포트폴리오 혹은 사업의 집합들을 관리할 수 있다. 이 분석도구는 다양한 비즈니스를 이해하는 틀을 제공하고 관리자가 자원을 분배하기 위해 우선순위를 설정하는데 도움을 준다.[27] 첫 번째 행렬도구인 **BCG 매트릭스**는 Boston Consulting Group에서 개발하였다. 이는 어떤 사업이나 제품들이 높은 잠재력을 제공하고 어떤 것들이 조직의 자원을 소진시키는지 식별하기 위해 2×2 행렬을 사

BCG 매트릭스
SBU의 시장 점유율 및 성장률을 기반으로 기업의 자원 할당 결정을 결정하는 전략적 도구

실패에서 배운다

펩시챌린지 이후 코카콜라는 패닉상태에 빠졌다

"Project Kansas"에 대해 들어보았나요? 아마 아닐 것이다. 이는 코카콜라가 펩시와의 경쟁에 맞서 전투하려는 노력에 붙인 이름이다.

이야기는 사람들이 두 개의 탄산음료를 눈을 가린 채 시음하고 "어떤 맛이 더 좋을까요?"라는 질문에 답하는 "펩시 챌린지"마케팅 캠페인에서 시작된다. 탄산음료들은 펩시와 코카콜라였다. 널리 방영된 TV 광고에서 사람들은 주로 펩시를 선호하는 것으로 나타났다.

광고 캠페인은 대성공이었고, 펩시콜라의 판매는 급증했다. 코카콜라는 당황했다! 맛 테스트에 참여한 소비자들은 단맛이 더 좋은 펩시를 선호한다고 말했다. Coke는 99년 동안 동일한 콜라 레시피를 유지해 왔지만, 이제 경영진은 레시피의 공식을 조정해야 한다는 결론을 내렸다. 결국 "Project Kansas"는 콜라를 새로 만들기 위해 준비되었다. 1985년 대대적인 축하광고를 통해 회사는 더 달콤하고 가벼운 New Coke를 출시했다. 그러나 즉각적으로, 코카콜라의 오랜 고객들은 분노하면서 전통적인 과거의 콜라 맛을 달라고 요구했다. 현상은 시장에서 나타났고 코카콜라의 경영진은 이에 귀를 기울였다. New Coke가 출시된 지 3개월이 채 안되어 회사는 Coca-Cola Classic이라는 이름으로 원래의 레시피 공식을 가져왔다. Classic은 다시 회사의 지배적인 제품이 되었고, New Coke는 결국 2002년에 중단되었다. 코카콜라 경영진은 이 일련의 과정에서 무엇을 배웠을까요? 어떤 사람들은 "고장나지 않았다면 고치지 마라"라고 말한다. 또 다른 사람들은 "시장 선두주자이고 한 세기 동안 존재했으며 수억 명의 사람들에게 사랑받는 제품을 변경하는 일은 심사숙고해야한다"라고 말한다. 더불어 "침착하십시오. 당황하지 마세요!"라는 말을 하기도 한다.[29]

용하는데, 조직의 다양한 사업들을 평가하고 도식화할 수 있는 아이디어를 제공한다.[28] 가로축은 시장 점유율(낮음 또는 높음)을 나타내고 세로축은 시장 성장률(낮음 또는 높음)을 나타낸다. 사업과 제품들은 SWOT 분석을 통해 평가되어 다음과 같은 네 가지 범주 중 하나에 배치된다.

- 별: 높은 시장 점유율 / 높은 시장 성장률
- 젖소: 높은 시장 점유율 / 낮은 시장 성장률
- 물음표: 낮은 시장 점유율 / 높은 시장 성장률
- 개: 낮은 시장 점유율 / 낮은 시장 성장률

BCG 매트릭스의 전략적 의미는 무엇인가? 개는 성장 잠재력이 낮은 시장에서 시장 점유율도 낮기 때문에 매각되거나 청산되어야 한다. 관리자는 가능한 한 많은 양의 젖소를 통해 수익을 창출하고, 풍부한 현금을 사용하여 향후 시장 점유율을 향상시킬 잠재력이 있는 별과 물음표에 투자해야 한다. 별에 대한 큰 투자는 시장의 성장을 견인하고 높은 시장 점유율을 확보하는 데 도움이 된다. 물론 별들은 시장이 성숙하고 판매 성장이 둔화됨에 따라 결국 현금을 벌어들이는 젖소로 바뀔 것이다. 관리자에게 가장 어려운 결정은 물음표에 있다. 신중한 분석을 거쳐 일부는 매각되고 다른 일부는 전략적으로 별로 육성하여야 할 것이다.

L05.4 경쟁 전략(사업부 전략)

경쟁 전략
조직이 비즈니스에서 경쟁하는 방식에 대한 기업전략

경쟁전략은 조직이 어떻게 비즈니스에서 경쟁할 것인지에 대한 전략이다.[30] 단지 하나의 사업부문을 가지고 있는 소규모 기업이나 서로 다른 제품이나 시장으로 다각화되어 있지 않은 대규모 기업의 경우 경쟁전략은 그들의 핵심시장에서 어떻게 경쟁할 것인가를 의미한다. 그러나 다양한 사업부문을 보유한 기업들에게 있어, 각 사업부문은 그들 각각의 경쟁우위, 고객에게 제공해야 할 제품과 서비스, 관계를 갖기 원하는 고객들 등과 관련하여 고유한 개별적 성격의 경쟁전략을 가지고 있다. 예를 들어, Johnson & Johnson은 제약, 의료 기기 및 소비자 제품을 포함한 각 사업에 대해 서로 다른 경쟁전략을 가지고 있다. 조직이 여러 개의 서로 다른 사업들을 수행할 때, 독립적이며 각각의 경쟁전략을 가지고 있는 단일사업 부문들은 **전략사업단위**(Strategic Business Units, SBU)로서 다루어진다.

전략사업단위(SBU)
자체 경쟁전략을 수립할 수 있는 조직의 단일 독립 비즈니스 단위

경쟁 전략의 역할

Michelin사는 우수한 레디얼 타이어를 생산하기 위한 복잡한 기술적 프로세스를 완성하였다. Apple은 혁신적인 디자인과 상품화 기능을 이용하여 세계 최고의 강력한 브랜드를 만들었다. Ritz-Carlton 호텔은 개인화된 고객 서비스를 제공하는 독특한 능력을 가지고 있다. 이러한 기업들은 경쟁우위를 가지고 있다.

효과적인 경쟁전략을 개발하려면 자사를 다른 경쟁사들과 구별하도록 하는 **경쟁우위**(competitive advantage)에 대해 이해하여야 한다.[31] 그러한 구별되는 능력은 다른 기업들이 할 수 없거나, 다른 기업들이 하는 것보다 훨씬 잘할 수 있는 조직의 핵심역량으로 가능한 것이다. 예를 들어, 포르쉐는 공학 및 디자인 능력과 더불어 고품질, 고성능의 차량 생산업체라는 명성을 바탕으로 경쟁우위를 확보하고 있다. 또한 경쟁우위는 경쟁사들이 보유하고 있지 못한 조직자원으로부터 실현가능하다. Walmart의 최첨단 정보 시스템은 재고상태를 파악하고 통제하며 경쟁사들보다 효율적으로 공급자들을 관리하는데, 이것은 기업에 비용우위라는 성과를 제공한다.

경쟁우위
조직을 차별화할 수 있는 독특한 요소

Walmart는 경쟁사보다 더 효율적으로 재고 및 공급업체 관계를 모니터링하고 제어할 수 있는 최첨단 정보시스템에서 경쟁우위를 가지고 있다. 이를 통해 Walmart는 제품에 소요되는 비용과 재고유지 비용을 줄여서 매우 경쟁력 있는 가격을 책정할 수 있다.
출처: *Michael Nagle/Bloomberg/Getty Images*

경쟁우위를 유지하기

모든 조직에는 자원과 기능 업무가 존재한다. 그렇다면 어떤 조직이 다른 조직보다 더 성공적인 이유는 무엇인가? 왜 특정 프로야구 팀은 지속적으로 우승하거나 많은 관중의 환호를 받는가? 무슨 이유로 어떤 기업들은 "최고", "가장 존경받는", 또는 "가장 수익성이 높은" 순위에서 지속적으로 최상위에 기록되는가? 그에 대한 대답은 모든 조직이 자원을 효과적으로 활용하고 경쟁우위를 유지할 수 있는 핵심역량을 개발할 수 있는 것이 아니기 때문이다. 그러나 단지 경쟁우위를 확보하는 것만으로는 충분하지 않다. 기업은 경쟁우위를 지속시킬 수 있어야 한다. 그것은 해당산업 내에서 경쟁사들의 활동과 혁신적인 변화에도 불구하고 구별되는 특징을 지켜야 한다는 것이다.[32]

Warren Buffett은 경쟁사보다 경쟁우위를 유지하고 장기적인 이윤과 시장 점유율을 유지하는 수단으로 "경제적 해자(성주위를 둘러싼 연못)"라는 용어를 대중화했다. 해자

가 중세의 성을 보호하는 것처럼 경제적 해자는 이윤을 보호하는 역할을 한다.[33] 해자가 넓고 깊을수록 경쟁우위에서 안전하다. 시간이 지남에 따라 대부분의 기업에서 많은 경쟁우위 요소들은 중복될 수 있다. 예를 들어, 비용우위라는 것은 더 이상 경쟁력을 주지 못한다. 반대로, 특허 또는 높은 전환비용은 쉽게 대체하기 힘든 해자를 제공한다. Apple은 소비자에게 높은 전환비용을 발생시켜 넓은 해자를 만들었다. 소비자가 iPhone, iMac, iPad 및 Apple Watch를 소유하고 있으면 Apple 경쟁업체가 그 충성고객의 구매기회를 얻기 어렵다.

지속가능한 안전장치를 만드는 일은 결코 쉽지 않다. 시장 불안정, 신기술 및 기타 변화는 장기적이고 지속가능한 경쟁우위를 창출하려는 관리자의 시도에 방해가 될 수 있다. 그러나 전략 경영를 사용하면 관리자는 조직이 지속가능한 경쟁우위를 확보할 수 있는 나은 위치를 차지할 수 있다.

전략 경영를 위한 중요한 다수의 제안들은 Michael Porter의 연구로부터 비롯되었다.[34] 그가 이 분야에 끼친 주요한 공헌 가운데 하나는 관리자들이 어떻게 지속가능한 경쟁우위를 만들어낼 수 있는가를 설명한 것이다. 이와 같은 일을 하는데 중요한 부분은 다섯 가지 세력모델을 이용하여 산업분석을 하는 것이다.

다섯 가지 세력 모델 어떤 산업에서도 다섯 가지 세력은 경쟁의 구도와 규칙에 영향을 미친다. 다섯 가지 세력은 사업의 매력도와 수익성을 결정하는데 함께 작용한다.

1. **신규 진입자의 위협**: 새로운 경쟁자들이 해당 산업 내로 진입할 가능성이 얼마나 있는가?
2. **대체재의 위협**: 타 산업의 제품이 우리 산업의 제품을 대신할 가능성은 얼마나 있는가?
3. **구매자의 협상력**: 구매자(고객)가 가지고 있는 협상력은 어느 정도인가?
4. **공급자의 협상력**: 공급자가 가지고 있는 협상력은 얼마나 되는가?
5. **현재의 경쟁자**: 현재 산업 내 경쟁자들 간의 경쟁강도는 얼마나 되는가?

경쟁전략의 선택 관리자들이 다섯 가지 세력요인들을 평가하고 SWOT 분석을 수행하면 조직이 속한 산업에서의 경쟁적 강점(자원과 능력)에 적합한 경쟁전략을 선택할 준비가 된 것이다. Porter에 의하면, 어떤 기업도 모든 측면에서 성공을 거두기는 어렵기 때문에 관리자들은 조직에 경쟁우위를 가져다 줄 수 있는 전략, 즉 산업 내의 경쟁자들보다 더 낮은 비용을 유지하거나 경쟁자들과 유의적으로 차별화되는 제품과 서비스를 제공하는 것이 필요하다고 한다.

기업이 해당 산업 내에서 최저의 비용을 유지하면서 경쟁한다면 그것은 비용 리더십 전략을 추진하는 것이다. 저비용을 가능하게 하는 리더가 되기 위해서는 매우 효율적이어야 한다. 기업은 제경비들을 최소로 유지하여 비용을 절감할 수 있는 모든 일들을 추진한다. 예를 들어, Ross Stores에서 당신은 "주름장식"을 거의 찾을 수 없다. 그 기업은 매장에 창문진열, 마네킹, 멋진 장식품 등이 없는 즉, "불필요한 장식"을 없게 함으로써 고객에게 더 저렴한 가격으로 제품을 공급하는 것이 낫다는 것을 믿는다.[35] 낮은 간접비 덕분에 Ross는 고품질 의류 및 가정용품을 백화점 가격보다 20~60% 저렴하게 판매할 수 있으며 회사의 수익성을 높일 수 있다.[36]

고객들에 의해 폭넓게 가치를 인정받는 독특한 제품을 생산함으로써 산업 내에서 경쟁하고 있는 기업은 차별화전략을 수행하는 것이다. 제품의 차별성은 특별히 높은 품질, 평범하지 않은 서비스, 혁신적인 디자인, 기술적 능력, 긍정적인 브랜드 이미지로부터 비롯된다. 실제로 성공적인 소비재나 서비스는 차별화 전략의 예이다. 3M Corporation의 제품품질 및 혁신적인 디자인, Coach의 디자인 및 브랜드 이미지, Apple의 제품 디자인, 그리고 L.L.Bean의 고객 서비스 등은 좋은 사례이다.

L. L. Bean은 회사의 차별화 전략의 일부로 사용할 수 있는 탁월한 고객서비스에 자부심을 느낀다.
출처: *Singh_lens/Shutterstock*

앞에서 설명된 두 가지 경쟁전략은 광범위한 시장을 목표로 하지만 세 번째 유형은 집중화 전략으로서 좁은 영역이나 틈새시장에서 비용이점(비용에 초점)과 차별성 이점(차별화에 초점)을 포함한다. 시장을 몇 개의 영역으로 나누는 것은 제품 다양화, 고객의 유형, 유통채널, 또는 지역적 위치 등을 기초로 한다. 예를 들어 수익이 3억 1800만 달러 이상인 덴마크의 Bang & Olufsen은 고급 오디오상비 판매에 주력한다. 집중화 전략의 실현가능성은 특정 영역에 집중하고 자원을 투입함으로써 수익을 창출할 수 있을 것인지에 달려있다.

만일 조직이 비용이나 차별화 부문에서 경쟁력을 발휘할 수 없다면 무슨 일이 발생할까? Porter는 그런 기업들은 생존할 수 있는 좋은 위치에 있지 않다고 말한다. 기업은 저비용 리더들과 경쟁하기에는 비용이 너무 높을 때, 제품과 서비스의 차별성을 가진 경쟁자들과 경쟁할 수 있을 정도로 충분히 차별화되지 못할 때 중간 위치에서 꼼짝 못하게 된다. 기업들이 과감히 그와 같은 상황을 떨치고 나오기 위해서는 추구할 경쟁우위를 선택해야 하며 자원, 능력, 그리고 핵심역량들을 배분하고 투입함으로써 전략을 추진해야 한다.

Porter는 관리자들이 기업이 어려운 상황에 빠지지 않도록 저비용 전략이나 차별화 전략 중에 선택하여 추구할 것을 제안했지만 최근의 연구는 기업이 저비용 전략과 차별화 전략 모두를 성공적으로 추구하여 높은 성과를 성취할 수 있다고 제시하고 있다.[37] 물론 이것은 쉬운 일은 아니지만 비용은 낮게 유지하면서도 차별화가 될 수 있도록 노력해야 한다. Southwest Airlines와 같은 기업은 이 두 가지 전략을 모두 수행해 왔다.

이 절을 마치기 전에 조직전략의 마지막 유형을 학습해보자. 그것은 기능부서의 전략(functional strategy)으로써 조직전략을 지원하기 위해 여러 기능부서에서 사용되는 전략이다. 여기에는 마케팅, 재무, 인적 자원, R&D 등의 영역이 포함된다. 이 책에서는 특정 기능전략을 다루지는 않는다.

차별화 전략의 사례

앞에서 Michelin, Walmart, Apple, 3M 등이 경쟁업체와 차별화하여 성공한 방법에 대해 이야기했다. 본 절에서는 다섯 가지 차별화 전략과 경쟁우위를 위해 어떻게 사용하는지 파악해본다.

fyi

경영진의 54%는 혁신전략을 전사적 사업전략에 따라 맞추는 것이 어렵다고 생각한다.[38]

경쟁 우위로서의 품질 많은 유명 브랜드가 품질에 대한 명성을 바탕으로 성공을 거두었다. Lexus, Rolex, Viking 가전기기, Harley-Davidson 자전거 및 Nordstrom 등이 해당 사례에 포함된다.[39] 많은 기업들이 경쟁사와 구별되는 시도를 할 때 품질관리의 개념을 적용하는 것이 이러한 이유이다. 만일 기업이 지속적으로 품질과 신뢰성을 개선할 수 있다면 그것은 빼앗기지 않는 경쟁우위를 확보하게 될 것이다.

경쟁 우위로서의 혁신 Procter & Gamble은 Iams 의 애완 동물사료 사업을 인수했을 때 항상 하던 방식대로 업무를 수행하였다. 즉, 새로운 제품을 만들기 위하여 최고의 연구부서가 다른 부서로부터 기술을 이전해오는 방법을 모색하는 것이다.[40] 이러한 부서간 협업활동 성과의 한 가지 예는 건식 애완동물 사료에 포함된 치석방지 성분이다.

사례에서 알 수 있듯이 혁신전략이 반드시 급진적이고 특정한 제품에만 적용되는 것은 아니라는 것이다. 이러한 전략에는 기존 기술을 새로운 용도에 적용하는 것도 포함된다. 기업들은 위의 두 가지 접근방식을 모두 성공적으로 사용할 수 있다. 오늘날 경영환경에서 기업들은 어떤 유형의 혁신전략이 필요한가? 이러한 전략은 혁신에 대한 강조와 혁신의 시점이라는 두 가지 전략적 의사결정에 의해 형상화되는 혁신철학을 반영하여야 한다.

관리자는 먼저 혁신을 위한 노력이 강조되어야 하는 영역을 결정한다. 기업이 본질적인 과학적 연구, 제품개발 또는 프로세스 개선에 초점을 맞추어야 하나요? 기업에서의 기초과학 연구는 가장 많은 자원을 필요로 한다. 수많은 산업(예: 유전 공학, 제약, 정보기술 또는 화장품)에서 기초연구를 통해 축적되는 조직의 전문지식은 지속가능한 경쟁우위의 핵심이 된다. 그러나 모든 조직에서 높은 성과를 달성하기 위해 과학연구에 광범위한 자원 투입을 하는 것은 아니다. 그 대신, 많은 조직들은 제품개발 전략에 의존한다. 비록 이러한 전략 또한 상당한 자원투자를 요구하지만 반드시 과학연구 영역과 관련되어 있지는 않다. 이 접근방식은 Procter & Gamble이 치석 제거 지식을 애완용 식품들에 적용했을 때와 같이 기존의 기술을 택하여 개선하거나 새로운 방식으로 응용한다. 혁신과 관련한 두 가지의 전략적 접근방식(기초과학 연구 및 제품 개발)은 조직 경쟁력의 유의적인 원천이 될 수 있는 높은 수준의 차별화를 성취하도록 돕는다.

혁신을 강조하는 마지막 전략 접근방식은 프로세스 개선에 초점을 맞추는 것이다. 이러한 전략은 조직이 작업 프로세스를 개선하고 향상시키기 위한 방법들을 찾는 것이다. 조직은 모든 조직영역에서 직원들의 업무 수행방식이 새롭고 개선된 방식으로 전환될 수 있도록 혁신하고자 한다. 이러한 프로세스 혁신전략은 업무 효율성으로 인해 낮은 비용을 가능하게 함으로써 경쟁력의 유의적인 원천이 될 수 있다.

일단 관리자들이 어떤 유형의 혁신을 할 것인가를 결정하면 그 다음은 혁신의 시기에 관한 전략적 결정을 하여야 한다. 몇몇 조직들은 모방하거나 추종하는 정도를 기대한다. 처음으로 시장에 혁신적인 제품을 소개하거나 새로운 프로세스 혁신을 시도하는 조직을 **선도자**(first mover)라고 한다. 선도자가 되는 것은 Exhibit 5-4에서 볼 수 있듯이 어떤 전략적 이점 혹은 불리한 점을 갖는다. 어떤 조직은 지속가능한 경쟁우위를 갖기 위해 이와 같이 힘든 길을 추구한다.

선도자
혁신적인 제품을 가장 먼저 시장에 선보이거나 새로운 프로세스 혁신을 하는 조직

예를 들어 Yum! Brands는 베이징 천안문 광장에 KFC 레스토랑을 열면서 중국에 설립된 최초의 패스트푸드 회사가 되었다. 현재 중국 전역 1,100개 이상의 도시에 5,000개 이상 KFC 레스토랑이 있다. 반면 다른 조직들은 선도자가 먼저 혁신을 수행하는 것을 지켜본 후, 제품과 프로세스를 모방하여 해당산업 내에서 추종자가 됨으로써 지속가능한 경쟁력을 성공적으로 마련하기도 한다. Microsoft는 선발주자가 아니다. Visicorp는 최초의 데스크톱 스프레드시트 프로그램을 개발했지만 Microsoft는 그래픽 인터페이스와 더 강력한 기능들을 갖추고 우수한 제품인 Windows 플랫폼용 Excel을 만들었다. 따라서 관리자들이 어떤 접근방식을 선택하느냐 하는 것은 조직의 혁신철학과 요구되는 자원 및 역량에 달려있다.

경쟁 우위로서 고객서비스 고객서비스에 집중하기 위해서는 통상 고객이 원하는 것을 파악하여 제공하고, 효과적으로 소통하며, 직원들에게 고객서비스에 관한 교육을 제공하여야 한다.

Exhibit 5-4
선도자로서의 이점과 약점

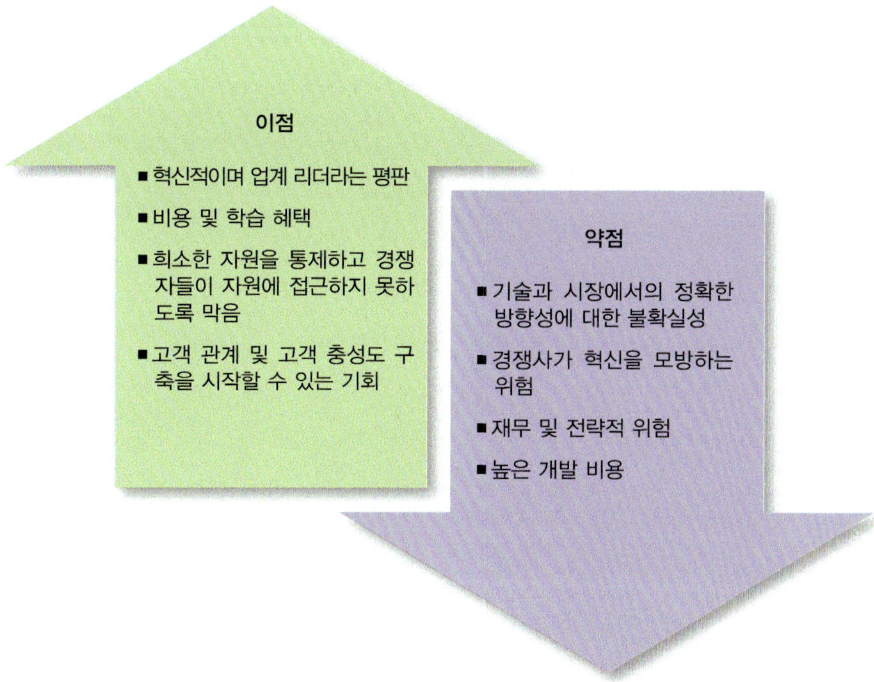

중요한 고객서비스 전략은 고객이 원하는 것을 제공하는 것이며, 이는 조직의 전반적인 마케팅 전략의 핵심이다. 예를 들어, New Balance Athletic Shoes는 고객에게 다양한 볼 너비를 가진 신발이라는, 정말 독특한 제품을 제공한다. 다른 신발 제조업체는 좁거나 넓은 발, 그리고 거의 모든 사이즈의 신발을 가지고 있지는 않다.[41]

싱가포르 항공은 광범위한 직원 교육과 비즈니스 클래스의 편안한 좌석(샴페인 포함)에서 알 수 있듯이 탁월한 고객서비스의 제공을 최우선으로 고려한다.

출처: *Nicky Loh/Bloomberg/Getty Images*

고객과의 효과적인 소통시스템을 갖는 것은 고객서비스 전략의 중요한 부분이다. 관리자는 고객에게 무슨 일이 일어나고 있는지 알아야한다. 직원과의 상호작용을 통해 고객이 실제 제품과 서비스의 구매 과정과 경험에서 무엇을 좋아하고 좋아하지 않았는지 파악해야 한다. 또한 고객들이 향후 구매 의사결정을 할 때 영향을 미칠 수 있는 기업 동향을 제공해주는 것도 중요하다. 마지막으로 직원들에게 탁월한 고객서비스를 제공하도록 교육을 제공해야 한다. 예를 들어, 싱가포르 항공은 훌륭한 고객서비스로 잘 알려져 있다. 직원들은 "고객서비스를 올바르게 하도록" 교육을 받으며 잘 수행한다. 싱가포르 항공은 22년 연속 세계 최고의 항공사로 선정되었다.[42]

경쟁 우위로서의 대량 맞춤화 20세기는 대량생산을 하는 것이 중요했다. 93분 만에 자동차를 생산할 수 있었던 헨리포드(Henri Ford)와 그의 공장에서 시작된 대량생산 방식은 경영진이 표준화된 제품을 동시에 생산해냄으로써 효율성을 추구하도록 했다. 표준화와 규모의 경제는 더 큰 규모를 갖추도록 장려했다. 그러나 오늘날의 소비자는 점점 더 자신의 필요에 맞는 제품과 서비스를 찾고 있다. 생산방법, 정보기술 및 공급망 관리의 발전으로 기업은 이제 대량생산 가격으로 맞춤형 제품을 제공할 수 있다.[43] 더 중요한 것은 이러한 개선이 가능해짐으로써 대기업의 비교우위가 약화되어 다양한 규모의 기업들이 맞춤형 제품과 서비스를 대량생산 가격 정도로 생산할 수 있다는 것이다.

대량 맞춤화의 초기 수행자 중 하나는 Dell이었다. Michael Dell은 많은 컴퓨터 구매자들이 자신이 원하는 구성요소에 맞게 맞춤화하여 저렴한 가격으로 고객에게 직접 판매해 주기를 원한다고 믿었다. 오늘날 옷가게들은 20년 전 가격보다 훨씬 낮은 가격으로 맞춤형 수트를 제공할 수 있다. 당신은 원하는 메시지를 인쇄한 M & M을 주문할 수 있다. 가구회사를 통해 교체 가능한 구성품으로 만들어진 독특한 소파를 맞출 수 있다. 모듈식 주택 건설업자는 표준화된 주택을 기본으로 고객을 위해 맞춤화 해줄 수 있다. 심지어 BMW는 두 대의 신차가 정확히 동일하지 않다고 주장하기도 한다.[44]

fyi

중소기업의 92%는 2018년에 소셜미디어 플랫폼에 투자를 높이려는 계획을 가졌다.[47]

경쟁 우위로서의 소셜미디어 많은 기업이 경쟁 우위를 확보하기 위해 소셜미디어에 상당한 투자를 하고 있다. 예를 들어, 2011년 싱가포르의 패스트패션 소매업체인 Charles & Keith는 기업 지분의 20%를 사모펀드 그룹 L Capital Asia에 매각함으로써 새로운 투자와 전문지식의 유입을 통해 전 세계 약 500개 매장으로 확장되었다.[45] Charles & Keith

는 소셜미디어를 채택한 최초의 패션 브랜드 중 하나이다. 현재 페이스북 페이지에는 160만 명의 팔로워와 1백만 명의 인스타그램 팔로워가 있다. 더불어 #ImWithCharlesKeith 또는 #CharlesKeithCurates 해시태그를 달아주는 여러 브랜드의 인플루언서들을 활용한다. 회사의 인스타그램 피드는 맨해튼이나 파리에서 자사 제품을 착용한 모델의 샷 사진으로 매우 선명한 스타일을 보여준다. 회사는 그들의 피드와 온라인 상점으로 트래픽을 유도하기 위해 종종 자사 제품에 인스타그램 팔로잉을 하도록 저명한 패셔니스타와 인플루언서의 강력한 영향력을 활용한다. 예를 들어 2016년 미국 패션블로거 Rumi Neely가 단검을 착용한 사진은 거의 2,000명의 '좋아요'가 달렸다.[46]

성공적인 소셜미디어 전략은 (1) 조직 내부 및 외부 사람들이 네트워크 하도록 돕고 (2) 비용을 줄이거나 수익성을 높이거나, 혹은 양쪽 모두를 가능하게 해야 한다. 보다 구체적으로, 소셜미디어는 채용, 마케팅, 고객관계 및 경쟁정보 차원에서 경쟁우위를 제공할 수 있다. 소셜미디어는 재능 있고, 인터넷에 능숙하고, 네트워크가 잘 구축된 구직자를 찾을 수 있는 기회를 제공한다. 새로운 마케팅 채널을 통해 조직을 홍보하고 고객 및 잠재 고객에게 메시지를 전달할 수 있다. 또한 고객과 상호작용하고, 선호도를 파악하고, 기업에게 하는 고객의 목소리들을 추적해 나갈 수도 있다. 물론 앞에서 다룬 경쟁정보에서 언급했듯이, 경쟁업체 활동을 통해 스스로에게 경고하고 적시에 대응할 수 있는 경쟁우위를 제공할 수 있다.

Chapter 5 시험/퀴즈 준비: 학습개요를 통한 요약

L05.1 전략 경영을 정의하고 중요한 이유를 설명한다.

전략 경영은 조직의 전략을 수립하기 위해 관리자가 수행하는 일이다. 기업전략들은 조직이 수행해야 하는 다양한 비즈니스 내용들을 어떻게 수행할 것인지, 어떻게 성공적으로 완수할 것인지, 그리고 기업의 목표를 성취하기 위해 어떻게 고객들의 관심을 끌고 만족시킬 것인지에 관한 계획들을 수립하는 것이다. 비즈니스 모델은 기업이 어떻게 수익을 낼 것인지를 제시하는 것이다. 전략 경영은 다음과 같은 세 가지 관점 때문에 중요하다. 첫째, 조직이 어떻게 훌륭하게 사업을 수행할 것인지에 관한 차별성을 창출하기 때문이다. 둘째, 끊임없이 변화하는 환경에 관리자가 잘 적응할 수 있도록 지원할 수 있기 때문이다. 셋째, 전략 경영은 직원들이 가장 중요한 조직적 이슈들을 조정하고 초점을 맞출 수 있도록 지원한다는 점에서 중요하다.

L05.2 전략 경영 프로세스의 6단계 과정에서 관리자가 하는 활동을 설명한다.

전략경영 프로세스에서 6단계 과정은 전략 계획, 구현, 그리고 평가의 활동들을 포함한다. 보다 구체적으로는 다음과 같은 활동들이 수행된다: (1) 현재의 미션, 목표, 그리고 전략들을 확인한다; (2) 외부 요인들을 분석한다; (3) 내부 요인들을 분석한다(두 번째 단계와 세 번째 단계의 활동들은 통상 SWOT 분석이라고 한다); (4) 전략들을 도출한다; (5) 전략들을 구현한다; (6) 전략들을 평가한다. 조직의 강점은 조직이 잘 수행하는 활동들 혹은 조직이 보유하고 있는 특별한 자원들을 의미한다. 조직의 약점은 조직이 잘 수행하지 못하는 활동들이나 필요로 하지만 보유하고 있지 못한 자원들을 의미한다. 조직의 기회요인은 외부환경에서 조직에 긍정적으로 작용하는 동향들을 의미하며, 위협요인은 반대로 부정적으로 작용하는 동향들을 의미한다.

L05.3 기업전략의 세 가지 유형을 설명한다.

성장전략이란 현재 혹은 새로운 비즈니스에서 조직이 목표로 하는 시장의 수와 범위, 생산하고자 하는 제품들을 확장하고자 할 때 구현하는 전략이다. 성장전략의 유형은 집중화, 수직적 통합(전방과 후방), 수평적 통합, 그리고 다각화(관련, 비관련) 등이다. 안정화 전략이란 조직이 수행하는 사업과 관련하여 유의적인 변화를 만들지 않고 유지하는 관점의 전략이다. 축소와 호전을 통한 기업의 개선전략은 조직의 성과를 저하시키는 조직의 약점을 확인하게 된다. BCG 행렬은 사업의 시장점유율과 해당산업에서 예상되는 성장률의 관점으로 기업의 사업 포트폴리오를 분석하는 방법이다. BCG 행렬의 네 가지 유형은 현금을 창출하는 자금젖소(cash cows), 별(stars), 물음표(question marks), 그리고 개(dogs)이다.

L05.4 경쟁우위가 무엇이며, 그것을 얻기위해 기업이 사용하는 경쟁전략들을 설명한다.

조직의 경쟁우위란 경쟁자들과 구별되는 그 무엇들이다. 기업의 경쟁우위는 적절한 경쟁전략을 선택하기 위한 기초가 된다. Porter의 다섯 가지 경쟁 세력 모델은 산업 내에서 경쟁의 법칙에 영향을 주는 다섯 가지의 경쟁적 힘을 가늠하게 한다. 새로운 진입자의 위협, 대체재의 위협, 구매자의 협상력, 공급자의 협상력, 그리고 현재의 경쟁자들이 이에 포함된다. Porter의 세 가지 경쟁전략은 다음과 같다: 첫째, 원가우위전략(산업 내에서 가장 낮은 비용을 기반으로 경쟁하는 것), 둘째, 차별화 전략(고객에 의해 인정되는 고유한 제품의 기반에서 경쟁하는 것), 셋째, 집중화 전략(가격적 이점이나 차별화 이점을 가지고 특정의 고유한 시장 영역에서 경쟁하는 것).

경쟁우위를 위해 사용된 다섯 가지 차별화전략은 품질, 혁신, 고객서비스, 대량맞춤화 및 소셜 미디어이다.

복습과 토론 질문

5-1 전략적 관리가 중요한 이유를 설명하라

5-2 조직의 외부 기회와 위협을 구분하라.

5-3 기업전략에는 세 가지 유형이 있다. 모든 기업전략이 성장을 중심으로 이루어지고 있다고 생각하는

가? 왜 그러한가?

5-4 BCG 매트릭스를 사용하여 기업 포트폴리오를 분석하고 전략을 수립하는 방법을 설명하라.

5-5 경쟁우위를 창출하여 업계 경쟁자와 경쟁할 수 있는 방법에는 무엇이 있는가?

5-6 경쟁우위의 역할과 Porter의 경쟁전략이 기업의 경쟁우위를 개발하는데 어떻게 도움이 되는지 설명하라.

5-7 경쟁우위를 확보하는 것은 유리한 일이지만 곧 경쟁자가 따라오거나 산업 내의 큰 변화로 인해 경쟁력을 잃을 수 있다. 조직은 어떻게 경쟁우위를 계속 유지할 수 있는가?

5-8 업계의 선도자가 되는데 불이익이 있는가? 그 예를 들어보라.

경력 준비

윤리적 딜레마

명품시장은 엄청나게 수익성이 높다. 위조와 관련한 대부분의 연구는 공급 측면에 초점을 맞추는 경향이 있다. 그러나 최근에는 위조 사업의 수요 측면에 관심이 높아지고 있다. 사람들이 명품 브랜드의 위조품을 소비하려는 동기에는 여러 이유가 있다. 이 가운데 브랜드가 만드는 사회적 상징은 분명히 하나의 동기부여 요인이다. 따라서 사람들은 브랜드를 구매할 여력이 없는데도 구매하기를 원한다. 두 번째 이유는 유통채널과 관련된 것이다. 이러한 브랜드들은 종종 로컬시장에서 구할 수 없거나 일부매장에서만 구할 수 있는 경우가 있다. 그러나 가장 주요한 이유는 가격 때문일 것이다. 소비자는 너무 과한 가격으로 인식되는 금액을 지불하지 않으려고 위조 상품을 구매하는 경향이 있다.[48]

5-9 고객이 위조품을 구매하는 것은 속임을 당하는 것일까 아니면 좀 다른 성격인가? 고객들도 어떤 측면에서는 공범이라고 할 수 있을까?

5-10 의도적으로 위조품을 구매하겠는가? 그 이유를 설명하라.

5-11 소비자는 품질이 아닌 시각적 특성과 기능만을 위해 위조품을 구매하기도 한다. 이것이 문제를 발생시킬까?

기술 연습 당신의 사업 계획 기술을 개발하라

기술에 대해

사업을 시작하거나 새로운 전략적 방향을 결정하는 데 있어서 중요한 단계는 사업계획을 준비하는 일이다.[49] 사업 계획은 무엇을 할 것인가, 어떻게 할 것인가에 관해 사고하는 데 도움을 줄 뿐만 아니라, 어디에서 자금과 자원을 획득할 수 있는지에 관한 중요한 기초가 될 수 있을 것이다.

기술 훈련 단계

1. **당신 회사의 배경과 목적을 기술하라.** 기업의 연혁과 기업이 독특하게 수행할 수 있는 것이 무엇인지 간략하게 기술하라. 당신 회사의 제품과 서비스가 무엇이며, 그것을 어떻게 판매하고자 하는지, 그리고 제품과 서비스를 시장에 소개하기 위해 필요한 것이 무엇인지를 설명하라.
2. **당신 회사의 단기와 장기 목표를 정의하라.** 조직을 위해 계획하고 있는 목표가 무엇인가? 기업 경영을 위해서는 세 가지의 광범위한 목표들이 필요하다. 즉, 창조, 생존, 그리고 수익이다. 특정한 목표에는 판매, 시장점유, 제품의 품질, 직원의 도덕성, 그리고 사회적 책임과 같은 것들이 포함될 수 있다. 당신은 어떻게 그와 같은 목표들을 성취할 수 있는지, 어떻게 그와 같은 목표들에 부응할 것인지, 그리고 조직에 적합한 목표들을 단기적, 중

기적으로 언제 수행하고자 하는지에 관해 설명하라. (예: 장기 혹은 단기)

3. **시장 분석을 통해 수행하라.** 당신은 당신이 무엇을 하고 있는지, 당신 회사의 시장이 어디인지, 그리고 당신이 직면할 경쟁적 대상들이 무엇인지를 명확히 이해하고 있다는 것을 독자들에게 확신시킬 필요가 있다. 이와 같은 분석에서 당신은 전반적인 시장의 동향, 당신의 제품과 서비스의 대상이 될 특정한 시장, 그리고 경쟁대상들이 누구인지에 대해 설명할 필요가 있다. 근본적으로 말하면, 당신은 SWOT 분석을 수행하게 될 것이다.
4. **당신이 개발하고 생산할 내용에서 강조할 부분을 기술하라.** 당신은 어떻게 제품과 서비스를 생산하고자 하는지 설명하라. 시작부터 종료 시점까지의 시간적 프레임워크를 포함하여야 한다. 이와 같은 단계에서 수행해야 할 행위들에 요구되는 비용들뿐만 아니라 이러한 단계에서 직면할 어려움들에 대해 기술하라. 당신이 어떤 의사결정(예: 만드느냐 혹은 사느냐?)에 직면할 것인지와 어떻게 대응하고자 하는지에 관해 설명하라.
5. **당신은 어떻게 회사의 제품과 서비스를 판매할 것인지에 대해 설명하라.** 당신의 판매전략은 무엇인가? 당신은 어떻게 고객들에게 다가가고자 하는가? 이러한 영역에서는 회사의 경쟁우위 관점에서 제품과 서비스를 설명하고, 경쟁자의 약점을 어떻게 이용할 것인지에 대해 제시하라. 시장 분석과 더불어 시장 규모의 관점에서 판매 예측을 하고, 현실적으로 시장의 어느 정도 범위를 확보할 수 있을지, 그리고 제품과 서비스의 적정가격을 어떻게 책정할 수 있을지에 관해 설명하라.
6. **회사의 재무제표를 함께 제시하라.** 당신의 사업결과는 무엇인가? 투자자들은 이러한 정보를 원한다. 재무부문에서 대략 3~5년 간에 도출된 손익계산서를 제공할 필요가 있을 것이다. 또한 재무제표에는 현금흐름 분석과 대차대조표를 포함시켜야 한다. 더불어, 재무전략을 어떻게 수립할 것인가와 함께 얼마만큼의 초기비용이 요구되는지에 관한 정보를 제공한다. 그리고 당신 회사가 투자회사로부터 받은 투자금을 어떻게 사용하고자 하는지, 기업의 재무적 진행 상황들을 어떻게 통제하고 모니터할 것인지에 관해서도 제시하여야 한다.
7. **조직과 관리활동에 관한 개괄적인 내용을 제공하라.** 핵심 경영층을 정의하고, 그들의 학력, 경험, 그리고 역량들을 요약하라. 조직에서 그들이 맡고 있는 위치, 직무 역할, 그리고 초기에 그들이 받고자 하는 급여가 얼마인지도 설명하라. 또한 조직의 관리활동을 지원할 사람들, 즉 기업 변호사, 회계사, 이사들에 대해서도 정의한다. 이와 같은 부분에는 당신이 직원들을 어떻게 다루고자 하는지에 관한 내용도 포함될 수 있다. 예를 들어, 직원들에게 어떻게 임금을 지불할 것인지, 어떤 복리후생들이 제공될 것인지, 그리고 어떻게 직원들의 성과를 평가할 것인지에 관한 내용들이다.
8. **사업의 법률적 형태에 대해서 기술하라.** 예를 들어, 완전한 소유 기업인가, 파트너십인가, 또는 법인의 형태인가? 이러한 형태에 따라 당신은 소유의 몫이나 소유한 주식 등에 관한 정보를 제공하여야 한다.
9. **중요한 리스크와 조직이 직면할 돌발상황에 대해 정의하자.** 여기서는 만일 문제들이 발생한다면 당신이 무엇을 할것인지에 관해 정의하여야 한다. 예를 들어, 당신이 판매예측을 할 수 없다면 어떻게 해야 할까? 이와 같은 질문과 유사한 것으로는 공급자와의 문제, 자격을 갖춘 직원들을 채용할 수 없을 때의 문제, 제품의 품질 문제 등이 거론될 수 있을 것이다. 독자들은 당신이 잠재적인 문제들을 예상하고 있는지, 또한 당신이 상황 대응계획을 가지고 있는지에 관해 알기를 원할 것이다. 이것은 What-if 분석에 해당한다.
10. **사업계획서를 함께 제출하라.** 이제 당신이 앞의 아홉 가지 단계에서 수집한 정보들을 사용하여 잘 조직화된 문서로서 사업계획서를 제출하여야 한다. 사업계획서는 회사명, 주소, 연락가능한 사람과 전화번호 등이 포함된 겉표지를 포함하여야 한다. 겉표지에는 또한 회사가 설립된 날짜와 로고를 넣는다. 사업계획서의 다음 페이지에는 목차를 넣는데 당신이 작성한 주된 범주와 관련된 소제목들의 페이지를 기입한다. 이때 보기 좋은 편집 기

술을 사용하라. 다음으로는 최고경영자의 인사말과 요약을 제시하는데 독자들은 첫 페이지를 반드시 읽을 것이다. 따라서 사업계획서의 매우 중요한 핵심 부분이 될 것이기 때문에 최고경영자의 인사말이 잘 쓰여지지 못했다면 독자들은 더 이상의 흥미를 갖지 못하고 나머지 내용을 읽지 않을 것이다. 2~3 페이지 안에, 기업에 관한 핵심 정보와 관리활동, 시장과 경쟁자, 요구되는 자본의 규모, 자본금이 어떻게 운영될 것인지, 재무적인 활동의 시작, 그리고 언제부터 투자자가 자금회수를 할 수 있을 것인지에 관해 기술한다. 다음은 사업계획서의 본문으로서, 1단계 부터 9단계에서 설명되었던 내용들이 포함된다. 끝부분에서는 지금까지 당신이 제시한 내용들에서 핵심적인 내용들을 발췌하여 요약하는 것으로 사업계획서를 마무리 하는데, 당신의 사업계획서에 차트와 표와 사진 등의 자료들이 포함되어 있다면 마지막 페이지에는 참고문헌이 포함되어야 할 것이다.

기술 연습

만일 당신이 사업을 하기 위한 대단한 아이디어를 가지고 있다면, 그리고 은행에 제시하기 위한 사업계획서를 작성해야 한다면, 아래의 제품이나 서비스 항목 중에서 하나를 선택하여 당신이 어떻게 가격을 책정하고 시장에서 판매할 수 있을지에 대해 설명하는 내용을 작성하고(5단계 참조) 위험요인과 돌발상황을 확인해 보라.

1. 집에서의 미용 사업(당신은 집전화를 사용할 수 있다)
2. 올림픽 스노우보딩 컴퓨터 게임
3. 온라인 아파트 임대 리스트
4. 음성으로 작동하는 주택 경보

함께 일하기 팀연습

조직의 미션 문구는 약속인가, 의무인가, 혹은 공수표인가? 3~4명으로 소그룹을 구성하고 세 개의 상이한 기업의 미션 문구의 예들을 찾아보아라. 당신의 첫 번째 과업은 미션 문구를 평가하는 것이다. 그와 같은 미션들은 Exhibit 5-2에 나와있는 것들과 어떻게 비교할 수 있는가? 당신은 효과적인 미션 문구로서 각각을 기술할 수 있는가? 왜 혹은 왜 아닌가? 당신은 각각의 미션 문구들을 더 나아지게 수정할 수 있는가? 당신의 두 번째 과업은 각 조직이 그와 같은 미션 문구들을 이행하기 위해 사용할 수 있는 기업, 경쟁전략들의 유형들을 기술하기 위해 미션 문구를 사용하는 것이다. 각각의 전략들을 선택하기 위한 당신의 근거들을 설명하라.

경영자가 될 차례

1. 최신 비즈니스 관련 정기간행물을 사용하여 기업전략과 경쟁전략에 관한 두 가지 사례를 찾아보시오. 이러한 사업들이 수행하는 내용들과 특정전략을 수행하는 방법에 대해 설명해보시오.

- Fortune지의 "가장 존경받는 기업" 목록 최신 버전에서 5개 기업을 선택하라. 그들 기업들을 조사하여 (a) 기업 미션, (b) 전략적 목표 (c) 지금 진행되고 있는 전략들을 파악하라.
- 당신이 정기적으로 구매하는 제품과 서비스 기업들을 찾아 비즈니스 모델을 파악하시오.
- 고객서비스, 소셜미디어 및 혁신전략은 오늘날 관리자에게 특히 중요하다. 우리는 이 장에서 기업들이 이러한 전략들을 추구할 수 있는 특별한 방법들에 대해 설명하였다. 당신의 과업은 고객서비스, e-business, 혁신을 선택하여 각각의 유형 중에서 특별한 접근방법에 관한 하나의 예를 찾아내는 것이다. 예를 들어, 만일 당신이 고객서비스를 선택한다면 고객이 원하는 것을 주는 사례, 고객과 효과적으로 의사소통할 수 있는 예, 직원들에게 고객서비스 훈련을 제공하는 경우의 사례 등을 이용하여 당신의 사례들을 설명하는 보고서를 작성하라.

사례적용 1 Deliveroo의 창업 성공 이야기

전직 투자 은행가였던 Will Shu는 런던의 Canary Wharf 사무소에서 오랜 시간 일하면서 식료품점 샌드위치 외에는 식사를 할 수 있는 선택의 여지가 없었다. 이때 그에게 아이디어가 떠올랐다. 그는 런던에 고급 레스토랑들이 많지만 배달서비스를 제공하는 레스토랑은 거의 없다는 것을 알았다. JustEat와 같은 기존 음식배달 플랫폼은 최적의 고객경험을 제공하지 않는다고 생각했다.

2013년에 Shu는 '다양한 레스토랑의 신속한 포장서비스를 제공한다'는 간단한 미션을 가진 Deliveroo를 창업했다. 만화 캥거루 로고와 인식 가능한 색 구성표를 통해 그는 배달 음식에 대한 우리의 생각을 효과적으로 바꾸었고, 매우 짧은 시간 내에 천문학적 성장을 이루었다. 이 스타트업은 최근 보고된 2013년과 2017년 사이에 관한 보고서에서 2억 7,700만 파운드라는 엄청난 수익을 기록했다. 2016년 한해에는 1,800만 파운드에서 1억 2,900만 파운드로 놀라운 성장을 보였다. 1년 만에 611%, 더욱 놀랍게도, 창립 이래 4년 동안 평균 매출 성장률은 107,117%로 영국에서 가장 빠르게 성장하고 가장 가치 있는 스타트업으로 자리매김 했다. 이러한 성장은 Deliveroo의 급속한 글로벌 확장세에 기인한다.

Deliveroo는 런던에 본사가 있지만 대부분의 성장은 영국 이외 지역에서 이루어졌다. 현재 12개국 84개 도시에서 운영되고 있다. Deliveroo는 여전히 유럽에서 가장 빠르게 성장하는 ICT 기반의 회사로 자리 매김하고 있으며, 120,000개 이상의 레스토랑 파트너 목록을 계속해서 늘려가고 있다.

Deliveroo의 성장 비결은 무엇일까? 그들은 전략 경영를 능숙하게 하고 기술, 시장, 음식 배달산업에 대한 정확하고 집중된 이해와 새로운 긱(Gig) 경제에 잘 적응하고 행동하는 능력을 보여주었다. 그러나 처음부터 순조로운 항해는 아니었다. 실제로 Shu 와 Deliveroo의 공동 창립자인 친구 Greg Orlowski가 2007년에 시작하면서 시도한 개념은 스마트 폰이 막 보급되면서 앱이 아직 일상생활에 익숙하지 않은 시기였기 때문에 실패했다. Shu와 Orlowski는 스마트 폰이 모든 사람의 삶의 중심에 자리를 잡은 2012년이 되어서야 기존 기술을 기반으로 앱 기능에 초점을 맞추어 플랫폼을 재작업했다.

2013년까지 두 사람은 배달 아이디어를 현실화하기 위해 앞으로 고객들의 요구사항이 무엇일지 평가하고, 그 당시 급증하는 긱(Gig) 경제를 활용하기로 한 전략적인 결정을 했다. Shu는 배달 프로세스의 물류과정을 더 잘 이해하기 위해 Deliveroo의 첫 번째 "배달인"으로 일하면서 첫 주문인 피자를 친구에게 배달했다. 단 세 곳의 레스토랑을 시작으로 런던에서 출발한 후 수년 동안 Deliveroo는 여러 차례의 투자를 유치하고 영국 안팎의 더 많은 도시로 확장했다. 전자상거래 대기업인 Amazon도 5억 7500만 달러를 투자하여 Deliveroo의 가치를 20억 달러 이상으로 늘려주었다.

이러한 가치평가를 향한 여정에는 초기에 강력한 전략 이상의 그 무엇이 필요했으며,

Shu의 미래에 대한 대응 및 계획을 수립하려는 의지는 큰 역할을 하였다. 운영의 규모와 방대함이 급속히 커지면서 Shu는 매일 직접 업무를 수행하는 실무 리더에서 나아가 팀을 육성하고 인재를 고용하는데 더 중점을 두는 한편, 사소한 관리를 하기 보다는 명확한 내부 커뮤니케이션이 필요하다는 것을 인식하는 진정한 리더로 성장하였다.

내부 장애물 외에도 이정도 규모의 급격한 성장은 노조, 정부 및 업계 경쟁자로부터 압력을 받는다. 긱 경제와 자영업에 대한 새롭고 모호한 성격은 Deliveroo를 노동자 권리와 자격에 대한 여러 논쟁으로 힘들게 하였다. 이 신생기업은 새로운 규칙을 탐색하기 위해 정부와 협력하는 것을 목표로 하였지만 더 엄격한 규제가 그러한 성장을 허용했는지 여부에 대한 의문이 제기된다. 또한 Deliveroo는 Uber 및 현지 배달 플랫폼에서의 경쟁이 치열해짐에 따라 관리전략을 조정하고 신중하게 고려해나가야 할 필요성이 있다.[50]

토의문제

5-12 Deliveroo가 수십억 달러 규모의 비즈니스로 성장하는 과정에서 전략관리를 어떻게 하였는지 설명하시오.

5-13 기존 지역배송 플랫폼이 있는 새로운 도시에 진입하기 위해 SWOT 분석을 하는 것은 Deliveroo에 어떤 도움이 될 수 있는가?

5-14 Deliveroo는 UberEats 또는 음식배달 사업의 새로운 진입자보다 어떤 경쟁우위를 가질 수 있는가? Deliveroo가 개발하려는 경쟁우위는 무엇인가?

5-15 Deliveroo의 성공은 외부 또는 내부요인에 의한 것이라고 생각하는가? 지금 이런 일들이 일어난다면 2013년부터 수행해온 전략들은 성공할 수 있을까? 이에 대해 설명하시오.

5-16 Deliveroo는 자영업 관련 규제 변경으로 인해 어떤 영향을 받을 수 있는가? 이에 대응하는 어떤 기업전략이 가장 적절한가.

사례적용 2 치명적인 비용과 경쟁

Aldi는 독일 Essen 의 소박한 교외 동네 식료품점으로 시작하여 오늘날 세계에서 가장 성공적인 할인 슈퍼마켓 체인 중 하나가 되었다. Aldi는 제2차 세계 대전이 끝난 직후 Anna Albrecht가 작은 식료품점인 Albrecht-Diskont를 아들 Theo와 Karl에게 넘겨준 이래, "최저 가격으로 최고의 품질"이라는 모토로 운영해왔다. 형제들은 이 사업을 지역의 여러 위치에 상점체인으로 빠르게 확장하는 과정에서 부패하지 않는 품목들을 비축하여 공격적으로 가격을 최저가로 유지했다. 제품판매를 분석하여 잘 팔린 품목들은 재고로 남기고 그렇지 않은 품목들은 신속히 처리하였다. 1950년대 초, 급성장한 체인은 형제가 각각 Albrecth-Diskont Nord와 Albrecht-Diskont Süd라는 두 부분으로 나누었다. 분할을 하게 된 이유는 담배판매와 관련한 분쟁에 따른 것으로 예측되지만 분할했음에도 불구하고 Theo와 Karl은 계속 협력을 유지했다.

1954년에 형제들은 Aldi의 성공을 향한 시초가 된 템플릿인 독일 최초의 셀프서비스 매장을 열었고 1962년에는 Albrecht와 Diskont의 처음 두 글자만 포함하여 체인이름을 간편화하였다. 반세기가 지난 후 Aldi North와 Aldi South는 19개국에 걸쳐 11,000개 이상의 매장을 보유하고 있으며, Tesco 또는 Sainsbury's와 같은 전통적인 식료품 체인점과 치열하게 경쟁하고 있다. 2022년까지 미국에 2,500개 매장을 보유하는 것을 목표로 하는 Aldi가 미국에서 공격적인 성장전략을 추진한 이래로 Walmart 조차도 자금력 때문에 지역에서 쫓겨날 정도이다.

그렇다면 Aldi는 어떻게 이러한 수준의 성공을 거두었을까? Aldi는 제품의 품질을 낮추지 않으면서 비용은 최대한 낮게 유지하는 단순한 전략을 통해 효율성을 극대화하고, 고유한 판매전략을 채택하며 우수한 직원의 중요성을 인식했다.

첫째, Aldi는 비즈니스 수행방식에 있어 간결하고 단순한 접근방식을 취한다. 무엇보다 효율적이고 검소하게, 24시간 영업시간과 같은 수익성 없는 기능을 없애고 경쟁사에 비해 훨씬 더 다양성을 줄여 제품을 비축한다. 대신 Aldi는 수요가 많고 잘 팔리는 품목들을 재고로 갖추는 데 초점을 맞추면서 수요가 적은 제품을 축소하거나 생략하고 낭비를 최소화하고 판매공간을 최대한 활용하여 수익을 창출하고자 노력한다. 제품들은 시간, 직원 수, 재고를 진열하는 선반에 요구되는 비용을 줄이기 위해 설계된 배송상자와 포장 ID에 진열된다. 전문가들은 Aldi의 운영비용이 경쟁업체가 지출하는 비용의 절반 정도로 낮지만 이윤 역시 더 낮다고 추정한다.

둘째, 직원은 경쟁우위를 가질 수 있는 Aldi의 또 다른 비밀무기이다. 영국에서 Aldi는 다른 식료품 체인점보다 직원에게 훨씬 더 많은 비용을 지불하는 것으로 알려져 있다. 특히 직원들이 여러 작업을 수행할 것이라고 생각하고 다양한 역할을 맡김으로써 직원 수를 낮게 유지하면서도 직원들의 기능을 극대화한다.

단순해 보이지만 이러한 전략을 통해 Aldi는 독일의 작은 식료품점에서 Walmart와 Tesco를 그들의 고향에서 퇴출시키는 심각한 경쟁자로 성장시킬 수 있었다. 할인 식료품점 체인은 계속 성장하고 있으며 속도를 늦출 계획이 없다. 고객이 저렴한 가격을 선호하는 글로벌 경기침체 이후 이러한 방식의 식료품점은 전 세계적으로 더 많이 요구될 것이다.[51]

토의문제

5-17 Aldi의 비즈니스 모델은 다른 식료품 소매업체와 어떻게 다른가? Aldi의 전략이 효과가 있다고 생각하는 이유는 무엇인가?

5-18 인원수가 적은만큼 Aldi가 직원들에게 높은 급여를 주는 이유는 무엇인가?

5-19 Aldi가 앞으로 더 다양한 상품을 다루어야 한다고 생각하는가? 이에 대해 당신의 생각을 설명하시오.

5-20 Aldi의 기업전략은 무엇이라고 설명할 수 있는가?

Chapter 6 기업가 정신

학습목표

6.1 기업가 정신을 정의하고 그것이 왜 중요한지 설명한다.

6.2 창업기업가들이 신규 벤처의 기획과정에서 무엇을 하는지 설명한다.

6.3 여섯 가지 법률적 형태의 조직과 적절한 조직 구조 유형의 선택에 대하여 설명한다.

6.4 기업가가 조직을 지휘하는 방법을 설명한다.

6.5 관리자가 조직을 통제하는 방법과 출구 전략을 설명한다.

고용능력 기술 매트릭스

각 장의 해당 매트릭스와 마지막 부분의 자료는 고용주가 구직자에게 요구하는 특정 기술을 개발하는데 도움을 준다.

		비판적 사고	커뮤니케이션	협동	지식 응용	사회적 책임
기술 상자	직장의 비밀	✓			✓	
	실패에서 배운다	✓			✓	
기술 연습	윤리적 딜레마	✓				✓
	기술 훈련	✓			✓	
	함께 일하기		✓	✓		
	경영자가 될 차례	✓	✓		✓	
사례	사례적용	✓			✓	

일론 머스크만큼 '연쇄 창업가'라는 칭호를 받을 자격이 있는 사람은 드물다. 그의 기업가 경력은 1999년에 3억 4천만 달러에 팔았던 웹 소프트웨어 회사인 Zip2의 설립으로부터 시작되었다. 그 뒤를 이어 온라인 결제회사 X.com을 설립하여 페이팔이 되었으며, 2002년에 이베이에 의해 15억 달러에 인수되었다. 최근 머스크는 자동차 회사인 테슬라, 우주 운송 회사인 스페이스X, 에너지 서비스 회사인 솔라 시티, 두뇌-컴퓨터 인터페이스 개발업체인 뉴럴링크, 인프라 및 터널 건설 회사인 보링 컴퍼니를 설립했다.

LO6.1 기업가 정신의 이해

기업가가 되고 싶은 사람은 알아야 할 것이 많다. 이 장에서는 해당 지식의 개요를 제공한다. 우선 기업가 정신을 정의하는 것부터 시작하자.

기업가 정신이란 무엇인가?

기업가 정신
일반적으로 기회에 부응하여 새로운 비즈니스를 시작하는 프로세스

기업가 정신(entrepreneurship)은 일반적으로 기회에 대응하여 새로운 사업을 시작하는 과정이다.[1] 기업가는 새로운 제품이나 서비스를 변화, 혁신, 변형 또는 도입하여 기회를 추구한다. 기업가들과 자영업자들은 동일한 성격인가? 아니다.[2] 몇 가지 주요 차이점이 있다. 기업가들은 세상을 바꾸고 싶어한다. 그들은 생각을 크게 하고 혁신적인 아이디어를 가지고 있다. 그들은 일반적으로 이윤을 뛰어넘는 열정을 가지고 있다. 이와는 대조적으로 자영업자들은 생계를 유지하기 원한다. 그들의 사업은 일반적으로 다른 사람들이 이미 하고 있는 일을 하는 것이다. 자영업자가 위험을 보는 반면, 기업가는 기회를 본다. 예를들어 자영업자 정신은 일반적으로 기회에 대응하여 새로운 사업을 시작하는 과정이다. 자영업자는 자전거 대여소를 열 수 있다. 그러나 기업가는 사람들이 자전거를 공유하고, 자전거 여러 대에 투자하고, 자전거 보관대와 자전거들을 설치할 장소를 지역사회와 협상한 뒤, 자전거 공유앱을 만들어 홍보한다.

기업가 정신이 왜 중요한가?

기업가들은 우리에게 현재의 생활방식을 정의하는 많은 것을 주었다: 마이크로칩(잭킬비와 로버트 노이스), 개인용 컴퓨터(스티브 워즈니악), 24시간 뉴스(테드 터너), 승차공유(트래비스 칼라닉과 개럿 캠프), 홈 리뷰 및 온라인 쇼핑(앤지 힉스와 빌 오에스터레), 유비쿼터스 소셜 네트워킹(마크 주커버그)을 예로 들 수 있다. 분명히 기업가정신은 중요하다. 혁신, 경제 성장 및 일자리 창출에 미치는 영향이 명확하기 때문이다.[3]

혁신 혁신은 변화, 실험, 변형, 혁명의 과정이며 기업가 활동의 핵심적 측면이다. 혁신을 특징짓는 '창조적 파괴' 과정은 기술 변화와 고용 증가로 이어진다. 기업가적 정신에 기초한 기업들은 그렇지 않으면 미개발될 수 있는 새롭고 독특한 아이디어의 필수적인 원천을 제공함으로써 "변화의 주체" 역할을 한다.

기업가는 신제품을 상품화하는 데 있어 막대한 역할을 한다. 비행기, 자동차, 전화, 냉동식품, 에어컨 등 현대 시대의 가장 급진적인 혁신은 한 기업가의 정신에서 비롯되었다.

경제적 성장 한 나라의 생활수준을 시간 경과에 따라 향상시킬 수 있는 능력은 주로 근로자 1인당 생산량을 증가시킬 수 있는 능력, 즉 효율성을 높이는 능력에 달려 있다. 기업가정신은 시장의 경쟁력을 유지함으로써 효율성을 증대시킨다는 목표에 기여한다. 신생 기업들은 기성 기업들을 "긴장상태"에 올려놓으며 비효율적인 기업들을 몰아낸다. 새롭고 개선된 제품, 프로세스 및 생산 방법은 경제성장을 촉진한다.

성장은 제1세계 경제에서 중요한 것 이상으로, 인구의 많은 부분이 빈곤한 상태에서 살고 있는 신흥국들에게는 매우 중요하다. 예를들어 급속한 경제 성장은 인도의 수천만 국민을 중산층으로 만들어준 주된 힘이었다. 그리고 이는 케냐, 가나, 에티오피아, 캄보디아, 세네갈 같은 곳에서 생활 수준을 높이는 데 극적인 영향을 미치고 있다. 생활 수준 향상의 중심에는 기업가적 벤처기업들의 급격한 증가가 있었다.[4] 예를들어 Bhavaral Jain은 인도의 Maharashtra에서 유모차로 시작했다. 오늘날, 그의 자인(Jain) 관개시스템은 수천 명의 직원들이 소규모 농부들에게 관련 제품과 서비스를 제공하고 있다. 나이로비의 기업가 Peter Chege는 물 사용량을 줄이면서 농작물 수확량을 크게 늘릴 수 있는 수경 시스템을 케냐, 우간다, 르완다의 농부들을 위해 개발 및 설치하고 있다.

기업가 Salma Likupila(오른쪽)가 아프리카 탄자니아의 Batik 염색 가게에서 고객과 이야기하고 있다.

출처: *Mile 91/Ben Langdon/Alamy Stock Photo*

고용창출 우리는 일자리 창출이 지역사회, 지역, 국가의 전반적이고 장기적인 경제 건전성에 중요하다는 것을 알고 있다. 그리고 새로운 일자리의 가장 큰 원천은 대기업이 아닌 중소 기업이다.[5] 중소기업은 미국 민간 노동력의 47.5%를 고용하고 있으며 2017년에는 순 신규 일자리 210만 개 중 190만 개를 차지했다. 흥미로운 점은 이는 일반적인 중소기업이 아닌 새로운 청년 사업이 가장 큰 일자리 창출자라는 점이다.

기업가의 창업과정

기업가는 창업과 경영에 있어 네 가지 주요한 단계를 거쳐야 한다.

첫 번째는 기업가적 맥락과 경영환경을 탐구하는 것이다. 맥락은 현재의 경제, 정치, 법제도, 사회 및 근무 환경의 현실을 의미한다. 이러한 기업가적 맥락의 각 측면을 살펴보는 것은 이것이 게임의 "규칙"과 어떤 결정과 행동이 성공과 부합할 것인지를 결정하기 때문에 중요하기 때문이다. 또한, 맥락을 탐구함으로써 기업가들은 기업가적 과정 중 '기회와 잠재적 경쟁우위의 식별'이라는 다음의 중요한 단계와 마주할 수 있다. 우리는 기업가 정신의 정의를 통해 기회 추구가 기업가 프로세스의 핵심 요소라는 것을 알 수 있다.

일단 기업가가 기업가적 맥락을 탐색하고 기회와 잠재적 경쟁우위를 확인했으면, 다음으로는 실제로 벤처 창업을 실현하는 것과 관련된 문제들을 살펴볼 필요가 있다. 이 단계에는 벤처의 타당성 조사, 벤처 기획, 벤처 조직화, 벤처 출범 등이 포함된다.

마지막으로, 기업가적 벤처기업이 런칭되면 마지막 단계는 기업의 프로세스를 관리하고, 사람을 관리하고, 성장을 관리함으로써 수행하는 벤처 관리이다. 우리는 기업가들이 무엇을 하는지 살펴봄으로써 이 과정에 대해 파악할 수 있다.

기업가들은 무엇을 하는가?

기업가가 하는 일을 기술하는 것은 쉽지 않다. 왜냐하면 어떤 두 기업가의 업무 활동조차도 완전히 똑같지 않기 때문이다. 일반적인 의미에서, 기업가들은 새롭고 다른 무언가를 창조한다. 그들은 변화를 탐색하고, 그것에 대응하고, 그것을 이용한다.

초반에, 기업가는 기업가적 벤처의 잠재력을 평가하고 그 후에 창업 문제를 처리하는 데 관여한다. 기업가적 맥락을 탐구하면서, 기업가는 정보를 수집하고, 잠재적 기회를 식별하며, 가능한 경쟁우위를 찾아낸다. 다음으로, 이러한 정보로 무장한 기업가는 비즈니스 아이디어 발굴, 경쟁업체 조사, 금융옵션 탐색 등 벤처의 실현 가능성을 조사한다.

제안된 벤처의 잠재성을 검토하고 이를 성공적으로 실행할 가능성을 평가한 후, 기업가는 벤처계획을 수립한다. 계획은 실행 가능한 조직 사명을 개발하고 신중하게 비즈니스 계획을 수립하는 것이다. 계획과 관련된 문제들이 해결되면, 기업가는 기업 조직의 법률적 형식, 형태를 선택하고, 특허나 저작권 검색과 같은 다른 법적 문제를 확인하고, 업무가 어떻게 수행될 것인지를 구조화하기 위한 적절한 조직 설계를 고안한다.

이러한 초기 창업 활동이 완료된 후에야 기업가는 실제로 벤처 사업을 출시할 준비가 된다. 출시과정에는 목표와 전략을 수립하고 기술-운영 방법, 마케팅 계획, 정보 시스템, 재무 회계 시스템 및 현금 흐름 관리 시스템을 수립하는 것이 포함된다.

일단 기업가적 벤처가 가동되면, 기업가의 관심은 벤처 경영으로 전환된다. 실제 기업가적 벤처 경영과 관련된 것은 무엇인가? 중요한 활동은 의사 결정, 환경 변화에 대응, 성능 측정 및 평가 등 모든 비즈니스의 부분들인 다양한 프로세스를 관리하는 것이다. 또한, 기업가는 선택과 고용, 평가와 훈련, 동기 부여, 업무 위임 및 효과적인 리더십 발휘를 포함하여 인력 관리와 관련된 활동을 수행해야 한다.

마지막으로, 기업가는 성장전략 개발 및 설계, 추가 자금조달에 대한 다양한 방법 탐색, 벤처에 가치를 부여하고, 결국 벤처를 성공적으로 종료하는 등의 활동을 포함하여 벤처의 성장을 관리해야 한다.

기업가 정신으로 가는 하이브리드 경로

기업가 정신이 "올인" 제안이 될 필요는 없다. 기업가 정신을 위한 혼합경로를 통해 활동과 관련된 완전한 위험과 불확실성 없이 새로운 벤처의 기회를 추구할 수 있다.

기업가적 실패에 대한 통계를 무시할 수는 없다. 낙담할 수도 있다. 신생 벤처기업의 50% 이상이 처음 4년 안에 실패한다.[6] 이러한 확률을 개선하기 위해 혼합적인 접근방식을 고려할 수 있다.

기업가 정신을 위한 복합적 경로는 기존 조직에서 "일상적인 직무"을 유지하면서 비즈니스를 시작하는 것을 의미한다. 유급 고용과 벤처창업을 결합함으로써, 당신은 온전히 창업에 뛰어드는 것보다 몇 가지 이점을 얻을 수 있다.[7] 첫째, 위험을 감소시키기 때문에, 그것은 분명히 위험을 회피하는 개인들에게 호소력이 있다. 따라서 그렇게 하는 것은 많은 사람들에게 기업가 정신의 문을 열어준다. 둘째, 혼합적 경로를 통해 기업가는 자신의 아이디어를 테스트하고 압박이 덜한 환경에서 성장할 수 있다. 정규직 일자리는 계속해서 안전하고 지속적인 수입을 제공할 수 있기 때문이다. 셋째, 새로운 벤처기업을 만들기 위해 금융자산을 마련하는 것은 종종 사업을 시작하는 데 주요한 장벽이다.

혼합적 접근방식은 개인들이 정규직에서 창출된 소득을 창업과 신규 벤처자금으로 사용할 수 있게 한다. 마지막으로, 혼합적 경로가 벤처를 창업하는 중간 단계로 사용될 때, 연구에 따르면 벤처 생존율이 고용된 직장에서 나와 바로 창업에 진입하는 사람들보다 훨씬 더 높다.

LO6.2 창업과 계획 활동의 이슈

Sara Blakely는 집집마다 방문하는 팩스 통신기 영업사원이었는데, 끈이 있는 샌들과 어울리는 흰색 슬랙스 아래에 무엇을 입어야 할지 고민이었다. 그녀는 팬티스타킹 한 켤레의 발 부분을 잘랐다. 그 문제에서 해결책이 나왔다: Spanx 기업이 탄생한 것이다. 초기 5천 달러를 투자하여, 그녀는 현재 65개국에서 판매되고 있는 속옷, 레깅스, 임부복으로 이루어진 매우 성공적인 쉐이프웨어 라인을 만들었다.[8]

Sara Blakely와 같은 기업가들이 하는 첫 번째 일은 기회와 더불어 실현 가능한 경쟁적 이점을 파악하는 것이다. 일단 기회를 포착하면 그들은 실현 가능성을 조사하고 사업을 계획함으로써 벤처사업을 시작할 준비를 한다. 이 부분에서는 벤처 창업의 시작(start-up)과 계획에 대한 내용들을 살펴보자.

Spanx의 창립자이자 현재 Shark Tank의 막대한 투자자인 Sara Blakely는 기회를 확인하고 이를 10억 달러의 재산으로 바꿨다.

출처: *Mitch Haaseth/Walt Disney Television/Getty Images*

환경 기회 및 경쟁 우위 파악

마윈(Jack Ma)은 중국에서 영어 선생님이었다. 1998년 시애틀을 방문했을 때, 그는 처음으로 웹에 연결된 컴퓨터를 보았다. 그는 별안간 "맥주"를 찾았다. 검색엔진은 세계 각국의 사이트를 보여주었지만 중국 사이트는 전혀 보여주지 않았다. 그는 "중국 맥주"를 찾았다. 또 한번, 아무것도 검색되지 않았다. 마윈은 중국의 중소기업이 웹상에서 보이지 않는다는 것을 인식했다. 여기서 그는 중국 기업들이 서로 연결될 수 있는 웹사이트를 만

직장의 비밀 리스크를 다루는 법

하키계의 거장 웨인 그레츠키는 "우리가 한 번도 안 찍는 샷은 100%의 가능성을 놓치는 것이다"는 말로 위험을 감수하는 것의 중요성을 강조하였다. 그의 메시지: 성공을 거두려면 실패를 감수해야 한다.

인생에서 가장 쉬운 길은 흔들리지 않고 가는 길을 유지하는 것이다. 이것은 일반적으로 예측 가능한 결과를 제공하고, 알려진 세계에 대한 최소한의 위협만 제공하는 선택을 하는 것이다. 즉, 성장한 도시에 머물고, 전 생애에서 동일한 경력과 직업을 유지하고, 매년 "정규적인" 휴가지로 이동하고, 취미와 관심사 등에서 변화를 최소화함으로써 위험을 최소화할 수 있다고 생각할 수도 있을 것이다. 그러나 그것이 사실이라고 생각한다면 당신이 틀릴 가능성이 크다.

위험은 긍정적인 결과와 부정적인 결과를 모두 포함한다. 그러나 위험 회피자들은 부정적인 측면을 강조하는 경향이 있다. 위험요소를 찾는 사람들은 긍정적인 것에 초점을 맞춘다. 여러분은 언제 위험을 감수해야 하는지, 언제 위험을 피해야 하는지, 그리고 어떻게 위험을 자신에게 유리하게 전환시킬 수 있는지 이해해야 한다.

위험 인식에 대한 간단한 분석부터 시작해보자. 즉, 위험에 대한 인식은 어떻게 형성되는가? 고려하고자 하는 네 가지 요소는 불확실성, 이익, 손실 및 위험 프로파일이다. 불확실성은 미지의 것을 의심하거나 인정하는 것을 반영한다. 불확실성이 커질수록 의사결정은 더 위험해진다. 따라서 우리는 불확실성을 피하거나 그 영향을 최소화하려고 노력한다. 이를 위해 우리는 가능한 한 많은 정보를 축적함으로써 해결하려 한다. 잠재적 위험의 결과는 손익을 비교함으로써 도출할 수 있다. 더 큰 기대 이익은 더 작은 이익보다 선호되고, 더 작은 잠재적 손실은 더 큰 손실보다 선호된다. 따라서 위험은 가능한 수익이 줄어들거나 잠재적 손실이 커질수록 증가한다. 잠재적인 이익이 잠재적인 손실을 초과한다면 위험을 감수하고 싶기 때문에 이익이 클수록 선호된다. 따라서 다음 질문에 답해야 한다. 선택하려는 것이 위험을 감수할 만한 가치가 있는가?

마지막으로, 여러분 각자가 위험 프로파일을 고려해야 한다. 위험의 허용 범위가 얼마나 되는가? 사람들은 모험을 하려는 의지가 각자 다르다. 저 위험 추구자는 실패 가능성이 낮은 의사결정 옵션을 인식하여 가치를 매기고 선택할 가능성이 높다. 옳든 그르든, 그것은 종종 현상에서 최소한의 변화가 예상되는 대안을 선택하는 것이다. 반면, 고 위험군들은 독특하고 실패할 가능성이 더 큰 대안을 찾아 가치를 매기고 선택할 가능성이 더 높다.

이제 위협의 긍정적인 측면으로 관심을 돌려보자. 인생에는 몇 가지 안 되는 진실이 있다. 그중 하나는, 부자로 태어날 만큼 운이 좋은 사람들을 제외하고는 위험을 감수하지 않고는 이 세상에서 성공을 이룰 수 없다는 것이다. 오프라 윈프리, 제프 베이조스, 제이 지, 안젤라 메르켈, 레이 크록, 리한나, 스티브 잡스, 아이엠 페이 등, 그들은 모두 위험을 감수했다. 그들은 직장을 그만두고, 새로운 도시로 이사하고, 사업을 시작했고, 정계에 입후보했다. 그들은 자신 스스로를 언제 끝날지 모르는 거절과 실패의 연속에 던졌다. 물론 위험을 감수하는 것이 성공을 보장한다는 것을 말하는 것은 아니다. 우리가 말하는 것은 어느 정도로 안전을 포기하고 기회를 잡지 않고는 성공하기 어렵다는 것이다.

언급했듯이, 모두가 위험에 대해 같은 내성을 가지고 있지는 않다. 만약 여러분이 자신을 위험 감수자로 본다면, 여러분의 관심은 위험을 통제하는 데 초점을 맞춰야 한다. 당신은 계산된 위험을 감수하고 흔들림에 주의를 기울이지 않으려 한다. 반대로 위험을 회피하는 경향이 있는 여러분이라면 젊은 시절에 위험을 감수하는 것이 더 쉽다는 것을 기억하라. 좌절과 실패는 55세 때보다 25세 때 회복하기가 훨씬 쉽다. 실제로 22세에서 58세 사이의 위험 감수 성향을 비교한 결과, 위험 감수와 위험 부담에 대한 가치 모두 나이와 음의 상관관계인 것으로 나타났다. 즉, 나이가 들수록 위험을 감수하는 데 더 보수적이 되는 것이다. 이는 아마도 나이든 사람들이 잃을 것이 더 많다고 인식하기 때문일 것이다. 따라서 "젊음과 미숙함"을 활용하라. 직장을 그만두거나 사업을 시작하려는 경우, 그 일을 나중에 하는 것보다 더 빨리 하는 것을 고려하라. 젊었을 때 좌절을 받아들이기 쉽고 나이가 들수록 위험 회피자가 되기 쉽다. 실패를 두려워하는 사람들은 실패가 치명적이지 않다는 것을 상기할 필요가 있다.

세상에는 초기 실패에 맞닥뜨렸지만 경이적인 성공으로 반등했던 사람들로 가득하다. 월트 디즈니는 그의 편집자가 "상상력이 부족하고 좋은 아이디어가 없다"고 느꼈기 때문에 캔자스 시티 스타에서 해고되었다. 오프라 윈프리는 볼티모어에 있는 첫 텔레비전 직장에서 "자신의 이야기에 너무 감정적으로 몰입한다"는 이유로 해고되었다. 샘 월튼은 처음 소매업 시도에서는 실패했지만 결국 월마트로 인해 큰 성공을 거두었다. 한 영화사 임원은 프레드 애스테어의 첫 번째 스크린 테스트 중 하나를 보고 다음과 같이 평가했다. "노래도 못하고, 연기도 못하고, 약간 대머리며, 춤 정도 조금 출 수 있다." 닥터 수스로 알려진 테오도르 가이젤은 그의 첫 번째 책에서 27개 출판사로부터 거절당했다. 그리고 스티븐 스필버그는 남부 캘리포니아 대학교 영화 예술대학에서 여러 번 거절당했다.

그러나 우리가 논의가 어떤 것도 제약받지 않는 위험 감수를 조장하는 것은 아니다. 위험 부담은 신중하게, 지혜롭게, 선별적으로, 그리고 확률을 신중하게 고려하며 수행되어야 한다. 보상과 상관없이 최소한의 성공 가능성만을 가진 옵션은 도박이므로 피해야 한다. 하지만 여러분은 약간의 실패 가능성이 있다고 해서 성공할 가능성이 큰 기회를 놓치고 싶지는 않을 것이다.[9]

들 기회를 보았다. 이것이 현재 연간 400억 달러 이상의 매출을 올리고 있는 전자상거래 사이트 알리바바가 될 수 있는 원동력이었다.[10] 의심할 여지없이 다른 사람들도 중국 중소기업들이 인터넷에서 존재를 드러내지 못하고 있다고 보았을 것이다. 그러나 마윈은 그 상황에서 무언가를 했다. 앞 장에서 언급했듯이, 기회는 외부환경 요인들 속에 숨은 긍정적인 트렌드라 할 수 있다. 이러한 트렌드는 혁신과 가치 창출을 위한 고유의 뚜렷한 가능성을 제공한다. 기업가는 변화하는 상황에서 제공하는 이러한 기회들을 정확히 찾아낼 수 있어야 한다.[11] 결국 기회를 포착하는 것은 조직이 아니고 개인들이다. 그리고 그러한 기회가 사라지거나 다른 사람들에게 이용당하기 전에, (특히 역동적인 환경에서) 신속하게 이를 수행해야 한다.

유명한 경영학 저자인 고 피터 드러커는 기업가들이 외부적 맥락에서 찾을 수 있는 7가지 잠재적 기회 출처를 찾아냈다.[13]

1. **예측불가능**(The unexpected): 상황과 사건이 예상치 못한 경우에 기회를 찾을 수 있다. 이러한 상황은 예상치 못한 성공(좋은 뉴스) 또는 예상치 못한 실패(나쁜 뉴스)일 수 있다. 어느 쪽이든 그것은 기업가들이 추구할 수 있는 기회를 제공하는데, 예를 들어 2018년 5월, 대법원이 네바다주 외 다른 주에서 스포츠 베팅 금지를 기각하면서 놀라운 일이 일어났다. 버팔로 와일드윙스의 경영진은 이를 잠재적인 기회로 보았다. 미국에서 가장 큰 스포츠 바를 운영하면서 해당 기업은 사업을 강화하기 위해 스포츠 게임을 활용하는 독특한 위치를 선점하고 있다고 생각했다. 밀레니얼 세대가 프렌차이즈 음식점을 방문하는 것에 대한 관심이 감소함을 보임에 따라 BWW 경영진은 스포츠 도박이 그들을 대신할 대안으로 생각하였다.[14]
2. **불일치**(The incongruous): 불일치란 보이는 것들에서 모순과 양립불가능성을 나타내는 것이다. 어떤 것들은 어떤 방식으로 "되어야" 하지만 그렇지 않다. 어떤 이유로든 상황이 더 이상 통념과 다를 때, 기회는 존재한다. "상자 밖의 사고" 즉, 기존의 접근 방식을 넘어서서 생각하려는 기업가는 잠재적 수익 발생이 가능한 주머니를 찾을 수 있다. 사우스웨스트 항공의 창립자인 허브 켈러는 항공사들이 탑승객들에게 음식을 제공하는 방식에서 부조리를 인식했다. 대부분의 항공사들은 거점 간 노선에서 비즈니스 여행객들에게 식사를 포함한 풀 서비스를 제공해왔다. 항공료는 높았지만 출장을 가는 탑승객들은 비용을 수용할 수 있었다. 이러한 접근방식은 수익성이 높았지만 비즈니스 여행이 아닌, 작은 도시 간을 여행하고자 하는 탑승객에게 제공하는 서비스는 무시되었다. 켈러는 더 나은 방법을 찾았고 그의 회사는 더 낮은 운임과 무료 서비스를 제공함으로써 지속적인 수익과 성장을 얻었다.[15]
3. **프로세스의 필요성**(The process need): 기술이 일부 제품 또는 서비스의 특성을 근본적으로 변화시킬 "큰 발견"을 즉시 제시하지 못할 경우 어떻게 해야 할까? 연구자와 기술자가 획기적인 발전을 위해 계속 노력하는 프로세스 단계에서 기업가적 기회가 출현하게 된다. 완전한 도약은 불가능했지만 작은 단계들에서도 기회는 많다. 의료제품 산업을 예로 들어보자. 비록 연구자들이 암 치료법을 아직 발견하지 못했지만, 가능한 치료법에 대한 지식이 계속 축적됨에 따라 많은 성공적인 생명공학 벤처기업들이 생겨났다. 일부 프로세스의 요구사항들은 더 쉽게 해결된다. 수십 년 전, 다양한 발명가들이 1960년대 후반에 ATM 출현을 이끈 기술을 개발했다. 고객들이 셀프서비스 뱅킹에 더 익숙해지면서 ATM은 이제 어디서나 볼 수 있고 이제는 온라인 뱅킹에 자리를 내주었다.
4. **산업과 시장의 구조**(Industry and market structures): 기술의 변화가 산업과 시장의 구조를 변화시킬 때, 기존 기업들은 변화에 적응하지 못하거나 변화를 원하지 않는 경우 쓸모없게 될 수 있다. 사회적 가치와 소비자 취향의 변화는 산업과 시장의 구조를 바꿀 수 있다. 이러한 시장과 산업은 민첩하고 똑똑한 기업가의 목표가 된다. 예를들어 이베이는 구매자와 판매자 사이의 온라인 중개자로 시작하여 번창해 왔다.

fyi

신규 기업가의 86%는 실직한 후에 일자리를 구하는 것이 아니라, 기회에 대응하여 사업을 시작한다.[12]

이베이 CEO는 자사의 업무가 사람들을 연결시키는 것이지 물건을 파는 것이 아니라고 말한다. 온라인 경매 회사인 이베이는 1억 7천 5백만 명 이상의 활동적인 사용자들을 보유하고 있다.[16]

5. **인구통계**(Demographics): 세계 인구의 특성이 변하고 있다. 이러한 변화는 제품과 서비스의 종류와 수량, 고객의 구매력을 바꿈으로써 산업과 시장에 영향을 미친다. 변화의 대부분은 인구통계학적 추세에 주의를 기울이면 상당한 예측이 가능하지만 그렇게 명확하지 않은 것들도 있다. 어느 쪽이든, 인구의 변화에 따른 요구를 예측하고 충족함으로써 중요한 사업적 기회를 실현할 수 있다. 예를들어 웹MD는 고령화 인구의 요구를 예상했기 때문에 성공적이었다. 웹MD는 의료서비스 제공자와 소비자를 위한 건강과 복지에 대한 뉴스와 정보를 게시한다. 제약회사들도 인구통계학적 동향의 중요성을 인식하고 있으며 이는 웹MD에 많은 광고가 이어지는 성과를 도출하였다.[17]
6. **인식의 변화**(Changes in perception): 인식은 현실적 관점이다. 인식의 변화가 일어나면 사실은 달라지지 않지만 그 의미는 변한다. 인식의 변화는 사람들의 심리학적 프로필에서 핵심을 차지한다. 즉 사람들이 무엇을 중시하고, 무엇을 믿으며, 무엇을 신경 쓰는지에 대한 것이다. 이러한 태도와 가치관의 변화는 기업가들에게 잠재적인 시장 기회를 제공한다. 예를 들어 에어비앤비의 공동 창업자인 브라이언 체스키, 네이선 블렉차지크, 조 게비아는 낯선 사람들에게 단기적으로 주택과 아파트를 임대하는 것에 대한 부정적인 인식을 바꿨다. 브라이언 체스키가 말했다. "이는 사람과 경험에 관한 것이다. 결국 우리가 하고자 하는 것은 세상을 하나로 모으는 것이다. 방을 얻는 게 아니라 소속감을 얻는 것이다."[18] 몇 년 만에 그 회사는 수십억 달러의 매출을 올리기 시작했다.
7. **새로운 지식**(New knowledge): 새로운 지식은 사업할 기회의 중요한 원천이다. 모든 지식 기반 혁신이 중요한 것은 아니지만, 새로운 지식은 기업가적 기회의 원천이 되는 핵심 목록에서 상당히 높은 순위를 차지한다. 그러나 새로운 지식을 얻는 것 이상의 것이 필요한데, 기업가는 그러한 지식으로 무언가를 실행할 수 있어야 하고 경쟁자들로부터는 중요한 독점적 정보를 보호할 수 있어야 한다. 예를 들어 인텔은 최신 학술연구를 따르고 R&D에 집중투자하는 기업문화를 추구한다. 그 결과 더욱 강력한 마이크로프로세서가 지속적으로 개발되었으며 선도적인 기술 회사로서의 위치를 유지하고 있다.

기업가적 기회를 민감하게 인지하는 것은 기업가 초기 노력의 일부일 뿐이다. 경쟁우위도 이해해야 한다. 5장에서 논의한 바와 같이 조직이 경쟁우위를 점할 때 다른 경쟁업체가 따라 올 수 없거나 다른 기업이 할 수 없는 성과를 거두게 된다. 경쟁우위는 기업가적 벤처기업의 장기적인 성공과 생존에 필요한 요소이다.

벤처의 타당성 조사 – 아이디어

매년 수천 명의 의료 전문가들이 취업하고 90%는 수술복이라고 불리는 유니폼을 사야 한다. 스타일이 안 나는 유니폼인 스크럽(scrub)은 한 세기 동안 변하지 않는 제품이다. 금융전문가인 트리나 스피어와 패션 디자이너 헤더 해슨은 다음과 같은 생각을 했다. 매력적이고 몸에 더 잘 맞게 디자인하고 최첨단 옷감을 사용하여 소비자들에게 온라인으로 직접 판매하면 어떨가? 이 여성들은 자신들의 생각을 FIGS 스크럽으로 바꾸었다.[19] 그들은 패션산업에서의 경험과 접점을 이용하여 간호사, 의사, 그리고 다른 의료 종사자들에게 인기 있는 스크럽 라인을 디자인하고 생산했다. 불과 몇 년 만에 그들은 연간 1억 달러의 사업을 창출했다.

트리나 스피어와 헤너 해슨은 의료 선분가들을 위한 유니폼에 대한 그들의 아이디어를 가지고 수백만 달러의 사업을 발전시켰다.

출저: *FIGS photo Spear and Hasson*

기업가는 비즈니스 아이디어를 창출하고 평가하여 벤처로서 실현 가능성을 조사하는 것이 매우 중요하다. 기업가적 모험은 아이디어로 번창할 수 있다. 아이디어 창출은 혁신적이고 창의적인 과정이다. 아이디어 창출은 벤처의 초기 단계뿐 아니라 사업 과정 전반에 걸쳐 시간이 필요할 것이다. 그렇다면 아이디어는 어디에서 오는가?

아이디어 창출하기 기업가들은 그들의 아이디어가 독특하고 다양한 출처에서 비롯되었다고 말한다. 한 설문조사에 따르면 가장 높은 응답 항목은 "갑자기 얻은 통찰력이나 기회", "열정에 따르기"와 같이 나타났다.[21]

이와같이 아이디어를 도출하기 위해 탐색할 때 기업가는 무엇을 찾아야 하는가? 그들은 현재 이용 가능한 것, 새롭고 다른 접근방식, 진보와 돌파구, 충족되지 않은 틈새, 유행과 변화의 한계 등을 찾아야 한다. 아이디어를 창출하기 위해 디자인 사고(Design Thinking)를 사용할 수 있다.[22] 여기에는 상황 간 연관성을 도출하고, 한 상황에서 작동하는 것을 완전히 다른 상황으로 옮기고, 제품이나 서비스의 사용을 재고하는 것과 같은 인지적 활동이 포함된다. 이는 승차공유 업체인 집카(Zipcar) 설립자들이 차량을 소유물이 아닌 이동수단으로 접근했던 방식이었다. 유사한 관점에서 비디오 게임은 신생 제작자들이 그들의 사업이 장난감 사업이 아니라 엔터테인먼트 산업의 비즈니스라고 인식할 때 새로운 시장이 열렸다.

평가를 위한 아이디어 기업가의 아이디어를 평가하는 일은 개인 및 시장에 대한 고려 사항들을 중심으로 한다. 각각의 평가는 기업가에게 아이디어 잠재력에 대한 주요한 정보들을 제공한다. Exhibit 6-1은 기업가가 잠재적 아이디어를 평가할 때 질문해 볼 수 있는 항목들이다.

기업가가 고려해야 할 보다 구조화된 평가 접근방식은 타당성 조사, 즉 실현 가능성을 판단하기 위해 설계된 벤처의 다양한 측면에 대한 분석이다. 잘 준비된 타당성 조사는 기업가의 아이디어가 잠재적으로 성공적인 아이디어인지를 결정하는 효과적인 평가도구일 뿐만 아니라 모든 중요한 사업계획에서 기초가 될 수 있다.

타당성 조사
타당성을 확인하기 위해 설계된 벤처기업의 다양한 측면에 대한 분석

타당성 조사는 제안된 벤처의 가장 중요한 요소에 대한 설명과 이러한 요소의 실행가능성에 대한 기업가 분석을 제공해야 한다. 환경 및 경쟁 분석뿐만 아니라 회계 예측, 자금 출처, 인력 요구사항, 장비 요구, 목표 시장 및 법적 고려사항도 포함해야 한다.

Let's Get REAL

Whitney Portman ▶
시니어 마케팅
커뮤니케이션 매니저

출처: *Whitney Portman*

시나리오:

Nick Rossi는 악기 가게를 열겠다는 그의 꿈을 실현하기 위해 사업계획을 세우기 시작하면서 신이 났다. 그는 주로 기타를 팔 계획이지만 타악기와 다양한 악세서리도 팔아야 한다고 생각한다. 하지만 그는 여전히 그의 아이디어 실현 가능성에 대해 조사할 것이 있다. 유사한 사업을 하는 경쟁자들은 그가 더 깊이 파악해야 할 부분이다.

닉은 그의 경쟁자들에 대해 무엇을 배워야 하는가?

기업의 경쟁력에 대해 학습하는 것은 비즈니스 계획에서 성공의 핵심 구성요소이다. 먼저 직접적인 경쟁자를 조사하는 것부터 시작하여 가까운 지리적 근접성 또는 온라인에서의 간접 경쟁자까지 확장해본다. 그들이 사업을 시작한 지 얼마나 되었는가? 그들은 무엇을 팔기 시작했고 어떻게 확장해 왔는가? Whitney portamn이 말하는 성공과 실패에 가장 중요한 것들은 무엇인가?
먼저 시작한 사람들로부터 많은 것을 배울 수 있다. 다음으로 미래의 경쟁업체도 고려해야 한다. 비즈니스 계획을 위협하는 혁신이 있는가? 어떻게 그들을 보호할 수 있는가? 목표는 충족되지 않은 고객들의 니즈가 어디에 있는지 확인하는 것이다. 현재의 경쟁 환경에서 충족되지 않는 고객들은 무엇을 찾고 있나요? 일단 그 질문에 대답할 수 있다면, 당신은 기회를 찾을 수 있을 것이다.

fyi

왜 미국인들이 기업가 꿈을 쫓는가:

- 55%가 자기 스스로 자신의 상사가 될 수 있기 때문이라고 답했다.
- 55%는 소득의 증가를 위한 것이라 답했다.
- 51%는 자신의 열정을 쫓는 것이라 답했다.
- 47%는 가족을 부양하기 위한 것이라 답했다.
- 46%는 업무 만족도 향상을 위한 것이라 답했다.[20]

벤처의 타당성 조사 – 경쟁자 조사

특정 벤처 비즈니스의 실현 가능성을 조사하는 활동의 하나는 경쟁자들을 파악하는 것이다. 기업가들이 잠재적 경쟁자들에 대해 알고 싶은 이유는 무엇인가? 다음은 경쟁자 조사에 대한 몇 가지 질문들이다.

- 경쟁사는 어떤 종류의 제품이나 서비스를 제공하고 있는가?
- 이러한 제품 또는 서비스의 주요한 특성은 무엇인가?
- 이러한 제품의 장점과 단점은 무엇인가?
- 마케팅, 가격 책정 및 유통은 어떻게 수행하는가?
- 다른 경쟁자들과 차별적인 것은 무엇인가?
- 차별화에 성공했는가 혹은 실패했는가?
- 무엇을 잘하는가?
- 경쟁우위는 무엇이라 생각하는가?

- 어떤 부분은 잘하지 못하는가?
- 경쟁열위는 무엇인가?
- 얼마나 큰 수익성이 있는가?

예를 들어, Children's Place의 CEO는 전국 아동복 매장의 체인을 전국으로 확장하면서 경쟁자들을 주의 깊게 살펴보았다. Gapkids, JCPenny, Gymboree 등과 치열한 경쟁에 직면했지만, 그는 그의 회사 제조부문과 마케팅 접근 방식에서 경쟁력이 있다고 판단했다. 그리고 그가 맞았다! Gymboree는 파산했고 JCPenny는 '산소호흡기'를 달고 있다.[24]

fyi

- 창업자가 창업하는 분야와 같은 분야에서 일한 경험이 있을 때 성공률은 125%까지 높아진다.
- 벤처 실패를 경험한 기업가가 다음 벤처에서 성공할 확률은 20% 높아진다.[23]

Exhibit 6–1
잠재적인 아이디어에 대한 평가

개인적 고려사항	시장 고려사항
• 당신은 선택한 일을 할 수 있는 능력이 있습니까? • 기업가가 될 준비가 되었습니까? • 기업가가 되는 데 따르는 스트레스와 도전에 대처할 준비가 되어 있습니까? • 거절과 실패에 대처할 준비가 되었습니까? • 열심히 일할 준비가 되었습니까? • 벤처의 잠재력에 대한 현실적인 실제도가 있습니까? • 재무적 문제에 대해 스스로 학습이 되어 있습니까? • 지속적으로 재무 및 기타 유형의 분석을 수행할 의도를 가지고 있습니까?	• 당신의 아이디어에 대한 잠재고객은 누구입니까? 누구이며, 어디에 있으며, 몇 명입니까? • 제안한 아이디어가 현재 시장에 나와 있는 것과 유사하거나 고유한 제품기능을 가지고 있습니까? • 잠재 고객은 당신의 제품을 어디에서 어떻게 구매할 수 있습니까? • 가격 문제에서 벤처가 생존하고 번창할 수 있는지에 대한 여부를 고려했습니까? • 당신의 벤처기업을 어떻게 홍보하고 광고해야 하는지 생각해 보셨습니까?

벤처의 타당성 – 재무조사

과거에는 새로운 벤처기업이 자금조달을 받는 일이 매우 넘기 어려운 장애물이었다. 그러나 놀랍게도 최근 몇 년 동안 자금조달은 매우 많이 변한 분야이다. 이러한 변화는 기업가들에게 긍정적이다.

전통적으로 기업가들을 위한 자금의 원천은 개인 저축, 주택 지분, 개인 대출, 신용 카드, 그리고 가족이나 친구들의 도움이었다. 오늘날 많은 벤처 투자가들은 새로운 사업에 투자하기 위해 경쟁하고 있다. 단 2주 동안 온라인 광고회사 레토는 5억 달러를 모금했고, 데이터저장 회사 액티피오는 1억 달러, 공동 작업공간 스타트업인 마이드림플러스는 1억 2천만 달러, 그리고 여행 활동 예약 사이트 클룩은 2억 달러를 투자 받았다.[25] 여기에서 보여주듯이 어떤 아이디어에 장점이 있다면 운용할 수 있는 돈이 투입된다.

비즈니스 플랜의 개발

일단 벤처의 실현 가능성이 철저히 조사되면 기업가는 벤처 계획을 수립해야 한다. 벤처 계획을 수립하는 데 있어 가장 중요한 요소는 사업기회를 요약하고 식별된 기회가 어떻게 이용되는지에 대해 정의하고 설명하는 서면 문서인 **사업계획서**를 만드는 일이다.[26]

사업계획서
비즈니스 기회를 정의하고, 식별된 기회를 포착하여 활용하는 방법을 서면으로 기술하는 활동과 관련된 문서 좋은 사업계획은 가치가 있다. 그것은 기업가가 가지고 있는 비전의 모든 요소들을 하나의 일관성 있는 문서로 통합하는 것이다. 즉 비즈니스 운영을 위한 청사진과 로드맵 역할을 하는 것이다. 또한 단순히 창업 단계에 그치지 않고 비즈니스 과정 전반에 걸쳐 조직의 의사 결정과 처리, 대응을 안내하는 "실제" 문서이다.

사업가가 타당성 조사를 완료한 경우, 여기에 포함된 많은 정보가 사업계획서의 기초가 된다. 좋은 비즈니스 계획서에는 여섯 가지 주요 영역이 포함된다. 경영진의 요약보고서, 기회분석, 환경분석, 비즈니스에 대한 설명, 재무 데이터 및 예상내용, 그리고 운영활동을 지원하는 문서 등이다.

경영진의 요약보고서 요약보고서는 기업가가 벤처에서 제시하고자 하는 핵심사항들을 상세히 기술한다. 보고서의 요점은 간단한 미션 진술, 주요 경영목표, 기업가의 간략한 이력, 기업과 관련된 주요 인물, 비즈니스의 특성, 제품 또는 서비스에 대한 간략한 설명, 틈새시장, 경쟁사 및 자사의 경쟁우위에 대한 설명, 수립된 전략 등이 포함된다. 또한 주요한 재무정보를 제공하여야 한다.

기회 분석 사업계획과 관련한 부분에서 인지된 기회에 관한 세부사항을 제시한다. 세부사항으로는 (1) 목표시장의 인구통계학적 내용을 설명함으로써 시장의 규모를 예측하고 (2) 산업동향을 설명하고 평가하며 (3) 경쟁업체를 식별하고 평가하는 것이다.

환경 분석 기회분석은 특정 산업과 시장기회에 초점을 맞추는 반면, 환경분석은 훨씬 더 광범위한 관점을 취한다. 기업가는 경제, 정치, 법률, 기술 및 글로벌 환경에서 발생하는 광범위한 외부 변화와 추세를 설명한다. 거시적 환경요인에 대한 분석이다.

사업에 대한 설명 이 부분에서 기업가는 어떻게 벤처가 조직되고, 시작되고, 관리되는지를 설명한다. 기업의 미션 문구와 형성하고자 하는 조직문화, 전반적인 마케팅 전략, 가격, 판매 전술, 광고 및 홍보 전술을 포함하는 마케팅 계획, 위험요인과 비용이 포함된 제품개발 계획, 지리적 위치, 시설 및 필요한 개선사항, 장비 및 작업흐름에 대한 설명 등을 포함하는 운영계획, 인적자원 계획, 보상 및 교육, 이벤트 및 다양한 계획 활동의 일정계획 등을 포함한다.

재무데이터와 예측관련 내용 재무 데이터에 관한 예측이 없으면 어떤 비즈니스 계획도 완전하다고 할 수 없다. 재무계획은 최소 3년간 적용되어야 하며 예상 손익계산서, 현금흐름 분석서, 대차대조표, 손익분기점 분석 및 원가관리를 포함해야 한다. 주요 장비나 기타 자본 매입이 예상되는 경우 품목, 비용 및 사용가능한 담보물도 기재해야 한다.

문서화된 내용들 효과적인 사업계획의 중요한 구성요소에서 기업가는 설명하는 내용을 도표, 그래프, 표, 사진 또는 기타 시각적인 도구들로 뒷받침해야 한다. 또한 벤처에 참여하는 주요 인물들에 대한 정보(개인 및 업무관련)를 포함하는 것 또한 중요하다.

Let's Get REAL

시나리오:

제니카 리는 수년 동안 패션에 관심을 가지고 새로운 사업 아이디어를 생각하고 있다. 그녀는 대부분의 배낭이 부피가 크고 너무 캐주얼한 모습인 것에 착안하여 직장이나 사교 행사에 가져갈 수 있는 배낭을 판매하는 회사를 시작하고 싶어 하였다. 그녀는 몇몇 친구들이 기존의 가방이 충족시키지 못하는 것들에 대해 이야기하는 것을 듣고 아이디어를 생각해 냈다. 제니카는 이 아이디어가 효과가 있을 것이라고 생각하지만 현실성 없이 긍정적으로만 생각하고 있는 것은 아닌지 걱정이 된다.

제니카가 그녀의 아이디어 실현 가능성을 평가하기 위해 어떻게 해야 할까?

제품에 대한 새로운 아이디어와 열정이 신제품 출시에 있어 가장 중요한 요소 중 하나이지만 종합적인 타당성 분석을 하는 일은 제니카의 장기적인 성공 가능성을 높일 것이다. 제니카는 먼저 자신의 실력에 대한 분석을 통해 제품 출시에서 스스로 어떤 기여를 할 수 있는지 파악해야 할 뿐 아니라, 어떤 실력과 자원을 보유하고 있거나 혹은 보완해야 할 필요가 있는지도 파악해야 한다. 제니카의 잠재적 경쟁, 공급업체 가용성, 시장 부문 및 기타 여러 요소에 대한 외부분석 또한 제니카의 아이디어 실현 가능성을 결정하는 데 중요할 것이다.

출처: *Alicia Kiser*

◀ **Alicia Kiser**
인적자원관리 디렉터

LO6.3 조직화활동의 이슈들

캘리포니아 주 샌프란시스코에 기반을 둔 소프트웨어 기업 트윌리오(Twilio)에서 전 최고 운영책임자였던 Roy Ng은 조직을 직원 중심 회사로 탈바꿈시키며 조직구조를 재설계하였다. 그는 직원들이 자신의 노력에 대한 책임을 지도록 조직 전반에서 권한을 축소하고자 하였다. 한 가지 방법은 특정 프로젝트를 담당할 팀을 만드는 것이었다. 그는 "작은 팀에서는 자율성, 빠른 실험, 혁신이 가능하다. 소규모 팀은 트윌리오가 성장하고 확장할 수 있는 능력을 제공함과 동시에 창업 초기의 열정, 헝그리 정신, 지략, 생산성 수준을 유지할 수 있게 하였다"고 말한다. 일단 창업과 계획수립이 완료되면 기업가는 조직화 단계를 시작할 준비를 하는데, 조직의 법적 형태, 조직설계 및 구조, 인적자원 관리 등 세 가지의 중요한 이슈를 해결해야 한다.[27]

조직의 법률적 형태

기업가가 해야 하는 첫 번째 조직화 결정은 벤처기업의 법적 소유형태이다. 이 결정에 영향을 미치는 두 가지 주요 요인은 세금과 법적 책임이다. 기업가는 두 요인의 영향을 최소화하기 원한다. 올바른 선택을 하면 기업가를 법적 책임으로부터 보호할 수 있을 뿐만 아니라 세금도 절약할 수 있다.

어떤 대안들이 있는가? 벤처기업을 설립하는 세 가지의 기본 방법은 개인소유, 파트너십, 그리고 기업의 형태이다. 그러나 기본적인 조직 대안의 변형들을 포함하면 여섯 가지의 가능한 선택사항들이 나타난다. 각 선택에는 세금, 책임 문제, 그리고 장단점들이 존재한다. 여섯 가지 선택유형은 개인소유, 일반 파트너십, 유한책임 파트너십(LLP), 주식회사, 소규모 회사 및 유한책

기업가는 벤처기업에 대한 법적 소유권의 형태를 결정해야 한다.
출처: *IQoncept/Shutterstock*

임 회사(LLC)다. 각각의 장점과 단점을 간략히 살펴보자. (Exhibit 6-2에는 각 조직 대안에 대한 기본정보가 요약되어 있다.)

개인 기업
소유자가 사업에 대해 단독적이고 완전한 통제를 유지하고 사업 부채에 대해서는 개인적으로 책임을 지는 조직의 한 형태

개인 기업 **개인 기업**은 소유주가 사업을 독점적으로 통제하고 사업 부채에 대한 책임을 지는 법적 조직 형태이다. 개인기업 설립을 위한 법적 요건은 필요한 지역에서의 사업허가를 얻는 것이다. 개인 사업체에서 소득과 손실은 소유자에게 주어지며 개인 소득세율로 과세된다. 그러나 가장 큰 단점은 사업상의 모든 부채에 대해 무제한으로 개인이 책임을 지는 것이다.

합명회사
둘 이상의 사업주가 사업의 경영과 위험을 분담하는 조직의 한 형태

합명회사 **합명회사**는 둘 이상의 사업주가 사업의 관리와 위험을 공유하는 법적 조직형태이다. 서면 합의 없이도 파트너십이 가능하지만 어떤 협력 관계에서든 발생할 수 있는 잠재적인 문제들과 회피할 수 없는 문제들에서 법률 대리인이 문서화한 파트너십 계약내용에 따르는 것이 바람직하다.

유한책임 파트너십(LLP)
무한책임사원과 유한책임사원으로 구성된 법인 형태

유한책임 파트너십 유한책임 파트너십(LLP)은 일반 파트너와 유한 파트너로 구성된 법적형태의 조직이다. 일반 파트너는 실제 비즈니스를 운영하고 관리하며 무한책임을 지는 사람들이다. LLP에는 최소 한 명의 일반 파트너가 요구되지만 제한된 수의 파트너는 허용된다. 유한책임 파트너는 일반 파트너에게 경영상의 제안을 할 수 있지만 일반적으로 수동적인 투자자이다. 그들은 사업을 감시하고 사업상 문서들의 사본을 만들 권리가 있다. 유한책임 파트너들은 계약에서 합의된 사업 이익금의 일부를 가져갈 권리가 있으나 중요한 것은 그들의 위험은 LLP에 투자한 금액으로 제한된다는 것이다.

주식회사
소유자와 경영자가 분리된 법인 형태

주식회사 세 가지 기본 소유 유형 중 **주식회사**(C Corporation)는 설립하고 운영함에 있어 가장 복잡하다. 주식회사는 소유자와 경영자가 분리된 법적 사업체이다. 많은 벤처기업들이 긴밀하게 운영되는 법인으로 조직되는데, 즉 주식거래를 공개적으로 하지 않는 제한된 수의 사람들이 소유한 법인의 형태이다. 개인 소유 및 파트너십 형태의 조직들은 기업가와 별개로 존재하지 않지만 주식회사는 별개의 법인으로 기능하며, 그 자체로 계약을 체결하고, 비즈니스 활동에 참여하고, 재산을 소유하고, 소송을 제기하고 세금을 납부할 수 있다. 주식회사는 정관과 기업이 위치한 주(state)의 법률에 따라 운영된다.

S 기업
법인의 일반적인 성격을 띠지만 일정한 기준을 충족하는 한 소유주가 합자회사 방식으로 과세된다는 점에서 특수한 유형의 법인

S 기업 S Corporation은 법인의 규정에 맞는 특성을 갖고 있지만 일정 기준을 충족하는 한 소유주에게 세금을 부과한다는 점에서 독특한 유형의 법인이다. 이는 법인세를 내지 않고 기업 구조의 유한책임제를 보유하는 전형적인 조직이다. 그러나 이러한 형태의 조직은 엄격한 기준을 충족해야 하는데, 이러한 기준 중 하나라도 위반되면 벤처기업은 자동으로 종료된다.

유한책임회사(LLC)
파트너십과 기업의 하이브리드 형태 조직

유한책임회사 **유한책임회사**(LLC)는 파트너십과 일반적인 기업 형태의 하이브리드 개념이다. LLC는 기업의 책임보호, 파트너십의 세제 혜택 및 소규모 기업보다 더 적은 제한을 갖는다. 그러나 이 접근 방식의 주요 단점은 설립하기가 상당히 복잡하고 비용이 많이 든

다는 것이다. 법적 및 재정적 조건은 LLC가 사업을 수행하는 방법을 규정한 조항들을 요약한 LLC **운영계약** 문서를 수립하는 데 절대적으로 필요한 사항이다.

운영 계약
LLC가 비즈니스를 수행하는 방식을 규정하는 조항 설명문서

회사의 법적형태에 대한 요약 조직의 법적형태에 대한 결정은 중요한데, 이는 조직의 통제, 세금 및 책임에 중대한 영향을 미칠 수 있기 때문이다. 기업가는 특히 유연성, 세금, 그리고 가장 좋은 형태의 조직을 선택함에 있어 개인 책임의 한도에서 무엇이 중요한지에 대해 신중히 생각할 필요가 있다.

조직설계와 구조

어느 순간, 성공한 기업가들은 그들 스스로 모든 것을 할 수 없다는 것을 알게 된다. 더 많은 사람들이 필요하다. 기업가는 조직활동을 효과적이고 효율적으로 수행하기 위해 가장 적절한 구조적 설계를 결정해야 한다. 어떤 적절한 유형의 조직구조가 없다면 벤처기업은 곧 혼란스러운 상황에 처하게 될 것이다.

많은 소규모 기업에서 조직구조는 기업가의 의도나 계획에 상관없이 성장하는 경우가 많다. 대부분의 경우 처음의 구조는 단순하다. 한 사람이 필요한 규모인 경우 무엇이든 할 수 있다. 그러나 벤처기업이 성장하고 기업가 혼자 하는 것이 점점 더 어려워짐에 따라 직원들은 기업가가 감당할 수 없는 특정한 기능이나 의무를 수행하기 위해 참여하게 된다. 이러한 조직구성원들은 회사가 성장함에 따라 동일한 기능을 수행하게 되고 기업이 계속 성장함에 따라 각 기능 영역은 관리자와 직원들을 필요로 하게 된다.

보다 신중한 구조로 진화하면서, 기업가는 의사결정과 운영 책임을 공유하는 새로운 일련의 과제에 직면한다. 이러한 전환은 일반적으로 기업가가 내리는 가장 어려운 의사결정의 하나인데, 이것은 자신이 손을 놓고 다른 사람이 결정을 내릴 수 있게 하는 것이다. 결국 기업가가 "나만큼 이 사업을 잘 아는 사람이 어디 있을까?" 라고 생각하더라도 조직이 작았을 때 잘 작동했던 상당히 비공식적이고 느슨하고 유연한 분위기가 더 이상 효과적이지 않을 수 있다. 많은 기업가들은 벤처가 성장하고 발전하더라도 체계적인 구조와는 별개로 초기의 "작은 회사" 분위기를 유지하는 것을 원한다. 그러나 구조화된 조직이 반드시 유연성, 적응성 및 자유를 포기하는 것은 아니다. 사실 구조설계는 기업가가 편안하다고 느끼는 만큼 유동적일 수 있지만 여전히 효율적으로 조직을 운영하기 위해 필요한 경직성도 가지고 있다. 7장에서는 다양한 형태의 조직구조를 검토하고 각각의 장단점을 고려할 것이다. 많은 것들이 기업가가 사용할 수 있도록 설계된 것이다.

인적자원 관리

벤처기업이 성장함에 따라 증가된 업무들을 처리하기 위해 추가적으로 직원을 고용해야 한다. 더 많은 인력에 대한 수요가 증가함에 따라 기업가는 그에 따른 인적자원관리 문제에 직면하게 된다. 특히 중요한 두 가지 인적자원관리의 문제는 직원 채용과 직원 유지이다.

Exhibit 6–2

기업의 법적 형태

구조	소유조건	과세혜택	법적 책임	이점	단점
개인 기업	한 명의 소유자	소득과 손실은 소유자에게 전적으로 부과되며 개인세율로 과세	무제한 개인책임	• 낮은 창업비용 • 대부분의 규제로부터의 자유로움 • 소유자가 직접 통제권한을 가짐 • 모든 수익은 소유자에게 귀속 • 사업을 종료하기 쉬움	• 무제한 개인책임 • 개인 재정상태가 위험에 직면할 수 있음 • 다수의 사업상 세금공제 혜택을 놓치기 쉬움 • 전적인 책임 • 자금 조달에서의 어려움
합명회사	두 명 이상의 소유자	소득 및 손실은 파트너에게 부과되며 개인세율로 과세: 파트너에 대한 손/익 할당의 유연성	무제한 개인책임	• 회사설립의 용이성 • 인재 유입 • 자원 유입 • 자금조달에서 접근 용이성	• 무제한 개인책임 • 분할된 권한과 결정 • 갈등 가능성 • 소유권 이전의 연속성
유한책임 파트너십(LLP)	두 명 이상의 소유자	소득과 손실은 파트너에게 부과되며 개인세율로 과세; 파트너에 대한 손/익 할당의 유연성	한 파트너가 무한책임을 유지하나 제한적	• 유한 파트너로부터 자본을 얻는 좋은 방법	• 설립비용과 복잡성이 높음 • 유한 파트너는 책임방어 기능을 상실하지 않고는 경영에 참여할 수 없음.
주식회사(C 기업)	주주의 수 무제한; 주식 또는 의결권 유형에 대한 제한이 없음	배당소득은 기업 및 개인 주주에게 과세; 손실 및 공제는 법인의 몫	법적책임은 제한적	• 유한 책임 • 양도 가능한 소유권 • 지속적인 기업유지 가능 • 용이한 자원 획득	• 많은 설립비용 요구됨 • 엄격한 규제 • 이중 과세 • 광범위한 문서보관의 필요 • 정관에 대한 제한된 규정
S 기업	최대 75명의 주주; 주식 또는 의결권 유형에 대한 제한은 없음	소득과 손실은 파트너에게 부과되며 개인세율로 과세; 파트너에 대한 손/익 할당의 유연성	법적책임은 제한적	• 간편한 설립 • 파트너십에 대한 세금혜택과 제한된 법적책임 • 면세 법인을 주주로 둘 수 있음	• 특정 요구사항을 충족해야 함 • 향후 자금조달 옵션을 제한할 수 있음
유한책임회사(LLC)	구성원의 수 무제한; 의결권과 수익을 위한 유연한 회원제도	소득과 손실은 파트너에게 부과되며 개인세율로 과세; 파트너에 대한 손/익 할당의 유연성	법적책임은 제한적	• 높은 유연성 • C 기업 및 S 기업에 대한 규정에 구속되지 않음 • 법인이 아닌 파트너십으로 과세	• 한 형태에서 다른 형태의 법인으로 전환하는 비용이 높을 수 있음 • 운영계약을 마련하는 데 법률 및 재정적 조언이 요구됨

직원 채용 소규모 기업이 적절한 직원을 성공적으로 채용할 수 있는 능력은 조직의 성공에 가장 영향을 미치는 중요한 요소 중 하나이다.[28]

초기 단계에서 기업가는 일반적으로 벤처 문화를 수용하는 개인, 즉 사업에 대한 열정이 있고 창업자의 특성과 잘 맞는 개인을 찾는다. 통상 직무요건에 사람을 맞춰 일자리를 채우는데 주력하는 기업들과 달리, 기업가들은 자신에게 부족한 핵심적인 기술 격차를 메우려 한다. 그들은 능력 있고, 자기 동기부여가 뛰어나고, 유연하며, 다재다능한 사람들을 찾아서 벤처의 성장을 도울 수 있도록 한다.[29] 기업가들은 지원자들의 특성을 신생조직의 가치와 문화에 맞추는 것에 초점을 맞춘다.

직원 유지 일단 고용되면 신입 직원을 유지하는 것이 관건이다. 매사추세츠주 뉴버리포트에 본사를 둔 홍보기관인 매터 커뮤니케이션스의 설립자이며 CEO인 스콧 시그노어는 좋은 사람들을 채용하고 그들을 유지하는 것의 중요성을 이해하고 있다. 그는 이렇게 말한다. "건강하고 활기차고 재미있는 문화를 받아들여 홍보 대행사로서 우리를 차별화시키는 우리 팀에게 많은 찬사를 보낸다."[30] 예를 들어 그 혜택 중 하나는 사무실 공용부엌에는 맥주통을 설치하고 일찍 퇴근하는 "여름 금요일"을 만든다. 이 회사의 재미있는 기업문화는 회사가 보스턴 글로브에서 가장 일하기 좋은 기업목록에 오르는 데 도움을 주었다. 보스턴 글로브 직장 리포터인 케이티 존스턴은 "승리하는 기업들은 구성원들을 참여시키고 동기를 부여하는 혁신적인 방법을 개발하는데, 이는 종종 혁신의 핵심 요소로 작용하며 더 나은 기업성과로 이어진다"고 말했다.[31]

직원들을 유지시키는 주요 요소는 보상이다. 전통적인 조직은 보상을 금전적 보상(기본급, 혜택 및 인센티브)의 관점에서 보는 경향이 더 높은 반면, 소규모 기업은 더 넓은 시야를 갖는 경향이 있다. 이러한 기업들에게 보상은 금전적 보상 외에도 심리적 보상, 학습 기회 및 인정을 포함한다.[32] 더불어 우리가 새로운 첨단기술 스타트업에서 많이 볼 수 있듯이, 스톡 옵션을 제공하여 결국 현금화 할 수 있는 가능성을 만드는 것이 직원을 유지하는 데 강력한 힘이 될 수 있다.

LO6.4 지휘활동의 이슈들

소프트웨어 회사인 Clear Company 직원들에게는 유연성이 요구된다. 모든 직원들은 아이디어를 제시하는 것이 업무의 전제이다. CEO이자 공동 창업자인 Andre Lavoie는 "직원들이 일하는 방식에 좀 더 창의적인 자율성을 주는 한 가지 방법은 작업목록과 마감시한에서 목표로, 즉 양에서 질로 초점을 전환하는 것이다."라고 말했다. 그 대가로 Lavoie는 직원들에게 상당한 자율성을 주는 조력적 리더로 평가받는다.[33] 벤처가 성장하고 구성원들이 참여함에 따라 기업가는 리더로서 새로운 역할을 맡게 된다. 이 부분에서는 기업가들의 독특한 성격 특성에 대해 알아본다. 다음으로 기업가가 권한부여를 통해 직원들에게 동기를 주고 기업과 팀을 이끌 때 수행하는 중요한 역할에 대해 논의한다.

기업가의 성격적 특성

당신이 알고 있는 기업가를 떠올려 보자. 여러분이 개인적으로 알고 있는 사람일 수도 있고, 페이스북 창립자 마크 저커버그와 같이 창업가에 관한 글에서 읽은 적이 있는 사람일 수도 있다. 이 사람의 성격을 어떻게 설명하겠는가? 기업가 정신에서 가장 많이 연구된 분야 중 하나는 기업가가 공통적으로 가지고 있는 심리적 특성 – 그런 것이 존재한다면, – 비 기업가와 구별할 수 있는 성격적 특성 유형, 누가 성공적인 기업가가 될 것인지를 예측하는 특성 등을 파악해보는 것이다.[34]

페이스북 CEO 마크 저커버그와 같은 성공한 기업가들은 종종 다른 사람들과 차별화되는 성격적 특성을 가지고 있다.

출처: *Frederic Legrand – COMEO/ Shutterstock*

일반적인 "기업가적 유형"이 있을까? 아니요! 그러나 그렇다고 기업가정신 연구자들이 일반적인 특징들을 나열하는 것이 잘못되었다는 것은 아니다. 예를들어 성격 특징상의 내용들은 다음과 같은데, 높은 수준의 동기, 풍부한 자신감, 장기적으로 관여할 수 있는 능력, 높은 에너지 수준, 지속적인 문제 해결사, 높은 수준의 주도력, 목표설정 능력, 그리고 중간 정도의 위험 감수자 등과 같다. 또한 성공한 기업가들의 또 다른 특징 목록에는 높은 에너지 수준, 높은 지속성, 지략성, 자기주도 욕구와 능력, 상대적으로 높은 자율성이 포함되었다. 거의 200명 가까운 성공한 기업인들을 대상으로 한 갤럽의 설문조사는 모든 기업인들이 어느 정도 가지고 있는 10가지 강점을 발견했다.

능동적 성격
자신의 상황이나 환경에 영향을 미치기 위해 의도적인 행동을 하려는 성향을 가진 개인의 성격 특성

Exhibit 6-3에서 볼 수 있듯이 일반적인 기업가적 유형은 없지만 기업가적 의도를 갖는 강력한 예측변수 중 하나는 **능동적 성격**의 소유자이다. 이들은 자신의 상황이나 환경에 영향을 미치기 위해 의도적인 행동을 취하는 경향이 있는 사람들이다.[35] 기업가적 관점에서 그들은 자신이 상황을 통제한다고 굳게 믿는다. 구체적인 관점에서 능동적 성격의 사람들은 (1) 단순히 기회를 보는데서 그치지 않고 기회를 이용하여 행동한다. (2) 장애물을 극복해야 할 개인적인 도전으로 본다. (3) 자신이 운명의 주인이라고 강하게 믿는다. (4) 목표에 도달할 때까지 지속성을 보이고 (5) 변화를 수용하고 추진한다.[36]

리더로서의 기업가

13장에서 리더십에 대해 자세히 다루겠지만 특히 벤처 초기 단계에서 주목되는 기업가에게 주어지는 고유한 몇 가지 과제들이 있다.[37] 먼저 비즈니스를 창출하려는 동기와 좋은 아이디어의 소유가 자동적으로 효과적인 리더십으로 전환되지는 않는다는 인식에서 시작해보자. 새로운 비즈니스 실패에 대한 가장 일반적인 원인 중 하나는 기업가가 필요한 리더십을 제공하지 못한다는 것이다.

Exhibit 6-3
기업가의 강점

- 리스크: 리스크 추구 대신 리스크 완화에 신경쓰며 리스크가 높은 상황을 관리할 수 있다.
- 지식: 업계에 대한 심층적인 정보 획득을 위해 노력한다.
- 독립성: 조직의 모든 측면을 관리할 수 있다.
- 신뢰도: 자신과 자신의 성공 가능성을 믿는다.
- 위임: 타인에게 권한업무 등을 위임하는 것을 두려워하지 않는다.
- 결정: 강한 직업정신을 가지고 실패에도 굴하지 않는다.
- 관계: 상호 유익한 관계를 구축할 수 있다.
- 판매: 조직을 대표하여 대담하게 말하고, 다른 사람에게 영향을 미칠 수 있다.
- 수익성: 명확한 목표를 설정, 진행률을 측정하며 기회 판단 능력이 높다.

Cited in L. Buchanan, "What It Takes," Inc., September 2018, pp. 14-15.

아이디어가 얼마나 대단한지, 재정적 뒷받침, 제품이나 서비스에 대한 수요의 정도와 상관없이 만약 기업가가 관련한 리더십 기술을 보여주지 못한다면 그 사업은 실패할 가능성이 높다. 불행하게도 벤처기업을 이끌기 위해 필요한 성격적 특징, 기술, 동기는 이미 규모화 되고 확립된 조직을 운영하는 데 필요한 것과는 거의 같지 않다.

신생 벤처가 창업, 전환, 확장의 세 단계를 거치는 과정이라고 생각하면 도움이 될 수 있다. 각 단계에는 구체적인 과제와 리더십 요구사항이 수반된다.

창업 단계(start-up)에서 기업가는 사업을 정의한다. 전반적인 사업계획이 수립되고 첫 채용이 이루어진다. 이 단계에서는 기업가 자신이 비즈니스의 심장이다. 신입사원이 따라야 할 정책이나 절차는 딱히 없다. 리더인 기업가의 비전은 아직 자신의 머리속에만 있다. 또한 리더십 스타일은 실무적이다. 직원들은 기업가가 코칭 해주길 원하지만 이는 많은 시간과 관심이 요구된다. 그러나 기업가는 거의 항상 "행동"에 근접해 있다. 그는 진행 중인 모든 것을 알고 있으며 대부분의 결정을 내릴 것이다. 그리고 선례가 없기 때문에 직원들은 기업가가 대부분의 결정을 내려주기 기대하는 경향이 있다. 조직은 비공식적이고 유연하며 모호하다는 표현이 적합하다.

전환 단계는 벤처가 비공식적이고 느슨한 구조의 스타트업에서 빠른 확장에 적응할 수 있는 규율있는 기업으로 변하는 것이다. 업무들이 전문화되고 표준화된 정책이 도입된다. 이 시기에 기업가는 권한을 위임하는 방법을 배워야 한다. 많은 기업가들은 "설립자 한 사람이 모든 것을 다 한다"는 방식에서 기능적으로 조직화된 전문 경영팀의 일원으로 변하게 되는 것을 어려워한다. 이는 기업가가 일부 통제업무를 포기해야 하기 때문이며, 이는 능동적인 성격을 가진 기업가에게는 매우 어려울 수 있고 때로는 불가능할 수도 있다.

일단 벤처가 확장 단계로 발전하면 기업가 정신의 "독특성"에서 상당 부분이 사라진다. 이 시점에서 관리의 개념은 상당히 일반화된다.

실패에서 배운다

삼세번에 성공한 Vera Wang

만약 여러분이 베라 왕이라는 이름을 알고 있다면, 그것은 아마도 그녀가 세계 최고의 패션 디자이너들 중 한 명이기 때문일 것이다. 그러나 디자이너로서 성공하기 전에 그녀는 피겨 스케이팅 선수로서 그리고 잡지 편집자로서 좌절을 겪었다.

어린 시절 베라 왕은 스케이트 신동이었다. 그녀는 언젠가 미국 올림픽 팀에 들어가겠다는 희망으로 혹독하게 훈련했다. 1968년 고등학생 시절, 그녀는 미국 피겨 스케이팅 선수권 대회에 출전했다. 하지만, 10대 후반이 되자, 그녀는 자신의 성장이 한계치에 달했고 더 나아지지 않을 것이라는 현실을 받아들여야만 했다. 그녀보다 더 뛰어난 젊은 스케이트 선수들이 치고 올라오고 있었다. 그래서 그녀는 스케이트를 그만두었다.

Wang은 이후 Vogue 잡지에서 15년 경력을 쌓아 결국 수석 패션 편집자까지 승진했다. 그러나 편집장 자리에서 낙선되자 그녀는 퇴사했다.

1989년에 약혼한 왕은 당시 제공되고 있던 신부 의상들을 보고 실망했다. 결국 그녀는 자신의 신부복을 직접 디자인 하였고, 이듬해 그녀는 뉴욕에 자신의 신부 부티크를 열었다. 그리고 왕은 역사가 되었다. 오늘날 이 성공적인 기업가는 신부 드레스, 기성복, 출판, 향기, 미용 액세서리 및 홈 데코레이션을 판매하는 자체 브랜드의 수석 디자이너이다. 그녀는 "실패하는 것을 두려워하지 마세요. 노력하지 않는 것이 실패하는 것보다 더 나쁘다고 생각합니다." 라고 말한다. 그녀는 이전의 좌절로부터 무엇을 배웠을까요? 바로 그녀의 강점은 디자인이었고, 자신의 회사를 만들고 운영하는 기업가적 능력을 가지고 있었다는 깨달음이었다.[38]

L06.5 통제활동의 이슈들

모든 기업에 효과적인 통제가 필요하지만 이는 신생기업과 중소기업에 더욱 중요한 요인이 될 수 있다. 그 이유는 그와 같은 기업들이 충격이나 좌절에 더 취약하기 때문이다. 이들에게는 기존 대기업이 감당할 수 있는 재무적, 인적, 고객 기반 등에서 자원이 부족하다. 대금 지급을 미루는 고객 한 명, 주요 직원의 퇴사 또는 공급망의 붕괴는 말 그대로 신생 기업에게 산소 호흡기를 달게 하거나 심지어 폐업까지 이어지게 할 수 있다.

잠재적인 통제의 문제와 활동

소규모 기업 실패의 일반적인 원인은 다음과 같은 면밀한 모니터링이 필요한 영역에서 발생하는데, 새로운 경쟁자; 주요 고객의 상실; 너무 급속한 확장; 열악한 고용; 그리고 권한위임의 거부 등에서와 같다. 위의 내용들에서 기업가는 아래의 잠재적 문제를 해결하는 통제수단을 개발하도록 노력해야 한다.

- **수치를 주의 깊게 살펴라.** 회계와 금융에 대한 전문지식이 부족한 기업가는 내부 직원 혹은 외부에서 고용된 누군가가 비용, 현금흐름, 재고비용, 판매주문, 수취채권, 지급채권 등을 통제할 수 있도록 관리해야 한다.
- **경쟁자 및 잠재적 경쟁자를 감시하라.** 경쟁정보는 대기업 못지않게 중소기업에도 중요하다. 또한 경쟁사의 행동에 신속하게 대응할 수 있는 능력은 새로운 벤처의 생존 가능성을 유지하는 데 필수적이다.
- **고객과의 정기적인 의사소통.** 고객이 회사의 제품 또는 서비스에 만족하는가? 그들의 불만이나 우려는 무엇인가? 마케팅은 신규고객을 확보하고 있는가?
- **직원 성과 모니터링.** 직원들은 기대하는 것처럼 일을 하고 있는가? 어떤 기술이 부족하며 어떤 추가교육이 필요한가?

- **직원 업무량 감독.** 중요한 업무가 무시되고 있거나 제대로 수행되지 않는가? 창업자나 다른 핵심 인물들이 너무 많은 것을 하려고 하는가?

벤처 종료

기업가가 벤처기업 활동을 종료하는 것은 이상한 일처럼 보일 수 있다. 그러나 대부분의 기업가가 적정한 시점에서 벤처의 종료할 시기를 결정한다. 출구전략의 옵션은 무엇일까?[39] 기본적으로 다섯 가지이다.

1. 기업가는 합병을 통해 사업에 대한 지배력(주식)을 인수하는 회사에 매각한다.
2. 우호적인 구매자에게 매각한다. 이것은 가족, 친구 또는 지인 등이 포함된다.
3. 기업공개(IPO): 사업이 성장하고 성공적이었음이 입증되면 기업가는 기업주식을 일반 대중에게 공개하여 주식시장에서 매매한다.
4. 현금 줄(cash cow)로 유지하여 이윤을 기반으로 하는 높은 급여와 보너스를 챙긴다. 가능한 오랫동안 사업을 하면서 "단물을 마신다".
5. 자산을 매각하고 사업을 청산한다.

만약 기업가가 매각을 결정한다면 공정한 가격을 책정하기 위해 어떻게 하여야 하는가? 평가기법은 일반적으로 세 가지 범주로 나뉜다. (1) 자산 가치(자산-부채) (2) 수익 평가 그리고 (3) 현금흐름 평가이다. (2)와 (3)의 경우 가격은 일반적으로 수익이나 현금흐름의 일부 배수로 계산된다. 대부분의 경우에 기업가는 사업을 위해 많은 것을 희생하였기에 기업을 자신의 "자식"으로 본다. 현금흐름과 같은 객관적인 기준이나 일부 순이익에 기초하여 사업 가치를 계산하는 것은 창업자 입장에서는 사업이 저평가된 것처럼 느낄 수 있다. 공정한 시장가격으로 평가받으려면 전문 인력이 준비한 종합적인 사업평가서에 따르는 것이 최선이다.

Chapter 6 시험/퀴즈 준비: 학습개요를 통한 요약

LO6.1 기업가 정신을 정의하고 그것이 왜 중요한지 설명한다.

기업가 정신은 일반적으로 기회에 대응하여 새로운 사업을 시작하는 과정이다. 벤처기업은 중소기업과 다르다. 벤처는 혁신적인 아이디어로 특징지어지고 이윤을 뛰어넘는 열정에 의해 동기부여 되는 반면, 중소기업은 대개 다른 사람들이 이미 하고 있는 유사한 일을 하고 있고 일반적으로 생계를 유지하려는 요구에 의해 동기부여 된다. 기업가는 기업가적 맥락을 탐색하고, 기회와 가능한 경쟁우위를 파악하고, 벤처사업을 시작하고, 벤처 경영을 해야 한다. 기업가 정신은 혁신, 경제성장, 일자리 창출에 미치는 영향 때문에 중요하다.

LO6.2 창업기업가들이 새로운 벤처의 기획과정에서 무엇을 하는지 설명한다.

기업가는 환경적 기회와 경쟁우위를 파악해야 한다. 그들은 먼저 아이디어를 낸 다음 아이디어를 평가하여 벤처의 실현가능성을 조사해야 한다. 디자인적 사고는 아이디어를 생성하는 데 사용될 수 있지만 아이디어를 평가하는 구조화된 방법은 타당성 조사이다. 타당성 조사는 실현 가능성을 결정하기 위해 설계된 벤처의 다양한 측면에 대한 분석이다. 이 분석에는 경쟁사 조사, 자금조달 방법 결정, 사업계획 수립 등이 포함된다. 사업계획서에는 실행활동의 요약, 기회분석, 환경분석, 사업설명, 재무자료 및 예측치 자료, 지원서 등이 포함되어야 한다.

LO6.3 여섯 가지의 법률적 형태 조직과 적절한 조직구조에 대해 설명한다.

사업의 유형을 결정하는 방법에서 두 가지 주요한 영향요인은 세금과 법적책임이다. 개인기업 소유주는 독점적 소유주로서 사업에 대해 독점적이고 완전한 통제권을 유지하고 있으며 개인적으로 사업부채에 대한 책임이 있다. 합명회사는 두 명 이상의 소유자가 비즈니스 관리 및 위험을 공유한다. 유한책임 파트너십(LLP)은 일반 파트너와 유한 파트너에 의해 설립된다. 주식회사 법인(C Corporation)은 소유주 및 경영자가 분리된 법적 사업체이다. 소규모 회사인 S 기업은 주식거래를 공개적으로 하지 않는 한정된 수의 사람들이 소유하고 긴밀하게 유지되는 법인이다. S 기업은 특정 기준이 충족되는 한 소유주가 파트너십으로서 과세되기 때문에 독특한 성격의 법인이다. 유한책임회사(LLC)는 파트너십과 일반적인 기업 사이의 하이브리드 회사이다. 조직이 성장함에 따라 기업가는 조직에 적합한 구조를 결정해야 한다. 또한 기업가는 직원 채용과 유지에서 인적자원 관리 문제에 직면하게 한다.

LO6.4 기업가가 조직을 지휘하는 방법을 설명한다.

모든 기업가가 가지고 있는 특정한 성격적 특성은 없지만 연구자들은 기업가들에게 더 흔한 몇 가지 특성은 있다고 설명한다. 여기에는 높은 동기수준, 풍부한 자신감, 장기적으로 관여할 수 있는 능력, 높은 에너지 수준이다. 기업가는 종종 끈질긴 문제 해결자이고, 높은 수준의 진취성을 가지고 있고, 목표를 세우는 능력을 가지고 있으며, 적당한 위험 부담자이며, 대단한 지속성, 지략, 자기 주도적인 욕구와 능력을 가지고 있으며, 상대적으로 자율성이 높다. 기업가는 또한 능동적인 성격 특성을 가지고 있는데, 이는 환경에 영향을 줄 수 있는 행동을 더 자주 취한다는 것을 의미한다. 창업단계에서 기업가의 리더십은 비공식적이고 실무적인 것이지만 전환단계에서 더 많은 권한위임을 할 필요가 있다. 벤처가 확장단계에 들어가면 기업가의 리더십은 다른 유형의 조직에서 발견되는 리더십과 비슷해진다.

LO6.5 관리자가 조직을 통제하는 방식과 출구 전략을 설명한다.

기업가는 회계/재무, 경쟁, 고객, 직원 성과 및 직원 경력경로 등과 관련된 문제들을 해결할 수 있는 통제력을 개발해야 한다. 기업가들이 출구전략을 마련할 때라고 결정하면 고려할 수 있는 옵션은 다섯 가지이다: 인수합병, 우호적인 구매자에게 매각, 기업공개(IPO), 수익을 창출하며 유지, 그리고 기업청산이다. 벤처에 대한 공정한 가격을 책정하기 위해서는 전문 인력으로부터 종합적인 사업평가를 받도록 준비하는 것이 최선이다.

복습과 토론 질문

6-1 기업가로서 가장 어려운 점은 무엇이라고 생각하는가? 무엇이 가장 재미있을 것 같은가?

6-2 기업가가 새로운 사업을 시작할 때 취할 수 있는 선택권은 몇 가지인가?

6-3 좋은 경영자가 좋은 기업가가 될 수 있을까? 토론해보자.

6-4 왜 많은 기업가가 기업에서 한 걸음 물러나서 다른 사람들이 기업을 관리하는 것을 견디기 힘들어하는가?

6-5 누구나 기업가가 되는 법을 배울 수 있다고 생각하는가? 찬성이나 반대의 이유는 무엇인가?

경력 준비

윤리적 딜레마

누구나 실수를 할 수 있지만 때로는 심각한 결과가 초래된다. 보험사인 Aviva Invenstor 회사의 자산운용본부 직원들이 인사과로부터 즉각 해고됐다는 내용의 이메일을 동시에 받았다. 불행하게도 그 이메일은 부서 내 1,300명의 직원 중 한 명에게만 발송되었어야 했지만 자산관리 부서의 모든 직원들에게 보내져 업무에 사용한 회사소유 자산들을 돌려놓고 해고 후에 기밀을 유지하라는 통보를 해버렸다. 충격을 받은 직원들이 이 소식을 받아들이는 중에 기존 진술을 철회한 두 번째 이메일이 발신되었다. 이는 회사 측 실수에 대한 사과문이었다.[40]

6-6 신원조회를 하지 않을 때 관련된 윤리적 딜레마는 무엇인가?

6-7 최대한 빠르게 대체 인력을 채용하는 데 집중하여야 할까, 아니면 시간을 두고 잠재적인 채용대상자에 대해 신원조회를 진행하는 것이 더 나을까?

기술 연습 근성 기르기

기업가로서 성공한 사람들은 적어도 한 가지 공통점이 있다.[41] 그들은 근성을 가지고 있다. 근성이 있다는 것은 장기적인 목표에 대한 끈기와 열정을 가지고 있다는 것을 의미한다. 근성이 있는 사람은 실패나 역경에 직면해도 열심히 일하고 노력과 흥미를 유지한다. 어떤 사람들은 근성이 있다는 것은 정신적인 강인함을 의미한다고 말하기도 한다. 이는 낙관주의, 자기 훈련, 그리고 자기 동기부여와 같은 다른 자질들을 한곳에 집합시키는 특성이다. 목표를 성취하기 위해서는 최소한의 재능이 있어야 하지만 어려운 목표를 성취하기 위해서는 시간이 지남에 따라 그 재능에 집중하여 지속적으로 사용할 수 있는 능력이 추가적으로 요구된다. 근성은 기업가가 창업 과정에서 필연적으로 마주하는 어려움 및 좌절과 싸우는 데 도움을 준다. 근성을 갖춘 기업가는 끝이 없어 보이는 어려움에도 불구하고 계속해서 열심히 일할 것이다.

기술 훈련 단계

- **회복력을 갖도록 연습하라.** 회복력이란 되돌릴 수 있는 능력이다. 장애물에 직면했을 때 도전에 대한 당신의 반응을 주목하라. 그만둘 준비가 되었나? 그렇다면 탄력성을 구축할 때이다. 실수로부터 배우고 포기하지 말고 다시 시도하시오.
- **열정을 추구하라.** 삶의 어떤 영역에서 당신이 열정을 가지고 있는지 파악하고 그것을 추구하라. 우리의 열정은 우리에게 영감을 주며 앞으로 나아갈 수 있는 내적 동력을 제공한다. 자신의 열정을 파악하고 추구하는 것은 인내심을 키우는 데 도움이 될 수 있다.
- **긍정적인 자기대화 연습을 하라.** 그것은 자신에 대한 강한 믿음이 있음을 의미한다. 긍정적인 자기대화에 참여함으로써 장애물에 직면하더라도 계속 전진하려는 내적동기를 개발할 수 있다. 자신의 능력을 상기시키고 자신의 가장 큰 치어리더가 되어라. 직면하는 모든 도전에 대해 스스로 격려하라. 결국 당신은 긍정적인 태도로 계속 전진할 수 있다.
- **연습하는 시간과 기회를 가져라.** 당신이 인생에서 이루고자 하는 중요한 일에는 시간과 노력이 필요하다는 것을 이해해야 한다. 목표를 향해 일할 때, 달성하고자 하는 것이 무엇이든 실천할 수 있는 방법을 고려해야 한다. 예를들어 식당을 여는 꿈이 있다면 자신의 사업에 뛰어들기 전에 실제로 사업을 이해하기 위해서 다른 식당에서 일하는 데 일정한 시간을 보내는 것이 필요하다.
- **지원팀을 구성하라.** 믿을 수 있는 친구를 찾아내고 당신이 무엇인가 준비하고 있다는 것을 알려주라. 미래의 목표와 비전을 공유하라. 그들에게 당신을 격려해 달라고 요청하고 당신이 포기하고 싶을 것 같으면 도움을 요청해 보라.

기술 연습

달성하고 싶은 도전적인 목표를 수립하라. 작게 시작하여 당신의 능력을 테스트할 수 있는 것이 있는지 확인해보라. 예를들어 5K 경주를 고려한 적이 있나요? 다음번 통계수업에서 A를 받을 것인가? 성취하고 싶은 중요한 것은 무엇인가? 목표를 설정한 후에는 목표를 향해 작업해 나가면서 위에 기술한 단계들을 적용해라. 목표를 달성한 후에는 새로운 목표로 이동하라. 그 과정에서 도전을 극복하면서 꾸준히 노력하며 이루어나가는 자신을 발견할 것이다. 그렇다면 무엇이든 할 수 있다!

함께 일하기 팀연습

사업의 시작을 고려한 적이 있는가? 잠시 시간을 내어 캠퍼스에서 시작할 수 있는 비즈니스 아이디어를 브레인스토밍해보라. 해결할 수 있는 문제는 무엇인가? 공유경제의 개념을 고려할 때 학생들이 공유할 수 있는 것 또는 유료로 제공할 수 있는 서비스는 무엇인가? 학생들은 어떤 종류의 제품이나 서비스를 구매할 의향이 있을까? 함께 모여 3~4명의 학생 그룹을 만들고 비즈니스 아이디어를 공유해 본다. 한 가지 아이디어를 선택하여 더 자세히 살펴보라. 당신들의 경쟁우위는 무엇인가? 아이디어의 실현 가능한가? 경쟁자는 누구인가? 시작하려면 자금이 필요한가? 아이디어에 대한 사업계획을 위해 몇 가지 내용을 메모하여 보면서 팀원들과 나눌 준비를 해보라.

경영자가 될 차례

- 기업가가 되려면 먼저 아이디어가 있어야 한다. 기업가는 다양한 출처에서 아이디어를 얻는다. 기업가는 자신의 안락한 영역을 벗어날 때 아이디어가 떠오른다. 새로운 아이디어와 정보에 자신을 노출시키는 것부터 시작해보라. 과학, 기술, 스포츠 및 예술과 같은 다양한 분야를 다루는 소셜미디어를 팔로우하고 있는지 확인하라. 자신의 전공 외에 가능한 한 많은 수업을 들어본다. 다양한 배경을 가진 사람들과 다양한 이벤트와 네트워크에 참석해본다. 흥미로운 아이디어, 정보가 담긴 아이디어 일지를 작성하는 습관을 갖도록 한다.
- 다른 사람의 혁신 또는 비즈니스 아이디어를 탐색해보라. 전 세계의 혁신적인 아이디어를 발견하고 공유하는 웹 사이트인 www.springwise.com 과 긍정적인 사회적 변화를 일으키는 아이디어와 비즈니스를 공유하는 웹 사이트인 www.socialbusiness.org를 방문해보라. 그리고 배운 내용에 대한 생각과 성찰을 아이디어 일지에 추가하십시오. 그리고 3~4명의 학생으로 구성된 비즈니스 그룹을 만들고 비즈니스 아이디어를 공유해보시오. 한 가지 아이디어를 선택하여 더 자세히 살펴보기도 한다. 당신의 경쟁우위는 무엇인가? 아이디어가 실현가능한가? 누가 당신의 경쟁자가 될까? 시작하려면 자금이 필요한가? 당신의 아이디어에 대한 사업계획으로 간단한 내용의 요약서를 작성해보라. 긍정적인 사회변화를 만드는 수업에서 공유할 준비를 해보라. 학습한 내용에 대한 생각과 반성할 부분들을 추가해본다.
- 기업가를 인터뷰한다. 자신의 사업 아이디어를 어떻게 발견했는지 물어보라. 사업을 시작하면서 어떤 어려움에 직면했는가? 사업이 성공한 이유는 무엇이라고 생각하는가?
- 온라인에서 기업가를 지원하는 지역차원의 자원이나 조직들을 찾아보라. 해당지역에서 창업하는 기업가가 사용할 수 있는 자원목록을 작성해보라.
- 신생기업이 직면한 가장 큰 도전 중 하나는 자금조달이다. 인기 있는 TV 쇼 'Shark Tank'를 통해 자금을 조달할 수 있는 기업은 극소수에 불과하지만 쇼 패널인 "sharks" 혹은 벤처투자가가 투자할 아이디어를 결정하는 방법을 보면서 많은 것을 배울 수 있다. 또한 쇼의 에피소드를 보라. 'Shark' 가 특정사업에 투자하기로 결정한 이유와 일부 참가자가 빈손으로 돌아가야 하는 이유를 기록해 보라.

Rags to Raches(지금은 단순히 Rags로 알려짐)의 설립자인 Rachel Nilsson은 TV 쇼 Shark Tank에 출연하여 아동복 회사에 대한 자금지원을 요청했다. 그녀는 $200,000의 거래를 시작으로 등장 한 달 만에 일일 매출을 5배가 되도록 만들었다. 자금 조달은 Nilsson이 그녀의 벤처를 백만 달러의 의류 브랜드로 성장시키는 데 도움이 되었다.
출처: *Michael Desmond ABC/Walt Disney Television/Getty Images*

사례적용 1 Bainz Power로 대학생활 중 창업기업가 되기

많은 대학생들이 중간고사와 기말고사를 위해 밤새도록 공부한다. Andrew Kozlovski가 남 캘리포니아 대학교(USC) 1학년 때 간파한 것은 시험을 위해 잠을 깨우고 집중하기 위해 'Adderall'을 사용하는 학생들의 숫자이다. Andrew는 "내 주변 친구들이 돈처럼 주고받았다"고 설명했다.[42] 주의력결핍 과잉행동장애(ADHD)가 있는 사람은 주의력을 높이기 위해 Adderall을 처방받을 수 있다. 그러나 Andrew는 잠재적인 국가차원의 문제를 발견했다. 대학생의 38.5% 가 비의학적 이유로 ADHD 약물을 사용한다고 보고된 자료이다. 즉 공식적으로는 Adderall이 필요하지 않지만 집중력을 높이기 위해 사용하고 있는 것이다.

Andrew는 'Adderall'에 대해 몇 가지 조사를 했고 중독성이 매우 높다는 것을 알게 되었다. 또한 Adderall은 학습보조제로 복용하는 학생들이 알지 못하는 여러 종류의 부작용이 있다는 것을 파악하였다. 앤드류는 'Adderall' 보다 더 안전한 옵션이 있는지 궁금했다. 그는 집중하고 스트레스를 줄이고 전반적인 정신건강을 개선하는 데 도움이 될 수 있는 천연 보충제에 대한 연구에 몰두했다. Andrew는 FDA(Food and Drug Administration)에서 허가한 실험실을 하나 발견했다.

실험실에서는 Andrew가 만든 목록에 있는 천연 보충제의 다양한 조합을 사용해서 작은 알약을 만들어 주었다.[43] 몇 번의 시행착오 끝에 Andrew는 성공적인 조합공식을 생각해 냈고 이에 대해 FDA 승인을 받았다. 그는 자신의 회사인 Brainz Power를 설립하여 "비 카페인 인지 향상 보조제"를 판매한다.[44] 회사를 운영하기 위해 Andrew는 인스타그램을 통해 잠재 고객과 연결하기 위해 노력했다. "일단 연결하면 매출이 이어집니다." Andrew가 말했다.

Brainz Power는 매월 평균 $10,000 매출을 올렸으며 몇 년 후에는 거의 월 $30,000까지 매출이 상승했다.[45] Andrew는 대학생활 중 대부분의 시간을 회사에서 일했다. "시간은 충분하지요. 나는 잠을 많이 자지 않고 주말에도 일합니다. 난 다른 친구들이 파티를 할 때 일을 합니다. 생각해 보면 항상 바쁘지만 내 얼굴에서는 항상 미소가 떠나지 않습니다." 그가 회상하였다.[46]

Andrew는 2018년 5월 USC를 졸업했을 때 일자리를 찾을 필요가 없었다. 그는 신입생일 때 자신의 직업과 회사를 스스로 만들었기 때문이다.

토의문제

6-8 Andrew Kozlovski는 벤처창업 프로세스 단계에서 무엇을 잘 했는가?

6-9 이메일로 누군가를 해고하는 것이 윤리적이라고 생각하는가?

6-10 실수가 발견되지 않았다면 어떻게 되었을까?

6-11 Andrew 가인식해야 할 잠재적인 통제의 문제는 무엇인가? 이러한 문제를 최소화하려면 어떻게 해야 하는가?

사례적용 2 창업기업가를 위한 적절한 레시피: Fifteen의 성공

2002년 영국의 식당주인이자 텔레비전에서 유명한 요리사, James Trevor "Jamie" Oliver는 런던에 비영리 레스토랑 겸 바인 Fifteen을 오픈했다. 사회적 기업으로서 이 레스토랑은 향후 Foundation Fifteen(이후 Jamie Oliver Food Foundation으로 이름이 변경됨) 이라는 자선 단체의 일부로 운영된다. 이 식당은 청소년 실업자들에게 일자리를 제공했으며 매년 주방에서 요리사 자격으로 졸업할 수 있도록 지원한다. 레스토랑의 이름은 필요한 교육과 훈련을 받은 첫 15명의 비 특권자들이 요리사가 된 후 정해졌다.

사업에서 얻은 모든 이익은 재단에서 청년들의 훈련과 발전을 위해 사용된다. Oliver는 여러 베스트셀러 요리책의 저자이며 영국 전역의 다양한 레스토랑 체인의 소유자이다. 2017년 Richtopia는 순자산이 약 3억 1천만 달러인 Oliver를 영국에서 세 번째로 영향력 있는 기업가로 선정했다.

다섯 자녀의 아버지인 Oliver는 건강한 식습관의 중요성을 강조한다. 그는 아이들의 식단을 개선하고, 식품의 설탕 양을 줄이며, 포장식품에 의존하기보다는 가정요리를 장려하기 위해 여러 가지 이슈가 되는 계획에 참여했다. 공식적인 자격이 거의 없고 난독증이 있는 Oliver는 자신의 사회적 기업의 목적이 실업자, 노숙자, 마약이나 알코올 의존이 있는 사람들을 포함하여 불우한 젊은이들을 위한 영감의 원천이 되기를 원했다.

Jamie Oliver의 성공은 요리사로서의 재능뿐 아니라 그의 행동에도 기반을 두고 있다. 그는 돌발적인 경향도 있지만 고객들은 그의 실용적인 접근방식과 연결되기 원한다. 그는 위험감수를 두려워하지 않고 재단의 Fifteen 프로젝트에 수백만 달러를 투자했다. 그는 많은 영국 어린이들이 패스트푸드를 포기하도록 설득하는데 많은 시간과 돈을 썼다. 필요한 경우에 그는 학교급식에 4억 달러 이상을 투자하고 시설, 조리법 및 교육개선을 위해 정부지원도 받았다.

2017년 1월 Oliver는 1분기 말까지 영리를 목적으로 하는 레스토랑 6곳을 폐쇄할 것이라고 발표했다. Jamie Oliver가 소유한 여러 레스토랑 브랜드를 운영하는 Jamie Oliver Restaurant Group의 CEO인 Simon Blagden은 브렉시트로 인한 불확실성에 기인하여 영국의 유럽연합 (EU) 탈퇴 결정을 비난했다.

식당 폐쇄는 전체 인력의 약 5% 정도에 영향을 미쳤다. 영향을 받은 사람들의 대부분은 체인 내의 다른 레스토랑에서 일할 수 있었다. 그러나 재정문제는 계속되었고 2019년에 Jamie Oliver 레스토랑 체인이 무너지고 레스토랑 그룹이 관리에 들어갔다. 재단은 필요한 자금을 마련하지 못하고 재정적 어려움으로 2019년에 문을 닫았다. 그럼에도 불구하고 Jamie Oliver 는 최근의 어려움에 굴복하지 않고 건강한 식습관 장려활동을 계속하기 위해 미래에 새로운 사회적 기업을 시작할 계획을 가지고 있다.

그의 재단과 함께 Jamie Oliver 레스토랑의 대부분이 문을 닫았지만 콘월 자선단체에서 프랜차이즈로 운영되는 영국 콘월의 Fifteen 레스토랑은 젊은이들이 내일의 더 나은 요리사가 되도록 돕는 고귀한 사명을 계속하고 있다. 현재는 등록된 자선단체가 독립적으로 소유하고 운영하지만 Jamie Oliver의 사회적 사명은 계속되고 있다.[47]

토의문제

6-12 기업가는 세상에 미치는 영향력 때문에 중요하다. Jamie Oliver 재단이 지역사회에 도움이 된 다양한 방법들을 나열하고 설명하라.

6-13 Jamie Oliver가 그의 다양한 기업을 성공으로 이끄는 데 도움이 된 특징은 무엇인가?

6-14 식당을 폐쇄하기로 한 결정은 Oliver가 내리기 어려운 결정이었을 것이다. 기업가는 그러한 어려움에 어떻게 대처해야 하는가?

6-15 많은 기업가가 비즈니스를 성장시키고 싶어한다. Olilver와 같은 기업가는 미래에 어떻게 벤처기업을 개발할 수 있을까?

ENDNOTES

1. See, for instance, M. B. Low and I. C. MacMillan, "Entrepreneurship: Past Research and Future Challenges," *Journal of Management* (June 1988): pp. 139–61; S. Spinelli and R. Adams, *New Venture Creation: Entrepreneurship for the 21st Century*, 10th ed. (New York: McGraw Hill, 2016); and T. Saebi, N. J. Foss, and S. Linder, "Social Entrepreneurship Research: Past Achievements and Future Promises," *Journal of Management* (January 2019): pp. 70–95.

2. T. M. Begley and D. P. Boyd, "A Comparison of Entrepreneurs and Managers of Small Business Firms," *Journal of Management* (March 1987): pp. 99–108.

3. C. M. van Praag and P. H. Versloot, "What Is the Value of Entrepreneurship? A Review of Recent Research," *Small Business Economics* (December 2007): pp. 351–82; R. Baijal, "Four Reasons Why Entrepreneurship is Important," *Entrepreneur*, January 20, 2016, https://www.entrepreneur.com/article/269796; and Center for American Entrepreneurship, "Why Is Entrepreneurship Important?," 2017, https://www.startupsusa.org/why-is-entrepreneurship-important/.

4. S. Winter, "Fostering Entrepreneurship in Developing Countries," *World Bank*, April 30, 2012, http://blogs.worldbank.org/jobs/fostering-entrepreneurship-developing-countries; and G. Rasagam, "Why We Should Champion Entrepreneurs in Developing Countries," *World Economic Forum*, November 6, 2015, https://www.weforum.org/agenda/2015/11/why-we-should-champion-entrepreneurs-in-developing-countries/.

5. US Small Business Administration, "Small Businesses Drive Job Growth in the U.S.," news release no. 18-20.1 ADV, April 25, 2018, https://www.sba.gov/advocacy/small-businesses-drive-job-growth-us.

6. M. Mansfield, "Startup Statistics—The Numbers You Need to Know," *Small Business Trends*, updated December 26, 2018, https://smallbiztrends.com/2016/11/startup-statistics-small-business.html.

7. J. Raffiee and J. Feng, "Should I Quit My Day Job?: A Hybrid Path to Entrepreneurship," *Academy of Management Journal* (August 2014): pp. 936–63; and M. Z. Solesvik, "Hybrid Entrepreneurship: How and Why Entrepreneurs Combine Employment with Self-Employment," *Technology Innovation Management Review* (March 2017): pp. 33–41.

8. D. Wiener-Bronner, "She Was Too Short to Play Goofy. Then She Invented Spanx. Now She's a Billionaire," *CNNMoney*, April 2, 2018, https://money.cnn.com/2018/04/02/news/companies/sara-blakely-rebound/index.html.

PART 2 경영 연습

관리자의 딜레마

Alan Naiman은 테이프로 신발을 수리하고, 수퍼마켓에서 물건을 구매하고, 자기 차례에는 패스트푸드 가게에서 친구에게 점심을 사는 검소한 사회복지사였다. 그러나 2018년에 Naiman이 사망했을 때 아동 관련 자선단체에 1,100만 달러를 남겼다. 그는 특히 가난하거나, 아프거나, 장애가 있거나, 버려진 아이들을 돕는데 관심이 있었다. 어떤 사람들은 그에게 발달장애가 있는 형이 있었기 때문에 열정적으로 아이들을 돕는 일을 하였다고 말한다. Naiman은 은행가였으나 종종 동시에 여러 직업을 가지고 일했다. 그는 성공한 투자자였으며, 다른 사람들이 알고 있는 것보다 훨씬 더 성공적인 사람이었으나 자신에게는 많은 돈을 사용하지 않았다.

Naiman은 워싱턴에 본사를 둔, 소아 임시 치료센터에 250만 달러를 기부하기로 결정했다. 이 기관은 마약중독 어머니에게서 태어난 유아에게 의료 서비스를 제공하는 미국 최초의 조직이다. 이곳에서는 영아가 퇴원한 후 24시간 모니터링 및 간호 서비스를 제공한다. 간병인 교육을 제공하고 센터를 떠난 영아를 추적하는 것이 그들 임무의 핵심이다. 그들은 또한 임신 중 약물 남용 위험에 대한 인식을 심어주기 위해 지역사회에서 노력한다.

공공/사회서비스 조직은 종종 보유하고 있는 자원을 초과하는 서비스 수요 요청으로 인해 재정적인 어려움을 겪는다. Naiman이 소아 임시 치료센터에 기부하면 아기와 그 가족들의 삶에 변화를 가져올 수 있다. 센터의 경영진은 기부 받은 자금을 현명하게 사용하기 원한다.

이것은 신중한 계획, 전략 및 통제 수립에 대한 도전이다. 그들은 일단 기부금으로 대출상환을 하였지만 이제는 다음 단계에 대해 생각해 보아야 한다. 당신이 그 관리팀의 일원이라고 생각하고, 교재 2부의 계획 및 전략경영에서 배운 내용을 바탕으로 계획하고 전략을 수립하기 위해 중점적으로 제안할 5 가지 내용들을 신중하게 도출하여 보라.

글로벌 센스

제조업체는 저비용 글로벌 공급망을 구축하는 데 몇 년을 보낸다. 그러나 비즈니스가 글로벌 공급망에 의존하는 경우 계획되지 않은 장애요인들이 (정치, 경제, 날씨, 자연 재해 등) 계획, 일정 및 예산에 큰 피해를 줄 수 있다. 2018년 인도네시아 지진, 쓰나미와 캘리포니아 "캠프 파이어" 화재는 앞으로도 수년 동안 전 세계 물류, 운송 및 운영관리자가 유념할 사건들이다.

공급망에는 항상 예상치 못한 문제가 존재하지만 이제는 국내 시설이 아닌, 수천 마일 떨어진 곳에서 발생하는 일로 발생하는 광범위한 영향으로 인해 관리자와 조직에 추가적인 변동성과 위험이 발생한다. 예를 들어, 2018년 일본 오사카 근처에서 태풍이 발생했을 때 간사이 국제공항은 2주 이상 폐쇄되어 아시아 전역의 항공 교통과 보급품 수급에 영향을 미쳤다. 소규모 비즈니스는 특히 계획되지 않은 중단 사태로 큰 타격을 받을 수 있다. 소규모 비즈니스들은 재해 후 40% 정도가 재개되지 못한다. 노스캐롤라이나에서 발생한 허리케인 플로렌스 홍수로 인해 2018년 물류활동이 60% 감소한 시점, Coca-Cola와 Mars는 기후복원 가치사슬 리더 플랫폼(Climate-Resilient Value Chain Leaders Platform)에 가입한 최초의 다국적 기업이 되었다. 이 플랫폼은 기업이 과학기반의 접근방식을 통해 정상적인 비즈니스 활동을 파괴하는 기후 충격으로부터 보호할 수 있도록 도와준다.

교재 2부에서 배운 내용을 바탕으로 하여 다음 질문에 대해 토론하라.

- 당신은 글로벌 공급망과 관련된 도전내용들을 알고 있다. 글로벌 공급망의 장점은 무엇인가? 관리자는 생각지 못한 중단사태의 영향을 최소화하기 위해 무엇을 할 수 있는가?
- 계획되지 않은 상황에서는 어떤 유형의 계획이 가장 유효할까?
- 관리자는 동적 환경에서 어떻게 효과적으로 계획할 수 있는가?
- 이러한 경우 SWOT 분석이 유용할까? 이에 대해 설명하여 보라.
- 관리자는 계획에 반영하기 어려운 재난에 대비하기 위해 환경 스캐닝과 가상현실을 이용한 시나리오를 어떻게 사용하면 좋을까?[1]

계속되는 사례

스타벅스 — 계획

스타벅스의 수많은 성과들을 볼 때 관리자가 계획을 잘 수립하고 수행하였다는 것은 의심의 여지가 없다. 한 번 살펴보자.

기업의 계획

2019년 현재, 스타벅스는 77개국에 대략 30,000개의 매장을 보유하고 있다. 스타벅스는 2018년 마지막 분기에는 매출이 증가하고 모든 운영방식을 개선했지만 미국 스타벅스 매장 고객 방문률은 2018년 2분기에 감소하며 2016년 이후 판매 성장목표를 달성하기 어려웠다. 이에 따라 케빈 존슨은 지속적인 성장을 위해 보다 측정된 접근방식을 도입하여 회사를 이끌고 있다. 2019년, 스타벅스는 실적이 저조한 150개 매장을 폐쇄할 계획을 세웠는데, 이는 통상 1년 폐쇄율의 3배나 많았다. Johnson은 기존 매장의 고객서비스를 개선하는 것이 회사의 건전성을 높이는 방법이라 판단한다. 스타벅스가 이를 달성하고자하는 방법 중 하나는 2019년 초 커피배달 서비스를 미국 매장의 대략 1/4로 확대하는 것이었다. 또한 회사의 재무계획도 과거에 비해 약간 조정하였다. 2019년 초 전 세계 매장의 판매목표는 5% 이상이 아닌 3~4% 증가로 조정하였다. 스타벅스의 주당 순이익 성장 목표는 15~ 20%가 아닌, 10%로 설정되었다. 스타벅스 성장 계획에서 가장 중요한 시장은 중국이다. 따라서 Kevin Johnson은 중국에서의 수익을 3배로 늘리겠다는 5년 기한의 목표를 설정했다. 매장의 수와 회사 재정계획 외에도 스타벅스는 카페 외부(예를 들면 슈퍼마켓에서의 제품판매 등)에서 제품 판매를 늘리고, 글로벌 사회적 책임 활동을 충실히 하는데 주력하고 있다. 스타벅스의 야망은 세계에서 가장 존경받는 브랜드 중 하나이며 세계에서 가장 인정받는 브랜드 중 하나로 스타벅스 입지를 유지하는 것이다.

기업의 전략

스타벅스는 20년 이상 선도적이고 역동적인 소매 브랜드로 인정받았다. 커피를 통한 경험을 재창조하고 제품의 상품 특성을 뛰어 넘어 글로벌 브랜드 리더가 될 수 있었다. 일주일에 8,500만 번 이상, 세계 어딘가에 있는 고객들이 스타벅스 매장에서 제품(뜨거운 음료, 차가운 음료, 음식 등)을 구매한다. 이는 Howard Schultz가 과거에는 미국에서 존재하지 않았던 무언가를 만드는 데 성공한 것을 의미하는데, 그것은 바로 카페 라이프이다. 그는 문화적 현상을 창조했다. 스타벅스는 우리가 먹고 마시는 음식의 개념을 바꾸는 데 기여했다. 또한 우리가 시간과 돈을 쓰는 방식을 새롭게 형성한 것이다.

스타벅스는 고객의 광범위한 기반을 다루기 때문에 거의 모든 고객 인구를 유인할 수 있는 방법을 찾았다. 스타벅스를 자주 찾는 고객은 부유한 사람이나 도시의 전문가, 지식인이나 창의적인 유형들만이 아니다. 스타벅스에서는 아이의 축구시합을 위해 기다리는 엄마들, 건설 노동자들, 은행창구 직원, 사무원들을 쉽게 찾을 수 있다. 높은 가격에도 불구하고 고객은 그만한 가치가 있다고 생각하기 때문에 비용을 지불한다. 지불하는 가격으로 얻을 수 있는 것은 최고의 커피, 고객 맞춤형 서비스, 그리고 물론 스타벅스의 분위기 – 편안한 의자, 음악, 아로마, 에스프레소 머신에서 나오는 쉿쉿하는 증기 – 는 모두 Schultz가 이탈리아로의 첫 출장에서 경험하며 느꼈던, 따뜻하게 연결된 공동체 감정이 본능적으로 다른 곳에서도 사업으로 가능하리라고 생각한 것에서 비롯되었다.

스타벅스의 측정된 성장전략에서 핵심적인 부분은 로열티 프로그램인 스타벅스 Rewards이다. 2019년 1분기에 스타벅스 리워드 프로그램 등록은 14% 증가했으며 이는 3년 만에 가장 큰 증가세였다. 프로그램의 가입 증가로 총 1,630만 리워드 회원이 달성되었다. 이 인상적인 업적에 따른 회원 수 증가는 또 다른 측정가능 개선항목인 매장에서의 판매가 스타벅스의 2019년 1분기 예상을 넘어 증가될 수 있었던 방법 중 하나였다.

보상 프로그램 외에도 스타벅스는 핵심 전략으로 정보통신기술에 초점을 맞추고 있다. 스타벅스는 고객이 더 쉽게 사용할 수 있도록 모바일 앱을 개선했다. 현재는 리워드 프로그램 회원이 아닌 사람도 누구나 사용할 수 있다. 스타벅스는 2,340만 명의 사용자를 보유한, 미국에서 가장 인기 있는 디지털 결제 앱을 보유하고 있음을 자랑할 수 있다. 이는 Apple Pay 사용자 수 보다 많은 것이다! 스타벅스는 디지털 분야에서 더 발전할 계획을 가지고 있다. 예를 들어, 스타벅스는 디지털 전용 결제시스템을 시범적으로 검증하기 위해 뉴욕시에 20개의 매장을 열 계획을 가지고 있다.

스타벅스의 중국 성장전략에는 커피 배달이 포함되었다. 이러한 계획은 현재는 미국에서도 배달서비스를 확장하는 것이다. Kevin Johnson는 "우리는 중국에서 배달서비스에 대해 많은 것을 배웠으며 지금 여기 미국에서 학습한 것을 적용하고 있다."고 말한다. 스타벅스는 Uber와 협력하여 미국 매장의 약 1/4로 배달서비스를 확대할 계획이다. 이것은 스타벅스가 중국에서 배달을 확장할 때 사용했던 방식인데, 중국에서는 Alibaba와의 협력을 통해 수행했다.

스타벅스 매장 밖에서 스타벅스 제품을 판매하는 것이 확장을 위한 또 다른 방법이다. Nestlé는 전 세계 유통채널을 통해 스타벅스 제품을 판매하기 위해 71억 5천만 달러를 지불했다. 이 파트너십 계약에는 Nestlé가 스타벅스와 협력하여 향후 새로운 커피제품을 개발하는 일도 포함되어 있다.[2]

토의 질문

P2-1 스타벅스의 계획활동 목록을 작성하라. 그리고 각각의 계획유형에 대해 설명하라. 다음 단계에서는 그 계획들이 아래의 다양한 직원들이 업무를 수행하는 방식에 어떻게 영향을 미칠 수 있었는지 설명하라. (a) 오마하에서 바리스타로 아르바이트 하는 직원 (b) 암스테르담에 있는 커피 로스팅 공장의 품질보증 기술자 (c) 지역 영업 관리자 (d) 글로벌 공급망 운영 부사장, 그리고 (e) CEO.

P2-2 스타벅스가 사용한 성장전략 유형에 대해 구체적으로 토론하라.

P2-3 최근 몇 년간 스타벅스에 안정성 전략 및 갱신 전략이 적용된 방식은 무엇인가?

P2-4 스타벅스는 경쟁우위를 유지하기 위해 무엇을 하고 있는가? 또한 업계의 다른 기업에 비해 경쟁력을 유지하기 위해 차별화된 무엇을 할 수 있는가?

P2-5 스타벅스는 중국 경쟁사인 Luckin보다 커피값이 비싸다. 스타벅스는 Luckin을 따라 커피 배달서비스를 제공한다. 그렇다면 현재 스타벅스는 중국의 Luckin이나 McDonalds와 같은 경쟁사에 비해 어떤 차별하 전략을 구현하고 있는가? 스타벅스가 향후 고려해야 할 다른 차별화 전략은 무엇인가?

P2-6 Kevin Johnson이 스타벅스를 이끄는 방식과 Howard Schultz가 창업자로서 회사를 이끈 방식은 어떻게 다른가?

END NOTE

1. Social Worker Leaves Secret $11 Million Fortune to Children's Charities," *New York Post*, December 28, 2018, https://nypost.com/2018/12/28/social-worker-leaves-secret-11-million-fortune-to-childrens-charities/;"Japan's Kansai Airport Fully Reopens 17 Days After Typhoon," *Straits Times*, September 22, 2018, https://www.straitstimes.com/asia/east-asia/japans-kansai-airport-fully-reopens-17-days-after-typhoon; C. Morris, "Hurricane Alert: 40 Percent of Small Businesses Never Recover From a Disaster," CNBC/Survey Monkey Small Business Survey, *CNBC*, September 16, 2017, https://www.cnbc.com/2017/09/16/hurricane-watch-40-percent-of-small-businesses-dont-reopen-after-a-disaster.html; "Major Companies Join Forces to Drive Climate Resilience in Supply Chains," *BSR Insights*, September 2018, https://www.bsr.org/en/our-insights/news/major-companies-join-forces-to-drive-climate-resilience-in-supply-chains; S. Banker, "The Supply Chain in Review," *Forbes*, December 27, 2018, https://www.forbes.com/sites/stevebanker/2018/12/27/the-supply-chain-year-in-review/#7556b75223f4.
2. J. Jargon, "Starbucks CEO Kevin Johnson Reins in Predecessor's Ambitions: 'I'm Not Howard'," *Wall Street Journal*, January 8, 2019, https://www.wsj.com/articles/starbucks-ceo-kevin-johnson-reins-in-predecessors-ambitions-im-not-howard-11546857001; H. Field, "Starbucks Is Closing 150 Underperforming U.S. Locations. Here's Why." *Entrepreneur*, June 20, 2018, *https://www.entrepreneur.com/article/315463*; A. Edgecliffe-Johnson, "Starbucks' Kevin Johnson: Taking On a Founder's Brand," *Financial Times*, December 8, 2018, https://www.ft.com/content/62e2323c-f927-11e8-af46-2022a0b02a6c; P. R. La Monica, "Starbucks Has

Chapter 7 조직구조 설계

학습목표

7.1 조직설계의 6가지 핵심요소를 설명한다.

7.2 기계적 구조와 유기적 구조를 비교하여 설명한다.

7.3 조직 설계의 기계적 모델과 유기적 모델에 영향을 주는 상황요인들에 대해 토론한다.

7.4 전통적 조직 설계 대안을 설명한다.

7.5 21세기에 적합한 유연성 조직에 대해 토론한다.

고용능력 기술 매트릭스

각 장의 해당 매트릭스와 마지막 부분의 자료는 고용수가 구직자에게 요구하는 특정 기술을 개발하는데 도움을 준다.

		비판적 사고	커뮤니케이션	협동	지식 응용	사회적 책임
기술 상자	직장의 비밀	✓	✓		✓	
	실패에서 배운다	✓			✓	
기술 연습	윤리적 딜레마	✓				✓
	기술 훈련	✓			✓	
	함께 일하기		✓	✓		
	경영자가 될 차례	✓	✓		✓	
사례	사례적용	✓			✓	✓

조직 구조를 생각할 때 흔히 규칙과 규정, 직무 정의 방법, 권한 명령계통 등을 떠올릴 수 있다. "잘 짜여진" 조직은 일련의 포괄적인 규칙을 가지고 있고, 부서 및 권한 계층이 명확하다. 하지만 모든 조직이 그런 것은 아니다. 네덜란드 금융회사인 ING는 최근 수평적이면서 자유로운 형식의 조직구조로 바꾸었는데, 관리자 수를 최소화하고 소규모 팀으로 업무를 수행한다. ING는 기존 부서들을 9명으로 구성된 350개의 자율팀 형태로 재배치하였다. 자율팀은 고객의 요구에 대해 보다 빠르게 대응해야 하며, 직원들의 몰입도와 생산성을 높여 고객의 요구에 최종 책임을 져야 한다.[1]

이 장에서는 조직화의 기본에 대해 다룬다. 조직화 개념과 구성요소가 무엇인지 살펴보고, 다양한 조직구조가 어떻게 만들어지는지 살펴본다. 어떠한 조건에서 ING와 같이 자유로운 형식의 조직구조가 만들어 지는지 또는 언제 구조화된 계층구조가 바람직한 지에 대해서도 배운다.

L07.1 조직 설계의 6가지 요소

최근 몇 년간 경영학 분야에서 조직화와 조직구조만큼 많은 변화를 겪은 주제는 거의 없다. 관리자들은 직원들의 업무수행을 지원할 수 있는 가장 효율적이면서 동시에 유연한 조직설계가 무엇인지 찾기 위하여 전통적인 접근방식을 재평가하고 있다.[2]

우선 몇 가지 용어를 살펴보자. 앞서 1장에서 조직화를 조직목표 달성을 위한 직무 배열 및 업무 구조화로 정의하였다. **조직구조**란 조직내 직무의 공식적인 배열이다. **조직도**를 통해서 시각적으로 볼 수 있는 조직구조는 다양한 용도로 활용된다(Exhibit 7-1 참조). 관리자가 조직구조를 새로 만들거나 변경하려고 할 때 조직설계에 몰입하는데, **조직설계**란 6개의 핵심 요소에 대해 의사결정을 하는 과정이다. 6개의 핵심 요소는 직무전문화, 부문화, 명령계통, 통제의 폭, 집권화/분권화, 공식화 등이다.

조직구조
조직 내 직무의 공식적인 배열

조직도
조직구조를 시각적으로 보여주는 도표

조직설계
조직구조를 새로 만들거나 변경하는 것

직무전문화

20세기 초에 Henry Ford는 조립라인이라는 독특한 방식으로 자동차를 생산하여 큰 부자가 되었다. 모든 작업자들은 자동차의 오른쪽 바퀴를 끼거나 왼쪽 앞문을 다는 일과 같이 반복적인 특정 과업을 수행하였다. 직무가 반복수행되는 표준화된 작은 과업들로 잘게 나뉘어짐으로써 Ford사는 기술수준이 상대적으로 높지 않은 직원들을 활용해서 매 10초마다 차 1대를 생산할 수 있었다.[3]

직무전문화 또는 분업은 조직 활동이 여러 개의 직무로 나뉘어지는 정도를 의미한다. 직무전문화의 핵심은 하나의 직무가 여러개의 단계로 나뉘어지고, 각 단계의 업무를 직원 개개인이 완료하는 것이다.

직무전문화
조직활동이 여러 개의 업무로 나뉘어지는 정도

Exhibit 7–1
조직화의 목적

- 해야 할 일을 구체적인 직무와 부서로 나눈다.
- 개별 직무와 관련된 과업과 책임을 할당한다.
- 다양한 조직내 과업들을 조정한다.
- 직무들을 부서단위로 묶는다.
- 개인, 집단 및 부서 간의 관계를 설정한다.
- 공식적인 권한 계층을 설정한다.
- 조직 자원을 할당하고 배분한다.

레이스를 다는 작업은 윌슨 스포츠의 축구제품을 만들 때 13가지 수작업 공정 중 하나이다. 회사는 직원들의 생산성을 높이기 위해 직무활동을 잘게 쪼개는 방식인 직무전문화를 활용한다.

출처: *Luke Sharrett/ Bloomberg/Getty Images*

전문화는 직원이 가지고 있는 기술을 가장 효율적으로 활용하는 방법이며, 반복작업을 통해서 성공적으로 기술을 개발할 수 있다. 전문화는 과업을 변경하면서 드는 시간이나 이전 단계에서 사용했던 장비를 치우는 시간, 혹은 다음 단계의 작업을 준비하는데 소요되는 시간을 줄일 수 있다.

직무전문화는 근로자가 가지고 있는 다양한 기술을 효율적으로 활용하도록 해 준다. 대부분의 조직에서 어떤 과업은 고도의 숙련기술을 요구하고, 어떤 과업은 낮은 수준의 기술수준을 필요로 한다. 만약 모든 근로자가 제조공정의 모든 프로세스 단계들을 수행하게 된다면 아주 까다로운 직무부터 아주 쉬운 직무에 필요한 기술을 가지고 있어야 한다. 고숙련의 기술을 요구하거나 고도의 복잡한 과업인 경우를 제외하면 근로자들은 자신이 가지고 있는 기술 수준보다 낮은 업무를 수행한다. 숙련공이 미숙련공보다 더 많은 임금을 지급받고, 임금이 가장 높은 기술수준을 반영하여 책정되는 경향이 있기 때문에 숙련공이지만 쉬운 과업을 수행하면서 많은 임금을 받게 되어 자원의 비효율적 활용의 문제가 발생한다.

직무전문화의 초기 지지자들은 직무전문화가 생산성을 크게 높일 것으로 믿었다. 21세기 초에는 그러한 일반화된 믿음이 나름 합리적인 생각이었다. 전문화가 광범위하게 실행되지 않았기 때문에 전문화를 새로 도입하면 언제나 높은 생산성을 가져왔다. 하지만 Exhibit 7-2에서 보는 바와 같이 전문화가 늘 생산성을 높이는 것은 아니다. 어느 순간부터 지루함, 피로, 스트레스, 낮은 생산성, 품질 저하, 결근률과 이직률 증가 등 분업에서 비롯되는 인적(人的) 비경제성이 경제적 잇점을 능가한다.

현대적 관점 오늘날 대부분의 관리자들은 직무전문화가 직원의 효율성을 높이기 때문에 계속해서 중요하다고 생각한다. 예를 들어 맥도널드는 말 그대로 '패스트' 푸드를 고객에게 효율적이고 신속하게 만들어서 전달하기 위해서 직무전문화를 활용하고 있다. 한 명은 드라이브스루(drive-through)를 통해 주문을 받고, 다른 사람은 햄버거를 만들고, 다른 사람은 프라이를 만들고, 다른 사람은 포장하는 등 각자 맡은 일을 한다. 한가지 일에 집중함으로써 효율적으로 일하게 되고 이는 생산성 향상으로 이어진다. 실제로 많은 맥도널드 매장에서 종업원들이 주문을 처리하는데 걸리는 시간을 측정하는 시계를 볼 수 있다. 좀 더 자세히 보면 주문처리 목표 시간이 적혀있는 메모도 볼 수 있다. 그러나 어떤 면에서 볼 때 직무전문화는 더 이상 높은 생산성을 가져오지 않는다. Avery Dennison, Ford Australia, Hallmark, American Express 등과 같은 회사는 직무 전문화를 최소화하는 대신 직원들이 넓은 범위의 과업을 수행하도록 한다.

Exhibit 7-2

직무전문화의 경제적, 비경제적 효과

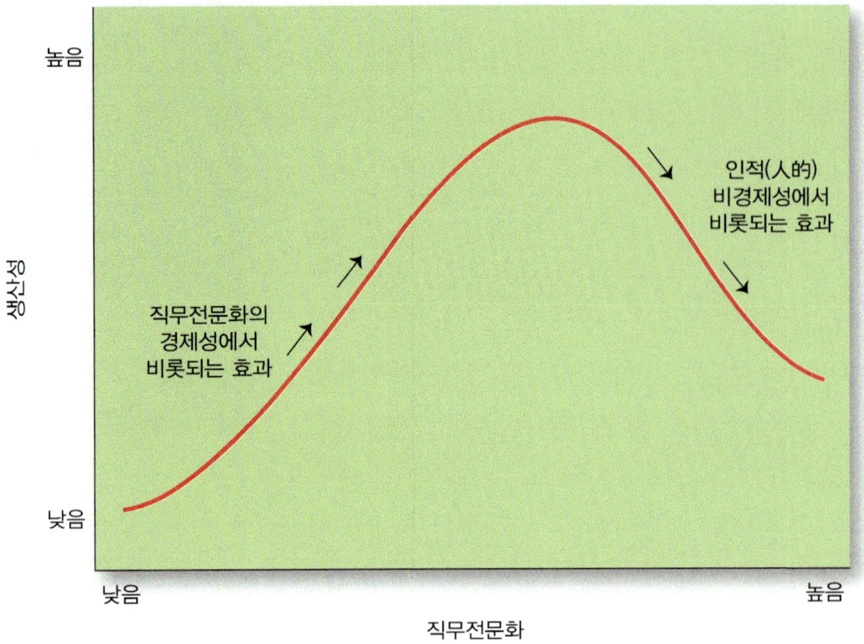

부문화

부문화
직무를 그룹화 하는 기준

지금 다니고 있는 대학에 학생처나 재무처가 있는가? 이 수업은 경영학과에서 개설되었는가? 어떤 일을 누가 할 것인지 정한 다음에는 공통의 작업들을 다시 묶는 과정이 필요한데, 이 과정을 거쳐서 업무가 조정되고 통합된다. 직무들을 어떻게 그룹화하느냐가 바로 **부문화**(departmentalization)이다. 일반적으로 부문화는 5개의 형태가 있는데, 조직마다 자기 나름대로의 분류방식을 사용한다. (예를 들면 호텔은 프론트 데스크, 운영, 영업 및 케이터링, 청소 및 세탁, 유지보수 등으로 부서를 나눈다.) Exhibit 7-3은 부문화의 다양한 형태와 각각의 장단점을 보여준다.

현대적 관점 대부분의 큰 조직들은 다양한 부문화 형태를 혼합하여 사용하고 있다. 예를 들어 General Electric은 홍보, 법률, 글로벌 리서치, 인적자원, 재무 등으로 직원들을 조직화한다. 이 책의 출판사인 Pearson Education은 세분화된 교육시장(아동 및 초·중·고등학교, 대학교, 전문가)과 고객(학생, 교수, 산업교육 담당자)에 맞추어 사업을 진행한다. 또한 영업기능을 고객뿐만 아니라 지역(예를 들면 미국, 유럽, 아시아 등)과 연계하고 있다. Procter & Gamble은 제품 부문화를 하고 있는데, 섬유 및 홈케어, 아기·여성·가정용품, 미용, 면도, 건강관리 등 5개 제품군으로 조직화되어 있다.

최근 유행하고 있는 부문화 중 하나는 고객별 부문화이다. 고객별 부문화는 고객 요구의 변화를 모니터링하고 적절히 대응하는 것을 중시한다. 또다른 유행의 추세는 팀제이다. 팀제는 과업수행에 필요한 기술이 복잡하거나 다양할 때 주로 사용된다.

Exhibit 7-3

부문화의 5가지 유형

기능별 부문화 – 기능에 따른 직무 그룹화

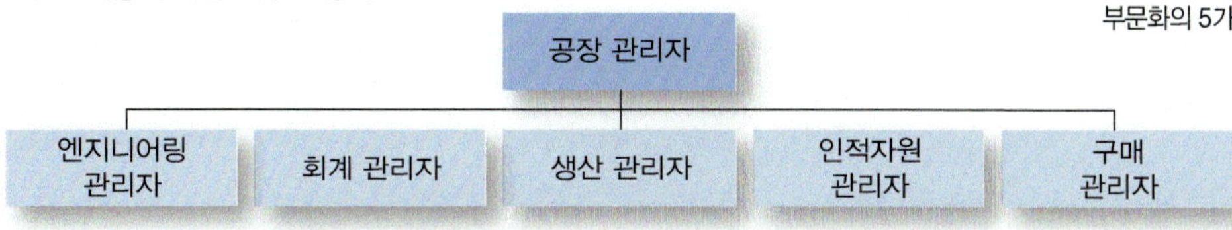

+ 비슷한 전문성과 공통의 기술, 지식, 성향을 가진 사람들끼리 같이 일함으로써 효율성 증진
+ 기능내 조정 용이
+ 고도의 전문성
– 다른 기능과의 의사소통 어려움
– 상위 조직목표에 대한 관점 부족

지역별 부문화 – 지역에 따른 직무 그룹화

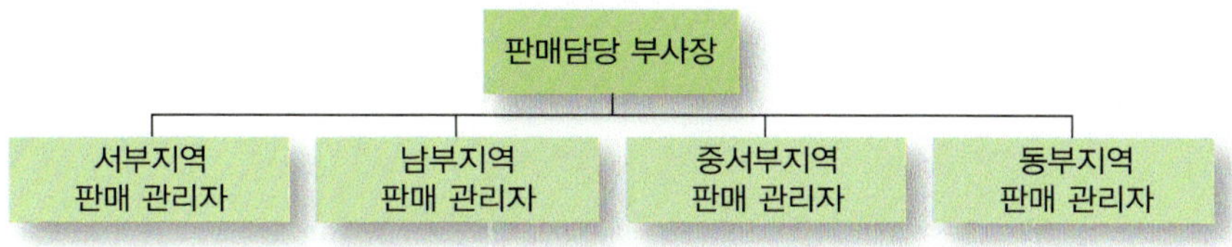

+ 특정 지역 문제를 가장 효율적이고 효과적으로 처리
+ 지역 시장의 독특한 요구에 대한 적정 대응
– 기능 중복
– 다른 지역으로부터의 소외감

제품별 부문화 – 제품군에 따른 직무 그룹화

(출처 : Bombardier Annual Report)

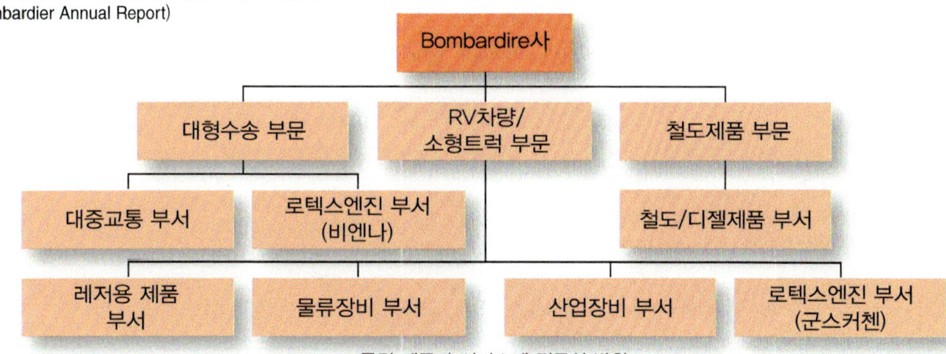

+ 특정 제품과 서비스에 전문성 발휘
+ 관리자가 특정 산업의 전문가가 됨
+ 고객 지향적
– 기능 중복상
– 상위 조직목표에 대한 관점 부족

프로세스별 부문화 – 제품공정 또는 고객흐름에 따른 직무 그룹화

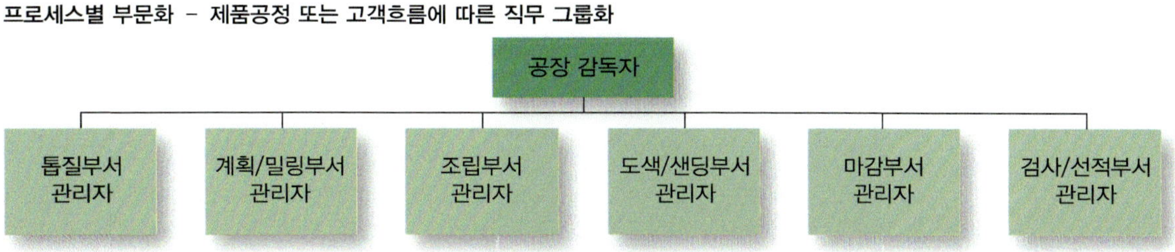

+ 가장 효율적인 작업 흐름
– 특정 제품에만 활용 가능

고객별 부문화 – 같은 니즈를 가진 특정 고객에 따른 직무 그룹화

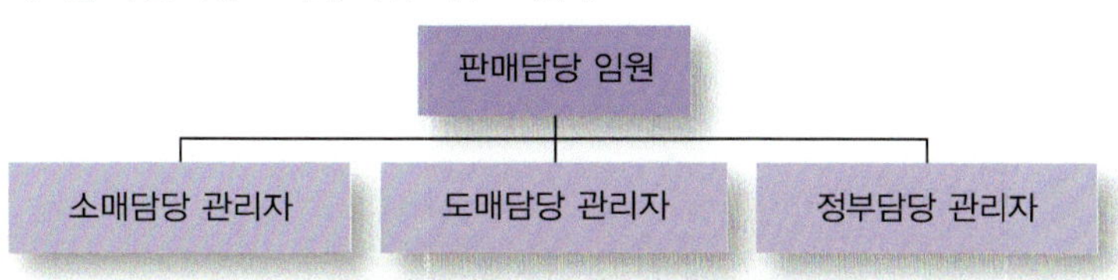

+ 전문가에 의한 고객 니즈 및 문제 해결
– 기능 중복
– 상위 조직목표에 대한 관점 부족

명령계통

당신이 직장에서 어떤 문제에 직면했다고 가정하자. 당신은 어떻게 할 것인가? 누구에게 도움을 요청할 것인가? 일단 상사가 누구인지 알 필요가 있다. 이것이 바로 명령계통의 중요한 이유이다. **명령계통**은 상위 직급에서 하위 직급으로 이어지는 권한의 라인을 말하는데, 누가 누구에게 보고해야 하는지를 명확히 해 준다. 직원들이 '내가 누구에게 보고하지?', '문제가 발생했을 때 누구와 상의하지?' 등의 질문에 답을 주기 위해서 관리자들은 업무를 조직화할 때 명령계통을 명확히 해야 한다. 명령계통을 이해하기 위해서는 권한, 책임, 명령의 통일 등 3개의 중요한 개념을 알아야 한다.

명령계통
누가 누구에게 보고해야 하는지 명확히 하고, 상위 직급에서 하위 직급으로 이어지는 권한 라인

권한(authority)이란 관리자의 지위에 부여된 권리를 말한다. 권한을 통해서 직원들이 무슨 일을 해야 하고, 그들에게 기대하는 바가 무엇인지 전달된다.[4] 초기 경영학자들은 권한의 두가지 형태인 라인 권한과 스탭 권한을 구분하였다. **라인 권한**을 가진 관리자는 직원들의 업무를 지시할 수 있는 자격이 있다. 경영진과 직원간 권한 관계는 조직의 최상층으로부터 가장 낮은 계층까지 명령계통에 의해 연결된다. 명령계통의 연결고리로서 라인 권한을 가진 관리자는 직원들의 업무를 지시하며, 누구에게 묻지 않고 본인 스스로 의사결정을 할 수 있는 권한을 가지고 있다.

권한
직원들이 무슨 일을 해야 하고, 그들에게 기대하는 바가 무엇인지 알려주기 위하여 관리자의 지위에 부여된 권리

라인 권한
직원들의 업무를 지시할 수 있도록 관리자에게 부여된 권한

조직이 커지고 복합해 질수록 라인 관리자는 시간이나 전문성, 기타 업무를 효과적으로 하기에 필요한 자원이 부족함을 느낀다. 이러한 상황에 대응하기 위하여 도움이나 지원, 조언을 하는 **스탭 권한**을 만들어 라인 관리자가 많은 정보를 다루어야 하는 부담을 줄인다. 예를 들어 인적자원관리 담당 임원이 다양한 부서에서 발생하는 모든 문제를 다룰 수 없기 때문에 채용 부서, 성과관리 부서, 보상부서 등 스탭부서들을 만든다.

스탭 권한
라인권한을 가진 관리자에게 도움, 지원, 조언하는 직위

관리자가 자신의 권한을 사용해서 직원들에게 업무를 할당하면, 직원들은 할당된 의무를 수행해야 할 의무가 있다. 이러한 의무 혹은 업무에 대한 기대를 **책임**(responsibility)이라고 한다. 책임이나 책무가 없는 권한 부여는 권한 남용으로 이어진다. 마찬가지로 과업을 완료할 수 있는 권한이 부여되지 않는다면 아무도 책임과 책무를 지려고 하지 않을 것이다.

책임
할당된 의무 수행에 대한 의무 또는 기대

마지막으로 **명령일원화 원칙**(패욜의 14가지 관리원칙 중 하나, 30쪽 경영학의 역사 모듈 참조)은 오직 한 명의 관리자에게만 보고해야 한다는 것이다. 명령일원화가 지켜지지 않으면 여러명의 상사들이 상충하는 요구를 할 수 있다.

명령일원화
직원들이 오직 한 명의 관리자에게만 보고해야 한다는 관리 원칙

현대적 관점 초기 경영학자들은 명령계통, (라인 및 스탭) 권한, 책임, 명령일원화가 기본이라고 믿었지만 이제 시대가 바뀌었다. 오늘날 이러한 요소들이 덜 중요해졌다. 정보기술의 발달로 인해 기존 관리방식이 적절하지 않게 되었다. 관리자만 사용할 수 있었던 정보에 이제는 직원들이 몇 초만에 접근할 수 있다. 이는 직원들이 명령계통을 이용하지 않더라도 조직 내 누구와도 쉽게 의사소통할 수 있음을 의미한다. 게다가 프로젝트 중심으로 운영되는 조직의 경우, 직원들은 한 사람 이상의 상사에게 보고함으로써 명령일원화의 원칙이 지켜지지 않는다.[5]

Let's Get REAL

출처: *Rebecca Ross*

Rebecca Ross
고객성공부서, 관리자

시나리오:

리드 로슨(Reid Lawson)은 2년 전에 소규모 스포츠 마케팅 회사를 공동 창업했다. 리드와 공동 창업자는 처음에 복잡한 조직구조가 아닌 형태로 회사를 설립하였다. 20명의 직원들은 프로젝트 팀에 속해서 고객의 요구에 유연하게 대처하였다. 회사에는 어떠한 표준적인 업무처리 절차가 없으며, 직원 교육도 없다. 리드는 어떤 구조가 좋을 지에 대해 고민하기 시작했다. 동일한 고객에 대하여 같은 문제를 처리하는 방식이 프로젝트별로 달랐다. 다른 사례를 보면 프로젝트를 통해서 얻은 교훈이 다음 프로젝트에 반영되지 않는다.

Reid가 회사의 조직구조를 바꾸고자 할 때 당신은 어떠한 조언을 할 것인가?

회사 초기에는 부서가 많지 않은 채 운영되는 것이 일반적이다. 그래야 민첩하게 다양한 접근방식을 시도하고, 그로부터 배우며, 지속적으로 개선해 나갈 수 있다. 조직이 성장함에 따라 조직구조를 효과적으로 확장하는 것이 중요해진다. 첫째, 리드는 무엇이 문제이고, 무엇을 해결해야 하는지 명확하게 파악해야 한다. 지식공유의 문제로 고객 경험에 어려움이 있는가? 내부 비효율성 때문에 손실이 발생하고 있는가? 교육 부족으로 인재가 퇴사하고 있는가? 다음으로, 리드는 팀이 조직의 장기적 목표를 인식하도록 해야 하며, 목표달성에 방해가 되는 문제에 대해 팀 구성원들과 명확하게 소통해야 한다. 이 과정을 통해서 팀이 미래의 이상적인 상태에 도달하기 위해 무엇을 해야 하는지 구체적인 단계를 계획할 수 있다. 리드는 행동의 변화가 다단계 프로세스라는 점을 명심해야 하며, 특히 소규모 조직에서는 신중한 변화관리 계획이 지속적인 결과를 얻는 최선의 방법이라는 점을 알아야 한다.

통제의 범위

통제의 범위
한 명의 관리자가 효과적이고 효율적으로 관리할 수 있는 직원의 수

한 명의 관리자가 얼마나 많은 종업원을 효율적이고 효과적으로 관리할 수 있을까? **통제의 범위**(span of control)에서 그 답을 찾을 수 있다. 전통적인 견해에 따르면 한 명의 관리자가 5명이나 6명 이상을 관리할 수 없고, 관리해서는 안된다. 그 이상이 되면 관리자는 감당이 안될 것이다.

통제의 범위를 정하는 것은 중요하다. 왜냐하면 통제의 범위는 조직의 효율적 운영에 중요한 고려요인인 조직계층과 관리자 수를 결정한다. 다른 모든 조건이 동일하다면 통제의 폭이 넓을수록 조직은 더 효율적이다. 그 이유는 다음과 같다.

각각 약 4,100여명의 직원이 있는 두 개의 조직을 가정해 보자. Exhibit 7-4에서 보는 바와 같이 어느 한 조직의 통제의 폭이 4명이고 다른 조직이 8명이라면, 넓은 통제의 폭을 가진 조직이 상대적으로 단계가 절반이고, 약 800여명의 관리자가 적다. 관리자 평균 연봉이 85,000달러라고 하면 통제의 폭이 넓은 조직은 연간 6,800만 달러를 절약하는 것이다. 통제의 폭이 넓을수록 비용 측면에서 보다 효율적인 것은 명백하다. 하지만 통제의 폭이 너무 넓으면 관리자가 더 이상 효과적으로 부하들을 이끌어갈 수 없기 때문에 직원들의 성과가 악화될 수 있으며, 결국 효과성을 낮추기도 한다.

직장의 비밀 다수의 상사에 대처하기

부동산 개발회사에서 근무하고 있는 Sue Lee는 자신의 업무에 대해 불만을 가지고 있다. "나는 마케팅 부서에서 일하고 있고 상사는 Ted이다. 하지만 파크애비뉴(Park Avenue)의 럭셔리 콘도 프로젝트 업무를 하게 되었는데, 그 프로젝트 관리자인 Xu Xiang은 자신이 내 상사라고 생각한다. 그녀는 계속해서 내게 할 일을 주는데 마감을 준수하면서 서둘러 처리할 것을 요구한다. 한편 Ted로부터 문자메시지, 이메일, 전화로 업무지시를 받고 있다. 두 명의 상사가 요구하는 것이 때로 상충하기도 하는데, 서로 이야기를 나누었으면 좋겠다. 상충하는 요구를 받는 경우가 너무나 많다. 나는 두가지 일을 동시에 처리할 수 없다. 누구의 지시를 먼저 처리해야 하는가? 업무시간의 대부분을 Xu의 프로젝트 처리에 투입하고 있지만, 나에 대한 인사평가는 Ted가 한다. 나는 어떻게 해야 하나?"

Sue의 불만 사례는 특별한 것이 아니다. 두 명 이상의 상사에게 보고해야 하는 사람들이 점차 늘어나고 있다. 어떤 경우에는 조직이 잘못 설계되어 문제가 발생하는데, 권한 계통이 명확하지 않거나 명령일원화 원칙이 지켜지지 않았기 때문이다. 소규모 기업 혹은 가족기업인 경우에는 구성원간 역할이 겹쳐서 권한 라인이 흐려질 수 있다. 또다른 경우 여러명의 상사에게 보고하는 임시팀 형태로 조직을 구성할 수도 있다. 오늘날 흔하게 사용되는 것이 매트릭스 조직구조이다. 이 장의 뒷부분에서 다루겠지만 특정 사업, 지역, 제품군을 보다 잘 관리하기 위하여 기능별 부서 위에 프로젝트 구조를 만드는 조직이 늘고 있다. 위와 같은 상황 중 하나에 해당한다면 서로 다른 관리스타일을 가진 상사나 상충되거나 애매모호한 지시를 내리는 상사, 혹은 감당하기 어려운 업무부담을 주는 상사를 잘 다루어야 할 것이다.

상사가 여러 명이면 골칫거리가 많지만 세가지 문제가 특히 두드러진다. 첫째, 과도한 업무량을 감당해야 한다. 복수의 상사들은 다른 사람이 어떤 지시를 내리는지 모른다. 고의적이든 아니든, 상사들은 마치 부하가 자신만을 위해서 일하고 있다고 생각하고, 자신이 지시한 것 이외의 또다른 책임은 없는 것처럼 부하를 대한다. 그래서 두 명의 상사가 있다면 업무량은 두배가 된다. 세 명 혹은 그 이상의 상사와 함께 일한다면 문제는 더 커진다. 둘째, 상충하는 메시지 처리 문제이다. 상사들은 서로 다른 기대와 리더십 스타일을 가지고 있다. 여러 상사들이 '최대한 빨리' 업무처리를 요구한다면 어떻게 해야 하나? 마지막으로, 충성심의 문제이다. 상사 중 누구를 최우선순위에 둘 것인가? 두 사람 이상에게 보고해야 하는 상황에서 시간, 목표, 우선순위 측면에서 요구사항을 처리해야 한다.

여러 명의 상사와 일을 하려면 어떻게 해야 할까? 몇가지 제안을 하면 아래와 같다.

상사별로 우선순위를 부여하라.
좋든 싫든, 당신 입장에서 첫 번째 충성심이 누구에게 있는지 선택해야 한다. 누가 더 강력하고 당신에게 해를 끼치지 않는 상사는 누구인가? 당신의 궁극적인 상사가 누구인지 확인하고, 그 상사가 당신이 하는 일에 만족하는지 확인하라. 인사평가를 하고 보상을 결정하는 사람이 일반적으로 중요한 사람이다. 앞서 1장에서 조직정치에 대해 토론한 바와 같이 당신은 상사를 지원해야 하는데, 만약 상사가 여럿일 경우 가장 많은 권력을 가진 사람에게 우선순위가 있다.

업무 부담에 대해 사전 대응하라.
여러 상사가 요구하는 일정대로 업무를 처리해야 할 책임이 있다. 다른 상사가 당신에게 요구한 것들이 있다면 그것을 상사에게 이야기해야 한다. 업무가 너무 많아 처리할 수 없는 상황이 되면 상사들에게 상황을 이야기하고, 우선순위를 정해줄 것을 요청해야 한다.

우선순위별로 업무를 목록화하라.
진행중인 모든 과업과 프로젝트를 목록화하고 우선순위를 부여한뒤 이를 상사와 공유하라. 목록을 정기적으로 업데이트하고, 주간 회의 때 이에 대해 의견을 나눌 필요가 있다. 회의를 통해서 발생가능한 잠재적인 갈등을 예방하고 조정할 수 있는 기회를 얻는다.

경계를 설정하라.
한계를 설정하는 것을 두려워 말라. 각각의 상사가 주관하는 프로젝트별 투입할 수 있는 시간을 명확히 하고, 우선순위를 설정하라. 만약 상사들이 부하의 경계가 무엇인지 미리 알고 있다면 많은 잠재적 갈등이 줄어들 수 있다.

상사간 상호 소통하도록 하라.
상사끼리 직접 서로 대화 하도록 하라. 상사들간 소통의 수단이 되지 않도록 노력하라. 어떤 상사가 다른 상사에게 자신의 입장을 전달하는 것은 그들의 일이지 당신의 일이 아니다. 만약 당신에게 직접적으로 영향을 주는 갈등이 있다면 상사들과 함께 만나서 갈등에 대해 설명하고, 이를 해결하는 방안을 상의해야 한다.

좋은 면을 바라보시오.
여러 상사를 둔 것은 좋은 측면도 있다. 첫째, 두 명 이상의 상사가 당신과 함께 일하기를 원한다는 것은 당신이 가치있는 기술을 가지고 있고, 당신을 신뢰하고 있음을 의미한다. 둘째, 어떤 한 명의 상사가 없을 때 복잡성과 애매모호함이 발생하는데, 이는 당신의 자율성과 영향력을 높이는 기회가 된다. 해야 할 일의 경계와 일의 우선순위를 정할 때 당신은 상사가 가졌던 권한을 가지고 업무를 할 수 있다. 마지막으로, 상사끼리 경쟁을 하게 만들어 이득을 볼 수 있다. "마치 아이가 부모에게 그렇듯이, 여러분에게 원하는 답을 줄 것 같은 사람에게 물어보라."[6]

Exhibit 7–4
통제의 폭 비교

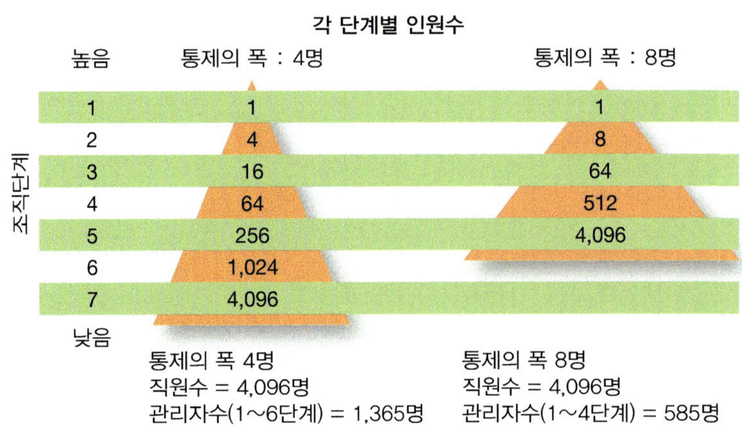

현대적 관점 통제의 범위에 대한 현대적 관점은 정답이 없다는 것이다. 관리자가 효율적이면서 효과적으로 관리할 수 있는 직원의 수에 영향을 주는 요인이 많다. 이러한 요인에는 업무 특성뿐만 아니라 관리자와 직원의 기술 및 능력이 포함된다. 예를 들어 능력있고 경험많은 직원들과 함께 일하는 관리자는 통제의 폭이 넓어도 괜찮다. 애플의 CEO인 팀 쿡은 17명의 직속부하를 두고 있다. 언뜻보기에 많은 것처럼 보인다. 하지만 Cook은 그렇지 않다고 이야기한다. "만약 똑똑한 사람, 강력한 조직문화, 모든 사람이 이해할 수 있도록 잘 정돈되고 명확한 전략이 있다면 많은 직속부하가 있어도 괜찮다. 왜냐하면 그들에게 무엇을 해야 하는지 별도로 얘기할 필요가 없기 때문이다."[8] 적정 통제 범위와 관련된 또다른 상황 변수는 과업의 유사성과 복잡성, 부하의 물리적 근접성, 정보시스템의 정교함 등이며, Cook이 지적한 바와 같이 조직문화의 강도, 그리고 관리자의 리더십 스타일 등이 있다.[9]

fyi

- 중간관리자의 평균 통제의 폭은 12명인 반면, 임원의 경우 평균 7명이다.[7]

최근 몇 년간의 추세는 통제의 범위가 넓어지는 것이다. 이러한 추세는 신속하게 의사결정 하고, 유연성을 높이고, 고객에게 다가가고, 직원들에게 권한을 위임하고, 비용을 줄이고자 하는 관리자의 노력과 일치된다. 부하직원이 능력과 경험이 많고 어려운 문제나 질문에 대해 도움을 받을 수 있는 동료가 있을 때, 관리자는 넓은 통제의 폭을 다룰 수 있다는 것을 인식하기 시작한다. 또한 새로운 기술이 등장하면서 많은 직원들과 소통하거나 그들을 모니터링할 수 있기 때문에 조직들은 통제의 폭을 넓히고 있다.

집권화와 분권화

집권화와 분권화는 "조직의 어느 수준에서 의사결정이 이루어지는가?" 라는 질문에 답을 찾는 것이다. **집권화**는 의사결정이 조직의 상위 수준에서 이루어진다. 최고경영자가 아랫사람의 도움 없이 의사결정을 한다면 그 조직은 집권화된 조직이다. 반면에 조직의 하위 계층에 있는 직원들이 의견을 제시하거나 실제로 의사결정을 한다면 그 조직은 **분권화**된 조직이다. 의사결정은 절대적인 것이 아니라 상대적인 것이다. 즉 어떤 조직이 완벽하게 집권화되거나 분권화될 수 없다.

집권화
의사결정이 조직의 상위수준에 집중되어 있는 정도

분권화
조직의 하위계층에 있는 직원들이 의견을 제시하거나 실제로 의사결정하는 정도

초기 경영학자들은 집권화 정도가 상황에 따라 다르다고 생각했다. 하지만 그들은 집권화를 선호했는데 집권화가 최고경영진의 통제권을 유지해 주기 때문이다. 전통적인 조직들은 조직의 최상층부에 권력과 권한이 집중된 형태인 피라미드 구조를 가지고 있다. 이러한 구조 하에서는 역사적으로 집권화된 의사결정이 가장 바람직하다고 여겨졌지만, 오늘날 조직들은 보다 복잡하고 역동적인 경영환경 변화에 직면해 있다. 따라서 많은 관리자들은 문제와 가장 가까이 있는 직원들이 직접 결정을 내려야 한다고 생각한다. Exhibit 7-5는 조직이 집권화를 할 것인지 아니면 분권화를 할 것인지와 관련된 요

통제의 폭은 얼마나 한 명의 관리자가 효과적으로 관리할 수 있는 사람의 수를 말한다. 모든 상황이 동일하다면 폭이 넓어질수록 조직구조는 평평해진다.

출처: *Fotogestoeber/Alamy Stock photo*

인들을 정리하였다.[10]

Exhibit 7–5
집권화와 분권화

집권화가 적합한 상황	분권화가 적합한 상황
• 환경이 안정적이다. • 하위 관리자는 상위 관리자만큼 의사결정 능력이나 경험이 없다. • 하위 관리자는 의사결정 때 의견을 제시하기를 원하지 않는다 • 의사결정이 상대적으로 덜 중요하다. • 기업실패의 위기나 위험에 직면해 있다. • 기업 규모가 적다. • 전략의 효과적인 실행은 관리자들의 상황보고에 달려있다.	• 환경이 복잡하고 불확실하다. • 하위 관리자는 의사결정의 능력이나 경험이 있다. • 하위 관리자는 의사결정 때 의견을 제시한다. • 의사결정이 중요하다. • 관리자들이 자신의 의견을 자유롭게 이야기하는 열린 조직문화를 가지고 있다. • 지리적으로 분산되어 있다. • 전략의 효과적인 실행은 관리자들의 의사결정 참여와 유연성에 달려있다.

현대적 관점 오늘날 관리자들은 자신의 의사결정을 가장 잘 실행할 수 있고 조직목표 달성에 도움이 되는가를 중심으로 집권화 혹은 분권화의 수준을 결정하곤 한다. 어느 한 조직에서 효과적인 것이 다른 조직에서는 효과적이지 않을 수 있기 때문에 관리자는 하위 조직이나 부서별로 분권화의 적정 수준을 결정해야 한다.

직원 임파워먼트
직원들에게 더 많은 의사결정 권한 부여

조직이 환경에 유연하면서 적절하게 대응해 나감에 따라 분권화된 의사결정으로 이동하는 뚜렷한 변화가 있다.[11] **직원 임파워먼트**라고 불리우는 이러한 추세는 직원들에게 더 많은 의사결정 권한을 부여한다.(13장에서 리더십에 대해 토론할 때 임파워먼트 개념을 더 자세히 살펴볼 예정이다.) 특히 대기업에서 하위직 관리자들은 문제점에 대한 인식이나 문제를 어떻게 해결해야 할지를 최고경영진보다 더 잘 알고 있으며, '즉각 실행에 옮길 수 있다'. 영국의 식료품 회사들은 온라인 주문 및 택배 수요 증가로 경쟁이 심화되었다. 낮은 이윤으로 인해 소규모 유통센터로 형태를 바꾸는 조직들이 크게 늘어났는데, 온라인 주문이나 택배 주문과 달리 센터 내 재고와 직원을 완전히 파악할 수 있게 되었다. 이를 통해서 사내에서 서비스를 제공하고, 외부 서비스에 대한 필요성이 줄어들었다.[12] 이러한 분권화(탈집중화) 프로세스는 시장점유율을 유지하거나 높이는데 필수적이다. 식료품 소매업체인 Morrisons는 아마존과의 긴밀한 협력을 통해서 리즈, 맨체스터, 버밍엄 및 런던 지역 외에도 글래스고, 뉴캐슬, 리버풀, 셰필드 및 포츠머스에 당일 배송 할 수 있게 되었다.[13]

공식화

공식화
직무를 어떻게 표준화시킬 것인지와 직원들에게 규칙과 절차에 따라 행동하도록 유도하는 정도

공식화는 직무를 어떻게 표준화시킬 것인지, 그리고 직원들에게 규칙과 절차에 따라 행동하도록 유도하는 정도를 의미한다. 고도로 공식화된 조직의 경우, 명확한 직무기술서, 수많은 규칙, 명확히 규정된 업무처리 절차가 있다. 직원들이 스스로 무엇을 언제 어떻게 할지를 결정하는 자유재량권은 거의 주어지지 않는다. 하지만 공식화 수준이 낮은 조직의 경우, 직원은 업무처리 방식에 대한 재량권을 가진다. 전통적인 경영학자들은 높은 공

식화를 선호한다. 그들은 직원들을 이끌 수 있는 광범위한 규칙과 절차가 있을 때 가장 효율적으로 성과를 달성할 수 있을 것으로 믿었다.

현대적 관점 비록 어느정도의 공식화가 일관성과 통제를 위해 필요하다고 해도, 오늘날의 많은 조직들은 직원 행동을 유도하거나 규제하기 위해 엄격한 규정이나 표준화에 의존하지 않는다. 안정성과 일관성이 있는 작업장에서는 공식화를 강화하는 것이 효과적이다. 예를 들어 표준화는 공정하고 일관된 방식으로 적용할 수 있는 규칙을 제공한다. 하지만 빠르게 변화하는 환경에서 높은 공식화는 효과적으로 작동하지 않는다. 오늘날의 기업들은 역동적이고 변화하는 환경에 대응해야 하는 곳이 되었다.

규정을 담은 매뉴얼과 핸드북은 작업 절차를 표준화하고 효율성을 높인다. J.G. Gerardo Arbulu 중위(왼쪽)와 수석항공갑판장 Ronald Mosley가 항공모함 USS Dwight D. Eisenhower (CVN 69)에서 일반기동훈련 중 피해 방지 핸드북을 보고 있다.

출처: *PR Library/Alamy Stock Photo*

L07.2 기계적 구조와 유기적 구조

기본적인 조직 설계는 Exhibit 7-6에 설명된 두가지 조직 형태를 중심으로 이루어진다.[14]

기계적 조직(또는 관료제)은 조직구조의 6가지 요소를 결합한 자연스러운 결과이다.

기계적 조직
엄격하고 철저하게 통제하는 조직 설계

명령계통의 원칙을 고수하면 직원들이 한 명의 상사에 의해 통제되고 관리되기 때문에 공식적인 권한계층이 존재하게 된다. 조직 내 상위 계층에서 통제의 폭을 적게 유지하면 키 큰 수직적 구조가 만들어 진다. 조직의 최상부와 최하 계층의 거리가 멀수록 최고경영진은 점점 더 많은 규칙과 규정을 만든다. 최고 경영진은 하위 계층 직원들을 직접 눈으로 보면서 통제할 수 없고, 작업표준이 사용되는지 알 수 없기 때문에 규칙과 규정으로 대체하게 된다. 직무전문화에 대한 신념이 있었던 초기 경영학자들은 직무는 단순하고 반복적이고 표준화되어야 한다고 생각했다. 부서를 통해 이루어진 직무전문화는 비인간적인 측면을 보였고, 전문화된 부서들을 조정하기 위해 여러 관리 계층을 필요로 하게 되었다.[15]

기계적 조직이 경직되고 안정적인 조직구조인 반면, **유기적 조직**은 느슨하고 유연하며 적응력이 뛰어난 형태이다. 표준화된 직무와 규정 대신에 유기적 조직의 느슨한 구조는 필요할 때 빠르게 변화에 대응할 수 있다.[16] 분업이 이루어지지만 직무가 표준화되지는 않는다. 직원들은 기술 수준이 높고 다양한 문제를 능숙하게 처리할 수 있는 전문가들인 경우가 많다. 그들에게는 공식적인 규칙이나 직접적인 관리가 필요하지 않은데 그 이유는 교육을 통해서 전문적인 행동 표준이 몸에 베어 있기 때문이다. 예를 들어 석유 엔지니어에게 연안에서 석유 공급원을 찾는 방법에 대해 특별한 절차를 알려줄 필요가 없다. 그 엔지니어는 혼자서 혹은 동료와 함께 대부분의 문제를 해결할 수 있다. 그는 전문적

유기적 조직
적응력과 유연성이 큰 조직 설계

표준에 따라 행동한다. 유기적 조직은 집권화가 낮아서 전문가가 문제를 신속하게 해결한다. 집권화가 낮은 이유는 최고경영진이 의사결정에 필요한 전문성을 가지고 있지 않기 때문이다.

순수한 기계적 조직이 없는 것처럼 순수한 유기적 조직도 없다. 그러나 전체적인 추세를 보면 오늘날 많은 기업들이 유기적인 방향으로 강하게 움직이고 있다. 여기에는 Patagonia, Zappos, Alphabet, Netflix 및 Spotify와 같은 회사가 포함된다.[17]

L07.3 조직구조 선택에 영향을 주는 상황요인

기계적 구조가 선호될 때와 유기적 구조가 적합한 때는 언제인가? 결정에 영향을 주는 주요 상황요인을 살펴보자.

Exhibit 7–6
기계적 조직과 유기적 조직

기계적

- 높은 전문성
- 엄격한 부서화
- 명확한 명령계통
- 좁은 통제의 폭
- 집권화
- 높은 공식화

유기적

- 교차기능팀
- 계층간 팀(cross-hierarchical teams)
- 자유로운 정보 흐름
- 넓은 통제의 폭
- 분권화
- 낮은 공식화

전략과 구조

조직의 구조는 목표 달성을 촉진해야 한다. 목표가 조직 전략의 중요한 부분이기 때문에 전략과 구조가 긴밀하게 연결되어 있다는 것은 논리적이라고 할 수 있다. Alfred Chandler는 이 관계를 최초로 연구했다.[18] 그는 미국의 몇몇 대기업을 연구한 결과, 기업 전략이 바뀌면 전략을 지원하는 조직구조가 변화한다는 결론을 얻었다.

연구결과에 의하면 특정 조직구조 설계가 특정 조직전략에 적합하다.[19] 예를 들어 어느 조직이 의미있는 혁신을 추구한다면 유연하고 정보흐름이 자유로운 유기적 조직구조가 적합하다. 효율성, 안정성, 엄격한 통제를 특징으로 하는 기계적 조직은 비용을 통제하려는 기업에게 가장 적합하다.

규모와 구조

조직규모가 조직구조에 영향을 준다는 상당한 증거가 있다.[20] 직원이 2,000명 이상인 대기업은 전문화, 부문화, 집권화되어 있고, 소기업보다 규칙과 규정이 많다. 그러나 조직이 일정 규모 이상이 되면, 규모가 조직구조에 미치는 영향은 줄어든다. 그 이유는 일단 2,000명 이상이 되면 이미 어느정도 기계적 구조가 되기 때문이다. 500명의 직원이 늘어난다고 해서 구조에 큰 영향을 주지 못한다. 한편 300명의 직원이 있는 기업에 500명이 늘어난다면 보다 기계적이 될 것이다.

기술과 구조

직원들의 참여를 높이기 위해 IKEA는 수평적 조직구조를 활용한다.
출처: *Meritzo/Alamy Stock Photo*

모든 조직은 기술을 활용하여 투입물을 산출물로 변환시킨다. CloudDDM은 3D프린터를 사용하여 기업 고객을 위한 프로토타입 및 부품을 생산한다. 이 기술을 활용하면 적은 수의 인원으로도 작업이 가능하다. CloudDDM사의 창업자는 이렇게 말한다. "우리는 100개의 첨단 3D 프린터를 24시간, 7일동안 가동한다. 여기에 투입되는 인력은 단 3명이며, 3교대로 일하고 있다."[21]

조직구조에 대한 기술을 다룬 초기 연구는 Joan Woodward에 의해 이루어졌는데, 영국 남부의 소규모 제조기업을 대상으로 조직구조 설계 요소가 조직 성과와 관련된 정도에 대해 연구하였다.[22] 그녀는 복잡성과 정교함 수준에 따라 세 가지 범주로 기술을 나누기 전까지는 일관된 연구결과를 얻지 못하였다. 첫 번째 범주는 **단위 생산**(unit production)으로 하나의 단위나 작은 묶음으로 생산되는 것이다. 두 번째 범주는 **대량생산**(mass production)으로 한꺼번에 많은 양을 생산하는 것이다. 세 번째 범주이자 가장 기술적으로 복잡한 범주는 **프로세스 생산**(process production)으로 연속 공정 생산을 포함하는 것이다. 그녀의 연구결과가 Exhibit 7-7에 정리되어 있다.

단위 생산
하나의 단위나 작은 묶음으로 생산하는 것

대량생산
한꺼번에 많은 양을 생산하는 것

프로세스 생산
연속공정으로 제품을 생산하는 것

다른 연구들도 조직들이 투입물을 결과물로 변환시키는 기술이 얼마나 일상적인가에 따라서 조직구조가 달라지는 것으로 나타났다.[23] 일반적으로 일상적인 기술일수록 기계적 조직구조일 가능성이 높고, 비일상적 기술일수록 유기적 조직구조일 가능성이 높다.

환경적 불확실성과 구조

어떤 조직은 불확실성이 거의 없는 안정적이고 단순한 환경에 놓여 있다. 다른 조직은 커다란 불확실성 하에서 역동적이고 복잡한 환경에 직면해 있다. 관리자들은 조직구조를 바꾸어 환경적 불확실성을 최소화하기 위해 노력한다.[24]

Exhibit 7–7
Woodward의 기술과 구조 연구결과

	단위 생산	대량 생산	프로세스 생산
구조적 특성	낮은 수직적 분화	중간 정도의 수직적 분화	높은 수직적 분화
	낮은 수평적 분화	높은 수평적 분화	낮은 수평적 분화
	낮은 공식화	높은 공식화	낮은 공식화
가장 효과적인 구조	유기적	기계적	유기적

안정적이고 단순한 환경에서는 기계적 설계가 더 효과적일 수 있다. 반면에 불확실성이 클수록 유기적 설계의 유연성이 더 필요하다. 전세계적인 불안정성과 변화를 제대로 인식하지 못하여 실패한 기업 사례들이 있다. 예를 들어 2007년 노키아는 48.7%의 시장 점유율을 보이며 시장에서 리더의 지위를 차지하고 있었지만 지금은 3.1%로 어려움을 겪고 있다. 미국의 홈무비 및 비디어 게임 대여 서비스 제공업체인 Blockbuster LLC는

온라인 스트리밍에 적절히 대응하지 못하여 2019년 기준 대부분의 브랜드가 퇴출되었다. 오늘날 많은 기업, 특히 신생기업은 환경의 불확실성을 다룰 수 있는 유연한 유기적 설계를 도입하고 있다. 최고경영진은 궁극적인 통제권한을 유지하지만, 지속적인 변화에 대응하기 위하여 임시조직 형태를 만들고 있다.[25]

환경-구조의 관계는 오늘날 많은 관리자가 왜 조직을 간결하고 빠르며 유연한 형태로 재구조화하는지 그 이유를 설명하는 데 도움이 된다. 글로벌 경쟁, 경쟁업체에 의해 가속화되는 제품 혁신, 높은 품질과 빠른 배송에 대한 고객요구의 증가 등은 역동적인 환경 변화의 예이다. 기계적 조직은 급격한 환경 변화와 환경 불확실성에 대응할 준비가 되어 있지 않다. 결과적으로 조직들이 점차 유기적으로 변하고 있다.

LO7.4 전통적인 조직설계 대안

조직구조를 설계할 때, 관리자는 전통적인 조직설계 중 하나를 선택할 수 있다. 이러한 조직구조는 본질적으로 기계적 구조의 경향이 있다. 각각의 강점과 약점에 대해 요약하면 Exhibit 7-8과 같다.

Exhibit 7–8
전통적 조직설계

강점		약점
• 빠름 • 유연함 • 낮은 유지비용 • 명확한 책무	단순조직	• 조직규모가 커질수록 적절치 않음 • 한 사람에 의존하여 위험함
• 전문화에 따른 비용절감 효과(규모의 경제, 인력/장비 중복 최소화) • 비슷한 과업을 하는 사람들끼리 함께 일함	기능별 조직	• 기능부서의 목표를 추구하다 보면 전사적인 시야를 갖지 못할 수 있음 • 기능전문가들간 서로 단절되어 다른 기능부서가 하는 일을 이해하지 못함
• 결과지향적–부문장은 자기 맡은 제품과 서비스에 대해 책임을 짐	부문별 조직	• 활동과 자원의 중복으로 인해 비용이 증가하고 효율성이 줄어듦

단순조직

대부분의 기업은 **단순구조** 형태의 기업가정신을 가진 벤처기업으로 출발하는데, 이 구조는 낮은 부문화, 넓은 통제의 범위, 한 사람에 의한 권한 집중, 낮은 공식화 형태로 설계된다.[26] 하지만 직원이 늘어남에 따라 더 이상 단순구조로 머무르지 않고, 보다 전문화되고 복잡해진다. 규칙과 규정이 도입되고, 업무가 전문화되며, 부서들이 만들어지고, 관리계층이 늘어나며, 조직이 점차 관료제화된다.

Mr. Mike's Surf Shop은 직원이 적기 때문에 단순 구조이다.
출처: *Mia2you/Shutterstock*

단순구조의 좋은 예가 Mr. Mike's Surf Shop이다. 단일 매장으로 운영되고 있는 이 점포는 소유주이자 관리자인 Mike와 세명의 판매원으로 구성되어 있다. 규칙, 계층, 전문화, 부문화가 없기 때문에 이 사업은 매우 유기적으로 이루어진다.

기능별 조직구조

기능별 조직구조는 서로 유사하거나 관련된 직업 전문가들을 함께 묶는 조직 설계이다. 대부분의 조직에서 활용하고 있는 기능적 부서화로 생각하면 된다.

단순구조
낮은 부문화, 넓은 통제 범위, 권한 집중, 낮은 공식화 형태의 조직 설계

기능별 구조
서로 유사하거나 관련된 직업 전문가들을 함께 묶는 조직 설계

부문별 구조
독립적으로 준자율성을 가진 단위 혹은 부서로 구성된 조직 구조

부문별 조직구조

부문별 구조는 사업단위나 사업부서들로 구성된 조직구조이다. 개별 사업부문은 제한된 자율성을 가지고 있으며, 부문장은 부서 관리의 권한과 함께 부서 성과의 책임을 진다. 부문별 구조에서 모회사는 일반적으로 다양한 부문을 조정하고 통제하는 외부 감독자 역할을 하며, 재정지원이나 법률지원 등 지원서비스를 제공한다. 예를 들어 Ford Motor사는 미국, 유럽/중앙아시아/아프리카, 아시아 등 세 개의 사업부문으로 구성되며, 부사장들이 이끌고 있다.

L07.5 21세기에 적합한 유연성 조직

전통적 조직설계가 오늘날의 역동적이고 복잡한 환경에 적합하지 않다는 사실이 많은 조직에서 발견되고 있다. 이들 조직은 간결하고, 유연하며 혁신적인 대안을 찾고 있는데 결국 보다 유기적인 형태가 된다. 기업들은 업무를 구성하고 조직화하는 창의적인 방법을 찾고 있다.[27]

팀 조직

Google의 공동 창업자인 Larry Page와 Sergey Brin은 "소규모 팀"이 프로젝트에 집중

팀 구조
전체 조직이 작업 팀으로 구성된 조직 구조

하도록 조직구조를 만들었다.[28] **팀 구조**는 해야 할 일들을 다양한 작업팀이 나누어 하도록 하는 것이다.[29] 이 구조에서 직원에게 임파워먼트를 부여하는 것이 중요한데, 왜냐하면 관리 권한이 위에서 아래로 흐르지 않기 때문이다. 팀은 자체적으로 자신들이 생각하는 최선의 방법으로 업무를 하지만, 동시에 각 영역의 모든 성과에 대하여 책임을 진다. Google은 최고의 팀이 가진 5개 특성을 발견하였는데, 여기에는 심리적 안정, 신뢰성, 구조 및 명확성, 멤버십, 목적의식 등이 포함된다.[30]

대규모 조직에서 팀 구조는 일반적으로 기능별 구조와 부문별 구조를 보완하고, 관료제의 효율성과 팀이 제공하는 유연성을 동시에 가질 수 있다. Amazon, Boeing, HP, Louis Vuitton, Motorola 및 Xerox와 같은 회사는 생산성 향상을 위한 팀제를 광범위하게 사용하고 있다.

매트릭스 조직와 프로젝트 조직

매트릭스 조직구조
여러 기능부서에 있는 전문가들을 하나 혹은 여러 개의 프로젝트에 배치하는 조직 구조

또다른 인기있는 현대적인 조직설계는 매트릭스 조직과 프로젝트 조직이다. **매트릭스 조직구조**는 여러 기능부서에 있는 전문가들을 모아서 한 명의 프로젝트 관리자가 이끄는 특정 프로젝트를 수행하도록 한다(Exhibit 7-9 참조). 이 조직설계의 독특한 점은 매트릭스 조직에서 근무하는 직원은 기능부서 상사와 제품 또는 프로젝트 상사 등 2명의 상사에게 보고하는 이중 명령계통을 가진다는 것이다. 프로젝트 관리자는 프로젝트 팀에서 일하는 기능부서 직원들이 프로젝트 목표를 달성하도록 관리할 권한을 가지고 있다. 그러나 승진, 임금, 인사평가 등은 기능관리자의 책임인 경우가 일반적이다.

매트릭스 조직구조는 한 명의 상사에게 보고해야 한다는 명령일원화의 원칙을 "위반한다". 하지만 두명의 관리자가 정기적으로 의견을 나누고, 업무를 조정하고 갈등을 해결해 나간다면 효과적으로 업무처리가 이루어질 수 있다.[31] 예를 들어 매트릭스 구조는 의료환경에서 일반적으로 활용된다. 물리치료사가 여러 프로그램에 할당될 수 있다. 어떤 물리치료사는 고관절 수술에, 어떤 물리치료사는 노인환자의 회복을 도울 수 있다. 또다른 사람들은 팔을 잃은 외상 환자를 위해 일할 수 있다. 모든 치료사들은 신체 재활 담당 임원과 물리치료 담당 임원에게 보고한다.

프로젝트 조직구조
직원들이 지속적으로 프로젝트를 수행하는 조직 구조

매트릭스 조직구조는 건설 프로젝트의 역동적이고 복잡한 환경에 적합한 설계방식이다.
출처: *Morsa Images/E+/Getty Images*

직원들이 지속적으로 프로젝트에서 일하게 되는 **프로젝트 조직구조**를 가진 조직들이 많이 있다. 매트릭스 구조와 달리 프로젝트 구조는 프로젝트가 끝난 직원이 돌아갈 공식적인 부서가 없다. 대신에 직원들은 특정 기술, 능력, 경험을 다른 프로젝트에 적용한다. 또한 프로젝트 구조의 모든 업무들은 팀 형태로 이루어진다.[31] 예를 들어 디자인 회사인 IDEO는 프로젝트 팀을 만들었다고 해체했다가 다시 만드는 것을 반복한다. 직원들은 프로젝트에 자신의 기술과 능력을 제공하기 위하여 팀에 '참여'한다. 하지만 일단

프로젝트가 마무리되면 다음 프로젝트로 이동한다.[32]

프로젝트 구조는 유연한 조직 설계라고 할 수 있으며, 의사결정이나 실행이 지연되는 경직된 조직 계층이나 부문화와는 거리가 멀다. 프로젝트 구조에서 관리자는 촉진자, 멘토, 코치의 역할을 한다. 관리자는 조직적인 장애물들을 제거하거나 최소화하고 팀이 효과적이고 효율적으로 업무를 할 수 있도록 필요한 자원을 확보하도록 돕는다.

fyi

미국 직원의 80~90%가 적어도 파트 타임으로 재택근무를 선호한다

- 2005~2019년 기준 재택근무가 약 140% 가량 증가했다.[35]

가상 조직

임대할 수 있는데 왜 소유하겠는가? 이 질문은 **가상 조직**(네트워크 조직 또는 모듈식 조직이라고도 함)의 본질을 이해하는 데 도움이 된다. 이 조직은 일반적으로 적은 규모의 정규직 직원들이 기업의 주요 사업을 아웃소싱하는 형태이다.[34] 가상조직은 고도의 집중화된 조직으로 부서가 거의 혹은 전혀 없다.

가상 조직
소수의 핵심 정규직 사원로 구성되며, 주요 사업기능을 아웃소싱하는 조직

가상 구조의 전형적인 형태는 오늘날의 영화 제작 조직이다. 헐리우드의 황금기에는 수직적으로 통합된 거대 기업들이 영화를 제작하였다. MGM, Warner Bros 및 20th Century Fox와 같은 회사들은 대규모 영화 부지를 소유하고, 수천 명의 정규직 전문가(세트 디자이너, 카메라맨, 영화 편집자, 의상 제작자, 감독 및 배우)를 고용했다. 오늘날 대부분의 영화는 개인과 소규모 회사가 모여서 프로젝트별로 제작된다. 이러한 구조적인 형태를 통해서 제작사에 의해 고용된 사람들만 영화를 만드는 것이 아니라 프로젝트별로 필요한 인재들을 고용하여 영화를 만든다. 이를 통해서 관료제에서 비롯되는 간접비를 줄일 수 있다. 팀이 장기간 운영되지 않고 한정된 기간만 운영되고 해제되기 때문에 중장기적인 위험과 관련 비용을 줄일 수 있다.

가상구조의 가장 큰 장점은 유연성인데, 혁신적인 아이디어가 있으나 자금이 부족한 개인들이 가상구조를 활용하여 이미 체계가 잡힌 대규모 조직들과 경쟁할 수 있다. 가상구조는 또한 아웃소싱된 부서에 의해 운영되기 때문에 연구적인 사무실이나 계층별 역할을 줄임으로써 많은 비용을 절약한다. 가상조직의 인기가 높아지는 만큼 단점 역시 뚜렷하게 나타나고 있다. 가상조직은 끊임없이 변동과 재구조화가 이루어지기 때문에 역할, 목표, 책임이 명확하지 않아 정치적 행동이 증가할 수 있다는 단점이 있다.

Exhibit 7–9
매트릭스 조직 사례

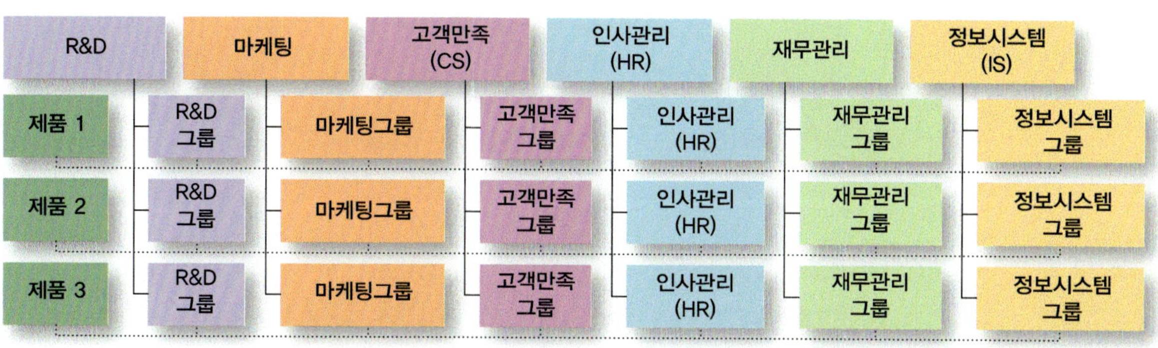

재택근무를 통해서 직원은 일과 개인생활의 균형을 맞출 수 있다. 매사추세츠주 맨스필드에 사는 Steven Schoonveld는 가끔 커피숍에 "사무실"을 만들어 전국의 고객들과 소통한다.

출처: *Tom Maguire/The Sun Chronicle/AP Images*

재택근무
직원들이 집에서 컴퓨터로 회사에 연결하면서 일처리를 하는 근무 형태

재택근무

재택근무는 고용주와 직원 모두에게 도움이 되도록 고안된 일하는 방식이다. **재택근무**는 직원들이 집에서 컴퓨터로 회사에 연결하면서 일 처리를 하는 것이다. 직원 입장에서 출퇴근이 없고, 동료의 방해도 없고, 일과 개인적 삶의 균형을 확보할 수 있는 기회를 얻는다.[36] 고용주 입장에서 재택근무는 사무실 임대료를 줄이는 효과와 함께 가족생계를 책임지거나 육체적 장애 때문에 활용할 수 없었던 인재를 활용할 수 있다. 모든 직무를 재택근무로 처리할 수 없지만, 컴퓨터에 의해 업무가 이루어지는 직무들은 재택근무 대상이 될 수 있다.

2014년까지 미국 기업의 59%는 직원들에게 재택근무를 제공하고 있다.[37] 여기에는 Xerox, Dell, American Express 및 Apple과 같은 회사가 포함된다. 그러나 최근에는 IBM, Yahoo, Best Buy, Bank of America, Aetna 및 Hewlett-Packard와 같은 여러 주요 기업들이 재택 근무 프로그램을 없앴거나 크게 줄였다.[38] 그 이유는 무엇일까? 주된 원인은 직원간 협업을 강화하고자 하는 바램 때문이다. 같은 공간에서 직원들이 일할 때 업무처리 속도가 빨라지고, 동료관계가 구축되며, 혁신을 촉진할 수 있다. 동료와 가까이 지낼수록 사회적 욕구를 충족시킨다. 게다가 많은 재택근무자들은 사무실환경의 구조가 없이 산만하지 않고 집중을 유지하는 것이 어렵다는 점을 인정한다.

직원들이 유연근무프로그램을 높게 평가한다는 사실은 재택근무가 사라지지 않을 것임을 시사한다. 인기있는 일하는 방식일 수 있지만, 직무와 개인을 잘 선별하여 적용해야 할 것이다.

fyi

미국 근로자의 84%는 어느정도 매트릭스 형태에서 근무하고 있으며, 49%의 근로자는 여러 팀에서 비정규직으로 근무하고 있다.[33]

Let's Get REAL

Justin Kidwell ▶
경영 컨설턴트

출처: *Justin Kidwell*

시나리오:

IT 조직이 고객에게 더 나은 서비스를 제공할 수 있도록 지원하는 컨설팅 회사의 전문서비스 담당 부사장인 Isabella Castillo는 재택근무를 하고 있는 16명의 컨설턴트 직원들을 도와야 한다. 그녀는 직접적인 상호작용 부족, 동지애 부족, 고립된 느낌과 회사생활에서 벗어난 느낌 등 재택근무의 현실적인 문제를 다루어야 한다. 원격근무가 사업 측면에서는 바람직하다. 하지만 그녀가 직원들과 어떻게 연계하여 업무를 처리하고 재택근무 직원들을 헌신하도록 만들 수 있을까?

Isabella에게 어떠한 조언을 하겠는가?

아래의 몇가지에 집중해보자.

1. 인재개발을 전략적 목표로 설정하기
2. 반기마다 만남
3. 기술활용

인력개발을 성과관리 측정지표에 포함시키면 상호작용과 팀워강화를 유도할 수 있다. 반기마다 만남을 통해서 유대감을 형성할 수 있고, 경영 우선순위에 대한 동의를 얻을 수 있는 기회를 얻는다. 협업 도구를 통해서 전화만을 사용하는 회의를 더 이상 하지 않아도 된다.

실패에서 배운다 IBM에서 재택근무는 더 이상 활용되지 않는다.

재택근무가 널리 인기를 얻고 있지만, 모든 직무나 모든 조직에 적합한 것은 아니다. IBM은 수십년동안 재택근무 정책을 홍보했지만, 장점 이상의 단점이 있다고 보아 2017년에 재택근무를 포기했다.

2017년 2월, IBM 마케팅 부서와 IT 및 조달부서의 약 2,600명의 직원은 더 이상 재택근무를 할 수 없다는 통보를 받았다. 그들은 애틀랜타, 오스틴, 보스턴, 뉴욕, 롤리, 샌프란시스코에 있는 6개의 IBM 지사 중 한 군데로 이동하거나 새 일자리를 찾아야 했다.

재택근무를 처음 도입했을 때 IBM 경영진은 재택근무가 사무실 간접비용을 줄이는 동시에 직원의 유연성을 높일 수 있다는 점을 홍보하였다. 하지만 적어도 회사의 마케팅 부문 경영진은 시대가 바뀌었음을 인식했다. 효과적인 마케팅 프로그램은 더 이상 독립적인 프로세스가 아니라 실시간 상호작용이 필요하다. 사람들을 하나로 모으고 팀웍을 촉진함으로써 업무처리 속도, 창의성, 생산성을 높일 수 있다. 재택근무하는 많은 직원들이 반발하였지만, 적어도 마케팅 담당자들 사이에서는 재택근무가 더 이상 일하는 방식의 정답이 아님을 알게 되었다.[41]

집중근무제

이것은 같은 임금을 받으면서 매주 하루씩 일을 하지 않아도 되는 것으로 직관적으로 직원들에게 매력적이다. **집중근무제**는 기본적으로 근무일에는 더 일하지만, 일주일에 하루 이상 덜 일하는 것이다. 가장 일반적인 방식은 4일동안 40시간 근무하는 것으로(4-40 프로그램), 보통 금요일에 쉬기 때문에 3일의 주말을 보낼 수 있다.[39]

집중근무제
근무일에는 더 많은 시간을 일하지만, 일주일에 하루 이상 덜 일하는 근무 형태

집중근무제를 옹호하는 사람들은 직원들이 여가시간을 추가로 보내도 개인적인 책임을 다할 것으로 생각한다. 집중근무하는 직원들은 일주일에 4일간 출퇴근 혼잡시간대를 피해서 출근과 퇴근을 하기 때문에 출퇴근 시간과 비용을 줄인다. 회사 입장에서는 높은 근로자 만족도, 낮은 결근율, 낮은 이직률의 긍정적 결과를 얻을 수 있다.

Amazon, Google, Deloitte, The Gap과 같은 많은 대기업들이 4-40 프로그램을 실시하였는데 결과는 엇갈렸다.[40] 10시간을 계속 근무하는 일정은 육체적 · 정신적으로 고갈될 수 있으며, 장시간 근로로 인해서 프로그램 도입 초기에 보였던 직원들의 열정이 감소하였다. 오랜 근무로 인하여 직원들은 부양가족을 돌보거나 교통수단을 마련하는 것이 어렵다는 것을 알게 되었다. 평일에 친구와 가족들이 일해야 하는 상황에서 그들과 사회활동을 하는 것이 쉽지 않다. 회사 입장에서 집중근무제의 가장 큰 단점은 일정 조정과 관리의 어려움이다.

유연근무

집중근무제와는 달리 유연근무는 여전히 유효하게 보이는 대안적인 일하는 방식이다.

유연근무(유연근무시간제의 줄임말)는 직원이 주당 일정 시간을 근무해야 하지만, 총 근로시간 내에서 근무시간을 자유롭게 변경할 수 있는 근무시간 체계이다.[42] 전형적인 유연근무 프로그램 운영 방식은 매일 공통근무시간을 두는데 보통 6시간이며, 그 시간 앞 뒤로 유연하게 근무시간을 조정한다. 사무실을 6시에 열고 6시에 닫는다고 할 때 공통

유연근무
주당 일정 시간을 근무하지만, 총 근로시간 내에서 근무시간을 자유롭게 변경할 수 있는 근무 형태

유연근무제는 일과 개인 생활간 균형을 이루려는 직원들의 욕구와 바람을 반영한다. 예를 들어 집중근무제, 유연근무제, 직무공유와 같은 업무방식은 부모가 낮에 자녀와 함께 시간을 보낼 수 있는 기회를 제공한다.

출처: *Iakov Filimonov/Shutterstock*

근무시간이 9부터 3시까지인 경우가 많다. 직원들은 공통 근무시간동안 함께 업무를 보지만, 2시간은 자유롭게 조정하여 근무할 수 있다. 일부 유연근무 프로그램은 직원의 추가근무 시간을 모아 휴가를 주는 경우도 있다.

유연근무에 대한 인기가 매우 높다. 설문조사에 따르면 미국 조직의 대부분(54-56%)가 유연근무를 도입하고 있다.[43] 유연근무 도입 기업의 23%는 생산성이 올라갔다.[44] 많은 기업들에서 직원들의 지각 및 결근 감소가 나타났다. 유연근무 근로자 중 53%는 유연근무를 직무만족의 가장 중요한 요인으로 제시하였고, 55%는 이직가능성이 낮았으며, 34%는 이직하지 않는 이유를 유연근무 때문이라고 답하였다.[45]

유연근무의 명확한 단점은 모든 직무에 적용할 수 없다는 것이다. 일반 직원 중에서 조립라인 작업과 같이 과업간 긴밀한 조정이 필요한 직무나 매일 8시부터 5시까지 근무해야 하는 서비스 직무를 수행하는 직원에게 유연근무는 적합하지 않다. 관리자와 감독자의 경우에도 자율성이 높기 때문에 유연근무의 장점이 덜 나타난다.

fyi

직원의 86%는 유연한 근무일정이 중요하다고 답했지만, 50%의 회사만이 유연근무제를 도입하고 있다.[47]

직무공유

Lynda Thomas와 Hilary Cross는 모두 영국 암 자선단체인 Macmillan의 최고경영자다.[46] 어떻게 한 조직에 두 명의 최고경영자가 있을 수 있을까? 그 이유는 두 여성이 하나의 직무를 공유하기 때문이다. Thomas는 월요일부터 수요일 정오까지 근무하고, Cross는 수요일 점심부터 금요일까지 근무한다. 이러한 근무형태는 10년 반 이상 일자리를 공유하면서 각자에게 잘 맞는 것으로 입증되었다. 그들은 둘 다 가족이 있고, 파트타임 직무를 원했지만, 동시에 자신의 경력을 발전시키고 싶었다. 그들은 2001년에 파크너 관계를 맺고 일하는 내내, 서로 일을 공유하면서 정상에 올랐다.

직무공유

두 명 이상의 사람이 정규직 직무를 나누어 수행하는 것

직무공유는 두 명 이상의 사람이 정규직 직무를 나누어 수행하는 것이다.[48] 기업 입장에서 한 사람 인건비로 두 사람을 활용하면서, 한 사람을 활용했을 때보다 더 많은 기술과 경험을 얻을 수 있는 기회가 있다. 또한 퇴직자나 어린 자녀를 둔 부모와 같이 정규직으로 근무할 수 없는 능력있는 직원을 채용할 수 있다. 직원 입장에서 풀타임으로는 일할 수 없는 상황인데 직무공유 형태로 일하게 된다면 동기부여와 만족도가 높아질 것이다.

집중근무제와 마찬가지로 직무공유는 널리 사용되고 있지 않다. 설문조사에 따르면 미국 조직의 18%만이 이 제도를 도입하고 있다.[49] 직무공유가 널리 도입되지 않는 이유는 직무를 공유할 적합한 파트너를 찾기 어려우며, 자신의 직무와 회사에 완전히 헌신하지 않는 개인에 대한 부정적 인식이 오래전부터 있었기 때문이다. 하지만 많은 기업이 2007년부터 2009년까지 커다란 불황기 때 구조조정을 피하는 방법으로 직무공유를 도

입한 바 있다는 점에 유의할 필요가 있다.[50]

비정규직

Uber는 전 세계적으로 100만명에서 150만명 사이의 사람들이 일하고 있다. 그들 중 10,000명만이 정규직이다. 나머지 인력은 자신의 개인 일정에 따라 운전하는 비정규직이다.

예를 들어 아시아 태평양 지역에서 비정규직의 활용이 광범위하게 증가하고 있다. 이들 지역의 기업들은 시장 변화에 신속하게 적응할 수 있는 숙련된 인력을 배치할 수 있다. 이는 관리형서비스공급자(MSP)라고 알려져 있다. 미국과 인도는 이러한 서비스를 제공하는 가장 큰 공급자이다.[51]

조직의 유연성을 높이고 비용을 절감하기 위하여 정규직 일자리를 줄임에 따라 기업은 필요할 때 비정규직에 의존하는 경향이 커지고 있다. 최근에 이루어진 최고경영진 대상 설문조사에 따르면 다양한 산업의 기업 대부분은 비정규직 근로자를 고용하고 있다. 예를 들어 의료산업의 조직 중 81%가 비정규직을 활용하고 있다.[52]

비정규직 근로자 중 특히 독립계약자 또는 프리랜서를 활용하고 있는 기업들이 직면한 문제는 능력있는 사람을 골라내는 것이다. 예를 들어 다국적 기술회사인 Phillips는 관리형서비스공급자(MSP)를 활용하여 중국과 인도 전역에서 인력을 늘렸다. 그러나 최대 6개월까지만 정규직 대신 비정규직을 활용할 수 있다는 중국 법률에 따라 단기간 고용으로 바꾸었다.

비정규직의 법적 지위에 대한 논란은 당분간 계속되겠지만, 추세는 분명하다. 비정규직 근로자에 대한 의존도는 향후 몇 년 동안 증가할 것이다. 왜냐하면 조직이 당면하고 있는 역동적인 환경에 대응하고, 유연성을 최대한 유지해야 할 필요성 때문이다. 기술과 새로운 경쟁기업들로 인해 사업에 어려움을 겪고 있는데, 모든 직원에게 장기적인 직무 안정성과 풍부한 복리후생을 제공하는 것은 어쩌면 사치스러운 것이다. 그렇긴 하지만, 전통적인 일자리의 실종은 크게 과장될 수 있다.[53] 2017년에 미국 근로자의 10%만이 임시직 또는 프리랜서이다.[54] 따라서 비정규직 확산이 미래의 모습이긴 하지만, 그 미래는 적어도 10년 이후일 가능성이 높다.

Chapter 7 시험/퀴즈 준비: 학습개요를 통한 요약

LO7.1 조직설계의 6가지 핵심요소를 설명한다.

조직설계의 핵심요소는 직무전문화, 부문화, 명령계통, 통제의 폭, 직권화-분권화, 공식화이다. 직무전문화는 업무활동을 몇 개의 직무과업으로 나누는 것이다. 직무전문화는 직원들이 보다 효율적으로 일하도록 도울 수 있다. 부문화는 직무를 묶는 방법이다. 오늘날 많은 대기업들이 다양한 부문화 형태를 섞어서 사용하고 있다. 명령계통과 관련 개념(권한, 책임, 명령일원화)은 조직에서 통제의 중요한 방법이라고 할 수 있다. 현대적 관점은 오늘날의 조직에는 그리 적절하지 않다는 것이다. 통제의 폭에 대한 전통적인 견해는 관리자가 관리할 수 있는 직원 수는 5명-6명을 넘어서는 안된다. 현대적인 관점은 통제의 폭이 관리자와 부하직원의 기술과 능력에 달려있으며, 상황특성에 따라 통제의 폭이 달라진다는 것이다. 집권화-분권화는 상위 관리자에 의해 결정될지, 하위 직원에 의해 결정될지와 관련된 구조적 의사결정이다. 공식화는 조직이 일관성을 유지하면서 통제하기 위한 표준화되고 엄격한 규칙의 사용과 관련된다. 오늘날 조직은 엄격한 규칙과 표준화로 직원행동을 유도하거나 규제하려는 추세가 줄어들고 있다.

LO7.2 기계적 구조와 유기적 구조를 비교하여 설명한다.

기계적 조직구조는 경직되고 엄격하게 통제되는 구조이다. 유기적 조직구조는 매우 적응력이 뛰어나고 유연한 구조이다.

LO7.3 조직 설계의 기계적 모델과 유기적 모델에 영향을 주는 상황요인들에 대해 토론한다.

조직구조는 전략을 지원해야 한다. 전략이 바뀌면 구조 역시 바뀌어야 한다. 조직규모는 일정 규모까지는 구조에 영향을 미친다. 일단 일정 규모(일반적으로 2,000명)에 도달하면 기계적 구조가 된다. 조직 기술은 구조에 영향을 준다. 유기적 조직구조는 단위생산과 프로세스생산 기술을 사용하는 조직에서 효과적이다. 기계적 구조는 대량생산 기술을 사용하는 조직에서 효과적이다. 조직환경의 불확실성이 높을수록 유기적 조직설계의 유연성이 더 필요하다.

LO7.4 전통적 조직 설계 대안을 설명한다.

단순 조직구조는 부서가 거의 없고, 통제의 폭이 넓고, 한 사람에게 권한이 집중되어 있으며, 공식화 정도가 낮은 조직이다. 기능식 조직구조는 유사하거나 관련성이 높은 전문가들끼리 함께 일하도록 구조화하는 것이다. 부문별 조직구조는 별도의 사업단위 혹은 부문들로 구성된다.

LO7.5 21세기에 적합한 유연성 조직에 대해 토론한다.

팀 조직구조에서 조직은 작업 팀으로 구성된다. 매트릭스 조직구조는 프로젝트 관리자가 주도하는 하나, 이상의 프로젝트에 다양한 기능부서 전문가들이 참여하여 업무를 수행한다. 프로젝트 조직구조는 직원으로 프로젝트에 지속적으로 참여하는 형태이다. 가상 조직은 소규모 핵심 정규직 근로자와 프로젝트 수행을 위해 임시로 고용된 외부 전문가로 구성된다.

재택근무는 직원이 집에서 업무를 하며, 컴퓨터로 회사와 연결되는 일하는 방식이다. 집중근무제는 하루에 일하는 근무시간이 길지만, 일주일 기준으로는 하루 이상 짧게 근무하는 것이다. 유연근무는 일주일에 근무하는 시간은 정해져 있지만, 일정 시간 내에서 직원들이 근무시간을 자유롭게 정할 수 있는 근무체계이다. 직무공유는 정규직 업무를 두사람 이상이 나누어 수행하는 것이다.

비정규직 근로자는 서비스 수요에 따라 조건부로 고용되는 근로자로 임시직, 프리랜서, 독립계약직 등이 있다. 조직화의 이슈로는 독립계약직 근로자 중에서 누가 자격을 갖추었는지 구분하는 문제, 비정규직의 모집, 선발, 배치 프로세스 구축 문제, 업무성과 평가를 위한 목표, 일정, 기한을 설정하는 방법의 문제 등이 있다.

복습과 토론 질문

7-1 조직설계는 전통적으로 명령계통을 마련하는 것이었다. 명령계통은 어떻게 작동하는가?

7-2 기계식 조직구조와 유기적 조직구조를 비교하시오.

7-3 조직이 관리자의 통제의 범위를 늘리고 싶어하는 이유는 무엇인지 토론하시오.

7-4 조직구조가 중요한 이유는 무엇인가? 조직에 왜 명확한 구조가 필요한가? 직무, 역할, 책임을 공식적으로 부여하는 것 이외에 조직구조가 필요한 이유가 있는가?

7-5 조직설계 중에서 단순 조직구조가 무엇인가?

7-6 조직규모가 조직구조에 영향을 준다는 증거들이 있다. 직원이 많을수록 조직은 보다 기계적이 된다. 이러한 문제를 극복할 수 있는가?

7-7 직무공유에 의한 일하는 방식이 어떻게 효과적일 수 있는가? 직무공유가 잘 이루어지려면 직무공유자에게 필요한 것은 무엇인가?

7-8 오늘날 조직설계가 직면하고 있는 주요 과제는 무엇인가?

경력 준비

윤리적 딜레마

마이애미 지역의 인명 구조원인 Thomas Lopez는 물에 빠진 사람을 구하기 위해 자신에게 배정된 장소를 벗어났다는 이유로 해고되었다. 플로리다 Hallandale시와 계약을 맺고 있는 Jeff Ellis and Associates사는 Lopez가 배정된 장소를 이탈하였기 때문에 해고하였다고 주장하였다. Lopez는 회사를 상대로 법적 대응을 하였다. Lopez는 자신이 그렇게 밖에 할 수 없었음을 주장하였다. 그는 직무규칙보다 도움이 절실한 사람을 돕는 것이 우선이었다고 주장하였다. “나는 내가 옳다고 생각하는 일을 할 것이다. 실제로 나는 그렇게 행동했다.” 이 이야기가 언론에서 크게 다루어진 뒤 회사는

Lopez에게 복직을 권하였지만, 그는 거절하였다.

7-9 위 이야기에 대해 어떻게 생각하는가? 이 상황에서 어떤 윤리적 문제가 있는가?

7-10 위 이야기에서 조직설계에 적용할 수 있는 교훈은 무엇인가?

기술 연습 권력획득 기술의 개발

기술에 대해

권력은 모든 집단이나 조직에서 자연스러운 것이며, 업무를 효율적으로 처리하기 위해서 관리자가 어떻게 권력을 획득하고 사용하는지 알 필요가 있다.[55] 권력이 왜 중요할까? 그 이유는 권력이 있으면 다른 사람에게 덜 의지하기 때문이다. 관리자가 권력이 있으면 중요한 자원을 다른 사람에게 의존하지 않는다. 관리자가 통제하는 해당 자원이 중요하고 희소하며 대체불가능한 경우 다른 사람들이 그의 권력은 더욱 커질 것이다. 왜냐하면 다른 사람들이 관리자가 가진 자원으로 인해 관리자에게 더 의존하기 때문이다.(리더의 권력에 대해 13장에서 자세히 다룰 예정이다.)

기술 훈련 단계

다음 8 가지 행동을 사용하면 권력을 획득하고 사용하는 데 더 효과적 일 수 있다.

- **조직 목표로 논쟁의 틀을 잡아라.** 권력을 효과적으로 획득하기 위해서는 자신의 개인적 이익을 가려야 한다. 누가 어떤 자원을 통제할 것인지 논의할 때 조직의 이익 관점에서 논의되어야 하며, 개인적으로 어떤 이익이 되는지에 대해서 지적하지 말라.
- **올바른 이미지를 개발하라.** 조직의 문화를 알고 있다면 조직이 무엇을 원하고 가치있게 여기는지 이해할 수 있다. 예를 들어 직원들의 복장, 육성할 동료와 피해야 할 직원, 위험 감수 또는 위험 회피 여부, 선호하는 리더십 스타일, 다른 사람과 잘 지내는 것이 중요한 정도 등을 통해서 조직문화를 알 수 있다. 이러한 지식을 가지고 있으면 적절한 이미지를 보여줄 준비가 된 것이다. 당신에 대한 성과 평가가 항상 객관적으로만 이루어지는 것은 아니기 때문에 실체와 함께 보여지는 스타일에도 주의를 기울여야 한다.
- **조직의 자원을 통제하라.** 희소하고 중요한 자원을 통제하는 것이 권력의 원천이다. 지식과 전문성은 특히 효과적인 통제 자원이다. 그러한 자원은 당신을 조직 내에서 더 가치있게 만들고 직무 안전성, 승진 기회, 아이디어에 대한 수용 가능성이 높아질 것이다.
- **자신을 꼭 필요한 존재로 보여라.** 우리는 객관적인 사실보다 보여지는 것을 다루기 때문에 자신을 꼭 필요한 존재로 보일 때 권력이 강화될 것이다. 조직내 핵심 인물들이 당신을 믿고 있는 한, 당신이 반드시 꼭 필요한 사람으로 보일 필요는 없다.
- **눈에 잘 띄게 하라.** 당신의 업적이 다른 사람의 관심을 끌 수 있는 직무를 하는 것이 가장 좋다. 그러한 직무를 하지 않는다면 일상적인 보고서에서 성공을 강조하고, 만족한 고객들의 감사표현을 윗사람에게 전달하고, 사회적 활동을 보여주고, 전문 단체 활동을 적극적으로 하고, 당신의 업적에 대해 긍정적으로 말해주는 강력한 동료를 확보하는 등의 방법을 찾아야 한다. 물론 당신은 자신을 드러낼 수 있는 프로젝트를 찾고자 할 것이다.
- **강력한 동맹을 개발하라.** 권력을 얻으려면 당신 옆에 권력을 가진 사람이 있는 것이 도움이 된다. 당신과 비슷한 계층이나 낮은 조직계층에서 잠재적으로 영향력있는 사람들과 연락을 취하라. 이러한 동맹은 종종 쉽게 얻을 수 없는 정보를 제공할 수 있다. 또한 동맹을 맺으면 필요할 때 지원군이 될 수도 있다.
- **"오염된" 구성원을 피하라.** 거의 모든 조직에는 신분이 의심스러운 사람이 있다. 그들의 성과와 충성심은 의심스러울 수 있다. 그러한 사람들과 거리를 두어야 한다.
- **상사를 지원하라.** 당신의 가까운 미래가 상사의 손에 달려있다. 상사가 당신의 성과를 평가하기 때문에 상사를 내

편으로 만들기 위해 필요한 모든 것을 하려고 한다. 당신의 상사가 성공할 수 있도록 모든 노력을 기울이고, 상사가 좋게 보이도록 돕고, 상사가 공격받는다면 돕고, 상사가 당신의 성과를 평가할 때 활용할 기준을 마련하는데 시간을 투자해야 한다. 상사를 깎아내리는 행동을 하지 말라. 다른 사람에게 상사를 부정적으로 말하지 말라.

기술 연습

권력 획득을 위한 행동이 무엇인지를 제시하면 아래와 같다.

1. 주변 사람들에게 영향력을 주려고 했던 사건과 관련된 1주일간의 행동을 일지 형태로 작성하라. 개별 사건들을 아래 질문에 의해 평가하라. 다른 사람에게 영향력을 행사하려는 시도는 성공적이었는가? 그 이유는? 다른 행동을 한다면 어떻게 했을까?
2. 비즈니스 정기 간행물(예 : Bloomberg Businessweek, Fortune, Forbes, Fast Company, Industry Week, The Wall Street Journal)의 최근 이슈를 검토하라. 조직개편, 승진, 관리자 퇴직 관련 기사를 찾으시오. 권력 이슈가 포함되었다고 판단되는 두 개 이상을 확보하라. 기사의 내용을 이 장의 skill module에 소개된 개념과 연결시켜 보시오.

함께 일하기 팀연습

기업은 24시간 내내 가동될 필요가 있다. 3-4명의 학생으로 집단을 구성하여 1년동안 24시간 운영할 수 있는 소규모 조직을 구성하는 방법에 대하여 토론하라. 그 소규모 조직의 인력들이 기업의 핵심 역할을 한다. 각 그룹은 직원의 외부의 참여를 받아들인다. 업무를 만들 때는 유연하고 공유될 수 있는 형태이거나 압축적이어야 한다. 그룹별로 관리자와 직원을 위한 지침 초안을 작성한다. 수업시간에 자신이 마련한 제안을 공유할 준비를 하시오.

경영자가 될 차례

- 조직도의 세 가지 사례를 찾으시오. (기업의 연간보고서를 보면 도움이 될 것이다.) 보고서의 내용을 각각 설명하라. 부문화, 명령계통, 집권화-분권화, 공식화 등 조직설계요소가 어떻게 활용되고 있는지 설명하라.
- 관리자가 얼마나 많은 부하직원을 감독하고 있는지에 대해 적어도 10명의 관리자에게 설문조사하라. 관리자가 더 많은 직원을 관리할 수 있다고 느끼는지 아니면 너무 많은 직원을 관리하고 있다고 느끼는지에 대해서도 물어보라. 설문조사 결과를 그래프로 작성하고 발견한 내용을 보고서 형태로 작성하라. 통제의 범위에 대한 몇 가지 결론을 도출하라.
- 최신 비즈니스 정기 간행물을 활용해서 기업이 사용하는 매트릭스 조직구조에 대해 조사하라. 이 구조를 사용하는 기업사례 3개를 골라 각각 어떻게 운영되는지 평가하라.
- When Work Works의 웹 사이트인 www.whenworkworks.org에 접속하라. 이 조직은 기업의 유연성에 대한 연구를 실천에 옮기기 위해 노력한다. 웹 사이트의 "솔루션 찾기(Find Solution)" 페이지를 방문하여 기업에 제공되는 지침을 검토하라. 보다 유연한 근무방식을 원하는 관리자를 위해 어떤 자원을 활용할 수 있는가?

사례적용 1 Punchkick사에 수평적 조직 만들기

시카고에서 소프트웨어를 설계하고 구축하는 디지털 에이전시 회사인 Punchkick Interactive에 입사하면 상사가 없을 것이다. 조직이 없기 때문에 누가 누구에게 보고해야 하는지 조직도를 통해 알 수 없다. 회사는 직원에게 자신의 직책을 스스로 선택하도록 요구한다.

공동 설립자인 잭 다바스가 설명하듯이, 통금시간 없이 자라면서 그가 배운 것은 이것이다. "당신은 함께 일하는 사람들을 존경심을 가지고 대할 수 있으며, 그들에게 신뢰를 가질 때 조직도가 아닌 공감대를 통해서 현명한 결정을 내리도록 할 수 있다."[56]

회사에 8명의 직원이 있을 때에는 관리자나 계층구조가 없는 것이 효과적이었다. 그러나 회사가 20명 이상의 직원으로 늘어나자 Punchkick사의 설립자들은 사람들이 함께 일하는 방식을 개선할 필요를 깨달았다.

Punchkick은 직원들이 서로의 전문지식을 공유할 있는 "상담 채널(advice channel)"을 개설하였다. 직원이 프로젝트에 어려움을 겪을 때 상담 채널을 통해서 회사 전체에 알리고 예전에 비슷한 문제를 경험한 직원이 답해준다. 회사는 또한 직원들에게 자신의 의사결정으로 영향을 받게 되는 사람을 "접촉"할 것을 요청하였다. 이것은 허가를 받는 것과 다르다. 문제가 발생하기 전에 의사소통이 이루어졌는지를 확인하는 것이다. 직원은 관리자만 평가하는 것이 아니라 상담 채널을 통해서 다른 직원에 의해 평가된다.

상담채널을 사용하다보면 때로는 직책이 등장한다. 예를 들어 Abby Gartner는 고객 문제를 다루기 위해 '찾아가는' 사람이었다. 직원들이 고객의 요구를 해결하는 방법이 궁금할 때 가장 처음 찾는 사람이 그녀이다. Dabbas에 따르면 "실제로 우리는 이렇게 이야기했다. 'Abby, 현실을 직시하자. 당신은 우리의 고객경험 책임자이다'"

지금까지 Punchkick은 번창하고 있다. 회사는 5년 연속 가장 빠르게 성장하는 비상장 기업을 의미하는 Inc. 5000 리스트에 올랐다. Dabbs는 수평적인 구조가 회사 성공의 핵심 요소라고 믿고 있다. 아울러 이러한 조직구조를 투명하게 운영하는 것도 한몫 했다. Dabbas는 "매달 우리의 목표가 무엇이고 목표달성을 어떻게 하고 있는지 모든 사람이 알고 있다"고 설명했다.

공식적으로 상사가 없는 다른 회사들은 문제를 겪었다. 시애틀에 있는 컴퓨터게임 개발 회사인 Valve사는 공식적으로 상사가 없다. 하지만 예전에 근무했던 직원은 이렇게 이야기한다. "실제로 회사에는 힘있는 경영계층이 숨겨져 있다. ... 마치 고등학교에 있는 느낌이었다."[57] 또다른 전직 직원은 다음과 같이 설명했다. "Valve에서 성공하려면 의사결정 권력을 가진 그룹에 속해 있어야 하며, 일시적으로 성공했다고 하더라도 기한이 있다"

토의문제

7-11 조직설계요소의 관점에서 Punchkick Interactive를 어떻게 설명할 것인가?

7-12 Punchkick 사례에서 회사의 조치들이 가지는 강점과 향후 다루어야 할 문제는 무엇인가?

7-13 Punchkick을 효과적으로 만든 수평적이면서 "상사가 없는" 조직에 대해서 어떻게 생각하는가? 어떠한 상황에서(예: 산업, 조직규모, 직원 특성 등) 이러한 구조가 제대로 작동하지 않을까?

7-14 Valve사의 문제를 겪지 않도록 Punchkick사에게 어떠한 조언을 해 줄 것인가?

사례적용 2 Google의 보이지 않는 작업장

맛있는 애피타이저와 음료가 제공되는 곳에서 전사 미팅을 가진다고 상상해보라. 하지만 흰색 배지를 착용하지 않은 귀하와 다른 사람들은 사무실로 돌아가야 한다. 이것이 구글에서 근무하는 계약직 직원의 경험이다. 오늘날 구글에 수 많은 계약직이 있다. 2018년 초 기준으로, 정규직보다 계약직이 더 많다.(89,000명의 정규직보다 더 많다.)[58]

구글 대변인은 업무량 증가나 육아휴직 등의 사정이 있을 때 임시직이 필요해서 계약직을 고용한다고 이야기했다. 계약직 채용은 특별한 전문성이 필요한 경우에도 활용될 수 있다. 전직 구글 채용 관리자는 인공지능과 같은 분야에서 고액 엔지니어를 고용하는 데 연간 100만 달러나 들지만, 계약직을 채용하면 예산을 줄일 수가 있다고 이야기한다. 계약직은 며칠 내에 금방 고용할 수 있지만, 구글에서 정규직을 고용하려면 몇 달이 걸릴 수 있다.

구글에서 계약직이 되면 장점이 있다. LinkedIn에 등록할 때 비록 구글에서의 근무경험을 계약직으로 적도록 요청받지만, 일단 구글 경력을 언급하면 구직 기회가 많다. 전직 구글 계약직 직원이었던 Chris Szymczak은 여러 구글 동료들이 추천해 주었다. "그들이 엄청난 지원을 해줬다. 구글에서의 경험은 나에게 진정한 도약대였다"

계약직으로 산다는 점은 단점이 있다. 한 전직 구글 계약직 직원은 이런 이야기를 했다. "같은 일을 하더라도 사람들이 당신을 무시한다. 당신은 거기에 있지만 동시에 당신은 거기에 없다." 당신의 업무가 예고 없이 종료될 수 있다. 계약직에게 내일 노트북을 반납하라고 요청하는 일이 발생할 수 있다. 구글은 계약직의 급여, 복지, 고충처리 등을 도급업체의 문제로 간주한다. 이는 예를 들어 직장에서 언어폭력을 당한 것이 구글의 문제가 아니라 비정규직이 속한 도급업체의 문제로 본다는 것을 의미한다. 구글 본사가 위치한 지역에서 "저소득" 수준으로 여겨지는 금액의 절반 가량을 받는 계약직 관리자들이 있다. 매월 600달러의 의료보험료를 내던 전직 구글 계약직의 경우처럼 복지 수준의 경쟁력은 떨어지는 경향이 있다.

구글의 정규직원 중 일부가 최근 회사의 고위 경영진과 만나서 계약직과 관련한 우려를 비롯하여 몇 가지 불만을 제기하였다. Coworker.org의 주최자인 Yana Calou는 많은 구글 직원들이 계약직 직원들의 업무경험이 더 나아질 수 있다고 믿는다는 이야기를 하였다. Calou는 계약직 직원들이 “고립되고, 위태롭고, 2등 시민처럼 느낀다”고 말하였다.

토의문제

7-15 계약직 근로자의 장점은 a) 구글 및 b) 근로자 자신 입장에서 무엇인가?

7-16 계약직 직원이 될 때 가장 중요한 문제는 무엇인가?

7-17 계약직과 구글 모두에게 효과적인 결과를 얻기 위해서 계약자 고용계약이 어떻게 개선될 수 있다고 생각하는가?

7-18 계약직과 정규직간 업무경험이 서로 비슷해질 가능성은 기계적 조직구조와 유기적 조직구조 중 어느 구조에서 더 높다고 생각하는가? 그 이유를 설명하시오.

ENDNOTES

1. McKinsey & Company, “ING’s Agile Transformation,” *McKinsey Quarterly*, January 2017, https://www.mckinsey.com/industries/financial-services/our-insights/ings-agile-transformation; and N. Perkin, “Agile Transformation at ING—A Case Study,” agilebusinessmanifesto.com, October 25, 2017, https://agilebusinessmanifesto.com/agilebusiness/agile-transformation-at-ing/.
2. J. S. Bunderson, Y. Cantimur, and F. Rink, “Different Views of Hierarchy and Why They Matter: Hierarchy as Inequality or as Cascading Influence,” *Academy of Management Journal* 59, no. 4 (August 2016): pp. 1265–89; and Richard L. Daft, *Organization Theory and Design*, 12th ed. (Boston: Cengage, 2016).
3. T. Hindle, *Guide to Management Ideas and Gurus* (London, UK: Profile Books, 2008).
4. For a discussion of authority, see W. A. Kahn and K. E. Kram, “Authority at Work: Internal Models and Their Organizational Consequences,” *Academy of Management Review* 19, no. 1 (January 1994): pp. 17–50.
5. L. Weber and L. Cook, “Workers Deal With Too Many Bosses,” *Wall Street Journal*, August 21, 2018, p. B1.
6. Based on L. Taylor, “How to Deal with ‘Multiple Boss Madness,’” *Psychology Today*, February 23, 2011, https://www.psychologytoday.com/us/blog/tame-your-terrible-office-tyrant/201102/how-deal-multiple-boss-madness; A. Gallo, “Managing Multiple Bosses,” *Harvard Business Review* (online), August 18, 2011, https://hbr.org/2011/08/managing-multiple-bosses; R. I. Sutton, *Good Boss, Bad Boss: How to Be the Best ... and Learn from the Worst* (New York: Business Plus, 2012); J. Simmons, “Who’s the Boss? Answering to Multiple Bosses,” *Monster*, January 1, 2015, https://www.monster.com/career-advice/article/answering-to-multiple-bosses; and M. Backman, “Multiple Bosses? Here’s How to Cope,” *Motley Fool*, January 15, 2018, https://www.fool.com/careers/2018/01/15/multiple-bosses-heres-how-to-cope.aspx.
7. “2017 Human Capital Benchmarking Report,” Society for Human Resource Management, December 2017, https://www.shrm.org/hr-today/trends-and-forecasting/research-and-surveys/Documents/2017-Human-Capital-Benchmarking.pdf.
8. S. Lebowitz, “Apple CEO Tim Cook Now Has 17 Direct Reports—and That’s Probably Too Many,” *Business Insider*, July 8, 2015, https://www.businessinsider.com/apple-ceo-tim-cook-has-too-many-direct-reports-2015-7.
9. G. L. Neilson and J. Wulf, “How Many Direct Reports?,” *Harvard Business Review*, April 2012, pp. 112–19.
10. See, for example, H. Mintzberg, *Power In and Around Organizations* (Upper Saddle River, NJ: Prentice Hall, 1983); and J. Child, *Organization: A Guide to Problems and Practices* (London: Kaiser & Row, 1984).
11. G. Panou, “Why Is Decentralization of Decision-Making, Becoming More Common in Contemporary Organizations?,” *ResearchGate*, November 2016, https://www.researchgate.net/publication/325923403_Why_is_decentralization_of_decision-making_becoming_more_common_in_contemporary_organizations.
12. M. Callender, “Supermarket ‘Mini Distribution Centers’ Are the Future of E-Commerce Logistics,” https://www.thegrocer.co.uk/online, September 25, 2018.
13. S. Butler, “Amazon and Morrisons Expand Same-Day Grocery Deliveries,” *The Guardian*, June 13, 2019, https://

Chapter 8 인적자원관리

학습목표

8.1 인적자원관리와 인적자원관리 과정의 중요성을 설명한다.

8.2 인적자원관리 과정에 영향을 미치는 외부 영향요인을 설명한다.

8.3 인재의 확인과 선발에 필요한 과업에 대해 토론한다.

8.4 회사가 직원에게 기술과 지식을 제공하는 방법을 설명한다.

8.5 유능하고 우수한 직원을 유지하기 위한 전략을 설명한다.

8.6 경력개발의 두가지 중요한 추세를 규명한다.

8.7 인적자원 관리의 현대적인 이슈를 토론한다.

고용능력 기술 매트릭스

각 장의 해당 매트릭스와 마지막 부분의 자료는 고용주가 구직자에게 요구하는 특정 기술을 개발하는데 도움을 준다.

		비판적 사고	커뮤니케이션	협동	지식 응용	사회적 책임
기술 상자	직장의 비밀	✓			✓	
	실패에서 배운다	✓			✓	✓
기술 연습	윤리적 딜레마	✓				✓
	기술 훈련	✓	✓		✓	
	함께 일하기			✓	✓	
	경영자가 될 차례	✓			✓	✓
사례	사례적용	✓			✓	

월마트는 직원 교육 프로그램에 가상 현실을 활용한다. 매장 부관리자인 Jeanelle Bass는 가상현실 고글을 착용하고 월마트아카데미 교육시설에서 대화식 세션에 참여하고 있다.

출처: *Julio Cortez/AP Images*

월마트는 140만명의 직원 모두가 업무에서 직면하는 문제들을 잘 처리할 수 있는 능력이 있기를 바란다. 이를 위해 모든 직원은 신입사원 때나 새로운 역할을 맡을 때 2주간의 교육을 받는다.

최근 월마트 교육에는 가상 현실이 일부 포함되어 있다.[1] 최첨단 기술이 활용되는데, 직원들은 VR 헤드셋을 사용하여 현실의 시나리오를 경험한다. 이 VR 교육은 신기술, 공감과 고객 서비스와 같은 소프트 스킬, 규정준수 등 세가지 영역을 다룬다. 교육모듈에는 강의나 교재를 활용한 교육보다 더 빠르게 정보를 배울 수 있는 현실적인 콘텐츠가 포함되어 있다. 헤드셋이 영상화면과 연결되어 있어서 피교육자가 보는 것을 다른 사람들도 함께 볼 수 있다.

월마트가 직원교육을 위해 노력하는 것은 인적자원관리의 중요성을 보여준다. 경영진은 적재적소에 인재를 확보해야 한다. 이 장에서는 관리자가 이러한 활동을 하기 위한 방법에 대해 살펴보고, 아울러 경영자가 당면한 몇 가지 인적자원 이슈를 살펴본다.

L08.1 왜 인적자원관리가 중요한가

경영 전문가들은 효과적인 인적자원관리 정책과 관행이 조직성과에 미치는 중요성을 자주 언급한다.[2] 인적자원관리가 중요한 이유는 무엇인가? 최소한 세가지 이유가 있다.

첫째, 인적자원관리는 경쟁우위의 중요한 원천이다.[3] 이러한 사실은 미국을 비롯한 전 세계 조직에 해당한다. 2,000개 이상의 글로벌 기업을 대상으로 연구한 The Human Capital Index에 따르면 사람 중심의 인적자원관리가 높은 주주 가치를 창출하여 조직에 경쟁우위를 가져다 준다는 결론을 내렸다.[4] 또다른 연구에 따르면 CEO의 71%가 '인적자본'이 지속적인 경제적 가치의 핵심 원천이라고 이야기하였다.[5]

둘째, 인적자원관리는 조직 전략의 중요한 부분이다.[6] 사람을 통해서 성공적으로 성과를 달성한다는 것은 관리자가 직원에 대한 생각과 업무관계를 보는 방식을 바꿔야 함을 의미한다. 관리자는 사람을 파트너로 대해야 하며, 비용을 발생시키는 존재로 생각해서는 안된다. 이것이 Southwest Airlines와 W.L.Gore사와 같은 사람중심의 조직에서 나타나는 모습이다.

마지막으로, 조직이 직원을 대하는 방식이 조직성과에 결정적인 영향을 미친다.[7] 예를 들어 Fortune이 선정한 일하기 좋은 100대 기업의 연평균 주주 수익률을 조사한 연구 결과, 이들 기업이 10년, 5년, 3년, 1년 기간동안 주가가 S&P 500을 능가하는 것으로 나타났다.[8]

인적자원관리에 대한 이해가 인사부서에서 일하는 사람에게만 필요한 것이 아니라는 점을 명심해야 한다. 인사부서가 없는 기업들이 많이 있다. 규모가 적거나 인사전문가가 없는 기업들이 많이 있다. 결국 소규모 회사에서 인사 기능은 현장 관리자에 의해 수행된다. 심지어 대기업이나 정부조직의 경우에도 대부분의 관리자들은 노동법에 대한 지식 및 해석, 직원 선발면접과 성과평가 등 기본적인 인적자원관리에 능숙해야 한다.

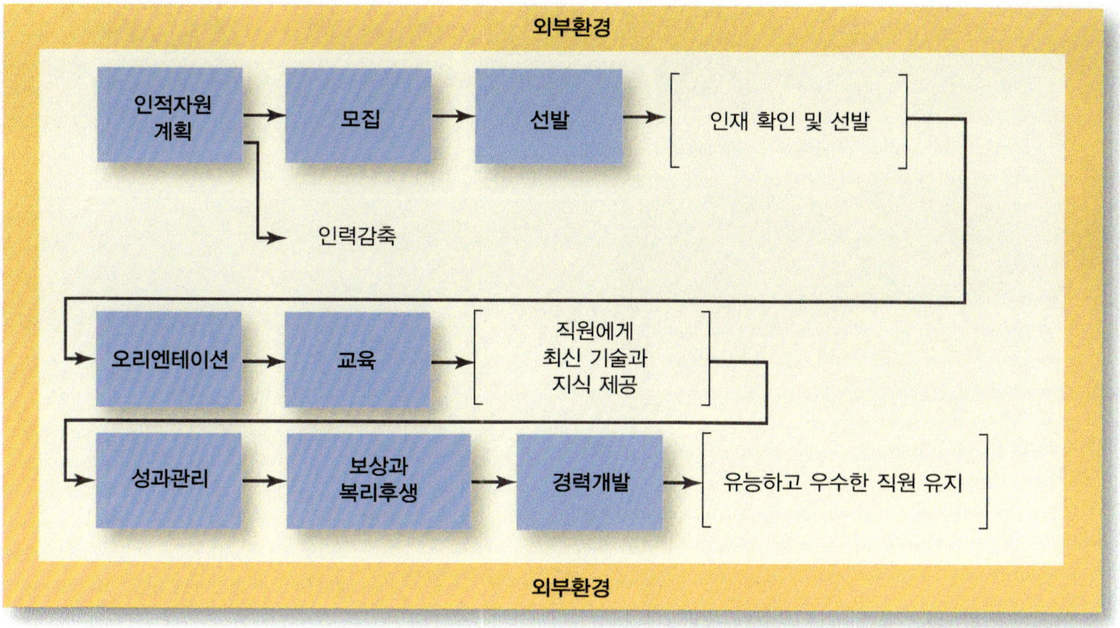

Exhibit 8-1
인적자원관리 과정

인적자원관리 과정

능력이 뛰어난 사람들이 업무를 수행하도록 하기 위해서는 인적자원관리 활동이 필요하다. 이러한 활동은 인적자원관리 프로세스로 구성되는데 Exhibit 8-1을 보면 8가지 활동이 제시되어 있다. 처음 3개의 활동은 인재가 누구인지 확인하고 선발하는 것이고, 그 다음 2개의 활동은 직원에게 최신 지식과 기술을 제공하는 것이다. 마지막 3개의 활동은 능력있는 고성과 지원들을 유지하는 것이다. 이들 활동들을 토론하기 전에 인적자원관리 프로세스에 영향을 미치는 외부 요인을 살펴볼 필요가 있다.

L08.2 인적자원관리 과정에 영향을 미치는 외부 요인들

경제가 호황일 때 X회사는 회사가 요구하는 기술을 가진 사람을 찾기 어렵다. Y회사는 단체협상 과정에서 노조의 파업에 직면한다. 미국 연방 최저임금이 시간당 7.25달러지만, 샌프란시스코에 있는 패드푸드 회사인 Z사는 시에서 새로운 법안이 통과되어 15달러의 최저임금을 주어야 한다. 이러한 사례들은 인적자원관리 프로세스가 외부 환경에 의해 어떻게 영향을 받는지를 보여준다.

윤갑한(오른쪽) 현대자동차 사장과 하부영 노조위원장이 임금협약 조인식에서 악수를 하고 있다.

출처: *Yonhap News/YNA/Newscom*

경제

2008년 금융위기로 인한 대불황으로 많은 회사가 인력감축을 통해 비용을 절감하였다. 많은 회사에서 20년 이상된 직원들이 실직하였다. 10년 뒤에는 전혀 다른 이야기가 있다. 경제가 호황일 때 기업들은 인재를 확보하고 유지하는 데 어려움을 겪는다.[9] 2018년 여름 미국의 실업률은 18년 만에 최저인 3.9%로 감소하였다. 일자리를 원하는 거의 모든 사람들이 일자리를 얻을 수 있었다. 그리고 일부 회사들은 인력 확보가 어려워 사업을 포기해야 했다. 예를 들어 아이오와주 에임스시(市)에 있는 회사들은 2018년 실업률이 1.5%에 불과하여 특히 어려움을 겪었다.[10] 에임스시에서 100년된 전기회사를 경영하는 Chris Nelson은 전기기술자를 확보할 수 없었다. 그는 70명의 직원으로 회사를 운영하였는데, 임금을 올리고, 퇴직 근로자를 고용하여 부족한 인력을 고용하였다. 에임스시에서 석유 운반 트럭 사업을 하는 Patriot Transportation 사의 경영자인 Ron Sandlin는 급여를 높이고 휴가 기간을 늘리고 600명 직원의 급여를 유지하기 위해 근속 보너스를 제공했다.

위에서 설명한 것처럼 경제의 호황과 불황은 기업의 사업주기 변화와 함께 조직의 인적자원에 직접적인 영향을 미친다. 경기 침체기에 경영진은 인력 감축, 임금삭감, 직무 재구조화를 해야 한다. 경기가 호황기이고 노동시장에서 인력이 부족할 때 기업은 임금인상, 복리후생 개선, 퇴직자 채용, 사내교육 강화, 인재 유치를 위한 다양한 노력을 기울인다.

노동조합

2016년에 Verizon의 노조원 4만명이 단체교섭 결렬 후 퇴사했다. 회사가 수천 개의 일자리를 멕시코, 필리핀, 도미니카공화국으로 아웃소싱하여 파업이 촉발되었다.[11] 2018년에 프랑스의 철도 노동자들은 전국적으로 몇 달 동안 연쇄 파업을 하여 열차 서비스를 광범위하게 중단시켰다. 이 파업의 이유는 프랑스 정부가 국영철도기관인 SNCF(역주: 프랑스의 철도청)를 개편하면서 철도노조 노동자들의 평생직장 보장을 중단하기로 했기 때문이다.[12] 이 두가지 사례는 노동조합의 중요성과 노동조합이 기업 경영에 어떠한 영향을 줄 수 있는지를 보여준다.

노동조합
근로자를 대표하고 단체교섭을 통해 자신들의 이익을 보호하고자 하는 조직

노동조합은 근로자를 대표하고 단체교섭을 통해 자신들의 이익을 보호하고자 하는 조직이다. 노조가 있으면 많은 인적자원관리 의사결정이 단체협약으로 정해지는데, 채용, 승진, 해고, 훈련자격, 징계 관련 내용들이 단체협약에 포함된다.

미국의 노조 조직률은 1950 년대 중반에 최고치를 기록했는데, 당시 전체 임금 근로자의 약 35%가 노동조합에 가입했다. 오늘날 노조조직률은 11% 미만으로 떨어졌다.[13] 하

지만 노조 가입 근로자가 적다는 사실이 노동조합의 영향력이 없어졌다는 의미로 해석되어서는 안된다. 노동조합은 여전히 특정 산업(예: 전기, 수도, 가스 등 기간산업, 운송산업, 물류산업)에서 커다란 영향력을 행사하고 있으며, 공공 부문 근로자(교사, 경찰관, 소방관 및 공무원 등)의 1/3이 노조에 가입되어 있다.[14] 또한 노조가 없는 회사의 근로자에게도 간접적인 영향을 미친다. 노조가 높은 임금과 복리후생, 그리고 고용안정을 위해 협상하면, 노조가 없는 경쟁회사의 노동 관행에 영향을 미친다. 예를 들어 Buffalo에서 노조가 있는 트럭 운전사의 시간당 급여가 4달러로 인상되는 단체협약이 체결되면, Buffalo 지역의 모든 트럭 운전사의 임금이 인상될 가능성이 높다. 마지막으로 미국 이외의 국가들에서 노조 조직률이 높다는 사실을 인식해야 한다. 독일은 전체 근로자의 17%가 노동조합에 가입해 있다. 캐나다는 26%이다. 아이슬란드는 90%가 넘는다![15]

법률과 규제

2,800만 달러. 오하이오주 배심원이 차별과 보복으로 병원을 고소한 전 Cleveland Clinic 의사에게 배상한 금액이다.[16] 병원에서 20년동안 근무하면서 귀, 코, 인후 분야 진료의사였던 Robert Katz 박사는 77세라는 나이 때문에 해고된 것이 부당하다고 이의를 제기했다. Katz에 따르면 Head and Neck Institute의 신임 회장은 병원에 '더 이상 적합하지 않다'는 이유로 자신에게 은퇴를 강요했다.

위의 사례에서 알 수 있듯이 조직의 인적자원관리는 정부의 법률에 의해 제한되며, 법률을 어기면 비용이 많이 발생한다. (인적자원관리 프로세스에 영향을 미치는 주요 미국 법률을 정리한 Exhibit 8-2 참조하라.) 누가 고용될 것인지, 어떤 직원이 교육을 받을지, 보상을 얼마를 줄지 등의 의사결정을 할 때 인종, 성별, 종교, 연령, 피부색, 국적, 임신, 장애 등에서 차별이 있어서는 안된다. 아주 특별한 상황에서만 예외가 인정된다. 예를 들어 지역 소방서는 휠체어를 사용하는 소방관 지원자의 고용을 거부할 수 있다. 하지만 그 사람이 차량배치와 같이 책상에 앉아 근무하는 일에 지원했다면 장애는 고용 거부 사유가 될 수 없다.

인적자원관리 법률과 규정은 조직 관행에 영향을 주고 관리적인 재량권을 제한한다. 회사뿐만 아니라 관리자를 대상으로 한 소송이 증가하고 있기 때문에 모든 관리자는 법에 의해 할 수 있는 것과 할 수 없는 것을 알아야 한다.[17] 법률에 의해 '해야 하는 것'과 '해서는 안 되는 것' 사이의 균형을 이루는 것은 **차별철폐 조치**(affirmative action, 역주: 한국에서는 적극적 고용개선 조치라고 부름) 영역에 속한다. 미국의 많은 조직은 소수자, 여성, 장애인 등 취약계층 근로자의 고용, 승진, 유지를 확대하도록 보장하는 차별철폐 프로그램을 운영하고 있다. 즉 조직은 차별철폐 조치를 통해 차별을 줄이고, 취약계층 구성원의 지위를 향상시키기 위해 노력한다.

차별철폐 조치
취약계층 구성원의 지위를 향상시키는 프로그램

법률/규정	연도	내용
고용평등과 차별		
동일임금법(Equal Pay Act)	1963	동일한 작업에 대해 성별에 따른 임금 차별 금지
시민권법, 제 7조(Civil Rights Act,Title VII)	1964(1972년 개정)	인종, 피부색, 종교, 출신 국가 또는 성별에 따른 차별 금지
고용연령차별금지법(Age Discrimination in Employment Act)	1967(1978년 개정)	40세 이상 직원에 대한 차별 금지
직업재활법(Vocational Rehabilitation Act)	1973	신체적 또는 정신적 장애에 따른 차별 금지
장애인법(Americans with Disabilities Act)	1990	장애 또는 만성 질환이 있는 개인에 대한 차별 금지, 또한 이들을 위한 합리적인 편의 마련
보상과 복리후생		
노동자적응 및 재훈련통보법(Worker Adjustment and Retraining Notification Act)	1990	직원이 100명 이상인 회사는 대량 해고 또는 시설 폐쇄 60일 전에 통보
가족의료휴직법(Family and Medical Leave Act)	1993	직원이 50명 이상인 회사 직원에게 가족 또는 의료상의 사유로 매년 최대 12주의 무급휴가 제공
의료정보보호법(Health Insurance Portability and Accountability Act)	1996	한 회사에서 다른 회사로 직원 보험의 이동 허가
릴리레드버터공정임금법(Lilly Ledbetter Fair Pay Act)	2009	임금차별을 받은 근로자가 소송할 수 있는 기간을 임금일로부터 180일로 변경
환자보호 및 부담적정보험법(Patient Protection and Affordable Care Act)	2010	50명 이상 고용하고 있는 고용주는 의무적으로 직원들에게 건강보험 제공
건강/안전		
직업안전 및 건강에 관한 법 (OSHA, Occupational Safety and Health Act)	1970	조직의 필수 안전 및 건강 표준 설정
프라이버시법(Privacy Act)	1974	직원에게 인사 서류 및 추천서를 검토할 수 있는 법적 권리 부여
통합예산총괄조정법(COBRA, Consolidated Omnibus Reconciliation Act)	1985	퇴직 이후에도 (직원 부담으로) 의료보험 유지

Exhibit 8–2

인적자원관리 주요 법률

출처: *US Equal Employment Opportunity Commission, www.eeoc.gov; US Department of Labor, www.dol.gov; US Occupational Safety and Health Administration, www.osha.gov.*

전세계적으로 인적자원관리 관련 법은 어떠한가? 캐나다, 멕시코, 독일과 같은 국가의 연방법을 살펴보자.

캐나다의 인적자원관리 관련 법은 미국과 비슷하다. 캐나다 인권법(Canadian Human Rights Act)은 인종, 국적 또는 출신국가, 피부색, 종교, 연령, 성별, 성적 취향, 결혼여부, 가족 상황, 장애 또는 사면된 범법행위에 근거한 차별을 금지한다. 이 법은 전국적으로 시행되고 있다. 그러나 캐나다의 인적자원관리 환경은 주 단위로 입법이 이루어진다는 점에서 미국가 다소 차이가 있다. 예를 들어 퀘벡을 제외한 캐나다의 모든 지역에서 언어에 근거한 차별이 허용된다.

멕시코의 경우, 근로자들이 노동조합에 가입할 가능성이 미국보다 높다. 멕시코의 노동 문제는 멕시코 연방 노동법의 적용을 받는다. 고용법에 의해 기업은 28일 이내에 신입사원의 업무 성과를 평가해야 한다. 그 기간이 지나면 근로자의 고용안정이 보장되고 해고가 어렵고 해고하려면 비용이 많이 든다. 미국 연방 노동법을 위반하면, 예를 들어 최저임금을 지급하지 않는 고용주에게는 막대한 벌금과 징역형에 처해진다.

마지막 사례인 독일은 대부분의 서유럽 국가 인적자원관리와 매우 유사하다. 법적으로 기업 의사결정에 직원 대표를 참여시켜야 하는데, 이는 조직 내에서 권력을 재분배하여 노동자를 경영자 및 주주의 이익과 대등한 위치에 있게 한다. 직원 참여의 가장 일반적인 두가지 형태는 직장평의회와 근로자 이사제이다. **직장평의회**(work councils)는 직원과 경영진을 연결한다. 직장평의회는 선출되거나 지명된 직원들로 구성되는데, 경영진이 인사관리와 관련된 결정을 할 때 자문하는 역할을 한다. **근로자 이사제**는 직원이 기업 이사회에 소속되어 회사 직원들의 이익을 대변하는 역할을 한다.

직장평의회
선출되거나 지명된 직원들로 구성되며, 이들은 경영진이 인사관리를 포함하여 의사결정할 때 자문하는 역할 수행

근로자 이사제
기업 이사회에 소속되어 회사 직원들의 이익을 대변하는 역할을 하는 직원들

인구통계적 특성

Dingolfing에 있는 BMW 동력장치 공장에는 2,500명의 직원이 있는데, 몇 년전 공장관리자인 Lower Bavaria는 인력 고령화로 인해 발생할 생산성 저하 문제를 걱정하였다.[18] 회사 경영진은 고령 근로자를 위해 공장을 재설계하기로 결정했다. 직원들의 의견을 바탕으로 작업장을 물리적으로 바꾸었다. 예를 들어 관절의 긴장을 줄이기 위해 새로운 나무바닥을 깔고, 잠깐이라도 앉거나 휴식을 취할 수 있는 특수 의자 등을 마련하는 등 근로자의 육체적 어려움을 줄이기 위한 조치를 하였다. 전 세계의 기업들이 베이비부머의 은퇴로 인한 변화를 준비하고 있다. 기업은 승계계획을 세우고, 퇴직자를 컨설턴트로 활용하고, 젊은 근로자가 공백을 메울 수 있도록 교육하고 있다. 이처럼 인구통계적 추세가 인적자원관리에 영향을 준다.

지난 50년간 미국 노동 인구의 많은 변화는 1960년대에 고용 차별을 금지하기 위해 제정된 연방법률에 기인한다. 이러한 법률로 인해 소수 민족과 여성 구직자에게 길이 열렸다. 이들 두 그룹은 20세기 하반기에 기업을 극적으로 변화시켰다. 특히 여성은 전체 노동력 중에서 1950년에는 30%를 차지하였으나, 오늘날 46.9&로 늘어났다.[19]

21세기 초의 노동력 추세는 네 가지 특징이 있다. (1) 인종 및 민족 구성의 변화, (2) 베이비 붐 세대의 고령화, (3) Y세대 근로자 집단의 확대, (4) 기술 불균형. 현재와 2024년을 비교하면, 히스패닉계는 현재 13%에서 2024년까지 19.8%까지 증가할 것이며, 흑인은 현재의 13%가 유지되고, 아시아계는 5.6%에서 6.6%로 소폭 상승할 것이다. 한편, 앞서 언급했듯이 노동력이 고령화되고 있다. 55세 이상 근로자가 현재 16.3%이지만, 2024년에는 24.8%까지 증가할 것이다.[20] 오늘날 노동력에 큰 영향을 미치는 또 다른 집단은 Y세대이다. Y세대는 1978년-1994년 사이에 태어난 사람들로 전체 노동인구 중 가장 빠르게 증가하는 집단으로 14%에서 24% 이상으로 증가했다. 마지막으로 회사는 기술의 변화와 직업의 복잡성으로 인해 조직에서 필요한 기술과 고용 시장에서 확보할 수 있는 기술 사이에 불균형이 존재한다는 사실에 직면한다.[21] 기업 수요가 높지만 구직자에게 부족한 두 가지 기술은 디지털 리터러시(digital literacy, 디지털 문해력이라고도 함)와 커뮤니케이션, 비판적 사고, 팀워크 등 소프트 스킬(soft skill)이다.

이러한 추세와 기타 인구통계학적 추세가 현재와 미래의 인적자원관리에 영향을 주기 때문에 중요하다.

LO8.3 인재의 확인과 선발

인적자원관리 프로세스는 인적자원에게 요구하는 것이 무엇인지 평가하고, 그러한 요구를 충족하는 후보자를 찾은 다음, 지원자 풀에서 가장 적합한 후보자를 골라내는 것으로부터 시작된다. Exhibit 8-1에서 보듯이 여기에는 인적자원 계획, 모집, 선발의 세가지 과업이 포함된다.

인적자원 계획

인적자원 계획
관리자가 적시에 적절한 수의 인재를 확보하도록 보장

인적자원 계획은 관리자가 적시에 적절한 수의 인재를 확보하는 과정이다. 인적자원 계획을 통해서 조직은 갑작스러운 인력 부족이나 인력 과잉을 방지한다. 인적자원 계획에는 (1) 현재 인적자원에 대한 평가, (2) 미래 인적자원 요구 충족의 두 단계가 있다.

현재 평가 관리자가 인적자원 계획을 시작할 때 맨 처음 하는 것은 현재의 직원에 대한 데이터를 정리하는 것이다. 정리한 목록에는 일반적으로 이름, 학력, 교육훈련, 경력, 사용 언어, 특수 역량, 전문 기술과 같은 개별 직원에 대한 정보가 포함된다. 정교한 데이터베이스를 활용하면 이러한 정보를 확보하고 보관하는 것이 용이하다.

직무분석
직무를 정의하고 직무수행에 필요한 행동들을 정의하는 프로세스

현재 평가의 가장 중요한 부분은 직무분석이다. **직무분석**은 직무를 정의하고 직무수행에 필요한 행동들을 정의하는 것이다. 예를 들어 General Motors에서 사원급 회계담당자가 해야 할 일은 무엇인가? 직무 수행에 필요한 최소한의 지식, 기술, 능력은 무엇인가? 이러한 자격요건은 과장급 회계담당자 혹은 회계관리자의 자격요건과 어떻게 다른가? 직무를 수행하는 개인을 직접 관찰하거나 직원의 설문지 응답 혹은 일지 작성에 의해 파악하거나 직무 "전문가"(일반적으로 관리자)가 직무의 특성을 파악하는 방식으로 직무분석에 필요한 정보를 얻는다.

직무기술서(직위기술서)
직무에 대한 서면 설명서

직무명세서
성공적으로 직무를 수행하기 위해 개인이 보유해야 하는 최소한의 자격요건을 정리한 서면 설명서

직무분석으로 확보한 정보를 활용해서 관리자들은 **직무기술서**(job description)와 **직무명세서**(job specification)를 개발하거나 수정한다. 직무기술서(또는 직위기술서)는 일반적으로 직무 내용, 환경, 고용조건 등 직무에 대해 설명한 것이다. 직무명세서는 성공적으로 직무를 수행하기 위해 개인이 보유해야 하는 최소한의 자격요건을 정리한 것이다. 직무명세서에는 직무를 효과적으로 수행하는 데 필요한 지식, 기술, 적성이 포함된다.

미래 인적자원 충족 미래에 어떤 인적자원이 필요한가는 조직의 미션, 목표, 전략에 의해 결정된다. 직원 수요는 기업의 제품과 서비스에 대한 수요에서 비롯된다. 현재의 역량과 미래의 요구를 평가함으로써 인력이 부족하거나 초과된 영역을 파악할 수 있다. 이러한 분석이 이루어지면 인적자원관리 프로세스의 다음 단계로 진행할 준비가 된 것이다.

모집과 감원

아마존은 취업박람회를 활용하여 새로운 인재를 찾고 채용한다.
출처: *BRIAN SNYDER/REUTERS/Newscom*

인력 공석이 생기면 관리자는 직무분석을 통해서 수집된 정보를 사용하여 인재를 찾고, 식별하며, 유치하는 등의 채용활동을 한다.[22] 반면에 HR 계획활동의 결과 인력 공급초과가 발견되면 관리자는 감원을 통해서 인력을 줄이려고 한다.[23]

모집 일부 조직은 직원을 찾는데 흥미로운 접근방법을 가지고 있다. 예를 들어 두바이에 본사를 둔 광고대행사 FP7은 2014년에 모집대행기관을 활용하여 지원자를 찾았다. FP7은 제작담당 임원의 휴대폰 번호가 적힌 책을 후보자들에게 우편으로 보냈다. 새로운 디자인 책임자, 아트 디렉터와 다른 핵심 직원들을 채용했다.[24] 2011년, IKEA Australia는 가구조립 지침서처럼 "경력 소개서"를 만들어 플랫팩(flat pack, 역주: 이케아만의 납작한 사각형 포장박스)에 넣었다. 이 방식으로 헤드헌터에게 비용을 지불하지 않고도 거의 4,000명의 우수한 지원자를 확보할 수 있었다.[25]

모집
능력있는 지원자를 찾아서 지원하도록 유인하는 활동

Exhibit 8-3은 잠재적인 지원자들을 발견하기 위해 사용할 수 있는 다양한 채용원천을 정리한 것이다. 이 중 두가지는 구체적으로 설명할 필요가 있는데, 추천 방식은 효과성이 높고, 소셜미디어를 활용하는 방식은 중요도가 높다.[26]

직원 추천은 훌륭한 지원자를 찾는데 가장 좋은 방법 중 하나이다. 1,000개 기업을 대상으로 한 연구에 따르면 전체 채용의 30% 이상과 내부 인력확보의 45% 이상이 추천에 의해 이루어졌다.[27] 다른 연구에 의하면 직원 추천에 의한 경우가 전환율이 가장 높았는데, 보통 지원자의 7%만 직원으로 전환되지만, 직원 추천은 40% 가량 전환된다.[28] 또한 추천에 의한 채용된 직원은 다른 채용 원천으로 입사한 직원보다 직무만족도가 높고 재직기간이 더 긴 것으로 나타났다.[29] 왜 추천이 효과적인 원천일까? 현재 재직하고 있는 직원들은 직무와 추천 대상자를 모두 알고 있기 때문에 자격을 갖춘 지원자를 추천하는 경향이 있다. 또한 직원들은 추천을 잘못했을 때 자신의 평판이 나빠질 것이기 때문에 자신을 나쁘게 보이게 하지 않을 것이라고 자신할 때만 다른 사람을 추천한다.

Exhibit 8–3
모집 원천

원천	장점	단점
인터넷	다수의 사람에게 공고, 즉각적인 피드백	다수의 자격미달 지원자 신청
직원 추천	직원에 의해 회사 관련 지식 제공, 좋은 추천이 추천자에게도 영향을 주기 때문에 좋은 지원자 확보	직원의 다양성 확보 어려움
기업 웹사이트	광범위한 확산, 특정 그룹에 집중 가능	다수의 자격미달 지원자 신청
캠퍼스 리크루팅	대규모 집중화된 집단 활용	신입사원 직위 모집만 가능
전문 취업기관	산업의 주요 현안과 요구사항에 대한 많은 지식	특정 조직에 대한 낮은 몰입
소셜 미디어	직원들의 인맥 활용, 젊은 지원자 확보에 특히 효과적	고령자 혹은 경험많은 지원자 확보에 비효과적

직장의 비밀 직무 탐색

올바른 직업을 찾는다는 것은 복잡한 일이다. 그러나 적절한 검색 채널을 활용하면 성공가능성이 크게 높아진다. 몇 가지 검색 대안을 간단히 살펴보고자 한다. 그런 다음 올바른 조직을 선택하는 것의 중요성에 대해 토론할 것이다.

당신의 할아버지는 아마도 신문에 실린 광고를 보거나 직업소개소에 가거나 친구 혹은 친척의 추천에 의해 일자리를 찾았을 것이다. 그러나 공룡이 사라졌듯이 종이신문의 광고 역시 사라지고 대신 온라인 웹사이트가 활용되고 있다. 그리고 직업소개소는 대부분 임원이나 고위 전문직에 초점을 맞춘 헤드헌팅회사로 대체되었다. 그러나 추천방식은 계속해서 훌륭한 모집 원천이다.

직원에 의한 추천은 회사의 채용 담당자에게서 얻을 수 없는 정확하면서 현실적인 정보를 제공하는 경향이 있다. 결과적으로 추천은 비현실적인 기대를 줄일 수 있다. 어떤 모텔 체인의 광고문구가 "놀랄 일이 없는 것이 가장 놀라운 것이다"라고 하자. 광고 문구가 사실인지 확인하는 가장 좋은 방법은 그 모텔의 직원이 제공하는 정보를 확인하는 것이다.

대학교 졸업예정이거나 최근에 졸업했다면 대학교의 취업지원서비스를 활용하라. 대학 졸업생에게 대학의 취업지원서비스는 일자리 확보를 위한 훌륭한 통로이다.

어떤 직장을 구하느냐는 기업이 어떠한 채용 방식을 선택하느냐에 달려 있다. 기업이 선호하는 방식은 무엇일까? 채용 방식에 대한 연구 결과, 기업은 직접 접촉이나 네트워크를 활용한 비공식적 원천을 선호하지만 전문가, 관리자, 대학 졸업자들은 보다 공식적인 채널을 선호한다. 이러한 공식 채널 중 일부를 살펴보자.

취업박람회는 조직 입장에서 자신의 회사 이미지를 구축할 수 있는 좋은 기회이다. 회사는 취업박람회 때 예비 직원들을 만나서 그들의 정보와 이력서를 확보한다. 예를 들어 Cleveland Clinic은 500명의 간호사를 채용하기 위하여 최근 세 번의 취업박람회를 오하이오 북동부에서 개최하였다. 취업박람회에 여러 회사가 참여하는 것은 드문 일이 아니다. 일반적으로 취업박람회에서 지원 회사의 직원을 직접 만날 수 있고, 한번에 여러 회사와 면접할 수 있는 기회가 있다.

많은 전문 조직이 회원들을 대상으로 직업알선 서비스를 하고 있다. 인적자원관리, 산업공학, 심리, 회계 및 법률과 같은 다양한 직종을 대상으로 하는 구인 명단을 작성하여 회원들에게 배포한다. 직장을 찾는 개인과 인력을 찾는 조직이 서로 연계될 수 있도록 지역 및 전국적으로 직업알선 시설을 제공하는 것도 일반적인 관행이다.

오늘날 대부분의 구직 과정은 온라인으로 이루어진다. 규모가 크든 작든 대부분의 조직은 회사 홈페이지에 '채용' 섹션을 추가하여 인터넷으로 신입사원을 모집한다. 최근에 이루어진 설문조사에 따르면 기업의 60%가 온라인으로 신입사원을 채용한다. 회사 웹사이트 이외에 구인 사이트, 소셜 미디어, 구직 앱 등이 활용된다. 구인 사이트를 활용하면 지역, 키워드, 산업, 교육수준, 급여 등을 검색할 수 있다. 인기있는 구인 사이트로는 CareerBuilder.com 및 Monster.com 등이 있다. Facebook 및 LinkedIn과 같은 소셜 미디어에는 '구인' 사이트가 있다. 앱을 통해서 조사를 하고자 할 때는 Switch와 Jobmaster를 이용하면 된다. Switch는 구직자들이 익명으로 채용공고를 스캔할 수 있다. 만약 사용자의 자격요건이 회사의 요구에 부합할 경우 당사자들은 앱 내 채팅을 시작할 수 있다. Jobmaster는 전세계의 1,000여개 직무게시판에서 직무목록을 취합한다. 여기에는 특정 직업과 관련된 게시판뿐만 아니라 정부의 직무게시판도 있다.

직무탐색과 관련하여 비어있는 자리가 귀하에게 적합한지 확인할 필요가 있다. 구체적으로 직무가 멋져 보이고 회사가 입사 제안을 하더라도 그 조직이 당신에게 잘 어울리는가?

앞서 5장의 직장의 비밀 박스(Workplace Confidential boxes)에서 조직문화에 대해 논의하였다. 좋은 직무를 얻었다고 해도 조직과 맞지 않는다면 그러한 구직은 성공적이라고 할 수 없다. 그렇다면 실제로 일해보기 전에 그 조직에 대해서 어떻게 알 수 있을까? 면접을 하는 동안 행간을 읽어야 한다. 회사가 업무에 뒤쳐진 사람, 규칙 위반자, 부적응자, 창의적인 인재를 어떻게 다루는지에 대해 사람들이 말하는 이야기를 들어보라. 예를 들어 회사가 위험감수에 대해 보상하는가, 처벌하는가? 직원들이 무엇을 중요하게 생각하는지를 보여주는 의례의식에 대해 묻고 관찰하라. 그리고 회사에서 바람직하다고 여겨지는 직원 행동이 무엇인지를 보여주는 상징물과 가시물을 살펴보라. Yogi Berra가 이야기했듯이 "보기만 해도 많은 것을 관찰할 수 있다". 지원하고자 하는 조직 규모를 파악한 후에 스스로에게 물어보라. 내 성격과 신념이 이 조직이 중요하게 여기는 것과 일치하는가? 구직 활동에서 우리는 직책, 직위, 급여에 지나치게 집중하곤 한다. 그것들은 분명히 중요하다. 하지만 적합한 문화를 찾아야 직장에서 행복하고 성공할 수 있는 기회를 크게 증가시킬 것이다.[30]

추천에 단점이 있는가? 당연히 있다. 사람들은 자신과 비슷한 사람을 추천하는 경향이 있기 때문에 추천 방식은 인력의 다양성을 높일 가능성이 낮다. 예를 들어 실리콘 밸리 기업들이 현직 종업원에 의한 추천방식에 크게 의존하기 때문에 신입 직원이 현직 직원과 비슷한 젊은 백인 남성일 가능성이 높다.

소셜 미디어는 현재 급증하고 있는 구직 원천이다.[31] 예를 들어 LinkedIn은 채용 및 네트워킹을 위해 만들어졌다. 기업이 청소년이나 젊은 사람에게 다가가려는 경우 75% 이상이 Snapchat이나 Facebook을 사용한다고 답했다.[32] 소셜 미디어의 매력은 지원자 풀을 늘릴 수 있는 능력이 있고, 잠재적인 지원자의 다양한 이력을 쉽게 발견할 수 있으며, 온라인 연결의 힘을 가지고 있다는 점이다. 직원들은 소셜미디어의 개인 네트워크를 활용하여 회사의 구인 공고를 알릴 수 있다.

감원 노동공급을 조절하는 또 다른 방법은 감원으로 어떤 관리자에게도 즐거운 일이 아니다. 감원의 대안은 Exhibit 8-4이다. 해고의 방식이 있지만 다른 대안이 더 나을 수 있다. 하지만 어떤 방식이든 조직의 인력을 줄이는 것은 결코 쉬운 일이 아니다.

선발

지원자 풀이 확보되면 인적자원관리의 그 다음 단계는 선발이다. **선발**은 지원자 중에서 해당 직무에 가장 적합한 사람을 선별하는 것이다. 선발 오류가 커다란 문제를 야기할 수 있다는 점에서 주의깊게 '선발' 할 필요가 있다.[33] Zappos의 최고경영자인 Tony Hsieh는 잘못된 채용으로 "1억달러가 넘는 비용"이 들었다고 추정했다.[34] 이 비용에는 제 역할을 하는 팀에게 부정적인 영향을 주는 것에서부터 인재가 회사를 떠나고 후임자를 고용하는 비용까지 다양한 비용이 포함된다.

선발
가장 적합한 지원자를 고용하기 위하여 지원자를 선별하는 활동

선발이란 무엇인가? 선발은 어떤 지원자가 고용되었을 때 성공적일 지를 예측하는 것이다.[35] Exhibit 8-5에서 보는 바와 같이 선발 의사결정은 4가지 결과(2개의 올바른 선발과 2개의 잘못된 선발)를 가져올 수 있다.

fyi

최고경영자의 가장 큰 관심사는 (경쟁이나 기술의 문제보다) 최고의 인재를 확보하고 유지하는 데 실패하는 것이다.[36]

지원자가 일을 잘 할 것으로 예상했는데 실제로 성공적으로 일을 잘 하는 경우, 또는 지원자가 일을 잘 못 할 것으로 예상했는데 실제로 채용되지 않은 경우, 선발의사결정이 올바르게 된 것이다. 전자의 경우 성공적으로 채택한 것이며, 후자의 경우 성공적으로 기각한 것이다.

Exhibit 8–4
감원 대안

대안	내용
해고	영구적 비자발적 퇴직
임시해고	며칠에서 몇 년간 임시적인 비자발적 퇴직
자연감소	자발적인 사직이나 정상적인 퇴직으로 인해 만들어진 공석을 채우지 않음
전환배치	직원을 옆으로 또는 아래로 이동. 일반적으로 비용을 줄이지는 못하지만 조직간 공급-수요 불균형을 줄일 수 있음
근무시간 단축	직원들이 주당 근무시간을 줄이거나, 일자리를 공유하거나, 파트타임 근무로 바꿈
명예퇴직	정년퇴직 이전에 퇴직할 경우 고령자 및 고참직원에게 인센티브 제공
직무공유	직원들이 하나의 정규직 직위를 나눠서 일함

Exhibit 8–5
선발 의사결정 결과

직무성과가 높을 지원자를 선발하지 않거나(기각오류), 직무성과가 낮을 지원자를 선발하면(채택오류) 문제가 발생한다. 오늘날의 인적자원관리 법률 및 규정을 고려할 때 기각오류는 적임자를 찾기 위해 추가 심사하는 것보다 더 많은 비용이 들 수 있다. 그 이유

맥도날드가 전세계 34,000개 지점에서 신입사원과 전문직 대상 구직자를 대상으로 사용하는 선발도구는 면접이다. 사진에서 보듯이 매장 관리자는 면접을 통해서 훌륭한 의사소통 기술을 가지고 있고, 맥도날드의 고객서비스 기준을 충족시키며, 팀의 일원으로 일 잘하는 지원자를 찾는다.

출처 : *The Idaho Statesman Joe Jaszewski/ Associated Press*

는 무엇일까? 특히 보호받아야 하는 집단의 지원자가 부당하게 탈락하는 경우, 조직은 차별혐의로 벌금을 물을 수 있다. 예를 들어 Target Corporation은 전문직 채용 과정에서 흑인, 아시아계, 여성 지원자를 배제하였다.[37] 연방평등고용기회위원회는 Target의 채용평가가 사업상 필요한 직무관련성이나 일관성이 충분하지 않기 때문에 미국 민권법 제7조를 위반했다는 결론을 내렸다. 반면, 채택오류는 직원 교육 비용, 직원의 능력 부족으로 인해 발생하는 비용, 해고 비용, 향후 추가모집과 선발에 드는 비용 등을 발생시킨다. 선발과정에서 중요한 것은 기각오류와 채택오류를 줄이고 올바른 의사결정 가능성을 높이는 것이다. 이를 위해서는 타당성있고 신뢰성있는 선발도구를 사용해야 한다.

타당성 있는 선발도구
적절한 채용기준과 관련성이 있는 것으로 나타난 선발도구

신뢰성 있는 선발도구
동일한 것을 일관성있게 측정하는 선발도구

타당성과 신뢰성 선발도구와 관련 기준들과의 관계가 관련성이 입증될 때 **타당한 선발 도구**라고 할 수 있다. 예를 들어 연방정부의 고용법에 따르면 입사시험에서 높은 점수를 받은 사람이 낮은 점수를 받은 사람보다 높은 직무성과를 보인다는 명백한 증거가 없다면 선발시험 점수를 사용해서 직원을 선발해서는 안된다. 관리자는 종업원을 뽑는데 사용되는 선발도구가 지원자들의 업무성과를 높이는 것과 관련이 있다는 타당성을 증명하여야 한다.

신뢰성있는 선발도구는 동일한 것을 일관성있게 측정하는 것을 의미한다. 선발 테스트를 할 때 측정되는 특성들이 안정적이라고 가정할 때 특정 개인에 대해 반복 측정해도 일관성있게 유지된다면 신뢰성이 있는 것이다. 신뢰성이 없다면 선발도구는 효과적일 수 없다. 믿을 수 없는 측정도구를 사용하는 것은 매일 변하는 저울에 당신의 몸무게를 재는 것과 같다. 매번 잴 때마다 5-10파운드가 틀리는 신뢰성 없는 저울이라면 그 결과는 믿기 어려울 것이다.

선발도구 유형 가장 잘 알려진 선발 도구는 입사지원서, 필기시험, 성과시뮬레이션 시험, 면접, 배경조사, 경우에 따라서는 신체검사 등이 있다. Exhibit 8-6은 이들 선발도구별 장점과 단점을 정리하였다.

선발도구의 품질과 인기에 대해 몇가지 생각해 볼 필요가 있다. 특히 대부분의 면접은 직무성과를 제대로 예측하지 못하며, 미래 성과를 가장 잘 예측하는 도구는 실질적인 성과 시뮬레이션이다. 그리고 소셜 미디어는 어느 개인의 배경 정보를 파악할 때 가장 인기 있는 방법으로 빠르게 자리잡고 있다.

면접은 앞으로도 가장 인기있는 선발도구 중 하나일 것이다. 대면 면접 없이 어떠한 일자리도 구하기 어렵다. 불행하게도 면접이 크게 믿을 만하지 못하다는 증거가 많지만 최종 선발 의사결정에 결정적인 영향을 주고 있다.[38] 가장 큰 문제는 대부분의 면접이 구조화되어 있지 않은 짧은 면접이고, 대충 이루어지거나 무작위 질문 형태로 이루어지는 경향이 있다는 것이다. 면접에 의해 수집된 데이터는 일반적으로 편향되어 있으며, 미래의 업무성과와 약간만 관련이 있다. 면접이 구조화되어 있지 않으면 면접관은 자신의 태도와 비슷한 지원자를 선호하고 부정적인 정보에 지나치게 비중을 두며, 면접 순서가 평가결과에 영향을 주는 경향이 있다.[39] 모든 지원자가 표준화된 질문을 받을 때 신뢰성이 크게 향상될 수 있다.[40]

Exhibit 8–6
선발도구

서류 심사
- 보편적으로 사용됨
- 정보 수집에 가장 유용함
- 업무성과를 예측할 수 있지만, 실제로 업무성과를 보일 것인지는 명확하지 않음

필기 시험
- 직무와 관련되어야 함
- 지능, 적성, 능력, 성격, 관심분야 등에 대한 시험
- 인기 있는 방법임(예 : 성격테스트, 적성테스트)
- 관리자 직위에 상대적으로 적합한 예측 도구

성과시뮬레이션 시험
- 실제 직무 행동 활용
- 작업 표본 – 직무와 관련된 과업으로 지원자 평가, 일상적이거나 표준화된 작업에 적합
- 평가센터 – 직무 시뮬레이션, 관리직 대상자 평가에 적합

면접
- 보편적으로 사용됨
- 무엇을 질문하고 무엇을 질문할 수 없는지 알아야 함
- 관리직에 유용함

배경조사
- 지원서류 내용을 확인할 때 유용하게 활용됨: 가치있는 정보의 원천임
- 지원자에 대해 자세히 파악할 때 유용하게 활용됨: 가치있는 정보 원천이 아님

신체검사
- 어떤 신체적 요건이 필요한 직무를 대상으로 실시함
- 주로 보험 목적으로 활용

지원자의 미래 업무 성과를 예측하는 데 있어 신뢰성과 타당성이 가장 높은 도구는 지원자가 실제 직무 관련 기술을 수행하도록 하는 것이다.[41] 성과 시뮬레이션 시험에는 작업표본 시험과 평가센터가 있다. **작업표본 시험**은 작업자가 일상적으로 수행해야 하는 작업의 일부 또는 전체에 대해 실제 시뮬레이션을 하는 것이다. 개별 작업표본 요소들은 직무-성과 요소와 연계되어 있기 때문에 적성테스트나 성격테스트와 같은 필기시험보다 지원자의 지식, 기술, 능력을 더 구체적으로 측정한다.[42] 응시자의 관리 역량을 평가하기 위해 구체적이고 정교하게 설계된 성과 시뮬레이션 시험이 **평가센터**이다. 현업의 임원, 관리자, 훈련된 심리학자들은 응시자가 직무를 수행하면서 직면하게 될 실제 문제를 어

작업표본 시험
작업자가 일상적으로 수행해야 하는 작업의 일부 또는 전체에 대해 실제 시뮬레이션 하는 것

평가센터
응시자의 관리 역량을 평가하기 위해 구체적이고 정교하게 설계된 성과 시뮬레이션 시험

떻게 해결하는지를 하루 또는 며칠 동안 평가한다.[43]

소셜 미디어가 조직의 의사결정과 의사소통을 재편하듯이, 소셜 미디어는 인기있는 선발 의사결정 도구이다.[44] 페이스북과 같은 소셜 미디어 사이트는 잠재력있는 직원 관련 정보를 수집하고 선별하는데 활용된다. 그러나 이러한 정보가 채용 의사결정의 품질을 높이는데 도움이 될까? 그렇지 않다는 증거들이 있다.[45] 지원자의 페이스북 정보에 대한 평가는 직무성과나 이직률 등과 관련성이 없는 것으로 밝혀졌다. 또한 이러한 정보는 여성과 백인 지원자를 선호하여 부정적인 영향을 줄 가능성이 있다.

Let's Get REAL

Zakiyyah Rogers ▶
인사부 관리자

출처: *Zakiyyah Rogers*

시나리오:

José Salinas는 대형 식품가공업체의 인적자원관리 담당 이사이다. 지난 몇 년동안 사회 초년생의 구직활동에 부모가 자주 관여하는 것을 보았다. 실제로 한 지원자의 부모는 자녀가 입사 제안을 받은 후에 회사에 연락하여 딸의 급여, 배치, 교육비 환급기회에 대해 논의하였다. 그는 이러한 상황을 어떻게 처리해야 할지 잘 몰랐다.

José에게 어떠한 조언을 해 줄 수 있을까?

부모의 우려사항을 이해할 수 있지만, 회사 정보를 부모와 논의할 수는 없다. 우리에게 중요한 것은 입사할 직원과의 관계이다. 부모에게 우리가 자녀와 직접 이야기하고 자녀의 질문에 답할 의향이 있음을 알려야 한다.

현실적인 직무소개 채용 담당자와 면접관은 회사와 직무를 소개할 때 긍정적인 면에 초점을 맞추는 경향이 있다. 이는 지원자가 부정적인 면을 듣게 되면 입사하지 않을 가능성이 있기 때문이다. 문제는 지원자에게 좋은 측면만 들려주면 입사해서 막상 일을 했을 때 환상이 깨질 수 있다는 사실이다.[46] 지나치게 부풀려진 정보가 지원자에게 전달되면 나쁜 일이 발생할 수 있다. 첫째, 회사와 맞지 않는 지원자가 선발 과정에서 올바른 결정을 할 수 없다. 둘째, 부풀려진 정보는 비현실적인 기대감을 유발하여 신입사원이 입사 후 금방 불만족스러워지고 조직을 떠날 수 있다. 셋째, 신입사원이 예상치 못한 가혹한 업무 현실에 직면했을 때 환멸을 느끼고 조직에 대한 헌신이 줄어든다. 마지막으로 채용과정에서 자신이 속았다고 느끼는 개인들은 문제 직원이 될 수 있다.

현실적 직무소개
직무와 회사의 긍정적인 정보와 부정적인 정보를 모두 제공하는 것

직원의 직무만족도를 높이고 이직률을 줄이기 위해서 관리자는 **현실적인 직무소개**(realistic job preview, RJP)를 제공해야 한다. 현실적인 직무소개는 직무와 회사의 긍정적인 정보와 부정적인 정보를 모두 제공하는 것이다. 예를 들어 지원자에게 회사에 대한 긍정적인 표현 이외에 근무중 동료와 대화를 나눌 기회가 거의 없고, 승진기회가 적고, 근무시간이 불규칙적이며, 주말에 일해야 할 지도 모른다는 말도 함께 해주어야 한다. 연구에 따르면 현실적 직무소개를 받은 지원자가 부풀려진 정보를 받은 지원자보다 어려운 상황에서 더 잘 적응한다.

LO8.4 기술과 지식 제공

훌륭한 신입사원이라고 하더라도 새로운 조직에 적응해야 하고, 조직문화에 익숙해져야 한다. 그리고 오늘날 급변하는 경영환경에 대응하기 위해서 직원들은 최신 기술을 보유할 필요가 있다. 이를 위해 인적자원관리는 오리엔테이션, 사회화, 교육 프로그램을 활용한다.

오리엔테이션과 사회화

대학교에 입학했을 때 "대학 생활 오리엔테이션" 프로그램에 참여한 적이 있는가? 참여했다면, 장학금 신청, 학교의 규칙과 절차, 현금인출 방법, 수강신청에 대한 안내와 함께 대학 행정직원들을 소개받았을 것이다. 새롭게 업무를 시작하는 사람은 자신의 직무와 조직에 대해 동일한 형태의 소개를 받을 필요가 있다. 이 소개를 **오리엔테이션**이라고 한다.

오리엔테이션
신입사원에게 직무와 조직에 대해 소개하는 것

오리엔테이션에는 두가지 유형이 있다. 부서 오리엔테이션은 부서의 목표가 무엇인지 알려주고, 부서 목표 달성에 자신의 업무가 어떻게 기여하는지를 보여주며, 함께 일할 동료들을 소개받는다. 소식 오리엔테이션을 통해서 회사의 목표, 역사, 경영철학, 절차, 규칙을 신입사원에게 알려준다. 또한 인적자원 정책과 시설 견학도 포함된다.

신입사원에게 조직을 알려주는 것 이외에 회사는 신입사원이 조직 문화에 적응할 수 있도록 다양한 대안을 마련한다. 3장에서 소개한 것처럼 사회화 과정을 통해서 Exhibit 8-7과 같은 대안들이 제공된다. 이들 대안은 직원의 행동을 제한하고 통제하거나 혹은 독창적이고 창조적인 행동을 하도록 유도한다.[47] 회사가 더 공식적이고, 집단적이고, 고정된 형태의 사회화 프로그램을 운영할수록 신입사원간 차이가 줄고 표준화되고 예측가능한 행동을 하게 될 것이다. 이러한 방식은 규칙 준수와 질서를 중시하는 경찰서, 소방서 등의 조직에서 이루어진다. 반면에 비공식적이고 개별적이고 가변적이고 무작위적인 프로그램을 운영하는 기업은 역할 부여를 강조하면서 신입사원들이 자신의 역할과 업무방식에 대해 혁신적인 감각을 가지도록 할 것이다. 연구개발, 광고, 영화제작과 같은 창의적인 분야를 이러한 개별화된 방식을 사용한다.

가능한 한 빨리 업무에 투입되는 것이 조직과 신입사원 모두에게 이익이다. 외부인이었던 신입사원이 내부인으로 바꾸는 사회화를 성공적으로 하게 되면 신입사원은 편안함을 느끼고 낮은 업무성과를 낼 가능성을 줄이며, 조기 퇴직 가능성이 줄어든다.[48] 한 연구에 따르면 이직의 22%가 채용 후 한달 반 내에 발생하고, 1년 내 퇴직으로 인해 발생하는 비용은 연봉의 약 3배에 달한다.[49]

Exhibit 8–7

신입사원 사회화 방법

공식적 vs 비공식적

신입사원이 떨어져서 일하거나 역할을 명확히 할 필요가 있을 경우 공식적인 사회화가 이루어진다. 예를 들면 구체적인 오리엔테이션이나 교육 프로그램이 제공된다. 반면 신입사원이 거의 관심을 받지 못하는 직무를 하게 될 경우, 비공식적 사회화가 이루어진다.

개인적 vs 집단적

신입사원은 개별적으로 사회화될 수 있다. 전문직일 경우에 자주 활용된다. 또는 군대 신병훈련소와 같은 곳에서는 집단화된 형태로 정해진 교육을 받는다.

고정적 vs 변동적

이것은 신입사원이 외부인에서 내부인으로 전환하는 일정을 말한다. 고정적 사회화는 표준화된 전환단계에 따른다. 이 방식은 신입사원이 6개 부서에서 3개월을 보내는 순환 교육 프로그램을 마친 뒤 최종 부서 배치가 이루어진다. 변동적 사회화는 전환 일정에 대한 사전 통지를 하지 않는다. 이 방식은 "준비"될 때까지 다음 단계로 진행하지 않는 시스템이다.

연속적 vs 무작위

연속적 사회화는 신입사원을 훈련하고 격려하는 역할모델을 활용하는 것이 특징이다. 견습 및 멘토링 프로그램이 그 예이다. 무작위 사회화의 경우 역할모델은 의도적으로 제공되지 않는다. 신입사원은 스스로 문제를 해결해야 한다.

역할부여 vs 역할분리

역할부여 사회화는 신입사원의 자질과 자격이 성공의 필수요소라고 가정하여 이들 자질과 특성을 확인하고 지원한다. 역할분리 사회화는 신입사원의 일부 특성을 제거하려고 노력한다. 대학교의 남학생 모임과 여학생 모임은 자신들만의 적절한 역할을 수행하기 위하여 분리 의식을 통해서 모임 참여자가 "서약"을 한다.

Exhibit 8–8

교육 유형

출처: "2005 Industry Report— Types of Training," Training, December 2005, p. 22.

유형	내용
일반적	의사소통 기술, 컴퓨터 응용 및 프로그래밍, 고객서비스, 임원 개발, 관리기술 및 개발, 개인 성장, 판매, 감독 기술, 작업기술 및 지식
구체적	기본적인 일–가정 균형 기술, 창의성, 고객 교육, 다양성과 문화에 대한 이해, 글쓰기 교정, 변화관리, 리더십, 제품지식, 대중 연설과 발표 기술, 안전, 윤리, 성희롱, 팀구축, 건강 등

직원 교육훈련

전반적으로 비행기가 항공사고의 원인이 아니다. 충돌, 폭발 등 항공사고 중 50% 이상은 조종사 또는 항공관제사의 오류 또는 부적절한 정비 때문에 발생한다.[50] 예를 들어 유나이티드항공의 조종사는 착륙을 시도하는 과정에서 연료가 급격히 떨어지고 있다는 부조종사의 경고를 들었다면 치명적인 사고를 피할 수 있다. 항공사는 훈련을 통해서 팀워크 원칙을 강조한다면 이러한 사고를 피할 수 있음을 알고 있다.[51] 항공산업에서 교육훈련의 중요성을 설명하기 위하여 이와 같은 사례와 통계를 사용한다. 2009년 1월 허드슨 강에 US Airways Flight 1549 비행기가 인명 피해 없이 놀라운 "착륙"을 한 것처럼 직원 교육을 통해서 정비와 인적 오류로 인한 사고를 예방하거나 크게 줄일 수 있다. 조종사인 Chesley Sullenberger 기장은 US Airways 조종사와 비행승무원이 받았던 광범위하고 집중적인 훈련 때문에 사고가 발생하지 않았다고 하였다.[53]

fyi

미국기업의 2017년 평균 교육 비용은 직원 1인당 986달러이다.[52]

라펠 기술(역주: 고정된 로프에 의지해 미끄러져 내려오는 하강 방법)을 배우는 것은 미 육군 주방위군 군인들에게 있어 수색 및 구조 훈련의 중요한 부분이다. 훈련을 통해서 국제적 위기뿐만 아니라 자연재해, 폭동 등 국내 비상사태에 대응하는데 필요한 기술, 정책 및 절차를 배운다.

출처 : *Rouelle Umali/Xinhua/Alamy*

직원 교육훈련은 핵심적인 인적자원관리 활동이다. 직무 수요가 변하기 때문에 직원들의 기술 역시 변화해야 한다. 미국 기업들은 2017년 기준으로 공식적인 직원 교육훈련에 90억 6천만 달러를 지출하였다.[54] 물론 직원에게 필요한 교육훈련 유형, 교육 시기, 교육 형식을 정하는 것은 관리자의 책임이다.[55]

교육훈련 유형 Exhibit 8-8은 조직이 제공하는 주요 교육 유형을 보여준다. 가장 인기있는 유형은 직업 및 산업별 특화된 교육, 관리 및 감독 기술, 규정준수 및 준법 교육(성희롱, 안전 등), 고객서비스 교육 등이다. 많은 조직에서 가장 많이 교육하는 내용은 의사소통, 갈등 해결, 팀 구축, 고객 서비스 등과 같은 대인관계 기술 등이다. 예를 들어 최근까지 의대는 학생들에게 환자와 의사가 소통하는 방법을 가르치지 않았다. 환자에 대한 만족도 제고가 중요해짐에 따라 이제는 환자 만족에 대한 교육을 실시한다. University of Rochester Medical Center는 의사가 환자와의 의사소통을 개선할 수 있도록 일대일 코칭을 실시한다.[56]

교육훈련 방법 많은 조직이 접근성, 비용, 정보전달력 때문에 기술 기반 교육훈련 방법에 의존하고 있다. Exhibit 8-9는 다양한 전통적 교육훈련 방법과 기술 기반 교육훈련 방법을 정리한 것이다. 이러한 모든 교육훈련 방법 중에서 전문가들은 조직이 직원들에게 중요한 정보를 제공하고 그들의 기술을 개발하기 위하여 앞으로 이러닝, 모바일 어플리케이션, 가상현실에 점점 더 의존할 것으로 믿고 있다.

Exhibit 8–9

교육훈련 방법

전통적인 교육 기법

- OJT: 입사 후 업무 소개가 끝난 뒤 단순하게 직접 일을 해봄으로써 업무수행방법을 배운다.
- 직무순환: 특정 영역에서 여러 가지 일을 해 볼 수 있는 기회를 갖는다.
- 멘토링과 코칭: 회사내 숙련자로부터 정보, 지원, 격려를 받는 것으로, 어떤 산업에서는 도제제도라고도 한다.
- 실습: 역할극, 시뮬레이션, 대면 훈련에 참여한다.
- 교재/매뉴얼: 정보를 얻기 위해 교재와 매뉴얼을 참고한다.
- 강의: 특정 정보를 전달하기 위해 마련된 강의실에 참여하여 강의를 듣는다.

기술 기반 교육 기법

- VD/CD/팟캐스트: 정보를 전달하거나 특정 기술을 보여주는 매체를 보거나 듣는다.
- 화상회의/통신회의/위성TV: 정보 전달 및 기술 시연을 청취하거나 회의에 참여한다.
- 이러닝: 인터넷 기반 학습으로 멀티미디어 시뮬레이션 또는 대화형 모듈에 참여한다.
- 모바일 학습: 모바일 기기를 통해서 학습한다.
- 가상현실: VR 헤드셋과 맞춤형 소프트웨어를 사용하여 시뮬레이션된 연습을 통해 학습한다.

L08.5 유능하고 우수한 직원의 유지

직원에 대한 성과평가는 인적자원관리의 기본적인 활동이다. 예를 들면 매년 이루어지는 성과평가는 직원이 직무를 얼마나 잘 수행했는지를 경영진에게 피드백해주는 전형적인 방식이다. 이를 기초로 성과 기반 보상이 이루어지며, 성과향상을 위해 추가적인 감독 및 교육의 필요성이 드러난다.

기술의 발전과 변화로 인해서 일부 조직이 연간 성과평가의 대안을 찾기 시작했다. 대안 중 하나는 직원에게 끊임없이 성과 피드백을 제공하는 것이다.[57] 예를 들어 소프트웨어 회사인 Revinate의 관리자는 목표설정 프로그램과 앱을 활용해서 실시간으로 직원의 업무상황을 평가하고 피드백한다. 고객성공 부문 임원의 말처럼 직원들은 "세세한 피드백을 자주 많이" 받는다.[58] Adobe Systems, PricewaterhouseCoopers와 Lumeris Healthcare Outcomes 같은 다른 회사들도 이러한 방법을 따르고 있다. 디지털 직원 평가 도구가 유용하다는 점과 젊은 직원들이 즉각적인 만족과 지속적인 피드백을 원하고 있다는 점에서 짧으면서 지속적인 평가피드백은 매력적인 대안이 되고 있다.

성과평가

fyi

성과평가 피드백을 매월 또는 주기적으로 제공하는 회사는 1년에 한번만 평가하는 회사보다 직원 유지 및 헌신 수준이 최대 1.5배 더 효과적이다.[59]

성과평가만큼 많은 논란을 일으키는 주제는 거의 없다. Revinate 사례에서 보듯이 일부 조직은 연간 1회 성과평가하던 것을 지속적으로 평가하는 방식으로 바꾸었다. 미국 기업의 3분의 1은 이제 전통적인 1년 단위의 성과평가를 포기하였다.[60] 그리고 포춘지 선정 500대 기업 중 적어도 30개 기업은 공식적인 성과평가를 중단하고 주관적인 평가로 대체하였다.[61] 공식적인 성과평가가 정치적이고, 편향적이며, 처벌적이라는 비판을 받게 되면서 공식적인 평가의 가치가 훼손되었다.

성과평가 방법 대부분의 조직은 아기를 목욕물과 함께 버리는 잘못을 범하지 않기를 원한다. 그들은 여전히 공식적인 성과평가를 수행하고 있다. Exhibit 8-10은 7가지 성과평가 방법의 장단점을 제시한다.

Exhibit 8–10
성과평가 방법

서면보고서
평가자는 직원의 강점과 약점, 과거 성과와 잠재력에 대해 기술하고, 향후 개선을 위한 제안을 한다.
+ 사용하기 편함
– 직원의 실제 성과보다 평가자의 글쓰기 능력에 의해 평가결과가 좌우됨

중요사건기술법
평가자는 직원의 효과적 행동과 비효과적 행동을 구분하는데 초점을 둔다.
+ 풍부한 사례를 제공하며, 행동을 기준으로 평가함
– 많은 시간이 소요되고, 계량화가 어려움

평정척도법
성과지표별 평가등급을 부여하는 것으로 가장 보편적인 방법이다. 평가자는 평가항목을 읽어내려가면서 항목별로 직원을 평가한다.
+ 계량 데이터를 제공하며, 많은 시간이 소요되지 않음
– 직무행동에 대한 깊이있는 정보를 제공하지 못함

행동기준평가법(BARS, Behaviorally Anchored Rating Scale)

인기있는 평가방법으로 중요사건과 평가등급으로 구성되어 있음. 평가자는 실제 직무행동의 사례로 구성된 항목들에 대하여 등급 평가를 한다.
+ 구체적이고 측정가능한 직무행동에 초점을 둠
− 많은 시간이 소요되고, 평가도구 개발이 어려움

대인비교법

작업 그룹 내 다른 사람과의 비교를 통해서 평가가 이루어진다.
+ 직원간 상호 비교가 가능함
− 직원 수가 많을 때 평가가 어렵고, 법률적 문제 소지가 있음

목표관리법(MBO)

직원이 특정 목표를 얼마나 잘 수행했는지를 평가한다.
+ 목표에 초점을 두며, 결과지향적임
− 많은 시간이 소요됨

다면평가(360도 평가)

감독자, 부하직원, 동료가 평가한다.
+ 빈틈없고 정확함
− 많은 시간이 소요됨

공식적인 평가가 이루어지는 조직이라고 하더라도 기술이 성과 데이터 수집 방법을 변화시킨다는 점에 유의해야 한다. 특히 컴퓨터로 수행되는 직무에서 감독자에 의한 관찰이 점점 더 **전자 성과 모니터링**으로 대체되고 있다.[62] 이는 전자 기기 또는 장치를 사용해서 개인과 그룹의 성과를 수집, 저장, 분석 및 보고하는 것이다. 예를 들어 이 기술은 관리사가 부하 직원의 작업 흐름을 실시간으로 추적하고 분석할 수 있는 콜센터에서 널리 사용되고 있다. 전자 모니터링 시스템은 평균 통화 시간, 총 통화 수, 휴식 시간 등 성과지표에 대한 정보를 지속적으로 수집할 수 있다. 이를 통해 관리자는 평가에 필요한 객관적인 데이터를 활용하여 공식적인 성과평가를 한다. 또한 이러한 디지털 모니터링 시스템은 성과 관련 문제를 거의 즉시 상사에게 알리고 신속한 시정 조치를 가능하게 한다. 이는 상사가 6개월 또는 9개월 전에 발생한 문제를 연말 성과평가 때 다루는 방식에 비해 크게 개선된 것이다.

전자 성과 모니터링
전자 기기 또는 장치를 사용해서 개인과 그룹의 성과를 수집, 저장, 분석 및 보고하는 것

실패에서 배운다

마이크로소프트의 강제서열 평가 폭탄

강제서열법은 General Electric에서 시작해서 수십 개의 주요 회사로 확산되었다. 강제서열법은 사업부 관리자가 자신의 부하직원들을 모두 평가한 다음 직원별로 서로 비교 평가한다. 비교 평가하다가 최하위로 평가된 사람은 추가 비교할 필요 없이 그대로 놔둔다. 이론적으로 강제 서열법에 의한 성과평가는 성과가 낮은 직원을 조직에서 도태시키는 경향이 있다.

다음은 강제 순위를 할당하는 방법이다. 직원그룹은 평균 이상, 평균, 평균 이하로 나뉘어진다. 적어도 이 방식은 관리자들이 부하를 평가할 것을 요구한다. 물론 단점이 분명히 있다. 모든 집단이 정규 분포를 따른다고 가정한다. 슈퍼스타 5명으로 구성된 팀을 관리한다고 해도 이 방식은 한 명 이상은 평균 이하의 등급을 주어야 하고 몇 명은 평균 등급으로 평가해야 한다. 그러나 부서 구성원들은 일반적으로 정규분포를 따르지 않는다. 그래서 좋은 인재를 놓칠 수가 있고 실제로 놓친다.

강제서열법이 가지고 있는 매력은 무엇인가? 저성과자를 확인하고 골라내는 것은 많은 관리자들이 피하고 싶은 일인데 강제서열법은 관리자들이 이러한 어려운 의사결정을 할 것을 요구한다. 하지만 댓가는? 마이크로소프트는 수십년동안 이 시스템을 사용하면서 직원들이 평범한 팀의 일원이 되어 서로 경쟁하고, 동료를 나쁘게 보이게 만들려고 노력한다는 사실을 발견하였다. 만약 당신이 다른사람과 비교되어 평가를 받는다면 "다른 사람들"을 깎아내리려고 할 것이다. 예를 들어 회사의 최고 엔지니어들은 자신의 순위가 낮아지지 않기 위해서 함께 일하는 것을 피한다. 그리고 직원들은 자신을 더 좋게 보이기 위해 정기적으로 동료들의 업무를 방해하려고 한다.

마이크로소프트는 강제서열법이 더 이상 효과가 없다는 것을 알게 되었고, 2012년에 이 시스템을 없앴다. 그들은 팀웍, 협업, 협력을 강조하는 성과점검 방식으로 대체하였다.[63]

401(k) 매칭 프로그램(역주: 미국의 퇴직연금 프로그램)은 회사가 인재를 유인하고 유지할 수 있는 한 가지 방법이다. Lowes사는 직원들에게 401(k) 패키지를 제공하는데, 3%의 직원에게는 퇴직금 100%를 회사가 적립해 주고, 4~5%는 50% 적립, 6%의 직원에게는 25% 적립해 준다.

출처: *Randy Duchaine/Alamy Images*

임금과 복리후생

자원봉사를 하지 않는 한, 우리는 회사로부터 보상을 받을 것으로 기대한다. 효과적이고 적절한 보상 시스템을 개발하는 것은 인적자원관리 프로세스의 중요한 부분이다. 모든 조직에서 유능한 인재를 유인하고 유지하려는 노력의 핵심 활동이다.

보상은 기본 임금, 봉급 및 추가급여, 인센티브, 기타 복리후생 등 다양한 형태의 보상 및 복리후생이 포함될 수 있다.[64] 직원 복리후생에는 퇴직 지원, 건강보험, 유급휴가 등이 포함된다. 많은 조직이 일-가정 균형에 대한 직원의 바램을 반영하여 유연근무와 가족친화적 복지를 통해서 다양한 직원들의 요구를 해결하고 있다.

일부 조직은 특이하지만 인기있는 혜택을 직원에게 제공한다. 예를 들어 Campbell's Soup과 Mercedes-Benz는 컨시어지 서비스(concierge, 역주: 호텔에서 고객의 요청에 따라 다양한 요구사항을 도와주거나 일괄적으로 업무 등을 처리해 주는 서비스, 컨시어지는 그러한 서비스를 해주는 사람)를 제공한다. 직원은 세탁서비스나 저녁식사 예약을 요청할 수 있다. 회계법인인 Barfield, Murphy, Shank, and Smith의 직원은 세금신고 준비 기간동안 현장 마사지를 즐긴다. Bank of America 직원들은 하이브리드 또는 전기 자동차를 구매할 때 3,000달러를 받는다. 그리고 대학 졸업자들이 얻을 수 있는 혜택은 학자금 대출 상환 지원이다. 온라인 음식 주문 플랫폼인 Natixis Global Asset Management and ChowNow는 최고의 인재를 채용하고 유지하기 위해 대출상환 지원을 해 준다.[65]

Exhibit 8–11

임금과 복리후생 결정요인

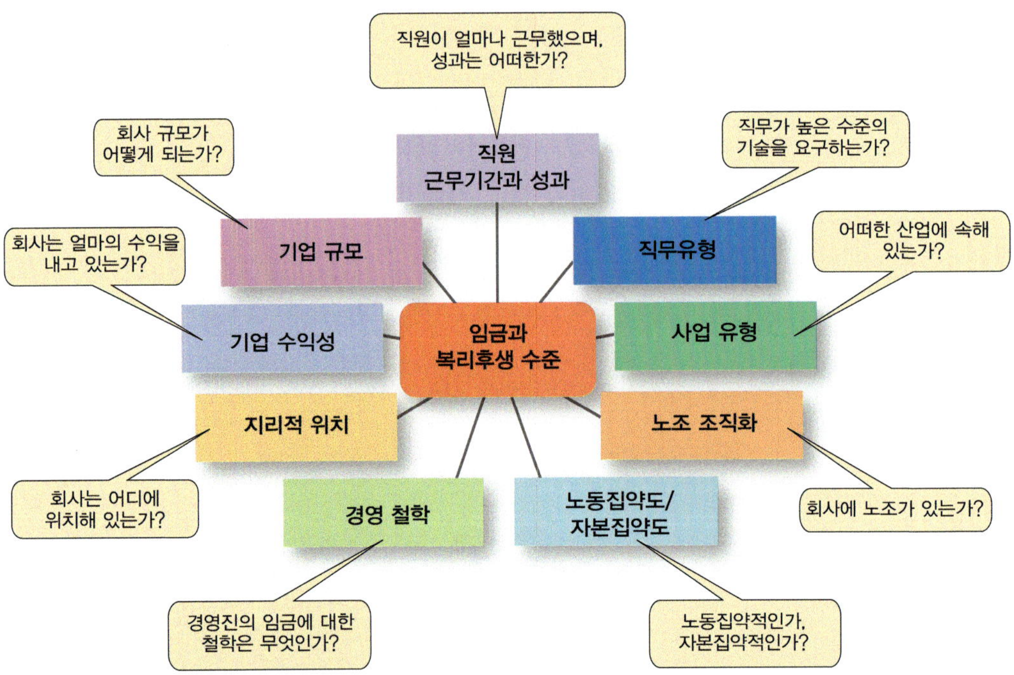

관리자는 누가 무엇을 받을지 어떻게 결정할까? 여러 직원들이 받는 임금과 복리후생 패키지에 영향을 주는 몇 가지 요인이 있다. Exhibit 8-11은 직무, 사업, 또는 산업 기반의 몇 가지 요인을 보여준다.

이어서 우리는 기술급과 변동급, 보너스와 연봉 인상, 임금 비밀과 공개 등 세가지의 현대적인 보상 이슈를 다루고자 한다. 그 다음에 복리후생 대안과 직원이 선호하는 복리후생에 대해 간략히 살펴보고자 한다.

Let's Get REAL

시나리오:

Extreme Software Solutions의 인사 관리자인 Kim Yoshida는 늘어나는 인력을 관리하기 위한 정책과 관행을 개발하였다. 10년전 스타트업으로 출발한 회사는 회사의 성장을 위해 밤낮없이 일할 열정을 가진 대학 졸업생을 고용했다. 이제 Extreme Software Solutions는 어느정도 자리를 잡은 상황에서 Kim은 많은 직원이 가정을 꾸리게 되었음을 알게 되었고, 근무시간을 줄이고 유연하게 일할 수 있게 해달라는 요청을 받았다. 이제 Kim은 회사가 가족친화적인 복지를 제공해야 한다고 생각한다.

Kim은 어떤 종류의 가족 친화적인 복지를 고려해야 하는가?

회사 설립 초기부터 함께 한 직원들의 헌신을 유지하기 위하여 Kim은 유연근무 프로그램과 일-가정 균형을 지향하는 복지, 그리고 가정을 이룬 후 부모가 다시 회사로 쉽게 돌아올 수 있는 정책을 고려해야 했다. 예를 들면 근무시간 단축, 재택 또는 원격 근무, 직장 탁아시설 및 어린이집, 출산 또는 입양 후 유급휴직 등 다양한 일자리 공유 방안이 마련되었다. 이러한 복지들은 직원들이 업무와 개인 시간을 활용하여 업무를 잘 수행할 수 있도록 직원 능력 개발 뿐만 아니라 회사의 사업목표를 지속적으로 달성할 수 있도록 설계되었다.

출처: *Leya Gaynor*

◀ **Leya Gaynor**
인적자원관리 담당 파트너

기술급과 변동급 **기술급**(skill-based pay)은 직원의 기술 수준과 자격에 따라 보상하는 것이다. 이 임금체계에서 직원의 임금은 직책이 아닌 기술 수준에 달려있다. 많은 회사들이 기술급을 활용하고 있다. 이러한 형태의 임금체계는 주로 제조업에서 많이 도입되었다. 기술급이 얼마나 효과적일까? 한 연구에 따르면 제조업에서 기술급 도입이 공장 생산성을 58% 높이고 부품당 인건비를 16% 낮추며, 품질 향상의 효과가 있었다.[66] 반면에 많은 조직은 개인의 보상이 성과에 따라 달라지는 **변동급**을 활용한다. 실제로 미국 조직의 거의 90%가 변동급을 활용하며, 아시아와 라틴아메리카 조직의 약 50%가 변동급을 도입하였다.[67] 직원 동기부여와 관련된 변동급에 대하여 12장에서 자세히 다루고자 한다.

기술급
직원들이 보여주는 기술 수준에 따라 보상하는 임금체계

변동급
성과에 상응하는 보상을 하는 임금체계

많은 요인이 조직의 보상체계 설계에 영향을 주지만 핵심 요인은 유연성이다. 임금에 대한 전통적인 접근방법은 주로 경영환경이 안정적인 상황에서 근속년수와 직무수준에 따라 임금을 주는 것이다. 급변하는 경영환경 속에서 많은 기업의 임금체계가 보다 유연해지고, 임금 등급의 수를 줄이는 추세이다.

보너스와 연봉 인상 연봉 인상 방식은 지난 한 세기 동안 미국에서 표준이었다. 하지만 그것이 최선의 보상방법일까? 일부 회사와 임금 전문가들은 연봉 대신에 변동급 개념을 확대하여 고성과 인재에게 일회성 보너스를 줄 것을 제안한다.[68]

보통의 성과를 낸 일반 직원에게 3%, 최고성과를 낸 고성과 직원에게 5%의 임금인상이 이루어진다면 임금인상의 동기부여 기능은 상실될 것이다. 임금인상 재원은 한계가 있기 때문에 모든 사람에게 임금을 인상 한다는 것은 최고의 성과를 낸 사람에게 제대로 보상을 하지 못한다는 의미이다. 부의 재분배 대신에 최고의 성과를 낸 고성과 직원에게 보상해주면 어떨까? Novitex Enterprise Solutions에서 최고의 성과를 낸 직원은 10% 이상의 임금인상이 이루어진다. 여기에 덧붙여 Novitex의 서비스 제공 담당 관리자는 저성과자들에게 "건전한 퇴직을 경험할 것이다"라고 말한다.[69]

임금 비밀과 투명성 역사적으로 회사들, 특히 대기업들은 직원들에게 자신의 임금을 남에게 알리지 말라고 요구해 왔다. 회사는 여러 가지 요소가 임금에 포함되어 있는데 직원들이 그러한 요소들을 제대로 알지 못하기 때문에 임금을 비교하는 것이 문제를 일으킬 수 있다고 보았다. 특히 직원들이 배분 공정성에 의문을 제기하고, 조직에 대한 신뢰와 충성심이 낮아지고 동기부여 및 만족도 저하로 이어질 수 있다.[70]

미국에서 새로운 투명성 시대가 2016년 행정명령으로부터 시작되었다.[71] 미국 정부와 1만달러 이상의 계약을 맺는 조직에 적용되는 이 행정명령은 직원들이 자신의 보상을 공개하거나 다른 사람과 토론한 것에 대해 회사가 처벌하지 못하도록 하는 것이다. 그 결과 정부와 거래하지 않는 기업들도 임금비밀정책을 재평가하기 시작했다. 특히 젊은 직원들에게 임금비밀에 대한 인식이 정착되어 있지 않기 때문에 향후 더 많은 임금 투명성을 기대할 수 있다. 최근 밀레니얼 세대를 대상으로 한 설문 조사에 따르면 조사대상의 30%가 임금을 동료와 공유했다. 이는 기성세대인 베이비부머 중에서 8%만 임금을 공유한 것과 비교되는 수치이다.[72]

복리후생 대안 직원 보상은 임금만 있는 것이 아니다. 인재를 채용하고 유지하는 중요한 요인은 직원의 복리후생 프로그램이다. 직원을 대상으로 한 설문조사에 따르면 구직 과정에서 가장 중요한 고려사항이라고 응답한 사람이 57%이다. 임금 인상보다 복리후생 추가 제공을 더 선호한다는 사람이 80%이며, 적절한 복리후생 제공이 이직 가능성을 낮출 것이라고 응답한 사람이 87%였다.[73]

대부분의 직원이 원하는 복지후생은 무엇일까? 관리자는 복리후생의 가치를 극대화하기 위해 어떠한 프로그램에 초점을 맞추어야 할까? 직원만족도에 가장 큰 영향을 주는 것으로 보이는 복리후생은 (우선순위로 보면) 건강보험, 휴가 및 유급휴가, 퇴직 계획(연금과 401(k) 계획) 등이다.[74] 추가적으로 직원의 개인적인 관심분야, 조직문화, 기업의 위치 등을 고려해야 한다. 예를 들어 애플, 페이스북, 구글은 기술자들을 샌프란시스코에 있는 집에서 실리콘밸리 사무실까지 데려다주는 셔틀버스 서비스를 제공한다.[75] 그리고 Reebok은 직원들에게 크로스핏(Crossfit, 역주: 여러 종류의 운동을 섞어 단기간 · 고강도로 행하는 운동 방법으로 본래는 미국의 피트니스 단체 '크로스핏'이 만든 운동법이자 그 브랜드를 가리키는 용어) 수업과 구내 체육관 시설을 제공한다.[76]

fyi

미국 경영자들은 중국 스타트업의 996(주 6일, 오전 9시부터, 오후 9시까지 근무)이라는 컨셉을 들었을 때 충격을 받았다.[77]

L08.6 경력개발

인적자원관리 프로세스의 마지막 활동은 경력개발이다. 9장의 Workplace Confidential Box에서 대학생의 관점에서 경력에 대해 논의했다. 이하에서는 조직의 책임에 초점을 맞추어 간략하게 살펴보고자 한다. 지난 30년 동안 경력개발은 직원의 책임이라는 추세였다. IBM과 GE 같은 대기업 모두 수년간의 공식 교육훈련 프로그램과 지속적인 경력개발 워크숍을 제공해 왔지만, 최근에는 크게 줄어들었다. 일부 저자가 말했듯이 "너 자신을 브랜드하라"의 책임은 개개인에게 있다.[78]

경력개발을 직원 책임으로 밀어 붙이는 것이 일반적인 추세이지만, 두가지 중요한 추세에 주목해야 한다. 첫째, 조직은 "평생 학습"을 지원하여 직원들이 최신 기술을 습득하도록 돕는다. 예를 들어 많은 회사는 직원이 직업 관련 수업을 들을 수 있도록 대학 수업료를 지원한다. SAS, Amazon, Bonobos 및 Enterprise Rent-A-Car와 같은 회사들은 모두 직원이 관리자가 되기 위한 리더십 프로그램을 제공한다.[79] 둘째, 기업은 인턴십 프로그램을 운영한다.[80] 3개월짜리 여름 인턴십 프로그램은 잠재적 직원의 능력과 동기부여를 평가할 수 있는 좋은 방법이다. 만약 정규 직원이 되어서 제대로 업무를 하지 못하는 경우 관련 비용 및 법적 문제가 발생할 수 있는데, 인턴십 프로그램을 통해서 이러한 문제를 미연에 방지할 수 있다. 인턴 입장에서 직접 체험함으로써 해당 조직이 자신이 정규직으로 일하고 싶은 조직인지에 대해 배울 수 있는 기회를 얻는다. 예를 들어 JPMorgan, Credit Suisse, Deutsche와 같은 주요 은행은 고학년이 되기 전 여름에 잠재력이 높은 수백명의 대학생들에게 넉넉하게 댓가를 지불하면서 여러 직무를 수행하도록 하여 어떤 인턴에게 졸업 이후에 정규직을 제안할 것인지 결정한다.

L08.7 인적자원관리의 현대적 이슈

오늘날 관리자가 직면한 몇가지 인적자원 이슈를 다루면서 이번 장을 마무리하고자 한다.

성희롱

성희롱은 오랫동안 공공부문이나 민간부문에서 모두 심각한 문제였다. 앞서 보았듯이 2017년은 분수령의 해였다. 수십년동안 문제없는 것으로 받아들여졌거나 적어도 관심이 거의 없었던 행동들, 특히 조직에서 권력과 영향력을 가진 사람들에 의해 이루어졌던 행동들이 새로운 표준인 "무관용"의 대상이 되었다.

과거에는 공개적으로 말하기를 두려워했던 여성들이 이제는 당당히 말한다. 권력을 가진 경영진, 정치인, 유명 언론인들이 부적절한 성적 행동으로 일자리를 잃었다. 이러한 변화로 인해 대부분의 조직에서 고위 경영진이 부적절한 행동에 대한 이의제기에 민감해지고, 위협적이지 않은 직장을 만드는 것이 중요하다는 사실을 인식하게 되었다. 추세가

NBC Today의 진행자인 Matt Lauer는 "직장에서의 부적절한 성행위" 혐의로 NBC에 의해 해고되었다. 2017년은 특히 조직에서 권력과 영향력을 가진 사람들에게 허용되었거나 간과되었던 행동이 더 이상 용납되지 않는 변화가 일어난 해로 기록되었다.

출처: *Nancy Kaszerman/ZUMAPRESS.com/Alamy Live News/Alamy Stock Photo*

'단지 다른 방법을 찾는 것'으로부터, 공격적으로 혐의를 찾고 반대자에 대해 적극적 조치를 취하는 것으로 이동했다.

성희롱이란 정확히 무엇인가? 성희롱은 고용, 성과, 업무환경에 명시적 혹은 암묵적으로 영향을 미치는 원치 않는 성적인 행동이나 활동으로 정의된다. 성희롱은 이성 또는 동성의 구성원간 발생할 수 있다.

성희롱
고용, 성과, 업무환경에 명시적 혹은 암묵적으로 영향을 미치는 원치 않는 성적인 행동이나 활동

성희롱에 관한 많은 문제들은 어떠한 행동이 불법인가를 정확하게 파악하는 것과 관련이 있다. EEOC(미국 연방 고용기회평등위원회)는 성희롱을 "원하지 않는 성적 접근, 성적 호의 요구, 성적인 언어와 육체적 행위가 명시적 혹은 암묵적으로 개인의 고용에 영향을 주거나, 비합리적으로 개인의 업무성과에 관여하거나, 두렵고 적대적이며 공격적인 업무환경을 만드는 것"이라고 정의한다.[81] EEOC는 어느 개인의 성에 대한 모욕적인 발언이 포함될 수 있다고 덧붙였다. 많은 조직에서 문제는 이러한 공격적이거나 적대적인 환경이다. 관리자들은 무엇이 그러한 환경을 만드는지 알아야 한다.

조직 입장에서 성희롱에 따른 비용이 크다. 미국의 포춘지 선정 500대 기업 대부분 직원들이 불만을 제기했으며, 적어도 1/3이 고소당했다.[82] 해결을 위한 비용은 수천달러에서 수천만달러까지 다양하다. 예를 들어 21st Century Fox는 전직 뉴스 앵커의 청구를 해결하는데 2,000만 달러가 들었다.[83] 성희롱은 미국에서만의 문제가 아니다. 전 세계적인 문제이다. 전 세계 여성의 35%가 신체적 폭력 또는 성폭력을 경험한 것으로 알려져 있다.[84]

성희롱 소송 문제가 종종 법원 판결에 의해 이루어지는 대규모 보상에 초점이 맞춰지곤 하지만, 기업 입장에서는 또다른 우려가 있다. 성희롱은 불쾌하고, 때로는 적대적인 작업환경을 조성하며, 직원의 업무수행 능력을 약화시킨다.

괴롭힘 문제로부터 조직을 보호하기 위해 무엇을 할 수 있을까? 7가지 요소로 구성된 프로그램이 제안되었다.[85] (1) 명확한 괴롭힘 방지 정책, (2) 괴롭힘에 해당할 수 있는 금지 행동의 명확한 제시, (3) 직원들이 나서도록 격려하는 불만신고 절차, (4) 보복에 대한 고소인과 증인의 보호, (5) 혐의 피해자와 피고인 모두의 사생활을 보호하는 조사 방식, (6) 지속적인 관리자 교육과 직원 인식개선 프로그램, (7) 지속적인 괴롭힘을 중지하고 가해자에 대한 적절한 징계를 하는 등 즉각적인 시정조치를 위한 조사와 프로세스

직장 내 괴롭힘

직장 내 괴롭힘이란 무엇인가? 어떤 개인이 일정기간 동안 반복적으로 신체적 또는 정신적 피해를 경험했을 때 직장 내 괴롭힘이라고 한다.[86] 어떤 하나의 부정적 행동만으로는 괴롭힘이라고 간주되지 않는다. 여기에는 언어 폭력, 경멸적인 발언, 굴욕, 협박, 보복 등이 포함된다. 직원들이 묘사한 구체적인 직장 내 괴롭힘 행위로는 의견을 무시하거나, 큰 소리를 지르거나, 험담이나 소문을 퍼뜨리거나, 공개적으로 조롱하는 것 등이다.[87] 마지막으로 권력 불균형도 포함되는데, 한 당사자가 괴롭힘으로 인해 불이익을 받거나 자신을 보호하거나 방어할 수 없는 경우이다.

직장 내 괴롭힘
어떤 개인이 일정기간 동안 반복적으로 신체적 또는 정신적 피해를 경험함

널리 알려진 직장 내 괴롭힘 사례가 Nike에서 발생했다.[88] 이 회사는 수많은 직장 내 괴롭힘 제보를 포함해서 일하기 힘든 곳으로 알려지게 되었다. 조직문화를 다루기 위해 회사는 내부의 위법 행위에 대해 조사하기 시작했다. 그 결과 강도 높은 조치가 이루어졌다. 부하직원들을 모욕하고 비방하는 것으로 악명이 높았던 브랜드 부문 사장 Trevor Edwards가 해고되었다. 회사에서 20년 이상 근무한 여성을 포함해서 다른 4명의 임원도 마찬가지로 해고되었다.

직장 내 괴롭힘이 얼마나 큰 문제일까? 그것은 광범위하게 퍼져 있고 점점 더 많아지고 있다. 연구에 따르면 미국 근로자의 29%가 직장 내 괴롭힘을 당했다고 한다.[89] 이는 성희롱보다 4배가 많은 수치이다.[90]

괴롭힘은 직원과 조직 모두에게 여러 가지 커다란 부정적 영향을 미친다.[91] 직원들에게 괴롭힘은 불안과 공황 발작을 증가시키고, 자존감을 감소시키며, 스트레스 관련 우울증을 일으킬 수 있다. 조직의 경우, 괴롭힘은 직원 생산성 저하, 결근 증가, 이직 증가, 대체 고용 비용 증가로 이어질 수 있다.

놀랍게도 미국에는 괴롭힘에 대한 연방 법률이 없다. 반대로 서유럽, 캐나다, 호주 등에서는 구체적인 괴롭힘 방지 정책이 있다.

그 결과 미국에서는 괴롭힘 피해를 입은 직원이 소송을 제기하기가 어렵다. 문제를 해결하는 한 가지 방법은 괴롭힘 피해자가 보호받는 차별 계층과 관련이 있음을 보여주는 것이다. 예를 들어 괴롭힘이 인종, 피부색, 장애, 또는 성적 취향과 관련이 있음을 보여주면 소송에서 이길 수 있다.

경영진은 괴롭힘 없는 직장을 만들 의무가 있다. 하지만 안타깝게도 쉽지 않은 일이다. 다각도의 접근이 필요하다. 우선 최고경영진의 리더십부터 시작해야 한다. 말과 행동에서 임원들이 모범을 보여야 한다. 그런 다음 공식 정책 및 행동 강령 마련, 인식개선 워크숍 개최, 피해자가 이의제기할 수 있는 공식 채널 마련, 사건에 대한 신속한 조사, 가해자 처벌에 대한 홍보 등이 이루어져야 한다.[92]

Chapter 8 시험/퀴즈 준비: 학습개요를 통한 요약

LO8.1 인적자원관리와 인적자원관리 과정의 중요성을 설명한다.

인적자원관리가 중요한 이유는 세가지이다. 첫째, 경쟁우위의 중요한 원천이다. 둘째, 조직 전략의 중요한 부분이다. 셋째, 조직이 직원을 대하는 방식은 조직성과에 결정적인 영향을 주는 것으로 나타났다. 이들 목표를 달성하기 위하여 관리자는 인적자원관리 프로세스를 구성하는 8가지 활동(Exhibit 8-1)에 의존한다.

LO8.2 인적자원관리 과정에 영향을 미치는 외부 영향요인을 설명한다.

인적자원관리 프로세스에 가장 직접적인 영향을 미치는 외부요인은 경제, 노동조합, 법적 환경 및 인구통계학적 추세이다. 경제는 직원이 업무를 바라보는 방식에 영향을 미치고, 조직이 인적자원을 관리하는 방식에 영향을 준다. 노동조합은 근로자를 대표하고 단체교섭을 통해 근로자의 이익을 보호하고자 하는 단체이다. 노동조합이 있는 조직에서 인적자원관리는 단체협약에 의해 결정된다. 인적자원관리 관행은 국가의 법률에 의해 제한되며, 이러한 법률을 따르지 않으면 비용이 많이 발생한다. 직원의 인종 및 민족 구성 변화, 베이비붐 세대 퇴직, Y세대 근로자 확대와 같은 인구통계학적 추세도 인적자원관리 관행에 영향을 미칠 것이다.

LO8.3 인재의 확인과 선발에 필요한 과업에 대해 토론한다.

인적자원 계획은 관리자가 적재적소적시에 적정 수와 유형의 인재를 확보하기 위한 프로세스이다. 직무분석은 직무수행에 필요한 직무와 행동을 규정하고 평가하는 프로세스의 일부이다. 직무기술서는 직무내용, 환경, 고용조건 등을 문서로 작성한 것이다. 직무명세서는 직무를 수행하기 위해 필요한 최소한의 자격을 적은 것이다.

회사는 잠재력있는 구직자를 신중하게 선별해야 한다. 모집은 유능한 인재를 찾고 유치하는 과정이다. 감원은 노동공급이 초과되었을 때 인력을 줄이는 것이다.

선발은 고용했을 때 해당 인력이 성공적으로 일할 지를 예측하는 것을 포함한다. 타당성 있는 선발 도구인지 아닌지는 선발도구와 선발기준간 관계에 의해 결정된다. 신뢰성 있는 선발도구는 동일한 것을 반복 측정했을 때 같은 결과가 나오는 것이다. 다양한 선발 도구가 있는데, 입사지원서, 필기시험, 성과시뮬레이션 시험, 면접, 경력조회, 경우에 따라서 신체검사 등이 있다.

현실적인 직무소개는 지원자가 직무에 대해 현실적인 기대감을 가질 수 있게 하여 직무만족도를 높이고 이직률을 줄인다는 점에서 중요하다.

LO8.4 회사가 직원에게 기술과 지식을 제공하는 방법을 설명한다.

오리엔테이션은 신입사원이 외부인에서 내부인으로 만드는 과정으로 조직에 편안하고 잘 적응하도록 하고, 직무성과 저하 가능성을 줄이고, 조기 퇴사 가능성을 낮추기 때문에 중요하다.

가장 인기있는 교육훈련 유형은 직업 및 산업별 특화된 교육, 관리 및 감독 기술, 규정 준수 및 준법 교육, 고객서비스 교육 등이다. 이러한 교육훈련은 전통적인 교육방법(OJT, 직무순환, 멘토링과 코칭, 실습, 교재/매뉴얼, 강의)과 기술 기반 교육(CD/DVD, 화상회의 또는 원격회의, 이러닝, 모바일 학습, 가상현실)이 있다.

LO8.5 유능하고 우수한 직원을 유지하기 위한 전략을 설명한다.

성과관리 시스템은 직원 성과를 평가하는데 사용되는 성과 기준을 설정한다. 다양한 성과평가 방법이 있는데, 서면보고서, 중요사건기술법, 평정척도법, 행동기준평가법(BARS), 대인비교법, 목표관리(MBO), 다면평가 등이 있다.

보상 및 복리후생에 영향을 주는 요인에는 직원의 근속년수와 성과, 직무유형, 사업/산업 유형, 노조조직화, 노동집약적 또는 자본집약적, 경영 철학, 지리적 위치, 기업의 수익성, 기업 규모 등이 있다.

기술급은 직원들이 입증할 수 있는 직무기술과 역량에 대해 보상하는 것이다. 변동급에서 직원 보상은 성과에 달려 있다. 일부 회사는 연봉 인상 대신에 고성과 인력에 대한 일회성 보너스를 지급한다. 직원의 만족도에 가장 큰 영향을 주는 복리후생은 건강보험, 휴가 및 유급휴가이다.

LO8.6 경력개발의 두가지 중요한 추세를 규명한다.

한 가지 추세는 평생학습이다. 지난 수십년 동안 기술이 천천히 변해왔다. 어떤 사람이 직무에 필요한 특정 기술을 대학에서 또는 견습프로그램에서 배웠다면 그 기술은 그 사람의 경력속에서 활용될 것이다. 하지만 이제는 더 이상 그렇지 않다. 최신의 상태를 유지하려면, 직원은 평생 학습을 통해서 자신의 기술을 지속적으로 업데이트해야 한다. 조직은 그에 필요한 지원을 제공해야 한다.

또 다른 추세는 인턴십 프로그램의 확대이다. 이는 능력있는 인재가 기술을 배울 기회를 제공하고, 회사 입장에서는 정규직이 되었을 때 헌신하지 않을 사람을 사전에 평가할 수 있다.

LO8.7 인적자원 관리의 현대적인 이슈를 토론한다.

성희롱은 고용, 성과, 업무환경에 명시적 혹은 암묵적으로 영향을 미치는 원치 않는 성적인 행동이나 활동이다. 관리자들은 공격적이거나 적대적인 작업환경을 구성하는 요소들을 인식하고, 직원들에게 성희롱 교육을 시키고, 괴롭힘 혐의를 제기한 사람에 대해 보복조치를 취하지 않아야 한다.

어떤 개인이 일정기간 동안 반복적으로 신체적 또는 정신적 피해를 경험했을 때 직장 내 괴롭힘이라고 한다. 괴롭힘에 대한 대응에는 공식 정책 및 행동 강령 마련, 인식개선 워크숍 개최, 피해자가 이의제기할 수 있는 공식 채널 마련 뿐만 아니라 직장 내 괴롭힘을 방지하기 위한 경영진의 약속이 포함된다.

복습과 토론 질문

8-1 노동조합은 직원이 부당하게 해고되는 것을 막을 수 있을까?

8-2 말레이시아에서는 IT 및 고객서비스와 같은 산업의 숙련공을 확보하기 위하여 전문 인력공급업체에 점점 더 의존하고 있다. 미국에 본사를 둔 Manpower Group과 같은 회사는 고객에게 전문적인 인적자원관리 서비스를 제공한다. 그러한 회사들은 자체적으로 인적자원관리 부서를 가지는 것이 불필요한가? 이에 대하여 토론하시오.

8-3 조직은 다양한 선발도구를 신입사원을 채용한다. 모든 선발방법이 모든 직무에 똑같이 적용되는 것이 바람직한가?

8-4 비용절감을 위하여 신입사원 오리엔테이션 기간을 줄였다. 이 경우 직원 유지에 미치는 영향을 설명하시오.

8-5 교육훈련의 다양한 형태에 대해 설명하시오. 조직은 각각의 교육훈련 유형을 어떻게 제공하는가?

8-6 평가방식인 목표관리법(MBO)와 행동기준평가법(BARS)를 비교 설명하시오.

8-7 직원 보상 및 복리후생에 영향을 주는 요인을 제시하시오.

8-8 가족친화적 복리후생 개념을 어떻게 이해하고 있는가? 그러한 복리후생의 예를 몇 가지 제시하시오.

경력 준비

윤리적 딜레마

어려울 수 있지만, 자폐증이 있는 사람을 고용하는 것이 유익할 때가 있다. 영국국립자폐증협회에 따르면 자폐증이 있는 성인의 79%가 일하기를 원하지만, 15%만이 정규직으로 일하고 있으며, 9%는 파트타임으로 일한다.[93] 자폐증이 있는 사람들은 필요한 기술과 추진력을 가지고 있지만, 회사는 이들을 고용함으로써 얻을 수 있는 잇점, 즉 기업의 사회적 책임이나 자선이 아닌 그 이상의 잇점을 이해하지 못한다. 젊은 자폐증 직원에 대한 회사의 태도가 변하고 있지만 여전히 해결해야 할 점들이 많이 있다. 영국 정부는 미개발 인재풀을 활용하는 최선의 방법을 찾기 위해 근로자와 자선단체를 한데 모으는 실무협의그룹을 구성했다. 실무협의그룹에서 발견한 것 중 하나는 자폐증 친화적인 근무환경의 필요성이다. 근무장소가 너무 밝거나 너무 시끄럽지 않은지 확인하는 것과 같은 작은 근무환경 개선이 큰 차이를 가져다 줄 수 있다.[94]

8-9 자폐증 친화적인 근무환경을 만들기 위해 자국에서 취한 조치를 조사하고 설명하시오. 다른 문제에 직면한 직원은 어떠한가?

8-10 조직목표가 이익 추구인 경우, 윤리적이고 다양성을 확보한 채용을 고려해야 하는가?

8-11 직장의 포용성은 거의 틀림없이 향후 10년동안 가장 주목해야 할 인적자원관리 이슈 중 하나이다. 관리자가 공격적이거나 적대적인 근무환경에 어떻게 대처해야 한다고 생각하는가?

기술 연습 면접기술 개발

기술에 관하여

대부분의 관리자가 능숙해야 하는 인적자원 활동 중 하나는 채용과정에서 지원자를 면접하는 것이다. 관리자로서 면접기술을 개발할 필요가 있다. 아래의 토론내용은 이러한 기술과 관련한 행동들을 다룬다.

기술 훈련 단계

- **직무기술서와 직무명세서를 검토하라.** 해당 직무에 대한 관련 정보를 검토하면 지원자 평가방법에 대한 중요한 정보를 얻을 수 있다. 또한 직무명세서는 면접시 발생할 수 있는 편견을 줄이는데 도움이 된다.
- **모든 지원자에게 물어 볼 구조화된 질문지를 준비한다.** 준비된 질문지를 통해 원하는 정보를 얻을 수 있는지 확인한다. 이 때 모든 지원자에게 비슷한 질문을 하면 지원자들의 답변을 더 잘 비교할 수 있다.
- **지원자를 만나기 전에 입사 지원서와 이력서를 검토하라.** 이 과정에서 지원서 또는 이력서에 작성된 내용과 직무가 요구하는 것을 비교하여 지원자에 대한 전체적인 그림을 그릴 수 있을 것이다. 또한 면접에서 무엇을 살펴볼 것인지 알게 된다. 즉 직무수행에 필수적이지만 이력서나 지원서에 명확하게 나타나지 않은 것들이 지원자 면접의 중요한 포인트가 될 것이다.
- **지원자들의 긴장을 풀어주고, 논의할 주제에 대해 간단한 설명을 하는 것으로 면접을 시작하라.** 면접은 구직자에게 스트레스이다. 가벼운 이야기(예: 날씨 이야기)로 대화를 시작하여 지원자가 면접에 적응할 시간을 준다. 주제를 미리 알려줌으로써 지원자가 자신의 생각을 어떻게 이야기할지 윤곽을 잡을 수 있을 것이다.
- **질문을 하고 지원자의 답변을 주의깊게 경청하라.** 답변을 들은 뒤 자연스럽게 후속 질문을 이어가라. 지원자의 답변이 직무수행 자격요건을 갖추고 있는지를 확인하는데 필요한 정보인지에 초점을 맞추어라. 불확실한 정보에 대해서는 추가 질문을 통해 정보를 더 얻어야 한다.
- **면접 이후 다음 단계가 무엇인지 알려주면서 면접을 마쳐라.** 지원자는 자신이 채용이 될지에 대해 매우 걱정한다. 다른 면접 대상자가 있다는 점과 채용 프로세스의 다음 단계에 대해 솔직하게 이야기하라. 채용 의사결정이 2주 정도 걸릴 예정이면 지원자에게 그 상황을 알려주어야 한다. 또한 결과를 지원자에게 어떻게 통지할 것인지도 말해주어야 한다.
- **면접 내용에 대한 기억이 생생할 때 지원자 평가서를 작성하라.** 업무 마감때까지 기다리지 말고 몇몇 지원자를 면접한 뒤 면접결과서를 작성하라. 기억은 오래 가지 않는다. 면접을 끝내고 평가서를 빨리 작성할수록 면접에서 일어났던 일들을 정확히 기록할 가능성이 높아진다.

기술 연습

구직자 면접에서 가장 어려운 부분이 면접 준비이다. 구조화된 질문지가 포함된 인터뷰 가이드를 작성하여 인터뷰 준비를 연습하라. 온라인에서 직무기술서 샘플을 찾아보라. 면접에서 평가해야 할 기술과 자격요건 목록을 작성하라. 다음으로 이러한 자격요건을 평가하기 위한 질문목록을 작성하라. 여기에는 지원자를 편안하게 하는 시작 질문, 기술과 자격요건 관련 질문 문항, 마무리 질문이 포함되어 있어야 한다.

함께 일하기 팀연습

신입사원 오리엔테이션은 중요한 인적자원관리 활동이다. 잠시 시간을 내어 마지막 직장에서 받은 오리엔테이션을 생각해 보라. 그 오리엔테이션 프로세스에 대해 몇 가지 메모를 작성하시오. 오리엔테이션이 공식적이었는가? 비공식적이었는가? 조직 혹은 부서에 대해 배웠는가? 무엇이 도움되었는가? 그 밖에 오리엔테이션에서 배우거나 프로그램에 참여할 때 무엇이 도움이 되었는가? 직장을 가진 적이 없다면 지금 지원하고자 하는 직무에 대해 생각해 보시오. 오리엔테이션을 통해서 무엇을 배울 필요가 있는지 작성하시오. 3~4명의 학생으로 팀을 이루어 자신의 오리엔테이션 경험을 공유하시오. 다음으로 회사가 오리엔테이션을 할 때 "해야 할 일과 하지 말아야 할 일" 목록을 작성하시오. 작성한 내용을 수업시간에 공유할 준비를 하시오.

경영자가 될 차례

- 연구에 따르면 여성의 임금은 여전히 남성의 임금보다 낮고, 차별금지법에도 불구하고 여성은 남성 임금의 약 80%를 받는다.[96] 이 문제를 해결할 수 있는 보상체계를 설계하기 위해 연구하라. 글머리기호 목록 형태로 연구 결과를 작성하시오.
- 미국노동총연맹-산별노조협의회(American Federation of Labor and Congress of Industrial Organizations)는 전국 노동조합 조직이자 미국 최대의 노동조합 연맹이다. 연맹의 웹사이트인 www.aflcio.org를 방문하라. 웹사이트를 탐색하여 오늘날 노동조합이 관심을 가지고 있는 현안이 무엇인지 확인하라.
- 인적자원관리 학회 웹사이트인(www.shrm.org)로 가서 "HR News" 페이지를 살펴보라. 뉴스 기사 중 하나를 선택하라.(참고: 이들 중 일부는 학회 회원에게만 제공되지만 나머지는 일반인에게도 제공된다.) 정보를 요약하여 작성하라. 요약의 마지막 부분에 해당 주제가 관리자에게 어떠한 시사점을 제공하는지 토론하시오.
- 온라인에서 포춘지의 "Best Companies to Work For(가장 일하기 좋은 회사)" 목록을 찾아라. 최고 기업의 프로필을 읽어보시오. 이들 기업에서 공통적으로 발견되는 복리후생과 회사 특성을 규명하라. 수업시간에 보고서 형태로 제출할 수 있도록 정보를 수집하시오.
- 온라인 구인 게시판을 방문하여 회사가 구인 정보를 게시하는 방법에 대해 알아보시오. www.monster.com, www.careerboard.com 또는 지역의 구인 사이트를 방문하라. "회사" 탭을 클릭하고 직무에 대해 게시된 내용들을 읽으시오.
- 이력서를 작성하라. 만약 이력서가 없다면 좋은 이력서에 무엇이 포함되어야 하는지 조사하시오. 만약 기존의 이력서가 있다면 "결과지향적"과 같은 의미없는 표현이 아니라 자신의 직무기술과 경험 관련 정보가 구체적이고 명확하게 담겨 있는지 확인하라.
- LinkedIn에서 프로필을 설정하라. 사진이 들어간 프로필을 등록하라. LinkedIn 사용방법을 모르면 "비즈니스 서비스" 링크를 클릭하라.
- 온라인에서 성희롱 교육 프로그램 샘플을 검색하라. 조직이 직장 내 괴롭힘을 방지하기 위해 이 교육 프로그램을 어떻게 사용할 수 있을까?

사례적용 1 중국에서의 Maersk와 인적자원관리의 도전

세계에서 가장 큰 해운회사 중 하나인 덴마크 회사 Maersk는 중국시장의 미래에 대해 우려하고 있다. 중국 본토에 있는 회사의 컨테이너운송 부서 책임자인 Soren Skou는 월스트리트저널과의 인터뷰에서 풍부한 값싼 노동력과 같은, 중국이 가진 전통적인 잇점 중 일부가 줄어드는 반면 인건비와 도시 가구 소득이 늘어나고 있다고 말하였다. 실제로 중국의 임금은 크로아티아와 라트비아와 같은 일부 동유럽 국가의 임금과 비슷하거나 더 높다. 이는 중국 인적자원관리와 관련된 가장 심각한 문제로 중국에 진출했던 모든 서구의 다국적 회사가 똑같이 경험하는 것이다.

한가지 문제는 공장을 운영해 나갈 수 있는 자격을 갖춘 관리자가 있느냐이다. 중국의 초고속 성장으로 인해 능력있는 관리자들이 빠르게 기업에 고용됨으로써 국내시장에서 인력을 확보하는 것이 어렵다. 그렇다고 해외에서 관리자를 채용하는 것은 간단한 문제가 아니다. 최고경영진과 종종 중간경영진으로 고용되는 해외 관리자들은 중국 경영환경에서 문화 적응 및 언어 등 여러 어려움을 겪게 된다. 연회를 준비하는 것조차 지역 문화에 익숙하지 않은 사람에게는 힘든 일이 될 수 있다. 또한 중국에 대한 경험이 많고 중국어를 구사하는 외국인은 너무 수요가 많아서 인건비가 매우 높다. 대안은 현지인을 채용하고 그들을 서구 기업에서 훈련시키는 것이다. 예를 들어 Siemens AG는 중국을 비롯한 여러 국가에서 사업을 하는 독일의 다국적 대기업인데, 현지 인재를 채용하는 것을 목표로 지멘스경영훈련프로그램(Siemens Management Trainee Program)이라고 부르는 특별한 프로그램을 가지고 있다. 중국에서 이 프로그램은 직원들이 성공적인 리더가 될 수 있도록 24개월간 경영교육을 하는 프로그램이다. 합리적인 선택처럼 보이지만, 비용과 시간이 많이 들 수 있다.

Maersk와 여러 다국적 기업들을 위한 한 가지 해결책은 사업의 일부를 이동시키는 것이다. 중국본토 기준 서쪽이 해안보다 인건비가 낮기 때문에 서쪽으로 사업장을 이동시키는 것이다. 또는 직무 수행에 적합한 기술을 가진 영어가 가능한 젊은이를 채용할 수 있다. 쓰촨성 청두에 있는 Maersk 공장은 2,000명 이상의 직원을 고용하고 있는데 직원 평균 연령이 25세 이하이다.[97]

토의문제

8-12 인적자원관리가 중국에 진출한 외국기업 입장에서 고민인 이유는 무엇인가?

8-13 중국에서 외국인 근로자가 자주 직면하는 주요 과제는 무엇인가?

8-14 외국 기업이 현지 직원을 고용하지 않고 외국인 관리자를 찾는 이유는 무엇인가?

8-15 직원관리 위험을 낮추기 위해서 중국에 있는 외국 기업에 어떠한 조언을 할 것인가?

사례적용 2 근무시간이 아니라 결과물을 측정하라

세계적으로 유명한 기업임에도 불구하고 BAE Systems Naval Ships는 지난 몇 년간 클라이드 강(River Clyde)에 있는 글래스고(Glasgow) 현장에서 작업방식을 거의 변경하지 않았다고 노사관계 담당자인 Chris Westcott는 말하였다. 직원들은 근무시간이 고정되어 있고, 추가 근무에 대해 초과근무수당을 받았다. 그러나 BAE는 시장 경쟁이 치열해지면서 현실적인 경제적 문제에 직면하게 되었고, 비용구조를 변경해야 하는 상황이 되었다. 핵심 문제는 직원들의 추가 근무로 인한 초과근무 비용이었다. 초과근무수당은 최소화해야 할 재정적 부담으로 간주되었다. 이러한 상황에서 BAE는 근본적으로 다른 방식을 강구하였는데, 직원들의 지식, 전문성, 재량권을 활용하는 것이다. 이를 실행한지 4년 반이 지났고 인적자원관리 팀의 노력 끝에 전체 전문직과 임원, 제조부문 직원의 절반가량이 "스마트워크"로 전환되었다. 본질적으로 중요한 것은 출근이 아니라 결과물이다. 직원들은 자신의 작업일정을 스스로 결정할 수 있는 권한과 신뢰를 부여받았으며, 일주일 동안 작업이 완료되면 휴가를 낼 수 있다.

직원들은 자신의 지위에 관계없이 유연하게 일할 수 있으며, 언제 업무를 시작하고 끝낼지 스스로 결정할 수 있다. 이 개념은 처음에는 이해하기 어려워 보였지만, 실제로는 신뢰로 귀결되었다. 전체 프로젝트에서 가장 커다란 도전은 직원들과 노동조합을 설득하는 것이었다. 사업이 장기적으로 성공해야 한다는 관점을 가지고 있는 모든 관련자들, 특히 2개의 노동조합 단체인 전미중재위원회(NMB)와 연합노동조합(Unite) 관련자들이 협조함으로써 프로젝트의 위험을 최소화했다. 회사는 각 영역에서 스케줄 기반 작업(SBW, schedule based working) 개념을 도입하기 전에 하루동안 팀을 외부로 데려가서 전체적으로 열린 커뮤니케이션을 위해 노력하였다.

BAE System은 스케줄 기반 작업(SBW)을 도입하였다. Glasgow의 생산직 직원 중 상당수는 주간 목표를 달성하면 휴가를 낼 수 있다. 일주일의 업무가 목요일에 끝나면 금요일은 자유시간이다. 하지만 Westcott은 목표와 품질표준이 달성되어야 한다고 강조했다. 근로자들은 새로운 배치와 도전을 소중하게 여기기 때문에 성공적으로 업무를 하기 위해 모든 노력을 기울였다.

스케줄 기반 작업 도입은 BAE Systems의 중요한 성과였다. 스케줄 기반 작업의 성공과 관련하여 Westcott은 시스템이 처음 도입되었을 때 직원들은 실제로 목요일 오후까지 목표를 달성하고 퇴근할 수 있다는 점을 알게 되었다고 설명한다. 이러한 혁신적인 성과가 한계에 다다르게 되었다. 하지만 얼마 지나지 않아 직원들은 업무를 마치기 위해 늦게까지 남아야 하는 직원끼리 교대근무하고, 프로세스 개선을 제안하고, 일정을 맞출 수 있도록 새로운 툴과 교육을 요청하는 등 개선을 위한 더 많은 아이디어를 제안하였다. 프로그램 개발에 수년이 걸렸고 상당한 투자가 이루어졌지만 근본적인 문화적 변화가 나타났다. 직원들 사이에 산출물에 대한 책임감이 증가하고, 직원들의 헌신이 높아졌으며, 근로자와 관리자간 업무관계가 개선되었으며, 마침내 더 높은 수준의 자유와 직장에서의 높은 재량권이 현실이 되었다.

BAE Systems는 이 프로젝트를 최고의 성과라고 생각한다. 이는 기업경영에서 인적자원관리의 역할을 재구성하였을뿐만 아니라 전통적인 인적자원관리 문제에만 집중했다면 해결하지 못했을 비즈니스 문제를 해결할 수 있었다.[98]

토의문제

8-16 BAE와 같은 조직이 왜 스케줄 기반 작업 방식을 채택해야 한다고 생각하는가?

8-17 BAE에서 스케줄 기반 작업 방식을 실행할 때 어떠한 어려움이 있는가?

8-18 이 사례에서 인적자원에 영향을 주는 변화에 대해 토론하시오.

8-19 BAE에서 스케줄 기반 작업을 했을 때 얻는 잇점에 대해 토론하시오.

ENDNOTES

1. A. Stych, "Walmart Brings VR Training to Stores Nationwide," *Business Journals*, September 26, 2018, https://www.bizjournals.com/pacific/news/2018/09/26/walmart-brings-vr-training-to-stores-nationwide.html.
2. See, for instance, R. Wartzman and L. Crosby, "The Key Factor Driving a Company's Results: Its People," *Wall Street Journal*, August 13, 2018, p. R5.
3. A. A. Lado and M. C. Wilson, "Human Resource Systems and Sustained Competitive Advantage," *Academy of Management Review* (October 1994): pp. 699–727; J. Pfeffer, *Competitive Advantage Through People* (Boston: Harvard Business School Press, 1994); E. F. Chapman, F. A. Sisk, J. Schatten, and E. W. Miles, "Human Resource Development and Human Resource Management Levers for Sustained Competitive Advantage: Combining Isomorphism and Differentiation," *Journal of Management and Organization* (July 2018): pp. 533–50.
4. "Maximizing the Return on Your Human Capital Investment: The 2005 Watson Wyatt Human Capital Index Report," "WorkAsia 2004/2005: A Study of Employee Attitudes in Asia," and "European Human Capital Index 2002," Watson Wyatt Worldwide (Washington, DC).
5. IBM Institute for Business Value, "Leading Through Connections: Highlights of the Global Chief Executive Officer Study," IBM, 2012, https://www.ibm.com/downloads/cas/3O8OG8RL.
6. C. Y.-P. Wang and B.-S. Jaw, "Building Dynamic Strategic Capabilities: A Human Capital Perspective," *International Journal of Human Resource Management* (March 2012): pp. 1129–57.
7. M. Subramony, "A Meta-Analytic Investigation of the Relationship Between HRM Bundles and Firm Performance," *Human Resource Management* (September–October 2009): pp. 745–68; and G. Spreitzer and C. Porath, "Creating Sustainable Performance," *Harvard Business Review*, January–February 2012, pp. 92–99.
8. M. Boyle, "Happy People, Happy Returns," *Fortune*, January 11, 2006, p. 100.
9. D. J. Lynch, "'This Is Super Tight:' Companies Struggle to Find, Retain Workers in a Hot Economy," *Washington Post*, January 12, 2018, https://www.washingtonpost.com/business/economy/this-is-super-tight-companies-struggle-to-find-retain-workers-in-a-hot-economy/2018/01/12/0c1ce97e-f7cf-11e7-b34a-b85626af34ef_story.html.
10. Ibid.
11. C. Stangler, "40,000 Verizon Workers Launch One of the Biggest Strikes of the Decade," *Nation*, April 15, 2016, https://www.thenation.com/article/40000-verizon-workers-launch-one-of-the-biggest-strikes-of-the-decade/.
12. S. White and M. Cabrera, "French Train Strikes Resume as Unions Square Off with Macron," *Reuters*, April 8, 2018, https://www.reuters.com/article/us-france-reform-sncf-strike/french-train-strikes-resume-as-unions-square-off-with-macron-idUSKBN1HF04D.
13. US Bureau of Labor Statistics, "Union Members Summary," US Department of Labor, January 19, 2018.
14. A. Doyle, "Best Union Jobs in America," *Balance Careers*, April 17, 2018, https://www.thebalancecareers.com/.
15. N. McCarthy, "Which Countries Have the Highest Levels of Labor Union Membership?," *Forbes*, June 20, 2017, https://www.forbes.com/sites/niallmccarthy/2017/06/20/which-countries-have-the-highest-levels-of-labor-union-membership-infographic/#1e4f4d8933c0.
16. C. Shaffer, "Jury Slaps Cleveland Clinic Foundation with $28 Million Judgment in Age Discrimination Suit," *Cleveland.com*, April 27, 2018, https://www.cleveland.com/court-justice/2018/04/jury_awards_former_cleveland_c.html.
17. See, for instance, E. Arvedlund, "When Workers Complain: Discrimination Lawsuits Accuse Vanguard of Targeting Workers," *Philly.com*, January 15, 2016, https://www.philly.com/philly/business/20160117_When_workers_complain__Discrimination_lawsuits_accuse_Vanguard_of_targeting_workers.html.
18. C. H. Loch, F. J. Sting, N. Bauer, and J. Mauermann, "How BMW Is Defusing the Demographic Time Bomb," *Harvard Business Review*, March 2010, pp. 99–102.
19. "Women in the Workforce: United States," *Catalyst*, March 28, 2018, https://www.catalyst.org/research/women-in-the-workforce-united-states/.
20. US Bureau of Labor Statistics, "Labor Force Projections to 2024: The Labor Force Is Growing but Slowly," *Monthly Labor Review,* US Department of Labor, December 2015, https://www.bls.gov/opub/mlr/2015/article/labor-force-projections-to-2024.htm.
21. See, for instance, K. Davidson, "Hard to Find: Workers with Good 'Soft Skills,'" *Wall Street Journal*, August 31, 3016, p. B1; and J. Barrett, "The U.S. Is Facing a Critical Skills Shortage, Reskilling Can Be Part of the Solution," *LinkedIn* (blog), April 19, 2018, https://blog.linkedin.com/2018/april/19/the-u-s-is-facing-a-critical-skills-shortage-reskilling-can-be-part-of-the-solution.
22. M. Horvath, "An Integrative Model of Recruitment Source Processes and Effects," *Organizational Psychology Review* (May 2015): pp. 126–45; and R. E. Ployhart, N. Schmitt, and N. T. Tippins, "Solving the Supreme Problem: 100 Years of Selection and Recruitment at the Journal of Applied Psychology," *Journal of Applied Psychology* (March 2017): pp. 291–304.

추가 END NOTE는 다음의 사이트에서 다운로드 가능하다. https://blog.naver.com/park18391 경영 · 경제 전공도서

Chapter 9 집단과 팀 관리

학습목표

9.1 집단과 집단개발단계를 정의한다.

9.2 집단 성과와 만족도를 결정하는 주요 구성요소를 설명한다.

9.3 팀을 정의하고, 팀성과에 영향을 주는 가장 바람직한 활동을 제시한다.

고용능력 기술 매트릭스

각 장의 해당 매트릭스와 마지막 부분의 자료는 고용주가 구직자에게 요구하는 특정 기술을 개발하는데 도움을 준다.

		비판적 사고	커뮤니케이션	협동	지식 응용	사회적 책임
기술 상자	당신의 경력 개발	✓		✓	✓	
	직장의 비밀			✓	✓	
기술 연습	윤리적 딜레마	✓		✓		✓
	기술 훈련	✓	✓	✓	✓	
	함께 일하기	✓		✓		
	경영자가 될 차례	✓		✓	✓	
사례	사례적용	✓			✓	

수업시간 팀 과제, 운동팀, 기금모금위원회 등 다양한 집단에서 일했던 경험이 있을 것이다. 오늘날 조직에서 업무는 점점 더 팀 형태로 이루어진다. 그리고 이것은 관리자에게 일종의 도전으로 다가온다.

왜 팀이 인기를 얻게 되었을까? 이 팀은 어떻게 생겼나? 관리자는 효과적인 팀을 어떻게 구축할 수 있을까? 이 장 전체에서 이러한 질문에 대한 답을 살펴보고자 한다. 팀을 이해하기 전에 우선 집단과 집단행동에 대해 몇가지 기본사항을 이해할 필요가 있다.

L09.1 집단과 집단개발

fyi

리더의 50%는 직장에서 개인 프로젝트보다 사람들과 팀에 더 많은 시간을 보낸다.[1]

소방관은 팀원의 효과성(effectiveness)에 생사가 달려있다. 다양한 전술과 표준절차를 사용할 수 있지만, 전 세계적으로 소방서는 하나의 공통분모인 팀워크에 의존한다. 만약 어떤 팀원이 자신의 임무에 실패하면 많은 사람이 목숨을 잃을 수 있다.

대부분의 집단이 삶과 죽음의 상황을 다루지는 않고, 관리자가 말 그대로 불을 끄지 않지만, 관리자는 목표를 달성하기 위하여 작업 집단에 의존한다. 그렇다면 "집단"이라는 용어는 무엇을 의미하는가?

집단이란 무엇인가?

집단
특정 목표를 달성하기 위해 상호작용하고 상호의존적인 두 사람 이상의 개인들

집단은 특정 목표를 달성하기 위해 상호작용하고 상호의존적인 두 사람 이상의 개인들을 말한다. 집단은 공식적일 수도, 비공식적일 수도 있다. 공식 집단은 조직 구조에 의해 정의된 작업 그룹이며, 조직 목표 달성을 위해 구체적으로 정해진 업무를 수행한다. Exhibit 9-1은 몇가지 예를 설명한 것이다. 비공식 집단은 사회적 집단이다. 비공식 집단은 직장에서 자연스럽게 발생하며, 우정과 공통관심사를 중심으로 형성되는 경향이 있다. 예를들면 서로 다른 부서에 근무하는 5명의 직원이 정기적으로 함께 점심을 먹는다면 비공식 집단이라고 할 수 있다.

Exhibit 9–1
공식 집단의 예

명령집단
조직도에 의해 정해지고 관리자에게 직접적으로 보고하는 개인들로 구성된 집단

과업 집단
특정 직무 과업을 완수하기 위해 모인 개인들로 구성된 집단으로 과업이 환수되면 집단이 해체되기 때문에 가끔 임시적인 성격의 집단이다.

교차기능팀
다양한 업무영역이나 집단에서 온 개인들로 구성되며, 각자 자신의 업무를 수행하도록 훈련받은 구성원들의 지식과 기술을 통합하는 집단이다.

자율관리팀
본질적으로 독립된 집단으로 자체 과업 수행 이외에 채용, 계획과 일정 수립, 성과평가 등 전통적인 경영관리에 대한 책임을 지는 집단이다.

집단개발 단계

연구에 따르면 집단은 5개의 단계로 개발된다.[2] Exhibit 9-2에서 보는 바와 같이 다섯 단계는 형성기, 격동기, 규범기, 성취기, 해체기로 구분된다.

형성기는 두 단계가 있다. 첫 번째 단계는 사람들이 집단에 가입할 때 발생한다. 공식 집단의 경우, 업무 배정이 되어 집단에 참여하게 된다. 일단 참여하게 되면 두 번째 단계가 시작되는데, 집단의 목적, 구조, 리더십을 정하는 과정을 거친다. 이 단계는 구성원들이 어떤 유형의 행동이 허용되는지를 결정하기 위해 "상황을 살피기" 때문에 불확실성이 매우 높다. 이 단계는 구성원들이 자신을 집단의 일원으로 생각하기 시작할 때 완성된다.

형성기
집단 개발의 첫 번째 단계로 사람들이 집단에 가입하고, 집단의 목적, 구조, 리더십을 정하는 과정

격동기는 집단 내부 갈등이 일어나는 시기라는 점에서 그런 이름이 붙여졌다. 누가 집단을 통제할 것인지, 집단이 무엇을 해야 하는지에 대해 갈등이 발생한다. 이 단계에서 명확한 리더십 계층이 정해지고, 집단의 방향성에 대한 동의가 이루어진다.

격동기
집단 개발의 두 번째 단계로 집단 내부 갈등이 일어나는 시기

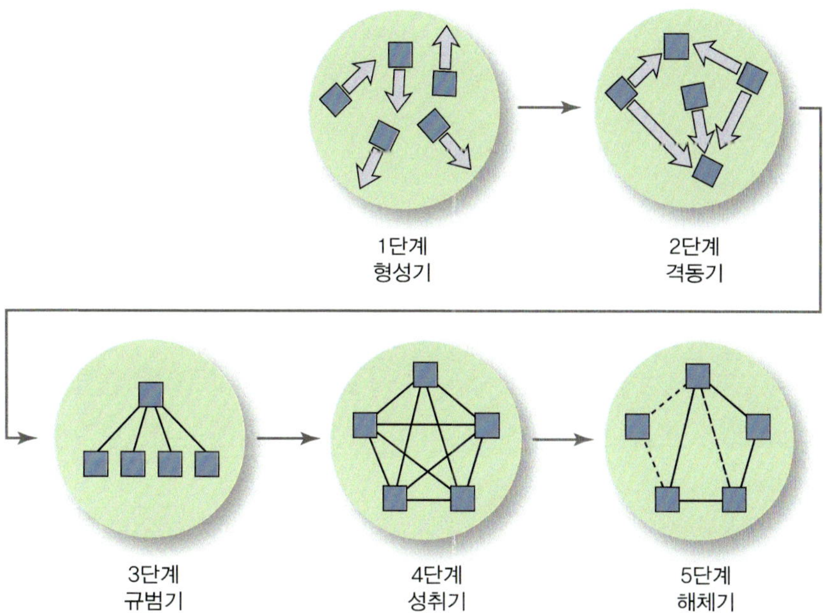

Exhibit 9-2
집단개발 단계

규범기는 구성원들이 친밀한 관계를 형성하고 집단이 응집력을 가지게 되는 단계이다. 이 단계에서는 집단에 대한 정체감과 동료애가 강해진다. 또한 집단의 구조가 견고해 지고, 행동에 대해 구성원간 기대(또는 규범)가 서로 동화되었을 때 이 단계가 완성된다.

규범기
집단 개발의 세 번째 단계로 친밀한 관계를 형성하고 응집력이 생기는 시기

네 번째 단계는 **성취기**이다. 집단 구조가 제 자리를 찾고, 구성원들에 의해 받아들여진다. 집단 내 구성원끼리 서로를 알고 이해하는 차원을 넘어 집단의 과업을 수행하는 것으로 이동한다. 이는 영속적인 작업 집단의 마지막 개발 단계이다. 하지만 임시 집단(프로젝트팀, 태스크포스팀, 마감이 있는 과업을 수행하는 집단)의 경우 최종 단계는 **해체기**이다. 이 단계에서 집단은 해산을 준비한다. 업무 수행 대신에 활동을 마무리하는데 초점을 맞춘다. 집단 구성원들은 서로 다른 방식으로 반응한다. 일부는 집단의 업적에 대해 기뻐하고 흥분한다. 다른 사람들은 동지애와 우정을 쌓은 사람과 헤어지는 것을 슬퍼할 수 있다.

성취기
집단 개발의 네 번째 단계로 집단이 완전하게 기능적으로 운영되고, 집단과업이 실행되는 시기

해체기
집단 개발의 마지막 단계로 임시 집단이 해체되는 시기로 집단 구성원들은 과업 성과 대신에 활동을 마무리하는데 관심이 있음

취리히에 있는 채식식당인 HILTL의 주방 직원은 성취기에 있는 영속적인 작업집단의 일원으로서 요리를 준비한다. 팀의 모든 사람들은 강한 집단 정체성을 가지고 있으며, 손님들이 맛있는 식사를 할 수 있도록 집중한다.

출처: *Bruce yuanyue Bi/Alamy Stock Photos*

많은 사람들이 수업시간에 팀 프로젝트를 하면서 이들 단계를 경험했을 것이다. 집단 구성원으로 선발되거나 할당된 뒤 다른 구성원들을 처음 만나게 된다. 이때 집단이 무엇을 할지, 어떻게 해야 할지에 대해 서로를 평가하는 "탐색" 기간이 있다. 그 다음은 일반적으로 통제와 관련된 다툼을 하는 단계가 된다. 누가 책임자가 될 것인가? 이 문제가 해결되고 "계층 구조"에 구성원들이 동의하면 구체적으로 어떤 업무를 수행할지, 업무의 각 부분을 누가 할지, 각자 맡은 일을 언제까지 할지에 대해 정한다. 이 때 일반적인 기대치가 정해진다. 프로젝트를 성공적으로 완성하는 데 있어 협력적인 집단이 되기를 바라는 마음으로 이러한 의사결정이 이루어진다. 프로젝트가 완료되고 제출이 끝나면 집단은 해체된다. 물론 몇몇 집단은 형성기나 격동기를 벗어나지 못한다. 이들 집단은 심각한 대인 갈등 문제를 겪고, 실망스러운 결과를 낳고, 결국 낮은 점수를 받게 된다.

집단이 4단계를 거치면서 더 효과적이 되는가? 일반적으로 그렇지만 효과적인 집단이 된다는 것은 보다 복잡한 문제이다. 어떤 상황에서는 갈등이 많을수록 집단성과를 높이는데 도움이 될 수 있다. 어떤 상황에서는 격동기 단계의 집단이 규범기나 성취기에 있는 집단보다 성과가 높다. 또한 집단이 항상 한 단계에서 다음 단계로 순서대로 진행되는 것은 아니다. 경우에 따라서는 격동기와 성취기가 동시에 진행되기도 한다. 집단이 때때로 이전 단계로 회귀한다. 따라서 모든 집단이 이 프로세스를 정확히 따른다거나 성취기가 가장 좋은 단계라는 가정을 하지 말아야 한다. 이 모델을 집단이 역동적이라는 것을 강조하는 일반적인 프레임웍으로 생각할 필요가 있다. 관리자는 집단이 어느 단계에 속해 있는지 알아야 어떠한 문제와 이슈가 있는지 더 잘 이해할 수 있다.

L09.2 작업집단 성과와 만족도

어떤 집단이 다른 집단보다 더 성공적인 이유는 무엇인가? 일부 집단은 높은 수준의 성과와 구성원 만족도를 보이는데, 다른 집단은 그렇지 않은 이유는 무엇인가? Exhibit 9-3은 집단 성과와 만족도를 결정하는 주요 요인을 보여준다.[3] 각각에 대해 살펴보자.

집단을 둘러싼 외부 여건

작업집단은 조직의 전략, 권한관계, 공식적인 규칙과 규정, 자원의 가용성, 직원 선발 기준, 성과평가시스템과 문화, 업무공간의 물리적 배치 등 집단을 둘러싼 외부 여건에 의해 영향을 받는다. 예를 들어 Boeing의 품질개선 집단은 Boeing의 기업 채용 기준, 예산 제약, 회사 정책 및 직원평가시스템을 준수해야 한다.

집단의 인적 자원

집단의 성과 창출은 구성원 각자가 집단에 제공하는 자원에 따라 크게 달라진다. 이러한 자원에는 지식, 능력, 기술, 성격 등이 있으며, 자원에 의해 구성원이 무엇을 할 수 있고 집단내에서 어떻게 효과적으로 업무를 수행하는지가 결정된다. 특히 갈등관리와 해결, 공동 의사결정, 의사소통과 같은 대인관계 기술은 집단의 높은 성과에 중요한 요인이다.[4]

성격 특성은 개인이 다른 구성원들과 상호작용하는 방식에 큰 영향을 주기 때문에 집단 성과에도 영향을 미친다. 연구에 따르면 일반적으로 긍정적이라고 간주되는 특성(예: 사회성, 자립성, 독립성)은 집단의 생산성 및 사기 진작과 관련성이 높다. 반면에 권위주의와 지배적이거나 특이한 성향은 집단 생산성 및 사기 진작에 부정적인 영향을 준다.[5] 일부 조직은 팀내 다양한 성격의 적절한 조합이 중요하다는 것을 알고 있다. 예를 들어 자동차 리뷰 웹사이트인 Edmunds.com은 이사진 구성을 위해 성격 검사 결과를 사용한다.[6]

집단 구조

작업집단은 조직화되지 않은 군중과 다르다. 집단은 구성원들의 행동을 형성하고 집단 성과에 영향을 미치는 내부 구조를 가지고 있다. 구조는 구성원의 역할, 규범, 순응, 지위 체계, 집단의 규모, 집단 응집력, 그리고 리더십을 결정한다. 이러한 집단구조의 여러 측면 중에서 이 장에서는 6가지를 살펴보고자 한다. 리더십에 대해서는 13장에서 다룰 것이다.

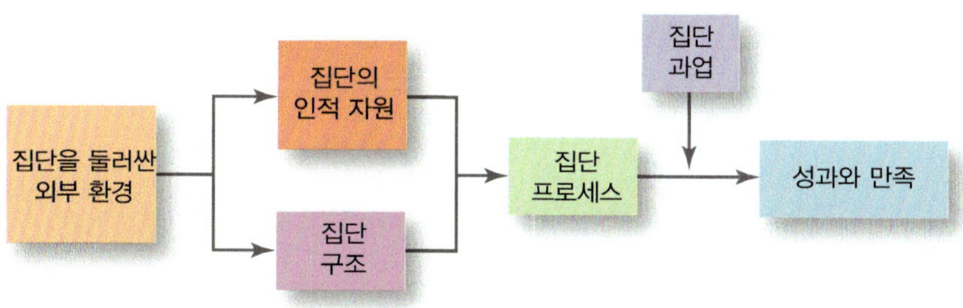

Exhibit 9–3
집단 성과/만족 모델

역할 앞서 1장에서 관리자의 역할을 다룰 때 역할 개념을 살펴본 바 있다.(민쯔버그의 관리자 역할을 기억하는가?) 물론 관리자가 조직에서 다양한 역할을 수행하는 유일한 사람은 아니다. 역할 개념은 모든 직원들에게 적용되며, 조직 외부의 삶에서도 적용된다. (당신이 맡고 있는 다양한 역할, 즉 학생, 친구, 형제자매, 직원, 교인, 배우자 등 다양한 역할을 생각해 보라.)

역할은 사회 단위에서 특정 위치를 차지한 사람에게 기대하는 행동 패턴을 말한다.[7] 집단에서 개인은 집단내 위치(역할)로 인해 어떤 일을 할 것으로 기대된다. 이러한 역할은 일반적으로 업무를 수행하거나 다른 구성원의 사기를 높이는 데 중점을 둔다.[8] 당신이 속했던 집단과 그 집단에서 수행했던 역할에 대해 생각해 보자. 집단이 과업을 완수하기 위한 역할을 수행했는가? 아니면 아이디어를 내고 구성원들이 만족하도록 하는데 더 관심

역할
사회 단위에서 특정 위치를 차지한 사람에게 기대하는 행동 패턴

인도 뉴델리에 있는 이 법률 사무소에서 일하는 변호사들은 남성의 경우 짙은 색 양복, 와이셔츠, 보수적인 넥타이를 입고, 여성의 경우 검은색 정장과 맞춤 블라우스를 입는 것이 일종의 규범이다. 법조계에서 이러한 복장 규범은 변호사가 법정 출두 및 고객 회의에서 세련되고 전문적인 이미지를 전달하여 존경받고 신뢰를 높이는데 도움을 준다.

출처: *The India Today Group/Getty Images*

이 있었는가? 만약 그랬다면 집단 구성원을 만족시키는 역할을 수행한 것이다. 효과적이고 효율적으로 운영되는 집단에게 두가지 역할 모두 중요하다.

규범

구성원이 수용하고 공유하는 표준 또는 기대치

규범 모든 집단에는 **규범**이 있는데, 규범은 구성원이 수용하고 공유하는 표준 또는 기대치를 말한다.[9] 규범에 따라 작업 결과 수준, 결근, 신속성, 업무중 사회화 정도 등이 결정된다.

예를들어 한국 문화의 규범은 직원들에게 "야근" 할 것을 요구한다. 그래야 상사들이 좋아한다고 생각하기 때문이다. 이 광경에 대해 어떤 사람은 이렇게 이야기한다. "직원들은 의자에 앉아 그저 팀 리더를 지켜보고 있으면서 이렇게 생각한다. '상사가 몇시에 퇴근할까?'"[10] 퇴근하면 상사와 직원이 술을 마시러 가고, 직원들이 그 자리에 참여하는 것이 중요하다. 한국에서 술은 직장 동료애와 신뢰를 쌓는데 도움이 된다.[11]

모든 집단은 자신들만의 고유한 규범이 있지만, 일반적으로 노력과 성과, 복장, 충성심에 초점을 맞춘 공통의 규범이 있다. 가장 보편화된 규범은 노력과 성과와 관련된다. 작업 집단은 일반적으로 열심히 일하는 방법, 기대되는 성과 수준, 바쁜 시기, 휴식이 허용되는 시기 등에 대한 명확한 단서를 제공한다. 이러한 규범은 개별 직원의 성과에 커다란 영향을 미친다. 개인의 성과를 예측하는데 규범이 매우 커다란 역할을 하며, 직원 개개인의 능력과 동기부여만으로 성과를 예측할 수 없다. 즉 집단의 기대에 대한 압력이 개인의 기술과 추진력보다 우선시된다. 복장 규범은 업무 수행에 적합하게 옷을 입는 것이다. 양복을 입는 것이 규범이라면 캐주얼하게 옷입는 것을 좋아하는 사람들도 규범을 따라야 한다. 마지막으로 충성심과 관련된 규범은 직원들의 야근, 주말근무, 남들이 가기 싫어하는 근무지로의 이동 등에 영향을 줄 수 있다.

순응 사람들은 자신이 속한 집단에 소속되기를 원하기 때문에 순응 압력을 받기 쉽다.[12] Solomon Ash에 의해 오래 전에 이루어진 실험은 순응이 개인의 판단과 태도에 미치는 영향을 보여주었다.[13] 이 실험에서 7~8명으로 이루어진 집단은 실험자가 보여주는 두 장의 카드를 비교하도록 요청받았다. 한 카드에는 길이가 다른 세 개의 선이 있고, 다른 카드에는 하나의 선이 있었다.(Exhibit 9-4 참조) 집단 구성원은 세 개의 선 중 다른 카드의 선과 길이가 같은 선을 큰 소리로 이야기해야 했다. Asch는 여러 사람이 오답을 이야기하면 피실험자가 어떻게 이야기할 지 궁금했다. 순응 압력으로 인해 다른 사람들처럼 오답을 이야기할까? 실험은 참여자 중 한 사람을 제외한 모든 사람들이 명백히 틀린 답을 하도록 사전에 지시받은 상황이었다. 실험 결과, 실험대상자의 1/3이 동조하는 모습을 보였다.

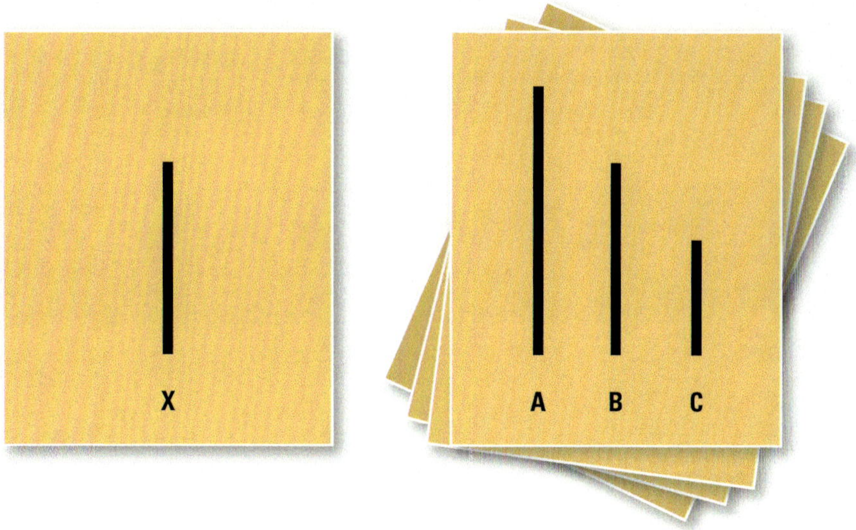

Exhibit 9–4
Asch의 카드 실험

이러한 결론이 여전히 유효할까? 대부분의 경우, 그렇다.[14] 관리자는 순응을 무시할 수 없는데, 그것이 강력한 힘이 될 수 있기 때문이다. 집단 구성원들은 집단의 일원으로 보이기를 바라며, 집단에서 소외되는 것을 싫어한다. 갈등을 일으키는 것이 집단의 효과성을 높인다고 해도 갈등을 일으키기 보다는 동조하는 것을 선호한다. 그래서 순응한다. 그러나 개인의 의견이 다른 사람의 의견과 크게 다를 때 순응은 바람직하지 않다. 이 경우, 집단은 개인에게 자신의 의견을 다른 사람의 의견과 일치시키기 위해 조정하도록 강한 압력을 가한다. 이러한 현상을 **집단사고**(groupthink)라고 한다. 구성원들이 보호하고자 하는 긍정적인 집단 이미지를 가지고 있는데, 그러한 긍정적인 이미지가 위협받는 상황에서 집단사고가 발생하곤 한다.[15] 때로는 집단사고가 치명적인 결과를 초래한다. 예를 들어 오링 씰(O-ring seal) 부품이 오작동할 수 있다는 우려에도 불구하고, NASA의 이른바 "발사우선" 사고방식으로 인해 1986년 우주왕복선 챌린저호의 발사를 서두른 것으로 볼 수 있다. 불행하게도 우주왕복선은 이륙직후 폭발했고, 재난조사 결과 오링의 오작동이 원인일 가능성이 있는 것으로 밝혀졌다.

집단사고
집단이 개인에게 자신의 의견을 다른 사람의 의견과 일치시키기 위해 조정하도록 강한 압력을 가하는 현상

지위체계 지위 체계는 집단을 이해하는 데 있어 중요한 요소이다.[16] **지위**는 집단 내 특별한 등급, 위치, 계급을 말한다. 학자들은 과거의 집단을 연구하다가 지위 계층을 발견하였다. 지위는 행동을 이끌어내는 강력한 동기부여가 될 수 있다. 특히 개인이 자신의 지위를 인식하는 것과 다른 사람이 인식하는 것 사이의 차이가 있다고 느낄 때 동기부여된다.[17]

지위
집단 내 특별한 등급, 위치, 계급

지위는 교육수준, 나이, 기술, 경험과 같은 특성에 따라 비공식적으로 부여될 수 있다. 이러한 특성이 지위로서 가치를 인정받으려면 집단의 다른 사람들이 인정해야 한다. 물론 지위가 비공식적이라고 해서 누가 지위를 가지고 있는지 혹은 누가 가지고 있지 않은지를 결정하는 것이 중요하지 않거나 어렵다는 것을 의미하지 않는다. 집단 구성원들은 지위가 있고 없고를 분류하는 데 문제가 없으며, 누가 높은 지위를 가지고 있는지 낮은 지위에 있는지에 대해 동의한다.

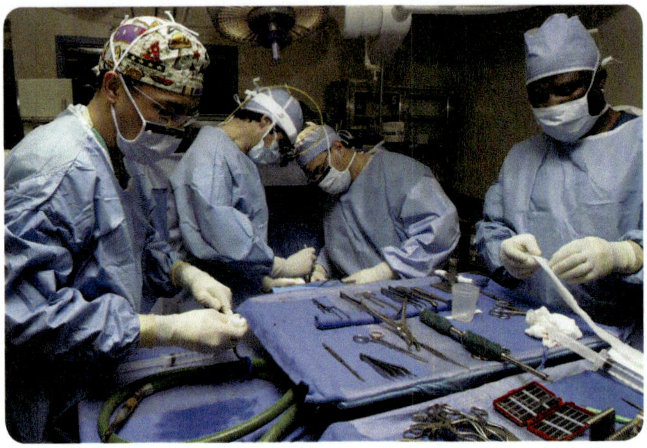

뉴욕 병원의 수술실 수술팀은 척추수술을 할 때 집단 응집력이 높다. 성공적인 수술과 환자의 통증완화 및 안전을 위해서는 개개인의 전문성과 높은 수준의 집중력, 조정, 협력, 동의, 그리고 구성원간 상호 존중이 필요하다.

출처: *David Grossman/Alamy Stock Photo*

지위도 공식적으로 부여되며, 직원이 조직의 공식적인 지위체계가 적절하다고 믿는 것이 무엇보다 중요하다. 즉 지위체계는 개인이 느끼는 자신의 서열과 조직으로부터 받는 지위 상징물간 일관성을 보여준다. 예를 들어 만약 상사가 부하직원보다 수입이 적거나 낮은 직급에 있는 부하가 더 좋은 사무실을 사용하거나 유료컨트리클럽 회원권이 부문장에게는 제공되지만 부사장에게 제공되지 않을 때 지위 불일치가 발생한다. 직원은 개인이 받는 "물건"이 자신의 지위와 일치할 것을 기대한다. 그렇지 않으면 직원은 스트레스를 받거나 관리자의 권한에 의문을 제기하거나 승진을 위한 동기부여가 이루어지지 않을 것이다.

집단의 규모 집단의 규모가 집단의 전반적인 성과에 영향을 주는가? 그렇다. 하지만 집단의 업무특성에 따라서 바람직한 집단 규모는 다르다.[18]

예를 들어 연구에 따르면 소규모 집단은 대규모 집단에 비해 과업 추진 속도가 더 빠르다. 그러나 문제해결을 해야 하는 경우에는 대규모 집단이 소규모 집단보다 더 나은 결과를 얻는다. 이러한 연구 결과는 구체적인 숫자 측면에서 어떤 의미가 있을까? 12명 혹은 그 이상의 구성원을 가진 대규모 집단은 다양한 의견을 얻는데 적합하다. 만약 집단의 목표가 사실을 규명하는 것이라면 대규모 집단이 더 효과적이다. 예를 들어 미 국방부는 최근 미국이 아프가니스탄에 있는 국경없는 의사회 병원을 폭격하여 수십 명의 무고한 사람들을 죽게 한 이유를 파악하기 위하여 조사팀을 구성하였다. 국방부 관리자는 조사팀에 "여러 전문분야에서 차출한 12명 이상의 전문가"가 포함되어 있다고 말하였다.[19] 이 팀은 6개월 이내에 인적 오류 및 장비 결함을 포함한 사고 원인을 규명했다. 이 사례는 대규모 팀의 효과성을 보여주지만 5~7명의 구성원을 가진 소규모 집단이 보다 더 생산적으로 업무를 할 수 있다.

사회적 태만
개인이 혼자 일할 때보다 여럿이 함께 일할 때 더 적은 노력을 하는 경향

집단 규모와 관련된 중요한 연구 결과는 개인이 혼자 일할 때보다 여럿이 함께 일할 때 더 적은 노력을 하는 경향이 있다는 것인데, 이를 **사회적 태만**(social loafing)이라고 한다.[20] 사회적 태만이 발생하는 이유는 사람들이 집단 내 다른 사람들이 공정한 몫의 일을 하지 않는다고 믿거나 개인의 투입과 집단의 결과물의 관계가 명확하지 않기 때문이다. 이로 인해 개인들은 '무임승차' 하려는 경향이 있다.

사회적 태만은 커다란 시사점을 제공한다. 관리자는 집단의 전반적인 성과뿐만 아니라 개개인의 노력을 파악할 필요가 있다. 만약 그렇지 않으면 집단 생산성과 구성원 만족도는 동시에 낮아질 것이다.[21]

집단 응집력 집단 응집력은 집단의 생산성과 관련이 있는 것으로 알려져 있기 때문에 중요하다. 내부적으로 의견 불일치가 많고 제대로 협력이 이루어지지 않는 집단은 구성

원끼리 서로 의견일치가 이루어지고 협력적이고 서로를 좋아하는 집단보다 과업 성과가 낮다. 이와 관련된 연구들은 주로 **집단 응집력** 또는 구성원이 집단에 매력을 느끼고 목표를 공유하는 정도에 초점을 맞추고 있다.[22]

집단 응집력
구성원들이 서로에 대해 매력을 느끼고 목표를 공유하는 정도

연구에 따르면 일반적으로 응집력이 높은 집단이 응집력이 낮은 집단보다 더 효과적이다.[23] 그러나 응집성과 효과간의 관계는 복잡하다. 양자간의 관계에 영향을 미치는 변수(조절변수)는 집단의 태도가 집단의 목표 또는 조직의 목표와 일치하느냐이다.[24] (Exhibit 9-5 참조) 응집력이 높을수록 구성원들은 집단의 목표를 더 잘 따를 것이다. 만약 그 목표가 바람직하다면(예를 들어 높은 성과, 양질의 작업, 집단 외부 사람들과 협력), 응집력 있는 집단은 응집력이 낮은 집단보다 더 생산적이다. 그러나 응집력이 높지만 태도가 좋지 않은 경우(예를 들어 품질이 낮아도 구성원들이 서로 인정하는 경우), 생산성이 저하된다. 응집력이 낮지만 목표를 받아들인다면 생산성이 높아지지만, 응집력과 목표수용이 동시에 높을 때만큼은 아니다. 응집력이 낮고 목표가 받아들여지지 않는다면 생산성에 큰 영향을 주지 않는다.

Exhibit 9–5
집단 응집력과 생산성

집단 프로세스

다음으로 작업집단에서 진행되는 프로세스를 살펴본다. 이 프로세스는 집단 성과와 만족에 긍정적 혹은 부정적인 영향을 주기 때문에 작업 집단을 이해하는데 중요하다. 긍정적 프로세스의 예를 들면 한 명의 개인보다 4명의 마케팅 조사팀이 시너지 효과를 발휘하여 훨씬 더 많은 아이디어를 낸다. 그러나 집단은 사회적 태만, 갈등 심화, 잘못된 의사소통 등 부정적인 프로세스가 있을 수 있다. 이하에서는 집단 의사결정과 갈등관리의 두가지 중요한 집단 프로세스를 살펴본다.

집단 의사결정 회의, 위원회, 태스크포스, 검토위원회, 연구팀 등을 사용하여 의사결정을 하지 않는 조직은 거의 없다. 설문조사 결과에 따르면 직원들은 자신의 일과 중 평균 37%를 회의에 참여한다.[25] 최고경영자를 대상으로 한 또다른 연구에 따르면 최고경영자는 거의 3/4을 회의하는데 시간을 보낸다.[26] 의심할 여지 없이 회의시간의 대부분은 문제를 공식화하고, 해결책을 개발하고, 해결책을 어떻게 실행할지 결정하는 데 사용된다.

2장에서 논의한 8단계 의사결정 프로세스 중 어떤 것이 진행될 수 있다.

개인적인 의사결정에 비해 집단 의사결정이 갖는 장점은 무엇일까?[27] 우선 더 완벽한 정보와 지식을 활용할 수 있다는 것이다. 구성원들의 다양한 경험과 관점을 활용하는 것은 개인 의사결정에서는 기대할 수 없다. 게다가 정보의 양이 많고 다양하기 때문에 더 다양한 대안을 도출한다. 다음으로 집단은 해결방안에 대한 수용성을 높인다. 구성원들은 자신이 기여하여 만든 의사결정에 맞서거나 그 가치를 훼손하는 것을 꺼린다. 마지막으로 집단은 합법성을 높인다. 집단에 의해 이루어진 의사결정은 개인에 의해 이루어진 의사결정에 비해 좀 더 합법적인 것으로 간주된다.

집단 의사결정에도 단점이 있다. 하나는 집단 의사결정은 개인 의사결정보다 대부분 시간이 오래 걸린다는 점이다. 다른 하나는 지배적이면서 목소리가 큰 소수가 최종 의사결정에 큰 영향을 미칠 수 있다는 점이다. 게다가 집단사고는 집단의 비판적 사고를 약화시키고 최종 의사결정의 질을 떨어뜨릴 수 있다. 마지막으로 집단 의사결정에서는 구성원들이 책임을 나눠 가지기때문에 어떤 사람이 책임져야 하는지 모호하다.

집단 의사결정이 효과가 있는지를 결정하는 것은 효과성 평가에 사용되는 기준에 달려 있다.[28] 정확성, 창의성, 수용성이 중요하다면 집단 의사결정은 가장 효과적일 것이다. 그러나 속도와 효율성이 중요하다면 개인 의사결정이 효과적일 것이다. 또한 의사결정 효과는 집단 규모에 영향을 받는다. 대규모 집단이 보다 다양한 의견을 수렴할 수 있지만 구성원들의 아이디어를 조정해야 하고, 의사결정에 더 많은 시간이 걸린다. 연구에 따르면 5명에서 7명 정도의 집단이 의사결정에 가장 효과적이라고 한다.[29]

Exhibit 9–6
창의적 집단 의사결정

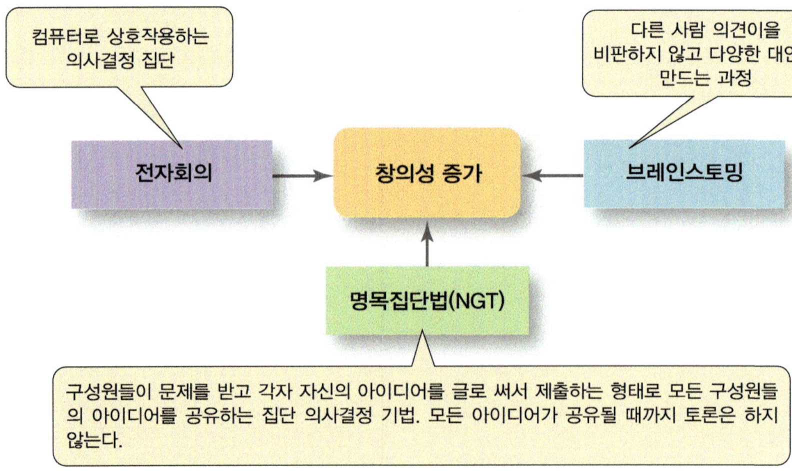

집단이 홀수로 구성되어 있으면 의사결정 교착 상태를 피하는데 도움이 된다. 또한 이러한 집단은 구성원들이 서로의 역할을 바꾸고 마음에 들지 않는 직위를 피할 수 있을 정도로 크지만 동시에 조용한 구성원도 토론에 적극적으로 참여할 수 있는 적절한 규모이다.

집단이 더 창의적인 결정을 내릴 수 있도록 하기 위해 관리자는 어떠한 기법을 사용할 수 있을까? Exhibit 9-6에 세가지 기법을 제시하였다.

갈등 관리 또 하나의 중요한 집단 프로세스는 집단이 갈등을 어떻게 관리하느냐이다. 집단이 과업을 수행할 때 의견 불일치는 불가피하게 발생한다. **갈등**은 양립할 수 없는 차이로 인식되기 때문에 의견충돌로 나타난다. 실제로 차이가 있는지 없는지가 중요하지 않다. 구성원들이 서로 차이가 있다고 느낀다면 갈등이 생긴다.

갈등
방해나 반대로 나타나는 양립할 수 없는 차이

갈등의 전통적 관점
갈등은 나쁘고 반드시 피해야 한다는 관점

갈등의 인간관계적 관점
갈등은 자연스럽게 발생하는 것으로 피할 수 없다는 관점

갈등의 상호작용주의적 관점
어떤 갈등은 집단이 효과적으로 과업을 수행하는데 필요하다는 관점

갈등과 관련하여 세가지 관점이 있다.[30] 먼저 **전통적 관점**은 갈등은 집단 내 문제를 일으키기 때문에 반드시 피해야 한다고 주장한다. 또다른 관점은 **인간관계적 관점**으로 갈등은 자연스럽게 발생하는 것으로 피할 수 없는 것이고, 나쁜 것이 아니며, 집단 성과에 긍정적으로 기여할 수 있다는 관점이다. 세 번째이자 가장 최근의 관점은 **상호작용주의적 관점**으로 어떤 갈등은 집단이 효과적으로 과업을 수행하는데 반드시 필요하다는 관점이다.

순기능적 갈등
집단의 목표 달성을 돕고, 성과를 개선하는 갈등

역기능적 갈등
집단의 목표달성을 방해하는 갈등

상호작용주의적 관점에서 모든 갈등이 반드시 좋다고 보는 것은 아니다. **순기능적 갈등**은 건설적이고 집단 목표 달성에 도움이 되며 성과를 향상시킨다. **역기능적 갈등**은 파괴적이며 집단의 목표 달성을 방해한다. Exhibit 9-7은 다양한 수준의 갈등에서 관리자가 직면한 문제들을 보여준다.

Exhibit 9–7
갈등과 집단 성과

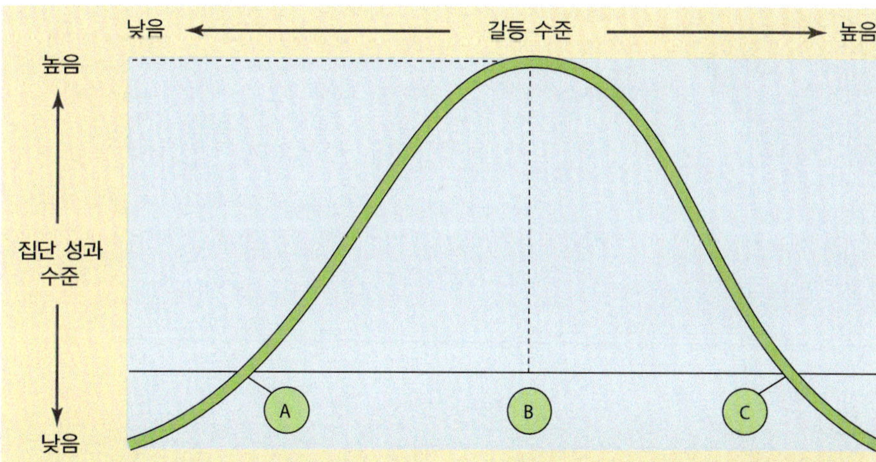

상황	A	B	C
갈등 수준	없거나 낮음	보통	높음
갈등 유형	역기능적	순기능적	역기능적
집단 내부 특성	무관심 침체 변화에 무반응 새로운 아이디어 결여	실행력 자기 비판 혁신적	분열적 혼란 비협조적
집단 성과 수준	낮음	높음	낮음

과업 갈등
업무의 내용 및 목표와 관련된 갈등

관계 갈등
대인관계에 기초한 갈등

프로세스 갈등
업무가 처리방식과 관련된 갈등

갈등이 언제 순기능적이고, 언제 역기능적일까? 연구에 따르면 갈등의 유형을 살펴볼 필요가 있다.[31] **과업 갈등**(task conflict)은 업무의 내용 및 목표와 관련된다. **관계 갈등**(relationship conflict)은 대인관계에 초점을 맞춘다. **프로세스 갈등**(process conflict)은 업무가 처리되는 과정에서 발생한다. 연구 결과, 관계 갈등은 대부분 역기능이 발생하는데 그 이유는 구성원간 서로에 대한 적대감이 상호이해를 줄이고 충돌을 일으키며, 결국

과업이 제대로 완료되지 않기 때문이다. 한편 프로세스 갈등이 낮거나 보통 수준이면 바람직하다. 프로세스 갈등이 생산적이려면 갈등이 최소화되어야 한다. 업무프로세스에서 누가 무엇을 해야 하는지에 대한 격렬한 논쟁은 집단에 바람직하지 않다. 이는 업무 할당에 불확실성을 높이고, 과업 수행을 지연시키며, 구성원들이 서로 엇갈리는 목표 하에 업무를 하게 된다. 그러나 과업갈등이 낮거나 보통 수준이면 집단 성과에 긍정적인 영향을 준다. 왜냐하면 집단이 보다 혁신적이 될 수 있는 아이디어를 토론하도록 하기 때문이다.

Let's Get REAL

Alfonso Marrese ▶
소매담당 임원

출처: *Alfonso Marrese*

시나리오:

Fran Waller는 대규모 전국 체인점 중 하나인 점포의 관리자이다. 회사의 많은 직원이 학교를 다니고 있으며 일부는 정규직이다. 휴가와 휴일 근무일정에 대한 갈등으로 인하여 회사에 긴장된 분위기가 형성되었는데, 고객서비스에 부정적인 영향을 주고 있다. Fran은 당장 문제를 해결해야 한다.

이 갈등을 해결하기 위해 Fran에게 어떤 제안을 하겠는가?

연초에 연간 휴가일정이 나오면 관리자는 휴가 일정이 근속기간을 기준으로 제공된다는 것을 직원들에게 알려야 한다. 이것은 구성원들의 논란에 도움이 될 것이다. 지금 이 문제를 해결하기 위하여 그녀는 같은 주에 휴가를 사용하려는 직원들과 대화해야 하고, 만약 다른 주로 휴가를 옮기려는 사람에게는 가능하면 휴가 변경에 따른 약간의 인센티브를 제공해야 한다. 예를 들어 휴가를 추가로 제공하거나 특별 주말휴가를 주는 방법이 있다. 휴일도 마찬가지이다. 명절 등 휴일이 6일이라면, 직원들에게 동일하게 3일씩 근무를 시킨다. 이는 고객이 몰려 업무량이 많아졌을 때 큰 도움이 되며, 최상의 고객서비스를 제공할 것이다.

집단 과업

뉴저지의 Hackensack University Medical Center에서는 한 명의 환자에 대하여 간호사, 원무팀, 사회복지사, 의사 등 다양한 집단이 관여하여 일일 진료가 이루어진다. 이들 집단은 약물처방과 입원 및 퇴원 수속 등 다양한 업무를 수행하고 있다. Lockheed Martin의 뉴욕 시설은 지상 레이더 시스템과 같은 복잡한 제품을 주문 제작한다. 그리고 Accenture는 고객에게 컨설팅 서비스를 제공하기 위해 집단을 활용한다. 개별 집단은 다양한 형태의 과업을 수행한다.

Exhibit 9-3에서 보듯이 집단 프로세스가 집단 성과 및 구성원 만족도에 미치는 영향은 집단이 수행하는 과업에 따라 달라진다. 보다 구체적으로 말하면, 과업의 복잡성과 상호의존성이 집단의 효과성에 영향을 미친다는 것이다.[32]

과업은 단순하거나 복잡할 수 있다. 단순 과업은 일상적이거나 표준화되어 있다. 복잡한 과업은 새롭거나 비일상적인 경향이 있다. 경험적으로 과업이 복잡할수록 과업 방식에 대한 집단토론을 거침으로써 집단의 이익이 더 커질 수 있다. 예를 들어 스니커즈(Snickers)와 크리넥스(Kleenex) 광고를 책임졌던 WPP Plc와 같은 광고대행사들은 팀을 지정하여 고객의 제품 및 서비스의 브랜드 정체성을 만든다. 단순과업인 경우에 집단 구성원들이 대안에 대한 토론을 할 필요 없이 표준적인 운영 절차에 의존한다. 또한 집단 구성원이 수행해야 하는 과업들간 상호의존성이 높으면 더 많은 상호작용이 필요하다. 따라서 과업이 복잡하고 상호의존적일 수록 효과적인 의사소통과 갈등 통제가 보다 중요해진다.

L09.3 집단을 효과적인 팀으로 변화시키기

W.L., Gore, Volvo 및 Kraft Foods는 1970년대에 생산공정에 팀을 도입하였는데, 그 전에 없던 형태라 흥미로운 뉴스거리가 되었다. 오늘날은 그 반대이다. 팀제를 활용하지 않는 조직이 뉴스로서 가치가 있다. 의심할 여지 없이 팀제는 오늘날 현대 조직의 핵심적인 모습이다. 팀제의 인기는 계속될 것 같다. 그 이유가 무엇일까? 연구에 따르면 과업 수행시 여러 기술, 판단 및 경험이 필요할 때 높은 성과를 내기 때문이다.[33] 조직이 팀제 구조를 활용하는 이유는 팀이 전통적인 부서나 영구조직보다 유연하고 변화하는 상황에 적절하게 대응할 수 있기 때문이다. 팀은 빠르게 만들어지고, 자원을 배분하고, 특정분야에 집중하고, 쉽게 해산할 수 있다. 이하에서 우리는 작업팀이 무엇인지, 팀조직의 다양한 유형과 팀 개발 및 관리방법에 대해 다루고자 한다.

집단과 팀의 차이

많은 사람들이 이미 팀에 익숙한데, 스포츠팀을 본 적이 있거나 참여한 적이 있다면 더욱 그렇다. 작업팀은 작업집단과 다르며, 고유한 특성을 가지고 있다(Exhibit 9-8 참조). 작업집단은 주로 정보를 공유하고 구성원들이 각자의 직무를 효율적이고 효과적으로 수행하는 데 도움이 되는 의사결정을 하기 위해 상호작용한다. 공동의 노력이 필요한 공동작업에 작업집단이 참여할 필요나 기회는 없다. 반면에 **작업팀**은 구성원이 긍정적인 시너지 효과, 개인 및 상호 책임, 관련 기술을 사용하여 구체적인 공동의 목표를 달성하는데 집중한다.

핀란드 레이싱 드라이버 Kimi Raikkonen은 스페인에서 열린 포뮬러-1 챔피언십에서 팀의 지원을 받는다. 경주용 자동차 대회에서 피트 크루(역주 : 피트스톱에서 일하는 사람들)의 효과적인 팀워크는 우승에 결정적이다.

출처: *Insidefoto srl/Alamy Stock Photo*

작업팀

구성원이 긍정적인 시너지 효과, 개인 및 상호 책임, 관련 기술을 사용하여 구체적인 공동의 목표를 달성하는데 집중하는 집단

작업팀의 유형

팀은 다양한 일을 할 수 있다. 팀은 제품을 설계하고, 서비스를 제공하고, 협상하고, 프로젝트를 조정하고, 조언을 하거나 의사결정할 수 있다.[34] 예를 들어 노스캐롤라이나에 있는 Rockwell Automation 공장에서 팀은 작업공정 최적화 프로젝트에 활용된다. Sylvania사의 New Ventures Group은 LED 기반 제품을 만든다. 아칸소에 본사를 둔

Acxiom Corporation의 인적자원팀은 문화 변화를 기획하고 실행한다. 그리고 매년 여름 주말마다 NASCAR 레이스 경주에서 운전자의 피트 스톱(역주: 급유 · 타이어 교체 등을 위한 정차) 동안 작업팀이 활동하는 모습을 볼 수 있다.[35] 일반적으로 작업팀 유형은 문제해결팀, 자율작업팀, 교차기능팀, 가상팀 등 4개로 나뉜다.

Exhibit 9–8

집단과 팀

출처 : J. R. Katzenbach and D. K. Smith, "The Wisdom of Teams," Harvard Business Review, July – August 2005, p. 161; and A. J. Fazzari and J. B. Mosca, "Partners in Perfection: Human Resources Facilitating Creation and Ongoing Implementation of Self–Managed Manufacturing Teams in a Small Medium Enterprise," Human Resource Development Quarterly (Fall 2009): pp. 353 – 376.

작업팀	작업 집단
■ 리더십 역할이 공유된다.	■ 명확하게 한 명의 리더가 책임진다.
■ 자기자신과 팀에 대해 책임진다.	■ 자신에 대해서만 책임진다.
■ 팀이 특정 목표를 만든다.	■ 작업집단의 목표는 광범위한 조직목표와 같다.
■ 작업이 공동으로 이루어진다.	■ 작업이 개별적으로 수행된다.
■ 개방형 토론과 공동 문제해결을 특징으로 하는 회의가 이루어진다.	■ 효율적으로 회의가 이루어지나, 공동 혹은 개방형 토론은 없다.
■ 공동 작업의 결과물을 평가하여 직접적으로 성과가 측정된다.	■ 다른 사람에 대한 영향에 따라서 간접적으로 성과가 측정된다.
■ 작업은 함께 결정하고 함께 진행된다.	■ 작업은 집단 리더에 의해 결정되고 개별 집단 구성원에게 위임된다.
■ 빠르게 만들어지고, 자원을 배분하고, 특정분야에 집중하고, 쉽게 해산할 수 있다.	

문제해결팀

하나의 부서 혹은 기능으로 작업 활동을 개선하거나 특정 문제를 해결하기 위해 구성된 팀

작업팀이 처음 인기를 얻었을 때 대부분은 **문제해결팀**이었다. 이 팀은 하나의 부서 혹은 기능으로 작업활동을 개선하거나 특정 문제를 해결하기 위해 구성된다. 구성원들은 작업 절차나 방법을 어떻게 개선할 지에 대해 아이디어를 공유하고 제안한다. 그러나 이러한 팀은 제안된 활동을 실행할 수 있는 권한이 거의 부여되지 않는다. 예를 들어 미국의 대규모 대학인 Midwest 대학은 교수확보율을 높이기 위한 방법을 연구하기 위해 교수로 구성된 팀을 만들었다. 팀은 현직 및 전직 교수들과의 인터뷰를 포함하여 다양한 활동을 하였다. 그런 다음 대학의 교무처장에게 자신들의 결론과 제안을 보고서에 담아 제출하였다. 하지만 그러한 제안의 실행여부는 위원회가 아니라 교무처장에게 달려있다.

문제해결팀이 유용하긴 하지만 직원들이 업무관련 의사결정과 프로세스에 참여하도록 하는데에는 충분하지 않다. 이러한 단점으로 인해 GE, Google, Zappos, 3M 및 Hewlett-Packard와 같은 회사들은 또다른 유형의 팀제인 **자율관리팀**을 도입하였다. 자율관리팀은 업무프로세스의 전부 혹은 일부를 한 명의 관리자가 책임지는 것이 아니라 팀 구성원들이 책임진다. 자율관리팀은 업무일정계획, 과업 배분, 작업속도 조절, 운영 의사결정, 문제해결 등 작업 결과 및 관리 방식에 대해서 스스로 책임진다. 예를 들어 General Electric은 캐나다 Bromont에 있는 항공기 엔진 공장에서 자율관리팀을 운영한다.[36] 팀은 어떠한 과업을 해야 할지와 어떻게 작업할 지에 대해 결정한다. 생산 계획, 일정 수립, 초과근무 및 휴가 정책 마련, 제조 프로세스 개선 등이 팀에 의해 이루어진다. 각 팀의 직원들은 회사 임원들과 함께 "협의회"에 참여하여 직원 평가, 승진, 해고 의사결정을 한다.

자율관리팀

업무 프로세스의 전부 혹은 일부를 한 명의 관리자가 책임지는 것이 아니라 팀 구성원들이 책임지는 작업팀

교차 기능팀

다양한 기능부서의 전문가들로 구성된 작업팀

fyi

글로벌 조사에서 응답자의 91%는 부서 업무 이외의 프로젝트에 시간을 투입한다고 응답하였다.[37]

세 번째 유형은 **교차기능팀**으로 앞서 10장에서 소개한 바와 같이 다양한 기능 부서에서 온 개인들로 구성된 팀이다. 많은 조직이 교차기능팀을 활용하고 있다. 예를 들어

Genaral Motors는 조각가, 시스템 분석가, 엔지니어 및 창의적인 디자이너로 구성된 다기능팀을 활용하여 혁신적인 자동차 디자인을 만들었다. 교차기능팀의 개념은 건강관리에도 적용된다. 예를 들어 글로벌 제약회사인 Novartis는 매년 국제바이오캠프를 후원하는데 이를 통해서 직원들에게 영감을 주는 동시에 대학생들에게 다기능팀웍을 발휘하게 한다. 18개국에서 온 60명의 학생들은 3일동안 생물학, 테크놀로지, 기타 전문분야의 다기능전문가들로 팀을 구성하여 할당된 문제를 해결한다. 최근의 과제 중 하나는 사람들이 제시간에 약을 복용하도록 상기시키는 디지털 장치를 개발하는 것이었다. Novartis는 창의적인 성과를 달성한 최고의 팀과 뛰어난 리더십을 발휘한 개인에게 상을 준다.[38]

fyi

- 555달러 = 조지아주 아틀란타에서 가상팀원이 되었을 때 절약하는 연간 가스비
- 343시간 = 뉴욕시에서 가상팀원이 되었을 때 절약하는 연간 통근시간[41]

마지막 유형의 팀은 **가상팀**으로 컴퓨터 기술을 활용하여 물리적으로 떨어진 사람들을 연결하여 공동의 목표를 달성하는 팀이다. 사람들은 가까이 있든 다른 대륙에 있든 관계없이 광역 네트워크, 소셜 네트워크, 화상회의, 이메일과 같은 통신수단을 활용하여 온라인으로 협력한다.[39] 예를 들어 60개국에 30,000명 이상의 직원을 둔 소프트웨어 회사인 SAP은 주로 가상팀에 의존한다.[40] 본사는 독일에 있지만 인도, 중국, 이스라엘 및 미국에 R&D 센터가 있다. 각 센터에는 전사적으로 정보를 공유하는 전문가 집단이 있다. 관리자들이 이러한 각 전문가집단의 직원들을 활용하는 가상팀을 활용할 수 있는 것은 이를 가능케 하는 기술이 있기 때문이다.

가상팀
컴퓨터 기술을 활용하여 물리적으로 떨어진 사람들을 연결하여 공동의 목표를 달성하는 작업팀

당신의 경력 개발

코칭 스킬 개발

경영 및 경력의 성공 비결은 효과적으로 코칭하는 방법을 아는 것이다.

스포츠 팀, 자원봉사 팀, 업무 팀 등 다양한 팀에는 코치가 있다.

이러한 유형의 팀(또는 다른 유형의 팀)에 참여한 적이 있다면 코치가 팀의 성공에 얼마나 중요한지 알 것이다. 코치는 팀을 격려하고 지도하는 데 중요한 역할을 한다. 코치가 하는 일은 각 팀 구성원들이 최선을 다하도록 하고, 팀원들이 팀의 목표를 달성하기 위해 협력할 수 있도록 돕는 것이다.

진로에 대한 준비를 하면서 코칭 스킬을 기르는 것이 바람직하다. 이와 관련하여 몇 가지 구체적인 방법을 살펴보자.

1. 목표를 파악하라.
이 장에서 살펴본 바와 같이 효과적인 팀의 특징 중 하나는 명확한 목표를 갖는 것이다. 높은 성과를 달성할 수 있는 팀은 달성해야 할 목표를 명확히 이해하고 있습. 팀 구성원은 팀의 목표에 전념하고, 자신이 달성해야 할 목표를 알고, 이러한 목표를 달성하기 위해 어떻게 협력해야 하는지 이해하고 있다.

2. 당신의 팀을 파악하라.
명확한 목표를 가지고 있으면서 그러한 목표를 아는 것만큼 중요한 것은 팀원들의 기술, 능력, 동기를 파악하는 것이다. 효과적인 코치는 팀 구성원이 팀에 무엇을 가져다 줄지 알고, 팀원 개개인이 가장 효과적으로 기여할 수 있는 위치를 알고 있다.

3. 상호 신뢰 관계를 구축하라.
훌륭한 팀-코치 관계의 토대는 상호 신뢰이다. 이 장에서 설명한 것처럼 효과적인 팀의 특성 중 하나가 상호 신뢰이다. 상호 신뢰가 없으면 코치는 팀을 정직하게 지도하거나 피드백 해 줄 수 없고, 팀 구성원은 코치로부터 피드백과 지도를 받을 수 없다.

4. 피드백을 제공하라.
효과적인 코치는 팀에 긍정적이면서 올바른 성과 피드백을 지속적으로 제공하는 것이 얼마나 가치있고 중요한지 잘 알고 있다. 스포츠를 해본 사람이라면 누구나 좋은 코치가 팀원들에게 지속적으로 피드백을 해주기 때문에 팀이 더 잘할 수 있다는 것을 알 것이다. 팀이 효과적이기를 원한다면 팀 구성원은 자신이 어디에 서 있는지, "게임의 단계를 어디에서 높여야" 하는지 알아야 한다.(14장 "효과적 피드백 방법에 대한 조언" 참조)

5. 책임감 있는 분위기를 만들어라.
업무가 단체로 이루어지는 팀 환경에서는 팀원들과 코치가 서로에 대해 그리고 팀에 대해 책임을 지는 것이 중요하다. 책임진다는 것은 무엇을 의미하는가? 책임감을 가져라. 서로에 대한 약속을 지켜라. 변명하지 말라. 징징대지 말라. 서로 손가락질하지 말라. 이러한 것들이 책임진다는 것의 의미이다. 이것은 중요하다![42]

이 교육과정에서 보여주듯이 팀 구성원간 상호 신뢰는 성공을 위해 필수적이다.

출처: *IS195/Image Source/Alamy Stock Photo*

효과적인 작업팀 만들기

팀이 언제나 높은 성과를 가져오는 것은 아니다. 그러나 팀에 대한 연구들을 보면 효과적인 팀의 특성에 대해 통찰력을 얻을 수 있다.[43] 이러한 특성을 요약하여 Exhibit 9-9에 요약하였다.

명확한 목표 고성과팀은 달성해야 할 목표가 무엇인지 명확하게 알고 있다. 팀원은 팀 목표 달성에 집중하고, 무엇을 달성해야 하는지 알고 있으며, 목표 달성을 위해 협력하는 방법을 알고 있다.

관련 기술 효과적인 팀은 원하는 목표를 달성하는데 필요한 기술 및 대인관계 기술을 가진 인재들로 구성된다. 기술적으로는 훌륭한 사람들 중에서 팀 일원으로 협력하는 대인관계 기술을 가지지 못한 경우가 많기 때문에 특히 대인관계 기술이 중요하다.

상호 신뢰 효과적인 팀은 구성원간의 높은 상호신뢰가 특징이다. 즉 팀원들은 서로의 능력, 성격, 성실성을 믿는다.

단결된 몰입 단결된 몰입은 팀 목표에 대한 헌신과 목표 달성을 위해 엄청난 양의 에너지를 투입하려는 의지가 특징이다. 효과적인 팀 구성원은 팀에 대한 강한 충성심과 헌신을 보여주며, 팀의 성공을 위해 무엇이든 기꺼이 한다.

원활한 의사소통 당연히 효과적인 팀은 원활한 의사소통이 특징이다. 팀원들은 쉽고 명확하게 이해할 수 있는 방식의 말과 행동으로 메시지를 주고 받는다. 또한 피드백은 팀원을 올바른 방향으로 이끌고 오해를 바로 잡는데 도움이 된다. 오랜 세월 함께 지낸 부부처럼 고성과팀은 아이디어와 감정을 빠르고 효율적으로 서로 공유한다.

Exhibit 9–9

효과적인 팀의 특성

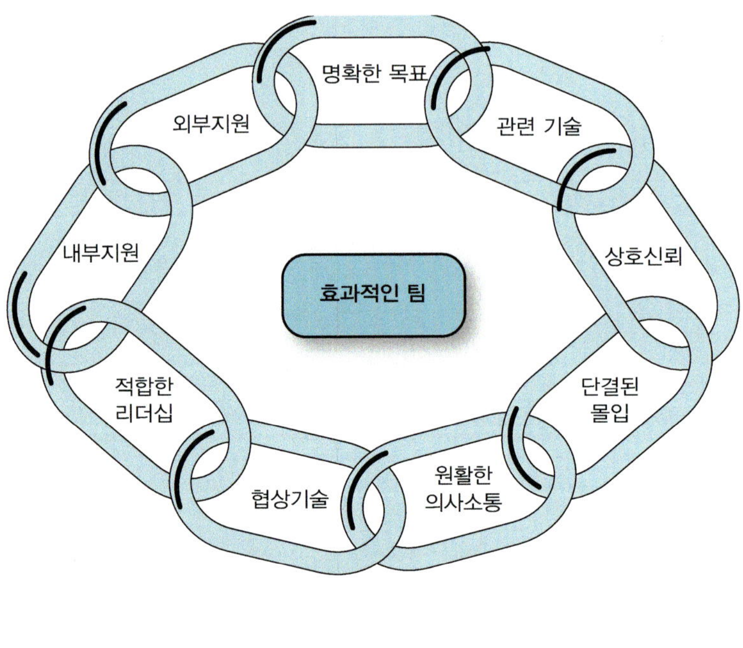

Let's Get REAL

시나리오:

상황이 엉망이다. Walter Smith가 금융서비스회사에서 고객서비스팀을 인수하기로 합의했을 때 그는 팀이 얼마나 협조가 이루어지지 않는지 제대로 알지 못했다. 그는 업무상 책임에 대해 많은 의견불일치가 있고, 두 명의 팀원이 철저히 서로를 피한다는 것을 알게 되었다. 그 결과 팀의 성과는 좋지 않았다. Walter는 이제 팀이 다시 협력할 수 있도록 조치를 취해야 한다.

Walter는 팀의 효과성을 높이기 위해 무엇을 할 수 있는가?

리더로서 팀의 분위기를 쇄신해야 한다. 모두를 불러모아 자신이 가지고 있는 비전과 팀에 대한 기대를 설명하라. 현재의 문제점을 더 잘 이해하고 함께 개선하고 싶다는 것을 공감적으로 설명하라. 비전을 제시한 뒤 팀원들과 함께 개개인의 명확한 역할과 책임 목록을 자세히 작성하라. 이 과정에서 팀원들의 현재 업무량, 경력목표, 강점을 알게 될 것이다. 성공을 축하하고 감사함을 공개적으로 표현하는 것과 같이 사소해 보일 수 있는 것이 큰 변화를 가져올 수 있다.

또한 불만을 가진 두 명의 직원 문제를 신속하게 처리하지 않으면 안된다. 갈등의 심각성에 따라 인적자원관리 파트너를 논의에 참여시켜야 할 수도 있다.

출처: *Christina Moser*

◀ **Christina Moser**
전략회계관리자

협상기술 효과적인 팀은 누가 무엇을 하는지 지속적으로 조정한다. 이러한 유연성을 가지려면 팀원들이 협상기술을 갖추어야 한다. 팀 내 상황과 구성원간 관계가 정기적으로 바뀌기 때문에 팀원들은 그러한 차이를 인식하고 조정할 수 있어야 한다.

적절한 리더십 효과적인 리더가 중요하다. 리더는 팀이 가장 어려운 상황에서도 팀원들이 자신을 따르도록 동기부여할 수 있다. 어떻게 그럴 수 있을까? 리더는 목표를 명확히 하고, 변화가 어려운 현실을 극복할 수 있음을 설명하고, 팀원들의 자신감을 높이고, 팀원들이 스스로의 잠재력을 인식할 수 있도록 돕는다. 효과적인 팀 리더는 코치와 촉진자로서 행동한다. 리더는 팀을 이끌어가고 지원하지만 통제하지는 않는다.

내부지원과 외부지원 효과적인 팀을 위해 필요한 마지막 조건은 지원적인 분위기이다. 내부적으로 적절한 훈련, 팀원들이 성과평가를 위해 활용할 수 있는 명확하고 합리적인 성과측정 시스템, 팀 활동을 인정하고 보상하는 인센티브 프로그램, 지원적인 인적자원관리 체계 등 적절한 인프라가 구축되어야 한다. 올바른 인프라는 팀원을 지원해야 하며, 높은 수준의 성과로 이어지는 행동을 강화한다. 외부적으로 관리자는 작업을 수행하는 데 필요한 자원을 팀에 제공해야 한다.

직장의 비밀 어려운 동료 다루기

우리는 모두 어울리기 어려운 사람들과 함께 있어본 적이 있다. 이 사람들은 늘 불평하는 사람일 수도 있고, 다른 사람들의 직무에 대해 자신이 모든 것을 안다고 생각하고 자신의 생각을 함부로 말하는 사람일 수도 있고, 기타 불쾌한 대인관계 특성을 보이는 사람일 수 있다. 당신이 그들을 다루는 방법을 모른다면 그들은 당신의 일을 극도로 힘들게 만들 수 있고, 이로 인해 많은 스트레스를 받을 것이다. 어려운 사람이 주위에 있으면 모두를 최악의 상황에 빠뜨릴 수 있다. 당신은 무엇을 할 수 있을까? 이렇게 어려운 사람들과 어울리는 법을 어떻게 배울 수 있을까?

당신에 대한 행동이 아니라 동료의 행동이라는 사실을 인식하는 것으로부터 시작하는 것이 좋다. 이것을 개인적인 것으로 여겨서는 안된다. 그러한 행동을 이해하면 문제의 원인과 해결방법을 찾는데 도움이 된다.

다음으로 스스로에게 물어보라. 내가 문제해결에 어느 정도 기여할 수 있는가? 여기에서 핵심은 당신의 행동 중에서 통제가능한 요인을 제거하는 것이다. 예를 들어 당신은 변덕스러운 경향이 있는가? 그렇다면 이는 문제를 해결하는데 도움이 되는 요인인가? 어떤 사람과 팀 프로젝트를 할 때 상대방에게 지나치게 강요하거나 요구하는가? 당신의 행동을 통제할 수 있기 때문에 몇가지 변화를 주면 어려움이 쉽게 해결될 수 있다.

이제 동료 행동의 원인을 생각해보라. 특히 당신을 괴롭힌 것은 무엇인가? 그 사람의 입장에 서서 그 사람의 관점에서 현상을 보라.

동료 행동의 원인을 평가하는 것은 중요하다. 서로의 업무스타일의 충돌만 처리하면 되는지 아니면 독성을 가진 사람(toxic worker, 역주: 근본적으로 문제 있는 사람의 의미)을 다루어야 하는지는 큰 차이가 있다. 후자의 사람은 내부에 분노와 불신이 가득하여 주위 사람들에게 안좋은 영향을 준다. 이러한 유형의 사람과의 갈등은 해결하기가 더 어렵다.

업무스타일의 충돌은 신속처리, 마감준수, 의사소통방법 등과 관련하여 발생한다. 또는 두 사람이 업무를 하면서 변화, 스트레스 상황, 실수, 과도한 대화, 방해 등을 처리하는 방법과 관련하여 업무스타일이 충돌한다. 여기에서 핵심은 옳고 그름의 객관적인 상태를 다루는 것이 아니라는 점을 인식하는 것이다. 오히려 어려움이 발생하는 원인은 업무 방식이나 업무를 바라보는 시각의 차이에서 발생한다.

그렇다면 스타일의 차이를 어떻게 처리할까? 다음은 직장에서 만날 가능성이 높은 어려운 사람들의 몇가지 유형과 그들을 대하는 몇가지 전략을 다루고자 한다.

공격적인 사람들

이러한 유형과 만나면 당신은 기다릴 필요가 있다. 상대방에게 시간을 주고, 예의바른 것에 대해 생각할 필요 없으며, 필요한 경우 직접 뛰어들어라. 주의를 기울이고, 당신의 관점에서 이야기하고, 정면 싸움을 피하고, 친절할 준비를 하라.

불평불만으로 가득찬 사람들

불평불만의 사람들을 만난다면 당신은 주의깊게 경청해야 한다. 그들의 걱정을 인정하고, 불만사항을 중단할 준비를 하라. 동의하지 말고 그들이 말하는 것을 인정하라. 의견을 제시하거나 사과하지 말고 사실을 말하라. 문제를 해결하는 형태로 전환하라.

조용하거나 무대응의 사람들

이러한 유형의 사람들을 만나면 개방형 질문을 해야 한다. 친절하게 대하고 조용하게 바라보라. 대화 도중 침묵을 없애려고 하지 말라. 무슨 일이 일어나고 있는지에 대해 의견을 말하고 편안함을 느낄 수 있도록 긴장을 풀도록 도와야 한다.

모든 것을 아는 전문가

이러한 유형을 다루는 핵심은 최고가 되는 것이다. 그들의 의견을 듣고 인정하라. 자신감있게 질문하되 맞서지 말라. 상대방 의견에 반대하는 전문가가 되어서는 안된다. 긍정적인 방향으로 에너지를 전달하기 위해 상대방과 협력하라.

독성 동료(근본적으로 문제가 있는 동료)를 대하는 것은 더 어렵다. 이 사람은 파괴적이고 학대적이다. 그들은 종종 매력, 리더십, 인상관리기술 등 몇가지 바람직한 자질을 가지고 있지만 동시에 어두운 면을 가지고 있다. 그러한 어두운 면은 정신질환, 마키아벨리즘, 나르시시즘의 세 가지 특성 중 하나 이상의 형태로 나타난다. 정신질환은 인격 장애이다. 이는 양심의 가책이나 공감이 부족한 것이 특징이다. 사이코패스는 감정적으로 차갑고 단절되어 있다. 신문 헤드라인을 장식하는 사람들과 달리 대부분의 사람들은 생계를 위해 직장을 가지고 비교적 평범한 삶을 살고 있다. 마키아벨리즘적 성격의 유형은 조작을 능수능란하게 하는 사람들이다. 그들은 교활하고 이중적이다. 당연히 그들은 당신의 상사나 상급 관리자인 경우가 많다. 이 사람들은 자신의 매력을 보여주고 다른 사람들을 감동시키는데 매우 능숙하다. 세 번째 유형은 나르시시즘에 해당하는 사람들이다. 그들은 이기주의적이고 세상이 자신 위주로 돌아가고 있다고 믿는 고도의 자기중심적인 사람들이다. 연구에 따르면 마키아밸리즘적 성격과 극단적인 자기애를 가진 사람들은 칭찬과 이성 같은 '부드러운' 전술을 사용하여 자신이 원하는 것을 얻고, 사이코패스의 사람들은 자기주장이나 직접적인 조작과 같은 '강한' 전술을 사용한다.

그렇다면 근본적으로 문제가 있는 동료들을 어떻게 처리해야 할까? 전문가들은 최선의 방법은 그러한 사람과 멀리 떨어져 있는 것이라고 조언한다. 그들의 독성(toxicity)에 빨려들어가지 않도록 안전한 거리를 유지하라. 독성행동은 전염성이 있다. 물리적으로 멀리 떨어질 수 없다면 정신적으로나 감정적으로 거리를 두라. 이는 경계를 설정함으로써 가능하다. 당신이 받아들일 것과 받아들이지 않을 것을 독성 동료에게 말하라. 많은 시도가 필요할지 모르지만 경계를 유지하라. 또한 경계를 넘을 경우에는 결과를 명확하게 해야 한다. 부적절한 행동에 대한 불만을 상사에게 전달할 준비를 하라. 이 단계에 도달하면 당신의 불만이 간결하고 전문적이 되도록 하라. 어떤 규정을 위반하였는지, 이러한 행동이 당신과 다른 사람의 직무성과에 어떠한 영향을 주는지 명확히 해야 한다.[44]

Chapter 9 시험/퀴즈 준비: 학습개요를 통한 요약

LO9.1 집단과 집단개발단계를 정의한다.

집단은 특정 목표를 달성하기 위해 상호작용하고 상호의존적인 2명 이상의 개인이다. 공식 집단은 조직구조에 의해 정의된 작업집단이며, 조직목표를 달성하기 위해 업무 할당과 구체적인 과업이 정해진다. 비공식 집단은 사회적 집단이다.

형성기는 집단에 가입하는 단계와 집단의 목적, 구조, 리더십을 정의하는 단계 등 두 단계로 구분된다. 격동기는 누가 집단을 통제하고, 집단이 무엇을 할 것인지에 대한 집단 내 갈등 중 하나이다. 규범기는 규범이 정해지면서 긴밀한 관계와 응집력이 높아지는 단계이다. 성취기는 집단 구성원이 과업을 본격적으로 하는 단계이다. 해체기는 집단이 해산을 준비하는 단계이다.

LO9.2 집단 성과와 만족도를 결정하는 주요 구성요소를 설명한다.

집단 성과와 만족을 결정하는 주요 구성요소는 외부 여건, 집단의 인적자원, 집단 구조, 집단 프로세스, 과업 등이다.

자원의 가용성, 조직목표, 기타 요인과 같인 외부 여건은 작업집단에 영향을 준다. 집단의 인적자원(지식, 기술, 능력, 성격 특성)은 구성원이 할 수 있는 일이 무엇이고, 집단 내에서 얼마나 효과적으로 일을 할 것인지에 영향을 미칠 수 있다.

집단의 역할은 일반적으로 업무를 수행하거나 집단 구성원의 사기를 높이는 것을 포함한다. 집단 규범은 집단 구성원에 의해 공유된 표준과 기대이며, 업무성과수준, 결근, 신속성 등에 영향을 준다. 순응에 대한 압력은 개인의 판단과 태도에 커다란 영향을 준다. 극단적인 경우 집단사고가 문제가 될 수 있다. 지위 체계는 개인이 자신의 지위를 인식하는 것보다 다른 사람이 더 높게 인식한다면 더 크게 동기부여된다. 가장 효과적이고 효율적인 집단 규모는 수행하는 과업에 따라 달라진다. 응집력은 집단의 생산성과 관련되는데 이는 집단의 목표가 조직목표와 얼마나 일치하는지에 따라 결정된다.

집단 의사결정과 갈등관리는 성과 및 만족에 영향을 주는 중요한 집단 프로세스이다. 정확성, 창의성, 수용성이 중요한 경우 집단 의사결정은 가장 효과적일 수 있다. 대인관계 갈등은 거의 언제나 부정적이다. 낮은 수준의 프로세스 갈등과 낮거나 보통수준의 과업 갈등은 긍정적이다. 과업이 복잡하고 상호의존적일 때 효과적인 의사소통과 통제된 갈등은 집단 성과에 가장 적합한다.

LO9.3 팀을 정의하고, 팀성과에 영향을 주는 가장 바람직한 활동을 제시한다.

작업집단의 특징에는 강하고 명확하게 집중된 리더, 개인의 책무, 광범위한 조직의 미션과 같은 집단 목표, 개인의 작업 성과, 효율적인 회의, 타인에 대한 영향으로 측정되는 효과성, 함께 토론하고 결정하고 위임하는 능력 등이 포함된다. 팀의 특성은 공유된 리더십 역할, 개인 책임 및 상호 책무, 구체적인 팀 목표, 공동의 산출물, 개방적인 토론과 활발한 문제해결을 위한 회의, 공동의 산출물에 대해 직접적으로 측정된 성과, 토론하고 결정하고 실행하는 능력 등이 포함된다.

문제해결팀은 업무활동을 개선하거나 특정 문제를 해결하는 데 초점을 맞춘 팀이다. 자율관리팀은 작업프로세스 전체 혹은 한 부문을 책임지고 자체적으로 관리한다. 교차기능팀은 여러 부서에서 온 전문가들로 구성된다. 가상팀은 정보기술을 활용하여 물리적으로 흩어져 있는 구성원들을 연결하여 공동의 목표를 달성한다.

효과적인 팀의 특징에는 명확한 목표, 관련 기술, 상호 신뢰, 단결된 몰입, 원활한 의사소통, 협상 기술, 적절한 리더십, 내부 지원 및 외부 지원 등이 포함된다.

복습과 토론 질문

9-1 집단 개발의 5단계를 아는 것이 관리자에게 어떠한 도움을 주는가?

9-2 비공식 집단은 무엇이며, 조직 내에서 비공식 집단을 구성할 수 있는가?

9-3 집단 구조, 집단 프로세스, 집단 과업은 집단 성과와 만족에 어떠한 영향을 주는지 토론하라.

9-4 집단 규범이란 무엇인가?

9-5 가상팀이 모든 상황에서 적합하지 않은 이유는 무엇인가?

9-6 명확한 목표 설정이 어떻게 팀을 더 효과적으로 만드는지에 대해 토론하라.

9-7 팀의 핵심 잇점에 대해 설명하시오.

경력 준비

윤리적 딜레마

동료와 협력하여 팀프로젝트를 수행할 때 매우 가까워지는가? 모든 사람이 그렇게 생각하는 것은 아니다. 최근에 실시한 설문조사에 따르면 직원의 51%가 직장 연애를 했다고 답했다.[45] 또다른 조사에 따르면 20대와 30대 직원들은 노년층보다 직장연애를 긍정적으로 본다.[46] 때로는 동료가 개인정보를 자유롭게 공유할 수 있다고 생각한다. 예를 들면 어느 회사에서 프로젝트를 마친 팀이 프로젝트 종료를 축하하기 위해 점심식사를 하였다. 식사 도중 한 직원이 자신이 20마일 자전거 경주를 위해 훈련중이라고 말하였다. 자신의 새로운 헬멧과 라이크라(Lycra) 운동복에 대한 이야기 외에도 공기저항을 줄이기 위해 몸 전체를 면도한다는 이야기를 하였다. 나중에 다른 팀원은 이렇게 말하였다. "왜, 왜, 도대체 왜 우리가 거기에 가야 하는가? 그 자리는 동료에 대한 정보를 나누는 자리이다. 나는 그 사람들을 친구로 생각하지 않는다."

9-8 어떻게 생각하는가? 왜 많은 직장 동료들이 연애를 하게 될까? 일부 동료가 자신의 개인적인 정보를 공유하는 이유는 무엇인가?

9-9 직원들은 그러한 관계에 대해 관리자에게 알려야 하는가? 이유를 설명하시오.

9-10 동료가 직장연애를 한다면 윤리적인 문제가 있는가? 너무 많은 정보를 공유하는 것은 어떠한가?

기술 연습 면접기술 개발

기술에 관하여

효과적인 팀 관리자는 점차 보스가 아닌 코치로 묘사되고 있다. 마치 스포츠팀의 코치처럼 관리자는 직무 성과를 향상시킬 수 있도록 지도, 안내, 조언, 격려를 해야 한다.

기술 훈련 단계

- **팀의 성과와 역량을 향상시키는 방법을 분석하라.** 코치는 팀원이 능력을 키우고 성과를 높일 수 있는 기회를 찾는다. 어떻게? 아래와 같은 행동을 활용할 수 있다. 팀원의 행동을 매일매일 관찰하라. 그리고 질문하라. 왜 이런 식으로 일을 하는가? 개선할 수 있는가? 또다른 방법은 없는가? 팀원들을 단순한 직원으로 보지 말고 개개인에게 진정한 관심을 보여라. 그들을 개별적으로 존중하라. 개별 직원의 말을 경청하라.
- **지원적인 분위기를 만들어라.** 코치의 책임은 발전을 저해하는 장벽을 제거하고 직원들 개개인의 성과를 향상시키도록 분위기를 만드는 것이다. 어떻게? 아래와 같은 행동을 활용할 수 있다. 자유롭고 개방적인 아이디어 교환이 이루어질 수 있도록 분위기를 조성하라. 돕고 지원하라. 요청이 있으면 잘 알려주고 조언해주어라. 팀을 격려하라. 긍정적이고 낙관적이 되어라. 위협하지 말라. "미래에 도움이 될 수 있는 무엇을 배웠는가?"라고 질문하라. 장애물을 제거하라. 팀원이 팀 목표에 대해 기여하는 것을 당신이 가치있게 여기고 있음을 팀원들에게 확신시켜라. 결과에 대한 책임을 지되, 팀원들의 책임을 빼앗지 말라. 팀원들이 성공했을 때 팀원들의 노력을 인정하라. 실패했을 때 부족한 부분을 알려주라. 성과가 낮다고 팀원들을 비난하지 말라.
- **팀원의 행동을 변화시키도록 그들에게 영향력을 행사하라.** 코칭의 효과성은 궁극적으로 직원들의 성과가 향상되었는지에 의해 나타난다. 지속적인 성장과 발전을 독려해야 한다. 이를 어떻게 할 수 있을까? 아래와 같은 행동을 활용할 수 있다. 작은 개선에 대해서 인정하고 보상하며, 코칭을 직원의 지속적인 업무개선을 돕는 것으로 생각하라. 개선 아이디어를 발굴하고 선택하는 과정에 팀원을 참여시키는 등의 협력적인 방식을 활용하라. 어려운 과업은 간단한 과업으로 배분하라. 팀에게 기대하는 자질을 당신 스스로 갖추어라. 팀원에게 개방성, 헌신, 몰입, 책임감을 원한다면 당신 스스로 이러한 자질을 보여주라.

기술 연습

프로젝트나 과제를 코치해줄 수 있는 친구나 동료수강생을 찾아라. 동료일수도 있고, 소속 조직의 신입회원일수도 있고, 당신이 이미 수강했던 수업을 듣는 친구일수도 있다. 위에 제공한 지침에 따라 친구 또는 동료수강생이 성과를 높일 수 있도록 코칭기술을 연습하라.

함께 일하기 팀연습

효과적인 팀을 만드는 것이 얼마나 쉬운가? 적절한 개인간 조합을 찾는 것은 항상 쉬운 일이 아니며 종종 충돌이 발생한다. 보완적인 기술이 필요하다. 이 세상에 존재하는 팀의 수가 많은 만큼 팀이 어떻게 조직화되어야 하고, 어떻게 생겨야 하는지를 다룬 연구가 많다. 3~4명의 소집단을 만들어라. 소집단이 해야 할 일은 진정으로 효과적인 팀은 어떤 모습이어야 하고, 어떠한 특징이 있어야 하는지를 제안하는 것이다. 아이디어를 글머리 기호 목록 형태로 작성하라. 도출한 아이디어를 수업시간에 공유하고 최종 목록으로 작성해야 한다.[47]

경영자가 될 차례

- 귀하가 속한(또는 속했던) 집단을 생각해 보라. 그 집단의 개발을 Exhibit 9-2에 제시한 집단 개발 단계에 따라 설명하라. 실제 현상이 집단개발모형으로 얼마나 잘 설명되는가? 집단의 효과성을 높이기 위해 집단개발모형을 어떻게 사용할 수 있을까?
- 동일한 집단에 대하여 아래 사항이 포함된 보고서를 작성하시오. 포함될 사항은 팀원별 역할, 집단 규범, 집단순응 이슈, 지위체계, 집단 규모 및 규모에 따른 효과성 · 효율성, 집단응집력 등이다.
- 동일한 집단에 대하여 의사결정이 어떻게 이루어진지 설명하라. 그 과정은 효과적인가? 효율적인가? 가장 자주 발생하는 갈등유형(관계, 프로세스, 과업)과 이러한 갈등을 처리하는 방법에 대하여 설명하라. 집단개발과 구조에 대한 보고서에 이 정보를 추가하라.
- Exhibit 9-9에 제시된 효과적인 팀의 특성 중 두가지를 선택하고 집단이 해당 특성을 향상시키는데 도움이 되는 팀구축 방법을 개발하라. 창의력을 발휘하라. 도출한 방법을 보고서에 포함시키고, 집단이 해당 특성을 개선하거나 개발하는데 왜 도움이 되는지 설명해야 한다.
- 생산성을 빠르게 높여야 하는 신생팀들은 기본 규칙이나 팀 업무 계약을 작성한다. 팀 업무계약에 대한 연구를 하고 계약에 포함될 내용을 요약한다. 팀 프로젝트에 배정되면 팀 업무계약을 하는 것으로 프로젝트가 시작된다.

사례적용 1 Tata Marcopolo의 자율관리팀

인도에서는 87개 도시 중 약 20개 도시만이 교통수단을 갖추고 있으며, 대량고속수송시스템을 갖춘 도시가 거의 없다. 인도의 TaTa Motors와 브라질의 Marcopolo가 협력하여 합작회사를 만들었는데 장거리시외버스와 시내버스를 제조하는 이 회사는 Marcopolo가 가진 버스엔지니어링 전문성과 지식을 Tata의 글로벌 제조 능력과 결합하여 증가하는 인도의 대중교통 수요를 충족시킨다. 2008년에 인도 Dharwad에서 2,500명 이상의 직원을 고용한 합작회사인 Tata Marcopolo Motors Ltd(TTM)가 설립되었다.

급변하는 경영환경에서 이러한 벤처 기업을 관리하려면 유연하고 적응력있는 구조가 필요하다. 실제로 TTM은 2011년 직원 참여 프로그램의 일환으로 Dharwad 공장에서 최상의 솔루션으로 보이는 자율관리팀을 운영하였다. 공식적인 관리 없이 책임이 분산되고 직원들은 세부 작업을 지시하기보다 코칭 역할을 하도록 권장되었다. 과업수행의 권한과 주인의식이 높은 팀을 만들었다. 협업프로세스는 동기부여와 생산성을 증가시켰다. 상위계층에서는 효과적이지만 하위 계층에서는 가끔 실패하는 의사소통을 개선하였다. 코치, 팀리더, 현장 관리자의 대인관계 기술은 일선 직원과 긴밀한 업무 관계를 형성하기 때문에 매우 중요하다. TTM은 정기적인 오픈하우스 행사, 대면 회의 및 팀 미팅을 실시한다.

이 팀은 10억 명이 넘는 인구의 끊임없는 수요를 충족시키기 위해 버스를 제조하는 책임을 지고 있다. 업무 프로세스가 매끄럽게 이루어지도록 TTM의 인적자원관리부서는 모든 직원으로부터 피드백을 받아 기술과 혁신적인 업무프로세스를 발견하고 보상한다. 인적자원관리부서는 팀과 협력하여 원하는 기술자의 기준을 정하고, 서비스사업 및 공공사업을 포함하여 제조 흐름을 더 쉽게 이해할 수 있도록 개발한다. 이는 TTM이 기술과 프로세스를 잘 설계해야 함을 의미하는데 최적의 효율성과 생산성을 확보하기 위한 관련 기술, 수행 과업, 요구되는 기술, 성과표준 등을 설계해야 한다. 이를 통해 팀은 계획, 실행, 업무량 점검 등과 관련된 의사결정을 한다. TTM의 일부 직원은 팀 형태의 장점으로 높은 수준의 내재적 동기부여, 문제 해결 및 갈등관리, 주인의식과 책무감이 높아진다고 이야기하였다.

그러나 이러한 잇점에도 불구하고 그것은 쉬운일이 아니었다. 충분하지 않은 계획 시간을 포함하여 도로위의 예기치 못한 상황은 비현실적인 기대 때문에 발생하며, 좋지 않은 결과로 이어진다. 의사결정 기술이 부족한 직원에게 권한을 위임하면 잘못된 결정을 내리고 시간낭비를 초래한다. 게다가 모든 직원이 훌륭한 팀 플레이어가 아닐수도 있다. 인력이 잘못 배치되면 팀의 균형을 무너뜨린다.

자율관리팀이 실제로 터널의 끝에서 밝은 빛이 될까? 이 팀 유형을 선택할 때 고려해야 할 중요한 요인은 직원 경험과 기술수준, 문화적 선호도이다. Hofstede의 문화 차원과 관련하여 인도는 권력거리가 멀다. 이는 직원이 위계에 따라 명확한 지시가 이루어지는 작업환경에 더 적합함을 의미한다. 업무를 점검하고 실행하기 위해 경영진이 필요하다. 자율관리팀은 활성화될 수도 있지만 강압적인 분위기가 형성될 수 있다. 따라서 팀내 토론과 문제해결을 촉진하는 역할을 하는 코치의 역할이 중요하다.

TTM은 자율관리팀이 앞으로도 계속 필요하다고 믿었는데, 효과적인 업무환경을 만들기 위해 접근방법을 조정하였다. 자율관리팀 실행 전후에 이루어진 직원 설문조사를 통해서 이러한 접근이 생산적인 팀워크를 촉진하는 문화를 창출하도록 조정되있다.[48]

토의문제

9-11 TTM에서 자율관리팀의 문제는 무엇인가? 그것들을 어떻게 처리해야 하는가?

9-12 자율관리팀을 실행할 때 고려해야 하는 요인은 무엇인가?

9-13 이 팀에 다른 형태의 집단개발 단계가 적용되는가?

9-14 TTM이 자율관리팀을 잘 실행했다고 생각하는가? 그 이유는?

사례적용 2 학생의 '가상준비'

글로벌 경영이 확대됨에 따라 많은 조직은 서로 다른 문화적 배경과 가치 시스템을 가진 사람들이 멀리 떨어진 지리적 여건 하에서 함께 팀 프로젝트를 수행한다. 이러한 가상팀은 많은 장점을 가지고 있을 뿐만 아니라 관리 측면에서 몇가지 독특한 문제가 있는데, 팀 결속, 서로 다른 문화 이해, 시차가 있는 상황에서 업무 처리, 직원채용시 동일한 기준 적용 등의 문제가 그것이다. 가상팀을 활용하는 많은 팀은 동일한 물리적 공간에서 일하는 것과 통신 도구를 활용하여 원격으로 일하는 것 사이에 성과차이가 없다는 결론을 내렸다. 그러나 직원들이 서로 가깝게 일하고 소통하는 것에 익숙해 있거나 "가상의 방식"으로 일한 경험이 거의 없는 직원을 가상팀으로 전환하는 것은 쉬운 일이 아니다.

일본 Tsukuba 대학과 프랑스 Grenoble Ecole de Management 대학은 학생들이 가상팀에서 일할 때 필요한 기술을 갖추는 것이 경력에 꼭 필요하다는 것을 인식하였다. 그래서 이들 대학은 2013년에 학생들이 가상팀에서 일하는 경험을 하도록 공동 프로그램을 만들기로 결정했으며, 5년째가 되던 2017년에 그 효과를 평가하였다. 두 대학에서 참여한 대학원생의 국적은 11개국이었으며, 글로벌 경영환경에서 일하는 경험을 쌓기 위해 문제해결 프로젝트에 참여하였다. 이 프로그램에 참여한 학생들은 다양한 수준의 직장 경험을 가지고 있으며, 두 대학 모두 프로그램이 시작되기 전에 직접 대면하지 않았다.

학생들은 Zoom, Skype, Adobe Connect와 같은 화상회의 도구를 활용하여 가상 공간에서 소통하면서 서로의 관계와 문화 차이 문제를 반영하면서 어떻게 과업을 수행할지 토론하였다. 가상팀에 참여하면서 제기된 첫 번째 문제는 신뢰 구축, 올바른 커뮤니케이션 방식 마련, 팀원간 문화적 차이 극복 등이었다. 또한 결과물의 전반적인 품질에 대한 주인의식을 갖는 것 역시 문제였다.

그러나 가상 환경에서 어느 정도 시간을 보낸 후 팀원들은 서로를 이해하기 시작했다. 리더를 임명하는 대신 일부 학생들이 자연스럽게 팀을 이끌기 시작했는데, 대개 한 명 이상의 학생들이 팀을 이끌어나갔다. 이로 인해 과업 결과물에 대해 팀원들이 공동의 책임감을 가지게 되었다. 또다른 잇점은 기술을 활용하여 업무처리가 보다 신속하게 이루어질 수 있었다는 것인데 이는 서로 다른 시간대에서 일하는 팀원들이 협업 도구를 사용했기 때문이다. 학생들이 각자의 의사소통 방법과 기본 규칙을 마련하였는데, 이는 학생 스스로 주인의식을 가지고 팀에 기여할 마음이 커졌음을 의미한다. 오늘날 대학의 합작투자는 매우 일반적이다. 많은 대학이 "협업 온라인 국제 학습(또는 COIL)" 방식을 도입하였는데, 이는 학생들이 가상 환경을 사용하여 상호작용하고 함께 일하며, 동료문화를 만들어 나간다.

교육상황이라는 것을 제외하면 가상 팀 업무의 원칙은 동일하다. Dell, Upworthy 등과 같은 조직들은 이러한 접근을 활용하며, 가치와 관행에 대한 주인의식을 가지도록 하는 것이 가상 업무의 성공요인이다. 관리자들은 직원에게 과업 수행에 대한 자율성을 부여하면 보상받을 수 있고, 팀 스스로 조직하도록 만들고, 궁극적으로 성장할 수 있음을 알고 있다. 또한 두 대학의 프로그램 관리자는 학생들로부터 미래의 "가상 팀" 기반 프로그램을 운영할 때 중요한 것이 무엇인지 배웠다.[49]

토의문제

9-15 참가자로서 이러한 프로그램에 대해 어떻게 생각하는가? 어떤 어려움이 예상되고, 어떻게 극복할 것인가?

9-16 성공적인 가상팀을 구성할 때 관리자가 고려해야 하는 중요 요소는 무엇인가?

9-17 가상팀에서 과업을 수행하는데 가장 이상적인 집단 규모가 있다고 생각하는가?

9-18 가상팀에 전담 리더를 두는 것이 중요하다고 생각하는가? 그 이유는?

ENDNOTES

1. "How Leaders Spend Their Time," *Center for Management and Organization Effectiveness* (blog), January 14, 2019, https://cmoe.com/blog/how-leaders-spend-their-time/.
2. B. W. Tuckman and M. C. Jensen, "Stages of Small-Group Development Revisited," *Group and Organizational Studies* 2, no. 4 (December 1977): pp. 419–427; M. F. Maples, "Group Development: Extending Tuckman's Theory," *Journal for Specialists in Group Work* 13, no. 1 (Fall 1988): pp. 17–23; B. W. Tuckman and M. C. Jensen, "Stages of Small-Group Development Revisited," *Group Facilitation* (October 2010): pp. 43–48; and J. M. Kiweewa, D. Gilbride, M. Luke, and T. Clingerman, "Tracking Growth Factors in Experiential Training Groups Through Tuckman's Conceptual Model," *Journal for Specialists in Group Work* 43, no. 3 (July 2018): pp. 274–96.
3. This model is based on the work of P. S. Goodman, E. Ravlin, and M. Schminke, "Understanding Groups in Organizations," in *Research in Organizational Behavior*, vol. 9, eds. L. L. Cummings and B. M. Staw (Greenwich, CT: JAI Press, 1987), pp. 124–28; J. R. Hackman, "The Design of Work Teams," in *Handbook of Organizational Behavior,* ed. J. W. Lorsch (Upper Saddle River, NJ: Prentice Hall, 1987), pp. 315–42; G. R. Bushe and A. L. Johnson, "Contextual and Internal Variables Affecting Task Group Outcomes in Organizations," *Group and Organizational Studies* (December 1989): pp. 462–82; M. A. Campion, C. J. Medsker, and A. C. Higgs, "Relations Between Work Group Characteristics and Effectiveness: Implications for Designing Effective Work Groups," *Personnel Psychology* 46 (Winter 1993): pp. 823–50; D. E. Hyatt and T. M. Ruddy, "An Examination of the Relationship Between Work Group Characteristics and Performance: Once More into the Breach," *Personnel Psychology* 50 (Autumn 1997): pp. 553–85; and D. J. Levi, *Group Dynamics for Teams*, 5th ed. (Thousand Oaks, CA: Sage Publications, 2016).
4. M. J. Stevens and M. A. Campion, "The Knowledge, Skill, and Ability Requirements for Teamwork: Implications for Human Resource Management," *Journal of Management* 20, no. 2 (Summer 1994): pp. 503–30; and G. L. Stewart, "A Meta-Analytic Review of Relationships Between Team Design Features and Team Performance," *Journal of Management* 32, no. 1 (February 2006): pp. 29–54.
5. M. E. Shaw, *Contemporary Topics in Social Psychology* (Morristown, NJ: General Learning Press, 1976), pp. 350–51; D. C. Kinlaw, *Developing Superior Work Teams: Building Quality and the Competitive Edge* (San Diego, CA: Lexington, 1991); and V. U. Druskat and S. B. Wolff, "The Link between Emotions and Team Effectiveness: How Teams Engage Members and Build Effective Task Processes," *Academy of Management Proceedings*, August 1999.
6. T. Chamorro-Premuzic and D. Winsborough, "Personality Tests Can Help Balance a Team," *Harvard Business Review*, March 19, 2015, https://hbr.org/2015/03/personality-tests-can-help-balance-a-team.
7. O. Törnblom, K. Stålne, and S. Kjellström, "Analyzing Roles and Leadership in Organizations From Cognitive Complexity and Meaning-Making Perspectives," *Behavioral Development* 23, no. 1 (January 2018): pp. 63–80.
8. McMurry, Inc., "The Roles Your People Play," *Managing People at Work,* October 2005, p. 4; G. Prince, "Recognizing Genuine Teamwork," *Supervisory Management* (April 1989): pp. 25–36; R. F. Bales, *SYMOLOG Case Study Kit* (New York: Free Press, 1980); and K. D. Benne and P. Sheats, "Functional Roles of Group Members," *Journal of Social Issues* 4 (1948): pp. 41–49.
9. See, for instance, D. Skarbek, "Prison Gangs, Norms, and Organizations," *Journal of Economic Behavior & Organization* 82, no. 1 (April 2012): pp. 96–109.

추가 END NOTE는 다음의 사이트에서 다운로드 가능하다. https://blog.naver.com/park18391 경영 · 경제 전공도서

PART 3 경영 연습

관리자의 딜레마

경영이론에 의하면 개인에 비해 다양한 집단이 더 창의적인데, 그 이유는 팀원들이 다양한 아이디어와 관점, 접근 방식을 집단에 제공할 수 있기 때문이다. Alphabet의 구글과 같은 조직에게 혁신은 성공의 중요한 요소이며 팀은 일상적인 방식이다. 팀에 대한 경영이론이 맞다면, 인도에 있는 구글의 하이데라바드(Hyderabad, 역주 : 인도 텔랑가나주의 도시) 연구 개발 센터가 혁신에 뛰어나야 할 것이다. 왜 그럴까? 왜냐하면 모든 직원들이 인도 출신임에도 불구하고, 그곳에서는 다양성을 발견할 수 있기 때문이다. 이곳에 있는 구글러들은 인도인, 시크교도, 힌두교도, 이슬람교도, 불교도, 기독교도, 그리고 자이나교도 등 다양하다. 그리고 그들은 영어, 힌디어, 타밀어, 벵골어, 그리고 인도의 22개 언어들을 사용한다. 구글이 잠재적인 지원자들에게 원하는 기술 중 하나는 팀원으로 일할 수 있는 능력이다. 구글이 빠른 속도로 성장함에 따라 새로운 구글러들이 팀에 지속적으로 합류하고 있다.

여러분이 구글의 하이데라바드 시설의 관리자라고 가정해보자. 신입 엔지니어와 디자이너가 팀에 합류한다면 지원자가 팀 구성원으로 일할 수 있는 능력이 있는지 어떻게 평가하고, 팀의 혁신을 어떻게 유지하겠는가?

글로벌 센스

인력 생산성. 이는 전 세계 경영자와 정책 입안자들에게 중요한 성과 지표이다. 정부는 국가의 노동력이 생산적이기를 원한다. 경영자들은 기업의 직원들이 생산적이기를 원한다. 생산성은 효율성과 효과성을 모두 포함한다. 1장에서 다룬 효율성과 효과성에 대한 우리의 논의를 돌이켜 생각해 보시오. 효율성은 최소한의 투입이나 자원으로부터 가장 많은 산출물을 얻는 것이다. 다르게 표현하면, 옳은 방향으로 일을 하는 것을 말한다. 효과성은 목표 달성을 위한 업무 활동이나 목표 달성을 위해 올바른 일을 하는 것이다. 그렇다면 전 세계적으로 노동 생산이 어떤 수준일까? 다음은 경제협력개발기구(OECD)의 6년 노동생산성 증가율에 대한 가장 최근의 데이터이다: 호주 1.57%, 캐나다 0.99%, 그리스 1.09%, 아일랜드 6.12%, 한국 2.09%, 터키 3.06%, 영국 0.23%. 꽤 높은 경제 성장률과 낮은 실업률에도 불구하고, 전세계의 노동생산성 증가율은 최근 몇 년 동안 상대적으로 낮다. 불황 이후 노동생산성 증가율은 지난 경제위기 이전의 절반 수준이다. 기업들은 생산성을 높이기 위해 직원을 더 많이 채용해 왔다. 낮은 실업률은 기업들이 자신이 원하는 것보다 덜 숙련된 직원을 고용했다는 것을 의미한다. 이는 기업 입장에서 생산성 증가가 더 어렵다는 것을 의미한다. 그러나 만약 여러분이 취업을 원하고, 기술을 가지고 있으며, 생산성을 높일 수 있다면 이 상황이 얼마나 좋은 기회인가!

파트 3에서 배운 내용을 토대로 다음 질문에 대해 논의하라.

- 조직 설계에 의해 노동 생산성이 어떤 영향을 받을 수 있는가? 조직 설계의 여섯 가지 핵심 요소를 살펴보라.
- 어떤 유형의 조직 설계가 직원 생산성을 높이는 데 도움이 될 수 있는가? 어떤 유형이 노동 생산성에 해로울 수 있는가?
- 조직의 인적자원관리 접근 방식이 직원의 생산성에 어떤 영향을 미칠 수 있는가? 관리자는 인적자원 프로세스를 사용하여 어떻게 직원의 생산성을 향상시킬 수 있는가?
- 팀이 개인보다 생산성이 높은가? 토론하고 설명하라.
- 관리자의 생산성 향상 압박으로 인해 직원들이 느끼는 스트레스를 줄이기 위해 관리자가 할 수 있는 일은 무엇인가?

계속되는 사례

스타벅스 - 조직화

조직화는 경영자의 중요한 과업이다. 스타벅스가 글로벌 확장을 이어가고 혁신적인 전략을 추진함에 따라 경영자들은 지속적으로 조직화 및 재구조화의 현실을 다루어야 한다.

스타벅스 구조화

많은 스타트업 기업들과 마찬가지로 스타벅스 창립자들은 각자의 개인적인 강점들을 바탕으로 회사를 조직하였다. Zev Siegl은 소매 전문가가 되었고, Jerry Baldwin은 행정 기능을 맡았으며, Gordon Bowker는 자신을 "마술, 미스터리, 로맨스 맨"이라고 칭한 몽상가였다. Bowker는 처음부터 스타벅스를 방문하는 것이 "먼 세계로 잠깐 도피하는 느낌을 불러일으킬 수 있다"고 생각했다. 스타벅스가 성장하자 Jerry는 전문적이고 경험이 풍부한 경영자를 고용해야 한다는 것을 인식하고

Howard Schultz를 영입하였는데, 그는 영업, 마케팅, 판매 분야에서 실력을 발휘했다. 창업자들이 결국 슐츠에게 회사를 팔았고, 슐츠는 회사를 성공의 길로 이끌었다. Kevin Johnson이 회사에 대해 너무 많이 알고 있었기 순조롭게 스타벅스의 사장과 최고경영자로 자리를 옮기게 되었다. 존슨은 최고경영자 역할을 맡기 전까지 스타벅스에서 2년 동안 최고운영책임자를 지냈고, 그 전에는 스타벅스 이사회에서 6년간 근무했다. 그는 영업, 마케팅 및 운영 기술뿐만 아니라 다른 회사에서 리더십 경험을 가지고 있었다.

스타벅스가 확장됨에 따라, 스타벅스의 조직 구조는 회사의 성장을 수용할 수 있도록 변화되었다. 스타벅스의 성공은 부분적으로 상황에 적합한 조직 구조 덕분이며, 스타벅스는 "호리호리한" 기업 구조를 자랑한다. 케빈 존슨은 조직 구조의 최상위에 있으며 Exxon Mobil, Sam's Club, Kraft Foods, Kimberly-Clark Corporation, Macy's 등의 기업 출신의 다양한 임원들을 채용하였다. 존슨은 대기업에서 부서 운영 경험이 있는 경영진들을 배치하는 것이 얼마나 중요한지 알고 있었고, 그래서 임원들을 스타벅스에 채용하는 데 초점을 맞추었다. 기업 고위 간부에는 최고경영자, 부사장, 지역 사장, 그룹 사장, 부서장 등이 포함된다. 스타벅스의 전략에서 글로벌 기업이 되는 것이 중요하기 때문에 스타벅스가 진출해 있는 지역의 지역 사장들이 있다. 스타벅스가 기술에 집중하는 모습도 구조에 반영되어 있다. 최고기술책임자(CTO)가 있을 뿐 아니라 스타벅스의 기술을 총괄하는 3명의 수석 부사장도 있다. 스타벅스 임원진에 대한 자세한 설명과 각자가 책임지는 내용은 회사 홈페이지를 통해 확인할 수 있다.

경영진이 모든 중요한 전략적 방향을 제시하지만 스타벅스의 '진짜' 업무는 회사의 지원 센터, 기술 센터, 구역 사무실, 소매점, 로스팅 공장에서 이루어진다. 시애틀에 본사를 둔 지원 센터는 회계, 재무, 정보 기술, 영업 및 공급망 관리 분야로 구성되어 있는데, 기업 운영의 모든 측면을 지원하고 있다. 애리조나에 본사를 둔 Scottsdale 기술 센터는 정보 보안, 비즈니스 인텔리전스 및 회사를 위한 디지털 제품을 포함한 디지털 소매 경험에 초점을 맞추고 있다. 지역 사무소는 소매점의 지역 운영을 감독하고 인적 자원 관리, 시설 관리, 회계 관리, 재무 관리 및 판매 관리를 지원한다. 개별 관리자가 지역 책임자와 기능 부서장에게 보고하는 매트릭스 구조가 사용된다. 예를 들어, 중국에서 근무하는 인사 담당자는 중국/아시아 태평양 지역 담당자와 중국 및 아시아 태평양 지역의 인사 책임자에게 보고한다. 지역 사무소와 개별 소매점 사이에 구역 관리자가 있는데, 이들은 8개에서 10개의 점포를 각각 감독한다. 구역 관리자들은 점포를 돌면서 외근을 해야 하기 때문에 모바일 기술에 크게 의존하고 있지만, 여전히 자신의 사무실과 연결되어 있다. 스타벅스의 비전과 목표가 펼쳐지는 매장에 나와 있기 때문에 구역 관리자들은 '회사 내에서 가장 중요한 사람'으로 불려왔다. 그러므로, 그러한 구역 관리자들과 관계를 유지하는 것은 매우 중요하다.

소매점에서는 근무조 관리자(shift supervisors), 대리점 관리자 및 매장 관리자의 지시에 따라 시간제 직원(바리스타)이 고객에게 서비스를 제공한다. 이들 관리자는 개별 스타벅스의 일상적인 운영을 책임진다.

마지막으로, 커피와 다른 음료와 판매할 제품이 없다면, 스타벅스는 존재할 수 없다. 커피 원두는 워싱턴 주, 펜실베이니아, 네바다 주, 사우스캐롤라이나 주, 조지아 주, 그리고 암스테르담에 있는 로스팅 공장에서 가공된다. 캘리포니아에도 쥬스 만드는 공장이 있는데, 회사는 인도의 Tata Global Beverages와 함께 커피 로스팅 공장을 설립했다. 각 제조 공장에서 생산팀은 커피 등의 제품을 생산하고 유통팀은 제품 및 장비의 재고 및 유통을 관리한다.

스타벅스의 인력 관리

스타벅스는 성공 요인이 고용한 사람들의 자질이라는 것을 인정한다. 스타벅스는 초기부터 직원들을 육성하고 그들에게 성장과 도전의 기회를 주는 회사가 되기 위해 노력해 왔다. 회사는 직원들의 "파트너"이며, 유연하고 앞선 업무 환경을 제공하고 서로를 존중하고 상대방을 존엄한 존재로 대하기 위해 항상 노력해 왔다고 말한다.

스타벅스는 고객의 경험을 넓히고 국제적으로 확장하는데 주력하고 있기 때문에 적시에 적정 인원을 확보해야 한다. 어떤 종류의 사람들이 스타벅스에 "적합한가"? 회사는 이상적인 직원이란 고객과 "진정한 연결의 순간"을 만들어 낼 수 있는 능력, 배우려는 의지, 그리고 동료 팀원들을 도우면서 일을 완수할 수 있는 개방성을 지녀야 한다고 설명한다. 스타벅스는 잠재적인 파트너들을 유인하기 위해 다양한 방법을 사용한다. 그 회사는 사용하기 쉽고 상호작용할 수 있는 온라인 직업 센터를 가지고 있다. 구직자들은 지리적으로 어디에 있든 상관없이 소매업, 기업, 제조업의 일자리를 찾기 위해 온라인으로 검색하고 지원할 수 있다. 회사는 미국에 있는 회사 지원 센터와 기술 센터에서 학생들에게 여름 인턴십 기회를 제공하고 있다. 하지만 회사의 노력은 거기서 그치지 않는다.

공동체 사람들을 돕겠다는 의지를 가지고 특정 집단에 초점을 맞춘 다양한 특별 채용으로 이어졌다. 예를 들어 스타벅스는 2018년까지 최소 1만 명의 군대 관련 직원을 채용하겠다는 당초 계획을 초과한 21,000명의 참전용사와 배우자를 채용했다. 스타벅스는 또한 6만 5000명의 저소득층을 고용하고 2020년까지 1만 명의 난민을 고용하겠다고 약속했다. 최근 수화를 할 줄 아는 25명의 직원들이 미국 워싱턴 DC에 있는 스타벅스의 첫 번째 미국 사이닝스토어(Signing Store)에 고용되었는데, 이 곳에서는 수화를 통해 주문하고 의사소통을 할 수 있다. 스타벅스는 2016년 말레이시아에 첫 번째 사이닝 스토어를 열었다.

스타벅스는 다양한 교육을 제공하지만, 가장 유명한 훈련은 필라델피아에 있는 스타벅스 카페 직원이 친구를 기다리고 있는 2명의 흑인 미국인에게 나가라고 이야기한 이후에 이루어졌다. 스타벅스는 인종 차별 교육에 직원들을 참여시키기 위해 미국 전역에 있는 8,000개 이상의 점포를 폐쇄했다. 이 교육에는 복수의 동영상, 인종과 정체성에 대한 토론, 공공장소에서 매일 유색인종들이 경험하는 것에 대한 정보, 훈련 후 수개월 동안 개인용 일기 쓰는 방법 등이 포함됐다. 스타벅스는 앞으로도 신입사원 오리엔테이션 프로그램에 인종 차별 교육을 포함시킬 계획이다.

스타벅스는 또한 신입 사원들에게 회사의 역사, 문화, 사회적 책임 관행을 알려주기 위해서 "스타벅스 체험" 수업을 제공한다. 직원이 아주 외진 곳에서 일하지 않는 한, 스타벅스 체험 교육은 지역 교육 센터에서 이루어진다. 이러한 현장 외 교육 효과를 높이기 위해 각 매장에는 신입사원을 대상으로 매장 내 실습교육을 하는 학습코치가 있다. 현장 교육을 지원하기 위해 온라인 교육도 추가 제공된다. 예를 들어 스타벅스의 "솔루션 대학 온라인 교육"은 많은 직원들의 손끝 감각을 높이기 위한 짧은 훈련을 제공한다.

스타벅스의 가장 대규모 교육 정책은 대학 진학 지원(College Achievement Plan)이다. 이 프로그램은 애리조나 주립 대학교에서 온라인 학사 학위를 받으면 등록금을 지원한다. 최소 3개월 이상 회사에 근무한 스타벅스 직원 중에서 주당 최소 20시간 이상 근무하며 학사학위가 없는 사람은 누구나 지원할 수 있다. 이 프로그램에 지원한 스타벅스 직원들 중 80%가 합격했다. 2014년에 도입된 이 프로그램의 목표는 직원들이 대학을 경제적이고 쉽게 다닐 수 있도록 지원하는 것이다.

토의 질문

P3-1 어떤 유형의 부문화가 사용되고 있는가? 당신의 선택을 설명하라. (힌트: 사례에 제시된 정보 외에 회사 웹 사이트의 "리더십" 아래에 있는 기업 임원에 대한 설명을 살펴보는 것이 좋다.)

P3-2 스타벅스가 매트릭스 구조에서 직면할 수 있는 문제는 무엇인가? 이러한 문제들을 최소화하기 위해 회사가 무엇을 할 수 있는가?

P3-3 스타벅스가 집중근무제, 유연근무제, 직무공유를 원했다면, 무엇을 고려해야 하는가? 스타벅스에서 이러한 고용 대안을 제공하는 것의 장점과 단점은 무엇인가?

P3-4 스타벅스는 미국 점포의 4분의 1에 납품하는 것을 확대하고 주당 수익을 10% 늘리는 것이 목표라고 말했다. 조직 기능이 이러한 목표 달성에 어떤 기여를 할 것인가?

P3-5 스타벅스는 고객과의 '진정한 연결의 순간'을 만들어낼 수 있는 능력, 배우려는 의지, 동료 팀원들을 도우면서 일을 완수할 수 있는 개방성을 가진 사람들을 원한다고 말했다. 회사는 채용 및 선발 과정에서 이러한 유형의 사람들을 어떻게 찾아내는가?

P3-6 스타벅스의 교육에 대해 평가하시오. 어떤 다른 유형의 교육이 필요한가?

P3-7 동네 스타벅스 매장 매니저라고 생각해보자. 세 명의 새로운 시간제 근로자(바리스타)가 팀에 합류한다. 신입 사원들에게 오리엔테이션을 어떻게 할지에 대해 설명하라.

P3-8 스타벅스가 직원 성과를 평가하는 방법으로 대인비교 또는 360도 피드백을 사용하고자 있다면, 어떤 이슈(긍정적 · 부정적 이슈)가 발생할 수 있는가? 이러한 직원 성과 관리 방법은 매장 관리자가 팀을 관리하는 방식에 어떤 영향을 미칠 수 있는가?

P3-9 회사의 가치 중 경영진의 조직화에 영향을 미친 것은 무엇인가? 당신이 선택한 항목이 스타벅스 관리자가 (a) 구조적 이슈 (b) 인적자원관리 이슈, (c) 팀 관리 이슈를 어떻게 다루는지 설명하라. (힌트: 스타벅스의 가치는 회사 웹사이트에서 찾을 수 있다.)

Chapter 10 커뮤니케이션 관리

학습목표

10.1 커뮤니케이션의 성격과 기능을 정의한다.

10.2 커뮤니케이션의 과정을 설명한다.

10.3 조직내에서 가장 효과적으로 커뮤니케이션이 전달되는 방법을 설명한다.

10.4 인터넷과 소셜 미디어가 어떻게 경영 커뮤니케이션과 조직에 영향을 주는지 설명한다.

10.5 더 훌륭한 커뮤니케이터가 되는 법을 토의한다.

고용능력 기술 매트릭스

각 장의 해당 매트릭스와 마지막 부분의 자료는 고용주가 구직자에게 요구하는 특정 기술을 개발하는데 도움을 준다.

		비판적 사고	커뮤니케이션	협동	지식 응용	사회적 책임
기술 상자	당신의 경력 개발		✓		✓	
	직장의 비밀		✓		✓	
	실패에서 배운다		✓		✓	✓
기술 연습	윤리적 딜레마	✓				✓
	기술 훈련		✓		✓	
	함께 일하기		✓	✓	✓	
	경영자가 될 차례		✓		✓	
사례	사례적용	✓	✓		✓	

잘못된 커뮤니케이션은 사무실 갈등, 국가적 재해, 심지어는 국가간의 분쟁의 중요한 원인 중 하나임을 보여주고 있다. 아마도 잘못된 커뮤니케이션의 가장 비극적인 사례중의 하나는 스페인의 카나리 섬의 공항에서 발생하였다. KLM 점보 제트기에 짐을 잔뜩 실은 기장이 항공관제소에서 자기에게 이륙해도 좋다고 말한 것으로 생각하였다. 그러나 그렇지 않았다. 그 잘못된 커뮤니케이션 때문에 KLM 항공기는 잔뜩 화물을 적재한 Pan Am 점보 제트기와 활주로에서 충돌하게 만들었다. 그 결과는 항공역사상 가장 많은 사상자를 가져온 사고였다. 즉, 538명이 그들의 귀중한 생명을 잃었다.[1]

본 장에서 우리는 대인간 커뮤니케이션과 조직 커뮤니케이션을 모두 살펴보고자 한다. 우리는 효과적인 커뮤니케이션의 장애요인과 그런 장애를 극복하기 위한 방안을 살펴볼 것이다. 그리고 우리는 더 훌륭한 커뮤니케이션 전문가가 되기 위한 몇가지 방안을 제시하고자 한다.

LO10.1 커뮤니케이션의 이해

효과적으로 커뮤니케이션하는 능력은 효과적인 경영자가 되고 싶어 한다면 누구나 습득해야 할 기술(skill)이다. 관리자의 효과적인 커뮤니케이션의 중요성이 아무리 강조해도 지나치지 않는 것은 한 가지 이유 때문이다. 즉, 관리자의 모든 행동에는 커뮤니케이션이 개입되기 때문이다. 몇가지 일이 아닌 모든 일(every thing)에 말이다. 관리자는 정보가 없이는 의사결정을 할 수 없다. 그 정보도 커뮤니케이션을 통해 얻는 것이다. 일단 의사결정이 이루어지면, 커뮤니케이션은 다시 한번 발생한다. 그렇지 않으면 아무도 의사결정이 이루어진 것을 모를 것이다. 가장 좋은 아이디어, 가장 창의적인 제안, 가장 좋은 기획안, 또는 가장 좋은 직무 재설계도 커뮤니케이션 없이는 이루어질 수 없다.

커뮤니케이션이란 무엇인가?

커뮤니케이션
의미의 전달과 이해

커뮤니케이션(communication)은 의미의 전달과 이해이다. 가장 주목해야 할 점은 의미의 전달을 강조한 것이다. 만약 정보나 아이디어가 전달되지 않았다면, 커뮤니케이션은 이루어지지 않는다. 청중이 듣지 않는 연설자나 독자에게 읽혀지지 않는 작가는 커뮤니케이션을 하는 것이 아니다. 하지만 더 중요하게도 커뮤니케이션은 그 의미의 이해도 포함하고 있다. 효과적인 커뮤니케이션을 위해서는 의미가 전달되고 이해되어야 한다. 스페인어를 읽을 수 없는 사람에게 스페인어로 쓴 편지는 그 사람이 읽고 이해할 수 있는 언어로 번역될 때까지 커뮤니케이션으로 간주될 수 없다. 완벽한 커뮤니케이션(perfect communication)이란 전달되는 생각이나 아이디어가 발신자가 생각한 대로 정확하게 수신자가 수용하고 이해하는 것이다.

또 하나 기억할 것은 좋은 커뮤니케이션(good communication)이 종종 메시지를 정확하게 이해하는 것이 아니라 메시지에 동의하는 것으로 커뮤니케이터가 잘못 정의한다는 것이다.[2] 만약 누군가가 동의하지 않는다면, 대부분의 사람들은 그 사람이 단지 우리 입장을 완전히 이해하지 않았다고 생각할 것이다.[2] 다시 말해, 대부분의 사람들은 좋은 커뮤니케이션이란 누군가가 우리의 의견을 수용한 것으로 정의한다는 것이다. 그러나 나는 당신이 무엇을 의미하는지 정확히 알고 있지만 단지, 당신이 말한 것에 동의할 수 없는 것뿐이다.

마지막으로 강조하고 싶은 것은 커뮤니케이션은 **대인간 커뮤니케이션**(interpersonal communication: 둘 또는 그 이상의 사람들 간의 커뮤니케이션)과 **조직 커뮤니케이션**(organizational communication: 조직 내의 모든 패턴, 네트워크, 커뮤니케이션 시스템)을 모두 포함한다는 것이다. 두 가지 커뮤니케이션 유형은 관리자들에게 중요하다.

대인간 커뮤니케이션
둘 또는 그 이상의 사람들 간의 커뮤니케이션

조직 커뮤니케이션
조직 내의 모든 패턴, 네트워크, 커뮤니케이션 시스템

커뮤니케이션의 기능

모든 조직이나 그룹 안에서 커뮤니케이션은 다섯 가지 중요한 기능을 제공한다: 통제, 동기부여, 감정 공유, 설득 그리고 정보의 교환이다.[3]

커뮤니케이션은 여러 가지 방법으로 구성원들의 행동을 통제(control)하는 역할을 한다. 우리가 7장에서 공부하였듯이, 조직은 모든 직원들이 지켜야 하는 권위 계층과 공식적인 지침이 있다. 예를 들면, 직원들이 직무 기술서(job description)를 따라야하거나 회사 규정을 따라야 할 때, 커뮤니케이션이 경영기능을 수행한다. 비공식적인 커뮤니케이션 역시 행동을 통제한다. 일을 열심히 하라는 집단 규범을 무시하는 구성원을 괴롭힌다면, 그들은 구성원의 행동을 비공식적으로 통제하는 것이다.

다음으로, 커뮤니케이션은 만약 기준에 미치지 못했을 때 무엇을 해야 하는지, 얼마나 잘하고 있는지, 그 성과를 향상시키기 위해 무엇을 할 수 있는지에 대해 직원들에게 분명히 제시함으로써 동기 유발을 촉진시킬 수 있다. 그리고 직원들이 정확히 목표를 세우고, 이 목표달성을 위해 일하고, 진척 상황에 대한 피드백을 받고자 할 때, 커뮤니케이션은 필요하다.

많은 직원들에게, 그들이 속한 작업집단은 사회적 상호작용의 주요 원천이 된다. 집단 내에서 일어나는 커뮤니케이션은 구성원들과 함께 좌절감과 만족감을 공유하는 근본적인 메커니즘이다. 그러므로 커뮤니케이션은 감정의 공유(emotional sharing)와 사회적 욕구의 충족을 제공한다.

Metro 철도회사의 사장 Paul Wiedefeld(오른쪽)가 북 버지니아 지역의 Metro's orange line에서 시행한 트랙 작업의 투어기간에 한 직원과 잡담하고 있다. 종업원과의 소통은 정보의 제공, 동기부여, 그리고 사회화의 기능을 한다.
출처: *Ben Nuckols/AP Images*

설득(persuasion)은 리더가 작업집단에게 기업의 사회적 책임에 대한 조직 전념도(조직 충성도)를 믿도록 설득하려고 한다든가, 반대로 작업집단이 조직 목적에 부합되도록 하기 위해 법을 깨려고 노력한다면, 설득이 조직에 좋기도 하고 해가 되기도 한다. 물론 이것은 극단적인 예이지만, 설득이 조직에 도움이 되기도 하고, 해가 되기도 한다는 것을 기억하는 것이 중요하다.

마지막으로, 개인과 집단은 조직 내에서 의사결정을 수행하기 위해 정보교환(information exchange)을 필요로 한다. 커뮤니케이션은 바로 그 정보를 제공한다.

LO10.2 커뮤니케이션의 과정

메시지
전달되어야 할 커뮤니케이션의 목적

부호화
메시지를 상징적인 부호로 전환하는 것

채널
메시지가 전달되는 매체

해독
발신자의 메시지를 다시 재해석하는 것

커뮤니케이션 과정
발신자로부터 수신자에게 의미가 전달될 때 개입되는 7가지 요소

잡음
메시지의 송신, 수신, 혹은 피드백을 억제하는 방해요인

커뮤니케이션이 발생하기 전, 전달되어야 할 **메시지**(message), 즉 커뮤니케이션의 목적이 반드시 존재해야 한다. 메시지는 발신자와 수신자 사이를 오간다. 그 메시지는 상징적인 부호로 전환되고(**부호화**[encoding]), 어떤 매체(**채널**[channel])에 의해 수신자에게 전달되고, 수신자는 발신자의 메시지를 다시 재해석하게 된다(**해독**[decoding]). 그 결과 한 사람에게서 다른 사람에게로 의미가 전달되는 것이다.[4]

Exhibit 10-1에서 **커뮤니케이션 과정**(communication process)을 보여주고 있다. 이 모델은 모두 7가지의 요소로 구성되어 있다. (1) 커뮤니케이션의 발신자, (2) 메시지, (3) 부호화, (4) 매체, (5) 해독, (6) 수신자 그리고 (7) 피드백이다. 또한 커뮤니케이션의 전체 과정에서 잡음이 발생할 수 있다. 즉, **잡음**(noise)이란 메시지의 전달, 수용, 또는 피드백을 방해하는 요소이다. (Exhibit 10-1 번개표시로 되어 있음) 잡음의 전형적인 예는 잘못된 인쇄물, 통화중 잡음, 수신자의 무관심, 또는 기계소음이나 동료들의 배경음 등이다. 그러나 이해를 방해하는 것은 무엇이든지 잡음임을 기억하라. 그것이 내부적(발신자의 낮은 목소리)인 것이든 외부적(인접한 책상에서 떠드는 동료 작업자들의 큰 목소리)이든 모두 잡음이다. 그리고 잡음은 커뮤니케이션 과정 중 어디에서든 왜곡을 발생시킬 수 있다.

커뮤니케이션의 유형

조직내 구성원들은 어떻게 그들간에 의미 전달을 하는가? 그들은 언어적, 문서적 그리고 비언어적 커뮤니케이션에 의존한다.

Exhibit 10–1
커뮤니케이션 과정

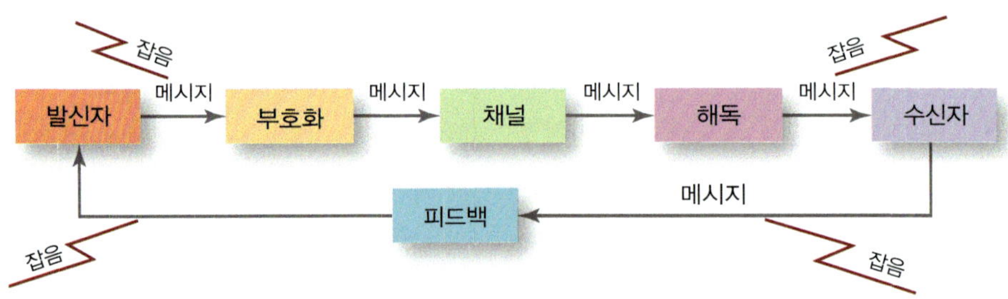

언어적 커뮤니케이션(oral communication) 메시지를 전달하는 주요한 수단중의 하나는 언어적 커뮤니케이션이다. 연설(speech), 공식적인 그룹 토의, 비공식적인 루머 공장이나 그레이프바인은 전형적인 언어적 커뮤니케이션의 형태이다.

언어적 커뮤니케이션의 장점은 속도, 피드백 그리고 교류(exchange)다. 우리는 언어적 메시지를 전달하고 짧은 시간안에 피드백을 받는다. 만일 수신자가 메시지를 제대로 수신하지 못하면, 발신자가 피드백을 통해 재빨리 그것을 바로 잡아 수정할 수 있다. 언어적 커뮤니케이션을 통해 주어지는 교류는 사회적, 문화적, 정서적 요소를 포함한다. 우리가 의도적으로 문화적 경계를 뛰어넘어서 사회적 교류를 공유하는 것을 문화적 사회적

교류라고 하는데, 이것은 개인과 팀간의 신뢰, 협동, 동의 등을 쌓게 할 수 있다.

언어적 커뮤니케이션의 한가지 단점은 메시지가 여러 사람을 통과하여 전달될 때 왜곡되는 것이다. 사람이 많아질수록 더 많은 왜곡이 일어난다. 만일 당신이 전화 전달 놀이를 하게 된다면, 그 문제를 알게 된다. 각 사람은 자기 방식으로 그 메시지를 해석하기 때문이다. 그 메시지의 내용이 아무리 간단한 내용이라고 하더라도 도착지에서 원래 의도와는 완전히 다르게 전달되는 것을 본다. 따라서 언어적 커뮤니케이션의 "체인"은 대체적으로 대규모 조직의 효과적인 도구보다 더 많은 분리점이 있다는 것이다.

문서적 커뮤니케이션(written communication) 문서적 커뮤니케이션은 편지, 이메일, 문자, 블로그, 정기간행물(사보) 등 글로 된 문서를 전달하는 모든 방법을 포함한다. 오늘날 문서적 비즈니스 커뮤니케이션은 편지, 파워포인트, 이메일, 문자송신, 소셜 미디어, 앱, 블로그 등이다.

비언어적 커뮤니케이션(nonverbal communication) 우리가 언어적 메시지를 전달할 때마다, 우리는 말없이 전달되는 메시지와 분리할 수는 없다. 비언어적 커뮤니케이션에 대한 고려없이 어떤 커뮤니케이션에 대한 토의도 불가능하다. 즉, 비언어적 커뮤니케이션에는 몸짓 언어, 억양, 얼굴표정 등이다. 몸짓 언어와 억양은 구체적으로 강력한 메시지를 담을 수 있다.

우리는 모든 몸 동작이 의미를 갖고 있으며, 움직임이 없다면 이상하다고 생각한다.(비록 그들이 의식하지 못한다고 해도) 우리는 비언어적인 몸짓 언어를 통해 현재의 상태를 보여주는 것이다. 예를 들면, 우리는 접근 가능함을 알려주려고 팔짱을 풀고, 신뢰성을 보여주기 위해 미소를 짓고, 상징적 권위를 보여주기 위해 서 있다.[5]

몸짓언어(body language)는 그 사람의 상태, 인게이지먼트(engagement)의 수준, 감정 상태 등을 전달할 수 있다.[6] 몸짓 언어는 종종 복잡하게 만드는 언어적 커뮤니케이션을 수반한다. 실제로 연구에 의하면, 사람들은 상대방의 말보다 그들의 비언어적인 단서로부터 상대방의 태도나 감정을 더 많이 읽어낼 수 있다고 한다. 만일 비언어적 단서가 화자의 언어적 메시지와 충돌할 때 그 단서가 수신자에게 훨씬 더 믿을만하게 만든다.[7]

만일 당신이 비망록을 읽는다면 당신이 거기에 참석하였거나 회의를 비디오로 볼 때보다 그 때 말해진 내용에 대해 완벽하게 이해할 수 없다. 왜냐하면 거기에는 비언어적인 커뮤니케이션에 대한 기록이 없고, 특정 단어나 구문에 대한 강조가 없기 때문이다. 다시 말해서 억양 등이 빠져 있다. 언어적 커뮤니케이션과 비언어적 커뮤니케이션 두 개가 의미전달을 분명하게 해주기 때문이다.

얼굴 표정(facial expression) 또한 의미를 전달한다. 얼굴 표정은 억양과 함께 오만함, 공격성, 두려움, 부끄러움, 기타 특성을 보여줄 수 있다.

비언어적 커뮤니케이션은 많은 것을 말해준다. 여기 세르비아의 테니스 선수 Novak Djokovic의 비언어적인 행동은 심판의 호출이 전혀 기쁘지 않다는 것을 말해준다.
출처: *Juergen Hasenkopf/Alamy Stock Photo*

효과적인 커뮤니케이션의 장애요인

우리는 앞에서 커뮤니케이션 과정에 대한 논의에서, 정보왜곡의 잠재성(consistent potential)에 대해서 주목했었다. 무엇이 그러한 왜곡을 가져오는가? 커뮤니케이션 과정에서 확인된 일반적인 왜곡 이외에도 다음과 같은 효과적인 커뮤니케이션의 장애요인들이 있다.

정보 과부하
우리의 처리 능력을 넘어선 정보

정보 과부하(information overload) **정보 과부하**는 우리의 처리 능력을 넘어설 때 발생한다. 예를 들면, 마케팅 관리자가 출장 중에는 이메일이 불가능한 스페인으로 일주일 동안 출장을 갔다가 돌아왔을 때 1,000개가 넘은 메시지에 직면하게 된다. 오늘날 직원들은 평균적으로 일주일에 13시간 이상을 이메일을 처리하는데 시간을 보낸다는 사실을 믿겠는가?[8] 오늘날 직원들은 종종 정보 과부하에 대해 불평한다. 이메일, 전화, 팩스, 미팅, 그리고 전문적 지식을 통해 전달되는 요구들은 데이터에 파묻히게 만든다. 사람들이 분류하고 사용하는 정도보다 많은 정보를 갖게 되면 무슨 일이 벌어질까? 사람들은 정보를 선별하고, 무시하고, 무심코 지나치거나 잊어버리는 경향이 있다. 또는 그들은 커뮤니케이션을 중단할 수도 있다.

필터링
수신자에게 정보가 호의적으로 보이게 하려고 정보를 의도적으로 조작하는 것

필터링(filtering) **필터링**이란 수신자에게 정보가 호의적으로 보이게 하려고 정보를 의도적으로 조작하는 것이다. 예를 들면, 어떤 사람이 관리자가 듣고 싶어하는 말만 그 관리자에게 말해줄 때, 정보가 여과되고 있다. 아니면 위에서 아래 조직으로 정보가 전달되면서 발신자에 의해 축약된다면, 이것도 필터링이다.

얼마만큼의 필터링이 이루어지고 있는지는 조직문화와 조직에서 수직 계층의 수에 따라 달라진다. 조직에서 수직 계층이 많을수록 정보를 필터링하는 기회가 더 많아진다. 조직이 더 협력적이고 협동적인 업무를 많이 실행한다면 정보 필터링은 문제가 안될 것이다. 게다가, 이메일을 통한 커뮤니케이션은 더 직접적이어서 필터링을 줄여준다. 마지막으로, 조직문화는 어떤 종류의 행동을 보상하느냐에 따라 필터링을 장려하거나 억제하기도 한다. 조직이 스타일과 외관을 더 강조할수록 관리자들은 그들의 취향에 맞게 필터링을 더 유도할 수도 있다.

감정(emotions) 메시지가 전달될 때 수신자가 어떻게 느끼는가는 바로 수신자가 메시지를 어떻게 해석하느냐에 영향을 미친다. 극단적인 감정은 효과적인 커뮤니케이션을 방해할 가능성이 높다. 이 경우, 우리는 이성적이고 객관적인 사고 과정을 무시하고 감정적인 판단으로 결정하게 된다.

사람들은 자신이 위협을 받고 있다고 느끼면, 그들은 효과적인 커뮤니케이션을 방해하고 상호이해를 달성하는 능력을 감소시키는 방식으로 반응하는 경향이 있다. 그들은 방어적이 되어, 말로 다른 사람을 공격하고 냉소적인 반응을 보이고 과도하게 판단적이거나 상대방의 동기를 의심하는 경향이 있다.

언어(language) 비록 우리가 같은 언어로 소통하지만 각 단어는 다른 사람에게 다른 것을 뜻한다. 나이, 교육 정도 그리고 문화적 배경이 그 사람이 사용하는 언어와 선택하는 단어의 의미에 영향을 미치는 세 가지 변수이다.

한 조직 내에서도, 직원들은 다양한 배경을 갖고 있고 서로 다른 스피치 패턴을 갖고 있다. 심지어 같은 조직 내에서도, 다른 부서에 근무하는 직원들은 종종 다른 **은어**(jargon), 즉 전문적인 용어 또는 기술적인 언어를 사용한다. 예를 들면, 인적자원관리부서장이 불법적인 차별에 대한 방어로서 BFOQs(bona fide occupational qualifications)를 사용하는 것과 회계부서장이 재고가치 파악을 위해 LIFO(후입선출), FIFO(선입선출)이라는 용어를 사용하는 것과는 다르다.

은어
그룹의 구성원들이 자기들끼리 커뮤니케이션하기 위해 사용하는 전문적인 용어 또는 기술적인 언어

침묵(silence) 침묵은 정보가 없기 때문에 침묵이나 커뮤니케이션의 부재를 무시하기 쉽다. 그러나 이것은 심각한 실수로 이어질 수 있다. 왜냐하면 침묵이 메시지로 받아들여질 수도 있는데, 예를 들면, 어떤 사람이 어떤 토픽에 대해 흥미가 없거나 말하고 싶지 않을 수도 있다. 만일 종업원이 관리자에 의해 제대로 대접을 받지 못한다고 느끼거나 부정적 감정을 자주 경험하고 조직내에서 파워가 없다고 느낀다면, 종업원들은 침묵할 가능성이 높다.[9] 침묵은 또한 정보 과부하의 단순한 결과이거나 반응(대답)을 생각하느라 지연될 수도 있다. 무슨 이유이든 간에, 연구결과는 침묵을 사용하거나 커뮤니케이션을 안하는 것은 공통적으로 문젯거리가 될 수 있다고 경고한다.[10]

국가 문화(national culture) 글로벌 커뮤니케이션의 모든 측면은 문화적 차이에 의해 영향을 받는다.[11] 예를들면 일본인들은 최근의 기술에 접속이 가능하지만 여전히 문서보다 대면의 커뮤니케이션에 의존한다. 미국의 관리자들은 메모, 규정, 기록, 공고, 지침서, 그리고 공식적인 커뮤니케이션에 상당히 의존한다. 일본의 관리자들은 부하 직원들에게 어떤 문제에 대해 먼저 장황한 조언을 구하고, 나중에 합의한 내용을 요약하여 공식적인 서류를 만든다. 남미나 아랍, 아시아 국가 등의 중역들은 여전히 그들의 메시지를 모호한 채로 남겨두고, 문맥이나 비언어적 실마리를 통해 이해하도록 하고 있다. 이와는 대조적으로 독일의 중역은 메시지가 분명하고 구체적이기를 기대한다.

이상의 예시는 다문화간의 상호작용을 다룰 때, 상호이해의 중요성과 차이점을 존중해야한다는 것을 보여준다. 그리고 이 같은 차이점이 효과적인 커뮤니케이션의 왜곡을 가져올 수 있다.

커뮤니케이션은 문화적 차이에서도 영향을 받는다. 예를들면 일본의 관리자들은 최종 의사결정을 하기 전에 어떤 이슈에 대해 부하들과 일반적으로 상의한다.

출처: *Imtmphoto/Alamy Stock Photo*

장애요인의 극복

관리자들은 효과적인 커뮤니케이터(effective communicator)가 되기 위해 무엇을 할 수 있을까? 여기에 다섯 가

지 제안이 있다.

피드백의 사용(using feedback) 커뮤니케이션의 많은 문제는 오해와 부정확성 때문에 직접적으로발생한다. 이러한 문제는 만일 관리자가 언어적, 비언어적인 피드백을 해준다면 훨씬 줄어들 수 있다.

관리자는 그 메시지를 의도대로 수용하고 이해할 것인지를 결정하기 위해 질문을 사용할 수 있다. 또는 관리자가 자기 자신의 말로 재진술하기 위해 수신자에게 질문할 수 있다. 만일 관리자가 의도한 말을 들을 수 있다면, 이해도와 정확성은 개선될 것이다. 또한 피드백은 보다 기민할 수 있고, 일반적인 코멘트는 관리자에게 메시지에 대한 수신자의 반응을 느낄 수 있도록 도와준다.

물론, 피드백은 말로 전달될 필요는 없다. 만약 판매담당 관리자는 판매사원들이 완수해야 할 매월의 판매 실적을 이메일로 보내고 새로운 보고서를 제출하도록 명령한다면, 판매담당 관리자는 피드백을 받을 것이다. 판매담당 관리자가 커뮤니케이션을 시작할 때 더 정확히 할 필요가 있음을 이 피드백을 통해 알 수 있다. 마찬가지로, 관리자는 상대방의 메시지에서 말하고자 하는 바를 비언어적 실마리에서 찾을 수 있다.

언어의 간소화(simplify language) 언어가 장벽이 될 수도 있기 때문에 관리자들은 단어를 잘 선택해야 하고, 수신자에게 분명하고 이해하기 쉽도록 메시지를 구성해야 한다. 메시지가 잘 전달되고 이해되었을 때 효과적인 커뮤니케이션이 가능함을 기억하라. 이해는 청중의 의도에 대해 언어를 간소화함으로써 개선된다. 예를 들면, 병원의 경영진은 항상 명료하고 쉽게 이해되는 용어로 이야기하려고 노력하고, 그 종업원 집단에 맞는 용어를 사용해야 한다. 외과 병동 직원에게 보내는 메시지에 사용되는 언어는 일반 사무직원들이 사용하는 것과는 완전히 달라야만 한다. 전문용어는 집단 내에서 그 언어가 무엇을 의미하는지 알고 있는 사람들이 사용할 때 이해를 쉽게 할 수 있다. 하지만 그 집단 밖에서 사용될 때는 많은 문제를 유발시킬 수 있다.

적극적 경청(listen actively) 누군가가 말을 할 때 우리는 듣지만, 우리는 종종 경청하지 않는다. 경청(listening)은 적극적으로 그 의미를 찾으려는 행위이지만, 듣기(hearing)는 소극적이다. 경청은 수신자가 대화할 때 많은 노력을 기울여야 한다.

대부분의 사람들이 경청을 잘못한다. 왜냐구? 경청은 어렵고 대개 귀찮기 때문이다. 사실상 경청은 종종 말하는 것보다 더 피곤하다. 단순한 듣기와는 달리 조급한 판단이나 해석을 내리지 않고 전체적인 의미만을 경청하는 **적극적 경청**(active listening)은 완전한 집중을 요구한다. 평균적인 사람은 보통 1분에 125~200개의 단어를 말한다. 하지만 평균적인 경청자는 1분에 400단어까지도 이해한다.[12] 그 때문에 두뇌에 많은 시간적 여유가 생기고 결국 딴 생각을 하게 만든다.

적극적 경청
조급한 판단이나 해석을 내리지 않고 전체적인 의미를 듣는 것

감정의 자제(constrain emotions) 관리자들은 항상 합리적인 방법으로 커뮤니케이션을 한다고 가정하는 것은 너무 순진하다. 우리는 감정이 의미 전달을 심각하게 혼란시키고

당신의 경력 개발

나는 듣고 있다

경영에서의 성공과 당신 경력에서 성공의 관건은 적극적 경청자가 되는 법을 아는 것이다.

당신은 상대방의 말을 얼마나 잘 경청하는가? 적극적 경청은 상대방이 하는 말에 집중할 것을 요구한다. 그것은 단순히 단어를 듣는 것 그 이상을 의미한다. 그것은 화자(말하는 사람)의 메시지를 이해하고 해석하는 합의된 노력을 말한다. 여기에 훌륭한 경청자가 되기 위해 당신의 노력을 통합하고 기억하기를 원하는 몇 가지 통찰력을 열거하였다.

1. 눈을 맞추어라.
화자에게 눈을 맞추고 당신의 관심을 집중함으로써, 당신이 산만해질 가능성을 줄이고 화자가 계속 말하도록 격려한다.

2. 동의하는 고개짓과 적절한 얼굴 표정을 표현하라.
동의하는 고개짓과 적절한 얼굴 표정은 적절한 눈맞춤과 함께 화자에게 당신이 듣고 있다는 것을 전달해준다.

3. 비언어적 단서에 관심을 집중하라.
때로는 화자가 말하는 것과 그들이 느끼는 것이 서로 일치하지 않는 경우가 많다. 예를들면 화자가 "별거 아닙니다…"라고 말을 시작하지만, 실제로 그의 신체 언어는 큰 일이라는 것을 말해준다. 상대방이 얼굴 표정에서 걱정, 화, 행복, 혹은 불행의 감정을 읽어내는 것은 크게 어렵지 않다.

4. 질문을 하고 상대방이 한 말을 반복하라.
훌륭한 경청자는 자기가 들은 것을 분석하고 질문을 한다. 이러한 행동은 명확성을 제공하고, 이해를 확인하고, 당신이 경청하고 있다는 것을 화자에게 확신시켜준다. 그리고 효과적인 경청자는 "제가 들은 내용이 …인가요?" 혹은 "….를 뜻합니까?"와 같은 말을 사용한다. 상대방의 말을 반복하는 것은 당신이 주의깊게 경청함을 점검하고, 당신이 들은 내용이 정확하다는 것을 확인시켜주는 훌륭한 통제장치이다.

5. 화자의 역할과 경청자의 역할을 원활하게 바꾸어라.
효과적인 경청자는 화자에서 경청자로, 그리고 다시 화자로 역할을 자연스럽게 바꾼다. 경청의 입장에서 본다면, 이것은 화자가 무엇을 말하는지에 집중한다는 뜻이고, 당신이 기회를 포착하는 순간 말하고 싶은 것을 생각하는 것이 아니다.

Let's Get REAL

시나리오:

Tod Stewart는 자기 직원들에게 새로운 고객을 사업으로 유인하는 데 필요한 새로운 절차의 단계를 요약한 메모를 배포하였다. 이 새로운 회사정책은 종업원들이 새로운 비즈니스의 가능성을 타진할 때 그들이 전문가로서 행동하고 회사를 잘 운영하도록 안내를 해준다. 그는 자기 팀원들에게 이 새로운 회사정책을 따르는 것이 회사의 평판을 구축하기 위해서도 중요하다고 말하였다. 최근 종업원들이 이 새로운 회사정책을 따르지 않은 사례가 몇 건 있었다. 그래서 Tod는 자기가 커뮤니케이션을 더 잘 했다면 좀더 이 일을 잘할 수 있었을지 의문을 가지게 되었다.

Tod는 자기 종업원들에게 이 새로운 절차를 효과적으로 소통하기 위하여 무엇을 해야만 하였는가?

새로운 정책의 변화와 정착은 특히 현행의 관습과 종업원 행동이 오랫동안 고착되었을 때 매우 어려운 일이다. 나의 개인적인 경험에 의하면, 팀이 새로운 정책, 계획, 혹은 절차를 정착하도록 돕기 위한 관건은 다음과 같다. 즉, 개인적인 대면회의 혹은 전화로 간단한 통화를 하면서 관리자는 그들의 이해를 점검하고 질문에 대답하고, 새로운 기준이 정착하도록 더 많이 격려해야 한다. 관리자는 먼저 모범을 보이고, 그들 팀과 효과적으로 소통한다면, 그들 팀이 더 성장하고 새로운 도전에 적응하도록 도와주는 데 성공할 것이다.

출처: *Dr, Eric Brown*

◀ **Dr. Eric Brown, PT, DPT**
물리치료의 임상이사

왜곡할 수 있음을 알고 있다. 어떤 문제에 대해 상당히 화가 난 관리자는 메시지에 대해 그릇된 해석을 할 뿐만 아니라 명료하고 정확하게 그 메시지를 전달하는 데 실패할 가능성이 크다. 관리자가 할 수 있는 것은 무엇인가? 가장 간단한 대답은 그 관리자가 냉정을 되찾고 대화하기 전에 감정을 자제하는 것이다.

비언어적인 단서의 확인(watch nonverbal cues) 만약 행동이 말보다 더 크게 웅변한다면, 당신의 행동이 말과 일치하는지 그리고 그 말을 효과적으로 보충해줄 수 있는지를 확실히 하는 것이 중요하다. 효과적으로 커뮤니케이션하는 사람들은 원하는 메시지가 전달되고 있는지 비언어적인 단서를 주시함으로써 확인한다.

직장의 비밀 소통이 안되는 보스

우리는 보스가 우리를 그냥 내버려둬도 직장에서 일할 것이라는 환상을 갖고 있다. 안보면 멀어진다는 말이 있다. 보스의 간섭이 없다면, 우리가 업무수행에서 자유롭다. 그러나 자신이 무엇을 원했는지 생각해 보라. 소통이 전혀 안되는 보스를 위해 일한다는 것은 매우 황당한 일이다.

우리가 "소통이 안되는"이라는 용어를 사용할 때, 당신은 직장에서 당면했던 수많은 행동의 목록을 갖고 있다. 부재의 보스(absentee boss)가 있는데, 그는 전혀 돌아다니지 않는다. 아무도 그와 토의하지 않는다는 것은 당신이 의문을 갖는 것이다. 부끄럼이 많거나 내성적인 보스는 상호작용을 피한다. 어떤 보스는 갈등이나 직면하기를 싫어하며, 어려운 문제로부터 도망간다. 어떤 보스는 항상 당신과 이야기하는데 너무 바쁘다. 또한 어떤 보스는 당신의 트윗, 이메일, 음성 메시지 등에 전혀 대답하지 않는다. 당신은 그가 수신한 것을 알지만, 그것이 공기로 사라지는 것 같다. 당신이 알다시피, 소통이 안되는 수 많은 방법들이 있다.

다음 제안들은 소통이 안되는 보스를 대응하는데 도움이 되는 것들이다.

자신에게 물어보라.
내가 그에게 뽑힌 것은 아닌가? 당신의 보스가 모든 사람들과 소통이 안되는지, 혹은 당신만 뽑혀서 그런 것인지 살펴보는 것으로 시작하라. 당신의 보스가 의도적으로 당신과 거리를 둘 수도 있다. 그를 화나게 한 일은 없었는가? 그가 의도적으로 당신을 피하는가? 만일 당신이 당신 보스를 화나게 한 적이 있다면, 그는 당신을 뽑아서 갈등을 피하기 위해 거리를 둘 수 있다. 한편, 당신 보스가 모든 직원들에게 비슷하게 대한다면, 당신은 뽑힌 것이 아니다. 그렇다면, 근본적으로 당신이 이 문제를 해결하는데 무엇을 기여할 수 있는지부터 살펴보라.

당신 회사의 기업문화가 당신 보스의 행동을 조장하는가?
당신 회사의 조직문화를 살펴보라. 당신 회사는 관리자들이 "손을 떼는(hand off)" 것을 격려하는가? 어떤 경우, 회사가 관리자 평가의 기준으로 삼거나 보상하기 때문에 이러한 행동을 촉구하기도 한다. 예를들면 자유방임형 리더십 스타일이 미래의 관리자를 발굴하기 위하여 조장되기도 한다. 그러한 문화에서는, 당신 보스가 당신이 과업을 선택할 자유를 주고 책임증가에 따른 대처가 어떠한지의 관점에서 주도권을 보여주는 것이 좋다. 당신 회사의 대부분의 관리자들이 비슷한 양상을 보인다면, 당신 보스의 소통이 안되는 스타일은 전혀 변하지 않을 것이다.

당신 보스가 소통이 안되는 데는 그만한 이유가 있는가?
당신 보스를 객관적으로 살펴보라. 그가 소통이 안되는 접근방법을 사용하는 타당한 이유가 있을 수 있다. 한가지 공통적인 설명은 자기 시간의 대부분을 "관리(managing up)"하는데 사용할 수 있다. 즉, 자원을 더 확보하거나 윗사람으로부터 지지를 받기 위해 일할 수도 있다. 또 다른 가능성은 당신 보스가 해야할 일이 너무 많거나 감독해야 할 직원이 너무 많기 때문이다. 이러한 설명은 당신 보스의 상황을 당신이 더 잘 이해하고 그가 왜 만나기가 어려운지를 설명해 줄 수 있다.

적극적으로 당신 보스를 지지하라.
"보스가 항상 옳지는 않겠지만, 그가 보스라는 건 변하지 않는다"는 오래된 속담이 있다. 만일 당신이 별로 존중받지 못한다고 느낀다면, 당신 보스에게 의심의 기회를 가져보라. 먼저 다가가서 아부하는게 아니라, 보스가 잘했거나 그의 노력에 감사할 일이 있다면, 그 일에 대해 주도적으로 감사를 표현하라. 당신의 긍정적인 아웃리치는 상호호혜적일 가능성이 높아진다. 당신의 보스를 기분좋게 하면, 당신에게 자기 욕구를 표출할 가능성이 높다.

당신의 욕구를 보스와 공유하라.
만일 무엇이든지 당신이 보스에게 말하지 않는다면, 거기에 문제가 있다는 것을 깨닫게 할 좋은 기회를 놓치게 된다. 당신 보스를 만나서 당신의 욕구에 대한 대화를 시도하라. 당신이 찾고있는 지원을 정확하게 표현하도록 준비하라. 당신 보스와 정기적으로 매주 만나고 싶은가? 빠른 이메일 회신을 원하는가? 너무 공격적이거나 몰아붙이지는 마라. 당신 보스의 상황을 충분히 공감하고 그녀의 시간을 요구함을 보여줘라, 그리고 나서 당신의 욕구를 간략하고 분명하게 말하라.

행동은 하되, 보스에게 정보를 줘라.
잘 안듣는 보스에게 커뮤니케이션을 개선하려는 노력을 한다면, 계속해서 당신 자신은 움직여라. 주도권을 갖고 있지만, 중요한 것은 당신 보스를 루프안에 두는 것이다. 비록 당신은 보스에게 아무런 피드백을 받지 못해도, 당신은 계속해서 간단하지만 문서로 작성된 보고서를 보내줘라. 만일 앞으로 문제가 생긴다면, 당신이 지속적으로 보스에게 정보를 제공하였다는 증거자료를 만들 수 있을 것이다.

보스를 대체할 인물을 찾아보라.
만일 당신의 보스를 만나기 어렵다면, 조직 내에서 보스의 공백을 채워질 인물을 찾아보라. 당신을 멘토하고 지원해줄 다른 사람을 찾아보라.

당신 자신을 보호하기 위해, 보스의 보스를 알도록 노력하라.
당신 보스의 상관과 관계를 맺어서 손해보는 일을 없다. 때로는 그와 농담을 주고받거나 런치 룸에서 커피를 뽑아주는 것처럼 간단할 수도 있다. 정치적인 관점에서 본다면, 이것은 당신을 보호하고 권력을 가진 자와 동맹을 구축하는 것이다.

당신에게 호의적이 되도록 그 상황을 바꿔라.
마지막으로 긍정적인 면을 찾아보라. 이것은 당신을 올라서게 하고, 당신의 주도권을 보여주고, 조직 내 다른 사람에게 좋은 인상을 줄 수 있는 좋은 기회이다. 비관리직 자리에 있는 사람들은 좀처럼 자신의 리더십을 보여줄 수 있는 기회가 없다. 그러나 만일 기회가 당신에게 주어진다면 그냥 흘려보내지 마라. 당신은 충분히 리더십의 공백을 채우고, 조직 내에서 성장하고, 상위 경영진에게 긍정적인 인상을 보여줄 수 있고, 더 나아가 승진의 문을 스스로 열 수도 있다.[13]

LO10.3 효과적인 조직 커뮤니케이션

당신의 기본적인 커뮤니케이션의 과정을 습득하였을 것이다. 이 절에서 우리는 조직 커뮤니케이션을 이해하기 위하여 이와 같은 틀(framwork) 위에다 조직구조를 겹쳐보려고 한다. 우리는 공식적, 비공식적 커뮤니케이션, 조직내 커뮤니케이션의 흐름 패턴, 커뮤니케이션 네트워크, 그리고 경영진이 소통을 원활하게 하기 위해 어떻게 작업장소를 설계해야하는 지를 살펴보고자 한다.

공식적 대 비공식적 커뮤니케이션

조직 내 커뮤니케이션은 종종 공식적, 비공식적 커뮤니케이션으로 설명된다. **공식적 커뮤니케이션**(formal communication)이란 공식적인 명령 체계를 따라 흐르거나 업무상 요구되는 커뮤니케이션이다. 예를 들어, 관리자가 직원에게 업무를 완수하라고 요청할 때 그는 공식적인 커뮤니케이션을 사용한다. 또 다른 공식적 커뮤니케이션의 예는 직원이 관리자에게 문제점을 전달하는 과정에서 발생한다.

공식적 커뮤니케이션
공식적인 명령 체계를 따라 흐르거나 업무상 요구되는 커뮤니케이션

비공식적 커뮤니케이션(informal communication)은 조직의 구조적인 계층에 의해 이루어지지 않는 커뮤니케이션이다. 직원들이 구내식당이나 복도를 지날 때 또는 회사 내의 체력 단련실에서 운동할 때 서로 이야기하는데, 이것이 비공식적인 커뮤니케이션이다. 직원들은 친밀감을 형성하고 서로 대화한다. 비공식적 커뮤니케이션 시스템은 두 가지 목적을 만족한다: (1) 비공식적 커뮤니케이션은 직원들의 사회적 상호작용에 대한 욕구를 만족시킬 수 있다, (2) 비공식적 커뮤니케이션은 대안을 창조함으로써 조직의 업무수행을 향상시킬 수 있다.

비공식적 커뮤니케이션
조직의 구조적인 계층에 의해 이루어지지 않는 커뮤니케이션

커뮤니케이션 흐름의 방향

조직 커뮤니케이션의 흐름은 하향적(downward), 상향적(upward), 수평적(laterally), 대각적(diagonally)으로 흐를 수 있다. 이제부터 그 각각에 대해 살펴보자.

하향적 커뮤니케이션(downward communication) 상사가 당신을 자기 사무실로 불러서 회사내 감사부에서 다음주에 올 것이라고 말하고 몇가지 보고서를 준비하라고 요청한다. 이것은 관리자로부터 직원에게 정보가 흘러가는 **하향적 커뮤니케이션**의 좋은 예이다. 하향적 커뮤니케이션은 직원들에게 정보전달, 지시, 조정, 평가하는 데 주로 사용된다. 관리자들이 자기 직원들에게 목표를 할당할 때도 하향적 커뮤니케이션을 사용한다. 또한 관리자들은 직원들에게 업무를 설명하거나 조직의 정책이나 진행사항 등을 통지할 때, 주의가 필요한 문제들을 지적할 때, 또는 그들의 실적을 평가할 때 하향적 커뮤니케이션을 사용하고 있다. 하향적 커뮤니케이션은 앞에서 설명한 어떤 커뮤니케이션 방법에서든 발생할 수 있다.

하향적 커뮤니케이션
관리자로부터 직원에게 정보가 아래로 흘러가는 커뮤니케이션

상향적 커뮤니케이션
직원으로부터 관리자에게 정보가 위로 올라가는 커뮤니케이션

수평적 커뮤니케이션
동등한 조직 수준의 직원들 사이에서 발생하는 커뮤니케이션

상향적 커뮤니케이션(upward communication) 대부분의 관리자들은 정보를 자기 직원들에게 의존한다. 예를 들어, 직원들은 목표를 향한 진행 정도와 발생된 문제점들을 알리기 위한 보고서들을 관리자에게 제공한다. **상향적 커뮤니케이션**은 직원으로부터 관리자에게 흘러가는 의사소통이다. 상향적 커뮤니케이션은 직원으로부터 일반적으로 자기 업무를 어떻게 생각하는지, 자기 동료와 회사, 그리고 조직에 대해 어떻게 생각하는지를 관리자들이 알아차리게 한다. 관리자들은 무슨 일이든 향상시킬 수 있는 아이디어를 상향적 커뮤니케이션에 의존한다. 상향적 커뮤니케이션의 몇 가지 예로는 직원들에 의해 준비된 업무 수행 보고서, 제안함(suggestion box), 직원의 근무태도 조사, 고충처리, 노사간의 토론(manager-employee discussions), 그리고 비형식적인 집단 회의(직원들은 그들의 관리자 또는 심지어 최고경영자들과 문제를 토론하고 확인하는 기회)가 있다.

United Continental Holdings Inc.사의 CEO Oscar Munoz는 Chicago에 있는 자기 종업원들과 대화할때 하향식 커뮤니케이션을 사용한다

출처: *JIM YOUNG/Sipa USA/Newscom*

수평적 커뮤니케이션(lateral communication) 동등한 조직 수준의 직원들 사이에서 발생하는 커뮤니케이션을 수평적 커뮤니케이션이라고 부른다. 오늘날 역동적인 환경에서 **수평적 커뮤니케이션**은 종종 시간을 절약하고 협동을 용이하게 하기 위해 필요하다. 예를 들면, 횡단적 기능팀(cross functional team)은 이와 같은 형태의 커뮤니케이션의 상호작용에 상당히 의존한다. 하지만 만약직원들의 결정이나 행동에 대해서 그들의 관리자에게 알리지 않는다면 분쟁을 일으킬 수도 있다.

대각적 커뮤니케이션
업무영역과 조직 계층을 넘어 이루어지는 커뮤니케이션

커뮤니케이션 네트워크
조직 커뮤니케이션의 수직적, 수평적인 흐름의 다양한 패턴

대각적 커뮤니케이션(diagonal communication) **대각적 커뮤니케이션**은 업무 영역과 조직 계층 모두를 건너뛰고 이루어진다. 신용분석가가 직접 지역 마케팅 담당자와 고객의 문제에 대해 소통할 때 대각적 커뮤니케이션을 활용한다. 즉, 서로 다른 조직이나 부서 간의 커뮤니케이션이다. 왜냐하면 효율성이나 속도면에서 대각적 커뮤니케이션이 유용하다. 그리고 이메일 사용의 증가는 대각적 커뮤니케이션을 더욱 쉽게 만든다. 많은 조직에서 어떤 직원이든지 조직의 업무영역에 관계없이 다른 직원들과 이메일로 커뮤니케이션할 수 있다.

조직 커뮤니케이션 네트워크

수직적, 수평적인 조직 커뮤니케이션 흐름은 **커뮤니케이션 네트워크**(communication network)라고 불리는 다양한 패턴으로 결합될 수 있다. Exhibit 10-2는 세 개의 일반적인 커뮤니케이션 네트워크를 보여주고 있다.

fyi

- 미국 근로자들 중 절반이 동료 작업자들과 소통하는 일차적 수단으로서 이메일을 사용한다.
- 미국 근로자들 중 겨우 20%만이 이메일보다는 전화로 말하거나 대면 커뮤니케이션을 선호한다.[14]

커뮤니케이션 네트워크의 유형들 체인형 네트워크(chain network)에서, 커뮤니케이션은 공식적인 명령의 체인을 따라 위와 아래 양방향으로 흐른다. 수레바퀴형 네트워크(wheel network)는 업무집단이나 팀에서 강한 리더와 나머지 다른 부하들 사이를 흐르

는 커뮤니케이션을 말한다. 리더는 모든 커뮤니케이션이 지나가는 허브 역할을 한다. 마지막으로, 완전 연결형 네트워크(all-channel network)에서 커뮤니케이션은 모든 작업팀의 구성원들 간에 자유롭게 흐른다.

어떤 네트워크 유형을 채택할 것인가는 당신의 사용 목적에 달려 있다. Exhibit 10-2는 속도, 정확성, 리더가 등장할 가능성, 구성원 만족의 중요성 등 네 가지 기준에 따라 각 네트워크의 효과성을 요약한 것이다. 관찰결과, 한 가지는 분명하다. 즉, 어떤 네트워크도 모든 상황에 가장 좋은 것은 없다는 것이다.

Exhibit 10–2
조직 커뮤니케이션의 세 가지 유형

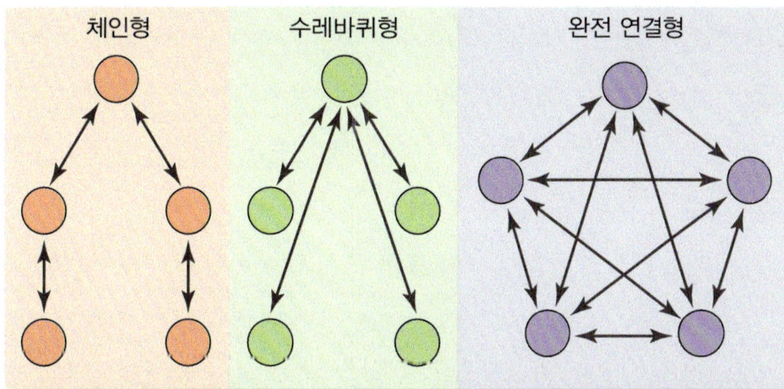

기준	체인형	수레바퀴형	완전 연결형
속도	중간	빠름	빠름
정확성	높음	높음	중간
리더의 출현	중간	높음	없음
구성원 만족	중간	낮음	높음

그레이프바인
비공식적인 조직 커뮤니케이션 네트워크

그레이프바인(grapevine) 우리는 **그레이프바인**—비공식적인 조직 커뮤니케이션 네트워크—에 대해 이야기하지 않고 커뮤니케이션 네트워크에 대한 토론을 마무리할 수 없다. 그레이프바인은 거의 모든 조직에서 활발하다. 그레이프바인이 중요한 정보의 원천인가? 물론이다. 한 설문은 63%의 직원이 그레이프바인을 이용한 소문을 통해 처음으로 문제가 되고 있는 이야기를 접하게 된다고 했다.[15]

그레이프바인에 관한 재미있는 사실은 그들 중에 소수만이 적극적이라는 것이다. 하나의 규칙처럼, 조직내 겨우 10%의 사람들이 다른 사람에게 정보를 퍼나르는 연락책 역할을 한다는 것이다. 어느 사람이 그레이프바인에서 적극적으로 활동하는가는 그 메시지에 달려 있다. 종업원들의 이익과 관련된 메시지는 그가 다른 사람에게 말하도록 자극한다. 그러나 그렇지 않은 정보라면 더 이상 다른 사람들에게 전달되지 않는다.

그레이프바인이 경영진에게 편익을 줄 수 있도록 활용이 가능한가? 대답은 예이다.[16] 오직 몇명의 종업원이 일반적으로 한명 이상의 다른 사람에게 정보를 전달한다고 가정하면, 관리자는 그레이프바인 정보를 분석하여 정보의 흐름을 예측할 수 있다. 어떤 메시지는 예측가능한 패턴을 따라갈 수 있다. 관리자는 정보를 비공식적으로 특정 개인에게 전달하기 위해 그레이프바인을 활용할 것을 고려해볼 수 있다. 즉, 그레이프바인에서 적극적인 주요 인물에게 메시지를 "심어서"(planting) 주어진 메시지가 전달할 가치가 있는지 찾아보는 것이다.

관리자는 종업원이 중요하게 생각하는 것이나 그들이 걱정하는 이슈를 확인하기 위하여 그레이프바인의 가치를 과소평가해서는 안된다. 그레이프바인은 필터링과 피드백 메커니즘을 동원하여 종업원들이 중요하다고 생각하는 이슈를 선정하고 종업원들이 상위 경영진에게 전달하고자 하는 이슈를 심어야 한다. 예를 들면, 그레이프바인은 종업원의 관심을 엿들을 수 있다. 만일 대량해고와 같은 소문이 그레이프바인을 통해 퍼져나가는데 경영진이 그 루머가 완전 거짓임을 알게 되었다면, 그 메시지는 여전히 의미가 있는 것이다. 그 루머는 종업원들에게 관심과 두려움을 주고, 따라서 경영진은 이것을 절대 무시해서는 안된다.

전통적인 그레이프바인은 대면의 상호작용 혹은 전화통화에 의존한다. 1990년대에, 이메일이 인기있는 그레이프바인 수단으로 등장하였다. 오늘날 그레이프바인의 수단은 점차적으로 소셜 미디어이다.[17] 트윗터, 페이스북, 기타 인기있는 사이트들이 동료 작업자들보다도 더 넓은 청중들과 정보를 공유할 수 있다. 두 말할 것도 없이, 이러한 미디어들이 조직이나 특정 임원에 대한 좋지 않은 퍼블리시티를 할 수 있다는 것이 약점이다. 최근 법적 장치로서 사기업에서 작업조건에 대해 징벌의 두려움없이 자유롭게 의논할 수 있는 종업원의 권리가 마련되었다. 논의는 사무실에서 이루어지건 소셜 미디어 사이트에서 이루어지건 관계없다. 경영진에 대한 우리의 조언은 다음과 같다: 분명한 소셜 미디어 정책을 수립하고 그것을 널리 알리라는 것이다. 예를 들어, 월마트의 소셜 미디어 사용정책에는 "차별적인 언급, 성학대, 폭력 위협, 불법적인 행동을 포함하여 부적절한 포스팅"을 금지함을 포함시켰다.[18]

Let's Get REAL

Maribel Lara
이사, 고객관리자

출처: *Maribel Lara*

시나리오:

Alexandra Pavlou는 자기 팀의 부동산 평가사들과 함께 논의해보고 싶은 매우 미묘하고 신중한 이슈를 갖고 있다. 그녀가 어떻게 이 토론을 조심스럽게 접근하고, 그러나 솔직하게 이 이슈를 제기할 수 있을까요?

당신이라면 Alexandra에게 어떤 충고를 해줄 수 있나요?

먼저 그 이슈를 몇 명의 일대일 대화 혹은 그룹회의를 통해 말하는 것이 최상인지를 고려해야 한다. 최선을 다하여 반응이 어떻게 나올지 예상해보고, 반대로 당신이 어떻게 반응해야 할지 생각해 보아야 한다. 당신 팀과의 첫 회의에서 정직하라. 앞으로의 토론이 어떤 사람에게는 불편하게 할 수도 있지만 왜 이 이슈가 중요한지를 설명하라.

LO10.4 인터넷과 소셜 미디어 시대의 커뮤니케이션

커뮤니케이션의 시계는 더 이상 what it used to be가 아니다. 비록 변화하는 기술이 조직이 직면하고 있는 환경 불확실성의 중요한 원천이라고 하더라도, 이러한 똑같은 기술 변화가 관리자들이 종업원의 작업 노력을 보다 효과적으로, 그리고 효율적인 방법으로 통합할 수 있게 만들었다. 정보 기술(IT)은 현재 거의 대부분의 조직 운영의 모든 측면을 접속하고 있다. 사람들이 언제, 어디서, 어떻게 커뮤니케이션 해야하는 지 그 의미를 찾아보자.

fyi

미국 근로자들중 49%가 일과 후 혹은 주말에 그들의 업무 이메일을 체크하는데 몇 시간을 사용한다.[20]

24/7일의 작업 환경

불과 얼마전만 하더라도 대부분의 종업원들이 전통적인 일과 후에 소통하는 경우는 매우 드물었다. 왜냐하면 그렇게 하는 것이 쉽지 않았기 때문이다. 그러나 IT 기술이 일주일에 24시간동안 상호 연결되는 것을 가능하게 만들었다. 예를 들면, IT 기술은 개인과 팀의 성과를 모니터하는 관리자의 능력을 엄청 증가시켰고 훨씬 빠른 의사결정이 가능하도록 정보 입력이 가능하도록 만들었고, 종업원들간의 협업이나 정보교환할 수 있는 기회가 늘어나게 하였다. 뿐만 아니라, IT 기술은 조직내 사람들에게 그들이 어디에 있든 간에 언제 어디서나 접근이 가능하도록 만들었다. 종업원들이 조직 내 다른 사람들과 커뮤니케이션하기 위해서 책상 앞의 컴퓨터에 앉아 있을 필요가 전혀 없다.

실패에서 배운다

GM의 치명적인 커뮤니케이션 오류

부적절한 몇 마디의 말이 124명의 사망과 275명이 상해를 가져온 원인이 된 것 같다. 여기에 간단한 그 이야기가 있다.

General Motors가 만든 Chevrolet Cobalts는 결함을 가진 자동차였다. 점화 스위치가 스스로 꺼지는 경향이 있었고, 자동차의 파워를 꺼지게 하고 에어백도 불능이 되도록 하였다. 이 결함 때문에 2014년 수백 만대의 자동차가 리콜되었는데, GM의 어떤 직원들은 2004년 이전에 이러한 문제를 실제로 인식하고 있었다. 그러나 그들이 왜 아무 행동을 안했을까? 그 이유는 그들은 그것이 안전의 문제가 아니라고 본 것이다.

처음 점화 스위치 문제가 불거졌을 때, 그것은 "고객의 불편" 문제라고 라벨을 붙였다. 그 용어는 GM 경영진에게 단순히 어떤 운전자에게는 짜증나는 일이라는 인상을 남겼다. 그러나 GM에서는 안전 문제가 오랫동안 최우선 과제였다. 회사가 그 문제를 "안전 결함" 문제로 명명하였을 때, 수십년 동안 많은 비용을 들여서 수백 번의 리콜을 감행하였다. 그 두 단어가 항상 빠른 반응을 촉발시켰다. 실제로 GM의 근로자들은 안전이 개입되었을 때, "이슈", "문제", 혹은 "결함"이라는 단어를 사용하도록 훈련받았다. 그러나 점화장치 결함을 "고객 불편"의 문제로 명명했을 때, 설계를 다시 하지 않았고, 긴박감이 전혀 없었다. 그래서 결함을 가진 점화 스위치가 Cobalt 자동차에 계속해서 장착되었고, 많은 사람들이 죽어갔다.

GM은 이 비극적인 커뮤니이션 문제로 무엇을 배웠는가? 분명한 것은 커뮤니케이션을 개선해야 한다는 것이다. Global Vehicle Safety담당 부사장이라는 새로운 직책이 만들어졌다. 그리고 그는 종업원들에게 어떻게 안전문제를 확인하고 그들 상사와 의논해야할지 가르치는 프로그램을 실행하였다. 그러한 프로그램 중의 하나가 "Speak Up For Safety"인데, 종업원들이 안전문제를 확인하고 보고하고 제기하고 격려하도록 설계하였고, 종업원들이 어떻게 그것을 실행할 것인지 훈련받도록 하였다.

이러한 수정 조치는 작동하기 시작했다. 이러한 이야기가 생겨나고 새로운 프로그램을 발동한지 3년이 지난후에, GM 자동차 품질에 대한 소비자 평가에서 스캔들 이전보다 더 높은 점수를 받았다. 그리고 그 점수는 이 회사가 받았던 점수 중에서 가장 높은 점수이었다.[19]

소셜 미디어(social media)

어느 부사장은 100개 지역 자기 팀의 판매관리자들에게 소비자 선호도에 관한 서베이 결과를 읽을 필요가 있다고 말한다. 그는 이 보고서에 대한 정보교환을 위해 만든 회사의 HipChat 채널에다 그 보고서를 올려놓는다. 이것은 전체 팀들에게 그 보고서를 읽고 자기 경험을 교환하도록 해준다. 그의 종업원들은 똑같은 채널을 통하여 페이스북에서 기대하는 만큼이나 그 글을 읽고 코멘트하고 정보교환을 할 수 있다. 이러한 접근방법은 두 가지 중요한 편익을 제공한다. 첫째, 대부분의 종업원들은 하루에 수많은 비즈니스 이메일을 주고 받고, 때로는 중요한 이메일이 복잡한 도착함에서 잃어버리기도 한다. 특정 주제에 대한 정보교환을 위한 채널을 만들어둠으로써, 대화를 부문으로 나눌 수 있다. 둘째, 이 사례에서 판매 관리자는 중요한 정보를 실어나를 뿐만 아니라 종업원들이 자기 경험을 공유하고 경쟁우위를 창출하기 위하여 제안할 수 있도록 유용한 대화를 시작할 수도 있다.

오직 내부 청중만을 대상으로 YouTube 혹은 Vimeo와 같은 비디오 포탈을 만들면, 동료들끼리 신제품이나 회사의 메시지에 더 머물게하는 좋은 방법이다.[21] 예를 들면, Textron은 내부 비디오 포탈을 만들었다. "이것은 우리 회사 내부의 유튜브입니다. 종업원들이 만든 콘텐츠를 가두는 저수지같은 곳입니다. 우리는 이것을 제품 데모를 위한 비디오, 종업원의 성과를 축하하거나 회사의 리더들이 좋은 충고를 하기 위해 활용됩니다."[22]

소셜 미디어는 조직내 내부 커뮤니케이션을 위한 수단으로써 훌륭한 잠재력을 갖고 있다. 그 약점을 간과하지 말라: 소셜 미디어는 중독성이 있다. 소셜 미디어는 종업원들의 엄청난 시간을 잡아먹고 생산성을 갉아먹는다. 최근 연구결과에 의하면, 종업원의 거의 90% 이상이 일과 중에 소셜 미디어를 체크한다고 응답하였다. 그리고 적어도 5명 중 한 명은 하루의 일과 중에 소셜 미디어를 열번 이상 들여다본다고 하였다.[23] 불행하게도 대부분의 그러한 "체크"가 외부 사이트와의 접속이고, 종업원들의 업무책임과는 전혀 관계가 없는 것이다.

한 컴퓨터 과학자가 회사 본부의 보안 운영 센터에 앉아서, TUV Rheinland와 그 고객에 대한 사이버보안을 관리하고 있다.

출처: *Oliver Berg/dpa/picture-alliance/Newscom*

마지막으로, "소셜 미디어"라고 불리기는 하지만, 인터넷 세대에 의해 제기된 또 다른 커뮤니케이션의 도전은 개인적인 상호작용의 결여이다. 비록 두 사람 간에 면대면 커뮤니케이션이 이루어진다고 하더라도 상호이해가 항상 이루어지는 것은 아니다. 그러나 커뮤니케이션이 가상 환경에서 이루어질 때, 업무를 완수하기 위해 상호 이해와 협력을 구하는데, 이는 특히 더 도전이 될 수도 있다. 독특한 Z세대의 젊은이들은 문자, 이메일, 소셜 미디어를 대면 커뮤니케이션보다 더 좋아한다.[24] 이것은 디지털 채널이 감정적인 요소나 민감한 정보를 포함한 메시지를 나르는데 사용될 때 문제를 일으킬 수 있다. 디지털 커뮤니케이션에서도 때와 장소가 있다. 그러나 예를 들면, 그 메시지가 복잡하고 성격상 민감하며, 비밀을 요하거나 이해를 위한 표면적인 피드백을 요구할 때는 대면적인 커뮤니케이션을 대체할 수 없다. 대면적인 커뮤니케이션은 상호 신뢰하는 관계를 조성하려고 할 때 더 선호된다.

fyi

- 미국인들 중에서 34%가 과거 일년 동안 타협했던 개인정보를 갖고 있다고 말한다.
- 미국인들 중 18%가 소셜 미디어 계정을 해킹당한 적이 있다.[29]

사이버 보안(cybersecurity)

Sony Pictures Entertainment는 고객의 급여, 재무정보, 특정 영화배우에 대한 비밀스런 대화 등 민감한 정보를 획득하는데 성공한 해커들의 표적이었다.[25] 또 다른 예는 해커들이 연방정부의 인적자원 데이터베이스에 침투하여 보건의료기록과 보안처리(security clearance)에 대한 정보를 획득하였다.[26] 이러한 보안 침투는 컴퓨터 네트워크가 더이상 침투 불가능한게 아니라는 것을 알려준 계기였다. 기업의 컴퓨터와 이메일 시스템은 해커들과 스팸 메일로부터 보호받아야 한다. 이러한 심각한 문제들은 만일 커뮤니케이션 기술이 실현된다면 반드시 알려주어야 한다.

그들의 컴퓨터 시스템이 해커당한 경험이 있는 회사명은 Target, Home Depot, eBay 그리고 Equifax 등이다.[27] 수백만명의 고객들이 각 사건에 영향을 받았고, 이들 회사의 신뢰도는 심각한 타격을 입었다. 전형적인 데이터 유출은 여러 달 동안 조직이 커다란 피해에 노출된 줄도 모르고 지나간다.

오늘날 거의 대부분의 조직이 하는 일은 디지털로 거래하는 것이다. 그리고 이들중 많은 부분은 종업원 정보, 고객 데이터, 재무정보, 지적 자산 등 민감한 정보이다. 스마트폰과 클라우드, 그리고 사물 인터넷간에는 조직이 해커에게 취약하다. 이러한 사이버 보안은 프리미엄으로 처리해야 한다. 이러한 리스크를 완전하게 제거하는 것은 불가능하지만, 몇가지 행동은 반드시 취해야한다.[28] 그런 조치에는 보안 비밀번호의 갱신, 수상쩍은 외부자료나 이메일 다운로드 혹은 데이터 백업 주의, 보안이 되는 와이파이 설치, 안티바이러스(혹은 안티스파이웨어) 프로그램의 설치 및 갱신, 모든 컴퓨터에 방화벽 설치 등이 포함된다.

L010.5 훌륭한 커뮤니케이터가 되는 법

대부분의 관리자들은 효과적인 커뮤니케이터가 되는 것이 성공하는 경력의 중요한 척도가 될 것이라고 흔히 말한다. 맞는 말이다. 당신은 항상 자신의 커뮤니케이션 기술을 향상시킬 수 있는 기회를 가져야 한다. 앞의 "당신의 경력 개발"에서 살펴본 경청의 기술에 추가하여 설득, 말하기, 글쓰기, 읽기 등을 포함한 커뮤니케이션 기술을 증진시켜야 한다. 이들에 대해 간략히 살펴보기로 하자.

설득 기술을 길러라

설득 기술
어떤 사람에게 영향을 미쳐서 그의 마음이나 행동을 바꾸도록 하는 기술

성공한 관리자는 훌륭한 설득 기술을 보여준다. **설득 기술**(persuasion skills)은 어떤 사람에게 영향을 미쳐서 그의 마음이나 행동을 바꾸도록 할 수 있다. 다음을 살펴보기로 하자. Virgin 그룹(Virgin Moblie사와 Virgin Megastore 포함)의 창립자인 Richard Brandon은 설득의 가치를 일찍부터 배웠다. 그가 보딩 스쿨에 다닐 때, Brandon은 학생 잡지를 창간하여 그의 첫번째 벤처 비즈니스를 시작하였다. 그러나 그는 투자자들의 뒷받침없이는 아무것도 할 수 없음을 깨달았다. Brandon은 성공적으로 전화로 5분 말하기를 배웠고 대단히 성공적이었다. 잡지는 1968년부터 사업을 시작하였다. 무엇이 그의 말하기를 성공적으로 만들었나? Brandon은 "어떤 바보라도 무언가를 복잡하게 만들 수는 있다. 그러나 무언가를 단순하게 하는 것은 대단히 어렵다"고 말했다.[31]

fyi

총 4000명의 전문가들을 대상으로 한 Linked In의 조사에 의하면, 재능개발에서 제일 우선순위가 소프트 스킬이 되어야 한다고 지적하였다. 구체적으로 중역들은 종업원들이 반드시 배워야 할 가장 중요한 두 가지 스킬은 커뮤니케이션과 리더십이라고 말한다.[30]

Brandon의 말은 설득에 관한 연구와 일치한다.[32] 성공적인 설득에서 가장 중요한 4가지 기본적인 요소는 다음과 같다: (1) "누가" "무엇을" "왜" 해야하는지를 분명히 해야 한다. (2) 그것을 간단히 표현하라. (3) 당신이 자기 주장을 관철시키려면 상대방의 욕구, 동기, 흥미를 생각해보라. (4) 합리적인 주장과 감성적인 주장을 혼합하여 "머리"와 "가슴"에 호소하라.

프레젠테이션 기술을 길러라

여러분은 지금까지 학교에서 아마도 발표를 많이 해보았을 것이다. 수업시간 발표(Class presentation)의 잇점은 발표 기술을 향상시킬 기회를 가진다는 것이다. **말하기 기술**(speaking skills)은 말로써 정보와 아이디어를 전달하여 상대방을 이해시키는 능력을 말한다. 한 연구에 의하면, 프레젠테이션을 해본 70%의 종업원들이 좋은 프레젠테이션 기술이 경력관리에서 가장 중요하다고 말했다.[33] 그러나 대중스피치에 따른 불안(discomfort)은 어떤 종업원들에게는 발표를 못하게 만든다. 어느 조사연구에서 20%의 응답자들이, 비록 그것이 "존경의 상실"를 의미한다고 해도, 그들은 프레젠테이션하는 것을 피한다고 보고하였다.[34] 다행하게도, 대중스피치에 대한 불안을 극복하도록 돕는 기관들이 많이 있다. 예를 들면, 지역의 Toastmasters Club에서는 지원적인 환경하에서 공식적 혹은 비공식적인 연설을 할 기회를 제공해준다.

말하기 기술
말로 정보와 아이디어를 전달하여 상대방을 이해시키는 기술

일단 다른 사람들 앞에서 연설할 자신감을 많이 개발한다면, 효과적인 연설의 특징을 이해할 필요가 있다. 성공적인 비즈니스 전문가들의 발표회에 참석하거나 온라인으로 참가하는 것은 아주 좋은 출발점이다. 효과적인 발표의 다음과 같은 특징을 살펴볼 필요가 있다: 진정성, 겸손, 용기 그리고 청중에 대한 분명한 이해 등이다.[35] 그리고 용기를 내보라고 한마디 하겠다: 아무도 연설이 너무 짧았다고 불평하는 사람이 없다는 것이다.

글쓰기 기술을 길러라

글쓰기 기술은 그 청중에게 가장 적합한 내용을 효과적으로 커뮤니케이션하는 것이다. 우리의 관심사는 일기를 쓰거나 친구에게 편지, 혹은 문자 메시지와 같은 비공식적인 글쓰기와는 대조적으로 오직 비즈니스 글쓰기나 직업상의 글쓰기다.

글쓰기 기술
청중에게 가장 적합한 내용을 효과적으로 전달하는 기술

당신의 글쓰기를 단순, 명료, 구체적으로 쓰게 돕는 몇가지 중요한 규칙이 있다.[36]

- **쓰기 전에 미리 생각해보라.** 당신은 글을 쓰기 전에 반드시 무엇을 말하고 싶은지 살펴보라. 이것이 문장이 길어지거나 단어를 열거하거나 반복하는 것을 줄여준다.
- **직설적으로 말하라.** 재빨리 화제의 포인트를 거론하라.
- **거품을 걷어내라.** 불필요한 단어들을 제거하라.
- **전문가가 되어라.** 비즈니스 메모, 레터, 보고서는 이메일, 문자 메시지, 소셜 미디어 코멘트와는 완전히 다르다. 이것들은 축약어, 동의어, 혹은 이모티콘과는 완전히 다르다. 이러한 제안은 밀레니엄 세대, Z 세대, 스마트폰에 빠져 사는 사람들에게 특히 관련이 깊다.

읽기 기술을 길러라

직장인들은 평균적으로 매주 122통의 이메일을 받는다.[37] 그들은 또한 수많은 문서화된 메모, 보고서, 정책보고서 등을 받는다. 수많은 정보를 혼자 처리하려면 좋은 읽기 실력이 필요하다. **읽기 기술**(reading skills)은 업무관련 문서에서 문장과 문단에 대한 이해가 요구된다. 만일 읽기 기술이 이해나 속도 면에서 불충분하다면, 읽기 실력을 개선하기 위한 클래스에 등록하는 것을 주저해서는 안된다.

읽기 기술
업무관련 문서에서 문장과 문단에 대한 이해를 높이는 기술

Toastermasters의 참가자들은 보다 능력있는 커뮤니케이터가 되고 그들의 경청 기술을 개선하고, 스피치에서 아이스브레이커와 비주얼 자료의 중요성을 배우기 위해 일하고 있다. 여기 Alberto Olvera-Ocampo 사장은 클럽에 가입한지 2주만에 그의 아이스브레이커 스피치를 보여준다.

출처: *Imtmphoto/Alamy Stock Photo*

Chapter 10 시험/퀴즈 준비: 학습개요를 통한 요약

LO10.1 커뮤니케이션의 성격과 기능을 정의한다.

커뮤니케이션은 의미의 전달과 이해이다. 대인간 커뮤니케이션은 두 사람 이상 간의 커뮤니케이션이다. 조직 커뮤니케이션은 조직 내에 모든 커뮤니케이션의 패턴, 네트워크, 그리고 조직내 커뮤니케이션의 시스템을 포함한다.

커뮤니케이션의 기능은 직원의 행동 통제, 직원의 동기부여, 감정의 표현과 사회적 욕구 충족을 위한 표현, 그리고 정보의 제공을 포함한다.

LO10.2 커뮤니케이션의 과정을 설명한다.

커뮤니케이션의 과정은 7가지 요소를 포함한다. 첫째, 발신자가 메시지를 갖는다. 그 메시지는 전달되어야 할 목적이 있다. 부호화는 메시지를 상징 언어로 바꾼다. 경로는 메시지를 실어 나르는 매체이다. 해독은 수신자가 발신자의 메시지를 재해석할 때 일어난다. 마지막으로, 피드백이 발생한다.

조직내 관리자는 구두, 문서 그리고 비언어적 커뮤니케이션을 통해 그들간에 의미를 전달한다. 비언어적 커뮤니케이션(nonverbal communication)은 우리가 말없이 전달되는 메시지와 몸짓 언어, 억양, 얼굴표정 등이 포함된다.

효과적인 커뮤니케이션의 장애요인은 여과, 감정, 정보의 과다, 방어, 은어, 그리고 국가 문화를 포함한다. 관리자는 이러한 장애요인을 피드백을 사용, 언어의 단순화, 적극적인 경청, 감정의 자제, 그리고 비언어적 단서의 확인을 통해 극복할 수 있다.

LO10.3 조직 내에서 가장 효과적으로 커뮤니케이션이 전달되는 방법을 설명한다.

공식적인 커뮤니케이션은 사전에 설정된 조직 업무 환경 안에 발생하는 커뮤니케이션이다. 비공식적 커뮤니케이션은 조직의 구조적 계층에 의해 정의되지 않는다. 조직 내 커뮤니케이션의 흐름은 하향적, 상향적, 수평적 및 대각적으로 흘러갈 수 있다.

세 가지 커뮤니케이션 네트워크는 공식적인 명령의 연쇄에 따라 커뮤니케이션이 흘러가는 체인형(chain)과 작업팀 내 분명하게 확인가능한 강력한 리더와 주변인들 간의 수레바퀴형(wheel), 그리고 작업팀 내 모든 구성원 간에 자유롭게 이루어지는 완전 연결형(all channel)이 포함된다. 관리자는 그레이프바인(grapevine)을 중요한 비공식적 네트워크로 관리해야 한다. 소문의 부정적인 결과는 직원들과 공개적으로, 충분히, 그리고 정직하게 소통함으로써 최소화할 수 있다.

LO10.4 인터넷과 소셜 미디어가 어떻게 경영 커뮤니케이션과 조직에 영향을 미치는지 설명한다.

기술은 우리가 일하고 사는 삶의 방식을 바꾸었다. 기술은 24/7근무제를 만들었고, 직원들이 언제, 어디서든 직원들이 정보에 접근하도록 할 수 있도록 하였다. 소셜 미디어는

one channel과 경험의 공유를 통하여 관리자가 소통하는 것을 허용한다. IT기술이 협업을 허용하는 한, 관리자는 기술을 과도하게 사용하지 말고 창의성을 방해하지 말아야 한다. 관리자는 기업의 컴퓨터와 이메일 시스템을 해커들과 스팸 메일로부터 보호해야 한다.

L010.5 **더 훌륭한 커뮤니케이터가 되는 법을 논의한다.**
당신은 당신의 설득 기술과 읽기, 쓰기 기술을 연마하여 더 훌륭한 커뮤니케이터가 될 수 있다.

복습과 토론 질문

10-1 커뮤니케이션이란 무엇이며, 관리자가 조직에 존재하는 적절한 커뮤니케이션을 어떻게 보장할 수 있을지 정의하라.

10-2 남녀간의 커뮤니케이션이 어떻게 다른지 논의하라.

10-3 커뮤니케이선 과정에서 중요한 요소를 설명하라.

10-4 효과적인 커뮤니케이션의 장애요인은 무엇인가? 이러한 장애를 어떻게 극복할 수 있는가?

10-5 적극적 경청을 설명하라.

10-6 커뮤니케이션 시스템에 직접 영향을 미치는 물리적인 작업환경을 어떻게 바꿀 수 있을까?

10-7 in custom의 커뮤니케이션 역할을 설명하라.

10-8 기술이 경영 커뮤니케이션에 어떻게 영향을 주는지 설명하라. 그리고 기술이 조직에 어떻게 영향을 주는가?

경력 준비

윤리적 딜레마

종업원중 46%가 그들이 소셜 미디어에 포스팅한 무언가에 대해 동료작업자들로부터 판단받을까봐 걱정한다고 한다.[38]

소셜 네트워크 웹사이트는 재미있다. 옛 친구나 가족과 연락하는 것이 이 사이트에 접속의 기쁨을 안겨준다. 그러나 동료나 당신의 상사가 "친구 맺기"를 원한다면 무슨 일이 일어날 것인가? 전문가들은 주의 깊게 진행해야 한다고 조언한다.[39]

10-9 당신의 생각은 어떠한가? 당신은 직장을 통해 알게 된 사람들이 "당신의 개인적인 생활 창구"로 들어오는 것을 허용하는 것이 괜찮을까?

10-10 이 같은 상황에서 발생할 수 있는 윤리적인 문제는 무엇인가?

기술 연습 당신의 프레젠테이션 기술을 개발하는 방법

기술에 대해

관리자들은 여러가지 이유 때문에 프레젠테이션을 한다. 신제품에 대한 정보를 제공하거나, 문제해결을 제안하기 위해, 신입사원을 훈련하거나 제품을 고객에게 팔기 위한 것이든, 아무튼 효과적으로 프레젠테이션할 수 있는 능력은 가장 중요한 커뮤니케이션 스킬이다. 화자로서의 성공은 당신이 프레젠테이션에서 바람직한 결과를 가져오느냐, 못하느냐에 의해 종종 영향을 받는다. 기쁜 소식은 계획을 갖고 연습한다면 당신은 훌륭한 프레젠터가 될 수 있다는 것이다.[40]

기술 훈련 단계

- **당신의 청중을 알아야 한다.** 프레젠테이션을 위해 당신의 청중을 이해해야한다. 그들은 이미 당신이 말하려는 주제에 대해 무엇을 알고 있는가? 그들은 당신의 발표를 통해 배울려고 하는가? 그들은 당신의 발표주제에 대해 관심을 갖고 있는가? 당신의 청중과 그들의 욕구를 이해하면, 당신이 말할 내용과 메시지를 맞출 수가 있다.
- **당신의 프레젠테이션 내용을 조직화한다.** 발표를 시작할 때 당신은 청중과의 연결고리를 갖고 시작하라. 청중들이 관심을 갖고 있는 스토리나 시나리오를 포함하거나 기타 정보나 데이터를 사용하면, 현안의 문제를 이해하도록 도와준다. 발표의 본론에서는, 당신이 가진 정보를 서너개의 주제로 조직화하여 집중하여 설명하라. 청중들에게 무언가를 생각하게 하거나 기억할 여지를 남겨주고 당신의 프레젠테이션을 분명하게 종료시켜라.
- **훌륭한 비주얼을 준비한다.** 프레젠테이션 슬라이드는 당신의 발표를 보완하는 데만 활용하라. 당신의 슬라이드가 산만하지 않도록 유의하라. 최대한 간단히 작성하고, 슬라이드 안에 너무 많은 말을 넣지마라. 그렇지 않으면 청중들은 당신의 말을 듣기보다는 읽으려고만 할 것이다. 당신의 주제를 표현하도록 도와주는 그림과 사진을 적극 활용하라.
- **연습, 연습하고, 또 연습한다.** 노트 카드를 갖고 있는 것은 좋지만, 절대로 발표를 읽지는 마라. 발표 내용에 익숙할 때까지 리허설을 하라. 그러나 그것을 방금 외운 것처럼 들리게 해서는 안된다. 당신이 리허설할 때 비디오 촬영을 고려해보라. 그렇게 하면 당신이 무엇을 개선할 필요가 있는지 확인이 가능하다.
- **당신의 긴장을 이완시킨다.** 누구든지 발표하기 전에 긴장을 한다. 발표 전에 심호흡을 하고 자신감을 가져라. 최선의 준비야말로 가장 좋은 예방법이다.
- **오직 전달에 집중한다.** 자신감을 가진 톤을 유지하고 "비언어적 요소"(아하, 으흠 등과 같은 nonwords)에 주의하라. 청중들과 눈을 맞추고 관심을 가진 청중들의 질문을 유도하라.

기술 연습

프레젠테이션을 전달할 기회를 찾아보라. 수업시간의 발표에서 먼저 자원자로 나서고, 당신이 소속한 조직에서 발표할 기회를 찾거나 당신 보스에게 발표할 기회를 요청하라. 위에서 설명한 가이드라인을 활용하여 당신의 프레젠테이션을 준비하고 발표하라. 당신의 자신감도 발표할 경험을 쌓아갈수록 더욱 늘어갈 것이다.

함께 일하기 팀연습

점차적으로 비즈니스는 그들이 종업원들과 고객들과 서로 연결되어 있을 뿐만 아니라 그들 종업원들 간에도 서로 연결되어 있다는 것을 확증시켜 줄 필요가 있다.

3~4명으로 소그룹을 구성하라. 그리고 왜 연결이 중요한지에 대해 논의하고, 핵심 리스트를 열거하라. 항상 연결되어 있는 것의 장점과 단점을 열거하고 논의하라. 그후에 전체 학생 앞에서 발표하기 위해 답을 준비하라.[41]

경영자가 될 차례

- 어느 하루를 택하여 당신이 사용하는 커뮤니케이션의 종류(예를 들면, 대면, 문자, 전화, 이메일, Skype, Facetime 등)를 기록해 보라. 가장 많이 사용한 것은? 가장 적게 사용한 것은? 당신의 커뮤니케이션 방법의 선택이 효과적이었는가? 그 이유는? 개선이 될 수 있는가? 어떻게?
- 어느 하루를 택하여 타인이 사용한 비언어적 커뮤니케이션을 살펴보라. 어떤 형태가 관찰되었는가? 비언어적 커뮤니케이션이 항상 언어적 커뮤니케이션과 일치했는가? 설명하라.
- 훌륭한 커뮤니케이터가 되기 위한 다섯 명의 관리자들의 충고를 조사하라. 이들 정보를 리스트에 기입하고 수업시간에 발표하도록 준비하라.
- Toastermasters Club에 가입하여 당신의 구두 말하기 기술을 증진시켜라. Toastermasters는 빙영리조직으로서, 네트워크 클럽을 통해 public speaking을 가르치는 기관이다. 즉, 그 곳에서 당신은 발표력을 연습할 수 있고, 당신의 기술을 증진시키기 위하여 피드백을 제공하여 돕는다.
- 고객이나 종업원들에게 소통하기위해 소셜 미디어를 효과적으로 사용하고 있는 적어도 한 회사를 선택하라. 그 회사가 사용하는 소셜 미디어 어플리케이션은 무엇인가? 그 회사가 운영하는 소셜 미디어를 구독하고, 적어도 일주일에 한번, 그들의 소셜 미디어 커뮤니케이션에 대해 노트하라. 어떤 패턴을 발견하였는가? "좋아요" 혹은 "공유하기"의 숫자에 근거하여 효과적인 소셜 미디어 메시지는 무엇인가?
- 대부분의 회사들이 이메일을 커뮤니케이션의 주요 수단으로 사용한다면, 그것을 효과적으로 사용하는 것이 중요하다. 이메일 에티켓을 조사하여 보고, 직장에서 이메일을 사용할 때 "dos and don't"의 목록을 만들어보라.

사례적용 1 SAP에서 지속적인 피드백으로 이동

1972년에 설립된 독일의 소프트웨어 업체인 SAP(Systems, Application, and Product in Data Processing)는 ERP(enterprise resource planning) 분야에서는 세계 최고의 기업 중 하나로 알려져 있고, 98,000명 이상의 직원을 보유하고 있다.

통상적으로 SAP의 관리자들은 업적평가를 피드백하고, 업적목표를 토의하고, 업적평가 결과를 제공하기 위해 연간단위로 종업원들을 만난다. 그러나 2016년 SAP는 연간단위의 업적평가 리뷰 절차를 중지하기로 결정하였는 데, 왜냐하면 일년에 한번 종업원들에게 피드백을 주는 것은 팀으로부터 최상의 결과를 얻기 위한 가장 비효과적인 방법이라고 느꼈기 때문이다.

SAP의 인력담당 책임자인 Wolfgang Fassnacht는 연간 업적평가 리뷰는 전혀 건설적인 대화를 지원하지 못한다는 것을 깨달았다. 그는 종업원의 등급 결정에는 전혀 영향을 주지 않는 공개적이고 쌍방향의 대화에서 피드백과 소통이 작동하는 새로운 시스템을 제안하였다.

연간 업적평가 리뷰를 하지 않는 것을 유행처럼 많은 기업들이 선택하게 되었다. 많은 관리자들이 초점은 관리자와 종업원간의 대화의 질이 중요하고 피드백 과정에서 종업원의 인게이지먼트를 확대해야 한다는 것을 인정하였다. 최근에 Gartner사에 의해 인수되었던 조사회사 Corporate Executive Board(CEB)는 2016년 10,000명의 종업원들을 초대하여 업적 평가와 리뷰에 대한 통찰력을 얻기 위해 수행된 조사에 참여시켰다. 연구결과 종업원들은 비공식적인 대화에서 피드백을 제공하는 것을 더 의미있다고 생각하는 것으로 제안하였다. 또한 종업원들은 그러한 대화가 그들의 임금 및 보상에 대한 부정적 반동(negative repercussion)에 대한 두려움 없이 정직한 피드백을 받을 수 있다고 느꼈다는 것이다.

2017년, SAP의 관리자와 종업원들은 서로 정기적으로 업적평가에 대한 피드백을 제공하고, 보다 유동적이고 비공식적인 대화를 유지하는 일을 시작하였다. 리더들에게는 경청의 문화를 촉구하고 격려하였으며, 적극적으로 종업원들이 무슨 말을 하는지 필기하려고 하였으며, 그 반대도 마찬가지로 이루어졌다. 또한 종업원들도 그들의 직속상관인 관리자보다는 동료들로부터 피드백을 받으려고 노력하였다.

그렇지만, SAP사는 여전히 계속해서 종업원의 업적평가를 실시하고 기록하는 회사들에게 소프트웨어를 팔았다. 어떤 회사들은 실제로 업적평가가 부정적인 효과를 가져온다는 것을 느끼고 있었기 때문에 어떻게 이런 일이 가능할까? 그들의 처음 연구결과를 역추적해본 CEB의 2018년 연구는 2016년 연구결과를 따르라고 제안하는 것이다. 즉, 업무성과는 증가하기는커녕 오히려 10%정도 떨어졌다는 것이다. 또한 그 연구 결과는 관리자와 종업원간의 대화의 질이 실제로 떨어졌다는 것을 보여주었다. 연구 결과에서 확인된 갈등에도 불구하고, SAP사는 계속해서 업적평가를 제거한 편익을 견고하게 밀어부쳤고, 그 결과를 보상받았다. 2019년, 190개의 고용주를 위한 상을 받았고, 세계에서 일하기 가장 좋은 회사로 선정되었다.[42]

토의문제

10-11 업적평가에 대한 SAP사의 접근방법이 어떻게 커뮤니케이션을 개선하였는지 당신의 생각을 말하라.

10-12 2018년 CEB의 연구결과는 연간 업적평가가 질척거릴 때 관리자와 종업원간의 대화의 질이 떨어졌다고 제안하였다. SAP사는 어떤 도전에 직면하였고, 그들은 어떻게 대화의 질을 종업원 피드백 안에 넣겠다고 보장할 수 있었는가?

10-13 관리자들이 팀원들을 만날 때, 당신은 SAP관리자들에게 어떤 경청의 방법을 추천하겠는가?

10-14 종업원들이 관리자에게 피드백을 돌려줄 때, 당신은 SAP 종업원들에게 어떤 소통의 방법을 추천하겠는가?

사례적용 2 콘고디아 효과를 중화하는 커뮤니케이션

2012년 1월 12일, 콘코디아급 크루즈선의 주함인 Costa Concordia가 이탈리아 Civitavecchia 항구를 떠난지 몇 시간 만에 4,000명의 승객과 승무원을 태운채 좌초된 이후 32명이 사망자를 가져왔다.

그 배는 Francesco Schettino의 지휘하에 Giglio 섬에 근접하여 항해하고 있었기 때문에, 바위 암초에 걸렸다. 일반적인 비상 경보가 울렸고 승객들은 지시를 기다리고 있었는데, 마침내 선장은 배를 버리라는 명령을 내렸다. 대부분의 승객들은 구명정으로 탈출하였으나, 배의 각도 때문에 소개하려던 노력이 방해를 받았다. 결국 Schettino 선장과 부선장은 300명의 승객과 승무원을 남겨둔 채 구명정과 연결되는 선교를 끊어버렸다.

Schettino의 선제적으로 Costa Concordia를 버리고, 가라앉고 있는 배로 돌아가지 않으려는 의지는 회사 승무원들의 역량과 선발 절차의 효과성에 대해 의문을 가져왔다. 그후 선장은 체포되었고 살인죄와 배를 버린 데 대해 수많은 재판을 받았지만, Costa Cruises는 모든 희생자와 그 가족들에 대한 존경의 상징으로서 모든 소셜 미디어 활동을 보류시켰고, 부정적인 댓글을 막으려는 시도가 있었다. 그러나 언론 노출의 결핍과 다른 언론매체로부터 흘러 나온 부정확한 정보들이 Costa의 고객들과는 대조적인 반응을 보였는데, 그들은 회사와 희생자들과 연대감을 표현하였지만, 다른 사람들은 회사의 침묵에 대해 화가 났고 당황해하였다.

Costa Cruises는 어떻게 커뮤니케이션의 변화를 시도하였는가? 이 회사는 세계적인 홍보 및 커뮤니케이션 회사인 Burson-Marsteller와 협업하였고, 지금은 합병을 통해 Burson, Cohn & Wolfe로 알려진 회사를 통해 가장 경쟁적이고 글로벌한 크루즈 산업에서 회사의 명성과 시장점유율을 방어하기 위해 커뮤니케이션 캠페인을 시작하였다. 전략은 소셜 네트워크를 통해 모든 구조 활동을 완전히 노출하는 것이었다. 수행된 행동에는 소셜 미디어를 통해 구조, 복구, 안전 활동을 업데이트하여 공개하고, 좌초된 배의 해체 작업과 관련된 정보를 제공하고, 사고로 인한 환경피해를 줄이고, 기름유출로 인한 그 섬의 에코시스템을 보호하기 위해 취해진 조치들을 소통하는 것들이 포함되었다.

사고가 난지 며칠 후에, Carnival Corporation이 모든 안전 및 비상 대응 절차에 대한 종합적인 감사를 발표하였다. 만일 Costa Concordia사가 엄격한 안전훈련을 실시하였더라면, 그러한 위기에 더 잘 대처하였을 것이라는 것은 분명해졌다. Cruise Lines International Association는 앞으로 배가 항구를 떠나기 전에 승객들을 위한 브리핑과 안전훈련을 하겠다고 발표하였다.

커뮤니케이션은 계속해서 Costa Cruises의 중요한 이슈가 되었다. Costa Concordia 승객에 대한 보상 패키지의 성공적인 협상은 공식적인 보도자료를 통하여 공중들에게 즉각 공표되었고, 새로운 안전 지침이 6억 6천5백만 달러의 최고급 선박인 Costa Fascinosa의 운항 축하 기간에 발표되었다. 커뮤니케이션 전략의 편익은 4개월 후에 발생한 예약자 수로 입증되었는데, 전년도 같은 기간에 비해 25%나 증가되었다.[43]

토의문제

10-15 당신이 생각하기에 무슨 방법 때문에 Costa Cruises의 새로운 커뮤니케이션 전략이 효과적이었나? 즉, Costa Concordia의 사고 이후 직면한 여러 가지 이슈들을 감소시키는 결과를 가져왔는가?

10-16 Costa Cruises는 처음에 소셜 미디어를 통한 소통을 왜 막았다고 생각하는가? 이것은 적절한 조치였다고 생각하는가?

10-17 당신은 Costa Cruises 관리자들이 Costa Concordia 사고 이후에 어떻게 하였으면 모든 공중관계 커뮤니케이션을 더 효과적으로 대처하였으리라고 생각하는가?

10-18 사업을 구해준 새로운 커뮤니케이션 전략의 성공을 당신은 어떻게 측정할 수 있는가?

ENDNOTES

1. A. Moran, "Top 10 Times Miscommunication Ended in Disaster," *Career Addict*, November 6, 2014, https://www.careeraddict.com/top-10-times-miscommunication-ended-in-disaster; P. Smith, "How a Tiny Spanish Island Became the Setting for the Deadliest Plane Crash Ever," *Business Insider*, March 27, 2017, https://www.

Chapter 11 개인행동의 관리

학습목표

11.1 조직내 개인행동의 목적과 관심을 파악한다.

11.2 태도가 직무성과에서 담당하는 역할을 설명한다.

11.3 서로 다른 성격이론을 서술한다.

11.4 지각과 지각에 영향을 주는 요인을 서술한다.

11.5 학습이론과 행동형성의 관련성을 토의한다.

고용능력 기술 매트릭스

각 장의 해당 매트릭스와 마지막 부분의 자료는 고용주가 구직자에게 요구하는 특정 기술을 개발하는데 도움을 준다.

		비판적 사고	커뮤니케이션	협동	지식 응용	사회적 책임
기술 상자	직장의 비밀	✓	✓		✓	
기술 연습	윤리적 딜레마	✓				✓
	기술 훈련		✓	✓	✓	
	함께 일하기			✓	✓	
	경영자가 될 차례		✓		✓	
사례	사례적용	✓			✓	

당신은 사우스웨스트항공사의 비즈니스 분석가로서 직장을 얻고 싶은가? 자격조건이 마이크로소프트사나 골드만 삭스사와 같이 비슷한 업무-훌륭한 언어적 기술, MBA 우대, 그리고 관련 경험 등-를 기대하는 것처럼 보이는가? 그러나 사우스웨스트는 추가적으로 태도와 성격을 매우 강조한다.[1] 이 회사의 성공은 그들의 "재미" 문화(fun culture)에 적합할 것 같은 행복하고 명랑하고 몰입도가 높은 사원을 채용했기 때문이라고 생각한다. 사우스웨스트의 경영진은 그 같은 스킬은 학습할 수 있지만 성격은 그렇지 않다고 생각한다.

제11장에서는 우리는 종업원의 행동, 즉, 구체적으로 태도, 성격, 지각, 그리고 학습에 대해 공부한다. 우리가 앞으로 살펴보겠지만, 관리자는 종업원의 행동을 이해할 필요가 있는데, 채용결정, 스태프에 대한 동기부여, 리더십 행동의 선택, 고성과(High Performance) 종업원의 유지 등에 필요한 통찰력을 얻을 수 있기 때문이다.

LO11.1 조직행동의 목적과 관심

행동
인간의 행위

조직행동론
직장 내의 인간행위를 연구하는 학문

본 장과 다음 두개의 장은 **조직행동론**(organizational behavior)이라고 알려진 학문 분야에 대해 깊이 있게 살펴보고자 한다. 비록 그 분야가 **행동**(behavior)—인간의 행위—과 관련이 있다 할지라도, **조직행동론**은 직장 내의 인간행위를 연구하는 학문이다.[2]

조직행동론(organizational behavior, OB)을 이해할 때 도전 과제 중의 하나는 불분명한 문제(이슈)를 설명해야하는 것이다. 빙하처럼, 대부분의 조직행동은 가시적인 범위가 작아서 보이지 않는 부분이 많다. (Exhibit 11-1 참조) 우리가 조직을 살펴볼 때 우리가 보는 것은 조직의 눈에 띄는 측면(전략, 목표, 정책, 과정, 구조, 기술, 공식적인 권한 관계, 명령 체계)이다. 그러나 그러한 빙산 아래에는 관리자들이 이해할 필요가 있는 수많은 비공식적 요소들이 숨어있다. 우리가 앞으로 살펴보겠지만, 조직행동론은 관리자들에게 중요하지만, 숨겨진 조직적 측면을 살펴볼 수 있는 상당한 통찰력을 제공해준다.

Exhibit 11–1
조직의 빙산

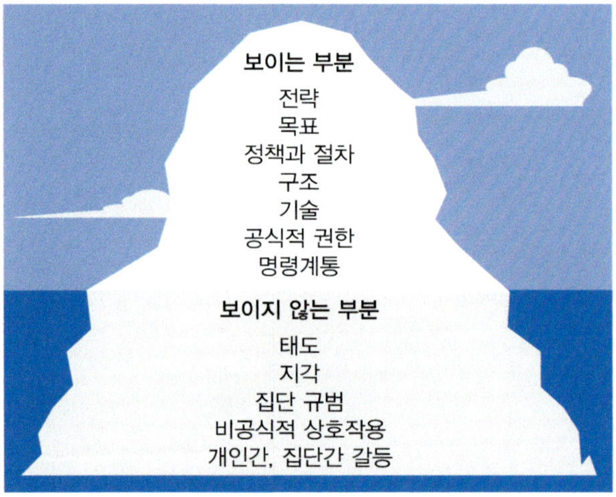

조직행동의 관심

조직행동론은 두 가지 주요한 분야에 관심을 둔다. 첫째, 조직행동은 개인행동(individual behavior)에 관심을 갖는다. 심리학자들의 학문 성과에 근거를 둔 이 분야는 태도, 성격,

지각, 학습, 그리고 동기와 같은 주제를 포함한다. 둘째, 조직행동은 집단행동(group behavior)에 관심을 갖는데, 규범, 역할, 팀 빌딩, 리더십과 갈등관리가 포함된다. 집단에 대한 지식은 기본적으로 사회학자와 사회심리학자의 연구로부터 많은 도움을 받았다. 우리는 앞의 장에서 집단행동을 살펴보았고, 제11장에서는 개인행동을 살펴볼 것이다.

Cincinnati's Coffee Emporium의 6년차 종업원 Issac Owens은 종업원의 만족과 생산성 향상을 가져온 긍정적인 작업환경에서 일하고 있다.

출처: *John Minchillo/AP Images*

조직행동의 목적

조직행동의 목적은 인간 행동을 설명하고, 예측하고, 영향을 미치는 것이다. 관리자들은 왜 종업원들이 다른 사람들과 달리 그런 행동을 하는지 설명하고 관리자들이 다양한 행동들에 종업원들이 어떻게 반응할 것인지 예측하고, 종업원들이 어떻게 행동할지에 대해 영향을 미친다.

종업원들의 어떤 행동이 우리가 설명하고 예측하고 영향을 미치는 것과 관련이 있는가? 우리는 6가지 중요한 요소에 집중할 것인데, 종업원 생산성, 결근, 이직률, 조직시민행동(OCB), 직무만족, 그리고 반생산적인 직장 내 행동이다.

종업원 생산성(employee productivity)은 종업원의 효율성과 효과성의 성과 측정을 말한다. **결근**(absenteeism)은 종업원이 일하러 나타나지 않는 것이다. 만약 종업원이 출근하지 않으면, 업무를 수행하는 것은 어렵다. 연구에 의하면, 계획에 없는 결근은 공장 근로자들은 1인당 연간 3,600달러의 손실을 가져오며, 사무직 근로자는 연간 2,650달러의 손실을 가져온다고 하였다.[3] **이직**(turnover)은 조직으로부터의 자발적 혹은 비자발적인 영구적 철수를 말한다. 이직은 모집, 선발, 훈련비용과 작업 중단이 증가하기 때문에 문제가 심각하다. 이직비용은 기업에 부담을 주는데, 비숙련 노동자 급여의 16%으로부터 매우 훈련된 근로자의 213%까지 다양하다.[4] **조직시민행동**(organizational citizenship behavior)은 종업원의 공식적인 직무 요구가 아닌 자율적인 행동이지만 그 조직의 효과적인 기능을 촉진한다.[5] 훌륭한 조직시민행동의 예는 어떤 구성원이 팀 내의 다른 사람들을 돕는 것으로, 확장된 업무 지원, 불필요한 논쟁의 회피, 자신의 업무집단과 조직에 대한 건설적인 제안을 포함한다. **직무만족**(job satisfaction)은 자신의 직무에 대한 개인의 일반적인 태도를 의미한다. 비록 직무만족이 행동보다는 태도를 의미한다고 할지라도, 그것은 많은 관리자들과 관련된 성과이다. 왜냐하면 만족한 종업원들은 조직에 머물러 일하기를 더 좋아하는 경향이 있기 때문이다. 마지막으로 **반생산적인 직장내 행동**(counter-productive workplace behavior)은 조직 혹은 조직 내 개인에 대해 잠재적으로 해를 끼칠 수 있는 종업원의 의도적인 행동을 말한다. 반생산적인 직장내 행동은 조직 내에서 네 가지 형태로 나타난다: 이탈, 공격, 반사회적 행동, 폭력.[6] 다음 절에서, 우리는 네 가지 심리학적인 요소—종업원의 태도, 성격, 지각, 학습—에 대한 이해가 어떻게 이와 같

종업원 생산성
종업원의 효율성과 효과성의 업무 성과 측정

결근
종업원이 일하러 나타나지 않는 것

이직
조직으로부터의 자발적 혹은 비자발적인 영구적 철수

조직시민행동
종업원의 공식적인 직무 요구가 아닌 자율적인 행동으로써 그 조직의 효과적인 기능을 촉진한다.

직무만족
자신의 직무에 대한 개인의 일반적인 태도

반생산적인 직장내 행동
조직 또는 조직 내 개인에 대해 잠재적으로 해를 끼칠 수 있는 종업원의 의도적인 행동

은 종업원의 행동을 설명하고 예측하고 영향을 주는 데 도움을 줄 수 있는지를 다룰 것이다.

LO15.2 태도와 직무 성과

태도
사물, 사람, 사건과 관련하여 좋고 싫음에 대한 평가적 서술

인지적 요소
인이 지닌 믿음, 견해, 지식, 정보로 구성된 태도의 일부

정서적 요소
태도의 일부로서, 감정적이나 감각적인 부분

행동적 요소
태도의 일부로서, 어떤 사람이나 사물에 대해 특정한 방식으로 임하려는 경향

fyi

- 68%의 종업원들이 자기 동료들에 대해 매우 만족한다고 응답한다.
- 58%의 종업원들이 보스나 직속상사에 대해 매우 만족한다고 응답한다.[7]

태도(attitude)는 사물, 사람, 사건에 대해 좋은 지, 싫은 지에 대한 평가적 서술이다. 태도는 개인이 어떤 것에 대해 어떻게 느끼는지를 반영한다. 어떤 사람이 "나는 내 일이 좋아" 라고 말했을 때, 그것은 일에 대한 태도를 표현한 것이다.

태도는 세가지 요소—인지, 정서, 행동—로 구성된다.[8] 태도의 **인지적 요소**(cognitive component)는 개인이 지닌 믿음, 견해, 지식, 정보를 가리킨다.(예를 들면, "차별은 잘못된 것이다" 라는 믿음) 태도의 **정서적 요소**(affective component)는 감정적이거나 정서적인 부분이다. 예를 들면, 이 요소는 "나는 Pat을 좋아하지 않는다, 왜냐하면 그는 소수자들을 차별하기 때문이다" 와 같은 진술에 반영되어 있다. 결과적으로, 정서는 행동의 결과를 가져올 수 있다. 태도의 **행동적 요소**(behavior component)는 어떤 사람이나 사물에 대해 특정한 방식으로 행동하려는 경향을 의미한다. 우리의 예를 계속 사용하면, 나는 Pat에 대한 감정 때문에, Pat을 피할 지도 모른다. 이러한 세 가지요소—인지, 정서, 행동—로 구성된 태도를 이해하는 것이 그들의 복잡성을 이해할 수 있게 해준다. 그러나 간결하게 태도(attitude)라는 용어는 대개 정서적인 요소만을 언급한다.

물론, 관리자는 종업원이 갖고 있는 태도에 늘 관심을 갖는 것은 아니다. 관리자는 특별히 직무와 관련된 태도에만 관심을 갖는다. 가장 잘 알려진 네 가지 태도는 직무만족, 직무 몰입, 조직 전념도, 종업원 인게이지먼트(employee engagement)이다.

직무만족

이미 앞의 정의에서 살펴본 것처럼, 직무만족은 자신의 직무에 대한 개인의 일반적인 태도를 의미한다. 직무만족이 높은 사람은 자기 직무에 대해 긍정적인 태도를 지닌다. 반면에, 직무만족이 낮은 사람은 자기 직무에 대해 부정적인 태도를 갖는다. 사람들이 종업원의 태도에 대해 언급할 때, 그들은 대개 직무만족을 언급하는 것이다.[9]

종업원들은 어떻게 자기 직무에 만족하는가? 대부분의 경우, 직무만족의 수준은 시간의 경과에 일관성을 유지하는 경향이 있다. 예를 들면, 미국의 평균 직무만족의 수준은 1972년부터 2006까지 일관성있게 60%대를 유지하였다.[10] 2010년에는 대공황으로 인하여 낮은 수준인 40%까지 떨어졌다.[11] 그러나 2017년까지 그 숫자는 51%로 회복되었다.[12]

별로 놀랄 일은 아니지만, 종업원의 직무만족은 소득이 증가함에 따라 증가하는 경향을 보인다.[13] 총가계소득이 75,000달러 이상을 버는 개인들 중 58%가 자기 일에 대해 만족도를 보였다. 소득 수준이 75,000달러 이하 수입을 갖는 개인들 중 45%만이 자기 직무

에 만족한다고 하였다. 비록 높은 임금이 높은 직무만족으로 연결될 수 있지만, 다른 대안적인 설명은 높은 임금은 서로 다른 유형의 직업을 반영한다고도 할 수 있다. 높은 소득의 직무는 일반적으로 고도의 발전된 수준의 기술을 요구하고, 직원들에게 더 큰 책임을 부여하며, 더욱 자극적이고, 더 많은 도전을 제공하고, 직원들에게 더 많은 통제를 요구한다. 높은 수준의 소득을 갖는 사람들이 높은 직무만족을 갖는다는 보고는 그 소득 자체보다는 그들의 직업이 갖는 더 높은 도전과 자유를 반영하는 경향이 높다.

마지막으로 직무만족에서 약간의 문화적 편차를 보였다.[14] 예컨대, 6점 만점의 "직무만족 척도"를사용한 결과, 멕시코가 5.88점을 가장 높았고, 스칸디나비아 국가들은 5.51에서 5.72점까지 다양하였고, 미국은 5.46을 받은 반면에, 가장 낮은 점수는 각각 4.89와 4.76을 받은 프랑스와 한국으로 돌아갔다. 이들 국가간의 차이는 그들 직무의 질 때문인지, 아니면 본래적인 문화적 차이때문인지는 불분명하다.

직무만족과 생산성 Hawthorne 연구 이후(경영학 역사 Module에서 논의된), 관리자들은 행복한 종업원들이 생산적인 종업원이라고 믿었다. 직무만족이 직무 생산성에 영향을 미치는지 혹은 생산성이 직무만족에 영향을 주는지 결정하기가 쉽지 않기 때문에, 어떤 경영학자는 이러한 믿음은 일반적으로 잘못된 것이라고 말한다. 그러나 우리는 직무만족과 생산성 간에 매우 강한 상관관계가 존재한다고 확실히 말할 수 있다.[15] 그래서 만족한 종업원들이 많은 조직일수록 만족도가 낮은 종업원들의 조직에 비해 더욱 효과적인(생산적인) 경향이 있다.

직무만족과 결근율 비록 조사가 만족한 종업원들은 불만족한 종업원들보다 더 낮은 수준의 결근율을 보여준다고 할지라도, 이러한 상관관계는 강하지 않다.[16] 불만족한 종업원이 직장에 나오지 않을 확률이 더 크다는 것은 확실히 일리가 있지만, 다른 요소들도 그 관계에 영향을 미친다.[17] 예를 들어, 회사의 모든 종업원—높은 수준의 직무만족을 지닌 종업원을 포함하여—에게 질병휴가를 제공하는 조직은 "질병휴가"를 갖도록 권유한다. 당신의 직장이 다양한 복지 혜택이 있다고 가정하여, 만약 그러한 휴가에 불이익이 없다면 당신은 직무에 만족하고, 주말 3일은 "질병휴가"를 즐기며, 더운 봄날에 골프를 치면서 지낼 경우도 생길 수 있다.

직무만족과 이직률 직무만족과 이직률의 관계를 연구한 조사에서 직무만족과 결근율간의 상관관계보다는 높은 상관관계를 보였다.[18] 불만족한 종업원이 높은 수준의 이직률을 갖는 반면, 만족한 종업원은 낮은 수준의 이직률을 보였다. 그러나 노동시장 상황, 다른 직업 기회에 대한 기대, 그리고 고용기간과 같은 요소 또한 이직률에 영향을 미친다. 실증조사에서는 또한 만족과 이직관계에 영향을 미치는 중요한 조절변수는 종업원의 성과수준이라고 제안한다. 성과자에게 직무만족의 수준은 이직을 예상하는 데 덜 중요한 요소가 된다. 왜냐하면 조직은 전형적으로 고성과자에게는 임금 인상, 칭찬, 인정, 많은 승진기회 등을 높은 수준으로 유지해준다.[19]

추가적으로, 노동시장의 조건, 대안적 직무기회의 기대, 조직의 고용기간 등의 요소는 종업원의 이직 결정에 영향을 미친다.[20] 연구결과에 의하면, 만족의 수준은 고성과자들의 이직율을 예측하는데 덜 중요하다고 제안하는데, 왜냐하면 보통 조직이 그들을 보유하기 위하여 임금인상, 칭찬, 승진기회의 제공 등 회사가 할 수 있는 일은 뭐든지 해보기 때문이다.[21]

Macy 백화점의 한 고객이 그녀가 매장의 한 직원으로부터 받은 예외적인 서비스에 대해 감탄해 하고 있다. 좋은 서비스는 사업의 성공을 위해 매우 중요한 요소이고, 고객만족에도 크게 기여하며, 궁극적으로 종업원의 이직율을 감소시킨다.

출처: *Tomas Ovalle/AP Images for Macy's/AP Images*

직무만족과 고객만족 종업원의 만족이 고객의 만족과 긍정적인 상관관계가 있을까? 고객과 정기적인 접촉을 갖는 일선 종업원에게, 그 대답은 "그렇다"이다. 만족한 종업원은 고객만족도와 고객 충성도를 증가시킨다.[22] 왜냐하면 서비스 조직에서, 고객 유지와 이탈은 점점 종업원들이 고객과 어떤 관계에 있느냐에 크게 의존한다. 만족한 종업원은 더욱 더 친절하고, 명랑하고, 고객이 원하는 대로 대답을 잘하는 경향이 있다. 그리고 만족한 종업원은 직장을 그만 두는 경우가 적기 때문에 고객들은 오랫동안 친숙한 얼굴을 만나고 노련한 서비스를 제공받을 수 있다. 이러한 우수한 서비스의 질은 고객 만족도와 고객 충성도를 높이는 데 기여한다.

직무만족과 조직시민행동(OCB) 직무만족이 종업원의 OCB의 중요한 결정요인이라고 가정하는 것은 논리적이다.[23] 만족한 종업원이 훨씬 더 조직에 대해 긍정적으로 말하고, 타인을 돕고, 보통의 직무 기대 이상으로 일할 것이다. 연구결과 직무만족과 OCB 간에는 중간 정도의 상관관계가 있다고 보여주었다. 다시 말해서, 자기 직무에 대해 보다 더 만족한 사람은 조직시민행동에 몰입할 가능성이 더 높다는 것이다.[24]

왜 직무만족이 OCB를 이끌어가는가? 한가지 이유는 신뢰이다. 18개국을 대상으로 한 연구에서, 종업원과 OCB를 주고 받는 관리자는 그들 자신의 신뢰하는 행동을 보여준다고 설명하였다.[25] 자기 동료가 자신을 지원한다고 느낀 개인은 적대적인 관계를 갖고 있는 사람보다 더 도움을 주는 행동에 더 몰입할 것이라고 하였다.[26]

직무만족과 반생산적인 직장내 행동 종업원들이 자기 직무에 불만족할 때, 그들은 도둑질, 부적절한 사회화, 가십질, 결근, 태만 등 반생산적인 행동에 몰입할 가능성이 높다.[27] 문제는 그들이 어떻게 행동할지 예측하기가 어렵다는 것이다. 어떤 사람은 회사를 떠난다. 어떤 사람은 회사에서 업무 중에 컴퓨터 게임을 하는 것으로 반응한다. 어떤 사람은 동료 작업자에게 욕을 퍼붓는다. 만일 관리자가 바람직하지 못한 직무 불만족의 결과를 통제하길 원한다면, 다른 종업원의 반응을 통제하려고 노력하기보다는 그 문제—직무불만족—에 대해 공격하는 것이 나을지도 모른다. 직무불만족의 원인을 이해하는 것이 좋은 스타트이다. 예를 들면, 어떤 종업원이 자기 상사에 의해 불공정하게 대우받는다고 느끼는가?, 혹은 새로운 회사정책이 유니폼의 색깔(블루 칼라, 화이트 칼라-역주)에 의해 임금이 달라진다고 화가 나있는가? 그렇지 않다면, 동료작업자가 자기 몫을 하지 않기 때문에 약간 비위가 상해 있는가?

우리가 살펴볼 세 가지 다른 직무 관련 태도는 직무 몰입, 조직 전념도, 그리고 종업원 인게이지먼트가 있다.

직무 몰입과 조직 전념도

직무 몰입(job involvement)은 종업원이 자기 직무와 자신을 동일시하고, 적극적으로 자기 일에 참여하고, 자신의 가치에서 성과가 중요하다고 생각하는 정도이다.[28] 높은 수준의 직무 몰입을 갖는 종업원은 직무를 자신과 매우 동일시하며 자신이 하는 일에 대해 매우 관심을 갖는다. 그들의 긍정적인 태도가 자기 직무에 적극적으로 기여하도록 해준다. 결국 직무 몰입의 수준이 높아지면, 결근율과 이직률도 낮아지는 것으로 나타나고 종업원 몰입도는 증가한다고 밝혀졌다.[29]

직무 몰입
종업원이 자기 직무와 자신을 동일시하고, 참여하고, 자신과 일을 가치있게 여기는 정도

조직 전념도(organizational commitment)는 종업원이 특정 조직과 조직의 목적에 자신을 동일시하고, 조직에 구성원으로 남아 있기를 바라는 정도이다.[30] 직무몰입이 자기 직무와 동일시하는 반면에, 조직 전념도는 자신을 고용한 조직과 자신을 동일시하는 것이다. 실증조사에서, 조직 전념도는 낮은 수준의 결근율과 이직률로 이끌고, 사실상 직무만족보다 이직율의 더 중요한 척도가 된다.[31] 왜냐? 그 이유는 아마도 조직전념도는 특정 직무에 대한 만족보다 조직에 대한 포괄적이고 지속적인 반응을 보여주기 때문이다.[32] 그러나 조직 전념도는 아마도 한때 중요했지만, 직무와 관련된 태도로서 과거보다는 덜 중요한 의미를 지닌다. 오늘날 자신의 경력을 위해 하나의 조직에 머무르는 종업원들이 거의 없고, 그들이 고용주에 대한 생각도 많이 바뀌었다.[33] 비록 과거보다 조직 전념도가 직무 관련 태도로서 중요하지 않다고 할지라도, **지각된 조직적 지원**(perceived organizational support)—조직이 종업원의 공헌이 중요하다고 생각하고 그들의 웰빙을 도와준다는 일반적인 믿음—은 종업원에 대한 조직 전념도가 여전히 유용하다는 연구결과를 보여준다. 지각된 조직적 지원의 수준이 높다면, 직무만족을 증가시키고 낮은 이직율로 이끈다.[34]

조직 전념도
종업원이 특정 조직과 목표에 자신을 동일시하고 조직에 구성원으로 남아 있기를 바라는 정도

지각된 조직적 지원
조직이 종업원의 공헌이 중요하다고 생각하고 그들의 웰빙을 도와준다는 일반적인 믿음

종업원 인게이지먼트

종업원 인게이지먼트(employee engagement)는 종업원들이 자기 업무와 연계하여 만족과 열정을 갖고 일하는 종업원의 몰입도(involvement)를 말한다. 인게이지먼트를 평가하기 위해 우리는 그들이 새로운 기술을 배우기 위해 기회와 자원에 접근할 수 있는 지, 자기 업무가 의미있고 중요한 것인지, 그리고 종업원과 감독자간의 상호작용이 보상을 받고 있는지를 종업원들에게 물어본다.[35] 몰입도가 높은 직원은 자기 업무에 대해 열정적으로 몰입하여 일하게 된다. 몰입도가 낮은 직원은 기본적으로 "마음이 떠나서" 회사가 어떻

종업원 인게이지먼트
종업원들이 자기 업무와 연계하여 만족과 열정을 갖는 것

Apple의 종업원 인게이지먼트는 매우 높은데, 그곳에서 종업원들이 회사의 성장에 기여하게 된 것을 기뻐하고 있다. 여기에서는 Carnegie Library 안에 있는 새로운 Apple Store의 개점 행사에서 환호하고 있다.

출처: *Patrick Semansky/AP Images*

게 되든 상관이 없다는 식이다. 그들이 일하러 출근하지만, 일에 대해 아무런 열정이나 에너지를 쏟지 못한다.

높은 몰입도를 소유한 종업원들이 보여주는 편익은 매우 많다. 첫째, 높은 몰입도를 가진 종업원은 낮은 몰입도의 종업원보다 최고의 성과를 가져올 확률이 2.5배나 높았다. 그리고 높은 몰입도를 가진 종업원들이 많은 회사는 높은 종업원 유지율을 자랑하였는데, 이는 모집비용과 훈련비용을 낮춰 주었다. 또한 이들 두 가지 결과—높은 성과와 낮은 비용—는 탁월한 재무 성과에 기여하였다.[36] 관리자들은 이러한 편익으로부터 거둘 수 있게 해야할 많은 일들이 있다. 전세계적으로, 종업원의 13%만이 자기들이 몰입해서 일한다고 응답하였다.[37] 연구결과는 미국의 경우 종업원의 32%가 몰입하여 일한다.

태도와 일관성

당신은 사람들이 자신이 행한 것을 부정하지 못할 정도로 완전히 자신의 말을 바꾸는 것을 본 적이 있는가? 예를 들어 당신의 친구 중 한 명이 여학생 클럽에 참가하는 것은 대학생활에서 중요하다고 계속 주장한다고 가정하자. 그러나 그녀는 그 클럽에 가입을 권유받거나 가입하지 않는다. 갑작스럽게도 그녀는 여학생 클럽은 대수롭지 않다고 말을 바꾼다.

실증조사는 일반적으로 사람들은 그들의 태도간에 혹은 태도와 행동간의 일관성을 찾으려 한다고 말한다.[38] 이것은 자신이 합리적이고 일관되게 보이기 위해 태도와 행동을 같게 하려고 자신의 태도를 조정한다는 것을 의미한다. 만일 불일치가 있으면, 개인은 그들의 태도나 행동을 바꾸든지, 아니면 부조화에 대한 합리화를 전개하여 일치시키려고 노력할 것이다.

가상의 예를 들어, 대학 캠퍼스를 방문하여 지원자들을 모으고 학생들에게 훌륭한 직장이라고 장점을 소개해야 하는 Enterprise Rent-A-Car사의 채용담당자가 만약 개인적으로 자기 회사가 열악한 직무 환경과 희박한 승진 기회가 있다고 생각한다면 갈등을 경험할 것이다. 그러나 시간이 지날수록 이 모집인은 자기 회사에 대해 더더욱 긍정적인 태도로 바뀌는 것을 알 수 있다. 그는 실제로 자신의 회사에 근무하는 장점에 대해 명확히 설명함으로써 확신하게 된다. 또 다른 대안은 모집인이 미래의 지원자들을 위해 자기 회사와 승진기회에 대해 공개적으로 부정적인 태도를 보일 수 있다. 그 모집인이 원래 갖고 있었던 열정은 점점 작아지고, 회사에 대해 노골적인 냉소주의로 대체될 지도 모른다. 결국, 모집인은 자기 회사가 일하기에 좋지 않은 곳이라고 생각하지만, 담당자로서 자기 일은 회사를 위한 긍정적 측면을 말해야 할 의무가 있다는 것을 깨달을 것이다. 그는 어떤 직장도 완벽하지 않고, 자신의 일이 회사의 긍정과 부정 모두를 제시하는 것이 아니라 회사의 좋은 면만 부각시키는 일이라고 합리화시킬지도 모른다.

인지 부조화 이론

만약 우리가 어느 개인의 태도를 안다면, 항상 그의 행동을 예측할 수 있다는 일관성의 원리를 믿는가? 불행히도, 그 대답은 "예" 혹은 "아니오" 보다는 훨씬 더 복잡하다. 그 이유는 인지 부조화 때문이다.

인지 부조화 이론은 태도와 행동의 관계를 설명한다.[39] **인지 부조화**(cognitive dissonance)는 태도간 또는 행동과 태도간의 불일치 혹은 부조화를 말한다. 이 이론은 어떤 형태의 부조화가 불안을 조장하고, 따라서 개인은 그 부조화와 불안을 줄이려고 노력한다는 것이다.

인지 부조화
태도 간 또는 행동과 태도 간의 불일치 혹은 부조화

물론 어느 누구도 부조화를 완벽하게 피할 수 없다. 알다시피, 매일 치실을 이용하여 치아를 관리해야 하지만 당신은 그렇게 하지 않는다. 이러한 예에서 태도와 행동에는 불일치가 존재한다. 사람들은 인지 부조화에 어떻게 대처하는가? 그 이론에서 부조화를 감소하려는 것은 다음의 세가지 요인에 의해 결정된다고 한다. (1) 부조화가 생기게 된 요인의 중요성, (2) 개인이 그 요인에 대해 미칠 수 있다고 생각하는 영향력의 정도, (3) 부조화에 수반된 보상이다.

만약 부조화를 일으키는 요인이 비교적 중요하지 않다면, 부조화를 수정하려는 압력은 낮아질 것이다. 그러나 그 요인이 중요하다면 개인은 자신의 행동을 바꾸거나, 부조화의 행동이 중요하지 않다고 결론 내거나, 자신의 태도를 바꾸거나, 또는 부조화된 행동을 능가하는 상대요인을 찾아낼 것이다.

개인이 그 요인에 대해 얼마나 영향을 미치느냐고 믿는 정도에 따라 부조화에 대한 그들 반응이 영향을 받는다. 만일 그들이 부조화에 대해 전혀 선택의 여지가 없을 만큼 중요한 것이라고 지각된다면, 그들은 태도 변화를 가지려고 하거나 그렇게 할 필요(욕구)를 느끼지 못한다. 예를 들면, 부조화를 가져오는 행동이 관리자의 명령의 결과에 의한 것이라면, 부조화 감소의 압력이 그 행동을 자발적으로 수행할 때보다 낮다. 비록 부조화가 존재한다해도 관리자의 명령을 따라야 할 필요 때문에 정당화되고 합리화될 수 있기 때문이다—즉, 그 사람에게는 선택의 여지가 없기 때문이다.

fyi
74%의 회사들이 공식적으로 그리고 대규모로 종업원 조사를 실시한다.[41]

마지막으로, 보상이 개인의 부조화를 줄이도록 동기부여하는 데 영향을 미친다. 높은 보상을 동반하는 높은 부조화는 개인이 일관성이 있어야 한다고 믿도록 동기부여함으로써 불안을 줄이도록 하는 경향이 있다.

태도조사

수많은 조직이 정기적으로 그들 종업원의 태도에 대한 조사를 실시한다.[40] Exhibit 11-2는 실제의 태도조사를 보여준다. 전형적으로, **태도조사**(attitude survey)는 종업원들이 직무, 작업집단, 상사, 또는 자기조직에 대해서 어떻게 느끼는지를 알아내기 위한 진술 또

태도조사
종업원들이 직무, 작업집단, 상사, 또는 조직에 대해서 어떻게 느끼는지를 알아내기 위한 진술

만족한 종업원은 낮은 결근율과 이직율을 보여줄뿐 아니라 업무수행을 더 잘한다. 만족을 측정하는 한 가지 방법은 종업원이 태도조사를 하도록 함으로써 가능하다.

출처: *Chinnapong/Alamy Stock Photo*

는 질문의 형태를 제시한다. 보통 그 항목들은 관리자가 원하는 특정 정보를 확보하기 위한 내용으로 구성된다. 태도 점수는 개인 설문 항목의 응답을 합산하여 이루어진다. 그리고 이러한 점수는 직무집단, 부서, 사업부, 또는 조직 전체로 평균화된다. 예를 들어, Ford Motor Company는 종업원의 태도를 조사하기 위해 Employee Satisfaction Index 를 실시하고 있다. 매년 이 회사는 회사가 제공한 교육훈련에 대한 만족도와 그들이 업무를 수행할 때 받는 인정에 대한 만족도를 측정한다. 관리자는 그 결과를 과거에 실행한 계획의 성공여부를 평가하거나 개선을 위한 실행계획을 개발할 때 사용한다.[42]

정기적인 종업원에 대한 태도조사는 관리자들에게 종업원들이 작업 조건을 어떻게 인지하고 있는지에 대한 중요한 피드백을 제공한다. 관리자가 객관적이고 공정하다고 간주하는 정책과 실행이 일반적인 종업원이나 특정 종업원 집단에 불공정하게 보일 수도 있다. 정기적인 태도조사는 관리자들이 잠재적인 문제들과 종업원들의 의도에 주의를 기울여 사전에 종업원들이 행동을 취하기전에 반발을 막을 수 있다.

Exhibit 11–2

종업원 태도조사의 예

태도조사의 예시:

- 내 직무는 나의 능력에 적합하다.
- 나의 업무 부과는 지루하지 않고 도전적이다.
- 나는 상사를 신뢰한다.
- 나는 나의 생각을 상사에게 자유롭게 말한다.
- 나는 작업 환경이 안전하다고 느낀다.
- 나의 회사는 일 하기에 좋은 곳이다.

관리자를 위한 조언

관리자들은 그들의 종업원 태도에 대해 관심을 가져야 한다. 왜냐하면 태도는 그들의 행동에 영향을 미치기 때문이다. 예를 들어, 만족도가 높고 몰입하는 종업원은 낮은 이직률과 결근율을 보인다. 생산적인 종업원들 간의 이직률과 결근율을 줄이길 원한다면, 관리자들은 종업원들이 긍정적인 직무 태도를 가지고 일하길 원할 것이다.

만족한 종업원은 자기 업무에 대한 생산성이 높다. 따라서 관리자들은 종업원의 직무만족을 높여주는 생산적인 요인에 대해 관심을 가져야 한다. 예를 들면, 도전적이고 흥미있는 업무, 공정한 보상의 제공, 지원적인 작업 조건의 제시, 지원적인 동료들의 격려 등이다.[43] 이들 요인은 종업원을 더욱 성공적이 되도록 도울 수 있다.

관리자는 또한 종업원의 태도를 정기적으로 조사해야 한다. 한 연구에 의하면, "전체 직무태도에 대한 건전한 조사는 조직이 그 종업원에 대해 가질 수 있는 가장 유용한 정보 중 하나이다"라고 말한다.[44]

마지막으로, 관리자들은 또한 종업원들이 부조화를 줄이려고 애쓴다는 것을 알아야 한다. 만약 종업원들이 불일치를 요구받을 때, 그 불일치가 외부에서 강요되고 통제 불가능하다는 것을 종업원들이 지각하면, 불일치를 줄이려는 노력이 최소화된다는 것을 관리자들은 기억해야 한다. 만약 보상이 그 불일치를 상쇄할 만큼 충분히 주어진다면, 또한 불일치 감소 노력이 줄어든다. 그래서 관리자들은 개인이 부조화가 동반되는 어떤 업무를 수행할 필요가 있다는 것을 설명할 때, 경쟁자, 고객, 또는 다른 요소와 같은 외부적인 영향력을 살펴보아야 한다. 그렇지 않으면 관리자가 개인들이 바라는 모든 보상을 제공할 수 있어야 한다.

L011.3 성격

어떤 사람은 매우 조용하고 수동적인 반면, 어떤 사람은 매우 목소리가 크고 능동적이다. 조용한, 수동적인, 목소리가 큰, 협조적인, 야망적인, 외향적인, 성실한, 긴장한, 또는 사교적인 등의 용어를 사용하여 사람들을 묘사할 때는 그들의 성격을 서술하는 것이다. 개인의 **성격**(personality)은 한 개인이 타인과 어떻게 반응하고 상호작용하는지에 영향을 미치는 심리학적인 특성들의 독특한 조합이다. 성격은 대부분 개인을 나타내는, 측정할 수 있는 용어로 종종 묘사된다. 우리는 개인의 성격에 흥미를 갖는다. 왜냐하면 성격은 태도와 같이 개인이 어떻게, 왜 그렇게 행동하는지에 영향을 미치기 때문이다.

성격
한 개인이 타인과 어떻게 반응하고 상호작용하는지에 영향을 미치는 심리학적인 특성들의 독특한 조합

우리는 성격에 대해 흥미를 갖고 살펴보고자 하는데, 태도와 마찬가지로 성격은 사람들이 왜, 어떻게 그같이 행동하는지에 영향을 주기 때문이다. 지난 몇 년 동안 연구자들은 특별히 어떠한 특성이 성격을 가장 잘 묘사하는지에 대해 초점을 맞추기 위해 노력해 왔다. 유명한 두 가지 접근방식이 MBTI®(Myers Briggs Type Indicator)와 빅5 모델(Big Five model)이다. 또한 어둠의 삼총사(Dark Triad)와 같은 프레임웍이 어떤 측면을 잘 설명한다. 먼저 우리는 다음에서 두가지 접근방법부터 설명하고자 한다.

MBTI®

MBTI®는 성격 특성을 분류하는 가장 유명한 도구 중의 하나이다.[45] 100개 이상의 질문으로 구성되어 있는 MBTI®는 다른 상황 속에서 그들이 주로 어떻게 행동하고 느끼는지를 사람들에게 묻는다. 그들의 답변에 근거하여, 네 가지 범주에 선호도를 보여줌으로써 성격을 분류하게 된다.: 외향성 대 내향성, 감각 대 직관, 사고 대 감정, 판단 대 지각이다. 이러한 용어들은 다음과 같이 정의된다.

- 외향성 대 내향성(Extraversion[E] vs Introversion[I]): 외향적인 사람은 활동적이고, 지배적이고, 종종 공격적이고, 세상을 바꾸고 싶어하는 사람이다. 외향적인 사람은 다양하고 적응된 행동 즉, 다른 사람들과 함께 하고 그들에게 다양한 경험을 제공하는 작업 환경을 필요로 한다. 내향적인 사람은 수줍어하고 비사교적이고 내적 세상

fyi

- 가장 많은 MBTI 성격 유형은 ISFJ로써 전체 인구의 13.8%를 차지한다.
- 가장 적은 MBTI 성격 유형은 INFJ로써 전체 인구의 1.5%를 차지한다.

을 이해하는 데 초점을 맞춘 것으로 묘사된다. 내향적인 사람은 조용하고, 집중적이고, 혼자이고, 깊이 있는 경험의 기회를 제공하는 작업 환경을 좋아한다.

- 감각 대 직관(Sensing[S] vs Intuition[N]): 감각적 유형의 사람은 문제를 해결하는 표준적인 방식이 정해져 있지 않은 새로운 문제를 싫어한다; 그들은 기존의 일상적인 방식을 좋아하고, 일을 끝내려는 높은 욕구를 갖고 있고, 일상적인 업무에 인내를 보이고, 정교한 일에 능숙한 경향이 있다. 반면에, 직관적 유형의 사람은 새로운 문제를 해결하는 것을 좋아하고, 반복적으로 동일한 업무 수행을 싫어하며, 결론을 속단하고, 일상적인 업무에 조바심을 느끼고, 정교함에 시간을 들이는 것을 싫어하는 사람이다.
- 사고 대 감정(Thinking[T] vs Feeling[F]): 합리적 사고 유형은 사람들의 감정에 대해서 이성적이고, 흥미를 갖지 않고, 논리적인 순서로 사물을 놓는 것과 분석을 좋아하고, 사람들을 질책하고 필요할 때는 그들을 해고하고, 냉정하게 보이며, 단지 동일한 사고 유형의 사람들과 잘 지내는 경향이 있다. 감정적인 유형은 상대방의 감정을 인식하고, 조화를 좋아하고, 종종 칭찬을 필요로 하며, 사람들에게 언짢게 말하는 것을 싫어하며, 동정적인 경향이 있고, 많은 사람들과 좋은 관계를 유지한다.
- 판단 대 지각(Judging[J] vs Percieving[P]): 판단적 유형의 사람은 단호하고, 훌륭한 계획자이며, 의도적이고, 치밀하다. 일을 완성하는데 초점을 맞추고, 의사결정을 빠르게 하고, 일을 수행하는 데 필요한 정보만을 원한다. 지각적 유형의 사람은 호기심이 풍부하고, 자발적이고, 융통성 있고, 적응력이 뛰어나고, 인내심이 있다. 그들은 일을 시작하는 것에 초점을 맞추고, 결정을 연기하고, 그것을 시작하기 전에 그 일에 대해서 모두 알아내려고 한다.

이러한 선호도의 조합은 16가지 성격 유형을 제공하며, 모든 사람은 위 네 가지 중 하나를 선정하여 네 쌍의 유형을 갖게 된다. Exhibit 11-3에 두가지 예가 요약되어 있다. 설명에서 보듯이, 각 성격유형은 업무와 관계에서 서로 다르게 접근한다.- 하나의 성격이 다른 성격보다 좋다는 것이 아니라 다르다는 것을 보여준다.

Exhibit 11–3

MBTI®의 성격유형의 예

유형	특징
I–S–F–P(내향, 감각, 감정, 지각)	민감하고, 친절하고, 온화하고, 내성적이고, 아주 호의적이다. 이 유형은 불화를 가장 싫어하고 회피한다. 의리있고 아주 가끔 일을 느슨하게 한다.
E–N–T–J(외향, 직관, 사고, 판단)	다정하고, 호의적이고, 솔직하고, 결정력 있고, 지적이고, 논리적이지만 간혹 자신의 능력을 과대평가한다.

출처: Based on I. Briggs–Myers, *Introduction to Type* (Palo Alto, CA: Consulting Psychologists Press, 1980), pp. 7 – 8.

MBTI®는 여러 수 많은 조직에서 사용한다. 연간 250만 명이 넘는 사람들이 MBTI®검사를 실시하고 있고, 포천 100대 기업중에서 80%이상이 MBTI®와 같은 성격검사를 통하여 효과적인 작업팀을 구축하는데 이용하고 있다.[47] 예를 들면, General Motors의 대

Let's Get REAL

시나리오:

Jennifer King은 자기 회사가 그녀의 관리를 돕기 위하여 MBTI(Myers Briggs Type Indicator)를 사용하기로 결정했다는 소식을 듣고 기뻐했다. 그녀는 광고대행사에서 크리에티브 전문가 팀을 관리하고 있다. 그 팀은 자기 고객들을 위해 광고 캠페인을 기획하는 다양한 프로젝트에서 서로 협력해서 일해야만 한다. 전체 직원들이 모두 MBTI를 받았고, 그녀는 자기 직원들에 대해 많이 알게 되었다. 그러나 그녀는 지금 이 정보를 갖고서 무엇을 해야할지 모른다.

Jennifer는 어떻게 자기 직원들의 업무성과를 개선하기 위하여 MBTI®의 결과를 사용할 수 있을까?

Jennifer는 각 팀원들의 결과를 공유하기 위하여 자기 팀과 토론하거나 경험이 많은 퍼실리테이터를 찾아서 회의를 갖는 것이다. 그녀는 또한 그들의 작업장 아주 가까운 곳에 팀의 결과를 붙여놓는 방법도 생각해 볼 수 있고 한 페이지 요약본을 만들 수도 있다. 이것은 현재의 결과를 바탕으로 서로를 이해하고 각자의 장점을 더욱 활용할 수 있도록 해 줄 것이다.

출처: *Alicia Kiser*

◀ **Alicia Kiser**
인사담당 임원

번인은 지난 30년동안 MBTI®를 사용해왔다고 한다. 그리고 Procter & Gamble의 대변인은 이 성격검사를 통하여 수많은 종업원들이 편익을 얻었고 현재도 여전히 편익을 얻고 있다고 말했다.[48] 그러나 유명세에도 불구하고 놀라운 것은, MBTI®가 개인 성격의 효과적인 측정 도구라는 명확한 증거를 제시하지 못한다.[49] 예를 들면, 어느 연구에서는 적어도 반 이상의 사람들이 두번째 검사를 받았을 경우 다른 결과를 얻었다고 밝혔다.[50] 어느 유명한 심리학자는 MBTI® 결과에 대해 "다음에는 점성술을 살펴보아야 한다. 그러면 틀림없이 효과성이 입증될 것이다."라고 말하였다.[51] 우리가 여기에서 MBTI®에 대해 설명하고 논의하였지만, 개인행동에 대한 통찰력을 제공해주는 중요한 도구이기 때문이 아니라, 입사하면 회사에서 이것을 사용해보라고 할 가능성이 높기 때문이다.

빅5모델
외향성, 포용성, 신중성, 정서적 안정성, 경험에 대한 개방성을 포함한 개인 특성 이론

빅5모델

MBTI®가 입증할만한 강력한 증거가 부족하지만, **빅5모델**(Big Five Model)은 많은 연구들로부터 지지를 받고 있다. 최근 조사는 다섯 가지 기본적인 성격 범위가 다른 요소들의 기초가 되고 인간 성격의 다양한 변이를 포함한다고 밝혔다.[52] 이러한 특성의 검사 점수가 다양한 삶의 상황에서 인간이 어떻게 행동하는지 예측하는데 매우 훌륭한 척도가 되고 있고,[53] 시간의 경과에 따라서도 매우 안정적인 결과를 보여준다.[54] 빅5모델의 다섯 가지 성격 유형은 다음과 같다.

Oracle CEO Safra Catz는 빅파이브 모델의 모든 성격 차원에서 높은 점수를 받았다. 그녀는 사교적이고, 우호적이고, 성실하고, 정서적으로 안정되고, 경험에 대해 개방적이다. 이러한 특성은 그녀가 1999년 입사한 이래 그 회사에서 성장하는 데 기여하였다.

출처: *Albin Lohr-Jones/Consolidated News Photos/Albin Lohr-Jones-Pool via CNP-NO WIRE SERVICE/dpa picture alliance/Alamy Live News/Alamy Stock Photo*

1. 외향성(extraversion): 사교적이고 말하길 좋아하고 확신이 차있는 성향

2. 우호성(agreeableness): 남을 도우려 하고 협조적이고 신뢰적인 성향
3. 성실성(concientiousness): 책임감이 있고 믿음직하고 지속적이고 성취력이 있는 성향
4. 정서적 안정성(emotional stability): 정서적 안정성이 높은 사람은 차분하고 열정적이고 안전하며, 낮은 사람은 긴장하고 초조하고 우울하다.
5. 경험에 대한 개방성(openess to experience): 상상력이 풍부하고 예술적으로 민감하고 지적인 성향

빅5 모델은 다른 성격의 프레임웍보다 더 많은 것들을 제공한다. 연구조사에 의하면, 이러한 성격 차원과 직무 성과간에 중요한 관계가 있다는 것을 보여준다. 여기에 다섯가지 차원에 대해 우리가 알고 있는 것을 제시한다.[55]

외향성(extravert)은 관리직과 판매직처럼, 상당한 사회적 상호작용이 필요한 직무에서 더 나은 성과를 가져온다. 그들은 내향성의 사람보다는 더 공격적이고 책임을 지려고 하는 사회적으로 지배적인 사람들이다. 외향성은 집단내에서 리더십 출현과 행동의 비교적 강력한 예측척도가 된다. 그리고 외향성의 사람들이 일반적으로 직무만족이 높고 탈진(burn out)을 줄인다.

우호적인(agreeable) 사람을 그렇지 않은 사람보다 더 좋아하는 것은 그리 놀랄 일이 아니다. 그들은 고객 서비스와 같은 인간관계가 더 중요한 직무에서 더 좋은 성과를 얻는 경향이 있다. 성실성이 직무성과의 가장 좋은 척도이다. 성실성에서 매우 높은 점수를 받은 종업원들은 높은 수준의 직무 지식을 개발하려고 하는데, 아마도 성실성이 높은 사람은 더 많이 공부하고, 이것이 높은 수준의 직무성과로 연결되는 것 같다. 성실한 사람일수록 또한 OCB에 더 몰입하는 것을 발견하였고, 반생산적인 작업행동에는 덜 몰입하거나 조직을 떠나려 하지 않고 변화하는 업무요구와 상황에 잘 적응할 수 있다.

Big Five 특성중에서, 정서적 안정성은 생활만족, 직무만족과 가장 높은 상관관계를 보이고 있고, 탈진(burn out)을 줄이고 이직의사를 줄인다. 정서적인 안정성이 높은 사람은 작업장에서 예상치 못한 환경변화나 요구에 잘 적응할 수 있다.

마지막으로, 개방적인 사람은 다른 사람들의 특성과 비교하여 가장 창의적이고 혁신적인 것으로 나타났다. 개방적인 사람은 효과적인 리더가 될 가능성이 높고 모호성에 대해서도 더 안정적이다.—그들은 조직변화에 대해 잘 수습하고 적응적이다. 경험에 대한 개방성은 훈련 역량의 예측에 중요한 것으로 나타났다.

어둠의 삼총사

빅5 모델의 특성은 긍정적이고 바람직한 것으로 여기는 경향이 있다. 정서적 안정성(즉, neurotic)이 낮은 일부를 예외로 한다면, 일반적으로 조직내에 개방적이고 우호적이고 성실한 종업원을 보유하고 있다면 조직은 그들로부터 혜택을 입을 수 있다. 반면에 사회

적으로 바람직하지 못한 특성을 가진 종업원들을 어떻게 해야하나? 당신 회사에 해악이 되는 종업원들이 가진 특성이 있는가?—예를 들면, 조직의 이익보다 개인의 이익을 추구하는 자기 열정적인(self absorbed) 사람, 조작이거나 이상한 윤리를 갖고 있어서 상황과 사람을 이용하려는 사람 등이다. 그 대답은 "예"이다. 그러한 사람들은 다음과 같은 어둠의 삼총사(dark triad)와 일치하는 특성을 갖고 있다.

세가지 구체적인 특성은 **어둠의 삼총사**(dark triad)으로부터 확인할 수 있다.[56] 어둠의 삼총사는 마키아벨리아니즘, 나르시시즘, 그리고 사이코패디이다. 각각이 부정적인 특성을 동반하기 때문에 흔히 삼총사(triad)라고 부르지만, 항상 이 세가지가 동시에 발생하는 것은 아니다.

어둠의 삼총사
마키아벨리아니즘, 나르시시즘, 사이코패디

마키아벨리아니즘(Machiavellianism)은 16세기에 권력을 획득하고 조작하는 방법에 대해 기술한 책『군주론』을 쓴 Niccolo Machiavelli의 이름에서 유래한다. 마키아벨리아니즘 성향이 높은 사람은 실제적이고, 감정적인 거리를 유지하고, 수단이 목적을 정당화할 수 있다고 믿는다. "만일 효과가 있다면 수단 방법을 가리지 말라"는 것은 높은 수준의 마키아벨리아니즘 성향을 가진 사람의 성향과 일치한다. 높은 수준의 마키아벨리아니즘 성향이 좋은 종업원인가? 그것은 성과를 평가하는 데 윤리적인 요소를 당신이 고려하는지 아닌지와 직무의 유형이 무엇인지에 달려 있다.

마키아벨리아니즘
실제적이고 감정적인 거리를 유지하고 수단이 목적을 정당화 할수 있다고 믿는 것

나르시시즘(narcissism)은 자기 중요성에 대해 자만심를 갖고, 과도하게 존중받기를 원하고 거만한 사람을 말한다. 이러한 사람은 상황, 사람 및 권리를 이용하려는 경향이 있고 공감의 결여를 갖는 경향이 있다. 그들은 또한 매우 민감하여 쉽게 화를 내는 성격이다. 역설적이게도, 나르시시스트가 리더십 지위에 오를 가능성이 높은데, 그것은 사람들이 그들을 카리스마가 높은 사람이라고 보기 때문이다. 예를 들어, 나르시시즘은 CEO들의 비윤리적인 행동과 연계되어 있음을 발견하였다.[57]

나르시시즘
자기 중요성에 대해 자만심을 갖고 과도하게 존중받기를 원하는 것

사이코패디(psychopathy)는 어둠의 삼총사에서 세번째이다. 이 용어는 여기에서 임상적인 정신적 질환을 말하는 것이 아니라 다른 사람에 대한 관심이 결여되어 있고, 그들의 행동이 해를 끼쳤음에도 죄의식을 느끼지 않는 사람을 말할 때 사용한다. 이러한 사람들은 반사회적인 사람들이다. 그리고 그들이 리더십 지위를 차지하면, 상대방에게 영향력을 행사하기 위해 위협, 조작, 괴롭힘을 많이 사용하려고 한다.

사이코패디
다른 사람에 대한 관심이 결여되어 있고 자기의 행동이 해를 끼쳤음에도 죄의식을 느끼지 않는 사람

이러한 특성을 하나 이상 가진 해악의 사람을 본다면, 이렇게 질문할 수 있다.: 왜 이 회사에서는 그를 고용하였을까? 그 대답은 이러한 사람들이 동시에 매력, 리더십, 자기주장, 인상관리 기술 등 매우 바람직한 특성을 갖고 있기 때문이다.[59] 고용 인터뷰와 같은 짧은 기간에는, 해악적인 특성을 가진 지원자가 그것들을 매우 잘 감출 수 있고, 동시에 긍정적인 특성을 잘 드러낸다.

fyi

- 나르시시즘적 CEO는 그들 회사에서 소송에서 방어적 가능성을 증가시킨다.
- 나르시시즘적 CEO는 그들의 승소의 기회가 강하지 않고 많은 비용과 시간을 낭비한 결과를 가져올 때 조차 소송을 기각하지 않을 것이다.[58]

기타 성격 특성 이론

빅5 모델과 어둠의 삼총사는 성격특성에 대해 중요하고 유효한 통찰력을 제공한다. 뿐만 아니라 연구자들은 조직행동의 강력한 예측척도인 다섯가지 중요한 성격 특성을 확인해 주었다.

통제의 위치(locus of control) 어떤 사람들은 자신의 운명은 자신이 결정한다고 믿는다. 또 어떤 사람들은 자기 삶에 일어나는 일들을 운이거나 우연히 발생한 것이라고 믿는다. 전자는 **통제의 위치**가 내부(internal)에 있다.(내재론자-역주) 이러한 사람들은 자신의 운명을 스스로 결정한다고 믿는다. 그러나 후자는 통제의 위치가 외부에 있고,(외재론자-역주) 이러한 사람들은 자신의 삶이 외부적인 힘에 의해 지배받는다고 생각한다.[60] 연구결과에 의하면, 높은 외재론자들은 내재론자들보다 자신의 직무에 덜 만족하고, 그들의 작업장을 외면하려고 하고, 자신의 직무에 덜 몰입하는 경향이 있다.[61] 관리자들은 또한 외재론자가 성과평가가 낮으면 자신의 통제의 위치가 아닌 사장의 편견, 동료, 다른 사건들에 대한 탓으로 돌리는 것을 안다. 그러나 내재론자들은 똑 같은 평가를 자기 자신의 행동으로 설명하려고 한다.

통제의 위치
사람이 자신의 운명은 자신이 결정한다고 믿고 있는 정도

자존감(self esteem) 사람들이 자기 자신을 좋아하거나 싫어하는 정도가 모두 다른데, 이것을 **자존감**이라고 부른다.[62] 자존감에 대한 연구는 조직행동에 대한 흥미로운 통찰력을 제공한다. 예를 들면, 자존감은 성공응 향한 기대와 직접으로 관련이 있다. 높은 자존감을 가진 사람은 직장에서 성공하기 위해서 필요한 능력을 소유하고 있다고 믿는다. 높은 자존감을 가진 사람은 직업선택에서도 더 많은 위험을 감수하며, 자존감이 낮은 사람보다 전통적이 아닌 직무를 선택할 가능성이 더 높다.

자존감
사람들이 자기 자신을 좋아하거나 싫어하는 정도

자존감에 대한 가장 보편적인 연구는 낮은 SE를 지닌 사람이 높은 SE를 지닌 사람보다 더욱 더 환경에 영향을 많이 받는다는 것이다. 낮은 수준의 SE을 지닌 사람은 다른 사람으로부터 객관적인 평가를 받느냐의 여부에 의존한다. 결과적으로, 높은 SE를지닌사람보다 낮은 SE를 지닌 사람은 타인으로부터 승인을 받고자 하는 경향이 있고, 그들이 존경하는 사람들의 행동과 신조에 더 많은 위안을 받기가 쉽다. 그러므로 관리자적 지위에서, 낮은 SE를 지닌 사람들은 다른 사람을 기쁘게 하는 것에 관심을 갖게 되는 경향이 있고, 높은 수준의 자신감을 지닌 사람보다 대중적인 것을 취하려고 할 것이다. 마지막으로 자존감은 직무만족과 관련된다고 알려져 있다. 많은 연구에서, 높은 SE를 지닌 사람은 낮은 SE를 지닌 사람보다 직무에 더 만족한다는 사실을 확인했다.

자기성찰(self-monitoring) 자기성찰은 외적이고 상황적인 요소에 대해 자신이 조정할 수 있는 개인의 능력을 의미한다.[63]

높은 수준의 **자기성찰**(self-monitoring)을 갖는 개인은 자기 행동을 조절하는 데 상당한 적응력을 보인다. 그들은 외부적인 신호에 매우 민감하게 반응하기도 하고 다른 상황에서 다르게 행동할 수도 있다. 높은 수준의 자기성찰을 지닌 사람은 진실된 기질과 태도

자기성찰
외적이고 상황적인 요소에 대해 자신이 조정할 수 있는 개인의 능력

를 모든 상황 속에 진실되게 드러내는 경향이 있고, 자신이 누구인지와 무엇을 할 것인지 사이에 높은 일관성이 있다.

그러나 주된 연구는 높은 자기성찰을 지닌 사람들이 다른 사람들의 행동에 매우 주의를 기울이고 낮은 자기성찰을 지닌 사람보다 훨씬 더 융통성 있다고 제안한다.[64] 게다가, 높은 수준의 자기성찰을 지닌 사람들은 경력에 따라 이동하고 훨씬 많은 내부 승진이나 교차 승진을 받아들이며, 한 조직내에서 중심적인 지위를 차지할 경향이 매우 크다.[65] 또한 높은 수준의 자기성찰을 지닌 사람들은 다중적인 역할을 수행하고, 심지어 상반되는 역할 수행이 요구되는 관리자적 지위에서도 성공할 것이라는 추측을 할지도 모른다. 높은 수준의 자기성찰을 지닌 사람은 다른 관중들에게 다른 "성향"을 보일 수도 있다.

위험감수(risk-taking) 기회를 취하려는 사람들의 의지는 제각기 다르다. 위험을 피하거나 감수하는 성향에서 차이점은 관리자들이 의사결정을 하는 데 얼마나 시간을 들이는가와 그들이 의사결정을 하기 전에 필요로 하는 정보의 양이 얼마나 되느냐에 영향을 미치는 것으로 보여왔다. 예를 들어, 한 연구에서 관리자 집단이 해고 결정을 요구받은 시뮬레이션 상황에서, 높은 위험을 즐기는 관리자는 의사결정하는 데 짧은 시간이 소요되었고, 낮은 위험을 즐기는 관리자들에 비해 선택하는 데 상대적으로 적은 양의 정보를 사용했다.[66]

일반적으로 조직내 관리자들은 리스크를 회피한다고 결론짓는 것이 정확하지만,[67] 이러한 차원에도 개인의 차이가 여전히 존재한다는 것이다.[68] 그 결과, 이러한 차이를 인정하는 것이 의미가 있고, 심지어는 리스크를 선호하는 성향을 특정의 직무와 일치시키려는 노력까지 한다. 예를 들면, 높은 리스크 선호자들은 헷지 펀드의 거래에서 매우 효과적인 성과를 얻는다는 것이다. 그렇지만, 이러한 성격 특성은 감사업무를 수행하는 회계사들에게는 중요한 장애요인이 됨이 입증되었다. 후자의 직무는 낮은 리스크 선호자들로 채워지는 것이 더 낫다는 것이다.

전향적 성격(proactive personality) 당신은 그들의 현재 환경을 개선하거나 새로운 환경을 창조하기 위하여 주도권을 쥐고 일하는 사람을 본 적이 있는가? 이들을 전향적 성격의 소유자라고 부른다.[69] **전향적 성격**의 소유자들은 기회를 찾고 주도권을 쥐고 행동하며, 의미있는 변화가 생길 때까지 인내하는 사람들이다. 상황변화에 수동적으로 반응하는 사람들과는 다르다.

전향적 성격
기회를 포착하고, 주도권을 쥐고 행동하는 성격 특성

전향적 성격의 소유자들은 조직이 원하는 바람직한 행동을 많이 하는 사람들이다. 그들은 높은 직무성과를 유지하고, 자기 직무에 만족하는 경향이 강하며, 세밀한 감독이 필요없다.[70] 그들은 자신이 보다 리더처럼 비춰지고 조직내에서 변화주도자처럼 행동하고 싶어하고, 현 상태를 벗어나 도전하고 싶어하고, 창업가적 능력을 갖고, 경력상의 성공을 달성하고 싶어한다.[71]

Lucky, Dicky, Nicky Chhetri 세 자매는 3 Sisters Adventure Trekking Company를 네팔에서 시작할 때 성격의 성실성 차원을 보여준다. 인내심과 높은 성취동기는 그녀들을 남성들이 지배하는 산업으로 뚫고 들어가게 했을 뿐만 아니라 다른 여성들이 가이드가 될 수 있도록 훈련시킴으로써 그들의 사업을 성장시켰다. 그녀들은 1994년 사업을 시작한 이래, 2000명에 가까운 여성을 트래킹, 가이드로서 훈련시켰으며, 그들 중 대부분은 이 회사의 가이드로 일하고 있다.

출처: *Niranjan Shrestha/AP Images*

서로 다른 문화에서의 성격 유형

빅5모델과 같은 성격 프레임웍이 모든 문화에 적용되는가? 모든 문화에서 통제의 위치와 같은 차원이 있는가? 이러한 질문들에 대해서 대답해 보자.

빅5모델에서 연구된 다섯 가지 성격 요소는 거의 대부분의 문화간 연구에서 등장한다.[72] 이것은 중국, 이스라엘, 독일, 일본, 스페인, 나이지리아, 노르웨이, 파키스탄, 그리고 미국과 같이 다양한 문화들을 포함한다. 차이점은 어느 차원을 강조하느냐에 달려 있다. 예를 들어, 중국인들은 종종 성실성의 범주를 사용하고, 친화성의 범주는 미국인들보다 덜 사용한다. 그러나 선진국 간에는 놀랍게도 거의 일치한다. 예로서, 유럽을 포함한 광범위한 연구에서 성실성이 직무와 직업적인 집단을 넘어서 성과의 효과적이라는 예측치라는 것을 발견했다.[73] 이것은 미국의 연구에서도 정확히 발견되었다.

우리는 나라마다 공통의 성격 유형이 없다는 것을 확실히 안다. 예를 들어, 당신은 거의 모든 문화에서 높은 위험을 즐기는 사람들과 낮은 위험을 즐기는 사람들을 발견할 수 있다. 그러나 한 국가의 문화는 그들 국민의 지배적인 성격 특성에 영향을 미친다. 우리가 이미 논의한 개인적인 특성 중의 하나(통제의 위치)를 살펴봄으로써 국가 문화에 영향이 있음을 알 수 있다.

국가 문화는 사람들의 환경을 지배한다고 믿는 정도에 따라 다르다. 예를 들어, 북미 사람들은 환경을 지배할 수 있다고 믿는다. 반면에, 중동 지역의 국가와 같은 사회에서는 삶이 본질적으로 미리 결정되어 있다고 믿는다. 얼마나 밀접하게 이러한 차이가 내적, 외적 통제의 위치와 평행관계인지를 살펴보라. 이러한 독특한 문화적인 특성에 기초하여, 우리는 사우디 아라비아 또는 이란의 인력보다 미국과 캐나다의 인력들에서 내적 통제자(내재론자)들이 더 많다는 것을 알 수 있다.

감정과 감성지능

우리는 또 다른 중요한 감정의 행동적인 측면을 살펴보지 않고서는 그 사람의 성격을 논할 수 없다. 종업원들이 집앞에서 직장에까지 자기 감정을 체크하는 경우는 거의 없고, 직장에서 벌어지는 일에 의해 영향을 받지도 않는다.[74] 왜냐하면 감정적으로 반응하는 것과 감정을 다루는 방법은 일반적으로 성격의 함수이기 때문이다.

감정
사람 혹은 사물에 대한 강렬한 느낌

감정(emotion)은 사람 혹은 사물에 대한 강렬한 느낌이다. 감정은 객체지향적(object-specific)이다. 즉, 감정은 객체에 대한 반응이다.[75] 예를 들어, 직장 동료가 당신이 고객에게 말하는 방식을 비판한다면 화를 낼지도 모른다. 즉, 당신은 특정한 사람(당신의 동료)에게 당신의 감정(분노)을 표현한다. 때로는 나쁜 감정이 좋을 수도 있다. 나쁜 감정을

Let's Get REAL

시나리오:

Bonnie는 "우리는 왜 모두 잘 지낼 수 없는 것일까?"라고 자기 사무실에 앉아서 생각에 잠겼다. 오늘, 그녀는 다른 동료가 말했거나 행한 일에 대해 불평하는 직원을 이미 상담했는데, 그는 거의 매일 찾아오는 직원이었다. 그 후에 그 뿐만 아니라 Bonnie는 휴게실에서 대화를 우연히 들었던 다른 종업원의 상한 감정을 달래주어야만 하였다. 그녀는 혼자 이렇게 생각하였다. "나는 관리자가 된 것을 좋아한다. 그러나 이 곳에서는 감정상의 긴장이 높은 날들이 너무 많다"

당신은 Bonnie에게 직장 내 감정 문제에 대해, 어떻게 처리하라고 말해줄 수 있나요?

나는 Bonnie에게 직장 내 감정 문제는 항상 존재하며 그녀의 통제를 벗어난 일이라고 말해주고 싶다. 사람들은 그냥 사람일 뿐이다. 그러나 직장 내 감정 문제로 자신의 감정까지 상하지 않도록 해야 한다. 불행하게도, 관리자는 전혀 그렇게 하고 싶은 감정이 없더라도 때로는 미소를 지어야만 한다. 나는 Bonnie가 업무를 떠나서 자신만을 돌보는 활동을 찾아보거나 업무 중에 잠시 동안 심호흡을 하기 위해 자기 사무실의 문을 닫아 놓고 쉬거나 어느 때든지 가능한 시간에 휴가를 가라고 권하고 싶다. 우리는 모두 압도당하는 느낌을 받을 수 있지만, 그것이 얼마나 중요한 문제인지를 알고 대처하는 것이 중요하다.

출처: *Theodore Peterson*

Theodore Peterson
수석 맨토/행동변화전문가

갖게 됨으로써, 사람들은 무언가 잘못되었다는 것을 알아채고, "당신 주장을 지지하는 외부 정보를 찾아보고, 다시 자신의 생각이나 다른 사람들의 관점에 의문을 제기하면서 보다 더 엄격하게 되고, 객관적인 데이터에 더 의존하게 만드는" 동기유발을 갖게 한다.[76] 왜냐하면 종업원들은 매일 일하면서 감정적인 요소를 지니기때문에 관리자들은 감정이 종업원의 행동에 미치는 역할을 이해할 필요가 있다.[77]

얼마나 많은 감정이 있는가? 비록 당신이 수십 가지 감정을 표현할지라도, 조사에서는 보편적인 여섯 가지 감정—분노, 두려움, 슬픔, 행복, 혐오, 놀라움—으로 나타낸다.[79] 이러한 여섯 가지 기본적인 감정이 업무현장에서 표면화하여 나타날까? 물론 그렇다! 내가 업적평가에서 낮은 점수를 받는다면 엄청난 분노(anger)를 느낀다. 내가 해고의 희생양이 될 수 있다는 사실이 두렵다(fear). 또 다른 도시로 새로운 직장을 찾기 위해 떠나는 내 동료를 생각하니 슬프다(sad). 나는 이 달의 우수 사원으로 선택된 이후 (happy). 나는 내 상사가 팀 안의 여직원을 대하는 방식에 혐오를 느꼈다(disgust). 그리고 나는 회사의 정년 프로그램의 완벽한 재설계를 계획하는 경영 방침을 알고 놀랐다(surprise).

사람들은 감정적으로 화를 돋구는 동일한 자극에 대해서도 다르게 반응한다. 어떤 경우 개인의 성격에 따라 달라지는데, 그것은 사람들마다 감정을 표현하는 능력이 다르기 때문이다. 예를 들어, 당신은 자신의 감정을 전혀 드러내지 않는 사람들을 알고 있다. 그들은 좀처럼 화를 내거나 결코 분노를 드러내지 않는다. 반대로, 당신은 감정적인 기복이 심한 사람을 안다. 그들은 행복할 때 기뻐 날뛴다. 그러나 슬픈 때는 심하게 낙담한다. 그리고 두 사람이 정확히 똑같은 상황에서, 한 사람은 기쁨과 환호를 표현하고, 또 다른 사람은 차분하고 마음의 평정을 유지한다.

직장의 비밀 욕하는 보스

아무도 욕하는 보스를 원치 않지만, 때로는 그 한 명과 함께 직장생활이 끝을 보기도 한다. 연구에 의하면 미국 근로자들의 13%가 그러한 보스를 경험한다고 한다. 그리고 이런 행동은 군대나 병원과 같은 분야에서 현저하게 나타난다. 가능한 설명은 이들 조직들이 업무요구, 압박감, 리스크가 많고 실패에 따른 비용이 크기 때문이라는 것이다.

누구나 절대로 욕하는 보스를 만나고 싶어하지는 않을 것이다.

먼저 우리가 "욕하는 보스"가 무엇을 의미하는지 분명하게 정의해야 한다. 우리는 지각상 당신의 감독자가 적대적인 언어적 혹은 비언어적 행동을 지속적으로 표현하는 것이라고 정의한다. 이것을 표현하는 구체적인 행동은 무엇인가? 여기에서 예를 들자면, 괴롭힘, 얕잡아봄, 협박, 앙심, 비웃음 그리고 화(anger)의 폭발 등이다. 우리의 정의에서 두 가지를 주목하자. 첫째, 그것은 지각(perception)이다. 실제로 당신의 보스가 욕하는지 안하는지와 관계없이 만일 그가 그렇다고 하면 그런 것이다. 둘째, 우리의 분석은 간헐적인 폭언이나 잘못 대우하는 것과는 전혀 관계가 없다는 것이다. 우리가 관심을 갖고있는 행동은 당신 보스 행동의 규칙적인 특징을 말한다.

여기에 당신의 대처를 도와줄 수 있는 몇 가지 통찰력이 있다. 욕하는 보스는 매우 전략적이다. 그들은 그들의 타겟을 뽑아서 선정한다. 조사에 의하면 그들은 자기가 약하거나 만만하게 보이는 상대를 골라서 그렇게 한다고 한다. 당신은 자기 부서의 친한 부하에게 보스가 욕하는 것을 보기가 쉽지 않다. 여기에서 메시지가 분명하다: 당신의 실제 신용 수준과는 관계없이, 절대로 자신이 약한 모습을 보여주지 마라.

만일 직장에서 욕먹는 것을 끝내려고 한다면, 다음 몇 가지 선택권이 있다.

- **직면**
  당신의 욕하는 보스를 직접 만나서 그 문제를 토론하라.
- **수동적 공격:**
  꾸물거림, 고집부리기, 시무룩함, 고의적으로 주어진 과업을 건성으로 수행하기 등의 행동을 통해 간접적으로 당신의 적대감을 표현한다.
- **아부하기:**
  당신의 보스를 이기기 위해 그에게 호의를 베풀거나 아첨을 하여 그의 마음을 사라.
- **다른 사람으로부터 지원받기**
  이것은 파워를 가진 사람이 있다는 가정하에, 이 접근방법은 다른 사람에게 당신의 문제를 인정받고 당신의 입장에서 행동하도록 하는 것이다.
- **피하기:**
  가능한한 보스를 피하므로써 당신에게 해꼬지할 기회를 줄이는 것이다.
- **리프레이밍**
  이것은 지각이기 때문에, 당신 보스의 행동이 어느 면에서는 욕하기가 아니라고 정신적으로 다시 생각하는 것이다.
- **높은 사람에게 불평하기**
  당신 회사의 높은 사람에게 지지를 받기 위해 불평을 말하고, 당신 보스가 자기 행동을 바꾸도록 "독려"하는 것이다.

위에서 말한 여러 가지 전략 중에서 전문가들은 어떤 방법을 제안할까? 조직 내에서 상관에게 불평하는 것은 기업문화가 좋지 않거나 욕하는 행동을 지지하는 문화에서는 잘 먹혀들지 않을 것 같다. 적대적인 작업 분위기가 여전히 존재하기 때문이다. 그리고 그들은 욕하는 경향을 가진 자들을 격려한다. 따라서 높은 사람에게 불평하기 이전에, 당신의 기업문화가 신통치 않은지 확인하고, 종업원들에게 욕하는 관리자에게 대항하여 행동해야 한다.

연구에 의하면, 가장 많은 종업원들이 욕하는 것에 대한 대응은 욕하는 보스와 접촉을 피하고 다른 사회적 지원을 찾는 것이다. 직면하기가 가장 낮은 전략임은 그리 놀랄 일이 아니다. 그렇지만 이들 중 욕하는 보스를 대처하는 가장 효과적인 방법은 있는가? 외견상 없는 것 같다. 보스 피하기와 다른 지원을 찾는 것은 종업원에게 결과적으로 부정적인 감정을 경험하게 한다. 그들의 스트레스 수준은 점차 증가했는데, 왜냐하면 이 접근방법이 보스에 대한 항구적인 공포감과 약한 감정을 점점 증가시키기 때문이다. 약간 직관에 반하지만, 연구에 의하면 보스의 입장에 서보는 것이 가장 긍정적인 감정을 유발하는 것으로 나타났다. 그렇게 하면 당신 자신을 지키려는 욕망을 강화하고, 외견상 당신 보스의 행동을 인식하고 있음을 보여주고, 이러한 행동을 수용할 수 없다고 보여준다. 또다른 직관에 반하는 연구결과는 수동적 공격이 최고라는 것이다. 따라서 만일 그들이 주장하고, 말하고, 상관에게 적대적인 행동을 한다면, 보스가 종업원들을 따라 다닐 가능성이 낮다는 것이다. 연구 결과 자신의 입장을 옹호하거나 보복하는 것은 당신이 희생자라고 생각할 가능성이 낮다는 입증을 보여준다. 만일 당신이 자기 주장을 확실히 말했다면, 당신 자신이 희생자라고 할 가능성이 낮고, 당신의 보스에게 당신의 뒷배가 있고 일을 엉망으로 만들고 싶지 않다는 메시지를 전달해준다.

당신 보스를 피하거나 욕하는 행동을 리프레밍하려고 하는 것은 실제 문제해결에는 전혀 도움이 안됨을 염두에 두라. 그것은 단지 문제를 덮어두기 때문에 당신은 여전히 희생자 감정을 느끼고 회사를 떠나고 싶을 것이다. 당신이 빨리 회사를 그만두려고 계획하거나 새로운 보스가 곧 올 것을 기대한다면, 피하기도 효과적이다. 그렇지 않다면, 피하기나 리프레이밍은 아무것도 변화시킬 수 없다.[78]

그러나 다른 경우에, 사람이 어떻게 반응하느냐 하는 것은 직무 요건에 따라 다르다. 직무에서 어떤 유형의 감정과 얼마나 많은 양의 감정이 표현될 필요가 있는가는 다르게 요구된다. 예를 들어, 항공관제사와 수술실 간호사, 그리고 판사는 심지어 스트레스가 많은 상황에서도 냉정하고 통제적인 사람으로 기대된다. 반면에, 스포츠 경기에서 중계방송을 하는 아나운서와 법정에서 변호하는 변호사들은 적당한 시기에 감성적인 강도를 높일 수 있어야 한다.

감성지능
정서적인 단서와 정보를 인식하고 관리할 줄 아는 능력

성격에 새로운 통찰력을 제공하는 감정 조사의 한 분야는 **감성지능**(emotional intelligence, EI)이다. 이는 정서적인 단서와 정보를 인식하고 관리할 줄 아는 능력이다.[80] 감성지능은 다음의 다섯가지 차원으로 구성된다.

- **자기인식**(self awareness): 자신이 무엇을 느끼는지 인식하는 능력
- **자기관리**(self management): 자기 자신의 감정과 충동을 관리하는 능력
- **자기 동기부여**(self motivation): 좌절과 실패에 맞서서 인내할 수 있는 능력
- **공감**(empathy): 다른 사람의 느낌을 감지하는 능력
- **사회적 기술**(social skills): 다른 사람의 감정을 다룰 줄 아는 능력

감성지능(EI)은 모든 수준에서 직무 성과와 긍정적으로 관련되어 있다고 알려져 있다. 예를 들어, 한 연구에서 자기 동료에 의해 스타로 평가된 Lucent Technologies의 기술자의 특성을 지켜보았다. 그 조사는 스타들이 다른 사람들과 더 많이 관련되어 있다고 보았다. 즉, 학문 지능이 아닌 감성지능은 높은 성과와 관련되어 있다. 공군 모집 책임자에 관한 연구에서도 유사점을 발견했다. 상위의 성적을 보인 지원자는 높은 수준의 감성지능을 보인다. 이 결과로부터 얻을 수 있는 결론은 무엇인가? 감성지능은 이러한 연구결과에도 불구하고, 여전히 조직행동에서 논란의 대상이 되고 있다.[81] 지지자들은 감성지능이 직관적 요구를 하며, 중요한 행동을 예측한다고 말한다.[82] 그러나 비판자들은 EI가 애매모호하고, 측정 불가능하며, 질문타당성도 떨어진다고 한다.[83] 우리의 결론 중 하나는 EI가 높은 정도의 사회적 상호작용을 요구하는 직무에서 성공적인 것처럼 보인다는 것이다.

fyi

- 87%의 CEO들이 회사의 업무 성과는 작업장 내 공감분위기와 연관되어 있다고 믿는다.
- 81%의 종업원들이 공감적인 고용주를 위하여 기꺼이 더 많은 시간을 일할 수 있다고 한다.[84]

관리자를 위한 함의

미국의 80% 이상의 사기업들이 직원 채용과 모집을 할 때 성격 검사를 활용한다는 것이다.[85] 아마도 성격 차이를 이해할 때 중요한 가치는 종업원의 선발에 있다. 만일 직무와 성격의 적합성을 고려한다면, 관리자들은 높은 성과를 수행하고 직무에 만족한 종업원들을 채용하기를 원할 것이다.

가장 대표적인 성격과 직무의 적합성 이론은 심리학자인 John Holland에 의해 개발되었다. 그는 6가지 기본적인 성격 유형을 확인했다.[86] 그의 이론에 의하면, 개인의 직무 만족과 직무이직의 정도는 자신의 성격과 직무 환경을 일치시키는 데 어느 정도 성공하느냐에 달려 있다. Exhibit 11-4는 성격의 여섯 가지 유형과 그들의 성격 특성, 그리고 적합한 직업들에 대한 설명이다.

Exhibit 11–4

Holland의 성격과 직업의 유형

출처: Based on J. L. Holland, *Making Vocational Choices: A Theory of Vocational Personalities and Work Environments* (Odessa, FL: Psychological Assessment Resources, 1997).

유형	성격특성	적합한 직업의 예
현실적 유형: 숙련도, 힘, 그리고 조정이 필요한 육체적 활동 선호	수줍고 인내심이 강함, 강인함, 실제적	드릴프레스 작업자, 조립라인 작업자, 농부
조사적 유형: 사고, 조직화, 그리고 이해를 요하는 활동 선호	분석적, 독창정, 호기심이 많음, 독립적	생물학자, 수학자, 경제학자, 뉴스보도자
사회적 유형: 타인을 도와주고 개발하는 활동 선호	사회적, 호의적, 협조적, 이해가 빠름	사회사업가, 교사, 카운슬링, 임상심리학자
전통적 유형: 규칙척, 순서적, 그리고 명확한 활동 선호	안정, 효율적, 상상력 부족함, 실제적	회계사, 기업경영, 재무
진취적 유형: 사업적 타인에게 영향을 미치거나 권력을 얻기 위한 언어적 활동 선호	자신 확고, 야망적, 활달, 거만함	법률가, 부동산 중개인, PR전문가, 중소기업 경영
예술적 유형: 창조적 표현을 하는 비체계적이고 모호한 활동을 선호	창의적, 감성적, 몽상가, 비현실적	화가, 음악가, 작가, 실내장식

Holland의 이론은 성격과 직무가 조화로울 때는 만족도가 최상이고 이직이 최저라고 제안한다. 사회적인 개인은 "사람들"과 어울리는 유형의 일에 종사해야 한다. 현실적인 직무의 현실적인 사람은 조사적 직무의 현실적인 사람들보다 더 만족한다. 이 이론의 핵심은 (1) 개인들 사이에서 성격은 본질적 차이가 있다; (2) 다양한 종류의 직무가 존재한다; (3) 그들 성격 유형과 일치된 직무 환경에서 종사하는 사람은 양자가 일치하지 않는 직무에 종사하는 사람들보다 더 만족하고 자발적으로 이직할 경향이 적다는 것이다.

게다가, 관리자들이 성격을 이해하는 데 잇점이 있다. 사람들은 문제를 해결하고, 의사결정을 하고, 서로 다른 상호작용을 인식함으로써, 관리자는 종업원들이 빠른 의사결정을 왜 두려워하는지, 또 문제를 발표하기 이전에 또 다른 종업원들이 가능한 한 많은 정보를 왜 주장하는지를 더 잘 이해할 수 있다. 예를 들어, 관리자들은 외재론자들이 내재론자들보다 덜 만족할지도 모르고, 또한 그들은 자기 행동에 대해 책임감을 받아들일 의지가 적을지도 모른다고 예상할 수 있다.

우리는 이 절에서 성격에 관한 많은 자료들을 보여준다. 관리자들은 어디에서 이것들을 얻을 수있을까? 여기에서 채용과 관련된 네가지 제안을 제시한다.

1. 채용과정에서 직업적 흥미를 평가하라. 직무에 대한 흥미와 직무 요구가 성공적으로 매칭된다면, 새로운 채용자는 그 직무를 잘 수행하고 조직에 남아 있을 가능성이 높아진다.

2. 당신이 탁월한 직무성과와 상관관계가 높은 단 하나의 성격특성을 찾고 있다면, 성실성이 높은 점수를 받은 종업원을 채용하라고 조언을 받았을 것이다. 성실성에 높은 점수를 받은 종업원은 의존적이고 신뢰가 가고, 사려깊고, 꼼꼼하며, 조직화되어 있고, 힘든 일과 인내심을 갖고 있다. 이러한 속성은 대부분의 직업에서 높은 직무성과를 달성하는 것으로 나타났다.
3. 성공적인 사회적 상호작용이 직무성과의 주된 요인인 곳에서 그 자리를 채우려면, 감성지능이 높은 사람을 채용하여야 한다. 이는 특히 관리자 직위에 적용된다.
4. 마지막으로, 시간을 갖고 채용 후보자들을 심사숙고하여 점검하는 시간이 필요하다.—심도있는 인터뷰, 추천자 확인(reference check) 등을 통하여 어둠의 삼총사 특성을 가진 사람들을 찾아내고 걸러내야 한다. 이러한 특성을 가진 사람들은 일반적으로 어떤 긍정적인 성격 특성도 갖고 있기 때문에, 그들 성격의 해악적인 측면이 그들 작업환경을 오염시킬 가능성이 높다. 만일 그러한 사람을 채용하는 실수를 하였다면, 빨리 올바르게 수습하고, 그들의 견습기간 안에 처리하면 더 좋다.

LO11.4 지각

페이스북이나 다른 온라인 자료에서 다음과 같은 문구를 보았다고 하자.

> AOCRNDICG TO RSCHEEARCH AT CMABRIGDE UINERVTISY, IT DSENO'T MTAETR WAHT OERDR THE LTTERES IN A WROD ARE, THE OLNY IPROAMTNT TIHNG IS TAHT THE FRSIT AND LSAT LTTEER BE IN THE RGHIT PCLAE. TIHS IS BCUSEAE THE HUAMN MNID DEOS NOT RAED ERVEY LTETER BY ISTLEF, BUT THE WROD AS A WLOHE. IF YOU CAN RAED...TIHS, PSOT IT TO YUOR WLAL. OLNY 55% OF PLEPOE CAN.[87]

이 문장을 읽어보려고 시도해본 느낌이 어떠한가? 이같이 헝클어진 메시지로부터 의미를 읽어낼 수 있다면, 당신은 이미 지각과정을 이해하고 있는 것이다. **지각**(perception)이란 개인들이 그들의 감각을 통해 얻은 인상을 조직화하고 해석함으로써 자신의 환경에 의미를 부여하는 과정이다. 지각에 관한 연구에서는, 사람들은 같은 사물을 보고 다르게 지각한다고 일관되게 설명한다. 예를 들어, 한 관리자가 자신의 중요한 결정을 하는 데 7일이 걸린다는 것은 조수가 의사결정이 느리고, 비조직화되어 있고, 두려워하기 때문이라고 해석한다. 같은 사람에 대해 또 다른 관리자는 사려깊고, 신중하고, 철저하기 때문이라고 해석하는 경향이 있다. 첫 번째 관리자는 조수를 부정적으로 평가하고 두 번째 관리자는 긍정적으로 평가한다. 여기서 핵심은 우리 중 어느 누구도 실체를 보지 못한다는 것이다. 우리는 자기가 본 것을 해석하고 그것을 실체라고 믿는다. 그리고 물론 이러한 예를 통해서, 우리는 지각에 따라 다르게 행동한다는 것을 알게 된다.

지각
개인이 자기 감각을 통해 얻은 인상을 조직화하고 해석함으로써 자신의 환경에 의미를 부여하는 과정

지각에 영향을 미치는 요인들

우리는 어떻게 사람들이 동일한 사물을 다르게 지각한다는 사실을 설명할 것인가? 많은 요인들이 지각을 유형화하고 이따금 왜곡하게 만든다. 이러한 요인들은 지각하는 사람(perceiver), 지각의 대상(target), 또는 그런 지각 작용이 발생하는 상황(context) 때문이다.

어떤 개인이 지각의 대상을 보고 자신이 본 것을 해석하려고 할 때, 개인의 성격이 해석에 큰 영향을 미칠 것이다. 이러한 개인적인 특성은 태도, 성격, 동기, 흥미, 경험과 기대 등과 관련되어 있다. 예를 들면, 타투를 한 종업원에 대한 지각이 연령에 따라 다르다. 연령이 높은 작업자는 사무실 안에서 타투는 부적절하고 금해야할 것으로 지각하는 반면에, 젊은 작업자들은 그렇게 생각하지 않는다.[88] 이러한 지각의 차이는 부분적으로 젊은 이들이 더 많이 타투를 하고 있고 타투를 하는 다른 사람들을 많이 알고 있기 때문이다.

관찰되어지는 지각 대상의 특성은 지각 내용에 영향을 미칠 수 있다. 목소리가 큰 사람은 목소리가 작은 사람보다 그룹 내에서 더 두드러지는 경향이 있다. 마찬가지로, 매우 매력적인 사람이 그렇지 않는 사람에 비해 더 두드러진다. 왜냐하면 지각 대상은 그 배경에 대한 관계가 또한 지각에 영향을 주는데, 가까이 있는 것과 유사한 것들을 함께 엮어 집단화하는 경향이 있기 때문이다. 당신은 Exhibit 11-5에서 보여주는 지각의 예들을 살펴봄으로써 이러한 경향을 경험할 수 있다. 당신이 각각 어떻게 지각하느냐에 따라 실제 보는 것이 달라지는 것에 주의하라.

마지막으로, 우리가 사물이나 사건을 보는 맥락이 매우 중요하다. 어떤 사건이나 사건을 보는 시점도 지각에 영향을 미칠 수 있는데, 예를 들면 위치, 빛, 열, 색, 기타 상황 요소들이 영향을 미친다

Exhibit 11–5
당신이 본 것은 무엇인가?

노파와 젊은 부인　　말 위의 기사?

귀인이론

지각에 관한 많은 연구들은 무생물에 초점을 맞춘다. 그러나 관리자들은 사람에게 더 많은 관심을 갖고 있다. 그러므로 지각에 관한 논의는 어떻게 사람들을 지각하는지에 초점을 맞추어야 한다. 대인 지각들은 무생물에 대한 지각과는 다르다. 왜냐하면 우리는 우리

가 어떤 사물에 대해 추론할 수 없지만 사람들의 행동에 대해 추론을 하기 때문이다. 사물은 믿음, 동기, 의도를 갖고 있지 않지만 사람들은 그것을 갖고 있다. 그 결과 사람들의 행동을 관찰할 때 우리는 왜 특정 방식으로 행동하는지에 대해 설명하려고 노력한다.[89] 그러므로 개인의 행동에 대한 지각과 판단은 그 사람에 관한 추측에 영향을 준다. 또한 자신의 성공을 능력이나 노력과 같은 내적인 요소, 개인적인 실수를 운과 같은 외적인 요소에 돌리는 경향이 있다.[90] 이러한 경향은 **자기기여 오류**(self-serving bias)라 불리고, 업적평가에 대해 종업원들에게 제공되는 피드백은 그들에 의해 그것이 긍정적인지 부정적인지에 따라 왜곡될 수 있다고 제안한다.[91] 어떤 경우에는 이러한 왜곡이 심각한 결과를 초래할 수 있다. 최근의 연구결과에 의하면, 이와 같은 자기기여 오류를 가진 종업원이 그들의 상사를 뒷담화를 한다고 평가하는 경우가 25%나 되었다.[92] 분명한 것은 이 같은 지각이 전혀 뒷담화를 하지 않는 관리자의 명성을 망칠 위험이 높다.

귀인 이론
특정 행동에 의미를 어떻게 부여하느냐에 따라 사람들을 어떻게 다르게 판단하는지 설명하는 이론

자기기여 오류
자신의 성공을 능력이나 노력과 같은 내적인 요소에 개인적인 실수를 운과 같은 외적인 요소에 돌리는 경향

상이한 문화 간에 왜곡하는 보편적인 귀인들이 이러한 오류나 편견인가? 우리는 이 질문에 대해 명확히 답할 수는 없지만 문화적 차이를 나타내는 증거가 있다.[93] 예를 들어, 한 연구에 의하면 아시안 관리자들은 회사에서 일이 잘못되면 전체 조직을 비난하는 경향이 있는 반면에, 서구의 관리자들은 개인이 잘못하였다고 믿는다.[94] 이것은 왜 미국의 신문들이 회사가 잘못 되었을 때 개인 관리자의 성명을 언급하고, 아시안 매체들은 회사 전체가 무엇을 잘못했는지 파헤치는 것을 설명해준다.

관찰	해석	귀인속성
사람들이 다른 상황에서 이처럼 행동하는가?	Yes: 낮은 특이성 No: 높은 특이성	내부속성 외부속성
다른 사람들은 비슷한 상황에서 똑같이 행동하는가?	Yes: 높은 합의성 No: 낮은 합의성	외부속성 내부속성
사람들은 일관성 있게 이처럼 행동하는가?	Yes: 높은 일관성 No: 낮은 일관성	내부속성 외부속성

Exhibit 11–6
귀인이론

타인을 판단하는 데 주로 사용되는 기법들

우리는 다른 사람들의 행동을 판단하고 해석할 때 여러 가지 기법을 사용한다. 이러한 기법들은 정확한 해석을 빠르게 할 수 있도록 하고, 예측을 위한 유용한 자료를 제공할 때, 매우 가치가 있다. 그렇지만 완벽하지는 않다. 이들은 약간의 문제가 있다.

선택적 지각 어떤 사람, 사물, 사건을 눈에 띄게 하는 어떤 특성이 우리가 그것을 지각할 확율을 높여줄 것이다. 그 이유는? 우리는 우리가 보는 모든 것을 흡수할 수가 없기

Brig. General Diana Holland는 여성은 너무 약해서 남성을 이끌 수 없다는 군대 내의 성에 대한 상동적 태도에 도전하고 있다. 그녀는 최초의 경보병사단의 여성 부사령관이고 최초의 West Point 육군사관학교의 여성 사령관이었다.

출처: *Staff Sgt. Kelly Simon/AB Forces News Collection/Alamy Stock Photo*

때문이다. 우리는 단지 어떤 자극만 선택하는 것이다. 따라서, 당신은 당신의 승용차와 비슷한 차를 쉽게 알아채고, 당신의 보스가 어떤 사람은 질책하고 어떤 사람은 그렇게 하지 않는다. 왜냐하면 우리는 우리 주변에서 돌아가는 모든 일을 관찰할 수가 없기 때문이다. 이것을 우리는 **선택적 지각**(selective perception)이라고 한다. 그러나 우리는 무작위적으로 선택하지 않는다. 우리는 자기의 관심, 배경, 경험, 태도 등에 근거하여 선택을 한다. 우리가 보고 싶어하는 것을 보고, 우리는 때로는 모호한 상황에서 보장이 안되는 결론을 내기도 한다.

선택적 지각
자기의 관심, 배경, 경험, 태도 등에 근거하여 선택한다.

가정된 유사성 만약 그들이 우리와 유사하다고 추정된다면, 다른 사람을 판단하는 것은 쉽다. **가정된 유사성**(assumed similarity)에서, 타인에 대한 지각이 관찰 대상의 특성보다는 관찰자 자신의 특성에 더 많은 영향을 받는다. 예를 들어, 만약 당신이 자신의 직업에서 도전과 책임감을 원한다면, 당신은 타인도 그것을 원한다고 추정할 것이다. 물론 자신과 일치하게 타인을 판단하는 사람이 옳을 수도 있지만 대부분의 경우는 그렇지 않다.

가정된 유사성
타인도 자신과 같을 것이라고 믿는 가정

상동적 태도 우리가 집단 내 역할의 지각 기준에 기초하여 누군가를 판단할 때, 우리는 **상동적 태도**(stereotyping)를 사용한다. 예를 들면, "결혼한 사람은 미혼인 사람보다 더 안정적인 종업원이다"라고 한다면 상동적 태도의 좋은 예이다. 사실에 기초한 상동적 태도는 정도에 따라 정확한 판단으로 이어진다. 그렇지만 많은 상동적 태도는 사실에 기초하지 않기 때문에 왜곡된 판단을 하게 한다.

상동적 태도
어떤 사람을 집단의 사람의 지각에 근거하여 판단하는 것

후광효과 우리가 지능, 사회성, 외모와 같은 한가지 특성에 근거하여 어떤 사람에 대해 일반적 인상을 형성할 때, 우리는 **후광 효과**(halo effect)에 의해 영향을 받았다. 후광 효과는 학생들이 자기 교수의 수업을 평가할 때 종종 나타난다. 학생들은 열성과 같은 한가지 특성을 분리시킬 수도 있고, 이 같은 하나의 특성에 관한 지각에 의해 편향된 평가를 할지도 모른다. 어떤 교수는 조용하고, 확신성있고, 지적이고, 능력이 출중하지만, 만약 그의 수업 방식에서 열정이 부족하다면 그는 수많은 다른 특성도 낮은 점수를 받을 지도 모른다.

후광 효과
지적 능력, 사회성, 외모와 같은 개별적인 특성에 근거하여 일반적인 인상을 갖는 것

관리자들을 위한 조언

관리자들은 종업원들이 현실이 아닌 지각에 의해 반응한다는 것을 알 필요가 있다. 그래서 종업원들에 대한 관리자의 업적평가가 실제적으로 객관적인지 편향적인지 또는 조직의 임금 수준이 지역사회에서 높은 수준인지 아닌지의 여부가 종업원들이 지각하는 것과 관련이 적다. 만약 개인이 임금 수준이 낮거나 선입관에 의해 평가받는다는 것을 지각한다면, 실제로 그들이 그렇게 행동할 것이다. 종업원들은 자기가 본 것을 조직화하고 해석

한다. 그래서 늘 지각상 왜곡의 가능성이 존재한다. 메시지는 명확하다. 종업원들이 자기 직무와 관리행위모두에 대해 어떻게 지각하는지 주의를 기울여라.

L011.5 학습

미국 National Football League의 Kansas City Chiefs가 최고의 전성기가 지나가버렸음에도 불구하고 노장선수 Ron Parker를 팀 안에 잔류시키기로 결정하였다. 그는 구단으로부터 재계약을 한 몇 명 안되는 선수중의 하나인데, 그는 젊은 선수들을 멘토링하고 구단의 복잡한 구조를 이해하도록 돕는 역할을 한다. "나의 역할은 젊은 친구들을 격려하고 시합에서 방어하는 법을 배우도록 내가 알고 있는 모든 것을 가르쳐주고 그들이 더 나은 선수가 되도록 돕는 것이다"라고 Parker가 말했다.[95]

학습
경험의 결과로 발생하는 비교적 영구적인 변화

멘토링은 학습에서 마지막으로 살펴보고자 하는 개인행동 개념의 좋은 예이다. 학습은 거의 모든 행동이 학습될 수 있다는 분명한 이유 때문에, 우리는 개인행동의 논의에 포함시켰다. 만일 우리가 행동을 이해, 예측, 설명하길 원한다면, 인간이 학습하는 법을 배울 필요가 있다.

작동적 조건화
행동은 그 결과와의 함수관계라고 말하는 학습 이론

학습에 대한 심리학자들의 정의는 "우리가 학교에서 정하는" 보통 사람들의 관점보다는 훨씬 광범위하다. 학습은 우리가 경험으로부터 지속적으로 배우는 것처럼 언제나 발생한다. 그러므로 **학습**(learning)의 실행가능한 정의는 경험의 결과로 발생하는 비교적 영구적인 변화이다. 우리는 개인의 행동이 왜 그리고 어떻게 발생하는지를 도와줄 만한 두 가지 이론을 살펴볼 것이다.

National Football League의 Kansas City 감독은 전성기가 이미 지났음에도 불구하고, 베테랑 safety Ron Parker(번호 38)를 그의 팀에 잔류시켰다. 그는 젊은 선수들을 도와주고 구단의 복잡한 구조를 이해하도록 돕기 위해 구단주가 재계약한 몇 안되는 전직 선수 중의 한 명이다.
출처: *Frank Jansky/Icon Sportswire DCT/Newscom*

작동적 조건화

작동적 조건화(operant conditioning)란 행동은 그 결과와의 함수관계라는 이론에 적용된 개념이다. 사람들은 자기가 원하는 것을 얻기 위해서, 그리고 원치 않는 것을 피하기 위해서 학습한다. 작동적 행동은 자발적 혹은 학습된 행동으로서, 학습되지 않은 행동이 아니다. 학습된 행동이 반복되는 경향은 행동의 결과로 발생하는 강화나 강화의 결핍에 의해 영향을 받는다. 강화는 행동을 강화시키고, 같은 행동의 반복가능성을 증가시킨다. 강화의 결핍은 행동을 약화시키고, 같은 행동의 반복가능성을 감소시킨다.

B. F. Skinner의 연구는 작동적 조건화에 대한 지식을 넓게 확장시켰다.[96] 행동은 학습되지 않은 것보다는 학습된 것에 의해 영향을 받는다고 가정하였다. Skinner는 만약 그러한 행동을 함으로써 긍정적인 강화를 얻는다면, 사람들이 바람직한 행동에 몰입할 개연성이 높아지고, 만약 바람직한 반응을 했을 때 보상이 즉시 행해진다면, 그 보상은 매우 효과적일 것이라고

주장하였다. 게다가, 보상이 없거나 처벌을 받는 행동이라면 다시 반복될 가능성이 거의 없다.

당신은 작동적 조건화 개념의 예를 어디서든지 볼 수 있다. 행동에 대한 강화(보상)가 특정행동에 좌우된다는 것을 명백하게 제시했거나 암묵적으로 제안된 상황이라면 무엇이든지 작동적 조건화의 예라고 할 수 있다. 만약 당신이 이 강좌에서 높은 성적을 원한다면, 시험에서 정확한 답안으로 좋은 성과를 내야 한다고 교수는 말한다. 위탁판매사원이 상당한 소득을 버는 것은 자기 지역에서 높은 판매량의 여부와 일치한다는 것을 안다. 물론, 행동과 강화 사이의 관련성은 또한 개인이 조직의 최대 이익을 위반하는 일을 하는 방법도 행동하도록 가르칠 수 있다. 바쁜 3주 동안 당신이 잔업을 하면 그 다음 업무평가에 보상이 있을 것이라고 상사가 말했다고 가정하자. 그런데 다음 업적평가 시, 당신은 긍정적인 강화를 얻지 못했다. 다음에 당신의 상사가 잔업을 하라고 요청했다면 어떻게 할 것인가? 아마도 당신은 거절할 것이다. 당신의 행동은 작동적 조건화에 의해 설명될 수 있다. 만약 긍정적인 보상을 받지 못한다면, 그 행동이 반복될 가능성이 거의 없다.

사회적 학습

개인은 직접적인 경험 뿐만 아니라 이야기를 듣거나 타인에게 무슨 일이 일어났는지를 관찰하는 것만으로도 학습할 수 있다. 예를 들면, 우리가 대부분의 학습을 다른 사람들(모델)—부모님, 선생님, 동료, TV 탤런트나 영화배우, 관리자 등—을 관찰한 것으로부터 배운다. 관찰과 직접적인 경험을 통해서 배우는 이러한 관점을 **사회학습이론**(social learning theory)이라고 한다.

사회학습이론
인간은 관찰과 직접적인 경험을 통해서 배운다고 말하는 학습이론

타인에 대한 영향은 사회학습 관점의 중요한 핵심이다. 이러한 모델들이 개인에게 주는 영향은 다음의 네 가지 과정에 의해 결정된다:

1. **주의 과정**(attentional process): 사람들은 그 모델로부터 중요한 특징을 인식하거나 주의를 기울였을 때 학습이 이루어진다. 매력적이고, 계속적으로 반복되고, 중요하다고 생각되고, 우리와 유사하다고 생각되는 모델에 의해 가장 큰 영향을 받는다.
2. **유지 과정**(retention process): 모델의 영향은 그 모델이 이제 더 이상 유효하지 않더라도 개인이 모델의 행동을 얼마나 잘 기억하는지에 달려 있다.
3. **활동 재생 과정**(motion reproduction process): 개인이 모델을 관찰함으로써 새로운 행동을 본 이후에, 그 관찰을 행동으로 나타내야 한다. 이 과정은 개인이 실제로 모방된 행동을 따라 한다는 것을 설명한다.
4. **강화 과정**(reinforcement process): 만약 긍정적인 유인이나 보상이 공급된다면, 개인은 그 행동을 따라 하도록 동기부여 된다. 강화된 행동에 대해 더 많은 주의가 주어지고, 더 잘 학습되고, 훨씬 자주 행해질 것이다.

행동의 조형: 관리적 도구

학습은 업무 시작 전뿐만 아니라 직무수행 중에도 발생하기 때문에, 관리자들은 종업원이 조직에 최대의 이익을 주는 방법으로 행동하는 법을 어떻게 가르칠 것인가에 관심을 두고 있다. 그러므로 관리자들은 종종 마지막 단계에서 자기가 배운 것을 지도함으로써 개인을 "바꾸려고(mold)" 노력하는데, 이러한 방법을 **행동의 조형**(shaping behavior)이라고 한다.

행동의 조형
강화나 강화의 소거를 이용하여 점진적인 단계를 거쳐 학습을 지도하는 과정

종업원의 행동이 관리자로부터 배운 행동들과 현저히 다른 상황을 생각해 보라. 만약 관리자가 원하는 반응을 보였을 때만 그 개인에게 강화했다면, 매우 적은 강화만이 존재할지도 모른다. 이 경우 강화법칙은 바람직한 행동을 성취하기 위한 논리적인 접근법만을 제공한다. 우리는 개인을 바람직한 행동으로 변화시키는 체계적이고 연속적인 단계를 거쳐 행동을 강화시킨다. 만약 직장에 늘 30분씩 늦는 종업원이 20분을 지각했다면, 우리는 개선행동을 강화할 수 있다. 강화전략은 종업원이 바람직한 행동에 접근하도록 노력하는 것이다.

행동을 강화하는 방법에는 긍정적 강화, 부정적 강화, 처벌, 소거의 네 가지가 있다: 어떤 일을 잘했을 때 잘한 종업원에게 관리자가 칭찬할 때와 같이 행동에 즐거운 일이 따라 왔을 때 그것을 **긍정적 강화**(positive reinforcement)라고 한다. 긍정적 강화는 바람직한 행동의 반복을 증가시킬 것이다. 그리고 불쾌한 일을 제거하거나 철수시키는 반응을 우리는 **부정적 강화**(negative reinforcement)라고 한다. "만약 정시에 일을 시작하면 당신의 월급을 삭감하지 않겠습니다"라고 말하는 관리자는 늘 부정적 강화를 사용하는 것이다. 바람직한 행동(직장에 정시출근)은 불쾌한 일(종업원의 월급 삭감)을 제거하도록 고무시킨다. 반면에, 처벌(punishment)은 바람직하지 못한 행동을 제거하는 것이다. 습관적으로 지각하는 종업원에게 이틀 동안 임금 지급의 보류는 처벌의 좋은 예이다. 마지막으로, 어떤 행동을 유시하는 강화를 제거하는 것을 우리는 소거(extinction)라고 한다. 어떤 행동이 강화받지 않을 때, 점차적으로 그것은 사라진다. 어떤 모임에서 관련 없고 산만한 질문을 계속하는 종업원을 혼내길 원한다면 그들이 손을 들었을 때 무시함으로써 이러한 행동을 제거할 수 있다. 곧 이러한 행동은 사라질 것이다.

긍정적 강화와 부정적 강화는 모두 학습의 결과이다. 긍정적 강화는 바람직한 행동을 강화시키고 바람직한 행동이 반복될 가능성을 증가시킨다. 처벌과 소거 또한 학습의 결과이다. 부정적 강화는 바람직하지 않은 행동을 약화시키고 그 빈도를 감소시키는 경향이 있다.

관리자를 위한 조언

종업원들은 직무수행 중에 학습한다. 유일한 이슈는 관리자가 그들이 분배하는 보상과 사례들을 통해서 학습을 관리할 것인지 또는 학습이 우연히 발생하도록 그냥 둘 것인지에 관한 것이다. 만약 최하위 종업원이 월급 인상과 함께 승진을 했다면, 자기 보상행동

을 변화시킬 이유가 거의 없을 것이다. 사실 최하위의 업무수행이 보상받는 것을 본 생산직 종업원들이 자신의 행동을 변화시킬지도 모른다. 만약 관리자가 A 행동을 원하지만 B 행동이 보상받는다면, B 행동을 하는 종업원을 보고 놀라면 안 된다. 마찬가지로, 관리자들은 종업원들이 자신을 역할 모델로서 보기를 기대한다. 관리자가 업무에 끊임없이 늦고, 점심시간에 두 시간을 사용하고, 개인적인 용도로 사무용품을 사용하는 경우, 관리자들이 보낸 메시지를 읽고 관리자의 행동을 따라 하는 역할 모델을 기대해야 한다.

Chapter 11 시험/퀴즈 준비: 학습개요를 통한 요약

LO11.1 조직 내 개인행동의 목적과 관심을 파악한다.

개인행동의 이해가 얼마나 도전적으로 만드는지 알기 위해서는, 빙산처럼, 숨은 조직적 요소(태도, 지각, 규범 등)가 중요하다.

조직행동(OB)은 기본적으로 두가지 영역에 초점을 맞춘다: 개인행동, 집단행동이다. 조직행동의 목적은 인간행동을 이해, 예측, 그리고 설명하는 데 있다.

종업원 생산성(employee productivity)은 종업원의 효율성과 효과성의 성과 측정을 말한다. 결근(absenteeism)은 종업원이 일하러 나타나지 않는 것이다. 이직(turnover)은 조직으로부터 자발적 혹은 비자발적인 영구적 철수를 말한다. 조직시민행동(organizational citizenship behavior)은 종업원의 공식적인 직무 요구가 아닌 자율적인 행동이지만 그 조직의 효과적인 기능을 촉진한다. 직무만족(job satisfaction)은 자신의 직무에 대한 개인의 일반적인 태도를 의미한다. 반생산적인 직장내 행동(counter-productive workplace behavior)은 조직 혹은 조직 내 개인에 대해 잠재적으로 해를 끼칠 수 있는 종업원의 의도적인 행동을 말한다.

LO11.2 태도가 직무 성과에서 담당하는 역할을 설명한다.

인지적 요소는 개인이 갖고 있는 신념, 의견, 지식, 정보와 관련이 있다. 정서적 요소는 태도의 감정상 혹은 느낌 부분이다. 행동적 요소는 어떤 일 또는 어떤 사람에 대해 특정한 방식으로 행동하는 의도와 관련이 있다.

직무만족은 자기 직무에 대한 인간 개인의 태도와 관련이 있다. 직무만족은 생산성, 낮은 결근율, 낮은 이직률과 정의 상관관계를 갖고 있으며, 긍정적인 고객만족을 중대시키고, OCB를 적절히 증진시키고, 작업장의 잘못된 행동을 줄이는 데 도움을 준다.

직무 몰입은 종업원이 자기 직무를 확인하고, 적극적으로 참여하며, 자기의 개인 가치(self-worth)에 대해 중요시하기 위해서 직무 성과를 고려하는 정도를 말한다. 조직 전념도는 종업원이 특정 조직과 그 목적을 확인하고 그 조직 내에서 멤버십을 유지하고 싶어하는 정도를 말한다. 종업원 몰입도는 종업원들이 연계되었을 때, 자기 직무에 대해 열정을 갖고 만족하는 것이다. 지각된 조직적 지원(perceived organizational support)—

조직이 종업원의 공헌이 중요하다고 생각하고 그들의 웰빙을 도와준다는 일반적인 믿음—은 종업원에 대한 조직 전념도가 여전히 유용하다는 연구결과를 보여준다. 지각된 조직적 지원의 수준이 높다면, 직무만족을 증가시키고 낮은 이직율로 이끈다

개인은 부조화된 행동이 그렇게 중요한 것이 아니라고 결론짓도록 자기의 행동을 바꾸고, 조직이 종업원의 태도를 정기적으로 조사할 때 부조화요인을 가중시키는 양립가능한 요인을 찾아보거나 자기 태도를 바꿈으로써 태도와 행동의 불일치를 무마하려고 노력한다. 많은 조직들은 정기적으로 그들 종업원들의 태도조사를 실시한다.

LO11.3 서로 다른 성격이론을 서술한다.

MBTI는 네 가지 차원을 측정한다: 사회적 상호작용, 자료 수집의 선호도, 의사결정의 선호도, 그리고 의사결정의 스타일. 빅5모델에서는 다섯 가지 성격 자질로 구성되어 있다: 외향성, 포용성, 신중성, 정서적 안정성, 경험에 대한 개방성.

조직 내 개인행동을 설명해 줄 수 있는 다섯 가지 성격 특성은 통제의 위치, 마키아벨리즘, 자긍심, 자기성찰, 그리고 위험감수이다. 기타 성격 특성으로는 A형/B형 성격, 전향적 성격, 그리고 회복력이 포함된다.

개인이 감정적으로 어떻게 반응하고, 감정을 어떻게 처리하는지는 성격과 함수관계에 있다. 정서적으로 똑똑한 사람이 감정의 단서와 정보를 알아채고 관리할 줄 아는 능력이 뛰어나다.

LO11.4 지각과 지각에 영향을 주는 요인을 서술한다.

지각은 우리가 감각기관을 통해 받은 인상을 조직화하고 해석함으로써 우리와 환경에 의미를 부여하는 것을 말한다.

귀인이론은 세 가지 요인에 의해 달라진다. 특이성은 개인이 서로 다른 상황에서 상이한 행동을 하는 것을 예측하는 것이다(즉, 이는 일반적인 행동이다). 합의는 비슷한 상황에 직면한 다른 사람이 같은 방식으로 반응하는지 묻는 것이다. 일관성은 어떤 사람이 정기적, 지속적으로 그 행동에 개입할 때 생겨난다. 이와 같은 세 가지 원인이 높든 낮든 간에 종업원의 행동이 외부요인인지, 내부요인인지 관리자가 확인하는 데 도움을 준다.

근본적인 귀인 오류는 조직 외부요인의 영향력에 대해 과소평가하고 내부요인의 영향력에 대해 과대평가하는 성향을 말한다. 자기기여 오류(self-serving bias)는 우리 자신의 성공은 내부요인으로 돌리고 외부요인에 대한 개인의 실체를 비난하는 성향을 말한다.

타인을 판단할 때 사용되는 흔히 사용되는 것은 선택적 지각, 가정된 유사성(assumed similarity), 상동적 태도(stereotyping), 후광 효과(halo effect) 그리고 대조효과이다.

LO11.5 학습이론과 행동 형성의 관련성을 토의한다.

작동적 조건화(operant conditioning)는 행동은 학습결과와의 함수관계라고 주장한다. 이를 사용하는 관리자는 인간행동을 이해, 예측 설명할 수 있다.

사회학습이론은 개인이 타인에게 어떤 일이 발생했는지 관찰하고 무언가를 직접 경험

해봄으로써 학습하게 된다고 주장한다.

관리자는 긍정적 강화(바람직한 행동을 강화하는 것), 부정적 강화(무언가 불쾌한 일을 없애거나 바람직하지 못한 처벌을 사용함으로써 바람직하지 못한 행동을 제거하는 것), 그리고 소거(제거해야할 행동을 강화하지 않는 것) 등을 사용하여 행동을 조형할 수 있다.

복습과 토론 질문

11-1 모든 사람은 서로 다른 성격을 갖고 있다. 어떻게 하면 조직내의 다양한 그룹들을 협업하여 효과적으로, 조화롭게 일할 수 있게 만들 수 있을까?

11-2 종업원의 어떤 행동이 조직의 성공을 가져오는데 더욱 중요한지 설명하라.

11-3 조직행동(OB)의 목적과 관심에 대해 서술하라.

11-4 만족하고 행복한 종업원들이 생산성도 더 높고, 낮은 결근율과 이직율을 보인다고 한다. 그이유를 설명하라.

11-5 인지부조화이론은 태도와 행동의 관계를 설명하려고 노력하는가?

11-6 종업원의 성과와 만족에 대한 자존감의 영향력을 설명하라.

11-7 우리가 타인을 다르게 판단하는 것을 귀인이론에서는 무엇을 근거로 설명하려고 노력하는지 논의하라.

11-8 어떻게 관리자가 행동을 조형할 수 있는지 논의하라.

경력 준비

윤리적 딜레마

신사업분석가는 소매회사의 본부에 일하도록 고용될 필요가 있다. Jared와 Amanda는 고용결정을책임지는 관리자이다. 후보자는 다음과 같이 3가지 가능성을 갖고 좁혀졌다.: 1) Sheri- 그녀는Amanda와 같은 학교에서 같은 여학생회 출신이다.(비록 그들은 대학을 같이 다니지는 않았다) 2) Scott-그는 Jared와 여러 해동안 친한 친구로 알려져 있다. 3) Stephanie- 그녀는 대학에서 GPA성적이 상위권이고, Sheri 혹은 Scott보다 업무 경험이 많다. 인터뷰 후에, Amanda는 Sheri와의 인터뷰가 가장 좋았다고 생각한 반면에, Jared는 Scott가 그 일에 가장 적합한 후보자라고 확신하였다.

11-9 만일 Scott이 고용된다면, 어떤 윤리적 이슈가 발생하겠는가? Scott을 고용하는 것과는 달리 Sheri를 고용할 때 발생가능한 윤리적 이슈는 무엇이 있을까?

11-10 이러한 상황에서 상위경영진은 윤리적인 문제를 최소화하기 위하여 어떤 조치를 취해야 하겠는가?

기술 연습 행동 조형 기술의 개발

기술에 대해

오늘날의 역동적인 작업 환경에서, 학습은 지속적이다. 그러나 이러한 학습은 격리되거나 어떤 지도 없이 이루어져서는 안 된다. 대부분의 근로자들은 그들에게 직무상 무엇이 기대되었는 보여줄 필요가 있다. 관리자로서, 당신은 종업원들에게 그들과 조직의 성공을 위해 가장 중요한 행동이 무엇인지 가르쳐주어야 한다.

기술 훈련 단계

1. **종업원의 성과에 중대한 영향을 미치는 중요한 행동을 확인하라.** 종업원이 직무상 행하는 모든 일이 업무 성과의 입장에서 모두 똑같이 중요한 것은 아니다. 실제로 개인 성과의 대부분을 설명해주는 중요한 행동은 몇 가지가 안 된다. 이와 같이 매우 영향을 미치는 행동을 확인할 필요가 있다.
2. **성과의 기준을 설정하라.** 성과의 기준은 종업원의 현재의 작업 조건 하에서 발생하는 확인된 행동의 시간수에 의해 결정된다.
3. **업무 성과와 그 결과의 공헌 요소를 분석하라.** 집단 규범과 같은 요인의 수가 기준 성과(baseline performance)에 기여할 수 있다. 이러한 요인과 성과에 대한 영향을 확인하라.
4. **행동 조형 전략을 개발하라.** 앞으로 발생할지도 모르는 변화란 성과의 몇 가지 요소의 변화를 필요로 한다-조직구조, 과정, 기술, 집단, 또는 과업. 전략의 목적은 바람직한 행동을 강화하고 바람직하지 못한 행동을 약화시키는 것이다.
5. **적절한 전략을 적용하라.** 일단 전략이 개발되면, 반드시 실행할 필요가 있다. 이 단계에서 개입이 발생한다.
6. **변화가 발생했다면 측정하라.** 개입 때문에 성과행동에서 바람직한 결과를 가져올 수 있다. 현재 발생한 확인된 행동에다 시간수를 평가하라. 그리고 이것을 제2단계의 기준평가와 비교하라.
7. **바람직한 행동을 강화하라.** 만일 개입이 성공적으로 이루어지고 새로운 행동이 바람직한 결과를 가져왔다면, 강화의 메커니즘을 통해 이러한 행동을 유지하라

기술 연습

a. 당신의 조수가 한 가지만 빼고 모든 면에서 훌륭하다고 상상하라—그는 당신이 사무실에 없을 때 당신에게 온 전화 메시지를 받아 놓는게 형편없다. 당신은 종종 트레이닝 세션을 갖고, 전화로 당신이 추구하는 판매가 이루어시기 때문에, 당신의 조수가 높은 영향력의 행동을 하기 때문에 확인된 정확한 메시지만을 가져오길 바란다.

b. 3단계와 4단계에 초점을 맞추고, 당신 조수의 행동을 조형하는 방법을 모색하라. 전화 메시지 전달에 실패하는데 기여한 몇 가지 요인을 확인하라—아마도 이는 업무부하가 너무 많거나 일의 중요성을 잘 모르고 있기 때문이다. 그리고 나서 무엇을 변화시킬지 결정하고 난 후 행동 조형 전략(shaping strategy)을 개발하라-가능한 기술, 업무 그 자체, 직무구조, 혹은 성과의 다른 요소의 변경 등

c. 이제 당신의 개입과 조수에게 간단한 회의를 통해, 당신이 기대하는 변화에 대해 설명하라. 당신의 개입에 역할연기로 도와줄 친구를 찾아보아라. 당신 생각에 실제 상황에서 성공할 수 있겠는가?

함께 일하기 팀연습

시간이 경과함에 따라, 모든 사업은 신제품과 서비스, 신시장, 외부환경의 트렌드, 및 기타 여러가지 요인 뿐만 아니라 그들 종업원까지 적응하려고 노력한다. 3~4명으로 소그룹을 구성하여, 대규모 다국적 기업의 경영진의 역할을 살펴보라. 대다수의 당신 회사의 종업원들이 25세 이하라면, 아직 당신 회사의 HR정책은 지난 몇 년동안 거의 바꾸지 않았을 것이다. 워라밸을 달성하기 위한 욕구를 설명하려면 무엇을 해야할 것인가? 그것은 바뀔 수 있을까? 당신팀의 과업이 HR정책변화의 구체적인 계획과 일치해야 한다. 일단 당신이 이것을 끝냈다면 당신의 생각을 수업시간에 발표하라.[97]

경영자가 될 차례

- 자신이 가진 세 가지 태도를 열거하라. 이러한 태도의 인지적, 정서적, 행동적 요소에 대해 확인하라.
- 당신 회사나 대학 사무실 직원 15명을 대상으로 설문조사를 하라. 이러한 익명의 설문조사를 실시하기 전에 반드시 양해를 구하고 허락을 받아야 한다. 그들이 일터에서 목격한 가장 무례한 행동과 부정적 행동에 대해 말해 달라고 부탁하라. 보고서에 조사결과를 정리하고, 그 내용을 수업시간에 발표하라. 만일 당신이 그 회사 또는 조직의 관리자라면, 이러한 행동에 당신은 어떻게 대처하겠는가?
- 만일 당신의 성격 검사나 업무 적성 검사를 해본 적이 없다면, 가능하다면 학교 내 생활상담실 등을 접촉하여 검사해보라. 일단 검사결과를 받으면 당신의 경력 선택에 어떤 도움이 될지 평가하라. 당신은 당신의 성격과 딱 맞는 직업을 선택했다고 생각하는가? 그것이 주는 시사점은 무엇인가?
- 당신은 "웨이터 룰(waiter rule)"에 대해서 들어본 적이 있는가? 수많은 비즈니스맨들이 당신이 서비스 종사자들을 대하는 방식이 당신의 품성과 태도에 대해 말해준다고 생각한다. 이 말의 의미에 대해 말해준다고 생각한다. 이 말의 의미에 대해 어떻게 생각하는가? 이러한 생각에 당신은 동의하는가? 그 이유는? 당신은 "웨이터 룰"에 대해 어떻게 평가하는가?
- 당신이 좋아하든 싫어하든 우리는 모두 주변 사람들의 행동을 끊임없이 조형하고 있다. 하룻동안 당신이 사용한 긍정적 강화, 부정적 강화, 처벌, 또는 조형행동의 소거 등의 횟수를 기록해 보라. 주말에 당신이 어떤 방법을 가장 많이 사용했는지 살펴보아라. 어떤 시도를 했는지, 다시 말해서 무슨 행동을 바꾸고자 했는지 살펴보아라. 당신의 시도가 성공적이었는지 평가하라. 만일 당신이 다른 사람의 행동을 바꾸려고 노력했다면, 어떻게 다르게 할 수 있었는지 말해 보아라.
- 당신은 10명의 Y세대를 대상으로 조사하라. 그들에게 다음과 같은 세 가지 질문을 한다: (1) 당신은 적당한 사무실 복장이 어떠하다고 생각하는가? (2) 당신은 정보기술을 활용하는 데 얼마나 편안하게 느끼며, 가장 많이 활용하는 기술의 유형은 무엇인가? (3) 당신은 "이상적인" 보스는 어떠해야 한다고 생각하는가? 당신의 조사결과를 정리하여 보고서에다 리스트 형식으로 데이터와 연구결과를 요약하라.
- 당신의 감성지능의 수준은 어느 정도인가? "감성지능검사"로 가서, 항목을 선택해서 완성해보라. 그 결과를 보여줄 수 있는가? 그 결과는 당신의 감성지능에 대한 개인적인 평가와 견줄만한가?

사례적용 1 일하기 좋은 직장

Amazon Inc., Microsoft 및 Alphabets Inc.와 마찬가지로, 중국의 다국적투자회사 Tencent는 게임산업에서 세계 최대의 기업중 하나로 알려져 있다. 1998년에 설립된 이 회사는 중국 심천(Shenzen)에 본사를 두고 있다. Mobile-문자 서비스를 제공하는 사업자로 시작하였지만, 재빠르게 소셜 네트워킹, 게임, paying bill, ecommerce등을 제공하는 플래트폼 회사로 전환하였다. 2011년 처음 출시한 Tencent의 유비쿼터스 WeChat 가입자는 2019년 현재 11억 명을 넘고 있다. Tencent사의 CEO Mao Huateng은 회사를 극적으로 성장시키는데 인력선발이 가장 중요한 요인이고, 그래서 모든 종업원들은 회사 성공의 한 몫을 가져야 한다고 생각하였다.

흔히 Pony Mao라는 별명으로 불리는 Mao Huateng은 개방적이고 편안한 작업환경, 경영진과의 쉬운 대화창구를 만들고, 개인의 업적달성에 대한 인정을 제공하려고 노력하였다. Tencent의 월례 미팅에서는 최고경영진부터 일선의 견습 관리자까지 모든 직원들이 함께 그들의 현안의 문제를 토론한다. 이 회사의 의사결정도 다른 대기업들처럼 공식화되지 않았다. Mao Huateng은 Goldman Sachs와 General Electric가 극찬했던 것처럼 동료작업자들 간의 내부 경쟁을 필요한 혁신의 원동력으로 활용한다. 그는 모든 서로 다른 팀들이 서로 병행기능을 하기를 원하고, 어느 한 팀이 최고의 제품을 만드는 데 모든 책임을 맡는 것을 원치 않았다. 정신적인 만족도 중요하지만, Tencent는 높은 존경심을 보여주는 생산성과 생산성이 보상으로 연결되는 것으로 생각하고, 종업원 생산성의 중요성을 붙잡았다. 종업원들은 산업 내에서 새롭거나 매우 혁신적인 시각에서 접속을 재설계한 것과 같은 매우 유용한 결과를 가져왔을 때 현금보상을 한다. 어느 관리자가 말하기를 상이 크든 작든 간에 그들이 무언가를 성취하였을 때 그들 종업원들은 즐거워한다고 한다. 이제 현금보상은 뿌리깊은 Tencent문화의 일부로 자리잡았다. 이와 함께, 음력설날 이전에 보통 지급하는 연말 보너스는 Tencent 종업원의 연봉보다 높은 경우가 있다.

높은 성과자를 보상하기 위해 Tencent가 활용하는 가장 유명한 인센티브가 바로 회사의 이익을 종업원들에게 나눠주는 이익공유 혹은 지분공유제도이다. 2016년, Tencent는 회사창립기념을 축하하는 자리에서 7,068명의 종업원들에게 26억 홍콩달러 가치의 지분을 나눠주었다고 신문의 헤드라인을 장식하였다.[98]

토의문제

11-11 당신은 Tencent의 기업문화가 효과적이라고 생각하는가? 이것이 다른 조직에서도 그대로 적용가능한가? 그렇다면, 그 이유는?

11-12 조직행동의 이해가 어떻게 관리자들을 도와줄 수 있을까? 앞으로 Tencent의 가

장 큰 도전은 무엇이 될 것이라고 생각하는가?

11-13 당신이 배운 다양한 조직행동이론을 활용하여, 종업원행동에 대한 Tencent의 상황을 당신은 무엇이라고 말하겠는가?

11-14 Tencent가 제공하는 인센티브 제도를 살펴본다면, 개인행동 이해의 중요성에 대해 무엇을 당신에게 말해주고 있는가?

사례적용 2 종업원 최우선주의

"종업원 최우선주의"(Employee first)는 HCL Technologies사의 전 CEO Vineet Nayar는 회사의 성장에 크게 기여하였을 것으로 믿는다. 대부분의 관리자들이 고객만족이 가장 최우선이라고 생각하지만, Nayar의 경영철학은 종업원 만족을 가장 최상의 우선순위에 넣어야한다는 것이다.

India의 가장 큰 기업중의 하나인 HCL사는 랩톱, 소프트웨어개발도구, 기술상담 등 다양한 서비스와 IT 제품을 판매하고 있다. 대규모 기업이지만, 창업기업처럼 작업환경이 재미있거나 민첩하지도 않다. 따라서 재능있는 인재를 모집하고 유지하는 것이 가장 큰 도전 중의 하나이다.

"종업원 최우선주의"의 일부는 무해고정책이며, 특히 경제적 하강기에 이 정책을 고수하기란 어려운 일이다. 글로벌 재무적 위기 상황(2007-2011년) 때, 종업원을 과다 유지하였고 봉급인상을 동결하였다. 그렇지만 회사는 약속을 지켰고 단 한 명의 종업원도 해고하지 않았다. 그러나 경제가 다시 회복되면서 HCL의 종업원들이 대우가 더 좋은 경쟁업체의 일자리(job offer)를 찾아 다녔다. 2010년 1/4분기에만, 회사 인력 중 22%를 잃었으며 HCL사는 마침내 회사 종업원들의 만족도 수준을 살펴보기 시작하였다.

뉴델리에 근거를 두고 있는 회사로서, 세계에서 가장 민주적인 본사를 두고 있는 회사가 작업장 민주주의에 대한 가장 래디컬한 실험을 시도하고 있다. Nayar는 회사 리더들의 중요한 직무가 종업원들의 강점을 살려서 그들 자신의 목적지를 찾을 수 있도록 하는 회사를 만드는 것에 몰입하고 있는 것이다. 그의 재직중에 Nayar는 종업원을 항상 최우선하는 기업문화를 개척하였다. 그래서 그가 무슨 일을 했을까? 조직문화 변경의 일부로서 조직구조를 살펴보았다. HCL은 조직구조를 바꾸었고, 특히 직접 고객과 클라이언트를 만나는 일선 종업원들에게 더 많은 힘을 실어주었다. 회사는 종업원 개발에 더 많은 투자를 하였고, 더 많은 투명경영을 통해 소통을 증가시켰다. 종업원들이 직접 Nayar 사장과 소통하도록 격려하였다.

U&I(You and I)라고 불리는 포럼을 통해, Nayar는 매주 100개가 넘는 질문을 종업원들에게 받게 되었다. 그는 "나는 문을 열어놓고 비판을 받았다"고 말했다. 그러나 이 회

사의 문화 사명의 시그니처(signature piece)는 HCL사가 말하는 "신뢰급여(trust pay)"였다. 평균 종업원의 급여중 30%가 변동급인 산업 표준과는 대조적으로, HCL사는 고정급여를 더 높였고, 변동급여를 낮추기로 결정하였다. 비록 다른 회사에서는 고정급보다는 판매수수료와 같은 변동급을 더 중시하는 데 비해서, HCL사는 고정급여 혹은 그들이 말하는 "신뢰 급여"에 초점을 맞추었다. 급여 중에서 고정급 요소를 증가시키므로써, HCL사는 높은 보장된 임금을 지급하고, 결과적으로 종업원들을 위해 불확실성을 낮추는 것을 목적으로 하였다. 고정급여는 HCL 문화에서 종업원들이 가치를 부여하는 중요한 요소이고, 따라서 회사가 강조하면서 종업원들의 만족도는 증가시키고 결손은 낮추었다.

HCL Technologies사의 독특한 "종업원 최우선주의 "문화는 독특한 종업원을 끌어들였는가? HCL사의 유럽담당 사장이었던 Rajeev Sawhney는 그렇게 하였다고 대답했다. 2009년 아카데미 시상식에서 Best Picture상을 수상했던 Slumdog Millionaire 영화 활용을 병행하여 그는 그 영화가 인도의 현실을 반영하고 있다고 말했다. 영화는 무언가를 달성하고 창조하려는 인간의 욕망을 잘 그려내면서 역경을 보여주었다. 역경을 극복하기 위해 무언가를 하려고 하고, 보다 중요한 일을 하려고 하는 더 큰 욕망이 존재한다. Sawhney는 기업가정신이야말로 HCL문화의 가장 중요한 가치라고 말했다.[99]

토의문제

11-15 당신은 HCL Technologies사의 "종업원 최우선주의" 문화에서 어떤 인상을 받았는가? 이 기업문화가 다른 조직에서도 똑같이 효과적일까?

11-16 조직행동이 어떻게 Vineet Nayar가 자기 회사를 이끌도록 하였는가? 조직행동은 또한 HCL사의 감독직에도 도움이 되었는가?

11-17 당신은 글로벌 경기 하강기에 모든 종업원들을 유지하면서 급여인상은 하지 않았던 HCL사의 접근방법에 대해 어떻게 생각하는가?

11-18 HCL사 종업원들에 대한 종업원 태도조사를 설계해보라.

ENDNOTES

1. T. Winship, "How to Get a Job at Southwest Airlines," Smarter Travel, January 14, 2016, https://www.smartertravel.com/how-to-get-a-job-at-southwest-airlines/.
2. See S. P. Robbins and T. A. Judge, *Organizational Behavior*, 18th ed. (New York: Pearson Education, 2019).
3. Cited in "Why It Matters: The Direct and Indirect Costs of Absenteeism," *TrackSmart*, January 22, 2018, http://blog.tracksmart.com/why-it-matters-the-direct-and-indirect-costs-of-absenteeism/.
4. J. S. Kantor, "High Turnover Costs Way More Than You Think," *HuffPost*, updated February 11, 2017, https://www.huffpost.com/entry/high-turnover-costs-way-more-than-you-think_b_9197238.
5. P. M. Podsakoff, S. B. MacKenzie, J. B. Paine, and D. G. Bachrach, "Organizational Citizenship Behaviors: A Critical Review of the Theoretical and Empirical Literature and Suggestions for Future Research," *Journal of Management* 26, no. 3 (June 2000): pp. 513–63; and J. A. LePine, A. Erez, and D. E. Johnson, "The Nature and Dimensionality of Organizational Citizenship Behavior: A Critical Review and Meta-Analysis," *Journal of Applied Psychology* 87, no. 1 (February 2002): pp. 52–65.

Chapter 12 동기부여

학습목표

12.1 동기부여를 정의한다.

12.2 동기부여의 초기이론을 비교, 설명한다.

12.3 동기부여의 현대이론을 비교, 설명한다.

12.4 동기부여의 현재 이슈를 토의한다.

고용능력 기술 매트릭스

각 상의 해당 매트릭스와 마지막 부분의 자료는 고용주가 구직자에게 요구하는 특정 기술을 개발하는데 도움을 준다.

구분	항목	비판적 사고	커뮤니케이션	협동	지식 응용	사회적 책임
기술 상자	당신의 경력 개발	✓		✓		
기술 상자	직장의 비밀	✓			✓	
기술 상자	실패에서 배운다	✓			✓	
기술 연습	윤리적 딜레마	✓			✓	✓
기술 연습	기술 훈련	✓			✓	
기술 연습	함께 일하기			✓	✓	
기술 연습	경영자가 될 차례	✓	✓		✓	
사례	사례적용	✓			✓	

밀레니얼 세대는 무엇으로 동기부여되는가? 그 목록중에서 상위는 융통성이다.[1] 예를 들면, 제시 베린(32세)는 마이애미 소재의 Baptist Health South Florida에서 일하는데, 그녀는 다음과 같이 말하였다. "전통적인 9시부터 5시까지 근무하는 방식은 밀레니엄 세대에게 전혀 통하지 않는다…. 우리는 단지 우리가 있는 곳에서 우리와 만나주는 고용주를 위해 일하기를 원한다." 그녀는 자기 일에 가치를 부여하는 것은 그 일이 재택근무와 같은 근무 방식, 혹은 피트니스 센터에 가기 위해 조기 퇴근, 혹은 러시아워의 교통혼잡을 피하기 위해 늦게 출근하는 등의 융통성을 주기 때문이다.

비록 융통성이 모든 종업원들에게 중요한 동기부여 요인이 아니라 하더라도, 밀레니얼 세대를 이끌어 가고자 하는 고용주라면, 그들의 조직 업무를 조정할 때 융통성의 증가를 충분히 고려해야만 한다.

LO12.1 동기부여란 무엇인가?

모든 관리자는 자기 직원에게 동기부여할 수 있어야 하며, 그 동기가 무엇인지에 대해 이해하는 것이 필요하다. 우선 무엇이 동기부여가 아닌 것에 대해서 알아보자. 그 이유는? 왜냐하면 대부분의 사람들은 동기부여를 개인적인 특성, 즉 어떤 사람은 동기부여가 되고 다른 사람은 동기부여가 안 된다고 생각하는 잘못된 견해를 갖고 있기 때문이다. 우리가 알고 있는 동기유발 지식에 의하면, 사람은 동기부여 요인이 사람마다 다르고, 그들의 전체적인 동기부여도 상황에 따라 달라진다고 한다. 예를 들면, 당신에게 어떤 수업은 다른 수업보다 훨씬 더 동기부여될 것이다.

동기부여
목표 달성을 위해 한 사람이 에너지를 쏟고, 지시받고, 추진하는 노력의 과정

동기부여(motivation)란 목표 달성을 위해 한 사람이 에너지를 쏟고, 지시받고 추진하는 노력의 과정을 뜻한다.[2] 이 정의는 세 가지 핵심 요소가 있다: 에너지, 지시, 인내.

에너지(energy) 요소는 동기부여의 강도, 추진, 그리고 생기의 정도이다. 동기부여된 사람은 노력을 하고 열심히 일한다. 그렇지만 그 노력의 의지 뿐만 아니라 강도 또한 고려되어야 한다. 높은 수준의 노력은 그 지시(direction)가 조직에 이익이 되도록 유도되지 않으면 효과적인 직무 성과를 가져올 수 없다. 따라서 노력은 조직의 목표에 초점을 맞추고 일치되는 노력이 우리가 직원에게서 찾고자 하는 종류의 노력이다. 마지막으로, 동기

당신의 경력 개발
무엇이 당신을 동기부여하는가?

당신이 하는 일에서 무엇이 중요하거나 당신을 신명나게 하는가? 어떤 사람은 그것을 "돈"이라고 하고, 어떤 사람은 "도전적인 업무" 혹은 "재미있는 동료"라고 대답한다. 만일 무엇이 당신을 동기부여하는지 이해하고 그 배경을 알게 되면, 당신의 현명한 경력개발이나 직업 선택에 도움을 줄 수 있다.

다음 목록은 당신이 직업 선택을 결정할 때 고려해야 하는 12가지 요인을 열거한 것이다. 전체 목록을 읽어보라. 그리고 중요도에 따라서 순서를 정하는데, 가장 중요한 것은 1번, 가장 덜 중요한 것은 12번으로 표시하라.

____ 높은 임금
____ 좋은 작업조건
____ 협조적인 좋은 동료
____ 융통성있는 업무시간
____ 새로운 도전과 성장의 기회
____ 사려깊은 보스
____ 당신에게 영향을 중요한 의사결정에 참여함.
____ 공정하고 공평한 대우
____ 직장 안정
____ 잠재적인 승진기회
____ 좋은 복지혜택(휴가기간, 퇴직후 복지 등)
____ 업무상 자유와 독립성

이제 당신의 목록을 당신 수업시간에 다른 학생과 비교해보라. 당신의 선택이 다른 학생과 얼마나 비슷한가? 다른 학생과 완전히 똑같을 수는 없다. 이것은 사람마다 그들의 가치가 다르다는 것을 말해준다. 또한 이 결과를 당신이 어떤 직업을 찾고 있는지 이해하는 데 활용하는게 좋다.

부여는 인내(persistence) 요소를 포함한다. 우리는 종업원들이 목적 달성을 하기 위해 끝까지 참고 노력해주기를 원한다.

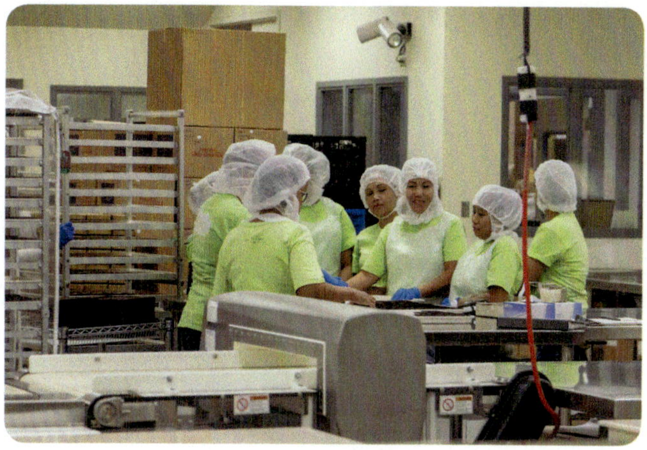

하와이주 Hillo에 있는 Big Island Candies에서 종업원의 동기부여 요인은 임금, 안전, 복지 혜택, 직장안정과 같은 낮은 수준의 욕구충족을 포함한다.

출처: *Jim West/Alamy Stock Photo*

높은 수준의 성과를 달성한 직원을 동기부여하는 것은 중요한 조직의 관심사이고, 관리자들은 여전히 그 해답을 찾고 있다. 예를 들면, 갤럽의 최근 조사에 의하면 대다수의 미국 직원들—68%에 달하는—은 자기 직업에 몰입하지 않는 것으로 나타났다.[3] 이 수치는 국제적으로는 더 헷갈리는데, 87%의 종업원들이 자기 업무에 열정을 쏟지 않는다.[4] 그래서 관리자들과 학자들이 종업원의 동기부여에 대해 이해하고 설명하는 것이 더 이상 놀랄 일이 아니다.

LO12.2 동기부여의 초기 이론

우리는 네 가지 동기부여의 초기 이론을 살펴보고자 한다: Maslow의 욕구계층이론, McGregor의 X이론과 Y이론, Herzberg의 2요인 이론, McClelland의 세 가지 욕구이론. 물론 현재 좀 더 타당성 있는 동기부여에 대한 이론들이 개발되어 있기는 하지만, 이들 이론들은 현대의 동기부여 이론들이 개발되는 기초를 제공해주고, 현업의 관리자들이 아직도 사용하고 있기 때문에 초기 이론을 공부할 필요가 있다.

Maslow의 욕구계층이론

가장 잘 알려진 동기부여 이론은 아마도 Abraham Maslow의 **욕구계층이론**(hierarcy of need theory)이다.[5] Maslow는 모든 사람은 다음과 같은 다섯 가지 욕구를 갖고 있다고 주장한 심리학자이다:

1. **생리적 욕구**(physiological needs): 음식, 음료, 휴게실, 성 및 기타 육체적 필요에 대한 인간의 욕구
2. **안전 욕구**(safety needs): 신체적, 정서적 위협으로부터 안전과 보호뿐만 아니라 생리적 욕구가 계속 충족된다는 확신에 대한 인간의 욕구
3. **사회적 욕구**(social needs): 애정, 소속감, 수용, 우정에 대한 인간의 욕구
4. **존중의 욕구**(esteem needs): 자존감, 자율성, 성취와 같은 내적 존중 요소와 지위, 인정, 관심 등과 같은 외적 존중에 대한 인간의 욕구
5. **자아실현 욕구**(self-actualization needs): 성장, 업적달성, 자아 완성에 대한 인간의 욕구; 자신이 무엇인가 성취하도록 만들어주는 욕구

욕구계층이론
인간의 5가지 욕구는 계층을 형성하고 욕구 계층의 단계가 완전히 충족되어야 다음 단계의 욕구로 넘어간다는 Maslow의 이론

생리적 욕구
음식, 음료, 휴게실, 성 및 기타 육체적 필요에 대한 인간의 욕구

안전 욕구
신체적, 정서적 위협으로부터 안전과 보호에 대한 인간의 욕구

사회적 욕구
애정, 소속감, 수용, 우정에 대한 인간의 욕구

존중의 욕구
자존감, 자율성, 성취와 같은 내적 존중 요소와 지위, 이전, 관심 등과 같은 외적 존중에 대한 인간의 욕구

자아실현 욕구
자신이 무엇인가 성취하도록 만들어 주는 욕구

Maslow는 욕구계층의 각 수준이 충분히 충족되어야 다음 단계의 욕구가 지배할 것이라 주장했다. 한 개인은 한 수준의 욕구계층에서 다음으로 올라간다(Exhibit 12-1 참조). 덧붙여서, Maslow는 이 다섯 가지 욕구를 상위와 하위 수준으로 구분했다. 그는 생리적 욕구와 안전 욕구는 하위 욕구(lower order needs)로 명명하였고, 사회적 욕구, 존중의 욕구, 자아실현의 욕구는 상위 욕구(higher order needs)로 구분한 것이다. 이 둘의 차이는 하위 욕구는 주로 외부로부터 충족이 되나 상위 욕구는 내면적으로 충족된다는 것이다.

Exhibit 12-1

Maslow의 욕구 계층

출처: A. H. Maslow, R. D. Frager, and J. Fadiman, Motivation and Personality, 3rd Edition, © 1987. Reprinted and electronically reproduced by permission of Pearson Education, Inc., Upper Saddle River, NJ.

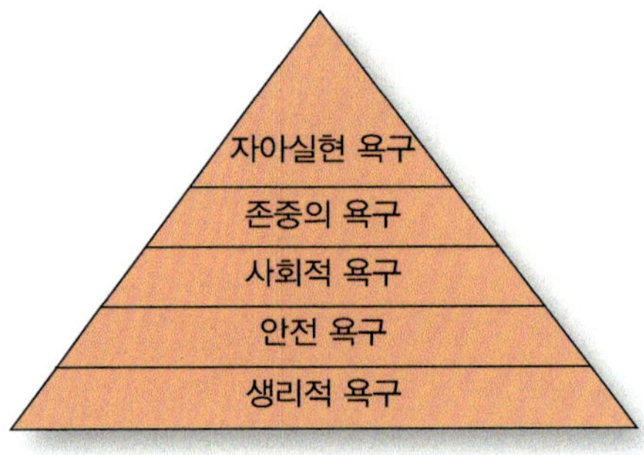

Maslow의 이론이 어떻게 동기부여를 설명하는가? 종업원을 동기부여하기 위해 Maslow의 욕구계층을 활용하는 관리자는 종업원의 욕구를 충족시키기 위해 노력한다. 그러나 이 이론은 일단 실질적으로 하나의 욕구가 충족되면, 사람은 더 이상 그 욕구를 충족시키려고 하지 않는다고 말한다. 따라서 누군가를 동기부여하고자 한다면, 그 사람이 욕구계층의 어느 단계에 속해 있는지를 먼저 이해하고 그 수준이나 그 이상의 욕구 충족을 위해 집중해야 할 필요가 있다.

Maslow의 욕구계층이론은 1960년대와 70년대에 특히 현업의 관리자들 사이에서 매우 폭넓게 알려졌는데, 그 이유는 아마도 직관적 논리와 이해하기가 쉽기 때문이었을 것이다. 하지만 Maslow는 자신의 이론에 대한 실증적 근거를 제시하지 못했으며, 타당성을 찾으려는 여러 연구들도 실패했다.[6]

McGregor의 X이론과 Y이론

X이론

인간에 대한 부정적인 관점으로써 직원들은 의욕이 없고 일하기 싫어하고 책임지는 것을 피하고 싶어 한다고 가정하는 이론

Y이론

긍정적인 관점으로써 종업원들은 일을 즐기고 책임을 수용하며 자율성을 가지고 일을 한다고 가정하는 이론

Douglas Mcgregor는 인간의 본성에 대한 두 가지 가정을 근거로 하는 X이론과 Y이론을 제안한 것으로 널리 알려져 있다.[7] 간단히 말하면, **X이론**(theory X)은 인간에 대한 부정적인 관점으로써, 직원들은 의욕이 없고, 일하기를 싫어하고, 책임지는 것을 피하고 싶어하기 때문에, 효과적으로 일하려면 밀착하여 통제할 필요가 있다는 것을 가정한다. **Y이론**(theory Y)은 긍정적인 관점으로써, 종업원들이 일을 즐기고, 책임을 수용하며, 자율성을 갖고 일한다고 가정한다. McGregor는 Y이론의 가정들이 경영관행을 지도한다고 믿었으며, 의사결정에의 참여, 책임감있고 도전적인 업무, 좋은 인간관계 등이 종업원의 동기부여를 최대화시킬 것으로 제안하였다. 예를 들면, 월마트는 종업원에게 의사결정에서 매우 중요한 역할을 맡긴다. 매장 직원들은 그 지역에서 팔릴만한 상품을 입고하는 것을

허용한다. 회사는 그 직원의 판단을 믿는데, 왜냐하면 그들이 고객과 직접 상호작용하기 때문이다. 월마트의 미국 CEO는 말하기를, "나는 종업원의 일, 아이디어, 꿈과 희망, 당황스러움에 대해 듣고, 그들의 삶을 보다 편하게 하는 방법을 경청하는 것보다 더 좋아하는 일은 없다"고 한다.[8] 분명히 이것은 월마트가 Y이론의 철학을 자기 회사에 적용한 예이다.

불행하게도, 제안된 가정들이 타당하다거나 Y이론의 가정을 받아들여 그에 따라 적절하게 조치를 바꾸는 것이 종업원들에게 더 동기부여된다는 것을 입증할 증거는 없다. 실제 세계에서, X이론의 가정을 사용하여 성공한 관리자는 얼마든지 많이 있다. 예를 들어, Apple의 공동창업자인 Steve Jobs는 그의 직원들을 강하게 몰아 부치고 직원회의에서 종업원들에게 무례한 것은 전혀 문제가 되지 않는다. 그렇지만 그는 자기 직원들을 몰아 부쳐서 혁신적인 제품을 창안하고, 지속적으로 그 제품을 개선하도록 만드는데 충분히 성공했기 때문이다.

Herzberg의 2요인 이론

Frederick Herzberg의 **2요인 이론**(two-factor theory) 혹은 **동기-위생 이론**(motivation-hygiene theory)은 직무만족과 동기부여는 내면적 요소들이 관련되어 있는 반면, 직무 불만족은 외부적 요인들이 관련되어 있다고 주장한다.[9] Herzberg는 사람들이 언제 자기 직업에 대해 특별히 만족하거나 불만족을 느끼는지 알고 싶어했다.(이러한 연구결과를 Exhibit 12-2에서 보여준다). Herzberg는 그의 연구를 통해 자신의 일에 대해서 기분 좋게 느낄 때의 응답과 기분 나쁘게 느낄 때의 응답이 완전히 다르다는 사실을 발견했다. 어떤 특성은 직무만족에 지속적으로 관련이 있지만(표의 왼쪽 요소들), 다른 요소들(오른쪽 요소들)은 직무 불만족과 관련이 있었다. 자신의 직무에 만족을 느낄 때, 그들은 성취, 인정, 책임감 등과 같은 내면적인 요소들을 언급하는 경향이 있다. 반면에, 불만족을 느낄 때 사람들은 회사의 정책이나 관리, 감독, 대인관계, 작업 조건 등과 같은 외부적인 요소를 언급하는 경향이 있다.

2요인 이론
직무만족과 동기부여는 내면적 요소들이 관련되어 있는 반면, 직무불만족은 외부적인 요인들이 관련되어 있다는 이론

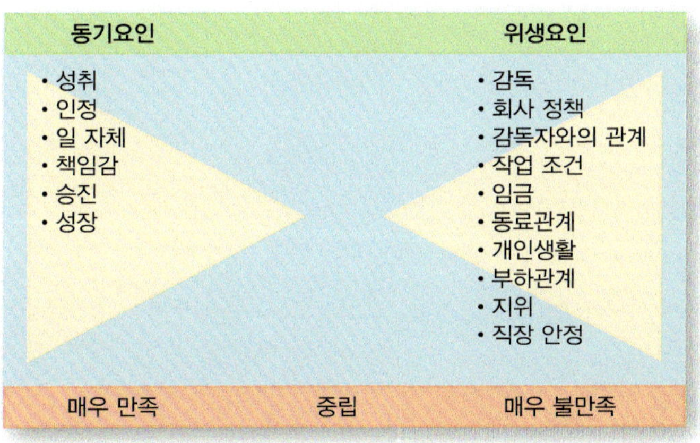

Exhibit 12–2
Herzberg의 2요인 이론
출처: Based on F. Herzberg, B. Mausner, and B. B. Snyderman, *The Motivation to Work*(New York: John Wiley, 1959).

덧붙여서, Herzberg는 만족의 반대가 전통적으로 믿어왔던 것처럼 불만족이 아님을 이 자료가 보여준다고 믿었다. 직무로부터 불만족한 요소를 제거했다고 해서 그 직무가 더 만족(또는 동기부여)스럽게 되지는 않는다. Exhibit 12-3에서 보여주는 것과 같이, Herzberg는 두 개의 연속체(continuum)가 존재한다는 것을 주장했다: "만족"의 반대는 "만족하지 않음"이며, "불만족"의 반대는 "불만족하지 않음"이다.

또한, Herzberg는 직무만족을 이끌어 내는 요인들은 직무 불만족을 이끌어 내는 요인들과는 확연히 다르다고 믿었다. 따라서 직무 불만족 요인들을 없애고자 하는 관리자는 직원들을 불만족으로부터 멀리하게 할 수 있으나 동기부여를 하는 것은 아니다. 이들 직무 불만족을 제거하는 외적인 요인들을 **위생요인**(hygiene factor)이라고 부른다. 이 요인들이 적당하거나 충족되면 사람들은 불만족하지 않게 되지만 그렇다고 만족(또는 동기부여)하지는 않는다. Herzberg는 직원들에게 동기부여를 주려면 그 직무와 연관이 있는 내적인 요인인 **동기요인**(motivators)을 강조하라고 제안했다.

위생요인
직무 불만족은 제거하지만 동기부여를 못하는 요인

동기요인
직무 만족과 동기부여를 증가시키는 요인

Herzberg의 이론은 그의 연구 과정과 방법론에 대한 비판에도 불구하고 1960년대 중반부터 1980년대 초반까지 대중적으로 널리 유행되었다. 비록 일부 비평가들이 그의 이론이 너무 단순하다고 말했지만, 우리가 직무 설계할 때에 많은 영향을 받았다. 특히 우리가 이번 장에서 나중에 직무 충실화를 다루게 될 때, 더욱 그렇다.

Exhibit 12-3
만족-불만족의 대조 관점

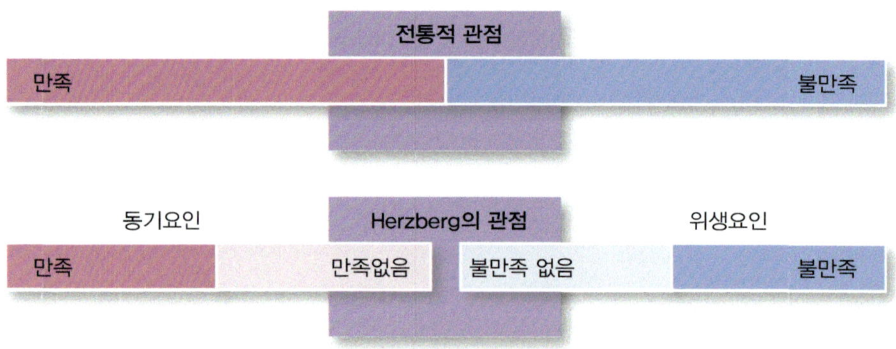

McClelland의 세 가지 욕구이론

David McClelland와 그의 동료들은 일에 대한 동기부여를 일으키는 주요한 세 가지 후천적인(선천적이 아닌) 욕구가 존재한다는 **세가지 욕구이론**(three-needs theory)을 제시했다.[10] 이 세가지 욕구는 어떤 표준에 맞춰 성취를 추진하고, 달성하게 하는 **성취 욕구**(need for achivement, nAch), 상대방에게 하고 싶지 않은 일을 하도록 만드는 **권력 욕구**(need for power, nPow), 대인관계에서 친밀하고 가까운 관계로 만들고 싶어하는 **소속 욕구**(need for affiliation, nAff)이다. 이 세 가지 욕구 중에서 성취 욕구에 대해 가장 많이 연구되었다.

세가지 욕구이론
일에 대한 세 가지 후천적인 욕구(성취, 권력, 소속욕구)를 설명하는 동기부여이론

성취 욕구
어떤 표준에 맞춰 성취를 추진하고 달성하게 하는 욕구

권력 욕구
상대방에게 하고 싶지 않은 일을 하도록 만드는 욕구

소속 욕구
대인관계에서 친밀하고 가까운 관계로 만들고 싶어하는 욕구

성취 욕구가 높은 사람은 성공에 따르는 명성이나 보상보다는 개인적인 성취를 위해 노력을 기울인다. 이들은 과거에 해왔던 방식보다 좀 더 낫게, 좀더 효과적으로 일을 하

고 싶어한다.[11] 이들은 문제에 대한 해결안을 개인적으로 책임지는 일을 좋아하고, 자기가 이룬 성취에 대해 더 개선하려고 신속하고 모호하지 않은 피드백을 받을 수 있는 일을 좋아하고, 적절하게 도전적인 목표를 세울 수 있는 일을 좋아한다. 성취 욕구가 높은 사람은 너무 쉬운 업무나 너무 어려운 업무라고 인식되면 피한다. 그리고 성취 욕구가 높은 사람은 대규모 조직에서 훌륭한 관리자가 되고 싶어 하지 않는다. 그것은 왜냐하면 높은 성취자는 자기 자신의 목표달성에 집중하지만, 훌륭한 관리자는 그 목표달성을 위해 부하를 돕는 것을 강조하기 때문이다.[12] McClelland는종업원들이 개인적 책임, 피드백, 적당한 위험부담 등이 있는 상황에서 그들의 성취 욕구를 자극하도록 훈련시킬 수 있다고 하였다.

세 가지 욕구이론의 다른 두 가지 욕구는 성취 욕구에 비해 많이 연구되지는 않았다. 그러나 우리는 뛰어난 관리자는 권력 욕구가 높고 소속 욕구가 낮은 경향을 보인다고 잘 알고 있다.[13]

이 세 가지의 욕구는 일련의 그림에 대한 반응을 조사하는 정형화된 테스트(주제통각 테스트; TAT)로 측정할 수 있다. 각각의 그림을 간단히 살펴본 다음, 그 그림을 바탕으로 이야기하도록 하는 것이다. (Exhibit 12-4는 사용되는 사진의 예이다.) 숙련된 분석가가 진술된 이야기를 바탕으로 개인의 nAch, nPow, nAff를 판정하게 된다.

Exhibit 12–4

TAT 그림: 개인의 nAch, nAff, nPow의 수준을 평가할 때 사용하는 그림의 예

출처: *Bill Aron/PhotoEdit*

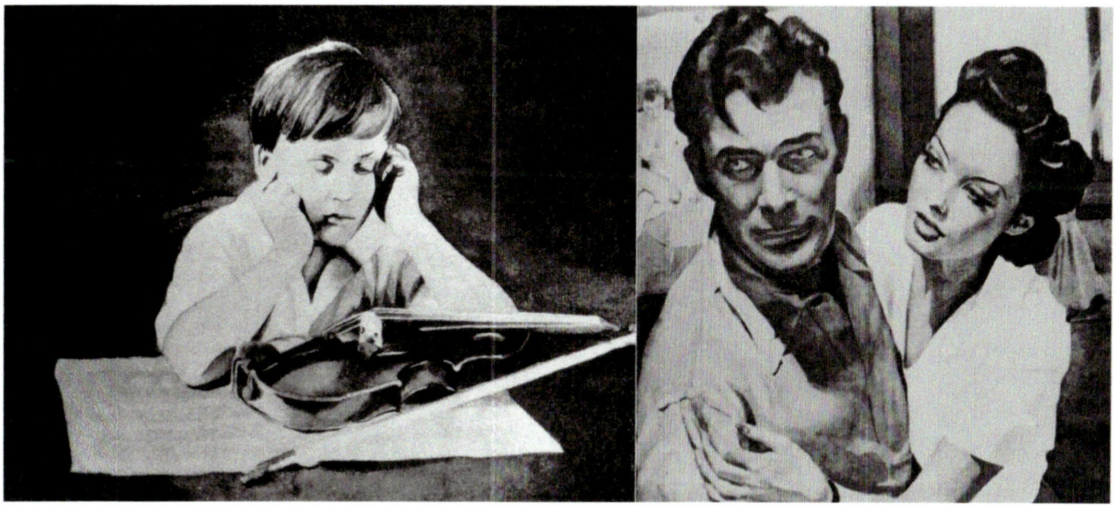

nAch: 이야기 안에 누군가가 보다 업무수행을 더 잘하길 원한다고 나타낸 것임.
nAff: 이야기 안에 누군가가 다른 사람과 함께 있고 싶어 하고 상호 우위를 돈독히 함을 나타낸 것임.
nPow: 이야기 안에 누군가가 다른 사람에게 영향을 미치길 원한다고 나타낸 것임.

LO12.3 동기부여의 현대 이론

이 절에서 살펴보고자 하는 이론들은 직원의 동기부여에 대한 현대적인 설명을 보여준다. 비록 이들 이론들은 앞에서 살펴본 이론들만큼 널리 알려지지는 않았지만, 이들 역시 여러 연구들에 의해 뒷받침되고 있다.[14] 이들 현대적인 동기부여 이론은 목표설정 이론,

강화이론, 직무설계 이론, 공정성 이론, 기대이론 등이 포함된다.

목표설정이론

우리는 계획수립을 다루는 제4장에서 목표의 중요성에 대해 소개하였다. 이 절에서는 동기부여라는 렌즈를 통하여 다시 한번 살펴보고자 한다. 매우 중요한 프로젝트나 큰 과제에 대해 발표하기 전에 교수로부터 "최선을 다하라"라고 격려받은 적이 있는가? 이 애매한 말이 의미하는 것은 무엇인가? A학점을 유지하려면 점수가 93점 이상이어야 한다고 교수가 말했다면 당신의 노력은 달라졌을까? 목표설정이론은 이러한 문제에 대해 답을 주며, 앞으로 살펴보는 것처럼, 목표의 구체성, 도전성, 피드백이 업무성과에 영향을 준다는 인상적인 연구결과들을 보여준다.[15]

연구 결과가 목표설정이론의 실질적인 뒷받침을 해주는데, 구체적인 목표가 성과를 증진시키며, 만일 어려운 목표가 수용된다면 쉬운 목표보다 더 좋은 성과를 낸다는 주장이다. **목표설정이론**(goal-setting theory)이 우리에게 무엇을 말해주는가?

목표설정이론
구체적인 목표가 성과를 증진시키며 만일 어려운 목표가 수용된다면 쉬운 목표보다 더 좋은 성과를 낸다는 이론

첫째, 목표를 향해 일하는 것은 직무 동기부여의 주요 원천이다. 목표 설정에 대한 연구들은 이런 구체적이고 도전적인 목표가 더 동기부여하는 강한 힘을 갖는다고 밝힌다.[16] 이런 구체적이면서도 어려운 목표는 "최선을 다하라"라는 평범한 목표보다 더 높은 수준의 성과를 이끌어내는 것이다. 목표의 구체성 자체가 내부적인 자극의 역할을 한다. 예를 들어, 영업사원이 매일 8건의 영업상담을 하겠다고 약속하면 이 의도는 그가 달성하기 위해서 노력해야 하는 구체적인 목표가 된다.

어려운 목표에 의해 동기부여가 극대화된다는 동기부여이론과 적절한(moderately) 도전적 목표에 의해 자극된다는 성취 동기는 모순이 아니다.[17] 첫째, 목표설정이론은 일반적인 사람들을 다루는 반면, 성취 동기에 대한 결론은 높은 성취 욕구(nAch)를 가진 사람들을 다룬다. 북미지역의 사람들 중 10~20% 정도만이 높은 성취 동기를 갖고 있으며(이러한 비율은 개발도상국들에는 훨씬 낮을 것이다), 직원들 대다수에 대해서도 어려운 목표가 추천되고 있다. 둘째, 목표설정이론의 결론은 목표를 수용하고 몰입하는 사람들에게 적용된다. 어려운 목표가 수용되어야만 높은 성과로 이어지는 효과를 낼 것이다.

fyi

- 종업원들의 39%가 그들의 관리자의 목표 설정에 관여한다고 강하게 동의한다.
- 그들 관리자의 목표 설정에 관여한 종업원들은 자기 일에만 몰입한 다른 종업원들보다 3.6배나 성과가 높다.[18]

다음으로, 만일 직원들이 목표 설정에 참여할 기회가 주어진다면 더 열심히 노력하게 되는가? 항상 그렇지는 않다. 어떤 경우에는 참여적인 목표가 더욱 훌륭한 성과를 이끌어내기도 하지만, 다른 경우에는 관리자가 목표를 설정하면 최선의 성과를 내는 개인들도 있다. 그러나 직원들이 어려운 목표를 수용하는 데 저항이 예상될 때는 목표설정의 참여가 더 바람직할 것이다.[19]

마지막으로, 피드백은 직원이 달성한 일과 달성하고 싶은 일 간의 차이를 인식하는데 도움이 되기 때문에 목표를 추구해가는 과정에서 얼마나 잘하고 있는지 피드백을 받게 되면 더 나은 성과를 내게 된다. 그러나 모든 피드백이 다같이 효과적인 것은 아니다. 자기발생적인 피드백—직원이 진행상황을 스스로 모니터링할 수 있을 때—은 외부적으로

주어지는 피드백보다 훨씬 더 동기부여가 되는 것으로 나타났다.[20]

피드백 외에도 목표와 성과의 관계에 영향을 미치는 세 가지 요인이 있다: 목표 전념도(goal commitment), 적절한 자기 효능감, 그리고 국가 문화.

첫째, 목표설정이론은 개인이 목표에 몰입했다는 것을 가정한다. 목표 전념도는 목표가 공개적으로 수용될 때, 자신에 대한 통제권을 스스로 가질 때, 그리고 목표가 주어지는 것이 아니라 스스로 설정될 때 가장 일어나기 쉽다.[21]

둘째, **자기 효능감**(self-efficacy)이란 자신이 그 직무를 수행할 능력이 있다고 믿는 믿음을 가리킨다.[22] 자기 효능감이 더 높을수록 직무수행을 성공적으로 달성할 수 있는 능력을 갖고있다는 확신이 높아진다. 따라서 어려운 상황에서 낮은 자기 효능감을 가진 사람은 자신의 노력을 줄이거나 포기하기 쉬운 반면, 높은 자기 효능감을 가진 사람은 도전을 이겨내기 위해서 더욱 열심히 노력하게 된다.[23] 게다가, 높은 자기 효능감을 가진 사람은 부정적인 피드백을 접했을 때 노력과 동기부여의 수준을 높이지만, 낮은 자기 효능감을 가진 사람은 부정적인 피드백에 의해 노력이 감소하는 경향을 보인다.[24]

자기 효능감
자신이 그 직무를 수행할 능력이 있다고 믿은 믿음

마지막으로, 목표설정이론은 국가 문화와 관련이 깊다. 목표설정이론은 그 주된 개념이 북미의 문화와 매우 일치하기 때문에 북미에서 잘 적용된다. 이 이론은 직원들은 상당히 독립적이며(권력 격차의 지수가 높지 않음), 관리자와 직원들은 도전적인 목표를 추구하며(불확실성의 회피 점수가 낮음), 관리자와 직원들 모두가 성과를 중요하게(자기 주장이 높음) 여긴다고 가정한다. 북미와 문화적 특성이 다른 나라에서도 목표 설정이 높은 성과를 낼 것이라고 예상해서는 안 된다.

Exhibit 12-5는 목표, 동기부여, 그리고 성과 간의 관계를 요약한다. 목표설정이론의 전체적인 결론은, 어렵고 구체적인 목표에 의해 생겨난 의도(목표의식)는 동기를 부여하는 강한 힘을 갖는다는 것이다. 이는 적절한 조건 하에서 높은 수준의 성과를 이끌어낸다. 그러나 이러한 목표가 직무만족과 연결되는지는 아무런 증거가 없다.[25]

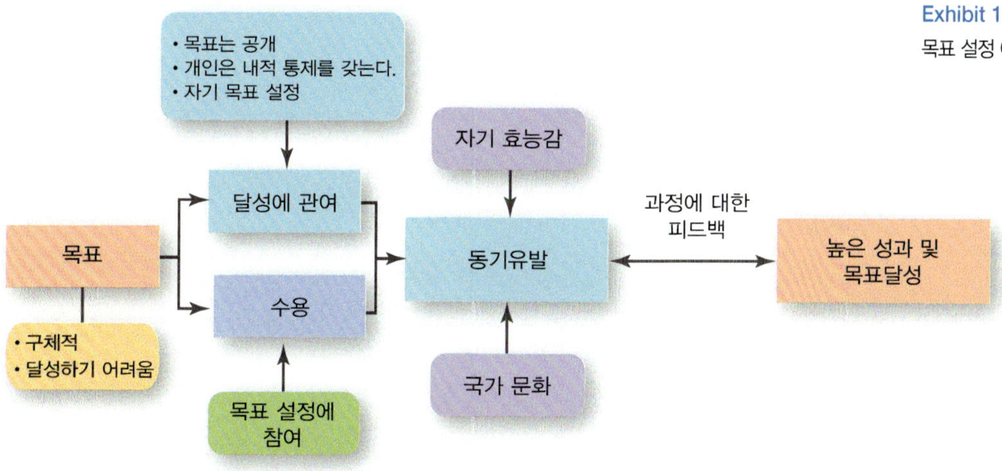

Exhibit 12–5
목표 설정 이론

강화이론

강화이론
행동이 그 결과의 함수 관계라는 이론

강화요인
행동에 즉각적으로 따르는, 그 행동이 다시 반복될 수 있는 확률을 높여주는 결과를 강화 요인이라고 한다.

강화이론(reinforcement theory)은 행동이 그 결과의 함수관계라고 말한다. 어떤 행동에 즉각적으로 결과가 따르고, 그 행동이 다시 반복될 수 있는 확률행동에 즉각적으로 따르는 결과를 **강화요인**(reinforcer)이라고 한다. 강화이론은 목표, 기대, 그리고 욕구와 같은 요인을 무시한다. 그 대신 어떤 사람이 어떤 행동을 했을 때 그에게 어떤 일이 일어나는지에 대해서만 초점을 맞춘다.

앞의 장에서 우리는 관리자들이 어떤 행동을 조성하기 위해 강화요인을 사용하는 방법들을 살펴보았다. 그러나 이 강화에 대한 개념은 동기부여를 설명하는 이론으로 널리 받아들여지고 있다. B. F. Skinner에 따르면 사람은 어떤 일을 하는 것에 의해 보상을 받게 되면 바람직한 행동을 할 가능성이 가장 높은 상태가 된다고 한다. 이 보상은 바람직한 행동에 대해 즉각적 보상이 이루어질 때 가장 효과적이다. 그리고 만일 그 행동이 보상받지 못하거나 처벌을 받게 되면 다시 반복될 가능성은 낮게 된다.[26]

fyi

75%의 종업원들이 주로 섭섭한 감정 때문에 회사를 그만 둔다.[28]

강화이론을 사용하면 관리자들은 조직의 목표를 달성하는 데 도움이 되는 행동에 긍정적인 강화요인(positive reinforcer)을 사용함으로써 직원들의 행동에 영향을 미칠 수 있다. 그리고 관리자는 처벌 아닌 바람직하지 못한 행동을 무시해야 한다. 처벌이 비강화요인(non-reinforcement)보다 바람직하지 않은 행동을 훨씬 빠르게 없애기는 하지만, 그 결과는 종종 일시적일 뿐이고 직장 내의 갈등이나 결근, 이직 등과 같은 부작용적인 행동을 포함하는 반갑지 않은 결과를 일으킬 수 있다. 강화가 작업 행동에 중요한 영향을 미치지만 이것이 직원의 동기부여의 차이에 대한 유일한 설명은 아니다.[27]

동기부여하는 직무 설계

직무설계
직무가 완성되도록 과업을 결합하는 방법

관리자들은 무엇보다도 직원들을 동기부여하고 싶기 때문에 동기부여하는 직무 설계 방법을 살펴볼 필요가 있다. 만일 조직이 어떻게 구성되어 있고 일을 어떻게 하고 있는지를 자세히 살펴본다면, 직무는 수천 가지 이상의 과업들로 구성되어 있다는 것을 발견하게 된다. 이 과업(task)들이 결합하여 결과적으로 직무(job)가 된다. 우리는 직무가 완성되도록 과업을 결합하는 방법을 **직무설계**(job design)란 용어를 사용하여 설명한다. 조직 내의 사람들이 수행하는 직무가 우연히 발전되어서는 안된다. 관리자는 직무를 심사 숙고해서 변화하는 환경의 요구와 조직의 기술, 직원의 기량(기술), 능력, 기호 등을 반영하여 섬세하게 설계해야 한다.[29] 이렇게 직무가 설계될 때 직원은 열심히 일하려는 동기가 부여된다. 그러면 관리자들이 동기부여하는 직무를 설계하는 방법을 살펴보자.

직무범위
한 가지 직무가 요구하는 여러 과업의 수와 그러한 과업들이 반복되는 빈도

직무 확대(job enlargement) 앞의 경영학 역사 Module에서 살펴본 바와 같이, 직무설계는 역사적으로 직무를 좀 더 작고 좀 더 전문화하는 것에 집중되어 왔다. 그러나 직무가 이렇게 되면 직원을 동기부여하는 것이 어렵다. 직무 전문화의 약점을 극복하기 위한 오래된 노력 중 하나가 **직무범위**(job scope)—한 가지 직무가 요구하는 여러 과업의

수와 그러한 과업들이 반복되는 빈도—를 수평적으로 확대하는 방법이다. 예를 들어, 치과의 구강 위생의 직무에 치아의 청소(cleaning teeth) 뿐만 아니라 환자의 진료 기록, 진료후 기록보관, 기구의 청소 및 정리정돈을 추가할 수 있다. 이러한 유형의 직무 설계 방법을 **직무 확대**(job enlargement)라고 한다.

직무 확대
직무 범위를 증대시킴으로써 직무를 수평적으로 확대하는 방법

단순히 과업의 수만을 늘리는 데 초점을 맞춘 직무 확대 노력은 현재보다 못한 결과를 낳게 된다. 과거에 그러한 직무 설계를 경험했던 한 작업자는 "옛날에는 더러운 일 하나를 갖고 있었지만, 이제 직무 확대의 덕분에 고맙게도 더러운 일 세 가지를 하게 되었습니다!"라고 말했다. 그러나 연구결과에서 보여주듯이 지식의 확대 활동(직무에서 사용하는 지식 범위의 확대)은 직무만족의 증가, 고객서비스의 확대, 실수의 감소 등을 가져온다.[30]

직무 충실화(job enrichment) 직무 설계의 또 다른 방법은 직무에 기획과 평가의 책임을 더하는 수직적 확대 방법인 **직무 충실화**(job enrichment)이다. 직무 충실화는 작업자가 자신의 일에 대한 통제권의 수준인 **직무 깊이**(job depth)를 증가시킨다. 다시 말하면, 관리자들이 수행했던 과업까지 직원이 맡을 수 있도록 임파워하는(권력을 주는) 것이다. 결과적으로, 직무 충실화된 과업은 작업자에게 더 큰 자유 재량권, 독립성과 책임감을 갖고 모든 일을 할 수 있게 된다. 이들 과업들도 마찬가지로 자신의 성과를 스스로 평가하고 바로잡을 수 있도록 피드백이 주어져야 한다. 앞에서 예로 들었던 치과 구강 위생 직무에서 직무 충실화는 그 업무에다가 고객의 예약관리(기획)와 고객에 대한 사후관리(평가)를 포함시키는 것이다. 비록 직무 충실화가 작업의 질과 직원의 동기부여와 직무만족을 향상시킨다고는 하지만, 직무 충실화 프로그램의 활용에 대한 연구된 증거는 아직까지 불분명하다.[31]

직무 충실화
직무에 기획과 평가의 책임을 더하는 수직적 확대방법

직무 깊이
자신의 일에 대한 통제권의 수준

직무 특성 모델(job characteristics model, JCM) 비록 많은 조직들이 직무 확대와 직무 충실화 프로그램을 도입하고 혼란스러운 결과들을 경험했지만, 이들 직무 설계 방법들이 관리자들에게 동기부여하는 직무를 설계하는 효과적인 개념적 틀을 제공하지는 못했다. **직무특성모델**(job characteristics model, JCM)은 그러한 틀을 제공한다.[32] 이 모델은 다섯 가지의 기본적인 직무 특성과 그들간의 관계, 그리고 종업원의 생산성과 동기부여, 직무만족에 미치는 영향들을 살펴보았다. JCM에 의한 다섯 가지의 핵심적인 차원은 다음과 같다.

직무특성모델
5가지의 기본적인 직무특성과 그들 간의 관계, 종업원의 생산성과 동기부여, 직무만족에 영향을 고려하여 직무를 설계하고 분석하는 틀

1. **기술 다양성**(skill identity): 직원이 여러 가지 기술과 재능을 사용할 수 있게 하는 직무가 요구하는 활동의 다양성 정도
2. **과업 정체성**(task identity): 직무가 요구하는 전체 작업의 완성과 식별가능한 업무의 조각(piece of work) 정도
3. **과업 중요성**(task significance): 직무가 갖고 있는 다른 사람의 삶이나 일(작업)에 대한 실질적인 영향의 정도

기술 다양성
직원이 여러 가지 기술과 재능을 사용할 수 있게 하는 직무가 요구하는 활동의 다양성 정도

과업 정체성
직무가 요구하는 전체 작업의 완성과 식별가능한 업무의 조각(piece of work) 정도

과업 중요성
직무가 갖고 있는 다른 사람의 삶이나 일(작업)에 대한 실질적인 영향의 정도

자율성
과업이 제공하는 실질적인 자유, 독립성, 작업 일정의 수립과 업무 수행에 사용되는 절차에 대한 개인의 자유재량

피드백
개인의 효과성에 대한 직접적이고 분명한 정보를 얻는 결과로서 그 직무에요구되는 작업활동의 수행 정도

4. **자율성**(autonomy): 과업이 제공하는 실질적인 자유, 독립성, 작업 일정의 수립과 업무 수행에 사용되는 절차에 대한 개인의 자유재량
5. **피드백**(feedback): 개인의 효과성에 대한 직접적이고 분명한 정보를 얻는 결과로서 그 직무에요구되는 작업활동의 수행 정도

Exhibit 12-6은 JCM 모델을 나타낸 것이다. 처음의 세 가지 차원—기술 다양성, 과업 정체성, 과업 중요성—이 어떻게 조합하여 의미있는 일을 만들어 내는지를 주목하라. 다시 말해, 이들 세 가지 특성이 하나의 직무 안에 존재하면, 자신의 직무를 중요하고, 가치가 있고, 보람찬 일로 볼 것이라고 예측할 수 있다. 또한 자율성을 갖는 직무는 개인이 결과에 대한 책임감을 갖도록 하며, 직무에 대한 피드백이 주어지면 직원이 얼마나 업무를 효과적으로 처리하는지 알게 된다는 것을 기억하라.

Exhibit 12–6

JCM 모델

출처: "Job Characteristics Model," from *Work Redesign*, by J. R. Hackman & G. R. Oldham. Copyright © 1980 by Addison-Wesley (a division of Pearson). Reprinted with permission.

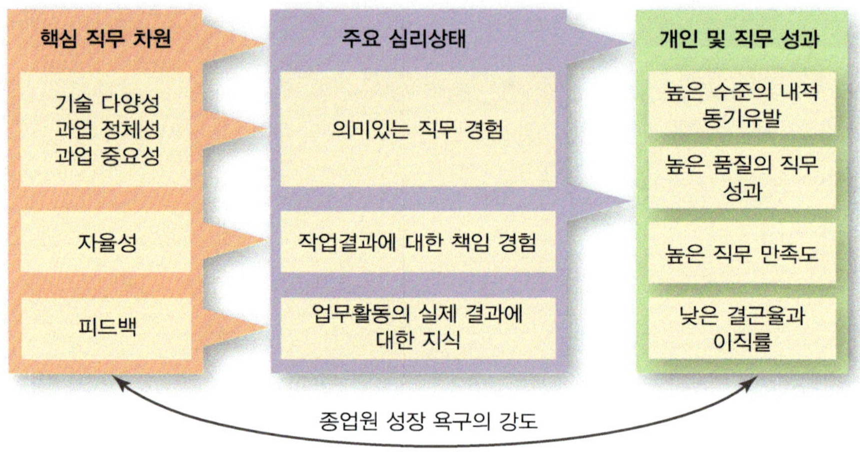

JCM은 직원들은 자신이 관심을 갖는(기술 다양성, 과업 정체성, 과업 중요성을 통해 의미를 느낌) 과업을 자신이 스스로(직무 자율성을 통해 책임감을 느낌) 잘 수행했다는 것을 알게(피드백을 통한 결과에 대한 지식)될 때 내적 보상을 얻게 된다고 JCM은 제안한다.[33] 직무설계에서 이 세 가지 요소가 충족되어질수록 종업원의 동기부여, 성과, 만족은 더욱 커지며, 결근 및 퇴직의 가능성은 낮아진다. 이 모델에서 보여주듯이, 직무 차원과 결과의 연결은 개인의 성장 욕구(자존감 및 자아실현에 대한 개인의 욕구)의 강도에 의해 매개된다.

신체적으로 문제를 가진 사람을 돕는 의미있는 일은 직업 테라피스트 Abbey Wash에게 상당한 동기부여와 직무만족을 가져다주었다. 그래서 Wash의 직무점수는 기술다양성, 과업다양성, 과업중요성에서 높게 나타났다.

출처: *Jeff Siner/Charlotte Observer/TNS/Newscom*

이 말은 그들의 직무가 핵심 차원들을 갖고 있을 때 성장의 욕구가 강한 사람이 낮은 사람보다 중요한 심리적인 상태를 경험할 가능성이 높고 긍정적으로 반응할 가능성이 높다는 의미이다. 이러한 차이는 직무 확대의 혼합된 결과에 대한 설명이 될 수 있다: 낮은 성장 욕구를 가진 사람은 그들의 직무 확대에 의해 높은 성과의 달성이나 직무 만족을 성취하는 경향을 보이지 않는다.

JCM(직무 특성 모델)은 관리자들에게 직무 설계에 대한 구체적인 지침을 제시한다. 다음은 직무 특성 모델을 바탕으로 하는 직무의 핵심적인 다섯 가지 차원 각각에서 향상을 이끌어 낼 가능성이 가장 큰 직무 변화의 구체적인 유형들을 나타낸 것이다. 이들 중 두 가지는 직무 설계의 개념(직무 확대 및 직무 충실화)에 해당되는 것들이지만, 나머지는 직무를 수직 및 수평적으로 좀 더 확장한 것들이다.

1. **과업의 결합**: 관리자들은 기술 다양성과 과업 정체성을 높이기 위해 분해한 과업들을 다시 묶어 새롭게 큰 업무 모듈을 구성해야 한다. (직무 확대)
2. **자연스런 단위 작업의 형성**: 관리자는 직원들의 업무에 대한 주인의식을 갖고 그들의 작업을 부적절하고 지겨운 것이 아닌 의미 있고 중요한 것으로 보게 할 수 있도록 전체적으로 고유하고 의미 있는 형태로 과업을 설계해야 한다.
3. **고객과의 관계 구축**: 언제나 가능하면 직무 기술 다양성과 자율성, 그리고 피드백을 향상시킬 수 있도록 작업자와 고객 사이의 직접적인 관계를 구축해야 한다.
4. **직무의 수직적 확장**: 수직적 확장(직무 충실화)은 책임감과 전에 관리자가 소유했던 통제권을 직원에게 주며, 이는 직원의 자율성을 향상시킨다.
5. **개방적인 피드백 채널**: 피드백은 종업원들에게 그들이 직무를 얼마나 잘 수행하고 있는지, 그리고 그의 성과가 향상, 저하, 현상유지인지를 알 수 있도록 한다.

JCM에 대한 연구는 직무 설계가 종업원 동기부여에 얼마나 영향을 주는지에 이해에 근거하여 풍부한 지식을 제공하여왔다. 그러나 연구결과는 동기부여하는 직무를 직접적으로 구체화하지는 못하였다. 직무의 어떤 면이 사람들이 더 의미있게 혹은 덜 의미있게 생각하게 만들까?

Zalando campus의 새로 오픈한 본부는 작업 설계의 관계적 관점을 일치되게 사회적 지원이 용이하도록 설계되었다.

출처: *Jens Kalaene/dpa-Zentralbild/dpa picture alliance/Alamy Live News/Alamy Stock Photo*

스물 네 개의 직무범위 안에서 200만명의 종업원들을 대상으로한 최근의 연구에서 몇 가지 통찰력을 제공한다.[34] "당신이 하는 일이 세상을 좀더 나은 곳으로 바꾼다고 생각하는가?"라는 질문에 대해, 보건의료, 사회복지, 교육, 안전 서비스 등에 종사하는 사람들의 70%가 "예"라고 답변하였다. 그러나 식품 사업, 영업, 생산, 사무직 근로자들 중 50% 이하가 그들이 세상을 좀더 나은 곳으로 바꾼다고 생각하였다.

JCM에 대한 연구는 계속되었다. 1970년대 중반 JCM이 처음 소개된 이후부터 직무는 계속 변화해왔다. 예를 들면, 한 연구에 의하면 오늘날 직무는 더 많은 기술 다양성과 자율성을 부여하고 있지만, 다섯 가지 핵심 직무 특성과 만족의 관계는 시간의 경과에도 불구하고 변화가 없음을 보여주는 결과가 있다.[35] 다른 평가에서는 제조업 경제에서 지식과 서비스 경제로 글로벌 쉬프트가 일어나는데, JCM이 업무의 사회적 차원을 설명하는데 실패한 것이 아닌가 의문을 제기하기도 한다.[36]

직무 설계의 갱신(Job Design Updated) JCM이 오늘날의 현대 직무에 전적으로 적합한 것인지 의문스럽다는 반응에 대해, 두 가지 떠오르는 관점이 주목을 받고 있다. 이제 각각의 관점에 대해 살펴보기로 하자.

직무 설계의 관계적 관점
과업과 직무과 점증하는 사회적 관계에 어떻게 기반을 두고 있는지 살펴보는 직무 설계 방법

첫째, **직무 설계의 관계적 관점**(relational perspective)으로써, 과업과 직무가 점증하는 사회적 관계에 어떻게 기반을 두고 있는지를 살펴보게 한다.[37] 오늘날의 직무는 종업원들에게 조직 내 · 외부의 동료 작업자나 외부인들과 보다 많은 상호작용과 상호의존이 필요하게 만든다. 종업원들이 업무 수행을 할 때, 그들은 주변의 사람들과 정보, 조언, 협조를 얻기 위해 더욱 더 의존적이 된다. 따라서 동기를 부여해주는 직무를 설계하기 위해 이것이 의미하는 바는 무엇인가? 그 의미는 관리자가 그들 종업원 관계에서 가장 중요한 요소를 살펴볼 필요가 있다는 뜻이고, 예컨대 조직 내 사회적 지원의 수준 및 접근, 조직 외부와의 상호작용의 형태, 과업 상호의존성의 정도, 그리고 대인간의 피드백 등이다.

이제 직무 설계의 관계적 관점의 실례를 살펴보기로 하자. 당신은 소프트웨어 회사에 상담전화를 해본 적이 있는가? 제품 전문가가 직접 대답해줄 것이고, 차례대로 문제점을 짚어가면서 설명해줄 것으로 기대하지 않았는가? 물론 우리는 모두 그렇게 하고 있다. 마이크로소프트는 소비자의 기대를 알고 있다. 관리자는 소비자에게 소프트웨어 개발자를 연결시켜서 고객 서비스 경험을 증진하려고 돕는다. 이 사례에서는 관리자의 목적은 개발자가 유저 프렌드리와 기술적인 요구서와 맞게 소프트웨어를 개발하게 하는 것이다.

직무 설계의 전향적 관점
종업원이 그들 업무가 수행되는 방법을 변화시키는 주도권을 잡아야 한다는 관점

둘째, **직무 설계의 전향적 관점**(proactive perspective)으로써, 종업원이 그들 직무가 수행되는 방법을 변화시키는 주도권을 잡아야 한다고 말한다.[38] 그들은 자기 작업에 영향을 주는 행동과 의사결정에 훨씬 더 개입한다. 이 관점에 따르면 중요한 직무 설계 요인은 자율성(JCM 모델에서 나옴), 모호성과 책임감의 정도(양), 직무 복잡성, 스트레스 수준, 사회적 관계의 맥락 등이다. 이들은 모두 종업원의 전향적 행동에 영향을 미침이 확인되었다. 예를 들면, 연구자들이 관찰한 바, 병원에서 청소부들이 그들 업무를 수행하는데 주도권을 잡고 있다는 것이다. 한 연구자에 따르면, "청소부들은 매우 짧은 시간 안에 청소해야할 방의 숫자가 엄청나게 많은데, 그들이 해야할 과업의 숫자는 별 차이가 없다…. 그들이 하는 직무를 의미있게 만들려면, 환자와 그 가족들을 돕기 위하여 모든 종류의 작은 일들도 그들이 처리해야만 한다"는 것이다.[39] 전향적 작업 설계와 관련된 한 조사연구에 의하면, **고관여 작업 실무**(high-involvement work practices)에 기반을 둔 것으로, 이러한 작업에 작업자가 더 많은 투입과 관여가 일어나도록 설계하였다.[40] 종업원의 관여 정도는 종업원이 그들 직무에 영향을 주는 의사결정에 관여하는 횟수가 많을수록 더욱 증가한다고 믿고 있다.

고관여 작업 실무
작업 실무가 보다 많은 투입과 종업원의 관여가 더 크게 발생하도록 설계

공정성 이론

만일 어떤 사람이 대학 졸업 후 첫 직장에서 연봉 80,000달러를 제안했다면, 당신은 아마도 그 제안을 덥석 받아들이고 열심히 일하겠다고 할 것이며, 요구하는 일은 무엇이든

지 할 태세를 갖추고 급여에 대해 분명히 만족할 것이다. 그런데 일을 시작한지 한달쯤 지난 후 비슷한 시기에 졸업을 하고, 나이도 비슷하며, 비슷한 학교에서 비슷한 성적, 비슷한 근무 경력을 가진 동료가 85,000달러를 받는다는 사실을 알게 되었다면, 당신은 어떠한 반응을 보이게 될까? 아마도 화가 날 것이다. 절대적인 기준에서 볼 때 80,000달러는 신입사원이 벌어들이는 돈으로는 대단히 큰 것이 사실이지만(당신도 그것을 알고 있다), 갑자기 그것이 별것도 아닌 상태가 된 것이다. 이제 당신은 문제를 상대적인 보상과 당신이 공평하다고 믿는 무엇, 즉 공평성(fair)에 대한 것이라고 여기게 되었다. 공정성이라는 용어는 공평성의 개념과 비슷한 것으로 일을 하는 다른 사람들과 비교되도록 비슷하게 대우받는 것과 관련이 있다. 직원들은 자신의 일에 대한 투입과 산출을 다른 사람들의 것과 관련 지어 비교하며 불공정성은 직원들이 기울이는 노력의 정도에 영향을 미친다는 많은 연구결과들이 있다.[41]

공정성 이론
자신의 투입-산출의 비율과 비슷한 수준의 다른 사람의 투입-산출의 비율을 비교하는 이론

공정성 이론(equity theory)은, 직원들은 직무로부터 얻는 것(산출)을 그것에 투입하는 것(투입)을 비교하고, 그런 다음 자신의 투입-산출의 비율과 비슷한 수준의 다른 사람의 투입-산출의 비율을 비교한다고 설명한다(Exhibit 12-7 참조). 만일 그 직원이 자신의 비율과 비슷한 동료의 비율이 같다고 인식하면 공정한 상태가 된다. 그러나 그 비율이 같지 않았을 때 불공정한 상태가 되며, 자신이 과소보상 또는 과대보상되고 있다고 여기게 된다. 불공정성이 느껴지면 직원들은 그에 대해 어떤 시도를 하게 된다.[42] 그 결과는 생산성의 향상 또는 감소, 상품의 품질 증가 또는 감소, 결근율의 상승, 또는 자발적인 이직의 형태로 나타난다.

Exhibit 12–7
공정성 이론

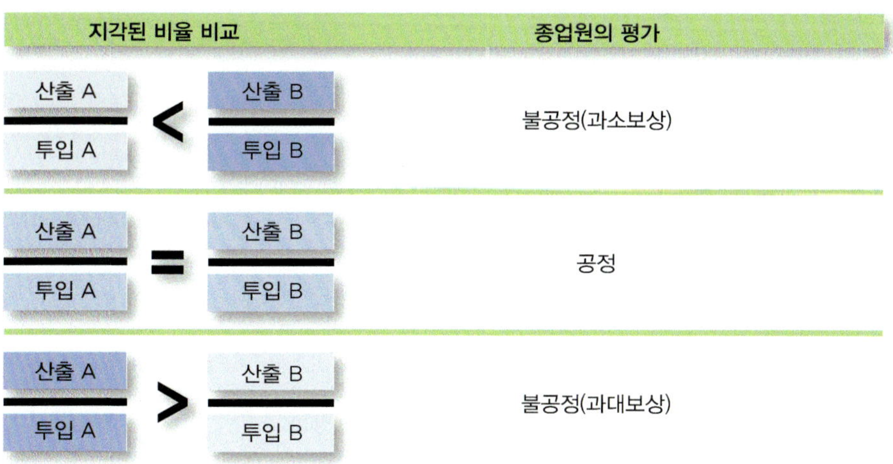

준거대상
공정성을 판단하기 위해 자기 자신과 다른 사람, 시스템, 또는 자기 자신과 비교

준거대상(referent)—공정성을 판단하기 위해 자기 자신과 다른 사람, 시스템, 또는 자기 자신과 비교함—은 공정성 이론의 중요한 변수이다.[43] 각각의 세 가지 비교 대상 범주가 중요하다. 다른 "사람"의 범주는 같은 조직에서 같은 직무를 하고 있는 다른 사람들을 포함하고, 또한 친구, 이웃, 또는 직장 동료도 역시 포함한다. 직원들은 직장에서 듣는 것과 신문이나 업계 출판물에서 읽은 것들을 바탕으로 자신의 급여를 다른 사람의 것과

직장의 비밀 불공정한 임금에 대한 감정

많은 종업원들에게 있어서, 비슷한 일을 하고 있는데도, 조직 내의 어떤 사람이 더 많은 급여를 받고 있음을 알게 되어도 그것이 demotivator로 작동할 가능성은 거의 없다. 그러나 당신의 공정성 감각에 의존하여, 어느날 갑자기 당신이 공정하게 보상받지 못한다는 데 대해 화가 치밀거나 분노가 생길 수 있다.

우리가 항상 공정성 감각이 똑같지 않다는 사실로부터 출발하자. 공정성 감각(ES;equity sensitivity)은 공정성 이론에서 나온 용어이다. ES는 모든 사람이 공정성에 대해 동등하게 민감하지 않음을 인정한다. 그러므로 ES는 각 개인이 선호하는 투입 대 산출의 비율에 근거하고 있는 개인적인 특성이다. 연구목적상 우리는 다른 사람보다 상대적으로 덜 보상받고 있다고 믿는 사람들에게 초점을 맞출 것이다. 당신은 공정성 감각이 떨어지지 않지만 덜 보상받는다고 느낀다면, 당신은 그냥 내버려두는 경우가 많다는 것이다. 우리가 이제 지적하고자 하는 것처럼, 당신 불공정한 급여라고 인식하는 것을 정정하려면, 위험이 따른다. 그래서 때로는 가장 좋은 방법은 가만히 있는 것이다. 당신이 행동을 하기 전에, 그 이슈를 다루기를 진정 원하는 것인지 깊이 생각해야 한다.

만일 당신이 불공정하게 급여를 지급받고 있다고 느낀다면, 당신 스스로 자신에게 질문하는 것부터 시작해야 한다. 무엇으로 그것을 증명할 것인가? 몇몇 회사들은 종업원의 급여를 공개하고 있다. 그러나 이것이 일반적인 규범은 아니다. 특히 화이트컬러 직무에서, 일반적으로 많은 회사들이 다른 사람이 얼마나 많이 버는지 종업원들이 알기를 원치 않는다. 실제로 어떤 회사에서는 종업원의 급여 정보를 다른 사람과 공유하지 못하도록 문서화된 정책을 갖고 있다. 왜 회사들이 이렇게 할까? 분명한 대답은 그들은 종업원들이 서로 비교하는 것과 경영진이 모든 지각된 불공정성을 처리하고 싶지 않기 때문이다.

위에서 말한 제안은 당신이 급여를 적게 받는다고 주장하기 이전에 사전 조사할 필요가 있다는 것이다. 역사적으로 과거에는 급여를 비교하기 위해 정확한 데이터를 수집하는 것이 불가능하였지만, 인터넷이 모든 것을 바꿔 놓았다. Glassdoor and PayScale.com과 같은 급여 웹사이트에서는 서로다른 시장의 수많은 직무에 대한 비교 자료를 제공한다.

두 가지 질문을 고려해보자: 당신이 급여를 적게 받는다고 결론을 내린 근거는 무엇인가 그리고 다른 사람이 같은 일(비슷한 일)을 하는 것보다 급여가 적다는 이유를 논리적으로 설명할 수 있는가? 급여의 차이를 정당화할 수 있는 수많은 이유가 있다는 것을 염두에 두라 –교육, 기량(기능), 조직내 근무기간, 관련 경험, 서로다른 업무평가 척도, 지역, 생활비 등 다양하다. 예를 들면, Liberty Mutual에서 일하는 두 명의 보험설계사가 서로 다른 급여를 받는데, 한 명은 New York City에서 근무하고, 또 한 명은 Birmington, Alalbama에서 근무하기 때문이다. 미국에서, 성별 차이, 즉, 똑같은 일을 하는 남성보다 여성이 급여를 적게 받는 것은 정당화될 수 없다. Equal Pay Act가 특히 성별에 따른 급여의 차별을 금하고 있기 때문이다. 또한 대부분의 조직들은 특정 직무에 대한 급여 구간이 다르고, 사람들은 협상할 때 서로 다른 기술을 갖고 있다는 것을 기억하라. 어떤 급여의 차이는 서로다른 시기와 서로 다른 조건에서 협상했던 처음 급여의 차이 때문에 생긴 것이다.

만일 당신이 자기 급여가 불공정하다고 확신하고 자기 주장을 지지할만한 증거를 갖고 있다면, 얼마나 당신이 리스크를 짊어질 수 있는지 자신에게 물어보아야 한다. 어떤 회사에서는 조직문화가 급여를 비교하거나 임금구조에 도전하는 것을 가만두지 않는다. 당신의 관심사에 대해 아무도 귀를 기울이지 않을 것을 각오하라. 많은 관리자들은 한 사람의 불평 때문에 급여를 인상한다면, 급여를 재조정해달라는 요청이 봇물처럼 터질 것이라고 두려워한다.

만일 당신이 이 이슈를 계속 추구할 것이라면, 전략을 가질 필요가 있다. 당신의 문제를 들고 먼저 누구에게 찾아갈 것인가를 결정하는 것부터 시작하라. 당신의 보스가 혼자 당신의 급여를 차별한다고 생각하지 마라. 특히 대규모 조직에서는, 임금구조가 매우 정교하게 설계되어 있고 모니터링하고 있다. 보통 최종적인 의사결정은 인적자원관리부서에서 다룬다. 따라서 당신은 당신 직속상사에게 당신의 사례를 설명할 것인지, 인적자원부서장에게 갈 것인지, 혹은 그 둘 다를 상대할 것인지 결정해야 한다.

타이밍도 계산에 넣어야 한다. 즉, 당신의 사례를 설명할 수 있는 적당한 시기가 있다. 가장 적당한 시기는 업적평가 기간이다. 강력한 평가는 특히 당신이 급여를 적게 받는다는 증거만 있다면 조정을 요청할 수 있게 해준다. 그리고 어떤 종류의 증거가 당신의 사례를 해결해주고 당신의 보스가 자기 상관에게 승인을 받도록 도와줄 것인가? 만일 조직 내의 다른 사람이 당신과 같은 일을 하는데 더 많은 급여를 받고 있음을 알려주는 객관적인 데이터를 갖고 있다면, 사실을 제시하라. 또한 당신의 기여도를 설명하라. 구체적으로 당신의 과거 성취업적과 미래에 기대되는 기여할 바를 제시하라. 이상적으로는 당신의 사례를 지지해주는 구체적인 증거를 갖고 있을 것인데, 예를 들면 당신이 판매고를 얼마나 많이 올렸는지, 혹은 생산성 증가를 통해 얼마나 많이 절감하였는지를 보여주라. 만일 당신의 직무가 그런 사실을 제시할 수 없다면, 고객, 공급업자, 일하는 동료들로부터 당신의 성취에 대한 긍정적인 코멘트로 당신의 사례를 지지하라.

우리는 당신이 해서는 안될 일을 몇 가지 제시하면서 결론을 짓고자 한다. (1) 당신 보스의 머리 꼭대기에 올라가지 마라. 예를 들면, 먼저 당신 보스의 승인이 없이 인적자원관리자와 이야기하지 마라. 어떤 관리자도 자신의 권위를 무시하는 것을 좋아하지 않는다. (2) 당신의 보상에 대해 동료들과 토론하지 마라. 임금은 매우 민감한 주제이다. 급여 정보를 공유하지 않는 것이 가장 좋다. 동료들을 제외하고 비교자료를 얻기 위해 다른 소스를 찾아보라. (3) 당신 회사나 부서의 특정 인물과 비교하지 마라. 이 경우에 당신 보스나 동료들로부터 지지를 받을 가능성이 낮다. (4) 절대로 부정적으로 말하지 마라. 불평을 하거나 위협적인 발언이 결코 좋은 결과를 가져오지 못한다. 당신의 봉급이 몇 년동안 전혀 인상되지 않았다거나 다른 사람이 하는 일보다 당신이 두 배나 더 많이 일한다고 말하는 것이 훨씬 비생산적임을 증명해준다.[48]

비교한다. "시스템" 범주에는 조직의 급여 정책과 절차, 시스템의 경영관리 등이 포함된다. "자기 자신"의 범주는 각 개인의 고유한 투입-산출 비율을 말한다. 이것은 과거의 경험을 반영하고 접촉하고 과거의 업무 또는 가족관계와 같은 기준에 의해 영향을 받는다.

분배적 정의
개인 간 보상의 양과 분배에 대한 인지된 공평성

절차적 정의
보상의 분배를 결정하는 과정에 대한 인지된 공평성

최초에 공정성 이론은 개인간 보상의 양과 분배에 대한 인지된 공평성을 말하는 **분배적 정의**(distributive justice)에 초점이 맞춰졌다. 최근 연구는 보상의 분배를 결정하는 과정에 대한 인지된 공평성을 말하는 **절차적 정의**(procedural justice)의 문제를 밝히는 것에 초점을 맞춰왔다. 이들 연구들은 분배적 정의가 절차적 정의보다 직원의 만족에 더 큰 영향을 미치는 반면, 절차적 정의는 직원의 조직 전념도, 상사에 대한 신뢰, 퇴직 의사 등에 영향을 미치는 경향이 있음이 보여준다.[44] 관리자들에게 미치는 영향은 무엇일까? 그들은 절차적 정의에 대한 인식을 높이려면 분배 의사결정이 어떻게 내려졌는지에 대한 정보를 공개하여 공유하고, 일관성 있고 공평무사한 과정을 따라야 하며, 비슷한 관례를 지켜나가야 한다. 절차적 정의에 대한인식을 향상시킴으로써 직원들은 자신의 보수나 승진, 기타 직업적인 산출이 불만족스러운 경우에도 상사나 조직을 긍정적으로 보게 될 가능성이 높다.

기대이론

직원을 동기부여하는 방법에 대한 가장 포괄적인 설명은 **기대이론**(expectancy theory)이다.[45] 비록 비판이 존재하기는 하지만,[46] 대부분의 연구결과들이 이 이론을 지지한다.[47]

기대이론
사람은 주어진 결과에 따라 행동이 뒤따르고, 그 결과가 주는 개인에 대한 매력에 따라 행동이 달라진다는 이론

기대이론에서는 사람을 기대에 근거하여 어떤 방식으로든 행동하는 경향이 있다고 말하는데, 사람은 주어진 결과에 따라 행동이 뒤따르고, 그 결과가 주는 개인에 대한 매력에 따라 행동이 달라진다는 것이다. 이 기대이론은 세 가지 변수 또는 관계를 포함하고 있다(Exhibit 12-8 참조).

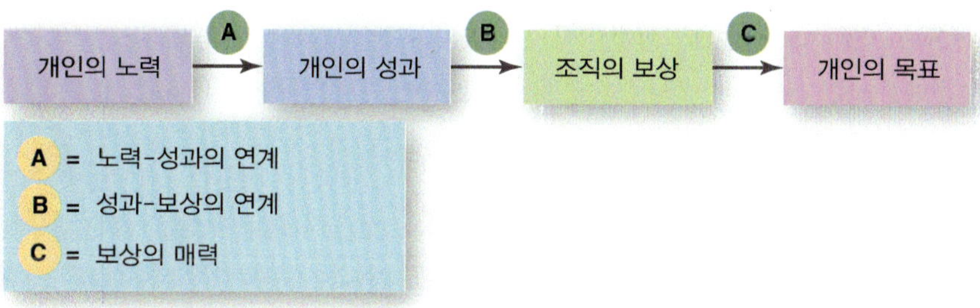

Exhibit 12–8
기대 모델

1. 노력-성과의 연계: 개인이 어느 정도의 노력을 기울이면 어떠한 좋은 성과가 나올 것이라는 확률을 말한다.
2. 성과-보상의 연계: 어느 수준의 업무 수행이 바람직한 결과를 얻는데 있어 도구가 될 것이라고 개인이 믿는 정도를 말한다.
3. 매력도(attractiveness): 개인이 직무에서 얻는 잠재적인 결과 또는 보상에 대해서 개인이 부여하는 중요도를 말한다. 보상의 매력도는 개인의 목표와 개인의 욕구 모두를 고려한다.

Peeps and Mike & Ike 브랜드 메이커인 Just Born Quality Confections은 연간 판매 목표를 달성하기 위하여 종업원들을 동기유발할 기대이론을 사용한다. 여기에서 보여주는 판매팀원들은 열심히 노력하여 회사가 전액부담하여 보내주는 하와이 여행을 기대하였다. 그러나 목적달성에 실패하여, 대신에 자켓과 모자를 선물받고 노스타코타 주의 Fargo로 여행을 가게 되었다.
출처: *Ann Arbor Miller/AP Photo*

동기부여에서 기대이론이 매우 복잡해 보이지만 실제로는 그렇지 않다. 다음과 같은 질문으로 요약할 수 있다: 어떤 수준의 성과를 거두려면 나는 얼마나 열심히 일을 해야 하며, 실제로 그것은 성취가능한가? 그 정도 수준의 성과로 내가 얻게 될 보상은 무엇인가? 그 보상은 내가 얼마나 마음이 끌리는 것이며, 그것은 내 개인적인 목표를 달성하는 데 도움이 되는가? 당신이 주어진 시간에 최선의 노력을 하겠다고(즉, 열심히 일하는 것) 할 지의 여부는 당신의

목표와 그 목표를 달성하는 데 어느 정도 수준의 성과 달성이 필요한지 당신이 인지하기에 달려 있다.

하나의 예를 살펴보자. 저자 중 한 사람은 수년 전 IBM의 판매사원으로 일하고 싶어하는 학생을 알고 있다. 그가 좋아하는 업무 "보상"은 IBM의 제트전용기를 타고 미주리주 스프링필드까지 날아가서 최상의 고객을 모시고 멋진 장소로 이동하여 주말 골프 여행을 하는 것이다. 그러나 그러한 특별 "보상"을 받기 위해서는 어떤, 누구 이상의 성과를 달성해야만 하는데, 그녀의 구체적인 판매목표를 훨씬 초과하는 것이었다. 그녀가 얼마나 일을 열심히 했는가(즉, 그녀가 얼마나 동기부여되어 노력을 쏟았는가)하는 것은 그녀가 달성한 성과 수준에 달려있다. 만일 그녀가 높은 수준의 성과를 달성했다면, 그녀는 그 보상을 받을 것이다. 왜냐하면 그녀는 그 보상을 "가치"로 여기고 항상 자기의 판매목표를 초과 달성하려고 노력하였다. 그리고 성과-보상의 연계(linkage)도 분명한데, 왜냐하면 그녀가 열심히 일하고 목표 달성하면 회사에서 그녀가 가치있게 여기는 보상(회사 전용기의 탑승)을 받게 되기 때문이다.

기대이론의 핵심은 개인의 목표, 노력과 성과의 연계, 성과와 보상의 연계, 그리고 마지막으로 보상과 개인의 목표 만족도의 관계들에 대한 이해이다. 이 이론은 이익, 즉 보상을 강조한다. 그 결과로 우리는 조직이 제공하는 보상은 개인이 원하는 것과 정렬되어 제공되고 있다는 것을 믿어야 한다. 기대이론은 무엇이 개인을 동기부여하는지를 설명하는 보편적인 원리가 존재하지 않다는 것을 인정하며, 따라서 관리자는 직원들이 어떤 결과에 대해 매력적이라고(또는 매력적이지 않다) 보는지 그 이유를 이해해야 한다고 강조한다. 그럼에도 불구하고, 우리는 개인들이 긍정적인 가치를 부여함으로써 그들을 보상하고 싶어 한다. 또한 기대이론은 기대된 행동을 강조한다. 직원들은 그들에게 기대되는 것이 무엇이며, 그들이 어떻게 평가될지를 알고 있는가? 마지막으로, 이 이론은 현실과는 관계없이 지각(perception)을 중시한다. 성과와 보상, 결과 그 자체가 아니라 목표 성과에 대해 개인이 갖고 있는 인식이 동기부여(노력 수준)를 결정짓는다.

동기부여의 현대적 통합이론

우리는 이번 장에서 수많은 이론을 살펴보았다. 이 시점에서 그 이론을 하나씩 독립적으로 보는 경향이 있다. 이렇게 보는 것은 실수이다. 실제로 이들 이론의 밑바탕에 깔린 많은 개념들은 상호보완적이며, 당신은 이 이론들이 어떻게 결합하는지를 이해하게 되면, 동기부여하는 방법을 더 잘 이해하게 될 것이다.

Exhibit 12-9는 동기부여에 대해서 우리가 알고 있는 모든 것을 통합한 모델이다. 이 모델의 기본적인 토대는 Exhibit 12-8에서 살펴본 기대이론이다. Exhibit 12-9를 왼쪽부터 시작해서 살펴보기로 하자.

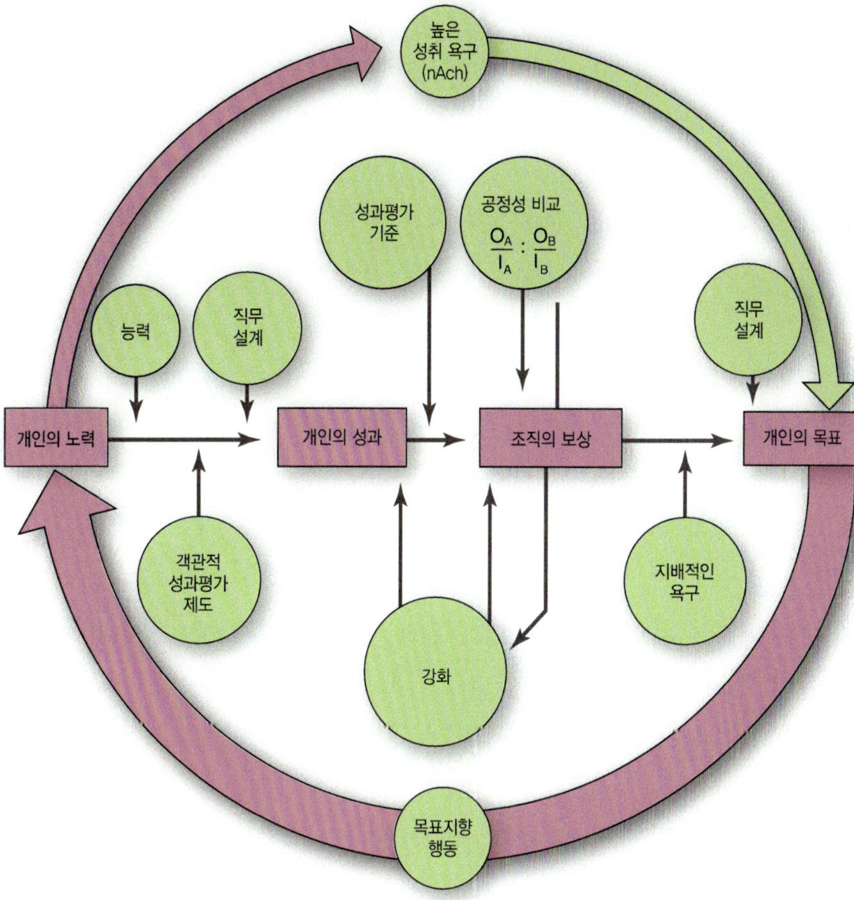

Exhibit 12-9
동기부여의 통합된 현대 이론

개인의 노력에서 화살표가 시작되고 있다. 이 화살표는 개인의 목표에서부터 시작된 것이다. 목표설정이론과 일치되게 이 목표-노력의 연계는 목표가 행동을 지시함을 나타낸다는 의미이다.

기대이론은 직원이 노력과 성과, 성과와 보상, 보상과 개인의 목표 만족도 간에 강한 관계가 존재함을 인식하면 높은 수준의 노력을 기울일 것이라고 예측한다. 결국 각각의 관계들은 특정요인들로부터 영향을 받는다. 이 모델에서 보여주듯이, 개인의 성과 수준은 개인의 노력 수준뿐만 아니라 개인의 수행 능력 수준, 조직의 공정하고 목표지향적인 성과평가 시스템의 보유 여부에 의해서도 결정됨을 알 수 있다. 성과-보상의 연계는 보상의 대상과(연공이나 개인의 선호, 기타 기준이 아닌)라고 개인이 인식했을 때 강해진다. 기대 이론의 마지막 연계는 보상-목표의 관계이다. 이때 전통적인 욕구이론이 적용된다. 동기부여는 개인이 높은 성과를 받았을 때 자기의 개인적 목표와 일치하여 중요한 욕구가 충족되었을 때 그 보상의 정도가 높게 지각될 것이다.

이 모델을 잘 살펴보면 이는 성취욕구, 강화, 공정성, 그리고 JCM 이론들을 모두 고려하고 있음을 알 수 있다. 높은 성취 욕구를 가진 사람은 자신의 업무수행에 대한 조직의 평가나 보상에 의해 동기부여되지 않기 때문에 높은 성취 욕구(nAch)를 가진 개인의 목표로 노력에서 직접 건너뛴다. 성취 욕구가 높은 사람들은 자기가 하는 일이 그들에게 개인적인 책임감과 피드백, 적당한 수준의 위험을 제공하는 한, 내면적으로 구동된다는 점을 기억하라. 그들은 노력-성과, 성과-보상, 보상-목표의 관계에 신경 쓰지 않는다.

강화이론은 이 모델에서 조직의 보상이 개인의 성과를 강화시키는 기능을 하는 것으로 나타나 있다. 만일 관리자들이 보상 시스템을 설계하면, 그것은 직원들에 의해 좋은 성과에 대한 보상으로 여기게 되고, 보상은 좋은 성과를 강화시키고 계속 유지되도록 격려한다. 또한 보상은 공정성 이론의 중요한 부분으로 기능한다. 개인들은 자신의 투입 또는 기울인 노력에 대해서 받은 보상(산출)과 비슷한 수준의 동료의 투입-산출 비율을 비교한다. 만일 불공정성이 있으면, 기울였던 노력에 영향이 가해진다.

마지막으로, 통합 모델에는 JCM도 찾아볼 수 있다. 과업 특성(직무 설계)은 두 곳에서 직무동기부여에 영향을 미친다. 첫째, 다섯 가지 직무 차원을 중심으로 설계된 직무는 그 직무 자체가 개인의 동기부여를 작동시키기 때문에 실제로 높은 직무 성과를 쉽게 이끌어낸다. 이것은 노력-성과 사이의 연계를 향상시킨다. 둘째, 다섯 가지 직무 차원을 중심으로 설계된 직무는 또한 일의 핵심요소에 대한 직원의 통제력을 향상시킨다. 그러므로 자율성, 피드백, 그리고 비슷한 직무 특성을 제공하는 직무는 자신의 일에 대한 더 큰 통제권을 갖고 싶어하는 직원의 개인 목표를 충족시키는 데 도움이 된다.

Let's Get REAL

Anooja Rangnekar ▶
판매 관리자

출처: *Anooja Rangnekar*

시나리오:

Laura Mora는 태양전기 판넬을 설치하는 회사의 판매관리자이다. 그녀의 판매팀원들중 일부는 자기의 열정과 노력을 자기 일에 쏟아붓기 보다는 하루를 대충 보내는 것 같다. 이들 판매팀원들은 새로운 고객을 개발하고, 전화로 잠재 고객들과 토의하고, 무엇이 고객에게 가장 좋은 제품인지 결정하기 위해 웹사이트상의 미래 고객들을 방문하는 일을 하고 있다. Laura가 최근 자기 직원들이 잠재 고객들과 통화하는 것을 몇 번 들었을 때, 자기 팀원들이 고객이 요구하는 최소한의 정보만 제공하는 것 같았다. 제품과 혜택에 대한 추가적인 정보는 전혀 논의하지 않았다. 적어도 그녀의 팀원들 중 일부는 또다른 동기부여의 척도인 회사의 판매 실적이 최근 몇 달동안 하락하고 있었다.

당신은 Laura에게 자기 직원들의 동기부여를 증대시킬 수 있는 방안을 무엇을 제안할 수 있을까?

Laura가 자기 직원들의 동기부여를 증대시킬 수 있는 몇 가지 전략을 열거할 수 있다.

1. 그녀의 직원들 중 일부는 제품의 추가적인 상세 설명과 혜택을 모를 수도 있을 가능성이 있다. Laura는 모든 직원들이 그들이 판매하는 제품에 대해 알 수 있도록 돕기 위해 전직원 판매 훈련을 시행하고, 훈련 자료를 제공할 수 있다.
2. Laura는 판매전화 응대시에 직원이 참고할 수 있도록 자기 팀원들과 함께 훈련 가이드를 개발할 수 있다. 판매 가이드는 그들 제품과 혜택에 대한 추가적인 상세 설명을 생각나게 하는 도구가 될 수 있다.
3. 마지막으로, Laura는 게임의 개념을 도입하거나 직원들에게 친숙한 경기를 제안할 수 있다. 이것은 팀원들에게 더 큰 목적을 달성하기 위하여 서로 격려하도록 도와줄 수 있다. 로라는 또한 직원들이 서로 경쟁할 수 있도록 인센티브화하여 매월 판매 실적과 생산성 증대를 추구할 수 있다.

LO12.4 동기부여의 현대적 이슈

종업원의 동기부여를 이해하고 예측하는 일은 경영학 연구에서 매우 인기있는 영역중의 하나이다. 우리는 앞에서 몇 가지 동기부여 이론을 소개하였다. 그러나 종업원 동기부여의 현대이론 조차도 몇 가지 중요한 작업장 이슈에 의해 영향을 받게 되는데, 예를 들면, 문화간 동기부여 도전의 관리, 독특한 작업자 집단의 동기부여, 다양한 보상 프로그램의 설계 등이다.

인도네시아 자카르타 인근의 Daihatsu Motor 회사의 종업원들의 동기부여는 그들 국가의 문화적 영향을 받는다. 인도네시아는 강한 집단 문화를 갖고 있기 때문에 개인적 칭찬을 받게 되면 동기부여가 떨어진다. 왜냐하면 그들 문화에서는 조화, 소속감, 합의가 매우 강조되기 때문이다.

출처: *Kyodo/Newscom*

문화간 동기부여 도전의 관리

오늘날 글로벌화된 비즈니스 환경에서, 관리자들은 한 지역에서 효과가 있는 동기부여 프로그램은 다른 지역에서도 효과가 있을 것이라고 자동적으로 가정할 수 없다. 대부분의 동기부여 이론들은 미국에서, 미국인들에 의해, 미국인들에 대해 개발된 것들이다.[49] 아마도 이 이론들에서 미국인들에 대한 호의적인 특성으로 가장 두드러지는 것은 개인주의와 삶의 질을 강조하는 문화적인 특성일 것이다. 예를 들어, 목표설정이론과 기대이론 모두 목표 성취 뿐만 아니라 이성적이고 개인주의적인 사고를 강조한다. 우리는 이질적 문화간 이전가능성이 있는지 동기부여 이론을 살펴보자.

Maslow의 욕구계층이론은 사람은 생리적 욕구의 단계에서 순차적으로 위로 이동한다고 주장한다. 이 이론은 어떤 적용 사례를 가지고 있든지 간에 미국인의 문화에 맞추어져 있다. 불확실성을 회피하는 특성이 강한 일본, 그리스, 멕시코와 같은 나라에서는 안전 욕구가 더 중요할 수도 있다. 삶의 질 특성을 중요시하는 덴마크, 스웨덴, 노르웨이, 네덜란드, 핀란드와 같은 나라에서는 사회적 욕구가 기초가 된다.[50] 예를 들면, 삶의 질에 대한 기준을 높이 평가하는 국가 문화라면 집단 작업이 직원을 좀 더 동기부여할 것임을 예측할 수 있다.

명백하게, 미국인에게 편향된 또 다른 동기부여에 대한 개념은 성취 욕구이다. 높은 성취 욕구는 내면적인 동기 유발자와 같은 기능을 한다는 견해는 두 가지 문화적인 특성을 미리 가정하고 있다. 첫째는 적정한 수준의 위험을 수용하려는 의지(불확실성을 회피하는 특성이 강한 나라를 배제하는), 둘째는 성과에 대한 관심(물질지향적인 특성이 강한 국가에만 해당되는)이다. 이 조합은 미국, 캐나다, 영국 등 앵글로 아메리카노 국가들에서 발견된다.[51] 반면에, 이들 특성은 칠레나 포르투갈과 같은 나라에는 비교적 없다.

공정성 이론도 상대적으로 미국 내에 우선적으로 적용되는 내용들을 가진다. 미국적 보상시스템은 직원들이 보상 체계의 공정성에 매우 민감하다는 가정을 바탕으로 하고 있다는 것은 놀라운 일이 아니다. 미국에서 공정성은 성과와 급여에 밀접하게 연결되어 있어야 한다. 그러나 최근의 증거들은 집단주의 문화에서, 특히 과거 공산국가였던 중부와

동부 유럽의 국가들에서는 직원들이 자신의 성과뿐만 아니라 개인적인 욕구도 보상에 반영되기를 바라는것으로 나타난다.[52] 더 나아가서, 공산주의와 중앙 통제 경제의 유산으로 직원들은 좀더 큰 "상호지향적"인 태도를 보인다. 즉, 그들은 투입보다 더 큰 산출을 기대한다.[53] 이러한 연구결과는 미국식 급여 관행이 직원들에 의해 공정하다고 인식받으려면 다른 나라에서는 수정이 필요하다고 시사하고 있다.

또 다른 연구조사에서는 전 세계 50,000명의 종업원들을 대상으로 동기부여와 관계하여 GLOBE 프레임워크—개인주의와 남성성—의 두 가지 문화적 특성을 살펴보았다.[54] 연구결과 미국과 캐나다와 같은 개인주의가 높은 문화에서는 개인의 주도성, 개인의 자유, 그리고 개인의 성취도 등이 높게 평가되었다. 그러나 이란, 페루, 중국과 같은 집단주의 문화에서는 조화(harmony), 소속, 합의 등을 대단히 강조한 반면에 개인적 칭찬을 받는 것에 흥미가 없었다. 그리고 일본, 슬로바키아와 같은 남성성(성취/주장이 강한) 문화에서는 물질적 성공에 관심이 많음이 발견되었다. 그들 작업 환경 역시 열심히 일만 하도록 설계되었고, 높은 성취자에게 높은 보상을 해주었다. 그러나 스웨덴, 네덜란드 같은 여성성(양육하는) 문화에서는 대체적으로 종업원 간의 임금 격차가 적었고, 오히려 종업원들은 광범위한 삶의 질과 관련된 복지 혜택을 더 선호하였다.

이와 같은 동기부여에 대한 문화간 차이가 있음에도 불구하고, 어떤 문화간의 일관성은 분명하다. 13개 국가의 종업원을 대상으로 한 연구에 따르면, 존중의 대우를 받는 것, 일과 삶의 균형(워라밸), 업무의 형태, 함께 일하는 사람들의 질, 조직 리더십의 질, 기본급여, 굿 서비스가 이루어지는 환경에서 일하는 것을 포함한 가장 높은 동기부여 요인은 다른 사람들에게 장기적인 경력개발의 잠재력, 융통성있는 작업 조정, 학습 개발의 기회, 부가급여(benefits), 승진기회, 인센티브 급여 등을 제공한다.[55] 그리고 다른 연구에서는 흥미있는 일에 대한 욕망이 대부분의 모든 종업원들에게 중요한 것처럼 보였는데, 그것은 그들 국가문화와는 관계가 없다. 예를 들면, 벨기에, 영국, 이스라엘, 그리고 미국의 직원들은 11가지 업무 목표 가운데 첫째가 "흥미있는 일"이라고 응답했다. 그러나 이 요소는 일본, 네덜란드, 독일에서는 두 번째나 세 번째로 나타났다.[56] 비슷하게도, 미국과 캐나다, 오스트리아, 그리고 싱가포르의 대학원 졸업생 대상의 직업 선호 경향 조사결과는 성장과 성취, 책임감 이상 위 세 개 항목으로 조사되었고 순위도 동일했다.[57] 이 두가지 연구 모두 Herzberg의 2요인이론에서 밝힌 내적 요인(동기요인)들의 중요성에 대한 일반화를 제시하고 있다. 일본의 작업장 동기부여의 추세를 살펴본 최근의 연구에서, 또한 Herzberg의 이론이 일본 근로자들에게도 적용가능함을 보여주었다고 한다.[58]

독특한 작업자 집단의 동기부여

직원들은 매우 다른 욕구와 개성, 기술, 능력, 흥미, 그리고 소질들을 갖고 조직에 입사한다. 그들은 고용주에 대해 기대가 서로 다르고, 고용주가 그들에게 무엇을 기대하는지에 대한 생각도 서로 달랐다. 그리고 그들의 직무를 통해서 얻고자 하는 것도 매우 다르다.

이러한 차이점에도 불구하고, 관리자는 어떻게 오늘날의 직장 내에서 발견되는 독특한 작업자 집단을 동기부여하는 일을 성공적으로 해낼 수 있을까? 관리자가 해야할 일 중 하나는 다문화 종업원, 전문가 집단, 그리고 임시직 직원들을 포함한 이들 집단을 동기부여하는 조건들을 이해하는 일이다.

다문화 인력의 동기부여 오늘날 직장에서 동기부여를 극대화하기 위해서 관리자들은 유연성(flexibility)이라는 용어를 생각할 필요가 있다. 예를 들어, 남성은 여성에 비해 자신의 직무에 대한 자율성을 갖는 것을 더 중요하게 생각한다. 반면에, 여성들은 학습의 기회, 편리한 유연작업시간(flexible work hours), 좋은 인간관계를 더 중요하게 생각한다.[59] 밀레니엄 세대들은 사회적 관계를 더 중요시하였고, 나이 많은 근로자들에 비해 팀의 일원으로서 일하는 것을 좋아하였다.[60] 관리자들은 가족을 부양하기 위해 풀타임으로 근무하는 두 자녀를 거느린 싱글맘의 욕구가 파트타임으로 근무하는 독신자 직원이나 퇴직 후의 수입 보전을 목적으로 일하는 고령자 직원의 욕구와는 매우 다르다는 것을 인식할 필요가 있다. 이처럼 다양한 욕구를 가진 직원들을 동기부여하려면 다양한 보상의 배열이 필요하다. 예를 들면, 많은 기업들이 다양한 욕구를 인식하는 11장에서 설명한 집중근무제도(compressed workweek), 유연근무시간제, 그리고 직무 공유(job sharing)와 같은 융통성있는 업무조정을 개발해왔다. 우리가 이미 앞에서 살펴보았던 또 다른 직무 대안은 원격회의(teleconference)이다. 그러나 모든 종업원들이 원격회의를 좋아하는 것은 아님을 염두에 두라. 오히려 어떤 근로자들은 새로운 아이디어의 원천으로서 뿐만 아니라 그들의 사회적 욕구 충족을 위해 작업장에서의 상호작용을 더 좋아한다.

융통성있는 업무 조정이 종업원들을 동기부여할까? 비록 그러한 조정이 매우 동기부여를 한다고 하더라도, 긍정적 측면과 부정적 측면 모두 공존함이 발견되었다. 예를 들면, 원격회의가 직무만족에 주는 영향을 연구한 최근의 한 조사에 의하면, 원격회의의 정도가 증가하면 처음에는 직무만족이 증가하지만, 원격회의에 소요되는 시간이 증가함에 따라 직무만족도 떨어지기 시작하여 약간 감소한 채로 안정되는 것으로 나타났다.[61]

전문가들의 동기부여 한 세대 이전과 비교했을 때, 오늘날의 전형적인 직원들의 모습은 공장의 블루컬러보다는 고도로 훈련된 대학졸업의 전문가에 가깝다. Intel의 인도 개발센터의 엔지니어 팀, North Carolina 주에 있는 SAS 연구소의 소프트웨어 개발자, 또는 싱가포르에 있는 Accenture의 컨설턴트 집단을 동기부여하고자 할 때 관리자가 알아야 할 특별한 유의사항은 무엇인가?

전문가들은 일반적으로 비전문가들과 다르다.[62] 그들은 자신의 전문 분야에 강하게 그리고 오랫동안 몰입해 왔다. 자신의 전문분야에서 뒤떨어지지 않기 위해 정기적으로 자신의 지식을 갱신해야 하며, 자신의 직무에 대한 몰입때문에 그들의 근무시간 주 5일 오전8시부터 오후 5시까지로 한

홈렌탈 웹사이트 Airbnb 관리자들은 회사의 젊은 종업원들을 팀워크와 유대감을 증진시키고 혁신을 강조하는 개방된 협동환경을 통해 동기부여를 시킨다. 종업원들은 그들이 원한다면 어디서나 일할 수 있고 카페, 낮잠휴게실, 도서관, 요가교실, 유기농 점심 그리고 매년 여행을 위한 2천달러의 보너스 등과 같은 어메니티(amenities)를 즐긴다.

출처: *Ed Reeve-VIEW/Alamy Stock Photo*

정하는 법이 거의 없다.

무엇이 전문가들을 동기부여하는가? 금전과 지위는 그들의 우선순위에서 낮은 위치에 있다. 왜냐? 그 이유는 그들은 보수가 높고 자신의 일을 즐기는 경향이 있기 때문이다. 반대로, 직무 도전은 우선순위가 높은 경향이다. 그들은 문제를 붙잡고 해결책 찾기를 좋아한다. 직무에서 얻는 최고의 보상은 일 그 자체이다. 한 흥미있는 일련의 연구는 "flow experience"에다 초점을 맞추었다.[63] 여기에서 플로우란 그 사람의 업무에서 즉, 개인이 시간 감각을 잃어버리고 주변활동을 인식하는 곳에서 모든 흡수의 상태를 말한다. 그것은 전문가들에게 가장 직접적으로 호소한다. 관리자는 도전적인 직무를 설계하고, 창의성을 활용할 수 있는 기회를 주고, 종업원의 기량(기술)을 최대한 발휘할 수 있도록 해줌으로써, 전문가적 종업원들간의 플로우를 극대화할 수 있다. 플로우의 역설은 그것이 갖는 self motivating이다.

마지막으로 우리가 기억해야할 것은, 전문가들은 생활의 중심적인 관심사로 자신의 일을 꼽는 경향이 있는 반면, 비전문가인 직원들은 대체적으로 직무에서 충족되지 못한 욕구의 보상을 업무밖의 다른 흥밋거리에서 찾으려고 한다는 것이다. 이것은 전문가들은 도전적인 업무, 업무의 다양성, 혹은 그들 기술의 완전 활용의 기회가 결핍되거나 없다면 그 직무에 더 머물지 않을 수도 있다는 것을 상기시켜준다.

임시직원의 동기부여 우리는 제11장에서 조직에 의해 고용된 임시직원(contingent workers)의 숫자가 급증한데 대해 살펴보았다. 이러한 근로자들을 동기부여시키는 뾰족한 해결책이 없다. 왜냐하면 임시직이지만 자유를 숭상하는 개인들의 소집단에게는 안정성의 결여가 큰 문제가 되지 않기때문이다. 뿐만 아니라 전임제 직장을 원치 않는 높은 봉급을 받는 의사, 엔지니어, 회계사, 재정기획가 등은 임시직을 선호하기 때문이다. 그러나 이들이라고 예외는 아니다. 왜냐하면 대부분의 경우 임시직 근로자들은 스스로 선택한 임시직이 아니기 때문이다.

타의에 의해 임시직원이 된 그들을 동기부여하는 방법은 무엇인가? 분명한 답 한 가지는 정규직원이 될 기회를 제공하는 것이다. 임시직원 풀(pool)에서 정규직원을 선발할 경우, 임시직원은 종종 정규직원이 되는 희망을 갖고 열심히 일하게 된다. 두 번째 분명한 답은 그들에게 훈련기회를 제공하는 것이다. 임시직원이 새로운 일자리를 찾는 능력은 그가 가진 기술에 의해 크게 좌우된다. 만일 지금 자신이 하는 일이 시대가 요구하는 능력을 개발하는 데 도움이 된다는 것을 알게 되면, 동기부여의 수준이 높아진다. 공정성의 관점에서 정규직원과 임시직원의 급여 차이가 현저할 때 임시직원의 업무 성과는 아마도 타격을 받을 것이다. 그러한 직원을 떼어 놓든지 그들 사이에 상호의존성을 줄이는 것이 아마도 잠재적인 문제를 최소화하는 데 도움이 될 것이다.[64]

이러한 이슈들이 임시직원의 직무만족에 어떻게 영향을 주는가? 연구에 의하면, 임시직원과 정규직원간의 직무만족의 차이는 특정 임시직원의 업무조정(즉, 한시적 직원[temporary employee]과 독립적인 계약자[contractor])을 고려할 때까지는 유의미한 차이가 없다고 한다.[65] 한시적 직원은 정규직 직원보다는 만족도가 낮았다. 이러한 차이는 대부분의 한시적 직원은 유급휴가와 같은 부가급여를 받지 못하고, 상대적으로 숙련도가 높은 정규직보다 낮은 임금을 받고 있다는 사실로 설명할 수 있다. 반대로, 독립적인 계약자들은 정규직원과 비슷하게 만족하는 것으로 나타났다. 왜냐? 그 이유는 그들은 대부분 매우 고도로 숙련된 기술자들이기 때문에 회사가 독립된 계약자들의 기여를 중요하게 평가하기 때문이다. 예를 들면, 경영 컨설턴트들은 교육을 잘 받았고, 그들의 성공 기록이 증명되었기 때문이다.

적절한 보상 프로그램의 설계

우리는 종업원 동기부여를 증진시키려고 설계된 세가지 보상 프로그램을 살펴보는 것으로 이 장을 마무리하려고 한다.

오픈북 경영(Open-book Management) 비디오 기술 기업 Pixability의 설립자인 Betinna Hein는 비밀에 관한 교훈을 배웠다.[66] 그녀는 첫 창업회사에서 그녀의 회사가 잘 되어가고 있다고 생각할 때 그녀는 대규모 해고를 발표하였다가 종업원들의 신뢰를 완전히 잃어버렸다. "그것은 매우 뼈아픈 경험이었고, 그 날 이후로 우리의 모든 장부를 공개하고 있다"고 말했다.[67] 그녀가 Pixability를 창업한 이후에, 첫날부터 오픈북 경영을 채택하였다.

오픈북 경영에서는 중역들이 중요한 재무정보를 모든 종업원들에게 공개함으로써, 직원들은 자신의 업무에 대해 더 나은 의사결정과 자신의 일과 현재 일하는 방법에 대해 더 많은 이해를 하게 되며, 하부조직에 대한 궁극적인 영향을 잘 이해하게 된다.[68] 이상적으로 종업원들이 고용인이라기보다는 소유주처럼 생각하기 시작하였다.

오픈북 경영
중역들이 중요한 재무정보를 모든 종업원들에게 공개하는 동기부여 방법

오픈북 경영의 목적은 직원들로 하여금 자신들의 의사결정과 조치가 회사의 재무적 결과에 미치는 영향을 알게 함으로써 주인처럼 사고하도록 하는 것이다. 하지만 대부분의 직원들은 재무 자료에 대한 배경 지식이나 이해 능력이 부족하기 때문에 회사의 재무제표를 읽고 이해하는 방법을 배워야 한다. 일단 직원들이 이 능력을 갖추게 되면 관리자는 정기적으로 직원들과 만나서 수치 자료들을 공유한다. 이 정보를 공유함으로써 직원들은 자신들의 노력과 성과수준, 운영적 결과 사이의 연관관계를 깨닫기 시작한다.

오픈북 경영은 오늘날 특히 밀레니엄 세대의 욕구와 잘 일치하고 있다. 밀레니엄 세대를 대상으로 한 연구에서는, 그들이 보스에게 찾는 가장 가치있는 특성은 정직과 성실성이라고 한다.[69] 따라서 오픈북 경영은 인력에 대한 new entrants로 어필하는 것 같다.

fyi
오픈북 경영을 실시하는 회사는 첫 해에 생산성과 이익성이 30%까지 증가하는 경험을 한다.[70]

종업원 인정 프로그램(employee recognition program) 미국 플로리다주 Pensacola에 있는 Laura는 패스트 푸드점에서 시급 11달러를 받고 있지만, 그 일(직무)은 그다지 흥미롭거나 도전적인 업무는 아니다. 그렇지만 Laura는 열정적으로 자기 직무, 자기 보스, 자기를 고용한 회사에 대해 말한다. "제가 좋아하는 것은 이 회사[감독자]가 내가 하는 노

력에 대해 고마워한다는 것입니다. 감독자는 항상 교대근무시간에 다른 사람들 앞에서 정기적으로 나에게 감사표시를 합니다. 나는 지난 6개월동안 Employee of the Month에 두번씩이나 선발되었습니다. 저쪽 벽 현판에 붙어있는 내 사진을 보셨나요?" 조직은 Laura가 알고 있는 것을 점차 알아가고 있다.: 종업원 인정 프로그램은 동기부여를 한다.

종업원 인정 프로그램
구체적인 종업원의 기여에 대해 공식적으로 구체적인 행동에 대해 격려하는 특정의 계획

종업원 인정 프로그램은 구체적인 종업원의 기여에 대해 공식적으로 구체적인 행동에 대해 격려하는 특정의 계획이다.[71] 이 프로그램은 자발적이고 개인적인 감사표현에서부터 널리 알리는 공식적인 프로그램까지 다양하다. 인정 프로그램은 인정을 획득하는 절차를 분명하게 확인해준다. 예를 들면, Washington 주의 Everett Clinic에서는 관리자가 직원을 인정하는 격려를 하기 위해 종업원과 회사가 주도권을 혼용하여 사용한다.[72] 종업원들과 관리자는 뛰어난 업적을 달성한 동료들에게 "Hero Grams"과 "Caught in the Act"라는 카드를 보낸다. 인센티브의 일부로서 단순히 인정을 받지만, 그 사람이 받은 카드의 수를 근거로 상금을 준다.

기업이나 정부조직에서 예산이 빠듯하기 때문에 점점 더 비금전적인 인정이 매력적이 되고 있다.최근의 조사에 따르면 89%의 기업이 어떤 형태로든 종업원 인정 프로그램을 갖고 있는 것으로 나타났다.[73] 또다른 연구에 의하면, 12%의 종업원들이 그들이 업무를 잘 수행하였을 때 빈번하게 감사표시를 받고 있다고 말하고, 7%의 종업원들이 그들 회사가 높은 업무성과에 대해 감사표시를 함에 있어서 뛰어나다고 응답하였다.[74] 그러면 종업원들은 이러한 프로그램을 중요하게 여기고 있는가? 물론 그렇다. 수년 전에 실시된 한 설문지에서 무엇이 직장에서 가장 강력한 동기부여 요소가 되었는가? 라는 질문을 모든 직원들에게 물었다. 그들의 답은 무엇이었을까? 인정, 인정, 더 많은 인정! 이었다.[75]

종업원 인정 프로그램의 가장 분명한 편익은 비용이 거의 없다는 것이다. 칭찬하는데 돈이 들지 않는다. 금전적인 보상이 있든 없든지 간에, 인정 프로그램은 종업원을 동기부여시킨다.

Let's Get REAL

출처: *Matt O'Rourke*

Matt O'Rourke ▶
공급망 엔지니어

시나리오:

Footwear Unlimited의 직원은 최저임금을 지급받지만, 그들이 달성하는 판매실적에 따라 커미션을 챙겨 받을 수 있다. 그 결과, 직원들은 고객을 응대하기 위해 열심히 일하고, 적절한 신발을 찾도록 도와준다. 그러나 Christy Jefferson 점장은 현행 커미션 플랜은 팀으로서 종업원들이 일하는 것을 해친다고 걱정한다. 그녀는 한 명의 직원만이 판매 수수료를 받기 때문에, 다른 직원들이 서로 도와주려고 하지 않는다는 것을 알게 되었다. 뿐만 아니라 직원들은 진열 정리와 같은 점포를 둘러싼 몇 가지 규칙조차 무시하는 것 같았다.

Christy는 성과급제 보다는 다른 접근방법을 모색해야 할까요?

팀워크를 해치는 방법을 수용해서는 안된다. 강력한 팀은 사업 성과를 달성하는 데 가장 중요한 요인이다. 개인별 판매를 보상하기보다는, Christy는 팀목적을 통합할 수 있도록 성과급제를 변형하여야 한다. 보너스를 일정기간동안 판매한 켤레 수와 같은 중요한 결과를 달성하는 팀에게 제공하고, 점포 진열을 정리하는 것은 별도로 비금전적인 보상을 할 수 있다. 강한 팀과 기업문화는 접근방법을 바꿀 충분한 가치가 있다.

성과급 프로그램(pay-for-performance program) 대학생인 Nick Gracia는 지난 여름 땅콩을 팔기 위하여 Cleveland Indian 야구경기에서 Progressive Field 야구장의 계단을 오르내리는 일을 하였다. 땅콩은 한 봉지당 5달러에 팔렸고 Nick은 봉지당 1달러를 받았다. 경기가 좋은 날은 200달러까지 벌었다. 경기가 나쁜 날은 50달러를 벌었다. Nick은 기본급도 없고 보너스 없고 최저임금도 없으며 그리고 보험도 없다. 그는 오직 우리가 말하는 성과급을 받았다. 땅콩이 많이 팔리면 팔릴수록(성과), 그가 얻는 돈(급여)은 늘어났다.

성과급 프로그램은 어떤 성과의 측정치를 바탕으로 종업원에게 급여를 지급하는 변동적인 보상계획이다.[76] 이러한 성과급은 세일즈맨이나 중역들을 보상하기 위해 오랫동안 사용되어 왔지만, 변동급여의 범위는 계속 확대되었다. 대략 94%의 종업원들이 어떤 형태이든 변동급여를 받고 있다.[77]

성과급 프로그램
어떤 성과의 측정치를 바탕으로 종업원에게 급여를 지급하는 변동적인 보상계획

변동급여의 예로서, 시급제 급여, 장려금, 이익 분배제, 일괄 지급 보너스 등이 있다. 전통적인 급여와 이러한 형태의 급여들 간의 차이점은 업무에 투입한 시간에 대해 개인에게 급여를 주는 대신에 어떤 성과 측정치를 반영하여 조정한다는 점이다. 사용되는 성과 측정치로는 개인의 생산성, 팀/작업집단의 생산성, 부서의 생산성, 또는 진체 회사의 이익 성과 등이 포함된다.

성과급 제도는 아마도 기대이론에 가장 걸맞는 제도이다. 성과와 보상 간에 강한 연관성을 인식하는 직원들의 경우 동기부여가 극대화된다. 만일 보상이 연공, 직책, 또는 전면적인 임금인상 등과 같은 성과와 관계가 적은(비성과적인) 요소와 연관되어 있다면 직원들은 자신의 노력을 줄이려고 할 가능성이 있다. 동기부여의 관점에서 자신이 기울이는 관심과 측정되는 노력에 초점을 맞춘 성과 측정치를 급여 조건의 일부 또는 전부로 선

실패에서 배운다

NSPS-성과급의 실패

지난 2008년 미국 국방부는 국가안전인사시스템(NSPS)를 도입하였다. 이것은 대규모 연방정부에서 처음으로 시행한 성과급 제도였다.

NSPS의 목적은 직무성과를 종업원의 급여를 결정하는 가장 중요한 요인으로 정하는 것이다. 근무경력이나 편애, 정치적 영향력보다는 메리트(merit)에 근거하여 임금상승이 이루어지도록 만든 것이다. 감독자와 직원이 함께 연간 평가 플랜을 준비하고, 감독자는 나중에 각 직원들을 평가할 때 그 평가기준을 사용한다. 그리고 그해 연말 평가 끝에, 직원의 임금 상승은 그가 얼마나 그 플랜을 따라했는가에 따라 결정된다.

불행하게도 NSPS는 잘 작동하지 않았다. 3년동안 시도했으나, 의회는 그 프로그램을 종결시켰다. 그들은 NSPS가 잘못된 정책을 밀어부쳤다고 결론지었다.

무엇이 잘못되었는가? 가장 가능성있는 대답은 사기업을 위해 개발된 개념을 정부조직에 적용하려고 했다는 것이다. 성과급제는 분명한 목표와 구체적인 측정방법을 제시하는 조직과 직무에 적합하다. 예를 들면, 판매 타겟, 정시 배달, 하루에 만나는 고객의 수, 영화상영일수 등과 같은 목표에 효과적이다. 대부분의 국방부 업무는 그와 같은 측정방법에 익숙하지 않다. 직원들은 그들의 직무 목표가 너무 광범위해서 정확하게 측정하기가 곤란하고, 평가할 때 관리자에게 평가척도를 너무 주관적으로 하게 한다고 불평하였다. 그러나 사기업영역과는 대조적으로, 더욱 중요한 것은 대부분의 정부 직무가 매우 좁고 제한된 봉급 구간을 갖고 있다는 것이다. 따라서 관리자는 임금상승을 할당할 때 편차가 거의 없다. 최고 성과 달성자가 월 40불의 임금인상을 할 때 최저성과자는 월 20불을 인상하기 때문에, 성과급에서 급여가 제공하는 동기부여가 거의 없다.

미국방부는 NSPS의 실패로부터 무엇을 배웠는가? 민간 부문에서 작동하는 경영 개념이 반드시 정부 영역에서도 성공적으로 이식한다는 보장이 없다는 것이다.[80]

정하게 된다면, 그것은 보상을 향한 지속적인 노력을 이끌어낼 수 있다. 만일 종업원이 속한 팀이나 조직의 성과가 하락한다면, 보상도 줄어들게 된다. 따라서 노력하게 만드는 인센티브가 필요하다. 기대이론의 용어를 빌리면, 중요한 것은 강한 성과-보상 관계를 확립하는 것이 종업원들에게 그들의 성과가 높을수록 그들이 가치있게 생각하는 보상이 늘어난다고 느끼게 만든다.[78]

이와 같은 성과급 프로그램은 효과가 있는가? 연구에 따르면, 대부분의 경우에 효과가 있다. 특히 성과 급여(bonus pay)는 미래의 종업원 성과와 긍정적인 상관관계를 보여주는 것으로 나타났다.[79] 그러나 이 장의 "실패에서 배운다" 박스에서 보는 것처럼, 성과급은 모든 조직에 적합한 것은 아니다.

Chapter 12 시험/퀴즈 준비: 학습개요를 통한 요약

LO12.1 동기부여를 정의한다.

동기부여는 직원이 에너지를 쏟고, 지시하고, 목표를 달성하도록 인내하는 과정이다.

여기서 에너지란 집중, 노력, 열정을 측정하는 요소이다. 조직이 그 목표를 달성하는 데 도움이 되는 방법으로 많은 노력을 하도록 독려할 필요가 있다. 직원은 그 목적을 달성하기 위해 인내하면서 노력해야 한다.

LO12.2 동기부여의 초기 이론을 비교, 대조한다.

Maslow의 욕구계층이론에서 인간은 각 욕구가 실제적으로 충족되는 만큼 다섯 가지 욕구계층(생리적, 안전, 사회적, 존중, 그리고 자아실현의 욕구)을 따라 상층 이동한다. 실질적으로 만족된 욕구는 더 이상 동기부여되지 않는다.

X이론의 관리자는 인간은 일하기 싫어하고 책임지기를 싫어해서 계속 일을 시키기 위해 위협하고 강요해야 한다고 믿는다. Y이론의 관리자는 인간은 일하기 좋아하고 책임지는 것을 추구하기 때문에 자기 동기부여와 자율지시(자기 통제)가 중요하다.

Herzberg의 이론은 직무만족과 관계된 내적 요인이 인간을 동기부여시키는 요인이라고 제안하였다. 직무 불만족과 관계된 외적 요인은 인간을 불만족으로부터 방어하는 역할을 한다.

세 가지 욕구이론은 성취 욕구, 친교 욕구, 그리고 권력 욕구와 같은 직장에서 주요한 동기인 세 가지 욕구를 제시했다.

LO12.3 동기부여의 현대 이론을 비교, 대조한다.

목표 설정 이론에서는 특정 목표가 성과를 증진시킨다고 말하고, 어려운 목표가 쉬운 목표를 수행할 때보다 더 높은 성과를 가져온다고 말한다. 목표 설정 이론에서 중요한 점은 동기부여의 주된 근원으로서 목표를 향해 일하는 의도; 보통 목표보다 더 나은 결과를 가져오는 구체적이고 어려운 목표; 목표를 배정하는 것보다는 목표를 설정하는 데 참여;

행동을 인도하고 동기부여시키는 피드백; 목표에 대한 전념, 자기 효능감, 그리고 국가 문화와 같이 목표 설정에 영향을 주는 상황성을 포함한다.

강화이론은 행동이 그 결과의 함수라고 말한다. 동기를 유발시키고 바람직한 행동을 강화시키기 위해 긍정적인 강화요인을 활용한다. 처벌보다는 바람직하지 못한 행동은 무시한다.

직무 확대는 수평적인 직무 범위의 확대로서, 보다 많은 과업을 부여하거나 업무수행의 횟수를 증대시키는 것이다. 직무 충실화는 수직적으로 직무 깊이(job depth)를 확대하는 것으로 직원에게 자기 업무를 더 많이 통제하도록 권한을 부여하는 것이다. 직무 특성 모델은 다섯 가지 주요 직무수행 관점(기술 다양성, 과업 정체성, 과업 중요성, 자율성, 피드백)이 동기를 부여하는 직무 설계에 활용되어야 한다고 말한다. 또 다른 직무 설계 접근방법은 직무의 관계적(relational) 측면과 전향적(proactive) 측면을 살펴볼 것을 제안한다.

공정성 이론은 직원이 그들의 투입 대비 성과의 비율을 다른 사람의 비율과 비교하는 방법에 초점을 맞춘다. 불공정(inequity)의 지각은 종업원이 그것을 해소하기 위해 노력하도록 만든다. 절차적 정의는 분배적 정의에서 하는 것보다 종업원 만족에 더 큰 영향을 미친다.

기대이론은 특정의 행위가 바람직한 결과를 가져올 것이라는 기대 때문에 특정 방식으로 행동하는 경향이 있다고 말한다. 기대(expectancy)는 노력-성과의 관계(어떤 수준의 성과를 달성하기 위해 내가 얼마만한 노력을 투입해야 하는가)이고, 도구성(instrumentality)은 성과-보상의 관계(어떤 수준의 성과를 달성하면 특정의 보상을 해줄 것이다); 그리고 유의성(valence)은 보상의 매력(이 보상은 내가 원하는 것인가?)이다.

LO12.4 동기부여의 최근 이슈를 논의한다.

관리자는 세 가지의 동기부여 이슈에 대처해야 한다: 문화간 문제 관리하기, 독특한 종업원들을 동기부여하기, 그리고 적절한 보상 프로그램의 설계 등이다.

대부분의 동기부여 이론은 미국에서 발달되었기 때문에 북미쪽으로 편향되어 있다. 어떤 이론(욕구 계층이론, 성취 욕구이론, 그리고 공정성 이론)은 특정 문화에서는 적용이 잘 되지 않는다. 그러나 흥미있는 업무에 대한 욕구는 모든 종업원들에게 똑같이 중요하며, 특히 Herzberg의 동기요인(내적 요인)은 보편적이다.

관리자들은 독특한 그룹의 종업원들에게 동기를 부여해야만 하는 도전에 직면해 있다. 다양한 근로인력은 융통성을 추구한다. 전문가들은 직무 도전과 지원을 원하고 업무 그 자체 때문에 동기부여가 된다. 임시 근로자들은 정규직으로 전환되거나 기술훈련을 받길 원한다. 인정 프로그램과 업무수행에 따른 진실한 감사 표현은 숙련도가 낮은 저임금 종업원에게 동기부여하는 데 활용될 수 있다.

오픈북 경영은 재무제표가 공개되어 그것이 무슨 의미인지 교육을 받은 종업원들에게 공유되는 것이다. 종업원 인정 프로그램은 개인적 관심, 인정, 그리고 업무수행에 따른 감사 표현 등으로 이루어진다. 성과급 프로그램은 종업원들을 어떤 성과적 측면에 근거하여 보상한다는 변동적 보상계획을 말한다.

복습과 토론 질문

12-1 동기부여란 무엇인가? 동기부여에서 세 가지 주요 요소를 설명하라.

12-2 동기부여의 네 가지 초기 이론을 설명하라.

12-3 목표 설정 이론, 강화이론, 공정성 이론이 직원의 동기부여를 어떻게 설명하는가?

12-4 동기부여에 대한 서로 다른 직무 설계의 접근방법은 무엇인가?

12-5 공정성이론에 대해 간략히 설명하고, 직장에서 업무상 불공정성이 있다면, 어떤 일이 벌어지겠는가?

12-6 오픈북경영이라는 용어를 당신은 어떻게 이해하고 있는가? 그것이 효과적이라고 생각하는가?

12-7 어떤 조직에서 실제 사용하고 있는 성과급 프로그램의 실례를 설명하라.

12-8 한 개인이 너무 동기부여될 수 있는가? 토론하라.

경력 준비

윤리적 딜레마

오픈북 경영의 주창자들은 종업원들이 오너처럼 생각하고 일단 그들의 결정이 재무적 결과에 어떤 영향을 미칠지 알고 있다면, 그들이 업무를 어떻게 해야할지 더 나은 의사결정을 하도록 동기부여가 된다는 장점을 지적한다. 그러나 "너무 많이 오픈하는 것"과 같은 문제는 없을까? 어떤 회사에서는 종업원들에게 회사의 세부적인 재무자료 뿐만 아니라 상사의 업적고과와 개인의 급여정보까지 모두 공개한다.[81]

12-9 당신은 어떻게 생각하는가? 그러한 접근방법에 대해 찬반토론을 해보라.

12-10 여기에서 당신이 발견한 잠재적인 윤리적 이슈는 무엇인가? 관리자는 이러한 윤리적 문제를 어떻게 설명해야할까?

기술 연습 종업원 동기부여 기술 개발

기술에 대해

간단하지만 완벽한 동기부여의 가이드라인을 구할 수 없기 때문에, 우리가 종업원을 동기부여하기 위해 알고 있는 지식의 핵심을 다음과 같은 제안에서 찾을 수 있다.

기술 훈련 단계

- **개인의 차이를 인정하라.** 거의 모든 현대 동기부여 이론들이 종업원들이 모두 동질적은 아니라고 인정한다. 사람마다 서로 다른 욕구를 갖고 있다. 그들은 또한 태도, 성격, 그리고 기타 중요한 개인변수의 측면에서 서로 다르다.
- **사람과 직무를 연계시켜라.** 수많은 연구들이 주의 깊게 사람과 직무를 연계시킬 때 (적재적소의 배치) 얻는 편익을 보여주고 있다. 사람이 업무를 성공적으로 수행할 때 필요한 기술이 없다면 결합이 된 것이다.
- **목표를 활용하라.** 당신은 종업원들이 분명하고 구체적인 목표를 갖고, 그러한 목표를 달성하기 위해 업무수행 과정에서 피드백이 중요함을 확신할 것이다. 많은 경우, 이 같은 목표는 함께 참여하여 만들어진 것이다.
- **그러한 목표가 달성가능하도록 만들어라.** 실제로 목표가 달성가능한 것과 관계없이 종업원이 불가능하다고 믿으면 자신의 노력을 줄일 것이다. 그러므로 종업원들에게 열

심히 노력하면 설정한 업무목표를 달성할 수 있다고 확신시켜라.

- **보상을 개별적으로 하라.** 왜냐하면 종업원마다 욕구가 다르기 때문에, 어떤 사람에게는 강화요인으로 잘 작동된 보상이 다른 사람에게는 전혀 효과가 없을 수 있다. 당신이 통제가능한 보상을 개별맞춤식으로 제공하기 위해 종업원의 차이에 대해 공부하라. 당신이 사용할 수 있는 매우 구체적인 보상으로는 임금, 승진, 자율성, 목표 설정, 그리고 의사결정의 참여기회 등이 있다.
- **보상을 성과와 연계하라.** 당신은 성과에 따라 보상할 필요가 있다. 성과보다는 보상요인이 기타 다른 요인의 중요성을 강화시킬 수 있다. 임금인상이나 승진과 같은 주요 보상은 특정 목표를 달성한 종업원들에게 주어야 한다.
- **공정성을 위해 시스템을 점검하라.** 종업원들은 보상이나 결과가 주어진 투입과 동등하다고 인식해야 한다. 간단한 수준에서는 경험, 능력, 노력, 기타 분명한 투입이 급여, 책임, 기타 보상에 대해 차이점을 설명해야 한다.
- **돈을 무시하지 마라.** 인간을 일하게 하는 중요한 이유인 돈을 잊게 하기 위해 목표 설정, 업무 할당, 참여기회의 제공 등을 따라하기는 매우 쉽다. 그러므로 성과 위주의 임금 할당이 증가되면서 업무에 따른 보너스, 종업원 지주제, 기타 보상의 인센티브 제도 등 종업원의 동기부여를 촉진하는 데 중요하다.

기술 연습

다음 목록에 있는 종업원 그룹의 각각에 대해 동기부여 계획을 수립하라. 어떤 종류의 보상과 인센티브가 각 그룹에 적합할지 의견을 적어라.

a. Fast-food 근로자

b. 소프트웨어 개발 엔지니어

c. 고등학교 교사

d. 건설 현장 노동자

함께 일하기 팀연습

서너명씩 그룹을 만들어, 저임금노동자를 어떻게 동기부여 할 수 있을지 생각해보라. 그리고 전문가들을 어떻게 동기부여 할 지 생각해보라. 두 집단의 효과적인 동기부여요인 중에서 공통점이 있는지 확인하라. 수업시간에 발표할 준비를 하라.

경영자가 될 차례

- 만일 지금 실천하고 있지 않지만 실행해야 할 좋은 습관이 있다면, 그것이 목표 설정이다. 목표 설정 이론의 제안을 사용하여 자기 자신의 목표를 수집하라. 목표를 노트에 적어보고 보관하라. 그리고 이러한 목표를 달성하고 있는지 자신의 진척 상황을 추적하라.
- 최근 당신이 열심히 노력한 활동의 업무를 설명하라. 이 장에서 설명한 세 가지 동기부여 이론을 선택하여 자신의 행동을 설명하라.
- 당신이 매우 동기부여가 되었을 때와 전혀 동기부여가 없을 때를 생각해 보라. 그리고 이러한 내용을 서술하여 작성하라. 당신의 동기부여의 수준의 차이를 어떻게 설명할 수 있는가?
- 자신의 부하를 동기부여시킨 세 명의 관리자를 면담하라. 그들 업무에서 가장 좋다고 발견한 것은 무엇인가? 자신의 발견 내용을 보고서에 작성하고 준비하여 수업시간에 발표하라.
- 직무 특성 모델(JCM)을 이용하여 다음 직무를 보다 동기부여가 되도록 재설계하라: 소매상의 판매사원, 전기회사의 검참원, 할인점의 계산대 직원. 당신의 보고서에 다섯 가지 핵심 직무 차원에서 적어도 두 가지 구체적 행동을 찾아내어 각 직무를 서술하라.
- 졸업 후 자신의 직무에서 어떤 일을 하고 싶은지 심각하게 생각해보는 시간을 가져라. 자신이 가장 중요하다고 생각하는 리스트를 작성하라. 당신은 즐거운 업무 환경,

도전적인 업무, 융통성있는 작업시간, 재미있는 동료, 그리고 무엇이 필요한지 찾아보라. 그리고 당신이 일들을 수행하는 데 어떤 직무가 도움이 될 것인지 찾아보라.

- 당신이 친숙한 조직이나 당신이 읽는 논문으로부터 종업원 인정 프로그램의 다섯 가지 예를 찾아보라. 자신의 사례를 서술하는 보고서를 작성하고 다양한 접근방법에 대한 자신의 생각을 평가하라.
- 당신은 성과급 프로그램에 참여한 적이 있는가? 만일 없다면, 당신의 친구나 친지 등 그와같은 프로그램에 참여한 경험이 있는 사람을 찾아보라. 당신 자신이나 친구의 프로그램을 살펴보라. 그것이 종업원을 동기부여하는데 효과적이었는가? 그렇든, 아니든 그 이유는 무엇인가? 그 프로그램은 어떻게 개선되어야 하는가?

사례적용 1 KISMEC의 동기부여 경영

새로운 일자리를 찾고 있을 때, caring 고용주를 갖는 것이 매우 중요한가? 오늘날 많은 조직들이 종업원들을 동기부여하고 행복하게 만들기 위한 방법으로써 웰빙 주도권을 고려한다. 많은 연구결과 고용주가 종업원을 위한 훌륭한 워라밸(일과 삶의 균형)을 갖고 있는지, 혹은 보다 더 웰빙을 촉구하는 데 대한 이해가 있는지 질문하는 것이 생산성의 근원임을 보여주고 있다.

말레이시아에 있는 KISMEC(Kedah Industrial Management Development Center)은 어떻게 그것을 성취하였는지 보여주는 좋은 예이다. 이 회사는 1993년 3월 설립되었고, 전국에 있는 12개의 훈련센터를 통해 산업분야의 종업원들에게 중소기업을 대상으로 교육훈련을 제공해오고 있다. 주로 지식창조, 창의성, 기량 개발, 기술, 수월성 추구 및 그들 직원과 트레이너들의 능력개발에 초점을 맞추고 있다.

인재를 보유하기 위해, 이 회사는 종업원들의 웰빙에 대한 욕구를 첫번째로 인식하였고, 인력들이 동기유발 되도록 보장할 책임을 느꼈다. KISMEC은 종업원들의 웰빙을 지지할 다양한 제안을 소개하였다. 한 가지 예를 들면, 그들은 경영진의 "오픈 도어" 정책을 도입하여 실행하였는데, 이것은 종업원들이 피드백, 제안, 질문 등을 하기 위해 언제든지 상사에게 쉽게 접근할 수 있도록 만들어주었다. 그들의 다양한 인력을 지지하기 위하여, KISMEC은 또한 젊은 엄마들의 욕구를 인식하고, 집에서든 직장에서든 새 엄마들에게 언제 수유 해야할지 결정하도록 융통성을 주는 수유실을 만들었다. 그들은 직원들의 종교적인 욕구를 고려하여 기도실(surau)을 설치하였고, 업무 중에도 접근이 가능하도록 하였다. 이 회사는 피트니스 활동과 직원과 가족간의 fun days를 포함하여 웰빙 전략을 개발하려고 계획하고 있다.

KISMEC의 이사인 Mohd Yusuri에 의하면, KISMEC에서 수행하는 제안의 유형과 직원의 동기유발과 충성심에 강한 상관관계가 있다는 것이다. 그는 종업원들에게 holistic care를 제공하는 것이 경험많은 직원들과 함께 그들의 기량과 전문성을 보유하도록 돕는다고 믿고 있다. 그 결과 그들의 직원들에 대한 몰입을 통해 KISMEC은 2018년 Malaysia's Talentcorp Life at Work 시상식에서 특별상을 수상하였다. KISMEC은 계속해서 사람들은 적절한 임금을 위해서 일할 뿐만 아니라 KISMEC 가족의 일원으로서 그들이 가치있고 존경을 받는 멤버임을 느끼려고 일한다는 것을 고용주가 추구한다는 것이다.[82]

토의문제

12-11 KISMEC이 채택한 접근방법은 동기유발 이론 중에서 어떤 이론과 관련되어 있는가?

12-12 다른 회사들이 종업원들의 웰빙을 개선하기 위해 하는 일에 대한 연구 결과와 목록을 제시하라. 이들은 좋은 제안인가?

12-13 KISMEC은 동기유발에 대한 그들의 접근방법이 작동하는지 어떻게 측정하고 있는가?

12-14 KISMEC과 같은 중소기업의 종업원들을 동기유발하는 것이 쉬운 일이라고 생각하는가?

사례적용 2 Y세대의 융통성있는 업무수행

융통성있는 업무계획은 지난 수년동안 발전해왔고 어떤 조직이든지 일반적으로 자기 직원을 유지하려고 기대하였던 것으로 판명되었다. 표준적인 9-5제 업무시간은 낡은 개념이 되었다. 종업원들이 집에서 업무를 보거나 그들 자신의 업무시간을 스스로 조정하는 것은 더 이상 새로운 개념이 아니다. 뿐만 아니라, 종업원들은 이 같은 융통성으로부터 생산성 향상과 같은 수많은 혜택을 받게 된다. 그렇지만, 종업원의 업무구조는 다시 한번 진화되고 있다. Y세대 혹은 밀레니얼 세대는 그들 이전 세대와 비교해보면, 그들과 함께 조직도 변화해야 하는, 판이하게 다른 욕구와 선호를 갖고 있다.

회계법인 Ernst and Young의 호주법인 EY Oceania는 최근 종업원들에게 휴일을 끼고 한두 블록을 가족모임을 하거나 어떤 개인적인 이유든지 6-12주의 무급 휴가를 허용하는 "생활형 휴가제"를 도입하였다. 이 정책은 2019년 4월부터 발효되었고, 그 기간 동안에 full-time 혹은 part-time으로 일하거나 혹은 학교 휴일동안 무급휴가를 갈 수 있는 기회를 제공한다.

EY Oceania의 인력담당 파트너 Kate Hillman은 밀레니얼 세대가 그들 경력의 선호도는 주로 직무가 제공하는 융통성에 의해 좌우되기 때문에 이 제도를 도입하게 된 주된 이유 중 하나라고 말했다. 2020년 EY Oceania의 인력중 80%가 밀레니얼 세대로 구성될 것으로 기대하기 때문에, 회사는 자기 종업원들을 동기부여하고 자극을 주기 위해서 외부에 관심을 쏟도록 격려하기를 원한다는 것이다.

EY Oceania이 채택한 이러한 접근방법은 2014년 밀레니얼 세대의 동기부여가 어떻게 작동하는지 조사했던 Journal of Organizational Change Management의 조사결과를 바탕으로 한 것이다. 연구결과 Y세대에게 단조로운 업무와 일상적인 업무는 demotivator라는 결과를 보여주었다. 이것은 직장에서 행하는 과업 수행 뿐만 아니라 작업환경과 종업원 행동을 포함한다. 연구는 또한 밀레니얼 인력들은 그들 업무 과업에 대한 책임수행을 허용하는 것과 같은 변화에 의해 동기부여되고, 언제 어디서 어떤 업무를 수행해야할지 선택할 때 융통성을 중요하게 생각한다. 취미나 기타 활동을 할 수 있는 시간은 응답자들의 또다른 중요한 요인이었다. 만일 관리자들이 자기 시간을 스스로 관리할 수 있도록 믿어준다면, 어떤 직원들은 업무와 관련된 일을 하느라고 그들의 자유시간을 기꺼이 포기하지만 말이다.

"생활형 휴가제"와 같은 융통성있는 업무계획은 결근율 감소, 광범위한 범위의 직무 지원자의 풀을 만들고, 사무공간에 대한 자본비용 감소 등과 같은 여러 가지 편익을 보여주고 있지만, 또한 조직에 비용을 부담시킨다. 만일 많은 수의 직원들이 동시에 휴가를 신청할 경우 무슨 일이 생길지 관리자는 질문해 볼 필요가 있다. 선발 절차는 어떻게 할 것인가? 갑자기 수 많은 시간 동안 일을 안한다면 조직 역학에 어떤 영향을 줄 것인가? 만일 EY가 호주의 생활형 휴가제를 전체 회사로 확대한다면, 전 세계 180개국의 26만명의 종업원이 적용을 받게 된다. 한 가지는 분명하다. – 밀레니얼 세대는 발언을 하였고, 이런 방식을 최일선의 종업원들의 편익을 실현하기 위하여 활용할 것인지는 전적으로 회사에 달려 있다.[83]

토의문제

12-15 "생활형 휴가제"와 같은 업무계획이 EY Oceania를 위해 일할 때 당신을 동기부여하겠는가? 그 이유는?

12-16 "생활형 휴가제"와 같은 융통성있는 업무계획의 장점과 단점을 설명하라.

12-17 이 사례에서 설명했던 융통성있는 업무조정에 대한 몇 가지 도전들을 어떻게 설명하겠는가?

12-18 Y세대 인력들을 동기부여시키기 위해 노력한다면, 회사는 무엇을 고려해야만 하는가?

12-19 "생활형 휴가제"가 적합하지 않는 직업군은 무엇일까? 이때 종업원들을 동기부여하기 위해 다른 대안은 무엇인가?

ENDNOTES

1. Jessi Berrin , "2017 looks like it will be a big year for workplace flexibility" Miami herald, JANUARY 01, 2017; C. K. Goodman, "Workplace Flexibility to Gain Traction in '17," The Cleveland Plain Dealer, January 8, 2107, p. F3.

추가 END NOTE는 다음의 사이트에서 다운로드 가능하다. https://blog.naver.com/park18391 경영 · 경제 전공도서

Chapter 13 효과적인 리더십

학습목표

13.1 리더와 리더십을 정의한다.
13.2 리더십의 초기이론을 비교, 대조한다.
13.3 리더십의 3가지 중요한 상황이론을 설명한다.
13.4 리더십의 현대이론을 서술한다.
13.5 다양한 리더십 이론의 타당성을 비교한다.
13.6 리더십에 영향을 주는 21세기 이슈들을 논의한다.

고용능력 기술 매트릭스

각 장의 해당 매트릭스와 마지막 부분의 자료는 고용주가 구직자에게 요구하는 특정 기술을 개발하는데 도움을 준다.

		비판적 사고	커뮤니케이션	협동	지식 응용	사회적 책임
기술 상자	당신의 경력 개발	✓	✓		✓	
	직장의 비밀	✓			✓	
	실패에서 배운다	✓			✓	
기술 연습	윤리적 딜레마	✓				✓
	기술 훈련	✓			✓	
	함께 일하기		✓	✓	✓	
	경영자가 될 차례	✓	✓		✓	
사례	사례적용	✓			✓	

Dr. Delos "Toby" Cosgrove는 22,000번 이상의 수술경험이 있는 훈련된 심장 외과의사이다. 그러나 2004년 그는 Cleveland Clinic의 병원장겸 CEO가 되면서 그 역할을 바꾸었다. 그는 병원에서 퇴직하던 2017년 말까지 원장직을 유지하였다. 13년동안, 그는 Toronto와 Abu Dhabi 지역에 두개의 병원을 열었으며, 환자수는 280만명에서 710만명으로 늘어났고, 수익은 4조원에서 9조 2000억원(8.5 billion)으로 늘어났다.[1]

Cosgrove의 리더십은 극적으로 성장, 확장하여 미국에서 넘버 2의 병원으로서 자리잡도록 하는데 중요한 역할을 하였다. 그의 업적 중에는 의사들 보다는 장기와 질병을 바탕으로 설계되어 진료하는 환자 중심 모델으로 클리닉 서비스를 재조직한 것이다. 그리고 "전화나 테블릿으로 가상의 방문을 하거나 예약을 통해 언제, 어디서나 걸어 들어와서 진료에 접근할 수 있는 환자를 위한 새로운 방법"을 실행하였다.

이제 본 장에서는 누가 리더이고, 리더십은 무엇인지 명확하게 살펴보기로 하자.

LO13.1 리더가 누구이며, 리더십은 무엇인가

리더
타인에게 영향력을 행사할 수 있고 관리적 권한을 갖고있는 사람

리더십
목표를 달성하도록 집단에게 영향력을 행사하는 과정

누가 리더이고, 리더십은 무엇인지 명확하게 살펴보기로 하자. **리더**(leader)는 타인에게 영향력을 행사할 수 있고, 관리적 권한을 갖고 있는 사람이라고 정의한다. **리더십**(leadership)은 지휘해서 목표를 달성하도록 집단에게 영향력을 행사하는 과정을 말한다. 리더십은 리더가 하는 일이다.

모든 경영자는 리더이어야 하는가? 지휘(leading)는 네 가지 경영 기능 중의 하나이기 때문에, 이상적으로는 모든 경영자는 리더가 되어야 한다(all managers should be a leaders). 이런 식으로 경영자적 관점에서 리더와 리더십을 살펴보고자 한다.[2] 그러나 경영자적 관점에서 살펴보더라도 가끔 비공식적 리더들이 출현한다는 것을 알고 있다. 이러한 비공식적 리더들은 타인에게 영향을 줄 수 있을지 모르지만 대부분 리더십 연구의 대상이 아니었고 이 장에서 연구하는 리더십의 유형은 아니다.

리더십은 동기부여와 마찬가지로 그동안 많이 연구해 왔던 조직행동론의 주제이며, 대부분의 연구는 "효과적인 리더란 어떤 사람인가(what is an effective leader?)"에 대한 해답을 찾기 위한 것이었다. 이런 질문에 답하기 위해 시도했던 초기 리더십 이론에 대해 살펴봄으로써 리더십 공부를 시작해 보자.

LO13.2 초기 리더십 이론

리더십은 사람들이 목표를 달성하기 위해 집단을 형성한 시기부터 관심사였다. 그러나 20세기 초에 와서야 리더십을 연구하기 시작했다. 이때의 초기 이론들은 리더의 속성(리더십 특성이론)과 리더와 집단구성원과의 상호작용(리더십 행동이론)에 초점을 두었다.

리더십 특성 이론

Florida대학교와 North Carolina대학교의 연구에 의하면, 키가 큰 사람이 작은 사람에

비해 사회적 존경의 높은 자리를 차지하고, 성공적인 리더가 되어 급여도 높게 받고 더 높은 경력상의 성공을 가져오는 것으로 보고되었다.[3] 키가 리더십의 특성이론과 어떤 연관이 있다는 것인가? 이것은 모든 리더십 특성이론에서 리더가 갖고 있는 특성을 찾으려고 노력하는 것과 관련되어 있다.

1920년대와 1930년대에 리더십 연구는 리더와 비리더를 구별하는 데 사용될 수 있는 리더의 특성(특징 characteristics)에 대해 관심을 두었다. 많은 연구에서 밝혀진 특성들은 신체적 조건, 외모, 사회적 신분, 감정적 안정감, 화술, 사교성 등이다. 학자들의 연구 노력에도 불구하고, 리더가 비리더로부터 항상 구별되는 특성들의 집합을 규명하는 것은 불가능한 것으로 나타났다. 아마도 Procter & Gamble, 모스코바 발레단, France라는 나라, Alpha Chi Omega의 대학지부, MacDonald franchise, 또는 옥스퍼드 대학을 경영하든지 간에 모든 효과적인 리더들에게 일반적으로 적용할 수 있는 불변하는 독특한 특성들이 존재하리라는 것은 아마도 너무 낙관적이다. 그러나 리더십(개인이 아닌 과정)과 일관되게 관련된 특성을 찾기 위한 연구는 어느 정도 성공하였다. 효과적인 리더십과 관련된 특성 10가지는 Exhibit 13-1에서 간략히 설명하고 있다.

학자들은 특성만을 가지고 효과적인 리더십을 충분히 설명하지 못한다는 데 동의하는데, 왜냐하면 특성만을 기초로 한 설명은 리더와 집단구성원과의 상호작용을 무시할 뿐만 아니라 상황요인을 간과하기 때문이다. 어떤 개인이 적절한 특성을 소유하는 것만으로 효과적인 리더가 될 것 같다고 하였다. 따라서 1940년대 후반부터 1960년대 중반까지 리더십 연구는 리더가 보여주는 바람직한 행동 유형에 집중하였다. 학자들은 효과적인 리더들이 행한 것(다른 말로 그들의 행동)이 핵심이라고 보았다.

Exhibit 13–1

리더십과 관련된 10가지 특성

1. **추진력.** 리더들은 많은 노력을 보인다. 그들은 성취에 대해 비교적 높은 열망을 갖고 있고, 비전이 있고, 열정이 있고, 쉼없이 활동하고 솔선수범한다.
2. **리드하려는 의지.** 리더들은 다른 사람들에게 영향을 주고 리드해 가는 데 강한 의지를 갖고 있다. 그들은 기꺼이 책임을 지려고 한다.
3. **정직과 성실.** 리더들은 진실되게 또는 속임없이 행하거나 말과 행동의 일관성 유지를 통해 자신의 추종자들과 신뢰관계를 만든다.
4. **자신감.** 추종자들은 리더들이 결점이 없다고 본다. 그래서 리더들은 그들의 목표와 결정을 추종자들에게 확신시키기 위해 자신감을 나타낼 필요가 있다.
5. **지혜.** 리더들은 많은 정보를 수집하고 분석하고 해석할 수 있는 지혜가 있어야 하고, 또 비전을 제시하고 문제를 해결하고 정확한 의사결정을 할 수 있어야 한다.
6. **직무 지식.** 유능한 리더는 기업, 산업, 그리고 기술적 사항에 대해 잘 알고 있다. 깊은 직무 지식은 충분한 정보에 바탕을 둔 의사결정을 할 수 있게 하고 의사결정의 결과를 알게 한다.
7. **외향성.** 리더들은 열정적이고 활기찬 사람들이다. 그들은 사교적이고, 적극적이며, 거의 조용하거나 위축되어 있지 않다.
8. **범죄에 대한 조심성.** 죄에 대한 조심성은 리더십 효과성과 긍정적인 상관관계를 갖는데, 왜냐하면 이것은 타인에 대한 강한 책임감을 갖게 하기 때문이다.
9. **감성 지능.** 공감적 리더는 다른 사람의 욕구를 감지하고, 부하가 무엇을 말하는지(혹은 무엇을 침묵하는지) 귀를 기울여 듣고, 타인의 반응을 읽어낸다.
10. **양심.** 훈련을 잘 받고 약속을 잘 지키는 사람은 그가 리더십의 지위에 올랐을 때 뚜렷한 진가를 발휘한다.[4]

리더십 행동 이론

FCB광고대행사의 CEO인 Carter Murray는 한 직원에게 이렇게 말했다. "이봐, 나는 당신이 놀랍고, 엄청나게 재능이 많고, 당신이 생각하는 꿈보다도 훨씬 더 잘할 수 있다고 생각해요. 그리고 나는 당신이 그렇게 하는 것을 통제하려고 하지 않아요. 당신 스스로 그 의사결정을 할 것입니다."[5] 이와는 대조적으로, Marta Stewart Living Omnimedia의 창업자인 Marta Stewart는 그녀의 종업원을 닥달하는 리더십 방식으로 널리 알려져 있다. 그녀는 종업원을 세세하게 관리하였고 그들을 소모품으로 생각하였다고 보고되었다.[6] 이들 성공적인 회사의 두 리더들은, 여러분이 보았듯이, 서로 아주 다른 방식으로 행동하였다. 우리는 리더의 행동에 대해 무엇을 알아야 하고 효과적인 리더란 어떤 사람인가를 어떻게 이해할 수 있을까?

리더십의 행동이론
효과적인 리더와 비효과적인 리더를 구분하는 행동들을 확인해 주는 이론들

많은 학자들은 **리더십의 행동이론**(behavioral theory of leadership)이 특성이론보다 리더십의 본질에 대해 보다 명확한 대답을 줄 것이라고 기대했다.[7] 네 가지 주요한 리더 행동 연구들은 Exhibit 13-2에 요약되었다.

Exhibit 13–2
리더십의 행동이론

	행동 차원	결론
아이오와대학교	**민주적 스타일**: 부하를 끌어들이고 권한 위양을 하고 참여를 유도함. 독재적 스타일: 작업 방법을 지시하고 의사결정을 독점하고 참여를 제한함. 방임적 스타일: 집단에 자유를 주어 의사결정하고 작업을 완성하게 함.	민주적 스타일이 가장 효과적인 리더십이지만, 그 후의 연구에서는 상반된 결과를 보임.
오하이오주립대학교	**인간 배려**: 부하의 아이디어와 감정을 고려함. **구조 위주**: 직무목표를 달성하기 위해 작업과 작업관계를 구조화함.	고-고 리더(높은 인간 배려와 높은 구조위주)는 모든 상황에서는 아니지만 부하의 높은 성과와 만족을 얻음.
미시간대학교	**종업원 중심**: 인간관계를 중요시하고 종업원의 요구를 들어줌. **생산중심**: 직무의 기술적이고 과업적인 측면을 중요시함.	종업원 중심의 리더가 높은 집단 생산성과 높은 직무 만족도를 보임.
경영 그리드	**인간에 대한 관심**: 부하에 대한 관심을 1에서 9까지의 척도로 측정함. **생산에 대한 관심**: 직무를 완성하기 위한 관심을 1에서 9까지의 척도로 측정함.	9,9형의 리더(높은 인간에 대한 관심과 높은 생산에 대한 관심)가 가장 좋은 성과를 보임.

독재적 스타일
권한을 독점하고 작업 방법을 지시하고 일방적으로 의사결정하고 종업원의 참여를 제한하려는 리더

민주적 스타일
의사결정을 할때 종업원을 참여시키고 권한을 위양하고, 작업 방법 및 목표를 결정할 때 종업원 참여를 유도하고 종업원을 지도하기 위해 피드백을 활용하려는 리더

자유방임적 스타일
일반적으로 집단에게 의사결정을 해서 적절한 어떤 방법으로 작업을 완성하도록 완전한 자유를 주는 리더

아이오와 대학교의 연구 아이오와 대학교의 연구는 어떤 유형이 가장 효과적인지를 알아보기 위해 리더십의 세 가지 유형에 대해 조사하였다.[8] **독재적 스타일**(autocratic style)은 전형적으로 권한을 독점하고 작업 방법을 지시하고 일방적으로 의사결정하고 종업원의 참여를 제한하려는 리더를 말한다. **민주적 스타일**(democratic style)은 의사결정을 할 때 종업원을 참여시키고 권한을 위양하고, 작업 방법 및 목표를 결정할 때 종업원 참여를 유도하고 종업원을 지도하기 위해 피드백을 활용하려는 리더를 말한다. 마지막으로, **자유방임적 스타일**(laissez-faire style)의 리더는 일반적으로 집단에게 스스로 결정하여 적절한 방법으로 작업을 완성하도록 완전한 자유를 준다. 그들의 연구결과는 민주적 스타일

이 작업의 질과 양에 있어서 더 좋은 효과를 주었다고 한다.

아이오와 대학교 연구에서, 가장 효과적인 리더십에 대한 해답을 얻었는가? 불행하게도, 그것은 단순하지 않다. 독재적 스타일과 민주적 스타일에 대한 그 후의 연구들은 일치되지 않는 결과를 보여주었다. 예를 들면, 민주적 스타일은 때때로 독재적 스타일보다 더 높은 성과를 보였으나 어떤 때는 더 낮거나 비슷한 성과 수준을 나타냈다. 그러나 부하들의 만족도를 측정하면 보다 일관적인 결과를 보였다. 즉, 집단구성원들의 만족도는 일반적으로 독재적인 리더보다 민주적 리더인 경우에 더 높았다.[9]

지금 리더들은 딜레마에 빠져 있다. 보다 높은 성과를 얻는 데 초점을 둘 것인가, 아니면 보다 높은 구성원의 만족을 얻는 데 초점을 둘 것인가 하는 것이다. 이러한 리더의 행동의 양면적 본질에 대한 인식 – 즉, 과업에 대한 관심과 인간에 대한 관심 – 은 다른 행동 연구들의 주요 특성이었다.

오하이오 주립대학교의 연구 오하이오 주립대학교의 연구는 리더 행동의 두 가지 중요한 차원을 명확히 하였다.[10] 1,000개 이상의 행동적 차원으로부터 출발해서 연구자들은 집단구성원들에 의해 묘사된 리더 행동들 중 대부분을 설명하는 바로 두 가지 차원으로 압축했다. 첫째는 **구조주도**(initiating structure)라 부르는데, 그것은 리더는 목표 성취를 위해 자기의 역할과 종업원의 역할을 정하고 체계화하기를 좋아하는 정도로 언급되었다. 구조주도는 작업, 작업관계, 그리고 목표를 조직화하려는 행동을 포함한다. 둘째는 **배려**(consideration)라 하는데, 그것은 리더가 집단구성원의 아이디어와 감정에 대한 상호 신뢰와 존경을 보여주는 직무관계를 갖는 정도로 정의하였다. 배려가 높은 수준의 리더는 개인적 문제를 가진 집단구성원을 도왔고, 친근하여 접근이 쉬웠으며, 모든 구성원을 평등하게 대해 주었다. 리더는 그의 추종자들의 편의, 복지, 신분, 그리고 만족에 대해 관심을 보였다. 이러한 행동적 차원이 리더의 행동을 적절히 설명하는가? 연구가 밝혀낸 것은 구조주도와 배려 모두 높은 수준인 리더(**고-고 리더**[high-high leader])는 많은 경우에 한 차원 또는 두 차원에서 낮은 수준을 보인 리더보다 높은 집단 과업 성과와 만족을 성취했다는 것이다. 그러나 고-고 스타일이 항상 긍정적인 결과를 보이진 않았다.

구조주도
리더가 목표 성취를 위해 자기의 역할과 종업원의 역할을 정하고 체계화하기를 좋아하는 정도

배려
리더가 집단구성원의 아이디어와 감정에 대한 상호 신뢰와 존경을 보여주는 직무관계를 갖는 정도

고-고 리더
구조위주와 인간배려 모두 높은 수준인 리더

미시간 대학교의 연구 오하이오 주립대학교에서 연구하고 있었던 비슷한 시기에 미시간 대학교의 조사연구센터에서 주도한 리더십 연구는 유사한 연구 목적을 갖고 있다: 즉, 리더십의 성과(효과성)에 관련된 리더들의 행동적 특성을 밝히는 것이었다. Michigan 그룹은 또한 종업원 중심과 생산중심이라 부르는 두 가지 차원의 리더십 행동으로부터 출발한다.[11] **종업원 중심**(employee oriented)의 리더들은 인간 상호간 관계를 강조하는 것으로 설명된다. 그들은 추종자들의 요구에 인간적 관심을 가지며 집단구성원들 사이에 개인적 차이를 인정한다. 대조적으로, **생산 중심**(production-oriented) 리더들은 작업의 기술적 또는 과업 측면을 강조하는 경향이 있고 집단구성원들을 목적을 이루기 위한 수단으로 간주한다. 미시간 대학교 연구자들의 결론은 높은 집단 생산성과 높은 작업만족을

Apple의 전직 소매담당 부사장 Angela Ahrendts는 종업원 중심의 리더이다. 그녀의 부하에 대한 열정적이고 배려하는 행동은 그들로 하여금 자신의 잠재력을 완전히 깨닫고, 성공하도록 영감을 불어넣고, 결과적으로 그들의 충성심과 직무만족을 갖도록 도와준다. 그녀의 종업원들을 돌보는 일이 창업가겸 비즈니스 리더로서 그녀의 성공을 가져오는데 기여하였다. 그녀는 최근 Apple을 떠나서 Airbnb 이사진에 합류하였으며, 거기서 그녀는 고객들간의 커뮤니티를 구성하는 일을 담당하고 있다.

출처: *Then Chih Wey/Xinhua/Alamy Live News/Alamy Stock Photo*

경영 그리드

리더십 스타일을 평가하기 위한 2차원의 그리드

얻으려면 종업원 중심의 리더들을 강하게 선호한다는 것이다.

경영 그리드 초기 리더십 연구들에서 제시된 행동적 차원은 리더십 스타일을 평가하기 위한 2차원의 그리드를 개발하기 위한 기반을 제공하였다. 이 **경영 그리드**(managerial grid)는 인간에 대한 관심 (그리드의 수직적 부분)과 생산에 대한 관심 (그리드의 수평적 부분)이라는 행동 차원을 사용하여 이 차원에 대한 리더의 사용 정도를 1(저)에서 9(고)까지의 척도로 평가하였다.[12] 그리드는 리더들의 행동 유형을 나타내는 81개의 잠재적 영역을 갖고 있지만 그 중 5개를 강조하고 있다. 무기력형(1,1 또는 생산에 대한 낮은 관심과 인간에 대한 낮은 관심), 과업형(9,1 또는 생산에 대한 높은 관심과 인간에 대한 낮은 관심), 중도형(5,5 또는 생산에 대한 중간 관심과 인간에 대한 중간 관심, 컨트리 클럽형(1,9 또는 생산에 대한 낮은 관심과 인간에 대한 높은 관심), 팀경영(9,9 또는 생산과 인간에 대한 높은 관심). 연구자들은 이 5개 스타일 중에서 9,9형 스타일을 사용할 때 경영자는 최고의 성과를 얻는다고 결론내었다. 불행하게도, 경영 그리드는 무엇이 경영자를 성공적인 리더로 만드는가에 대해서는 답을 주지 못하고, 단지 리더십 스타일을 규정짓기 위한 체계를 제공했다. 사실 9,9형 스타일이 모든 상황에서 가장 효과적이라는 결론을 지지할 충분한 증거는 거의 없다.[13]

리더십 연구자들은 리더십의 성공을 예측한다는 것은 몇몇 리더들의 특성이나 대표적인 행동을 찾아내는 것보다 훨씬 더 복잡한 일을 포함해야 함을 발견하게 되었다. 구체적으로 말하면, 어떤 리더십 스타일이 상이한 상황에 적합한지와 이러한 상이한 상황은 무엇인지에 관한 것이다.

LO13.3 리더십의 상황이론

"기업 세계는 위대한 성과를 성취하지 못한 리더들의 이야기로 채워져 있다. 왜냐하면 리더들은 그들이 일하고 있는 일의 맥락을 이해하지 못했기 때문에 실패하였다"[14] 이 절에서는 세 가지 상황이론 (Fiedler의 상황모델, Hersey-Blanchard의 SLT 이론, 그리고 경로-목표 이론)에 대해 살펴본다. 각 이론은 리더십 스타일과 상황을 정의한 다음, if-then 상황(즉, 만약 이런 상황이고, 그렇다면 가장 사용하기에 최선의 리더십 스타일은 이것임)에 대한 답을 찾으려고 시도한다.

Fiedler의 상황 모델

리더십의 첫번째 종합적인 상황이론은 Fred Fiedler에 의해 제안되었다.[15] **Fiedler의 상황 모델**(Fiedler contingency model)은 효과적인 집단 성과는 리더의 스타일과 리더에게 통제와 영향력을 허용하는 상황의 정도 사이의 적절한 연관(matching)에 좌우된다고 보았다. 이 모델은 어떤 리더십 스타일이 서로 다른 유형의 상황에서 가장 효과적일 수 있다는 전제를 하고 있다. 핵심은 (1) 그러한 리더십 스타일과 상이한 유형의 상황을 정의하고, 그리고 (2) 리더십 스타일과 상황의 적절한 조합을 찾아내는 것이다.

Fiedler 상황 모델
효과적인 집단 성과는 추종자들과 상호작용하는 리더의 스타일과 리더에게 통제와 영향력을 허용하는 상황의 정도 사이의 적절한 연관에 좌우된다고 주장하는 리더십 이론

Fiedler는 리더십 성공의 주요 요인은 개인의 기본적 리더십 스타일로서 과업중심적이거나 관계중심적인 것 중의 하나라고 보았다. 리더의 스타일을 측정하기 위해, Fiedler는 **LPC(최소선호동료) 질문지**(least-preferred coworker questionnaire)를 개발하였다. 이 질문서는 18쌍의 대조적인 형용사 (예를 들면, 유쾌한-불쾌한, 냉정한-온화한, 그리고 호의적-비호의적 등)로 구성된다. 응답자들은 이제까지 함께 일해 온 모든 동료들을 생각해 보게 하고 그 중에서 가장 덜 선호하는 동료에 대해 18개 조합의 형용사 중 매 항목에 대해 1에서 8점(그 형용사 쌍 중에서 8점은 항상 긍정적인 형용사를 말하고 1점은 항상 부정적인 형용사를 의미한다)까지의 척도를 사용하여 평가한다.

최소선호동료(LPC) 질문지
리더가 과업중심형인지 아니면 관계중심형인지를 측정하는 질문지

만약 리더가 비교적 긍정적인 표현으로(다른 말로 높은 LPC 점수) 최소선호동료를 평가했다면, 그 응답자는 우선적으로 동료와 좋은 인간적 관계에 관심이 있는 것이다. 즉, 가장 싫어하는 사람을 우호적인 표현으로 평가한다면 당신의 스타일은 관계중심형이다. 한편, 당신이 최소선호동료를 비교적 비우호적인 표현으로(낮은 LPC 점수) 평가한다면, 당신은 우선적으로 생산성과 과업을 완수하는 데 관심이 있다는 것이다. 즉, 당신의 스타일은 과업중심형이다. Fiedler는 이러한 양극의 사이에 속하면서 명백한 리더십 스타일을 갖지 못하는 일련의 사람들이 있다고 보았다. 또 다른 요점은 Fiedler는 한 사람의 리더십 스타일은 상황에 관계없이 일정하다고 가정했다. 다시 말하면, 당신이 관계중심형 리더이면 항상 그렇고, 과업중심형인 경우에도 변함이 없다는 것이다.

개인의 리더십 스타일은 LPC 설문을 통해 평가되어 오다가 리더와 상황을 연결시키기 위해 상황을 평가할 필요가 생겼다. Fiedler의 연구는 리더의 효과성의 주요 상황요소로 다음과 같은 세 가지 상황적 차원을 발견하였다.

- **리더-구성원 관계**(leader-member relations): 종업원들이 리더에 대해 갖고 있는 확신, 신뢰 및 존경의 정도; 양호 또는 불량으로 평가
- **과업구조**(task structure): 작업할당이 공식화되고 절차화된 정도; 고저로 평가
- **지위 권력**(position power): 리더가 권한에 기초한 활동(고용, 해고, 훈련, 승진 및 봉급인상)에 대해 갖는 영향력 정도; 강약으로 평가

리더-구성원 관계
종업원들이 리더에 대해 갖고 있는 확신, 신뢰 및 존경의 정도를 설명하는 Fiedler의 상황적합 차원의 하나

과업구조
작업 할당이 공식화되고 절차화된 정도를 설명하는 Fiedler의 상황적합 차원의 하나

지위 권력
리더가 고용, 해고, 훈련, 승진 및 봉급인상과 같은 활동에 대해 갖는 영향력 정도를 설명하는 Fiedler의 상황적합 차원의 하나

각 리더십 상황은 이러한 세 가지 상황적 변수에 의해 평가되어 리더를 연결시킬 수 있는 8가지의 가능한 상황으로 조합된다. (Exhibit 13-3에서 그래프 밑을 참조하라) 더 나

아가, 이러한 각 상황은 리더에 대한 유리한 정도에 따라 구분된다. 상황 I, II, 그리고 III은 리더에 대해 매우 유리한 상황으로 분류된다. 상황 IV, V, 그리고 VI은 리더에 대해 보통의 상황으로, 상황 VII과 VIII은 매우 불리한 상황으로 분류된다.

Exhibit 13–3
Fiedler 모형

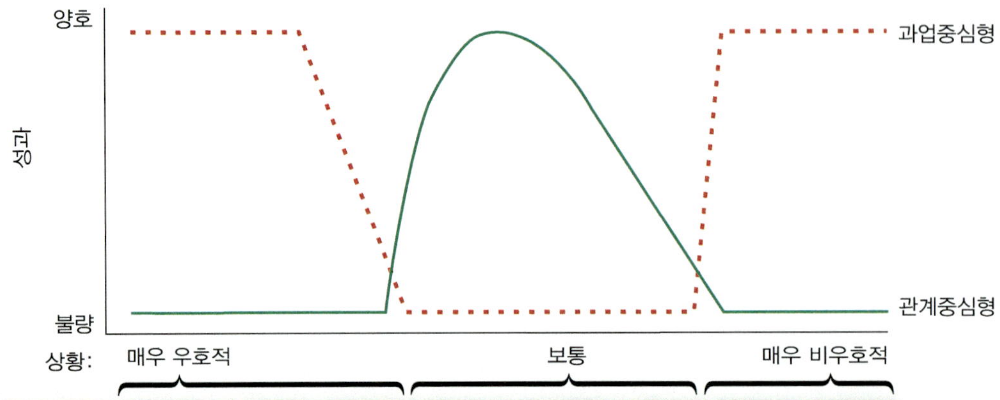

범주	I	II	III	IV	V	VI	VII	VIII
리더-구성원 관계	양호	양호	양호	양호	불량	불량	불량	불량
과업구조	고	고	저	저	고	고	저	저
지위 권력	강	약	강	약	강	약	강	약

일단 Fielder는 리더변수와 상황변수를 구분한 다음, 리더십의 효과성에 대해 특정한 상황 적합성을 규정지으려고 했다. 그렇게 하기 위해 그는 8개 상황 영역의 각각에서 관계중심형 리더십 스타일과 과업중심형 리더십 스타일을 비교하기 위해 1,200개 집단을 조사하였다. 그의 결론은 과업중심형 리더들은 매우 좋은 상황과 매우 나쁜 상황에서 보다 좋은 성과를 나타냈고(Exhibit 13-3의 윗부분을 참조하라. 여기서 성과는 수직축에 표시되고 상황의 좋고 나쁜 정도는 수평축에 표시됨), 관계중심형 리더들은 보통의 상황에서 보다 좋은 성과를 나타냈다는 것이다.

Fiedler는 개인 리더십 스타일을 고정된 것으로 취급했으므로 리더십의 효과성을 향상시키기 위해서는 두 가지 방법 밖에 없다고 보았다. 첫째는 상황에 가장 적합한 스타일을 갖고 있는 리더를 영입한다는 것이다. 예를 들면, 집단상황이 매우 나쁜 상황인데 관계중심형 리더에 의해 인도된다면 과업중심형 리더로 교체함으로써 집단의 성과를 높일 수 있다. 두 번째 대안은 리더에 적합하도록 상황을 변화시키는 것이다. 그것은 과업구조를 재구성한다거나 임금인상, 승진, 그리고 훈련활동과 같은 요인에 대한 리더의 권한을 증대 또는 감소시킴으로써 가능하다.

Fiedler 모델의 전체적 타당성을 검증하기 위해 수행되었던 연구들을 살펴보면 그 모델에 대해 상당한 증거를 제시하고 있다.[16] 그러나 비판이 없는 것은 아니다. 예를 들면, 모델의 약점을 보완하기 위해 추가적인 변수들이 필요하다. 더욱이 LPC와 관련된 문제점들이 있고 그것의 적용가능성이 언급될 필요가 있었다. 추가적으로, 한 사람이 상황에 맞추기 위해 자기의 리더십 스타일을 바꿀 수 없다는 비현실적인 가정을 했다는 것이다. 효과적인 리더들은 특정한 상황의 요구에 맞추기 위해 자기의 스타일을 바꿀 수 있고 또 바꾼다. 마지막으로, 상황변수들은 실무자들이 평가하기가 어렵다는 것이다.[17] 이러한 결점에도 불구하고, Fiedler 모델은 효과적인 리더십 스타일은 상황적 요인을 반영할 필요가 있다는 것을 보여주었다.

Hersey와 Blanchard의 상황적 리더십 이론

Paul Hersey와 Ken Blanchard는 조직개발 전문가들 사이에서 좋은 반응을 얻었던 리더십 이론을 제안하였다.[18] **상황적 리더십 이론**(situational leadership theory, SLT)이라 불리는 이 모델은 부하의 준비성에 초점을 둔 상황적합 이론이다. Hersey와 Blanchard는 효과적인 리더십은 부하의 준비 수준에 적합한 올바른 리더십 스타일을 선택함으로써 가능하다고 주장한다. 진도를 더 나아가기 전에 두 가지 점을 명확히 하고 싶다. 그것은 왜 리더십 이론이 부하에 초점을 두는지와 준비성(readiness)이라는 용어가 무엇을 의미하는가이다.

상황적 리더십 이론(SLT)
부하의 준비성에 초점을 둔 리더십 상황적 이론

리더십 효과성에서 부하에 대한 강조는 부하들이 리더를 수용하거나 거부하는 현실을 반영한 것이다. 리더가 무엇을 하는가와 관계없이 효과성은 부하들의 행동에 의해 좌우된다. 이것은 최근 리더십 이론들이 간과하거나 덜 강조했던 중요한 차원이다. 그리고 Hersey와 Blanchard가 정의한 **준비성**(readiness)은 사람들이 특정한 과업을 달성하려는 능력과 의지를 갖고 있는 정도를 말한다.

준비성
사람들이 특정한 과업을 달성하려는 능력과 의도를 갖고 있는 정도

SLT는 Fiedler가 구분한 것과 동일한 두 가지 차원, 즉 과업 행동과 관계 행동을 사용한다. 그러나 Hersey와 Blanchard는 한 단계 더 나아가 각각을 높고 낮음으로 나누고 다음에서 설명하듯이 네 가지 특정한 리더십 스타일을 제시하였다:

- 설명형(Telling)(높은 과업-낮은 관계): 리더는 역할을 정의하고 사람들에게 다양한 과업을 수행하기 위해 언제, 어디서, 무엇을, 왜 해야하는지를 알려준다.
- 설득형(Selling)(높은 과업-높은 관계): 리더는 지시적이고 지원적인 행동을 제공한다.
- 참여형(Participating)(낮은 과업-높은 관계): 리더와 부하는 의사결정을 분담하며, 리더의 주요 역할은 격려하고 소통하는 일이다.
- 위임형(Deligating)(낮은 과업-낮은 관계): 리더는 지시나 지원을 거의 하지 않는다.

이 모델에서 마지막 요소는 부하의 준비성 네 가지 단계이다:

- R1: 사람들은 어떤 일을 하기 위한 능력도 없고 책임을 질 의지가 없다. 즉, 부하가 능력이 없거나 자신감이 없다.
- R2: 사람들은 직무 과업를 수행할 능력은 없으나 하려는 의지는 있다. 즉, 부하가 동기부여는 되었으나 현재 적당한 기술을 갖추지 못하고 있다.
- R3: 사람들은 능력이 있으나 리더가 원하는 것을 하려는 의지가 없다. 즉, 부하가 능

Imagine Dragon 그룹의 리더 Dan Reynolds는 경로-목표이론의 참여적 리더십을 사용한다. 그의 리더십은 각 멤버가 끊임없이 각자 작곡하고, 그룹이 모여 그들의 노래를 합치는 방식이다. Reynolds는 밴드 멤버들이 한 팀으로 협업하도록 공유된 환경을 창조하려고 노력한다.

출처: *Derek Storm/Everett Collection/Alamy Stock Photo*

력은 있으나 아무것도 하려고 하지 않는다.

- R4: 사람들은 그들에게 요구된 과제를 할 능력도 있고 의지도 있다. 즉, 부하가 능력은 있으나 아무것도 하려 하지 않는다.

상황적 리더십 이론은 특히 리더와 부하 관계를 부모와 자녀의 관계와 유사한 것으로 보았다. 마치 부모가 자녀가 보다 성숙하게 되면 통제할 필요가 없는 것처럼 리더들도 그렇다는 것이다. 부하들이 높은 수준의 준비단계에 이르면 리더는 부하들의 행동에 대해 지속적으로 통제를 줄일 뿐 아니라 관계 행동도 감소하게 된다. 상황적 리더십 이론은 만약 부하들이 과업을 수행할 능력과 의지가 없다면, R1상황 리더는 설명형 리더가 되어 분명하고 구체적인 지시를 하여야 한다. 만일 부하가 능력은 없는데 의지가 있다면(R2상황) 리더는 설득형 스타일을 사용하고 부하의 능력부족을 만회하기 위하여 높은 과업지향의 행동을 보여주고 동시에 리더의 바램을 부하가 수용하도록 하기 위해 관계지향형 이어야 한다. 만일 부하들이 능력은 있으나 의지가 없으면(R3상황) 리더는 그들의 지원을 받기 위하여 참여적인 스타일을 사용할 필요가 있고, 만약 능력과 의지가 둘다 있으면(R4상황) 리더는 많은 일을 할 필요가 없고 위임형 스타일을 사용해야 한다.

상황적 리더십 이론은 직관적인 호소를 한다. 그것은 부하의 중요성을 인지하고 리더들이 부하들이 갖고 있는 능력과 동기부여의 한계성을 보완할 수 있는 논리를 개발한다는 것이다.그러나 이 이론을 검증하고 지지하기 위한 연구 노력은 전반적으로 실망적인 수준이다.[19] 그 이유에 대한 가능한 설명으로는 연구방법론의 문제는 물론 모델 자체에 있어서 내적 일관성 부족을 들 수 있다. 이 이론의 제안과 폭넓은 인기에도 불구하고 보다 적극적인 보완이 주의깊게 이루어져야 할 것이다.

경로-목표 모델

경로-목표 모델
리더의 직무는 부하들이 그들의 목표를 성취하도록 도와주며, 또 그 목표가 집단 또는 조직의 전체적 목표와 조화될 수 있도록 방향을 제시하거나 지원해주는 것이라고 주장하는 리더십 이론

리더십을 이해하기 위한 또 다른 접근방법은 Robert House의 **경로-목표 모델**(path-goal theory)이다. 이 모델은 리더의 직무란 부하들이 자기의 목표를 성취하도록 도와주며, 또 그 목표가 집단 또는 조직의 전체적 목표와 조화될 수 있도록 방향을 지시하거나 지원해주는 것이라고 주장한다. Robert House가 개발한 경로-목표 이론은 동기부여의 기대이론에서 핵심 요소들을 가져왔다.[20] 경로-목표(path-goal)란 용어는 효과적인 리더들은 자기 부하들이 현재 위치에서 그들의 작업목표가 성취되는 지점까지 가도록 도와주는 명확한 경로를 가지도록 경로상의 장애와 위험 요소들을 감소시킨다는 믿음에서 나온 것이다.

- **지시적 리더**: 부하들이 그들에게 기대하는 것이 무엇인지 알게 하고 작업 일정을 짜주고 어떻게 과제를 성취하는지에 대해 구체적인 안내를 한다.

- **지원적 리더**: 부하와 친밀하며 부하의 욕구에 대해 관심을 보인다.
- **참여적 리더**: 집단구성원들과 상의하며 의사결정을 하기 전에 그들의 제안을 받아들인다.
- **성취중심적 리더**: 도전목표를 정하고 부하들이 최고 수준까지 달성해주길 기대한다.

리더는 자기의 행동을 변화할 수 없다고 본 Fiedler의 관점과 대조적으로, House는 리더들은 변화할 수 있다고 가정하였다. 즉, 경로-목표 이론은 동일한 리더라도 상황에 따라 위와 같은 리더십 스타일의 일부 또는 전부를 보여줄 수 있다고 보았다.

Exhibit 13–4
경로-목표 모델

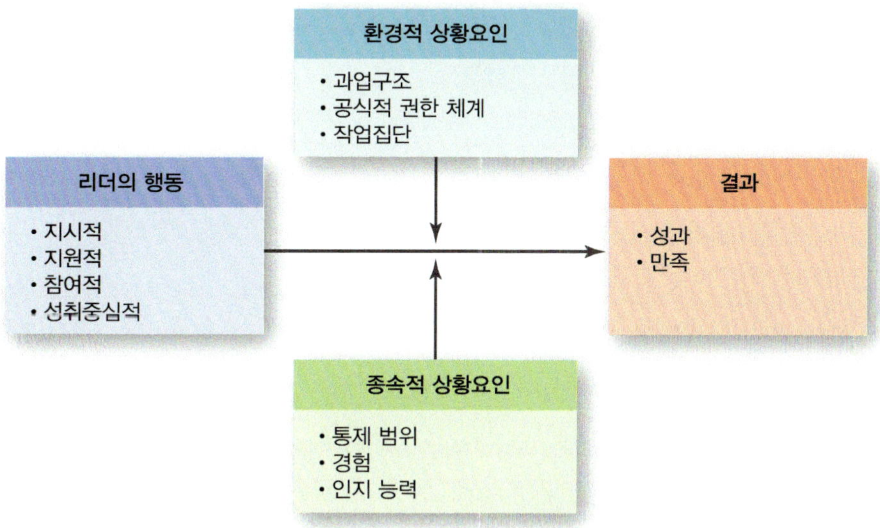

Exhibit 13-4에서 보여주듯이, 경로-목표 이론은 리더십 행동과 성과의 관계를 결정짓게 하는 2차원의 상황적 또는 상황적합적 요인을 주장한다. 상황적합적 요인은 외부에서 부하를 통제하는 환경적 요인(과업구조, 공식적 권한체계, 작업집단)과 부하들의 개인적 특성요인(통제의 위치, 경험, 지각된 능력)이다. 환경적 요인은 부하의 성과를 최대로 하기 원한다면 요구되는 리더의 유형을 결정하게 한다; 부하의 개인적 특성은 환경과 리더의 행동이 어떻게 해석될 지를 결정하게 한다. 이 이론은 리더의 행동은 환경구조의 자원들의 제공이 과도하거나 부하들의 특성과 불일치하다면 비효과적이라고 제안한다. 예를 들어, 경로-목표 이론으로부터 다음과 같은 몇가지를 예측할 수 있다.

- 지시적 리더십은 과제가 고도로 구조화되고 잘 정리된 경우보다 모호하거나 복잡할 때 보다 가장 큰 만족을 줄 것이다. 부하들은 해야 할 일을 몰라서 리더가 방향을 지시할 필요가 있다.
- 지원적 리더십은 부하들이 구조화된 과제를 수행하는 경우에 보다 높은 성과와 만족을 가져다 줄 것이다. 이 상황에서 리더는 무엇을 하라고 지시하기보다는 단지 부하들을 지원할 필요가 있다.
- 지시적 리더십은 높은 지각된 능력과 상당한 경험을 가진 부하들에게는 과도한 것으

로 받아들여질 것이다. 이런 부하들은 아주 능력이 있어서 무엇을 하라고 말해 줄 리더가 필요하지 않다.

- 공식적인 권한관계가 보다 명확하고 보다 관료적일수록, 리더들은 보다 많이 지원적인 행동을 보이되 지시적 행동을 자제해야 할 것이다. 조직 상황은 무엇이 부하에게 기대되는지에 대한 구조를 제공하기 때문에 리더의 역할은 단순히 지원하는 것이다.
- 지시적 리더십은 작업집단 내에 중요한 갈등이 있을 경우 종업원이 보다 높은 만족을 얻을 것이다. 이런 상황에서 부하들은 책임을 질 리더를 필요로 한다.
- 통제의 위치가 내부에 있는 부하들은 참여적 스타일의 리더와 일할 때보다 높은 만족을 얻을 것이다. 이런 부하들은 그들에게 일어날 일들을 통제할 수 있다고 믿기 때문에 의사결정에 참여하기를 선호한다.
- 통제의 위치가 외부에 있는 부하들은 지시적 스타일의 리더와 일할 때보다 높은 만족을 얻을 것이다. 이런 부하들은 그들에게 발생한 일이 외부환경의 결과라고 믿기 때문에 그들에게 할 일을 말해 줄 리더를 선호한다.
- 성취중심형 리더십은 과제가 모호하게 구조화된 경우에, 열심히 노력하면 높은 성과를 가져다 줄 것이라는 부하들의 기대를 증진시킬 것이다. 도전적인 목표를 설정함으로써 부하들은 기대치가 무엇인지를 알게 된다.

경로-목표 모델을 검증하는 것은 쉽지 않다. 연구에 대한 평가는 혼합된 지지를 보이고 있다.[21] 요약하면, 종업원의 성과와 만족은 리더가 종업원이나 작업 환경에 있어서 결점들을 보완하게 되면 긍정적으로 영향을 받을 것이라는 것이다. 그러나 리더가 과업이 이미 명확하게 되어 있는데 과업을 설명하느라 시간을 소비한다든지 부하가 과업을 수행할 능력과 경험을 갖고 있을 경우, 리더의 지시적 행동은 과도하거나 모욕적인 것으로 보여질 것이다.

LO13.4 리더십에 대한 현대적 관점

리더십에 대한 최근의 견해는 무엇인가? 리더십의 주제에 대한 폭넓은 관심이 있다는 면에서, 당신은 리더십의 수많은 새롭고 흥미있는 연구들이 있다고 해도 별로 놀라지 않을 것이다. 이 절에서는 리더-구성원 교환이론, 변혁적-거래적 리더십, 카리스마-비전적 리더십, 그리고 팀 리더십임을 살펴보고자 한다.

리더-구성원 교환이론

리더-구성원 교환이론(LMX)
리더들이 내집단과 외집단을 만들고 내집단 구성원들이 보다 높은 성과 점수, 낮은 이직률, 높은 직무만족을 보일 것이라고 설명하는 리더십 이론

리더가 자기의 "내집단"(in-group) 안에서 "자기편"을 만들었던 집단에 속해 본 적이 있었는가? 그렇다면 그것은 리더-구성원 교환이론을 뒷받침하는 전제이다.[22] **리더-구성원 교환이론**(Leader-member exchange theory, LMX)은 리더들이 내집단과 외집단을 만

들며 내집단(in-group)의 구성원들이 보다 높은 성과점수, 낮은 이직률, 높은 직무만족을 보일 것이라는 이론이다.

LMX 이론은 리더와 부하 사이의 관계에서 처음에 리더는 부하를 암묵적으로 "내편" 아니면 "다른편"(in or out) 사람으로 구별한다는 것이다. 또한 리더들은 보다 밀접한 관계를 원하는 부하들에게는 보상하고 그렇지 않은 사람들에게 처벌을 하는 식으로 LMX를 부추긴다.[23] 그러나 LMX관계가 저조한다면 리더와 부하 모두 그 관계에 투자하여야 한다.

리더가 어떻게 누구를 각 영역에 속하도록 선택하는 방법은 매우 명확하지 않지만, 연구결과들은 내집단 구성원들이 리더와 인구통계, 태도, 성격, 심지어 성별 면에서 조차 유사성을 갖고 있거나 외집단 구성원들보다 높은 수준의 역량을 갖고 있다는 것을 보여준다.[24] 리더가 선택을 하나 부하들의 특성이 그 결정을 이끌어 낸다.

LMX에 대한 연구는 일반적으로 지지하는 것으로 나왔다. 리더들은 부하들을 차별화하고 이러한 차이는 의도적이고; 내집단의 부하들은 보다 높은 성과지를 갖고 있고, 작업에서 보다 질 도와주거나 주인의식 행동을 히며, 그들 상사와 보다 높은 만족을 갖고 있음을 보고 한다. 이것은 아마도 리더들이 그들의 시간과 자원을 최선의 성과가 기대되는 사람들에게 투여하기 때문이라고 당연히 생각된다.[25]

Virgin Group의 설립자인 Richard Branson은 버진그룹이 음악사업부터 우주여행까지 사업의 영역을 확장하는 것처럼 자기의 종업원들을 격려하였다. Branson은 카리스마 리더십의 모델이다.
출처: *Kristin Callahan/Everett Collection/Alamy Stock Photo*

카리스마적 리더십

Virgin Group그룹의 창업자인 Richard Branson은 에너지, 열정, 충동이 넘치는 사람이다. 그는 심각한 상황에서도 버진그룹의 비전을 추구하였고, 자기 종업원들에게 영감을 불어넣어 음악사업부터 우주여행까지 다양한 사업으로 확대하는 일까지 그 능력을 보여주었다. Branson은 우리가 흔히 말하는 **카리스마적 리더**(charismatic leader)이다. 즉, 그는 사람들이 어떤 행동을 하면 그들에게 파워를 제공하는 경향이 있는데, 부하들이 그에게 영웅적 혹은 비범한 리더십 능력을 갖고 있다고 말하게 하는 사람이다.[26]

카리스마적 리더
사람들이 특정 방식으로 행동하도록 할 수 있는 개성과 행동력을 가진 열정적이고 자기확신적인 리더

수많은 학자들은 카리스마적 리더의 인간적 특성을 찾고자 시도하여 왔다.[27] 가장 종합적인 분석은 카리스마적 리더가 가진 다섯 가지 특성을 규명하였다: 그들은 비전을 갖고 있고, 그 비전을 설명할 수 있고, 그 비전을 성취하기 위해 위험을 무릅쓰며, 환경적 제약과 부하의 욕구에 민감하며, 보통 사람과는 다르게 행동한다.[28]

상당히 많은 실증 연구들이 카리스마적 리더십과 부하들의 높은 성과와 만족 사이에 높은 상관관계가 있음을 보여준다.[29] 비록 한 연구는 카리스마적 CEO가 조직 성과에 영향이 없다고 하지만, 카리스마는 여전히 바람직한 리더십 특성으로 믿고 있다.[30] 그러나 카리스마는 잠재적인 약점이 있음을 무시할 수는 없다. 생명보다는 더 큰 카리스마적 리더는 그들 조직의 최대 관심사를 위해 행동할 필요는 없다.[31] 연구결과에 의하면, 나르시시틱한 종업원이 또한 어떤 행동은 카리스마적 리더십과 높은 상관관계를 갖는 것으로

보여준다. 많은 카리스마적 – 그렇지만 부도덕한 – 리더들은 그들 개인의 목적과 그들 조직의 목적을 짓밟도록 허용한다. Enron, Tyco, WorldCom, HealthSouth와 같은 회사의 카리스마적 리더들은 그들의 개인적인 편익을 위하여 조직의 자원을 함부로 사용하였고, 주식가격을 올리기 위해 비윤리적으로 범법을 하였고, 그리고 나서 수백만 달러의 스톡옵션을 현금화하였다. 바라건대 이러한 조직의 부도덕한 카리스마적 리더들은 그들은 예외적이기 때문에 속히 눈에 띄기를 바란다.

만일 카리스마가 바람직하다면, 사람들은 카리스마적 리더가 되도록 학습할 수 있는가? 아니면 카리스마적 리더들은 그 특성을 갖고 태어나는가? 비록 몇몇 전문가들은 여전히 카리스마는 학습될 수 없다고 보지만, 대부분은 카리스마 행동을 할 수 있게 훈련될 수 있다고 본다.[32] 예를 들면, 학자들은 학부 학생들을 카리스마식으로 훈련시키는 데 성공하였다. 그 방법은? 그들은 엄청난 목표를 떠벌리게 하고, 높은 성과에 대한 기대를 얘기하고, 그러한 기대에 부하의 능력이 부응되리라는 확신을 보이고, 부하의 요구를 강조하도록 가르쳤다. 그리고 그들은 강력하고 자신있고 역동적으로 표현하도록 배웠다. 그리고 그들은 잡아끌고 매력적인 말투를 연습하게 하였다. 연구자들은 또한 학생 리더들에게 소통할 때 부하에게 기대게 하고, 직접적인 눈맞춤을 하던가, 여유있는 자세를 취한다거나 생생한 얼굴 표정 등과 같은 카리스마적 비언어적 행동을 사용하도록 훈련시켰다. 이렇게 "훈련된" 카리스마적 리더들이 있는 집단안의 구성원들은 비카리스마적 리더들이 이끄는 집단의 구성원들보다 높은 과업 성과, 과업 적응성, 리더와 집단에의 높은 적응성을 보여주었다.

마지막으로 카리스마적 리더십에 대해 꼭 해야할 말은 이것이 높은 수준의 종업원 성과를 얻기 위해 항상 필요한 리더십이 아니라는 것이다. 이 리더십은 부하의 과업이 이데올로기적 목적을 갖고 있거나 환경이 고도의 스트레스와 불확실성을 갖고 있을 때 가장 적절할 것이다.[33] 이 리더십은 왜 정치, 종교 또는 전시 또는 기업이 태동하거나 생존 위기를 직면하고 있을 때 카리스마적 리더들이 출현하는지 설명해준다. 예를 들면, Martin Luther King Jr.는 비폭력적인 수단을 통해 사회적 평등을 얻기 위해 그의 카리스마를 사용하였다. 그리고 Steve Jobs는 사람들의 삶의 방식을 획기적으로 변화시킬 PC의 비전을 표명하면서 1980년대 초기에 Apple Computer의 기술자들로부터 확고한 충성과 헌신을 얻어내었다.

변혁적-거래적 리더십

거래적 리더
기본적으로 사회적 교환(또는 거래)을 사용함으로써 이끌어가는 리더

변혁적 리더
보통 이상의 성과를 달성하도록 부하들을 자극하고 고취시키는 리더

초기의 많은 리더십 이론은 리더들을 **거래적 리더**(transactional leader)로 보았는데, 이들은 기본적으로 사회적 교환(또는 거래)을 사용함으로써 이끌어가는 리더들이다. 거래적 리더들은 부하들의 생산성에 대해 보상을 교환해줌으로써 부하들을 계획된 목표의 방향으로 안내하거나 동기부여하는 리더들을 말한다.[34] 그러나 **변혁적 리더**(transformational leader)라는 다른 유형의 리더가 있는데, 그들은 부하들로 하여금 보통 이상의 성

실패에서 배운다 Apple사의 Steve Jobs의 해고

어떤 이야기들은 너무 좋아서 믿기 힘들 정도이다. Apple사의 Steve Jobs의 이야기가 그중의 하나이다. 그는 Apple사를 공동 설립하였고, 곧 해고되었으며, 그리고 회사를 구하기 위해서 다시 돌아왔다.

Steve Jobs와 Steve Wozniac이 1976년 Apple을 설립하였다. Wozniac은 기술분야를 담당하였고, Jobs는 아이디어 맨으로서, 경영분야 책임을 맡았다. 회사가 점차 성장하면서, 그들은 생산분야를 감독하기 위해서 전문경영인을 영입하였다. 1983년, 개인적으로 PepsiCo의 CEO John Scully를 채용하여 Apple의 방향타를 잡도록 하였다. 그러나 Jobs와 Sculley는 재빨리 본부를 뒤집어 놓았다. Sculley는 Jobs를 돈 버는 것보다는 우아한 제품을 만드는데 더 관심이 많은 광신자로 보았다. Sculley는 Jobs의 책임을 엄청나게 감소시켰다. 그들의 갈등은 1985년 정점에 도달하였고, 회사의 매출은 떨어졌다. Jobs는 Apple의 이사회가 Sculley가 Jobs를 대신하려는 생각을 막아줄 것을 호소하였다. 그러나 이사회는 Sculley를 두둔하였고 Jobs는 밀려났다.

Sculley는 Apple "호"가 선회할 수 없음을 증명하였다. Sculley 휘하에서, Newton Message Pad와 같은 실패작을 만들었다. 이와 같은 개인비서 도구는 시대를 너무 앞서 나갔고 기능도 제대로 작동하지 않았다. 결국 1993년 이사회는 Sculley를 해고하였다. 그후 여러 해동안, 새로운 CEO를 영입하였지만, 회사는 계속해서 쇠락하였다.

1996년, 이사회는 자신들의 실수를 깨닫고 Jobs를 찾기 시작하였다. 중간기에, 그는 조그만 PC 제조업체 Next를 창업하였다. Apple은 Next를 인수하여 Jobs를 "중간" CEO로 앉혔다. 2년 후 중간기라는 간판을 내리고, Jobs를 운전석에 다시 복귀시켰다. 그 다음은 역사가 되었다. Jobs는 iMac, iPod, iPhone, 및 iPad 등과 같은 혁신적인 제품으로 Apple의 재건을 지휘하였고, Apple을 세상에서 가장 가치 있는 회사로 탈바꿈시켰다. Apple의 이사회는 Jobs야말로 진정 독특한 재능을 가진 사람임을 알게 되었고, 그를 내보낸 것이 최대의 실수였음을 인정하게 되었다.[38]

과를 성취하도록 자극하며 영감을 고취시킨다(변혁시킨다). 이 경우를 변혁적 리더라고 하며, SAS 연구소의 Jim Goodnight와 Netflix사의 Reed Hastings을 예로 들 수 있다. 그들은 개별적 부하들의 관심과 발전적 욕구에 관심을 기울이며, 낡은 문제를 새로운 방식으로 볼 수 있도록 함으로써 부하들의 문제의식을 변화시키고, 집단목표를 성취하기 위해 과도한 노력을 보이도록 부하들을 흥분시키고 고취시킬 수 있는 리더들이다.

fyi
영감을 고취하지 않는 리더를 가진 종업원의 47%가 회사를 그만두려고 생각했다고 말한다.[37]

거래적 리더십과 변혁적 리더십은 어떤 일의 완성을 위해 반대적인 접근방법으로 보아서는 안된다.[35] 변혁적 리더십은 거래적 리더십으로부터 발전되었다. 변혁적 리더십은 거래적 리더십만으로 얻는 수준 이상으로 부하의 노력과 성과를 만들어낸다. 더욱이 변혁적 리더십은 부하들이 기존의 견해는 물론 리더가 가진 견해까지도 의문을 제기할 수 있는 능력을 주기 때문에 카리스마를 능가한다.[36]

거래적 리더십에 대한 변혁적 리더십의 수월성을 뒷받침하는 증거들은 매우 인상적이다. 예를 들면, 군대와 기업을 포함하는 여러 가지 환경에서의 관리자들을 살펴본 연구들은 변혁적 리더들이 거래적 리더들보다 더 효과적이고 더 높은 성과를 보이며, 더 잘 촉진시킬 수 있다고 주장한다.[39] 또한 증거들은 변혁적 리더십이 보다 낮은 이직률, 높은 생산성, 그리고 높은 종업원 만족, 창의성, 목표달성, 부하의 복지, 특히 신생기업의 기업가정신과 강하게 연관되어 있음을 보여준다.[40]

진정성 리더십(Authentic Leadership)

상원의원이었던 고 John McCain과 Home Depot의 CEO였던 Frank Blake는 진정성 리더십의 좋은 예이다. McCain은 자기의 도덕적 기준으로부터 이탈한 적이 없고 [옳은 일이라면] 다수의견에 반대하는 것을 두려워하지도 않았다. Blake는 5600만명의 신용카드 정보가 도용된 회사 컴퓨터 시스템상의 데이터 유출에 대해 책임을 졌다. 이 도용 사건은 Blake의 퇴직 직전에 발생한 사건이었고, 그는 새로운 CEO가 책임을 지도록 하고 본인은 그 문제로부터 도망할 수도 있었다.

진정성 리더들
그들이 누구인지, 그들이 무엇을 믿고 있는지를 알고 있고, 그러한 가치와 신념에 따라 공개적으로 솔직하게 행동하는 사람들

진정성 리더십은 리더가 되기 위한 도덕적 측면에 초점을 맞춘다. **진정성 리더들**(Authentic Leaders)은 그들이 누구인지, 그들이 무엇을 믿고 있는지를 알고 있고, 그러한 가치와 신념에 따라 공개적으로 솔직하게 행동하는 사람들이다. 보다 구체적으로 진정성 리더들은 다음과 같은 4가지 성품을 갖고 있는 것으로 나타났다. 그들은 자기 인식, 투명성, 공개적이고 솔직한 견해, 그리고 강한 도덕적 신념을 따르는 성향이 있다.[41] 그들은 또한 일반적으로 겸손하다.

이러한 성품의 조합들은 부하들이 그를 윤리적인 사람으로 생각하고 결과적으로 그를 신뢰하도록 만든다. 리더가 자기가 말한 것을 실천하고, 자기의 가치를 공개적이고 솔직하게 행동으로 옮기게 될 때, 추종자들은 강한 정서적 몰입을 갖게 되고, 그들의 리더를 신뢰하는 경향이 있으며, 더 나아가 그들의 업무성과와 조직시민행동을 개선하는 경향이 있다.[42]

윤리적 리더십(Ethical Leadership)

General Motors사의 CEO가 되기 직전에, Mary Barra는 그녀의 인품을 결정하는 선택을 해야 했다. 그녀가 CEO로 취임하기도 전에 발생한 수백만대의 자동차에 장착된 점화 스위치의 결함에 대해 책임을 져야만 하는가? Barra는 어려운 길(high road)을 선택하기로 하였다. "나는 개인적으로 죄송하다고 말하고, General Motors가 발생한 일에 대해 죄송하게 생각한다고 말하는 것으로 시작하려고 합니다"[43] 그후에 그녀는 Jeff Boyer를 글로벌 안전책임담당 부사장으로 임명하였다. Barra는 "Jeff는 그가 하는 일에 장애가 있다면, 그것을 해치울 권한도 갖고 있습니다. 만일 추가적으로 인적, 물적 자원이 필요하다면 그가 원하는만큼 지원할 것입니다"라고 말했다.[44] Barra는 윤리적 리더의 좋은 예인데, 왜냐하면 그녀는 회사의 이익보다도 공중의 안전을 더 우선시하였다. 그녀는 실수가 있는 종업원들을 책임있게 만들었고, 그녀는 자기들이 더 좋은 직장으로 만들어야 하고 만들 수 있다고 느끼는 문화를 창조함으로써 종업원들 뒤에서 힘을 실어주었다.

General Motors의 CEO인 Mary Barra는 윤리적 리더이다. 그녀는 수백만대의 자동차에 장착된 결함을 가진 점화 스위치를 모두 회사가 교체함으로써 이익보다는 공중의 안전을 먼저 생각하였다.

출처: *Tom Williams/CQ Roll Call/Newscom*

리더십은 가치로부터 자유로울 수 없다. 그 효과성을 평가할 때, 우리는 리더가 목적을 달성하기 위하여 사용한 수단과 그 목적의 내용까지 알 필요가 있다. 모든 구성원들에게 윤리적 기대를 하도록 만드는 리더의 역할은 매우 중요하다.[45] 최고경영자의 윤리적 리더십은 직접적으로 추종자들에게 영향을 미칠 뿐만 아니라 모든 명령 구조를 따라 내

려가면서 널리 퍼진다. 왜냐하면, 톱 리더들은 기대를 설정하고 낮은 계층의 리더들에게 윤리적인 지침에 따라 일관성있게 행동하도록 기대하기 때문이다.[46]

매우 윤리적으로 평가받는 리더들은 자기 부하들에 의해 매우 긍정적으로 평가받는 경향이 있다. 그 부하들은 더 만족하고 그들 직무에 더 몰입하고, 긴장함과 이직 의사를 덜 경험하게 만들기 때문이다.[47] 그러한 리더들의 추종자들은 동기부여가 더 되었고, 성과가 더 높으며, 조직시민행동에 더 몰입하며 반생산적인 작업행동을 덜 하는 사람들이다.[48]

서번트 리더십(Servant Leadership)

윤리적 리더십의 확장이 최근 리더십 연구자들의 관심을 끌게 되었다. 그 개념이 바로 **서번트 리더십**인데,[49] 서번트 리더는 자기 자신의 이익을 뛰어넘어 부하들의 성장과 발전을 돕는 기회에 관심을 둔다. 서번트 리더십의 독특한 점은 다른 사람과의 관계를 리더십 접근방법으로 채택하였고, 리더 자신의 욕구에 집중하기 이전에 추종자의 욕구를 우선시한다. 서번트 리더십의 구체적인 특성은 추종자의 개인적인 문제와 복된 삶(well-being)을 돌봄, 책임과 의사결정에서 종업원에게 임파워링하기, 부하의 성장과 성공을 돕기, 성실성의 모델로서 솔선수범하기 등이 포함된다.[50]

서번트 리더십
자기 자신의 이익을 뛰어넘어 부하들의 성장과 발전을 돕는 기회에 관심을 둔다.

Sodexo Corporate Services Worldwide사의 CEO인 Sylvia Metayer는 서번트 리더십의 좋은 예를 보여준다. "나는 지난 18개월동안 CEO로서 일해왔습니다만, 여전히 배우고 있습니다"라고 말한다. "나는 CEO가 된다는 것은 서번트가 된다는 것을 배우고 있습니다. 나의 주된 직무는 우리 종업원들을 지원하고, 클라이언트와 고객들을 후원하려는 것입니다."[51] 그리고 주목할만한 또 다른 서번트 리더십의 예는 Martin Luther King Jr., Nelson Mandela, Mother Teresa, Mahatma Gandhi이다.

미국에서 레스토랑의 지배인(사장) 71명과 그들의 종업원 1,000명에 대한 연구에서, 서번트 리더들은 서비스 문화를 창출하는 경향이 있음을 발견하였다. 서비스 문화는 반대로 레스토랑의 성과를 증진시키고 레스토랑에 대한 종업원의 정체성을 승진함으로써 종업원의 태도와 업무성과를 증진시키는 것으로 나타났다.[52] 중국인 스타일리스트에 대한 또다른 연구에서도 비슷한 결과를 얻었고, 서번트 리더십을 통해 고객만족과 스타일리스트의 서비스 성과를 예측할 수 있었다.[53]

한가지 재미있는 이야기는 서번트 리더십이 어떤 문화에서 더 효과적이고 우세하다는 것이다.[54] 예를 들면, 리더의 이미지를 그려보라고 요청했을 때, 미국에서는 부하들에게 명령하여 그룹 앞에서 그들을 그려보는 경향이 있다. 그러나 반대로 싱가포르인들은 그룹의 뒤에서 리더를 그리는 경향이 있고, 그룹의 의견을 함께 모아서 아래로부터 의견을 통합해나가는 것이었다. 이것은 동아시아의 프로토타입이 서번트 리더와 닮아 있고, 이는 서번트 리더십이 동아시아 문화에서 더 효과적이라는 것을 의미한다.

Dr. Martin Luther King, Jr은 서번트 리더십의 좋은 예인데, 이는 자기 이익을 넘어서 부하들의 성장과 발전을 위해 돕는 기회에 초점을 맞추는 리더십이다.

출처: *Kristin Callahan/Everett Collection/Alamy Stock Photo*

팔로워십(Followership)

여기에 토론을 뛰어넘는 진술문이 있다.: 누구도 추종자가 없다면 리더가 될 수 없다! 따라서 리더는 추종자가 따를 때 그들의 능력을 효과적으로 발휘할 수 있다. 그러나 최근에 리더십의 학도들은 리더십 과정에서 추종자의 역할을 고려하기 시작하였다.[55]

리더와 추종자의 상호작용은 쌍방(two-way)적이다. 첫째, 리더가 종업원을 동기부여하고 최종 목적을 달성하도록 몰입하게 할 필요가 있음은 당연하다. 그러나 종종 간과하는 것은 종업원들이 리더의 태도, 재능, 행동에 영향을 준다는 사실이다.[56] 따라서 이 둘은 상호협력하는 방향으로 협업할 필요가 있다.[57]

팔로워십에 대한 최근 연구의 관심사는 리더십이란 리더와 추종자간의 관계로부터 나오는 과정임을 간과했다는 것이다. 추종자는 같은 사회집단의 일원으로서 함께 묶여 있기 때문이다. 성공하기 위해서는, 리더의 기술을 보완할 수 있도록 추종자들도 일련의 기술을 갖추어야 한다는 것이다.[58]

좋은 추종자는 어떻게 정의할 수 있을까? 20세기의 많은 연구에 의하면, 그 대답은 무조건적인 복종과 순종이다. 그러나 오늘날 리더가 일방적인 의사결정을 줄이고, 협업을 늘리려고 하였을 때, 위대한 팔로워십은 서로 다른 일련의 질에 의해 특징짓게 된다.[59]

1. **그들은 스스로 통제할 수 있다.** 효과적인 추종자는 자기 지시적이다. 그들은 자기 동기부여가 되고, 밀착된 감독이 없어도 일할 수 있다.
2. **그들은 그들 밖의 목적을 향하여 강하게 몰입할 수 있다.** 효과적인 추종자는 그들 자신의 삶을 돌보는 것 뿐만 아니라 중요한 일(원인, 제품, 작업팀, 아이디어, 조직 등)에 몰입할 수 있다. 대부분의 작업자들은 그들의 일을 정서적 뿐만 아니라 물리적으로 함께 일하는 동료들과 협업하는 것을 좋아한다.
3. **그들은 열정적이다.** 그들의 자기 업무를 긍정적인 태도로 접근한다. 그들은 그들 리더의 비전을 "수용한다(buy into)".
4. **그들은 자기 역량을 구축하고 그들의 노력을 최대 임팩트에 집중한다.** 효과적인 추종자는 그들 조직에 유용할 것 같은 기술을 연마하고, 그들 직무나 작업 집단이 요구하는 기준보다 더 높게 성과의 기준을 설정한다.
5. **그들은 용기를 갖고 정직하고 믿을만하다.** 효과적인 추종자는 자신을 그 지식과 판단에 있어서 신뢰할 수 있는 독립적이고, 중요한 생각을 하는 사람으로 자리잡는다. 그들은 매우 높은 윤리적 기준을 갖고 있고, 신용이 요구되는 곳에 신뢰를 주고, 그들이 실수하는 것에 두려워하지 않는다.

LO13.5 리더십의 통합이론

우리는 이 장에서 수많은 리더십이론을 소개하였다. 이제 우리는 이들 이론들 간에 공통점이 무엇인지를 살펴보고, 그들 이론이 어떻게 상호보완적이거나 중첩되는지, 그리고 효과적인 리더가 무엇인지 이해하는데 도움을 주기 위해 그 이론들을 어떻게 통합할 수 있는지를 살펴보고자 한다.

특성(traits) 이제 특성부터 살펴보자. 비록 리더에게 독특한 단 하나의 특성이나 일련의 특성이 있는 것은 아니지만, 리더십 연구에 의하면 몇가지 두드러진 특성이 나타나는 것으로 알려졌다. 우리는 Exhibit 13-1에서 열가지 특성을 주목하였다. 이들중에서 가장 강력한 특성은 지능, 감성지능, 양심인 것으로 나타났다.[60] 그러나 이들 특성들은 실제의 리더십 효과성보다는 리더십의 지각을 반영한다는 것이 더 정확하다. 우리의 결론은 비록 특성이 리더십을 정의하는데 중요한 역할을 한다고 하더라도, 그들의 역할은 작거나 상황요인에 종속적이다.

행동(behaviors) 우리가 논의했던 행동이론은 수많은 차원에 초점을 맞추고 있다. 즉, 민주적, 독재적, 자유방임적 스타일; 지시적, 참여적 스타일; 구조주도, 배려; 종업원 중심과 생산 중심; 인간에 대한 관심과 생산에 대한 관심 등이다. 비록 이들 차원에 대한 가장 간략한 리뷰라고 하더라도, 중복은 아니지만 상당히 중첩되고 있다. 뿐만 아니라 변이적, 변혁적인, 카리스마적 리더십 혹은 리더-구성원 교환이론은 모두 리더십 행동을 포함하고 있다.

이들 행동을 유연하게 만드는 노력은 거의 모든 이 이론들을 세가지 거대 카테고리안에 넣을 수가 있다는 것이다.[61]

- **과업지향적인 행동** 이것은 거래적 리더의 행동, 구조주도, 지시적 행동, 생산중심의 리더행동을 서술한다.
- **관계지향적인 행동** 이것은 추종자의 욕구를 돌보고, 구성원들을 동등하게 대우하며, 친근하게 다가갈 수 있는 리더를 서술한다. 이것은 배려, 민주적 스타일, 종업원(또는 인간) 중심의 리더행동, 참여적 행동, 변혁적 리더십 및 LMX의 내집단을 묘사한다.
- **변화지향적인 행동** 이 리더의 행동은 변화의 비전을 소통하는 것, 혁신적 사고를 조장하는 것과 위험부담을 포함한다. 이것은 변혁적 리더십과 카리스마적 리더십의 주요한 요소들이다.

이러한 세가지 리더 행동을 활용하여, 많은 연구자들이 관계지향적 리더십이 종업원의 헌신과 직무성과간의 차이점을 많이 설명해준다는 것을 발견하였다.[62]

중복과 혼돈을 줄인다는 견지에서, 윤리적 리더십과 진정성 리더십을 변혁적 리더십과 비교하는 노력들은 상당한 중첩이 있음을 발견하였다. 구체적으로, 변혁적 리더십에서도 윤리적 혹은 진정성 리더십에서 사용한 변수들을 거의 그대로 사용하고 있음을 발견하였다.[63] 따라서 윤리적 리더십과 진정성 리더십은 모두 몇가지 집중된 종업원의 성과를 이해하는데 도움을 주지만, 그들은 "변혁적 리더십이 이미 제공되지 않았다고 제안할(offer) 수는 없다."[64] 아무튼, 변혁적 리더십은 종업원의 전념도, 신뢰, 만족, 성과와 관련있는 것으로 보인다.

상황 요인(contingency factors) 언제 리더가 가장 효과적인지를 설명하는데 도움이 되도록 소개해왔던 상황 요인들이 있다. 그러나 어떤 경우에는 관련성이 있는 것처럼 보인다. 이제 4가지를 살펴보기로 하자.

추종자의 경험(experience)이 중요한 것으로 보인다. 종업원의 경험이 많으면 많을수록 리더에게 덜 종속된다. 종업원이 신입이라면, 리더의 지도가 특히 더 중요하다고 본다. 그러나 경험이 많은 종업원은 밀착된 감독이 필요 없고, 리더의 과업지향적인 행동은 불필요하거나 심지어는 무례한 것으로 본다.

또한 추종자의 능력(ability)이 중요한 것으로 보인다. 경험과 마찬가지로, 높은 수준의 능력은 종업원이 최소한의 감독하에 업무수행을 하도록 허용해준다.

리더십의 상황 변수와 조직문화가 일관되게 매우 관련이 있는 것으로 보여준다.[65] 조직문화(organizational culture)는 어떤 리더십 스타일이 적합한지를 설명해준다. 리더의 성향과는 관계없이 감옥이나 군대 조직에서 적합하다고 정의된 리더십은 대학이나 컨설팅 회사와는 완전히 다를 것 같다는 것이다. 국가 문화(national culture) 또한 무엇이 적절하고 수용가능한 리더십인지 알려준다. 스웨덴에서는 적절하고 효과적인 똑같은 관계지향적 리더 스타일이 멕시코에서는 약하고 비효과적으로 보인다는 것이다.

Let's Get REAL

Kevin Krossber ▶
운영 이사

출처: *Kevin Krossber*

시나리오:

Brianna Porter는 자기 지역의 위험에 빠진 청소년들을 돕는 후원 프로그램을 제공하는 비영리조직의 팀리더로서 자기 역할에 대해 고민중이다. 그는 최근 모금팀의 리더로 승진하였는데, 지역 사업체와 부유한 개인을 접촉하여 계속해서 조직운영이 되도록 모금활동을 지속하는 것이다. 그가 처음에는 "손을 떼는" 접근방식을 채택하였고, 기부를 받기 위해 누구를 타겟으로 할 것인지 직원들이 스스로 결정하도록 촉구하였다. 그러나 지금은 점점 기부금이 줄어들고 있기 때문에, 그는 개입할 필요가 있다고 생각했다.

당신은 Brianna에게 그의 팀을 지원적으로 만들기 위해 어떻게 해야할지 무슨 조언을 해주겠나요?

당신이 달성하고자 하는 목적을 분명히 아는 것 같은데, 그러나 그와 같은 비전을 당신 팀과 공유하는 것이 더욱 중요하다. 만일 당신 팀이 목적을 어떻게 달성할지 정확히 이해하지 못한다면, 같은 목적을 향해서 나아가도록 하는 것이 어렵다. 만일 개입하려고 노력하기로 하였다면, 당신 직원을 만나고, 어떻게 하면 성공할지 분명한 지침을 제공한다면, 당신 팀원들은 그들에게 기대하는 것을 달성할 능력과 자신감을 갖게 될 것이다. 만일 팀원들이 좋은 결과를 가져오기 위해 열심히 일하기를 원한다면, 어떻게 그것을 달성할 수 있을지 먼저 모범을 보이면서 이끌어가야만 한다.

LO13.6 21세기의 리더십 이슈

권력관리

리더들은 어디에서 그들의 권력을 얻는가? 즉, 권력이란 작업활동이나 의사결정에 영향을 주는 능력을 말한다. 리더의 다섯가지 권력 원칙은 합법적, 강압적, 보상적, 전문적, 준거 권력이다.[66]

합법적 권력(legitimate power)과 권한(authority)은 동일한 것이다. 합법적 권력은 리더가 조직에서 갖는 직위의 결과로서 갖는 권력이다. 권한을 가진 사람은 보상적, 강압적 권력을 갖는 것처럼 보이지만 합법적 권력은 이런 권력보다 광범위하다.

합법적 권력
리더가 조직에서 갖는 지위의 결과로서 갖는 권력

강압적 권력(coercive power)은 처벌하거나 통제할 수 있는 리더의 권력에 기초한다. 부하들이 순응하지 않을 때 일어날 수 있는 부정적 결과에 대한 두려움 때문에 이런 권력에 반응하게 된다. 경영자는 전형적으로 종업원을 그만 두게 하거나 강등시킬 수 있고 또는 그들이 좋아하지 않는 작업을 할당할 수 있는 것과 같은 강압적 권력을 갖는다.

강압적 권력
처벌하거나 통제할 수 있는 리더의 능력 때문에 갖는 권력

보상적 권력(reward power)은 긍정적 혜택이나 보상을 주는 권력이다. 이 보상은 다른 사람이 가지 있다고 하는 것일 수 있다. 조직 차원에서 그것은 금전, 유리한 성과평가, 승진, 흥미 있는 작업 배정, 친절한 동료, 선호하는 작업 교대나 영업 구역 등일 수 있다.

보상적 권력
긍정적 혜택이나 보상을 주는 권력

전문가 권력(expert power)은 전문성, 특별한 기술, 또는 지식에 기초한 권력이다. 직무가 더 특수하게 될수록 경영자는 조직의 목표를 달성하기 위해 전문가인 스탭에 점차 의존하게 된다. 만일 종업원이 작업집단의 운영에 결정적인 기술, 지식, 또는 전문성을 갖고 있다면, 그 사람의 전문가 권력은 증대된다.

전문가 권력
전문성, 특별한 기술, 또는 지식에 기초한 권력

준거 권력(referent power)은 사람이 갖고 있는 바람직한 자원이나 개인적 특성 때문에 생기는 권력이다. 준거 권력은 다른 사람에 대한 존경과 그 사람처럼 되고 싶은 욕망 때문에 생기게 된다. 준거권력은 왜 유명인사에게 광고에다 자기 제품을 서명하게하기 위하여 수백만 달러를 지불하는지를 설명해준다. 마케팅 연구에서 Ariana Grande, Kim Kardashian, LeBron James(김희애, 김연아, 박찬호 등-역주)와 같은 사람들이 당신이 뷰티제품이나 운동화를 선택할 때 영향을 주는 권력을 갖고 있음을 보여준다.

준거 권력
바람직한 자원이나 인간적 특성 때문에 생기는 권력

대부분 효과적인 리더들은 부하들의 행동과 성과에 영향을 주는 다양한 형태의 권력에 의존한다. 예를 들면, 호주의 최첨단 잠수함 HMAS Sheean의 사령관은 그의 부하와 장비를 관리하는 데 다양한 형태의 권력을 도입한다. 그는 부하들에게 명령하고(합법적), 그들을 격려하고(보상적), 그리고 위반행동을 한 부하를 다스린다(강압적. 효과적인 리더로서 그는 또한 부하에게 영향력을 주기 위해 전문가 권력(전문 능력과 지식에 기초한)과 준거 권력(존경에 기초한)을 가지려고 노력한다.

fyi

종업원이 그들의 리더를 신뢰할 때:

- 23%의 종업원들이 더 많은 아이디어와 해결책을 제시한다.
- 21%의 종업원들이 기꺼이 더 오랜 시간 일하려고 한다.[67]

직장의 비밀 미시관리형 보스

미시관리형은 "아마도 보스에 대해 가장 불평이 많은 공통적인 주제"라고 언급되었다. 정확하게 미시관리란 무엇이고, 만일 당신 자신이 그런 유형의 관리자라면 무엇을 하겠는가?

미시관리형 보스란 당신 업무에 대해 아주 세밀한 부분까지 모든 측면을 통제하려고 하는 사람을 말한다. 만일 당신이라면, 매우 황당하고 스트레스를 받고 사기가 떨어질 것이다. 당신의 보스가 미시관리형 보스라는 것을 알려주는 사인은 무엇인가? 보스가 하루에도 몇 번씩 당신의 업무 진도를 체크하고, 빈번하게 업데이트를 요구하며, 과업수행 방법을 말해주고, 아무런 의미없는 세밀한 것까지 과도하게 간섭하고, 만일 당신이 먼저 보스와 상의없이 의사결정을 내린다면 짜증나게 하는 사람이다. 그러나 당신의 보스가 당신의 업무를 모니터한다고해서 그가 반드시 미시관리형 보스는 아니다. 모든 관리자는 자기가 책임지고 있는 부하들을 통제하는 활동을 할 필요가 있다. 그리고 좋은 관리자는 세심한 부분까지 신경을 쓴다. 차이점이라면 미시관리형은 세심한 부분까지 간섭하고 우선순위를 놓치고 당신을 믿지 못하기 때문에 그렇게 행동한다는 것이다. 한편, 좋은 관리자는 권한위양의 가치를 이해한다. 불행하게도 관리자들이 이 둘중 하나가 아니라는 것이다.

당신의 보스가 미세관리형 관리자인 이유를 설명하는 긴 목록을 갖고 있다. 그 목록은 불안정, 상대방에 대한 신뢰의 부족, 리스크 회피, 당신의 능력에 대한 믿음의 결여 등이다. 뿐만 아니라 다른 이유는 너무 작아서 열거하기가 곤란하다.

자기 평가

만일 당신의 보스가 미시관리형이라고 느낀다면 먼저 자기평가부터 하는것이 중요하다. 당신 자신에게 "내가?"라고 자문해보라. 당신의 보스가 미시관리형이라고 느끼는 어떤 이유가 있는가? 당신이 직장에 지각한 적이 있는가? 혹은 업무마감 시간을 놓친 적이 있는가? 당신은 업무를 늦게까지 처리하지 못한 적이 있는가? 당신의 보스에게 부정적으로 영향을 주는 실수를 저지른 적이 있는가? 당신 보스의 행동이 비합리적이거나 타당성이 없는 것이 있는지 확인하는 것부터 자기평가를 시작하라.

새로운 직무(New to Job)

다음 질문은 이렇게 묻는 것이다.– 이 일을 처음 한 사람이 당신인가, 당신 보스인가? 만일 당신이 그 일을 처음 시작했다면, 당신의 보스는 당신의 능력을 확신할 때까지 그리고 당신이 그 능력을 보여줄 때까지, 당신의 업무를 일시적으로 관찰할 수도 있다. 당신의 보스가 현행 업무를 처음 맡았거나 첫 관리직 업무라면, 그가 얼마동안 적응할 수 시간을 당신이 주어야 한다. 미시관리는 경험이 없는 관리자가 권한위양을 두려워하고 결과에 대해 책임감을 가질 때 가지는 신참 관리자들에게 흔히 나타나는 현상이다. 새로운 자리에 경험이 많은 관리자가 앉으면, 그가 당신의 능력을 확신할 때까지 과도하게 통제할 수도 있다. 따라서 만일 당신이나 당신의 보스가 그 업무를 처음 맡았다면, 얼마동안 여유를 가질 필요가 있다.

조건의 변화

마지막으로 당신이 어떤 행동을 취하기 전에, 조건이 바뀌었는지 평가해봐야 한다. 만일 당신 보스의 미시관리형 행동이 과거 행동의 변화라면, 조건을 변화시킴으로써 정당화할 수 있는지 살펴보아야 한다. 당신 회사가 지금 해고를 하려고 하는가? 혹은 중요한 구조조정이 있는가? 당신 보스가 업무마감에 쫓기는 다른 추가적인 프로젝트를 하고 있는가? 당신의 보스가 그 위에 새로운 보스를 모시는가? 이러한 유형의 조건변화는 당신의 보스를 스트레스받게 하고 미시관리 하도록 만든다. 만일 스트레스를 만드는 조건이 일시적이라면, 당신 상사의 과도한 행동도 얼마가지 않을 것이다.

당신 보스와 대화하라

만일 당신 보스의 행동이 일시적인 것이 아니고 당신 업무를 적절히 처리하기 어렵게 만든다면, 당신은 보스와 대화할 필요가 있다.

당신 보스는 문제가 생겼다는 것을 전혀 눈치채지 못할 수도 있다. 비직면적인 목소리로 보스의 과도한 통제가 어떻게 당신 업무에 영향을 주고, 스트레스를 유발하며, 당신의 모든 능력을 발휘하여 업무수행 하는데 어려움을 주는지 구체적으로 설명한다. 당신은 자신이 자기통제 하에 업무수행이 가능하며, 그의 기대가 무엇인지 잘 알고 있음을 보여줄 필요가 있다.

당신의 보스에 보고하라

당신 보스와 대화하는 것뿐만 아니라 당신 보스가 걱정하는 것을 경감시켜줄 필요가 있다. 즉, 그는 당신 업무가 제대로 진행되지 않거나 당신의 업무진행에 대해 질문할 때 정확한 답을 얻지 못할 때 걱정한다. 당신의 업무 상황을 정기적으로 당신 보스에게 보고함으로써, 최상의 결과를 얻을 수 있다. 어떤 보스도 깜짝 선물을 원하지 않으며, 특히 자기의 관리기술에 부정적으로 반영하는 사람은 더욱 그러하다. 당신 보스가 요청하기 전에 당신이 먼저 상사에게 적극적으로 보고한다면 최고의 결과를 얻을 수 있다.

당신 보스의 긍정적인 행동을 강화하라: 만일 당신 보스가 당신에게 스스로 일하도록 해준다면, 그가 "손을 떼는" 접근방식에 감사함을 표현하라. 당신을 신뢰해준데 대해 감사하라. 그의 신뢰를 긍정적으로 강화함으로써, 그가 앞으로 그러한 행동을 더 많이 보여줄 확률이 높아질 것이다. 시간이 흐를수록, 당신의 정기적인 업무보고와 당신의 견고한 업무성과가 결합된다면, 당신의 보스의 미시관리적인 행동이 점차 줄어드는 것을 보게 될 것이다.[69]

신용 및 신뢰 향상

우리는 다양한 리더십 이론중에서 신뢰가 중요한 역할을 하는 것을 보아왔다. 실제로, 신뢰와 신용이 결여되었다면 리더십은 깨지기 쉽다고 말하는 것이 아마도 합당할 것 같다. 그렇다면 리더들은 어떻게 신뢰와 신용을 쌓을 수 있을까? 이제부터 우리는 신뢰와 신용이 무엇을 의미하며 왜 중요한지를 알아보도록 출발하자.

신용의 주요 항목은 정직이다. 조사에 의하면 정직은 존경받는 리더들의 첫 번째 특성으로 꼽힌다. 정직은 절대적으로 리더십에 필수적이다. 만일 전쟁터이든지 중역 회의실이든지 간에 다른 사람들이 기꺼이 따르게 하려면 먼저 그들이 신뢰를 얻을 만하다는 확신을 우선 원한다.[68] 믿을만한 리더들은 정직에다 추가하여 능력있고 용기를 북돋워준다. 그들은 인간적으로 확신과 열정을 효과적으로 소통할 수 있다. 따라서 부하들은 리더

당신의 경력 개발

어떻게하면 신뢰성있게 보일 수 있을까?

신뢰성있게 보인다는 것은 분명한 자산이다. 리더로서 당신은 다른 사람들이 당신을 신뢰하게 만들기 위해 무엇을 할 수 있는가? 그것은 쉽지 않은 일이지만, 연구결과 몇 가지 행동들이 신뢰적인 관계를 형성하는 데 도움을 준다고 제시한다.[73]

1. 개방적이 되라.
비신뢰가 대부분 그들이 모르고 있는 것과 알고 있는 것으로부터 비롯된다는 것이다. 사람들에게 충분한 정보를 제공하고, 어떻게 의사결정이 이루어지는지 매우 분명하게 기준을 제시하고, 문제가 있다면 솔직하게 말하고, 관련된 정보를 완전히 개방하라.

2. 공정하게 하라.
의사결정을 하거나 실행하기 전에, 다른 사람들은 그것을 객관성과 공정성의 관점에서 어떻게 생각할지 생각해 보라. 정당한 곳에 믿음을 주라. 업적평가에서 객관적이고 불편부당하며, 보상 배분에서 공정성 지각에 관심을 가져라.

3. 당신의 감정을 말하라.
오직 딱딱한 사실만 전달하는 리더는 냉정하고 거리감을 갖게 한다. 만일 당신의 감정을 공유한다면, 다른 사람들이 당신을 진정한 인간으로 볼 것이다.

4. 진실을 말하라.
진실은 성실성의 중요한 부분이다. 만일 당신이 거짓말을 하는게 알려졌다면, 그동안 당신이 얻은 신뢰감을 대부분 사라질 것이다. 사람들은 일반적으로 그들의 리더가 거짓말을 했다는 것을 찾기보다는 "그들이 듣기 싫어하는 것", 어떤 것을 배우고자 한다면 더 많은 참을성을 요구한다.

5. 일관성을 보여라.
사람들은 예측 가능성을 원한다. 비신뢰는 무엇을 기대하는지 모르기 때문에 생긴다. 당신의 중심적인 가치와 신념이 당신의 행동을 이끌어간다. 이것은 일관성을 증대시키고 신뢰감을 쌓게 한다.

6. 당신이 말한대로 실천하라.
신뢰는 사람들은 당신이 신뢰할만 하다고 믿을 때 생겨난다. 따라서 당신은 당신의 말과 약속을 지키려고 노력해야 한다.

7. 자신감을 유지하라.
사람들은 사려 깊고 믿을만하다고 생각하는 사람을 신뢰하게 된다. 당신이 그들의 믿음을 다른 사람과 토의하지 않으며 그 믿음을 반대하지 않을 것을 확실하게 느낄 필요가 있다. 만일 사람들이 당신을 개인적인 신용이 결핍되어 있다거나 믿을 수 없는 사람이라고 지각한다면, 당신은 절대로 신뢰할만한 사람으로 생각될 수 없다.[73]

의 **신용**(crediblity)을 정직, 역량, 그리고 고취 능력에 의해 판단한다.

신용
부하들이 어떤 사람을 정직하고, 능력 있고, 고취할 수 있다고 받아들이는 정도

신뢰
리더의 성실, 개성, 그리고 능력에 대한 믿음

신뢰는 신용의 개념과 거의 엉켜 있고, 사실 그 용어들은 가끔 바꿔서 사용되기도 한다. **신뢰**(trust)는 리더의 성실성, 특성 및 능력에 대한 믿음으로 정의된다. 리더를 신뢰하는 부하들은 리더의 행동에 상처받을 수 있다. 왜냐하면 그들은 그들의 권리와 관심이 악용되지 않을 것이라고 확신하기 때문이다.[70] 연구에서는 신뢰의 개념을 이루는 다섯 가지 차원을 밝혀내었다.[71]

- **성실성**: 정직함과 진실함
- **능력**: 기술적이고 대인간 지식과 기능
- **일관성**: 확실성, 예측가능성, 그리고 상황에 대한 좋은 판단
- **충성심**: 신체적이고 감정적으로 어떤 사람을 보호하려는 의지
- **개방성**: 아이디어와 정보를 자유롭게 공유하려는 의지

이와 같은 다섯 가지 차원 중에서 성실성은 다른 사람의 진실성을 평가할 때 가장 중요하게 여긴다.[72] 그러나 성실성과 능력은 앞에서 리더십 특성에 대해 설명할 때 나왔고 리더십과 일관성있게 연관되어 있는 것으로 밝혀졌다. 작업장의 변화는 이러한 리더십의 질이 왜 중요한지를 강조한다. 예를 들면, 임파워먼트(empowerment)와 자율관리 작업팀은 종업원을 감시하기 위해 사용했던 전통적 통제 방법의 많은 부분을 감소시키거나 제거시킨다. 만약 작업팀이 자율적으로 스케줄을 짜고, 성과를 평가하고, 채용 결정을 할 수 있다면, 신뢰는 중요하다. 종업원들은 그들을 공평하게 취급할 경영자를 신뢰하여야 하고, 경영자는 그들의 책임이 양심적으로 되기 위해 종업원을 신뢰하여야 한다.

또한 리더들은 점차 인접한 작업집단 내에 존재할 수 없은 사람들 – 기능간 또는 가상팀의 구성원, 공급자나 고객을 위해 일하는 사람들, 심지어는 전략적 제휴를 맺는 다른 조직의 대표들 – 을 이끌어 가야 한다. 이런 상황이면 리더들은 영향력을 위해 그들의 공식적 직위에 안주할 수 없게 된다. 사실 이러한 대부분의 관계는 불안정하고 곧 지나간다. 그래서 신뢰를 빨리 향상시킬 수 있는 능력은 성공적인 관계에 필수적이다.

부하들이 그들의 리더를 신뢰하는 것이 왜 중요한가? 연구에 의하면 리더십에서 신뢰는 직무 성과, 조직시민행동, 직무만족, 그리고 조직적 참여를 포함하는 긍정적 직무결과와 매우 연관되어 있다.[74]

더욱이 경영자의 효과성 혹은 리더십 효과성은 부하들의 신뢰를 얻는 능력에 달려 있다.[75] 다운사이징, 재무적 문제, 그리고 임시직 종업원의 고용 증가는 리더들에 대한 종업원의 신뢰를 약화시키고, 투자자와 공급자와 고객의 확신을 흔들리게 한다. 최근 연구는 미국 종업원의 39%만이 그리고 캐나다 종업원의 51%만이 그들 중역들을 신뢰한다는 결과를 내놓았다. 오늘날의 리더들은 종업원은 물론 다른 중요한 이해관계자들과 신뢰를 쌓고 회복해야 한다는 도전에 직면해 있다

가상팀의 지휘

우리가 제9장에서 가상팀에 대해 간략히 설명한 바 있다. 왜냐하면 다른 성격의 팀과는 달리 "대면(face to face)"의 특징을 결여하고 있기 때문에, 그들은 관리자에게 독특한 도전을 제공한다. 구체적으로, 당신은 물리적으로 떨어져 있고 서로 다른 시간대에, 다른 지리적 위치에서 일하고, 다른 문화권에서 살고 있는 직원을 어떻게 통솔할 수 있을까?

Let's Get REAL

Matt Ramos
마케팅 이사

출처: *Matt Ramos*

시나리오:

Adhita Chopra는 공경에 빠져있다. 3개월 전에 그는 스마트폰 앱 디자이너 팀을 지휘하도록 업무를 맡았다. 비록 누구 하나 나서서 직접 아무말도 하지 않았지만, 그는 자기 팀원들이 자기를 신뢰하지 않는다고 느꼈다. 그들은 질문을 할 때만, 선별적으로 커뮤니케이션하고 정보들을 감추어 두었다. 그리고 그들은 끊임없이 그 팀의 목적과 전략, 심지어는 Adhita의 행동과 의사결정에 대해 의문을 제기하였다. 어떻게 그는 자기 팀원들과 신뢰를 구축할 수 있을까?

당신은 Adhita에게 무슨 조언을 해줄 수 있을까?

직장에서 신뢰란 항상 민감한 주제이다. 나는 과거에 이와 비슷한 상황을 목격한 적이 있다. 만일 Adhita가 이것을 느꼈는데, 아무도 직접적으로 말해주지 않았다면 Adhita가 옳을 것이다. 직장에서 신뢰를 얻으려면 3가지가 중요하다.: 당신이 하는 업무에 밝아야 하고, 당신의 일과 당신 주변 사람들에게 열정적이어야 하고, 상대방의 말을 경청하고 따르는 능력이 있어야 한다. Adhita는 그가 최고의 업무를 하고 있다는 것을 확신하여야 하고, 팀원들과 일대일 미팅을 준비하여야 한다. 그리고 이것을 통하여 Adhita는 열심히 일하다는 것과 적극적 경청을 함을 보여주어야 한다.

우리는 오늘날 관리자들과 그들 종업원들이 지역적 근접성보다는 네트워크로 연결되어 일하는 경우가 늘어난다는 현실을 무시할 수 없다. 원격근무가 급격하게 확산되는 추세이다. 예를 들면, 최근 Gallup 조사에서는 미국에서 근무하는 43%의 직원이 적어도 얼마간을 원격근무를 하였다고 보고되었다.[76] 새롭게 떠오르는 기술들이 거의 어디서나 근무할 수 있게 만들어주었다. 좋은 예는 관리자들이 정기적으로 이메일을 쓰고 그들 스태프와 소통하기 위해서 화상회의를 하거나, 관리자들이 가상팀을 감독하고, 종업원과 원격통신을 하는 관리자가 집에 있는 컴퓨터를 통해 사무실과 연결되어 있다는 것이다. 이들 관리자들은 효과적인 가상 리더가 될 필요가 있다. – 그들은 이메일, 문자 메시지, 전화회의, 웹기반 회의, 효과적으로 소통하기 위해 Skype 혹은 Facetime을 사용한다.[77]

가상 리더에게 도전하는 가상의 상호작용에서는 무엇이 빠져 있는가? 그들은 물리적인 접촉이 결여되어 있고, 작업집단 응집력을 달성하기가 어렵고, 직접적인 감독을 받을 기회가 없으며, 때로는 근무시간대가 서로 다르다. 그러나 가장 중요한 이슈는 커뮤니케이션이다.

대면 커뮤니케이션에서는 거친 단어들도 비언어적인 행동을 통해 완화될 수 있다. 예를 들면, 미소나 지원적인 바디 랭귀지가 실망했나, 불만이었다, 부적절했다, 기대이하였다 등과 같은 강한 어조의 단어 뒤에 숨쉴 구멍을 만들어준다. 그러나 비언어적인 요소가 온라인이나 전화통화에서는 존재하지 않는다. 왜냐하면 그들은 정서나 감정을 결여하고 있기 때문에, 이메일이나 문자 메시지 교환은 대면상황에서 당사자들간에 전혀 발생할 수 없는 갈등이 쉽게 증폭될 수 있다. 또한 온라인 리더는 자기가 보내고자하는 감정을 정확하게 반영하여 그들의 메시지의 톤을 표현해야만 한다. 그 메시지가 공식적인 것인가, 비공식적인 것인가? 그것은 송신자의 구두 화법에 잘 맞는가? 그것은 중요성이나 긴급성의 수준을 적절하게 전달하는가? 그리고 온라인 리더는 적절한 커뮤니케이션 스타일을 선택할 필요가 있다. 수많은 경험이 부족한 온라인 리더들이 그들의 상사와 대화할 때 자기 부하와 대화하는 식의 똑같은 스타일을 사용함으로써 불행한 결과를 가져오기도 한다. 그렇지 않다면, 나쁜 뉴스를 전달할 때, "숨으려고" 디지털 커뮤니케이션을 선택적으로 사용하기도 한다.

대면적인 상황에서 흔히 발생하는 비공식적인 상호작용 – 보통 "water cooler talk"라고 부르는 것 – 이 가상 세계에서는 제한되거나 아예 없다. 자기 부하집단과 행하는 대부분의 온라인 리더의 상호작용은 이와 같은 비공식적인 셋팅에서는 종종 개인적인 차원에서 이루어졌다. 그것들은 리더가 자기 성격을 표현해주고, 열정을 보여주고, 결속을 위한 신뢰를 구축하기 위한 수단이라는 면에서 도구적이다. 그러나 성공적인 가상 리더들은 소셜 미디어의 대체물을 발견하였다. 가상 리더들은 Facebook이나 기타 매체를 통해 자기의 관심사, 경험, 뒷담화 등을 나눌 뿐만 아니라 업무관련 서류, 사진, 비디오 등을 교환한다.

미국 해군의 유럽-아프리카 함장인 Raymond Kemp가 다국적 집단의 리더들에게 연설하고 있다.

출처: *AB Forces News Collection/Alamy Stock Photo*

가상 리더십의 어떤 토론도 또한 디지털 세대가 비리더에서 리더가 될 수 있도록 가능성을 고려할 필요가 있다. 어떤 관리자가 대면 리더십 기술이 다소 떨어지더라도, 때로는 온라인에서 빛을 발휘할 수 있다. 그들의 재능이 문서 커뮤니케이션에서 쓰기 기술과 숨어있는 메시지를 읽는 능력이 있을 수 있기 때문이다. 가상 환경에서는 업무가 강한 구두 기술을 가진 사람들에 대항해서 그리고 읽기 기술을 가진 사람들을 위해서 작동된다.

마지막으로, 효과적인 가상 인간관계 기술의 개발이 새로운 도전이다. 가상의 인간관계 기술이라는 생각은 얼핏 보면 모순어법(oxymoron)과 같다. 인간관계 기술은 사회적 상호작용을 의미한다. 가상이란 사건이 발생하는 공간의 충격흡수에 대한 것이다. 그러나 가상의 리더도 인간관계 기술이 필요하다 – 대면접촉에서 요구되는 기술과는 완전히 다르다는 면에서 예외이긴 하지만. 가상의 인간관계 기술은 컴퓨터, 스마트폰, 태블릿에서 쓰는 단어를 통해 리더십과 지원을 소통할 수 있는 능력, 상대방의 쓴 메시지에서 감정을 읽는 능력, 훌륭한 통화 기술을 개발하는 능력을 포함할 것 같다. 그리고 훌륭한 쓰기 기술을 가진 가상의 리더들에게 인간관계 기술의 확대가 급격히 증가하고 있다.

리더십 훈련

전세계의 수많은 조직들이 수백억 달러 혹은 유로를 리더십 훈련과 개발에 쏟아붓고 있다. 미국만 보더라도, 일년에 공식적인 훈련과 개발에 약 870억 달러 이상을 쓰고 있는 것으로 추산된다.[78] 이러한 노력은 여러가지 형태를 띄는데, 하버드경영대학원과 같은 대학에서 제공하는 50,000달러 이상의 리더십훈련과정과 Disney와 같은 회사에서 제공하는 Outward Bound School의 항해기술교육까지 다양하다.

리더십 훈련은 효과가 있는가? 수많은 개인적인 연구결과는 리더십 효과성에 대해 혼합된 결과를 보여주고 있다.[79] 그러나 최근 300개 이상의 연구결과를 분석한 한 종합적인 연구에서는 어떤 조건이 충족된다면 매우 고무적인 연구결과를 얻었다. 이때 리더십 훈련은 다양한 세션으로 구성되어 있고, 정보, 데모, 실습방법 등이 결합되면 실제 행동 변화에 효과적이며, 조직과 부하들의 성과에 긍정적인 영향을 주는 것으로 나타났다.[80]

보다 구체적으로 말하면, 효과적인 리더십 훈련의 특성에 대해 어느 정도 합의가 이루어져 있다. 하나는 맥락화(학습은 조직전략과 조직문화의 합체라는 것)고, 또하나는 개별화(참가자가 그들의 열망과 관련이 있는 학습을 찾는 것을 가능케 해줌)이다.[81]

첫째, 분명한 것부터 살펴보자. 어떤 사람들은 리더가 되기 위해 갖추어야 할 것을 갖지 못한다. 기간이 중요하다. 예를 들면, 연구에 의하면 자기 통제가 낮은 사람보다 자기 통제가 높은 사람이 리더십 훈련에서 더 성공적임을 보여주고 있다. 그러한 사람들은 상이한 상황에서 그들의 행동변화를 요구할 때 유연성을 갖고 있다. 게다가, 조직에서 "선도하려는 동기부여" 속성이 높은 사람들이 리더십개발 기회를 더 잘 수용한다.[82]

개인들은 보다 효과적인 리더가 되기 위하여 관련된 어떤 것들을 배울 수 있을까? "비전 창조"를 배울 수 있다는 것은 약간 낙관적이지만, 적어도 실행 기술은 배울 수 있다. 사람은 "효과적인 비전에 대해 중요한 주제를 이해하는 것"은 훈련은 통해 개발될 수 있다.[83] 또한 신뢰 구축과 멘토링과 같은 기술도 배울 수 있다. 그리고 리더들은 상황분석 기술을 배울 수 있다. 그들은 어떻게 상황을 평가하고, 리더십 스타일과 맞추기 위해 상황을 어떻게 수정할 수 있을지, 그리고 주어진 환경에서 어떤 리더 행동이 가장 효과적인지 평가하는 방법을 배울 수 있다.

fyi

- 겨우 5%의 회사들만이 사내 모든 계층의 리더십 개발 훈련을 제공한다.
- 63%의 밀레니얼 세대는 그들의 고용주가 그들의 리더십 스킬을 충분하게 개발시켜 주지 못한다고 생각한다.[84]

리더십이 별로 중요하지 않을 때

어떤 리더십 스타일은 상황과 관계없이 항상 효과적이라는 믿음에도 불구하고, 리더십은 항상 중요하지 않을 수도 있다. 수많은 연구결과의 데이터를 모아보면, 수많은 상황에서 리더가 보여주는 행동이 무엇이든지 간에 무관하다는 것을 보여준다. 즉, 어떤 개인, 직무, 조직변수들이 리더십을 대체하거나 자기 부하에 영향을 미치는 리더의 효과를 중화시킬 수 있다.[85]

중화요인(neutralizers)은 리더의 행동이 부하의 성과에 어떤 차이를 가져오게 하는 것을 불가능하게 만든다. 중화요인은 리더의 영향력을 무력하게 한다. 한편, 대체(substitutes)는 리더의 영향력을 무력하게 만들뿐만 아니라 불필요하게 만든다. 예를 들면, 경험, 훈련, 전문적 오리엔테이션, 조직의 보상에 대한 중립(indifference)와 같은 종업원의 특성은 리더십을 대체하거나 리더십의 효과를 중화할 수 있다. 종업원의 경험과 훈련은 리더의 지원에 대한 욕구를 대체하거나 구조를 형성하고 과업 모호성을 감소시키는 능력을 대체할 수 있다. 본래적으로 애매하지 않고 단순반복적인 업무나 내적으로 만족을 주는 직무들은 리더십 변수에 대한 요구가 줄어들 것이다. 그리고 표면적으로 공식화된 목표, 엄격한 규정과 절차, 응집력이 높은 작업집단 등과 같은 조직적 특성은 또한 리더십을 대체할 수 있다.

Chapter 13 시험/퀴즈 준비: 학습개요를 통한 요약

LO13.1 리더와 리더십을 정의한다.

리더는 타인에게 영향력을 행사할 수 있고 관리 권한을 갖고 있는 사람이다. 리더십은 목표의 달성을 위해 집단에 영향력을 행사하는 과정이다. 지휘는 네 가지 경영 기능 중의 하나이므로 모든 경영자는 리더이어야 한다.

LO13.2 리더십의 초기 이론을 비교, 대조한다.

리더의 특성을 밝히고자 한 초기 시도는 실패했지만 그 후의 연구에서 리더십과 관련된 7가지 특성을 찾아냈다.

아이오와 대학의 연구는 리더십의 세 가지 유형에 대해 조사하였다. 유일한 결론은 집단 구성원들은 독재적인 리더보다 민주적인 리더 밑에서 더 만족한다는 것이다. 오하이오 주립대학의 연구는 구조와 고려를 도입하면서 리더 행동의 두 가지 차원을 명확히 했다. 때때로 두 차원에서 높은 수준의 리더는 높은 집단 과업 성과와 집단구성원의 높은 만족을 성취하였으나, 항상은 아니다. 미시간 대학의 연구는 종업원 중심의 리더와 생산 중심의 리더를 조사하였다. 그들은 종업원 중심의 리더는 높은 집단 생산성과 집단구성원 만족도를 얻을 수 있다고 결론내렸다. 경영 그리드는 리더의 생산에 대한 관심과 인간에 대한 관심을 조사해서 다섯 가지 리더십 스타일을 주장했다. 생산과 인간에 대한 관심이 높은 리더가 최선이라고 제시했지만, 그런 결론에 대한 현실적인 증거는 없다.

행동이론에서 연구들이 보여주듯이, 리더의 행동은 두 가지 속성을 갖는다: 과업에 대한 관심과 인간에 대한 관심이다.

LO13.3 리더십의 세 가지 주요 상황이론을 설명한다.

Fiedler의 모델은 특정 상황에서 사용할 최선의 스타일을 정립하고 시도하였다. 그는 LPC 설문지를 사용해서 리더 스타일-관계중심적 또는 과업중심적-을 측정하였다. Fiedler는 또한 리더의 스타일은 고정되었다고 가정했다. 그는 세 가지 상황적 차원을 측정하였다.: 리더-구성원 관계, 과업구조, 지위 권력. 그 모델은 과업중심적 리더가 매우 우호적인 상황과 매우 비우호적인 상황에서 최고의 성과를 보였고, 관계중심적 리더는 보통 우호적인 상황에서 최고의 성과를 보였다고 주장한다.

Hersey와 Blanchard의 상황적 리더십 이론은 부하의 준비성에 초점을 두고 있다. 그들은 네 가지 리더십 스타일을 밝혔다: 설명형(높은 과업-낮은 관계), 설득형(높은 과업-높은 관계), 참여형(낮은 과업-높은 관계), 위임형(낮은 과업- 낮은 관계), 그들은 또한 단계의 준비성을 구분하였다: 할 수 없고 할 의지도 없음(설명형 스타일 사용), 할 수 없으나 의지가 있음(설득형 스타일 사용), 할 수 있으나 의지가 없음(참여형 스타일 사용), 그리고 할 수 있고 의지도 있음(위임형 스타일 사용).

Robert House에 의해 개발된 경로-목표 모델은 네 가지 리더십 행동을 구분하였다: 지시적, 지원적, 참여적, 성취중심적. 그는 리더는 이런 스타일의 어떤 것도 사용할 수 있어야 한다고 가정했다. 두 가지 차원의 상황적합 변수는 환경과 부하에서 발견된다. 근본적으로 경로-목표 모델은 리더는 방향을 제공하고 필요한 대로 지원해야 한다고 가정한다-즉, 부하들이 목표를 달성할 수 있도록 경로를 구조화 하는 것이다.

LO13.4 리더십의 현대이론을 설명한다.

리더-구성원 교환이론(LMX)은 리더들이 내집단과 외집단을 만들며 내집단의 구성원들이 보다 높은 성과 비율, 낮은 이직률, 높은 직무만족을 보일 것이라는 이론이다.

카리스마적 리더는 사람들이 특정 방식으로 행동하도록 할 수 있는 개성과 행동을 가진 열정적이고 자기 확신적인 리더이다.

거래적 리더(transactional leader)는 변혁적 리더가 부하들로 하여금 목표를 성취하도록 자극하며 고취시키는 데 비해 생산성에 대해 보상으로 교환해 준다. 변혁적 리더(transformational leader)라는 다른 유형의 리더가 있는데, 그들은 부하들로 하여금 보통 이상의 성과를 성취하도록 자극하며 고취시킨다.

진정성 리더십(authentic leadership)은 리더가 되기 위한 노녁석 측면에 초섬을 낮춘다. 진정성 리더들은 그들이 누구인지, 그들이 무엇을 믿고 있는지를 알고 있고, 그러한 가치와 신념에 따라 공개적으로 솔직하게 행동하는 사람들이다. 윤리적 리더는 종업원들이 더 좋은 일을 할 수 있도록 조직문화를 창조하는 사람들이다. 서번트 리더는 자기 자신의 이익을 뛰어넘어 추종자들의 성장과 발전을 돕는 기회에 관심을 둔다.

팔로워십은 리더십 과정에서 추종자들의 역할을 인정하고, 리더는 추종자들을 동기부여하고, 추종자들의 리더의 행동에 또한 영향을 미친다.

LO13.5 다양한 리더십이론의 타당성을 비교한다.

리더를 정의하는데 특성이 중요한 역할을 한다면, 그들의 역할은 작고, 어떤 특정 상황요인에 의존적이다. 행동의 관점에서 보면, 관계 중심의 리더십은 종업원의 전념도와 직무성과에서 대부분 차이를 가져오는 것으로 나타났다. 변혁적 리더십은 거의 모든 비슷한 변수를 윤리적 리더십 및 진정성 리더십과 공유한다. 상황요인 중에서, 가장 관련이 깊은 것은 추종자의 경험과 능력, 조직문화, 국가문화 등이다.

LO13.6 리더십에 관련된 현대적 이슈들에 대해 논의한다.

리더의 다섯 가지 권력 원천은 합법적 권력(권한 또는 직위), 강압적 권력(처벌 또는 통제), 보상적 권력(긍정적 보상), 전문가 권력(특별한 전문성, 기술, 또는 지식), 준거적 권력(바람직한 자원 또는 특성)이다.

오늘날의 리더들은 권력관리, 신뢰의 향상, 가상팀의 리더십, 리더십훈련을 통한 효과적인 리더 되기의 문제에 직면하고 있다.

복습과 토론 질문

13-1 효과적인 리더의 10가지 특성은 무엇인가?

13-2 경영 그리드이론을 간략히 설명하라.

13-3 Hersey와 Blanchard의 상황이론에서 상황적 리더십 스타일과 두가지 중요한 리더 행동을 설명하라.

13-4 카리스마적 리더의 열정과 자신감의 목적은 무엇인가?

13-5 당신은 팀 리더이다. 당신 팀을 위한 매일의 업무에서 우선순위는 무엇인가?

13-6 리더가 권력을 얻을 수 있는 다양한 소스(원천)을 설명하라.

13-7 실제에서 대부분 경영자들은 그들의 리더십 효과성을 높이기 위해 상황적합적 방법을 사용한다고 생각하는가? 설명하라.

13-8 추종자들이 리더가 효과적인지를 결정하는데 기여하는가? 토론하라.

경력 준비

윤리적 딜레마

당신은 미국 쇼 "Undercover Boss"를 본 적이 있는가? 이것은 조직이 실제로 어떻게 운영되고 있는지를 살펴보기 위하여 회사의 보스가 자기 회사에서 신분을 감추고 일하는 모습을 보여준다. 일반적으로, 중역이 일주일 동안 감추고 일을 하고 난후에, 그 리더와 함께 일한 종업원을 회사 본부로 불러들여 그의 행동에 따라 보상하거나 처벌하는 프로그램이다. Waste Management로부터 White Castle to Nascar 그리고 Family Dollar 회사에 이르기까지 매우 다양한 회사의 보스들이 참가하였다.

13-9 당신은 생각은 어떠한가? 리더가 자기 회사에서 신분을 감추고 일하는 것이 윤리적인가? 그렇든, 아니든 당신의 이유는 무엇인가?

13-10 무슨 윤리적 문제가 발생할 수 있겠는가? 관리자는 그와 같은 이슈들을 어떻게 대응할 것인가?

기술 연습 효과적인 그룹 리더십 스타일 기술의 개발

기술에 대해

효과적인 리더들은 그들이 지휘하는 집단이 다양한 단계의 발전을 통해 나아갈 때 성공적으로 되도록 돕는 데 익숙하다. 어떤 리더십 스타일도 지속적으로 효과적이지 않다. 추종자의 특성과 같은 상황적 요인들은 효과적인 리더십 유형을 선택하는 데 고려되어야 한다. 리더십의 효과성을 결정하는 주요한 상황요인은 집단발전의 단계, 과업 구조, 직무 권한, 리더-구성원 관계, 작업집단, 종업원의 특성, 조직문화, 국가문화이다.

기술 훈련 단계

- **당신의 집단이나 팀이 속하는 단계를 결정하라. 형성기, 격정기, 정상기, 성과기.** 각 팀 단계는 특별하고 상이한 문제와 행동을 보이기 때문에 당신의 팀이 어떤 단계에 있는지 아는 것이 중요하다. 형성기는 사람들이 그룹에 참가하여 그룹의 목적, 구조와 리더십을 정하는 것을 돕는 집단발전의 첫 단계이다. 격정기는 집단 내 갈등으로 특징지어지는 두 번째 단계이다. 정상기는 긴밀한 관계와 응집력의 특성을 갖는 세 번째 단계이다. 성과기는 집단이 완

전하게 움직이는 네 번째 단계이다.

- **만일 당신의 팀이 형성기에 있다면, 당신은 특정한 리더 행동을 보이고자 한다.** 이것은 모든 팀원들이 질문하고 답하고, 신뢰와 개방의 기초를 마련하려고 노력하고, 팀원들로부터 당신이 기대하는 행동을 정하고, 팀의 목표, 절차와 기대를 명확히 하면서 서로 알게 되는 것을 확실하게 한다.
- **만일 당신의 팀이 격정기에 있다면, 당신은 특정한 리더 행동을 보이고자 한다.** 이런 행동들은 갈등의 원인을 찾아 중재자 역할을 취하고, 윈윈 철학을 부추기고, 팀의 비전과 주요 가치와 목표를 재정립하고, 공개토론을 추진하고, 향상시킬 방안을 찾기 위해 팀 절차의 분석을 하고, 팀의 단결과 헌신을 향상시키고, 그리고 팀은 물론 팀원 개개인에 대한 인정을 해주는 것을 포함한다.
- **만일 당신의 팀이 정상기에 있다면, 당신은 특정한 리더 행동을 보이고자 한다.** 이런 행동들은 팀의 목표와 기대를 명확히 하고, 개별 팀원과 팀에게 성과를 피드백을 제공하고, 팀이 미래에 비전을 구현시키도록 도와주고, 또 팀의 비전을 공개적 · 개방적으로 소통하는 방법을 찾는 것을 포함한다.
- **만일 당신의 팀이 성과기에 있다면, 당신은 특정한 리더 행동을 보이고자 한다.** 이런 행동들은 정기적이고 지속적인 성과 피드백을 제공하고, 혁신과 혁신적 행동을 촉진하고, 팀이 강점에 두자하도록 하고, 성취(크든 작든)를 축하하며, 팀이 일하기에 필요한 어떤 지원이라도 제공하는 것을 포함한다.
- **행동의 변화에 대해 집단을 관찰하고 리더십 스타일을 적절히 수정하라.** 집단은 정적인 실체가 아니므로 구간에 따라 변화해 나갈 것이다. 당신은 상황의 필요에 맞추어 리더십 스타일을 수정해야 한다. 만일 집단이 당신의 지시를 더 많이 요구한다면, 그렇게 하라. 만일 집단이 스스로 높은 수준에서 움직이고 있다면, 그런 수준에서 계속 기능하기에 필요한 어떤 지원이라도 제공하라.

기술 연습

다음의 제안들은 당신이 효과적인 리더십 스타일을 선택하는 행동을 실습하기 위해 할 수 있는 활동들이다.

1. 당신이 현재 속하고 있거나 일부분은 맡고 있는 집단이나 팀하나를 생각하라. 이 집단의 리더는 어떤 유형의 리더십 스타일을 나타내는가? 그가 사용하는 리더십 행동의 유형에 대해 구체적 사례를 들어라. 리더십 스타일을 평가하라. 그것은 그 집단에 적절한가? 왜 또는 왜 아닌가? 무엇을 달리했어야 했는가? 왜?
2. 당신이 매우 성공한 팀이라고 생각하는 스포츠 팀(대학팀이거나 프로팀)과 성공하지 못한 팀을 관찰하라. 이런 팀의 경우에 어떤 리더십 스타일이 사용된 것처럼 보이는가? 당신이 관찰한 리더십 행동의 유형에 관해 구체적인 예를 들어라. 리더십 스타일을 어떻게 평가하겠는가? 그 팀에 적절한가? 왜 또 왜 아닌가? 어느 정도로 리더십 스타일이 팀의 성과에 영향을 주었다고 생각하는가?

함께 일하기 팀연습

무엇이 실제적으로 좋은 리더를 만드는가? 개인이 성장하도록 시간과 공간을 주고 있는가? 사람들에게 그들 스스로 의사결정하도록 중요한 기회를 주는가? 그렇지 않다면 개인에게 책임을 주는가? 당신이 지금까지 만났던 리더중의 한 사람을 생각해서, 그들에게서 좋은 점이 무엇인지를 생각해보라. 그 리더와의 관계에서 긍정적인 점을 많이 적어보라. 당신의 생각을 3~4명의 소그룹과 함께 나누어라. 당신이 생각하기에 좋은 상사가 갖고 있는 특성의 목록을 작성하라. 일단 작성이 끝났다면, 나머지 그룹들과 당신의 아이디어를 나누어보라.

경영자가 될 차례

- 당신이 속한 상이한 조직들을 생각해 보라. 그런 조직들에서 리더에 의해 사용된 리더십의 상이한 스타일을 적어라. 이런 개인(이름은 쓰지 말것)의 리더십 스타일을 설명하고 사용된 스타일을 평가하는 보고서를 작성하라.
- 효과적인 리더라고 생각하는 세 사람을 써라. 그들을 효과적인 리더로 만드는 특성에 대한 목록을 만들어라.
- 당신이 지휘해야 했던 시간에 대해 생각하라. 당신 자신의 리더십 스타일이 무엇인지 기술하라. 당신의 리더십 스타일을 향상시키기 위해 무엇을 할 수 있는가? 당신이 취할 수 있는 단계별 행동계획을 적어 보라. 이런 정보를 간략한 보고서로 작성하라.
- 관리자들은 점차 일이 이루어지도록 영향력을 사용해야 한다고 말한다. 설득의 기술에 대해 연구하라. 다른 사람에게 영향을 주기 위해 당신의 기술을 향상시키는 방법에 대해 발견한 제안의 목록을 만들어라.
- 다음은 리더십 기술의 목록이다. 두 가지를 선택하여 기술을 개발하거나 향상시키는 데 도움이 되는 훈련 연습을 개발하라: 종업원 커뮤니티 구축하기; 다른 사람을 코칭하고 동기유발하기; 영향력, 확신, 에너지가 있는 의사소통; 솔선수범; 변화주도; 의사결정; 지시와 포커스 제공; 다양성에 가치부여하기.
- 21세기 리더십 문제에 관한 절에서 여러 주제 중 하나를 택하라. 그 주제에 대해 추가적인 연구를 하고 수업시간에 발표할 목록의 형태로 당신의 발견을 만들어라. 출처를 확실하게 밝혀라.
- 세 명의 관리자와 인터뷰하여, 좋은 리더가 되기 위해 무엇을 해야 한다고 생각하는지를 물어보라. 그리고 그 과정에서 배운 것들을 작성하여 수업시간에 발표할 준비를 하라.
- 당신의 리더십 기술을 확인하라. 당신이 속한 조직의 리더십 포지션에 자원해보라.

사례적용 1 Indra Nooyi:영감을 주는 여성 리더

PepsiCo, 회사는 세계에서 두번 째로 큰 식음료 비즈니스를 담당하고 있으며, 그 성공의 상당 부분은 그 회사의 리더에게 돌려져야 한다. Indra Nooyi는 현재 PepsiCo회사의 CEO 겸 회장을 맡고 있으며, 여러 가지 면에서 영감과 비전을 주는 리더이다. 물론 그녀는 최초의 PepsiCo회사의 여성 CEO는 아니지만, 지난 10년간 가장 영향력있는 100명의 여성 리더 중의 한 명으로 Forbes지의 명단에 올랐다. 뿐만 아니라 그녀는 관계지향적 리더로서, 혁신전략을 활용하여 전세계의 여성들에게 영감을 주고 그 길을 제시해주었다.

고객의 욕구와 선호도에 대한 민감성은 Nooyi가 끊임없이 그 산업에서 급속하게 변화하는 트렌드를 이해하고 반응하도록 해주었다. 예를 들면, 중국으로 출장을 갔을 때, 그녀는 PepsiCo.의 전략 시장을 연구하기 위하여 10일 동안 서로 다른 도시들을 방문하였다. Bloomberg통신사의 David Rubenstein과의 인터뷰에서, 그녀의 고객 선호도에 대한 관심은 파티하는 동안에 어떤 제품을 주로 사용하는지를 살펴보기 위해(그리고 또한 어떤 PepsiCo.의 상품을 믹스할 것인지를 찾아보려고) 자기 친구의 부엌을 조사한 그녀의 이야기속에서 분명히 드러났다.

Nooyi는 또한 방향을 제시하는 특별한 사람이었다. 2012년, 그녀는 브랜드 이미지를 재창조하고, Pepsi의 포장과 자동 판매기의 디자인을 새롭게 하기 위해 디자인팀을 꾸미기로 결정하였다. 전직 3M의 수장이었던 Maruo Porcini를 회사 전체 브랜드를 살펴보고 디자인 주도의 혁신을 감독하는 Chief Design Officer로 임명하였다. 그 당시 매우 개척자적인 이 결정은 지금은 수많은 기업들이 따라하는 전략이 되었다. 이러한 결정은 매우 성공적이었고, PepsiCo.의 모든 제품라인을 개선하였다. 이 전략은 또한 회사 고객들의 관심을 증대시켰다. 예를 들면, PepsiCo.의 디자인혁신(Design & Innovation)팀은 1000가지가 넘는 조합 중에서 고객이 하나의 맛을 선택할 수 있는 새로운 파운틴 머신을 개발하였다.

글로벌 기업의 가장 높은 유리천장을 뚫은 여성 임원으로서, Nooyi는 다양성[다문화 인력]을 증대시키고 모든 조직 수준에서 포함시키려고 노력하였다. 2010년, 여성 관리자에 대해 초점을 맞춘 서베이가 실시되었는데, 임원 수준에서 여성 임원이 적은 이유를 조사하는 것이었다. 연구결과 여성들이 자신감이 결여되어 있고, 남성들이 네트워킹의 가능성이 높고 추진력이 높다고 생각하였다. 그래서 PepsiCo는 "성공전략"이라고 부르는 여성리더십개발 프로그램을 시작하였는 데, 여성들의 자신감을 증진시키고, 조직 내에서 리더십 역할을 효과적으로 수행하는 법을 도와주는 것이 목적이었다. 그 결과, 2년 이내에 공장운영팀에서 여성 임원 비율이 0%에서 33%까시 치솟았다.

Nooyi는 그녀가 PepsiCo에서 성공할 수 있었던 비결은 자기 가족이라고 설명하였다. 대부분의 그녀의 강점은 자기 부모들이 보여준 모범이라고 돌렸다. 청년기가 되면 대부분의 부모들은 그들의 딸이 결혼해서 분가하기를 원하였다고 회상했다. 그러나 그녀의 부모들은 달랐다. 예를 들면, 그녀의 부모는 India를 떠나서 미국으로 공부하러 가겠다는 Nooyi의 결정을 밀어주었다. 그들은 그녀와 여동생들이 자기 재능을 찾고 더 자신감을 갖기를 추구하였다. 저녁 시간에 그녀의 어머니는 그들이 India 정부의 중요 내각의 리더라고 가정하곤 하였고, 매일 저녁 그들은 그러한 일들을 수행하는 데 필요한 것들을 목록화 하였다. 물론 이것은 하나의 게임이었지만, Nooyi는 이 게임 때문에 자신감을 갖게 하고 그녀의 리더십을 형성하는 데 도움이 되었다고 고백하였다. 만일 이러한 게임을 하지 않았다면, 오늘날과 같은 리더의 자리에 올라가지 못했을뿐 아니라 타인의 칭찬과 존경을 받지 못했을 것이라고 하였다. 2018년 8월, Nooyi는 CEO의 자리에서 내려와서, 지금은 미국 Connecticut주의 비영리조직의 이사회 멤버로서 Connecticut주의 경제개발 노력을 돕기 위해 봉사하고 있다.[86]

토의문제

13-11 이 사례에서 Indra Nooyi가 보여준 리더십 스타일은 어떤 예를 보여주고 있는가? 이 사례에서 당신이 발견한 리더십 모델, 이론, 개념 등을 열거하고 설명하라.

13-12 당신은 PepsiCo에서 디자인팀을 만든 Nooyi의 의사결정이 식음료사업에서 효과적이었다고 생각하는가? 그렇다면 그 이유는?

13-13 Indra Nooyi가 보여준 어떤 행동이 서번트 리더십을 보여주는가? 다양하고 포괄적인 작업환경을 증진시키기 위해 그녀가 행한 일은 무엇인가? 당신은 조직 내에서 여성의 경력 개발을 가이드해 줄 수 있는 다른 방법은 무엇이라고 생각하는가?

13-14 이 사례가 당신에게 준 리더십 교훈은 무엇인가?

사례적용 2 Golden State Warriors에서 어떤 리더십이 필요하다고 생각하는가

Steve Kerr는 Golden State Warriors 농구팀의 코치가 된 처음부터, 무언가 변화가 필요하다고 생각하였다. 그는 그들이 문화의 변화가 필요하다고 새로운 리더가 말해주기를 기다리는 경향을 바꾸고 싶어 하였다. 왜냐하면 그것이 모욕적일 수 있기 때문이다. 그렇게 하는 대신에 Kerr는 그 팀이 그들 리그에서 패스의 숫자가 꼴찌라는 것과 같은 중요한 영역에 초점을 맞추었다. Kerr는 게임당 300회 이상의 패스를 함으로써 패스에서 톱 파이브 팀 안에 들어가도록 팀 목표를 세웠다.[87] Kerr의 노력은 충분한 보상을 받았다. 그는 Golden State Warriors의 코치로서 첫 시즌에서, 그 팀은 69년의 구단역사에서 가장 좋은 성적을 기록하였고, NBA역사상 최고의 시즌을 기록하였다.[88]

바로 다음 시즌에서, Kerr는 끔직한 통증을 겪었다. 실제로 그는 그 시즌의 첫 43개의 게임에서 졌을 만큼 대단히 성적이 나빴다. Kerr는 그의 공백기에 코칭 하도록 조수 Luke Walton을 기용하였다. 지도자로서 Walton과 함께 한 그 팀의 기록은 믿을 수 없을 정도이다. 즉, 39승 4패이다. 나중 시즌 결승전 기간에 또다른 조수 Mike Brown은 12승 무패를 기록하였다. Walton과 Brown은 확실히 그들의 노력에 대한 보상을 받을 만한 반면에, Kerr는 두 명의 조수를 개발하고 임파워링하려고 노력하였으며, 멘토로서 조언을 제공하였다.[89]

2018년 초 Golden State Warriors가 고전하고 있었을 때, Kerr는 그들을 코칭하기 위해 선수들에게 필요한 것이 무엇인지 알아보았다. 2018년 2월 Phoenix Sun과의 게임이 있는 날 아침에, Andre Iguodala는 연습을 책임지고 있었고, Ja Vale McGee는 팀미팅 시간에 다른 선수들이 영상을 분석하는 동안에 컴퓨터를 판독하였다. 그리고 그날 저녁 게임에서, Iguodala와 Davis West 그리고 Draymond Green은 타임아웃 시간에 코칭을 바꾸어, Green(부상하였기 때문에)은 수많은 게임 중에 그 팀을 감독하는 책임을 맡았다. Kerr는 이와 같은 코칭 바꾸기를 이렇게 설명하였다. "지난 몇 달 동안 나는 그들에게 다가가지 못하였다. 그들은 내 목소리에 지쳤다.... 나도 내 목소리에 지쳤다. 우리는 그 날이 모자로 마술을 할 수 있는 가장 좋은 날이라고 생각했다. 무언가 다른 일을 해야 했다…. 코치들로서 우리가 할 일은 올바른 방향을 그들을 밀어넣고, 가이드하는 것이었지만, 그러나 그들을 통제해서는 안되었다. 그들은 자신의 운명을 스스로 통제해야만 한다." 그 마술이 먹혀 들어갔다. 그날 밤 Warriors팀은 Suns팀을 적어도 40점차 이상을 이겼다.[90]

Kerr의 리더십의 또다른 측면은 그는 자기가 믿고 있는 바를 끝까지 밀어부친다는 것이다. 리포터가 그에게 현재의 이벤트가 그의 팀에게 어떻게 영향을 미치느냐고 물었다. 그는 쉽게 그 질문에 대해 답변할 수 있는 데, 특히 그들이 그에게 게임 직전에 질문할 때 돋보인다. 대부분의 코치들은, 그들 팀의 구단주나 스폰서가 생각하는 바 논쟁적인 질문을 받으면, 침묵으로 일관한다. 그러나 Kerr는 자기 위치에서, 자기가 생각하기에 옳은 것을 설명하려고 노력한다. Warriors의 사장이었던 Bob Myers는 이렇게 말했다. "Steve에게 숨기는 것은 하나도 없다. '나는 내가 느끼는 바를 말하고, 내 생각을 말하고, 그렇게 살려고 노력한다. 그러면 보상을 받게 마련이다.'"[91]

토의문제

13-15 이 사례에서 당신이 발견한 리더십 모델, 이론, 개념은 무엇인가? 열거하고 설명하라.

13-16 당신이 생각하기에 선수들이 서로 코치하는게 효과적이 되려면 어떤 상황적 조건 혹은 리더십 조치가 필요한지 설명하라.

13-17 이 사례에서 팔로워십에 대해 무엇을 제시하는가? (리더는 부하들과 어떻게 관련되어 있는가?)

13-18 현재의 사건에 대해 말할 때 무엇이 이점이고 무엇이 불리점인가? 이러한 접근 방법이 어떤 식으로 리더로서 Kerr의 강점을 도울 수 있는가? 혹은 해칠 것인가?

ENDNOTES

1. M. Crowley, "How a World-Class Surgeon Found the One Leadership Trait Many Businesses Are Missing," *Fast Company*, August 14, 2014, https://www.fastcompany.com/3034315/how-a-world-class-heart-surgeon-found-the-one-leadership-trait-many-busin; Z. Budryk, "Cleveland Clinic's Toby Cosgrove on Critical Skills and Traits for Healthcare Leaders," *FireceHealthcare*, March 23, 2016, https://www.fiercehealthcare.com/healthcare/cleveland-clinic-s-toby-cosgrove-critical-skills-and-traits-for-healthcare-leaders; and "Toby Cosgrove, M.D., Announces His Decision to Transition from President, CEO Role," *Cleveland Clinic Newsroom* (news release), May 1, 2017, https://newsroom.clevelandclinic.org/2017/05/01/toby-cosgrove-m-d-announces-decision-transition-president-ceo-role/.
2. Most leadership research has focused on the actions and responsibilities of managers and extrapolated the results to leaders and leadership in general.
3. T. A. Judge and D. M. Cable, "The Effect of Physical Height on Workplace Success and Income: Preliminary Test of a Theoretical Model," *Journal of Applied Psychology* 89, no. 3 (June 2004): pp. 428–41; and J. Pinsker, "The Financial Perks of Being Tall," *Atlantic*, May 18, 2015, https://www.theatlantic.com/business/archive/2015/05/the-financial-perks-of-being-tall/393518/.
4. Based on T. A. Judge, J. E. Bono, R. Ilies, and M. W. Gerhardt, "Personality and Leadership: A Qualitative and

PART 4 경영 연습

관리자의 딜레마

당신이 신입사원으로서, 당신의 보스가 무언가를 하라고 시켰는데 당신은 전혀 그 업무를 모르고 있다면 당신은 어떻게 느끼겠는가? 우리들 대부분은 아마도 매우 부적응과 무능력을 경험하게 될 것이다. 그런 사건을 경험하고 난 후 집으로 보스와 함께 퇴근한다면 얼마나 이상하고 불안한지 상상해보라. 왜냐하면 그들은 4학년 이후 친구가 된 룸메이트들과 함께 지내고 있기 때문이다. 이것이 John, Glen, Kurt가 직면한 상황이다. John과 Kurt는 그의 친구 Glen과 다른 세 명이 함께 창업한 소프트웨어 회사에서 일하고 있다. 회사는 이제 서른 아홉 명의 종업원을 고용하고 있고, 그 "친구들"은 우정과 업무가 묘하게 혼합되어 있음을 발견하였다. 집에서 그들은 모두 균등하였다. 그들은 방 세 개짜리 콘도를 빌려서 사용하였고, 집안 일이나 다른 잡일도 분담하였다. 그러나 회사에서는 모두 동일하지 않다. Glen은 John의 보스가 되고, Kurt의 보스는 회사 내 다른 관리자였다. 최근에, 회사는 새로운 작업장으로 이사하였다. 4명의 경영진의 일부인 Glen은 창가 쪽 코너를 할당받았다. 그러나 John은 칸막이방을 할당받았는데, 새로운 자리를 할당받은 이후 일어서서 John과 대화할 수 없기 때문에 짜증이 났다. 그러나 John은 불평할 수가 없었는 데, 왜냐하면 Glen과의 우정 때문에 다른 사무실을 달라고 하지 않았기 때문이다. 또다른 문제가 생긴 것은 룸메이트들이 직장에서 서로 늦게 퇴근하려고 경쟁하기 때문이다. Kurt의 보스는 거의 탈진하는 것을 두려워할 정도이다. 또다른 중요한 사건은 회사의 업적을 논의할 때 발생한다. Glen은 업무 때문에 무언가 말해야 할 것이 가슴을 때려도 스스로 참고 만다. 그리고 "사무실 안에는 코끼리"가 있기 때문이다. 만일 이 소프트웨어회사를 큰 회사가 샀더라면, Glen(그리고 세명의 동업자들)은 엄청난 이익을 올렸을테고, 그래서 룸메이트 간에 대해 몇가지 흥미있는 감정 이슈가 생겨난 것이다. 비록 정답은 따로 이사가는 것이지만, 부동산은 너무 비싸고 게다가 이들은 모두 좋은 친구들이기 때문이다.

당신이 Glen의 입장이 되어 생각해보라. 제4부에서 커뮤니케이션, 개인 행동, 종업원 동기부여, 그리고 리더십을 공부하였던 것을 활용하여, 당신은 이 상황을 어떻게 다루겠는가?

국제적인 감각

당신이 이 교재의 제4부에서 공부하였듯이, 종업원 인게이지먼트는 관리자에게 매우 중요한 관심사가 된다. 관리자들은 자기 종업원들이 그들의 업무와 익숙해지고, 만족하고, 열정적으로 일하기를 기대하는데, 이것이 몰입한다는 뜻이다.(engaged) 왜 종업원 인게이지먼트가 그렇게 중요한가? 종업원 인게이지먼트의 수준이 조직 건강의 척도가 되고, 궁극적으로 사업 결과의 척도가 된다. 가장 최근의 글로벌 종업원 인게이지먼트 수준에 대한 데이터는 오직 15%만이 그들 직무에 몰입하고 있으며(155개국에서 조사한 결과), 66%는 몰입하지 않으며, 18%는 의도적으로 몰입하지 않는다고 한다. 즉, 전세계 종업원의 오직 15%만이 자기 일에 열정적이고 업무에 몰입한다는 것이다. 동아시아 지역에서는 6%의 종업원들만이 몰입하는 가장 낮은 수치를 보여주고 있다. 미국과 캐나다의 글로벌 지역에서는 대략 34%의 가장 높은 종업원 인게이지먼트 수준을 보여주고 있다. 라틴 아메리카는 두번째로 가장 높은 종업원 인게이지먼트 수준을 보여주고 있는데, 27%의 종업원들이 몰입하여 일한다. 그리고 가장 높은 수준의 의도적인 종업원의 비몰입 지역은 MENA 지역으로서, 중동과 북아프리카 지역이다.[1]

그래서 관리자들은 종업원 인게이지먼트를 올리고 유지하기 위해서는 무엇을 할 수 있을까? 몇 가지 중요한 노력으로서 경력 승진의 기회 제공, 인정의 제공, 및 훌륭한 조직 평판을 유지하는 것이 포함된다.

당신이 제4부에서 배운 관점에서 다음 질문에 답해보라.

- 당신이 생각하기에 경제나 국가문화와 같은 외부적 요인이 종업원 인게이지먼트 수준을 향상시키는 데 어떤 역할을 할 수 있는지 토론해보라.
- 조직의 동기부여 프로그램이 종업원의 몰입 혹은 비몰입에 어떤 역할을 할 수 있는지 토론해보라.
- 관리자의 리더십 스타일이 종업원 인게이지먼트 수준에 어떻게 영향을 미칠 수 있는지 토론해보라.
- 관리자가 커뮤니케이션을 통해 종업원의 인게이지먼트 수준에 어떻게 영향을 미칠 수 있는지 토론해보라.
- 당신은 완전히 세대가 다른 작업장의 관리자이다. 당신의 Y세대

(1980년과 1994년 사이에 태어난 세대)와 Z세대(1995년과 2015년 사이에 태어난 세대) 종업원들은 "몰입(인게이지)"하기가 어려울 것이라고 생각하는가 토론해보라.

계속되는 사례

스타벅스 — 지휘(Leading)

일단 사람이 조직에 채용되고 나면, 관리자들은 그들의 업무를 감독하고 조정하면서 조직 목적을 추구하고 달성하고자 노력한다. 이것이 경영의 지휘기능이다. 사람을 성공적으로 관리한다는 것은 그들의 태도, 행동, 성격, 개인의 노력, 동기부여, 갈등 등을 이해한다는 것을 의미한다. 스타벅스에서는 종업원들(스타벅스는 파트너라고 부름)이 최선을 다하여 노력해줄 것을 격려하고 원하고 있다. Kevin Johnson은 사람은 어느 나라든지 똑같은 욕구를 갖고 있고 -그들 업무에서 목적을 찾음- 스타벅스의 파트너들은 인간적인 경험을 증진함으로써 이러한 복석을 찾을 수 있다고 본다.

스타벅스에서의 커뮤니케이션

스타벅스에서 조직 커뮤니케이션의 흐름은 상층부에서 시작된다. Kevin Johnson은 정기적으로 매장을 방문하고, 그도 역시 과거에 스타벅스에서 최고운영책임자로써 업무를 시작하였고, 계속해서 현재 CEO까지 이어졌다. 이 방문은 그에게 현장에서 무슨 일이 벌어지고 있는지 매우 가까이에서 살펴볼 수 있는 기회를 제공할 뿐만 아니라 파트너들은 회사의 최고책임자와 대화할 수 있는 기회를 얻게 된다. Johnson은 Partner Connection Tours를 시작하였는데, 그는 파트너들과 그들이 살아온 인생 이야기를 나누고 나중에는 그들이 마음속에 담아둔 여러 가지 문제들을 토론하게 되었다. Johnson에 의하면, Partner Connection Tours를 통해 "진정으로 경청하는 법"을 배우게 되었고, 회사 안에서 무슨 일이 벌어지고 있는지 알게 되었다고 한다. 또한 Johnson은 더 많은 종업원들과 질의 응답시간을 갖기 위해 오픈 포럼을 개최하였다. 마지막으로 Johnson은 점장들과 대화하기 위하여 스타벅스의 내부 소셜미디어 도구(Workplace)로 라이브방송을 활용할 뿐만 아니라, 점장들 중 80% 이상이 이 도구를 활용하여 파트너들과 혹은 다른 스타벅스 관리자들과 소통하고 있다.

Kevin Johnson이 CEO로 재직하는 동안 기억하는 가장 큰 사건은 아마도 2018년 필라델피아 스타벅스에서 있었던 두 명의 흑인이 개입되었던 사건일 것이다. 당시 그들에게 매장에서 나가달라고 하였고 그들은 친구를 기다리다가 체포되었다. Johnson은 사건이 일어난 다음날 곧장 필라델피아로 날아가서 그들을 만났고 사과문 영상을 발표하였고, 경찰관과 시장을 만난 다음에 그 점장을 해고하였다. 그리고 그는 미국 전역의 모든 매장의 문을 닫고 인종차별 금지에 대한 교육을 실시 하였다. 그렇게 함으로써 Johnson은 과거 2008년도 스타벅스의 커피 경험에 대한 바리스타들을 재교육하기 위해 미국의 모든 매장을 문닫았던 과거의 경험을 재현할 좋은 기회라고 생각했다고 말했다. 2008년의 그 사건은 커피에 관한 고객의 경험을 제공하는 것이라는 사실을 재확인하였다. 다시 2018년으로 돌아간다면, 그날 매장을 문닫은 것은 이 회사가 "모든 고객에게 안전하고 환영하는 분위기를 만들어 모시겠다"는 고객에 대한 충성심을 재확인한 것이다.

스타벅스 – 개인에 대한 관심

전세계에 대략 330,000명의 정규직, 파트타임 직원들에게 Kevin Johnson 사장이 한 가지 중요하게 생각하는 것은 그가 종업원들과 맺고 있는 관계이다. Johnson은 자기 파트너들을 잘 대우하면 그들 파트너들이 긍정적인 고객의 경험을 보장하는 중요한 관건이라고 인정한다. 실제로, Johnson은 매장 수준에서 종업원 이직율을 얼마나 줄이느냐가 그들 종업원들이 고객을 잘 대접하는데 영향을 주는 것으로 이해하였다. 스타벅스의 이직율은 산업의 평균인 약 20% 수준이다. 스타벅스는 추정하기를 시급제 종업원이 그만둘 때마다 약 2,000달러의 비용이 발생한다고 한다. 따라서 이직율을 낮추는 것이 회사의 일선에서 좋은 일이라고 본다.

스타벅스가 자기 종업원들에게 관심을 보이는 한 가지 방법은 Partner Perspective라고 불리는 태도조사를 관리하는 것이다. 태도조사는 전체적인 만족도와 인게이지먼트를 측정하는데, 파트너들이 회사와 대화하는 정도를 측정하는 것이다. 스타벅스는 회사가 자기 종업원들의 생각을 어떻게 돌보는 지를 보여주는 효과적인 방법이라고 한다. 예를 들면, 한 파트너 서베이에서는 종업원들이 작업장에서 무엇을 입을 것인지에 대한 보다 많은 융통성이 중요한 것으로 나타났다. 스타벅스는 눈에 보이는 타투(얼굴과 목은 제외), 작은 코걸이, 큰 귀걸이 피어싱 등을 파트너 조사 결과를 바탕으로 허용하도록 규정을 바꾸었다. 그리고 2016년 스타벅스의 파트너들은 그들의 머리

색깔을 염색하고, 흑백 이외의 컬러라면 무엇이든지 muted-color 셔츠를 입을 수 있고, 짙은 wash jean과 don fedoras and beanies을 입을 수 있도록 허용하였다. 스타벅스는 한편으로는 회사의 브랜드와 평판을 깨트리려고 노력하면서, 또다른 한편으로는 종업원들에게 반응적이다.

스타벅스는 어떻게 종업원들을 대우해야 할지 잘 알고 있으며, 또한 개선의 여지도 갖고 있다. Glassordoor.com에 따르면, 스타벅스의 종업원들은 5점 만점에 3.8 별점을 주었다. 종업원들은 수시로 복지 혜택이 좋고 승진 기회가 많다고 댓글을 달았다. 그러나 대부분의 스타벅스 매장의 엄청난 환경 변화가 중요한 도전이 되고 있다고 파트너들이 코멘트를 하고 있다. 스타벅스의 전직 수퍼바이저가 캘리포니아 대법원에서 들은 사례를 설명하였다. 즉, 스타벅스는 수퍼바이저들이 그들의 매장을 닫는데 필요한 업무를 마치기 전에 마감시간을 입력하라고 교육받았다. 수퍼바이저들은 세일즈와 재고 데이터를 본부에 제출하기 전에 시간을 마감하고, 동료들과 함께 자동차로 가서, 매장 경보장치를 가동하고, 밤을 위해 자물쇠를 채우고 퇴근하고 있다. 대법원은 스타벅스가 이러한 업무에 대해서 수퍼바이저들에게 보상을 해야 한다고 명령하였고, 그후 스타벅스는 이러한 법원의 명령을 따르고 있다.

스타벅스는 "고객과 진정한 접점의 시간"을 창조하고, 배우기를 갈망하고, 팀원을 도와서 일을 마치는 종업원이 필요하다고 설명하였다. 당신이 보다시피, 이러한 "이상적인" 스타벅스 파트너들은 개인으로서 강점을 갖고 있으면서, 팀의 일원으로서 일할 수 있어야 한다. 특히 소매점 상황에서는 고객이 기대하는 경험을 제공하기 위하여 한 팀으로써 협력해서 일해야만 한다

스타벅스—동기부여

Howard Schultz의 어린 시절의 이야기에서 우리는 그가 사람을 어떻게 대우하는지 스타벅스의 철학이 형성된 약간의 실마리를 얻을 수 있다. Schultz의 아버지는 다양한 블루컬러의 일을 힘들게 하였다. 그러나 그가 일을 할 수 없을 때, 그는 돈을 벌지 못했다. Howard가 겨우 일곱 살이었을 때 아버지가 발목을 다쳐서 그의 가족은 "아무런 돈도 못벌고 보험도 없고 작업자에 대한 보상도 없고 아무런 돌아오는게 없었다"고 했다. 금형공장에서 다리를 다친 아버지에 대한 이미지는 일할 수 없는 사람으로, 어린 Schultz의 인상에 오랫동안 남았다. 그의 아버지가 폐암으로 돌아가셨을 때, 아무런 저축이나 연금도 없었고, 더욱 중요한 것은 그는 결코 그가 의미있다고 생각한 일에서 존엄성이나 만족을 가져본 적이 없다는 것이다. 그의 아버지가 겪었던 업무 환경의 형태에 대한 슬픈 현실이 Howard에게 강력한 영향을 주었으며, 그는 "만일 내가 무언가 다른 일을 할 수 있는 위치에 오른다면, 나는 직원들을 그냥 내버려두지 않겠다"고 맹세하였다. 그러한 개인적인 경험이 스타벅스가 오늘날까지 자기 직원들을 챙기는 방식을 형성하였다. 회사와의 관계와 충성심은 모든 개별 종업원과 함께 하는 것이다.

스타벅스가 어떻게 자기의 파트타임 혹은 정규직 직원을 대우하였는지 보여주는 가장 좋은 추억중의 하나는 Total Pay 패키지인데, 그 안에는 경쟁력있는 기본급과 보너스, 종합건강보험, 유급 time-off 플랜(부모님이 아플 때 간호하기 위해 휴가를 얻는 것-역자주), 주식보상 프로그램, 관대한 퇴직저축 프로그램, Arizona State University의 온라인 학사학위 등록금 및 기타 파트너 특혜(매주 1파운드의 커피 제공 포함)가 포함되어 있다. 비록 지역과 나라마다 구체적인 복지혜택은 다르지만, 전세계의 모든 스타벅스의 파트너들은 Total Pay의 경영철학을 공유한다. 예를 들어, Malaysia와 Thailand의 파트너들은 건강보험, 유급휴가, 병가, 기타 복지 혜택 뿐만 아니라 장래 경력개발을 위한 광범위한 교육 기회까지 제공한다. Turkey에서 스타벅스 파트너들을 위한 Total Pay 패키지는 통학 보조금과 무료로 치료받을 수 있는 회사내 의사를 만날 수 있다. 그리고 중국에서 정규직 직원들은 매월 주택보조금을 받고 안식월(Career Coffee Break라고 부름)을 갈 수 있는 자격이 주어진다.

파트너(종업원)에 대한 인정은 스타벅스에서는 매우 중요하다. 이 회사는 지역마다 몇 가지 공식적인 인정 프로그램을 갖고 있기 때문에 파트너들은 서로 격려, 보상, 고무하기 위해서 사용할 수 있다. 예를 들면, 회사가 전액 지원하는 개인과 팀별 성과급 상이 있고, 기념일 상, 회사에서 주는 상(이달의 파트너와 같은)이 있다. 이러한 프로그램은 공식적인 회사의 상부터 동료들이 주는 비공식적인 특별상(보통 Green Apron Award라고 부름)까지 다양하다.

특별히 어려운 상황(천재지변, 화재, 질병 등)에 처한 파트너들을 돕기 위해 이 회사는 재정적인 지원을 할 수 있는

CUP(Caring Unites Partners) 펀드를 갖고 있다. 2017년 Hurricane Harvey가 덮쳤을 때, Taxas 지역의 2,000명이 넘는 파트너들은 CUP 펀드로부터 백만 달러 이상의 자금을 지원받았다. 중국에서 스타벅스는 2017년부터 부모 돌봄 프로그램을 위해 CUP 펀드를 사용하기 시작하였다. 이 프로그램은 중국 본토에서 일하는 정규직 직원들의 부모를 위해 심각한 질병(암, 등)에 대한 보험을 제공한다. 중국에서 문화적으로 부모의 중요한 역할을 이해하기 때문에, 스타벅스는 그들의 부모가 심각한 질병에 걸렸을 때 수많은 파트너들이 짊어져야 할 재정적인 부담을 줄여주고 싶었다. 이러한 종류의 종업원 욕구에 대한 관심은 Howard Schultz가 자기 아버지의 부상으로 가족이 살아가는 데 생활고를 겪었던 경험과 질병 때문에 종업원들이 재정적인 곤란을 경험하도록 하지 않겠다는 약속과 관련이 있다.

2018년, 스타벅스는 Inc. magazine이 선정하는 일하기 좋은 직장 베스트 50에 선정되었고(21위에 올랐음) Glassdoor의 일하기 좋은 회사 베스드 100에도 선정되었다. 스타벅스는 2013년 이후에는 Fortune지가 선정하는 일하기 좋은 회사 베스트 100에는 선정되지 못하고 있지만, 이 회사는 15년 째 그해의 후보에 열거되고 있다. 다른 많은 회사와 마찬가지로 스타벅스는 성과가 낮은 매장을 철수해야 하는 경제적 위기 상황에서도 몇 가지 어려운 전략적 의사결정을 해야만 하였다. 도전에도 불구하고, 최근에 종업원 평가에서 리스트에 올랐고 15년 째 줄곧 Fortune지의 Top 100 list에 거론되는 것이 바로 스타벅스가 종업원들을 어떻게 대우하는지 보여주는 증거이다. 최근 임금을 올리기로 결정한 것, 융통성있는 복장 규정, 병가에 대한 복지혜택의 증가 등은 가까운 미래에 높은 순위로 올라갈 잠재력이라고 본다.

스타벅스–리더십의 개발

Howard Schultz에게, 위대한 리더가 된다는 것은 당신 조직의 욕구를 충족시킬 수 있는 길을 찾아서 당신 종업원들에게 그 확신을 갖게 함으로써 그들이 그 길을 따르고 더 쉬운 길을 택하지 않도록 하는 것이다. 그는 특히 성장하는 기업에서 리더란 그들의 사업이 어떻게 이루어질지 가이드해 주는 그런 가치와 원칙을 고수하고, 절대로 성장의 야망 때문에 그런 가치를 타협하도록 내어주는 것이 아니라고 말하였다. Kevin Johnson이야말로 Howard Schultz의 리더십과 매우 유사한 리더십을 갖고 있다. 스타벅스에서 그의 리더십을 말할 때 Kevin Johnson은 매일 스타벅스의 사명과 가치를 고수하는 것이야말로 그에게 가장 중요한 일이라고 수없이 언급하였다. 스타벅스에서 회사를 뒤흔들만한 욕구가 무엇인지 설명하면서 인간의 혼에 영감을 주고 영양분을 주는 스타벅스의 사명을 얼마나 잘 실천할 지에 달려있다고 말하였다.

Kevin Johnson은 종종 그가 리더로서 계속 그 길을 가야할지 고민했던 터닝포인트에 대해 말하곤 하였다. 그가 테크놀로지 기업인 Juniper Networks에서 CEO로 재직할 당시에 Johnson은 피부암(melanoma) 진단을 받았다. 그가 자신의 건강보다는 회사 일에 우선순위를 두고 있었는데, 하루는, 그가 공항에서 비행기를 기다리다가 그의 우선순위가 엉망임을 깨달았다. 그는 자기의 출장계획을 취소하고 오직 "즐거운 일만 하자"고 자기 자신에게 약속하고 자기 일터로 돌아왔다. 그의 삶에서 이러한 경험이 아픈 가족을 돌보기 위해 휴가가 필요한 종업원들에게 회사가 유급의 혜택을 제공하기로 한 스타벅스의 의사결정에 영향을 미쳤다. Johnson은 또한 자기가 인생에 대한 방향전환은 감성의 입장에서 스타벅스의 사업을 이해하면서 성장해온 사람들에게 사업을 지적으로 이해하는 리더가 되기 위하여 직장을 옮겼다고 수차 말하였다. 이러한 스타벅스의 감성을 이해하는 것이 그의 리더십에서 중요한데, Johnson은 스타벅스는 그 사명을 달성하기 위하여 "마음의 소리를" 듣는 회사이기 때문이라고 말하였다.

스타벅스는 전사를 걸쳐서 훌륭한 리더십 스킬을 가진 인재의 중요성을 인정한다. 상위계층의 관리자들에게 리더십 개발 훈련을 제공할 뿐만 아니라 스타벅스는 특히 고객서비스를 위한 친선대사로서 확인된 파트너들을 훈련시킴으로써 리더십 기술 개발을 격려하고 있다. 이러한 훈련은 회사를 떠나 컨퍼런스(off site conference)의 형식으로 제공되고 있다. 또한 스타벅스는 모든 계층의 관리자들에게 장래의 리더로서 자신을 개발할 추가적인 훈련과정을 제공하고 있다.[2]

토의 질문

P4-1 당신이 생각하기에 Kevin Johnson이 커뮤니케이션의 어떤 기능을 그가 Partner Connection Tour를 할 때 사용하였다고 보는가? 그가 내부 소셜미디어 Workplace를 사용했을 때와 커뮤니케이션의 기능이

무엇이 다른가? 토론하라.

P4-2 바쁜 스타벅스 카페에서 일하는 종업원들에게 적용 가능한 효과적인 커뮤니케이션의 잠재적인 장애요인은 무엇인가? 점장이 그러한 장애요인을 어떻게 최소화할 수 있을까?

P4-3 태도조사를 통하여 종업원들에게 의견을 묻는 것 이외에, 가능한한 종업원들이 회사에 긍정적인 태도를 갖도록 보장하려면 스타벅스의 관리자들이 무엇을 더 해야 할까?

P4-4 스타벅스에서 추구하는 사람의 유형을 서술해보라. 이러한 유형의 사람을 관리하기 위해 발생할 수 있는 개인행동의 문제는 무엇인가?(태도, 성격 등의 관점에서 생각해보라). 발생할 수 있는 작업 팀의 문제는 무엇인가?(어떻게 하면 팀을 성공적으로 만들지 생각해보라. 힌트: 사람이 스스로 동기유발이 되고, 열정적이 되고, 훌륭한 팀 플레이어가 될 수 있을까 생각해보라.)

P4-5 "이상적인" 스타벅스 종업원을 다양한 성격 특성 이론의 관점에서 토론해보라.

P4-6 스타벅스가 창조하고자 하는 작업환경을 서술해보라. 그런 환경이 종업원을 동기부여하는 데 어떤 영향을 줄 수 있을까?

P4-7 Exhibit 12-6의 직무특성모델을 활용하여, 파트타임 시급제 직원의 직무를 동기부여할 수 있도록 재설계해보라. 점장들의 직무를 동일한 방법으로 재설계해보라.

P4-8 Kevin Johnson의 리더십 유형을 서술하라. 그의 접근방법이 다른 유형의 조직에서도 적합할까? 그렇다면, 혹은 그렇지 않다면 그 이유는 무엇인가?

P4-9 지휘 기능의 관점에서 스타벅스가 "올바르게" 하는 일은 무엇인가? 그들이 하는 일 중에서 무엇이 잘못되었는가? 설명하라.

P4-10 이 회사의 사명과 가치(웹사이트에서 찾아보라)중에서 무엇이 경영의 지휘 기능에 영향을 주었는가? 당신이 선택한 것 중 하나가 스타벅스의 관리자들이 (a) 커뮤니케이션 문제 (b) 개인행동의 문제 (c) 동기부여의 방법 (d) 리더십 유형 혹은 접근방법에 어떻게 영향을 주는지 설명하라.

END NOTE

1. J. Harter, "Employee Engagement on the Rise in the U.S.," *Gallup*, August 26, 2018, https://news.gallup.com/poll/241649/employee-engagement-rise.aspx; "The State of the Global Workplace," *Gallup*, 2017, accessed March 18, 2019, https://www.gallup.com/workplace/238079/state-global-workplace-2017.aspx?utm_source=link_wwwv9&utm_campaign=item_231668&utm_medium=copy#formheader.
2. Information from www.starbucks.com, March 2019; M. Vultaggio, "Who is Current CEO of Starbucks? About Kevin Johnson After Howard Schultz Announces Potential 2020 Presidential Run," *Newsweek*, January 28, 2019, https://www.newsweek.com/who-current-ceo-starbucks-kevin-johnson-howard-schultz-1308360; D. Gelles, "Starbucks's CEO Comes Into the Light," *New York Times*, June 18, 2018, p. B1; "Watch: Starbucks CEO Kevin Johnson on Innovation and Empathy," *Fast Company*, October 26, 2017, https://www.fastcompany.com/40482678/live-now-starbucks-ceo-keving-johnson-on-innovation-and-empathy; A. Bradford, "Employee Engagement in Every Cup—A Starbucks Case Study," Social Media for Business Performance, University of Waterloo, May 28, 2018, http://smbp.uwaterloo.ca/2018/05/employee-engagement-in-every-cup-a-starbucks-case-study/; H. Halzack, "The CEO of Starbucks Just Passed His Biggest Leadership Test Yet," *Bloomberg*, April 18, 2018, https://www.bloomberg.com/opinion/articles/2018-04-18/starbucks-ceo-kevin-johnson-aces-this-leadership-test; K. Taylor, "'They'd Rather Us Be Machines': Starbucks Baristas Reveal the Worst Parts of Working There," *Business Insider*, May 26, 2017, https://www.businessinsider.com/worst-parts-of-working-at-starbucks-2017-5; L. Nagele-Piazza, "Calif. High Court: Starbucks Must Pay Workers to Close Store," *Society for Human Resource Management*, July 27, 2018, https://www.shrm.org/resourcesandtools/legal-and-compliance/state-and-local-updates/pages/california-high-court-said-starbucks-must-pay-workers-to-close-store.aspx; D. Wilkie, "Blue Hair Topped By a Beanie? Both

Chapter 14 성과점검 및 통제

학습목표

14.1 통제의 본질과 중요성을 설명한다.

14.2 통제 프로세스의 3단계를 설명한다.

14.3 조직 및 직원 성과를 측정하는 방법을 설명한다.

14.4 조직성과를 측정하기 위해 사용하는 도구를 설명한다.

14.5 통제에 대한 현대적인 이슈를 토론한다.

고용능력 기술 매트릭스

각 장의 해당 매트릭스와 마지막 부분의 자료는 고용주가 구직자에게 요구하는 특정 기술을 개발하는데 도움을 준다.

		비판적 사고	커뮤니케이션	협동	지식 응용	사회적 책임
기술 상자	당신의 경력 개발	✓	✓		✓	
	직장의 비밀	✓	✓		✓	
기술 연습	윤리적 딜레마	✓				✓
	기술 훈련	✓			✓	
	함께 일하기			✓	✓	
	경영자가 될 차례	✓	✓		✓	
사례	사례적용	✓			✓	✓

Suraj Samaroo는 메릴랜드의 IKEA에서 콜센터 직원으로 일했다.[1] Samaroo는 회사의 전화 및 우편 주문시스템을 활용하여 고객이 반품하지 않았는데도 반품한 것처럼 하여 반품대금을 가로챘다. 그는 재고기록을 바꾸는 방식으로 자신의 계획을 은폐하였다. 1년도 채 안되어 그는 거의 40만 달러를 훔쳤다.

미국사회보장국은 사망자 740명에게 약 1,700만 달러의 퇴직연금을 실수로 지불했다.[2]

공항 보안검색 감사에서 놀라운 통계가 밝혀졌다. 감사관은 95%의 가짜 폭발물과 무기가 보안검색대를 통과할 수 있었다는 사실을 감사과정에서 발견하였다.[3]

위의 예는 잘못된 조직 통제의 사례이다. 이들은 계획이 아무리 효과적이고 조직구조가 잘 짜여져 있더라도 상황이 잘못될 수 있음을 보여준다. 이 장에서는 조직이 목표를 성공적으로 달성하는 데 있어서 통제 시스템이 얼마나 중요한지 보여준다.

LO14.1 통제란 무엇이며 왜 중요한가?

통제활동은 관리프로세스의 마지막 단계이다. 그러나 이 용어는 구체적으로 무엇을 의미하는가?

통제란 무엇인가?

통제
작업 성과를 점검하고, 비교하고 수정하는 관리 기능

통제는 작업 성과를 점검하고, 비교하고 수정하는 프로세스이다. 관리자는 업무수행결과를 평가하거나 목표 대비 실제 성과를 비교하기 전까지는 자기 부서가 적절한 성과를 거두었는지 제대로 알 수 없다. 따라서 효과적인 통제는 목표 달성과 관련된 활동으로 유도하는 것이다. 그리고 통제의 효과는 직원과 관리자가 목표를 달성하는데 얼마나 도움이 되었는지에 따라 결정된다.[4]

조직에서 통제활동은 전혀 새로운 것이 아니다. 예를 들어 회계와 감사 활동은 고대 중국과 이집트에 존재했던 것으로 알려져 있다. 20세기 초 Frederick Taylor, Henri Fayol, Max Weber가 쓴 글들을 보면(1장의 경영역사 모듈 참조) 산업경제의 도래와 함께 통제활동의 필요성을 제시하였다. 회사에서 설정한 목표를 달성할 수 있도록 과학적으로 근로자를 훈련시키고, 권한계층을 만들고, 공식적인 규칙과 규정을 정하는 것과 같은 개념들이 도입되었다.

통제활동은 왜 중요한가?

계획이 세워지고, 목표 달성에 효율적인 조직구조가 만들어지고, 효과적인 리더십을 통해 동기부여된 직원들이 있다고 하자. 하지만 활동이 계획대로 이루어지고, 직원과 관리자가 하는 일이 목표를 달성하고 있다는 보장은 없다. 따라서 통제는 관리기능의 마지막 부분이기 때문에 중요하다. 통제기능의 가치는 계획활동, 권한위임, 작업장 보호의 세가지 영역에서 살펴볼 수 있다.

4장에서 계획활동의 기초로서 직원과 관리자에게 구체적인 방향을 제시하는 목표에 대해 설명했다. 그러나 단지 목표를 수립하거나 직원들이 목표를 수용했다는 것만으로 목표를 달성하는데 필요한 활동이 이루어진다는 보장은 없다. 오래된 속담처럼 "아무리 정교한 계획을 세워도 서로가 잘 맞지 않으면 계획이 틀어질 수 있다." 효과적인 관리자는 직원이 해야할 일이 실제로 수행되고 있는지, 목표가 달성되고 있는지를 확인하기 위해 지속적으로 점검한다. 통제활동은 계획과 연계된 중요한 활동이다.(Exhibit 14-1 참조)

통제활동이 중요한 두 번째 이유는 권한위임 때문이다. 많은 관리자는 자신이 책임져야 하는 일이 잘못될까봐 직원들에게 권한을 위임하는 것을 꺼려한다. 따라서 많은 관리자가 스스로 일을 처리하고 위임을 피하려는 경향이 있다. 그러나 효과적인 통제시스템을 개발하면 권한위임에 대한 이러한 거부감을 줄일 수 있다. 통제시스템은 권한을 위임받은 직원의 성과에 대한 정보와 피드백을 제공한다. 따라서 관리자가 권한을 위임할 필요가 있기 때문에 통제시스템이 필요하다. 하지만 관리자가 권한을 위임하더라도 직원들이 내리는 결정에 대해 궁극적인 책임은 관리자에게 있기 때문에 관리자 입장에서도 피드백 체계가 필요하다.

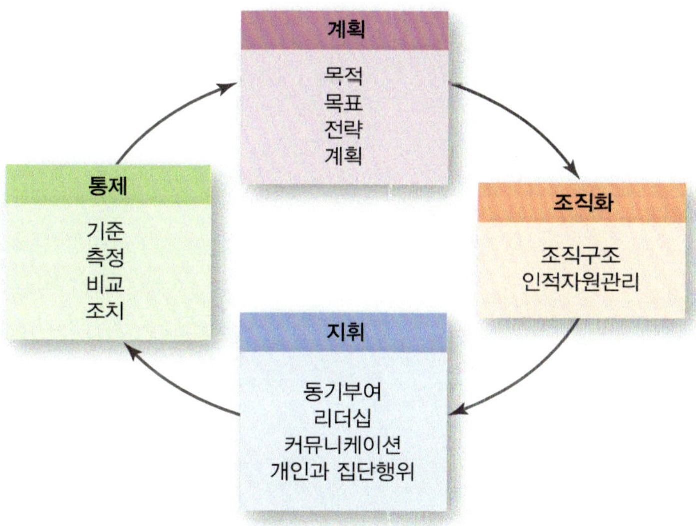

Exhibit 14–1
계획-통제 연계

통제가 중요한 마지막 이유는 조직과 자산을 보호하기 때문이다. 오늘날 환경은 자연재해, 금융 스캔들, 직장 폭력, 글로벌 공급망 붕괴, 보안 침해, 심지어 테러 공격 가능성 등으로 위협이 늘고 있다. 경영진은 그러한 위협으로부터 자산을 보호할 책임이 있다. 체계적인 통제와 백업 계획은 작업 중단을 최소화하는데 도움을 준다.

LO14.2 통제 프로세스

통제 프로세스는 3개의 단계로 구성된다. (1) 실제 성과 측정 (2) 기준과 실제 성과 비교 (3) 편차 또는 부적절한 기준 수정을 위한 관리적 조치 (Exhibit 14-2 참조). 각각의 단계를 구체적으로 살펴보기 전에 통제 프로세스는 성과 기준이 이미 존재한다는 것을 가정한다는 점을 알아야 한다. 성과 기준은 진행상황을 측정할 수 있는 구체적인 목표이다. 이 기

통제 프로세스
실제 성과 측정, 기준과 실제 성과 비교, 편차 또는 부적절한 기준 수정을 위한 관리적 조치 등 3단계 프로세스

준은 계획 단계에서 만들어진다. 만약 목표관리(MBO)를 사용하고 있다면 목표는 유형의 형태로 입증가능하고, 측정가능해야 한다. 이러한 목표들은 진행상황을 측정하고 비교하는 기준이다. MBO가 실행되지 않는다면 기준은 경영진이 사용하는 구체적인 성과지표이다. 요점은 이러한 기준이 계획단계에서 개발되어야 한다는 점이다. 통제 이전에 계획이 잘 마련되어야 한다.

1단계: 실제 성과 측정

실제 성과가 무엇인지 확인하기 위해서 관리자는 먼저 관련 정보를 확보해야 한다. 따라서 통제의 첫 번째 단계는 측정이다. 무엇을 어떻게 측정하는지에 대해 살펴보자.

측정 방법 관리자가 실제 성과를 측정하기 위해 사용하는 5가지 정보원천은 관찰, 통계 보고서, 자가점검 컴퓨터, 구두 보고, 서면 보고서 등이다.

Exhibit 14-2
통제 프로세스

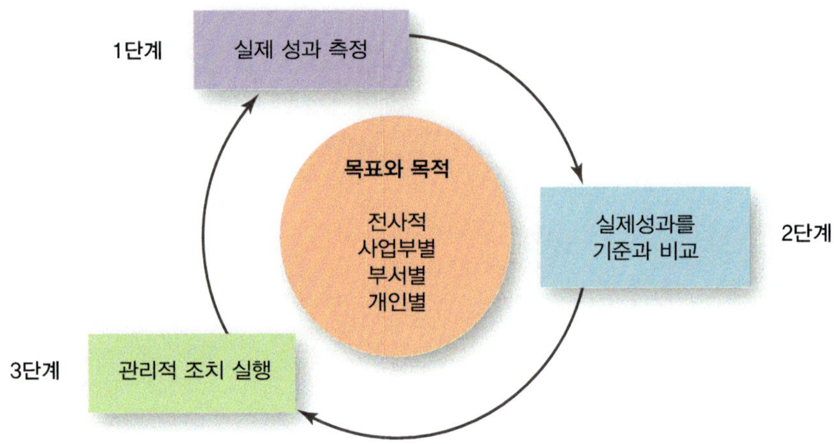

개인적인 관찰은 실제 활동과 직접적이고 밀접한 지식, 즉 다른 사람을 통해서 걸러지지 않는 정보를 얻을 수 있다. 성과관련 활동뿐만 아니라 사소한 활동까지도 관찰되고 관리자가 "행간을 읽을 수 있는" 기회가 있기 때문에 더 자세하게 파악할 수 있다. 배회에 의한 관리(management-by-walking around)는 다른 원천에서 놓칠 수 있는 것들과 직원들의 표정 및 목소리톤을 포착할 수 있다. 안타깝게도 정량 정보가 객관적이라고 여겨지는 시대에 개인적 관찰은 종종 열등한 정보 원천이라고 간주된다. 그것은 지각 오류의 영향을 받는다. 한 관리자가 보는 것을 다른 관리자는 보지 못할 수 있다. 또한 개인적 관찰은 많은 시간을 필요로 한다. 마지막으로 이 방법은 눈에 거슬리는 문제가 있다. 직원은 관리자가 관찰하는 것을 자신에 대한 신뢰 부족 또는 불신의 표현으로 해석할 수 있다

관리자는 실제 성과를 측정하기 위해 통계 보고서에 점점 더 의존하고 있다. 여기에는 관리자가 성과평가를 위해 사용할 수 있는 다양한 형식의 그래프, 막대 차트, 숫자 등이 포함된다. 통계 데이터는 시각화하기 쉽고 상호관계를 표시하는데 효과적이지만 직원의 활동과 관련된 정보는 제한적일 수 밖에 없다. 통계는 몇 가지 주요 영역에 대해서만 보고할 뿐 다른 중요한 요인을 무시하는 경우가 있다.

자가점검컴퓨터는 미래의 정보 원천이 될 수 있다. 사물인터넷처럼 모든 것이 전산화되면서 통제 프로세스에서 관리자의 역할이 새롭게 논의되고 있다. 스마트폰, 기계, 로봇, 추적 장치 등의 센서는 데이터를 수집하고 문제가 있음을 경고하고 문제를 수정하는데 도움을 준다. 컴퓨터가 감지하고 생각하고 행동할 때 인간의 개입은 필수가 아니라 선택이 된다. 이러한 통제가 얼마나 효과적인지 결론을 내리기에는 아직 이르다. 한가지 우려 사항은 컴퓨터 키보드를 두드리는 것부터 건물 내 위치까지 모든 움직임을 모니터링하는 기술에 대해 직원들이 어떻게 반응하는지이다.

구두보고는 컨퍼런스, 회의, 일대일 대화, 전화 통화 등을 통해 얻은 정보를 말한다. 구두 보고는 정보가 일부 걸러지지만 빠르고 피드백이 즉각적으로 이루어지고 단어 자체뿐만 아니라 대화를 할 때의 목소리 톤이나 대화의 표현을 통해서 의미가 전달된다.

실제 성과를 서면보고서로 측정할 수 있다. 서면보고서는 직접 또는 간접적인 구두 보고보다 느리지만 공식적인 형태를 갖추고 있다. 이러한 형식은 구두 보고보다 더 포괄적이고 간결하다. 또한 서면보고서는 일반적으로 쉽게 분류되고 참고자료로 활용된다.

측정 내용 측정 내용은 측정 방법보다 통제 프로세스에서 더 중요하다. 잘못된 기준을 설정하면 심각한 역기능적 결과를 초래한다.[5] 이러한 문제의 사례가 몇 년 전에 발생했다.[6] 시에서 고용한 한 컨설턴트가 시 경찰관이 근무를 시작하자마자 순찰차를 타고 마을을 가로지르는 고속도로로 이동해 마을의 한쪽 끝에서 다른쪽 끝까지 이리저리 달리는 모습을 발견하였다. 이는 효과적인 치안과는 관련이 없지만, 시 정부가 경찰관 업무 성과를 순찰차가 몇 마일 주행했느냐를 기준으로 측정하고 있다는 사실을 컨설턴트가 알았을 때 경찰관의 행동을 이해할 수 있었다.

모든 관리 상황에 적용할 수 있는 통제 기준이 있다. 예를 들어 모든 관리자는 사람을 다룬다. 따라서 직원 만족이나 이직률, 결근율 등을 측정한다. 예산 내에서 비용을 유지하는 것도 상당히 일반적인 통제 수단이다. 다른 통제 기준은 관리자가 처한 다양한 상황을 이해해야 한다. 예를 들어 피자배달 지점의 관리자는 하루에 배달되는 피자 수, 전화 주문과 온라인 주문시 평균 배달시간, 사용한 쿠폰의 수와 같은 측정값을 사용할 수 있다. 정부 기관의 관리자는 하루 평균 지원서 작성, 시간당 고객 요청 처리건수, 평균 서류 처리시간 등을 사용할 수 있다.

대부분의 직무와 활동은 가시적이고 측정가능한 용어로 표현될 수 있다. 성과지표를 정량화할 수 없는 경우 관리자는 주관적인 측정 방법을 찾아야 한다. 정량적인 측정이 한계가 있지만, 전혀 기준이 없거나 통제기능을 무시하는 것보다 낫다.

2단계: 실제 성과와 기준 비교

비교단계는 실제 성과와 기준간의 차이를 파악한다. 모든 활동에서 약간의 편차를 예상할 수 있지만, 허용 가능한 **편차 범위**를 정하는 것이 중요하다. (Exhibit 14-3 참조) 이 범

편차 범위
실제 성과와 기준간 차이의 허용된 한도

위를 벗어난 편차에 대해 주의를 기울여야 한다. 예를 들어보자.

Chris Tanner는 북서태평양지역에 소재한 특용작물 및 씨앗 유통회사인 Green Earth Gardening Supply의 판매관리자이다. Chris는 매월 첫 째주에 상품 종류별 월 매출을 기록하는 보고서를 준비한다. Exhibit 14-4는 6월 매출목표(기준)와 실제 매출액을 나타낸다. 수치를 살펴본 후 Chris는 걱정을 할까? 매출이 원래 목표보다 약간 높지만 큰 차이가 없는 것이 아닌가? 그것은 Chris가 무엇을 중요하게 생각하느냐에 따라 달라진다. 즉, 허용가능한 편차 범위를 벗어난다. 전체 매출이 약간 좋아보일지라도 몇 개 상품은 보다 면밀하게 조사할 필요가 있다. 예를 들어 다세대 종자(heirloom seeds), 화훼용 구근(flowering bulbs, 역주: 지하에 있는 식물체의 일부인 뿌리나 줄기 또는 잎 따위가 달걀 모양으로 비대하여 양분을 저장한 것), 일년생 화초의 매출이 기대 이상일 경우 Chris는 고객 수요를 충족하기 위해 육모장으로부터 더 많은 상품을 주문할 필요가 있다. 채소 매출이 목표보다 15% 낮다면 Chris는 특별한 관심을 가져야 한다. 이 예에서 알 수 있듯이 편차가 크든 적든 관리적인 조치가 필요하며, 이것이 통제 프로세스의 세 번째 단계이다.

Exhibit 14–3
편차 허용범위

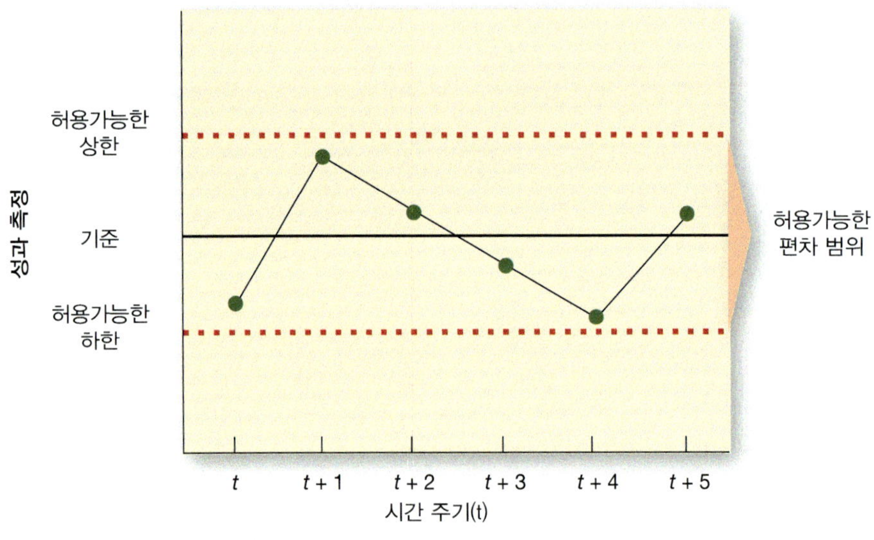

Exhibit 14–4
Green Earth Gardening Supply사의 6월 매출

상품	기준	실적	초과(미달)
채소	1,075	913	(162)
다년생 꽃	630	634	4
일년생 꽃	800	912	112
허브	160	140	(20)
화훼용 전구	170	286	116
화훼용 덤불	225	220	(5)
다세대 종자	540	672	132
합계	3,600	3,777	177

3단계: 관리적 조치

관리자들은 무조치, 실제 성과 수정, 기준 수정 등 세가지 행동을 취할 수 있다. 아무것도 안하는 무조치는 자기 변명이기 때문에 다른 두가지를 살펴보자.

실제 성과의 수정 스포츠 코치는 실제 성과 수정의 중요성을 이해하고 있다. 게임 도중에 선수의 행동을 수정한다. 문제가 반복되거나 두 명 이상의 선수가 그러한 행동을 할 경우, 다음 경기 전에 훈련을 통해서 행동을 수정한다. 관리자도 그렇게 해야 한다.

만약 차이가 발생한 원인이 성과미달 때문이라면 관리자는 수정 조치를 취하고 싶을 것이다. 그러한 수정 조치의 예를 들면, 전략, 구조, 보상관행, 교육프로그램 변화나 직무재설계, 인력재배치 등이 포함된다.

실제 성과를 수정하기로 결정한 관리자는 또다른 의사결정을 해야 한다. **즉각적인 수정 행위**를 할 것이냐, 근본적인 수정 행위를 취할 것인가? 즉각적인 수정 행위는 문제를 즉시 수정하고 정상적인 상태로 되돌려 놓는다. **근본적인 수정 행위**는 성과가 왜, 그리고 어떻게 차이나는지 묻고 차이가 발생하는 원인을 찾아 해결한다. 관리자가 근본적인 수정 행위를 취할 시간적 여유가 없기 때문에 즉각적인 조치로 "불을 끄는 것"에 만족해야 한다고 합리화 하는 것은 드문 일이 아니다. 그러나 효과적인 관리자는 차이를 분석하고 이를 통해서 얻는 이익이 있다고 생각할 때 기준 성과와 실제 성과간의 차이를 영구적으로 수정하기 위해 시간을 할애한다.

즉각적인 수정 행위
문제를 즉시 수정하고 정상적인 상태로 되돌려 놓는 조치

근본적인 수정 행위
차이가 발생하는 원인을 수정조치 하기 전에 성과가 왜, 그리고 어떻게 차이나는지 살펴보는 것

기준 수정 기준과 성과간의 차이가 나타나는 이유는 목표가 너무 낮거나 너무 높은 비현실적인 기준 때문일 수 있다. 이 경우에 성과가 아니라 기준을 바꿀 필요가 있다. 만약 성과가 지속적으로 목표를 초과하는 경우 관리자는 목표달성이 너무 쉬워 목표를 높여야 하는지를 살펴봐야 한다. 다만 관리자는 기준을 하향조정하는 데 주의해야 한다. 직원이나 팀의 능력이 부족하면 목표를 탓하기 마련이다. 예를 들어 시험에서 낮은 점수를 받은 학생들은 가끔 학점 부여기준이 너무 높다고 공격한다. 그들은 자신들의 성과가 낮다는 사실을 받아들이기보다 기준이 비합리적이라고 주장한다. 마찬가지로 월별 할당액을 달성하지 못한 영업 사원은 비현실적인 할당목표를 비난한다. 기준이 지나치게 높기 때문에 목표와 실적간에 괴리가 발생하여 직원들의 의욕을 꺾는 경우가 있는 것도 사실이다. 하지만 명심할 것은 만약 직원이든 관리자가 기준을 충족시키지 못한다면 가장 먼저 공격받는 것은 기준 자체이다. 기준이 현실적이라고 생각한다면 기존 입장을 고수하라. 자신의 입장을 설명하고 성과 기대를 직원들에게 재확인한 다음 그러한 기대치를 현실로 만드는데 필요한 수정조치를 취하라.

Exhibit 14–5
통제 프로세스에서 관리 의사결정

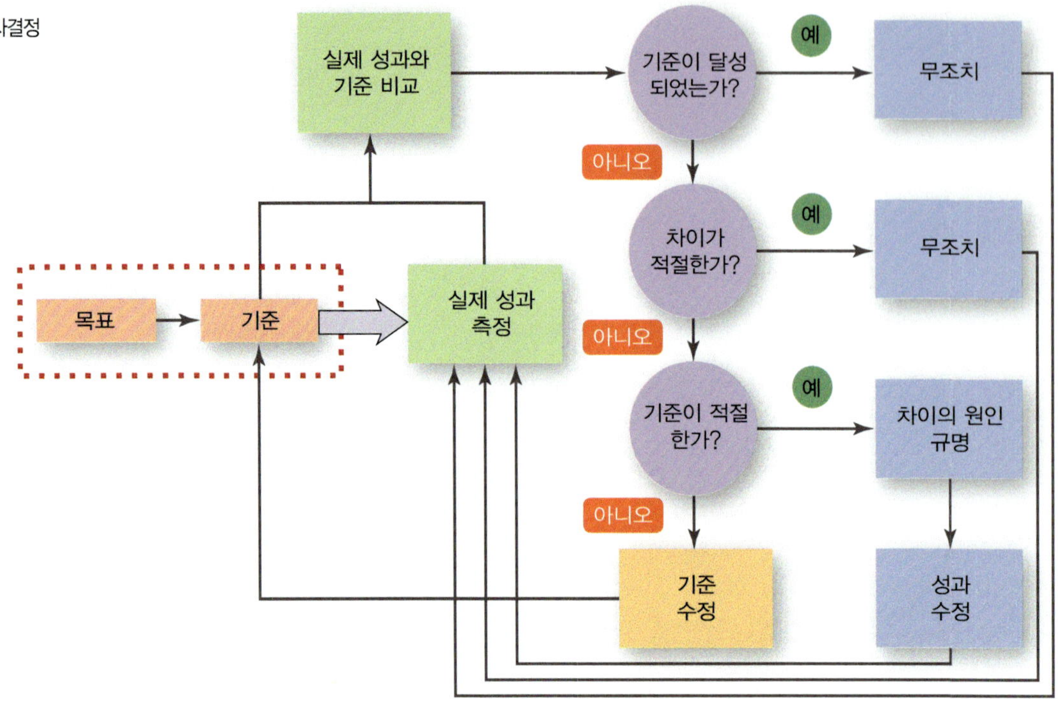

요약

Exhibit 14-5는 관리자의 통제 관련 의사결정을 요약한 것이다. 기준이 목표에 의해 설정되는데, 목표가 계획활동 중에 개발되기 때문에 기준은 통제 프로세스와 거의 관계가 없다. 통제 프로세스는 본질적으로 측정, 비교, 관리행동으로 이어지는 연속적인 흐름이다. 비교 단계의 결과에 따라 성과를 수정하거나 표준을 수정한다.

LO14.3 조직 성과 및 직원 성과 통제

비용 효율성. 고객 대기 시간. 서비스에 대한 고객만족도. 이와 같은 것들은 콜센터 서비스산업에서 매우 중요한 성과지표이다. 바람직한 의사결정을 위해서 콜센터 기업 관리자들은 조직 성과와 직원 성과를 관리하는 데 필요한 이런 종류의 정보들을 원한다.

조직 성과란 무엇인가?

성과
활동의 최종 결과

퍼포먼스(performance)라는 단어를 들으면 무엇이 생각나는가? 지역 오케스트라에 의해 연주되는 한여름밤의 콘서트? 박빙의 경주에서 결승선을 향해 뛰는 올림픽 선수? 20분 탑승시간 목표를 달성하기 위해 가능한 빠르고 효율적으로 승객을 탑승시키고 있는 플로리다주 포트 마이어스에 있는 사우스웨스트항공사 탑승구의 램프 관리자? **성과**(performance)는 이 모든 것들을 의미한다. 이것은 어떤 활동의 최종 결과이다. 그 활동이 콘서트나 경주 이전에 집중적으로 이루어진 연습이든, 아니면 효율적이고 효과적으로 직무책임을 수행한 것이든 성과는 그러한 활동의 결과이다.

관리자는 모든 조직의 작업 과정과 활동의 최종 결과인 **조직성과**에 관심이 있다. 이는 다면적인 개념이지만 관리자는 높은 성과에 영향을 주는 요인을 이해할 필요가 있다.

조직 성과
조직의 모든 작업활동의 축적된 결과물

조직 성과 측정

NBA 농구 선수들이 몇 년 전보다 훨씬 더 많은 3점슛을 시도하는 것은 우연이 아니다.[7] 2012년에 NBA팀은 경기당 평균 18.4개의 3점슛을 시도하였다. 2017년에는 평균 50% 증가한 27개였다. 팀 분석가들은 데이터 사이언스와 데이터 분석을 사용하여 3점 슛이 들어갈 확률이 35%에 불과했지만 골대 가까이에서 슛을 쏘는 2점슛보다 더 많은 점수를 얻는다는 것을 발견하였다. 이 경우 데이터 분석은 성과측정의 역할을 하였으며, 코치가 조직의 성과를 개선하는 데 도움이 되었다.

휴스턴 로켓츠팀의 가드인 James Harden은 NBA 최고의 3점 슈팅 선수 중 한 명이다. 로켓츠팀의 코치들은 팀원들이 통계데이터에 근거하여 2점 슛보다 3점 슛을 쏠 것을 권한다.
출처: *Troy Taormina/USA TODAY Sports/Newscom*

이하에서는 일반적으로 사용되는 세가지 조직성과 척도인 조직 생산성, 조직 효과성, 업계 순위에 대해서 살펴본다.

조직 생산성 **생산성**은 제품 또는 서비스의 양을 해당 산출물을 만드는데 소요된 투입량으로 나눈 값이다. 부서와 개인 모두 높은 생산성을 원한다. 최소의 투입으로 최대의 제품과 서비스를 생산하기를 원한다. 산출물은 상품이 판매될 때 조직이 얻게 되는 판매 수익으로 측정된다(판매가격×판매량). 투입은 자원을 획득하여 산출물로 변환하는 비용으로 측정된다.

생산성
제품 또는 서비스의 양을 해당 산출물을 만드는데 소요된 투입량으로 나눈 값

투입대비 산출 비율을 높이는 것이 경영진이 해야 할 일이다. 물론 가장 쉬운 방법은 산출물의 가격을 올리는 것이다. 그러나 오늘날과 같은 경쟁 환경에서 이것은 좋은 대안이 아니다. 예를 들어 월마트는 120만 근로자의 임금을 인상하면서 코스트코와 같은 소매업체와 치열한 경쟁을 해야 하는 상황에서 "매일 낮은 가격"이라는 목표를 달성하기가 어렵다.[8] 유일한 다른 대안은 투입을 줄이는 것이다. 어떻게? 작업을 보다 효율적으로 운영하여 비용을 감소시킴으로써 가능하다. 월마트는 비용을 줄이고 경쟁력있는 판매가격을 유지하기 위해 제품 공급업체에게 가격을 낮추도록 압력을 가했다.[9]

조직 효과성 **조직 효과성**은 조직 목표가 얼마나 적절하고 얼마나 잘 달성되고 있는지를 보여주는 척도이다. 이것은 관리자들의 성과를 보여주는 중요한 기준이며, 전략 및 업무 설계와 직원들의 업무 조정 관련 경영 의사결정에 도움을 준다.

조직 효과성
조직 목표가 얼마나 잘 적절하고 얼마나 잘 달성되고 있는지를 보여주는 척도

Exhibit 14–6
업계 및 기업 순위

포춘(www.fortune.com)	인더스트리위크(www.industryweek.com)
포춘 500	인더스트리위크 1000
Global 500	인더스트리위크 미국 500
가장 존경받는 기업	최고의 제조기업 50
일하기 좋은 최고의 100대 기업	인더스트리위크 베스트 공장
빠르게 성장하는 100대 기업	
포브스(www.forbes.com)	**고객만족 지수**
전세계에서 가장 큰 상장기업	미국 고객만족 지수 – 미시간경영대학
INC(www.inc.com)	고객만족측정협회
가장 빠르게 성장하는 민간기업	

당신의 경력 개발

피드백 전문가 되는 법

회사와 경력관리에서 성공의 열쇠는 피드백을 효과적으로 제공하는 방법을 아는 것이다.

누구나 피드백이 필요하다! 최선을 다하고자 한다면 자신이 잘 하는 것과 더 잘 할 수 있는 것이 무엇인지 알아야 한다. 그렇기 때문에 피드백이 매우 중요하다. 하지만 피드백을 효과적으로 제공하는 것은 쉬운 일이 아니다. 실제로 관리자가 (a) 피드백을 제공하는 것을 원하지 않거나 (b) 긍정적인 결과를 가져오는 피드백을 제공하지 못하는 이유이다.

다음과 같은 제안들을 활용하면 보다 편안하면서 효과적으로 피드백을 제공할 수 있다.[12]

1. 특정 행동에 초점을 맞추어 직설적으로 이야기하라.
피드백은 일반적이어서는 안되며 구체적이어야 한다. "당신은 나쁜 태도를 가지고 있다" 또는 "당신이 한 일에 정말 큰 감명을 받았다"와 같은 말은 피하라. 그러한 말은 모호하며, 어떤 정보를 제공하긴 하지만 듣는 사람이 "나쁜 태도"를 어떻게 고쳐야 하는지 또는 "좋은 일"의 근거가 명확하지 않아서 그 사람이 앞으로 어떤 행동을 하거나 어떤 행동을 피해야 하는지를 제대로 알 수 없다.

2. 현실적이 되라.
변경 가능한 것에 초점을 맞추어 피드백하라. 사람들은 자신이 통제할 수 없는 것에 대해 조언을 들으면 실망스러울 것이다.

3. 비공개 형태로 피드백을 하라.
특히 부정적인 내용의 피드백을 할 때는 판단이나 평가가 아니라 설명 형태로 해야 한다. 아무리 화가 나더라도 직무와 관련된 행동에 초점을 맞추고, 부적절한 행동을 이유로 개인적인 비난을 하지 말라.

4. 목표지향적으로 피드백하라.
다른 사람들에게 "노여움을 발산" 하거나 "책임을 떠넘기는" 방식으로 피드백해서는 안된다. 부정적인 말을 해야 한다면 듣는 사람이 달성해야 하는 목표에 초점을 맞추어야 한다. 피드백이 누구에게 도움이 되어야 하는지 스스로에게 물어보라. 답이 당신이라면 그렇게 피드백해서는 안된다. 바람직하지 않은 부정적인 피드백은 당신의 신뢰도를 떨어뜨리고 향후 있을 피드백의 의미와 영향력을 감소시킨다.

5. 피드백 제공 시기를 파악하고 적절한 시간을 활용하라.
피드백 대상자가 어떤 행동을 한 뒤 빠르게 피드백이 이루어질 때 가장 바람직하다. 또한 행동의 변화에 특히 관심이 있을 때 바람직하지 않은 행동에 대한 피드백이 늦어지면 피드백을 통해서 원하는 변화를 가져오는데 효과적이지 않다. 물론 만약 충분한 정보가 없거나, 화가 났거나 분노의 감정이 있을 때 피드백을 빠르게 하는 것은 역효과를 가져올 수 있다. 이 경우에 "적절한 시간"이란 "피드백을 늦추는 것"을 의미할 수 있다.

6. 이해시켜야 한다.
피드백 받는 사람이 명확하고 완전하게 이해할 수 있도록 간결하면서 명확하게 의사소통해야 한다. 피드백 내용을 상대방이 제대로 이해했는지 확인하기 위해 상대방으로 하여금 피드백 내용을 재정리하도록 하는 것이 바람직하다.

7. 적절한 몸동작, 목소리 톤, 얼굴 표정을 활용하라.
몸동작과 목소리 톤은 몇마디 단어보다 더 크게 전달된다. 전달하고자 하는 것이 무엇인지 생각하라. 그리고 메시지 전달에 도움이 되는 몸동작을 활용하라.

업계 및 기업 순위 업계 및 기업 순위는 인기있는 기업 성과 측정 방법이다. Exhibit 14-6에서 보는 바와 같이 많은 순위가 발표된다. 각각 서로 다른 방식의 성과 측정으로 다양한 순위 발표가 이루어지고 있다. 예를 들어 Fortune의 가장 일하기 좋은 기업은 임의로 선발된 직원들이 "The Great Place to Work® Trust Index®"라는 설문지에 답하고, Great Place to Work Institute에서 개발한 기업 문화가 포함된 자료를 수천명의 기업 관리자들이 작성한 자료에 기초하여 선정된다. 이러한 순위는 관리자와 여러 사람들에게 회사가 다른 회사에 비해 얼마나 잘 운영되고 있는지와 관련된 지표를 보여준다. Wegmans Food Markets는 일하기 좋은 기업의 예이다. 이 회사는 1998년부터 매년

Fortune 목록에 올라와 있다.[10] Wegmans 직원의 96%가 상사가 훌륭하고 보상수준이 높다고 답하였으며, 97%가 회사 분위기가 매우 좋다고 답하였다.[11]

Exhibit 14-7
징계문제 유형과 예시

문제유형	예시
근태	결근, 지각, 병가 남용
직무 행동	지시 미이행, 안전장비 미착용, 알콜/약물 중독
부정직	도둑질, 허위보고, 고용서류나 기타 회사양식에 허위정보 기재
외부 활동	범죄행위, 불법파업, (금지조항이 있는데) 경쟁사 근무

직원 성과 통제

관리자는 직원의 노력이 조직 목표를 달성하는 데 필요한 양과 질에 맞는지 확인해야 한다. 따라서 통제를 할 필요가 있다. 관리자가 효과적인 성과 피드백을 제공하고 필요한 경우 **징계 조치**(관리자가 조직의 업무 기준 및 규정을 시행하기 위해 취하는 조치)를 하는 것이 중요하다.[13] 먼저 효과적인 성과 피드백에 대해 살펴보자.

징계 조치
관리자가 조직의 업무 기준 및 규정을 시행하기 위해 취하는 조치

효과적인 성과 피드백 한 학기동안 숙제, 시험, 보고서 점수를 확인하는가? 만약 그렇다면 왜 그 정보를 알고 싶어 하나? 우리들 대부분은 우리가 달성해야 하는 것을 기준으로 현재 어디에 있는지를 알고 싶어하기 때문이다. 우리는 스스로 무엇을 하고 있는지 알고 싶어한다. 직장에서도 마찬가지다. 관리자는 업무 성과 측면에서 직원들이 어느 위치에 있는지 알 수 있도록 피드백을 제공해야 한다. 앞의 "당신의 경력 개발"에서 효과적인 피드백을 제공하는 구체적인 방법을 살펴보았다.

fyi
관리자는 주당 26%의 시간을 저성과 직원 코칭에 할애한다.[14]

때때로 성과 피드백이 작동하지 않는 경우도 있다. 직원의 성과가 계속 문제가 될 수 있다. 이러한 상황에서는 문제를 해결하기 위해 징계 조치가 필요할 수 있다.

징계 조치 대부분의 직원은 자신이 맡은 일을 잘 수행해서 공식적인 수정조치가 필요하지 않다. 하지만 그렇지 않은 경우도 있다. Exhibit 14-7은 몇 가지 일반적인 업무 관련 문제 유형과 예시를 보여주고 있다. 그러한 문제 상황에서 관리자는 회사의 징계 관련 정책을 파악하는 것이 중요하다. 대부분의 조직은 관리자에게 단계적인 징계 정책을 따르도록 요구한다. **단계적인 징계 조치**는 처음부터 강한 징계를 하지 않고 최소한의 처벌부터 부과하는 것이다. 그것은 일반적으로 구두 경고, 최초 서면 경고, 최종 서면 경고, 중단 검토 또는 중단, 그리고 가장 심각한 경우에는 해고 이유를 적시한 해고통지 등 5개의 단계가 있다.[15] 법적인 관점에서 볼 때 일반적으로 직원들에 대한 징계가 신중하면서 단계적으로 이루어졌을 때 바람직하다.[16]

단계적인 징계 조치
최소한의 처벌부터 부과하고 점차 단계적으로 징계수준을 높여가는 방법

직장의 비밀 불공정한 성과 평가에 대한 대응

1980년 이후에 태어난 1,000명의 정규직 사원을 대상으로 한 최근의 설문조사 결과, 그들은 성과 평가에서 많은 좌절감을 느꼈다. 예를 들어 조사대상 중 62%는 평가에 대해 "기습공격" 당한 느낌이었다고 답하였으며, 74%는 상사가 자신들의 성과에 대해 어떻게 생각하는지 잘 모르겠다고 답하였다. 22%는 평가에 대해 너무 화가 나서 병가를 냈으며, 28%는 다른 직장을 찾는 방식으로 평가에 대응하였다. 우리의 결론은 당신의 직장 생활 중 언젠가는 성과평가 결과 때문에 좌절을 경험할 가능성이 높다는 것이다.

대부분의 상사가 실제로 성과 평가를 싫어한다는 것을 알면 놀랄 것이다. 그 이유는? 첫째, 관리자들은 부정적인 피드백을 이야기하면 부하들과의 대립이 우려되기 때문에 직원의 약점을 직접적으로 이야기하는 것을 꺼려한다. 둘째, 많은 직원들이 자신의 약점을 지적당하면 방어적이 된다. 직원들이 관리자를 비판하거나 다른 사람에게 책임을 전가하는 형태로 반응한다. 마지막으로 직원들은 자신의 성과보다 부풀려진 평가를 받는 경향이 있다. 통계적으로 보면 직원 중 절반은 평균 이하의 성과를 거둔다. 하지만 직원들의 평균 성과는 백분위에서 75% 수준으로 나타난다. 그래서 관리자가 좋은 소식을 전해 줘도, 직원 입장에서는 꼭 좋은 소식은 아니라고 인식하기 쉽다!

다음은 공정하지 않다고 느끼는 성과평가를 다루는 바람직한 방법들을 살펴보자.

상사가 하는 말을 주의깊게 들어라.
평가의 세부사항을 주의깊게 듣는 것부터 시작이다. 당신의 상사가 정확히 무슨 말을 하는가? 상사가 당신의 성과에 대해서 이야기할 때 방해해서는 안된다. 특히 부정적인 조언에 대해 명확하게 알아들어야 한다. 당신이 답변을 시작하기 전에 상사가 성과에 대해 충분히 말하고 상사의 입장을 정확히 알아야 한다.

부정적인 평가의 일부 또는 전체가 진실일 수 있다는 것을 받아들일 준비를 하라. 위에서 이야기했듯이 우리는 우리 자신의 성과를 과대평가하는 경향이 있다. 상사의 평가가 당신 스스로의 평가보다 더 정확할 수 있다.

침착하고 냉정해야 하며, 방어적인 태도를 피하라.
감정을 잘 통제하고 함부로 이야기하지 말라. 화내지 말고 후회할 말을 하지 말라. 책임을 전가하거나 변명하거나 상사와 논쟁하는 방식으로 반응하지 말라. 문제를 명확하게 해결하겠다고 상사의 성과 피드백의 진실성에 대해 이의를 제기하는 것처럼 보이지 않게 말투를 조심해야 한다. 이 때 상사의 부정적인 평가를 건설적인 비판으로 간주하라.

앞으로 개선하기 위해 무엇을 해야 하는지 질문하라.
개선을 위해 무엇을 해야 하는지 묻는 것은 두가지 측면에서 도움이 될 수 있다. 첫째, 비판을 수용하는 모습을 보여준다. 둘째, 당신의 변화 의지를 나타낸다.

성과 검토가 이루어질 때 더 많은 피드백을 요청하라.
성과 검토 내용과 개선해야 할 사항을 이해하게 되면, 상사와 더 많은 피드백을 받을 수 있는 가능성에 대해 상의해야 한다. 목표는 연간 성과 검토에서 특이한 사항을 제거하는 것이다. 상사가 걱정하는대로 당신이 성과를 제대로 내고 있지 못하는 것을 알게 된다면 문제를 빠르게 해결할 수 있다. 이러한 접근은 문제가 계속 반복되면서 쌓여가고 결국 최종 성과평가에서 상사가 이러한 것들을 반영하지 않도록 하기 위한 것이다.

뒤로 미루기를 원하는가?
상사의 평가를 문제 삼는다면? 만약 상사의 평가가 불공정하다고 확신한다면 당신은 중대 결정을 내려야 한다. 평가가 진행되도록 그냥 둘 것인가? 문제를 제기할 것인가? 둘 다 리스크가 있다. 부정적인 평가를 무시하면 상사는 당신을 해고할 준비를 할지 모른다. 반면 상사의 평가에 이의를 제시하면 장기적으로 봤을 때 갈등이 심화될 수 있다.

진심으로 평가가 불공정하다고 느낀다면 평가 결과를 바꿀 수 있는 기회는 항상 있다. 그러나 상사의 결정에 항의하기 전에 과거에 좋지 않은 성과 평가에 이의를 제기했던 사람들이 어떻게 대우받았는지를 파악하기 위해 동료들과 대화하고 조직문화를 고려할 필요가 있다.

성과 평가에 도전하라.
성과평가에 이의를 제기하기로 결정하였다면 몇가지 고려사항이 있다. (1) 정보를 더 잘 처리할 수 있도록 평가 사본을 요청하라. (2) 당신이 동의하지 않는 평가내용이 무엇인지 정확하게 정하라. (3) 당신의 입장을 뒷받침하는 증거를 제시하기 위해 상사와 회의 일정을 잡아라. (4) 상사와의 회의에서 원하는 결과를 얻지 못한 경우 인사부서에 관련 자료를 제출하되, 인사부서에 제출하기 전에 미리 상사에게 알려라.

반박문 쓰기.
만약 평가결과에 이의를 제기하기로 결정한다면, 공식적인 반박 자료를 제시할 것이다. 요점 위주로 간결하게 작성되어야 한다. 상사나 조직을 공격하지 말라. 긍정적이면서 존중하는 모습을 유지하고, 분노나 부정적인 감정을 다스려라. 마지막으로 불공정하다고 느끼는 평가상의 특정 이슈만 다루어라.

최악의 시나리오.
만약 성과평가가 직장을 떠나야 할 징조로 보여지더라도 절대 실망하지 말라. 이것은 전화위복의 기회일지도 모른다. 당신의 진정한 소명을 찾는데 필요한 자극일 수 있다. 이 책에서 설명했듯이 '해고'를 당한 사람들의 성공스토리는 넘쳐난다. 토마스 에디슨은 Western Union의 야간 전보 운영 업무에서 해고되었다. 로버트 레드포드는 Standard Oil에서 육체 노동을 하다가 해고되었다. 마돈나는 Dunkin' Donuts의 카운터 직원으로 하루만에 해고되었다. 마크 큐반은 컴퓨터 가게 판매원으로 일하다가 해고되었다.[17]

Let's Get REAL

Kevin Krossber ▶
운영담당 이사

출처: *Kevin Krossber*

시나리오:

Malik Green은 오늘이 힘든 하루가 될 것을 알고 있다. 지역 주민센터 수영장 관리자로서 안전이 최우선이다. 오늘 그는 수영장에서 안전절차를 따르지 않은 시간제 교대근무 구조대원에게 징계를 내려야 한다. 직원들에게 경고의 메시지를 줘야 할 필요가 있다는 것을 알고 있지만 그는 징계 회의에 대해 긴장하고 있다. 그는 자신이 명확한 경고를 주면서 동시에 구조대원이 적절한 안전절차를 사용할 것을 권장하는 방향으로 결론이 나기를 바란다.

징계조치에 대해 Malik에게 어떠한 조언을 해 줄 수 있을까?

정책 관련 조언의 논리를 제시하기 위해 이야기의 핵심을 명확히 준비하라. 안전절차가 꼭 지켜져야 하는 이유를 설명하는 것이 중요하다. 이를 통해 관리자가 원하는 문화가 규정 준수가 아닌 헌신을 통해 이루어진다는 것을 보여주고 신뢰를 얻게 된다. 직원들에게 질문할 기회를 주고, 기대치를 명확하게 전달하고, 시행중인 정책을 명확히 이해할 수 있도록 한다.

LO14.4 조직 성과 측정 도구

모든 관리자는 조직 성과를 모니터링하고 측정하기 위해 적절한 도구가 필요하다. 특정 유형의 통제 도구를 설명하기 전에 사전, 동시, 사후의 세가지 통제 유형을 살펴본다.

사전/동시/사후 통제

관리자는 활동이 이루어지기 전, 활동이 진행되는 동안, 활동이 끝난 후 통제를 할 수 있다.[18] 첫 번째 유형을 사전 통제, 두 번째 유형을 동시 통제, 마지막 유형을 사후 통제라고 한다. (Exhibit 14-8 참조)

사전 통제
업무활동 이전에 이루어지는 통제

사전 통제 가장 바람직한 통제 형태는 사전 통제이다. **사전 통제**는 실제 행동 이전에 이루어지기 때문에 문제를 예방한다.[19] 예를 들어 병원 응급실에서는 열이 나고 오한이 있는 18세 환자가 타이레놀 처치를 받고 집으로 보내졌다가 나중에 혈액감염인 패혈증으로 사망한다거나, 가슴통증이 있는 42세 여성환자가 퇴원한 뒤 2시간 만에 심장마비를 일으키는 등의 의료 실수를 막기 위해 노력하고 있다. 의학 선문가들은 응급실의 혼란과 혼돈 속에서 심각한 질병이 제대로 치료되지 않을 수 있다는 것을 알고 있다. 그래서 많은 병원들은 이러한 실수를 막기 위해 프로토콜을 마련하고 감독을 하고 있다.[20] 맥도널드는 모스크바에서 첫 레스토랑을 열었을 때 회사 품질관리 전문가를 파견하여 러시아 농부들이 양질의 감자를 재배하는 기술을 알려주고 제빵사들이 양질의 빵을 굽는 과정을 배울 수 있도록 도왔다. 그 이유는? 맥도날드는 지역에 상관없이 제품 품질이 일관되기를 원한다. 그들은 네브라스카 주의 오마하 식당에서 제공하는 치즈버거와 같은 맛이 나기를 원한다. 또다른 사전 통제의 예는 에너지 회사가 실시하는 원자력 발전소에 대한 예방 정비 프로그램이다. 이 프로그램은 사고로 이어실 수 있는 구조적 손상을 사전에 감지하고 예방하기 위해 계획되었다.

맥도널드는 지역에 관계없이 일관된 제품 품질을 보장하기 위해 사전 통제를 사용한다. 모스크바에 첫 레스토랑을 열었을 때, 러시아 농부들이 양질의 감자를 재배하는 기술을 배울 수 있도록, 그리고 제빵사들이 양질의 빵을 굽는 과정을 배울 수 있도록 회사의 품질관리 전문가를 파견했다.
출처: *Heorshe/Alamy Stock Photo*

사전 통제의 핵심은 문제가 발생하기 전에 관리적 행동을 취한다는 것이다. 사전 통제는 품질 저하, 고객 이탈, 수익 감소 등 피해가 발생한 후에 시정하기보다 사전에 문제를 예방할 수 있다. 이러한 통제가 가능하려면 시기적절하고 정확한 정보가 필요한데 그러한 정보를 항상 쉽게 구할 수 있는 것은 아니다. 따라서 관리자는 다른 두 가지 유형의 통제를 사용하게 된다.

Exhibit 14-8
통제 유형

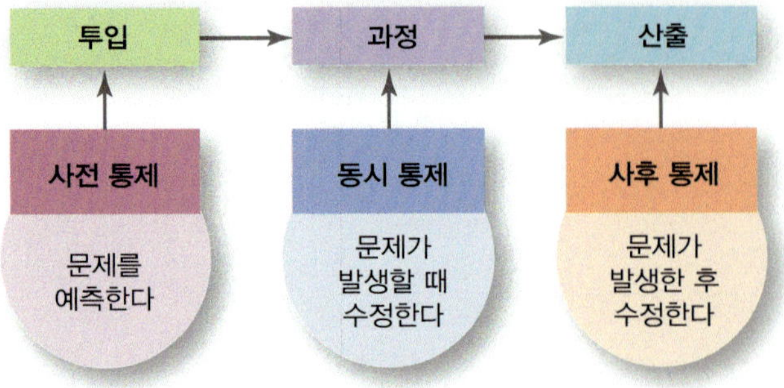

동시 통제
업무활동 도중에 이루어지는 통제

동시 통제 **동시 통제**는 이름에서 알 수 있듯이 업무가 진행되는 동안에 발생한다. 예를 들어 롤스로이스 차량용 시트 덮개는 시트 프레임에 장착하기 전에 가죽에 흠이 발생하지 않게 한다. 모든 단계에서 부품의 품질을 지속적으로 모니터링하고 적절한 조립을 통해 불량 제품을 생산하지 않게 한다.

동시 통제로 가장 잘 알려진 형태는 직접 감독이다. 예를 들어 Valley Forge Casino Resort의 전임 사장인 Michael Bowman은 객실 청소 직원과 함께 직접 객실을 청소했다.[21] 그는 한 방에서 다른 방으로 이동하는 시간이 너무 오래 걸리는 것을 발견했다. 객실 청소 직원을 관찰하고 그들의 이야기를 청취함으로써 그는 엘리베이터를 기다리는 시간이 길어 업무가 지연된다는 것을 알게 되었다. 한 객실 청소 직원이 해결책을 제시했다. "아침 7시부터 9시까지 엘리베이터를 막아서 꼭대기 층만 이용할 수 있도록 하세요"[22] 이 제안을 받아들여 적시에 더 많은 방을 청소하게 되었다. 정보서비스 제공업체인 NIC의 CEO인 Harry Herington은 오토바이를 타고 미국 전역의 NIC 지사를 방문해 직원들을 만나고 직접 영업활동을 본다. 그는 "CEO에게 뭐든지 물어보라"[23]는 것을 강조한다. 모든 관리자들은 동시 통제를 사용해서 잇점을 얻을 수 있고, 특히 일선 관리자들은 비용이 너무 많이 들기 전에 문제를 해결할 수 있기 때문에 유용하다.

사후 통제
업무활동 이후에 이루어지는 통제

사후 통제 가장 널리 활용되는 통제 유형은 사후 통제이다. **사후 통제**에서 통제는 활동이 종료된 이후에 이루어진다. 대부분의 자동차 제조업체들은 조립라인에서 자동차를 출고하기 전에 광범위한 품질관리를 하는 부서가 있다. 품질 기준에 맞지 않는 차는 수정을 위해 돌려보낸다. 사후 품질관리에서는 문제가 사실로 드러난 이후에 발견된다는 점에 유의할 필요가 있다. 이것이 사후 통제의 문제이기도 하다. 관리자가 정보를 입수할 때 이미 문제가 발생하여 폐기처리, 손상, 추가비용 발생 등이 발생한다. 그러나 많은 업무 영역에서 사후 통제는 거의 유일한 통제 방식이다.

사후 통제는 두 가지 장점이 있다. 첫째, 사후 통제는 관리자가 계획을 얼마나 잘 세웠는지에 대한 의미있는 정보를 제공한다. 성과 기준과 실제 성과간 차이가 거의 없다면 계획했던 목표를 달성한 것이다. 만약 둘 간의 차이가 크면 관리자는 관련 정보를 활용하여 새로운 계획을 수립할 수 있다. 둘째, 사후 통제는 동기부여를 높인다. 사람들은 자신이 얼마나 잘 하고 있는지 알고 싶어 하는데 사후 통제는 그러한 정보를 제공한다.

이제 관리자들이 사용할 수 있는 몇 가지 구체적인 통제 도구를 살펴보자.

재무 통제

모든 기업은 이익을 추구한다. 이 목표를 달성하기 위해 관리자는 재무 통제를 할 필요가 있다. 예를 들어 과도한 지출에 대해 분기별 손익계산서를 분석한다. 또한 재무 비율을 계산하여 지속적인 비용 지출을 위해 충분한 현금이 있는지, 부채 수준이 너무 높지 않은지, 또는 자산이 생산적으로 사용되고 있는지를 확인할 수 있다.

Exhibit 14-9는 재무 통제에 가장 많이 사용되는 재무비율을 요약한 것이다. 유동성 비율은 기업의 유동부채 상환 능력을 측정한다. 레버리지 비율은 자금 조달을 위한 부채의 사용과 부채에 대한 이자 지급이 가능한지를 조사하는 것이다. 활동성 비율은 회사가 자산을 얼마나 효율적으로 사용하는지 평가한다. 마지막으로 수익성 비율은 회사가 수익을 창출하기 위해 자산을 얼마나 효율적이고 효과적으로 사용하는지 측정한다. 이러한 비율들은 조직의 두 가지 기본 재무제표(대차대조표와 손익계산서)의 정보를 사용해서 두 개 항목을 사용하여 계산되며, 백분율 또는 비율로 표시된다. 이러한 재무비율은 회계나 재무 수업에서 배웠거나 앞으로 배울 것이기 때문에 별도로 자세하게 설명하지 않을 것이다. 여기서는 관리자들이 내부통제 수단으로 그러한 비율을 활용할 수 있음을 아는 것이 중요하다.

Exhibit 14–9
주요 재무비율

목표	비율	계산식	의미
유동성	유동비율	$\frac{\text{유동자산}}{\text{유동부채}}$	기업의 단기부채 상환 능력 조사
	당좌비율	$\frac{\text{유동자산} - \text{재고자산}}{\text{유동부채}}$	재고자산이 천천히 회전하거나 판매가 어려울 때 보다 정확히 유동성 조사
레버리지	부채비율	$\frac{\text{총부채}}{\text{총자산}}$	부채비율이 높을수록, 레버리지 효과가 더 높음
	이자보상배수	$\frac{\text{이자 및 세금 전 순이익}}{\text{총이자비율}}$	이자비용을 감당하기 전 이익이 얼마나 되는지 측정
활동성	재고회전율	$\frac{\text{매출액}}{\text{재고자산}}$	비율이 높을수록, 재고자산이 보다 효율적으로 사용됨
	총자산회전율	$\frac{\text{매출액}}{\text{총자산}}$	주어진 매출을 위해 사용된 자산이 적을수록, 관리자는 총자산을 효율적으로 사용
수익성	총매출이익률	$\frac{\text{세금공제 후 순이익}}{\text{총매출액}}$	다양한 제품이 만든 이익을 측정
	총자본이익률	$\frac{\text{세금공제 후 순이익}}{\text{총자산}}$	자산이 이익을 창출한 효율을 측정

예산은 계획 및 통제의 도구이다. (예산에 대한 자세한 내용은 계획수립 및 통제 기법 모듈을 참조하시오.) 예산이 편성되면 어떤 활동이 중요하고, 어느 정도의 자원이 활동별로 배분되어야 하는지를 알려주기 때문에 계획 도구라고 할 수 있다. 그러나 예산은 또한 통제를 위해 사용되는데 왜냐하면 관리자에게 자원 소비를 측정하고 비교하는 계량적 기준을 제공하기 때문이다. 만약 어떤 조치가 필요할 정도로 차이가 크면 관리자는 무슨 일이 일어났는지 검토하고 그 이유를 파악해야 한다. 정보를 활용해서 필요한 조치를 취할 수 있다.

Let's Get REAL

Alicia Kiser ▶
인사 담당 임원

출처: *Alicia Kiser*

시나리오:

부티크 초콜릿 가게를 연 이후 Elyse Chung은 늘 그 가게에 있었다. 그녀는 영업시간 동안 가끔 가게에 나오지 않는 것이 건강에 좋다는 것을 알고 있다. 그녀가 고용한 세 명의 직원들은 각자 해야 할 일이 무엇인지 알고 있으며, 그녀의 신뢰를 받을 만한 가치가 있다는 것을 증명했다.

Elyse가 자신이 없더라도 가게를 통제하고 있다는 느낌을 받을 수 있도록 하려면 어떤 제안을 할 것인가?

Elyse가 없는 동안 가게를 관리하는 책임을 직원들에게 맡길 수 있는 것처럼 보이지만, 이와 관련한 절차와 구조를 갖추는 것은 쉬운 일이 아니다. Elyse는 매일 체크리스트를 활용하여 가게 문 열기, 문 닫기, 금전등록기 조정, 주문과 같이 가게 운영의 중요 구성요소에 대한 절차를 점검해야 한다. Elyse는 또한 그녀가 외출하는 동안 가게 운영을 적절히 관리하지 않는 것과 관련하여 자신의 기대와 결과를 직원들에게 알려주어야 한다.

정보 통제

2014년부터 2018년 9월 사이에 쉐라톤, 웨스틴, W호텔, 세인트레지스, 포포인츠, 알로프트 르메르디앙, 트리뷰트, 엘리먼트 호텔에 투숙했던 고객들은 2018년 11월에 큰 충격을 받았다. 메리어트 소유의 스타우트 호텔 브랜드는 자사의 예약 시스템이 해킹 당했고, 최대 5억명의 투숙객에 대한 개인정보가 도난 당했다고 밝혔다.[24] 이 정보에는 이름, 주소, 전화번호, 생일, 이메일 주소 및 암호화된 신용카드 세부 정보가 포함되어 있다. 여행 이력과 여권 번호가 포함된 경우도 있었다. 말할 필요도 없이 이 사건으로 인해 메리어트는 큰 곤경에 처하게 되었으며, 회사의 명성에 먹칠을 하게 되었다.

메리어트 사건이 특별한 것은 아니다. Equifax, eBay, Target 및 American Express의 컴퓨터 시스템에서도 유사한 공격이 발생하였다. 정보보호는 정보에 대한 포괄적인 통제 필요성을 요구하고 있다.

관리자는 (1) 조직의 여러 활동들을 통제하는데 도움이 되는 수단, (2) 통제가 필요한 조직 영역 등 두 가지 측면에서 정보 통제를 다룬다.

수석 엔지니어인 Ryan Egan은 시카고의 강변 쉐라톤 호텔에 설치된 새로운 스마트 온도 조절시스템을 시연하였는데, 이 시스템은 에너지 요금을 연간 13만 6천달러 줄일 수 있다. 이 경영정보시스템은 회사가 최고 수준의 안전, 효율 및 신뢰성으로 운영될 수 있도록 도와줄 것이다.

출처: *Mira oberman/afp/Getty Images*

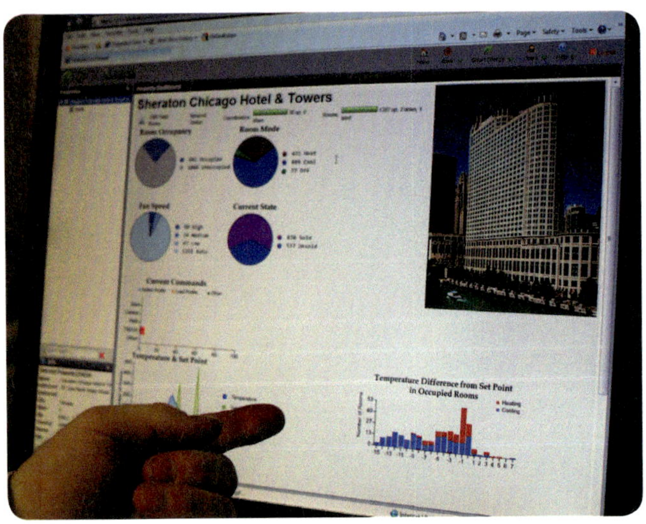

어떻게 정보시스템을 통제활동에 사용할까? 관리자들은 조직 활동과 성과를 모니터링하고 측정하기 위해 적시에 적절한 정보를 필요로 한다.

실제 성과를 측정할 때 관리자들은 자신의 책임 영역 내에서 무슨 일이 생기고 있는지에 대한 정보와 실제 성과를 비교할 수 있는 기준에 대한 정보가 필요하다. 또한 기준 대비 성과의 차이가 허용가능한 수준인지를 판단하는데 도움이 되는 정보가 필요하다. 마지막으로 적절한 조치를 하기 위한 정보도 필요하다. 관리자가 사용하는 대부분의 정보는 조직의 경영정보시스템으로부터 나온다.

경영정보시스템(MIS, Management Information System)은 관리자들에게 정기적으로 필요한 정보를 제공하기 위해 사용되는 시스템이다. 이론적으로 이 시스템은 수작업 또는 컴퓨터를 기반으로 하지만 오늘날 대부분의 회사는 컴퓨터 기반으로 운영된다. MIS에서 시스템이란 용어는 질서, 배열, 목적을 의미한다. 나아가 MIS는 단순한 데이터(가공되거나 분석되지 않은 사실)가 아니라 정보(처리되고 분석된 데이터)를 관리자에게 제공하는 데 초점을 맞추고 있다. 도서관이 좋은 예이다. 도서관은 수백만권의 책을 보유할 수 있지만, 사용자들이 원하는 것을 빨리 찾을 수 없다면 별 도움이 되지 않는다. 그런 이유 때문에 사서들이 도서관의 책들을 분류하고 제자리에 가져다 놓는데 많은 시간을 소비하는 것이다. 오늘날 기업은 잘 갖춰진 도서관 같다. 문제는 데이터 부족이 아니라 정보가 필요한 사람들에게 제대로 정보가 제공될 수 있는 데이터 처리 능력이 있느냐이다. MIS는 데이터를 수집하여 관리자가 사용할 수 있는 정보로 변환시키는 것이다.

경영정보시스템(MIS)
관리자들에게 정기적으로 필요한 정보를 제공하는 시스템

정보 통제 설문조사에 따르면 기업의 60%가 작년에 네트워크 보안 침해를 경험했다.[25] 조직이 수행하는 모든 일에 있어서 정보가 중요하기 때문에 관리자는 종합적이고 안전하게 정보 보호를 해야 한다. 이를 위해 데이터 암호화에서 시스템 방화벽, 데이터 백업 등의 다양한 통제 방법을 활용한다. 블로그, 검색 엔진, 트위터 계정과 같이 조직과 직접적으로 관련이 없는 곳에 문제가 숨어있을 수 있다. 민감하거나 명예훼손의 문제를 야기하거나 기밀이거나 당혹스러운 기업 정보가 검색엔진에서 드러날 수 있다. 예를 들어 Sony Pictures Entertainment의 이메일 서버가 해킹당한 뒤 수많은 배우, 감독, 제작자에 대한 좋지 않은 이야기들이 웹 검색에서 나타났다.[26] 태블릿 PC, 노트북, 스마트폰, 심지어 RFID 태크와 같은 장비는 바이러스와 해킹에 취약하다. 두말할 필요 없이 중요한 정보를 보호하기 위해 충분한 예방조치가 이루어지고 있는지를 확인하기 위해 정기적으로 모니터링해야 한다.

균형성과표
단지 재무적 측면만이 아니라 다양한 측면에서 조직 성과를 평가하는 방법

균형성과표

균형성과표(balanced scorecard)는 단지 재무적 측면이 아니라 다양한 측면에서 조직 성과를 평가하는 방법이다.[27] 균형성과표는 기업의 성과에 기여하는 네가지 영역인 재무, 고객, 내부프로세스, 사람/혁신/성장 자산에 대한 성과 측정 수단이다. 이 방법에 따르면 관리자들은 각 영역의 목표를 개발한 뒤, 그 목표가 달성되었는지를 측정한다.

균형성과표가 의미가 있지만 관리자들은 네 가지 영역 중 기업의 성공을 가져다주는 영역에만 집중하며, 그러한 전략을 반영한 균형성과표를 사용하는 경향이 있다.[28] 예를 들어 고객 중심 전략이라면 고객 영역이 다른 세 영역보다 더 많은 관심을 받을 가능성이 높다. 그러나 하나의

Cleveland Clinic은 최고 수준의 심장 프로그램으로 고품질 의료 서비스를 제공하여 전 세계 환자가 찾는 세계적으로 유명한 곳이다. 또한 비용 효율적인 의료서비스를 제공하는 모델이며, 보다 효과적이고 효율적인 방법을 모색하는 다른 의료기관의 벤치마킹 대상이기도 하다.
출처: *Mark Kanning/Alamy Stock Photo*

성과영역만 측정할 수는 없는데 왜냐하면 다른 영역도 중요하기 때문이다. 예를 들어 영국 재무부는 금융회사들에게 경영진의 성별 균형을 맞출 것을 권고하고 있다.[29] 이 권고안은 더 다양한 리더십이 더 나은 재무 수익으로 이어진다는 연구에 바탕을 두고 있다. 예를 들어 휴스턴에 있는 IBM Global Service 관리자들은 고객만족을 최우선 전략으로 삼고 스코어카드를 개발하였다. 다른 세가지 영역은 핵심전략을 지원한다. 부문장은 이렇게 이야기한다. "우리 사업의 내부 프로세스는 고객에게 적시에 대응하는 것과 직접적인 관련이 있으며, 고객에게 판매하기 위해서는 전문성이 중요하기 때문에 학습과 혁신이 매우 중요하다. 물론 이러한 것들을 얼마나 성공적으로 수행하느냐는 재무적 요소로 나타난다."[30]

베스트 프랙티스(BP) 벤치마킹

우리는 Cleveland Clinic이 최고 수준의 심장 프로그램으로 고품질 의료 서비스를 제공하여 전 세계 환자가 찾는 세계적으로 유명한 곳이라고 언급하였다. 그러나 알려지지 않은 사실은 이 곳이 비용이 효율적으로 관리되는 의료기관이라는 점이다.[31] 보다 효과적이고 효율적이 되기 위해 노력하는 다른 의료서비스 조직들에 대한 모델로서의 역할을 할 수 있을 것이다.

벤치마킹
높은 성과를 낸 조직들의 모범 사례를 파악, 분석, 채택하는 것

벤치마크
측정하고 비교하기 위한 높은 수준의 기준

의료, 교육 및 금융서비스와 같은 서비스 산업의 관리자들은 제조업체들이 오랜 기간을 거쳐 알게 된 것을 **벤치마킹**한다. 벤치마킹은 높은 성과로 이어지는 여러 조직의 모범 사례를 파악, 분석, 채택하는 것이다.[32] 벤치마킹하기 위해서는 측정하고 비교할 수 있는 높은 기준인 다양한 **벤치마크**(benchmark)를 찾아야 한다. 예를 들어 Target Corporation은 아마존을 벤치마킹하여 반복적으로 기저귀 배달, 무료 배송 및 회원 할인을 포함한 온라인 서비스를 제공한다.[33] 그리고 많은 회사가 동종 타 기업을 기준으로 경영진 보상을 벤치마킹한다.[34]

Exhibit 14–10
내부 벤치마킹을 위한 제안

1. 베스트 프랙티스를 전략과 목표에 연계하라.
조직의 전략과 목표에 따라 어떤 유형의 베스트프랙티스가 조직에 가장 가치가 있을지 정해져야 한다.

2. 조직 전체에서 베스트 프랙티스를 찾아라.
조직은 다양한 업무영역과 부서에서 어떠한 관행이 성공적으로 이루어졌는지 알아낼 수 있는 방법이 있어야 한다.

3. 베스트 프랙티스에 대한 보상 및 인정 시스템을 개발하라.
개인은 자신의 지식을 공유하는 것에 대해 인센티브를 받아야 한다. 보상 시스템은 조직 문화 내에서 구축되어야 한다.

4. 조직 전체에 베스트 프랙티스를 전달하라.
일단 베스트 프랙티스가 확인되면 관련 정보를 조직 내 다른 사람들과 공유해야 한다.

5. 베스트 프랙티스 지식공유 시스템을 만들어라.
조직 구성원이 자신의 아이디어와 베스트 프랙티스를 계속 공유하려면 공식적인 메커니즘이 필요하다.

6. 지속적으로 베스트 프랙티스를 발굴하라.
"모든 사람에게 배울 수 있다"는 태도를 강화하고 정보공유를 강조하는 조직문화를 만들어야 한다.

가장 기초적인 벤치마킹은 다른 사람에게 배우는 것을 의미한다. 조직 성과를 모니터링하고 측정하기 위한 도구로 벤치마킹을 사용하여 성과 차이와 개선가능한 영역을 발견할 수 있다. 그리고 중요한 이점 중 하나는 경영진이 다른 조직과 비교하여 우리 조직이 얼마나 성과를 내고 있는지에 대한 독립적인 관점을 가지는데 벤치마킹이 도움을 준다. 하지만 베스트 프랙티스를 외부에서만 찾을 수 있는 것은 아니다.

때때로 이러한 베스트 프랙티스는 조직 내부에서 찾을 수 있고, 바로 공유될 필요가 있다. 성과 향상을 위한 아이디어를 찾기 위한 좋은 방법은 제안제도이다. 베스트 프랙티스가 조직 내에 이미 존재하는 경우가 많지만 발견되지 않고, 알지도 못하는 경우가 있다. 오늘날 높은 성과를 지향하는 조직은 그렇게 가치있는 정보를 소홀히 하지 않을 것이다. 조직 내부 벤치마킹의 예를 들면, 데이터 센터의 에너지 효율성을 가장 효율적인 센터와 비교하고, 여러 사업부의 직원당 수익을 비교하고, IT 비용을 여러 사업부의 수익비율과 비교하는 것 등이 포함된다.[35] Exhibit 14-10은 내부 벤치마킹을 위한 몇 가지 제안이다.

LO14.5 최근의 통제 관련 이슈

이하에서는 현대적인 통제 이슈 5가지인 통제 도구로서의 소셜미디어, 통제의 글로벌 차이, 직장 프라이버시, 직원 절도, 기업 지배구조를 살펴본다.

통제 도구로서 소셜미디어

1970년대 중반, 뉴욕 시장인 Abe Beame은 "내가 잘 하고 있어?"라고 계속해서 묻는 것으로 유명했다. 만약 뉴욕시장이 오늘날 그 질문을 하고 답을 찾고자 한다면 소셜미디어 사이트를 체크하기만 하면 된다. 기업과 마찬가지로 각국 정부는 소셜미디어가 운영과 서비스에 대한 피드백을 제공하는 중요한 도구가 될 수 있다는 사실을 깨닫고 있다.[37] 2018년 캘리포니아 북부와 남부 지역을 강타한 대형 캘리포니아 화재 당시, 정부 관계자와 구조요원들은 소셜미디어에 의존해 사람들 발이 묶인 곳, 탈출 경로, 화재진압이 필요한 장소 확인 등의 정보를 얻었다.[38]

통제 도구로서 소셜미디어의 잠재력은 영국에서 발생한 두 번의 홍수 사건에서 확인할 수 있다.[39] 시 공무원은 수심(물의 깊이)과 홍수의 범위에 대해 잘 알지 못했다. 트위터의 데이터는 공무원들의 가장 큰 문제가 무엇인지 상세하고 정확하게 파악하고 시민들에게 경고할 수 있는 정보를 제공했다.

고객, 소비자, 시민들이 소셜미디어에 모여들고 있다. 따라서 기업과 정부 기관은 소셜미디어를 활용하여 조직이 잘하고 있는 부분과 부족한 부분에 대해 피드백을 얻고자 한다. 20년 전, 회사가 제품이나 서비스 품질에 대해 고객으로부터 피드백을 받으려면 우편이나 전화 설문조사를 했다. 오늘날 설문조사가 여전히 널리 사용되고 있지만, 소셜

fyi

- 90%의 고객이 소셜미디어를 통해 회사에 대한 피드백을 한다.
- 피드백을 했으나 무시당한 고객 중 36%가 브랜드를 깎아내린다.[40]

미디어를 모니터링함으로써 고객들의 솔직한 의견과 평가를 파악할 수 있다.

통제의 글로벌 차이

지금까지 논의한 통제 개념은 조직이 지리적으로 분산되어 있지 않거나 문화적으로 차이가 없는 경우에 적합하다. 그러나 통제 기법은 국가별로 차이가 있다. 통제 과정에서 측정과 수정조치의 단계에서 일차적으로 차이가 있다. 글로벌 기업에서 해외 사업장의 관리자는 거리가 멀어 관리자들이 직접 직원들의 업무를 관찰할 수 없기 때문에 본사에 의해 직접적으로 통제를 덜 받는 경향이 있다. 거리에 따라 공식적인 통제 방식이 달라지는데, 이 경우 전자통신 방식으로 공식 보고서를 전달받아 평가하는 경우가 많다.

기술이 통제에 미치는 영향은 기술적으로 앞선 나라와 뒤쳐진 나라를 비교할 때 차이가 있다. 기술이 앞선 나라의 관리자는 업무가 계획대로 진행되었는지 확인하기 위해 표준화된 규칙과 직접적인 감독 이외에 컴퓨터 기반 보고 및 분석과 같은 간접적인 통제 수단을 활용한다. 기술이 뒤쳐진 나라의 관리자는 통제를 위해 직접 감독하고, 고도로 집권화된 의사결정 방식에 의존한다.

외국에서 근무하는 관리자는 직원들의 고충을 처리하고 수정조치를 취할 때 제약조건에 대해 잘 알아야 한다. 일부 국가의 법률에 따르면 시설 폐쇄, 직원 해고, 해외로의 자금 송금, 해외로부터의 경영진 영입을 하지 못한다.

글로벌 관리자가 겪게 될 또다른 통제 문제는 비교가능성이다. 예를 들어 캄보디아에서 의류를 제조하는 회사가 스코틀랜드에서 동일한 제품을 생산할 수 있다. 그러나 캄보디아 공장은 낮은 인건비를 활용하기 위해 스코틀랜드 공장보다 노동집약적일 수 있다. 이 경우, 예를 들어 제품 단위당 인건비를 비교하기 어렵다.

마지막으로 글로벌 조직은 글로벌 혼란과 재난이 발생하는 동안 직원들과 회사 자산을 보호하기 위한 통제 수단을 갖추어야 한다. 예를 들어 2011년 일본을 강타한 지진과 쓰나미 때 기업들은 재난관리계획을 활성화하기 위하여 분주하였다. 불안정한 중동 지역에서 많은 기업이 위기 상황에서 근로자들을 대피시켜야 했다. 가장 바람직한 통제는 사전통제로 위기가 발생하기 전에 통제하는 것이 바람직하다.

많은 회사가 직원 이메일 및 컴퓨터를 모니터링한다. 많은 직원들이 직장에서 사적 용도로 인터넷을 사용하기 때문에 생산성 저하로 매년 수십억 달러의 비용이 발생한다. 또한 회사는 소송을 유발하거나 적대적인 업무 환경을 조성할 수 있는 부적절한 인력의 행동을 모니터링하기 원한다.

출처: *Frederic Cirou/PhotoAlto sas/Alamy Stock Photo*

직장 프라이버시

근로자가 직장에서 사생활보호 받을 권리가 있다고 생각하는가? 대답을 들으면 당신은 놀랄 것이다. 회사는 무엇보다도 이메일("개인적" 또는 "기밀"로 표시된 이메일 포함)을 읽고, 전화를 엿듣고, 컴퓨터로 당신이 일하는 것을 감시하고, 화장실이나 탈의실을 모니터링하고, 회사 차를 타고 어디에 갔는지를 추적할 수 있으며, 실제로 많은 회사들이 그렇게 하고 있다.

설문조사에 따르면 미국 기업의 66%는 직원의 인터넷 사용을 모니터링하고, 45%는 키 입력을 기록하며, 43%는 이메일을 들여다보고 있다.[41] 부적절하게 웹 검색을 하거나 이메일을 사용하는 직원은 댓가를 치른다. 그리고 몇몇 회사는 컴퓨터 모니터링을 사무실로 제한하지 않는다. 예를 들어 UPS는 배달 기사 위치, 주행 속도, 일일 배달 개수를 추적한다. 이러한 노력은 성과를 거두었다. 추적을 통해서 회사는 배달기사를 1,000명 줄이고도 하루 140만개의 물건을 더 많이 배달할 수 있었다.[42]

26%의 기업이 이메일 오용을 이유로 직원을 해고했다. 역시 26%의 기업은 인터넷 오용을 이유로 직원을 해고 했다. 6%의 기업은 부적절한 휴대 전화 사용으로 직원을 해고했다. 4%의 기업은 실시간 채팅 메시지 오용으로 직원을 해고했으며, 3%의 기업은 부적절한 문자 메시지로 직원을 해고했다.[43]

회사가 직원들이 무엇을 하는지 모니터링해야 한다고 생각하는 이유는 무엇일까? 직원들은 일하라고 고용된 것이지 주가 확인을 위해 웹 검색을 하거나, 온라인 비디오를 보거나, 야구게임을 하거나 가족이나 친구에게 선물하기 위해 쇼핑하라고 고용된 것은 아니다. 성인 미국인을 대상으로 한 설문조사에 따르면 50%의 직장인이 직장에서 개인적인 용도로 인터넷을 사용하고 있다고 인정했다.[44] 이러한 여가형 웹 서핑 업무는 매년 수십억 달러의 업무생산성 손실을 가져온다.

회사가 직원의 이메일과 컴퓨터를 모니터링하는 또다른 이유는 문제가 많은 직장 환경을 초래한 것으로 소송당할 위험이 있기 때문이다. 왜냐하면 동료의 컴퓨터 스크린에 공격적인 메시지나 부적절한 이미지가 뜰 수 있기 때문이다. 인종 차별 또는 성적 희롱의 문제와 관련하여 모든 이메일의 백업 파일을 감시하거나 보관하기를 원하는 기업들이 있다. 전자 기록은 실제로 어떤 일이 생겼을 때 신속하게 대처할 수 있도록 도움이 된다.

마지막으로 기업은 회사 기밀이 새어 나가지 않기를 원한다. 일반적인 이메일이나 컴퓨터 사용 이외에 실시간 채팅 메시지를 감시하고 핸드폰 카메라 촬영을 금지하고 있다. 관리자는 직원이 실수로 회사에 손해를 끼칠 수 있는 정보를 다른 사람에게 전달하지 않도록 해야 한다.

잠재적으로 심각한 비용과 많은 작업이 컴퓨터에 의해 이루어지고 있다는 사실을 감안하여 기업들은 직장 모니터링 정책을 가지고 있다. 이 정책은 모욕감을 주지 않는 방식으로 직원을 통제해야 하며, 직원들에게 해당 정책을 알려주어야 한다.

직원 절도

맨하탄의 Saks 플래그십 스토어에서 23세 판매직원이 허위 반품 방식으로 13만 달러를 횡령하여 그 돈을 상품권으로 바꾸었다가 붙잡혔다. 이러한 사례가 다른 매장에서도 발생했다.[45]

대부분의 조직에서 절도와 사기의 85% 가량이 외부인이 아닌 직원에 의해 일어나고 있다는 것에 대해 어떻게 생각하는가?[46] 그리고 이로 인해 매년 미국에서 500억 달러에

달하는 비용이 발생하는 것으로 추산된다.[47]

대부분의 조직 절도는 러시아 은행 Sberbank의 Krasnopresnensky 사무소 관리자인 Alexander Didenko와 같은 직원들에 의해 저질러지고 있는데, 그는 러시아 국제산업은행에서 280억 루블(7억 7400만 달러) 이상의 절도 사건으로 구금되어 있다.

출처: *Tass/Itar-Tass News Agency/Alamy Stock Photo*

직원 절도는 직원이 회사 자산을 개인적인 용도로 허락 없이 가져가는 것을 말한다.[48] 그것은 횡령에서부터 설비, 부품, 소프트웨어 및 사무실 비품을 기업 자산대장에서 없애기 위해 보고서를 허위작성하는 것까지 다양하다. 소매업은 오랫동안 직원 절도로 인해 심각한 잠재적 손실을 봤는데, 신생 기업과 소규모 회사는 느슨한 재무적 통제로 인해 문제가 발생하고, 다양한 업종과 규모의 회사에서 정보기술을 이용한 절도의 문제가 점점 더 커지고 있다. 회사는 통제 관련하여 관리자 교육을 강화해야 하며, 절도 문제를 다룰 수 있는 준비가 되어 있어야 한다.[49]

직원 절도
직원이 회사 자산을 개인적인 용도로 허락 없이 가져가는 행위

직원들은 왜 도둑질을 할까?[50] 대답은 누구에게 질문하느냐에 따라 다르다. 기업보안, 범죄학, 심리학 등 다양한 분야의 전문가들은 서로 다른 견해를 가지고 있다. 기업보안 전문가들은 통제가 느슨하고 도둑질하기 쉬운 상황 때문에 도둑질을 한다고 주장한다. 범죄학자들은 사람들이 재정문제와 같은 재무적인 압박이나 도박 빚과 같은 도박 문제가 원인이라고 말한다. 그리고 임상심리학자들은 사람들이 도둑질을 하는 이유는 자신들이 하는 행동이 옳고 적절하다고 합리화하기 때문이라고 이야기한다. ("모든 사람들이 그렇게 한다", "어쩔 수 없다", "회사가 충분히 돈을 벌기 때문에 이 정도는 괜찮다", "내가 그동안 많이 참았으니 이 정도는 괜찮다" 등)[51] 그렇다면 이 상황에서 관리자는 무엇을 할 수 있을까?

Exhibit 14–11

직원 절도 통제

출처: A. H. Bell and D. M. Smith, "Protecting the Company Against Theft and Fraud," Workforce Management Online, December 3, 2000; J. D. Hansen, "To Catch a Thief," Journal of Accountancy, March 2000, pp. 43–46; and J. Greenberg, "The Cognitive Geometry of Employee Theft," in Dysfunctional Behavior in Organizations: Nonviolent and Deviant Behavior, eds. S. B. Bacharach, A. O'Leary–Kelly, J. M. Collins, and R. W. Griffin (Stamford, CT: JAI Press, 1998), pp. 147–93.

사전	동시	사후
고용 전 신중한 검토	직원을 존경과 존중으로 대함	절도나 사기가 언제 발생하는지 직원들이 알게 하라 – 이름을 거명하지 말고 직원들에게 옳지 않은 행동임을 알게 하라
절도와 사기가 무엇인지, 훈련 절차는 무엇인지를 알려주는 구체적인 회사 방침 수립	도난으로 인해 발생하는 비용을 공개적으로 알림	전문적 조사 서비스의 활용
회사 방침 수립에 직원 참여	절도와 사기 예방에 성공한 것을 직원들에게 정기적으로 알림	통제 측정방식의 재설계
회사 방침에 대한 직원 교육훈련	상황이 된다면 비디오 감시 장비 활용	조직문화와 상사–부하 관계 평가
내부 보안통제에 대한 전문가 점검 실시	컴퓨터, 전화, 이메일에 잠금장치 설치 사고처리를 위한 보고 핫라인 구축 모범사례 확보	

사전통제, 동시통제, 사후통제는 직원 절도를 예방하거나 줄이기 위한 유용한 방법이다. Exhibit 14-11은 회사가 취할 수 있는 몇가지 조치를 요약한 것이다.

기업 지배구조

CBS의 최고경영자인 Leslie Moonves는 헐리우드에서 가장 영향력있는 미디어계 인물 중 한 명이다. 물론 그렇다고 해서 그가 20년이 넘게 자행된 성희롱의 역사를 용서받을 수는 없다. CBS 주주들을 당황하게 만든 것은 CBS의 경영진과 회사 이사들이 Moonves의 행동을 알면서도 그에 대한 충성심 때문에 문제삼지 않았다는 것이다.[52] 1997년까지 거슬러 올라가서 Moonves의 행동이 로스엔젤레스 경찰서에 신고된 적이 있다. 여러 CBS 경영진이 이를 알고 있었지만 아무 말도 하지 않았다. 2018년에 이사회는 마침내 Moonves를 해고하는 조치를 취하였다. 이것은 기업 지배구조 실패의 명확한 사례이다.

기업 지배구조란 기업 소유주의 이익을 보호하기 위해 기업을 지배하는데 사용되는 시스템을 말한다. CBS에서 기업 지배구조가 심각하게 문제가 되었듯이 여러 가지 스캔들에 휘말린 많은 기업들이 있다. 기업 행동을 개선하고 기업을 더 잘 보호하기 위해 많은 회사들이 개혁을 주진해 왔다.[53] 개혁의 세가지 분야는 이사회 역할 변경, 재무보고 개선, 준법감시 기능 확대 등이다.

기업 지배구조
기업 소유주의 이익을 보호하기 위해 기업을 지배하는 데 사용되는 시스템

이사회의 역할 이사회의 본래 목적은 경영자로부터 독립적으로 기업의 일상적인 경영 활동에 참여하지 못하는 주주들의 이익을 추구하는 것이다. 그러한 현실에서는 늘 그런 것은 아니다. 이사회 구성원은 종종 경영진에 의해 선출되며, 경영진의 이익을 돕는 역할을 한다.

"댓가를 바라며 행동하는" 현상이 바뀌기 시작했다. 2002년 통과된 Sarbanes-Oxley 법은 회계부정에 대해 강력히 처벌하는 내용을 담고 있는데 기업 이사들의 권한과 높은 기대를 담고 있다.[54] 이사회가 제 역할을 할 수 있도록 미국 경제의 다양한 분야에서 비즈니스 리더들로 구성된 비즈니스 라운드테이블이 구성되었으며, 여기에서 기업 지배구조의 원칙을 요약한 문서를 만들었다.[55] 여기에는 공기업, 이사진, 투자자 간에 청렴도, 책임감, 효과적인 참여를 높이는 지배구조 관행이 포함되어 있다.

상원은행(Senate Banking) 회장인 Paul S. Sarbanes과 뉴욕 출신 민주당 하원의원인 John LaFalce 의원은 하원의회에서 Sarbanes–Oxley 법안이 만장일치로 통과 된 직후 서로 축하하고 있다.

출처: *Scott J. Ferrell/Congressional Quarterly/Newscom*

재무보고 개선과 감사위원회 이사회의 역할을 확대하는 것 이외에도 Sarbanes-Oxley 법은 기업의 재무 정보 공개 및 투명성 강화를 요구하였다. 실제로 미국 상장기업의 최고경영자와 재무담당 임원은 이제 재무 성과를 인증받아야 한다. 이러한 형태의 변화들은 기업의 재무상태를 보다 정확하게 반영하는 정보가 제공되는 효과를 가져왔다.

준범감시 부서와 준법감시인 규제가 강화됨에 따라 대부분의 대기업들은 준법감시(컴플라이언스) 부서를 만들고

기업 준법 감시
회사와 직원이 법률, 규정, 표준 및 윤리적 관행을 준수하도록 하는 프로세스

준법감시인
조직 행동이 회사가 국가 및 내부 법률과 규정을 완벽하게 준수하며 업무를 수행하도록 책임지고 이를 보장하는 사람

고위 임원을 준법감시인으로 임명하는 등 기업 준법감시 정책을 수립하였다.

기업 준법감시는 회사와 직원이 법률, 규정, 표준 및 윤리적 관행을 준수하도록 하는 프로세스이다.[56] 여기에는 내부 정책과 규칙, 연방과 주의 법률을 모두 포함한다. 준법감시 정책은 준법감시인에 의해 이루어진다. **준법감시인**은 회사가 국가 법률과 규정, 직업 윤리, 비즈니스 관행 및 내부 표준을 준수하는지를 감시한다.

제약회사의 대표적인 회사인 Bayer는 준법감시 정책의 한 예를 보여주고 있다.[57] Bayer의 기업 행동 강령에는 이러한 내용이 포함되어 있다. 시장에서 공정하게 경쟁해야 한다. 비즈니스 거래에서 정직하게 행동해야 한다. 경제성장과 함께 생태적 · 사회적 책임을 균형있게 추구해야 한다. 정확하게 장부를 관리하고 정확하게 기록해야 한다. 모든 직원을 대할 때 공정하고 존중해야 한다. 기업의 지적 재산을 보호하고 존중해야 한다.

Chapter 14 시험/퀴즈 준비: 학습개요를 통한 요약

LO14.1 통제의 본질과 중요성을 설명한다.

통제란 업무 성과를 모니터링, 비교, 수정하는 프로세스이다. 관리 프로세스의 마지막 단계인 통제는 계획과 다시 연계된다.

통제가 중요한 이유는 (1) 목표가 달성되었는지 혹은 목표 달성이 안되었다면 그 이유를 알 수 있는 유일한 방법이다. (2) 관리자가 직원들에게 권한을 부여할 수 있도록 정보와 피드백을 제공한다. (3) 위기상황 및 업무 중단으로부터 조직과 자산을 보호하는데 도움을 준다.

LO14.2 통제 프로세스의 3단계를 설명한다.

통제 프로세스의 3단계는 측정, 비교, 조치이다. 측정은 실제 성과를 측정하는 방법과 측정 대상을 결정하는 것이다. 비교는 실제 성과와 기준(목표) 사이의 차이를 조사하는 것이다. 허용 가능한 변동 범위를 벗어난 편차에 대해 주의가 필요하다.

관리 조치를 취하는 것에는 무조치, 실제 성과 수정, 기준 수정 등이 포함된다. 무조치는 자기 변명에 불과하다. 실제 성과 수정은 즉각적인 조치나 기본적인 조치 등 다양한 수정조치가 포함된다. 기준은 높이거나 낮추는 방식으로 수정된다.

LO14.3 조직 및 직원 성과를 측정하는 방법을 설명한다.

조직성과는 조직의 모든 업무활동이 누적된 결과이다. 자주 활용되는 세 가지 성과 측정 방법이 있다. (1) 생산성은 생산된 제품 또는 서비스의 양을 해당 제품 및 서비스를 만들기 위한 투입량으로 나눈 것이다. (2) 효과성은 조직목표가 얼마나 적절하고 얼마나 잘 달성되었는지를 측정하는 것이다. (3) 업계 및 기업 순위는 다양한 비즈니스 간행물에 나타난 측정 순위이다.

직원 성과는 효과적인 성과평가와 징계조치에 의해서 통제된다. 대부분의 회사는 단계적인 징계조치를 마련하는데, 이는 처음부터 강한 징계를 하지 않고 최소한의 처벌부터 부과하는 것이다.

LO14.4 조직성과를 측정하기 위해 사용하는 도구를 설명한다.

사전통제는 업무가 완료되기 전에 이루어지며, 문제 발생을 예방하기 위한 것이다. 동시통제는 업무가 수행되는 동안에 이루어진다. 사후통제는 업무가 완료된 뒤에 이루어진다.

관리자가 사용할 수 있는 재무적 통제에는 재무비율(유동성, 레버리지, 활동성, 수익성)과 예산이 포함된다.

관리자는 두가지 방법으로 정보 통제를 한다. 다른 회사를 위한 활동의 통제와 조직 내 필요한 통제를 위해 정보 통제가 이루어진다.

정보 통제의 한가지 방법은 관리자에게 필요한 정보를 정기적으로 제공하는 경영정보 시스템(MIS)이다. 다른것으로는 기업 정보보호를 위해 데이터 암호화, 시스템 방화벽, 데이터 백업과 같은 포괄적이고 안전한 통제방법이 있다.

균형성과표(Balanced Scorecard)는 재무적 관점에만 초점을 두지 않고 네 가지 관점에서 조직 성과를 평가하는 방법이다. 벤치마킹은 경쟁업체나 비경쟁업체, 혹은 기업 내부에서 베스트프랙티스를 찾아서 통제하는 방법이다.

LO14.5 통제에 대한 현대적인 이슈를 토론한다.

다섯 가지 경영 통제 이슈에는 소셜미디어, 통제의 글로벌 차이, 직장 프라이버시, 직원 절도, 기업 지배구조 등이 있다. 각각의 문제에 대해 회사는 부적절한 행동을 통제하고 업무가 효율적이고 효과적으로 수행되도록 회사 정책을 만들어야 한다.

소셜미디어는 운영 및 서비스에 대해 솔직한 피드백을 제공한다. 고객 설문조사를 보완하는 방식으로 소셜미디어를 활용하여 조직이 잘 하고 있는 부분과 부족한 부분을 파악할 수 있다.

통제의 글로벌 차이는 주로 측정과 수정조치의 영역에서 발생한다. 회사는 본국 안에서와 외국에서의 일상적 · 비일상적인 상황에 대처하는 방법을 명확하게 전달해야 한다.

개인적인 용도로 인터넷과 소셜미디어를 사용하는 직원은 프라이버시를 보호받을 수 없다. 회사는 생산성 저하로 발생하는 비용, 공격적인 메시지로 인해서 소송을 당할 위험, 회사 기밀 유출에 대한 두려움 등으로 인해 직원들의 이메일과 컴퓨터 사용을 모니터링한다. 직원은 회사의 모니터링 정책을 알아야 한다.

직원 절도는 조직에 큰 손실을 가져다 준다. 절도 모니터링 절차와 절도 행위에 대한 처벌을 직원에게 명확하게 알려주어야 한다.

기업의 지배구조는 기업 소유주의 이익을 보호하기 위해 기업을 지배하는데 사용되는 시스템을 말한다. 이사회는 주주의 이익을 추구한다. Sarbanes-Oxley 법은 기업이 재무정보를 공개하고 투명성을 높이도록 요구한다. 대부분의 기업은 비즈니스가 법률 및 규정을 준수하도록 하기 위해 기업 준법감시 부서를 만들었다.

복습과 토론 질문

14-1 통제가 모든 조직에서 필수적인 관리기능인 이유가 무엇인가?

14-2 성과 측정을 위한 정보의 출처를 제시하라.

14-3 직원 성과 통제와 관련하여 직장에서 발생하는 4가지 문제 행동에 대해 토론하라.

14-4 두 가지 유동성 비율인 유동비율과 당좌비율은 어떻게 측정하고 의미하는 바가 무엇인가?

14-5 조직 성과를 측정하는 방법인 균형성과표에 대해 설명하라.

14-6 고객과의 상호작용에서 통제가 중요한 이유는 무엇인가?

14-7 우리는 예측할 수 없는 변화가 일상이 되었기 때문에 관리가 지속적으로 이루어져야 한다는 급류타기(the white-water rapids) 관점에 대해 논의했다. 이러한 급변하는 환경에서 효과적인 기준 수립 및 통제를 수립하고 유지하는 것이 가능하다고 생각하는가? 이에 대해 토론하라.

14-8 "모든 직원들이 업무활동을 통제하는 역할을 한다" 이 주장에 대해 동의하는가? 아니면 통제는 관리자들만 책임져야 한다고 생각하는가? 설명하라.

경력 준비

윤리적 딜레마

사이버 먼데이(Cyber Monday)는 추수감사절 다음 첫 번째 월요일이다. 사이버 먼데이 기간동안 회사는 많은 직원들이 웹서핑을 하고 있음을 알게 된다. 최근 한 설문조사에 따르면 64%의 직장인이 근무시간 동안 온라인 쇼핑을 계획하고 있다고 응답했다. 관리자 중 53%가 직원들이 직장에서 온라인 쇼핑을 하지 않기를 원했지만, 76%는 온라인 쇼핑을 금지하는 회사 정책이 없다고 답하였다.[58]

14-9 위의 내용을 읽고 특히 통제와 관련하여 어떠한 문제가 있는가?

14-10 문제를 어떻게 해결하겠는가? 조직이 업무통제를 윤리적으로 처리하고 있는지 어떻게 확인할 수 있는가?

기술 연습 문제있는 직원 관리하기

기술에 대해

9장에서 까다로운 동료를 다루는 방법에 대해 조언한 바 있다. 까다로운 사람들을 관리하기가 훨씬 어렵다. 여기에서는 9장에서 제공된 아이디어를 확장하여 까다로운 사람들과 함께 일하는 관리자로서 기술을 연마하는데 필요한 지침을 제공한다.

거의 모든 관리자들은 때때로 까다로운 직원을 관리해야 한다. 함께 일하기 어려운 사람들의 특정은 매우 많다. 예를 들어 성질이 급하고, 까다롭고, 욕심이 많고, 화를 잘 내고, 방어적이고, 불평하고, 위협적이고, 공격적이고, 자기애가 지나치게 강하고, 오만하고, 융통성이 없다. 성공한 관리자는 까다로운 사람들을 잘 관리하고, 그들이 동료 직원들에게 미치는 부정적인 영향을 최소화하는 방법을 알고 있다.

기술 훈련 단계

까다로운 사람을 다루는 데 항상 효과적인 하나의 방법은 없다. 하지만 까다로운 직원으로 인한 불안감을 줄이고 문제 행동을 줄이는데 영향을 미칠 수 있는 몇가지 제안이 있다.

- **감정적이지 않아야 한다.** 문제 있는 사람들에 대한 첫 번째 반응은 흔히 감정적이 된다. 일단 화를 내게 된다. 좌절

감을 표현한다. 그들이 우리를 모욕하거나 비하했다고 생각할 때 우리도 그들을 비난하거나 똑같이 "되갚아 주려고" 한다. 이렇게 반응하면 당신은 불안감이 줄어들지 않을 것이며, 다른 사람의 부정적인 행동을 야기시킬 것이다. 그러니 당신의 타고난 성향을 이기고 담담하게 대처하라. 합리적이고 사려깊게 행동하라. 이러한 접근이 상황을 개선시킬 수는 없다고 해도 바람직하지 않은 행동을 확대시키지는 않을 것이다.

- **접촉을 제한하라.** 가능하다면 문제있는 직원과의 일상적인 상호작용을 줄여라. 필요하다면 이메일이나 문자 메시지와 같은 커뮤이케이션 방식을 사용하고 대면 접촉 및 구두 소통을 최소화하라.
- **예의바르게 맞서라.** 그렇게 하는 것이 관리자로서 책임있는 행동이다. 문제 행동을 당신이 인지하고 있고, 용납할 수 없으며, 참지 않을 것임을 상대방이 알도록 해야 한다. 자신의 행동이 당신에게 어떠한 영향을 주는지 모르는 사람은 직접 상대하여 행동을 바꾸도록 일깨워줘야 한다. 의도적으로 행동하는 사람의 경우, 관리자가 명확한 입장을 취하면 문제 행동의 결과에 대하여 다시 한번 생각할 것이다.
- **긍정적인 강화를 활용하라.** 우리는 긍정적인 강화가 행동을 바꾸는 강력한 도구라는 것을 알고 있다. 바람직하지 않은 행동을 비난하기보다 칭찬이나 기타 긍정적인 의견 제시로 바람직한 행동을 강화하라. 이 방식은 바람직하지 않은 행동을 약화시키거나 감소시키는 효과를 가져다 줄 것이다.[59]

기술 연습

과거에 만났던 까다로운 사람을 떠 올려 보시오.. 그런 사람이 있는가? 학교에서 만났던 학생? 문제가 있었거나 까다로왔던 사람이 한 행동을 쓰시오. 그 사람을 다룰 때 사용했던 전략을 생각해 보라. 무엇이 효과적이었는가? 무엇이 효과적이지 않았는가? 위의 단계를 사용하여 그러한 사람과 더 효과적으로 일하려면 어떻게 해야 할까? 이제 당신이 관리자이고 그 사람이 당신의 부하 직원이라면 어떻게 할지 생각해 보라. 그 사람을 효과적으로 관리하고 그 사람의 행동이 다른 직원에게 부정적인 영향을 주지 않도록 어떠한 조치를 할 지에 대해 쓰시오.

함께 일하기 팀연습

연구에 따르면 전 세계적으로 직장 폭력이 흔하게 일어난다.[60] 외부인에 의한 폭력뿐만 아니라 직원들끼리도 폭력이 일어난다. 3~4명의 학생으로 팀을 이루어 자국에서 발생한 직장 폭력 사건에 대해 조사하시오. 정부 등의 조직에서 직장 폭력을 방지할 수 있는 방법에 대해 아이디어를 도출하시오. 결과를 다른 학생들과 공유하시오.

경영자가 될 차례

- 당신은 한 달 안에 끝내야 하는 중요한 수업 프로젝트가 있다. 프로젝트가 계획대로 진행되고 있는지, 효율적으로(제 시간에) 그리고 효과적으로(높은 품질로) 완료될 것인지 판단하는데 사용할 수 있는 몇가지 성과 측정 방법을 강구하라.
- 일상생활에서 통제 개념을 어떻게 사용할 수 있는가? 구체적으로 제시하라. (학교, 직장, 가족관계, 친구, 취미 등 다양한 일상생활에서의 구체적 통제는 물론 사전, 동시, 사후 통제의 측면에서 생각해 보시오.)
- 30명에게 업무 중 분노한 적이 있는지 조사하시오. 동료가 소리를 지르거나 언어폭력을 한 적은 없었는지 물어보라. 업무 관련해서 울거나, 누군가 고의로 장비나 가구 같은 것을 파손하는 것을 보았거나, 육체적인 폭력이나 구타가 있었는지 등에 대해 물어보라. 질문을 통해 발견한 것들을 표에 정리하라. 결과에 놀랐는가? 수업 시간에 그 결과를 발표할 준비를 하라.

- 당신이 타임쉐어(역주: 다양한 호텔 및 리조트를 공동소유하고 필요할 때 마음대로 사용하는 제도) 휴가를 관리해야 하는 콜센터 관리자라고 가정하자. 직원이 얼마나 효율적이고 효과적으로 일하는지를 파악하기 위해 어떠한 통제 수단을 사용하겠는가? 또한 콜센터 전체를 어떻게 평가하겠는가?
- 직원 징계는 관리자가 가장 싫어하는 일 중 하나이지만 모든 관리자가 반드시 해야 할 일이다. 직원 징계 경험에 대해 3명의 관리자를 조사하시오. 직원들의 행동 중 징계가 필요한 행동은 어떠한 행동인가? 어떠한 징계를 하였는가? 직원을 징계할 때 가장 어려운 일은 무엇인가? 직원 징계와 관련하여 어떠한 제안이 있는가?
- Exhibit 14-6에 업계 및 기업 순위 목록이 나열되어 있다. 웹사이트에서 3개의 목록을 찾고 각각 순위를 결정하는 데 사용한 성과 측정 방법을 파악하라. 측정방식이 서로 비슷한가? 다른 점은 무엇인가? 결과를 간단한 보고서로 요약하시오.

사례적용 1 제너럴모터스의 버그바운티해커스

GM은 버그바운티해커스(Bug Bounty Hackers) 프로그램을 시작하기로 결정하였다. 버그바운티해커스는 회사의 정보시스템에서 취약점을 발견한 해커에게 보상을 주는 것이다. 회사는 이 프로그램을 통해서 발생할 수 있는 오류를 미연에 예방하려고 하였다. Uber는 해커가 고객데이터를 확보한 뒤 일부를 없애지 않는 문제를 해결하기 위해 원래 배정한 금액보다 10배 이상을 해커에게 지불했으며, 그 후 Uber는 버그바운티 프로그램을 변경하여 해커들이 해서는 안되는 것들을 명확히 하였다.[61] Uber의 사례는 해커가 자신들이 발견한 것들을 활용해서 이익을 챙기려 했을 때 발생하는 문제가 무엇인지를 보여준다.

GM은 버그바운티 해커들에게 과대보상이나 과소보상 하는 것은 아닌지, 그들에게 얼마의 보상이 적절한 지에 대해 대한 논쟁의 문제를 피하는 방법을 택했다. 실제로 GM은 초기에 해커들에게 보상을 주지 않았다. GM이 처음 이 프로그램을 실시할 때에는 버그를 신고한 해커들을 GM 보안팀에서 직접 관리하였다. "이 프로그램은 해커들에게 회사가 보안을 중요하게 생각한다는 메시지를 보내는 것이다"라고 GM의 사이버 보안 책임자인 Jeff Massimilla는 말했다. 해커들과 관계를 쌓은 지 2년 후, GM은 버그 비용을 지불하기 시작했다. 불과 2년 뒤, 회사의 버그바운티 프로그램에서 선별된 해커 집단이 700개의 버그를 발견했다.

GM의 버그바운티 프로그램은 사이버 보안에 대한 세가지 접근 중 하나이다. 다른 접근은 무엇인가? 직원 중에는 흔히 윤리적 해커라고 불리는 25-30명의 "화이트 해커"가 있다.[62] 화이트 해커의 주된 업무는 회사의 정보시스템이 보안 침해의 대상이 되지 않도록 하는 것이다. GM은 또한 많은 화이트 해커를 보유한 회사와 협력한다. 화이트 해커가 부족하기 때문에 회사 내부의 해커 외에도 바운티 프로그램 및 타사를 활용한다.

화이트 해커는 기술적인 능력이 필요할뿐만 아니라 자신을 고용한 회사의 이익을 위해 일할 수 있도록 신뢰받아야 한다. 해킹 기술을 가진 사람들은 대개 한 회사에서 일하지 않고 유연근무나 재택근무를 선호한다. GM의 3가지 접근방법은 더 많은 버그를 잡기 위해서 만들어진 것이다. Massimilla는 "여러가지 다양한 접근방법을 활용하는 것은 동일한 프로세스에 의해 훈련받는 내부 해커직원들만 활용하는 것과 다르다"라고 말했다.[63]

토의문제

14-11 버그바운티 프로그램과 화이트 해커 고용은 정보 통제의 한 형태이다. 이 장에서 다룬 다른 형태의 정보 통제는 무엇인가?

14-12 버그바운티 프로그램을 통해 버그가 발견되면 회사는 즉각적인 수정조치를 취할까? 아니면 본질적인 수정조치를 취할까? 그렇게 답한 이유는 무엇인가?

14-13 해커 고용의 장단점은 무엇인가? 왜 기업은 해커를 고용하여 통제하는 것이 단점보다 더 많은 잇점이 있다고 생각할까?

사례적용 2 하늘의 눈, 그리고 다른 모든 곳

고용주가 직원이 무엇을 하고 있는지 알고 싶어하는 것은 놀라운 일이 아니다. 하지만 때로 지나친 경우도 있다. 2015년 British Airways는 영국 유나이트(Unite) 노조와 2011년 분쟁 당시 객실 승무원의 전화와 이메일을 불법 감시한 혐의로 기소되었다. 항공사는 노조 간부를 포함한 승무원 10명의 사적 이메일과 전화 메시지에 접속한 것으로 알려졌다.

언론들이 제기했던 비난은 최고경영진이 항공사 내부 조사관을 배치하였는데 그들 중 일부는 전직 영국 런던경찰국 소속이었고 일부는 정보보안 인력이었다. 내부 조사관들은 회사 직원들의 사적인 통신을 감시하였다. 항공사는 직원들이 사용하는 컴퓨터와 핸드폰이 회사 소유이며, 법에 따라 관리했고, 일부 승무원의 통신을 감시할 권한이 있다고 주장했다.

그러나 항공사는 법적 대응으로 분쟁중인 유나이트 노조에 100만 파운드라는 막대한 금액을 지불한 것으로 알려졌다. 이 소송은 회사가 직원을 감시할 수 있는 허용 범위가 어떻게 되는지, 감시활동에 대한 법적 정당성을 어떻게 확보해야 하는지 등에 대한 의문을 제기하는 사건이다. 항공사 조사관들이 입수한 내용 중 일부는 노조와의 분쟁과 관련 없는 매우 사적인 것으로 알려졌는데, 객실승무원이 관련 법적 소송 제기로 위협하였을 때, British Airways는 법정 밖에서 분쟁을 해결하고자 하였다.

British Airways는 회사와 직원간 관계에서 "초과 감시"가 증가하고 있음을 보여주는 하나의 사례에 불과하다. 영국노동조합회의(Trade Union Congress)에서 발표한 자료에 따르면 영국 근로자의 약 56%가 회사가 자신들을 감시하고 있다고 믿고 있다. 기술이 발전함에 따라 소매업 직원들이 입고 있는 옷을 통해서 직원을 감시하는 등 다양하고 정확한 감시가 가능한 시대가 되었다. 예를 들면 옷을 통해서 판매와 관련된 대화가 이루어지는지, 아니면 불필요한 시간 낭비가 있는지 등을 감시할 수 있다. 감시를 통해서 확보한 데이터는 회사가 직원들에게 포상이나 처벌을 할 때 활용할 수 있는 자료가 되는데, 이러한 관행은 직원들의 불안감과 스트레스를 가중시킨다. 좋든 싫든간에 "디지털 염탐 장비"기술은 27억 파운드의 산업이 되었고 점점 더 확대되는 추세로 회사가 어디까지 직원 사생활에 개입할 수 있는가의 경계가 모호해지고 있다.[64]

토의문제

14-14 업무용 모바일 기기를 사용해서 개인적 이메일이나 사적 통화를 하겠는가? 그 이유는?

14-15 회사가 직원의 의사소통과 소셜미디어 활동을 그토록 열심히 모니터링하는 이유는 무엇인가?

14-16 사생활과 보안 문제를 고려할 때, 회사는 직원들이 모바일 기기를 사적으로 이용하는 것을 허용해야 하는가?

14-17 회사가 성과 측정을 위해 만보계 데이터나 전화사용시간 등 세부사항을 감시할 수 있어야 한다고 생각하는가?

ENDNOTES

1. J. Bilski, "Workers Gone Wild: 7 Outrageous Cases of Employee Fraud," *CFO Daily News*, July 13, 2018, http://www.cfodailynews.com/workers-gone-wild-7-outrageous-cases-of-employee-fraud/.

2. E. Harrington, "Social Security Paid 740 Dead People at Least $17.1 Million," Washington Free Beacon, March 13, 2015, https://freebeacon.com/issues/social-security-paid-740-dead-people-at-least-17-1-million/.

3. R. Nixon, "Airport Security Delays Won't End Soon, T.S.A. Chief Says," *New York Times*, May 25, 2016, https://www.nytimes.com/2016/05/26/us/politics/airport-security-delays-wont-end-soon-tsa-chief-says.html.

4. For a review of organizational control, see L. B. Cardinal, M. Kreutzer, and C. C. Miller, "An Aspirational View of Organizational Control Research: Re-Invigorating Empirical Work to Better Meet the Challenges of the 21st Century Organizations," *Academy of Management Annals* 11, no, 2 (June 2017): pp. 559–92.

5. S. Kerr, "On the Folly of Rewarding A, While Hoping for B," *Academy of Management Journal* (December 1975): pp. 769–83; and T. A. Wright, R. W. Stackman, J. Hollwitz, and A. S. DeGroat, "Further Thoughts on Kerr's 'Folly' and Repeat Offenses: Where We Are, Have Been, and Are Going," *Journal of Management Inquiry* 27, no. 3 (July 2018): pp. 316–24.

6. "The Cop-Out Cops," *National Observer*, August 3, 1974.

7. D. Kopf, "Data Analytics Have Made the NBA Unrecognizable," *Quartz*, October 18, 2017, https://qz.com/1104922/data-analytics-have-revolutionized-the-nba/; and R. Anderson, "How the NBA Uses Data & Analytics," *Medium*, August 16, 2018, https://medium.com/@randerson112358/how-the-nba-uses-data-analytics-6eac3c43a096.

8. C. Isidore, "1 Million Walmart Workers Get a Raise on Saturday," *CNN*, February 18, 2016, https://money.cnn.com/2016/02/18/news/companies/walmart-worker-pay-raise/index.html; and P. Ziobro and S. Ng, "Wal-Mart Ratchets Up Pressure on Suppliers to Cut Prices," *Wall Street Journal*, March 31, 2015, https://www.wsj.com/articles/wal-mart-ratchets-up-pressure-on-suppliers-to-cut-prices-1427845404.

Module

계획 및 통제기법

디즈니 월드 매직 킹덤과 디즈니랜드 테마파크의 경영자들은 입장객이 많은 피크 방문 시간에는 더 높은 티켓 가격을 부과하고 덜 바쁜 시간에는 더 낮은 가격을 부과하기로 결정했다. 가격이 오르면 과도한 인파를 줄일 수 있고 고객 경험도 개선된다. 입장객이 적은 시간에 가격을 낮춤으로써 경영진은 가격에 민감한 소비자들을 공원으로 끌어들일 수 있다. 디즈니의 대변인 Jacquee Wahler는 "우리는 손님들에게 세계적인 경험을 제공하기 위해 특히 바쁜 계절의 수요 관리를 지속적으로 발전시키고 있다". 디즈니의 이러한 접근 방식은 수요 가격결정의 한 예이다. 만약 잘만 된다면, 디즈니는 수익을 증대시키고 고객 만족도를 향상시킬 것으로 기대하고 있다.

이 예에서 알 수 있듯이, 관리자는 계획 도구와 기술을 사용하여 조직을 보다 효율적이고 효과적으로 관리할 수 있다. 이 모듈에서는 환경 평가 기법, 자원 할당 기법 및 현대의 계획활동 기법 등 3개의 기본 계획 도구 및 기법에 대해 논의한다.

환경평가 기법

4장과 5장의 계획 및 전략적 경영 과정에 대한 설명에서 조직 환경 평가의 중요성에 대해 논의하였다. 관리사가 이를 수행하는 데 도움이 되는 두 가지 기술은 환경 검색과 예측이다.

환경 검색

일요일에는 "관광객 물품"을 구매해도 되는 독일의 새로운 법, 남아프리카의 위조 소비세품의 증가, 일본, 독일, 이탈리아의 노동인구의 급격한 감소, 멕시코의 가족 규모 감소와 같은 중요한 환경 변화를 관리자들이 어떻게 알 수 있을까? 소규모 및 대규모 조직의 관리자들은 환경 검색을 사용한다. 8장에서 논의했듯이 환경 검색은 전략 계획 프로세스의 중요한 요소이다. 환경 검색의 목표는 환경의 변화를 예측하고 해석하기 위해 대량의 정보를 선별하여 새로운 추세를 탐지하는 것이다. 환경 검색을 사용하는 기업의 실적이 높다는 연구결과가 있다.[2]

환경 검색에는 두 가지 빠르게 성장하는 영역이 있다. 경쟁정보와 글로벌 검색이 그것이다. 4장에서 논의한 바와 같이, 경쟁정보는 조직이 경쟁업체에 대한 정보를 수집하고 다음과 같은 질문에 대한 답변을 얻는 프로세스이다. 저 사람들은 누구지? 그들은 무엇을 하고 있나? 그들이 하는 일이 우리에게 어떤 영향을 미칠까? 한 조직이 계획 수립에 경쟁정보를 어떻게 활용하는지와 관련하여 예를 살펴보자. 경영정보의 선두 제공업체인

Dun & Bradstreet(D&B)은 비즈니스 인텔리전스(역주: 기업의 합리적 의사결정을 돕는 기술 분야) 부서를 보유하고 있다.

부서장은 어느 지역의 판매 담당 부사장으로부터 전화를 받았다. 부사장은 주요 고객과 영업 상담 전화를 했는데, 다른 회사가 고객사를 방문하여 서비스에 대한 주요 프리젠테이션을 했다고 말하였다. D&B에게 경쟁사가 많았지만, 프리젠테이션을 한 회사는 그들 중 하나가 아니었기 때문에 의아했다. 비즈니스 인텔리젠스 관리자는 수십 개의 출처(연구 서비스, 인터넷, 개인 접촉, 기타 외부 자원)를 파악하기 위해 팀을 구성하였고, 뭔가가 있다는 것을 금세 확신하게 되었다. 즉, 그 회사가 "우리에게 총을 겨누고 있다"는 것이다. D&B 경영진은 이 경쟁적인 공격에 대응하기 위한 계획을 마련하기 시작했다. 그러나 행동을 바로 하는 것이 신중한 선택이 아닐 수 있다. 경쟁정보는 바로 행동하지 않는 것이 가장 적절하다는 것을 보여줄 수 있다. 예를 들어 관리자를 대상으로 한 설문조사에서 한 응답자는 경쟁정보가 "하나의 경쟁사만 파악했을 뿐, 다른 경쟁자가 우리를 추격하고 있는지와 관련된 근거가 없다"고 말했다.[4]

경쟁정보 전문가들은 관리자가 경쟁업체에 대해 알아야 할 사항의 80%는 자사 직원, 공급업체, 고객 및 온라인 검색에서 확인할 수 있다고 말한다.[5] 경쟁정보는 꼭 스파이 활동일 필요가 없다. 홍보 자료, 보도 자료, 정부 기관에 제출된 보고서, 연례 보고서, 일자리 공고, 신문 보고서, 산업 연구 등은 쉽게 접근할 수 있는 정보 출처의 예이다. 무역 박람회에 참석하고 회사의 영업 인력을 발표하는 것은 다른 경쟁업체 정보의 좋은 원천이 될 수 있다. 많은 기업들은 정기적으로 경쟁사의 제품을 구입하고 자체 엔지니어가 새로운 기술 혁신을 배우기 위해 경쟁사 제품을 연구하도록 한다. 게다가, 많은 회사의 웹 페이지에는 새로운 제품 정보와 여러 보도 자료가 포함되어 있다.

관리자는 법적 또는 윤리적 문제에 휘말리지 않도록 경쟁정보가 수집되는 방식에 주의하여야 한다. 경쟁정보는 어떠한 방법으로든 독점적인 자료나 영업 기밀의 도난 형태가 되면 불법적인 기업 스파이 행위가 된다. 경제스파이법(Economic Espionage Act)은 미국에서 산업스파이 일을 하거나 무역 기밀을 훔치는 것을 범죄로 규정하고 있다. 하지만 스파이 활동은 세계적인 문제이다. 예를 들어 U.S. Steel은 중국 정부 해커들이 서버에 침입하여 새로운 철강 기술 개발 관련 독점적인 계획을 훔쳤다고 주장한다.[6] 경쟁정보와 관련한 어려운 결정은 종종 합법적이면서 윤리적인 것과 합법적이지만 비윤리적인 것 사이에 미세한 차이가 있을 때 발생한다. 어떤 사람이나 기업들은 경쟁사에 대한 정보를 얻기 위해 어느 정도 비윤리적인 방법을 택할 수도 있다.

글로벌 검색은 특히 중요한 환경 검색의 한 유형이다. 세계 시장은 복잡하고 역동적이기 때문에, 관리자들은 조직에 영향을 미칠 수 있는 글로벌 변화에 대한 중요한 정보를 얻기 위해 검색 노력을 강화하였다. 물론 관리자에게 글로벌 검색의 가치는 조직의 글로벌 활동 정도에 따라 크게 달라진다. 글로벌 활동이 많은 기업에게 글로벌 스캔은 상당히 유용할 수 있다. 예를 들어, Carnival Cruise Lines는 여행 장소를 확장하기 위해 많은 노력을 기울이고 있다. 그들의 노력이 결실을 맺었다. 카니발 유람선이 미국에서 쿠바까지 항해하게 되었는데, 이는 미국에 본부를 둔 크루즈 여행사로서는 50여년 만에 처음이다.[7] 그동안 다른 미국 크루즈선들은 여전히 쿠바 정부와 협상을 벌이고 있었다.[8]

국내 환경 검색에 사용하는 출처가 글로벌 검색에 비해 너무 제한적이기 때문에 관리자는 자신의 관점을 세계화해야 한다. 예를 들어 그들은 세계 신문과 비즈니스 정기 간행물을 검토하고 원하는 정보의 요약을 제공하는 정보 클리핑 서비스(information-clipping services, 역주: 신문 기사를 발췌해서 자료를 제공하는 서비스)에 가입할 수 있다. 수많은 전자 서비스들은 관리자가 특별히 관심을 가진 글로벌 영역의 주제 검색과 자동 업데이트를 제공할 것이다.

예측

관리자가 환경을 평가하는 데 사용할 수 있는 두 번째 기법은 예측이다. 예측은 계획 수립의 중요한 부분이며, 관리자는 미래의 사건을 효과적이고 적시에 예상할 수 있는 예측 방법이 필요하다. 환경 검색은 예측의 기초를 제공하는데, **예측**은 결과물을 예견하는 것이다. 사실상 조직 환경의 모든 구성요소를 예측할 수 있다. 관리자들이 어떻게 예측하는지와 예측의 효과성에 대해 살펴보자.

예측
예측은 결과물을 예견하는 것

예측 기법 예측 기법은 양적 및 질적 두 가지 범주로 나뉜다. **정량적 예측**은 일련의 과거 데이터에 수학적 규칙을 적용하여 결과를 예측하는 것이다. 이 기법은 관리자가 사용할 수 있는 충분한 데이터를 가지고 있을 때 적절하다. 반면에 **질적 예측**은 결과를 예측하기 위해 전문성 있는 개인의 판단과 의견을 활용한다. 질적 기법은 일반적으로 정밀한 데이터가 부족하거나 구하기 어려울 때 사용된다. Exhibit PC-1는 몇 가지 인기 있는 예측 기법을 설명한 것이다.

정량적 예측
일련의 과거 데이터에 수학적 규칙을 적용하여 결과를 예측하는 것

질적 예측
결과를 예측하기 위해 전문성 있는 개인의 판단과 의견을 활용하여 예측하는 것

Exhibit PC-1
예측 기법

기법	내용	활용
정량적		
시계열 분석	수학 방정식으로 추세선을 그리고, 이 방정식에 의해 미래 예측	과거 4년간의 판매 데이터를 기반으로 다음 분기의 판매량 예측
회귀분석 모델	알려진 변수 또는 가정된 다른 변수들을 기준으로 특정 변수 예측	매출 수준을 예측할 수 있는 요인(예: 가격, 광고 지출) 탐색
계량경제학 모형	일련의 회귀 방정식을 사용하여 경제 부문별 시뮬레이션	세법 변경에 따른 자동차 판매량 변화 예측
경제 지표	하나 이상의 경제 지표를 사용하여 미래의 경제 상태 예측	GNP의 변화를 이용하여 재량소득(역주: 가처분 소득에서 기본 생활비를 뺀 잔액) 예측
대체 효과	새로운 제품 또는 기술이 기존 제품 또는 기술을 대체하는 방법, 시기, 상황을 예측하기 위해 수학 공식 사용	스트리밍 비디오 서비스가 블루레이(Blu-ray) 플레이어 판매에 미치는 영향 예측

기법	내용	활용
질적		
영업사원 의견 취합	고객의 예상 구매에 대한 현장 판매 직원의 예측치 취합	산업용 레이저의 내년 판매량 예측
	기존 고객의 구매로부터 추정치 도출	자동차 제조업체별 주요 자동차 딜러를 대상으로 설문조사를 실시하여 원하는 제품의 종류 및 수량 파악

오늘날, 많은 조직들이 CPFR(역주: 판매 · 재고 데이터를 이용해 제조 · 유통업체가 상호 협력하여 공동으로 예측하고 계획하며 상품을 보충하는 업무 프로세스)을 사용하여 예측 관련하여 협업하고 있다. 이 접근 방식은 협업 계획, 예측 및 보충으로 이루어진다. CPFR은 소매업체와 제조업체 사이의 정보, 상품 및 서비스 흐름에 대한 일종의 프레임워크를 제공한다. 개별 기업은 자체 데이터에 의존하여 특정 제품에 대한 수요 예측을 계산한다. 각각의 예측치가 일정량(예: 10%)씩 다를 경우, 소매업체와 제조업체는 더 정확한 예측에 도달할 때까지 데이터와 서면 의견을 교환한다. 이러한 협업 예측은 두 조직 모두 계획을 보다 효과적으로 수립할 수 있도록 돕는다.

효과성 예측 예측의 목표는 관리자에게 의사결정을 용이하게 하는 정보를 제공하는 것이다. 계획활동이 중요하긴 하지만, 계획활동이 이루어진 회사 모두 성공적인 것이 아니다. 다국적 기업의 재고관리자들을 대상으로 한 설문조사에서 응답자의 70%가 재고관리 전략을 잘 이해하고 있다고 답했으며, 예측의 정확도는 56~75% 수준이었다. 그러나 정확성을 높이기 위한 노력이 반드시 성과를 거두는 것은 아니다. 응답자의 40%는 재고관리 소프트웨어를 도입한 후 예측 정확도가 향상되었다고 응답했다. 재무적 예측의 정확성에 대한 설문조사 결과, 재무 담당 임원의 39%가 4분기 중 1분기만 수익을 안정적으로 예측할 수 있다고 답했다. 더욱 우려되는 것은 이 중 16%가 수익 전망에 대해 "오리무중"이라고 답했다. 그러나 어떤 회사의 예측 능력이 차별화된 역량이 될 수 있다는 연구 결과가 있다는 점에서 가능한 한 효과적으로 예측하도록 노력하는 것이 중요하다. 다음은 예측을 보다 효과적으로 하기 위한 몇 가지 제안 사항이다.[14]

첫째, 환경이 급변하지 않을 때 예측 기법이 가장 정확하다는 것을 이해하는 것이 중요하다. 환경이 역동적일수록 비효과적으로 예측할 가능성이 높다. 또한, 예측은 경기 후퇴, 비정상적인 상황, 운영 중단, 경쟁업체의 행동이나 반응과 같이 일상적이지 않은 사건을 예측하는 데 상대적으로 효과적이지 않다. 다음으로 간단한 예측 방법을 사용한다. 무작위 데이터와 의미 있는 정보를 혼동할 수 있는 복잡한 예측 방법보다 간단한 예측 방법이 더 잘 예측할 수 있다. 다음으로, 그 과정에 더 많은 사람들을 참여하는 방법을 강구한다. 포춘지 선정 100대 기업을 보면 1,000명에서 5,000명의 관리자가 예측 입력 정보를 제공하는 것이 드문 일이 아니다. 이러한 기업들은 프로세스에 참여하는 사람이 많을수록 결과의 신뢰성이 향상된다는 사실을 잘 알고 있다. 다음으로, 모든 예측을 "변화가 없을 때"와 비교한다. 변화가 없을 때를 기준으로 예측하는 것은 절반가량 정확하다. 다음으로, 단일의 고정적인 예측 하나를 사용하기보다 12개월에서 18개월을 기준으로 롤링(역주: 롤링이란 변화된 상황을 반영하여 새로운 기준을 수립하는 것을 말함. 예를 들어 3년 예측을 한다면 올해부터 3년 예측을 실시하고, 내년이 되면 내년을 기준으로 3년 예측을 하는 것을 말함)하며 예측한다. 이러한 유형의 예측은 관리자가 추세를 더 잘 파악하고 조직이 변화하는 환경에 적응할 수 있도록 돕는다. 단일 예측 방법에 의존하지 않는 것도 중요하다. 여러 모형을 사용하여 예측하고 평균을 내라. 특히 더 중장기 예측의 경우 더욱 그렇다. 다음으로, 추세에서 전환점을 정확하게 식별할 수 있다고 가정하지 말라. 일반적으로 중요한 전환점은 종종 단순한 무작위 이벤트인 경우가 많다. 마지막으로, 예측은 관리 기술이며, 따라서 실행하고 개선될 수 있다는 것을 기억하라. 비록 "숫자 처리"가 예측 활동의 작은 부분에 불과하지만, 예측 소프트웨어를 사용하면 이 문제를 수학적으로 덜 어렵게 처리할 수 있다. 예측을 해석하고 정보를 의사결정에 활용하는 것은 관리자가 담당해야 할 과제이다.

자원 할당 기법

조직목표가 수립되면 자원, 즉 조직의 **자산**(재무적, 물리적, 인적, 무형의)이 필요하다. 관리자는 어떻게 자원을 효과적이고 효율적으로 할당하여 조직 목표를 달성할 수 있을까? 관리자가 자원 할당을 위한 여러 기법(회계, 재무 및 운영 관리에서 다루는 많은 기법)이 있겠지만, 여기서는 예산 편성, 일정 계획, 분석 및 선형 계획(linear programming)의 네 가지 기법에 대해 간략하게 다루고자 한다.

자산
조직의 재무적, 물리적, 인적, 무형의 자산

예산 편성

우리 대부분은 한정된 예산으로 다양한 경험을 쌓아왔다. 우리는 "수입"을 신중하게 나누어 쓰지 않으면 일주일의 반도 지나기 전에 한 주 용돈이 "비용"으로 지출된다는 것을 어린 나이에 배웠을 것이다.

예산은 자원을 특정 활동에 구체적인 숫자로 할당하는 계획이다. 관리자는 일반적으로 수입, 비용, 그리고 장비와 같은 대규모 재무적 지출을 위해 예산을 준비한다. 시간, 공간 및 원재료 사용을 개선하기 위해 예산이 사용되는 것은 드문 일이 아니다. 이러한 형태의 예산 편성은 달러가 아닐 경우 달러 금액으로 바꾸어 계산한다. 근로 시간, 설비 활용도, 또는 생산 단위와 같은 항목은 일일, 주간 또는 월간 활동 단위로 예산을 편성할 수 있다. Exhibit PC-2는 관리자가 사용할 수 있는 다양한 유형의 예산에 대해 설명한 것이다.

예산
자원을 특정 활동에 구체적인 숫자로 할당하는 계획

예산이 왜 그렇게 인기가 많은가? 아마도 다양한 조직과 조직 내 업무 활동에 적용할 수 있기 때문일 것이다. 우리는 거의 모든 것이 화폐 단위로 표현되는 세상에 살고 있다. 달러, 루피, 페소, 유로, 위안화, 엔화 등은 국가별 공통 측정 단위로 사용된다. 그렇기 때문에 화폐 기반의 예산은 제조 및 정보 시스템과 같은 다양한 부서 또는 조직의 다양한 수준에서 자원을 할당하고 업무를 배정하는 유용한 도구이다. 예산은 조직 계층에 관계없이 대부분의 관리자가 사용하는 계획 기법이다. 예산은 조직 전체에 걸쳐 재무적 규칙과 구조를 알려주기 때문에 중요한 경영 활동이다. 그러나 많은 관리자들은 시간이 많이 걸리고 유연성이 떨어지며 비효율적이며 비효과적이라고 생각하기 때문에 예산 편성을 좋아하지 않는다. 예산 편성 프로세스를 어떻게 개선할 수 있을까? Exhibit PC-3는 몇 가지 제안을 보여주고 있다. 예산의 중요성과 유형을 이해했다면, 조직에서는 예산을 어떻게 편성할까?

예산 편성
정해진 미래 비용에 대해 지불할 자원을 할당하는 과정

예산 편성은 정해진 미래 비용에 대해 지불할 자원을 할당하는 과정이다. 예산 편성에는 점증주의 예산 편성과 제로베이스 예산 편성이라는 두 가지 일반적인 접근 방식이 있다.

Exhibit PC–2
예산 유형
출처: Based on *Production and Operations Management*, by R. S. Russell and B. W. Taylor III, Upper Saddle River, NJ: Prentice–Hall, Inc., 1966.

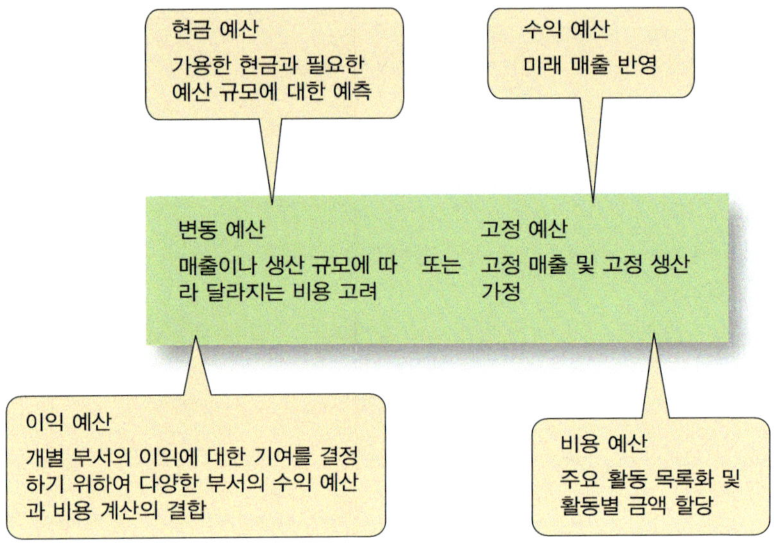

Exhibit PC–3
예산 편성 개선 방법

- 협력하고 커뮤니케이션하라.
- 융통성을 가져라.
- 목표가 예산을 견인해야 하며, 예산이 목표를 결정해서는 안된다.
- 조직 전체를 보고 예산을 조정하라.
- 적절할 때 예산 편성/계획활동 소프트웨어를 사용하라.
- 예산은 도구임을 기억하라.
- 예산을 편성한다고 수익이 나는 것이 아니라 스마트하게 관리할 때 수익이 난다는 것을 명심하라.

점증주의 예산 편성
현재 예산으로부터 출발하는데, 관리자는 추가적인 자원이 필요한지와 자원을 요청하는 것이 정당한지를 결정한다.

점증주의 예산 편성은 현재 예산으로부터 출발하는데, 관리자는 추가적인 자원이 필요한지와 자원을 요청하는 것이 정당한지를 결정한다. 이 접근 방식은 필요한 모든 지출이 포함된 예산을 조정하는 데 적합하다. 예를 들어 생산관리자가 장비의 유지보수 비용을 과소평가했을 수 있다. 예전 경험과 미래에 더 많은 비용이 발생할 것이라는 예상을 토대로 관리자는 추가 비용을 요청한다. 증분 예산 편성의 단점은 지출 낭비이다. 대부분의 관리자들은 할당받은 돈을 쓰지 않으면 미래에 더 적은 돈을 받게 될 것이라는 것을 배운다.

예를 들어 예산 연도의 마지막 주에 엄청난 초과 비행을 하는 미국 해군 비행장의 유명한 이야기가 있다. 그것은 "목적지 없는 비행"이다. 그 비행장의 다음 해 연료 예산은 당해 연도의 사용에 의해 결정되었다. 연료 예산 삭감을 피하기 위해, 기지 사령관은 직원들에게 연료를 모두 사용하라고 지시했다.

대안적 접근 방식은 지출 낭비를 최소화하는 데 도움이 되는 제로베이스 예산 편성이다. **제로베이스 예산 편성(ZBB)**은 현재 예산을 기준으로 자원의 추가, 수정 또는 축소하는 대신 0점을 기준으로 시작한다. 관리자는 매년 깨끗한 종이 한 장에 모든 예산 항목을 쓰고 왜 그것이 정당한지 제시해야 한다. 최근 몇 년 동안 기업들이 비용 절감과 경쟁력 향상을 추구하면서 제로베이스 예산 편성의 인기가 높아졌다. 예를 들어 Verizon Communications는 이 방법을 사용하여 2018년에서 2021년 사이에 자사의 사업에서 100억 달러의 비용을 삭감했다. 한 금융 전문가에 따르면 "제로베이스 예산 편성의 매력은 '제로'가 모든 이해관계자들에게 지출이 당연한 것이 아니며 지출을 보류하라는 강력한 메시지를 전달한다는 점"이라고 한다. 비용 관리 문화가 형성되면, 제로베이스 예산 편성은 관리자들이 다양한 관행들의 가치를 더 세심하게 검토할 수 있도록 돕는다. 예를 들어 사무실 개조는 생산성을 증가시키는가? 신문과 같은 전통적인 매체에 의한 광고 지출이 매출을 증가시키는가? 제로베이스 예산 편성은 대안적인 지출의 가치를 고려할 수 있는 플랫폼을 만들고, 관리자가 생산성과 수익이 높은 영역으로 자원을 재배치할 수 있게 해 준다.

제로베이스 예산 편성(ZBB)
현재 예산을 기준으로 자원의 추가, 수정 또는 축소하는 대신 0점을 기준으로 시작한다.

일정계획

Jackie는 샌프란시스코에 있는 Chico's 점포의 매니저이다. 그녀는 매주 직원들의 근무시간과 직원들이 일할 매장을 결정한다. 당신이 만약 며칠 동안 감독자나 부서 관리자를 관찰한다면, 이들이 거의 동일한 작업을 수행하는 것을 볼 수 있다. 즉 수행해야 할 업무, 업무처리 순서, 업무수행 주체, 업무 완료 시기를 상세히 알려주고 자원을 할당하는 것이다. 이들 관리자는 **일정 계획**을 수립하는 것이다. 이하에서는 간트(Gantt) 차트, 업무량 차트 및 PERT 네트워크 분석 등 몇 가지 유용한 일정 계획 방법을 살펴보고자 한다.

일정계획
수행해야 할 업무, 업무처리 순서, 업무수행 주체, 업무 완료 시기를 상세히 알려주고 자원을 할당하는 것

간트 차트 **간트 차트**는 1900년대 초 과학적 관리의 전문가인 Frederick Taylor의 동료 Henry Gantt에 의해 개발되었다. 간트 차트의 아이디어는 간단하다. 기본적으로 가로축에 시간이 있고 세로축에 계획된 활동이 있는 막대 그래프이다. 막대에는 일정 기간 동안 계획된 결과물과 실제 결과물이 모두 표시된다. 간트 차트는 작업이 수행되어야 하는 시기를 시각적으로 보여주고, 개별 작업의 실제 진행 상황과 예측을 비교한다. 이는 단순하지만 중요한 도구로서 작업이나 프로젝트를 완료해야 하는데 아직 수행되지 않은 작업을 쉽고 구체적으로 제시하고, 활동이 앞당겨졌는지, 지연되는지 또는 예정대로 수행되는지 여부를 평가할 수 있다.

간트 차트
가로축에 시간이 있고 세로축에 계획된 활동이 있는 막대 그래프

Exhibit PC-4는 출판사의 관리자가 개발한 책 제작을 위한 간트 차트이다. 시간이 차트 상단에 걸쳐 개월로 표시된다. 주요 업무 활동이 왼쪽 아래에 나열되어 있다. 계획에는 책을 완성하기 위해 필요한 활동, 활동의 순서, 그리고 개별 활동에 할당되어야 하는 시간 등을 정하는 것이 포함된다. 시간 프레임 내에 상자가 있는 곳에 계획된 순서가 반영되어 있다. 음영은 실제 진행 상황을 나타낸다. 관리자가 차트를 보면 계획에서 벗어난 부분을 알 수 있기 때문에 관리 도구 역할을 한다. 이 예에서 표지 설계와 교정 검토 모두 예정보다 지연되고 있다. 표지 설계는 약 3주 뒤처져 있으며(보고일 현재 파란색 선으로 표시된 실제 진행 상황이 없음), 교정 검토는 예정보다 약 2주 뒤처져 있다(보고일 현재 파란색 선으로 표시된 실제 진행 상황은 약 6주 뒤처져 있음). 이 정보를 고려할 때, 관리자는 2주간의 손실을 보충하거나 더 이상의 지연이 발생하지 않도록 하기 위해 몇 가지 조치를 취해야 한다. 이 시점에서, 관리자가 조치를 취하지 않는다면 책이 계획보다 적어도 2주 늦게 출판될 것이라고 예상할 수 있다.

Exhibit PC–4
간트 차트

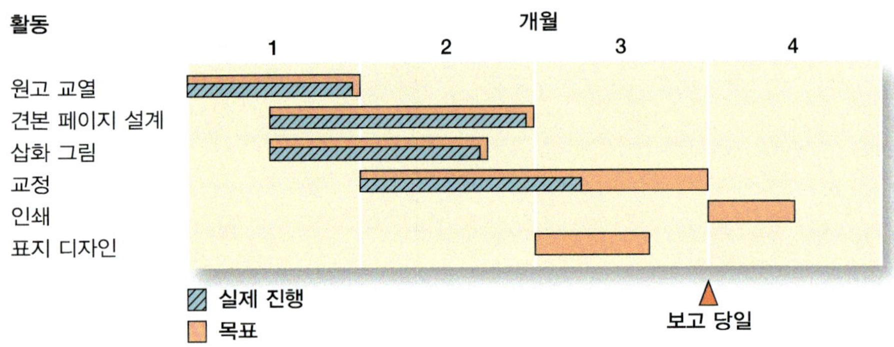

업무량 차트
수정된 간트 차트이며 수직축에 활동을 나열하는 대신 전체 부서 또는 특정 자원을 나열한다.

업무량 차트 **업무량 차트**는 수정된 간트 차트이다. 업무량 차트는 수직축에 활동을 나열하는 대신 전체 부서 또는 특정 자원을 나열한다. 관리자는 이 배열을 통해 업무진척도를 계획하고 통제할 수 있다. 즉, 업무량 차트는 업무 영역별로 계획을 수립한다.

예를 들어 Exhibit PC-5는 출판사의 6개 제작 편집자에 대한 업무량 차트를 보여준다. 각 편집자는 몇 권의 책 제작과 디자인을 관리한다. 업무량 차트를 검토하면 6명의 제작 편집자를 감독하는 편집국장이 누구에게 새 책을 맡길 수 있을지 알 수 있다. 모든 사람의 일정이 잡혀 있을 경우, 편집장은 새로운 프로젝트를 하지 않거나, 새로운 프로젝트를 하고 다른 프로젝트를 지연시키거나, 편집자가 초과 근무 하도록 하거나, 더 많은 제작 편집자를 고용할 수 있다. 이 그림에서 알 수 있듯이, Antonio와 Maurice는 앞으로 6개월 동안 완전히 일정이 잡혀 있다. 다른 편집자는 할당되지 않은 시간이 있으며 새 프로젝트를 수락하거나 다른 편집자에게 도움을 줄 수 있다.

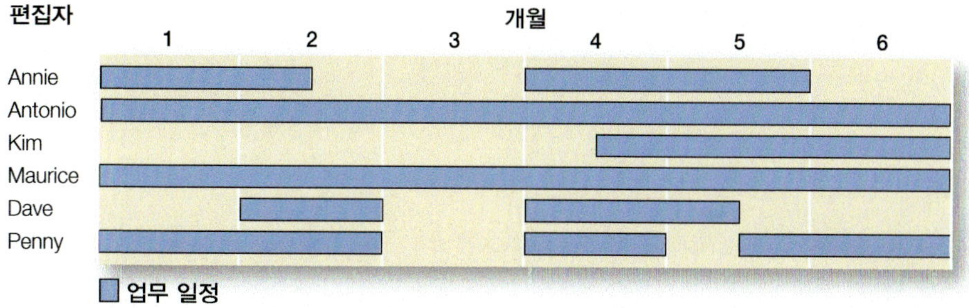

Exhibit PC-5
업무량 차트

PERT 네트워크 분석 간트 차트 및 업무량 차트는 예약된 활동의 갯수가 적고 서로 독립적일 때 유용하다. 그러나 마케팅, 생산 및 제품 디자인 인력의 의견을 조율해야 하는 복잡한 조직 개편, 대규모 비용 절감 캠페인 또는 신제품 개발 등과 같은 대규모 프로젝트를 계획해야 한다면 관리자는 어떻게 해야 할까? 이러한 프로젝트는 수백 또는 수천 개의 활동을 조정해야 하며, 그 중 일부는 동시에 수행되어야 하고 일부는 이전 활동이 완료된 뒤에 시작해야 한다. 건물을 짓는다면, 기초가 다 세워질 때까지 벽을 쌓을 수 없을 것이다. 만약 여러분이 건물을 짓는다면, 여러분은 분명히 건물의 기초를 다지기 전에 벽을 세울 수 없다. 그렇다면, 어떻게 이런 복잡한 프로젝트의 일정 계획을 잘 할 수 있을까? PERT(program evaluation and review technique)는 이러한 프로젝트에 매우 적합하다.

PERT 네트워크는 프로젝트를 완료하는 데 필요한 활동 순서와 각 활동과 관련된 시간 또는 비용을 나타내는 업무흐름 도표이다. PERT 네트워크를 통해 관리자는 수행해야 할 작업을 검토하고, 이벤트간 상호연계를 결정하며, PERT 네트워크를 통해 프로젝트 관리자는 무슨 일을 해야 하는지 판단하고, 어떤 일들이 서로 연계되어 있는지 결정하고, 발생할 수 있는 잠재적 문제점은 무엇인지 파악해야 한다. 따라서 관리자는 PERT를 통해 프로젝트의 진행 상황을 모니터링하고, 병목 현상의 가능성을 파악하며, 필요에 따라 자원을 이동하여 일정에 맞춰 프로젝트를 마무리할 수 있다.

PERT 네트워크
프로젝트를 완료하는 데 필요한 활동 순서와 각 활동과 관련된 시간 또는 비용을 나타내는 업무흐름 도표

PERT 네트워크를 구성하는 방법을 이해하려면 네 가지 용어를 알아야 한다. **이벤트**는 주요 활동의 완료를 나타내는 종료 지점이다. **활동**은 한 이벤트에서 다른 이벤트로 진행하는 데 필요한 시간 또는 자원을 의미한다. **여유 시간**은 전체 프로젝트를 지연시키지 않고 개별 활동을 지연시킬 수 있는 시간이다. 주경로는 PERT 네트워크에서 가장 길거나 시간이 많이 걸리는 이벤트 및 활동 순서이다. 이 경로에서 이벤트가 지연될 경우 전체 프로젝트의 완료가 지연된다. 다시 말해서, 주경로에서의 활동은 여유 시간이 없다.

이벤트
주요 활동의 완료를 나타내는 종료 지점

활동
이벤트에서 다른 이벤트로 진행하는 데 필요한 시간 또는 자원을 의미

여유 시간
전체 프로젝트를 지연시키지 않고 개별 활동을 지연시킬 수 있는 시간

주경로
PERT 네트워크에서 가장 길거나 시간이 많이 걸리는 이벤트 및 활동 순서

PERT 네트워크를 개발하려면 관리자는 프로젝트를 완료하는 데 필요한 모든 주요 활동을 파악하고, 발생 순서대로 순위를 매기고, 각 활동의 완료 시간을 추정해야 한다. Exhibit PC-6는 이러한 프로세스의 단계를 보여준다.

대부분의 PERT 프로젝트는 복잡하고 많은 활동을 포함한다. 이러한 복잡한 계산은 전문화된 PERT 소프트웨어로 수행할 수 있다. 하지만, 간단한 예를 살펴보자. 여러분이 건설 회사의 감리인이며 사무용 건물의 건설을 감독하도록 임명되었다고 가정해 보자. 여러분의 사업은 시간이 정말 돈이기 때문에, 건물을 완성하는 데 얼마나 걸릴지 결정해야 한다. 특정 활동 및 이벤트를 확인했다. Exhibit PC-7에 건설 프로젝트의 주요 이벤트와 각 이벤트의 완료 예상 시간이 간략히 설명되어 있다. Exhibit PC-8은 Exhibit PC-7의 데이터를 기반으로 한 실제 PERT 네트워크를 보여준다. 또한 각 활동 경로에 걸리는 시간도 계산했다.

A-B-C-D-I-J-K (44 주)
A-B-C-D-G-H-J-K (50 주)
A-B-C-E-G-H-J-K (47 주)
A-B-C-F-G-H-J-K (47 주)

PERT 네트워크에 따르면 모든 작업이 계획대로 진행되면 총 프로젝트 완료 기간은 50주이다. 이는 프로젝트의 주경로(가장 긴 활동 순서)인 A-B-C-D-G-H-J-K를 따라 작업이 이루어지는 시간을 합산하여 계산한다. 이 경로에서 이벤트를 완료할 때 지연될 경우 전체 프로젝트의 완료가 지연된다는 것을 알아야 한다. 바닥 마무리 및 판넬 작업(이벤트 I)을 하는 데 4주가 아닌 6주가 걸리더라도 최종 완성일에 영향을 미치지 않는다. 이유가 무엇일까? 왜냐하면 그 사건은 주경로에 있지 않기 때문이다. 그러나 지하 차고(이벤트 B)를 파는데 6주가 아닌 7주가 걸린다면 전체 프로젝트를 지연시킬 가능성이 높다. 일정에 따라 진행하거나 50주간의 작업 기간을 단축해야 하는 관리자는 기간을 단축시킬 수 있는 주경로의 활동에 집중하고자 한다. 관리자가 어떻게 이렇게 할 수 있을까? 관리자는 주경로가 아닌 다른 활동 중 여유 시간이 있는지 살펴보고, 여유 시간에 자원을 주경로 활동으로 이전한다.

Exhibit PC-6
PERT 네트워크 개발 단계

1. 프로젝트를 완료하기 위해 달성해야 하는 모든 중요한 활동을 파악한다. 각 활동의 성과는 어떤 이벤트나 결과물에 의해 마무리된다.
2. 이러한 이벤트가 완료되는 순서를 확인한다.
3. 개별 활동 및 기타 모든 활동과의 관계를 파악하여 처음부터 끝까지 활동의 흐름을 도표화한다. 원을 사용하여 이벤트를 나타내고 화살표를 사용하여 활동을 표시한다. 그 결과가 바로 우리가 PERT 네트워크라고 부르는 흐름도이다.
4. 각 활동이 마무리되는 시간 추정치를 계산한다. 이상적인 조건에서 활동이 진행되었을 때 소요 시간의 낙관적 시간 추정치(t_o), 정상적으로 활동이 진행되었을 때 소요되는 시간, 즉 가장 가능성이 높은 추정치(t_m), 최악의 상황에서 활동이 진행되었을 때 소요되는 시간 추정치(t_e)의 가중평균값을 사용한다. 그러면 기대 시간(t_e)을 계산하는 공식이 된다.

$$t_e = \frac{t_o + 4t_m + t_p}{6}$$

5. 개별 활동에 대한 시간 추정치가 포함된 네트워크 다이어그램을 사용하여 개별 활동의 시작 및 종료 날짜와 전체 프로젝트에 대한 일정을 결정할 수 있다. 주경로에서 지연이 발생하는 전체 프로젝트를 지연시키기 때문에 가장 커다란 주의가 필요하다.

Exhibit PC-7

사무용 건물 건축 이벤트와 활동들

사건	내용	기대시간(주)	사전 이벤트
A	설계 승인 및 허가 획득	10	없음
B	지하차고 굴착	6	A
C	프레임과 옆면 설치	14	B
D	바닥 시공	6	C
E	창문 설치	3	C
F	지붕 작업	3	C
G	내부 배선 설치	5	D, E, F
H	엘리베이터 설치	5	G
I	바닥 마무리 및 판넬 작업	4	D
J	출입문 및 실내 장식 마무리	3	I, H
K	빌딩관리 회사에게 양도	1	J

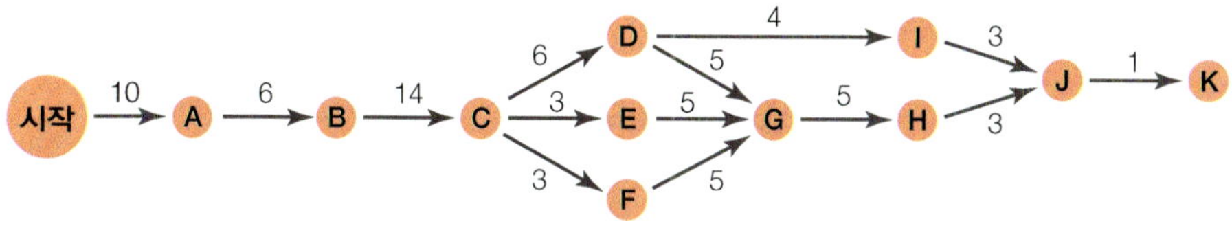

Exhibit PC-8

사무용 건물 건축을 위한 PERT 네트워크

손익분기점 분석

Glory Foods의 관리자들은 수익을 올리기 위해 얼마나 많은 BBQ 육포를 판매해야 하는지, 즉 총 매출액이 총 비용을 충당하기에 충분한지 알고 싶어 한다. **손익분기점 분석**은 널리 사용되는 자원 할당 기법인데, 관리자가 손익분기 지점을 결정하는 데 도움을 준다.

손익분기점 분석
널리 사용되는 자원 할당 기법

손익분기점 분석은 간단한 계산이지만, 수익, 비용 및 이익의 관계를 알려주기 때문에 관리자에게는 매우 중요하다. 손익분기점을 계산하려면 판매 중인 제품의 단가(*P*), 단위당 가변 비용(*VC*), 총 고정 비용(*TFC*)을 알아야 한다. 총 수익이 총 비용과 같을 때 손익분기점이 된다. 이때 총비용은 고정비용과 가변비용의 두 부분으로 나뉜다. 고정비는 생산량에 상관없이 변하지 않는 비용이다. 그 예로는 보험료, 임대료, 재산세 등이 있다. 변동비용은 생산량에 비례하여 변화하며 원자재, 인건비, 에너지 비용 등이 포함된다.

Exhibit PC-9
손익분기점 분석

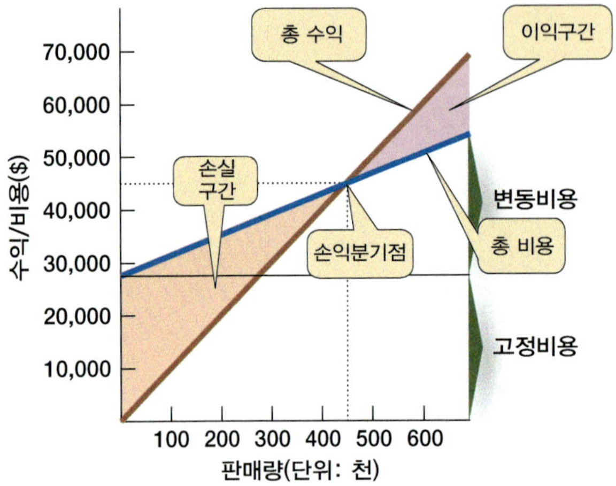

손익분기점 분석은 그래프 또는 다음 공식을 사용하여 계산할 수 있다.

$$BE = \frac{TFC}{P - VC}$$

이 공식은 (1) 모든 변동 비용을 충당할 수 있는 가격으로 판매할 때 총 수익이 총 비용과 같고, (2) 가격과 변동 비용 간의 차이에 판매량에 곱할 때 고정 비용과 동일함을 의미한다. 예를 들어 보자.

Randy's Photocopying Service가 1개 복사당 0.10달러를 받는다고 가정하자. 고정 비용이 연간 27,000달러이고 1개 복사당 변동 비용이 0.04달러인 경우, Randy의 손익분기점은 $27,000 ÷ ($0.10 − $0.04) = 450,000 와 같이 계산되며, 연간 수익은 $45,000 (450,000 copies × $0.10)이다. 이러한 관계를 그래프로 표시하면 Exhibit PC-9와 같다.

계획 활동의 도구로서, 손익분기점 분석은 Randy가 판매 목표를 세우는 데 도움이 될 수 있다. 예를 들어 자신의 이익 목표를 설정한 다음 그 목표에 도달하기 위해 필요한 판매 수준을 계산할 수 있다. 손익분기점 분석은 Randy가 현재의 손실을 만회하여 손익분기점에 도달하려면 얼마나 판매해야 하는지, 또는 손익분기점을 기준으로 얼마의 손실을 봐도 괜찮은지 알려준다.

선형계획법

Maria Sanchez는 향초와 봉지에 담아 판매하는 나뭇가지 포푸리(역주: 말린 꽃, 나뭇잎을 섞은 방향제) 등 계피 향이 나는 2개의 가정용 향수를 생산하고 있다. 사업은 잘 되고, 그녀는 자신이 생산하는 모든 제품을 팔 수 있었다. 그녀의 딜레마는 포푸리 주머니와 향초가 같은 시설에서 제조되고 있는데 이윤을 극대화하려면 제품별로 몇 개씩 생산해야 하는가이다. Maria는 이러한 자원 할당 문제를 해결하기 위해 선형계획법을 사용할 수 있다.

선형계획법
자원 할당 문제를 해결하기 위한 수학적 기법

여기에 **선형계획법**을 사용할 수 있지만, 모든 자원 할당 문제에 적용할 수 있는 것은 아니다. 왜냐하면 자원이 제한적이어야 하고, 목표가 최적화된 결과여야 하고, 수많은 산출물을 생산할 수 있도록 자원이 다양한 방식으로 결합될 수 있어야 하며, 변수 사이에 선형 관계가 존재해야 하기 때문이다(하나의 변수가 바뀌면 다른 변수가 정확하게 비례하여 바뀌어야 한다). Maria 회사의 경우, 가정용 향수 두 개를 생산하는 데 원자재와 노동시간이 정확히 두 배가 걸린다면 그 마지막 조건이 충족된다.

어떤 종류의 문제를 선형계획법으로 해결할 수 있을까? 배송비를 최소화하는 운송경로 선정, 다양한 상품 브랜드를 대상으로 한 광고 예산 배정, 프로젝트별 최적 인원 배정, 한정된 자원으로 상품별 생산량 결정 등에 활용될 수 있다. Maria 사례로 돌아가 선형계획법이 Maria가 문제를 해결하는 데 어떻게 도움이 되었는지 살펴보자. 다행히도, 그녀의 문제는 비교적 간단해서, 꽤 빠르게 문제를 해결할 수 있었다. 복잡한 선형계획법 문제의 경우, 관리자는 최적화 솔루션을 개발하기 위해 특별히 설계된 컴퓨터 소프트웨어 프로그램을 사용할 필요가 있다.

우선, 우리는 Maria의 사업에 대한 몇 가지 사실을 파악해야 한다. 그녀는 가정용 향수 제품의 이윤을 포푸리 한 주머니에 10달러, 향초 한 개에 18달러로 계산했다. 이 숫자들은 Maria가 최대 이익 = $10P + \$18S$로 객관적인 함수를 표현하기 위한 기초 데이터이다. 여기서 P는 포푸리 주머니 수이고 S는 향초 생산량이다. 목적 함수는 모든 대안들의 결과를 예측할 수 있는 단순한 방정식이다. 또한 Maria는 각 향수 제품이 생산에 얼마나 많은 시간이 걸리는지와 제조 및 조립에 필요한 월간 생산능력(제조 1,200시간, 조립 900시간)을 알고 있다. (Exhibit PC-10 참조) 생산능력은 회사의 전체 생산량을 제한하는 요인이다. 이제 Maria는 자신의 구속방정식(constraint equations)을 만들 수 있다.

$$2P + 4S \leq 1{,}200$$
$$2P + 2S \leq 900$$

물론 Maria도 $P \geq 0$, $S \geq 0$라고 말할 수 있다. 왜냐하면 두 향수 제품 모두 0파운드 이하의 부피로 생산할 수 없기 때문이다.

부서	소요 시간(단위당)		월 기준 생산 용량 (시간)
	포푸리 봉지	향초	
제조	2	4	1,200
조립	2	2	900
단위당 수익	$10	$18	

Exhibit PC-10
계피향 제품의 생산 데이터

Maria는 자신의 솔루션을 Exhibit PC-11의 그래프로 표시했다. 음영 영역은 두 부서의 생산용량을 초과하지 않는 상황에서의 대안을 나타낸다. 이것은 무엇을 의미하는가? 먼저 제조 손익분기점 한계선을 살펴보기로 한다. 우리는 총 제조 시간이 1,200시간이라는 것을 알고 있다. 따라서 Maria가 모든 포푸리를 생산하기로 결정한다면, 마리아가 생산할 수 있는 최대 시간은 600시간(1,200시간 ÷ 2시간(포푸리 한 봉지의 생산 소요시간)이다. 만약 그녀가 모든 향초를 생산하기로 결정한다면, 그녀가 생산할 수 있는 최대 시간은 300시간(1,200 시간 ÷ 4 시간(향초 한 개의 생산 소요시간))이다. Maria는 DF라인으로 표시된 조립의 제약이 있다. Maria가 모든 포푸리 백을 생산하기로 결정하면 그녀가 조립할 수 있는 최대 수량은 450개(900시간 생산능력 ÷ 2시간 조립 소요시간)이다. 마찬가지로, 마리아가 모든 향초를 생산하기로 결정한다면, 향초를 조립하는데 2시간이 걸리기 때문에 그녀가 조립할 수 있는 최대치는 450개이다. 이러한 용량 제한에 의한 제약은 마리아 실행가능 영역을 보여준다. 그녀의 최적 자원 배분은 이 실현가능성 지역 내의 어딘가에서 정해질 것이다. C지점은 제약조건 내에서 최대 이익을 가져다 준다. 어떻게 알 수 있을까? A 지점에서는 수익이 0(포푸리 주머니나 향초를 전혀 생산하지 않음)이다. B 지점에서 수익은 $5,400(향초 300개 × 수익 $18 + 포푸리 주머니 0개 = $5,400)이다. D 지점에서 수익은 $4,500(포푸리 주머니 450개 × 수익 $10 + 향초 0개 = $4,500)이다. 그러나 C지점의 경우, 수익은 $5,700 (향초 150개 × 수익 $18 + 포푸리 주머니 300개 × 수익 $10 = $5,700)이다.

Exhibit PC–11
선형계획 문제에 대한 그래프 솔루션

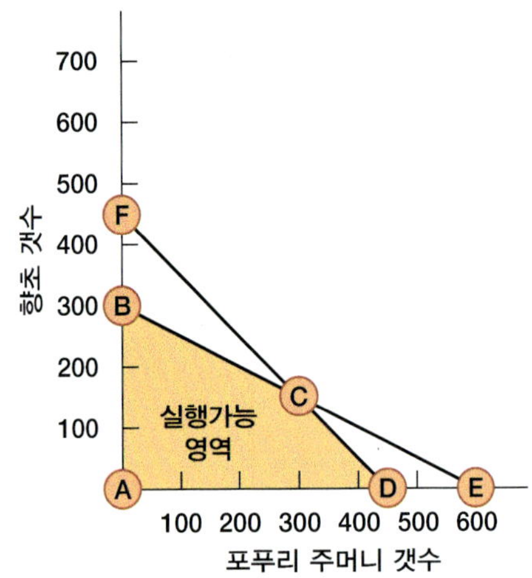

현대적인 계획 기법

중국 상품에 대한 무역관세. 금리 인상. 테러리스트들의 공격. 4등급 허리케인. 테러리스트 공격. 오늘날 관리자들은 역동적이고 복잡한 환경에서 계획해야 한다. 이러한 환경에 적합한 두 가지 계획 기법은 프로젝트 관리 및 시나리오 기법이다. 두 기법 모두 유연성을 강조하며, 이러한 조직 환경에서 보다 효과적이고 효율적으로 계획을 수립하는데 중요한 기법들이다.

프로젝트 관리

프로젝트
시작과 종료 시점이 확실한 일회성 활동의 집합

Coleman, Boeing과 같은 제조업체에서 SAS, Microsoft와 같은 소프트웨어 설계 회사에 이르기까지 다양한 조직이 프로젝트를 사용한다. **프로젝트**는 시작과 종료 시점이 확실한 일회성 활동의 집합이다. 프로젝트는 크기와 범위가 다양하다. 시애틀 도심 아래 2마일 길이의 교통 터널 작업에서부터 여학생클럽의 공식 휴가까지 다양하다. **프로젝트 관리**는 프로젝트 활동을 적시에, 예산 범위 내에서, 그리고 명세서에 따라 수행하는 과업이다.

프로젝트 관리
프로젝트 활동을 적시에, 예산 범위 내에서, 그리고 명세서에 따라 수행하는 과업

점점 더 많은 조직이 프로젝트 관리를 사용하고 있는데 그 이유는 이 접근 방식이 시장 기회에 유연하고 신속하게 대응해야 할 때 적합하기 때문이다. 예를 들어 인도의 Tata Motors는 프로젝트 관리에 의해 현대 및 도요타의 유사 차종과 경쟁하기 위해 소형차를 개발하고 생산했다. 승용차 프로그램 기획 및 프로젝트 관리 수석 부사장인 Girish Wagh는 타타의 Tiago(신차 모델)가 "타타자동차의 승용차 사업에서 중요한 출시이자 우리의 변혁을 향한 첫걸음"이라고 말했다.

독특하고, 마감일이 정해져 있고, 전문화된 기술이 요구되는 과업들이 복잡하게 서로 얽혀 있고, 본질적으로 일시적으로 이루어지는 프로젝트를 시작할 때, 조직의 다른 일상적인 업무처럼 표준화된 계획 수립 절차를 따르지 않는 경우가 많다. 대신에 관리자들은 프로젝트 관리 기법을 사용하여 프로젝트의 목표를 효과적이고 효율적으로 달성한다.

프로젝트 관리 프로세스 일반적으로 프로젝트 업무는 프로젝트 팀에 의해 수행되는데, 업무별로 인력이 할당되고 프로젝트 관리자에게 보고가 이루어진다. 프로젝드 관리자는 프로젝트 활동을 다른 부서와 조정한다. 프로젝트팀이 목표를 달성하면 해체되고, 구성원은 다른 프로젝트로 이동하거나 본래의 부서로 돌아간다.

프로젝트 계획의 기본적인 형태는 Exhibit PC-12와 같다. 이 프로세스는 프로젝트의 목표를 명확하게 정의하는 것으로부디 시작된다. 이 단계는 관리자와 팀원들이 무엇을 기대하는지 알아야 하기 때문에 필요하다. 그런 다음 프로젝트의 모든 활동과 필요한 자원을 파악해야 한다. 프로젝트를 완료하기 위해 어떤 자료와 노동력이 필요한가? 이 단계는 시간이 많이 걸리고 복잡할 수 있는데, 특히 프로젝트가 독특하고 관리자가 유사한 프로젝트 경험이 없을 경우 더욱 그렇다. 활동이 정해지면 단계별 업무 순서를 결정해야 한다. 다른 활동을 시작하기 전에 어떤 활동을 완료해야 하는가? 어느 것이 동시에 수행될 수 있는가? 이 단계에서는 종종 간트 차트, 업무량 차트 또는 PERT 네트워크와 같은 흐름도 다이어그램을 사용한다. 다음으로 프로젝트에 대한 일정계획이 필요하다. 각 활동에 대한 시간 추정치가 구하고, 전체 프로젝트 일정 및 완료 시기를 정한다. 프로젝트 일정을 목표와 비교하고 필요한 사항을 조정한다. 프로젝트 완료 시기가 너무 늦어지면 관리자는 주요 활동에 더 많은 자원을 할당하여 더 빨리 완료할 수 있도록 한다.

오늘날, 프로젝트 관리 프로세스는 많은 웹 기반 소프트웨어 패키지를 사용하여 온라인으로 진행될 수 있다. 이러한 패키지는 프로젝트 회계 및 견적에서부터 프로젝트 일정계획, 오류 및 결함 추적에 이르기까지 다양하다.

Exhibit PC-12

프로젝트 계획 프로세스

출처: Based on R. S. Russell and B. W. Taylor III, eds., Production and Operations Management, 7th ed. (Hoboken, NJ: Wiley, 2011).

프로젝트 관리자의 역할 프로젝트가 일시적으로 이루어지는 특성으로 인해 프로젝트 관리는 생산 라인을 감독하거나 주간 단위로 비용을 집계하는 등 반복적으로 이루어지는 관리활동과 다르다. 일회성의 업무 특성으로 인해 프로젝트 관리자는 고용된 총잡이와 같은 역할을 하게 된다. 해야 할 일이 명확하게 있다. 그 일은 상세하게 정의되어야 한다. 프로젝트 관리자는 어떻게 일을 할지에 대해 책임진다. 프로젝트가 복잡한 경우 프로젝트 관리 업체를 활용하기도 한다. 예를 들어 캐나다의 광산 회사와 중국의 투자 회사가 아이다호 주 Boise 근처에 몰리브덴(역주: 금속 원소) 광산을 개발할 지 고려하고 있다. 양사는 해외 광물관리 및 탐사개발 전문기업인 MCC8 Group Company와 계약해 타당성 조사를 진행하고 있다. MCC8은 지질학자와 환경영향 전문가를 포함하여 이 타당성 연구를 진행할 몇 명의 프로젝트 관리자를 배정할 것이다.

정교한 컴퓨터 및 온라인 스케줄링 프로그램과 다양한 프로젝트 관리 도구를 사용할 수 있다고 하더라도, 프로젝트 관리자의 역할은 여전히 어려운데 그 이유는 일반적으로 여전히 자신의 부서에서 일하는 사람들을 데리고 프로젝트를 수행해야 하기 때문이다. 프로젝트 관리자들이 가지고 있는 유일하면서 실질적인 역량은 그들의 의사소통 능력과 설득력이다. 게다가, 팀원들이 한 가지 프로젝트만 진행하는 경우는 거의 없다. 그들은 보통 두 세 개의 프로젝트에 배정된다. 그래서 프로젝트 관리자들은 직원들이 특정 프로젝트에 집중하도록 서로 경쟁하게 된다.

시나리오 계획

시나리오

미래가 어떻게 될지에 대한 일관된 관점

시나리오는 미래가 어떻게 될지에 대한 일관된 관점이다. 시나리오 개발은 비상 계획이라고도 표현할 수 있다. 즉, 어떤 사건이 발생하면 이렇게 조치를 취해야 한다는 것을 미리 계획하는 것이다. 예를 들어 환경 검색 결과, 트럼프 행정부가 중국에 관세를 부과해 무역정책을 개혁하도록 압박할 계획이라는 것을 알게 된 미국 철강 회사들은 본인들에게 미칠 수 있는 결과를 평가하기 시작했다. 중국산 수입 철강에 대한 10% 관세는 어떤 영향을 미칠까? 25% 관세는 어떤 영향을 미칠까? 만약 중국이 중국에 들어오는 철강에 대해 보복하고 10%의 관세를 부과한다면? 이러한 개별 시나리오를 기반으로 경영진은 경쟁 우위를 확보하고 유지하기 위한 새로운 전략을 구현할 준비를 해야 한다.

시나리오 계획은 예측할 수 있는 이벤트를 예측하는 데 유용하지만, 예견되지 않은 돌발상황이나 일탈상황과 같은 무작위 이벤트를 예측하는 것은 어렵다. 예를 들어 2016년 5월 캔자스와 오클라호마에서 치명적이고 파괴적인 토네이도의 발생은 예상할 수 없는 시나리오였다. 하지만 이러한 유형의 시나리오를 이전에 경험한 적이 있기 때문에 폭풍

후 마련한 재해 복구 계획이 효과적이었다. 대응이 이미 계획되어 있었고 사람들은 무엇을 해야 할지 알고 있었다. 하지만 계획의 어려움은 전혀 예상치 못한 사건들에서 비롯된다. 예를 들어 보스턴 병원에서 환자 가족이 의사를 총으로 쏜 것은 예상치 못한 일이었으며, 이미 직장 안전에 관심을 가졌던 많은 단체들에게는 엄청난 충격이었다. 아무도 이 시나리오를 상상할 수 없었기 때문에 시나리오 계획은 소용이 없었다. 관리자가 이러한 무작위 이벤트를 예측하고 처리하는 것이 어려울 수 있지만, 결과에 완전히 취약한 것은 아니다. 위험 전문가들이 특히 중요하다고 제안한 한 가지는 조기 경보 시스템을 갖추는 것이다.(비슷한 아이디어가 태평양과 알래스카의 쓰나미 경보 시스템으로, 잠재적으로 위험한 쓰나미 사태를 경고하고 조치를 취할 시간을 준다.) 조기 경보 지표는 관리자에게 잠재적인 위험과 변화에 대한 사전 통지를 제공하여 조치를 취할 수 있도록 한다. 관리자는 이러한 예기치 않은 사건이 발생할 경우에 대한 적절한 대응책(계획)을 수립해야 한다. 예를 들어 Bank of America와 Capital One을 포함한 5개 대형 은행은 조기경보서비스(EWS, Early Warning Services)를 가지고 있다. 조기경보서비스를 통해 은행은 부정 행위를 방지하기 위해 고객의 잠재적인 위험 관련 정보를 쉽게 교환할 수 있다.

복습과 토론 질문

PC-1 환경을 평가하는 다양한 접근 방식을 설명하라.

PC-2 자원 할당을 위한 네 가지 기법을 설명하라.

PC-3 PERT 네트워크 분석은 어떻게 하는 것인가?

PC-4 오늘날의 계획활동 기법에 유연성이 중요한 이유는 무엇인가?

PC-5 프로젝트 관리란 무엇이며, 관리자가 프로젝트를 계획할 때 사용하는 단계는 무엇인가?

PC-6 "결코 일어날 수 없는 상황에 대비해 복잡한 시나리오를 개발하는 것은 시간과 자원의 낭비이다." 동의하는가? 반대하는가? 당신의 입장을 설명하라.

PC-7 직관과 창의력이 정량적 계획 도구 및 기법과 관련이 있는가? 설명하라.

PC-8 월 스트리트 저널과 기타 비즈니스 정기 간행물에는 종종 매출이나 수익 예측치를 달성하지 못한 기업들의 보고서가 실린다. 기업이 예측을 달성하지 못하는 있는 몇 가지 이유는 무엇인가? 예측의 효율성을 향상시키기 위해 어떠한 제안을 하겠는가?

PC-9 프로젝트 관리와 일상 부서 또는 구조화된 업무 관리는 어떤 면에서 다른가? 또한 어떤 면에서 같은가?

PC-10 (a) 새로운 경쟁업체의 시장 진입, (b) 직원의 업무 중단 또는 (c) 제품 수요를 바꿀 수 있는 신기술 등장 등에 대한 조기 경보 신호는 무엇인가?

ENDNOTES

1. Burke, "Your Ticket to Disney May Cost More—or Less—Depending on When You Go," *MarketWatch*, February 29, 2016, https://www.marketwatch.com/story/how-disneys-dynamic-pricing-could-benefit-some-consumers-2015-10-05.

2. S. C. Jain, "Environmental Scanning in U.S. Corporations," *Long Range Planning* 17, no. 2 (April 1984): pp. 117–128; L. M. Fuld, *Monitoring the Competition* (New York: John Wiley & Sons, 1988); E. H. Burack and

Module

운영 관리

Divergent 3D는 자동차 생산 방식을 바꿀 계획이다.[1] 일반적인 자동차 공장은 축구장 40~50개 크기이며 건설 비용은 5억~10억 달러가 든다. 그러한 투자를 회수하기 위해, 회사는 매년 수십만 대의 자동차를 생산해야 한다. Divergent 3D의 설립자인 Kevin Czinger는 작게 생각했다. 그는 5천만 달러를 조금 넘는 금액으로 대형 식료품점보다 크지 않은 공장을 지어서 연간 2만대의 자동차 생산을 약속했다. Czinger는 대규모 3D 금속 프린터, 레이저 절단기 및 조립 로봇에 의해 오늘날의 일반적인 공장보다 6,700달러 적은 비용으로 작고, 고객맞춤형 저탄소 차량을 공급할 수 있을 것이라고 말한다.

Czinger의 비전은 근거없는 이야기가 아니다. 그는 이미 로스앤젤레스 교외에 미니 공장을 세웠고, 그곳에서 혁신적인 방법으로 스포티한 오토바이와 멋진 스포츠카를 생산했다. 그리고 Peugeot와 Citroen 차량 제조사인 프랑스의 PSA와 협력하여 많은 개발 프로젝트를 진행하고 있다.

Divergent 3D는 전 세계 공장 현장에서 일어나고 있는 급격한 변화를 보여주는 한 예이다. 이번 모듈에서는 운영 관리를 주제로 다루고, 기술이 상품과 서비스 생산 방식을 변화시키는 방법을 설명한다.

운영 관리의 역할

운영 관리란 무엇인가? 이 용어는 자원을 완제품과 서비스로 변환시키는 변환 과정을 말한다. Exhibit MO-1은 이러한 과정을 간략하게 보여준다. 이 시스템은 인력, 기술, 자본, 장비, 자재 및 정보 등의 입력을 받아 다양한 프로세스, 절차, 작업 활동 등을 통해 완제품 및 서비스로 변환한다. 조직의 모든 부서가 무언가를 생산하기 때문에 관리자는 효율적이고 효과적으로 목표를 달성하기 위해 운영 관리 개념을 잘 알아야 한다.

운영 관리
자원을 완제품과 서비스로 변환시키는 변환 과정

운영 관리가 조직과 관리자에게 중요한 이유는 세 가지이다. (1) 서비스와 제조를 모두 포함한다. (2) 생산성을 효과적이고 효율적으로 관리하는 데 중요하다. (3) 운영 관리는 조직이 경쟁우위를 점하는 전략적 역할을 한다.

서비스 및 제조

200개 이상의 메뉴가 있는 Cheesecake Factory 레스토랑은 정교하게 조정된 생산 시스템을 갖추고 있다.[2] 한 음식 서비스 컨설턴트는 "이 식당들은 매우 복잡한 메뉴와 매우 효율적인 주방을 결합하여 발전해 왔다"고 말한다.[3]

Exhibit MO–1
운영 시스템

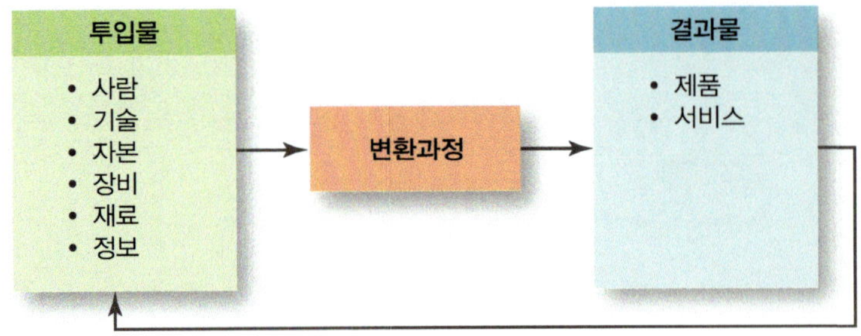

모든 조직은 무언가를 생산한다. 불행하게도, 이 사실은 자동차, 휴대폰, 잔디 깎는 기계와 같은 유형의 제품과 같이 명백한 경우를 제외하고는 간과되는 경우가 있다. 제조업체들은 물리적인 제품을 생산한다. 이러한 유형의 조직에서는 원자재가 알아볼 수 있는 물리적 제품으로 바뀌기 때문에 변환 프로세스를 쉽게 확인할 수 있다. 그러나 서비스 조직에서는 물리적 결과물이 아닌 서비스 형태로 나타나기 때문에 이러한 변화 과정이 쉽게 드러나지 않는다. 예를 들어, 병원은 사람들의 건강을 관리하는데 도움을 주는 의료 및 건강관리 서비스를 제공한다. 항공사들은 사람들을 한 장소에서 다른 장소로 이동시키는 교통 서비스를 제공하고, 군대는 국방의 능력을 제공한다. 또한 이러한 서비스 조직은 입력을 출력으로 변환하지만, 변환 프로세스를 제조 조직만큼 쉽게 인식할 수 없다. 대학을 예로 들어보자. 대학 관리자는 교수, 교재, 학술지, 기술적 자료, 컴퓨터, 강의실 등의 자원의 입력을 통합해서 "무지한" 학생들을 사회에 공헌할 수 있도록 잘 교육받은 능력있는 사람으로 전환시킨다.

우리가 서비스 운영관리를 강조하는 이유는 미국 경제와 세계 경제가 대부분 서비스 창출 및 판매에 의해 이루어지기 때문이다. 대부분의 선진국은 서비스 경제가 발전해 있다. 예를 들어, 미국에서 전체 경제 활동의 78%가 서비스이고, 유럽 연합은 71%가 넘는다. 후진국에서 서비스 부문은 상대적으로 덜 중요하다. 예를 들어, 아프리카 중북부에 있는 나라인 차드에서는 경제활동의 30%, 콩고민주공화국에서는 26%, 그리고 동티모르에서는 약 17%를 차지한다.[4]

생산성 관리

제트 여객기 한 대에 들어가는 부품은 약 4백만 개이다. 이렇게 정교하게 만들어진 제품을 효율적으로 조립하려면 집중력이 필요하다. 세계 양대 항공기 제조사인 보잉과 에어버스는 도요타의 기술을 모방했다. 그러나 항공사들이 자동차 구매자들보다 더 많은 주문제작을 요구하기 때문에 모든 기술을 모방할 수 있는 것은 아니며, 제트 여객기에 대한 안전 규제가 자동차보다 훨씬 더 엄격하다. 그러나, 제조 기술의 발전은 보잉이 맞춤형 제트 여객기를 생산하는 능력을 크게 증가시키는 것을 가능하게 하고 있다. 동사는 2019년에는 모델 737 항공기 생산을 월 42대에서 월 57대로 늘릴 계획이었다.[5]

아디다스와 같은 일부 회사들은 노동자를 로봇으로 대체할 제조 공장을 계획하고 있다.[6] 한 연구에 따르면 로봇에 의존하는 제조 시설이 한국에서 33%, 미국과 대만에서 25%까지 인건비를 줄일 것으로 추정된다.[7]

대부분의 조직이 400만 개의 부품을 갖춘 제품을 만드는 것은 아니고, 대부분의 조직이 사람 없이 제품을 만들 수는 없겠지만, 생산성 향상은 사실상 모든 조직에서 주요 목표이다. 국가의 경우 높은 생산성은 경제 성장과 발전을 가져온다. 근로자들은 더 높은 임금을 받을 수 있고 인플레이션을 유발하지 않으면서 기업들의 수익이 높아질 수 있다. 개별 조직의 경우 생산성 향상을 통해 보다 경쟁력 있는 비용 구조와 가격을 제공할 수 있다.

지난 10년 동안 미국 기업들은 효율성을 높이기 위해 획기적으로 개선이 이루어졌다. 예를 들어 중국의 Changying Precision Technology Company는 기술을 통해 불량률을 25%에서 5%로 낮추고 생산능력을 월 8,000대 이상에서 21,000대 이상으로 늘릴 수 있었다.[8] 그리고 기업들이 생산성 향상을 추구하는 것은 제조업만이 아니다. 샌프란시스코에 위치한 프랑스 레스토랑 Les Clos는 Allset이라는 스마트폰 앱을 사용해 손님들이 테이블을 예약하고 음식을 예약하며 결제할 수 있다. Allset을 도입한 직후, Les Clos는 점심 주문이 30% 증가했고 판매가 25% 증가했다.[9]

생산성은 사람과 운영 변수의 조합이다. 생산성을 향상시키기 위해 관리자는 두 가지 모두에 집중해야 한다. 유명한 품질 전문가였던 W. Edwards Deming은 근로자가 아닌 경영자가 생산성 증대의 일차적인 원천이라고 믿었다. 그의 관리자를 위한 세언에는 장기적인 미래를 위한 계획 수립, 제품 품질에 절대 만족하지 말 것, 문제가 생산 프로세스의 특정 부분에 국한된 것인지, 아니면 전체 공정에서 비롯된 것인지 파악할 것, 수행해야 하는 작업에 대해 교육할 것, 현장 관리자의 자질을 높일 것, 작업자에게 양질의 작업을 요구할 것 등이 포함되었다.[10] 데밍은 사람과 운영 사이의 상호 작용에 대해 이해하고 있었다. 높은 생산성은 단지 훌륭한 "인력 관리"에서만 얻을 수 있는 것은 아니다. 진정으로 효과적인 조직은 전체 운영 체제에 인력을 성공적으로 통합함으로써 생산성을 극대화한다.

운영 관리의 전략적 역할

현대 제조업은 100여 년 전 미국, 주로 디트로이트의 자동차 공장에서 시작되었다. 제2차 세계 대전 동안 미국 제조업체들의 성공은 제조업 임원진들로 하여금 골치 아픈 생산 문제가 정복되었다고 믿게 만들었다. 대신 이들 경영진은 금융과 마케팅과 같은 다른 기능 분야를 개선하는 데 주력했고 제조에는 거의 관심을 기울이지 않았다.

그러나 미국 경영진이 생산기능을 무시하자 일본, 독일 등의 경영자들이 전략계획 의 결결정에 생산운영을 완전히 통합하여 현대적이고 기술적으로 발전된 설비를 개발하는 기회를 잡았다. 이들 국가가 경쟁에서 우위를 점하여 세계 제조업의 리더십을 재정립했다. 미국 제조업체들은 곧 외국 상품들이 더 좋은 제품을 더 싸게 만들고 있다는 것을 발견했다. 마침내, 1970년대 후반, 미국 경영자들은 그들이 진정한 위기에 직면해 있다는 것을 인식하고 대응하기 시작했다. 그들은 제조 기술을 개선하고, 생산담당 임원의 권한과 위상을 높였으며, 조직의 전반적인 전략 계획에 현재 및 미래의 생산 요구사항을 통합하기 시작했다. 오늘날, 성공적인 조직들은 글로벌 리더십을 구축 · 유지하기 위해 전사 조직 전략의 일환으로 운영 관리의 중요성을 인식하고 있다.[11]

성공적인 조직 성과 창출을 위한 운영 관리의 전략적 역할이 크다는 것은 많은 조직이 가치 사슬의 관점에서 운영 관리를 하고 있다는 점에서 분명히 알 수 있다.

가치 사슬 관리

가치 사슬 관리의 개념은 운영관리 전략을 변화시켰고, 전 세계 기업들이 경쟁 기회를 활용하기 위해 전략적으로 포지셔닝하도록 만들었으며, 정교하게 조정된 효율성 및 효과성 모델이 가능하도록 변화시켰다. 하지만 가치사슬 관리라는 용어는 무엇을 의미할까? 이를 이해하기 위해서, 우리는 가치사슬 관리의 구성요소를 살펴볼 필요가 있다.

가치 사슬 관리란?

모든 조직이 생존하고 성장하려면 고객이 필요하다. 비영리 단체라고 하더라도 서비스를 이용하거나 제품을 구매하는 "고객"이 있어야 한다. 고객은 구매하거나 사용하는 제품과 서비스로부터 어떤 형태의 가치를 원하며, 이들 고객은 제품과 서비스에 어떤 가치가 있는지를 확인한다. 조직은 고객을 유치하고 유지하기 위해 이러한 가치를 제공해야 한다. **가치**는 고객이 자원(일반적으로 돈)을 주는 대신에 상품 및 서비스의 특성, 특징, 속성 및 기타 측면으로 정의된다. 예를 들어 Zappos에서 호주산 양가죽 어그 부츠를 온라인으로 구입하거나, 드라이브 스루를 통해서 웬디스 베이컨 치즈버거를 구입하거나, 동네 미용실에서 머리를 자르는 경우, 이러한 상품을 받은 고객은 가치나 욕구에 대한 대가를 지불하게 된다. 가치나 욕구란 추운 날씨에 발을 따뜻하게 하면서 유행도 따르고, 점심시간에 배고픔을 해소하거나, 전문가처럼 보이게 머리손질을 하는 것 등이다.

가치
고객이 자원(일반적으로 돈)을 주는 대신에 상품 및 서비스의 특성, 특징, 속성 및 기타 측면으로 정의

고객에게 가치가 어떻게 제공될까? 최종 사용자가 원하는 시기와 장소, 방법으로 원자재 및 기타 자원을 제품이나 서비스로 변환시킴으로써 가능하다. 그러나, 겉보기에는 단순해 보이는 다양한 자원을 고객이 소중하게 여기고 기꺼이 지불할 수 있는 것으로 바꾸는 이러한 행위가 겉보기에는 단순해 보이지만, 다양한 참여자(공급자, 제조업체, 때로는 고객)에 의해 수행되는 상호연관된 업무 활동, 즉 가치 사슬에 의해 이루어진다. **가치 사슬**은 원자재에서 완제품에 이르기까지 각 단계에서 가치를 부가하는 일련의 조직적 작업 활동이다. 전체적으로 가치 사슬은 공급자의 공급자, 고객의 고객까지 포괄한다.[12] 예를

가치 사슬
원자재에서 완제품에 이르기까지 각 단계에서 가치를 부가하는 일련의 조직적 작업 활동

들어, 마카다미아를 재배하는 것에서 식료품점에서 마카다미아 견과류 쿠키를 판매하기까지의 가치 사슬을 생각해 보자. 이 사슬은 마카다미아를 재배하고 나무에서 따서 가공공장에 파는 어떤 농부로부터 시작된다. 마카다미아를 판매하는 농가의 수입 증가와 재배하고 따는 데 드는 재료비 및 인건비 등이 부가가치이다. 가공공장은 껍데기를 제거하고 썩은 견과류를 버리고 나머지를 빵집에 판다. 가공공장에서 창출하는 부가가치는 마카다미아 견과류를 구입하는 비용과 이를 제과점에 판매하는 가격의 차이이다. 빵집은 견과류와 쿠키 반죽을 섞고, 쿠키를 굽고, 식료품점에 판매하면서 이익을 내는 것으로 가치를 더한다. 식료품점은 빵집에서 쿠키를 사서 가게로 운반하고, 진열대에 비축해 두었다가 판매함으로써 이익을 내는 형태로 가치를 더한다.

가치 사슬 관리는 전체 가치 사슬을 따라 일련의 활동과 정보를 관리하는 과정이다. 내부 지향적이고 조직으로 유입되는 자재의 효율적인 흐름에 초점을 맞춘 공급망 관리와 달리, 가치 사슬 관리는 외부 지향적이며 내부로 들어오는 자재와 외부로 나가는 제품 및 서비스 모두에 초점을 맞춘다. 공급망 관리는 효율성을 지향하지만(비용 절감과 조직의 생산성 향상을 목표로 함), 가치 사슬 관리는 효과성을 지향하고 고객을 위한 최고의 가치 창출을 목표로 한다.[13] Magna International과 General Motors의 관계는 가치사슬 관리 개선의 효과를 보여준다. Magna는 GM 차량의 범퍼 커버를 제조한다.[14] Magna가 오하이오주에서 미시간주 GM 조립공장 인근으로 이전한 후 GM은 수백만 달러의 구매 비용을 절감했다. GM에 더 가까이 접근함으로써, Magna는 더 이상 값비싼 창고를 가질 필요가 없고 운송을 위해 높은 연료 비용을 부담할 필요가 없다. 그 결과, 비용 절감으로 Magna는 범퍼 커버를 GM에 더 저렴한 가격에 판매할 수 있게 되었다.

가치 사슬 관리
전체 가치 사슬을 따라 일련의 활동과 정보를 관리하는 과정

가치사슬 관리 목표

가치 사슬에서 누가 권력을 가지고 있는가? 공급업체는 필요한 자원과 자재를 공급하고 있는가? 결국, 공급업체는 가격과 품질을 좌우할 수 있는 능력을 가지고 있다. 그러한 자원을 유용한 제품이나 서비스로 조립하는 것이 제조업체인가? 제품이나 서비스를 만드는 데 있어 제조업체의 기여는 매우 명백하다. 고객이 필요로 하는 장소와 시간에 제품이나 서비스를 이용할 수 있도록 하는 것은 유통업체인가? 사실, 그렇지 않다. 가치 사슬 관리에서 궁극적으로 권력을 가진 주체는 고객이다. 고객은 가치가 무엇이고 그것이 어떻게 만들어지고 제공되는지를 정의하는 사람들이다. 관리자는 가치 사슬 관리를 사용하여 고객의 요구 사항을 충족하는 솔루션 제공과 경쟁업체가 따라올 수 없는 가격 제공의 두 가지를 잘 조합하는 방법을 찾아야 한다.

가치 사슬 관리의 목표는 고객의 요구와 욕구를 충족시키고, 사슬에 관여하는 모든 구성원들 간에 완전하고 원활한 통합을 가능하게 하는 가치 사슬 전략을 만드는 것이다. 좋은 가치 사슬은 일련의 참가자들이 한 팀으로 협력하여, 더 빠른 조립, 더 정확한 정보, 더 나은 고객 대응 및 서비스와 같은 가치 요소를 추가한다. 다양한 가치 사슬 참여자 간의

협업을 개선할수록 고객 솔루션도 향상된다. 고객을 위해 가치가 창출되고 고객의 요구와 욕구가 충족될 때, 가치 사슬에 있는 모든 사람이 이익을 얻는다. 예를 들어, Johnson Controls Inc.에서는 가치 사슬 관리는 처음에는 내부 공급업체와의 관계 개선에서 시작하여 외부 공급업체 및 고객으로 확대되었다. 가치 사슬 경영의 경험이 쌓이고 개선이 이루어짐에 따라 고객과의 연결도 활발해졌고, 이는 궁극적으로 모든 가치 사슬 파트너에게 성과를 가져다 주었다.[15]

가치 사슬 관리의 이점

성공적인 가치 사슬 전략을 수립하고 관리하기 위해 대내외 파트너와 협력하려면 시간, 에너지 및 기타 자원에 상당한 투자를 해야 하며 모든 가치 사슬 파트너와의 진지한 약속이 필요하다. 그렇다면 관리자들이 가치 사슬 관리를 구현하기로 결정하는 이유는 무엇일까? 가치 사슬 관리의 네 가지 이점은 조달 개선, 물류 개선, 제품 개발 개선, 고객 주문 관리 향상 등이다.[16]

가치 사슬 전략

Exhibit MO-2는 성공적인 가치 사슬 전략의 여섯 가지 주요 요구사항, 즉 조정 및 협업, 기술 투자, 조직 프로세스, 리더십, 직원, 조직 문화와 태도를 보여준다.

조정 및 협업 가치 사슬이 고객의 요구와 욕구를 충족시키고 초과한다는 목표를 달성하기 위해서는 사슬의 모든 구성원들간 협력 관계가 존재해야 한다. 가치 사슬의 모든 파트너들은 자신들에게 가치 있는 것이 아니라 고객에게 가치 있는 것을 찾아야 한다. 가치 사슬 참여자가 누구든지 정보공유와 유연성 확보는 조정과 협업을 구축하는 데 중요한 단계이다. 이러한 정보와 분석의 공유가 이루어지기 위해서는 다양한 가치 사슬 참여자들 간의 개방적인 커뮤니케이션이 필요하다.

Exhibit MO-2
가치 사슬 전략의 요구 사항

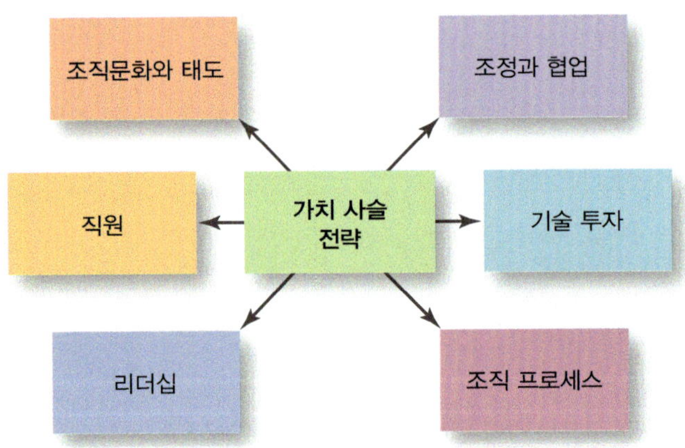

기술 투자 정보 기술에 상당한 투자를 하지 않고는 성공적인 가치 사슬 관리가 불가능하다. 그러나 기술 투자를 하면 정보 기술을 사용하여 가치 사슬을 재구성하여 최종 사용

자에게 더 나은 서비스를 제공하는 성과를 거둘 수 있다는 것이다. 예를 들어, 휴스턴에 본사를 둔 식품 유통업체 Sysco는 매년 2,150만 톤의 제품, 고기, 조리된 식사류 및 기타 식품 관련 제품들을 식당, 카페테리아, 스포츠 경기장에 배송한다. 이 모든 음식을 적시에 적절한 장소에 안전하게 전달하기 위해서, Sysco는 소프트웨어, 데이터베이스, 스캐닝 시스템 및 로봇 공학으로 구성된 복잡한 망을 활용하고 있다.[17]

조직의 작업방식 가치 사슬 관리는 조직 프로세스, 즉 조직의 작업방식을 근본적으로 변화시킨다. 관리자가 가치사슬 관리를 사용하여 운영관리하기로 결정했다면 이전 프로세스는 더 이상 적절하지 않다. 모든 조직 프로세스를 처음부터 끝까지 비판적으로 평가하여 가치를 어디에 추가해야 하는지 확인해야 한다. 가치를 창출하지 않는 활동은 제거된다. "내부 지식을 활용하여 재료와 정보의 흐름을 개선할 수 있는 곳은 어디인가?", "고객과 공급업체 모두를 만족시키기 위해 제품을 더 잘 구성할 수 있는 방법은 무엇일까?", "재료와 정보의 흐름을 어떻게 개선할 수 있을까?", "고객 서비스를 어떻게 개선할 수 있을까?" 등 모든 과정에 대해 물어야 한다.

조직 프로세스에 대해 세 가지 중요한 결론을 내릴 수 있다. 첫째, 고객 및 공급업체와의 긴밀한 관계가 형성되면 더 나은 수요 예측이 필요하고 가능하다. 예를 들어, 고객이 원할 때 구강청결제인 리스테린이 매장 진열대에 있는지 확인하기 위한 노력(소매업에서는 제품 보충충률로 알려져 있음)의 일환으로 월마트와 화이자의 소비자 건강관리 그룹은 제품 수요 예측 정보를 개선하기 위해 협력했다. 상호 노력을 통해 월마트의 리스테린 판매가 증가했으며, 이는 공급 업체와 소매업체 모두에게 좋은 결과이다. 고객이 원하는 시간과 장소에서 제품을 구입할 수 있었기 때문에 고객들도 이익이 되었다.

둘째, 조직 프로세스 중 선택된 기능은 가치 사슬의 다른 파트너들간 협력이 필요할 수도 있다. 이러한 협업은 직원을 공유하는 것까지 확대될 수 있다. 예를 들어 Coca-Cola Hellenic Bottling Company는 식품점에 직원들을 배치하고, 매장 직원들과 함께 코카콜라 제품의 판촉과 진열을 한다.

마지막으로 가치 사슬을 따라 이루어지는 다양한 활동의 성과를 평가하기 위해 새로운 측정방법이 필요하다. 가치 사슬 관리의 목표가 고객의 요구와 욕구를 충족시키고 더 나아가 능가하는 것이기 때문에 관리자는 가치가 얼마나 잘 창출되고 고객에게 전달되고 있는지를 파악할 필요가 있다. 예를 들어 미국 네슬레(Nestlé USA)는 가치 사슬 관리를 하면서 수요 예측 및 생산 계획의 정확성, 정시 납품 및 고객 서비스 수준 등을 측정하는 시스템을 재설계했다. 이러한 재설계를 통해서 경영진은 문제를 보다 신속하게 파악하고 해결하기 위한 조치를 취할 수 있었다.[18]

리더십 강력하고 헌신적인 리더십 없이 성공적인 가치사슬 관리는 불가능하다. 조직의 상위 계층에서 하위 계층까지 관리자는 가치 사슬 관리의 구현과 지속적인 실행을 지원하고, 촉진 및 독려해야 한다. 관리자는 가치가 무엇인지, 고객에게 가치를 가장 잘 제공하는 방법은 무엇인지, 그리고 그러한 노력이 얼마나 성공적이었는지 확인하기 위해 많은 관심을 가져야 한다. 탁월한 수준의 고객 가치를 제공하는 데 집중되어 있는 이러한 조직분위기와 조직문화는 조직 리더의 관심 없이는 만들어지지 않는다.

또한 리더는 조직이 가치 사슬 관리를 추구하는 것과 관련하여 어느정도 기대치를 알려주는 것이 중요하다. 이상적으로 생각해 보면, 명확한 기대는 고객에게 최고의 가치가 무엇인지 규명하고, 가치를 포착하고 제공하고자 하는 조직의 의지를 보여주는 비전 및 미션 기술서로부터 시작된다. 관리자는 가치 사슬에서 개별 직원의 역할에 대한 기대치를 명확히 해야 한다. 그러나 명확한 기대는 내부 파트너에게만 중요한 것이 아니다. 기대치를 명확히 하는 것은 외부 파트너에게도 적용된다.

직원/인력 오하이오주 Marietta에 있는 Thermo Fisher Scientific 공장의 신입사원들이 업무와 관련된 질문이 있을 경우 공장의 '지식의 나무' 구성원과 상담할 수 있다. '나무'는 실제로 수십 년 동안 공장에서 일한 직원들의 사진이 있는 게시판이다.[19]

직원은 가치 사슬 관리에서 중요한 역할을 한다. 가치 사슬 관리에서 세 가지 주요 인적 자원 요구사항은 직무 설계에 대한 유연한 접근 방식, 효과적인 채용 프로세스, 그리고 지속적인 교육이다.

유연성은 가치 사슬 관리에서 직무 설계의 핵심이다. 마케팅, 영업, 회계, 고객 서비스 담당자 등과 같은 전통적인 기능적 직무 역할은 가치 사슬 관리 환경에서는 부적절하다. 대신, 고객에게 가치를 창출하고 제공하는 데 관련된 모든 기능을 연결하는 프로세스 중심으로 직무를 설계해야 한다. 유연한 직무와 유연한 직원이 필요하다. 예를 들어, 조지아주 Swainsboro에 있는 Nordson Corporation의 공장에서, 근로자들은 여러 가지 다른 일을 하도록 훈련받는다. 이는 많은 제조 공장에서 그렇게 흔한 일이 아니다. 이 회사에서 특이한 점은 사무직 직원들도 매달 4시간씩 현장에서 제품을 만들어야 한다는 것이다.[20]

가치 사슬 조직에서는 주어진 프로세스를 처리하기 위해 작업 팀에 직원을 배치할 수 있으며 필요에 따라 다른 날짜에 다른 업무를 요청할 수 있다. 고객의 요구 변화에 따라 협업관계가 달라질 수 있기 때문에 직원의 유연성은 매우 중요하며, 프로세스나 직무기술서가 표준화되어 있지 않은 경우 직원들이 유연성을 갖추어야 한다. 따라서 조직의 채용 프로세스는 신속하게 배우고 적응할 수 있는 능력을 갖춘 인재를 선발할 수 있도록 설계되어야 한다.

마지막으로, 유연성의 필요성 역시 지속적인 직원 교육에 상당한 투자가 이루어져야 한다. 교육에는 정보 기술 소프트웨어를 사용하는 방법, 사슬 전체의 원재료 흐름을 개선하는 방법, 가치 부가 활동을 파악하는 방법, 신속하게 의사결정 하는 방법, 그 외 다양한 작업 활동을 개선하는 방법 등이 포함되는데 어떤 교육내용이든지 관계없이, 관리자는 직원들이 업무수행에 필요한 지식과 도구를 가지고 있는지 확인해야 한다.

조직문화와 태도 가치 사슬 관리의 마지막 조건은 지원적인 조직문화와 태도를 갖추는 것이다. 앞서 가치사슬 관리에 대해 다양한 설명을 통해서 성공적인 실행을 지원하는 조직 문화 유형을 짐작할 수 있을 것이다. 이러한 문화적 태도에는 공유, 협업, 개방성, 유연성, 상호 존중 및 신뢰가 포함된다. 그리고 이러한 태도는 가치 사슬의 내부 파트너뿐만 아니라 외부 파트너도 포함된다.

운영 관리의 현재 문제

일반적인 기술, 로봇 공학, 품질 관리, 특정 품질 목표, 고객 맞춤형 대량생산, 그리고 린 조직 만들기 등 여섯 가지 현대적 운영 문제를 살펴봄으로써 운영 관리에 대한 우리의 논의를 마무리한다.

운영 관리에서 기술의 역할

GPS는 배송에서 쇼핑, 의료에서 법 집행, 심지어 농업에 이르기까지 수 많은 기업을 변화시키고 있다. GPS는 원래 무기와 사람의 이동 경로를 추적하기 위해 군사용으로 발명되었다. 현재 GPS는 선박을 추적하고, 시계나 사진기 같은 소비제품을 활성화시키고, 가석방된 사람이나 성범죄자들을 감시하는 데 사용되고 있다.

스마트 기업들은 운영 관리 개선을 위해 기술 활용 방법을 모색하고 있다. 많은 패스트푸드 기업들은 드라이브 스루(drive-through) 고객에게 더 빠르고 더 나은 서비스를 제공하기 위해 경쟁하고 있다. 오늘날 드라이브 스루가 매출의 큰 부분을 차지하기 때문에, 더 빠르고 더 나은 배송이 중요한 경쟁 우위 원천이 되었다. 웬디스(Wendy's)는 메뉴판에 날개를 달았고 일부 텍스트는 그림으로 대체했다. 맥도날드(McDonald's)는 확인 화면을 활용하여 정확성을 11퍼센트 이상 높였다. 그리고 이들 두 회사의 전국 체인에 의해 사용되는 기술을 통해서 회사는 현재의 홍보 품목과 인기 있는 품목에 대한 수요를 감안하여 그들이 얼마나 많은 음식을 준비해야 하는지 알 수 있다. 심지어 Domino는 고객을 유치하고 온라인 주문을 간소화하기 위해 POS(Point-Of-Sale) 시스템을 사용하고 있다.[22]

운영 관리자는 제품이 만들어지는 동안에도 생산량, 주문 상태 및 제품 품질을 확인할 수 있는 시스템을 필요로 한다. 고객과 보다 긴밀하게 연결되려면 기업 전체적으로 생산을 일사분란하게 해야 한다. 병목 현상과 속도 저하를 방지하려면 운영 기능이 전체 비즈니스 시스템과 연계되어야 한다.

이처럼 광범위한 협업을 가능하게 하는 것은 기술이다. 또한 기술을 활용하여 조직은 특히 사전적인 유지보수, 원격 진단 및 유틸리티 비용 절감 영역에서 비용을 제어할 수 있다. 예를 들어 인터넷 호환 장비에는 내장형 웹 서버가 포함되어 문제를 사전예방할 수 있다. 즉, 장비 일부가 고장나거나 사전에 설정된 고장 한도에 도달하려고 하면 시스템

내에서 처리하는 것이다. 어떤 장치는 특정 문제가 발생했거나 부품 및 서비스가 필요하면 공급업체, 유지보수 부서 또는 계약업체에게 이메일을 보내거나 무선 호출기로 신호를 보낼 수 있다.[23]

모든 조직의 사업 기능이 소비자의 문제에 대한 해결책을 찾기 위해 함께 노력하는 것이 중요하다. 서비스 회사들도 과업 수행에 기술이 중요하다는 점을 이해하고 있다. 예를 들어 사우스 웨스트 항공은 조종실 소프트웨어를 업그레이드하였는데, 이는 공항에서 조종사들에게 정확한 위성 기반 항법 제공을 통해서 연료 낭비를 막고, 지연 비행 및 잡음을 줄이도록 도움이 되었다.[24]

로봇이 온다!

로봇들이 오고 있고 그들은 다양한 직업에서 인간을 대신할 것이다. 이 말은 수백만 명의 근로자들에게 위협이 되지만, 그럼에도 불구하고 꽤 정확한 이야기다. 게다가, 이것은 먼 미래에 닥칠 일이 아니다. 이것이 바로 운영 관리가 직면한 도전이기도 하다.

로봇은 공장 현장에서 어디서나 볼 수 있게 되었다. 로봇들은 아마존 주문처리 센터에서 물건을 고르고 Napa Valley에 있는 포도를 분류하고 있다. 그렇다면 이것이 경영진과 미래의 노동시장에 어떤 의미가 있을까?

첫째, 대부분의 사람들이 하고 싶어하지 않는 육체 노동이나 지루한 일이 로봇으로 대체되는 경향이 있다. 둘째, 대부분의 경우, 로봇은 인간의 직업을 가져가지 않을 것이다. 오히려, 그들은 인간이 해왔던 일의 일부를 맡게 될 것이다. 그들은 업무 성과를 더 효과적이고 효율적으로 만들기 위해 사람들을 늘릴 것이다. 예를 들어, 외과 의사들은 복잡한 수술 절차를 보다 정밀하고, 유연하며, 통제하기 위해 로봇을 사용할 것이다. 하지만 외과 의사의 직업은 사라지지 않을 것이다. 외과 의사들은 단지 자신들의 일을 더 잘할 수 있을 것이다.

품질 관리

품질이란 무엇인가? 제품이나 서비스가 품질이 높다고 할 때, 그것은 무엇을 의미하는가? 제품이 고장나거나 작동을 중단하지 않는다는 의미인가? 즉, 신뢰할 수 있다는 의미인가? 당신이 의도한 대로 서비스가 제공된다는 뜻인가? 제품이 계획한대로 만들어졌다는 뜻인가? 아니면 품질에 다른 의미가 있을까? 우리는 **품질**은 제품 또는 서비스가 계획대로 만들어지거나 제공되어 고객의 기대를 충족시키는 능력으로 정의하고자 한다.

품질
제품 또는 서비스가 계획대로 만들어지거나 제공되어 고객의 기대를 충족시키는 능력

알림: 전사적 품질관리에 대한 자세한 설명은 1장에 있는 History Module을 참조하시오.

품질은 어떻게 달성되는가? 품질을 높이는 좋은 방법은 계획, 조직화, 지휘 및 통제와 같은 관리 기능을 사용하는 것이다.

품질을 위한 계획 관리자는 품질 개선 목표와 그 목표를 달성하기 위한 전략 및 계획을 수립해야 한다. 목표는 객관적인 품질 기준에 모든 사람들이 관심을 가지도록 한다. 예를 들어, Forbes Travel Guide는 스타 시스템에서 호텔 등급을 매기고 있는데, 별 5개가 최고 품질을 나타낸다. 호텔은 5성급 최고 등급을 받으려면 800개 기준에서 높은 등급을 받아야 한다.

품질 계획(Quality Plan)은 품질 표준, 관행, 자원, 규격 및 특정 제품 또는 서비스와 관련된 활동의 순서를 명시하는 문서이다.[26] 예를 들어 금속 부품을 가공하는 제조 회사에서 품질 계획은 적용 가능한 절차, 재료 표준, 구체적인 가공 표준 및 허용 가능한 오차 등으로 구성된다.[27]

품질을 위한 조직화 및 지휘 품질 개선 활동은 조직 직원에 의해 수행되므로 관리자가 직원들을 잘 구성하고 잘 이끌 수 있는 방법을 찾는 것이 중요하다. 예를 들어 캐나다 Saskatchewan 주, Moosejaw에 있는 General Cable Corporation은 모든 직원이 지속적인 품질 보증 교육에 참여하고 있다. 공장 관리자는 직원들이 일을 더 잘 하도록 필요한 정보를 제공해야 한다고 믿고 있다. 그는 "기계를 다루는 사람들에게 정보를 주는 것이 가장 중요하다. 셀룰러 구조를 만들 수도 있고, 인력을 교차 교육할 수도 있고, 린 방식을 사용하게 할 수도 있지만, 사람들에게 개선을 위한 정보를 제공하지 않는다면 열의를 이끌어낼 수 없다." 이 회사는 생산 데이터 및 재무 성과 수치를 전 직원과 공유한다.[28]

광범위하고 성공적인 품질 개선 프로그램을 가진 조직은 두 가지 중요한 접근 방식에 의존하는 경향이 있다. 즉, 교차 기능적 작업팀과 자율팀 또는 권한부여된 작업팀이다. 높은 제품 품질을 달성하기 위해서는 상위 계층부터 하위 계층까지 모든 직원이 참여해야 하기 때문에, 품질 지향적인 조직이 교육을 잘 받고 유연하며 권한 부여된 직원에게 의존한다는 것은 놀라운 일이 아니다.

품질을 위한 통계 관리자가 품질 개선 상황을 모니터링하고 평가할 수 있는 방법이 없다면 품질 개선이 이루어질 수 없다. 재고 관리 기준, 불량률, 원자재 조달 기준, 기타 운영 관리 영역 어느 것이든 품질 관리가 중요하다. 예를 들어 일리노이 주 Rolling Meadows에 있는 Northrup Grumman Corporation 공장에서는 제품 설계와 제조를 통합하고, 공정의 품질 개선을 추적하는 자동시험장치와 정보기술 같은 몇 가지 품질 관리가 이루어지고 있다. 또한, 직원들은 제조 공정 전반에 걸쳐 제품에 대한 승인/거부 결정을 내릴 수 있다. 공장 관리자는 "이러한 접근 방식은 제품 내 품질을 검사한다기보다 제품의 품질을 높이는 데 도움이 된다"고 말한다.[29]

품질 목표

품질에 대한 자신들의 의지를 공개적으로 보여주기 위해, 전 세계의 많은 조직들은 도전적인 품질 목표를 추구해 왔다. 가장 잘 알려진 두 가지 목표는 ISO 9001과 Six Sigma이다.

ISO 9001
국제 표준화 기구(www.iso.org)가 제정한 일련의 국제 품질관리 표준으로, 제품이 고객 요구 사항을 준수하도록 프로세스에 대한 통일된 지침을 정한다.

ISO 9001:2015 ISO 9001은 국제 표준화 기구(www.iso.org)가 제정한 일련의 국제 품질 관리 표준으로, 제품이 고객 요구 사항을 준수하도록 프로세스에 대한 통일된 지침을 정하고 있다.[30] 이 표준은 계약 검토에서 제품 설계, 제품 배송에 이르는 모든 것을 포함한다.

ISO 9001. 이 기준은 전 세계 시장에서 기업을 평가하고 비교하는 국제적으로 공인된 표준이 되었다. 사실, 이러한 유형의 인증은 전 세계적으로 비즈니스를 수행하기 위한 전제 조건이 될 수 있다. 160개 이상의 국가에서 100만 개 이상의 조직이 ISO 9001 표준 요구 사항을 품질 관리 시스템에 적용했다. ISO 9001 인증을 획득하면 품질 운영 체제가 구축되어 있다는 근거가 된다.

Six Sigma
결함을 줄여 비용을 절감하고 시간을 절약하며 고객 만족도를 개선하도록 설계된 품질 프로그램

Six SIGMA 모토로라는 30여 년 전 Six Sigma라는 상표가 붙은 품질 개선 프로그램을 통해 엄격한 품질 표준을 대중화했다. **Six Sigma**는 결함을 줄여 비용을 절감하고 시간을 절약하며 고객 만족도를 개선하도록 설계된 품질 프로그램이다.[31] 이는 100만 개 단위 또는 절차당 3.4개 이하의 결점을 목표로 하는 통계 기준을 기반으로 한다. 식스 시그마는 지식, 관행 및 품질 자원의 공통 플랫폼을 사용하여 조직의 효과성을 높인다.

6 시그마란 이름이 무슨 뜻인가? 시그마는 통계학자가 종 모양의 곡선에서 표준 편차를 정의하기 위해 사용하는 그리스 문자이다. 시그마가 높을수록 표준으로부터의 편차가 적다. 즉 결점이 적다. 1 시그마(One Sigma)에서는 측정 대상 중 3분의 2가 곡선 안에 있다. 2 시그마는 약 95%를 차지한다. 6 시그마에서는 결점이 거의 없다. 비록 이 표준은 달성하기가 매우 어려운 높은 표준이지만, 많은 품질 지향 기업이 이 표준을 사용하고 있으며 이로 인해 이익을 얻고 있다. 예를 들어, 의료 정보 기술 회사인 McKesson은 식스 시그마 이후 1억 5천만 달러를 절약하고 99.98%의 주문 정확도를 달성했다. 식스 시그마를 추구하는 유명한 기업으로는 ITT 인더스트리, GE, 다우 케미컬, 3M 컴퍼니, 아메리칸 익스프레스, 소니 코퍼레이션, 노키아 코퍼레이션, 존슨 앤 존슨 등이 있다.

고객 맞춤형 대량생산

고객 맞춤형 대량생산
소비자가 원하는 시기, 장소, 방법으로 제품을 제공한다.

고객 맞춤형 대량생산이라는 용어는 모순처럼 보인다. 그러나 주문에 따라 설계하는 개념은 오늘날 관리자에게 중요한 운영 관리 문제가 되고 있다. **고객 맞춤형 대량생산**은 소비자가 원하는 시기, 장소, 방법으로 제품을 제공한다. BMW, 포드, Levi Strauss, Mattel, Dell과 같이 많은 회사들은 경쟁 우위를 유지하거나 올리기 위해 고객 맞춤형 대량생산을 하고 있다. 고객 맞춤형 대량생산은 유연한 제조 기술과 함께 지속적인 고객과의 대화가 필요하다. 이 두 가지에 모두 기술이 중요한 역할을 한다.

기업들은 유연한 제조방식을 활용해 신속하게 조립 라인을 재조정하여 주문받은 제품을 만들 수 있다. 컴퓨터 제어 장비, 인트라넷, 산업용 로봇, 바코드 스캐너, 3-D 프린터, 물류 소프트웨어와 같은 기술을 이용하여, 기업들은 믿을 수 없을 정도로 짧은 시간 안에 맞춤형 제품을 제조, 조립, 배송할 수 있다. Warby Parker는 유연한 제조 방식과 기술을 활용하는 좋은 사례인데, 고객이 요구하는 사양에 맞는 맞춤형 안경을 만들고 있다.

또한 고객과의 지속적인 대화를 위해서는 기술이 중요하다. 광범위한 데이터베이스를 사용하여 기업은 고객이 좋아하는 것과 싫어하는 것을 추적할 수 있다. 그리고 인터넷을 통해서 기업은 고객의 선호도에 대해 배우고 대응하기 위해 고객과 지속적인 대화를 할 수 있다. 예를 들어 아마존의 웹사이트에서, 고객들이 본인 이름으로 가입하면 환영을 받게 되고, 책과 다른 상품들을 개인적으로 추천받는다. 고객의 요구와 사양에 따라 제품을 맞춤화할 수 있는 능력은 조직과 고객 사이의 중요한 관계를 형성하게 만든다. 고객이 제품을 좋아하고 그 제품이 고객에게 가치를 제공한다면, 그 고객은 재방문 고객이 될 가능성이 높다.

린 조직 만들기

린(lean) 조직이 되기 위해서는 고객에게 집중하는 것이 무엇보다 중요하다. **린 조직**이란 고객이 원하는 것을 이해하고, 제품 생산에 필요한 활동을 분석하여 고객에게 제공할 가치를 파악하고, 전체 프로세스를 고객 관점에서 최적화하는 조직이다.[34] 린 조직은 고객 입장에서 가치를 제공하지 못하는 모든 활동을 없앤다. 목표는 품질 개선, 낭비적인 요소 제거, 시간 단축 및 총 비용 절감이다. 이러한 목표를 달성하기 위해서는 지속적인 개선 의지가 중요하다.

린 조직
고객이 원하는 것을 이해하고, 제품 생산에 필요한 활동을 분석하여 고객에게 제공할 가치를 파악하고, 전체 프로세스를 고객 관점에서 최적화하는 조직

United Parcel Service, LVMH Moet Hennessy Louis Vuitton, Harley-Davidson 같은 회사들은 린 운영방식을 추구해 왔다. "린 운영방식은 지속적인 학습, 창의성, 팀워크를 통해 낭비를 최소화한다는 철학을 가지고 있다."[35]

복습과 토론 질문

MO-1 운영 관리란 무엇인가?

MO-2 제조 또는 서비스 조직에서 운영 관리 필요성이 더 크다고 생각하는가?

MO-3 가치사슬이란 무엇이며 가치사슬 관리란 무엇인가? 가치사슬 관리의 목표는 무엇인가? 가치사슬 관리의 이점은 무엇인가?

MO-4 성공적인 가치 사슬 관리를 위해 필요한 것은 무엇인가? 성공적인 가치 사슬 관리에 어떤 장애물이 존재하는가?

MO-5 일상 생활에서 가치 사슬 관리를 어떻게 사용할 수 있을까?

MO-6 기술이 제조 활동에 어떤 역할을 하는가?

MO-7 ISO 9001 및 6 시그마는 무엇인가?

MO-8 린 경영에 대해 설명하고 이것이 왜 중요한지 설명하시오.

MO-9 운영 관리는 통제 기능 외에 다른 관리 기능에 어떻게 적용되는가?

ENDNOTES

1. A. Ohnsman and J. Muller, "Honey, I Shrunk the Factory," *Forbes*, December 12, 2017, pp. 48–52.
2. A. Lutz, "4 Reasons the Cheesecake Factory Is Crushing the Competition," *Business Insider*,

추가 END NOTE는 다음의 사이트에서 다운로드 가능하다. https://blog.naver.com/park18391 경영 · 경제 전공도서

PART 5 경영 연습

관리자의 딜레마

이케아를 생각하면 무엇이 떠오르는가? 여러분은 여행의 마지막에 스웨덴식 미트볼을 사주겠다는 약속과 함께 미로 같이 생긴 이케아 가게를 둘러보며 부모님을 따라다녔던 기억이 있을지도 모른다. 스웨덴에 본사를 둔 이 회사는 납작한 가구와 단순한 스타일, 그리고 저렴한 가격으로 유명하다. 본인 스스로 직접 가구를 만들어 사람들에게 "더 나은 일상을 만들어주겠다"는 이케아의 목표는 성공적인 전략이었다. 70년 전에 설립된 이케아는 49개국 400개 이상의 상점, 그리고 190,000명의 직원이 있다. 회사의 연간 수입은 주로 가구 매출로부터 나오는데 약 410억 달러이다. 이 모든 것이 IKEA가 계속해서 순탄하게 성장해 온 것처럼 들린다. 하지만, 몇몇 아이들이 옷장 디자인의 어떤 문제 때문에 심각하게 다쳤을 때 더 이상 순탄하지 않다. 한 어린이가 사망한 후, 이케아는 세계에서 가장 큰 가구 리콜을 했다. 그들은 과거 가장 큰 규모의 가구 리콜보다 3배나 많은 2900만 개의 가구 품목을 리콜했다. 이케아는 또한 리콜에 대한 대대적인 홍보 캠페인을 전개했고 서랍장을 반품하고 싶지 않은 고객을 위해 벽걸이도 제공했다. 그 후 벽걸이가 없는 서랍장에 의해 어린이 사망사고가 또 있었다.

당신이 관리팀의 일원이라고 가정하자. 이 파트에서 학습한 내용을 모니터링 및 통제를 활용하여 팀에게 어떠한 5가지 사항에 초점을 맞출 것을 제안하겠는가? 팀에 무엇을 제안할 지에 대해 신중하게 생각해 보라.

글로벌 센스

이것은 세계 경제에 관한 이야기이다. 시장, 정치, 여론에 관한 것이다. 그리고 미국의 직업들, 특히 화이트칼라와 전문직들이 아웃소싱과 오프쇼어링이 계속되면서, 이 이야기는 점점 더 국내로 다가오고 있다. 오프쇼어링과 아웃소싱이라는 용어는 종종 비슷하게 사용되지만, 서로 다른 의미를 가지고 있다. 오프쇼어링은 비즈니스 프로세스(생산 및 서비스)를 한 국가에서 다른 국가로 재배치하고 있다. 아웃소싱은 비핵심 활동을 내부가 아닌 외부에서 수행하도록 하는 것으로 외부의 전문 기업이 해당 활동을 수행하는 것이다.

글로벌 경제의 현실 중 하나는 경쟁력을 갖추기 위해서는 전략적 의사 결정자가 비즈니스를 하기에 최적의 장소를 찾아야 한다. 멕시코에서 자동차가 더 싸게 만들 수 있다면, 아마도 그렇게 해야 할 것이다. 만약 전화 응대가 인도나 필리핀에서 더 싸게 가능하다면, 아마도 그렇게 해야 할 것이다. 그리고 만약 프로그래밍 코딩 입력이 중국이나 러시아에서 더 싸다면, 아마도 그렇게 해야 할 것이다. 회사 밖에서 거의 모든 전문직을 쉽게 구할 수 있다. 일자리를 다른 곳으로 옮기는 이유에서 정치적이거나 철학적인 것은 없다. 결론은 그것이 기업의 비용을 줄 일 수 있기 때문이다. 하지만 직원들의 분노와 불안을 고려할 때 치러야 할 댓가가 있다. 그렇다면 오프쇼어링과 아웃소싱이 나쁜 걸까?

비평가들은 "그렇다"라고 말한다. 그것은 한때 "안전하다"고 여겨졌던 직업에 영향을 미치고 있다. 오프쇼어링과 아웃소싱은 놀라운 속도로 빠르게 이루어졌다. 이것이 의미하는 것은 많은 대학생들이 준비하고 있는 직업이 장기적으로 지속되지 않을 수도 있다는 것이다. 미국 경제의 이러한 구조적인 변화는 잦은 경력 변화와 임금 하락 압력에 직면할 가능성이 높음을 의미한다.

지지자들은 "아니오"라고 말한다. 그들의 주장은 각국의 경제 발전이 현재 단계에서 다음 단계로 올라가려는 사다리로 보는 것에 근거를 두고 있다. 그리고 미국이 더 이상 갈 곳이 없는 최고의 자리에 도달했다고 생각하는 것은 어리석은 일이다. 비록 사람들은 고학력 미국 근로자들이 저임금국가로 업무가 이동하여 어려움을 겪는 블루칼라 노동자들과 같은 운명에 처할까봐 걱정하고 있지만, 사실은 미국이 여전히 혁신 측면에서 경쟁우위를 가지고 있다. 미국은 상품에 관한 한 무역 적자(그리고, 제조 공정에 필요한 숙련된 노동력의 부족) 문제가 발생할 수 있다. 그러나 미국은 서비스에 관한 한 여전히 무역흑자를 기록하고 있다.

전반적인 추세는 미국 제조업체들이 미국으로 되돌아오겠다는 결정을 하고 있다(이를 "리쇼어링"이라고 불는다). 관세는 아직 오프쇼어링과 아웃소싱 수 모두에 뚜렷한 영향을 주지 않았다. 오프쇼어링과 아웃소싱이 곧 사라지지 않을 현실이라고 해도 과언이 아니다. 즉, 기업 의사 결정자는 오프쇼어링 및 아웃소싱이 비즈니스를 수행하는 또 다른 예라는 것을 알아야 한다.

다음 질문에 대해 토론하라.

- 오프쇼어링과 아웃소싱의 유사점은 무엇인가? 다른 점은 무엇인가?
- 오프쇼어링과 아웃소싱이 나쁘다고 말하는 비평가들은 어떤 논리를 펼치는가?
- 오프쇼어링 및 아웃소싱이 나쁘지 않다고 주장하는 지지자들은 어떤 논리를 펼치는가?
- 오프쇼어링 및 아웃소싱 결정이 모니터링 및 통제 활동에 어떤 영향을 주는가?
- 이러한 의사 결정과 이슈를 다루는 것은 제조업체뿐인가? 토론하라.

계속되는 사례

스타벅스 – 통제 활동

관리자는 입무를 모니터링하여 작입이 계획대로 수행되고 있는지 확인하고 중요한 착오가 있다면 수정해야 한다. 스타벅스에서 관리자는 모든 조직 계층에서 성과기준이 달성되도록 다양한 부서 활동, 프로세스 및 절차를 통제한다.

커피 경험에 대한 통제

스타벅스는 왜 그렇게 성공했을까? 비록 많은 요소들이 성공에 기여했지만, 한 가지 중요한 요소는 고객에게 최고 품질의 독특한 제품을 파격적인 서비스로 제공하는 능력이다. 경영자는 현재 무슨 일이 어떻게 이루어지고 있는지를 모니터하고 평가하기 위해 통제가 필요하다. 스타벅스의 경영자들은 회사가 목표를 달성할 수 있도록 다양한 형태의 통제방법을 사용한다. 이러한 통제에는 거래 통제, 보안 통제, 직원 통제 및 조직 성과 통제가 포함된다.

매주 평균 8천 5백만 명의 고객들이 세계 어딘가에 있는 스타벅스 매장에서 구매한다. 파트너와 고객 간의 이러한 거래, 즉 제품을 돈으로 교환하는 것이 스타벅스의 주요 판매 수익원이다. 직접방문 고객이든 드라이브스루 고객이든 상관없이 고객 모두를 위해 거래의 효율성과 효과성을 측정하고 평가하는 것은 중요하다. 스타벅스는 수년 동안 드라이브스루 거래를 해왔지만, 훨씬 더 많이 추가해야 하는 상황이다. 공유사무실이 늘어나고 무료 Wi-Fi를 쉽게 찾을 수 있기 때문에 예전만큼 스타벅스를 일하는 공간으로 선호하지 않는다. 대신에, 많은 고객들은 속도와 편리함을 원한다. 그래서, 새로운 가게의 80%는 드라이브스루 윈도우를 포함하고 있다. 드라이브스루 윈도우가 있는 상점에서는 판매의 70%가 드라이브스루 고객으로부터 나온다. 이러한 거래의 초점은 직접 방문 거래와는 달리 속도와 품질에 있다. 고객이 점포에 들어가 주문을 하면 주문을 준비하는 동안 자리를 비울 수 있다. 드라이브 스루 에서는 불가능하다. 게다가 스타벅스는 경쟁업체에 비해 고객들에게 주문 음식을 전달하는 데 시간이 더 오래 걸린다. 맥도날드, 던킨도너츠, 심지어 식품 메뉴가 훨씬 긴 Panera Bread도 스타벅스보다 드라이브 스루 배송 시간이 짧다. 이러한 한계를 인식해 고객이 주문을 보고 음식을 받으러 가기 전에 수정할 수 있도록 하고, 바리스타들의 얼굴을 영상 화면에 공개해 인적 연결을 유지하고, 모바일 앱을 개선해 주문 속도를 높이는 등 드라이브스루 서비스 개선 노력을 기울이고 있다.

스타벅스는 배달 서비스를 확대하면서 새로운 도전 과제를 안고 있다. 배달로 주문하는 고객들은 마치 스타벅스 매장에서 주문한 것과 같은 모양과 맛이 나는 적당한 온도의 커피를 원한다. 스타벅스의 미국 내 배달 서비스가 Uber Eats와의 제휴를 통해 확대되고 있다. 스타벅스는 이 제휴를 통해서 스타벅스 카페에서 마시는 것과 같은 수준의 품질로 제공되는 커피를 만드는 것이 중요하다. 우려 사항은 다음과 같다. Uber Eats 배달 차량이 갑자기 멈추거나 교통 체증에 갇히면 어떻게 하나? 스타벅스는 Uber Eats와 협력해 빠른 배송과 매장 내 주문과 동일한 품질 기준을 제공할 필요가 있다.

스타벅스는 또한 소셜 미디어를 통해 고객의 경험에 대해 통제하고 있다. 실제로 스타벅스는 하루 평균 155개의 트윗을 날려서 고객 피드백에 응답한다(트윗의 99%는 고객 트윗에 대한 응답이다). 예를 들어, 어느 날 아침 스타벅스의 모바일 앱이 "먹통"이 되었을 때 고객들은 트위터를 통해 불만을 토로했다. 스타벅스는 기술적 결함을 고치는 것으로만 대응하지 않았다. 회사 대변인이 트위터를 통해 문제를 해결하고 있다고 재빨리 전했고, 고객의 인내심에 감사를 표했다.

보안은 스타벅스에게도 중요한 이슈이다. 회사 자산(인력, 장비, 제품, 재무 정보 등)을 안전하고 확실하게 유지하려면 보안 통제가 필요하다. 모든 파트너들은 안전 규칙과 관행을 따라야 하고, 해당 규칙과 관행을 집행하는 담당자와 협력해야 하고, 자신과 다른 파트너를 보호하기 위해 필요한 조치를 취해야 하고, 안전 교육에 참석해야 하며, 모든 사고, 부상 및 안전하지 않은 관행 또는 상태를 즉시 보고할 책임이 있다. 회사에 고용된 파트너들에게는 안전, 보안 및 보건 표준이 적힌 매뉴얼이 제공되고 매뉴얼 내용에 대해 교육이 이루어진다. 또한 관리자 역시 이러한 문제에 대한 지속적인 교육을 받고 직원들은 최신 변경 사항을 알고 있어야 한다. 또한 언제든지 누구나 파트너/자산 보호부서(Partner & Asset Protection Department)에 문의하여 정보와 조언을 구할 수 있다.

스타벅스에서 특히 중요한 보안 분야는 사이버 보안이다. 스타벅스는 보안 전문가들이 회사에 영향을 미치는 사이버 보안 문제를 확인할 때 인센티브를 제공하는 보안 취약점 신고 포상제(bug bounty program)를 일찍 채택한 회사로 알려져 있다. 스타벅스가 보안취약점 신고 인센티브를 제공하기 시작한 직후, 보안 전문가들이 스타벅스의 웹사이트에서 버그를 찾아했다. 해커들이 고객의 신용카드 정보를 얻고, 고객 계정을 가로채고, 고객의 비밀번호를 변경할 수 있다는 문제가 발견되었다. 스타벅스는 버그바운티 프로그램을 계속 진행함으로써 사이버 보안 문제를 신속하게 파악하고 해결할 수 있었다.

스타벅스의 통제방법은 잘 고안된 것이지만, 일부 도난사건이 발생하고 있으며 바로 적발되지는 않는다. 예를 들어 위스콘신에 있는 스타벅스 매장 매니저는 학자금 대출과 신용카드 빚을 갚기 위해 3개월에 걸쳐 총 37,000달러가 넘는 금액을 훔쳤다. 도난 문제는 고객으로부터 발생할 수도 있다. 북부 캘리포니아에 사는 두 명의 고객이 적어도 3개의 스타벅스 매장에서 3개월에 걸쳐 다른 고객의 노트북을 훔친 혐의를 받았다. 신뢰는 고객의 인식과 스타벅스의 명성에 매우 중요하기 때문에, 어떤 형태의 도난이라도 빨리 막는 것이 스타벅스가 취해야 할 중요한 과제이다.

스타벅스에서는 모범적인 고객 서비스가 최우선이다. 파트너들은 모든 고객에게 즐겁고 만족스러운 경험을 제공하고, 고객을 존중하고 품위 있게 대하기 위해 노력해야 한다. 이를 위하여 스타벅스는 어떤 형태로 직원 통제를 하는가? 파트너들은 스타벅스 제품의 보관, 취급, 준비 및 서비스와 관련된 모든 적절한 절차를 준수하도록 교육받는다. 또한, 파트너들은 제품이 자신이나 고객의 건강과 안전에 위험을 줄 수 있다는 것을 발견한 즉시 관리자에게 알리라는 지시를 받는다. 파트너들은 또한 직장 내 폭력 발생의 징후가 있다면 즉각 알려야 하며, 잠재적인 폭력 상황에 직면할 경우 대응하는 방법을 배운다. 제품 또는 파트너의 안전 및 보안이 위협받는 두 가지 상황에서, 매장 관리자는 이러한 상황에서 어떠한 적절한 단계를 취해야 하는지에 대해 교육받는다.

스타벅스의 경영자들에게 중요한 최종 통제 유형은 성과와 재무적 통제이다. 스타벅스는 일반적인 재무적 통제 측정치(매출 증가 및 운영 수입 등)를 사용하지만, 점포의 매출 성장률을 성과기준으로 보고 있다. 스타벅스는 2018년 말 점포의 매출 성장률 개선에 관심을 가졌고, 2019년 초까지 4% 증가를 실현할 수 있었다. 청소를 매장 문 닫은 후 실시하는 형태로 바꾸고, 고객으로부터 시간을 빼앗던 프로세스를 자동화하였고, 디지털 판매량을 늘리는 방식으로 바꾸었다.

한 가지 지속적으로 발생하는 문제는 매장 운영 비용을 통제하는 것이다. 비용을 낮게 유지하는 것과 품질을 높게 유지하는 것 사이에 균형을 맞추어야 한다. 일부 비용은 회사가 통제할 수 없는 것이다(임대료와 원두커피 비용 상승 등). 직원 복리후생이나 디지털 활용과 같은 기타 비용은 스타벅스의 미션과 전략의 일부이므로 필요한 것으로 볼 수 있다. 비용을 상쇄하기 위해서 스타벅스는 최근 일반 드립 커피의 가격을 컵 당 10센트에서 20센트로 인상했다. 문제는 가격 인상 없이 어떻게 비용을 최대한 낮게 유지할 것인가이다.

일반적인 재무적 측정치 외에도, 기업지배구조 절차와 지침은 공기업과 마찬가지로 스타벅스의 재무적 통제의 중요한 부분이다. 회사는 책임, 프로세스, 절차 및 기대와 관련하여 이사회에 대한 지침을 명확히 했다.

스타벅스의 가치사슬: 원두에서 컵까지

스타벅스 매장 어느 곳에서든 손님들 손에 들려있는 모락모락 김이 나는 커피는 커피나무 밭에서 커피열매(베리, 역주 : 산딸기류 열매)을 채취하면서 시작된다. 수확부터 저장, 로스팅, 소매, 커피잔에 이르기까지 스타벅스는 각 가치 사슬 참여자들에게 의존한다.

스타벅스는 전 세계에서 커피를 엄선하고, 커피 구매자들은 커피 재배 지역인 중남미, 아프리카/아랍, 아시아/태평양 지역을 직접 방문해 최고급 아라비카 원두를 구매한다. 일단 원두가 5개의 로스팅 시설(그 외 암스테르담) 중 하나에 도착하면,

스타벅스의 전문 로스터들이 그 자리를 대신하게 된다. 회사의 풍부한 시그니처 로스트 커피를 만드는 데 "마법"을 발휘하는데, 이는 전문 로스터들이 커피를 알고 균형잡힌 커피 향을 내기위해 축적된 결과이다. 원자재를 품질좋은 제품과 고객이 스타벅스에서 기대하는 경험으로 "변형"하는 데에는 잠재적인 문제들이 있다. 날씨, 배송 및 물류, 기술, 정치적 불안정성 등이 잠재적 영향을 미치는 요인의 예이다.

스타벅스가 높은 우선 순위를 두는 한 가지 문제는 환경 보호이다. 예를 들어, 스타벅스는 2022년까지 자사 음료용 녹색 컵을 개발하기 위한 노력을 가속화했다. 2020년까지 플라스틱 빨대를 단계적으로 폐지하겠다는 계획을 수립하고, 전 세계적으로 10억 개 이상의 빨대를 없앴다. 회사는 또한 2025년까지 환경 인증을 받은 소매점의 수를 늘리겠다는 목표를 세웠다. 그리고 그들은 이미 노스캐롤라이나에 있는 태양 농장과 같은 곳에 투자하고 있는데, 이러한 투자를 통해서 6개 이상의 주에 있는 600개의 스타벅스 매장에 태양광 발전을 공급하고 있다. 공급망 전체에서 스타벅스의 이산화탄소 배출량을 최소화하기 위해, 공급업체들은 사업 표준과 관행에서 특정 기대가 포함된 행동 강령에 서명하도록 요청 받는다.

토의 질문

P5-1 점포에 드라이브 스루 윈도우를 더 많이 설치하도록 전환한 결과 스타벅스의 제어 프로세스가 어떻게 달라져야 할까? 매장 내 판매와 관련이 없는 드라이브스루 서비스의 경우, 어떤 구체적인 성과 측정이 필요할까? 스타벅스가 매장 밖 배달 주문과 관련하여 해결해야 할 통제의 문제는 무엇인가?

P5-2 스타벅스가 소셜 미디어를 사용하여 어떻게 효과적으로 사전 통제, 동시 통제, 사후 통제를 할 수 있었는가?

P5-3 스타벅스를 위해 좋은 벤치마킹 대상이 되는 회사는 어디일까? 그 이유는? 어떤 회사들이 스타벅스를 벤치마킹하고 싶어할까? 그 이유는?

P5-4 (a) 시간급 파트너, (b) 매장 관리자, (c) 구역 관리자, (d) 재무 담당 부사장 및 (e) 최고경영자를 위한 성과 기준에서 의미있는 차이를 보이는 "적신호"는 무엇인가? 비슷한 점이 있는가? 그 이유는?

P5-5 회사의 최신 재무제표를 사용하여 유동성, 부채자산비율, 재고 회전율, 총자산 회전율, 매출이익, 투자수익률을 계산하라. 이 비율은 관리자에게 무엇을 의미하는가?

P5-6 스타벅스가 가치 사슬의 불확실성을 관리할 수 있을까? 만약 그렇다면, 어떻게 해야 하는가? 그렇지 않다면, 그 이유는 무엇인가?

END NOTE

1. K. Schwab, "IKEA's Killer Dressers and America's Hidden Recall Crisis," *Fast Company*, February 14, 2019, https://www.fastcompany.com/90298511/ikeas-killer-dressers-and-americas-hidden-recall-crisis; J. Brownlee, "The 5 Biggest Furniture Recalls in U.S. History (And How IKEA Compares)," *Fast Company*, July 5, 2016, https://www.fastcompany.com/3061528/the-5-biggest-furniture-recalls-in-us-history-and-how-ikea-compares; M. Jarrett and Q. N. Huy, "IKEA's Success Can't Be Attributed to One Charismatic Leader," *Harvard Business Review*, February 2, 2018, https://hbr.org/2018/02/ikeas-success-cant-be-attributed-to-one-charismatic-leader; Wikipedia, s.v. "IKEA," last modified April 12, 2019, 01:10, https://en.wikipedia.org/wiki/IKEA; "Chinese Companies Shifting to Other Countries to Avoid US Tariffs," *IndustryWeek*, September 12, 2018, https://www.industryweek.com/trade/chinese-companies-shifting-other-countries-avoid-us-tariffs; M. L. Corbat, "America Has a Surplus in Services," Opinion, *Wall Street Journal*, November 13, 2018, https://www.wsj.com/articles/america-has-a-surplus-in-services-1542154242; and S. Banker, "U.S. Manufacturers Are Not Reshoring," *Forbes*, July 11, 2018, https://www.forbes.com/sites/stevebanker/2018/07/11/u-s-manufacturers-are-not-reshoring/#663da412460c.

주요용어

ㄱ

가상 조직 소수의 핵심 정규직 사원로 구성되며, 주요 사업기능을 아웃소싱하는 조직

가상 현실(VR) 시뮬레이션된 컴퓨터 가상환경에서 수행하는 3차원 대화형 체험

가상팀 컴퓨터 기술을 활용하여 물리적으로 떨어진 사람들을 연결하여 공동의 목표를 달성하는 작업팀

가정된 유사성 타인도 자신과 같을 것이라고 믿는 가정

가치 고객이 자원(일반적으로 돈)을 주는 대신에 상품 및 서비스의 특성, 특징, 속성 및 기타 측면으로 정의

가치 사슬 관리 전체 가치 사슬을 따라 일련의 활동과 정보를 관리하는 과정

간트 차트 가로축에 시간이 있고 세로축에 계획된 활동이 있는 막대 그래프

갈등 방해나 반대로 나타나는 양립할 수 없는 차이

갈등의 상호작용주의적 관점 어떤 갈등은 집단이 효과적으로 과업을 수행하는데 필요하다는 관점

갈등의 인간관계적 관점 갈등은 자연스럽게 발생하는 것으로 피할 수 없다는 관점

갈등의 전통적 관점 갈등은 나쁘고 반드시 피해야 한다는 관점

감성지능 정서적인 단서와 정보를 인식하고 관리할 줄 아는 능력

감정 사람 혹은 사물에 대한 강렬한 느낌

강압적 권력 처벌하거나 통제할 수 있는 리더의 능력 때문에 갖는 권력

강점 조직이 잘하는 모든 활동 또는 고유한 자원

강한 문화 핵심 가치가 깊게 형성되어 있으며 광범위하게 공유되는 조직문화

강화요인 행동에 즉각적으로 따르는, 그 행동이 다시 반복될 수 있는 확률을 높여주는 결과를 강화 요인이라고 한다.

강화이론 행동이 그 결과의 함수 관계라는 이론

개념적 스킬 추상적이고 복잡한 상황을 이해하고 개념화할 수 있는 능력

개방 시스템 환경과 상호작용하는 시스템

개인 기업 소유자가 사업에 대해 단독적이고 완전한 통제를 유지하고 사업 부채에 대해서는 개인적으로 책임을 지는 조직의 한 형태

갱신 전략 실적 저하를 해결하기 위해 설계된 기업전략

거래적 리더 기본적으로 사회적 교환(또는 거래)을 사용함으로써 이끌어가는 리더

격동기 집단 개발의 두 번째 단계로 집단 내부 갈등이 일어나는 시기

결근 종업원이 일하러 나타나지 않는 것

경로-목표 모델 리더의 직무는 부하들이 그들의 목표를 성취하도록 도와주며, 또 그 목표가 집단 또는 조직의 전체적 목표와 조화될 수 있도록 방향을 제시하거나 지원해주는 것이라고 주장하는 리더십 이론

경영 그리드 리더십 스타일을 평가하기 위한 2차원의 그리드

경영(management) 구성원의 업무활동을 조정하고 감독하는 활동으로 일을 효율적이고 효과적으로 달성하도록 하는 활동

경영의 공생적 관점 조직의 성공 또는 실패는 경영자의 통제 밖에 있는 외부적 요인에 의해 영향을 받는다는 관점

경영의 보편적 활용성 조직의 모든 유형과 규모, 모든 조직 수준, 모든 조직 영역, 그리고 조직 내 어디서든지 경영이 필요하다는 사실

경영의 일반 이론 경영자가 하는 일과 좋은 경영 관행을 설명하는 데 초점을 맞춘 경영학의 접근 방식

경영의 전능적 관점 경영자는 조직의 성공 또는 실패에 직접적 책임이 있다는 관점

경영자 다른 사람의 일을 조정하고 도와주면서 조직의 목표가 달성될 수 있도록 하는 사람

경영자의 역할(managerial roles) 경영자에게 기대되는 혹은 경영자에 의해 수행되는 특정한 행동과 활동들

경영정보시스템(MIS) 관리자들에게 정기적으로 필요한 정보를 제공하는 시스템

경쟁 전략 조직이 비즈니스에서 경쟁하는 방식에 대한 기업전략

경쟁 정보 경쟁업체의 행동을 예상할 수 있도록 경쟁업체에 대한 정보를 수집

경쟁우위 조직을 차별화할 수 있는 독특한 요소

계량적 접근 방식 계량적인 기법을 활용하여 의사결정을 개선하려는 접근 방식

계획 목표를 정하고, 목표를 달성하기 위한 전략을 세우며, 업무활동들을 통합하거나 조정하는 기능

고객 맞춤형 대량생산 소비자가 원하는 시기, 장소, 방법으로 제품을 제공한다.

고-고 리더 구조위주와 인간배려 모두 높은 수준인 리더

고관여 작업 실무 작업 실무가 보다 많은 투입과 종업원의 관여가 더 크게 발생하도록 설계

고전적 접근 방식 경영학에 대한 첫 연구로 합리성을 중시하고 조직과 근로자를 최대한 효율적으로 만들기를 강조했다.

공식적 커뮤니케이션 공식적인 명령 체계를 따라 흐르거나 업무상 요구되는 커뮤니케이션

공식화 직무를 어떻게 표준화시킬 것인지와 직원들에게 규칙과 절차에 따라 행동하도록 유도하는 정도

공정성 이론 자신의 투입-산출의 비율과 비슷한 수준의 다른 사람의 투입-산출의 비율을 비교하는 이론

과업 갈등 업무의 내용 및 목표와 관련된 갈등

과업 정체성 직무가 요구하는 전체 작업의 완성과 식별가능한 업무의 조각(piece of work) 정도

과업 중요성 직무가 갖고 있는 다른 사람의 삶이나 일(작업)에 대한 실질적인 영향의 정도

과업구조 작업 할당이 공식화되고 절차화된 정도를 설명하는 Fiedler의 상황적합 차원의 하나

과학적 경영 과학적 방법을 사용하여 "최선의 방법"을 찾아내는 접근법

관계 갈등 대인관계에 기초한 갈등

관료제 분업, 명확한 계층, 상세한 규칙과 규정, 비인격적 관계를 특징으로 하는 조직의 한 형태

관리원칙 모든 조직과 상황에 적용할 수 있는 기본적인 관리원칙

교차 기능팀 다양한 기능부서의 전문가들로 구성된 작업팀

구조주도 리더가 목표 성취를 위해 자기의 역할과 종업원의 역할을 정하고 체계화하기를 좋아하는 정도

구조화된 문제 직접적이고 친숙하며 쉽게 정의되는 문제

구체적계획 명확하게 정의되고 해석의 여지가 없는 계획

권력 욕구 상대방에게 하고 싶지 않은 일을 하도록 만드는 욕구

권한 직원들이 무슨 일을 해야 하고, 그들에게 기대하는 바가 무엇인지 알려주기 위하여 관리자의 지위에 부여된 권리

귀인 이론 특정 행동에 의미를 어떻게 부여하느냐에 따라 사람들을 어떻게 다르게 판단하는지 설명하는 이론

규범 구성원이 수용하고 공유하는 표준 또는 기대치

규범기 집단 개발의 세 번째 단계로 친밀한 관계를 형성하고 응집력이 생기는 시기

규정 해야 하는 것과 해서는 안되는 것을 서술한 것

균형성과표 단지 재무적 측면만이 아니라 다양한 측면에서 조직 성과를 평가하는 방법

그레이프바인 비공식적인 조직 커뮤니케이션 네트워크

근로자 이사제 기업 이사회에 소속되어 회사 직원들의 이익을 대변하는 역할을 하는 직원들

근본적인 수정 행위 차이가 발생하는 원인을 수정조치 하기 전에 성과가 왜, 그리고 어떻게 차이나는지 살펴보는 것

글쓰기 기술 청중에게 가장 적합한 내용을 효과적으로 전달하는 기술

기계적 조직 엄격하고 철저하게 통제하는 조직 설계

기능별 구조 서로 유사하거나 관련된 직업 전문가들을 함께 묶는 조직 설계

기대이론 사람은 주어진 결과에 따라 행동이 뒤따르고, 그 결과가 주는 개인에 대한 매력에 따라 행동이 달라진다는 이론

기술 다양성 직원이 여러 가지 기술과 재능을 사용할 수 있게 하는 직무가 요구하는 활동의 다양성 정도

기술급 직원들이 보여주는 기술 수준에 따라 보상하는 임금체계

기술적 스킬 업무를 능숙하게 수행하는데 필요한 업무 관련 지식과 기법

기업 전략 기업이 속해 있거나 속하기를 원하는 비즈니스와 해당 비즈니스에서 무엇을 하고 싶은지를 결정하는 조직 전략

기업 준법 감시 회사와 직원이 법률, 규정, 표준 및 윤리적 관행을 준수하도록 하는 프로세스

기업 지배구조 기업 소유주의 이익을 보호하기 위해 기업을 지배하는 데 사용되는 시스템

기업가 정신 일반적으로 기회에 부응하여 새로운 비즈니스를 시작하는 프로세스

기회 외부 환경의 긍정적인 동향

ㄴ

나르시시즘 자기 중요성에 대해 자만심을 갖고 과도하게 존중받기를 원하는 것

노동조합 근로자를 대표하고 단체교섭을 통해 자신들의 이익을 보호하고자 하는 조직

능동적 성격 자신의 상황이나 환경에 영향을 미치기 위해 의도적인 행동을 하려는 성향을 가진 개인의 성격 특성

능력 비즈니스에 필요한 업무 활동을 수행하는 조직의 기술과 능력

ㄷ

단계적인 징계 조치 최소한의 처벌부터 부과하고 점차 단계적으로 징계수준을 높여가는 방법

단기계획 1년 미만의 플랜

단순구조 낮은 부문화, 넓은 통제 범위, 권한 집중, 낮은 공식화 형태의 조직 설계

단위 생산 하나의 단위나 작은 묶음으로 생산하는 것

대각적 커뮤니케이션 업무영역과 조직 계층을 넘어 이루어지는 커뮤니케이션

대량생산 한꺼번에 많은 양을 생산하는 것

대인간 역할 사람들에 관한 것들로서 예식이나 상징적 의무들에 관한 역할

대인간 커뮤니케이션 둘 또는 그 이상의 사람들 간의 커뮤니케이션

대인적 스킬(interpersonal skills) 개인들 및 집단과 일을 효과적으로 할 수 있는 능력

독재적 스타일 권한을 독점하고 작업 방법을 지시하고 일방적으로 의사결정하고 종업원의 참여를 제한하려는 리더

동기부여 목표 달성을 위해 한 사람이 에너지를 쏟고, 지시받고, 추진하는 노력의 과정

동기요인 직무 만족과 동기부여를 증가시키는 요인

동시 통제 업무활동 도중에 이루어지는 통제

디자인 사고 디자이너가 디자인 문제에 접근하듯이 경영문제에 접근하는 것

딥러닝 알고리즘을 사용하여 인간의 뇌 기능을 시뮬레이션하는 인공신경망의 계층 수준을 만드는 것

ㄹ

라인 권한 직원들의 업무를 지시할 수 있도록 관리자에게 부여된 권한

리더 타인에게 영향력을 행사할 수 있고 관리적 권한을 갖고 있는 사람

리더-구성원 관계 종업원들이 리더에 대해 갖고 있는 확신, 신뢰 및 존경의 정도를 설명하는 Fiedler의 상황적합 차원의 하나

리더-구성원 교환이론(LMX) 리더들이 내집단과 외집단을 만들고 내집단 구성원들이 보다 높은 성과 점수, 낮은 이직률, 높은 직무만족을 보일 것이라고 설명하는 리더십 이론

리더십 목표를 달성하도록 집단에게 영향력을 행사하는 과정

리더십의 행동이론 효과적인 리더와 비효과적인 리더를 구분하는 행동들을 확인해 주는 이론들

린 조직 고객이 원하는 것을 이해하고, 제품 생산에 필요한 활동을 분석하여 고객에게 제공할 가치를 파악하고, 전체 프로세스를 고객 관점에서 최적화하는 조직

ㅁ

마키아벨리아니즘 실제적이고 감정적인 거리를 유지하고 수단이 목적을 정당화 할수 있다고 믿는 것

만족화 만족스럽고 충분하거나 "상당히 좋은" 대안

말하기 기술 말로 정보와 아이디어를 전달하여 상대방을 이해시키는 기술

매트릭스 조직구조 여러 기능부서에 있는 전문가들을 하나 혹은 여러 개의 프로젝트에 배치하는 조직 구조

머신러닝 분석 모델 구축을 자동화하는 데이터 분석 방법

메시지 전달되어야 할 커뮤니케이션의 목적

명령계통 누가 누구에게 보고해야 하는지 명확히 하고, 상위 직급에서 하위 직급으로 이어지는 권한 라인

명령일원화 직원들이 오직 한 명의 관리자에게만 보고해야 한다는 관리 원칙

명시적 목표 조직이 말하는 것, 그리고 다양한 대중이 믿고자 하는 것에 대한 공식적인 진술문

모집 능력있는 지원자를 찾아서 지원하도록 유인하는 활동

목표(목적이라고도 부른다) 개인, 그룹, 혹은 전사적으로 기대하는 성과

목표설정이론 구체적인 목표가 성과를 증진시키며 만일 어려운 목표가 수용된다면 쉬운 목표보다 더 좋은 성과를 낸다는

이론

목표에 의한 관리(MBO) 구체적인 성과목표를 부하직원과 상급자가 공동으로 결정한 후, 그 목표에 대한 진행상황을 주기적으로 검토하고 이를 토대로 보상을 배분하는 관리방식

문제(problem) 현재의 상태와 바람직한 상태 간의 불일치

문제해결팀 하나의 부서 혹은 기능으로 작업 활동을 개선하거나 특정 문제를 해결하기 위해 구성된 팀

민주적 스타일 의사결정을 할때 종업원을 참여시키고 권한을 위양하고, 작업 방법 및 목표를 결정할 때 종업원 참여를 유도하고 종업원을 지도하기 위해 피드백을 활용하려는 리더

ㅂ

반생산적인 직장내 행동 조직 또는 조직 내 개인에 대해 잠재적으로 해를 끼칠 수 있는 종업원의 의도적인 행동

배려 리더가 집단구성원의 아이디어와 감정에 대한 상호 신뢰와 존경을 보여주는 직무관계를 갖는 정도

벤치마크 측정하고 비교하기 위한 높은 수준의 기준

벤치마킹 높은 성과를 낸 조직들의 모범 사례를 파악, 분석, 채택하는 것

변동급 성과에 상응하는 보상을 하는 임금체계

변혁적 리더 보통 이상의 성과를 달성하도록 부하들을 자극하고 고취시키는 리더

보상적 권력 긍정적 혜택이나 보상을 주는 권력

부문별 구조 독립적으로 준자율성을 가진 단위 혹은 부서로 구성된 조직 구조

부문화 직무를 그룹화 하는 기준

부호화 메시지를 상징적인 부호로 전환하는 것

분권화 조직의 하위계층에 있는 직원들이 의견을 제시하거나 실제로 의사결정하는 정도

분배적 정의 개인 간 보상의 양과 분배에 대한 인지된 공평성

분업(직무전문화) 업무를 작고 반복적인 작은 단위들로 쪼개는 것

비공식적 커뮤니케이션 조직의 구조적인 계층에 의해 이루어지지 않는 커뮤니케이션

비구조화된 문제 정보가 모호하거나 완전하지 않아 새롭거나 친숙하지 않은 문제

비정형화된 의사결정 맞춤형 해결책이 필요한 특별하고 반복되지 않는 의사결정

비즈니스 모델 회사가 돈을 버는 방법

빅5모델 외향성, 포용성, 신중성, 정서적 안정성, 경험에 대한 개방성을 포함한 개인 특성 이론

빅데이터 거대하고 복잡한 데이터 집합

ㅅ

사명 조직의 존재이유, 존재의 목적

사업계획서 비즈니스 기회를 정의하고, 식별된 기회를 포착하여 활용하는 방법을 서면으로 기술하는 활동과 관련된 문서

사이코패디 다른 사람에 대한 관심이 결여되어 있고 자기의 행동이 해를 끼쳤음에도 죄의식을 느끼지 않는 사람

사전 통제 업무활동 이전에 이루어지는 통제

사회적 욕구 애정, 소속감, 수용, 우정에 대한 인간의 욕구

사회적 태만 개인이 혼자 일할 때보다 여럿이 함께 일할 때 더 적은 노력을 하는 경향

사회학습이론 인간은 관찰과 직접적인 경험을 통해서 배운다고 말하는 학습이론

사회화 신입사원이 조직의 업무수행 방식을 배우는 데 도움이 되는 과정

사후 통제 업무활동 이후에 이루어지는 통제

산업혁명 18세기 후반부터 기계의 힘이 인간의 힘을 대체하면서 가정이 아닌 공장에서 제품을 제조하는 것이 더 경제적이 되었다.

상동적 태도 어떤 사람을 집단의 사람의 지각에 근거하여 판단하는 것

상시적계획 반복적으로 수행되는 활동에 대한 지침을 제공하는 지속적인 계획

상향적 커뮤니케이션 직원으로부터 관리자에게 정보가 위로 올라가는 커뮤니케이션

상황적 리더십 이론(SLT) 부하의 준비성에 초점을 둔 리더십 상황적 이론

상황적 접근 방식 조직은 서로 다른 상황에 직면하고 이에 따라 경영 방법이 다르다는 경영학의 접근 방식

생리적 욕구 음식, 음료, 휴게실, 성 및 기타 육체적 필요에 대한 인간의 욕구

생산성 제품 또는 서비스의 양을 해당 산출물을 만드는데 소요된 투입량으로 나눈 값

서번트 리더십 자기 자신의 이익을 뛰어넘어 부하들의 성장과 발전을 돕는 기회에 관심을 둔다.

서블리그 기본 손동작에 대한 분류체계

선도자 혁신적인 제품을 가장 먼저 시장에 선보이거나 새로운 프로세스 혁신을 하는 조직

선발 가장 적합한 지원자를 고용하기 위하여 지원자를 선별하는 활동

선택적 지각 자기의 관심, 배경, 경험, 태도 등에 근거하여 선택한다.

선형계획법 자원 할당 문제를 해결하기 위한 수학적 기법

설득 기술 어떤 사람에게 영향을 미쳐서 그의 마음이나 행동을 바꾸도록 하는 기술

성격 한 개인이 타인과 어떻게 반응하고 상호작용하는지에 영향을 미치는 심리학적인 특성들의 독특한 조합

성과 활동의 최종 결과

성과급 프로그램 어떤 성과의 측정치를 바탕으로 종업원에게 급여를 지급하는 변동적인 보상계획

성장 전략 조직이 현재 비즈니스(들) 또는 새로운 비즈니스(들)를 통해 시장을 확장하거나 제품의 수를 늘리고자 할 때 사용하는 기업전략

성취 욕구 어떤 표준에 맞춰 성취를 추진하고 달성하게 하는 욕구

성취기 집단 개발의 네 번째 단계로 집단이 완전하게 기능적으로 운영되고, 집단과업이 실행되는 시기

성희롱 고용, 성과, 업무환경에 명시적 혹은 암묵적으로 영향을 미치는 원치 않는 성적인 행동이나 활동

세가지 욕구이론 일에 대한 세 가지 후천적인 욕구(성취, 권력, 소속욕구)를 설명하는 동기부여이론

소셜 미디어 사용자가 온라인 모임을 만들어 아이디어, 정보, 개인적 메시지 같은 콘텐츠를 교환하는 전자적 형태의 소통도구

소속 욕구 대인관계에서 친밀하고 가까운 관계로 만들고 싶어 하는 욕구

손익분기점 분석 널리 사용되는 자원 할당 기법

수평적 커뮤니케이션 동등한 조직 수준의 직원들 사이에서 발생하는 커뮤니케이션

순기능적 갈등 집단의 목표 달성을 돕고, 성과를 개선하는 갈등

스탭 권한 라인권한을 가진 관리자에게 도움, 지원, 조언하는 직위

시나리오 미래가 어떻게 될지에 대한 일관된 관점

시스템 통합된 전체를 생성하는 방식으로 배열된 상호 연관되고 상호 의존적인 부분들의 결합체

신뢰 리더의 성실, 개성, 그리고 능력에 대한 믿음

신뢰성 있는 선발도구 동일한 것을 일관성있게 측정하는 선발도구

신용 부하들이 어떤 사람을 정직하고, 능력 있고, 고취할 수 있다고 받아들이는 정도

실제적 목표 구성원의 행동에 의해 정의되는, 조직이 실제로 추구하는 목표

ㅇ

안전 욕구 신체적, 정서적 위협으로부터 안전과 보호에 대한 인간의 욕구

안정화 전략 조직이 현재 하고있는 일을 계속하는 기업전략

애널리틱스 수학, 통계, 예측 모델링 및 머신러닝을 사용하여 데이터 집합에서 의미 있는 패턴과 지식을 찾는 것

약속의 개념 계획이란 계획이 수립될 때 만들어진 약속이 충분히 충족될 수 있도록 확장되어야 한다.

약점 조직이 잘하지 못하는 활동 또는 필요하지만 소유하지 않은 자원

어둠의 삼총사 마키아벨리아니즘, 나르시시즘, 사이코패디

업무량 차트 수정된 간트 차트이며 수직축에 활동을 나열하는 대신 전체 부서 또는 특정 자원을 나열한다.

여유 시간 전체 프로젝트를 지연시키지 않고 개별 활동을 지연시킬 수 있는 시간

역기능적 갈등 집단의 목표달성을 방해하는 갈등

역할 사회 단위에서 특정 위치를 차지한 사람에게 기대하는 행동 패턴

예산 자원을 특정 활동에 구체적인 숫자로 할당하는 계획

예산 편성 정해진 미래 비용에 대해 지불할 자원을 할당하는 과정

예측 예측은 결과물을 예견하는 것

오리엔테이션 신입사원에게 직무와 조직에 대해 소개하는 것

오픈북 경영 중역들이 중요한 재무정보를 모든 종업원들에게 공개하는 동기부여 방법

욕구계층이론 인간의 5가지 욕구는 계층을 형성하고 욕구 계층의 단계가 완전히 충족되어야 다음 단계의 욕구로 넘어간다는 Maslow의 이론

운영 계약 LLC가 비즈니스를 수행하는 방식을 규정하는 조항 설명문서

운영 관리 자원을 완제품과 서비스로 변환시키는 변환 과정

위생요인 직무 불만족은 제거하지만 동기부여를 못하는 요인

위협 외부 환경의 부정적인 동향

유기적 조직 적응력과 유연성이 큰 조직 설계

유연근무 주당 일정 시간을 근무하지만, 총 근로시간 내에서 근무시간을 자유롭게 변경할 수 있는 근무 형태

유한책임 파트너십(LLP) 무한책임사원과 유한책임사원으로 구성된 법인 형태

유한책임회사(LLC) 파트너십과 기업의 하이브리드 형태 조직

은어 그룹의 구성원들이 자기들끼리 커뮤니케이션하기 위해 사용하는 전문적인 용어 또는 기술적인 언어

의사결정 대안들 사이에서 선택하는 것

의사결정 역할 의사결정과 관련된 역할

의사결정기준 문제 해결에 중요하거나 관련 있는 항목을 정의하는 기준

이벤트 주요 활동의 완료를 나타내는 종료 지점

이직 조직으로부터의 자발적 혹은 비자발적인 영구적 철수

인공지능 컴퓨터의 힘을 이용해 인간의 추론 기능을 복제하는 것

인적자원 계획 관리자가 적시에 적절한 수의 인재를 확보하도록 보장

인지 부조화 태도 간 또는 행동과 태도 간의 불일치 혹은 부조화

인지적 요소 인이 지닌 믿음, 견해, 지식, 정보로 구성된 태도의 일부

일반적 환경 조직 외부의 모든 것

일정계획 수행해야 할 업무, 업무처리 순서, 업무수행 주체, 업무 완료 시기를 상세히 알려주고 자원을 할당하는 것

일회성계획 특별한 상황의 요구사항을 충족하도록 구체적으로 설계된 일회성 계획

읽기 기술 업무관련 문서에서 문장과 문단에 대한 이해를 높이는 기술

ㅈ

자기 효능감 자신이 그 직무를 수행할 능력이 있다고 믿은 믿음

자기기여 오류 자신의 성공을 능력이나 노력과 같은 내적인 요소에 개인적인 실수를 운과 같은 외적인 요소에 돌리는 경향

자기성찰 외적이고 상황적인 요소에 대해 자신이 조정할 수 있는 개인의 능력

자산 조직의 재무적, 물리적, 인적, 무형의 자산

자아실현 욕구 자신이 무엇인가 성취하도록 만들어 주는 욕구

자원 제품을 개발, 제조 및 고객에게 제공하는 데 사용되는 조직의 자산

자유방임적 스타일 일반적으로 집단에게 의사결정을 해서 적절한 어떤 방법으로 작업을 완성하도록 완전한 자유를 주는 리더

자율관리팀 업무 프로세스의 전부 혹은 일부를 한 명의 관리자가 책임지는 것이 아니라 팀 구성원들이 책임지는 작업팀

자율성 과업이 제공하는 실질적인 자유, 독립성, 작업 일정의 수립과 업무 수행에 사용되는 절차에 대한 개인의 자유재량

자존감 사람들이 자기 자신을 좋아하거나 싫어하는 정도

작동적 조건화 행동은 그 결과와의 함수관계라고 말하는 학습 이론

작업팀 구성원이 긍정적인 시너지 효과, 개인 및 상호 책임, 관련 기술을 사용하여 구체적인 공동의 목표를 달성하는데 집중하는 집단

작업표본 시험 작업자가 일상적으로 수행해야 하는 작업의 일부 또는 전체에 대해 실제 시뮬레이션 하는 것

잡음 메시지의 송신, 수신, 혹은 피드백을 억제하는 방해요인

장기계획 5년 이상의 계획

재택근무 직원들이 집에서 컴퓨터로 회사에 연결하면서 일처리를 하는 근무 형태

적극적 경청 조급한 판단이나 해석을 내리지 않고 전체적인 의미를 듣는 것

전략 조직이 비즈니스에서 수행할 작업을 수행하는 방법, 성공적으로 경쟁하는 방법, 목표를 달성하기 위해 고객을 유치하고 만족시키는 방법 등에 대한 계획

전략 경영 조직이 목표를 달성할 수 있도록 최고 경영진에 의해 수립된 계획의 공식화 및 구현

전략 경영의 프로세스 전략적 계획, 실행 및 평가를 포함하는 6단계 프로세스

전략적계획 조직 전체에 적용되고 조직의 전반적인 목표를 설정하며 환경 측면에서 조직을 경쟁우위에 위치시키려는 계획

전략사업단위(SBU) 자체 경쟁전략을 수립할 수 있는 조직의 단일 독립 비즈니스 단위

전문가 권력 전문성, 특별한 기술, 또는 지식에 기초한 권력

전자 성과 모니터링 전자 기기 또는 장치를 사용해서 개인과 그룹의 성과를 수집, 저장, 분석 및 보고하는 것

전통적인 목표 설정방식 목표는 상단에서 설정된 다음 조직 각 단계에서 하위 목표로 제시된다.

전향적 성격 기회를 포착하고, 주도권을 쥐고 행동하는 성격 특성

절차 잘 구조화된 문제에 대응하기 위해 마련된 일련의 순차적인 단계

절차적 정의 보상의 분배를 결정하는 과정에 대한 인지된 공평성

점증주의 예산 편성 현재 예산으로부터 출발하는데, 관리자는 추가적인 자원이 필요한지와 자원을 요청하는 것이 정당한지를 결정한다.

정량적 예측 일련의 과거 데이터에 수학적 규칙을 적용하여 결과를 예측하는 것

정보 과부하 우리의 처리 능력을 넘어선 정보

정보 역할 정보를 수집하고, 전달받으며, 분석하는 역할

정서적 요소 태도의 일부로서, 감정적이나 감각적인 부분

정책 의사결정의 가이드라인

정책적계획 유연하고 일반적인 지침을 제시하는 계획

정형화된 의사결정 일상적 접근 방식으로 해결할 수 있는 반복적 의사결정

제로베이스 예산 편성(ZBB) 현재 예산을 기준으로 자원의 추가, 수정 또는 축소하는 대신 0점을 기준으로 시작한다.

제한된 합리성 개인의 정보 처리 능력에 한계가 있지만 최대한 합리적으로 의사결정을 내리는 것

조직 특정한 목표를 달성하기 위해 체계적인 질서 아래 모인 사람들의 집합

조식 선념노 종업원이 특정 조직과 목표에 자신을 동일시하고 조직에 구성원으로 남아 있기를 바라는 정도

조직 커뮤니케이션 조직 내의 모든 패턴, 네트워크, 커뮤니케이션 시스템

조직 효과성 조직 목표가 얼마나 잘 적절하고 얼마나 잘 달성되고 있는지를 보여주는 척도

조직구조 조직 내 직무의 공식적인 배열

조직도 조직구조를 시각적으로 보여주는 도표

조직문화 조직 구성원의 행동 방식에 영향을 주며 조직을 다른 조직과 구별해 주는 공유된 가치, 원칙, 전통, 사고방식

조직설계 조직구조를 새로 만들거나 변경하는 것

조직시민행동 종업원의 공식적인 직무 요구가 아닌 자율적인 행동으로써 그 조직의 효과적인 기능을 촉진한다.

조직행동(organizational behavior, OB) 조직 구성원들의 행위를 조사하는 전문적인 연구 분야

조직행동론 직장 내의 인간행위를 연구하는 학문

조직화 직원들에게 업무를 할당하고 구조화하는 기능

존중의 욕구 자존감, 자율성, 성취와 같은 내적 존중 요소와 지위, 이전, 관심 등과 같은 외적 존중에 대한 인간의 욕구

종업원 생산성 종업원의 효율성과 효과성의 업무 성과 측정

종업원 인게이지먼트 종업원들이 자기 업무와 연계하여 만족과 열정을 갖는 것

종업원 인정 프로그램 구체적인 종업원의 기여에 대해 공식적으로 구체적인 행동에 대해 격려하는 특정의 계획

주경로 PERT 네트워크에서 가장 길거나 시간이 많이 걸리는 이벤트 및 활동 순서

주식회사 소유자와 경영자가 분리된 법인 형태

준거 권력 바람직한 자원이나 인간적 특성 때문에 생기는 권력

준거대상 공정성을 판단하기 위해 자기 자신과 다른 사람, 시스템, 또는 자기 자신과 비교

준법감시인 조직 행동이 회사가 국가 및 내부 법률과 규정을 완벽하게 준수하며 업무를 수행하도록 책임지고 이를 보장하는 사람

준비성 사람들이 특정한 과업을 달성하려는 능력과 의도를 갖고 있는 정도

중간경영자 현장관리자와 최고경영층 사이에 위치한 경영자

즉각적인 수정 행위 문제를 즉시 수정하고 정상적인 상태로 되돌려 놓는 조치

증거기반 경영 사용할 수 있는 증거들을 체계적으로 활용하여 경영 관행을 개선하는 것

지각 개인이 자기 감각을 통해 얻은 인상을 조직화하고 해석함으로써 자신의 환경에 의미를 부여하는 과정

지각된 조직적 지원 조직이 종업원의 공헌이 중요하다고 생각하고 그들의 웰빙을 도와준다는 일반적인 믿음

지시적계획 전반적인 목표를 달성하는 방법에 대한 세부 사항들을 제시하는 계획

지위 집단 내 특별한 등급, 위치, 계급

지위 권력 리더가 고용, 해고, 훈련, 승진 및 봉급인상과 같은 활동에 대해 갖는 영향력 정도를 설명하는 Fiedler의 상황적합 차원의 하나

지휘 사람들이 조직의 목표를 달성하도록 독려하는 기능

직관적 의사 결정 경험이나 감정, 축적된 판단 능력에 근거하여 의사결정을 하는 것

직무 깊이 자신의 일에 대한 통제권의 수준

직무 몰입 종업원이 자기 직무와 자신을 동일시하고, 참여하고, 자신과 일을 가치있게 여기는 정도

직무 설계의 관계적 관점 과업과 직무과 접증하는 사회적 관계에 어떻게 기반을 두고 있는지 살펴보는 직무 설계 방법

직무 설계의 전향적 관점 종업원이 그들 업무가 수행되는 방법을 변화시키는 주도권을 잡아야 한다는 관점

직무 충실화 직무에 기획과 평가의 책임을 더하는 수직적 확대 방법

직무 확대 직무 범위를 증대시킴으로써 직무를 수평적으로 확대하는 방법

직무공유 두 명 이상의 사람이 정규직 직무를 나누어 수행하는 것

직무기술서(직위기술서) 직무에 대한 서면 설명서

직무만족 자신의 직무에 대한 개인의 일반적인 태도

직무명세서 성공적으로 직무를 수행하기 위해 개인이 보유해야 하는 최소한의 자격요건을 정리한 서면 설명서

직무범위 한 가지 직무가 요구하는 여러 과업의 수와 그러한 과업들이 반복되는 빈도

직무분석 직무를 정의하고 직무수행에 필요한 행동들을 정의하는 프로세스

직무설계 직무가 완성되도록 과업을 결합하는 방법

직무전문화 조직활동이 여러 개의 업무로 나뉘어지는 정도

직무특성모델 5가지의 기본적인 직무특성과 그들 간의 관계, 종업원의 생산성과 동기부여, 직무만족에 영향을 고려하여 직무를 설계하고 분석하는 틀

직원 임파워먼트 직원들에게 더 많은 의사결정 권한 부여

직원 절도 직원이 회사 자산을 개인적인 용도로 허락 없이 가져가는 행위

직장 내 괴롭힘 어떤 개인이 일정기간 동안 반복적으로 신체적 또는 정신적 피해를 경험함

직장평의회 선출되거나 지명된 직원들로 구성되며, 이들은 경영진이 인사관리를 포함하여 의사결정할 때 자문하는 역할 수행

진정성 리더들 그들이 누구인지, 그들이 무엇을 믿고 있는지를 알고 있고, 그러한 가치와 신념에 따라 공개적으로 솔직하게 행동하는 사람들

질적 예측 결과를 예측하기 위해 전문성 있는 개인의 판단과 의견을 활용하여 예측하는 것

집권화 의사결정이 조직의 상위수준에 집중되어 있는 정도

집단 특정 목표를 달성하기 위해 상호작용하고 상호의존적인 두 사람 이상의 개인들

집단 응집력 구성원들이 서로에 대해 매력을 느끼고 목표를 공유하는 정도

집단사고 집단이 개인에게 자신의 의견을 다른 사람의 의견과 일치시키기 위해 조정하도록 강한 압력을 가하는 현상

집중근무제 근무일에는 더 많은 시간을 일하지만, 일주일에 하루 이상 덜 일하는 근무 형태

징계 조치 관리자가 조직의 업무 기준 및 규정을 시행하기 위해 취하는 조치

ㅊ

차별철폐 조치 취약계층 구성원의 지위를 향상시키는 프로그램

채널 메시지가 전달되는 매체

책임 할당된 의무 수행에 대한 의무 또는 기대

총체적 품질관리(TQM) 고객의 요구와 기대 수준에 부응하기 위해 품질을 지속적으로 개선해야 한다는 경영철학

최고경영층 조직 전체의 결정을 내리고 전체 조직에 영향을 미치는 전략과 목표를 수립하는 책임을 지는 조직 구조의 상위 수준 또는 그 근처에 있는 경영자

최소선호동료(LPC) 질문지 리더가 과업중심형인지 아니면 관계중심형인지를 측정하는 질문지

ㅋ

커뮤니케이션 의미의 전달과 이해

커뮤니케이션 과정 발신자로부터 수신자에게 의미가 전달될 때 개입되는 7가지 요소

커뮤니케이션 네트워크 조직 커뮤니케이션의 수직적, 수평적인 흐름의 다양한 패턴

크라우드소싱 조직의 전통적인 의사결정자가 아닌 외부 사람들의 아이디어를 인터넷을 통해 얻는 것

ㅌ

타당성 있는 선발도구 적절한 채용기준과 관련성이 있는 것으로 나타난 선발도구

타당성 조사 타당성을 확인하기 위해 설계된 벤처기업의 다양

한 측면에 대한 분석

태도 사물, 사람, 사건과 관련하여 좋고 싫음에 대한 평가적 서술

태도조사 종업원들이 직무, 작업집단, 상사, 또는 조직에 대해서 어떻게 느끼는지를 알아내기 위한 진술

통제 업무를 모니터하고 계획과 실제 진척도를 상호 비교하며, 때론 문제점을 찾아 해결하는 기능

통제 작업 성과를 점검하고, 비교하고 수정하는 관리 기능

통제 프로세스 실제 성과 측정, 기준과 실제 성과 비교, 편차 또는 부적절한 기준 수정을 위한 관리적 조치 등 3단계 프로세스

통제의 범위 한 명의 관리자가 효과적이고 효율적으로 관리할 수 있는 직원의 수

통제의 위치 사람이 자신의 운명은 자신이 결정한다고 믿고있는 정도

특수한 환경 조직의 효율성에 긍정적 또는 부정적 영향을 미칠 수 있는 중요한 구성원 또는 이해관계자로 구성된 환경의 일부분

팀 구조 전체 조직이 작업 팀으로 구성된 조직 구조

ㅍ

편차 범위 실제 성과와 기준간 차이의 허용된 한도

평가센터 응시자의 관리 역량을 평가하기 위해 구체적이고 정교하게 설계된 성과 시뮬레이션 시험

폐쇄 시스템 환경에 영향을 받거나 상호작용하지 않는 시스템

품질 제품 또는 서비스가 계획대로 만들어지거나 제공되어 고객의 기대를 충족시키는 능력

프로세스 갈등 업무가 처리방식과 관련된 갈등

프로세스 생산 연속공정으로 제품을 생산하는 것

프로젝트 시작과 종료 시점이 확실한 일회성 활동의 집합

프로젝트 관리 프로젝트 활동을 적시에, 예산 범위 내에서, 그리고 명세서에 따라 수행하는 과업

프로젝트 조직구조 직원들이 지속적으로 프로젝트를 수행하는 조직 구조

피드백 개인의 효과성에 대한 직접적이고 분명한 정보를 얻는 결과로서 그 직무에요구되는 작업활동의 수행 정도

필터링 수신자에게 정보가 호의적으로 보이게 하려고 정보를 의도적으로 조작하는 것

ㅎ

하향적 커뮤니케이션 관리자로부터 직원에게 정보가 아래로 흘러가는 커뮤니케이션

학습 경험의 결과로 발생하는 비교적 영구적인 변화

합리적 의사결정 일관성 있고 가치를 극대화하는 선택

합명회사 둘 이상의 사업주가 사업의 경영과 위험을 분담하는 조직의 한 형태

합법적 권력 리더가 조직에서 갖는 지위의 결과로서 갖는 권력

해독 발신자의 메시지를 다시 재해석하는 것

해체기 집단 개발의 마지막 단계로 임시 집단이 해체되는 시기로 집단 구성원들은 과업 성과 대신에 활동을 마무리하는데 관심이 있음

핵심 역량 조직의 경쟁적 우위를 결정짓는 조직의 주요 가치 창출 능력

행동 인간의 행위

행동의 조형 강화나 강화의 소거를 이용하여 점진적인 단계를 거쳐 학습을 지도하는 과정

행동적 요소 태도의 일부로서, 어떤 사람이나 사물에 대해 특정한 방식으로 임하려는 경향

현실적 직무소개 직무와 회사의 긍정적인 정보와 부정적인 정보를 모두 제공하는 것

현장관리자 비관리직 직원의 업무를 관리하는 가장 낮은 수준의 관리자

형성기 집단 개발의 첫 번째 단계로 사람들이 집단에 가입하고, 집단의 목적, 구조, 리더십을 정하는 과정

호손 연구 1920년대부터 1930년대까지 이뤄진 일련의 연구들로, 개인과 집단의 행동에 관한 통찰력을 제공했다.

환경 조직 외부에 있으며 조직의 성과에 잠재적으로 영향을 미칠 수 있는 기관 또는 세력

환경 불확실성 조직 환경의 변화와 복잡성 정도

환경 스캐닝 새로운 추세를 감지하고 일련의 시나리오를 생성하기 위해 많은 양의 정보를 스크리닝하는 것

환경적 복잡성 조직환경의 구성요소들과 조직이 가지고 있는 구성요소들에 대한 지식의 범위

활동 이벤트에서 다른 이벤트로 진행하는 데 필요한 시간 또는 자원을 의미

효과성 목표를 달성하는데 필요한 업무활동을 찾아 수행하는 것

효율성 최소한의 투입(자원)으로 최대한의 결과물을 산출하는 것

후광 효과 지적 능력, 사회성, 외모와 같은 개별적인 특성에 근거하여 일반적인 인상을 갖는 것

휴리스틱 경영자가 의사결정을 단순화하거나 가속화하는데 사용하는 경험에 근거한 손쉬운 방법

기타

2요인 이론 직무만족과 동기부여는 내면적 요소들이 관련되어 있는 반면, 직무불만족은 외부적인 요인들이 관련되어 있다는 이론

BCG 매트릭스 SBU의 시장 점유율 및 성장률을 기반으로 기업의 자원 할당 결정을 결정하는 전략적 도구

Fiedler 상황 모델 효과적인 집단 성과는 추종자들과 상호작용하는 리더의 스타일과 리더에게 통제와 영향력을 허용하는 상황의 정도 사이의 적절한 연관에 좌우된다고 주장하는 리더십 이론

ISO 9001 국제 표준화 기구(www.iso.org)가 제정한 일련의 국제 품질관리 표준으로, 제품이 고객 요구 사항을 준수하도록 프로세스에 대한 통일된 지침을 정한다.

PERT 네트워크 프로젝트를 완료하는 데 필요한 활동 순서와 각 활동과 관련된 시간 또는 비용을 나타내는 업무흐름 도표

S 기업 법인의 일반적인 성격을 띠지만 일정한 기준을 충족하는 한 소유주가 합자회사 방식으로 과세된다는 점에서 특수한 유형의 법인

Six Sigma 결함을 줄여 비용을 절감하고 시간을 절약하며 고객 만족도를 개선하도록 설계된 품질 프로그램

SWOT 분석 조직의 강점, 약점, 기회 및 위협에 대한 분석

X이론 인간에 대한 부정적인 관점으로써 직원들은 의욕이 없고 일하기 싫어하고 책임지는 것을 피하고 싶어 한다고 가정하는 이론

Y이론 긍정적인 관점으로써 종업원들은 일을 즐기고 책임을 수용하며 자율성을 가지고 일을 한다고 가정하는 이론

찾아보기